Borth
Versorgungsausgleich

Helmut Borth

Versorgungsausgleich

in anwaltlicher und familiengerichtlicher Praxis

5. Auflage

 Luchterhand 2010

5. Auflage 2010

Bibliografische Information der Deutschen Nationalbibliothek
Die Deutsche Nationalbibliothek verzeichnet diese Publikation in der Deutschen Nationalbibliografie; detaillierte bibliografische Daten sind im Internet über http://dnb.d-nb.de abrufbar.

ISBN 978-3-472-07589-9

www.wolterskluwer.de
www.luchterhand-fachverlag.de

Alle Rechte vorbehalten.
Luchterhand – eine Marke von Wolters Kluwer Deutschland GmbH.
© 2010 by Wolters Kluwer Deutschland GmbH, Luxemburger Str. 449, 50939 Köln.

Das Werk einschließlich aller seiner Teile ist urheberrechtlich geschützt. Jede Verwertung außerhalb der engen Grenzen des Urheberrechtsgesetzes ist ohne Zustimmung des Verlages unzulässig und strafbar. Das gilt insbesondere für Vervielfältigungen, Übersetzungen, Mikroverfilmungen und die Einspeicherung und Verarbeitung in elektronischen Systemen.

Umschlagkonzeption: Martina Busch, Grafikdesign, Fürstenfeldbruck
Satz: Satz-Offizin Hümmer GmbH, Waldbüttelbrunn
Druck und Verarbeitung: Wilhelm & Adam OHG, Heusenstamm

Gedruckt auf säurefreiem, alterungsbeständigem und chlorfreiem Papier

Vorwort

Am 3.4.2009 wurde das Gesetz zur Strukturreform des Versorgungsausgleichs verkündet, das am 1.9.2009 in Kraft getreten ist. Mit der vorliegenden 5. Auflage wird der durch dieses Gesetz in wesentlichen Teilen reformierte Versorgungsausgleich vollständig neu kommentiert. Obwohl das bis zum 31.8.2009 geltende Recht nicht nur in den bis zum 31.8.2009 anhängig gewordenen Verfahren weiterhin anzuwenden ist, sondern auch künftig für längere Zeit in den Verfahren zur Abänderung von Altfällen benötigt wird, in denen der Versorgungsausgleich nach dem bis zum 31.8.2009 geltenden Recht durchgeführt wurde, bezieht sich die Kommentierung in der Neuauflage ausschließlich auf das Recht des reformierten Versorgungsausgleichs. Entsprechend wurde die Vorauflage gezielt erst vor einem Jahr herausgebracht, um in den zuvor bezeichneten Abänderungsverfahren auf eine aktuelle und die Rechtsentwicklung des bisherigen Rechts vor allem im Bereich der Beamtenversorgung und der betrieblichen Altersversorgung sowie die höchstrichterliche Rechtsprechung berücksichtigende Kommentierung zurückzugreifen können. Die Neuauflage konnte sich entsprechend vollständig auf das neue Recht konzentrieren und stellt ausschließlich dieses dar, so dass das alte System des Versorgungsausgleichs in der Neuauflage ausgeklammert werden konnte.

Die Neuauflage erfasst nicht nur den Regelungsbereich des reformierten Versorgungsausgleichs, sondern berücksichtigt auch die einschneidenden Änderungen im Bereich des Verfahrensrechts durch das ebenfalls am 1.9.2009 in Kraft getretene Gesetz zur Reform des familiengerichtlichen Verfahrens und der Angelegenheiten der freiwilligen Gerichtsbarkeit, das in den Bestimmungen des FamFG an das neue materielle Recht angepasst wurde. Selbstverständlich wurde auch die Rechtsentwicklung zu Regelungsbereichen des alten Rechts, soweit dieses auch im reformierten Versorgungsausgleich von Bedeutung ist, berücksichtigt.

Dem Gesetzgeber ist es mit dem VAStrRefG gelungen, den Versorgungsausgleich deutlich übersichtlicher und anwenderfreundlicher zu gestalten. Erfreulich war insoweit, dass die Mitarbeiter des Bundesjustizministeriums bereits bei der Konzeption des reformierten Versorgungsausgleichs, aber auch im Gesetzgebungsverfahren insbesondere die anwaltliche und gerichtliche Praxis sehr intensiv einbezogen haben und sie mit ihren Vorstellungen »gehört« wurde. Gleichwohl bestehen auch im reformierten Versorgungsausgleich schwierige Regelungsbereiche, die aber dem Gesetzgeber des reformierten Versorgungsausgleichs nicht anzulasten sind, sondern im Kern auf dem insgesamt sehr unübersichtlichen und stark gegliederten Versorgungssystem beruhen. Dies betrifft vor allem den Bereich der externen Teilung von Versorgungsanrechten, der die Transparenz des neuen Ausgleichssystems erschwert und »erweiterte Kenntnisse« zur betrieblichen Altersversorgung und privaten Rentenversicherung, aber auch zu den entsprechenden steuerrechtlichen Grundlagen der Besteuerung von Alterseinkünften verlangt. Diesen Problembereichen hat sich das Werk gezielt angenommen.

Ich hoffe, dass es mit der Darstellung der vollständig neu gefassten Rechtslage gelungen ist, der Praxis, insbesondere den Rechtsanwältinnen und Rechtsanwälten sowie Richterinnen und Richtern, einen verlässlichen Wegbegleiter zu schaffen. Es würde mich insbesondere freuen, wenn durch Hinweise und Anregungen aus der Praxis die nächste Auflage in Bezug auf die neue Rechtsentwicklung bereichert werden könnte.

Heilbronn, im August 2009 *Helmut Borth*

Inhaltsverzeichnis

1. Kapitel Grundlagen und Konzeption des Versorgungsausgleichs .. 1

I. Zielsetzung des Versorgungsausgleichs 1
1. Der Versorgungsausgleich als eigenständiges Vorsorgesystem in der Struktur nach dem 1. EheRG seit dem 01.07.1977 1
2. Der Versorgungsausgleich als Reaktion auf die Mängel des früheren Versorgungssystems 2
3. Grundlagen des Versorgungsausgleichs 2
4. Lücken der sozialen Sicherung 3
5. Strukturelle Mängel des Versorgungsausgleichs in der Fassung des 1. EheRG 4
6. Gliederungsstruktur des VersAusglG 5

II. Rechtliche Gestaltung des Versorgungsausgleichs 7
1. Neue Gliederung des Ausgleichssystems 7
2. Begründung eines eigenständigen Anrechts im Wertausgleich bei der Scheidung – Aufgabe der Einbindung in das vorhandene System der gesetzlichen Rentenversicherung 8
3. Andere Formen des Ausgleichs bei Ausgleichsansprüchen nach der Scheidung 9
   a) Überblick 9
   b) Schuldrechtliche Ausgleichsrente 9
   c) Anspruch gegen den Versorgungsträger – verlängerter schuldrechtlicher Versorgungsausgleich 10
4. Dogmatische Einordnung des Versorgungsausgleichs 10
5. Verhältnis zu anderen Regelungsbereichen 11
   a) Verhältnis zum Güterrecht 11
   b) Unterhalt und Versorgungsausgleich 13
   c) Versorgungsausgleich und sozialversicherungsrechtliche sowie sonstige versorgungsrechtliche Bestimmungen 14

III. Anwendungsbereich 16
1. Versorgungsausgleich bei Scheidung und Aufhebung einer Ehe 16
2. Personeller Anwendungsbereich 17
   a) Ausdehnung auf so genannte Altehen 17
   b) Fälle der Wiederheirat, Doppelehe 17
3. Ausnahmen von der Durchführung des Versorgungsausgleichs 18
   a) Ausschluss durch Eheverträge 18
   b) Ausschluss bei kurzer Ehedauer 19
   c) Versorgungsausgleich bei eingetretenem Rentenfall 19
   d) Ausschluss bei geringfügigen Ausgleichswerten 20
   e) Ausschluss in Übergangsfällen 21

IV. Anrechte, die dem Versorgungsausgleich unterliegen; Abgrenzung zu anderen Vermögenspositionen 21
1. Überblick 21
2. Erfasste Versorgungsarten 22

3.	Begriff der Anwartschaft	23
	a) Grundsatz	23
	b) Keine Erfüllung zeitlicher Voraussetzungen, § 2 Abs. 3 VersAusglG	23
	c) Ausnahme bei fehlender Ausgleichsreife	24
	d) Einzelfälle	25
	aa) Beamte auf Probe und auf Widerruf, Soldat auf Zeit	25
	bb) Versorgung von Wahlbeamten, Abgeordneten und Regierungsmitgliedern	26
4.	Versorgung wegen Alters sowie verminderter Erwerbsfähigkeit	27
	a) Begriffsbestimmung	27
	b) Zeitlich begrenzte Versorgungen	28
5.	Berücksichtigung einer Hinterbliebenenversorgung	29
6.	Vorsorgeleistungen mit anderer Zweckbestimmung als dem Fall des Alters und der Invalidität	30
	a) Grundlagen, Abgrenzung	30
	b) Zwecksetzung	30
	c) Kapitallebensversicherungen mit Rentenwahlrecht	31
	d) Rentenlebensversicherung mit Kapitalwahlrecht	32
	e) Leistungen aus einer privaten Rentenversicherung vor Erreichen der Altersgrenze	33
	f) Leistungen der betrieblichen Altersversorgung, Zuordnung von Vorsorgekonten	33
	g) Inhaltskontrolle in Bezug auf Vorsorgemaßnahmen auf Kapitalbasis bei Ausschluss des gesetzlichen Güterstandes	34
	h) Leibrenten, Wohnrecht	35
	i) Private Berufsunfähigkeitsversicherung; Berufsunfähigkeits-Zusatzversicherungen	36
	j) Leistungen nach dem Erziehungsleistungsgesetz	38
	k) Leistungen mit Entschädigungscharakter oder zur Daseinsvorsorge	38
7.	Anrechte, die mit Hilfe der Arbeit oder des Vermögens erworben wurden	38
	a) Grundsatz	38
	b) Leistungen Dritter	39
	c) Leistungen mit Entschädigungscharakter oder zur Daseinsvorsorge	40
8.	Anrechte, die in der Ehezeit geschaffen oder aufrechterhalten worden sind	41
	a) Grundsatz	41
	b) Eheschließung nach Beginn der Versorgungsleistung, Rentenanpassungen	42
	c) Begründung einer Anwartschaft	42
	d) Aufrechterhaltung einer Versorgung	42
	e) Zuordnung von gesetzlich geschuldeter und freiwilliger Beiträge zur Ehezeit	43
	aa) Gesetzliche Neuordnung der Zuordnung von Beiträgen zur Ehezeit	43
	bb) Nachzahlungsfälle zur gesetzlichen Rentenversicherung	45
	cc) Sonderfälle	45
9.	Nichtberücksichtigung familienbezogener Bestandteile einer Versorgung	46
10.	Sonstige Versorgungsbestandteile	47
11.	Wertlose und nicht feststellbare Anrechte	47

V.	**Begriff und Bedeutung der Ehezeit**	48
1.	Grundlagen	48
2.	Einzelheiten der Bestimmung des Ehezeitendes	49
3.	Bestimmung des Ehezeitendes bei Verfahrensverzögerungen	50
4.	Bestimmung des Ehezeitendes bei mehreren Scheidungsanträgen sowie bei Rücknahme eines Scheidungsantrages	50
5.	Ehezeitende bei Antrag auf Aufhebung der Ehe	52
6.	Bestimmung des Ehezeitendes bei verfrüht gestelltem Scheidungsantrag	52
7.	Ehezeitende bei vorausgegangenem gerichtlichen Trennungsverfahren (nach italienischem Recht)	53
8.	Vereinbarungen über das Ende der Ehezeit	53
	a) Reichweite des Dispositionsbefugnis nach den §§ 6–8 VersAusglG	53
	b) Einschränkung im Bereich der öffentlich-rechtlich geregelten Versorgungen	54
	c) Begrenzter Regelungsbereich	54
9.	Keine Zwischenentscheidung bei Festlegung des Ehezeitendes, keine Korrektur durch Abänderungsverfahren	56
VI.	**Wiederheirat des geschiedenen Ehegatten und Versorgungsausgleich**	56
VII.	**Doppelehe und Versorgungsausgleich**	57
VIII.	**Änderung von Anrechten nach Ehezeitende bei Höhe und Form des Ausgleichs**	58
1.	Grundsatz	58
2.	Aufnahme einer ausdrücklichen gesetzlichen Regelung durch das VAStrRefG	58
3.	Rechtsprechung des BGH	59
	a) Rückwirkende Berücksichtigung von Änderungen rechtlicher Art	59
	b) Änderung infolge tatsächlicher Umstände	60
	c) Abgrenzung bei Änderungen nach Ehezeitende	62
	d) Betriebliche Altersversorgung	63
4.	Wegfall einer Versorgung nach Ende der Ehezeit	63
5.	Änderung der Form des Ausgleichs nach Ehezeitende	65
IX.	**Struktur des Versorgungsausgleichs**	66
X.	**Übergangsbestimmungen**	67
1.	Übergangsvorschriften des 1. EheRG	67
2.	Übergangsvorschriften des VAStrRefG	68
	a) Grundlagen	68
	b) Überleitung der Altfälle in das neue materielle Recht sowie Verfahrensrecht	68
	c) Wiederaufnahme von ausgesetzten Verfahren nach dem VAÜG	69
	d) Abänderung des öffentlich-rechtlichen Versorgungsausgleichs, § 51 VersAusglG	69
	e) Keine Abänderung von Altverfahren im Falle eines Teilausgleichs nach § 3b Abs. 1 Nr. 1 VAHRG	69

f) Bewertung eines Teilausgleichs bei Ansprüchen aus dem schuldrechtliche Versorgungsausgleich, § 53 VersAusglG 70

2. Kapitel Bewertung von Anrechten auf eine Versorgung wegen Alters oder Invalidität 71

A. Grundlagen 71

I. Einbindung der Bewertungsvorschriften in das VersAusglG 71

II. Neustrukturierung der Wertermittlung – Teil 2 des VersAusglG . . . 71
1. Allgemeine Grundsätze nach § 5 VersAusglG 72
2. Gliederung der allgemeinen Wertermittlungsvorschriften gemäß Teil 2 Kapitel 1 des VersAusglG 73
3. Das Prinzip der unmittelbaren Bewertung 74
4. Das Prinzip der zeitratierlichen Ermittlung des Ehezeitanteils 75
5. Fälle der Verbindung beider Methoden – unmittelbare sowie zeitratierliche Bewertung 76
6. Bewertung einer laufenden Versorgung 77
   a) Grundsatz 77
   b) Unmittelbare Bewertung 77
   c) Zeitratierliche Bewertung einer laufenden Versorgung 79
7. Bewertung nach Billigkeit, § 42 VersAusglG 79
   a) Regelungszweck 79
   b) Anwendungsbereich 80
8. Das Prinzip der Fiktivbewertung 80
9. Unbeachtlichkeit zeitlicher Anspruchsvoraussetzungen, § 2 Abs. 3 VersAusglG 81
   a) Grundsatz 81
   b) Besonderheit bei betrieblicher Altersversorgung 82
10. Ausklammerung familienbezogener Bestandteile, § 40 Abs. 5 VersAusglG 83

III. Der Begriff des korrespondierenden Kapitalwerts 83
1. Regelungszweck 83
2. Anwendungsfälle 84
3. Berechnung des korrespondierenden Kapitalwerts 85
   a) Grundlagen 85
   b) Methoden der Bestimmung des korrespondierenden Kapitalwerts 85
4. Verfahrensrechtliche Vorschriften 88
5. Konkrete Bestimmung des korrespondierenden Kapitalwerts bei Vorliegen eines Härtefalles nach § 27 VersAusglG 89
   a) Überblick über die beiderseitigen Anrechte der Ehegatten 89
   b) Darstellung der korrespondierenden Kapitalwerte 89
6. Bestimmung des korrespondierenden Kapitalwerts zur Prüfung der Geringfügigkeit gem. § 18 Abs. 1 VersAusglG 90

B. Wertermittlung in der Beamtenversorgung 91

I. Grundlagen 91

Inhaltsverzeichnis

II.	**Personenkreis der Regelung des § 44 Abs. 1 VersAusglG**	91
1.	Bestehen eines öffentlich-rechtlichen Dienstverhältnisses	91
2.	Bedeutung des beamtenrechtlichen Status für den Versorgungsausgleich	92
3.	Ausnahmen	94
4.	Arbeitsverhältnisse mit Anspruch auf Versorgung nach beamtenrechtlichen Vorschriften	95
	a) Grundlagen	95
	b) Einzelbeispiele	96
	c) Abgrenzung zur betrieblichen Altersversorgung	97
5.	Besonderheiten des Hochschulbereiches	97
III.	**Leistungen der Beamtenversorgung, die dem Versorgungsausgleich unterliegen**	98
1.	Gesetzliche Grundlagen	98
2.	Abgrenzung hinsichtlich der einzelnen Leistungen	99
IV.	**Bestimmung des maßgebenden Ruhegehalts**	101
1.	Grundlagen	101
2.	Berechnung bei bereits eingetretenem Versorgungsfall	102
3.	Ermittlung der ruhegehaltsfähigen Dienstbezüge	102
	a) Grundlagen, Auswirkungen des Dienstrechtsreformgesetzes	102
	b) Beförderung des Beamten innerhalb zwei Jahre vor Ehezeitende	104
	c) Vergabe von Führungspositionen und Beförderungsämtern auf Probe	104
	d) Erfassung weiterer Veränderungen nach dem Ehezeitende	105
	e) Vorzeitiger Ruhestand wegen Dienstunfähigkeit bei Ehezeitende	105
	f) Beamte im einstweiligen Ruhestand	106
	g) Teilzeitbeschäftigter Beamter	106
	h) Versorgung eines beurlaubten Beamten	107
	i) Stellenzulage bei Strahlflugzeugführer und Kampfbeobachter ...	107
	j) Ruhestand beider Ehegatten	108
	k) Nachversicherung des Beamten nach Ehezeitende; Kürzung wegen Disziplinarverfahren	108
	l) Grundgehalt für emeritierungsberechtigte Professoren	108
4.	Bestimmung der ruhegehaltsfähigen Dienstzeit	108
	a) Ruhegehaltssatz; Übergangsregelungen nach Versorgungsänderungsgesetz	108
	b) Regelungen des BeamtVG zur Dienstzeitbestimmung und deren Auswirkungen im Versorgungsausgleich	110
	c) Sonderfälle zur Dienstzeitbestimmung im Versorgungsausgleich .	112
5.	Berechnung des Ehezeitanteils	112
	a) Grundlagen	112
	b) Berechnung bei bereits eingetretenem Versorgungsfall	115
	c) Berechnung für Beamte mit besonderer (vorgezogener) Altersgrenze	116
	d) Berechnung der Versorgung bei vorzeitiger Dienstunfähigkeit ...	117
	e) Berechnung bei teilzeitbeschäftigten Beamten	118
	f) Berechnung bei beurlaubten Beamten	118
	g) Wahlbeamte, Beamte auf Zeit	118

		h) Emeritenbezüge (Hochschulprofessoren)	119
		i) Behandlung des Versorgungsabschlages nach § 14 Abs. 3 BeamtVG im Versorgungsausgleich	119
		j) Kürzung oder Wegfall sowie Dynamik der Sonderzuwendung	120
		k) Ermittlung des Ehezeitanteils bei mehreren Ehen	121
	6.	Zusammentreffen mehrerer Versorgungen, § 40 Abs. 2, 3 VersAusglG	121
		a) Grundlagen	121
		b) Kürzung wegen früherer Beamtenversorgung, § 44 Abs. 2 VersAusglG	122
		c) Kürzung wegen Anrechten aus der gesetzlichen Rentenversicherung	122
		d) Kürzung aufgrund einer Zusatzversorgung des öffentlichen Dienstes	123
		e) Zusammentreffen einer Versorgung aus einem öffentlich-rechtlichen Dienstverhältnis mit einer Beamtenversorgung	123
	7.	Berücksichtigung von Ruhens- und Anrechnungsbestimmungen	124
		a) Grundlagen	124
		b) Auswirkungen im Versorgungsausgleich	125
		aa) Zusammentreffen zweier Beamtenversorgungen	125
		bb) Zusammentreffen mit gesetzlicher Rentenversicherung	125
		cc) Überschreiten der Höchstgrenze nach § 55 BeamtVG	128
		dd) Bestimmung des Höchstbetrages bei Vorliegen einer Zusatzversorgung des öffentlichen Dienstes	129
		ee) Zusammentreffen mit Versorgung aus öffentlich-rechtlichem Amts- oder Dienstverhältnis	129
C.	Wertermittlung in der gesetzlichen Rentenversicherung		129
I.	Grundlagen		129
1.	Bewertungsbestimmung des § 43 VersAusglG		129
2.	Nichtdynamische Leistungen der gesetzlichen Rentenversicherung		130
II.	Anwendungsbereich des § 43 VersAusglG		131
1.	Regelungsbereich der gesetzlichen Rentenversicherung		131
	a) Gliederung gesetzliche Rentenversicherung		131
	b) Personenkreis, der der gesetzlichen Rentenversicherung unterliegt		132
	c) Versicherungsfreie Personen		132
	d) Versicherungspflicht auf Antrag, freiwillige Versicherung, Nachzahlung sowie Wiederauffüllung		133
	e) Nachversicherung eines Beamten oder Richters		135
2.	Leistungen der gesetzlichen Rentenversicherung		136
	a) Übersicht		136
	b) Leistungsvoraussetzungen		136
	c) Kürzung der Rentenleistung bei vorzeitigem Rentenbezug		138
	d) Leistung der Rente als Vollrente oder Teilrente		139
3.	Versorgungsausgleich bei Anrechten ausländischer oder zwischenstaatlicher Rentenversicherungsträger		140
	a) Grundlagen		140
	b) Ungeklärte Zeiten		141
4.	Zahlung deutscher Renten ins Ausland		141
5.	Auswirkungen des Fremdrentengesetzes im Versorgungsausgleich		142

III. Das Rentenreformgesetz 1992 und dessen Auswirkungen auf den Versorgungsausgleich ... 143

1. Grundlagen ... 143
   a) Reformanliegen, neue Regelungen ... 143
   b) Änderung bei Kindererziehungszeiten, Berücksichtigungszeiten . 143
   c) Berücksichtigung und Bewertung beitragsfreier Zeiten ... 144
   d) Neuformulierung gesetzlicher Begriffe ... 145
2. Beitragszeiten und beitragsfreie Zeiten ... 145
3. Zurechnungszeiten ... 146
4. Unbeachtlichkeit einer unterschiedlichen Besteuerung von Anrechten 148
   a) Grundsatz ... 148
   b) Ausnahme bei eingetretenem Versorgungsfall ... 148
   c) Berücksichtigung der ungleichen Steuerlast im Abänderungsverfahren ... 149
5. Berücksichtigungszeiten ... 150
6. Die Rentenformel nach dem RRG 1992 ... 151
   a) Überblick ... 151
   b) Aktueller Rentenwert ... 153
   c) Rentenartfaktor ... 154
   d) Zugangsfaktor ... 154
7. Bewertung von Beitragszeiten ... 154
8. Bewertung beitragsfreier und beitragsgeminderter Zeiten – Gesamtleistungsbewertung ... 155
9. Die Bewertung der dem Versorgungsausgleich unterliegenden Rentenanrechte nach den Bestimmungen des RRG 1992 ... 158
   a) Grundlagen ... 158
   b) Regelung des § 1587a Abs. 2 Nr. 2 BGB ... 158
   c) Einzelfragen zur Bestimmung des Ehezeitanteils ... 159
   d) Berechnung des Ehezeitanteils bei laufenden Renten ... 160
   e) Besonderheiten des Abänderungsverfahrens ... 160
10. Übergangsbestimmungen ... 161
11. Berechnung des Ehezeitanteils bei Kürzung der in der Ehezeit erworbenen Anrechte ... 161
12. Erstattung von Beiträgen ... 162
13. Rentenbezug bei Ehezeitende wegen voller Erwerbsminderung ... 162
14. Keine Berücksichtigung ungeklärter versicherungsrechtlicher Zeiten im Versorgungsausgleich ... 163
15. Ruhensbestimmungen bei Zusammentreffen von Renten mit Leistungen aus der Unfallversicherung und sonstigen Lohnersatzleistungen 163
16. Ableitung der Umrechnungsfaktoren (Rechengrößen) ... 164

D. Gesetz zur Überleitung des Versorgungsausgleichs auf das Beitrittsgebiet ... 165

I. Grundlagen des Renten-Überleitungsgesetzes ... 165

1. Eingliederung der Rentenanrechte der DDR in das System des RRG 1992 ... 165
2. Berechnung der Renten im Beitrittsgebiet ... 166
   a) Ermittlung der Entgeltpunkte ... 166
   b) Aktueller Rentenwert – Ost ... 167

XIII

3.	Erfassung von Anrechten aus Zusatz- und Sonderversorgungssystemen	167
4.	Vertrauensschutzregelungen	168
II.	**Regelungszweck des durch Art. 22 Nr. 4 VAStrRefG aufgehobenen Gesetzes zur Überleitung des Versorgungsausgleichs auf das Beitrittsgebiet**	**169**
1.	Grundlagen	169
2.	Anwendungsbereich des VAÜG	169
3.	Wertermittlung und Durchführung des Versorgungsausgleichs nach der Einkommensangleichung	170
III.	**Aufhebung des Versorgungsausgleichsüberleitungsgesetzes – Auswirkungen auf den Versorgungsausgleich**	**171**
1.	Grundlagen	171
2.	Keine Verrechnung von Anrechten der gesetzlichen Rentenversicherung (West) mit (Ost)	172
3.	Abzuschmelzende Anrechte der gesetzlichen Rentenversicherung	172
4.	Wiederaufnahme von ausgesetzten Verfahren nach dem Versorgungsausgleichs-Überleitungsgesetz	173
E.	**Wertermittlung in der betrieblichen Altersversorgung**	**173**
I.	**Grundlagen**	**173**
1.	Überblick	173
2.	Zuordnung als betriebliche Altersversorgung	174
3.	Stellung der betrieblichen Altersversorgung im Versorgungssystem	175
4.	Rechtsgrund der Leistungen der betrieblichen Altersversorgung	175
5.	Art der Leistungen, Abgrenzung	176
6.	Bestimmung der Leistung aus der betrieblichen Altersversorgung	177
	a) Unterschiedliche Leistungsvoraussetzungen	177
	b) Bemessung der Leistung nach ihrer Dynamik	177
	c) Anpassung der laufenden Leistungen	178
7.	Leistungsvoraussetzungen	179
	a) Begriff der Unverfallbarkeit	179
	b) Auswirkungen des Altersvermögensgesetzes bei der Bestimmung des Ehezeitanteils	180
	c) Unverfallbarkeit der Höhe nach	180
	d) Erfüllung von Wartezeiten	181
	e) Vorschaltzeiten	181
	f) Beginn der Betriebszugehörigkeit und Vordienstzeiten	182
	g) Unterbrechung der Betriebszugehörigkeit	183
	h) Vorruhestand	183
	i) Teilzeitbeschäftigung	184
8.	Abfindung einer betrieblichen Altersversorgung	184
	a) Grundlagen	184
	b) Behandlung im Versorgungsausgleich	184
9.	Widerruf der Versorgungszusage	185
	a) Widerruf bei nachhaltiger Verschlechterung der wirtschaftlichen Lage des Arbeitgebers	185

	b) Widerruf bei Treueverletzung des Arbeitnehmers	186
10.	Eigenbeiträge des Arbeitnehmers zu einem betrieblichen Versorgungsanrecht	187
11.	Träger der betrieblichen Altersversorgung	187
	a) Grundlagen	187
	b) Unmittelbare Versorgungszusage – Direktzusage	188
	c) Direktversicherungen	188
	d) Pensionskassen	189
	e) Unterstützungskassen	190
	f) Pensionsfonds	190
	g) Freiwillige Versicherung in der gesetzlichen Rentenversicherung	190
II.	**Berechnung des Ehezeitanteils einer betrieblichen Altersversorgung**	191
1.	Grundlagen	191
2.	Die neue Struktur zur Ermittlung des Ehezeitanteils nach § 45 Abs. 1, 2 VersAusglG	191
	a) Grundlagen	191
	b) Regelungsbereich des § 45 Abs. 1 Satz 1 VersAusglG – Wahlrecht des Versorgungsträgers	192
	c) Prinzip des fiktiv angenommenen Ausscheidens aus dem Betrieb	193
	d) Vorrang der unmittelbaren Bewertung vor der zeitratierlichen Bewertung	193
3.	Grundprinzipen der zeitratierlichen Berechnungsmethode	194
4.	Darstellung der verschiedenen Fallkonstellationen	195
	a) Überblick über die gesetzliche Regelung	195
	b) Betriebszugehörigkeit bei Ehezeitende beendet	195
	c) Betriebszugehörigkeit bei Ehezeitende nicht beendet	196
5.	Berechnung des Ehezeitanteils nach Kalendermonaten	199
6.	Prüfungspflicht bei der Bestimmung des Ehezeitanteils	199
7.	Eintritt der Invalidität vor Erreichen der festen Altersgrenze	199
8.	Sonderfall bei Mindestversorgungszusage	199
9.	Sicherung der Versorgung im Insolvenzfall	200
10.	Sonderfälle der Bestimmung des Ehezeitanteils	201
	a) Direktversicherungen	201
	b) Pensionskassen, Pensionsfonds	202
	c) Behandlung von Überschussanteilen	202
11.	Gesamtversorgungssysteme und limitierte Versorgungen	203
	a) Grundlagen der Gesamtversorgungssysteme	203
	b) Limitierte Versorgungen	204
	c) Methoden der Ermittlung des Ehezeitanteils bei einem Gesamtversorgungssystem	204
	d) Meinungsstand in Rechtsprechung und Literatur, Auswirkungen auf den reformierten Versorgungsausgleich	205
	e) Keine Korrektur im Abänderungsverfahren	206
	f) Limitierte Versorgung im Versorgungsausgleich	207
III.	**Verfallbare Anrechte im Bereich der betrieblichen Altersversorgung**	207
1.	Behandlung im Versorgungsausgleich	207
2.	Verfallbarkeit der zukünftigen Dynamik	208
	a) Grundlagen	208
	b) Auswirkungen im Versorgungsausgleich	209

c) Erfassung des der schuldrechtlichen Ausgleichsrente zugewiesenen Teils des Anrechts bei Verbleiben im Betrieb 209

IV. **Zusatzversorgung des öffentlichen Dienstes** 210
1. Grundlagen 210
2. Zusatzversorgungen des öffentlichen Dienstes vor und nach deren Umstellung 211
   a) Umstellung des Systems der Zusatzversorgung des öffentlichen Dienstes zum 31.12.2001 211
   b) Überblick über die Leistungen der Zusatzversorgung des öffentlichen Dienstes bis 31.12.2001 212
   c) Leistungen der Zusatzversorgung des öffentlichen Dienstes 212
   d) Umstellung der vor dem 01.01.2002 erworbenen Anrechte 213
   e) Verfassungswidrigkeit der Übergangsbestimmungen 213
3. Versicherungsarten, Leistungen nach der Systemumstellung 214
4. Durchführung des Versorgungsausgleichs 214
   a) Unverfallbarkeit der Zusatzversorgung des öffentlichen Dienstes 214
   b) Bestimmung des Ehezeitanteils 214
   c) Sonderfälle der Bestimmung des Ehezeitanteils 215
   d) Dynamik der Zusatzversorgung des öffentlichen Dienstes 215
   e) Neuberechnung der Rente der Zusatzversorgung im öffentlichen Dienst im Abänderungsverfahren nach der Strukturreform 216
5. Auswirkungen der Entscheidung des BGH zur Verfassungswidrigkeit der Übergangsbestimmungen 217
   a) Umfang der Auswirkungen 217
   b) Fälle, in denen der Versorgungsausgleich durchgeführt werden kann 218
   c) Fälle, in denen der Versorgungsausgleich teilweise durchgeführt werden kann 218

F. **Wertermittlung bei Pensionszusagen für Selbständige, Gesellschafter-Geschäftsführer** 220

I. **Grundlagen** 220

II. **Wertermittlung im Versorgungsausgleich** 220

G. **Wertermittlung bei berufsständischen Versorgungen** 222

I. **Grundlagen** 222

II. **Bewertungsmethoden bei berufsständischen Versorgungen** 222
1. Gesetzliche Grundlagen 222
2. Die verschiedenen Systeme 223
   a) Berufständische Versorgungen mit zeitratierlicher Bewertung ... 223
   b) Im Versorgungsausgleich ist danach wie folgt vorzugehen 223
   c) Bestimmung des Werts nach dem Bruchteil entrichteter Beiträge . 224
   d) Bewertung nach den Grundsätzen der gesetzlichen Rentenversicherung 225

H.	Alterssicherung für Landwirte	225
I.	Grundlagen	225
II.	Berechnung des Anrechts	226
III.	Bewertung von Bestandsrenten	227
IV.	Leistungsteile, die nicht dem Versorgungsausgleich unterliegen	227
J.	Überstaatliche oder zwischenstaatliche sowie ausländische Betriebsrenten	228
K.	Wertermittlung bei privaten Rentenversicherungen	228
I.	Grundlagen	228
1.	Rechtsgrundlagen	228
2.	Arten der Lebensversicherung	229
	a) Überblick	229
	b) Kapitallebensversicherungen; Abgrenzungen	229
	c) Leibrentenversicherungen	230
	d) Fondsgebundene Rentenversicherung	230
	e) Risikoversicherungen	231
	aa) Private Berufs-, Erwerbsunfähigkeitsversicherung, § 172 VVG	231
	bb) Todesfallversicherung	231
	cc) Private Unfallversicherung, § 178 VVG	231
II.	Anwendungsbereich im Versorgungsausgleich	232
1.	Abgrenzung zwischen Güterrecht und Versorgungsausgleich	232
2.	Bestimmung des Ehezeitanteils nach § 46 VersAusglG	233
	a) Grundlagen	233
	b) Differenzierung nach unterschiedlichen Sachlagen	234
	c) Exkurs zu den Deckungsrückstellungen	236
3.	Kein Abzug der Stornokosten	237
4.	Unwiderrufliche Bezugsberechtigung	237
L.	Begriff der Dynamik	237
I.	Bedeutung der Dynamik im reformierten Versorgungsausgleich	237
II.	Begriffsbestimmung	240
III.	Dynamik der gesetzlichen Rentenversicherung sowie Beamtenversorgung	240
IV.	Begriff der Voll- sowie Teildynamik	240
V.	Dynamik und Finanzierungsverfahren	242
VI.	Einkommensabhängige Anpassungen	243

VII.	Verfall der Einkommensdynamik	244
VIII.	Preisentwicklung	244
IX.	Zinsdynamik	244
X.	Berufsständische Versorgungen	245
XI.	Sonstige Versorgungen	245

3. Kapitel   Der Wertausgleich von Versorgungsanrechten ... 247

I.	Einleitung	247
II.	Gliederung der Regelungen zum Wertausgleich	247
III.	Vereinbarungen über den Versorgungsausgleich	250
1.	Regelungszweck der §§ 6–8 VersAusglG	250
2.	Überblick über die gesetzlichen Bestimmungen	250
IV.	Der Wertausgleich bei der Scheidung	251
1.	Überblick sowie verfahrensrechtliche Grundlagen	251
2.	Regelung der Rangfolge nach § 9 VersAusglG	252
	a) Zweck der Rangfolgeregelung nach § 9 VersAusglG	252
	b) Anwendungsbereich der internen sowie externen Teilung	252
3.	Interne Teilung von Anrechten für die ausgleichsberechtigte Person	253
	a) Grundsatz der gleichmäßigen Teilhabe im positiven wie negativen Sinn	253
	b) Verrechnung gleichartiger Anrechte bei demselben Versorgungsträger als Ausnahmeregelung	254
4.	Anforderungen an die interne Teilung nach §§ 11, 12 VersAusglG	257
	a) Grundlagen	257
	b) Begründung eines eigenständigen und entsprechend gesicherten Anrechts	257
	c) Sicherung des Insolvenzschutzes sowie Rückdeckungsversicherung	258
	d) Vergleichbare Wertentwicklung	259
	e) Gleicher Risikoschutz	260
	f) Auffangregelung des § 11 Abs. 2 VersAusglG	261
5.	Reichweite der Gestaltungsbefugnis nach § 11 VersAusglG	261
	a) Sicherung des Insolvenzschutzes bei Pensionszusage	261
	b) Wechsel der Leistungsform	262
	c) Anpassung wegen Unterhalt und wegen Tod der ausgleichsberechtigten Person	262
	d) Einführung des Rentnerprivilegs	263
6.	Auswirkungen des neuen Ausgleichssystems	263
7.	Rechtsfolge der internen Teilung von Anrechten der betrieblichen Altersversorgung	265
8.	Interne Teilung eines Anrechts aus einem öffentlich-rechtlichen Dienst- oder Amtsverhältnis	266

	a) Regelungszweck und Regelungsbereich des Beamtenversorgungsteilungsgesetzes	266
	b) Inhaltliche Gestaltung des Anrechts nach dem BVersTG	267
	c) Anpassung des Anrechts	268
	d) Erstattung bei Beendigung des Dienstverhältnisses	268
	e) Zusammentreffen von Versorgungsbezügen beider Ehegatten	268
9.	Interne Teilung eines Anrechts nach dem Abgeordnetengesetz	268
10.	Interne Teilung der Alterssicherung der Landwirte und Schornsteinfeger	269
11.	Teilungskosten des Versorgungsträgers	270
12.	Externe Teilung	271
	a) Grundlagen	271
	b) Durchführung der externen Teilung	272
	c) Unzulässigkeit der externen Teilung bei Erreichen der Altersgrenze	272
	d) Externe Teilung durch Vereinbarung der Beteiligten	273
	e) Externe Teilung auf Antrag des Versorgungsträgers	274
	f) Bestimmung der Höhe des Kapitalbetrags nach § 14 Abs. 4 VersAusglG	275
	g) Verrechnung gleichartiger Anrechte, Vollzug der externen Teilung	275
13.	Wahlrecht hinsichtlich der Zielversorgung bei externer Teilung, § 15 VersAusglG	275
	a) Grundlagen	275
	b) Anforderungen an die Qualität der Zielversorgung	276
	c) Berücksichtigung steuerrechtlicher Auswirkungen	276
	d) Bildung einer Versorgungsausgleichskasse zur Durchführung der externen Teilung	277
14.	Externe Teilung von Anrechten aus einem öffentlich-rechtlichen Dienst- oder Amtsverhältnis	278
	a) Grundlagen	278
	b) Inhalt der Entscheidung des Familiengerichts	278
	c) Weitere Regelungen	279
15.	Weiterleitung der Krankenversicherungspflicht bei der externen Teilung	279
16.	Geringfügige Ausgleichswerte	280
	a) Grundlagen	280
	b) Geringe Differenz einzelner Ausgleichswerte i. S. d. § 18 Abs. 1 VersAusglG	281
	c) Ermessensentscheidung bei einzelnen Anrechten mit geringem Ausgleichswert nach § 18 Abs. 2 VersAusglG	282
	d) Verfahrensrechtlicher Vollzug	283
17.	Fehlende Ausgleichsreife eines Anrechts	283
	a) Grundlagen	283
	b) Zeitpunkt der Beurteilung der fehlenden Entscheidungsreife	284
	c) Fälle der fehlenden Ausgleichsreife	284
	d) Fehlende Verfestigung dem Grunde und der Höhe nach	285
	e) Abzuschmelzende Leistungen, § 19 Abs. 2 Nr. 2 VersAusglG	285
	f) Unwirtschaftlichkeit des Ausgleichs	285
	aa) Fehlende Auswirkungen zugunsten der ausgleichsberechtigten Person	285
	bb) Der Begriff der Unwirtschaftlichkeit	286
	cc) Rechtsfolgen	287
	dd) Berechnung der allgemeinen Wartezeit, § 50 SGB VI	288

		ee) Berechnung nach § 52 SGB VI	288
		g) Anrechte bei einem ausländischen, zwischenstaatlichen oder überstaatlichen Versorgungsträger	288
		h) Ausgleichssperre bei Anrechten eines ausländischen Versorgungsträgers gem. § 19 Abs. 3 VersAusglG	289
		i) Vorbehalt von Ausgleichsansprüchen nach der Scheidung	291
V.	Ergänzende Vorschriften		291
1.	Überblick		291
2.	Ausgleich eines Anrechts der Privatvorsorge wegen Invalidität		292
	a) Grundlagen der bisherigen Rechtsprechung		292
	b) Neuregelung des § 28 VersAusglG		293
	c) Form des Wertausgleichs		293
3.	Leistungsverbot bis zum Abschluss eines Verfahrens, § 29 VersAusglG		294
4.	Schutz des Versorgungsträgers, § 30 VersAusglG		295
	a) Regelungszweck		295
	b) Anwendungsbereich		295
	c) Anwendung bei interner Teilung sowie externer Teilung		297
	d) Schutz des Versorgungsträgers bei Leistungen an die Witwe oder den Witwer		297
5.	Tod eines Ehegatten, § 31 VersAusglG		297
	a) Normzweck		297
	b) Erlöschen des Ausgleichsanspruchs bei Tod der ausgleichsberechtigten Person		298
	c) Kein Erlöschen des Ausgleichsanspruchs bei Tod der ausgleichspflichtigen Person im Fall des Wertausgleichs bei der Scheidung		299
	d) Verbot der Besserstellung der ausgleichsberechtigten Person nach § 31 Abs. 2 VersAusglG		300
	e) Erlöschen der Ausgleichsansprüche nach der Scheidung		302
	f) Kein Erlöschen bei Erfüllungs- und Schadensersatzansprüchen		303
VI.	Steuerrechtliche Auswirkungen des Versorgungsausgleichs		304
1.	Rechtslage bis zum Alterseinkünftegesetz vom 05.07.2004		304
2.	Neuordnung der steuerlichen Behandlung der Altersvorsorge durch das Alterseinkünftegesetz		304
3.	Steuerliche Regelungen nach den VAStrRefG		308
	a) Zweck der einkommensteuerrechtlichen Regelungen		308
	b) Steuerrechtliche Regelungen zur internen Teilung		308
	c) Steuerrechtliche Regelungen zur externen Teilung		308
4.	Besteuerung eines Anrechts der gesetzlichen Rentenversicherung		310
	a) Behandlung der Beiträge zur gesetzlichen Rentenversicherung als Sonderausgaben		310
	b) Besteuerung der Renten		310
5.	Wiederauffüllung eines durch den Versorgungsausgleich gekürzten Anrechts der gesetzlichen Rentenversicherung		311
6.	Steuerrechtliche Auswirkungen bei Ausgleich einer Beamtenversorgung		312
	a) Die Besteuerung der Versorgungsbezüge eines Beamten		312
	b) Steuerrechtliche Auswirkungen des Wertausgleichs von Versorgungsanrechten eines Beamten		312
7.	Steuerrechtliche Auswirkungen bei berufsständischen Versorgungen		313

8.	Steuerrechtliche Auswirkungen bei sonstigen Versorgungen	314
9.	Anrechte der privaten Versicherung	314
	a) Steuerrechtliche Grundlagen	314
	b) Auswirkungen bei Durchführung des Versorgungsausgleichs	315
	c) Besteuerung des Anrechts im Versorgungsfall	315
10.	Steuerrechtliche Folgen der Ausgleichsansprüche nach der Scheidung	316
	a) Rechtszustand bis zum 31.12.2007	316
	b) Rechtszustand ab 01.01.2008	316

4. Kapitel   Ausgleichsansprüche nach der Scheidung 319

I. Regelungsbereich 319

1.	Eingeschränkter Anwendungsbereich des schuldrechtlichen Versorgungsausgleichs im neuen Versorgungsausgleich	319
2.	Fortbestehender Anwendungsbereich bei schuldrechtlichen Ausgleichsansprüchen in Altfällen	320
3.	Anwendungsbereich der Ausgleichsansprüche nach der Scheidung im reformierten Versorgungsausgleich, Verhältnis zum Abänderungsverfahren	320
4.	Eingeschränkte Sicherheit des Leistungsbezugs – Risiken bei Vereinbarung des Wertausgleichs nach der Scheidung gem. den §§ 20–24 VersAusglG	322
5.	Abschließender Regelungsbereich der Ausgleichsansprüche nach der Scheidung	323

II. Überblick über die Vorschriften zum Wertausgleich nach der Scheidung 325

III. Der Anspruch auf die schuldrechtliche Ausgleichsrente nach § 20 VersAusglG 326

1.	Grundlagen	326
2.	Beginn und Voraussetzungen der Leistungen zur schuldrechtlichen Ausgleichsrente	327
3.	Der Ausgleichsanspruch dem Grunde nach	328
4.	Fälligkeit des Anspruchs	328
	a) Voraussetzungen beim Ausgleichspflichtigen	328
	b) Voraussetzungen beim Ausgleichsberechtigten	329
5.	Ausgleichsanspruch der Höhe nach	330
	a) Grundlagen der Berechnung, Ermittlung des Ehezeitanteils	330
	b) Veränderung des auszugleichenden Anrechts nach Ehezeitende	332
6.	Dynamischer Titel hinsichtlich künftiger Leistungen; rückständige Ansprüche	333
7.	Wegfall eines Anrechts nach Ehezeitende	334
8.	Ausgleich einer beim Wertausgleich bei der Scheidung vergessenen Versorgung	334
9.	Kein Abzug von Sozialversicherungsbeiträgen – Nettoprinzip des Ausgleichs	336
10.	Steuerrechtliche Auswirkungen	337
11.	Anwendung der Härteklausel nach § 27 VersAusglG	337
12.	Besonderheiten der Zusatzversorgung des öffentlichen Dienstes	337

13. Schuldrechtliche Ausgleichsrente bei ausländischen zwischenstaatlichen oder überstaatlichen Anrechten 338
14. Pflicht zur Auskunftserteilung 339
15. Modalitäten der Zahlung der Ausgleichsrente, Verzug, Wiederheirat 339
16. Erlöschen bei Tod des Ausgleichsberechtigten und Ausgleichspflichtigen 340

IV. Abtretung von Versorgungsansprüchen gem. § 21 VersAusglG 341

1. Regelungsbereich 341
2. Voraussetzungen 341
3. Änderung der Verhältnisse nach erfolgter Abtretung 342
4. Aufhebung von Abtretungsverboten und -beschränkungen, § 21 Abs. 3 VersAusglG 342
5. Verfahren 342
6. Rückübertragung abgetretener Versorgungsansprüche auf den Ausgleichspflichtigen 343

V. Anspruch auf Ausgleich von Kapitalzahlungen gem. § 22 VersAusglG 343

VI. Anspruch auf Abfindung, Zumutbarkeit 344

1. Zweck der Regelung 344
2. Anwendungsbereich 345
3. Auswirkungen 345
4. Voraussetzungen 345
   a) Abfindung eines noch nicht ausgeglichenen Anrechts 345
   b) Zulässigkeit der Anordnung von Beiträgen zur gesetzlichen Rentenversicherung 346
5. Wirtschaftliche Zumutbarkeit für den Ausgleichspflichtigen 347
   a) Grundlagen 347
   b) Begriff der Zumutbarkeit der Zahlung einer Abfindung 347
   c) Anordnung einer Ratenzahlung 350
6. Höhe der Abfindung 350
   a) Bestimmung des Zeitwertes nach § 24 Abs. 1 VersAusglG 350
   b) Bestimmung des Abfindungsbetrages 351
7. Zweckbindung der Abfindungszahlung 353
8. Verfahren 353
9. Tod des Ausgleichsberechtigten 354
10. Anrechnung auf den Unterhalt 354

VII. Abänderungen rechtskräftiger Entscheidungen und Vereinbarungen zum Wertausgleich nach der Scheidung, Beschwerde gegen Endentscheidungen 355

VIII. Verhältnis zum nachehelichen Unterhalt 356

IX. Verfahrensfragen 357

1. Antragsverfahren 357
2. Feststellungsinteresse 357

5. Kapitel Teilhabe an der Hinterbliebenenversorgung 359

I. Überblick 359

II. Normzweck des § 25 VersAusglG – Anspruch gegen den Versorgungsträger 359

III. Schutz der Träger der auszugleichenden Versorgung 360

IV. Voraussetzungen des Anspruchs, § 25 Abs. 1 VersAusglG 360
1. Vorliegen einer Hinterbliebenenversorgung 360
   a) Begriff der Hinterbliebenenversorgung 360
   b) Wiederverheiratungsklauseln, Anrechnungsbestimmungen 361
   c) Kapitalleistungen als Hinterbliebenenversorgung bei Rentenleistung an die ausgleichspflichtige Person 363
2. Persönliche Voraussetzungen beim Ausgleichsberechtigten 364
3. Höhe des Ausgleichsanspruchs 365

V. Anrechnung anderweitiger Leistungen nach § 25 Abs. 3 Satz 2 VersAusglG 366

VI. Wertausgleich bei mehreren auszugleichenden Versorgungen beider Ehegatten 367

VII. Anpassung der Ausgleichsrente 367

VIII. Keine Bindung des Versorgungsträgers an rechtskräftige Entscheidungen zu schuldrechtlichen Ausgleichszahlungen 367

IX. Ausschluss des Anspruchs nach § 25 Abs. 2 VersAusglG 368

X. Kürzung der Hinterbliebenenversorgung, § 25 Abs. 5 VersAusglG 369

XI. Verweisung auf anwendbare Vorschriften, § 25 Abs. 2, 3 VersAusglG 369

XII. Schutz des Versorgungsträgers 371

XIII. Auskunftspflichten 371

XIV. Verfahren bei Ansprüchen nach § 25 VersAusglG 371
1. Familiengerichtliche Zuständigkeit 371
2. Antragsvoraussetzung 372
3. Entscheidung des Familiengerichts, Vollstreckung 372
4. Feststellungsinteresse 372

XV. Anspruch bei nicht innerstaatlichen Versorgungen, § 26 VersAusglG 373
1. Voraussetzungen 373
2. Kürzung nach Tod des Ausgleichsberechtigten 373

6. Kapitel Beschränkung oder Wegfall des Versorgungsausgleichs ... 375

I. Grundlagen ... 375

1. Normzweck des § 27 VersAusglG ... 375
2. Funktion einer Generalklausel ... 375
3. Die Funktion der Härteklausel im neuen Ausgleichssystem ... 376
   a) Folgen für die Anwendung der Härteklausel durch Aufgabe des Wertausgleichs in eine Richtung ... 376
   b) Bestehende Sanktionsgrenzen bei Anwendung der Härteklausel . 377
4. Verhältnis zu §§ 242, 1381, 1579 BGB ... 379
5. Unterschiedliche Zeitpunkte zur Anwendung der Härtefallklausel . . 380
6. Keine Regelung zur Beseitigung systembedingter Unstimmigkeiten . 381
7. Begriff der groben Unbilligkeit ... 381
8. Umfang des Ausschlusses ... 383

II. Aufgliederung der Härtegründe nach § 27 VersAusglG ... 384

1. Übernahme der Härtegründe aus § 1587 c BGB a. F.? ... 384
2. Beiderseitige Verhältnisse der Ehegatten ... 385
   a) Begriff der beiderseitigen Verhältnisse ... 385
   b) Vermögenserwerb der Ehegatten ... 385
   c) Umstände, die zum Scheitern der Ehe geführt haben ... 387
3. Versorgungslage beider Ehegatten – fehlende ausgewogene soziale Sicherheit ... 387
4. Vermögensrechtliche Lage beider Ehegatten ... 388
5. Sonstige Umstände ... 389
6. Kurze Dauer der Ehe als Härtegrund ... 389
7. Lange Dauer der Trennung ... 390
8. Finanzierung der Ausbildung ... 391
9. Herbeiführung einer Unterhaltsbedürftigkeit bei beiderseitigem Rentenbezug ... 392
10. Berücksichtigung eines persönlichen Fehlverhaltens ... 392
11. Überspannung der ehelichen Solidarität ... 394
12. Einseitiger Versorgungserwerb wegen Rentenbezug eines Ehegatten während der Ehezeit; hoher Altersunterschied ... 394
13. Auswirkungen des Güterstandes ... 394
14. Wegfall eines Anrechts durch illoyales Handeln oder Unterlassen . . 395
    a) Voraussetzungen ... 395
    b) Rechtsfolgen ... 395
15. Verletzung der Unterhaltspflicht ... 396
    a) Voraussetzungen ... 396
    b) Schwere der Unterhaltsverletzung ... 397
    c) Schuldhaftes Verhalten ... 397
    d) Rechtsfolgen ... 398
16. Sonstige Härtefälle ... 398

III. Weitere Fragen zur Härteklausel ... 399

1. Wegfall von Härtegründen mit dem Tod der ausgleichspflichtigen Person ... 399
2. Einschränkung des Amtsermittlungsgrundsatzes in Härtefällen 400

IV.	Ausschluss des Versorgungsausgleichs bei Ausgleichsansprüchen nach der Scheidung gem. den §§ 20–26 VersAusglG	401
1.	Regelungsbereich	401
2.	Fehlende Unterhaltsbedürftigkeit beim Ausgleichsberechtigten	402
3.	Unbillige Härte für den Ausgleichspflichtigen	404
4.	Unbillige Härte zur Wahrung des Halbteilungsgrundsatzes	404
5.	Weitere Härtefälle	405
6.	Rechtsfolgen, Verfahren	405

V.	Anwendung der Härtefallklausel bei Abänderung einer Entscheidung zum Versorgungsausgleich	405
1.	Regelungszweck des § 226 Abs. 3 FamFG	405
2.	Verhältnis zu § 27 VersAusglG	406
3.	Anwendungsfälle des § 226 Abs. 3 FamFG	407

VI.	Berücksichtigung von Härtegründen nach § 27 VersAusglG im Abänderungsverfahren	408

7. Kapitel   Vereinbarungen über den Versorgungsausgleich   409

I.	Grundlegende Neuordnung	409

II.	Schutz des wirtschaftlich schwächeren Ehegatten	410
1.	Inhaltskontrolle	410
2.	Formvorschriften	410

III.	Wirksamkeit von vor dem 01. 09. 2009 abgeschlossenen Altverträgen	411

IV.	Regelungsbereich von Vereinbarungen	412
1.	Größerer Gestaltungsspielraum	412
2.	Regelungsbereich in zeitlicher Hinsicht	413
3.	Einbeziehung in den vermögensrechtlichen Ausgleich	413
4.	Ausschluss des Versorgungsausgleichs	413
5.	Herausnahme bestimmter Zeiträume aus dem Wertausgleich	414
6.	Vereinbarung des schuldrechtlichen Versorgungsausgleichs	414

V.	Vereinbarungen zum Versorgungsausgleich nach § 1408 Abs. 2 BGB	417
1.	Regelungsbereich	417
2.	Möglicher Inhalt von Vereinbarungen	418

VI.	Inhaltskontrolle von Vereinbarungen	419
1.	Rechtslage vor der grundlegenden Entscheidung des BGH zur Inhaltskontrolle	419
2.	Rechtsprechung des BGH zur Inhaltskontrolle bei Eheverträgen	420
	a) Grundlagen	420
	b) Fälle einer Wirksamkeitskontrolle	421
	c) Fälle einer Ausübungskontrolle	422

3.	Ausschluss des Versorgungsausgleichs in der Beschlussformel der Entscheidung	423
4.	Einzelfälle zur Wirksamkeits- und Ausübungskontrolle	423
5.	Wirksamkeit eines entschädigungslosen Verzichts auf den Versorgungsausgleich	424
6.	Altersvorsorge auf Kapitalbasis bei Ausschluss des gesetzlichen Güterstands	425
7.	Inhaltskontrolle bei Scheidungsfolgenvereinbarungen	426
8.	Teilwirksamkeit einer Scheidungsfolgenregelung	427
9.	Belehrung nach § 17 BeurkG und Inhaltskontrolle	427
10.	Wirksamkeit eines Verzichts bei Ausgleichsleistungen	427
11.	Verfahrensfragen	428
	a) Auskunft und Inhaltskontrolle	428
	b) Antrag auf Feststellung der Unwirksamkeit eines Ehevertrages	428
12.	Vornahme der Inhaltskontrolle von Rechts wegen	428
13.	Vereinbarungen nach Rechtskraft der Entscheidung zum Versorgungsausgleich – keine Umkehr des Versorgungsausgleichs bei Wiederheirat	428

8. Kapitel Anpassung nach Rechtskraft 431

I. Regelungsbereich 431

1.	Ausgangslage	431
2.	Umsetzung der verfassungsrechtlichen Vorgaben im reformierten Versorgungsausgleich	432

II. Beschränkung der Anpassung nach Rechtskraft auf die Regelsicherungssysteme 432

1.	Voraussetzung der Anpassung nach den §§ 32–38 VAG	432
2.	Kreis der anpassungsfähigen Anrechte	432
3.	Rechtfertigung des eingeschränkten Anwendungsbereichs	433

III. Überblick über die Fälle der Anpassung nach Rechtskraft 434

IV. Anpassung wegen Unterhalt 434

1.	Normzweck	434
2.	Voraussetzungen einer Anpassung wegen Unterhalt	435
3.	Stellung eines Antrags	435
4.	Voraussetzungen auf Seiten der ausgleichsberechtigten Person	436
5.	Voraussetzungen auf Seiten der ausgleichspflichtigen Person	437
6.	Die Bestimmung der Anpassung nach § 33 Abs. 3 VersAusglG	438
	a) Grundlagen	438
	b) Fassung der Beschlussformel	440
	c) Begrenzung in Höhe der Differenz der beiderseitigen Ausgleichswerte	440
	d) Kürzung mehrerer Versorgungen nach Billigkeit	441
7.	Durchführung der Anpassung wegen Unterhalt	441
8.	Prüfungspflichten des Familiengerichts	441
9.	Zeitpunkt und Beendigung der Kürzung, Mitwirkungspflichten	442

10.	Änderung der Rentenbescheide der ausgleichspflichtigen und ausgleichsberechtigten Person	442
11.	Verzeihung des Härtegrundes nach § 1579 BGB	443

V. Anpassung wegen Invalidität 443

1.	Regelungszweck	443
2.	Voraussetzungen	444
3.	Beispiel einer Anpassung nach § 35 Abs. 1 VersAusglG	444
4.	Durchführung der Anpassung wegen Invalidität oder einer besonderen Altersgrenze	445

VI. Anpassung wegen Todes der ausgleichsberechtigten Person 445

1.	Grundlagen, Änderungen des neuen Rechts	445
2.	Voraussetzungen der Aussetzung der Kürzung wegen Todes	446
3.	Folgen der Anpassung wegen Todes der ausgleichsberechtigten Person	447
4.	Erlöschen der von der ausgleichspflichtigen Person im Versorgungsausgleich erworbenen Anrechte	448
5.	Durchführung der Aussetzung der Kürzung	449

9. Kapitel Auswirkungen der Übertragung oder Begründung von Anrechten in der gesetzlichen Rentenversicherung sowie Beamtenversorgung 451

I. Übertragung von Rentenanwartschaften 451

1.	Umsetzung des Versorgungsausgleichs in der gesetzlichen Rentenversicherung	451
2.	Zusammentreffen von Anrechten der knappschaftlichen Versicherung mit Anrechten der allgemeinen gesetzlichen Rentenversicherung	452
3.	Auswirkungen bei Rentenbezug	452

II. Auswirkungen der Begründung von Rentenanwartschaften 452

1.	Fälle der Begründung von Rentenanwartschaften im Versorgungsausgleich	452
2.	Umrechnen der begründeten Rentenanwartschaft in Entgeltpunkte	453
3.	Rentenrechtliche Auswirkungen der Begründung von Rentenanwartschaften durch Beitragsentrichtung	454
4.	Begründung von Rentenanwartschaften aufgrund der externen Teilung nach § 16 VersAusglG	454
	a) Erstattung der Leistung durch den Träger der Versorgung	454
	b) Rentenrechtliche Auswirkungen der externen Teilung nach § 16 VersAusglG	454
	c) Kürzung der Versorgungsbezüge gem. § 57 BeamtVG	455
	d) Abwendung der Kürzung der Versorgungsbezüge, § 58 BeamtVG	456

III. Zeitpunkt der Rentenerhöhung beim Ausgleichsberechtigten 456

IV. Zeitpunkt der Rentenminderung beim Ausgleichspflichtigen – Rentnerprivileg 456

10. Kapitel Versorgungsausgleich mit Auslandsberührung und interlokales Recht 459

I. Überblick 459

II. Internationale und örtliche Zuständigkeit der deutschen Gerichte 459
1. Keine internationale Zuständigkeit nach multilateralen Staatsverträgen 459
2. Die internationale und örtliche Zuständigkeit der deutschen Gerichte im Versorgungsausgleich 460
   a) Verbundverfahren 460
   b) Selbständige Verfahren zum Versorgungsausgleich 461
   c) Örtliche Zuständigkeit 461

III. Anzuwendendes Recht 461
1. Grundlagen 461
2. Systematik des Art. 17 Abs. 3 Satz 1 EGBGB 462
   a) Gesamtverweisung 462
   b) Heimatstaatenklausel; ordre public 462
   c) Kollisionsrechtlicher Begriff des Versorgungsausgleichs 463
3. Ersatzweise Anwendung des deutschen Sachrechts 464
4. Rechtswahl und Antrag nach Art. 17 Abs. 3 Satz 2 EGBGB 466
5. Nachträgliche Durchführung des Versorgungsausgleichs im Inland . 467
6. Ausländisches Scheidungsstatut und Art. 3 Abs. 3 EGBGB 467

IV. Übergangsbestimmungen für Altfälle 467

V. Einbeziehung ausländischer Anrechte bei Anwendung deutschen Sachrechts 468
1. Grundlagen 468
2. Umfang der einzubeziehenden Anrechte 468
3. Berücksichtigung ausländischer Versicherungszeiten in der deutschen gesetzlichen Rentenversicherung 469
4. Bewertung ausländischer Anrechte 469
5. Ausgleich ausländischer Anrechte 470
6. Ermittlung ausländischer Anrechte 470
   a) Ermittlungspflicht des Familiengerichts 470
   b) Bestimmung des Ehezeitendes bei Scheidungsverfahren im Ausland; Trennungsverfahren 471

VI. Versorgungsausgleich und interlokales Recht 471
1. Grundlagen 471
2. Durchführung des Versorgungsausgleichs bei Scheidung der Ehe vor dem 01.01.1992 472
   a) Rechtslage vor Inkrafttreten des IPR-Neuregelungsgesetzes 472
   b) Bestimmungen des Einigungsvertrages bei Scheidung vor dem 01.01.1992 472
   c) Gemeinsamer gewöhnlicher Aufenthalt in den alten Bundesländern 473
   d) Getrennter gewöhnlicher Aufenthalt 473

Inhaltsverzeichnis

	e) Anwendung der Regel des Art. 17 Abs. 3 Satz 2 EGBGB	474
	f) Vereinbarung bzw. gerichtliche Entscheidung zur Vermögensteilung	474
3.	Sonderregelung des Einigungsvertrages bei Übersiedlung in die alten Bundesländer vor dem 03. 10. 1990	474
4.	Versorgungsausgleich bei gewöhnlichem Aufenthalt während der Ehezeit in den alten Bundesländern	474

11. Kapitel   Das Verfahren zum Versorgungsausgleich 475

I.	Zuordnung des Verfahrens zu den Angelegenheiten der freiwilligen Gerichtsbarkeit	475
II.	Der Begriff der Versorgungsausgleichssachen	475
III.	Verfahren innerhalb und außerhalb des Entscheidungsverbunds nach § 137 FamFG	476
1.	Verfahren im Entscheidungsverbund	476
2.	Verfahren außerhalb des Verbunds	476
3.	Ausgleichsansprüche nach der Scheidung	477
4.	Auskunftsantrag und Stufenantrag zur Geltendmachung einer Auskunft zum Versorgungsausgleich	477
5.	Verfahren zur Anpassung des Versorgungsausgleichs nach Rechtskraft	479
IV.	Grundsätze des Verfahrens	479
1.	Funktionelle Zuständigkeit des Familiengerichts	479
2.	Örtliche Zuständigkeit	479
	a) Struktur des § 218 FamFG	479
	b) Gerichtsstand der Ehesache	479
	c) Gerichtsstand des gewöhnlichen Aufenthalts	480
	d) Auffanggerichtsstand nach § 218 Nr. 6 FamFG	481
3.	Rechtsanwaltszwang	481
4.	Verbundverfahren	481
5.	Erörterung des Verfahrensgegenstands zum Versorgungsausgleich	483
6.	Umfang der Ermittlungen	483
7.	Aussetzung des Verfahrens	484
8.	Abtrennung des Verfahrens zum Versorgungsausgleich aus dem Entscheidungsverbund	485
	a) Unmöglichkeit einer Entscheidung zum Versorgungsausgleich oder dem Güterrecht, § 140 Abs. 2 Nr. 1 FamFG	485
	b) Aussetzung der Entscheidung zum Versorgungsausgleich, § 140 Abs. 2 Nr. 2 FamFG	485
	c) Erleichterte Abtrennung des Versorgungsausgleichsverfahrens bei erbrachter Mitwirkung der Ehegatten	485
	d) Außergewöhnliche Verzögerung der Entscheidung, § 140 Abs. 2 Nr. 5 FamFG	486
	e) Verfahren der Abtrennung, Rechtsmittel	489
	f) Rechtsmittel bei Auflösung des Verbunds	489

XXIX

V.	**Beteiligung am Versorgungsausgleichsverfahren**	490
1.	Grundlagen	490
2.	Kreis der Beteiligten	490
3.	Verzicht auf die Beteiligung eines Versorgungsträgers	491
VI.	**Auskunfts- und Mitwirkungspflichten im Versorgungsausgleich** .	491
1.	Grundlagen	491
2.	Verfahrensrechtliche Auskunftspflicht	492
	a) Abgrenzung der Auskunftspflicht nach dem Regelungsbereich des Versorgungsausgleichs	492
	b) Kreis der Auskunftspersonen	493
	c) Verfahrensablauf der Auskunftseinholung	493
	d) Mitwirkungspflichten der Ehegatten	494
	e) Verhältnis zur familienrechtlichen Auskunftspflicht	495
	f) Inhalt der Auskunft des Versorgungsträgers	495
	aa) Mitteilung des Ausgleichswerts, des korrespondierenden Kapitalwerts sowie der für die Teilung maßgeblichen Regelungen	495
	bb) Inhaltliche Erläuterung der Auskunft	496
	g) Äußerung zur externen Teilung	496
	h) Kostenfreie Auskunft	497
	i) Durchsetzung einer Anordnung durch das Familiengericht	497
3.	Auskunftsanspruch der Ehegatten gegen den Versorgungsträger aus dem Versorgungsverhältnis	498
4.	Gegenseitige familienrechtliche Auskunftsansprüche der Ehegatten .	498
	a) Grundlagen	498
	b) Inhalt des Auskunftsanspruchs	499
	c) Verfahren	500
	d) Geltendmachung des Auskunftsanspruchs	500
5.	Auskunftsanspruch der Ehegatten gegen den Versorgungsträger nach § 4 Abs. 2 VersAusglG	500
6.	Auskunftsanspruch der Versorgungsträger gegen Ehegatten, Hinterbliebene und Erben	501
VII.	**Praktische Fragen zur Einleitung des Versorgungsausgleichsverfahrens**	501
1.	Grundlagen	501
2.	Fehlende Angaben zu den Versorgungsverhältnissen	502
3.	Vorbereitende Maßnahmen in der Anwaltsberatung	503
VIII.	**Bestimmung des zuständigen Rentenversicherungsträgers in der gesetzlichen Rentenversicherung bei fehlendem Versicherungskonto eines Ehegatten**	503
IX.	**Durchführung der externen Teilung**	504
1.	Anwendungsbereich des § 222 FamFG	504
2.	Fristsetzung des Familiengerichts	505
3.	Festsetzung des Zahlungsbetrags	505
4.	Vollstreckung des Ausgleichswerts	506

X. Das Verfahren für Ausgleichsansprüche nach der Scheidung 506

1. Regelungsbereich 506
2. Feststellungsinteresse bei Ausgleichsansprüchen nach der Scheidung 507

XI. Die Entscheidung des Familiengerichts 508

1. Entscheidung im Verbund und selbständigen Verfahren 508
2. Begründungspflicht, Sonderregelung im Verbund 508
3. Beschlussformel bei teilweisem oder vollem Ausschluss des Versorgungsausgleichs 509
4. Weitere Fälle der Nichtdurchführung des Versorgungsausgleichs ... 511
   a) Kein Versorgungserwerb in der Ehezeit 511
   b) Anfechtung eines Ehevertrags wegen Irrtum oder arglistiger Täuschung; sonstige Unwirksamkeitsgründe 511
5. Antragstellung bei kurzer Dauer der Ehe in der letzten mündlichen Verhandlung 511
6. Hinweispflicht des Familiengerichts in der Endentscheidung bei fehlender Entscheidungsreife 512
7. Fragen zum Verfahren bei geltend gemachter Härteklausel 512
8. Wirksamwerden der Endentscheidung mit Rechtskraft 513
9. Fassung der Beschlussformel 513
   a) Die Beschlussformel des dinglichen Wertausgleichs enthält folgende Angaben 513
   b) Beschlussformel im schuldrechtlichen Versorgungsausgleich und verlängerten schuldrechtlichen Versorgungsausgleich 514
10. Teilentscheidungen im Versorgungsausgleich 514
11. Zwischenentscheidungen im Versorgungsausgleich 516

XII. Abänderung von Entscheidungen zum Versorgungsausgleich 516

1. Verfassungsrechtliches Gebot einer Abänderungsregelung 516
2. Neukonzeption der Abänderung von Entscheidungen zum Versorgungsausgleich 517
3. Voraussetzungen der Abänderung des Wertausgleichs 518
   a) Begrenzung der Abänderbarkeit auf Regelsicherungssysteme ... 518
   b) Änderung des Ausgleichswerts aufgrund rückwirkender rechtlicher und tatsächlicher Veränderungen 518
   c) Wegfall eines Anrechts nach Ehezeitende 520
   d) Vergessene Versorgung bei Erstentscheidung 520
   e) Sogenannte Negativentscheidungen, unterlassene Entscheidung . 521
4. Wesentliche Wertveränderung 521
5. Erfüllung der Wartezeit in der gesetzlichen Rentenversicherung 522
6. Auswirkungen zugunsten eines Ehegatten oder seiner Hinterbliebenen 522
7. Durchführung einer Abänderung des Wertausgleichs bei der Scheidung 523
   a) Antragsberechtigung, Antrag als Voraussetzungen des Verfahrens 523
   b) Zeitpunkt der Antragstellung 523
   c) Billigkeitsprüfung der Abänderungsentscheidung 523
   d) Beschränkung auf wirtschaftliche und nachträglich entstandene Verhältnisse 524
   e) Rückwirkung auf den Antragszeitpunkt 524

XXXI

		f) Tod eines Ehegatten	525
	8.	Abänderung von Entscheidungen zum Wertausgleich nach der Scheidung	525
	9.	Abänderung von Vereinbarungen gem. den §§ 6–8 VersAusglG	527

XIII. Rechtsmittel gegen Entscheidungen zum Versorgungsausgleich .. 527

	1.	Anfechtung der Verbundentscheidung	527
	2.	Rechtsmittelerweiterung	527
	3.	Rechtsmittel in selbständigen Versorgungsausgleichsentscheidungen	528
	4.	Teilrechtsmittel	528
	5.	Beschwer im Versorgungsausgleichsverfahren	529
		a) Begriff der Beschwer	529
		b) Rechtsmittel der Versorgungsträger	529
		c) Fehlende Beteiligung eines Versorgungsträgers	530
		d) Verfahren	530
		e) Keine Beschwer bei Festsetzung des Ehezeitendes	530
	6.	Bindung an die Anträge im Beschwerdeverfahren	530
	7.	Verbot der Schlechterstellung	531
	8.	Rechtskraft und Wirksamkeit von Versorgungsausgleichsentscheidungen	532

XIV. Kostenentscheidung im Verfahren zum Versorgungsausgleich 532

XV. Gegenstandswerte in Versorgungsausgleichssachen nach dem FamGKG 534

XVI. Elektronischer Rechtsverkehr zwischen den Familiengerichten und den Versorgungsträgern 535

	1.	Grundlagen	535
	2.	Technische Vorgaben	536
	3.	Nutzungspflicht	536

12. Kapitel Übergangsvorschriften zum Gesetz zur Strukturreform des Versorgungsausgleichs 537

I. Allgemeine Übergangsvorschriften 537

	1.	Problemstellung	537
	2.	Inhalt der Änderungen	537

II. Wiederaufnahme von ausgesetzten Verfahren nach dem VAÜG ... 539

III. Abänderung des öffentlich-rechtlichen Versorgungsausgleichs, § 51 VersAusglG 539

	1.	Überblick	539
	2.	Regelungsbereich des § 51 VersAusglG	540
		a) Regelungsprinzip der Abänderung nach § 51 VersAusglG	540
		b) Keine Ausweitung der Abänderungsmöglichkeit – Begrenzung auf Ausgleich von Rentenanrechten	540
		c) Keine Umsetzung der Totalrevision bei vergessenen und nach § 2 VAHRG nicht ausgeglichenen Versorgungen	541

3.	Abänderung nur auf Antrag	542
4.	Zulässigkeit des Antrags auf Abänderung – Wesentlichkeitsgrenzen	543
	a) Unterschiedliche Regelungen einer wesentlichen Wertänderung	543
	b) Voraussetzungen der Änderung nach § 51 Abs. 2 VersAusglG	543
	c) Wertabweichung aufgrund rechtlicher oder tatsächlicher Veränderungen	543
	aa) Änderungen in der gesetzlichen Rentenversicherung	543
	bb) Änderungen in der Beamtenversorgung	545
	cc) Veränderungen aufgrund individueller Umstände können sich ergeben bei	545
	dd) Betriebliche Altersversorgung	545
	ee) Sonstige Versorgungen	546
	d) Keine allgemeine Korrektur von Fehlern der Erstentscheidung	546
	e) Begriff der wesentlichen Wertveränderung nach § 51 Abs. 2 VersAusglG	547
5.	Abänderung nach § 51 Abs. 3 VersAusglG aufgrund einer wesentlichen Wertverzerrung	547
	a) Zweck der Abänderungsbestimmung des § 51 Abs. 3 VersAusglG	547
	b) Methode der Bestimmung einer wesentlichen Änderung	548
	c) Weitere praktische Fragen	549
6.	Durchführung der Abänderung	550
7.	Keine Abänderung von Altverfahren im Falle eines Teilausgleichs nach § 3b Abs. 1 Nr. 1 VAHRG	551
IV.	Bewertung eines Teilausgleichs bei Ansprüchen aus dem schuldrechtlichen Versorgungsausgleich, § 53 VersAusglG	551
V.	Weiter anwendbare Übergangsvorschriften des 1. EheRG sowie des Gesetzes über weitere Maßnahmen auf dem Gebiet des Versorgungsausgleichs für Sachverhalte vor dem 01.07.1977	552

	Checkliste für typische Fehlerquellen bei Durchführung des Versorgungsausgleichs	**553**
I.	Einleitung des Versorgungsausgleichsverfahrens	553
II.	Klärungsbedürftige Fragen nach Antragstellung	553
III.	Prüfung der erteilten Auskünfte	554
1.	Gesetzliche Rentenversicherung	554
2.	Beamtenversorgung	554
3.	Betriebliche Altersversorgung	555
4.	Sonstige Versorgungen	555
5.	Sonstige Fragen	556
IV.	Kontrolle der gerichtlichen Entscheidung	556
	Stichwortverzeichnis	**557**

Abkürzungsverzeichnis

a. A.	anderer Ansicht
a. a. O.	am angegebenen Ort
abl.	ablehnend
Abs.	Absatz
Abw.	abweichend
a. E.	am Ende
a. F.	alte Fassung
AFG	Arbeitsförderungsgesetz
AG	Amtsgericht
ALG	Gesetz über die Alterssicherung der Landwirte vom 29. 7. 1994, BGBl. I 1890
Alt.	Alternative
AltEinkG	Alterseinkünftegesetz vom 5. 7. 2004, BGBl. I 1427
AltTZG	Altersteilzeitgesetz vom 23. 7. 1996, BGBl. I 1078
AltZertfG	Gesetz über die Zertifizierung von Altersvorsorge-und Basisrentenverträgen vom 26. 6. 2001, BGBl. I 1310, 1322 (Altersvorsorgeverträge-Zertifizierungsgesetz)
Amtl.	amtliche/r/s
Anh.	Anhang
Anm.	Anmerkung
AO	Abgabenordnung
ArbG	Arbeitsgericht
ArbGG	Arbeitsgerichtsgesetz
Art.	Artikel
ARW	aktueller Rentenwert
AV	Alterversorgung
AVG	Angestelltenversicherungsgesetz
AVO	Ausführungsverordnung
BA	Betriebliche Altersversorgung
BABl.	Bundesarbeitsblatt
BAföG	Bundesausbildungsförderungsgesetz
BAG	Bundesarbeitsgericht
BAGE	Entscheidungen des Bundesarbeitsgerichts
BarwVO	Barwertverordnung
BAV	Betriebliche Altersversorgung
BayObLG	Bayerisches Oberstes Landesgericht
BBesG	Bundesbesoldungsgesetz
BBG	Bundesbeamtengesetz
Bd.	Band
BeamtVG	Beamtenversorgungsgesetz
BeckRS	Rechtsprechungsdatenbank des Beckverlages
BEEG	Gesetz zum Erziehungsgeld und zur Elternzeit
betr.	betreffend
BetrAVG	Gesetz zur Verbesserung der betrieblichen Altersversorgung
BfA	Bundesversicherungsanstalt für Angestellte
BFH	Bundesfinanzhof
BGB	Bürgerliches Gesetzbuch
BGBl.	Bundesgesetzblatt (Jahr, Teil und Seite)
BGH	Bundesgerichtshof

Abkürzungsverzeichnis

BGHZ	Entscheidungen des Bundesgerichtshofes in Zivilsachen
BKGG	Bundeskindergeldgesetz
BRAO	Bundesrechtsanwaltsordnung
BR-Drucks.	Bundesratsdrucksache
BSG	Bundessozialgericht
BSGE	amtliche Sammlung der Entscheidungen des Bundessozialgerichts
BT-Drucks.	Bundestagsdrucksache
BUR	Berufsunfähigkeitsrente
BVerfG	Bundesverfassungsgericht
BVerfGG	Gesetz über das Bundesverfassungsgericht
BVersTG	Gesetz über die interne Teilung beamtenversorgungsrechtlicher Ansprüche von Bundesbeamtinnen und Bundesbeamten im Versorgungsausgleich vom 3. 4. 2009, BGBl. I 700, 716
bzw.	Beziehungsweise
ca.	circa
DE	Durchschnittseinkommen
ders.	derselbe
d. h.	das heißt
DR Bund / Land	Deutsche Rentenversicherung Bund / Land
DVO	Durchführungsverordnung
e. A.	einstweilige Anordnung
EGBGB	Einführungsgesetz zum Bürgerlichen Gesetzbuch
EGGVG	Einführungsgesetz zum Gerichtsverfassungsgesetz
EheG	Ehegesetz (aufgehoben)
EheRG, 1.	Gesetz zur Reform des Ehe- und Familienrechts vom 14. 6. 1976, BGBl. I 1421
Einf.	Einführung
Einl.	Einleitung
EP	Entgeltpunkt
EStG	Einkommensteuergesetz
etc.	et cetera
EuGH	Europäischer Gerichtshof
evtl.	eventuell
f., ff.	folgend, folgende
FamFG	Gesetz über das Verfahren in Familiensachen und in den Angelegenheiten der freiwilligen Gerichtsbarkeit
FamG	Familiengericht
FamGKG	Gesetz über Gerichtskosten in Familiensachen
FGG	Gesetz über die Angelegenheiten der freiwilligen Gerichtsbarkeit
FGG-Reformgesetz	Gesetz zur Reform des Verfahrens in Familiensachen und in den Angelegenheiten der freiwilligen Gerichtsbarkeit
Fn.	Fußnote
FamRB	Zeitschrift Familienrechtsberater
FamRZ	Zeitschrift für das gesamte Familienrecht
GBl	Gesetzblatt
gem.	gemäß
ges.	gesetzliche/n/r
GG	Grundgesetz
ggf.	gegebenenfalls

ges. RV	Gesetzliche Rentenversicherung
GVG	Gerichtsverfassungsgesetz
h. M.	herrschende Meinung
HRG	Hochschulrahmengesetz
Hrsg.	Herausgeber
Hs.	Halbsatz
i. d. F.	in der Fassung
i. d. R.	in der Regel
i. H. v.	in Höhe von
InsO	Insolvenzordnung
IPR	Internationales Privatrecht
i. S.	im Sinne
i. V. m.	in Verbindung mit
IZPR	Internationales Zivilprozessrecht
Kap.	Kapitel
KG	Kammergericht, Kommanditgesellschaft
krit.	kritisch
LAG	Landesarbeitsgericht
LG	Landgericht
li.Sp.	linke Spalte
LPartG	Lebenspartnerschaftsgesetz
LSG	Landessozialgericht
LVA	Landesversicherungsanstalt
Mat.	Materialien
MinBl.	Ministerialblatt
m. w. N.	mit weiteren Nachweisen
m. z. N.	mit zahlreichen Nachweisen
Nds.	Niedersachsen
n. F.	neue Fassung
NJW	Zeitschrift Neue Juristische Wochenschrift
NJW-RR	Zeitschrift Neue Juristische Wochenschrift Rechtsprechungs-Report Zivilrecht
Nr.	Nummer
NRW	Nordrhein-Westfalen
o. ä.	oder ähnliches
OHG	Offene Handelsgesellschaft
OLG	Oberlandesgericht
PflVG	Pflichtversicherungsgesetz
PKH	Prozesskostenhilfe
PWW	Prütting/Wegen/Weinreich (siehe Literaturverzeichnis)
RabelsZ	Rabels Zeitschrift für ausländisches und internationales Privatrecht
Rdz.	Randziffer
RberG	Rechtsberatungsgesetz
re.Sp.	rechte Spalte
RPflG	Rechtspflegergesetz
Rn., Rdn.	Randnummer
RS	Rechtsprechung
RV	Rentenversicherung
RVO	Reichsversicherungsordnung
S.	Satz, Seite
s.	siehe

Abkürzungsverzeichnis

s. a.	siehe auch
SG	Sozialgericht
SGb	Zeitschrift Die Sozialgerichtsbarkeit
SGB I	Sozialgesetz – Allgemeiner Teil vom 11. 12. 1975, BGBl. I 3015
SGB IV	Viertes Buch Sozialgesetzbuch – Gemeinsame Voraussetzungen für die Sozialversicherung i. d. F. der Bekanntmachung vom 23. 1. 2006, BGBl. I 86, 466
SGB V	Fünftes Buch Sozialgesetzbuch – Gesetzliche Krankenversicherung vom 20. 12. 1988, BGBl. I 2477
SGB VI	Sechstes Buch Sozialgesetzbuch – Gesetzliche Rentenversicherung
SGB VII	Siebtes Buch Sozialgesetzbuch – Gesetzliche Unfallversicherung i. d. F. v. 7. 8. 1996, BGBl. I 1254
SGB IX	Neuntes Buch Sozialgesetzbuch – Rehabilitation und Teilhabe behinderter Menschen vom 19. 6. 2001, BGBl. I 1046
SGB X	Zehntes Buch Sozialgesetzbuch – Verwaltungsverfahren, Schutz der Sozialdaten, Zusammenarbeit der Leistungsträger und ihre Beziehungen zu Dritten i. d. F. vom 18. 1. 2001, BGBl. I 130
SGB XII	Zwölftes Buch Sozialgesetzbuch – Sozialhilfe vom 27. 12. 2003, BGBl. I 3022
s. o.	siehe oben
s. u.	siehe unten
sog.	sogenannte
SozR	Sozialrecht – Entscheidungen des Bundessozialgerichts
st. Rspr.	ständige Rechtsprechung
str.	streitig
SVG	Soldatenversorgungsgesetz i. d. F. vom 9. 4. 2002, BGBl. I 1258
u. a.	unter anderem
unstr.	unstreitig
u. s. w.	und so weiter
u. U.	unter Umständen
VA	Versorgungsausgleich
v. a.	vor allem
VAHRG	Gesetz zur Regelung von Härten im Versorgungsausgleich
VAG	Gesetz über die Beaufsichtigung der Versicherungsunternehmen vom 17. 12. 1992, BGBl. I 1993
VAÜG	Versorgungsausgleichsüberleitungsgesetz
VAStrRefG	Gesetz zur Strukturreform des Versorgungsausgleichs
VAwMG	Gesetz über weitere Maßnahmen auf dem Gebiet des Versorgungsausgleichs
VersAusglG	Gesetz über den Versorgungsausgleich – Versorgungsausgleichsgesetz
VerfGH	Verfassungsgerichtshof
VormG	Vermögensgesetz
vgl.	vergleiche
VO	Verordnung
Vorb.	Vorbemerkung
VVG	Gesetz über den Versicherungsvertrag vom 23. 11. 2007, BGBl. I 2631
z. B.	zum Beispiel
z.Zt.	zur Zeit

Ziff.	Ziffer
ZIP	Zeitschrift für Wirtschaftsrecht
ZPO	Zivilprozessordnung
zust.	zustimmend

Literaturverzeichnis

Bassenge/Herbst/Roth FGG / Rechtspflegergesetz, Kommentar, 9. Auflage 2002

Baumbach/Lauterbach/Albers/Hartmann Zivilprozessordnung, Kommentar, 66. Auflage 2008

Borth Versorgungsausgleich in anwaltlicher und familiengerichtlicher Praxis, 4. Auflage 2008, zitiert mit Vorauflage

Eisenecker Versorgungsausgleich und Privatversicherungsrecht, Veröffentlichungen des Seminars für Versicherungswirtschaft, Universität Hamburg, Reihe A, Bd. 61

Gernhuber/Coester-Waltjen Lehrbuch des Familienrechts, 5. Auflage 2006

Glockner/Übelhack Die betriebliche Altersversorgung im Versorgungsausgleich 1993

Höfer Das Gesetz zur Verbesserung der betrieblichen Altersversorgung, Kommentar, 2003

Johannsen/Henrich/(Bearbeiter) Eherecht, Kommentar, 4. Auflage 2003

Keidel/Kuntze/Winkler/(Bearbeiter) Freiwillige Gerichtsbarkeit, Kommentar, 15. Auflage 2003

Maier/Michaelis Versorgungsausgleich in der gesetzlichen Rentenversicherung, 8. Auflage 2/2007

Münchener Kommentar/(Bearbeiter) Kommentar zum Bürgerlichen Gesetzbuch, 4. Auflage 2004

Musielak/Borth Familiengerichtliches Verfahren, Kommentar zum 1. und 2. Buch FamFG, 1. Auflage 2009

Rahm/(Bearbeiter) Handbuch des Familiengerichtsverfahrens, Loseblattausgabe

Ruland Probleme des Versorgungsausgleichs in der betrieblichen Altersversorgung und privaten Rentenversicherung, 1982 (NJW-Schriftenreihe)

Ruland Versorgungsausgleich 2. Auflage 2009 (NJW Praxis)

Schmalhofer Versorgungsausgleich für öffentlich Bedienstete

Schulte-Bunert/Weinreich/(Bearbeiter) FamFG-Kommentar, 1. Auflage 2009

Staudinger/(Bearbeiter) Kommentar zum Bürgerlichen Gesetzbuch, 4. Buch Familienrecht, Neubearbeitung 2004 (von Eckhard Rehme)

Voskuhl/Pappai/Niemeyer Versorgungsausgleich in der Praxis, 1976

Wagner Versorgungsausgleich mit Auslandsberührung, FamRZ-Buch Bd. 2 1996

Wick Der Versorgungsausgleich, 2. Auflage 2007

Zöller/(Bearbeiter) Zivilprozessordnung, 27. Auflage 2009

1. Kapitel
Grundlagen und Konzeption des Versorgungsausgleichs

I. Zielsetzung des Versorgungsausgleichs

1. Der Versorgungsausgleich als eigenständiges Vorsorgesystem in der Struktur nach dem 1. EheRG seit dem 01.07.1977

Der Versorgungsausgleich ordnet für den Fall der Auflösung der Ehe durch Scheidung oder Aufhebung (s. Rdn. 23) eine Beteiligung an den von beiden Ehegatten in der Ehe erworbenen Anrechten auf eine Alters- und Invaliditätsversorgung für denjenigen Ehegatten an, der in der Ehe keine oder geringere Anrechte erworben hat als der andere Ehegatte. Zielsetzung des zum 01.07.1977 eingeführten Ausgleichs von Versorgungsanrechten war es, dem Ausgleichsberechtigten, das ist regelmäßig die Ehefrau, mit Eintritt des Versorgungsfalls eine eigenständige Sicherung für den Fall des Alters und der Invalidität zu verschaffen (BT-Drucks. 7/650 S. 155; BT-Drucks. 7/4361 S. 18), deren Bestand nicht vom Versorgungsschicksal des ausgleichspflichtigen Ehegatten abhängig sein sollte (zum Rechtszustand bis 30.06.1977 s. Rdn. 3). Der formale Ausgleich der Versorgungsanrechte erfolgte nach der bis zum 31.08.2009 geltenden Systematik nach dem Zugewinnprinzip, in dem der Ehegatte mit den werthöheren Anrechten die Hälfte des Wertunterschieds der erworbenen Versorgungsanrechte an den anderen Ehegatten abzugeben hatte, § 1587a Abs. 1 BGB a.F. In seinen Auswirkungen bewirkte der Versorgungsausgleich nach dem bis zum 31.08.2009 geltenden Recht die **unterhaltsrechtliche Absicherung des Ausgleichsberechtigten** ab Eintritt des Versorgungsfalls. Anders als nach dem bis zum 01.07.1977 geltenden Rechtszustand, der einen abgeleiteten Rentenanspruch nach dem Tode des geschiedenen Ehegatten vorsah (s. Rdn. 3), sichert der Versorgungsausgleich den Lebensbedarf i. S. d. § 1577 Abs. 1 BGB unabhängig davon, ob der Ausgleichspflichtige nach den §§ 1569 ff. BGB für die Zeit nach der Scheidung Unterhalt zu leisten hat. Damit bewirkt der Versorgungsausgleich nach der Konzeption des 1. EheRG nicht nur einen Unterhaltsersatz, sondern schafft eine eigenständige Rechtsposition; dieser Gesichtspunkt hat auch in § 8 Abs. 1 Satz 1 Nr. 2 SGB VI seinen Niederschlag gefunden. In seinen wirtschaftlichen Auswirkungen gewährt damit der Versorgungsausgleich neben dem güterrechtlichen Ausgleich nach §§ 1371 ff. BGB einen selbständigen Anspruch auf die in der Ehezeit erworbenen Anrechte auf eine Vorsorge wegen Alters und Invalidität. Da diese sehr häufig die einzige in der Ehe erworbene Vermögensposition ist und der Versorgungsausgleich zudem unabhängig von der sonstigen Vermögenslage, insbesondere auch bei einer Verschuldung in der Ehe stattfindet, stellt sich der Versorgungsausgleich als ein in der sozialen Wirklichkeit besonders wichtiges Ausgleichssystem dar.

An diesem Prinzip hat sich durch das VAStrRefG im Grundsatz nichts geändert. Zwar löst der reformierte Versorgungsausgleich das Prinzip des Ausgleichs in eine Richtung (Zugewinnprinzip) zugunsten eines **Hin- und Her-Ausgleichs** ab (eingehend Rdn. 513), so dass auf den ersten Blick nicht erkennbar ist, welcher Ehegatte im Gesamtergebnis aller auszugleichenden Versorgungsanrechte die höheren Anrechte erwirbt, d. h. bei Eintritt des Versorgungsfalls höhere Anrechte vom anderen Ehegatten erlangt hat, als von ihm abgegeben wurden. Gleichwohl verbleibt es auch nach dem reformierten Versorgungsausgleich ab Eintritt des Versorgungsfalls bei der unterhaltsrechtlichen Besserstellung des Ehegatten, der in der Ehezeit insgesamt die geringeren Anrechte erworben hat. Der Versorgungsausgleich hat damit auch nach der Strukturreform seinen Regelungszweck erhalten; er bietet aufgrund der neuen Ausgleichsstruktur jedoch eine höhere Verteilungsgerechtigkeit, weil die Verwerfungen des bisherigen Systems beseitigt werden (s. hierzu Rdn. 10).

2. Der Versorgungsausgleich als Reaktion auf die Mängel des früheren Versorgungssystems

3 Anlass für die Einführung des Versorgungsausgleichs mit dem 1. EheRG vom 14.06.1976 war die als unbefriedigend empfundene soziale Absicherung der nicht oder nur teilweise berufstätigen Ehefrau im Falle der Scheidung der Ehe (BT-Drucks. 7/650 S. 61, 71, 154). Zwar sah das Gesetz im Falle der Scheidung der Ehe eine Hinterbliebenenversorgung vor, nämlich die **Geschiedenenwitwenrente** der gesetzlichen Rentenversicherung nach § 243 SGB VI (§§ 1265 RVO a. F., 42 AVG a. F., 65 RKnG a. F.) bzw. den **Unterhaltsbeitrag** in der **Beamtenversorgung** nach §§ 125 Abs. 2 BBG a. F., 73 BRRG, 86 BeamtVG. Diese Regelungen, die im Übrigen heute noch für alle vor dem 01.07.1977 geschiedene Ehen gelten, führten vielfach dazu, dass Frauen sehr selten in den Genuss der Geschiedenenwitwenrente kamen (lediglich etwa 4% aller geschiedenen Frauen; vgl. zur Sache 2/76, Themen Parlamentarischer Beratungen, S. 235; BVerfG FamRZ 1986, 877), so dass in der »sozialen Biographie« der Ehefrau häufig die Zeit der Haushaltstätigkeit und der Erziehung der Kinder fehlte. Das BVerfG hat den Wegfall der Geschiedenenwitwenrente für Scheidungen nach dem 30.06.1977 mit dem Grundgesetz für vereinbar erklärt, auch wenn kein Versorgungsausgleich stattgefunden hat (BVerfGE 72, 141 = FamRZ 1986, 875 = NJW 1986, 2697).

3. Grundlagen des Versorgungsausgleichs

4 Aus den zuvor dargelegten Mängeln ergab sich zwingend die Notwendigkeit einer Verbesserung der sozialen Lage der geschiedenen Ehefrau. Mit der Einführung des Versorgungsausgleichs hat der Gesetzgeber ein neues Rechtsinstitut geschaffen, das sich seit 1977 als ein Kernstück des Scheidungsfolgenrechts i. S. d. § 137 Abs. 1, 2 FamFG (§ 623 Abs. 1, 3 ZPO a. F.) entwickelt hat. Der Versorgungsausgleich ist von dem Grundgedanken getragen, dass die jeweiligen Leistungen der Ehegatten in der Ehe auch bei einer Aufteilung der Aufgaben in die eines Verdieners und eines Haushaltsführenden jedenfalls für den Bereich des Familienunterhalts als gleichwertig anzusehen sind (BT-Drucks. 7/650 S. 155; BT-Drucks. 7/4361 S. 19; BVerfGE 71, 364, 386 = FamRZ 1986, 543, 547 = NJW 1986, 1321, 1322); damit beruhen auch die in der Ehe erworbenen Anrechte auf eine Versorgung auf einer gleichwertigen Lebensleistung. Es entspricht deshalb dem Gerechtigkeitsgebot, im Falle der Auflösung der Ehe durch Scheidung die in der Ehe erworbenen Versorgungsanrechte gleichmäßig aufzuteilen. Mit der Einführung des Rechtsinstituts des Versorgungsausgleichs wurde damit der durch den Zugewinnausgleich für das eheliche Güterrecht begonnene Weg konsequent für den Bereich der Versorgungsanrechte fortgesetzt; gleichzeitig bewirkte der Versorgungsausgleich eine Aufwertung der Leistungen der haushaltsführenden Ehefrauen. An diesen Grundlagen hat sich auch durch das VAStrRefG nichts geändert, da die Kernelemente des Versorgungsausgleichs bestehen bleiben, nämlich die Aufteilung der in der Ehezeit erworbenen Versorgungsanrechte nach dem Halbteilungsgrundsatz, die abschließende Regelung der Aufteilung der Anrechte mit Rechtskraft der Scheidung, das Entstehen eines selbständigen Versorgungsanrechts mit durchgeführtem Versor-

I. Zielsetzung des Versorgungsausgleichs

gungsausgleich sowie die endgültige Trennung der Versorgungsschicksale der Ehegatten (Unumkehrbarkeit des Wertausgleichs; s. Rdn. 5, 28, 531).

Die im Gesetz geregelte Aufteilung der Versorgungsanrechte verschafft jedem berechtigten Ehegatten eine **eigenständige Alters- und Invaliditätsversorgung,** die – anders als die bisherige Lösung – von dem Versorgungsschicksal des ausgleichspflichtigen Ehegatten losgelöst ist und dem Berechtigten im Versicherungsfall einen Anspruch aus eigenem Recht gibt. Dieses Prinzip wird auch im VAStrRefG beibehalten. 5

Verstärkt wird die soziale Sicherung durch die **Erziehungsrente** nach § 47 SGB VI, die eine geschiedene, nicht wiederverheiratete Frau nach dem Tod des Mannes erhält, solange sie ein eigenes Kind oder waisenrentenberechtigte Kinder erzieht. Erbracht wird diese Rente, wenn im Zeitpunkt des Todes des geschiedenen Ehegatten eine Wartezeit von 60 Kalendermonaten erfüllt ist, die sowohl aufgrund eigener Beiträge als auch aufgrund des Erwerbs von Anrechten durch den Versorgungsausgleich erlangt sein können (§ 52 SGB VI). Die Erziehungsrente wird in Höhe der Rente wegen verminderter Erwerbsfähigkeit geleistet. Die Witwenrente geschiedener Beamter erhält unter den Voraussetzungen des § 22 Abs. 2 BeamtVG in der Fassung von Art. 6 Nr. 1 VAStrRefG einen Unterhaltsbeitrag (zur begrenzten Regelungsdauer s. Rdn. 30, 288).

Zusammenfassend wird der Versorgungsausgleich von folgenden Grundsätzen bestimmt: 6
(1) Es findet ein einmaliger und endgültiger Ausgleich zum Ende der Ehezeit statt (der jedoch unter den Voraussetzungen der §§ 225, 226 FamFG abgeändert werden kann).
(2) Auszugleichen ist die Hälfte des Wertunterschieds des jeweils auszugleichenden Anrechts.
(3) Mit der Scheidung werden die jeweiligen Versorgungsschicksale der Ehegatten getrennt; dies erfolgt durch die Verbundentscheidung nach § 137 Abs. 1, 2 FamRG (§ 623 Abs. 1 ZPO a. F.).
(4) Soweit bei Ende der Ehezeit noch kein Versicherungs- bzw. Versorgungsfall bei einem Ehegatten eingetreten ist, wird ein fiktives Anrecht auf eine Versorgung ermittelt.

4. Lücken der sozialen Sicherung

Durch die Bildung einer eigenständigen Versorgung können sich im Bereich der gesetzlichen Rentenversicherung sowie der Beamtenversorgung **Versorgungslücken** ergeben, soweit weder die Voraussetzungen der Erziehungsrente nach § 47 SGB VI noch eines Unterhaltsbeitrages nach § 22 Abs. 2 BeamtVG vorliegen und auch noch kein Versicherungsfall (wegen Alters, verminderter Erwerbsfähigkeit, Dienstunfähigkeit; s. hierzu § 2 Abs. 2 Nr. 2 VersAusglG) eingetreten ist. Da sich z. B. in der gesetzlichen Rentenversicherung der Erwerb von Anrechten im Versorgungsausgleich grundsätzlich nach deren Voraussetzungen richten, wirken sich die im Versorgungsausgleich erworbenen Anrechte erst im Versicherungsfall zu Gunsten des Berechtigten aus. Verstärkt wird dies durch die mit dem **Haushaltsbegleitgesetz 1984** (BGBl I 83 1532) getroffene Regelung, dass der Bezug einer Rente wegen verminderter Erwerbsfähigkeit nach § 43 SGB VI nur gewährt wird, wenn mindestens die dreijährige Ausübung einer versicherungspflichtigen Tätigkeit in den letzten fünf Jahren vor Eintritt der Minderung der Erwerbsfähigkeit vorliegt (zur Verlängerung aufgrund sogenannter Berücksichtigungszeiten gem. § 57 Abs. 1, 2 SGB VI s. Rdn. 286). Diese Regelung trifft in der Regel solche Frauen, die 7 aufgrund einer langjährigen Hausfrauentätigkeit keine Erwerbstätigkeit finden und auch keinen nachehelichen Unterhaltsanspruch nach §§ 1569 ff. durchsetzen können. Entsprechendes gilt in Bezug auf die anderen Regelversorgungssysteme i. S. d. § 32 Nr. 1–5 VersAusglG.

5. Strukturelle Mängel des Versorgungsausgleichs in der Fassung des 1. EheRG

8 Aufgrund der Anordnung des Entscheidungsverbunds mit dem Ausspruch der Scheidung (§ 137 Abs. 1, 2 FamFG, § 623 Abs. 1 ZPO a. F.) wird überwiegend der Versorgungsausgleich auf der Grundlage **fiktiver Versorgungsanrechte** durchgeführt, d. h., der Wert der dem Versorgungsausgleich unterliegenden Anrechte kann sich zwischen dem Zeitpunkt der letzten mündlichen Verhandlung und dem Eintritt des Versorgungsfalls erheblich verändern. Hervorgerufen wird dies in erster Linie durch den Eingriff des Gesetzgebers in die Leistungsbestimmungen der gesetzlichen Rentenversicherung gemäß dem SGB VI (vor allem durch die Einführung des SGB VI – sog. Leistungsbewertung) und in das BeamtVG. Dass die Veränderung von Versorgungsanrechten aus verfassungsrechtlichen Gründen im Versorgungsausgleich zu berücksichtigen ist, wurde vom Gesetzgeber durch die Einführung der **Abänderungsmöglichkeit** nach § 10a VAHRG a. F. anerkannt und wird entsprechend auch in den §§ 225, 226 FamFG berücksichtigt. Die in diesen Bestimmungen enthaltene Korrekturmöglichkeit lässt es zu, wesentliche Veränderungen des Wertes einer dem Versorgungsausgleich unterliegenden Versorgung zu erfassen. Sie führt allerdings dazu, dass in den Fällen der Abänderung der dem Verbundverfahren zugrunde liegende Gedanke der abschließenden Regelung aller Scheidungsfolgen mit Rechtskraft der Scheidung nicht aufrechterhalten werden kann. Allerdings zeigt auch die Praxis, dass die geschiedenen Ehegatten von der Möglichkeit der Abänderung der Erstentscheidung kaum Gebrauch machen, was in erster Linie auf die Unkenntnis des Umfangs der Abweichung zurückzuführen sein dürfte.

9 Eine schwerwiegende Störung des Systems des Versorgungsausgleichs ergab sich aus der Notwendigkeit zur **Anpassung statischer oder teildynamischer Anrechte** nach § 1587a Abs. 2 Nr. 3–5 BGB a. F. an die volldynamischen Anrechte der gesetzlichen Rentenversicherung und der Beamtenversorgung. Die nach § 1587a Abs. 3, 4 BGB a. F. vorzunehmende Umwertung über die BarwertVO (vom 24. 06. 1977, zuletzt geändert durch 4. Verordnung zur Änderung der BarwertVO vom 02. 06. 2008; BGBl I 969), die eine Abzinsung zukünftiger Rentenleistungen auf den Stichtag des § 1587 Abs. 2 BGB a. F. (mit einem Prozentsatz von 4,5%; bis 30. 05. 2006 5,5%) vornahm, führte zu einer unverhältnismäßigen Kürzung der tatsächlich bezogenen (nominalen) Versorgungsleistungen im Verhältnis zu den in den Wertausgleich nach §§ 1587a Abs. 1, 1587b Abs. 1, 2 BGB a. F., §§ 1 Abs. 3; 3b VAHRG a. F. einzustellenden Versorgungswerten. Die hierdurch in der Praxis erfolgte »Flucht« in den schuldrechtlichen Versorgungsausgleich, in dem eine Umrechnung nicht erfolgt, war nur dann unproblematisch, wenn insbesondere durch den verlängerten schuldrechtlichen Versorgungsausgleich des § 3a VAHRG a. F. eine Versorgungsleistung auch nach dem Tod des Ausgleichspflichtigen gesichert war; sie stellte aber dort keine Lösung dar, wo eine Hinterbliebenenversorgung nicht besteht und damit auch § 3a VAHRG a. F. nicht eingriff oder dieser Anspruch aus anderen Gründen entfiel (Wiederheirat, Abfindung einer Betriebsrente; zum Rechtszustand nach dem VAStrRefG s. Rdn. 732, 733). Zu kritisieren war schließlich das bestehende System des Wertausgleichs nach § 1587b Abs. 1, 2 BGB a. F. sowie §§ 1 Abs. 2, 3; 3b Abs. 1 VAHRG a. F., das wegen seiner Komplexität seht fehlerträchtig war.

I. Zielsetzung des Versorgungsausgleichs

Dieser Kritik trägt das Gesetz zur **Strukturreform des Versorgungsausgleichs** (VAStrRefG) vom 03. 04. 2009 (BGBl I 700) Rechnung. 10

Das VAStrRefG beseitigt die zuvor dargelegten Gerechtigkeitsdefizite, indem
– die Regelungen der §§ 1587 ff. BGB aufgehoben werden und künftig der Versorgungsausgleich in einem neuen Gesetz außerhalb des BGB (in 54 Paragrafen), dem Gesetz über den Versorgungsausgleich (VersAusglG) geregelt wird. Das BGB enthält in dem neu gefassten § 1587 BGB (gem. Art. 3 Nr. 5 VAStrRefG) lediglich die Verweisung auf das VersAusglG. Dies ermöglicht es, die Bestimmungen zum Versorgungsausgleich übersichtlich zu gliedern und sprachlich so zu überarbeiten, dass das Gesamtkonzept aus sich heraus verständlich wird;
– grundsätzlich **jedes Anrecht auf eine Versorgung intern geteilt** wird, der Ausgleichsberechtigte also im Versorgungssystem des jeweils ausgleichspflichtigen Ehegatten ein Anrecht erlangt;
– eine **externe Teilung**, also die Begründung eines Anrechts bei einem anderen Versorgungsträger, dann stattfindet, wenn der ausgleichsberechtigte Ehegatte damit einverstanden ist oder wenn der Versorgungsträger bei kleineren Anrechten sowie im Falle eines Anrechts in Form einer Direktzusage bzw. bei einer Unterstützungskasse im Rahmen des § 17 VersAusglG eine externe Teilung wünscht;
– der reformierte Versorgungsausgleich jedes Anrecht intern oder extern teilt und auf eine Saldierung verzichtet; damit müssen die Anrechte nicht mehr vergleichbar gemacht werden. Fehlerträchtige Prognosen treten nicht (mehr) auf;
– die Abkehr vom Einmalausgleich über die gesetzliche Rentenversicherung es erlaubt, auch betriebliche und private Anrechte schon im Wertausgleich bei der Scheidung der Ehe zu teilen und damit abschließend zu regeln, so dass auch die Fälle des schuldrechtlichen Versorgungsausgleichs sich deutlich verringern;
– bei einem kleineren Ausgleichswert vor oder einem geringen Wertunterschied der beiderseitigen Anrechte, soweit diese gleicher Art sind, der Versorgungsausgleich in der Regel nicht mehr durchgeführt wird. Insoweit ist eine künftige unterschiedliche Entwicklung eines Anrechts nicht mehr zu berücksichtigen;
– bei einer Ehezeit bis zu drei Jahren ein Versorgungsausgleich nur auf Antrag eines Antragsgegners stattfindet. Insoweit besteht in der Regel kein Bedarf für einen Ausgleich;
– die Neukonzeption den Ehegatten einen wesentlich größeren Spielraum eröffnet, den Versorgungsausgleich durch Vereinbarungen zu regeln;
– den Trägern der Versorgungen zur Gestaltung des internen oder externen Ausgleichs ein großer Spielraum gewährt wird. Hierdurch wird auch eine Entlastung der Versorgungsträger erreicht;
– der Versorgungsausgleich künftig auch dann durchgeführt werden kann, wenn bei den Ehegatten Ost-Anrechte und West-Anrechte zusammentreffen. Damit wird die Aussetzung des Versorgungsausgleichsverfahrens in diesen Fällen entbehrlich.

6. Gliederungsstruktur des VersAusglG

Das VersAusglG enthält gegenüber den bestehenden Regelungen eine klare Gliederungsstruktur, indem das Gesetz nach den Strukturelementen des Versorgungsausgleich, nämlich dem Ausgleich von Anrechten, deren Bewertung sowie den Übergangsbestimmungen gegliedert wird, so dass die Gesetzessystematik deutlich transparenter gestaltet ist. 11

1. Kapitel Grundlagen und Konzeption des Versorgungsausgleichs

In **Teil 1 (Der Versorgungsausgleich)** werden in vier Kapiteln die Grundsätze des Ausgleichs von Anrechten geregelt.

Kapitel 1 regelt das Prinzip der Halbteilung der Anrechte, die Definition der Ehezeit, die Bestimmung des Ehezeitanteils und des Ausgleichswerts sowie den Auskunftsanspruch zur Ermittlung der Anrechte.

Kapitel 2 weitet die Regelungsbefugnis der Ehegatten zum Abschluss von Vereinbarungen über den Versorgungsausgleich aus, bestimmt die Rangfolge der Ausgleichsformen, enthält Regelungen zur internen und externen Teilung, definiert die Ausnahmen vom Ausgleich wegen Geringfügigkeit und fehlender Ausgleichsreife, bestimmt die Voraussetzungen des schuldrechtlichen Versorgungsausgleichs und die Möglichkeiten einer Abfindung einschließlich der Teilhabe an der Hinterbliebenenversorgung, enthält Bestimmungen zum Schutz der Versorgungsträger und bei Tod eines Ehegatten und bestimmt die Voraussetzungen zur Beschränkung und zum Wegfall des Versorgungsausgleichs (Härteklausel). Schließlich sind hierin Regelungen zur Anpassung des Versorgungsausgleichs nach Rechtskraft bei Unterhaltsleistungen und im Fall des Todes des Ausgleichsberechtigten enthalten.

12 **Teil 2 (Die Wertermittlung)** regelt in drei Kapiteln den Bereich der Wertermittlung von Anrechten. Hierin sind die aus dem geltenden Recht bekannten Methoden der **unmittelbaren Bewertung eines Anrechts** (ges. RV) sowie der **zeitratierlichen Bewertung** (vor allem Beamtenversorgung) enthalten, ferner Sondervorschriften für bestimmte Versorgungsträger und schließlich die Definition des **korrespondierenden Kapitalwerts**, der einem wertmäßigen Vergleich verschiedener Anrechte dient, soweit dies nach dem neuen Ausgleichssystem noch erforderlich ist. Da die neue Struktur des Versorgungsausgleichs auf das Prinzip des Einmalausgleichs in eine Richtung (§ 1587a Abs. 1 BGB a. F.) verzichtet, wird der korrespondierende Kapitalwert in der Regel bei der Prüfung eines Härtefalles wegen grober Unbilligkeit, bei geplanten Vereinbarungen zum Versorgungsausgleich und zur Prüfung des Ausschlusses des Versorgungsausgleichs bei geringfügigen Wertunterschieden benötigt.

13 **Teil 3** enthält die **Übergangsvorschriften**. Hierin geht es vor allem um die Anwendung des geltenden Rechts bei Verfahren, die am Tag des Inkrafttretens noch nicht abgeschlossen sind; ferner werden hierin das anzuwendende Recht bei ruhenden, abgetrennten oder nicht betriebenen Verfahren, die Wiederaufnahme von ausgesetzten Verfahren nach dem Versorgungsausgleichs-Überleitungsgesetz (VAÜG) sowie die Voraussetzungen zur Abänderung von Verfahren des öffentlich-rechtlichen Versorgungsausgleichs geregelt, die auf der Grundlage des bis zum Tag des Inkrafttretens des geltenden Rechts abgeschlossen wurden. Aufgrund der Beratungen des Rechtsausschusses des Deutschen Bundestages wurde eine zeitliche Grenze zur Abwicklung von Altverfahren eingeführt; danach sind das neue materielle Recht sowie Verfahrensrecht anzuwenden, wenn diese Altfälle am 31.08.2010 in erster Instanz noch nicht abgeschlossen sind (s. Rdn. 1126 ff.).

II. Rechtliche Gestaltung des Versorgungsausgleichs

Grafischer Überblick

Teil 1	Der Versorgungsausgleich	§§ 1–38	
Kapitel 1	Allgemeiner Teil	§§ 1–5	– Halbteilung – Ehezeit – Auskunft – Ausgleichswert
Kapitel 2	Ausgleich	§§ 6–27	
Abschnitt 1	Vereinbarungen über den Versorgungsausgleich	§§ 6–8	– keine Genehmigung durch FamG – Jahresfrist nach § 1408 Abs. 2 BGB entfällt
Abschnitt 2	Wertausgleich bei der Scheidung	§§ 9–19	– Rangfolge – Interne Teilung – Externe Teilung
Abschnitt 3	Ausgleichsansprüche nach der Scheidung	§§ 20–26	– schuldrechtl. VA – Abtretung – Kapitalzahlungen – Abfindung – Hinterbliebenen-Versorgung
Abschnitt 4	Härtefälle	§ 27	
Kapitel 3	Ergänzende Vorschriften	§§ 28–31	
Kapitel 4	Anpassungen nach Rechtskraft	§§ 32–38	
Teil 2	Wertermittlung	§§ 39–47	
Kapitel 1	Allgemeine Wertermittlungsvorschriften	§§ 39–42	
Kapitel 2	Sondervorschriften für bestimmte Versorgungsträger	§§ 43–46	
Kapitel 3	Korrespondierender Kapitalwert	§ 47	
Teil 3	Übergangsbestimmungen	§§ 48–54	

II. Rechtliche Gestaltung des Versorgungsausgleichs

1. Neue Gliederung des Ausgleichssystems

Das VersAusglG gliedert den Ausgleich von Anrechten im Grundsatz in zwei Begriffspaare auf, nämlich:
– den Wertausgleich bei der Scheidung, §§ 9–18, 28 VersAusglG, der insbesondere die Regelungen zur internen und externen Teilung beinhaltet;
– den Ausgleichsansprüche nach der Scheidung gem. den §§ 20–26 VersAusglG, die nur eingreifen, wenn Anrechte im Wertausgleich bei der Scheidung wegen fehlender Ausgleichsreife i. S. d. § 19 Abs. 1, 2 VersAusglG nicht teilungsreif sind.

2. Begründung eines eigenständigen Anrechts im Wertausgleich bei der Scheidung – Aufgabe der Einbindung in das vorhandene System der gesetzlichen Rentenversicherung

15 Ausgehend von der grundlegenden Erwägung, dass unabhängig von der Gestaltung der ehelichen Lebensverhältnisse die Beiträge jedes Ehegatten zum Familienunterhalt i. S. d. § 1360 BGB gleichwertig sind und demgemäß die in der Ehe erworbenen Vermögenspositionen das Ergebnis einer gemeinsamen Lebensleistung darstellen, gewährten die gesetzlichen Regelungen der §§ 1587 ff. BGB a. F. dem berechtigten Ehegatten bei Auflösung der Ehe einen Ausgleichsanspruch in Höhe der Hälfte des Wertunterschieds der in der Ehe erworbenen Versorgungsanrechte (Zugewinnprinzip). Dieser Grundsatz wurde in § 1587a Abs. 1 BGB a. F. ausdrücklich festgelegt. Zur Verwirklichung des weiteren Leitgedankens der Reform, dem geschiedenen Ehegatten eine **eigenständige soziale Sicherung** zu verschaffen, sah das Gesetz für den Berechtigten grundsätzlich **eigene Ansprüche im System der gesetzlichen Rentenversicherung** vor.

Dieses Prinzip hat das VAStrRefG aus den in Rdn. 9 dargelegten Gründen aufgegeben, soweit die gesetzliche Rentenversicherung als »Leitausgleichsystem« herangezogen wurde. Das neue Ausgleichssystem belässt es aber dabei, dass der Ausgleich eines dem Versorgungsausgleich nach § 2 VersAusglG unterliegenden Anrechts zum Zeitpunkt der Scheidung der Ehe nicht zwischen den Ehegatten erfolgt, sondern durch die Begründung eines eigenen Anrechts des jeweils ausgleichsberechtigten Ehegatten innerhalb der auszugleichenden Versorgung oder bei einem dritten (externen) Versorgungsträger vollzogen wird. Diese Form des Ausgleichs unterscheidet sich von dem unmittelbaren Ausgleich zwischen den Ehegatten, der als Regelungsprinzip bisher in Form des schuldrechtlichen Versorgungsausgleichs nach den §§ 1587f, 1587g BGB a. F., § 2 VAHRG a. F. bestand und sich vergleichbar in den §§ 20–26 VersAusglG fortsetzt (eingehend Rdn. 654 ff.). Nach der Begründung eines Anrechts für den ausgleichsberechtigten Ehegatten richtet sich der Leistungsbezug nur nach dessen persönlichen Voraussetzungen und ist nicht vom Versorgungsschicksal des Ausgleichspflichtigen abhängig, also **quasi dinglich** gesichert.

16 Die bisherige Regelung, dass für den Ausgleichsberechtigten in der gesetzlichen Rentenversicherung auch dann ein eigenes Anrecht begründet wird, wenn er in dieser keine Anrechte erworben hat, bleibt nur bestehen, wenn die Bundesländer, denen seit dem 01. 09. 2006 die Gesetzeskompetenz hinsichtlich der Versorgung der Beamten und Richter des Landes zusteht (durch das 52. Gesetz zur Änderung des Grundgesetzes vom 31. 08. 2006, BGBl I 2034), keine dem **Bundesversorgungsteilungsgesetz** entsprechende Regelung einführen (Art. 5 VAStrRefG, eingehend Rdn. 547 ff.). In diesem Fall ist das Anrecht aus einer Beamtenversorgung weiterhin gem. § 16 Abs. 1 VersAusglG über die gesetzliche Rentenversicherung durch Begründung eines entsprechenden Anrechts auszugleichen. Dies gilt selbst dann, wenn der Berechtigte nie Beiträge zur gesetzlichen Rentenversicherung abgeführt hat und in dieser nicht versichert ist.

> **Beispiel:**
> Sind beide Ehegatten seit ihrem Eintritt ins Berufsleben als Beamte tätig und steht ihnen jeweils eine Versorgung nach dem BeamtVG zu, so werden die dem Berechtigten zuzusprechenden Anrechte in der gesetzlichen Rentenversicherung ausgeglichen. Hierzu wird für diesen ein eigenes Rentenkonto begründet, aus dem im Versorgungsfall dem Berechtigten Rentenleistungen erbracht werden (die Leistungen aus der Beamtenversorgung, die dem Berechtigten daneben zustehen, werden nicht gekürzt, § 55 Abs. 1 Satz 2 BeamtVG).

II. Rechtliche Gestaltung des Versorgungsausgleichs

Folge dieser Regelung ist, dass der Ausgleichsberechtigte Leistungen aus der gesetzlichen Rentenversicherung erst erlangt, wenn dieser die rechtlichen Voraussetzungen für einen Leistungsbezug erfüllt (Erfüllung der Wartezeit, Erreichen der festen Altersgrenze, eingehend Rdn. 287).

Ferner nimmt die gesetzliche Rentenversicherung die **Funktion einer Auffangversorgung** ein, wenn die Voraussetzungen einer externen Teilung i. S. d. § 14 VersAusglG vorliegen, der Ausgleichsberechtigte von seinem in § 15 VersAusglG geregelten Wahlrecht keinen Gebrauch macht und auch keine betriebliche Altersversorgung vorliegt, die nach § 15 Abs. 5 Satz 2 VersAusglG über die gebildete Versorgungsausgleichskasse auszugleichen ist (eingehend Rdn. 575).

3. Andere Formen des Ausgleichs bei Ausgleichsansprüchen nach der Scheidung

a) Überblick

Soweit wegen fehlender Teilungsreife nach § 19 VersAusglG ein (dinglicher) Wertausgleich bei der Scheidung nicht in Betracht kommt, bestehen nach den §§ 20–26 VersAusglG **unmittelbare Ausgleichsansprüche** zwischen dem Ausgleichsberechtigten und dem Ausgleichspflichtigen oder dem Versorgungsträger des auszugleichenden Anrechts bzw. gegen die Witwe / den Witwer des Ausgleichspflichtigen.

17

b) Schuldrechtliche Ausgleichsrente

Nach § 20 VersAusglG besteht ein schuldrechtlicher Ausgleichsanspruch, der jedoch nur auf Antrag durchgeführt wird. Die Fälle des schuldrechtlichen Versorgungsausgleichs waren bisher in § 1587f Nr. 1–5 BGB a. F. sowie § 2 VAHRG a. F. geregelt. Er unterscheidet sich von dem (dinglichen) Wertausgleich bei der Scheidung nach den §§ 9 ff. VersAusglG in seinem Wesen dadurch, dass dem Berechtigten unmittelbar gegen den Verpflichteten ein – dem Unterhaltsanspruch gleichender – hälftiger Leistungsanspruch zusteht. Der schuldrechtliche Versorgungsausgleich ist jedoch schwächer ausgestaltet, da er nach § 31 Abs. 3 Satz 1 VersAusglG mit dem Tod des Verpflichteten erlischt (eingehend Rdn. 654 ff.). Denn mit dem Tod des Verpflichteten endet dessen Versorgung; damit entfällt auch die Grundlage des schuldrechtlichen Ausgleichs. Ferner kann beim schuldrechtlichen Versorgungsausgleich nur eine **bereits laufende Versorgung** geteilt werden, nicht dagegen bereits ein Anrecht auf Versorgung, § 20 Abs. 1, 2 VersAusglG (§ 1587g Abs. 1 Satz 2 BGB a. F.). Falls beim Berechtigten ein Versicherungsfall eintritt, ehe der Verpflichtete Versorgungsleistungen bezieht, kann somit der schuldrechtliche Ausgleich erst mit Eintritt des Versicherungsfalls beim Verpflichteten verlangt werden. Auch wird im schuldrechtlichen Versorgungsausgleich nur ein Geldanspruch gegen den Verpflichteten ausgeglichen, aus dem sich kein Recht auf **Nebenleistungen** der auszugleichenden Versorgungen wie z. B. Krankenversicherungsleistungen, Rehabilitationsmaßnahmen und – anders als beim Wertausgleich bei der Scheidung – auch keine Hinterbliebenenrente ergibt (eingehend Rdn. 658). Analog zu § 2 Abs. 2 Nr. 3 2. Alt. VersAusglG kann im Rahmen des schuldrechtlichen Versorgungsausgleichs nach § 22 VersAusglG auch ein Anspruch auf eine Kapitalleistung bestehen.

18

c) Anspruch gegen den Versorgungsträger – verlängerter schuldrechtlicher Versorgungsausgleich

19 Bereits mit dem Gesetz zur Regelung von Härten im Versorgungsausgleich in der Fassung des **Gesetzes über weitere Maßnahmen auf dem Gebiet des Versorgungsausgleichs** vom 08.12.1986 (BGBl I 2317) hat der Gesetzgeber die zentrale Schwäche des schuldrechtlichen Versorgungsausgleichs, nämlich dessen Wegfall mit dem Tod des Verpflichteten, im Wesentlichen beseitigt. Die Regelung des § 25 VersAusglG, die weitgehend § 3a VAHRG a. F. gleicht, sieht über den Tod des Verpflichteten hinaus gegen den Träger der auszugleichenden Versorgung einen Ausgleichsanspruch vor, sofern die Versorgungszusage auch eine Versorgung für Hinterbliebene des Verpflichteten beinhaltet (s. eingehend Rdn. 728).

4. Dogmatische Einordnung des Versorgungsausgleichs

20 Dogmatisch weist der Versorgungsausgleich, gemessen an den anderen familienrechtlichen Ausgleichs- und Leistungsbestimmungen, zunächst einen güterrechtlichen Charakter auf, als eine hälftige Aufteilung der in der Ehe erworbenen Versorgungsanrechte in Form der Aufteilung des jeweils auszugleichenden Anrechts erfolgt, § 1 Abs. 1 VersAusglG (§ 1587a Abs. 1 BGB a. F.). Nach seinem eigentlichen Regelungszweck steht jedoch der Gesichtspunkt der **unterhaltsrechtlichen Sicherung** des Berechtigten im Falle der Invalidität sowie des Alters im Vordergrund (BT-Drucks. 7/650 S. 61, 155; BT-Drucks. 7/4361 S. 18, 19; BVerfGE 53, 275 ff. = FamRZ 1980, 326, 333 = NJW 1980, 629 ff.). Entsprechend hat der BGH in seiner Rechtsprechung zur Inhaltskontrolle von Eheverträgen (FamRZ 2004, 601 = NJW 2004, 930) den Versorgungsausgleich zur unterhaltsrechtlichen Absicherung eines Ehegatten (im Sinne eines vorweggenommenen Unterhalts wegen Alters nach § 1571 BGB) dem **Kernbereich der Scheidungsfolgen** zugeordnet (eingehend Rdn. 844 ff.). Dennoch wird der Versorgungsausgleich unabhängig davon durchgeführt, ob dem Ausgleichsberechtigten nach rechtskräftiger Auflösung der Ehe gem. §§ 1569 ff. BGB ein nachehelicher Unterhalt zusteht, also auch im Falle einer Wiederheirat. Insoweit liegt der Systematik des Versorgungsausgleichs auch der **Gesichtspunkt der Teilhabe** an den in der Ehe erwirtschafteten Vermögenspositionen zugrunde. Soweit aufgrund der Durchführung des Versorgungsausgleichs bei einem Ehegatten eine Unterhaltsbedürftigkeit i. S. d. § 1577 Abs. 1 BGB entsteht, kann eine Korrektur durch die Härteklausel nach § 27 VersAusglG erfolgen (nach früherem Recht § 1587c Nr. 1 BGB, § 1587h Nr. 1 BGB).

21 Soweit in der **sozialen Biografie** eines Ehegatten aufgrund der Übernahme von Aufgaben in der Ehe (Haushaltsführung, Betreuung und Erziehung gemeinsamer Kinder) Lücken entstanden sind, kommt dem Versorgungsausgleich auch die Funktion eines Nachteilausgleichs i. S. d. § 1578b Abs. 1 BGB zu (BGH FamRZ 2008, 1325, 1328 f.; s. a. FamRZ 2005, 185 = FamRB 2005, 38). Inhaltlich gleicht der Versorgungsausgleich insoweit in seinen Auswirkungen einem Anspruch auf eine Versorgung für die in der Ehe übernommenen Pflichten, wobei der Ausgleich unabhängig davon vorgenommen wird, welcher der Ehegatten die Führung des Haushalts übernommen hat.

Ausgeweitet wird durch die §§ 6–8 VersAusglG die **Dispositionsbefugnis** der Ehegatten über den Versorgungsausgleich. Während nach dem bis zum 31.08.2009 bestehenden Rechtszustand nur für den Bereich der Eheverträge nach §§ 1408 Abs. 2, 1410 BGB a. F. die Gestaltungsfreiheit uneingeschränkt zugelassen wurde, bestanden im Bereich einer Scheidungsfolgenvereinbarung in § 1587o BGB verhältnismäßig enge Grenzen. Hierin drückte sich die Nähe zu sozialversicherungsrechtlichen Regelungen aus. Die Neuregelung in den §§ 6–8 VersAusglG weitet die Gestaltungsmöglichkeiten der Ehegatten deutlich aus; sie finden ihre Grenzen lediglich in der nach § 8 Abs. 1 VersAusglG generell vorzunehmenden Inhaltskontrolle, die die Familiengerichte grundsätzlich bei Eheverträgen anzustellen haben (BVerfGE 103, 89, 101 = FamRZ 2001, 343 = NJW 2001, 957; FamRZ 2001, 986; eingehend Rdn. 824 ff.).

Insgesamt stellt sich der Versorgungsausgleich damit als **eigenständiges Rechtsinstitut** dar, das sich rechtstatsächlich bewährt hat und im Rahmen der Scheidungsfolgenregelungen eine zentrale Bedeutung besitzt.

5. Verhältnis zu anderen Regelungsbereichen

a) Verhältnis zum Güterrecht

Der Versorgungsausgleich ist wegen seines unterschiedlichen Regelungszwecks und der Einbeziehung andersartiger Vermögenspositionen unabhängig vom Güterstand durchzuführen. Dies wird in § 2 Abs. 4 VersAusglG (§ 1587 Abs. 3 BGB a. F.) ausdrücklich geregelt, der alle Versorgungsanrechte i. S. d. § 2 Abs. 1 VersAusglG ausschließlich dem Versorgungsausgleich zuweist und dadurch einen doppelten Ausgleich i. S. einer Doppelverwertung vermeidet (s. z. B. BGH FamRZ 1992, 790). Soweit Anrechte diesen Bestimmungen unterliegen, scheidet für diese ein güterrechtlicher Ausgleich aus. Dies gilt auch dann, wenn etwa nach der Härteklausel des § 27 VersAusglG (§ 1587c BGB a. F.) ein Versorgungsausgleich ausgeschlossen wird. Umgekehrt hat die Trennung der Regelungsbereiche zur Folge, dass Vermögenspositionen bei Vorliegen des Güterstandes der Gütertrennung nach § 1414 BGB n. F. auch dann nicht dem Versorgungsausgleich unterliegen, wenn es sich bei diesen nicht um eine wiederkehrende Leistung handelt, diesen Vermögenspositionen jedoch Versorgungscharakter zukommt, so etwa bei einer zur Absicherung der Bedürftigkeit im Alter abgeschlossenen Lebensversicherung, die eine Kapitalleistung (mit nicht ausgeübter Rentenoption) vorsieht (s. eingehend Rdn. 68; dort auch zur Inhaltskontrolle). Dieser Grundsatz erfährt in § 2 Abs. 2 Nr. 3 VersAusglG (2. Alt.) eine wichtige Ausnahme in Bezug auf betriebliche Altersversorgungen, die unabhängig von ihrer Leistungsform dem Versorgungsausgleich unterliegen (eingehend Rdn. 47, 72) und deshalb auch dann nicht dem Güterrecht zuzuordnen sind, wenn das Anrecht die Leistung eines Kapitalbetrages vorsieht. Aufgehoben wurde die (güterrechtliche) Regelung des § 1414 Satz 2 BGB a. F. durch Art. 3 Nr. 4 VAStrRefG; diese bestimmte, dass bei Ausschluss des Versorgungsausgleichs nach § 1408 Abs. 2 BGB a. F. gleichzeitig güterrechtlich **Gütertrennung** eintritt, falls die Ehegatten keine anderweitige Bestimmung treffen.

Ungeachtet der prinzipiellen Trennung der Bereiche des Güterrechts und des Versorgungsausgleichs bedarf es jedoch in verschiedenen Bereichen der **Harmonisierung** beider Regelungsbereiche. Ausdrücklich bestimmt wurde dies in der Härteklausel des § 1587c Nr. 1 BGB a. F., wonach die Durchführung des Versorgungsausgleichs in den dort angesprochenen Sachlagen davon abhängen kann, ob dem Ausgleichsberechtigten (z. B. wegen bestehender Gütertrennung) ein in der Ehe erworbener Vermögenswert voll verbleibt, während der andere Ehegatte über den Versorgungsausgleich seinen einzigen Vermögenswert, den er in der Ehe erworben hat, auszugleichen hätte (eingehend Rdn. 776 ff.).

1. Kapitel   Grundlagen und Konzeption des Versorgungsausgleichs

> **Beispiel:**
> Die Ehefrau hat während der Ehezeit Rentenanwartschaften in der gesetzlichen Rentenversicherung i.H.v. monatlich 500,00 € erworben, während der Ehemann bei bestehender Gütertrennung für seine Altersversorgung private Lebensversicherungen auf Kapitalbasis abgeschlossen hat, bei denen ein Deckungskapital i.H.v. 120.000,00 € vorliegt.

Ferner ist eine Harmonisierung bei der Nachentrichtung von Beiträgen zum Erwerb von Rentenanwartschaften zwischen dem Ende der Ehezeit (§ 3 Abs. 1 VersAusglG) und der Rechtshängigkeit des Scheidungsantrags (§ 1384 BGB) vorzunehmen, weil ansonsten der Berechtigte an denjenigen Anrechten nicht mehr teilhaben könnte, die zwar vor Ende der güterrechtlich maßgeblichen Ehezeit nach § 1384 BGB, aber nach der aus formalen (sozialversicherungsrechtlichen) Gründen vorgezogenen versorgungsausgleichsrechtlichen Ehezeit nach § 3 Abs. 1 VersAusglG (§ 1587 Abs. 2 BGB a. F.) erworben wurden. Ferner unterliegen Anrechte, die mit **Mitteln des (vorzeitigen) Zugewinns** durch Nachentrichten freiwilliger Beiträge zur gesetzlichen Rentenversicherung in der Ehezeit erworben wurden, nicht dem Versorgungsausgleich, weil es sich insoweit lediglich um eine Umschichtung von Vermögen handelt, das dem Ehegatten durch die Zuordnung zum Zugewinn endgültig verbleiben soll; es unterliegt deshalb nicht dem erneuten Ausgleich (BGH FamRZ 1992, 790 f. = NJW 1992, 1888 f.; s. a. Rdn. 83 f.). Die hierzu entwickelten Grundsätze wendet das KG (FamRZ 2003, 39; s. a. OLG Köln FamRZ 1996, 1549 f.) auch dann an, wenn Ehegatten in einer notariellen Vereinbarung anlässlich der Trennung Gütertrennung vereinbart und für die Vergangenheit einen Zugewinnausgleich ausgeschlossen haben, ein Ehegatte jedoch mit seinem Vermögen danach, aber vor Ehezeitende i. S. d. § 3 Abs. 1 VersAusglG ein Rentenanrecht begründet hat. Das KG stützt dies darauf, dass auch ein Verzicht auf die Ausgleichsforderung eine Regelung des Zugewinns enthalte, so dass die jeweiligen Bilanzposten dem Versorgungsausgleich entzogen seien. Dem ist aber dann nicht zuzustimmen, wenn der Ausschluss des Zugewinnausgleichs einen rein deklaratorischen Charakter hat, weil Zugewinnausgleichsansprüche (wegen Verbindlichkeiten oder eines hohen Anfangsvermögens) nicht bestehen.

24   Ansonsten kommt es bei der Begründung von Anrechten, die dem Versorgungsausgleich unterliegen, auf die **Herkunft des Vermögens** nicht an. Der Versorgungsausgleich kennt keine mit dem privilegierten Erwerb nach § 1374 Abs. 2 BGB vergleichbare Regelung. Die in § 1587 Abs. 1 Satz 2 BGB a. F. enthaltene Regelung übernimmt der reformierte Versorgungsausgleich in § 2 Abs. 2 Nr. 1 VersAusglG; dieser enthält insoweit eine Einschränkung, als das in den Versorgungsausgleich einzubeziehende Anrecht durch Arbeit oder Vermögen geschaffen oder aufrechterhalten worden sein muss (eingehend Rdn. 83 f.). Ein solcher Fall liegt aber nicht vor, wenn bei bestehender Gütertrennung ein Ehegatte sein (kurz vor der Trennung) erbtes Vermögen (100.000,00 €) als Einmalbeitrag in eine private Rentenversicherung einsetzt und hierdurch ausgleichspflichtig wird. Denn § 2 Abs. 2 Nr. 1 VersAusglG bestimmt, dass dem Versorgungsausgleich auch Anrechte unterliegen, die mit dem Vermögen eines Ehegatten erworben wurden.

25   **Weitere Fälle einer Harmonisierung**:

Besteht bei Eheschließung eine Kapitallebensversicherung, die vor Zustellung des Scheidungsantrags aufgrund eines Wahlrechts in ein Rentenanrecht umgewandelt wurde, bedarf es keiner Harmonisierung, weil im Zugewinnsystem die Kapitallebensversicherung im Anfangsvermögen enthalten ist und danach das dem Zugewinn unterliegende Vermögen gemindert wird, gleichzeitig aber dieses Anrecht in

II. Rechtliche Gestaltung des Versorgungsausgleichs

den Versorgungsausgleich einfließt. Dem entspricht § 2 Abs. 2 Nr. 1 VersAusglG, der eine § 1374 Abs. 2 BGB entsprechende Regelung nicht kennt und deshalb auch ein mit vorehelichem Vermögen erworbenes Anrecht dem Versorgungsausgleich unterliegt.

Liegt bei Eheschließung eine Rentenlebensversicherung vor, die vor Zustellung des Scheidungsantrags in eine Kapitallebensversicherung umgewandelt wird, so kann eine Korrektur lediglich nach dem Grundgedanken des Zugewinns (§ 1363 Abs. 2 Satz 2 BGB – *in der Ehe erzielen*) erfolgen, indem das bei Eheschließung vorhandene Deckungskapital in das Anfangsvermögen eingestellt wird. Würde das Anrecht im Versorgungsausgleich verbleiben, unterläge der voreheliche Erwerb nicht dem Versorgungsausgleich, da nach § 5 Abs. 1 VersAusglG lediglich das in der Ehezeit erworbene Anrecht auszugleichen ist; dem entsprechen die Bestimmungen der §§ 39, 40 VersAusglG zur Ermittlung des Ehezeitanteils.

b) Unterhalt und Versorgungsausgleich

Rentenbezug nach Scheidung. Tritt eine Verminderung des Einkommens nach der Scheidung durch die Zurruhesetzung aus Altersgründen ein, so ist dieser Umstand nach BGH (BGHZ 166, 351, 356 = FamRZ 2006, 683; FamRZ 2001, 986 ff.; FamRZ 1989, 159) nicht erst bei der Prüfung der Leistungsfähigkeit des Verpflichteten, sondern bereits bei der Feststellung des Bedarfs zu berücksichtigen. Denn diese Entwicklung der Lebensverhältnisse ist nicht nur mit hoher Wahrscheinlichkeit zu erwarten, sondern in jedem Fall sicher (Begriff der stets wandelbaren Bedarfsverhältnisse). Es kann deshalb auch nicht darauf ankommen, ob sich diese Veränderung im engen zeitlichen Zusammenhang mit der Scheidung verwirklicht hat. Wurden die Rentenanwartschaften nicht in der Ehe erworben, so sollten nach der früheren Rechtsprechung des BGH die Rentenbezüge nicht auf die ehelichen Lebensverhältnisse Einfluss nehmen (FamRZ 1988, 817, 818). Allerdings hat der BGH diesen Einkünften einen **ausgleichenden Einfluss** (keinen bestimmenden) auf die Bedarfsbemessung aus Billigkeitsgründen zuerkannt.

26

Dieser Ansatz lässt sich nach der Entscheidung des BGH vom 13.06.2001 zur **Neubewertung der Haushaltsleistung der Ehefrau** nicht aufrechterhalten, weil der Versorgungsausgleich als Ausgleich für eine frühere Haushaltstätigkeit anzusehen ist (FamRZ 2001, 986; FamRZ 2002, 88, 90; *Borth* FamRZ 2001, 1653, 1657, 1660). Deshalb sind diese Einkünfte stets prägend. Im obigen Beispiel ermittelt sich deshalb folgender Anspruch nach durchgeführtem Versorgungsausgleich:

Einkommen Unterhaltspflichtiger:		2.570 €
Einkommen ohne Versorgungsausgleich:		600 €
Einkommen Unterhaltsberechtigter (mit Versorgungsausgleich):		1.000 €
	Bedarfsbasis:	3.570 €
	Bedarf:	1.785 €
	abzgl. eig. Einkünfte:	1.000 €
	Anspruch:	785 €

Aufgrund der Grundsätze des BGH in der Entscheidung vom 13.06.2001 prägen auch Rentenanwartschaften die ehelichen Lebensverhältnisse, die aus dem Versorgungsausgleich einer früheren geschiedenen Ehe beruhen. Rententeile, die auf dem **Vorsorgeunterhalt** nach §§ 1361 Abs. 1 Satz 2, 1578 Abs. 3 BGB beruhen, sind nach BGH dagegen nicht prägend (FamRZ 2003, 948, 951; s. a. BGH FamRZ 2006, 317 – nach Ende der Ehezeit erworbene Rente; FamRZ 2007, 1232 – Rentenanteile aus Kindererziehungszeiten – jeweils keine Prägung i. S. d. § 1578 Abs. 1 BGB).

27 Beziehen **beide Ehegatten** im Zeitpunkt der Scheidung bereits **Renten**, ist zu beachten, dass auch nach Durchführung des Versorgungsausgleichs die Bedarfsbasis, die sich nach den Einkommensverhältnissen richtet, nicht ändert. Denn den versorgungsrechtlichen Abschlag, den der Ausgleichspflichtige beim Versorgungsausgleich hinnehmen muss (§§ 66 Abs. 1 Nr. 4, 76, 99 SGB VI, § 57 Abs. 2 BeamtVG), führt beim Ausgleichsberechtigten zu einer entsprechenden Anhebung. Dem Unterhaltsberechtigten, der regelmäßig auch Ausgleichsberechtigter des Versorgungsausgleichs ist, muss nach dem Versorgungsausgleich derselbe Betrag zur Verfügung stehen wie zuvor. Lediglich der Unterhaltsanspruch mindert sich, weil der Bedarf (teilweise) durch den Versorgungsausgleich gedeckt wird, § 1577 Abs. 1 BGB (zu den praktischen Auswirkungen s. *Schwab/Borth* Teil IV Rn. 952 f.).

Muss der Ausgleichspflichtige bei Eintritt seines Versorgungsfalls Unterhalt bezahlen, mindert sich seine Altersversorgung um den (vom Ehezeitende bis zum Leistungsfall anzupassenden) Betrag, der auf den Ausgleichsberechtigten übertragen wurde. Allerdings können der Ausgleichspflichtige und der Ausgleichsberechtigte nach § 34 Abs. 1, 2 VersAusglG i. V. m. § 33 VersAusglG (§ 9 Abs. 2 VAHRG a. F. i. V.m. § 5 VAHRG a. F.) beantragen, dass die Kürzung aus dem Versorgungsausgleich in Höhe des beschuldeten Unterhalts ausgesetzt wird, solange der Ausgleichspflichtige Unterhalt zahlen muss und der Ausgleichsberechtigte aus den übertragenen oder begründeten Anrechten keine Leistung bezieht (eingehend Rdn. 871 ff.).

c) **Versorgungsausgleich und sozialversicherungsrechtliche sowie sonstige versorgungsrechtliche Bestimmungen**

28 **Trennung der Versorgungsschicksale.** Aufgrund der Trennung der Versorgungsschicksale mit Scheidung der Ehe kann der Ausgleichsberechtigte aus den übertragenen Anrechten erst dann Versicherungsleistungen beziehen, wenn bei ihm die Voraussetzungen des Versorgungsfalls vorliegen. Unerheblich ist dagegen, ob der Ausgleichspflichtige aus den Anrechten, die bei Scheidung dem Versorgungsausgleich unterlagen, bereits eine Leistung erhält oder die Voraussetzungen hierfür erst nach dem Versorgungsfall des Berechtigten erfüllt. Soweit der Versorgungsausgleich in der gesetzlichen Rentenversicherung vollzogen wird (s. a. § 8 Abs. 1 Nr. 2 SGB VI), kann der Ausgleichsberechtigte erst dann eine Rentenleistung beziehen, wenn die Voraussetzungen einer Rente wegen verminderter Erwerbsfähigkeit nach § 43 Abs. 1, 2 SGB VI oder wegen Alters (§§ 33 ff. SGB VI) eingetreten sind und die für die jeweilige Rentenart erforderliche Wartezeit erfüllt ist (§§ 35–40 i. V. m. § 50 SGB VI). Die im Versorgungsausgleich erworbenen Anrechte ergänzen diese Regelungen; nach § 52 SGB VI werden Anrechte, die durch den Versorgungsausgleich erworben werden, nach dem dort bestimmten Modus umgerechnet (zu den Einzelheiten Rdn. 317, 596 ff.). Entsprechendes gilt in den anderen Fällen des internen oder externen Ausgleichs. Insoweit wird für den Berechtigten bei dem Träger der auszugleichenden Versorgung ein eigenständiges Anrecht begründet; die Voraussetzungen für den Versorgungsbezug, also der Fall der Invalidität oder des Alters, richten sich nach der Person des Ausgleichsberechtigten.

29 **Witwenrente.** Eine Witwenrente, die aufgrund einer vorangegangenen, durch Tod aufgelösten Ehe geleistet wird, **erlischt mit Wiederheirat**, lebt aber nach Scheidung der Ehe gem. § 46 Abs. 3 SGB VI wieder auf. Beinhaltet eine betriebliche Versorgungsregelung eine Wiederverheiratungsklausel, muss diese kein Wiederaufleben i. S. d. § 46 Abs. 3 SGB VI vorsehen (BAG BetrAVers 1997, 204).

II. Rechtliche Gestaltung des Versorgungsausgleichs

Erziehungsrente. Als Folge der Abkopplung der versorgungsrechtlichen Schicksale der Ehegatten hat der Gesetzgeber die **Erziehungsrente** nach § 47 SGB VI eingeführt. Ohne diese Regelung könnte bei einem Ehegatten, der ein Kind betreut und deshalb für seinen Unterhalt nicht selbst aufkommen kann, dann eine Versorgungslücke entstehen, wenn der Unterhaltsanspruch nach § 1570 BGB wegen Todes des unterhaltspflichtigen geschiedenen Ehegatten nicht erbracht wird. § 47 SGB VI gewährt immer dann einem geschiedenen Ehegatten eine Erziehungsrente, wenn die Ehe des erziehenden Elternteils nach dem 30. 06. 1977 geschieden und der geschiedene Ehegatte gestorben ist, ein eigenes Kind oder ein Kind des geschiedenen Ehegatten erzogen wird, er nicht wiederverheiratet ist und bis zum Tode des geschiedenen Ehegatten die allgemeine Wartezeit von 5 Jahren (§ 50 Abs. 1 Satz 1 SGB VI) erfüllt wird; dies kann aufgrund eigener Versicherung oder durch die im Versorgungsausgleich erlangten Anrechte (§ 52 SGB VI) eintreten (s. a. Rdn. 5, 288).

30

Unterhaltsbeitrag. Eine vergleichbare Regelung enthält § 22 Abs. 2 BeamtVG in der Fassung von Art. 6 Nr. 1 VAStrRefG (Verfahren zum Versorgungsausgleich, die nach dem bis zum 31. 08. 2009 geltenden Recht abgeschlossen wurden bzw. werden), der der geschiedenen, nicht wieder verheirateten Ehefrau eines verstorbenen Beamten einen von dessen Dienstherrn zu erbringenden **Unterhaltsbeitrag** insoweit gewährt, als sie im Zeitpunkt des Todes dieses Beamten oder Ruhestandsbeamten einen Anspruch auf schuldrechtlichen Versorgungsausgleich nach § 1587f Nr. 2 BGB a. F. hätte. Nicht erforderlich ist die Fälligkeit nach § 1587g Abs. 1 Satz 2 BGB a. F. Nach der seit dem 01. 01. 1992 geltenden Fassung (BGBl I 90 2299) gilt diese Regelung nur noch, wenn ein Versorgungsanrecht nach § 1587a Abs. 2 Nr. 1 BGB a. F. (Beamtenversorgung) wegen Überschreitens der Höchstgrenze in der gesetzlichen Rentenversicherung (§ 76 Abs. 2 Satz 3 SGB VI) nicht ausgeglichen werden kann (s. 4. Auflage Rdn. 610). Damit war es nicht mehr möglich, den Unterhaltsbeitrag aufgrund einer Vereinbarung des schuldrechtlichen Versorgungsausgleichs (gem. § 1587f Nr. 5 BGB) zu erlangen. Voraussetzung des Anspruchs ist zunächst, dass der Ehefrau im Falle des Fortbestehens der Ehe ein Anspruch auf Witwengeld nach § 19 BeamtVG oder auf Unterhaltsbeitrag nach §§ 22 Abs. 1 bzw. 26 BeamtVG zugestanden hätte. Ferner wird er nur gewährt, solange bei der geschiedenen Ehefrau die Voraussetzungen einer verminderten Erwerbsfähigkeit i. S. d. § 43 SGB VI vorliegen oder sie ein waisengeldberechtigtes Kind erzieht oder das 60. Lebensjahr vollendet hat. **Die Höhe des Unterhaltsbeitrags** richtet sich nach der (fiktiven) Ausgleichsrente gem. § 1587g Abs. 2 Satz 1 BGB a. F., die dem Berechtigten im Zeitpunkt des Todes des Ausgleichspflichtigen zugestanden hätte. Er ist in einem Hundertsatz des nicht nach § 57 BeamtVG gekürzten Witwengeldes festzusetzen und darf 5/6 des entsprechend § 57 BeamtVG gekürzten Witwengeldes nicht übersteigen. Nach § 28 BeamtVG steht der Unterhaltsbeitrag auch einem Witwer einer Beamtin entsprechend zu; er wird nach § 22 Abs. 3 BeamtVG auch im Falle der Aufhebung der Ehe nach §§ 1313 ff. BGB gewährt. Der Anspruch entfällt bei Wiederheirat, kann aber auch im Falle der Auflösung der neuen Ehe wieder aufleben, § 61 Abs. 1 Nr. 2, Abs. 3 BeamtVG. Eine bei Wiederheirat nach §§ 21 i. V. m. 22 Abs. 2 Satz 5 BeamtVG **gezahlte Abfindung** wird auf den wieder aufgelebten Unterhaltsbeitrag angerechnet, § 21 Abs. 3 BeamtVG. Im Übrigen verdrängt der **Unterhaltsbeitrag** nach § 22 Abs. 2 BeamtVG in seinem Anwendungsbereich den Anspruch gegen den Versorgungsträger (verlängerter schuldrechtlicher Ausgleich); dies folgt aus § 25 Abs. 3 S. 2 VersAusglG (§ 3a Abs. 2 Nr. 2 VAHRG a. F.; Rdn. 741 f.).

31

32 **Wichtiger Hinweis:**
Diese Regelung ist allerdings auf solche Verfahren beschränkt, in denen nach dem bis zum 31.08.2009 geltenden Recht wegen Überschreitens der Höchstgrenze in der gesetzlichen Rentenversicherung (§ 1587b Abs. 5 BGB a. F.) der Ausgleichswert aus der Beamtenversorgung gem. § 1587b Abs. 2 BGB a. F. nicht vollständig in der gesetzlichen Rentenversicherung hat ausgeglichen werden können und deshalb der nicht ausgeglichene Anteil nach § 1587f Nr. 2 BGB a. F. dem schuldrechtlichen Versorgungsausgleich zugewiesen wurde, die Voraussetzungen des § 22 Abs. 2 BeamtVG aber erst nach dem 31.08.2009 eintreten.

Soweit nach § 16 VersAusglG weiterhin eine **externe Teilung** stattfindet, besteht eine Begrenzung hinsichtlich des Ausgleichswertes in Bezug auf die Höchstgrenze in der gesetzlichen Rentenversicherung nicht mehr, da § 76 Abs. 2 Satz 3 SGB VI durch Art. 4 Nr. 3a VAStrRefG aufgehoben wurde, so dass auch kein Fall des schuldrechtlichen Versorgungsausgleichs i. S. d. § 20 VersAusglG entstehen kann. Entsprechend fehlt auch eine Regelung in § 19 Abs. 1, 2 VersAusglG hinsichtlich einer fehlenden Teilungsreife.

33 In keinem unmittelbaren Zusammenhang mit dem Versorgungsausgleich steht die **Geschiedenenwitwenrente** nach § 243 SGB VI, die nur an einen geschiedenen Ehegatten ausbezahlt wird, dessen Ehe vor dem 01.07.1977 geschieden wurde (zu den Grundlagen s. o. Rdn. 2). Ein Anspruch bestand für eine Ehefrau jedoch nur dann, wenn der geschiedene Ehemann unterhaltspflichtig war, was nach §§ 58, 59 EheG von dessen Verschulden an der Scheidung abhing (BSG FamRZ 1993, 425), oder im letzten Jahr vor seinem Tod nicht nur geringfügig Unterhalt und nicht zu Lebzeiten ihres geschiedenen Ehegatten wieder geheiratet hatte, mit der Folge, dass ein etwaiger Unterhaltsanspruch erlosch (BSG FamRZ 1977, 788) und auch bei Auflösung der neuen Ehe nicht wieder auflebte (§ 67 EheG a. F.). Die **Neufassung des § 243 SGB VI** stellt für den Bezug der **Geschiedenenwitwenrente** neben dem tatsächlichen Bezug von Unterhalt im letzten Jahr vor dem Tode des geschiedenen Ehegatten im Fall der mangelnden Leistungsfähigkeit des Ehemannes darauf ab, ob dem Grunde nach noch ein Unterhaltsanspruch bestanden hatte, ferner, dass der geschiedene Ehegatte nicht wieder geheiratet hat. Hatte der geschiedene Ehemann wieder geheiratet, ist die Hinterbliebenenversorgung nach § 91 SGB VI unter beiden Berechtigten entsprechend dem Verhältnis der jeweiligen Ehedauer aufzuteilen. Vor dem 01.01.1977 geschiedene Ehegatten im Beitrittsgebiet haben nach § 243a SGB VI einen Anspruch auf Erziehungsrente entsprechend § 47 SGB VI, jedoch keinen Anspruch auf Witwen-(Witwer-)rente nach § 243 SGB VI.

III. Anwendungsbereich

1. Versorgungsausgleich bei Scheidung und Aufhebung einer Ehe

34 Das Ziel einer eigenständigen Alters- und Invaliditätsversorgung wäre nur unvollkommen erreicht, wenn deren Absicherung erst mit Eintritt des Versorgungsfalls einträte. Der Gesetzgeber hat deshalb den Ausgleich der in der Ehe erworbenen Versorgungsanwartschaften bereits im Zeitpunkt der Scheidung angeordnet, § 1587 BGB (in der Fassung von Art. 3 Nr. 5 VAStrRefG). Hierdurch werden beide Ehegatten in die Lage versetzt, die Auswirkungen des Versorgungsausgleichs bereits im Zeitpunkt der Scheidung zu beurteilen und gegebenenfalls bis zum Eintritt des Versorgungsfalls zur Verbesserung ihrer Alters- und Invaliditätsversorgung einzuleiten. Die Bestimmungen des VersAusglG sind für den Fall der Scheidung und im Fall der Aufhebung der Ehe nach §§ 1318 Abs. 3 BGB (in der Fassung von Art. 3 Nr. 3 VAStrRefG) anzuwenden. Der von Amts wegen einzuleitende Entscheidungsverbund nach § 137 Abs. 1, 2 Nr. 1 FamFG (§ 623 ZPO a. F.) gilt jedoch nur bei **Auflösung der Ehe durch Scheidung,** wobei neben dem (dinglichen) Versorgungsausgleich bei der Scheidung über einen Ausgleichsanspruch nach Scheidung gem. den §§ 20–22 VersAusglG (vor allem der schuldrechtliche Versorgungsausgleich) im Verbund entschieden werden kann, wenn dessen **Fälligkeitsvoraussetzungen** nach § 20 Abs. 1, 2 VersAusglG vor Schluss der mündlichen Verhandlung des familiengerichtlichen Verfahrens eingetreten sind.

In den Fällen der **Aufhebung der Ehe** gilt der Entscheidungsverbund nach § 137 Abs. 1, 2 Nr. 1 FamFG nicht. Der gutgläubige Ehegatte kann die entsprechend anwendbaren vermögensrechtlichen Scheidungsfolgen, vor allem also Unterhalt, Güterrecht und Versorgungsausgleich, durch Erklärung gegenüber dem anderen Ehegatten ausschließen, falls dieser bösgläubig war, weil er die Gründe der Aufhebbarkeit gekannt hat, § 1318 BGB. Dies schließt die gleichzeitige Entscheidung über die Aufhebung der Ehe mit dem Versorgungsausgleich aus. Wird eine Ehe nach §§ 1314 ff. BGB aufgehoben, sind die Vorschriften über den Versorgungsausgleich nach § 1318 Abs. 3 BGB i. V. m. § 1587 BGB n. F. grundsätzlich anwendbar; jedoch ist eine Prüfung nach dem Maßstab der groben Unbilligkeit vorzunehmen; dies ist regelmäßig bei einer **bigamischen Ehe** gegeben (s. OLG Karlsruhe FamRZ 2005, 371).

35

2. Personeller Anwendungsbereich

a) Ausdehnung auf sogenannte Altehen

Der Versorgungsausgleich greift grundsätzlich bei allen Ehen ein, die ab dem 01. 07. 1977 geschieden, also auch bei Ehen, die vor diesem Zeitpunkt geschlossen wurden; dies folgt aus Art. 12 Nr. 3 Abs. 1 und 3 der Übergangsbestimmungen zum 1. EheRG (BVerfGE 47, 85, 93 = FamRZ 1978, 173, 175 = NJW 1987, 629; BVerfGE 53, 257, 309 ff. = FamRZ 1980, 326, 336 = NJW 1980, 326, 336 – Scheidungsantrag wurde vor dem 01. 07. 1977 eingereicht; FamRZ 1979, 486 ff.). Wurde die Ehe auf Grundlage des bis zum 01. 07. 1977 geltenden Rechts geschieden, so richten sich auch die Scheidungsfolgen nach diesem Recht, Art. 12 Nr. 3 Abs. 1 Satz 1 der Übergangsbestimmungen. Unerheblich ist insoweit, dass die Rechtskraft eines solchen Urteils nach dem 01. 07. 1977 eintrat (zur Verfassungsmäßigkeit s. BVerfGE 47, 85, 98 f. = FamRZ 1978, 173, 176 = NJW 1978, 629, 630). Da die Übergangsbestimmungen zwingendes Recht sind, können nach altem Recht geschiedene Ehegatten den Versorgungsausgleich auch nicht durch eine Vereinbarung zur Folgesache nach neuem Recht bestimmen (BGH FamRZ 1982, 794 = NJW 1982, 1814; s. a. Rdn. 105).

36

b) Fälle der Wiederheirat, Doppelehe

Auszugleichen sind im Versorgungsausgleich nur Anrechte, die innerhalb der konkret zu scheidenden Ehe erworben wurden. Bedeutung gewinnt dieser Grundsatz vor allem in Fällen der **Wiederheirat** desselben Partners (BGH FamRZ 1982, 1193 = NJW 1983, 37; FamRZ 1983, 461). Einer rückwirkenden Ausdehnung der Scheidungsfolgen auf die vorausgegangene Ehe stünde der Schutz des Vertrauens in den Bestand der abgeschlossenen Regelungen entgegen. Haben die Ehegatten nach vorab ausgesprochener Scheidung (§ 140 Abs. 2 Nr. 1, 2, 4, 5 FamFG) erneut geheiratet, so kann auf den Versorgungsausgleich (aus der vorausgegangenen Ehe) nicht mit der Begründung verzichtet werden, der berechtigte Ehegatte sei durch die erneute Heirat gesichert, weil im Hinblick auf eine erneute Scheidung

37

keine Sicherung der Hinterbliebenenversorgung vorliegt (BGH FamRZ 1983, 461 = NJW 1983, 1317). Ferner ist es nicht möglich, die Wirkungen des bei Scheidung der Ehe **vollzogenen Versorgungsausgleichs wieder rückgängig** zu machen, weil rechtkräftige Entscheidungen zum Versorgungsausgleich nicht anfechtbar sind; dies folgt aus § 148 FamFG i. V. m. § 116 Abs. 2 FamFG. Ebenso wenig liegen die Voraussetzungen einer Abänderung nach §§ 225, 226 FamFG vor (s. a. BGH FamRZ 2002, 1553; OLG Hamm FamRZ 2007, 559 – zu § 10a VAHRG a. F.). Haben die Ehegatten den Versorgungsausgleich in Form einer Vereinbarung nach § 1587o BGB a. F. oder nach §§ 6–8 VersAusglG geregelt, ohne dass ein (dinglicher) Versorgungsausgleich bei der Scheidung vorgenommen wurde, kann diese durch einen Ehevertrag nach § 1408 Abs. 2 BGB (in der Fassung von Art. 3 Nr. 3 VAStrRefG) in der neuen Ehe rückgängig gemacht werden.

38 Liegt eine **Doppelehe** vor und ist der Ehegatte der Zweitehe gutgläubig, können die Ausgleichsansprüche der Ehegatten beider Ehen unabhängig voneinander bestehen, so dass sowohl der Ehegatte der ersten als auch der zweiten Ehe grundsätzlich den vollen Ausgleich in Anspruch nehmen kann, so als ob der andere Berechtigte nicht vorhanden wäre. Übermäßigen Belastungen des Verpflichteten, der hierdurch seine Anrechte nahezu vollständig verlieren könnte, kann durch § 27 VersAusglG begegnet werden (BGH FamRZ 1982, 475 = NJW 1983, 176; zur vergleichbaren Rechtslage beim Zugewinn BGH FamRZ 1980, 768 = NJW 1980, 1462).

3. Ausnahmen von der Durchführung des Versorgungsausgleichs

a) Ausschluss durch Eheverträge

39 In den §§ 6–8 VersAusglG werden die Möglichkeiten zum Abschluss einer Vereinbarung zum Versorgungsausgleich neu geordnet und hierin die Regelungen des § 1408 Abs. 2 BGB a. F. und des § 1587o BGB a. F. zu einer einheitlichen Bestimmung zusammengefasst. In diesen Regelungen wird einerseits die notarielle Beurkundung i. S. d. § 1410 BGB beibehalten sowie weiterhin die Form des § 127a BGB ermöglicht. Gleichzeitig werden aber die **Genehmigungserfordernis** gem. § 1587o BGB a. F. sowie die **Jahresfrist** in § 1408 Abs. 2 Satz 2 BGB a. F. aufgegeben. Der Schutz eines Ehegatten wird nach § 8 VersAusglG durch die Vorgabe angestrebt, dass die **Vereinbarung einer Inhalts- und Ausübungskontrolle** standhalten muss. Ferner soll durch die zwingende notarielle Form der Schutz eines Ehegatten gewahrt werden (zu den Einzelheiten s. Rdn. 834 ff.). Neu ist die in § 224 Abs. 3 FamFG (in der Fassung von Art. 2 Nr. 5 VAStrRefG) enthaltene Bestimmung, dass auch im Falle des Ausschlusses bzw. Verzichts eines Ehegatten auf den Versorgungsausgleich eine entsprechende Feststellung im **Beschluss zum Versorgungsausgleich** zu erfolgen hat. Da diese Feststellungen und die damit verbundene Prüfung der Wirksamkeit der Verzichtsvereinbarung im Rahmen einer Inhaltskontrolle anfechtbar sind, kann ein Ehegatte nachträglich die Wirksamkeit einer Vereinbarung mittelbar prüfen lassen.

§ 6 Abs. 1 Nr. 2 VersAusglG lässt auch den **Ausschluss des Versorgungsausgleichs** ganz oder teilweise zu. Hierzu sind verschiedene Gestaltungsmöglichkeiten denkbar. So können die Regelversorgungen (gesetzliche Rentenversicherung, Beamtenversorgung, berufsständische Versorgungen) nach den §§ 9 ff. VersAusglG durch die interne oder externe Teilung ausgeglichen werden, gleichzeitig aber der Kapitalwert oder korrespondierende Kapitalwert einer betrieblichen Altersversorgung oder privaten Rentenversicherung im Rahmen der vermögens- oder güterrechtlichen Auseinandersetzung in den dort vorzunehmenden Ausgleich eingestellt werden. Ebenso ist es im Falle einer beiderseitig bestehenden hinreichenden sozialen Sicherung zulässig, auf den Wertausgleich durch einen Ehevertrag nach § 1408 Abs. 2 BGB (in der Fassung von Art. 3 Nr. 3 VAStrRefG) i. V. m. den §§ 6–8 VersAusglG insgesamt zu verzichten, so vor allem, wenn keine ehebedingten Nachteile hinsichtlich des Versorgungserwerbs in der Ehe eingetreten sind. Hinsichtlich der weiteren Gestaltungsmöglichkeiten wird auf die Rdn. 824 ff. verwiesen.

b) Ausschluss bei kurzer Ehedauer

Teil des Gesamtkonzepts des reformierten Versorgungsausgleichs ist die Einführung einer **neuen Bagatellklausel**, nach der gem. § 3 Abs. 3 VersAusglG bei einer Ehedauer bis zu drei Jahren ein Versorgungsausgleich weder beim Wertausgleich bei der Scheidung (§§ 9–19, 28 VersAusglG) noch beim Wertausgleich nach der Scheidung (§§ 20–26 VersAusglG) stattfindet. Die Regelung soll – vergleichbar mit § 1579 Nr. 1 BGB – der Tatsache Rechnung tragen, dass bei einer kurzen Ehedauer eine ehebedingt wirtschaftliche Abhängigkeit noch nicht in einem Umfang eingetreten ist, dass zum Ausgleich ehebedingter Nachteile ein Wertausgleich geboten wäre (s. a. *Borth* FamRZ 2008, 1797, 1799). Die im Rechtsausschuss des Deutschen Bundestages umgestaltete Regelung sieht vor, dass der Ausschluss nicht generell bei einer Ehedauer bis zu drei Jahren ausgeschlossen ist, sondern der Versorgungsausgleich auf einen **voraussetzungslosen Antrag eines Ehegatten** hin durchzuführen ist. Der Antrag unterliegt nach § 114 Abs. 4 Nr. 7 FamFG nicht dem **Anwaltszwang** (s. Rdn. 981). Hierdurch sollen verfassungsrechtlich fragwürdige Ergebnisse vermieden werden, die sich vor allem ergeben, wenn mit einem bei Eheschließung vorhandenen Vermögenswert (§ 1374 Abs. 1 BGB) während der Ehe ein Versorgungsanrecht erworben wird, das bei einer kurzen Ehedauer nicht dem Versorgungsausgleich unterläge, jedoch zu einer Minderung des Zugewinns führt. Entsprechend sollen durch die Stellung eines Antrags Harmonisierungsschwierigkeiten zwischen Zugewinn und Versorgungsausgleich vermieden werden (s. BT-Drucks. 16/11903 S. 101). Wird der Antrag gestellt, führt das Familiengericht den Versorgungsausgleich durch, falls nicht § 18 Abs. 1, 2 VersAusglG wegen Geringfügigkeit zu einem Ausschluss des Versorgungsausgleichs führt. Ansonsten stellt das Familiengericht nach § 224 Abs. 3 FamFG fest, dass ein Versorgungsausgleich nicht stattfindet, wenn eine kurze Ehedauer vorliegt (zu den Verfahrensfragen s. Rdn. 1053, 1057).

c) Versorgungsausgleich bei eingetretenem Rentenfall

Der Durchführung des Versorgungsausgleichs steht nicht entgegen, dass die Ehegatten im Zeitpunkt der Scheidung der Ehe bereits **Versorgungsleistungen** beziehen, da es für die Frage des Ausgleichs von Versorgungsanrechten allein darauf ankommt, ob in der Ehezeit auszugleichende Versorgungsrechte erworben wurden. Dies hat der Gesetzgeber bei der Neufassung des § 1587a Abs. 2 Nr. 2 BGB a. F. durch das RRG 92 ausdrücklich geregelt, indem in den Wortlaut des Gesetzes auch bereits laufende Renten aufgenommen wurden. Das VersAusglG bestimmt dies entsprechend in § 2 Abs. 1 VersAusglG.

Hiervon zu unterscheiden ist der Fall, dass die Ehe erst geschlossen wird, nachdem **beide Ehegatten bereits eine Versorgung** beziehen. Beruht der Versorgungsbezug auf dem Fall des Alters, so hat kein Ehegatte in der Ehe ein Anrecht i. S. d. § 2 Abs. 1, 2 VersAusglG erworben. Die Erhöhung der Renten- bzw. Versorgungsleistungen während der Ehe beruht auf deren Anpassung an die allgemeine Einkommensentwicklung und stellen keinen Zuwachs an Anrechten i. S. d. § 2 Abs. 1

VersAusglG dar. Bezieht hingegen ein Ehegatte eine **Rentenleistung aus der gesetzlichen Rentenversicherung** aufgrund einer in der Ehe eingetretenen verminderten Erwerbsfähigkeit gem. § 43 Abs. 1, 2 SGB VI, so ist die in der Ehezeit liegende Zurechnungszeit in der gesetzlichen Rentenversicherung nach § 59 SGB VI ein echter Zeitfaktor, der sich als Anrechnungszeit i. S. d. § 58 Abs. 1 Nr. 5 SGB VI auf die Höhe der Altersrente (§ 43 Abs. 1 VersAusglG) auswirkt (BGH FamRZ 1986, 337 = NJW 1986, 491; FamRZ 1989, 721 = NJW 1989, 1994; FamRZ 1989, 723 = NJW 1989, 1995; s. ferner Rdn. 90). Die in der Beamtenversorgung in § 13 Abs. 1 BeamtVG geregelte Zurechnungszeit ist dagegen lediglich ein Berechnungsfaktor der Versorgung, dem keine zeitliche Zuordnung zugrunde liegt und der deshalb mit Eintritt des Versorgungsfalls bereits erworben ist (BGH FamRZ 1996, 215; *Wick* in FamGb § 1587a Rn. 64; Rdn. 232). Danach scheidet ein Versorgungsausgleich aus, wenn die Ehe erst nach Eintritt des Versorgungsfalls geschlossen wird (BGH FamRZ 1982, 36, 41 = NJW 1982, 224).

d) Ausschluss bei geringfügigen Ausgleichswerten

43 Die Regelung des § 18 VersAusglG ermöglicht es, vom Ausgleich abzusehen, wenn entweder die Differenz sämtlicher beiderseitigen Ausgleichswerte auf Kapitalbasis gering sind oder ein Anrecht mit einem geringen Ausgleichswert besteht. Die Regelung beinhaltet zwei Varianten. Nach Abs. 1 ist der Wertunterschied bei Ehezeitende gering, wenn die **Differenz der Ausgleichswerte** am Ehezeitende derzeit als Rentenbetrag höchstens 25,20 € und als Kapitalwert höchstens 3.024,00 € beträgt (s. § 18 Abs. 3 VersAusglG). Diese Wertgrenze richtet sich nach der monatlichen Bezugsgröße des § 18 Abs. 1 SGB IV. Gleiches gilt nach § 18 Abs. 2 VersAusglG, wenn die **Ausgleichswerte einzelner Anrechte** gering im vorgenannten Sinne sind. Nach der **Regelung des Regierungsentwurfs** (BT-Drucks. 16/10144 S. 60) sollte erreicht werden, dass für den zuständigen Versorgungsträger durch die Teilung des Anrechts und Aufnahme eines neuen Berechtigten kein unverhältnismäßig hoher Verwaltungsaufwand entsteht. § 18 Abs. 3 VersAusglG-RegE ließ insoweit jedoch Ausnahmen zu, wenn insbesondere in Anbetracht der gegenseitigen Ausgleichswerte die Versorgungssituation der Ehegatten dennoch die Durchführung des Versorgungsausgleichs gebietet. Hierbei sah § 18 Abs. 3 Satz 2 VersAusglG-RegE eine flexible Gestaltung vor. Dieser Regelungsinhalt wurde jedoch aufgrund der Beratungen im Rechtsausschuss des deutschen Bundestages modifiziert.

44 § 18 Abs. 1 VersAusglG schränkt die Möglichkeiten des Ausschlusses des Versorgungsausgleichs gegenüber der Fassung im Regierungsentwurf bei geringfügigen Wertunterschieden der beiderseitigen Ausgleichswerte ein und sieht dessen Anwendung nur vor, wenn **Anrechte gleicher Art** vorliegen. Ferner bewirkt die Formulierung *»beiderseitige Anrechte gleicher Art«*, dass einzelne Anrechte gleicher Art mit nur geringfügig unterschiedlichen Ausgleichswerten vom Ausgleich ausgenommen werden können. Die Neufassung des Abs. 1 berücksichtigt, dass annähernd vergleichbare Stichtagswerte i. S. d. § 5 Abs. 1 VersAusglG sich in Bezug auf das Finanzierungsverfahren, der weiteren Entwicklung des Anrechts und den Umfang der Versorgungsleistungen sehr stark unterschieden können, so dass annähernd vergleichbare kapitalisierte Stichtagswerte zu unterschiedlichen Versorgungsleistungen führen. Die Ausgestaltung als »Soll-Regelung« in Abs. 1, 2 übernimmt das in § 18 Abs. 3 VersAusglG – E enthaltene **Ermessen des Familiengerichts** (nunmehr aufgehoben).

IV. Anrechte, die dem Versorgungsausgleich unterliegen

Beispiel:

Steht dem Ehemann ein Anrecht auf eine berufsständische Versorgung zu, das in der Anwartschaftsphase keine oder nur eine geringe Anpassung aufweist, dagegen in der Leistungsphase eine Anpassung an die Entwicklung der allgemeinen Preis- oder Einkommensentwicklung enthält, die sich aus der Verwendung der aus den Beiträgen erzielten Überschüssen für die Leistungsphase ergibt, und verfügt die Ehefrau über ein Anrecht in einer anderen berufsständischen Versorgung mit vergleichbaren Rechnungsgrundlagen und Anpassungen, kann bei annähernd gleicher Höhe des jeweiligen Ausgleichswertes § 18 Abs. 1 VersAusglG angewandt werden. Sieht dagegen das Anrecht des Ehemannes sowohl in der Anwartschaftsphase als auch in der Leistungsphase eine Anpassung an die allgemeine Preis- oder Einkommensentwicklung vor, während das Anrecht der Ehefrau nur eine Anpassung in der Leistungsphase kennt, scheidet die Anwendung des § 18 Abs. 1 VersAusglG aus.

Weiteres Beispiel (nach BT-Drucks. 16/11903 S. 107):

Der Ehemann verfügt über ein Anrecht in der Beamtenversorgung mit einem Ausgleichswert von 1.000,00 €, die Ehefrau ein Anrecht in der gesetzlichen Rentenversicherung i.H.v. 15 Entgeltpunkten (398,40 €). Daneben besteht bei jedem Ehegatten ein Anrecht auf eine private Rentenversicherung, das beim Ehemann einen Ausgleichswert von 5.000,00 € und der Ehefrau i.H.v. 5.300,00 € aufweist. Hinsichtlich der beiderseitigen Anrechte aus der privaten Rentenversicherung kann wegen des geringen Wertunterschiedes von einem Ausgleich abgesehen werden, während der Ausgleich zur Beamtenversorgung (nach § 10 Abs. 1 VersAusglG oder nach § 16 Abs. 1 VersAusglG) sowie zur gesetzlichen Rentenversicherung (nach § 10 Abs. 1 VersAusglG) jeweils stattfindet.

§ 18 Abs. 2 VersAusglG ermöglicht ebenfalls eine Ermessensentscheidung hinsichtlich einzelner Anrechte mit geringem Ausgleichswert. § 18 Abs. 3 VersAusglG (zu den Einzelheiten s. Rdn. 581). 45

e) Ausschluss in Übergangsfällen

Auch wenn die Scheidung nach dem seit dem 01.07.1977 geltenden Recht durchgeführt wird, scheidet die Durchführung des Versorgungsausgleichs nach Art. 12 Nr. 3 Abs. 3 Satz 2 des 1. EheRG aus, wenn die Ehegatten vor dem 01.07.1977 46
– künftige Unterhaltsansprüche durch Vermögensübertragung endgültig abgefunden oder
– einen Vertrag über die dem Versorgungsausgleich unterliegenden Versorgungsanrechte geschlossen haben (BGH FamRZ 1981, 533, 534 = NJW 1981, 1508, 1509; FamRZ 1985, 263).

IV. Anrechte, die dem Versorgungsausgleich unterliegen; Abgrenzung zu anderen Vermögenspositionen

1. Überblick

§ 2 Abs. 1, 2 VersAusglG bestimmt den gegenständlichen Anwendungsbereich der dem Versorgungsausgleich unterliegenden Vermögenspositionen. Zweck dieser Bestimmung ist es, den Umfang der vom Versorgungsausgleich erfassten Anrechte insbesondere in Abgrenzung zum Güterrecht, aber auch zu Leistungsarten vorzunehmen, die anderen Zwecken als der Versorgung dienen (z. B. Entschädigungsleistungen). Dies erfolgt zunächst durch die in § 2 Abs. 1 VersAusglG aufgeführten Versorgungsanrechte, das sind die gesetzliche Rentenversicherung, die Beamtenversorgung, die berufsständischen Versorgungen, die betriebliche Altersversorgung sowie die private Alters- und Invaliditätsversorgungen. Diese Aufzählung entspricht § 1587a Abs. 2 Nr. 1–5 BGB a. F. Weitere Voraussetzung ist, dass das Anrecht die folgenden, in § 2 Abs. 2 VersAusglG aufgeführten Tatbestandsmerkmale erfüllt. Danach muss das Anrecht 47

(1) mit Hilfe der Arbeit oder des Vermögens eines Ehegatten geschaffen worden sein (Nr. 1),
(2) der Absicherung im Alter oder bei Invalidität, insbesondere wegen verminderter Erwerbsfähigkeit, Berufsunfähigkeit oder Dienstunfähigkeit dienen (Nr. 2),
(3) auf eine Rente (wiederkehrende Leistung) gerichtet sein; dies gilt jedoch nicht in Bezug auf ein Anrecht aus der betrieblichen Altersversorgung oder i. S. d. Altersvorsorgeverträge-Zertifizierungsgesetzes; diese Anrechte sind unabhängig von ihrer Leistungsform im Versorgungsausgleich auszugleichen, also auch im Fall einer Kapitalleistung (Nr. 3).

Die Erfassung von Kapitalleistungen nach § 2 Abs. 2 Nr. 3 VersAusglG bei den dort genannten Versorgungen ist aus mehreren Gründen geboten. Diese Leistungen wurden bisher dem Güterrecht zugeordnet, führen aber dort vor allem bei Gütertrennung sowie im Falle einer Überschuldung nicht zu dem sozialen Zweck dieser Versorgungen. Auch ist zu berücksichtigen, dass bei größeren Kapitalbeträgen ein Eingriff in die Gestaltungsfreiheit i. S. d. Art. 2 Abs. 1 GG gegeben sein kann, weil bei Ehezeitende der Ausgleichspflichtige nicht in der Lage ist, das erst im Versorgungsfall auszuzahlenden Anrecht zu erfüllen (s. a. Rdn. 72 f.).

48 Daneben sind weitere Merkmale zu berücksichtigen:
– das Anrecht muss in der Ehezeit begründet oder aufrechterhalten worden sein,
– dem Versorgungsausgleich unterliegen inländische und ausländische Anrechte,
– auszugleichen sind sowohl Anwartschaften wie auch laufende Versorgungen,
– die Erfüllung einer maßgeblichen Wartezeit, Mindestbeschäftigungszeit, Mindestversicherungszeit oder ähnlich zeitliche Voraussetzungen ist nicht erforderlich (Ausnahme bei einem Anrecht der betrieblichen Altersversorgung, das noch verfallbar und damit noch nicht teilungsreif i. S. d. § 19 Abs. 2 Nr. 1 VersAusglG ist).

2. Erfasste Versorgungsarten

49 § 2 Abs. 1 VersAusglG bestimmt den Umfang der dem Versorgungsausgleich unterliegenden Anrechte. In Anlehnung an § 1587a Abs. 2 BGB a. F. benennt es insbesondere die gesetzliche Rentenversicherung, die Beamten- oder beamtenähnlichen Versorgungen, die betrieblichen Altersversorgungen, die berufsständischen Versorgungen sowie private Rentenversicherungen (Alter und Invalidität). Die nach § 1587a Abs. 5 BGB a. F. geregelte **Erfassung atypischer Anrechte** wird durch das Wort »insbesondere« ermöglicht. Die danach erforderliche Abgrenzung zu anderen, nicht dem Versorgungsausgleich unterliegenden wiederkehrenden Leistungen erfolgt auf der Grundlage der in § 2 Abs. 2 Nr. 1–3 VersAusglG enthaltenen Definitionen. § 2 Abs. 1 VersAusglG beinhaltet damit auch einen **Auffangtatbestand**, der auch die Einbeziehung solcher Anrechte ermöglicht, die in ihrer Berechnungsart oder sonstiger Merkmale von den Regelsicherungssystemen abweichen (BT-Drucks. 7/4361 S. 40 – dort noch § 1587a Abs. 2c – e BGB – E; BGHZ 81, 100, 107 f. = FamRZ 1981, 856, 857 = NJW 1981, 2187, 2188; BGHZ 88, 386, 390 = FamRZ 1984, 156, 157 = NJW 1984, 299, 300). Betroffen sind vor allem Versorgungen bei ausländischen oder internationalen Versorgungsträgern, die nunmehr in § 2 Abs. 1 VersAusglG ausdrücklich aufgeführt werden, aber auch inländische Versorgungen, so vor allem bei Sachleistungen, Altenteilen, Leibrenten, soweit sie unter § 2 Abs. 1, 2 VersAusglG fallen (BGH FamRZ 1982, 909; Rdn. 168).

3. Begriff der Anwartschaft

a) Grundsatz

§ 2 Abs. 1 VersAusglG gibt das in § 1587 Abs. 1 BGB a. F. enthaltene Begriffspaar, dass Anwartschaften und Aussichten auf eine Versorgung auszugleichen sind, auf und spricht lediglich von Anwartschaften und laufenden Versorgungen. Da der Begriff der Aussicht in Abgrenzung zu einer Anwartschaft keine Bedeutung erlangt hat und zudem der in der Praxis bedeutsame Fall des Nichtvorliegens einer zeitlichen Voraussetzung in § 2 Abs. 3 VersAusglG geregelt ist, verzichtet das Gesetz auf den Begriff der Aussicht. Praktische Auswirkungen ergeben sich hieraus nicht. Im Übrigen wird im Gesetz klargestellt, dass auch bereits laufende Versorgungen in den Versorgungsausgleich einzubeziehen sind; dies entspricht der Rechtsprechung des BGH (FamRZ 1980, 129, 130 = NJW 1980, 396) und ergibt sich aus dem Grundanliegen des Versorgungsausgleichs, alle Anrechte auszugleichen, die auf einer gemeinsamen Lebensleistung beruhen.

50

Eine **Anwartschaft auf eine Versorgung** ist eine dem Grunde und der Höhe nach rechtliche gesicherte Position (BT-Drucks. 7/650 S. 155), aus der durch den Eintritt des Versicherungs- bzw. Versorgungsfalls ein Versorgungsanspruch entsteht (s. a. BGHZ 81, 100, 102 = FamRZ 1981, 856 = NJW 1981, 2187).

51

Eine **Aussicht auf Versorgung** wurde angenommen, wenn bei bestehendem Beschäftigungsverhältnis (noch) kein Rechtsanspruch auf eine Leistung bestand, sich aber nach dem gewöhnlichen Verlauf ein Leistungsanspruch entwickelt (BGH FamRZ 1981, 856; 1985, 687; 1986, 344). Der Begriff der Aussicht, die eine Vorstufe zur Anwartschaft darstellt, umschrieb die Mindestanforderungen, die zur Einbeziehung einer Versorgungsposition in den Versorgungsausgleich erforderlich sind. Zur Anwartschaft unterschied sich die Aussicht nach ihrem Verfestigungsgrad; sie wurde aber als weiterreichend verstanden als die bloße Wahrscheinlichkeit eines Versorgungserwerbs.

52

b) Keine Erfüllung zeitlicher Voraussetzungen, § 2 Abs. 3 VersAusglG

Die **Erfüllung zeitlicher Voraussetzungen,** die die gesetzliche Rentenversicherung in Form von Wartezeiten als eine Anspruchsvoraussetzung für eine Rentenleistung vorsieht (§ 50 SGB VI – mindestens fünf Jahre für die Regelaltersrente) und in der Beamtenversorgung ebenfalls eine ruhegehaltsfähige Dienstzeit von fünf Jahren verlangt (§ 4 Abs. 1 Nr. 1 BeamtVG; §§ 6 Abs. 2 BRRG, 9 Abs. 2 BBG; s. a. Rdn. 172), wird zu ihrer Berücksichtigung im Versorgungsausgleich nicht verlangt, § 2 Abs. 3 VersAusglG, der weitgehend § 1587a Abs. 7 Satz 1 BGB a. F. entspricht (eingehend Rdn. 173). Der **Rechtsbegriff der Anwartschaft** setzt auch nicht voraus, dass sich das Anrecht einem der in § 2 Abs. 1 VersAusglG genannten Versorgungsarten zuordnen lässt. Das gilt z. B. für das Anrecht eines Beamten auf Widerruf, dem wegen der Nachversicherungspflicht des Dienstherrn in der gesetzlichen Rentenversicherung jedenfalls eine Rentenanwartschaft zusteht; dies wird in § 16 Abs. 2 VersAusglG zutreffend als Anrecht aus einem öffentlich-rechtlichen Dienstverhältnis bezeichnet (s. Rdn. 56, 172, 200). Versorgungsanrechte sind damit auch dann in den Versorgungsausgleich einzubeziehen, wenn im Zeitpunkt der Scheidung noch gar nicht feststeht, ob es je zu einer Versorgungsleistung kommt, also welchen Grad der Verfestigung das Anrecht zum Zeitpunkt der Entscheidung erreicht hat. Ohne eine solche Regelung wäre in vielen Fällen ein Versorgungsausgleich gar nicht durchzuführen, weil insbesondere bei jüngeren Ehegatten, die erst kurze Zeit im Berufsleben stehen, häufig die Voraussetzungen für eine Renten-

53

bzw. eine Versorgungsleistungen nicht feststehen. Der Gesetzgeber hat die Möglichkeit, dass eine Versorgungsleistung nicht entsteht, bewusst hingenommen. Er geht davon aus, dass in der weit überwiegenden Anzahl der Fälle ein noch nicht sicheres Anrecht sich verfestigt und zu einer Renten- bzw. Versorgungsleistung führt. Steht allerdings fest, dass eine zeitliche Voraussetzung (Wartezeit, Mindestdienstzeit) nicht mehr erfüllt werden kann, besteht kein im Versorgungsausgleich zu berücksichtigendes Anrecht (BGH NJW-RR 1986, 1195; NJW-RR 1987, 1346). Eine Rentenanwartschaft (der gesetzlichen Rentenversicherung oder einer sonstigen beitragsabhängigen Versorgung) besteht auch dann nicht, solange noch keine zu entrichtenden Beiträge gezahlt sind. Dies gilt auch in Bezug auf Nachversicherungsbeiträge (BGH NJW-RR 1988, 1410), selbst wenn ein Antrag auf Nachversicherung gestellt wurde (§ 8 Abs. 2 SGB VI). Beitragsfreie Zeiten (Zeiten nach § 54 Abs. 4 SGB VI) können eine Anwartschaft begründen, wenn sich aus dieser eine fiktive Rente berechnen lässt. Hieran fehlt es, wenn nur Ausbildungs-Anrechnungszeiten nach § 58 Nr. 4 SGB VI vorliegen.

c) Ausnahme bei fehlender Ausgleichsreife

54 Eine Ausnahme von der **Einbeziehung noch ungewisser Rechtspositionen** im Versorgungsausgleich bei der Scheidung nach den §§ 9–18, 28 VersAusglG besteht nach § 19 Abs. 1 Satz 1 VersAusglG, der den in § 1587a Abs. 2 Nr. 3 Satz 3 BGB a. F. für Anwartschaften auf Leistung einer betrieblichen Altersversorgungszusage enthaltenen Rechtsgedanke übernimmt, diesen aber über den Bereich der betrieblichen Altersversorgung hinaus ausweitet. Anrechte, über die zum Ehezeitende (noch) nicht entschieden werden kann, weil diese noch verfallbar i. S. d. BetrAVG sind (s. hierzu Rdn. 366 ff.), deren Ausgleich nach § 19 Abs. 2 Nr. 3 VersAusglG unwirtschaftlich wäre (§ 1587b Abs. 4 BGB a. F.), soweit diese eine abzuschmelzende Leistung enthalten oder die bei einem ausländischen oder überstaatlichen Versorgungsträger bestehen, werden im Versorgungsausgleich bei der Scheidung nach §§ 9 ff. VersAusglG nicht ausgeglichen, sondern unterliegen dem **Ausgleich nach der Scheidung** gem. den §§ 20–26 VersAusglG, werden also i. d. R. schuldrechtlich ausgeglichen. § 19 Abs. 1 Satz 2 VersAusglG sieht aber – wie § 1587a Abs. 2 Nr. 3 Satz 3 BGB a. F. – durch den Verweis auf § 5 Abs. 2 Satz 1, 2 VersAusglG vor, dass der Eintritt der Unverfallbarkeit einer betrieblichen Altersversorgung zwischen Ehezeitende und dem Zeitpunkt der Entscheidung zu berücksichtigen ist, das Anrecht also bereits im Versorgungsausgleich bei der Scheidung (dinglich) ausgeglichen wird. Diese Regelung entspricht dem durch die Rechtsprechung des BGH entwickelten Grundsatz, dass rechtliche und tatsächliche Veränderungen zwischen Ehezeitende und dem Zeitpunkt der Entscheidung zu berücksichtigen sind, soweit diese auf das ehezeitbezogene Anrecht zurückwirken (eingehend Rdn. 125).

Anders als nach der Regelung des § 10a Abs. 1 Nr. 2 VAHRG a. F. werden im Zeitpunkt der Entscheidung noch verfallbare Anrechte nicht im Abänderungsverfahren gem. § 225 FamFG nachträglich in Form des Ausgleichs bei der Scheidung nach den §§ 9–18, 28 VersAusglG ausgeglichen, sondern bleiben den Ausgleichsansprüchen nach der Scheidung gem. §§ 20–26 VersAusglG vorbehalten (eingehend Rdn. 590, 602).

Auf demselben Grundgedanken beruht die Regelung des § 40 Abs. 5 VersAusglG (§ 1587a Abs. 8 BGB a. F.), nach der familienbezogene Zuschläge aufgrund einer bestehenden Ehe sowie Kinderzuschläge bei der Wertberechnung nicht berücksichtigt werden, weil ungewiss ist, ob diese im Leistungsfall noch gewährt werden (Rdn. 90, 174).

d) Einzelfälle

aa) Beamte auf Probe und auf Widerruf, Soldat auf Zeit

Beamte/Richter auf Probe (§§ 3 Abs. 1 Nr. 3 BRRG, § 5 Nr. 2 BBG) haben eine Anrecht auf eine Beamtenversorgung i. S. d. § 2 Abs. 3 VersAusglG i. V. m. § 16 Abs. 1 VersAusglG, weil wegen ihres Rechtsanspruchs auf Übernahme als Beamte auf Lebenszeit nach §§ 6 Abs. 2 BRRG, 9 Abs. 2 BBG deren Rechtsposition schon so verfestigt ist, dass von einem Anrecht auf eine Versorgung ausgegangen werden kann (BGHZ 81, 100 = FamRZ 1981, 856 = NJW 1981, 2187; FamRZ 1982, 362, 364 = NJW 1982, 1754; s. Rdn. 193, 200).

55

Werden **Soldaten auf Zeit nach Ende der Dienstzeit** in der gesetzlichen Rentenversicherung nachversichert (nach §§ 8, 181 SGB VI entsprechend ihrem Entgelt bis zur Beitragsbemessungsgrenze), erwerben sie ein Anrecht in der gesetzlichen Rentenversicherung. Entsprechendes gilt für Beamte auf Widerruf. Werden sie Berufssoldaten oder Beamte, so gilt die bisherige Dienstzeit als Soldat auf Zeit als versorgungsfähige Dienstzeit nach §§ 8 Abs. 1; 6 Abs. 1 BeamtVG, 20 SVG. Gleiches gilt für einen **Beamten auf Widerruf**.

Im **Versorgungsausgleich** wirkt sich diese Rechtslage wie folgt aus:

56

– Wurde ein Beamter auf Widerruf oder eine Soldatin bzw. ein Soldat auf Zeit nach Eheende, aber vor dem Zeitpunkt der Entscheidung Beamter auf Probe oder Berufssoldat, liegt ein Anrecht auf eine Beamtenversorgung vor, das entweder im Wege der internen Teilung nach § 10 VersAusglG (nach dem BVersTG und entsprechenden länderrechtlichen Gesetzen) oder nach § 16 Abs. 1 VersAusglG durch externe Teilung ausgeglichen wird. Dies ergibt sich aus § 5 Abs. 2 Satz 1, 2 VersAusglG, wonach rechtliche und tatsächliche Veränderungen nach dem Eheende zu berücksichtigen sind, die auf den Ehezeitanteil zurückwirken. Entsprechend erfolgt die Bewertung nach §§ 40, 44 VersAusglG.

– Abweichend hiervon erwerben die Soldatin oder ein Soldat auf Zeit, **deren Dienstzeit noch nicht abgelaufen ist** (zum Zeitpunkt der Entscheidung), nach § 16 Abs. 2 VersAusglG ein Anrecht in der gesetzlichen Rentenversicherung, das in dieser begründet wird und dessen Wertermittlung gem. § 44 Abs. 4 VersAusglG erfolgt, also der Wert maßgeblich ist, der sich im Falle einer Nachversicherung in der gesetzlichen Rentenversicherung ergäbe; denn in diesen Fällen ist offen, ob der Ausgleichspflichtige eines solchen Anrechts in ein Dienstverhältnis auf Lebenszeit wechselt. Entsprechendes gilt für den Beamten auf Widerruf (eingehend Rdn. 200, 201). Dies entspricht der Rechtsprechung des BGH zum Rechtszustand bis 31.08.2009, der ein alternativ ausgestaltetes Versorgungsanrecht angenommen hat, das in entsprechender Anwendung des § 1587b Abs. 2 BGB im Wege des Quasisplittings auszugleichen war (BGHZ 81, 100 = FamRZ 1981, 856 = NJW 1981, 2187; FamRZ 1984, 156, 565; 1987, 921). Entsprechendes gilt für **Beamte auf Widerruf** im Vorbereitungsdienst (BGH FamRZ 1982, 326, 363 = NJW 1982, 1754; Rdn. 200) sowie hinsichtlich des Anrechts eines Beamten, nach §§ 66, 67 BeamtVG, bei dem bis zum Ende der Amtszeit die Wartefrist nicht mehr erfüllt werden kann (*Wick* Rn. 119; BT-Drucks. 16/10144 S. 60).

– Ist zum Zeitpunkt bei einem Beamten auf Widerruf oder einer Soldatin bzw. einem Soldaten auf Zeit die **Nachversicherung** in der gesetzlichen Rentenversicherung durchgeführt oder besteht nach Ausscheiden aus dem jeweiligen Dienstverhältnis ein solcher Anspruch auf Nachversicherung, liegt ein Anrecht in der gesetzlichen Rentenversicherung vor, so dass der Ausgleich durch interne Teilung gem. § 10 VersAusglG erfolgt (mit der Möglichkeit einer Verrechnung nach § 10 Abs. 2 VersAusglG, wenn auch der andere Ehegatte ein solches Anrecht auszugleichen hat; s. a. Rdn. 131, 132).

bb) Versorgung von Wahlbeamten, Abgeordneten und Regierungsmitgliedern

57 Besondere Probleme ergeben sich bei **kommunalen Wahlbeamten, Regierungsmitgliedern** und **Abgeordneten,** soweit diesen bei Ehezeitende wegen der (noch nicht beendeten) Dauer der Mandatszeit noch kein Anspruch auf eine Altersversorgung (Entschädigung) zusteht. Hierbei sind zwei Sachverhalte zu unterscheiden: Besteht bei Beendigung der Mandatszeit kein Versorgungsanspruch, kann **nicht von einem Versorgungsanrecht** ausgegangen werden, weil – anders als etwa bei Beamten auf Probe – die Wiederwahl ungewiss und somit nicht auszuschließen ist, dass kein Versorgungsanspruch entsteht. Würde in einem solchen Fall ein Ausgleich stattfinden, so wäre der Halbteilungsgrundsatz verletzt, weil der Berechtigte aus der Ehe höhere Anrechte als der Verpflichtete erlangt hätte; ferner würde dem Träger der Versorgung die Möglichkeit genommen werden, die ihm durch die Leistungen an den Berechtigten entstehenden Belastungen bei den Leistungen des Verpflichteten zu kürzen (BGH FamRZ 1992, 46 f., 1995, 414). Maßgebend ist nicht der Zeitpunkt des Ehezeitendes, sondern derjenige der letzten **tatrichterlichen Entscheidung**; dies folgt aus dem Rechtsgedanke des § 5 Abs. 2 Satz 2 VersAusglG. Ist der Beamte in diesem Zeitpunkt bereits wiedergewählt, ist für die Bestimmung, ob eine dem Versorgungsausgleich unterliegende Aussicht vorliegt, das Ende der neuen Wahlperiode heranzuziehen (s. a. BGH FamRZ 2009, 1743, 1744; ferner Rdn. 131). Wurde das Vorliegen einer einzubeziehenden Aussicht verneint, ist eine **Abänderung der Erstentscheidung** nach §§ 225, 226 FamFG vorzunehmen, wenn der Anspruch aufgrund einer innerhalb der Ehe eingetretenen Entwicklung entstanden ist und somit ein ehezeitbezogener Erwerb vorliegt. Insoweit ist im Rahmen des Abänderungsverfahrens gegebenenfalls die Erhöhung des Anrechts, die durch eine Steigerung des Ruhegehaltssatzes eintritt, geltend zu machen, wenn sich das Anrecht aufgrund der längeren gesamtversorgungsfähigen Zeit auch ehezeitbezogen erhöht. Entsprechendes gilt für die **Ernennung von Regierungsmitgliedern.** Hiervon zu trennen ist der Fall, dass bei Ehezeitende ein Versorgungsanrecht (noch) nicht entstanden ist, aufgrund der Wiederwahl aber entsteht (BGH FamRZ 2007, 30, 34). Wird der Beamte entlassen, erfolgt dessen Nachversicherung in der gesetzlichen Rentenversicherung nach § 8 Abs. 2 Nr. 1 SG VI. Entscheidend für den Erwerb eines Anrechts aus einer Beamtenversorgung ist deshalb, ob bei Ehezeitende ein verfestigtes Anrecht besteht. Das kann bei einem Wahlbeamten, der bei Ehezeitende noch kein Anrecht erworben hat, nicht angenommen werden. Wird er wieder gewählt, verbleibt es in Bezug auf das Ehezeitprinzip bei diesem Ergebnis (BGH FamRZ 2007, 30, 34 f.) Hiervon zu trennen ist die Frage, ob sich die Versorgungsaussicht bereits so verfestigt hat, dass im Versorgungsausgleich bereits von einer Beamtenversorgung ausgegangen werden kann, wenn erst nach Ehezeitende die Wiederwahl erfolgt und nach Ablauf der damit verbundenen weiteren Amtsperiode eine Anwartschaft auf eine Beamtenversorgung entsteht. Insoweit ist nur ein Anrecht auf eine (fiktive) Nachversicherung in der gesetzlichen Rentenversicherung auszugleichen. Der **Wertausgleich** vollzieht sich entweder im Wege der internen Teilung nach dem BVersTG oder einer entsprechenden landesrechtlichen Regelung oder nach § 16 VersAusglG, wenn die Wiederwahl vor der letzten tatsächlichen Entscheidung erfolgt (BGH FamRZ 2009, 586, 588; Urt. v. 22. 07. 2009 – XII ZB 191/06).

IV. Anrechte, die dem Versorgungsausgleich unterliegen

Für den Bereich der **Abgeordnetenversorgung** trifft § 25a des 7. Gesetzes zur Änderung des AbgG vom 16.01.1987 (BGBl I 143) eine entsprechende Sonderregelung. Nach § 25a Abs. 3 AbgG gilt diese Regelung sinngemäß für die Abgeordneten der Länder (BGH FamRZ 1988, 380; eingehend Rdn. 198, 244).

Lag bei Ehezeitende bereits ein Anrecht auf eine Versorgung vor, kann sich bei einer Wiederwahl (erneuten Ernennung) die **Höhe des Ruhegehaltsatzes** ändern; für die Bestimmung der höchst erreichbaren Zeitdauer (i. S. d. §§ 40, 44 VersAusglG – Gesamtzeit) kann nur die Zeit bis zum Ende der Wahlperiode herangezogen werden, die in dem für die letzte tatrichterliche Entscheidung maßgeblichen Zeitpunkt läuft (BGH FamRZ 1992, 46; FamRZ 1995, 414). Verändert sich später durch eine weitere Wiederwahl der Ehezeitanteil, ist nach § 225 FamFG keine Korrektur möglich, weil diese keinen Ehezeitbezug aufweist, sondern eine nacheheliche Entwicklung darstellt, die auch nicht nach §§ 225, 226 FamFG im Abänderungsverfahren erfasst werden kann (BGH FamRZ 2009, 586, 588).

58

4. Versorgung wegen Alters sowie verminderter Erwerbsfähigkeit

a) Begriffsbestimmung

Nach § 2 Abs. 1, 2 Nr. 2 VersAusglG sind im Versorgungsausgleich nur Versorgungen wegen Alters und Invalidität, insbesondere wegen verminderter Erwerbsfähigkeit nach § 43 Abs. 1, 2 SGB VI, Berufsunfähigkeit nach § 45 SGB VI (Bergleute) oder Dienstunfähigkeit i. S. d. § 42 BeamtVG einzubeziehen. § 2 Abs. 2 Nr. 2 VersAusglG verwendet durch die Heranziehung des **Begriffes der Invalidität** eine weitergehende Definition als in § 1587 Abs. 1 BGB a. F., der den Begriff der verminderten Erwerbsfähigkeit aus der gesetzlichen Rentenversicherung übernommen hatte; hierdurch wird der Tatsache Rechnung getragen, dass andere Versorgungssysteme den aus § 43 SGB VI entnommenen Begriff nicht verwenden.

59

Eine **Versorgung wegen Alters** liegt vor, wenn eine Leistung wegen Erreichens eines bestimmten Lebensalters bis zum Tod des Berechtigten bezahlt wird. Eine **Versorgung wegen Invalidität** liegt vor, wenn eine solche wegen der Einschränkung der Arbeits- oder Dienstfähigkeit vor Eintritt der Regelaltersgrenze gegeben ist. Insoweit sind die in den verschiednen Versorgungssystemen verwendeten Begriffe weitgehend identisch. Diese Sachlage berücksichtigt § 2 Abs. 2 Nr. 3 VersAusglG. Eine Versorgung wegen **teilweiser Erwerbsminderung i. S. d. § 43 Abs. 1 SGB VI** wird gewährt, wenn die Erwerbsfähigkeit eines Versicherten wegen Krankheit oder Behinderung es auf absehbare Zeit nicht ermöglicht, mindestens sechs Stunden täglich erwerbstätig zu sein. Eine **volle Erwerbsminderung** liegt vor, wenn der Versicherte wegen Krankheit oder Behinderung auf nicht absehbare Zeit außerstande ist, eine Erwerbstätigkeit von mindestens drei Stunden täglich auszuüben. Die **Beamtenversorgung** fasst die Fälle der Berufs- und Erwerbsunfähigkeit in dem Begriff der Dienstunfähigkeit zusammen (§§ 42 Abs. 1 BeamtVG, 26 BRRG).

Alle in § 2 Abs. 2 Nr. 2 VersAusglG erfassten Versorgungsarten können jeweils einzeln, aber auch kumulativ zugesagt sein. Überwiegend werden alle (drei) Formen als Versorgungsleistungen gewährt. Im Bereich der betrieblichen Altersversorgung ergeben sich jedoch verhältnismäßig häufig Abweichungen; in einem nicht unerheblichen Teil dieser Zusagen wird lediglich eine Leistung für den Fall des Alters gewährt. Für die Bewertung des Anrechts nach den §§ 39–46 VersAusglG ist dies unerheblich, weil durch die Ausgleichsformen der internen und externen Teilung der jedem einzelnen Anrecht zugrunde liegende Leistungskatalog entsprechend

60

ausgeglichen wird. Für private Rentenversicherungen wegen Invalidität besteht in § 28 VersAusglG eine besondere Regelung (s. hierzu Rdn. 62, 606 ff.).

b) Zeitlich begrenzte Versorgungen

61 Die Versorgung wegen Alters wird lebenslang zugesagt, die Renten wegen Invalidität (teilweiser Erwerbsminderung nach §§ 43 Abs. 1 SGB VI) sind regelmäßig bis zur Vollendung des 65. Lebensjahres begrenzt; sie werden mit späterem Erreichen der Regelaltersgrenze in die Altersrente umgewandelt (eingehend Rdn. 308, 334). Dem Versorgungsausgleich unterliegen jedoch auch zeitlich begrenzte Versorgungen bzw. Versorgungsteile unabhängig von deren Leistungsdauer. Nach dem bis zum 31. 08. 2009 geltenden Recht wurde ein zeitlich begrenztes Anrecht nach § 4 BarwertVO a. F. in den Wertausgleich einbezogen, deren Zweck darin bestand, nach dem dort beschriebenen Rechengang eine mit der gesetzlichen Rentenversicherung und der Beamtenversorgung in ihrer Dynamik nicht vergleichbare Versorgung an diese Versorgungswerte anzupassen (§ 1587a Abs. 3 BGB a. F.). Im reformierten Versorgungsausgleich ist ein zeitlich begrenztes Anrecht grundsätzlich wie ein unbegrenztes Anrecht auszugleichen, soweit dieses als Altersrente gewährt wird, weil aufgrund der internen Teilung nach § 10 Abs. 1 VersAusglG das Problem der Transformation in die gesetzliche Rentenversicherung, wie in § 4 BarwertVO a. F. i. V.m. § 1587a Abs. 3 BGB a. F. geregelt, nicht besteht, sondern der Ausgleichsberechtigte den hälftigen Anteil am Anrecht für einen zeitlich begrenzten Zeitraum erlangt. Entsprechendes gilt, wenn die externe Teilung nach § 15 VersAusglG erfolgt. Praktische Bedeutung wird diese Sachlage jedoch kaum erlangen.

62 Besonderheiten bestehen bei Vorliegen einer **Rente wegen Invalidität**. Insoweit ist die Regelung des § 28 VersAusglG zu beachten, die den **Bereich der Privatvorsorge** betrifft. Danach erfolgt ein Ausgleich nur, wenn der Versicherungsfall beim Ausgleichspflichtigen in der Ehezeit eingetreten ist und gleichzeitig beim Ausgleichsberechtigten am Ende der Ehezeit die gesundheitlichen Voraussetzungen einer Invaliditätsrente vorliegen oder dieser eine solche bezieht. Soweit ein Anspruch auf eine zeitlich befristete Leistung besteht und die Voraussetzungen des § 28 Abs. 1 VersAusglG vorliegen, erfolgt die Durchführung des Versorgungsausgleichs gem. § 28 Abs. 3 VersAusglG nach den Grundsätzen der §§ 20–22 VersAusglG, also in gleicher Weise wie ein Ausgleich nach Scheidung der Ehe (schuldrechtlicher Versorgungsausgleich). Das bedeutet, dass der Ausgleichsberechtigte entsprechend der zeitlichen Dauer des Anrechts den hälftigen Anteil in Form einer unmittelbaren Leistung des Ausgleichspflichtigen erlangt. Gleichwohl ist der Ausgleich nach § 28 Abs. 1 VersAusglG dem Wertausgleich bei der Scheidung zuzuordnen, weil lediglich der Vollzug nach den §§ 20–22 VersAusglG erfolgt, die weiteren Voraussetzungen des Wertausgleichs bei der Scheidung aber vorliegen, also insbesondere eine Teilungsreife i. S. d. § 19 Abs. 1 VersAusglG vorliegt. Wegen der Einzelheiten zu § 28 VersAusglG wird auf die Ausführungen zu Rdn. 604 ff. verwiesen.

63 Eine größere praktische Bedeutung nehmen Anrechte ein, die auf eine **abzuschmelzende Leistung** gerichtet sind. Aktuell ist hierzu derzeit der **Abflachungsbetrag der Beamtenversorgung**, der sich aus der Herabsetzung des Ruhegehaltssatzes von 75% auf 71,75% von 2003 bis 2009 aufgrund des Versorgungsänderungsgesetzes 2001 ergibt; nach § 69e Abs. 2 BeamtVG erfolgt die Absenkung in der Weise, dass die acht Anpassungen mit jeweils um etwa 0,5% verminderten Zuwachsraten vorgenommen werden (eingehend *Borth* FamRZ 2005, 397, 400; BGH FamRZ 2004,

256 ff.; FamRZ 2005, 1529). Wegen des **abschmelzenden Versorgungsbetrages** ist ein öffentlich-rechtlicher Wertausgleich nicht möglich (BGH FamRZ 2003, 435 ff.; FamRZ 2004, 256, 258 = NJW 2004, 1245; FamRZ 2004, 1181; FamRZ 2007, 994; zu den weiteren Fällen s. BGH FamRZ 1988, 1251; FamRZ 1990, 276; FamRZ 1990, 380; KG FamRZ 1996, 1422), jedoch ein schuldrechtlicher Versorgungsausgleich (*Borth* FamRZ 1997, 1041, 1048; FamRZ 2005, 397, 400). Im Bereich des reformierten Versorgungsausgleichs haben diese Bestimmungen jedoch nur noch für einen kurzen Zeitraum praktische Bedeutung. (Ehezeitende ab 30.09.2009). Ferner sind Sachverhalte betroffen, die bisher in § 3 Abs. 1 Nr. 6 VAÜG geregelt waren. Insoweit handelt es sich um **Leistungen der gesetzlichen Rentenversicherung** gem. den §§ 307b Abs. 6 SGB VI, 315a, 319a, 319b SGB VI sowie nach § 4 Abs. 4 Anspruchs- und Anwartschaftsüberführungsgesetz bzw. § 4 Abs. 1 Zusatzversorgungssystem-Gleichstellungsgesetz, die nicht dynamische Leistungen vorsehen. Diese Anrechte verweist der reformierte Versorgungsausgleich nach § 19 Abs. 1, 2 Nr. 2 VersAusglG auf den (hinsichtlich der Ausgleichsform flexibleren) schuldrechtlichen Versorgungsausgleich, da sie zum Zeitpunkt der Durchführung des Versorgungsausgleichs bei der Scheidung nach den §§ 9–19, 28 VersAusglG nicht teilungsreif sind. Die Anrechte werden danach zwischen den Ehegatten unmittelbar ausgeglichen. Ein Leistungsanspruch besteht somit nur in dem Umfang, wie dies in der jeweiligen gesetzlichen Regelung bestimmt wird.

5. Berücksichtigung einer Hinterbliebenenversorgung

Nach § 2 Abs. 2 Nr. 2 VersAusglG unterliegen dem Versorgungsausgleich nur Versorgungen für den Fall des Alters sowie der Invalidität (verminderte Erwerbsfähigkeit nach § 43 SGB VI; Berufs- oder Erwerbsunfähigkeit, Dienstunfähigkeit); diese Regelung entspricht § 1587 Abs. 1 BGB a. F. Anrechte mit einer anderen Zwecksetzung werden dagegen vom Versorgungsausgleich nicht erfasst, dies gilt vor allem für eine reine Hinterbliebenenversorgung (allgemein h. M. *Schwab/Hahne* Teil VI Rn. 15 a. E.,). Nach dem bis zum 31.08.2009 geltenden Rechtszustand blieb der die Hinterbliebenenversorgung betreffende Anteil des Versorgungswertes sowohl bei der Ermittlung des Barwerts als auch bei einer Umrechnung der Versorgung aufgrund des Deckungskapitals außer Betracht, wenn eine Hinterbliebenenversorgung mit einer Alters- und Invaliditätsversorgung kombiniert war und der die Hinterbliebenenversorgung betreffende Wertanteil klar abgegrenzt werden konnte (BGH FamRZ 1992, 165; OLG Karlsruhe FamRZ 1992, 186). Dem stand nicht entgegen, dass die in der gesamten gesetzlichen Rentenversicherung auszugleichenden Anrechte einen Hinterbliebenenanteil beinhalten, der nicht abgegrenzt werden kann (und das Gesetz insoweit eine auf praktischen Gründen beruhende Systemwidrigkeit beinhaltet (BGH FamRZ 1992, 165; *Borth* FamRZ 1996, 741, 742). 64

Der **reformierte Versorgungsausgleich** nimmt die Hinterbliebenenversorgung, soweit diese Bestandteil eines Anrechts wegen Alters und Invalidität ist, nicht aus dem Wertausgleich heraus, sondern verlangt nach § 11 Abs. 1 Satz 1 VersAusglG, dass das zu teilende Anrecht grundsätzlich die gleichen Risiken beim Ausgleichsberechtigten absichert, also auch eine die Invalidität sowie eine Hinterbliebenenversorgung, soweit diese in dem zu teilenden Anrecht enthalten sind. Er ermöglicht jedoch einem Versorgungsträger, gem. § 11 Abs. 1 Nr. 3 VersAusglG das Anrecht bei der Durchführung der Teilung so umzugestalten, dass eine Hinterbliebenenversorgung dem Ausgleichsberechtigten im Leistungsfall nicht gewährt wird (s. a. BT-Drucks. 16/10144 S. 56). In diesem Fall muss der Verzicht auf eine Hinterbliebenenversorgung wertmäßig kompensiert werden, indem das Anrecht wegen Alters entsprechend erhöht wird. Hierzu kann das Fami- 65 liengericht nach § 220 Abs. 4 FamFG vom Versorgungsträger verlangen, dass dieser die versicherungsmathematischen Grundlagen zur Bestimmung des Wertes der Hinterbliebenenversorgung darlegt und deren Umwandlung in eine reine Altersversorgung wertmäßig bestimmt (i. d. R. zwischen 15–20% des Gesamtwertes eines Anrechts; eingehend Rdn. 537).

6. Vorsorgeleistungen mit anderer Zweckbestimmung als dem Fall des Alters und der Invalidität

a) Grundlagen, Abgrenzung

66 Grundsätzlich gilt, dass Vorsorgeleistungen, bei denen die Zweckbestimmung wegen Alters oder Invalidität fehlt (verminderte Erwerbsfähigkeit nach § 43 Abs. 1, 2 SGB VI, Berufs- oder Erwerbsunfähigkeit, Dienstunfähigkeit), nicht dem Wertausgleich nach § 2 Abs. 1, 2 VersAusglG unterliegen. Dies gilt selbst dann, wenn solche Leistungen an die Stelle eines zuvor bezogenen Arbeitsentgelts treten. Hierzu gehören insbesondere **Lebensversicherungen auf den Todesfall, Treueprämien und Jubiläumsgaben sowie Gewinnbeteiligungen** (eingehend Rdn. 361), deren Rechtsgrund in der betrieblichen Altersversorgung liegt, **Übergangsgelder** nach Ausscheiden aus einem Beschäftigungsverhältnis (§§ 11 ff. SVG) sowie **Abfindungen** aus der Auflösung eines Arbeits- oder Dienstverhältnisses. Gleiches gilt auch für **Leistungen** wegen eines **Dienstunfalles** nach §§ 35–38 BeamtVG, **unfallbedingte Erhöhungen** einer Versorgung (§ 1587a Abs. 2 Nr. 1 Satz 4 BGB a. F.) und Leistungen aus einer gesetzlichen oder privaten Unfallversicherung. Denn Unfallversicherungen decken lediglich das Risiko eines (möglicherweise gar nicht eintretenden) Unfalls ab, dessen Eintritt ungewiss ist. Demgemäß kann auch neben einer Versorgung wegen verminderter Erwerbsfähigkeit auch eine gesetzliche Unfallversicherung bestehen (§ 22 Abs. 1 SGB I). Dass § 44 VersAusglG, der Sondervorschriften für Anrechte aus einem öffentlich-rechtlichen Dienstverhältnis beinhaltet, eine § 1587a Abs. 2 Nr. 1 Satz 4 BGB a. F. entsprechende Regelung nicht (mehr) beinhaltet, steht dem nicht entgegen, weil insoweit ein allgemeiner Grundsatz vorliegt, der nicht ausdrücklich im Gesetz (§ 44 VersAusglG) geregelt werden muss.

Bei Leistungen mit **Entschädigungscharakter** scheitert deren Einbeziehung in den Versorgungsausgleich regelmäßig auch daran, dass diese nicht mit Hilfe der Arbeit oder des Vermögens erworben wurden, § 2 Abs. 22 Nr. 1 VersAusglG (s. a. Rdn. 86 f.). Auch die durch das Dienstrechtsreformgesetz vom 24.02.1997 eingeführten **Leistungsprämien und Leistungszulagen für Beamte** (eingehend Rdn. 212) fallen unter die Regeln.

b) Zwecksetzung

67 Die reine Zwecksetzung einer Vermögensposition als Vorsorgemaßnahme für den Fall des Alters sowie verminderter Erwerbsfähigkeit ist jedoch kein zwingendes Merkmal für deren Zuordnung zum Versorgungsausgleich, sondern allenfalls ein Indiz. Einerseits muss eine solche Vermögensposition nicht die Merkmale der öffentlich-rechtlichen Leistungssysteme (wie etwa der gesetzlichen Rentenversicherung) aufweisen. Andererseits ist eine Orientierung an diesen Versorgungssystemen geboten, weil ansonsten die Abgrenzung zum Güterrecht nicht mehr möglich wäre. So können etwa Einnahmen aus der Vermietung einer Immobilie, die der Altersvorsorge dienen sollen, nicht dem Versorgungsausgleich zugeordnet werden. Folgende Merkmale sind für die Zuordnung einer Vorsorgemaßnahme zum Versorgungsausgleich vorauszusetzen (s. a. Rdn. 360, 468):

IV. Anrechte, die dem Versorgungsausgleich unterliegen

(1) Es muss sich um eine wiederkehrende Leistung handeln; eine Ausnahme besteht in § 2 Abs. 2 Nr. 3 VersAusglG (2. Alt.) in Bezug auf ein Anrecht i. S. d. der betrieblichen Altersversorgung sowie dem Altersvorsorgeverträge-Zertifizierungsgesetz, die unabhängig von der Leistungsform in den Versorgungsausgleich einbezogen werden (eingehend Rdn. 72 ff.);
(2) das Anrecht muss der Versorgung im Anschluss an die Beendigung einer beruflichen Tätigkeit oder einer eingetretenen Invalidität oder mit Erreichen eines bestimmten Alters (i. d. R. ab Erreichen der flexiblen Altersgrenze) dienen. Sonstige Erträge wie Zinsen, Mieteinnahmen, Entgelt für eine geleistete Tätigkeit, Kapitalerträge, Tantiemen, die unabhängig vom Alter bzw. der Invalidität anfallen, gehören hierzu nicht;
(3) ferner können weitere Indizien für eine Zuordnung zum Versorgungsausgleich in Betracht kommen; so spricht die Gewährung einer **lebenslangen Rentenleistung** ab dem 65. Lebensjahr sowie einer Hinterbliebenenversorgung für den Fall des Todes des Begünstigten für den Versorgungscharakter einer festgelegten Leistung. Anhand dieser Merkmale hat der BGH (FamRZ 1993, 684; FamRZ 2007, 889) eine Versorgungszusage ausgelegt, die sich ein Unternehmer aus dem von ihm beherrschten Betrieb (GmbH) gewähren ließ, wenn mit dieser nicht eine Versorgung für den Fall des Alters und der Invalidität des Begünstigten, sondern eine Kapitalverbesserung der GmbH bezweckt wurde. Zutreffend weist BGH darauf hin, dass nur objektiv feststellbare Merkmale der Versorgungszusage maßgeblich sind, soweit sie in der Gestaltung der Abrede ihren Ausdruck gefunden haben;
(4) für die Zuordnung einer kapitalgedeckten Altersvorsorge ist nicht entscheidend, ob das Rentenanrecht die Befugnis auf Kapitalumwandlung vorsieht (s. Rdn. 69 ff.).

c) Kapitallebensversicherungen mit Rentenwahlrecht

68 Der BGH hat in ständiger Rechtsprechung (FamRZ 1993, 783 = NJW-RR 1993, 770; FamRZ 1993, 793 = NJW-RR 1993, 1262; BGHZ 117, 70 = FamRZ 1992, 411; FamRZ 1993, 1303 = NJW-RR 1993, 1285) für die Zuordnung einer **privaten Lebensversicherung** zum Versorgungsausgleich oder zum Güterrecht darauf abgestellt, ob die im konkreten Fall maßgebliche vertragliche Bestimmung bei **Eintritt der Rechtshängigkeit des Scheidungsantrags** eine wiederkehrende Rentenleistung oder die Leistung eines Kapitalbetrages vorsieht. Der BGH hat in der Entscheidung vom 05. 02. 2003 (FamRZ 2003, 664 = FamRB 2003, 178; FamRZ 2003, 745) erstmals zur Frage Stellung genommen, ob eine **Rentenlebensversicherung** mit Kapitalwahlrecht dem Versorgungsausgleich oder dem Güterrecht zuzuordnen ist, wenn das Kapitalwahlrecht erst nach Rechtshängigkeit des Scheidungsantrags ausgeübt und die Versicherung somit erst nach diesem Stichtag in eine Kapitallebensversicherung umgewandelt wird. Bis zu dieser Entscheidung hatte der BGH entschieden, dass eine **Kapitallebensversicherung mit Rentenwahlrecht** dem Versorgungsausgleich zuzuordnen ist, wenn das Wahlrecht bis zum Eintritt der Rechtshängigkeit des Scheidungsantrags ausgeübt und damit das Anrecht aus dem Versicherungsvertrag in ein Rentenanrecht umgewandelt wird (BGHZ 117, 70 = FamRZ 1992, 411, 412 = NJW 1992, 1103; FamRZ 1993, 684, 685). Umgekehrt ist ein Anrecht dem Güterrecht zu unterwerfen, wenn das Wahlrecht erst nach dem genannten Stichtag ausgeübt wird, weil das Kapital mit seinem Wert zum Stichtag in das Endvermögen des Inhabers des Anrechts eingestellt werden kann.

d) Rentenlebensversicherung mit Kapitalwahlrecht

69 Wird bei einer (privaten) **Rentenlebensversicherung** mit Kapitalwahlrecht die Kapitaloption vor der Rechtshängigkeit des Scheidungsantrags ausgeübt, unterliegt dieses Anrecht dem Güterrecht (BGH FamRZ 1993, 793 = NJW-RR 1993, 1261). Die nach dem Stichtag des § 1587 Abs. 2 BGB erfolgte Umwandlung der Rentenlebensversicherung in ein Kapitalanrecht schließt nach BGH (FamRZ 2003, 664, 665) die Zuordnung dieses Anrechts zum Versorgungsausgleich aus. Dies leitet der BGH aus dem allgemeinen Grundsatz ab, dass dem Versorgungsausgleich nur solche Anrechte unterliegen, die im Zeitpunkt der Entscheidung über den Versorgungsausgleich noch vorhanden, nicht aber solche, die zuvor erloschen sind; dies gilt auch dann, wenn das Erlöschen (im Falle der Beitragserstattung) erst nach dem Ende der Ehezeit eintritt (BGH FamRZ 1992, 45; FamRZ 1995, 31, 32). Hierbei ist im Fall des abgetrennten Versorgungsausgleichs gem. § 140 FamFG und eingetretener Rechtskraft der Scheidung nach BGH (FamRZ 2003, 664, 665 = FamRB 2003, 178 mit krit. Anmerkung *Borth*) entscheidend, dass der Versorgungsausgleich seiner Ausgestaltung nach nur auf wiederkehrende Anrechte ausgerichtet ist und für den Ausgleich eines Kapitalanrechts keine geeignete Ausgleichsform vorsieht. Dies gilt auch in Bezug auf die schuldrechtliche Ausgleichsrente nach § 20 VersAusglG (§ 1587g Abs. 1 BGB a. F.). Die hierbei mögliche Benachteiligung, die sich auch bei Anrechten aus einer betrieblichen Altersversorgung ergeben kann (krit. *Deisenhofer* FamRZ 2003, 745), wird vom BGH erkannt; er verweist deshalb auf eine gesetzgeberische Entscheidung. Die Voraussetzungen eines treuwidrigen Verhaltens lehnt der BGH ab; auf eine entsprechende **Anwendung der Bedingungsvereitelung nach § 162 BGB** geht der BGH nicht ein. Diese Rechtsprechung hat der BGH in einer weiteren Entscheidung (FamRZ 2003, 923), in der die Ehegatten den gesetzlichen Güterstand ausgeschlossen hatten, fortgeführt und unterstützend darauf hingewiesen, dass bei einer Rentenlebensversicherung mit Kapitalwahlrecht, das erst nach Rechtshängigkeit des Scheidungsantrags ausgeübt wird, der Versorgungsausgleich nicht mehr durchgeführt werden kann, weil das Rentenanrecht erloschen ist; Gleiches wäre auch bei Ausübung des Wahlrechts vor Rechtshängigkeit eingetreten. Offen gelassen hat der BGH hierbei auf das **Problem der Wirksamkeits- und Ausübungskontrolle** in einem solchen Fall in Bezug auf den Ausschluss des gesetzlichen Güterstandes; (FamRZ 2005, 1463 = NJW-RR 2005, 1379; nicht angesprochen in FamRZ 2004, 601 mit Anmerkung von *Borth*) Gleiches gilt, wenn bei abgetrenntem Versorgungsausgleich erst nach Rechtskraft der Scheidung das Kapitalwahlrecht ausgeübt wird. Dem ist das OLG Hamburg (FamRZ 1987, 721; a. A. OLG Celle FamRZ 1999, 1200, 1201) in einem Fall gefolgt, in dem das Kapitalwahlrecht noch vor der letzten tatrichterlichen Entscheidung, aber nach rechtskräftiger Scheidung ausgeübt wurde.

Kritik: Wird das Wahlrecht (Wechsel von einer Kapitalleistung in eine Rentenleistung) nach rechtskräftig durchgeführtem Versorgungsausgleich ausgeübt, kann über das Abänderungsverfahren die Änderung der Form der Auszahlung nicht berücksichtigt werden, weil sich am Wert der Versorgung nichts geändert hat, sondern lediglich eine andere Leistungsform vorliegt, so dass es an den Voraussetzungen der §§ 225, 226 FamFG fehlt. Soweit diese dem Versorgungsausgleich unterliegen, bleiben sie für die Zugewinnauseinandersetzung unberücksichtigt (§ 2 Abs. 4 VersAusglG), unabhängig davon, ob tatsächlich ein Zugewinn erfolgt (s. aber BGH FamRZ 1981, 239 zu § 1587 Abs. 1 Satz 2 BGB). Auch liegen die Voraussetzungen eines Ausgleichsanspruchs nach der Scheidung gem. den §§ 20–26 VersAusglG nicht vor, weil beim Ausgleich bei der Scheidung kein Fall einer fehlenden Ausgleichsreife i. S. d. § 19 Abs. 1, 2 VersAusglG vorgelegen hat.

IV. Anrechte, die dem Versorgungsausgleich unterliegen

Soweit § 2 Abs. 2 Nr. 3 VersAusglG (2. Alt.) vorsieht, dass ein Anrecht i. S. d. **Altersvorsorgeverträge-Zertifizierungsgesetzes** unabhängig von der Leistungsform dem Versorgungsausgleich unterliegt, also auch im Falle einer Kapitalleistung, ist zu berücksichtigen, dass nach § 1 Abs. 1 Nr. 4, Nr. 5 Altersvorsorgeverträge-Zertifizierungsgesetz eine Umwandlung in einen reinen Kapitalbetrag unzulässig ist und nur im begrenzten Umfang neben laufenden Rentenleistungen auch ein Kapitalbetrag ausbezahlt werden kann. Hierbei sind die in Nr. 4 sowie Nr. 5 geregelten Möglichkeiten zur Vereinbarung eines Auszahlungsplans zu beachten, wonach einerseits eine vertragsgemäße Auszahlung vor Vollendung des 60. Lebensjahres grundsätzlich unzulässig ist, andererseits aber eine lebenslange Altersversorgung gewährt werden muss, die allerdings im Rahmen eines Auszahlungsplanes eine Teilverrentung des Kapitals ab dem 85. Lebensjahres vorsieht, verbunden mit einer Teilkapitalisierung zu Beginn der Auszahlungsphase, die aber 30% des verfügbaren Kapitals nicht überschreiten darf. Soweit ein Anrecht vorliegt, das dem Altersvorsorgeverträge-Zertifizierungsgesetz unterliegt, hat die Vereinbarung der Auszahlung eines Teils des angesammelten Kapitals keine Auswirkungen auf die Einbeziehung dieses Anrechts in den Versorgungsausgleich. Erfüllt ein Anrecht diese Voraussetzungen nicht, greifen die in Rdn. 69 dargelegten Grundsätze zur Berücksichtigung im Versorgungsausgleich oder Güterrecht ein. 70

e) Leistungen aus einer privaten Rentenversicherung vor Erreichen der Altersgrenze

Voraussetzung für die Zuordnung zum Versorgungsausgleich einer privaten Rentenversicherung ist, dass ein auf Rentenzahlung gerichtetes Anrecht der »**Versorgung wegen Alters**« dienen soll. Dies bedeutet zwar nicht, dass ein wiederkehrendes Anrecht im Gleichlauf mit der gesetzlichen Rentenversicherung oder Beamtenversorgung ausbezahlt wird. Eine Versorgung wegen Alters liegt aber nur dann vor, wenn die zugesagte Versorgungsleistung im Anschluss an die Beendigung des aktiven Berufslebens gewährt wird und das bisherige Erwerbseinkommen ersetzen soll (s. Rdn. 67). Dies nimmt der BGH (BGH FamRZ 2005, 696, 698; FamRZ 2007, 889) nicht an, wenn die Rentenleistung zu einem erheblichen Anteil schon **während des aktiven Erwerbslebens** bezahlt wurde. Der BGH ordnet ein solches Anrecht dem Güterrecht zu, im Zugewinn also mit dem am Stichtag noch vorhandenen Kapitalwert. 71

f) Leistungen der betrieblichen Altersversorgung, Zuordnung von Vorsorgekonten

Nach dem bis zum 31. 08. 2009 geltenden Recht hat der BGH Anrechte, die dem BetrAVG unterliegen, in ihrer Leistungsform jedoch einen Kapitalbetrag vorsehen, dem Güterrecht zugeordnet, obwohl § 1587a Abs. 2 Nr. 3 BGB a. F. allgemein von Leistungen der betrieblichen Altersversorgung sprach (BGHZ 88, 386, 389 = FamRZ 1984, 156 = NJW 1984, 229; BGHZ 117, 70 = FamRZ 1992, 411; FamRZ 1993, 1303 = NJW-RR 1993, 1285 – Direktversicherung; FamRZ 1993, 793, 794 = NJW-RR 1993, 770 – Arbeitgeber – Arbeitnehmer in Form der Rentenleistung – Arbeitgeber – Versicherer Kapitalbetrag). 72

Der reformierte Versorgungsausgleich bezieht nach § 2 Abs. 2 Nr. 3 Halbsatz 2 VersAusglG sämtliche Anrechte i. S. d. BetrAVG **unabhängig von der Leistungsform des Anrechts** in den Versorgungsausgleich ein, so dass auch eine Zusage nach dem BetrAVG mit einer Kapitalleistung dem Versorgungsausgleich unterliegt. Insoweit reagiert das VAStrRefG auf die auftretenden Umsetzungsprobleme im Falle der Zuordnung eines Anrechts der betrieblichen Altersversorgung zum Güterrecht, die sich vor allem im Bereich der sog. **Vorsorgekonten** ergaben (Fa. 73

Bosch, Fa. Daimler, Telekom). Da die Scheidung regelmäßig vor Erreichen der festen Altersgrenze (65. Lebensjahr) ausgesprochen wird, ist das dem Güterrecht zuzuordnende Anrecht vor dessen Auszahlung im Güterrecht zwischen den Ehegatten auszugleichen, obwohl der Berechtigte auf die betriebliche Altersversorgung über diesen Betrag wirtschaftlich nicht verfügen kann. Ein solches Anrecht ist deshalb nach güterrechtlichen Grundsätzen von der festen Altersgrenze auf den Stichtag abzuzinsen (FamRZ 2003, 153 = FamRB 2003, 1). Ferner musste, soweit für dieses Anrecht ab dessen Bezug eine Steuerlast zur Einkommensteuer entsteht, die **latente Steuerlast** berücksichtigt werden. Entsprechendes galt in Bezug auf die Belastung durch Beiträge zur Kranken- und Pflegeversicherung. Schließlich war zu berücksichtigen, dass der Ausgleichspflichtige den danach güterrechtlich auszugleichenden Betrag aus seinem sonstigen Vermögen erfüllen musste und vor allem bei hohen Beträgen einen Eingriff in die Gestaltungsfreiheit des Ausgleichspflichtigen darstellte (jedoch mit der Möglichkeit der Stundung nach § 1382 BGB).

74 Durch die Erfassung sämtlicher Leistungsformen sind die zuvor dargelegten Probleme gelöst. Insbesondere wird hierdurch gewährleistet, dass der Halbteilungsgrundsatz i. S. d. § 1 Abs. 1 VersAusglG zwischen den Ehegatten gewahrt bleibt, weil zum Zeitpunkt der Durchführung des Versorgungsausgleichs bei der Scheidung der Wertausgleich nach § 3 Nr. 55a EStG (interne Teilung) sowie § 3 Nr. 55b EStG (externe Teilung) einkommensteuerlich neutral gestaltet werden kann (s. a. § 15 Abs. 3 VersAusglG) und im Leistungsfall jeder Ehegatte die auf ihn entfallende Steuerlast (s. § 19 Abs. 1 Nr. 2 EStG, der dies in Bezug auf die interne und externe Teilung regelt) individuell zu tragen hat. In Bezug auf die Sozialabgaben folgt dies im Fall der internen Teilung aus § 12 VersAusglG, da der Ausgleichsberechtigte die Stellung eines ausgeschiedenen Arbeitnehmers i. S. d. BetrAVG erlangt. Nicht eindeutig ist dies im Falle der externen Teilung (s. hierzu Rdn. 580).

75 Von § 2 Abs. 2 Nr. 3 2. Halbsatz VersAusglG nicht erfasst werden dagegen Anrechte auf eine betriebliche Altersversorgung, wenn dem Bezugsberechtigten die **Eigenschaft eines Arbeitnehmers fehlt**, weil die Zusage einer Rente nicht als Leistung aus einer betrieblichen Altersversorgung i. S. d. BetrAVG angesehen wird. Dies betrifft insbesondere **Alleingesellschafter von Personen- und Kapitalgesellschaften, Selbständige**, die nicht § 17 Abs. 1 BetrAVG unterliegen und deshalb als Unternehmer gelten (s. BGH BB 1980, 1046; BB 1981, 1276). Unternehmereigenschaft wird ferner bei einem **Gesellschafter–Geschäftsführer** angenommen, der mehr als 50% der Anteile einer Gesellschaft hält, also aufgrund des Umfangs der Kapitalbeteiligung maßgeblichen Einfluss auf die Gesellschaft und damit die Zusage nehmen kann (BGH BB 1980, 1046; BGH ZIP 1991, 396). Insoweit greifen die Unverfallbarkeitsregelung des § 1 BetrAVG sowie die Insolvenzsicherung nicht ein. Dies bedeutet, dass bei Zusage einer Kapitalleistung das Anrecht nicht in den Versorgungsausgleich fällt, sondern güterrechtlich zu qualifizieren ist.

g) Inhaltskontrolle in Bezug auf Vorsorgemaßnahmen auf Kapitalbasis bei Ausschluss des gesetzlichen Güterstandes

76 Wurde der gesetzliche Güterstand **durch Ehevertrag ausgeschlossen** und Gütertrennung vereinbart, so stellt sich insoweit die **Frage einer Inhaltskontrolle**, die zu einer Unwirksamkeit i. S. d. § 138 BGB oder zur Ausübungskontrolle gem. § 242 BGB führen kann, wenn ansonsten der Altersunterhalt des Ausgleichsberechtigten i. S. d. § 1571 BGB wegen eines geringen Versorgungsausgleichs nicht gesichert ist, zumal die Zuordnung eines solchen Anrechts zum Güterrecht in Bezug auf dessen Zuwendungszweck willkürlich erscheint. Dies rechtfertigt sich aus

IV. Anrechte, die dem Versorgungsausgleich unterliegen

der Rechtsprechung des BGH, der den Zugewinn nicht dem Kernbereich der Scheidungsfolgen zuordnet (BGH FamRZ 2004, 601); dieser Gesichtspunkt versagt aber, wenn Vorsorgemaßnahmen in Form einer Kapitalanlage und nicht einer wiederkehrenden Leistung getroffen wurden (angedeutet vom BGH FamRZ 2005, 1463 = FamRB 2005, 285). Besteht erst nach Ablauf der Verjährungsfrist gem. § 1378 Abs. 4 BGB Anlass zur Vornahme einer Inhaltskontrolle, kann die Berufung auf den Eintritt der Verjährung gem. § 1378 Abs. 4 BGB nach § 242 BGB unbillig sein.

Zugleich hat aber der BGH (FamRZ 2008, 388, 389; s. a. FamRZ 2007, 1310, 1311) den **ehevertraglichen Verzicht auf den Zugewinn** nicht schon deshalb einer Wirksamkeitskontrolle nach § 138 BGB unterworfen, wenn ein Ehegatte – entsprechend den gemeinsamen Vorstellungen bei Vertragsschluss – in der Ehe einer selbständigen Erwerbstätigkeit nachgegangen ist und deshalb kein im Versorgungsausgleich auszugleichendes Versorgungsvermögen erworben hat. Der BGH weist darauf hin, dass die **Erhaltung der wirtschaftlichen Substanz einer Unternehmensbeteiligung** ein berechtigtes Interesse am Ausschluss des Zugewinns darstellen kann. Ferner hat der BGH darauf hingewiesen, dass unterlassene Vorsorgemaßnahmen nicht über den Zugewinnausgleich ausgeglichen werden können, unabhängig davon, ob eine selbständige Tätigkeit ausgeübt wird.

h) Leibrenten, Wohnrecht

Kontrovers wurde in Bezug auf das bis zum 31. 08. 2009 geltende Recht in Rechtsprechung und Literatur die Frage diskutiert, ob Leibrentenansprüche, die aufgrund der Überlassung eines landwirtschaftlichen Anwesens oder einer sonstigen vermögensrechtlichen Position festgelegt wurden, dem Versorgungsausgleich unterliegen (verneinend *Maier*, AngVers. 1976, 439 Fn. 52; bejahend MüKo/*Dörr* § 1587 Rn. 13; *Schwab/Hahne* Teil VI Rn. 25, 30). Überwiegend wurde diese Frage unter dem Gesichtspunkt erörtert, ob die Leistungen mit Hilfe des Vermögens oder durch Arbeit der Ehegatten begründet werden, § 1587 Abs. 1 Satz 2 BGB a. F. Der BGH hat hierzu zu Recht darauf hingewiesen, dass solche in Geld zu bestimmenden Leibrenten (Leibgedinge, Altenteile) i. d. R. als Gegenleistung für die Nutzung des übergehenden Vermögens erfolgen und damit grundsätzlich dem Versorgungsausgleich unterliegen (FamRZ 1982, 909 = NJW 1982, 2552). Ist dagegen die wiederkehrende Leistung als **Kaufpreis** in Form einer Ratenzahlung (Rentenzahlung) anzusehen, ist diese nicht im Versorgungsausgleich zu erfassen, weil der Leistung ein Entgelt- aber kein Versorgungscharakter zukommt (BGH FamRZ 1988, 936, 938). Ferner nimmt der BGH in einem Leibgedinge (Altenteil) ausbedungene **Sachleistungen und Wohnrechte** aus der Zuordnung zum Versorgungsausgleich aus; er hält eine Einbeziehung in den güterrechtlichen Ausgleich insbesondere bei Wohnrechten für sachnäher, da für den Wert von Sachleistungen und Wohnrechten keine versicherungsmathematische Berechnung möglich sei (FamRZ 1993, 682).

In Bezug auf den **reformierten Versorgungsausgleich** spricht für die Zuordnung von Sachleistungen und Wohnrechten zum Güterrecht und nicht zum Versorgungsausgleich vor allem, dass es insoweit an dem Merkmal einer Rentenleistung i. S. d. § 2 Abs. 2 Nr. 3 VersAusglG fehlt. Jedenfalls bestehen Teilungsprobleme, so dass Zweifel an einer Teilungsreife i. S. d. § 19 Abs. 1 VersAusglG bestehen; in diesem Fall wäre dann ein Ausgleichsanspruch nach der Scheidung i. S. d. §§ 20–26 VersAusglG zu prüfen.

77

i) Private Berufsunfähigkeitsversicherung; Berufsunfähigkeits-Zusatzversicherungen

78 Berufsunfähigkeitsversicherungen, für die eine fortlaufende Prämienzahlungspflicht besteht, sehen als **reine Risikoversicherungen** nur solange einen Anspruch auf eine Leistung im Versicherungsfall vor, als der jeweils laufende Beitrag erbracht wird. Dies gilt auch für **Berufsunfähigkeits-Zusatzversicherungen,** die im Zusammenhang mit einer Kapitallebensversicherung abgeschlossen werden, sowie die private Unfallversicherung (s. Rdn. 86). Versicherungstechnisch wird vor Eintritt des Versicherungsfalls kein Deckungskapital gebildet; der durch die laufend gezahlten Beiträge gewährte Versicherungsschutz besteht nur in der Garantie, im Falle des Eintritts des (ungewissen) Versicherungsfalls die vereinbarte Rentenleistung zu erbringen. Dieser Versicherungsschutz wird mit dem jeweils letzten Beitrag aufrechterhalten. Tritt der Fall der Berufsunfähigkeit ein, werden die laufenden Beiträge aller Versicherten (einer solchen Versicherungsgesellschaft) dazu herangezogen, die in dem jeweiligen Beitragszeitraum eingetretenen Versicherungsfälle zu finanzieren. Wird der Leistungsanspruch nicht weiterbezahlt, entfällt ein Leistungsanspruch im Versicherungsfall (s. Rdn. 479).

79 Für den Versorgungsausgleich folgt hieraus:
(1) Ist bei Ehezeitende der Versicherungsfall (noch) nicht eingetreten, fehlt es an einer Aussicht, aus der sich mit hinreichender Sicherheit eine Versicherungsleistung ergeben kann. Denn ob der Versicherte bis zum Eintritt in den Ruhestand berufsunfähig wird und ob die Prämien bis zum Eintritt eines solchen Versicherungsfalles erbracht werden ist ungewiss; damit auch, ob jeweils ein Deckungskapital gebildet wird. Solche Berufsunfähigkeitsversicherungen unterlagen bereits nach dem bis zum 31.08.2009 geltenden Recht deshalb nicht dem Versorgungsausgleich, auch wenn nach Ende der Ehezeit eine fortlaufende Prämienzahlungspflicht besteht (BGH FamRZ 1986, 344, 345 = NJW 1986, 1344; FamRZ 1988, 488 – Berufsunfähigkeitszusatzversicherung bei einer berufsständischen Versorgung; FamRZ 1993, 299, 301 f. = NJW-RR 1993, 195, 197; FamRZ 2005, 1530; OLG Brandenburg FamRZ 2007, 736). Sofern der für den Zeitpunkt des Versicherungsfalls maßgebliche Beitrag erst nach Ehezeitende erbracht wird, liegt kein ehezeitbezogener Erwerb vor.
Allerdings gab es zu diesem Grundsatz **Ausnahmen.** Konnte bei der Zusage einer Leibrente nach den Versicherungsbedingungen auch die Berufsunfähigkeitszusatzversicherung beitragsfrei gestellt werden, so dass eine Prämienzahlungspflicht nicht mehr weiter besteht, war im Versorgungsausgleich von der Annahme auszugehen, dass zum Ende der Ehezeit die Hauptversicherung zusammen mit der Zusatzversicherung in eine beitragsfreie Versicherung umgewandelt wird (s. a. § 1587a Abs. 2 Nr. 5a BGB a. F.). Im Falle einer (in den Versicherungsbedingungen vorgesehenen) Realteilung der Anrechte der privaten Rentenversicherung kann hierbei dem ausgleichsberechtigten Ehegatten neben dem Anrecht auf Leibrente auch ein dem Anrecht des Verpflichteten entsprechender Versicherungsschutz für den Fall der Berufsunfähigkeit verschafft werden, wobei der hierfür erforderliche Einmalbeitrag dem für die Hauptversicherung angesammelten Deckungskapital zu entnehmen ist (BGH FamRZ 1994, 559, 560; *Ellger,* FamRZ 1986, 513, 517 f.; *Eisenecker* Versorgungsausgleich und Privatversicherungsrecht, 1983 S. 322; *Schwab/Hahne* Teil VI Rn. 28).
(2) Wird bei Ehezeitende bereits eine Leistung aus der Berufsunfähigkeitsversicherung aus einem in der Ehezeit bezahlten Beitrag erbracht, wurde mit Eintritt des Versorgungsfalls ein Deckungskapital gebildet, aus dem eine Invaliditätsrente bezogen wird. In diesem Fall konnte ein Ausgleich vorgenommen werden (s. a. OLG Karlsruhe FamRZ 1996, 1554 f.), weil diese Invaliditätsversor-

IV. Anrechte, die dem Versorgungsausgleich unterliegen

gung Grundlage der Altersversicherung der Ehegatten war und deshalb dem Versorgungsausgleich unterlag.

(3) Der **reformierte Versorgungsausgleich** geht in § 28 VersAusglG auf diese Besonderheiten solcher (privater) Risikoversicherungen ein (eingehend Rdn. 604 ff.). Abs. 1 bestimmt hierzu, dass ein Anrecht der Privatvorsorge wegen Invalidität nur auszugleichen ist, wenn der Versicherungsfall in der Ehezeit eingetreten ist, also wie zuvor dargelegt, ein auf den Versicherungsfall bezogenes Deckungskapital für den Versicherten gebildet wird. Gleichzeitig wird der Ausgleich auf die Fälle beschränkt, in denen der Ausgleichsberechtigte selbst eine Invaliditätsrente bezieht oder aber die gesundheitlichen Voraussetzungen dafür erfüllt. In der Begründung führt der Regierungsentwurf (BT-Drucks. 16/10144 S. 69) aus, dass nur in diesen Fällen – auch im Hinblick auf die beim Ausgleichspflichtigen vorzunehmende Kürzung dessen Anrechts – ein Bedarf für eine Teilhabe des Ausgleichsberechtigten an der laufenden Versorgung besteht. Die Voraussetzungen der Berufsunfähigkeit müssen deshalb bei Ehezeitende eingetreten sein. Insoweit gelten dieselben Voraussetzungen wie beim Ausgleichspflichtigen, weil erst dessen Versicherungsfall die Erfassung des Anrechts im Versorgungsausgleich auslöst.

(4) § 28 Abs. 1 VersAusglG bestimmt in Bezug auf den Ausgleichsberechtigten, dass dieser die **gesundheitlichen Voraussetzungen** für eine Versorgung **wegen Invalidität** erfüllen muss, wenn er nicht bereits eine solche bezieht. Die Vorschrift geht danach nicht davon aus, dass beim Ausgleichsberechtigten dieselben Anspruchsvoraussetzungen zum Bezug des Anrechts wegen Invalidität wie beim Ausgleichspflichtigen vorliegen müssen. Vielmehr werden die Anspruchsvoraussetzungen objektiv bestimmt. Es reicht danach aus, wenn z. B. die Voraussetzungen des § 43 Abs. 1, 2 SGB VI oder einer Verletztenrente der gesetzlichen Unfallrente i. S. d. § 56 SGB VII vorliegen. Danach ist nicht Voraussetzung, dass beim Ausgleichsberechtigten eine Vollerwerbsunfähigkeit besteht.

(4) Ob die **Voraussetzungen des Leistungsbezugs** beim Ausgleichsberechtigten vorliegen, wenn dieser nicht bereits eine Unfallversicherung bezieht, muss im Versorgungsausgleichsverfahren gesondert festgestellt werden, wenn dies vom Ausgleichsberechtigten geltend gemacht wird. Besteht hierüber Streit, hat das Familiengericht die Voraussetzungen durch Einholung eines Sachverständigengutachtens zu klären; der Ausgleichspflichtige kann im Rechtsmittelweg zum Oberlandesgericht gem. § 58 FamFG die Feststellungen überprüfen lassen. Die §§ 21, 221 FamFG greifen bei dieser Sachlage nicht ein.

(5) § 28 Abs. 2 VersAusglG legt den Ehezeitanteil fest. Er berücksichtigt den besonderen Charakter dieses Ausgleichs. Insoweit ist nicht entscheidend, welches Deckungskapital in der Ehezeit angesammelt wurde, sondern die Tatsache, dass der Versicherungsfall in der Ehezeit liegt, der durch den letzten Beitrag in der Ehezeit zur Bildung des Deckungskapitals geführt hat. Nicht entscheidend ist, dass rententechnisch bereits bei Ehezeitende das Deckungskapital gebildet war, da mit Eintritt des Versicherungsfalls ein Anspruch auf Bildung eines solchen besteht.

(6) Der Ausgleich erfolgt nach den Bestimmungen zu Ausgleichsansprüchen nach der Scheidung gem. den §§ 20–22 VersAusglG. Das Anrecht ist danach stets schuldrechtlich zwischen den Ehegatten auszugleichen. Diese Lösung vermeidet auch die Prüfung durch das Familiengericht, ob der Ausgleichsberechtigte die vertraglich vereinbarten Voraussetzungen des Versicherungsvertrages zwischen dem Ausgleichspflichtigen und dem Versorgungsträger tatsächlich auch erfüllt, so etwa, wenn Voraussetzung ist, dass eine Erwerbstätigkeit ausgeübt

wird, was beim Ausgleichsberechtigten wegen der Betreuung und Erziehung von Kindern nicht vorliegt. Auch könnten aufwendige Gesundheitsprüfungen bei Absicherung bestimmter Risiken erforderlich werden.

(7) Gleichwohl ist trotz der Verweisung auf die §§ 20–22 VersAusglG der Ausgleich von Amts wegen durchzuführen, weil der Ausgleich bei der Scheidung nach den §§ 9 ff. VersAusglG erfolgt und nicht nur auf Antrag wie nach § 223 FamFG. Der Verweis auf die §§ 20–22 VersAusglG bedeutet lediglich dass anstelle der Ausgleichsformen des internen bzw. externen Ausgleichs schuldrechtlich erfolgt.

j) Leistungen nach dem Erziehungsleistungsgesetz

81 Leistungen nach Art. 2 Nr. 2 des Erziehungsleistungsgesetzes vom 17.07.1987 (BGBl I 1585 f.) werden an Mütter der Geburtsjahrgänge vor 1921 für die Kindererziehung von den Trägern der gesetzlichen Rentenversicherung erbracht. Nach BGH (FamRZ 1991, 675) unterliegen diese Leistungen – anders als Kindererziehungszeiten nach § 56 SGB VI – nicht dem Versorgungsausgleich, weil sie als Anerkennung für eine außergewöhnliche Belastung der Mütter bei der Kindererziehung (sogenannte Trümmerfrauen) erbracht werden (s. Rdn. 321).

k) Leistungen mit Entschädigungscharakter oder zur Daseinsvorsorge

82 Auch diese Leistungsarten, die der Sicherung des Lebensunterhaltes dienen, fallen aufgrund ihrer anderen Zweckbestimmung aus dem Versorgungsausgleich heraus. Ferner bewirkt dies die weitere Voraussetzung des Versorgungsausgleichs nach § 2 Abs. 2 Nr. 1 VersAusglG, wonach nur Anrechte, die mit Hilfe der Arbeit oder des Vermögens geschaffen werden, dem Versorgungsausgleich unterliegen (eingehend Rdn. 86, 87).

7. Anrechte, die mit Hilfe der Arbeit oder des Vermögens erworben wurden

a) Grundsatz

83 Dem Wertausgleich unterliegen nur Anrechte, die durch Arbeit oder Vermögen eines Ehegatten geschaffen oder aufrechterhalten wurden. Dieser Grundsatz wird in § 2 Abs. 2 Nr. 2 VersAusglG – wie bereits in § 1587 Abs. 1 Satz 2 BGB a. F. – als eines der Elemente aufgeführt, der für die Zuordnung eines Anrechts zum Versorgungsausgleich bestimmend ist. **Durch Arbeit** erlangt sind aus einer beruflichen Tätigkeit als Arbeiter, Angestellter, Beamter oder einer vergleichbaren beruflichen Tätigkeit erworbene Anrechte. Soweit Anrechte mit dem **Vermögen eines Ehegatten** geschaffen werden, unterliegen diese auch dann dem Wertausgleich, wenn die Vermögenswerte bei Eheschließung bereits vorhanden waren, also im gesetzlichen Güterstand zum Anfangsvermögen nach § 1374 Abs. 1 BGB gehören. Ebenso wenig kommt es auf die **Herkunft des Vermögens** an. Insoweit kennt der Versorgungsausgleich nach § 2 Abs. 2 VersAusglG keinen privilegierten Erwerb wie etwa im gesetzlichen Güterstand nach § 1374 Abs. 2 BGB. Angesichts der eindeutigen Regelung des § 2 Abs. 2 Nr. 1 VersAusglG scheidet auch eine entsprechende Anwendung des § 1374 Abs. 2 BGB im Versorgungsausgleich aus. Damit unterliegen dem Versorgungsausgleich auch Anrechte, die mittels eines **aufgenommenen Kredits finanziert** werden. Dies ist zumindest dann gerechtfertigt, wenn die bei Eheende noch vorhandenen Verbindlichkeiten bei der Bestimmung des Endvermögens zum Zugewinn berücksichtigt werden, weil in diesem Fall keine Doppelbelastung eintritt (OLG Koblenz FamRZ 2000, 157 = NJW-RR 1999, 1162). Gleiches gilt, wenn diese Verbindlichkeiten zur Verminderung des un-

IV. Anrechte, die dem Versorgungsausgleich unterliegen

terhaltspflichtigen Einkommens führen, weil insoweit ebenfalls keine **Doppelbelastung** entsteht. Liegen beide Voraussetzungen nicht vor, ist im Umfang der nach Ehezeitende noch zu tilgenden Verbindlichkeiten eine Begrenzung nach § 27 VersAusglG vorzunehmen. Eine vergleichbare Sachlage ergibt sich, wenn ein dem Versorgungsausgleich unterliegendes Anrecht zur **Sicherung an eine Bank abgetreten** ist. Werden die zu sichernden Verbindlichkeiten bei der Bestimmung des Endvermögens i. S. d. § 1375 Abs. 1 BGB anerkannt, tritt keine Doppelbelastung ein. Im Übrigen differenziert das OLG Zweibrücken danach, ob mit der Inanspruchnahme der Sicherheit zu rechnen ist (FamRZ 2004, 642).

Eine **Ausnahme** hiervon ergibt sich jedoch bei Mitteln, die ein Ehegatte durch den **(vorzeitigen) Zugewinn** erlangt hat, weil in diesem Fall lediglich Vermögen umgeschichtet wurde, das dem Ehegatten aufgrund der Durchführung des Zugewinnausgleichs endgültig verbleiben soll (BGH FamRZ 1992, 790 f. = NJW 1992, 1888; OLG Köln FamRZ 1996, 1549; s. eingehend Rdn. 23 f.). Zur Umwandlung einer Kapitallebensversicherung in eine Rentenversicherung s. Rdn. 480. 84

Weitere Fälle:
- Anrechte, die mithilfe einer **gesellschaftsrechtlichen Beteiligung** aus einem Unternehmen, also mithilfe des Vermögens i. S. d. § 2 Abs. 2 Nr. 1 VersAusglG erworben wurden (BGH FamRZ 2007, 891).
- Dem Versorgungsausgleich unterliegen auch solche Anrechte, die mit Mitteln eines Elternteils erworben wurden, die auf den Ehegatten übertragen wurden (OLG Koblenz FamRZ 2005, 1255), weil dieser Kapitalbetrag als privilegierter Erwerb nach § 1374 Abs. 2 BGB dem Anfangsvermögen zugerechnet wird. Gleiches gilt, wenn mit einem vorehelichen erworbenen Kapital in der Ehezeit ein Versorgungsanrecht erworben wird (OLG Nürnberg FamRZ 2005, 1256).
- Wird während der Ehe mit Vermögen oder Leistungen eines Ehegatten für den anderen ein Anrecht erworben, so unterliegt dies nach § 2 Abs. 2 Nr. 1 VersAusglG dem Versorgungsausgleich (OLG Frankfurt/M FamRB 2005, 230). Dies gilt aber nicht, wenn zuvor nach § 1414 Satz 1 BGB Gütertrennung vereinbart wurde (OLG Hamm FamRZ 2006, 795; krit. *Borth* FamRZ 2006, 1641, 1542).
- Die einer **Pflegeperson** nach § 44 SGB XI **gewährten Entgeltpunkte** in der gesetzlichen Rentenversicherung sind mithilfe der Arbeit i. S. d. § 2 Abs. 2 Nr. 1 VersAusglG erzielt worden und unterliegen dem Versorgungsausgleich (KG FamRZ 2006, 210; OLG Stuttgart FamRZ 2006, 210), obwohl das Pflegegeld nach § 37 SGB XI nicht dem unterhaltspflichtigen Einkommen zuzurechnen ist.

b) Leistungen Dritter

Wurden Anrechte dadurch begründet, dass ein **Dritter Zahlungen schenkweise** unmittelbar an einen Versicherungsträger erbracht hat, sind diese nach § 2 Abs. 2 Nr. 1 VersAusglG nicht zu berücksichtigen (BGH FamRZ 1983, 262 = NJW 1983, 875 – zu § 1587 Abs. 1 Satz 2 BGB a. F.). Entsprechendes gilt, wenn die Zuwendungen wirtschaftlich einer **Direktleistung** von Beiträgen an den Versicherungsträger gleichzustellen sind. Streitig ist, ob § 2 Abs. 2 Nr. 1 VersAusglG auch dann anzuwenden ist, wenn der Geldbetrag in das Vermögen eines Ehegatten mit der Anweisung bzw. Zwecksetzung übergegangen ist, diesen zur Bildung einer Alters- und Invaliditätsversorgung zu verwenden. Der BGH grenzt danach ab, ob der Ehegatte die Zuwendung in sein Vermögen aufgenommen hat oder nach der Entgegennahme der Beiträge nur als **Bote** bei der Verwendung der zugewendeten Mittel aufgetreten ist, also sie z. B. bei einer Überweisung auf ein eigenes Bankkonto sofort (und im vollem Umfang) an den Träger der Versorgung weitergeleitet hat. Le- 85 diglich im letzten Fall will der BGH § 2 Abs. 2 Nr. 1 VersAusglG anwenden (FamRZ 1984, 570 = NJW 1984, 1542; FamRZ 1987, 48 – dort auch zur Anwendung des § 1587c Nr. 1 BGB a. F.; jetzt § 27 VersAusglG). Dieses Verständnis des § 2 Abs. 2 Nr. 1 VersAusglG ist zu eng. Zwar differenziert das Gesetz beim Einsatz des Vermögens für einen Versorgungserwerb nicht nach dessen Herkunft, was sich grundsätzlich aus der Zwecksetzung des Versorgungsausgleichs rechtfertigt, der letztlich der Deckung des Lebensbedarfs im unterhaltsrechtlichen Sinn dient. Auch ist nicht zu verkennen, dass eine ausdehnende Anwendung des § 2 Abs. 2 Nr. 1 VersAusglG im Einzelfall zu Beweisschwierigkeiten führen kann. Der BGH gerät aber jedenfalls in solchen Fällen in Widerspruch zu dem Grundgedanken dieser Regelung, dass nur solche Anrechte dem Wertausgleich unterliegen, die auf einer gemeinsamen Lebensleistung beruhen. Trotz auftretender Beweisschwierigkeiten muss es deshalb für die Anwendung des § 2 Abs. 2 Nr. 1 VersAusglG ausreichen, dass der Erwerb der Anrechte aufgrund einer Anweisung des Zuwendenden erfolgt ist, also erkennbar ein Zusammenhang zwischen Zuwendung der Mittel und Erwerb der Anrechte besteht (OLG Köln FamRZ 1984, 64, weitergehend hinsichtlich aller zugewendeter Mittel im Versorgungsausgleich; OLG Saarbrücken FamRZ 1982, 824). Folgt man dieser Ansicht, können die Zuwendungen eines Dritten allerdings nicht als privilegierter Erwerb i. S. d. § 1374 Abs. 2 BGB anerkannt werden, weil damit davon auszugehen ist, dass die Zuwendung nicht dem Vermögen des Zuwendungsempfängers (vermögensrechtlich) zugeflossen ist.

c) Leistungen mit Entschädigungscharakter oder zur Daseinsvorsorge

86 Nicht dem Versorgungsausgleich unterliegen Leistungen mit **Entschädigungscharakter,** auch soweit ihnen eine Lohnersatzfunktion zukommt, weil diese nicht mit Hilfe der Arbeit oder des Vermögens erworben wurden (s. a. oben Rdn. 82). Hierzu gehören Leistungen nach dem Bundesgesetz zur Entschädigung für Opfer der nationalsozialistischen Verfolgung (BEG) und dem Gesetz über die Versorgung der Opfer des Krieges (BVG). Die Ausgleichsrente nach § 32 BVG und der Berufsschadensausgleich nach § 30 Abs. 3, 4 BVG sollen die durch Kriegsbeschädigung verursachten Erwerbsminderungen ausgleichen und für den Einkommensausfall entschädigen. Die Grundrente nach § 31 BVG dient dem Ausgleich für wiederkehrende materielle und immaterielle Schäden als Folge der Beeinträchtigung der körperlichen Unversehrtheit (BGH FamRZ 1981, 239). Entschädigungscharakter haben ferner Leistungen nach dem Lastenausgleichsgesetz, Schadensersatz – und Schmerzensgeldrenten sowie die Renten aus der **gesetzlichen Unfallversicherung,** § 56 SGB VII i. V. m. §§ 93, 267, 311 SGB VI; (OLG Celle FamRZ 1989, 1099; s. Rdn. 762). Leistungen aus einer **privaten Unfallversicherung** zur Absicherung einer unfallbedingten Berufsunfähigkeit sind dagegen durch den Einsatz eigenen Vermögens erworben worden; sie unterliegen dann dem Versorgungsausgleich, wenn aufgrund in der Ehe entrichteter Beiträge in der Ehezeit eine unfallbedingte Berufsunfähigkeit eingetreten ist. Diese Leistungen haben in gleicher Weise Versorgungscharakter wie beispielsweise die Berufsunfähigkeitsrente der gesetzlichen Rentenversicherung. Ein auszugleichendes Anrecht kann aber erst dann angenommen werden, wenn der Versicherungsfall eingetreten ist, weil zuvor noch kein Deckungskapital gebildet wird und der Eintritt des Versicherungsfalls ungewiss ist. Insoweit gelten dieselben Grundsätze wie bei einer privaten Berufsunfähigkeitsversicherung (s. eingehend Rdn. 78 ff.).

87 Auch **Leistungen der Daseinsvorsorge** werden nicht durch Arbeit oder Vermögen i. S. d. § 2 Abs. 2 Nr. 1 VersAusglG erworben, sondern aufgrund anderer Zwecke gewährt; sie unterliegen deshalb ebenfalls nicht dem Versorgungsausgleich. Dies gilt für eine nach § 107 SGB VI wiederaufgelebte **Witwenrente**. Streitig ist die Zuordnung im Falle einer rein steuerfinanzierten Volksrente, die nicht aufgrund einer individuellen Beitragsleistung erbracht wird, sondern vom Bestehen eines Wohnsitzes in einem Land abhängig ist (sogenannte Einwohnerversicherung, OLG Bamberg FamRZ 1982, 62 – Schweden). Nach dem Prinzip des § 2 Abs. 2 Nr. 1 VersAusglG (§ 1587 Abs. 1 Satz 2 BGB a. F.) unterliegen solche Anrechte nicht dem Versorgungsausgleich. Dem folgt allerdings der BGH hinsichtlich der niederländischen Altersrente nach dem allgemeinen Altersgesetz nicht, die jeder Person ab dem 65. Lebensjahr zusteht, die in den Niederlanden gewohnt und / oder gearbeitet hat. Der BGH unterstellt solche Anrechte grundsätzlich dem Versorgungsausgleich, weil sie aufgrund einer Beitragspflicht erworben werden (FamRZ 2008, 770; FamRZ 2008, 2263; FamRZ 2009, 677; zweifelnd *Dörr/Hansen* NJW 2000, 3140, 3143; eingehend *Borth* FamRZ 2003, 889). Ferner erfüllt der einem Beamten nach § 77 BDO gewährte **Unterhaltsbeitrag** nicht die Voraussetzungen zu seiner Einbeziehung in den Versorgungsausgleich (gem. § 2 Abs. 2 Nr. 1 VersAusglG), weil dieser seiner Rechtsnatur nach nicht als Belohnung für geleistete Dienste anzusehen ist, sondern als reine Fürsorgeunterstützung gewährt wird (Rdn. 31, 32, 207). Kann der ehemalige Beamte seinen (notwendigen) Lebensunterhalt mit anderen Mitteln decken, scheidet ein solcher Unterhaltsbeitrag von vornherein aus. Ferner besteht kein durchsetzbarer Rechtsanspruch auf diese Leistung, so dass diesem insgesamt der Charakter eines (geminderten) Ruhegehalts fehlt. Entsprechend unterliegt ein solcher Unterhaltsbeitrag auch nicht dem Versorgungsausgleich (BGH FamRZ 1997, 158). Gleiches gilt bei einem im Gnadenweg gewährten Unterhaltsbeitrag. Die in der gesetzlichen Rentenversicherung gewährten **beitragsfreien Zeiten** (Ersatzzeiten für Kriegsdienst und Gefangenschaft, §§ 250, 251 SGB VI; Anrechnungszeiten, Zurechnungszeiten), die ihrem Wesen nach ebenfalls einen Entschädigungscharakter aufweisen, sind dagegen im Versorgungsausgleich zu erfassen, da diese unter dem Gesichtspunkt gewährt werden, dass der Versicherte in diesen Zeiten bei einer möglichen beruflichen Tätigkeit auch Beiträge abgeführt hätte.

Nicht eindeutig ist die Zuordnung der **Knappschaftsausgleichsleistungen** gem. §§ 33 Abs. 5, 239 Abs. 1 SGB VI, die eine Leistung eigener Art ist und als Ausgleich für Betroffene erbracht wird, die aufgrund von Strukturveränderungen ihren Arbeitsplatz verlieren. Sie wird zwar auf der Grundlage von Entgeltpunkten berechnet, ist aber keine Rentenleistung aufgrund erbrachter Beiträge, sondern soll Fachkräfte des Bergbaus nicht zu einem Wechsel veranlassen. Sie unterliegen deshalb nicht § 2 Abs. 1, 2 VersAusglG (s. a. *Wick* Rn. 40; Staudinger / *Rehme* BGB § 1587 Rdn. 19; a. A. Amtsgericht Essen FamRZ 2007, 292).   88

8. Anrechte, die in der Ehezeit geschaffen oder aufrechterhalten worden sind

a) Grundsatz

Entsprechend dem Prinzip des Zugewinnausgleichs werden nur solche Anrechte ausgeglichen, die auf einer gemeinsamen Lebensleistung beruhen. Die durch die Ehe begründete Versorgungsgemeinschaft besteht damit nur während der Ehezeit, so dass nur Versorgungsanrechte vom Versorgungsausgleich erfasst werden, wenn und soweit sie in der Ehezeit erworben oder aufrechterhalten worden sind, § 2 Abs. 2 Nr. 1 VersAusglG (s. hierzu auch BGHZ 74, 38, 47 = FamRZ 1979, 477, 479 = NJW 1979, 1289, 1291 zu § 1587 Abs. 1 Satz 1 BGB a. F.). Außerhalb der Ehezeit erworbene Versorgungsanrechte unterliegen deshalb nicht dem Versorgungsausgleich. Diese Entscheidung gilt nicht nur für den Erwerb einer Versorgung dem   89

1. Kapitel Grundlagen und Konzeption des Versorgungsausgleichs

Grunde nach, wenn etwa erst nach Ehezeitende (§ 3 Abs. 1 VersAusglG) ein Anrecht erworben wird (s. Rdn. 91), sondern auch für Zuwächse zu einer bei Ehezeitende bereits vorhandenen Anwartschaft oder Aussicht auf eine Versorgung wie etwa das Erreichen der nächsten Dienstaltersstufe der Beamtenversorgung oder eine entsprechende tarifvertragliche Regelung im Arbeiter- oder Angestelltenbereich, die Beförderung in eine höhere Besoldungsgruppe oder vergleichbare tarifliche Gehaltsanhebung, der Erwerb weiterer Versorgungsteile oder durch einen Laufbahnwechsel ausgelöste Anhebungen (**Karrieresprung**; OLG Bremen FamRZ 2004, 31; OLG München FamRZ 2007, 1897- Beförderung vom Abteilungsleiter zum Hauptabteilungsleiter). Diese Steigerungen sind zu trennen von einer nachträglichen Veränderung der Bemessungsgrundlage einer Versorgung, die sich auf den Ehezeitanteil auswirkt und die deshalb dem Versorgungsausgleich unterliegt (s. hierzu § 5 Abs. 2 Satz 2 VersAusglG; eingehend Rdn. 126).

b) Eheschließung nach Beginn der Versorgungsleistung, Rentenanpassungen

90 An einem ehezeitlichen Erwerb fehlt es, wenn ein Ehegatte erst nach **Eintritt des Versicherungsfalles,** also nach erstmaligem Versorgungsbezug eine Ehe eingeht (s. hierzu eingehend Rdn. 42 – dort auch zu dem Sonderfall bei Zurechnungszeiten in der gesetzlichen Rentenversicherung und der Beamtenversorgung). Gleiches gilt bei der Erhöhung einer laufenden Versorgung nach den regelmäßigen Rentenanpassungsgesetzen oder nach der Anpassung der Versorgungsbezüge eines Pensionärs an die Einkommensentwicklung der aktiven Beamten.

c) Begründung einer Anwartschaft

91 Die auszugleichende Versorgung muss in der Ehezeit geschaffen worden sein. Dieses Tatbestandselement ist gegeben, wenn das Anrecht in der Ehezeit entstanden oder in der Höhe nach ausgebaut worden ist. Aufgrund des Stichtagsprinzips (nach § 3 Abs. 1 VersAusglG) ist im Zweifelsfall der konkrete Anlass festzustellen, aus dem sich ein ehezeitbezogenes Anrecht ergibt. Das ist z. B. nicht mehr der Fall, wenn ein Beamter nach Ehezeitende in eine höhere Dienstaltersstufe oder Besoldungsgruppe eingewiesen wird, entsprechendes gilt für die Höherstufung eines Angestellten nach den jeweiligen Tarifvereinbarungen. Ferner ist ein solcher Fall gegeben, wenn ein Beamtenverhältnis erst nach Ende der Ehezeit begründet wurde, die zur Berechnung der Höhe der Versorgung maßgebliche Dienstzeit jedoch aufgrund der Anrechnung eines vorangegangenen privatrechtlichen Arbeitsverhältnisses nach § 10 BeamtVG in der Ehezeit liegt. Denn die Beamtenversorgung entstand erst mit der Begründung des Beamtenverhältnisses, also außerhalb der Ehezeit (BGH FamRZ 1984, 569).

d) Aufrechterhaltung einer Versorgung

92 Wird eine Versorgung in ihrem Bestand lediglich aufrechterhalten, unterliegt diese ebenfalls dem Versorgungsausgleich. Ein Aufrechterhalten i. S. d. Vorschrift liegt vor, wenn die Bedingungen für die (zukünftige) Versorgung auch während der Ehe erfüllt worden sind (BT-Drucks. 7/650 S. 155). Typisches Beispiel hierfür ist die Beamtenversorgung; Hat ein Beamter bei Eheschließung aufgrund einer 40jährigen Dienstzeit (nach früherem Recht nach einer Dienstzeit von 35 Jahren) den höchsten Ruhegehaltsatz von 71,75% (stufenweise Absenkung von 2003 bis 2009 von 75%) erreicht, wächst diese Versorgung auch dann nicht mehr an, wenn er weiterhin im Dienst bleibt. Die Versorgung ist vielmehr erst mit dem (endgültigen) Eintritt in den Ruhestand erworben, so dass der andere Ehegatte an dieser Ver-

IV. Anrechte, die dem Versorgungsausgleich unterliegen

sorgung (durch die in § 44 Abs. 1 VersAusglG i. V. m. § 40 Abs. 2 VersAusglG vorgegebene lineare Berechnung) zeitratierlich beteiligt wird (eingehend Rdn. 235). Die Fortführung der Dienstzeit bis zum Ruhestand bedeutet versorgungsrechtlich ein Aufrechterhalten der Versorgung, weil bei vorzeitigem Ausscheiden aus dem öffentlichen Dienst die Beamtenversorgung entfallen und eine Nachversicherung in der gesetzlichen Rentenversicherung durchgeführt würde. Hieraus wird insbesondere der während der Ehe bis zur Zurruhesetzung bestehende Grundsatz der Versorgungsgemeinschaft der Ehegatten deutlich. Entsprechendes gilt für eine Versorgung, deren Höchstsatz von einer (zeitlich begrenzten) Dienstzeit abhängig ist, nicht dagegen – anders als nach dem bis zum 31.08.2009 geltenden Recht nicht für eine betriebliche Altersversorgung (§ 1587a Abs. 2 Nr. 3 BGB a. F.), für die nach § 45 Abs. 1, 2 VersAusglG der Ehezeitanteil nach den Grundsätzen der unmittelbaren Bewertung erfolgt (eingehend hierzu Rdn. 156 ff.).

e) Zuordnung von gesetzlich geschuldeter und freiwilliger Beiträge zur Ehezeit

aa) Gesetzliche Neuordnung der Zuordnung von Beiträgen zur Ehezeit

Die Regelung des § 3 Abs. 2 VersAusglG bestimmt, dass in den Versorgungsausgleich alle Anrechte einzubeziehen sind, die in der Ehezeit erworben wurden. Der Gesetzgeber nimmt mit dieser Regelung die Rechtsprechung des BGH in Bezug auf die Zuordnung von Beitragsleistungen im Bereich der gesetzlichen Rentenversicherung nach dem bis zum 31.08.2009 geltenden Recht auf. Werden oder wurden die Entrichtungs- oder Nachzahlungsbeiträge während der Ehe für Zeiten erbracht, die **in der Ehezeit** liegen, ist ihre Berücksichtigung im Versorgungsausgleich wegen des ehezeitbezogenen Erwerbs eindeutig. Kontrovers war dagegen, ob auch solche Anrechte ausgleichspflichtig sind, die in der Ehe für voreheliche Zeiten **(In-Prinzip)** oder nach der Ehe für Zeiten in der Ehe begründet wurden **(Für-Prinzip)**. Hierbei ist zu beachten, dass regelmäßig aus dem Versicherungsverlauf zur gesetzlichen Rentenversicherung nicht entnommen werden kann, zu welchem Zeitpunkt die laufenden Beiträge geleistet werden, so dass es insoweit einer Klärung des Zahlungszeitpunktes aufgrund von Zahlungsnachweisen bedarf. Der BGH hat das In-Prinzip für maßgebend gehalten (BGHZ 81, 196 = FamRZ 1981, 1169 = NJW 1982, 102; FamRZ 1983, 683, 684; FamRZ 1985, 687 = NJW 1985, 2024 für freiwillige Beiträge).

93

Die Regelung des § 3 Abs. 2 VersAusglG beinhaltet den Grundsatz, dass für die Zuordnung eines Anrechts zur Ehezeit der Zeitpunkt seines Erwerbs maßgeblich ist. Dieser richtet sich nach den Bestimmungen des jeweiligen Versorgungssystems. Ziel der Vorschrift ist es, einen Gleichlauf zwischen versorgungsrechtlichen Regelungen und den Maßgaben des Versorgungsausgleichs herbeizuführen. Soweit in der Ehezeit die Beiträge für den Erwerb des in der Ehezeit liegenden Anrechts auch in der Ehezeit entrichtet wurden, kann eine Zuordnung zur Ehezeit problemlos vorgenommen werden. Schwieriger gestaltet sich die Rechtslage, wenn die Zeiträume nicht deckungsgleich sind, so z. B., wenn in der Ehezeit für voreheliche Versicherungszeiten Anrechte durch eine Nachentrichtung erworben wurden.

Hierbei ist zu unterscheiden:
- In der **gesetzlichen Rentenversicherung** ist die Zuordnung bei **Pflichtbeiträgen eines Arbeitnehmers** unproblematisch, weil die Beiträge aus dem Entgelt geleistet werden. Maßgebend ist deshalb der Zeitpunkt der erbrachten Arbeitsleistung. Endet die Ehezeit am 31.12. eines Jahres, führt der Arbeitgeber aber erst im ersten Quartal des folgenden Jahres die gesetzlich geschuldeten Beiträge

94

ab, so ist für den Erwerb des bis zum 31.12. erlangten Bestandteils des Anrechts die Erbringung der Arbeitsleistung maßgebend, dagegen nicht, zu welchem Zeitpunkt der Arbeitgeber die Beiträge tatsächlich abgeführt hat, weil diesem ein rechtlich durchsetzbarer Anspruch auf Erbringung der Beiträge zur gesetzlichen Rentenversicherung zusteht.

– Diese Grundsätze gelten aber nicht, wenn ein Ehegatte **freiwillige Beiträge zur gesetzlichen Rentenversicherung** abführt oder ein Selbständiger bzw. freiberuflich Tätiger der Antragspflichtversicherung unterliegt § 4 Abs. 2 SGB VI). Danach sind nur solche Anrechte auszugleichen, die durch die Beitragszahlung während der Ehezeit erworben wurden, unabhängig davon, ob mit dieser Nachzahlung eheliche oder voreheliche Zeiten aufgefüllt wurden (BGH FamRZ 1985, 687 = NJW 1985, 2024 für freiwillige Beiträge). Damit hat sich der BGH streng an dem Grundsatz des ehezeitbezogenen Erwerbs aufgrund einer gemeinsamen Lebensleistung orientiert und folgerichtig wegen der unterschiedlichen Stichtagsregelung von Zugewinnausgleich (§ 1384 BGB – Rechtshängigkeit des Scheidungsantrages) und Versorgungsausgleich (§ 3 Abs. 1 VersAusglG – der dem Zeitpunkt der Rechtshängigkeit vorangehende monatsletzte Tag) – unter Aufgabe des strikten Stichtagsprinzips – auch solche Anrechte einbezogen, die zwischen beiden Stichtagen durch die Nachzahlung(-entrichtung) erworben wurden, weil ansonsten der andere Ehegatte weder im Zugewinnausgleich noch im Versorgungsausgleich an diesen in der Ehe erworbenen Vermögenspositionen teilnehmen würde (FamRZ 1985, 687 = NJW 1985, 2024). Erfolgt dagegen die Nachzahlung erst nach Ehezeitende, fallen die hieraus erworbenen Anrechte nicht in den Versorgungsausgleich; dies gilt auch dann, wenn der maßgebliche Antrag noch in der Ehezeit gestellt und bewilligt worden war.

– Unproblematisch ist die **Zuordnung in der Beamtenversorgung**, da für den Erwerb eines Anrechts die ruhegehaltsfähige Dienstzeit maßgeblich ist. Soweit diese in die Ehezeit fällt, was durch die beamtenrechtliche Festsetzung des Dienstzeitbeginns und -endes festgestellt werden kann, liegt ein ehezeitbezogener Erwerb vor.

– Im Bereich der **berufsständischen Versorgung** ist die Sachlage mit den Verhältnissen in der gesetzlichen Rentenversicherung vergleichbar. Soweit Pflichtbeiträge abzuführen sind, entsteht die Beitragspflicht durch die geleistete Erwerbstätigkeit, so dass entscheidend ist, ob die Arbeitsleistung in der Ehezeit erbracht wurde. Werden freiwillige Beiträge erbracht, ist der Zeitpunkt der Leistung für die Zuordnung zur Ehezeit maßgebend (s. BT-Drucks. 16/10144 S. 48).

– Im Bereich der **betrieblichen Altersversorgung** gilt ebenfalls der Grundsatz, dass für die Zuordnung eines Bestandteils des Anrechts maßgeblich ist, ob die hierfür erforderliche Arbeitsleistung in der Ehezeit erbracht wurde. Dies gilt unabhängig davon, ob sich die Höhe des Anrechts nach der zeitlichen Dauer der Zugehörigkeit zu einem Betrieb oder nach der Höhe geleisteter Beiträge (in Höhe eines Prozentsatzes des erzielten Arbeitsentgelts). Hiervon zu unterscheiden sind Zeitwertkonten. Soweit diese in der Ehezeit erwirtschaftet wurden, gelten diese der Finanzierung einer Freistellung vor dem Ruhestand; sie sind deshalb nicht dem Versorgungsausgleich zuzuordnen, soweit die Freistellung nicht in die Ehezeit fällt (BT-Drucks. 16/10144 S. 58). Ebenso wenig werden die wegen Bildung des Zeitwertguthabens noch nicht fällig gewordenen Sozialversicherungsbeiträge der Ehezeit zugeordnet, wenn die Freistellung vor Ehezeitende noch nicht begonnen hat. Diese werden erst in der Freistellungsphase fällig und führen erst in dieser zu einem Anrecht der gesetzlichen Rentenversicherung.

IV. Anrechte, die dem Versorgungsausgleich unterliegen

– In der **privaten Rentenversicherung** ist die Zuordnung des ehezeitbezogenen Anrechts vom Zeitpunkt der Beitragszahlung abhängig, weil diese durch die Zahlung der Beiträge des Versicherungsnehmers entsteht (zur entsprechenden Situation bei einer Kapitallebensversicherung mit einer Rentenoption s. BGHZ 88, 387, 389 = FamRZ 1984, 156 = NJW 1984, 299).

bb) Nachzahlungsfälle zur gesetzlichen Rentenversicherung

Nachzahlungsmöglichkeiten bestehen nach §§ 204–209 SGB VI (vor allem für Ausbildungszentren nach § 207 SGB VI), §§ 282–285 SGB VI (Nachzahlung bei Heiratserstattung und Heiratsabfindung früherer Beamtinnen) sowie nach § 284a SGB VI in den neuen Bundesländern für Elternteile, die am 18. 05. 1990 ihren gewöhnlichen Aufenthalt dort hatten und denen eine Kindererziehungszeit anzurechnen ist, für so viele Monate, wie zur Erfüllung der Wartezeit noch erforderlich sind (für Zeiten nach dem 31. 12. 1986). Ferner konnten in der Vergangenheit aufgrund von Übergangsregelungen auch frühere Fehlzeiten eines Versicherungsverlaufes der gesetzlichen Rentenversicherung mit Beiträgen nachträglich aufgefüllt werden (zu weiteren Altfällen s. 3. Auflage Rn. 65). Auch Rentenanrechte, die in der neuen Ehe durch Entrichtung von **Wiederauffüllbeiträgen** gem. § 187 Abs. 1 Nr. 1 SGB VI für Zeiten einer früheren Ehe erworben worden sind, unterliegen dem bei Scheidung der neuen Ehe durchzuführenden Versorgungsausgleich (BGH FamRZ 2007, 1719 m. Anm. *Borth*; dort auch zum Fall der Rückführung des Anrechts im Härtefall nach § 4 VAHRG a. F.). Dabei ist auch zu berücksichtigen, dass diese Beiträge zu einer Minderung des Zugewinns in der neuen Ehe führen (s. OLG Köln FamRZ 2001, 157). 95

cc) Sonderfälle

Rentenanwartschaften unterliegen dann nicht dem Versorgungsausgleich, die auf einer **freiwilligen Nachzahlung** zwischen dem Beginn des **Eheschließungsmonats** und dem Zeitpunkt der **Eheschließung** beruhen. Insoweit besteht – anders als bei einer Nachzahlung freiwilliger Beiträge für vorehelice Zeiten – keine den Versorgungsausgleich rechtfertigende Versorgungsgemeinschaft, weil diese erst ab Eheschließung eintritt (BGH FamRZ 1993, 292 ff.). Die in § 3 Abs. 1 VersAusglG enthaltene Bestimmung zum Beginn der Ehezeit zum Monatsersten bedeutet keine Vorverlegung der ehelichen Lebensgemeinschaft, sondern dient lediglich der Vereinfachung der Berechnung, um bei **laufenden Beitragsleistungen zur gesetzlichen Rentenversicherung** nicht in kleineren Zeiteinheiten rechnen zu müssen. Angesichts des engen zeitlichen Bezugs zur Eheschließung und der geringen Beitragsleistung hält der BGH bezüglich der Beiträge zur gesetzlichen Rentenversicherung eine Vorverlegung in verfassungsrechtlicher Hinsicht für unbedenklich. Anders beurteilt dies der BGH bei **Sonderzahlungen,** bei denen nach BGH (FamRZ 1993, 292 ff.) das strenge Stichtagsprinzip gilt. Maßgebend ist damit bei Nachzahlungen, ob durch die Zahlung Rentenanwartschaften vor oder nach Eheschließung begründet worden sind, so dass konkret der Zahlungseingang beim Rentenversicherungsträger ermittelt werden muss. 96

Kommt es im Versorgungsausgleich darauf an, ob eine durch **freiwillige Nachzahlung(-entrichtung)** eines Beitrags erworbene Anwartschaft der gesetzlichen Rentenversicherung vor oder nach der Eheschließung begründet worden ist, findet die Vermutung des § 6 Satz 1 Nr. 3 der Rentenversicherungs-Beitragsentrichtungsverordnung keine Anwendung. Maßgeblich ist der Zeitpunkt der tatsächlichen Entrichtung des Beitrags, der bei unbarer Zahlung nicht vor dem Zeitpunkt der Be- 97 lastung des Bankkontos des Versicherten liegt (BGH FamRZ 1996, 1538). Die in der Verordnung getroffene Regelung beinhaltet lediglich zugunsten des Versicherten die Vermutung, dass ein durch Einzelüberweisung gezahlter Betrag als am fünften Tag vor dem Tag als entrichtet gilt, an dem die Wertstellung auf das Konto des Rentenversicherungsträgers erfolgt ist. Diese Vermutung gilt im Versorgungsausgleich jedoch nicht.

Das In-Prinzip gilt auch für die freiwillige Nachzahlung von **Beiträgen** nach einer **Heiratserstattung** gem. § 282 SGB VI (§ 83 AVG a. F.), mit der Folge, dass Anrechte, die auf einer in der Ehezeit erbrachten Nachzahlung beruhen, auch für diejenigen Zeiten im Versorgungsausgleich zu berücksichtigen sind, die als Zahlung für voreheliche Zeiten entrichtet wurden (BGH FamRZ 1997, 414; OLG Nürnberg FamRZ 1996, 1550 = NJW 1997, 132; OLG Köln FamRZ 1996, 1549). Denn mit der Erstattung der Beiträge ist das bestehende Versicherungsverhältnis erloschen, so dass hinsichtlich der nicht ausgezahlten Arbeitgeberbeiträge keine »ruhenden« Rentenanwartschaften bestehen (die durch die Nachzahlung wieder aufgelebt wären).

98 Das In-Prinzip ist ferner anzuwenden, wenn die in der Ehe nachgezahlten Beiträge aus vorehelichem Vermögen stammen und der Zeitpunkt der Nachzahlung erst nach vereinbarter Gütertrennung (§ 1414 Satz 1 BGB) lag. Denn der Versorgungsausgleich ist unabhängig vom Güterstand durchzuführen (§ 2 Abs. 4 VersAusglG); ferner kommt es auf die Herkunft des Vermögens nicht an (Rdn. 83; KG FamRZ 1996, 1552 – auch hinsichtlich sog. Altehen). Stammen die Nachzahlungsbeträge dagegen aus einem Vermögen, das bereits güter- oder vermögensrechtlich auseinandergesetzt ist, ist ein ehezeitbezogener Erwerb zu verneinen (BGH FamRZ 1992, 790 = NJW 1992, 1888 f., OLG Köln FamRZ 1996, 1549; *Borth* FamRZ 1996, 641 f.; Rdn. 24, 83). Eine **Ausnahme** von dem Grundsatz, dass die Zahlung freiwilliger Beiträge nach Rechtshängigkeit des Scheidungsantrags nicht berücksichtigt wird, ergibt sich, wenn der Ausgleichspflichtige auf das Rentenkonto des ausgleichsberechtigten Ehegatten solche Beiträge zahlt. In diesem Fall ist eine Herabsetzung des Ausgleichsanspruchs zu prüfen (BGH FamRZ 1987, 364, 365; NJW-RR 1987, 322; FamRZ 1996, 1538, 1539).

9. Nichtberücksichtigung familienbezogener Bestandteile einer Versorgung

99 Dem Versorgungsausgleich unterliegen grundsätzlich sämtliche Bestandteile einer Versorgung, insbesondere Stellen- und Leistungszusagen, soweit sie (bei Beamten) ruhegehaltsfähig sind (BGH FamRZ 1982, 1002 = NJW 1982, 2377; FamRZ 1986, 975). Das Gesetz sieht von dem allgemeinen Grundsatz der Einbeziehung sämtlicher Bestandteile in § 40 Abs. 5 VersAusglG (§ 1587a Abs. 8 BGB a. F.) eine Ausnahme vor. Zweck dieser Regelung ist es, solche Bestandteile einer Versorgung nicht in den Versorgungsausgleich einzubeziehen, die einem Ehegatten nur für eine bestimmte Dauer gewährt werden. Dies gilt vor allem für den **Familienzuschlag** eines Beamten sowie für höhere Leistungen der landwirtschaftlichen Altershilfe nach § 4 Abs. 1 GAL. Sonstige Einkommensteile wie **Urlaubsgeld** fallen nicht unter diese Bestimmung; sie unterliegen auch nicht dem Versorgungsausgleich, weil sie nur während der aktiven Zeit der Berufstätigkeit gewährt werden und nicht (Bemessungs-)Grundlage einer Versorgung sind. Im Bereich der gesetzlichen Rentenversicherung gehört ein gezahltes Urlaubsgeld jedoch zum sozialversicherungspflichtigen Einkommen und wirkt sich auf die Höhe der zu zahlenden Beiträge zur gesetzlichen Rentenversicherung und damit mittelbar auch auf die Höhe der erworbenen Anrechte aus (s. a. Rdn. 174, 208, 211).

IV. Anrechte, die dem Versorgungsausgleich unterliegen

10. Sonstige Versorgungsbestandteile

Soweit bei bestimmten Berufsgruppen (leistungserhöhende) Zuschläge gewährt werden, die sich auf die Höhe der Versorgung auswirken, sind diese auch im Versorgungsausgleich zu berücksichtigen. In der Beamtenversorgung gilt diese für die allgemeine (ruhegehaltsfähige) Stellenzulage, die aber nach dem Dienstrechtsreformgesetz vom 24. 02. 1997 (BGBl I 322) in das Grundgehalt integriert wurde (eingehend Rdn. 212), ferner für die **Stellenzulage** für das fliegende Personal der Bundeswehr (BGH FamRZ 1982, 1003, 1986, 975). Auch sonstige leistungsbezogene Zulagen sind im Versorgungsausgleich zu berücksichtigen, wenn sie bei der Bemessung der Versorgung zu berücksichtigen sind (OLG Hamm FamRZ 1980, 898 – Untertagezuschlag im Bergbau). Zeitbezogene Versorgungsbestandteile (Anrechnungszeiten für Krankheit, Arbeitslosigkeit, Schwangerschaft, Schulausbildung u. ä., Ersatzzeiten, Zurechnungszeiten der gesetzlichen Rentenversicherung) sind selbständige Berechnungsfaktoren, die rentenerhöhend wirken und damit ebenfalls dem Versorgungsausgleich unterliegen. Entsprechendes gilt für Dienstzeiten der Beamtenversorgung (§§ 8 bis 10 BeamtVG), Militärdienst, Zeiten einer früheren Berufstätigkeit; §§ 11, 12 BeamtVG (Ausbildungszeiten).

100

11. Wertlose und nicht feststellbare Anrechte

Hinsichtlich **nicht realisierbarer und damit wirtschaftlich wertloser Anrechte** ist aufgrund der Aufgabe der Verrechnung aller Anrechte nach dem Zugewinnausgleichsprinzip und der Einführung des Hin- und Her-Ausgleichs eine Änderung der verfahrensmäßigen Behandlung eingetreten (zu dem bisherigen Rechtszustand s. Vorauflage Rn. 72). Besteht nur hinsichtlich eines Anrechts keine Klarheit zu dessen Realisierungsmöglichkeit, können die anderen Anrechte dennoch ausgeglichen werden. Im Einzelfall ist jedoch zu prüfen, ob der in § 19 Abs. 3 VersAusglG enthaltene Rechtsgedanke analog anzuwenden ist, wonach es unbillig sein kann, hinsichtlich dieses Anrechts einen Wertausgleich bei der Scheidung gem. den §§ 9 ff. VersAusglG vorzunehmen, wenn gleichzeitig vollständig ungewiss ist, ob das wirtschaftlich wertlose Anrecht je realisiert werden kann. Dies kann im Einzelfall zu einer Reduzierung des Ausgleichs, aber auch einer vollständigen Versagung führen, je nachdem, ob der Umfang des wirtschaftlich wertlosen Anrechts abgeschätzt werden kann.

101

Der BGH ging zur Rechtslage bis zum 31. 08. 2009 (zutreffend) davon aus, dass solche Anrechte (im Versorgungsausgleich bei der Scheidung) mit Null zu bewerten sind. Eine Verweisung auf den schuldrechtlichen Versorgungsausgleich nahm der BGH nicht vor (FamRZ 2003, 1737; s. a. OLG Zweibrücken FamRZ 2003, 752; OLG Oldenburg FamRZ 2003, 1752); im Falle einer späteren unerwarteten Realisierung verwies er zutreffend auf das Abänderungsverfahren nach § 10a VAHRG a. F. Dieser Weg ist nach dem Wortlaut sowie Sinn und Zweck des § 225 Abs. 2 FamFG verschlossen, weil eine rechtliche oder tatsächliche Veränderung des Anrechts nicht eingetreten, sondern (nur) dessen Realisierbarkeit ungewiss ist. Ist das Anrecht der Höhe nach bekannt, kann in diesem Fall dennoch eine (interne) Teilung vorgenommen werden. Der Ausgleichsberechtigte teilt jedoch das Risikos, ob das Anrecht im Leistungsfall realisierbar ist, mit dem Ausgleichspflichtigen. In diesen Fällen wird im Übrigen eine externe Teilung nicht in Betracht kommen, weil im Falle einer Ungewissheit der Realisierung die nach § 222 Abs. 3 FamFG festzusetzende Kapitalleistung nicht erbracht werden kann. Insoweit liegt eine **fehlende Teilungsreife** i. S. d. § 19 Abs. 1, 2 VersAusglG vor. Liegt eine Regelversorgung i. S. d. § 32 VersAusglG vor, ist in einem solchen Fall dennoch das Abänderungsverfahren zu-

102

zulassen (eingehend Rdn. 1075), falls sich nach Eheziende eine Realisierbarkeit ergibt. Soweit **einzelne Versicherungszeiten** eines Anrechts – trotz korrekter Anwendung des Amtsermittlungsgrundsatzes gem. § 26 FamFG – im Wertausgleich bei der Scheidung nach den §§ 9–19 VersAusglG nicht ermittelt werden können, diese zu einem späteren Zeitpunkt jedoch geklärt werden, liegt zwar keine tatsächliche Veränderung des Anrechts nach dem Ende der Ehezeit i. S. d. § 225 Abs. 2 FamFG vor. In analoger Anwendung des § 225 Abs. 2 FamFG zugrunde liegenden Rechtsgedankens ist der Begriff der tatsächlichen Veränderung auf auch diese Sachlage anzuwenden und der nachträglich bekannt gewordene höhere Wert des Anrechts im Abänderungsverfahren nach den §§ 225, 226 FamFG zu erfassen. Dies folgt auch dem verfassungsrechtlich gewährleisteten Gebot der hälftigen Teilhabe an den in der Ehezeit erworbenen Anrechten (Art. 3 Abs. 2 und Art. 6 Abs. 1 GG); das BVerfG hat vom Gesetzgeber verlangt, eine Korrektur der Entscheidung zum Versorgungsausgleich zu ermöglichen, wenn sich nachträglich ergibt, dass ein Anrecht in der Erst- oder einer späteren Abänderungsentscheidung nur teilweise ausgeglichen wurde, weil dessen Bestand erst später bekannt wurde oder dieses erst zu einem späteren Zeitpunkt in voller Höhe entstanden ist (BVerfGE 87, 348 = FamRZ 1993, 161 = NJW 1993, 1057). Hierbei hebt das BVerfG zutreffend hervor, dass es sich regelmäßig bei dem Wertausgleich bei der Scheidung um eine noch nicht endgültig entstandene Anwartschaft handelt, deren endgültiger Bestand erst im Versorgungsfall feststeht (ähnlich BT-Drucks. 16/10144 S. 97; eingehend Rdn. 1075, ferner Rdn. 297, 335).

103 Ausländische Anrechte, deren Realisierung ungewiss ist (deren Bestand aber bekannt ist), sind im Falle des Ausgleichs bei der Scheidung nach § 19 Abs. 2 Nr. 4 VersAusglG nicht teilungsreif und werden auf die Ansprüche nach der Scheidung gem. den §§ 20–26 VersAusglG verwiesen. Liegen die Voraussetzungen des Ausgleichs nach der Scheidung gem. den §§ 20–26 VersAusglG vor, ist der Ausgleichspflichtige unmittelbar in Anspruch zu nehmen. Von diesem kann nach § 4 Abs. 1 VersAusglG eine Auskunftsverpflichtung durch eine gerichtliche Entscheidung festgestellt und nach § 95 Abs. 1 Nr. 3 FamFG erzwungen werden.

104 Ist ein (ausländisches) Versorgungsanrecht, das dem Versorgungsausgleich unterliegt, im Verlauf des **Verfahrens nicht aufklärbar**, so gilt das zuvor Gesagte. Da eine Saldierung aller Anrechte nicht (mehr) erfolgt, kann hinsichtlich dieses Anrechts auf eine Klärung verzichtet werden, weil nach § 19 Abs. 2 Nr. 4 VersAusglG dessen Teilungsreife unabhängig von der Frage dessen Umfangs vorliegt. Auch insoweit kann im Leistungsfall der Ausgleichsberechtigte den ihm zustehenden Anspruch geltend machen. Dennoch hat das Familiengericht im Wertausgleich bei der Scheidung gem. § 224 Abs. 4 FamFG darauf hinzuweisen, dass ein noch nicht ausgeglichenes Anrecht besteht. Auch insoweit scheidet ein Abänderungsverfahren nach § 225 FamFG aus (zum früheren Rechtszustand s. BGH FamRZ 2003, 1737).

V. Begriff und Bedeutung der Ehezeit

1. Grundlagen

105 Grundsätzlich sind nur Anrechte auszugleichen, soweit diese in der Ehezeit erworben oder aufrechterhalten worden sind. Wie beim Zugewinn beruht diese Einschränkung auf der Annahme, dass die von dem Ehegatten in der Ehe erworbenen Vermögenspositionen als gemeinschaftliche Lebensleistung anzusehen und deshalb bei Auflösung der Ehe aufzuteilen sind. Nach § 3 Abs. 1 VersAusglG gilt als Ehezeit die Zeit vom Beginn des Monats, in dem die Ehe geschlossen wurde, bis zum letzten Tag des Monats, der der Zustellung des Scheidungsantrages (§ 113 Abs. 1, 5 FamFG i. V. m. §§ 261 Abs. 1, 253 Abs. 1 ZPO) vorausgeht (BGH FamRZ 2004, 1364, 1365). Bei mehreren Anträgen ist der älteste, noch rechtshängige Antrag maßgebend. Die Vorverlagerung vom Eintritt der Rechtskraft des Scheidungsbeschlusses (§ 116 Abs. 2 FamFG; § 1564 Satz 2 BGB) auf den Stichtag des § 3 Abs. 1 VersAusglG beruht auf der Einführung des Verbundverfahrens nach § 137 Abs. 1, 2 Nr. 1 FamFG (§ 623 Abs. 1 ZPO), mit dem der Grundsatz der Entscheidungskonzentration erreicht werden soll (BT-Drucks. 7/650 S. 156). Hieraus folgt, dass versorgungsausgleichsrechtlich mit Zustellung des Scheidungsantrages die in der Ehezeit erworbenen Anrechte auf eine Versorgung nicht mehr dem Wertausgleich nach § 1 Abs. 1 VersAusglG unterliegen, obwohl die Wirkungen der Ehescheidung erst mit Rechtskraft des Scheidungsausspruches eintreten. Ferner folgt aus § 3 Abs. 1 VersAusglG, dass auch Anrechte dem Versorgungsausgleich unterliegen, soweit sie **während der Zeit des Getrenntlebens** erworben wurden. Dies gilt auch für Ehen, die vor dem Inkrafttreten des 1. EheRG geschlossen werden. Anders als beim Zugewinn werden aus berechnungstechnischen Gründen (vor allem wegen der Anpassung an die gesetzliche Rentenversicherung) jeweils ein voller Monat als Beginn bzw. Ende der Ehezeit gewählt. Die bis zum 31.08.2009 geltende Bewertungsbestimmung des § 1587a Abs. 2 BGB a. F. stellte dem Wortlaut nach jeweils auf die Rechtshängigkeit ab; dennoch galt für die Bewertung der in § 1587 Abs. 2 BGB a. F. festgelegte Stichtag (BGHZ 82, 66, 70 = FamRZ 1982, 36, 39 – Redaktionsversehen des Gesetzgebers).

2. Einzelheiten der Bestimmung des Ehezeitendes

Nach § 113 Abs. 1, 5 FamFG i. V. m. 261 Abs. 1, 253 Abs. 1 ZPO wird der Scheidungsantrag mit Zustellung der Antragsschrift an den Gegner rechtshängig (§ 124 FamFG regelt lediglich die Einreichung des Scheidungsantrags, der hierdurch anhängig wird; mit der Zustellung nach den Bestimmungen der ZPO wird der Antrag rechtshängig). Wird eine nicht oder nicht formgerecht bewirkte Zustellung nach § 187 Abs. 1 ZPO als in dem Zeitpunkt bewirkt angesehen, in dem der Scheidungsantrag tatsächlich zugegangen ist, so bestimmt dieser Zeitpunkt das Ende der Ehezeit. Im Übrigen kann ein Mangel in der Zustellung durch rügelose Einlassung nach § 295 ZPO mit Wirkung ex nunc geheilt werden (BGH FamRZ 1984, 368 = NJW 1984, 926). Da die Bestimmung des Endes der Ehezeit der Parteidisposition entzogen ist, scheidet eine rückwirkende Heilung der Zustellung aus (§ 295 Abs. 1 ZPO). Lässt sich das Datum der Zustellung des Scheidungsantrages nicht mehr feststellen, so trägt diejenige Partei, die aus einer längeren Ehedauer einen höheren Ausgleichsanspruch erlangen könnte, den Nachteil der Nichtfeststellbarkeit des Zustelldatums (BGH FamRZ 1989, 1058 = NJW 1989, 2811). Nur eine förmliche Zustellung des Scheidungsantrags führt zur Rechtshängigkeit und damit zur Bestimmung des Ehezeitendes nach § 3 Abs. 1 VersAusglG. Ein nur **formlos zugeleitetes Verfahrenskostenhilfegesuch** (zur Anhörung nach § 118 ZPO) reicht dagegen nicht aus (BGH FamRZ 1982, 1005; FamRZ 1987, 362, 364 = NJW-RR 1987, 324). Wird ein vorbehaltloser Scheidungsantrag gleichzeitig zusammen mit einem Verfahrenskostenhilfegesuch zugestellt und wird nicht klargestellt, dass nur das Verfahrenskostenhilfegesuch zugestellt werden soll, ist der unbedingt gestellte Antrag rechtshängig geworden (BGH FamRZ 1987, 362, 364 = NJW-RR 1987, 324; zur Rechtslage vor Änderung des § 78 Abs. 2 ZPO vor Zulassung aller Rechtsanwälte bei den Familiengerichten s. 3. Auflage Rn. 74).

106

1. Kapitel   Grundlagen und Konzeption des Versorgungsausgleichs

3. Bestimmung des Ehezeitendes bei Verfahrensverzögerungen

107 Die Rechtshängigkeit des Scheidungsantrages bestimmt das Ende der Ehezeit gem. § 3 Abs. 1 VersAusglG auch dann, wenn das Verfahren nach **§ 136 FamFG (§ 614 ZPO) ausgesetzt** war, längere Zeit **ruhte** oder tatsächlich nicht betrieben wurde (BGH FamRZ 1980, 552 = NJW 1980, 1161; FamRZ 1981, 944, FamRZ 1983, 38; FamRZ 1986, 335 = NJW 1986, 1940; FamRZ 2006, 260). Damit ist der Zeitpunkt der **Fortsetzung des Verfahrens** unerheblich. Gestützt wird dies nach BGH (FamRZ 2006, 260) vom eindeutigen Wortlaut des Gesetzes, aber auch der Möglichkeit der getrennt lebenden Ehegatten, nach Rechtshängigkeit des Scheidungsantrags gem. § 1361 Abs. 1 Satz 2 BGB Vorsorgeunterhalt geltend zu machen, so dass eine entstehende Versorgungslücke geschlossen werden kann (der Vorsorgeunterhalt wird jedoch kaum geltend gemacht). Dieser Grundsatz gilt aber nicht ausnahmslos. Ist ein nicht betriebenes Verfahren infolge **Versöhnung** in Vergessenheit geraten oder haben die Ehegatten die eheliche Lebensgemeinschaft langfristig wieder aufgenommen, kann das Festhalten an dem Ehezeitende nach § 3 Abs. 1 VersAusglG ein **Verstoß gegen Treu und Glauben** nach § 242 BGB bedeuten, weil durch die Wiederaufnahme der ehelichen Lebensgemeinschaft der Trennungsunterhalt und damit der Vorsorgeunterhalt nach § 1361 Abs. 1 Satz 2 BGB entfällt und somit die Gefahr einer Versorgungslücke entsteht, obwohl die eheliche Lebensgemeinschaft wieder bestanden hat. Dies würde dem Grundgedanken des Versorgungsausgleichs, die gemeinsam erzielten Versorgungsanrechte zu teilen, entgegenstehen (BGH FamRZ 1986, 335 f. = NJW 1986, 1040, 1041; FamRZ 1986, 449 = NJW 1986, 1169, 1170).

108 Liegen die Voraussetzungen des § 242 BGB vor, ist als maßgeblicher Stichtag das dem Zeitpunkt des **Wiederanrufs des Verfahrens** vorangehende Monatsende heranzuziehen. An dem durch den Wiederanruf des Verfahrens ausgelösten Stichtag ist auch dann festzuhalten, wenn sich die Ehegatten nach der Wiederaufnahme der ehelichen Lebensgemeinschaft erneut trennen, wenn die Zeitdauer zwischen erneuter Trennung und Wiederanruf dem üblichen Zeitablauf zwischen Trennung und Scheidung in etwa entspricht (so auch MüKo/*Dörr*, § 1587 Rn. 30; offen gelassen von BGH FamRZ 1986, 335, 336 = NJW 1986, 1040, 1042; FamRZ 1986, 449 = NJW 1986, 1169, 1170). Wurde für die Zeit vor dem erneuten Wiederanruf und dem danach festgelegten Ehezeitende (entsprechend § 3 Abs. 1 VersAusglG) Vorsorgeunterhalt nach § 1361 Abs. 1 Satz 2 BGB erbracht, besteht nicht die Gefahr einer Doppelversorgung (so aber OLG Köln FamRZ 1992, 685 f.), weil die hierdurch erworbenen Anrechte den Ausgleichsanspruch des den Vorsorgeunterhalt leistenden Ehegatten erhöhen. Wurden die Leistungen zum Vorsorgeunterhalt als freiwillige Beiträge zur gesetzlichen Rentenversicherung einbezahlt und wird das geringere Anrecht des den Vorsorgeunterhalt beziehenden Ehegatten mit einem höheren Anrecht des anderen Ehegatten in der gesetzlichen Rentenversicherung nach § 10 Abs. 2 VersAusglG verrechnet, mindert sich entsprechend der Ausgleichswert i. S. d. § 5 Abs. 1 VersAusglG zugunsten des den Vorsorgeunterhalt leistenden Ehegatten.

4. Bestimmung des Ehezeitendes bei mehreren Scheidungsanträgen sowie bei Rücknahme eines Scheidungsantrages

109 Wurden mehrere Scheidungsanträge eingereicht, richtet sich das Ehezeitende nach dem Zeitpunkt der Zustellung desjenigen Scheidungsantrages, der den zur Ehescheidung führenden Rechtsstreit eingeleitet hat (BGH FamRZ 1982, 153 = NJW 1982, 280; FamRZ 1982, 1005; FamRZ 2004, 1364). Dies gilt auch im Verhältnis zwi-

schen Scheidungsantrag und Scheidungsgegenantrag des Antragsgegners, die Ehe also nur aufgrund des späteren Antrags des Antragsgegners geschieden wird, weil der Antragsteller keinen Antrag gestellt hat. Voraussetzung ist lediglich, dass die verschiedenen Anträge in einem einheitlichen Verfahren gestellt worden sind. Das Ende der Ehezeit wird auch dann durch die Zustellung des Scheidungsantrages bestimmt, der den zur Scheidung führenden Rechtsstreit ausgelöst hat, wenn während dieses Rechtsstreits ein früher rechtshängig gewordenes (weiteres) Scheidungsverfahren anhängig ist, das ausgesetzt und nicht wieder aufgenommen worden war (BGH FamRZ 1991, 1042 f. = NJW 1991, 2490; s. auch FamRZ 1979, 905 f. = NJW 1979, 2099, 2100; zum Fall des Zugewinns s. FamRZ 1967, 138). Auf den (früheren) Stichtag des ausgesetzten und nicht abgeschlossenen Verfahrens kann nach den Grundsätzen des § 242 BGB nur dann zurückgegriffen werden, wenn ein Ehegatte dieses Verfahren bewusst übergeht und durch späteren Scheidungsantrag ein für ihn günstigeres Ehezeitende herbeiführen will. Ansonsten schlägt der Einwand der anderweitigen Rechtshängigkeit in diesen Fällen nicht durch, da allein der (formale) Gesichtspunkt maßgeblich ist, welches Verfahren zur Scheidung der Ehe geführt hat.

Wird in einem Scheidungsverfahren, in dem auch der Gegner einen Scheidungsantrag gestellt hat, der das Verfahren einleitende Antrag **wirksam zurückgenommen** (§ 113 Abs. 1 FamFG i. V. m. § 269 Abs. 1 ZPO, also vor Antragstellung in der mündlichen Verhandlung; § 141 FamFG regelt diese Frage nicht), ehe der Gegenantrag zugestellt wurde, so wird die Rechtshängigkeit des Scheidungsverfahrens durch die Rücknahme des Antrages (§ 269 Abs. 3 ZPO) beendet. In diesem Fall fehlt es an einem einheitlichen Verfahren, so dass auch die Scheidung nicht mehr in dem Verfahren ausgesprochen wird, das durch den zurückgenommenen Antrag ausgelöst wurde (BGH FamRZ 1979, 905; 1983, 38, 40; ferner FamRZ 1982, 153, 154 = NJW 1982, 280, 281). Dies setzt allerdings voraus, dass es zu einer wirksamen Rücknahme mit Zustimmung des Antragsgegners kommt, § 141 FamFG i. V. m. § 269 Abs. 1 ZPO. Der Scheidungsantrag kann **ohne Einwilligung** des Antragsgegners nur bis zur mündlichen Verhandlung zur Hauptsache zurückgenommen werden. Da nach § 114 Abs. 1 FamFG für Ehesachen Anwaltszwang gilt, kann der Scheidungsantrag bis zum Eintritt der Rechtskraft des Scheidungsurteils zurückgenommen werden, wenn der Antragsgegner nicht durch einen Prozessbevollmächtigten im Termin vertreten ist. Der Antragsgegner kann nicht wirksam i. S. d. § 269 Abs. 1 ZPO verhandeln, auch wenn er dem Scheidungsantrag zustimmt. Ist der Antragsgegner durch einen Prozessbevollmächtigten im Termin zur mündlichen Verhandlung vertreten, ist zu unterscheiden:

110

Ein Verhandeln i. S. d. § 269 Abs. 1 ZPO setzt nicht zwingend die Zustimmung zum Scheidungsantrag gem. § 1566 Abs. 1 BGB voraus. Es kommt allein darauf an, ob der Prozessbevollmächtigte seinen Standpunkt zum Scheidungsantrag zu erkennen gibt, also nicht entgegen tritt (BGH FamRZ 2004, 1364, 1365). Nach § 242 BGB kann nur dann ein späteres Ehezeitende (im Falle einer Wiederaufnahme eines Verfahrens) angenommen werden, falls der Scheidungsantrag nach Versöhnung der Ehegatten vergessen und die eheliche Lebensgemeinschaft wieder aufgenommen wurde (BGH FamRZ 1991, 1042 = NJW 1991, 2490; OLG Karlsruhe FamRZ 2003, 1566). Dies gilt allerdings nicht, wenn der Scheidungsantrag bewusst aufrechterhalten wurde, um zu prüfen, ob die Versöhnung nur vorübergehend oder dauerhaft ist (BGH FamRZ 1986, 335, 336; FamRZ 1986, 449). Die förmliche Vernehmung oder Anhörung des Antragsgegners i. S. d. § 128 Abs. 1 FamFG stellt keine mündliche Verhandlung nach § 269 Abs. 1 ZPO dar (BGH FamRZ 2004, 1364).

111

112　Wird die Zustimmung verweigert, kann der Antrag nicht wirksam zurückgenommen werden, so dass es bei einem Gegenantrag im Falle der Scheidung bei dem Stichtag verbleibt, der durch die Zustellung des das Verfahren auslösenden Antrags bestimmt wurde. Keiner Zustimmung zu einer Rücknahme bedarf es, wenn der Antragsgegner nicht durch einen Anwalt vertreten war, weil auch bei einer Anhörung nach § 128 Abs. 1 FamFG der Gegner nicht zur Hauptsache verhandelt (OLG Karlsruhe FamRZ 1979, 63; OLG Köln FamRZ 1985, 1060). Nimmt der Antragsteller dagegen seinen Antrag zu einem Zeitpunkt zurück, als dieser bereits zugestellt und rechtshängig geworden war, so bleibt es bei dem durch diesen Antrag ausgelösten Ehezeitende, wenn der Antragsgegner seinerseits in diesem Verfahren einen (begründeten) Antrag auf Scheidung der Ehe gestellt hat (BGH FamRZ 1982, 153 = NJW 1982, 280; FamRZ 1982, 1005; OLG Köln FamRZ 1992, 685 f. = NJW-RR 1993, 4). Im Falle der **Rücknahme des Erstantrags** (durch den Antragsteller) steht diese Ansicht in Widerspruch zu dem Grundsatz, dass mit einer wirksamen Rücknahme auch die Rechtshängigkeit des Antrags beseitigt wird; sie lässt sich deshalb nur darauf stützen, dass in Bezug auf beide Anträge ein einheitliches, denselben Streitgegenstand betreffendes Verfahren bis zum rechtskräftigen Anschluss vorliegt. Auf den Gesichtspunkt des Wegfalls der Rechtshängigkeit stellt aber der BGH zutreffend unter Bezug auf § 262 ZPO i. V. m. § 3 Abs. 1 VersAusglG (§ 1587 Abs. 2 BGB a. F.) ab, wenn von einem Ehegatten zunächst zwei Scheidungsanträge gestellt, danach aber der frühere zurückgenommen wurde (FamRZ 1990, 384, 385 = NJW-RR 1990, 66, 67).

5.　Ehezeitende bei Antrag auf Aufhebung der Ehe

113　Besonderheiten ergeben sich bei einem Antrag auf Aufhebung der Ehe nach Maßgabe der §§ 1313 ff. BGB. Nach § 1318 BGB werden die Rechtsfolgen der Eheaufhebung denen der Scheidung gleichgestellt. Dies bedingt es auch, Voraussetzungen und inhaltliche Bestimmungen dieser Rechtsfolgen in gleicher Weise festzulegen (OLG Hamm FamRZ 1981, 61; BGH FamRZ 1989, 153 f. = NJW-RR 1989, 72 f.). Danach ist für die Bestimmung des Ehezeitendes § 3 Abs. 1 VersAusglG entsprechend anzuwenden. Der durch die Zustellung des Aufhebungsantrags bestimmte Stichtag bleibt auch bestehen, wenn der Ehegatte im Verlauf des Verfahrens den Antrag auf Scheidung der Ehe stellt und die Ehe hierauf geschieden wird (BGH FamRZ 1989, 153 f. = NJW-RR 1989, 72 f.); § 126 FamFG lässt insoweit einen Übergang auf das andere Verfahren zu, nach § 126 Abs. 3 FamFG besitzt das Aufhebungsverfahren aber Vorrang. Im Übrigen ist zu beachten, dass der Entscheidungsverstand nach § 137 Abs. 1 FamFG nur für Scheidungsverfahren gilt, so dass bei Aufhebungsverfahren der Versorgungsausgleich im anschließenden selbständigen Verfahren vorzunehmen ist.

6.　Bestimmung des Ehezeitendes bei verfrüht gestelltem Scheidungsantrag

114　Wird ein Scheidungsantrag erkennbar zu früh eingereicht, weil die Voraussetzungen des § 1565 Abs. 2 BGB offensichtlich nicht gegeben sind, darf das OLG bei einer Beschwerde gegen die abweisende Entscheidung des Familiengerichts den Scheidungsantrag nicht zurückweisen, wenn im Zeitpunkt der Beschwerdeentscheidung nach Ablauf des Trennungsjahrs das Scheitern der Ehe (§ 1565 Abs. 1 BGB) nunmehr feststeht (so OLG Oldenburg FamRZ 1996, 1480 – missbräuchliche Rechtsausübung). Das Beschwerdegericht muss vielmehr aufgrund des Sachstands der letzten Tatsacheninstanz die materiell-rechtlich richtige Entscheidung treffen (BGH FamRZ 1997, 347 f. = NJW 1997, 1007). Prüfungsgegenstand ist allein die Frage, ob der Scheidungsantrag begründet ist; demgemäß kann das Beschwerdegericht das Familiengericht auch nicht an die Frage binden, ob wegen des verfrüht gestellten Scheidungsantrages der damals sich aus § 3 Abs. 1 VersAusglG ergebende Stichtag zum Versorgungsausgleich abweichend festzusetzen ist (vgl. § 146 FamFG, § 629b Abs. 1 Satz 2 ZPO a. F.). Das Beschwerdegericht hat, wenn im Zeitpunkt der letzten mündlichen Verhandlung der Scheidungsantrag begründet ist, lediglich die erstinstanzliche Entscheidung aufzuheben und die Sache an das Familiengericht zurückzuweisen (§ 146 FamFG). Der durch den verfrüht gestellten Scheidungsantrag ausgelöste Stichtag nach § 3 Abs. 1 VersAusglG kann nach den Grundsätzen von Treu und Glauben gem. § 242 BGB modifiziert und auf einen späteren Zeitpunkt gelegt werden (BGH FamRZ 1997, 347 f. = NJW 1997, 1007; s. a. BR-Drucks. 191/77 S. 7 f.; dort nicht auf Ausnahmefälle begrenzt). Als Anknüpfungspunkt zur datumsmäßigen Bestimmung des Stichtags in diesem Fall kann der dem Zeitpunkt der letzten mündlichen Verhandlung des Berufungsgerichts vorangehende Monatsletzte herangezogen werden, um – wie bei § 3 Abs. 1 VersAusglG – ein eindeutiges Bestimmungsmerkmal zu haben, weil aufgrund dieser das Scheitern der Ehe bindend festgestellt wird.

7. Ehezeitende bei vorausgegangenem gerichtlichen Trennungsverfahren (nach italienischem Recht)

Ist einem Scheidungsverfahren ein gerichtliches Trennungsverfahren nach italienischem Recht vorangegangen, ist zur Bestimmung des Ehezeitendes nach § 3 Abs. 1 VersAusglG auf den Zeitpunkt der Zustellung des Scheidungsantrages und nicht des Antrags auf (gerichtliche) Trennung abzustellen (BGH FamRZ 1994, 825). Die Trennung von Tisch und Bett (nach Art. 150 ff. des italienischen codice civile richtigerweise personale Trennung) ist keine Ehescheidung, da die Ehe dem Bande nach fortbesteht und erst durch die Ehescheidung aufgelöst wird und die Ehegatten die Wirkung des Urteils ohne gerichtliche Mitwirkung aufheben können. Ferner ist allein wegen der durch die Trennungsentscheidung bedingten längeren Dauer der Trennungszeit nicht die Billigkeitsklausel nach Art. 17 Abs. 3 EGBGB anzuwenden, da diese dazu dient, die wirtschaftlichen Verhältnisse der Eheleute zu berücksichtigen und internationalen Elementen des Eheverlaufs (langer Aufenthalt im Ausland) Rechnung zu tragen (BGH FamRZ 1994, 825). Möglich ist aber, den Wertausgleich nach § 27 VersAusglG bei langer Trennungsdauer zu kürzen (s. Rdn. 787).

115

8. Vereinbarungen über das Ende der Ehezeit

a) Reichweite des Dispositionsbefugnis nach den §§ 6–8 VersAusglG

Der reformierte Versorgungsausgleich sieht eine deutliche Ausweitung der Dispositionsbefugnis der Ehegatten vor (eingehend Rdn. 824 ff.). Deutlich wird dies vor allem in dem Verzicht auf die gerichtliche Genehmigung einer Scheidungsfolgenvereinbarung zum Versorgungsausgleich gem. § 1587o BGB a. F. sowie dem Wegfall der in § 1408 Abs. 2 BGB a. F. enthaltenen Bestimmung, dass ein Ehevertrag seine Wirksamkeit verlor, wenn innerhalb eines Jahres nach Abschluss des Ehevertrages ein Scheidungsantrag eingereicht wurde. Die Dispositionsbefugnis wird dadurch erheblich ausgeweitet; dies wird vor allem in den in § 6 Abs. 1 VersAusglG aufgeführten Regelbeispielen zum Inhalt einer Vereinbarung offenkundig. Daneben sieht das Gesetz aber durchaus **Schutzbestimmungen** zugunsten eines Ehegatten vor. Diese ergeben sich zum einen aus den in § 7 VersAusglG enthaltenen Formbestimmungen; danach sollen die Ehegatten insbesondere durch die notarielle Belehrung auf Risiken der Vereinbarung hingewiesen werden. Ferner hat

116

das Familiengericht nach § 8 Abs. 1 VersAusglG eine materiell-rechtliche Inhaltskontrolle vorzunehmen (eingehend Rdn. 844 ff.). Schließlich wird die Dispositionsbefugnis der Beteiligten durch den allgemeinen Grundsatz beschränkt, dass eine Vereinbarung nicht eine **Regelung zulasten Dritter** enthalten darf; diesem Grundsatz liegt die Regelung des § 8 Abs. 2 VersAusglG zugrunde.

b) Einschränkung im Bereich der öffentlich-rechtlich geregelten Versorgungen

117 Die Regelung des § 8 Abs. 2 VersAusglG bezieht sich in erster Linie auf den Schutz der öffentlich-rechtlich organisierten Versorgungsträger, also die gesetzliche Rentenversicherung, die Beamtenversorgung sowie die berufsständischen Versorgungen. In den §§ 32, 46 Abs. 2 SGB I wird entsprechend bestimmt, dass über den Regelungsbereich der öffentlich-rechtlichen Sicherungssysteme nicht verfügt werden darf. Dies gilt auch in Bezug auf die **Bestimmung des Ehezeitendes** bei diesen Versorgungssystemen. Hieraus folgt, dass die Bestimmung des Endes der Ehezeit nach § 3 Abs. 1 VersAusglG nicht der Dispositionsbefugnis der Ehegatten oder sonstiger Verfahrensbeteiligter unterliegt, soweit diese Versorgungsträger betroffen sind. Hierdurch soll eine Einflussnahme auf die Berechnungsgrundlagen des Versorgungsausgleichs verhindert werden, da das Gesetz an das Ende der Ehezeit die für die Berechnung der Anrechte maßgebenden rentenrechtlichen Faktoren knüpft, so z. B. die Bestimmung des aktuellen Rentenwertes nach § 63 Abs. 7 SGB VI, der auch im Abänderungsverfahren nach § 225 FamFG weiter gilt. Das Gesetz lässt deshalb, um Manipulationen zu Lasten der Rentenversicherungsträger zu vermeiden, generell keine Änderung der maßgebenden Faktoren zu; dies folgt auch aus dem Grundsatz, dass **Verträge zu Lasten Dritter** nicht wirksam geschlossen werden können.

c) Begrenzter Regelungsbereich

118 Die Dispositionsbefugnis ist danach nur insoweit begrenzt, als sie den in § 8 Abs. 2 VersAusglG geregelten Schutzbereich bei öffentlich-rechtlichen Versorgungssystemen berührt. Die Ehegatten können den Versorgungsausgleich nach § 6 Abs. 1 Nr. 2 VersAusglG ausschließen. Ferner ist ein teilweiser Ausschluss zulässig, in dem die Beteiligten festlegen, dass von ihnen ein bestimmter Teil der in der Ehezeit erworbenen Anrechte nicht in den Ausgleich einbezogen wird. Aufgrund des **Hin- und Her-Ausgleiches** können die Ehegatten auch einzelne Versorgungsanrechte ausschließen, die anderen Anrechte dagegen dem (dinglichen) Wertausgleich bei der Scheidung unterwerfen. Zulässig ist es ferner, dass die Ehegatten während einer **länger andauernden Trennungszeit** erworbene Anrechte aus dem Wertausgleich herausnehmen. Begrenzt wird die Dispositionsbefugnis durch § 8 Abs. 2 VersAusglG, nach dem Anwartschaften der gesetzlichen Rentenversicherung durch eine Vereinbarung nicht übertragen oder begründet werden können. Hieraus folgt im Einzelnen:

(1) Die Ehegatten können beim Berechtigten kein früheres Ehezeitende festlegen als beim Verpflichteten, auch wenn der Berechtigte nach dem so festgelegten Ehezeitende keine Anrechte mehr erworben hat, weil im Falle der Verrechnung von zwei Anrechten der gesetzlichen Rentenversicherung nach § 10 Abs. 2 VersAusglG zur internen Teilung durch die unterschiedliche Rentendynamik in der gesetzlichen Rentenversicherung nicht vergleichbare Werte verrechnet würden.

(2) Anrechte des Berechtigten dürfen ganz oder teilweise aus dem Wertausgleich herausgenommen werden. Dies gilt auch im Fall der Verrechnung nach § 10

Abs. 2 VersAusglG bei Durchführung der internen Teilung von zwei Anrechten gleicher Art.
(3) Die Regelung des Höchstbetrags (§ 1587b Abs. 5 BGB a. F.) in der gesetzlichen Rentenversicherung greift im Versorgungsausgleich nicht (mehr) ein, weil § 76 Abs. 2 Nr. 3 SGB VI aufgehoben wurde (durch Art. 4 Nr. 3a VAStrRefG).
(4) Keine Beschränkung zum Ehezeitende besteht hinsichtlich **privatrechtlich organisierter Versorgungsanrechte der privaten Rentenversicherung**. Insoweit können die Ehegatten frei über die Beendigung der Teilhabe an den in der Ehezeit erworbenen Anrechten frei verfügen. Soweit hinsichtlich der Umsetzung die Mitwirkung des Trägers einer privaten Rentenversicherung erforderlich ist, bedarf es dessen Zustimmung; dies gilt insbesondere im Hinblick auf die unterschiedlichen Versicherungsrisiken des jeweiligen Ehegatten (unterschiedliche Lebenserwartung; gesundheitliche Risiken bei einer (verbundenen) Invaliditätsversorgung. Dies bezieht sich aber nicht auf die Bestimmung des Ehezeitendes.

Wollen Ehegatten durch Ehevertrag nach § 1408 Abs. 2 BGB i. V. m. den §§ 6–8 VersAusglG oder durch Vereinbarung nach § 6 VersAusglG vereinbaren, dass ab einem bestimmten Zeitpunkt in der Ehe (z. B. ab Beginn der endgültigen Trennung) ein Ausgleich der danach erworbenen Anrechte nicht stattfinden soll, so kann dies nach dem zuvor Gesagten nicht durch eine Vorverlegung des Ehezeitendes vor dem durch die Zustellung des Scheidungsantrages nach § 3 Abs. 1 VersAusglG bestimmten Stichtag erfolgen. In einem solchen Fall verbleibt es bei dem nach § 3 Abs. 1 VersAusglG zu bestimmenden Ehezeitende. Die Ehegatten können jedoch festlegen, dass ab einem bestimmten Zeitpunkt (Trennung) ein beiderseitiger Versorgungserwerb nicht mehr stattfindet. Dies hat zur Folge, dass bei der Berechnung des jeweiligen Ehezeitanteils einer Versorgung der Teil unberücksichtigt bleibt, der nach diesem Zeitpunkt erworben wurde (s. a. KG FamRZ 1994, 1038; OLG Celle FamRZ 1994, 1039, OLG Nürnberg FamRZ 1995, 177). Für die Berechnung des Ehezeitanteils sind die Berechnungsfaktoren zum Ehezeitende nach § 3 Abs. 1 VersAusglG heranzuziehen; die nach der Vereinbarung auszuschließenden Anrechte sind entsprechend den Strukturmerkmalen der jeweiligen Versorgung i. S. d. §§ 39, 40 VersAusglG zu ermitteln (*Borth*, FamRZ 1996, 714, 715; BGH FamRZ 2004, 256; FamRZ 2001, 1444). Werden die zuvor dargelegten Grundsätze nicht berücksichtigt, sondern fehlerhaft ein früheres Ehezeitende als nach § 3 Abs. 1 VersAusglG festgelegt, so müsste dessen Übernahme zur Unwirksamkeit der Vereinbarung führen. Zur Erhaltung des **Geltungswillens einer solchen Vereinbarung** ist diese in der Weise auszulegen, dass die nach dem vereinbarten Ehezeitende erworbenen Anrechte aus dem Ausgleich herausgenommen werden (OLG Stuttgart, Beschluss vom 27. 12. 1994, 17 UF 93 / 94; OLG Frankfurt / M FamRZ 1996, 550). **119**

Um unter Beachtung der dargelegten Beschränkungen die dem Versorgungsausgleich zuzuordnenden Anrechte zu bestimmen, kann nach zwei Methoden verfahren werden, indem
(1) entweder das Anrecht der auszuschließenden Zeit nach den allgemeinen Grundregeln ermittelt und der gesetzliche Ausgleichsanspruch entsprechend gekürzt wird
(2) oder die von jedem Ehegatten insgesamt erworbenen Anrechte jeweils um diejenigen Teile gekürzt werden, die in der auszuschließenden Zeit erworben wurden; hieraus ist der Wertunterschied zu ermitteln.

Im **schuldrechtlichen Versorgungsausgleich** bestehen diese Beschränkungen dagegen nicht, weil insoweit die Träger einer Versorgung nicht betroffen werden, **120** sondern eine solche Vereinbarung nur zwischen den Ehegatten wirkt. Eine solche Vereinbarung bindet auch nicht beim **verlängerten schuldrechtlichen Versorgungsausgleich** nach § 3a VAHRG den betroffenen Versorgungsträger. Die Ehegatten sind deshalb insoweit in ihrer Verfügungsbefugnis nicht beschränkt.

9. Keine Zwischenentscheidung bei Festlegung des Ehezeitendes, keine Korrektur durch Abänderungsverfahren

121 Zur Durchführung des Versorgungsausgleichs hat das Familiengericht nach § 220 Abs. 1 FamFG bei den Trägern der Versorgung Auskünfte einzuholen. Zu deren Berechnung des Ehezeitanteils nach §§ 39–46 VersAusglG muss diesen deshalb die Ehezeit mitgeteilt werden. Sie wird ferner den Ehegatten (formlos) mitgeteilt, damit diese in den dem Familiengericht vorzulegenden Fragebögen mitteilen können, welche Anrechte in der Ehezeit erworben wurden. Die Bestimmung der Ehezeit durch das Familiengericht ist jederzeit abänderbar und wird erst mit rechtskräftiger Entscheidung zum Versorgungsausgleich bindend festgelegt. Die Festlegung im familiengerichtlichen Verfahren zur Einholung der Auskünfte bei den Trägern der Versorgungen kann deshalb nicht mit der sofortigen Beschwerde entsprechend der §§ 567–572 ZPO angefochten werden, weil nach dem im ersten Buch des FamFG enthaltenen Grundsätzen eine Zwischenentscheidung nur angefochten werden kann, wenn dies im Gesetz ausdrücklich geregelt ist (s. a. § 58 Abs. 2 FamFG). Hat das Familiengericht in einer **Zwischenentscheidung** (durch Beschluss) das Ehezeitende festgelegt, ist diese nicht gesondert anfechtbar. Zur Klärung der strittigen Frage zur Festlegung der Ehezeit ist ein **Zwischenfeststellungsantrag** entsprechend § 256 Abs. 2 ZPO zulässig, über den durch Endentscheidung i. S. d. § 58 Abs. 1 FamFG entschieden wird.

Nach dem bis zum 31. 08. 2009 geltenden Recht konnte nach § 10a Abs. 1 VAHRG a. F. aufgrund der danach zulässigen **Totalrevision** auch bei einem schlichten Rechtsanwendungsfehler, der zu einer fehlerhaften Bestimmung der Ehezeit führte, eigenständig das Abänderungsverfahren nach § 10a VAHRG durchgeführt werden (BGH FamRZ 2004, 786 = NJW-RR 2004, 795), wobei es nicht erforderlich war, dass der betroffene Ehegatte im Erstverfahren das Beschwerdeverfahren durchgeführt hatte.

122 Dies ist nach der Fassung des § 225 Abs. 1, 2 FamFG nicht (mehr) möglich. Nach dieser Vorschrift kann das Abänderungsverfahren nur durchgeführt werden, wenn nach Ende der Ehezeit eine rechtliche oder tatsächliche Veränderung eingetreten ist; dies kann bei einem Rechtsanwendungsfehler, zu dem auch eine fehlerhafte Bestimmung der Ehezeit gehört, nicht angenommen werden. Die mit der Erstentscheidung eingetretene Rechtskraft nach §§ 116 Abs. 2, 148 FamFG legt das Ehezeitende dauerhaft fest und kann auch nicht in einem (nach § 225 Abs. 1, 2 FamFG zulässigen) Abänderungsverfahren korrigiert werden.

VI. Wiederheirat des geschiedenen Ehegatten und Versorgungsausgleich

123 Waren die Ehegatten zuvor schon einmal miteinander verheiratet, werden im Versorgungsausgleich jeweils nur die Anrechte aus der zu scheidenden Ehe ausgeglichen; Anrechte aus einer früheren Ehe bleiben außer Betracht (BGH FamRZ 1982, 1193; 1983, 461), unabhängig davon, ob bei deren Auflösung ein Versorgungsausgleich durchgeführt wurde. Die mit dem Versorgungsausgleich durchgeführte Aufteilung der Versorgungsanrechte ist aufgrund der Trennung der Versorgungsschicksale der Ehegatten mit rechtskräftiger Scheidung der Ehe hinsichtlich des

Versorgungsausgleichs endgültig; sie kann deshalb auch bei erneuter Eheschließung durch eine ehevertragliche Vereinbarung nicht rückgängig gemacht werden, weil die im Versorgungsausgleich erworbenen Anrechte eigenständige Anwartschaften in der gesetzlichen Rentenversicherung sind (s. § 8 Abs. 1 Nr. 2 SGB VI) und die Entscheidung nur unter den Voraussetzungen der §§ 225, 226 FamFG nicht abänderbar ist (BGH FamRZ 2002, 1553, OLG Hamm FamRZ 2007, 559), die in einem solchen Fall nicht vorliegen (s. a. Rdn. 37).

VII. Doppelehe und Versorgungsausgleich

§ 1318 BGB regelt – allerdings nicht abschließend – die Folgen der Aufhebung einer Ehe im Falle einer Doppelehe (§ 1306 BGB; s. a. Rdn. 38). Gem. Abs. 1 richten sich diese nach den Vorschriften über die Scheidung der Ehe nur in den ausdrücklich aufgeführten Fällen des Abs. 2, 3. Hierdurch wird die Unterschiedlichkeit der Rechtsfolgen der Aufhebbarkeit und Scheidungsfähigkeit der Ehe dokumentiert (s. BT-Drucks. 13/9416 S. 28). Abs. 3 iVm. Abs. 2 dieser Bestimmung besagt zunächst, dass der frühere Ehegatte sozial über den Versorgungsausgleich gem. §§ 1 ff. VersAusglG in den dort genannten Fällen gesichert wird, wenn er bei einem Verstoß gegen § 1306 BGB (bigamische Ehe) die Aufhebbarkeit der Ehe bei Eheschließung **nicht gekannt** hat. Haben beide Ehegatten die Aufhebbarkeit gekannt, so ist ein Versorgungsausgleich durchzuführen, soweit dies nicht im Hinblick auf den früheren (ausgleichsberechtigten) Ehegatten grob unbillig wäre. Dies ist vor allem anzunehmen, wenn der frühere Ehegatte aufgrund der Betreuung gemeinsamer Kinder an einem eigenen Versorgungserwerb gehindert ist, während der folgende (ebenfalls ausgleichsberechtigte) Ehegatte eigene Anrechte hat erwerben können bzw. noch durch Ausübung einer beruflichen Tätigkeit erwerben kann. Im Übrigen ermöglicht diese Bestimmung ferner, den Versorgungsausgleich wegen grober Unbilligkeit auszuschließen, wenn der andere die Aufhebbarkeit der Ehe bei Eheschließung gekannt hat. Diese Regelung entspricht der besonderen Billigkeitsklausel des § 27 VersAusglG, die daneben anwendbar bleibt (s. a. OLG Karlsruhe FamRZ 2005, 371). Sind beide Ehegatten ausgleichsberechtigt, bestehen ihre Ausgleichsansprüche unabhängig voneinander so, als ob es einen zweiten Ehegatten nicht gäbe (BGH FamRZ 1982, 475, 477 = NJW 1983, 176, 178; zur Frage der Durchführung des Versorgungsausgleichs bei einer bereits durch den Tod des Mannes vor dem 01.07.1977 aufgelösten Doppelehe s. BGH FamRZ 1985, 270). Im Falle der Auflösung der zweiten Ehe sind danach die Anrechte, soweit diese in beide Ehen fallen, erneut zu berücksichtigen. Der in beiden Fällen ausgleichspflichtige Ehegatte kann sich nach BGH (FamRZ 1985, 270) dabei nicht auf den Grundsatz der hälftigen Teilhabe an den in der Ehezeit erworbenen Anrechten berufen. Eine Korrektur bei auftretenden Härten ist ausschließlich nach § 27 VersAusglG möglich, falls nicht vorrangig Art. 12 Nr. 3 Satz 3 oder 4 des 1. EheRG eingreift (OLG Stuttgart FamRZ 1986, 1006). Hierbei können allerdings Gründe, die zur Doppelehe geführt haben, berücksichtigt werden. Insbesondere wird von Bedeutung sein, ob die Anrechte entsprechend der jeweiligen Dauer der Ehe aufzuteilen sind bzw. sich fortwirkende Lasten aus der Ehe (Kindererziehung) ergeben.

124

1. Kapitel Grundlagen und Konzeption des Versorgungsausgleichs

VIII. Änderung von Anrechten nach Ehezeitende bei Höhe und Form des Ausgleichs

1. Grundsatz

125 Nach dem grundlegenden Ansatz des 1. EheRG werden nur die in der Ehezeit erworbenen Versorgungsanrechte ausgeglichen. Hierzu hatte der Gesetzgeber das Prinzip des Einmalausgleichs festgelegt (§ 1587a Abs. 1 BGB a. F.), mit dem zugleich eine wirtschaftliche Entflechtung der Ehegatten im **Verbund mit dem Ausspruch der Scheidung** erreicht werden sollte. Zur Bestimmung des auszugleichenden Wertunterschieds musste deshalb ein vor dem Eintritt der Rechtskraft der Scheidung liegender Bewertungsstichtag festgelegt werden. An diesem Grundsatz hält auch der reformierte Versorgungsausgleich gem. dem VAStrRefG in § 3 Abs. 1 VersAusglG fest. Dieser Stichtag erlangt in vielfacher Hinsicht Bedeutung. Er legt, da die Ehegatten regelmäßig bei Scheidung noch keine Versorgungsleistungen beziehen, für den Versorgungsausgleich **fiktiv den Zeitpunkt des Versicherungsfalls** fest, der insbesondere für die Berechnung der Anwartschaften aus der gesetzlichen Rentenversicherung erforderlich ist (§ 76 SGB VI). Dieser Stichtag bestimmt das in der gesetzlichen Rentenversicherung anzuwendende Recht. Ferner ist dieser Stichtag maßgebend für die Abänderung von Versorgungsanrechten gemäß §§ 225, 226 FamFG. Schließlich grenzt dieser Stichtag **später eintretende Veränderungen der Versorgung,** die auf verbesserten Einkünften wegen Beförderungen bzw. Gehaltsanhebungen aufgrund besonderer Leistungen (Karrieresprung) von dem ehezeitbezogenen Versorgungserwerb ab. Aus dieser Fiktivbewertung der dem Versorgungsausgleich unterliegenden Anrechte ergibt sich das **Problem der Veränderung der Verhältnisse in rechtlicher und tatsächlicher Hinsicht,** wie sie zu dem in § 3 Abs. 1 VersAusglG bestimmten Zeitpunkt vorgelegen haben, soweit diese Einfluss auf die in der Ehezeit erworbenen Anrechte nehmen.

2. Aufnahme einer ausdrücklichen gesetzlichen Regelung durch das VAStrRefG

126 Der Gesetzgeber des 1. EheRG hatte bei der Konzeption des Versorgungsausgleichs durchaus das Problem der Veränderung von Anrechten nach dem Ende der Ehezeit gesehen, dies aber nur in einzelnen Regelungen vorgesehen.
(1) Nach § 1587a Abs. 2 Nr. 3 Satz 3 BGB a. F. war die Unverfallbarkeit eines Anrechts aus der betrieblichen Altersversorgung nach den Verhältnissen zur Zeit der Entscheidung über den Versorgungsausgleich zu beurteilen (s. a. BGH FamRZ 1982, 1195, 1196 = NJW 1983, 37, 38).
(2) Nach § 1587d Abs. 2 BGB a. F. konnte die Anordnung des Ruhens einer Beitragsverpflichtung nach § 1587b Abs. 3 BGB a. F. unter den dort genannten Voraussetzungen geändert werden. Dies gilt auch im Falle der Anordnung einer Ratenzahlung nach § 3b Abs. 1 Nr. 2 VAHRG a. F., weil Satz 2 dieser Bestimmung ausdrücklich hierauf verweist.
(3) Nach § 1587g Abs. 2 Satz 2 und 3 BGB a. F. konnten Veränderungen beim schuldrechtlichen Versorgungsausgleich ebenfalls berücksichtigt werden.
Eine allgemeine Regelung, wie etwa § 323 ZPO, zur Erfassung solcher Änderungen **vor oder nach Rechtskraft der Scheidung** war nicht vorgesehen. Die Problematik der Veränderung von Anrechten, die sich aus der Entscheidung für die **einmalige Momentaufnahme** zum Ende der Ehezeit ergab, wurde in ihrer Schärfe erst nach Inkrafttreten des 1. EheG erkannt. In dem Gesetz über weitere Maßnahmen auf dem Gebiet des Versorgungsausgleichs vom 08. 12. 1986 (BGBl I 2317) hat der Gesetzgeber diese **strukturelle Schwäche** des Versorgungsausgleichs durch die Ein-

führung des § 10a VAHRG a. F. (mit Wirkung ab 01.01.1987) beseitigt (eingehend Vorauflage Rn. 801 ff.), nach dem eine Entscheidung zum Versorgungsausgleich bei einem auftretenden Wertunterschied abgeändert werden konnte. Die ursprünglich bis zum 31.12.1994 begrenzte Regelung ist durch Art. 30 RÜG Dauerrecht geworden.

Nach § 5 Abs. 2 Satz 2 VersAusglG sind **rechtliche und tatsächliche Veränderungen** nach dem Ende der Ehezeit zu berücksichtigen, die auf den Ehezeitanteil zurückwirken. Der Gesetzgeber nimmt damit die Rechtsprechung des BGH auf, der entsprechend dem Rechtsgedanken der §§ 225, 226 FamFG (bis 31.08.2009 § 10a VAHRG), wonach eine rechtskräftig abgeschlossene Entscheidung zum Versorgungsausgleich abgeändert werden kann, wenn sich die Grundlagen der Entscheidung nachträglich wesentlich ändern, den Rechtssatz entwickelt hat, solche nach der Ehezeit eingetretene Entwicklungen bereits im Erstverfahren zu berücksichtigen. Hierbei waren vor allem verfahrensökonomische Gründe maßgebend.

3. Rechtsprechung des BGH

a) Rückwirkende Berücksichtigung von Änderungen rechtlicher Art

Der BGH hat eine nach Ehezeitende eingetretene Änderung, die auf der ursprünglichen Konzeption des Versorgungsausgleichs beruhte, zunächst nur in den Fällen angewandt, in denen eine Änderung der Versorgung aufgrund einer **Änderung des Gesetzes** eintritt, dessen zeitlicher Geltungswille einen in der Ehezeit liegenden Sachverhalt erfasst, auch wenn die Rechtsänderung erst nach Ehezeitende eintritt. Grundlegend hat dies der BGH entschieden zur Ruhensregelung im Beamtenversorgungsrecht (§ 55 BeamtVG – BGHZ 90, 52, 58 ff. = FamRZ 1984, 565, 566 f. = NJW 1984, 1544, 1545 f.), zum Wegfall des örtlichen Sonderzuschlages (FamRZ 1984, 992 = NJW 1985, 433 L); zur Berücksichtigung von Kindererziehungszeiten (FamRZ 1986, 449 = NJW 1986, 1169; s. a. *Bergner*, NJW 1986, 217, 222; *Hahne/Glockner*, FamRZ 1986, 230) sowie zur Nichtberücksichtigung beitragsloser Zeiten in der gesetzlichen Rentenversicherung wegen gleichzeitiger Anrechnung in der Beamtenversorgung (FamRZ 1986, 447 = NJW-RR 1986, 490). Diesen Grundsatz hat der BGH auch in den Fällen angewandt, die von dem RRG 1992 erfasst wurden (BGH FamRZ 1993, 294, 295; ferner *Glockner*, FamRZ 1992, 149 ff.; *Kemnade*, FamRZ 1992, 151; 3. Auflage S. 426 ff.). Gem. § 300 SGB VI gelten die neuen Bestimmungen des SGB VI auch für Sachverhalte und Ansprüche, die vor dem 01.01.1992 bestanden haben, erfassen also rückwirkend die bisher entstandenen Rentenanwartschaften (mit der Folge, dass anstelle von Werteinheiten Entgeltpunkte ermittelt werden, § 307 SGB VI). Altes Recht bleibt nur für laufende, nicht neu festzusetzende Renten (§ 300 Abs. 3 SGB VI) und für Ansprüche anwendbar, die bis zum 31.03.1992 geltend gemacht worden sind.

Weitere wesentliche Rechtsänderungen:
– Gesetz zur Reform der gesetzlichen Rentenversicherung (RRG 1999) vom 16.12.1997 (BGBl I 2998). Geändert wurde die Berücksichtigung von Kindererziehungszeiten (additive Anrechnung), Einführung eines demografischen Faktors (später wieder vorübergehend aufgehoben), weitere Heraufsetzung der Altersgrenze; Änderung der Renten wegen Erwerbsminderung).
– Gesetz zur Reform der Rente wegen verminderter Erwerbsfähigkeit vom 20.12.2000 (BGBl I 1827, in Kraft seit 01.01.2001; s. *Ruland* NJW 2007, 2086).
– Gesetz zur Ergänzung des Gesetzes zur Reform der gesetzlichen Rentenversicherung und der Förderung eines kapital gedeckten Altersvorsorgevermögens (AVmEG v. 21.03.2001, BGBl I 403) sowie Gesetz zur Reform der gesetzlichen

Rentenversicherung und zur Förderung eines kapitalgedeckten Altersvorsorgevermögens (AVmG v. 26. 06. 2001 (BGBl I 1310); Kernpunkt dieser Reform ist eine weitere Absenkung des Rentenniveaus auf 67 % des Einkommens während der aktiven Erwerbstätigkeit. Dies wurde durch die zeitlich gestaffelten Bestimmungen des § 255e Abs. 4 SGB VI (2001–2010) iVm. § 63 Abs. 7 SGB VI sowie § 68 Abs. 5 SGB VI (ab 2011) vollzogen (s. *Ruland* NJW 2001, 3503, 3507). Zum Ausgleich wurden Förderungsmaßnahmen zur **Stützung einer privaten Altersvorsorge** durch kapitalgestützte Formen der Alterssicherung eingeführt (§§ 10a EStG, Zulagen gem. §§ 79 ff EStG), wodurch das Absinken des Rentenniveaus aufgefangen werden soll.

> **Praktischer Hinweis:**
> In Abänderungsverfahren nach § 225 FamFG ist deshalb jeweils eine Neuberechnung der Rentenanwartschaften nach dem SGB VI einzuholen, wenn die maßgebende Auskunft noch nach altem Recht erteilt wurde.

128 Entsprechendes gilt in Bezug auf das Gesetz zur **Änderung des BeamtVG** und sonstiger dienst- und versorgungsrechtlicher Vorschriften vom 18. 12. 1989 (BeamtVGÄndG, BGBl I 2218), das zum 01. 01. 1992 in Kraft getreten ist (BGH FamRZ 1993, 414 f.) sowie hinsichtlich der durch das **Dienstrechtsreformgesetz** vom 24. 02. 1997 (BGBl I 322; eingehend. Rdn. 212 bis 214) eingeführten Änderungen des BeamtVG, ferner für die Stellenzulage für Beamte mit vollzugspolizeilichen Aufgaben (BGH FamRZ 1995, 27; *Johannsen/Henrich/Hahne* § 1587 BGB Rn. 38; gemäß dem 5. BesÄndG vom 28. 05. 1990 (BGBl I 967). Die dargelegten Grundsätze sind ferner anzuwenden, wenn eine zwischen Eheszeitende und gerichtlicher Entscheidung eingetretene Steigerung von Dienst- und Versorgungsbezügen mit rückwirkender Kraft vorliegt (Bundesbesoldungs- und Versorgungsanpassungsgesetz 1991, OLG Saarbrücken FamRZ 1994, 758; s. a. Rdn. 217). Zu beachten ist das **Versorgungsänderungsgesetz** vom 20. 12. 2001 (BGBl I 3926), wodurch die Altersversorgungsbezüge in der Zeit von 2003 bis 2009 von 75 % auf 71,75 % der ruhegehaltsfähigen Bezüge gekürzt werden. Solche Änderungen sind ebenfalls im Abänderungsverfahren nach § 225 FamFG zu erfassen.

129 Auch **Rechtsänderungen,** die nicht auf Gesetz, sondern einer **privatrechtlichen Versorgungsordnung** beruhen, sind nach den zuvor genannten Grundsätzen im Versorgungsausgleich zu erfassen, wenn sich durch diese der Wert einer Versorgung ändert (BGH FamRZ 1986, 976, 978 = NJW-RR 1986, 1322, 1323; OLG Celle FamRZ 1986, 474; KG FamRZ 1986, 915; OLG Celle FamRZ 1986, 913, 915). Gleiches gilt, wenn eine bei Eheszeitende noch verfallbare betriebliche Altersversorgung durch Satzungsänderung unverfallbar wird; dies ist in § 40 Abs. 3 Satz 2 VersAusglG, der auf § 5 Abs. 2 Satz 2 VersAusglG verweist und auch bei der Anwendung des § 45 VersAusglG gilt, ausdrücklich geregelt.

b) Änderung infolge tatsächlicher Umstände

130 Ferner hat der BGH die **Änderung einer Versorgung** aufgrund individueller Umstände berücksichtigt (also tatsächlicher Art), soweit diese rückwirkend den auf die Ehezeit bezogenen Wert der Versorgung verändert haben. Im Hinblick auf die Abänderungsmöglichkeit einer Entscheidung zum Wertausgleich bei der Scheidung hält es der BGH für gerechtfertigt, einen in der letzten Tatsacheninstanz eingetretenen individuellen Umstand, der nach § 225 Abs. 1, 2 FamFG beachtlich wäre, bereits im **Erstverfahren** zu berücksichtigen. Er begründet dies vor allem

VIII. Änderung von Anrechten nach Ehezeitende bei Höhe und Form des Ausgleichs

mit dem Grundsatz der Prozessökonomie (FamRZ 1988, 940; FamRZ 1988, 1148, 1150 = NJW 1989, 29, 31; FamRZ 1989, 42 f. = NJW 1989, 32 f.; FamRZ 1989, 492; FamRZ 1991, 1415). Zu beachten ist bei einer Berücksichtigung im Erstverfahren, dass es – anders als bei § 226 Abs. 1, 2 FamFG – **keines Antrages** eines Ehegatten bedarf und diese auch nicht von der Wesentlichkeitsgrenze nach § 225 Abs. 3 FamFG abhängt. Diesen Grundsatz übernimmt § 5 Abs. 1 Satz 2 VersAusglG.

Dennoch verbleibt es bei dem **Grundsatz** des **ehezeitbezogenen Erwerbs,** so dass grundsätzlich die Verhältnisse zum Ende der Ehezeit maßgeblich sind. Treten nach dem Ende der Ehezeit Änderungen tatsächlicher Art ein, die auf individuellen Umständen beruhen, so sind diese zu erfassen, wenn sie – rückwirkend betrachtet – Einfluss auf den ehezeitbezogenen Versorgungserwerb nehmen. Dagegen bleiben solche Änderungen grundsätzlich unberücksichtigt, denen ein Bezug auf den Versorgungserwerb in der Ehe fehlt (s. a. BGH FamRZ 2009, 586, 588; FamRZ 2009, 1743, 1744; s. ferner Rdn. 57). Eine Abgrenzung ist danach wie folgt vorzunehmen:

131

Die Bemessungsgrundlage der gesetzlichen Rentenversicherung, Besoldungs- und Tarifgruppen, Dienstaltersstufen, ruhegehaltsfähigen Einkommen, sowie Bemessungsfaktoren bei berufsständischen Versorgungen werden durch den Stichtag nach § 3 Abs. 1 VersAusglG festgelegt und bleiben zur Erhaltung des ehezeitbezogenen Erwerbs (auch im Abänderungsverfahren nach §§ 225, 226 FamFG) unverändert. Ferner sind Beförderungen, Hochstufungen von Tarifgruppen und Laufbahnänderungen (Karrieresprung), die nach dem Ehezeitende eintreten, im Versorgungsausgleich nicht zu berücksichtigen (s. a. BT-Drucks. 10/6369 S. 21; BGH FamRZ 1987, 918, 920; FamRZ 1999, 157). Für **Widerrufsbeamte und Zeitsoldaten** ist deshalb der am Ehezeitende vorhandene Nachversicherungswert der gesetzlichen Rentenversicherung auch dann maßgeblich, wenn diese nach Ehezeitende Beamte auf Lebenszeit oder Berufssoldat werden, weil auch der Laufbahnwechsel nach Ehezeitende von der Erfüllung individueller Voraussetzungen abhängt (z. B. zusätzliche Prüfungen), die bei Ehezeitende noch nicht vorlagen; diese Rechtsprechung übernimmt die Bewertungsvorschrift des § 44 Abs. 4 VersAusglG. Der Ausgleich vollzieht sich in diesem Fall entweder nach den Bestimmungen des BVersTG und bei Landes-Widerrufsbeamten nach den entsprechenden Landesgesetzen oder nach § 16 Abs. 1 VersAusglG, soweit ein Bundesland ein Versorgungsteilungsgesetz nicht erlassen hat (s. BGH FamRZ 2003, 29 f. zu § 1587b Abs. 2 BGB a. F.). Entsprechend stellt der Laufbahnwechsel keinen Abänderungsgrund nach § 255 Abs. 1, 2 FamFG dar (BGH FamRZ 1982, 379; FamRZ 1982, 362 = NJW 1982, 1754; FamRZ 1982, 1003; FamRZ 1986, 975; FamRZ 1987, 921; 1987, 918).

132

Entsprechend diesem Grundsatz werden ferner Anrechte im Versorgungsausgleich nicht erfasst, die durch ein nach dem Ende der Ehezeit begründetes Beamtenverhältnis entstanden sind, auch wenn Zeiten eines in die Ehezeit fallenden privaten Arbeitsverhältnisses als ruhegehaltsfähige Dienstzeiten anerkannt werden (BGH FamRZ 1984, 509, 570 = NJW 1984, 1612; unrichtig deshalb OLG Koblenz FamRZ 1990, 760, 761). Kein ehezeitbezogener Erwerb liegt auch vor, wenn nach dem Ende der Ehezeit, also vor dem Zeitpunkt der gerichtlichen Entscheidung, der Versicherungsfall eintritt und aus der Anwartschaft ein Ruhegeld oder Rente bezogen wird (BGH FamRZ 1994, 1583 ff.). Auch bei einem nahe bevorstehenden Bezug von Altersruhegeld zum Zeitpunkt des Ehezeitendes ist für die Berechnung des Wertunterschieds i. S. d. § 225 FamFG nicht vom tatsächlichen Zahlbetrag, sondern von dem aus den gesetzlichen Bewertungsbestimmungen sich ergebenden Betrag auszugehen. Maßgebend für die Höhe der auszugleichenden Versorgung bleibt der bei Ehezeitende vorhandene Wert.

133

c) Abgrenzung bei Änderungen nach Ehezeitende

134 Treten nach Ehezeitende dagegen Änderungen tatsächlicher oder rechtlicher Art ein, die – **rückwirkend betrachtet** – einen **anderen Ehezeitanteil** ergeben, so sind diese im Versorgungsausgleich zu erfassen. Danach ist das Ausscheiden eines Beamten auf Lebenszeit aus dem öffentlichen Dienst nach dem Ende der Ehezeit zu berücksichtigen, weil aufgrund der danach durchzuführenden Nachversicherung in der gesetzlichen Rentenversicherung (nach §§ 8 Abs. 2 Nr. 1; 181 ff. SGB VI) regelmäßig der Wert des Anrechts sinkt (da nach der Beamtenversorgung i. d. R. 71,75 v. H. des zuletzt bezogenen ruhegehaltsfähigen Einkommens als Versorgung gewährt wird, während in der gesetzlichen Rentenversicherung ein jährlicher Vergleich mit dem Durchschnittseinkommen aller Versicherter durchzuführen ist). Die Aufgabe eines Beamtenverhältnisses stellt keine Obliegenheitsverletzung i. S. d. § 242 BGB dar (beim Ausgleichsberechtigten wäre § 27 VersAusglG zu prüfen), weil keine Obliegenheit besteht, eine berufliche Veränderung zu unterlassen, damit die ehezeitbezogene Versorgung nicht vermindert wird (BGH FamRZ 1989, 1058 = NJW 1989, 2811). Ferner ist auch die Minderung der Versorgung aufgrund einer verschuldeten Entfernung aus dem Beamtenverhältnis (wegen eines persönlichen Fehlverhaltens), was ebenfalls zur Nachversicherung in der gesetzlichen Rentenversicherung führt, als beachtliche Änderung anzusehen und im Versorgungsausgleich zu berücksichtigen (BGH FamRZ 1988, 1148, 1151 = NJW 1989, 29, 31), falls nicht ein Fall des § 1587c Nr. 2 BGB vorliegt. Den Verlust der Versorgungsanrechte haben damit beide Ehegatten zu tragen, was dem Halbteilungsgrundsatz entspricht (und auch bei Fortsetzung der Ehe von beiden Ehegatten hätte hingenommen werden müssen; zur Kürzung im Falle eines **Disziplinarverfahrens** s. Rdn. 224). In **Ausnahmefällen,** insbesondere bei einer Schädigungsabsicht kann eine Abänderung versagt werden; für den Berechtigten folgt dies aus § 27 VersAusglG (§ 1587c Nr. 2 BGB a. F.). Allerdings ist in solchen Fällen immer zu prüfen, ob § 226 Abs. 3 FamFG i. V. m. § 27 VersAusglG (§ 10a Abs. 3 VAHRG a. F.) einer Berücksichtigung individueller Änderungen bereits im Erstverfahren entgegensteht. Diese Bestimmung sieht die Berücksichtigung der beiderseitigen wirtschaftlichen Verhältnisse, insbesondere den Versorgungserwerb nach der Ehe vor. Im Rahmen dieser Prüfung sind nach BGH jedoch nicht die wirtschaftlichen Verhältnisse zum Zeitpunkt der Erstentscheidung, sondern diejenigen zum Zeitpunkt einer möglichen (späteren) Abänderungsentscheidung heranzuziehen (FamRZ 1989, 44 = NJW 1989, 34; FamRZ 1989, 1058 = NJW 1989, 2811). Der BGH verlangt diese Prüfung, wenn bereits im Erstverfahren eine Entwicklung hin zu wirtschaftlichen Verhältnissen im Gange oder jedenfalls abzusehen ist, da eine schematische Berücksichtigung von nach dem Ende der Ehezeit eingetretenen Änderungen der in § 226 Abs. 3 FamFG i. V. m. § 27 VersAusglG enthaltenen Billigkeitskorrektur seine Bedeutung nehmen würde. Ist vorherzusehen, dass eine spätere Abänderung aufgrund § 226 Abs. 3 FamFG wegen der Entwicklung der wirtschaftlichen Verhältnisse nicht in Betracht käme, ist der veränderte Wertunterschied der Anrechte nicht schon im Erstverfahren zu erfassen, sondern der Abänderungsentscheidung vorzubehalten, um in dieser die tatsächliche wirtschaftliche Entwicklung bei der Prüfung des § 226 Abs. 3 FamFG zu berücksichtigen.

135 Nach denselben Grundsätzen ist die **Verminderung des Anrechts** eines Beamten zwischen Ende der Ehezeit und dem Zeitpunkt der letzten mündlichen Verhandlung zu berücksichtigen, wenn wegen einer weiteren Beurlaubung ohne Dienstbezüge, die bei Ehezeitende bereits bewilligt war, der Ehezeitanteil wegen der hierdurch eingetretenen Minderung des Ruhegehaltssatzes sinkt (BGH FamRZ 1988, 940); gleiches gilt bei einer entsprechenden Verlängerung der Teilzeitbeschäftigung eines Beamten (zu den rechnerischen Auswirkungen s. u. Rdn. 240). Auch der Eintritt einer vorzeitigen Dienstunfähigkeit eines Beamten kann zu einer Kürzung des ehezeitbezogenen Erwerbs führen, weil die zur Ermittlung des Ehezeitanteils nach § 1587a Abs. 2 Nr. 1 BGB zu bildende Gesamtzeit bis zur festen Altersgrenze hierdurch verkürzt wird, so dass sich (rechnerisch) der Quotient mindert (BGH FamRZ 1989, 492 = NJW-RR 1989, 131; FamRZ 1991, 1415 f.; FamRZ 1995, 30; Rdn. 239). Generell gilt in den Fällen der Ermittlung des Ehezeitanteils nach §§ 40, 44 VersAusglG (Rdn. 159 ff.), dass die Verminderung des Ehezeitanteils aufgrund der Inanspruchnahme einer gesetzlich geregelten vorzeitigen Zurruhesetzung (z. B. aufgrund der **flexiblen Altersgrenze** in der gesetzlichen Rentenversicherung, die sich auf die betriebliche Altersversorgung auswirkt, oder einer **vorzeitigen Pensionierung**) im Versorgungsausgleich zu berücksichtigen ist. Gleiches gilt in den Fällen einer vorzeitigen Dienst- oder Erwerbsunfähigkeit, soweit endgültig beurteilt werden kann, dass eine solche Versorgung bis zur Erreichung der Altersgrenze erhalten bleibt (s. u. Rdn. 221 f., 241). Soweit durch die ratierliche Berechnungsweise nach § 40 VersAusglG eine Erhöhung des Versorgungswertes eintritt (s. u. Rdn. 239), kann im Einzelfall eine Korrektur nach § 27 VersAusglG bei der Erstentscheidung bzw. nach § 226 Abs. 3 FamFG i. V. m. § 27 VersAusglG in der Abänderungsentscheidung erfolgen.

d) Betriebliche Altersversorgung

Ist ein Anrecht der betrieblichen Altersversorgung zum Ehezeitende noch verfallbar, wird aber vor Erlass der Entscheidung unverfallbar, ist nach § 5 Abs. 2 Satz 2 VersAusglG diese Änderung zu berücksichtigen, weil nach § 19 Abs. 1, 2 VersAusglG Ausgleichsreife eingetreten ist. Maßgebend ist Zeitpunkt der Entscheidung in der letzten Tatsacheninstanz (BGH FamRZ 1982, 1195 = NJW 1982, 37), und nicht der Zeitpunkt des Ehezeitendes. Die Unverfallbarkeit eines Anrechts kann entweder durch Erfüllung der gesetzlichen Voraussetzungen nach § 1b Abs. 1 BetrAVG (s. Rdn. 366 f.) dem Grunde und der Höhe nach oder aufgrund einer nach Ehezeitende vorgenommenen **Satzungsänderung** eintreten. Für das Verfahren zur Durchführung des Versorgungsausgleichs bedeutet dies, dass das Gericht im Zeitpunkt der letzten mündlichen Verhandlung (auch in zweiter Instanz) die Voraussetzungen des § 1 Abs. 1 BetrAVG hinsichtlich jedes Anrechts aus der betrieblichen Altersversorgung anhand der Auskunft zu überprüfen hat. Ist im Zeitpunkt der letzten mündlichen Verhandlung ein Anrecht dem Grunde oder der Höhe nach (teilweise) noch verfallbar, so liegt keine Ausgleichsreife i. S. d. § 19 Abs. 1 VersAusglG vor.

136

4. Wegfall einer Versorgung nach Ende der Ehezeit

Nach dem in § 2 Abs. 3 VersAusglG (§ 1587a Abs. 7 BGB a. F.) enthaltenen Grundsatz sind für die Einbeziehung von Anrechten die zeitlichen Voraussetzungen eines Versorgungserwerbs (Wartezeiten) grundsätzlich unbeachtlich. Der hierin enthaltene Grundsatz bezieht sich jedoch nicht auf den Fall, dass im **Zeitpunkt des Entscheidung zum Versorgungsausgleich** ein Versorgungsanrecht (dem Grunde nach) nicht besteht (BGH FamRZ 2004, 693, 694 f.; FamRZ 1986, 892, 893; s. a. FamRZ 2004, 1039); § 2 Abs. 3 VersAusglG bezieht sich nur auf die Bewertung eines Anrechts, nicht aber auf die Beurteilung, ob und in welcher Weise ein Ausgleich durchzuführen ist. Entfällt zwischen dem Ende der Ehezeit und dem Zeitpunkt der Entscheidung eine Versorgung gänzlich, so würde sich der Versorgungsausgleich zu Lasten des Trägers der auszugleichenden Versorgung auswirken, aber nicht den Ausgleichspflichtigen treffen. Nach BGH ist der Wegfall im Versorgungs-

137

ausgleich beachtlich, d. h., die entfallene Versorgung kann nicht mehr im Wertausgleich berücksichtigt werden. Dies hat der BGH zunächst bei einem Anrecht aus der landwirtschaftlichen Altershilfe entschieden, in dem der Ausgleichspflichtige nach Beendigung seiner landwirtschaftlichen Tätigkeit die Erklärung über die für den späteren Leistungsbezug erforderliche freiwillige Weiterentrichtung von Beiträgen bis zum 60. Lebensjahr nicht abgegeben und auch keine Beiträge mehr entrichtet hatte, § 27 GAL a. F.; hierauf entfiel das Anrecht. Der BGH begründet den Wegfall damit, der Stichtag des Ehezeitendes gelte nur für die Frage der Wertermittlung, nicht aber auch für die Durchführung des Versorgungsausgleichs überhaupt (FamRZ 1986, 892 = NJW-RR 1986, 1195; FamRZ 1987, 1016 = NJW-RR 1987, 1346; eing. Rdn. 468, dort auch zur Neuregelung nach dem ALG).

138 Auf diese Rechtsprechung greift der BGH auch in den Fällen der **Beitragsrückerstattung** zurück (FamRZ 1992, 45 – Erstattung durch Ärzteversicherung wegen Wechsels des Bereichs der Ärztekammer; FamRZ 1995, 31 – Erstattung gem. § 210 Abs. 4 SGB VI). Liegt noch kein bestandskräftiger Erstattungsbescheid vor, muss der Rentenversicherungsträger, soweit er von dem Ehescheidungsverfahren Kenntnis erlangt hat, die beantragte Erstattung nach § 29 VersAusglG (§ 10d VAHRG a. F.) verweigern, auch wenn die Voraussetzungen der Erstattung vorliegen (*Borth*, FamRZ 1996, 641, 642; Rdn. 333). Die nach § 29 VersAusglG mögliche Rückforderung der Beiträge ermöglicht erst bei einer tatsächlichen Rückzahlung der Beiträge die Berücksichtigung des Anrechts (s. a. BGH FamRZ 1995, 31, 32; zur früheren Rechtslage, bei der nach § 242 BGB der Versorgungsträger eine Erstattung verweigern konnte, s. BGH FamRZ 1986, 657 = NJW 1986, 1932). Diese Möglichkeit scheidet allerdings bei Unkenntnis des Versorgungsträgers aus. Zutreffend weist *Hahne* (Schwab/Hahne Teil VI Rn. 43) darauf hin, dass dies zu unbilligen Ergebnissen führen kann, weil der Ausgleichspflichtige den Kapitalwert der Versorgung bezieht, ohne dass dieser güterrechtlich ausgeglichen werden kann, weil dieser erst nach dem Ehezeitende anfällt. Diese Frage hat der BGH offen gelassen, wenn die Erstattung nach Ehezeitende (i. S. d. § 1384 BGB), dagegen nicht nach § 3 Abs. 1 VersAusglG, aber vor Kenntniserlangung des laufenden Versorgungsausgleichsverfahrens durch den Versicherungsträger erfolgte. I. d. R. wird mit Antrag nach § 210 SGB VI eine Forderung auf Erstattung ausgelöst, die beim Endvermögen des Zugewinns berücksichtigt werden kann; ansonsten ist von einer Konversion des dem Versorgungsausgleich unterliegenden Anrechts in einen dem Zugewinn unterliegenden Anspruch auszugehen (*Schwab/Hahne* Rn. 43). Schließlich ist eine zunächst als wiederkehrende Leistung abgeschlossene, später aber auf Kapitalbasis umgestellte private Rentenversicherung nicht beim Versorgungsausgleich einzubeziehen; dies gilt auch dann, wenn das Kapitalwahlrecht erst nach Ehezeitende ausgeübt wurde (eingehend Rdn. 68 ff.). Zum Wegfall einer betrieblichen Altersversorgung bei deren Abfindung bzw. Widerruf s. Rdn. 382 ff., bei Tod eines Ehegatten s. Rdn. 618 ff..

139 Liegt ein **zeitlich befristetes Anrecht** vor, greifen die zuvor genannten Grundsätze nicht ein, weil in einem solchen Fall das Anrecht nicht wertlos ist. Insoweit kann deshalb im Grundsatz ein Ausgleich sowohl in Form einer internen (mit zeitlich befristetem Anrecht) wie externen Teilung (mit entsprechend geringerer Kapitalzahlung gem. § 14 Abs. 4 VersAusglG) erfolgen. Liegt eine zeitlich befristete Rente der gesetzlichen Rentenversicherung wegen voller Erwerbsminderung gem. § 43 Abs. 2 SGB VI vor, ist wird diese allerdings nicht berücksichtigt, wenn konkret feststeht, dass sie sich auf die Rente wegen Alters auswirkt (BGH FamRZ 2005, 1461). Besteht eine zeitlich befristete Rente wegen voller Erwerbsminderung in der Zusatzversorgung des öffentlichen Dienstes, kann im Grundsatz ebenfalls ein Ausgleich erfolgen; der Ausgleichsberechtigte erlangt aber nur dann eine Leistung aus diesem Anrecht, wenn bei ihm selbst die Voraussetzungen einer vollem Erwerbsminderung vorliegen. Soweit das Anrecht unverfallbar ist, scheitert der Ausgleich nicht an der fehlenden Ausgleichsreife i. S. d. § 19 Abs. 1, 2 Nr. 1 VersAusglG (s. a. BGH FamRZ 2005, 1461). Allerdings stellt sich die Frage, ob ein solches Anrecht nicht analog § 19 Abs. 2 Nr. 2 VersAusglG (abzuschmelzende Leistung) zu behandeln ist, wenn wegen der zeitlichen Befristung des Anrechts nicht damit zu rechnen ist, dass der Ausgleichsberechtigte eine Leistung erhält. Zwar kann die dem Ausgleichspflichtigen entstehende Kürzung aus dem Wertausgleich nach § 35 Abs. 1, 2 VersAusglG auf Antrag ausgesetzt werden, so dass die Nachteile aus der Aufgabe der Vornahme einer Gesamtbilanz ausgeglichen werden. Soweit die Kürzung den in § 35 Abs. 3 VersAusglG enthaltenen Grenzbetrag übersteigt, erfolgt jedoch ein Ausgleich, der wegen des befristetes Bestandes des Anrechts beim Ausgleichsberechtigten nicht zur Begründung einer Anwartschaft auf eine Leistung führt und damit den Zweck des Versorgungsausgleichs verfehlt und deshalb einen Eingriff in die Anrechte des Ausgleichspflichtigern bedeutet (Art. 14 GG).

5. Änderung der Form des Ausgleichs nach Ehezeitende

Für die Form des (öffentlich-rechtlichen) Ausgleichs, die durch interne Teilung nach § 10 VersAusglG sowie externe Teilung nach § 14 VersAusglG erfolgt, gilt allgemein der Grundsatz, dass es bei einer Veränderung nach dem Ende der Ehezeit auf die tatsächlichen Verhältnisse zum Zeitpunkt der **letzten tatrichterlichen Entscheidung** ankommt. Allerdings bezieht sich § 5 Abs. 2 Satz 2 VersAusglG nur auf Veränderungen in Bezug auf den Ausgleichswert, nicht die Form des Ausgleichs, so dass der darin enthaltene Grundsatz nicht unmittelbar herangezogen werden kann. Dennoch sind Veränderungen, die vor der Entscheidung in der letzten Tatsacheninstanz in Bezug auf den Träger der Versorgung eintreten, zu berücksichtigen, weil der Teilungsvorgang nur durch den tatsächlichen Träger des auszugleichenden Anrechts erfolgen kann. Dies gilt insbesondere bei Widerrufsbeamten und Soldaten auf Zeit, die nach dem Ende der Ehezeit Beamte auf Lebenszeit werden; in diesem Fall ist der Ausgleich in Form des § 16 VersAusglG oder gem. dem BVersTG bzw. einem entsprechenden Landesversorgungsteilungsgesetz (durch interne Teilung) durchzuführen (BGH FamRZ 1982, 362; 1987, 921 – zu Lasten des neuen Dienstherrn). Sind diese dagegen aus dem öffentlichen Dienst ausgeschieden und wurde die Nachversicherung in der gesetzlichen Rentenversicherung durchgeführt, so erfolgt der Ausgleich im Wege der internen zu Lasten der gesetzlichen Rentenversicherung (BGH FamRZ 1981, 856, 861 = NJW 1981, 2187, 2190; BGHZ 81, 100 = FamRZ 1982, 154, 155 = NJW 1982, 379; FamRZ 1983, 1003 = NJW 1983, 2443; FamRZ 1984, 565; FamRZ 1986, 892, 894; FamRZ 1996, 98, 99; FamRZ 1999, 221, 222 – Übernahme eines Lehrers in ein Beamtenverhältnis nach Ehezeitende; eingehend Borth FamRZ 2001, 877, 885). Durch die Nachversicherung in der gesetzlichen Rentenversicherung wurde die zunächst alternativ ausgestaltete Versorgungsaussicht in ein Anrecht der gesetzlichen Rentenversicherung umgewandelt. War allerdings die Nachversicherung aufgeschoben (§§ 8, 124 Abs. 2 SGB VI), hat sich diese Aussicht noch nicht in ein Anrecht der gesetzlichen Rentenversicherung konkretisiert (BGH FamRZ 1982, 154 = NJW 1982, 379). Die Aussetzung des Verfahrens zum Versorgungsausgleich bis zur vollzogenen Nachversicherung ist allerdings mangels entsprechender gesetzlicher Regelung nicht möglich (BGH FamRZ 1983, 682 = NJW 1983, 1908). In diesem Fall ist der Versorgungsausgleich analog § 1587b Abs. 2 BGB zu Lasten des Anrechts auf die Nachversicherung vorzunehmen (BGH

FamRZ 1988, 1253; s. auch §§ 183 Abs. 2, 185 SGB VI). Änderungen tatsächlicher Art, die erst nach dem maßgebenden Zeitpunkt der Entscheidung des Beschwerdegerichts eintreten, können im Verfahren der Rechtsbeschwerde nicht berücksichtigt werden, § 72 FamFG (BGH NJW 1983, 1908 f. = FamRZ 1983, 682 f. zu § 621e Abs. 2 ZPO a. F., § 27 FGG a. F.). Unproblematisch ist die Sachlage, wenn ein Betrag zur Beamtenversorgung nach Ehezeitende, aber vor dem Zeitpunkt der Entscheidung eine dem BVersTG entsprechende Regelung einführt, weil in diesem Fall der in § 9 Abs. 2 VersAusglG enthaltene Vorrang der internen Teilung eingreift.

IX. Struktur des Versorgungsausgleichs

141 Aus den dargelegten Grundlagen des Versorgungsausgleichs ergeben sich hinsichtlich der Durchführung und Auswirkungen folgende **vier Phasen:**

1. Phase: Ermittlung der dem Versorgungsausgleich unterliegenden und in der Ehezeit erworbenen Versorgungsansprüche

Dies erfolgt durch:
– Vorlage von Fragebögen, in denen jeder Ehegatte angeben muss, ob Anrechte i. S. d. § 2 Abs. 1 VersAusglG vorliegen;
– Einholung einer Auskunft des Gerichts bei den Ehegatten nach § 220 Abs. 1 FamFG (im Rahmen des Amtsermittlungsgrundsatzes nach § 26 FamFG);
– Einholung von Auskünften bei den Trägern einer Versorgung nach § 220 Abs. 4, 5 FamFG (im Rahmen des § 26 FGG);
– Geltendmachung des zivilrechtlichen Auskunftsanspruchs durch einen Ehegatten gegen den anderen nach §§ 1587e Abs. 1 i. V. m. § 1580 BGB.

2. Phase: Bewertung der in die Ehezeit fallenden Versorgungsansprüche, bei der zwei Rechenschritte vorzunehmen sind

142 Zunächst ist für jeden Ehegatten getrennt das auf die Ehezeit entfallende Anrecht zu ermitteln. Hierzu holt das Familiengericht nach § 220 Abs. 4 FamFG bei den Trägern einer Versorgung Auskunft über Grund und Höhe des Anrechts ein. In welcher Höhe der Ehezeitanteil der jeweiligen Versorgung festzustellen ist, bestimmen die §§ 39 -46 VersAusglG.

3. Phase: Ausgleich der dem Versorgungsausgleich unterliegenden Anrechte (Durchführung des Wertausgleichs)

143 Nach § 1 Abs. 1, 2 VersAusglG findet für jedes Anrecht – anders als nach dem bis zum 31. 08. 2009 bestehenden Recht – ein selbständiger Ausgleich statt, der jeweils unabhängig von anderen Anrechten der Ehegatten vorgenommen wird. Der Ausgleich erfolgt in erster Linie in Form der **internen Teilung**, § 9 Abs. 2 VersAusglG. Eine Verrechnung findet nur bei gleichartigen Anrechten gem. § 10 Abs. 2 VersAusglG statt.

Nach den §§ 14–17 VersAusglG ist eine **externe Teilung**, also bei einem anderen Versorgungsträger als dem Träger der auszugleichenden Versorgung vorzunehmen; § 9 Abs. 3 VersAusglG drückt dies ungenau aus.

In beiden Formen liegt der dingliche Vollzug des Wertausgleichs mit der Folge, dass der Berechtigte aus dem Versorgungsausgleich Anrechte gegenüber dem Versicherungsträger erwirbt, auf den diese übertragen bzw. bei ihm begründet worden sind. Diese Anrechte werden vom Rentenversicherungsträger des Berechtigten nach § 8 Abs. 1 Nr. 2 SGB VI als eigenständiges Versorgungsanrecht festgestellt.

Renten- bzw. versorgungstechnisch erfolgt dies durch eine Verbuchung bzw. Abbuchung der übertragenen oder begründeten Anrechte bei den jeweiligen Versorgungsanrechten der Ehegatten. Die externe Teilung wird nach § 14 Abs. 4 VersAusglG durch die Zahlung des Ausgleichswerts als Kapitalbetrag an die Zielversorgung vollzogen.

4. Phase: Auswirkungen der übertragenen bzw. begründeten Versorgungsanrechte auf die Versorgungsleistungen beider Ehegatten

Nach dem Vollzug des Wertausgleichs hat der Träger der Versorgung dem Ausgleichsberechtigten im Versicherungsfall eine Versorgungsleistung zu erbringen, deren Voraussetzungen sich nach dem für den Ausgleichsberechtigten bestehenden Anrecht richten. Beim Ausgleichspflichtigen führt der Vollzug des Wertausgleichs zu einer Kürzung seiner (Gesamt-) Anrechte, wenn nicht eine **Anpassung nach Rechtskraft** gem. den §§ 32–38 VersAusglG erfolgt, also 144

– die Bestimmungen zur Rückführung der Anrechte bei Tod des Berechtigten nach den §§ 37, 38 VersAusglG oder bei Unterhaltsleistungen des Ausgleichspflichtigen an den Berechtigten nach §§ 33, 34 VersAusglG eingreifen (Rdn. 871, 895);
– das sogenannte **Rentnerprivileg** nach § 101 Abs. 3 SGB VI a. F. ist mit Wirkung ab dem 01. 09. 2009 eingeleiteten Verfahren (Rdn. 544, 918) ersatzlos aufgehoben worden (s. Art. 4 Nr. 5 VAStrRefG).

X. Übergangsbestimmungen

1. Übergangsvorschriften des 1. EheRG

Der Versorgungsausgleich erfasst alle Ehen, die nach dem 30. 06. 1977 geschieden wurden, auch wenn die Ehe vor dem 01. 07. 1977 geschlossen wurde, Art. 12 Nr. 3 Abs. 1, 3 des 1. EheRG (BGH FamRZ 1979, 477, 486 = NJW 1979, 1289, 1294 f.). Wurde die Ehe nach altem Recht geschieden, so gilt für die Scheidungsfolgen ebenfalls altes Recht, auch wenn in zeitlichen Übergangsfällen die Rechtskraft erst nach dem 30. 06. 1977 eintrat (BVerfG FamRZ 1978, 173; BGH FamRZ 1979, 906). Erfolgt die Scheidung nach dem seit dem 01. 07. 1977 geltenden Recht, findet nach Art. 12 Nr. 3 Abs. 3 Satz 2 des 1. EheRG dennoch kein Versorgungsausgleich statt, wenn die Ehegatten vor dem 01. 07. 1977 145

(1) künftige Unterhaltsansprüche durch Vermögensübertragung endgültig abgefunden oder
(2) einen Vertrag über die dem Versorgungsausgleich unterliegenden Versorgungsanrechte geschlossen haben (BGH FamRZ 1985, 263).

Beide Regelungen waren ohne die für den Ehevertrag erforderliche **notarielle Form** möglich, es sei denn, dass aufgrund allgemeiner Formbestimmungen eine notarielle Form zur Vermögensübertragung geboten war (bei Grundstücksübertragungen nach § 313 BGB). Nach dem zum 01. 07. 1977 in Kraft getretenen Recht konnte nur durch Ehevertrag nach § 1408 Abs. 2 BGB a. F. der Versorgungsausgleich ausgeschlossen werden. Eine **Herabsetzung** des Versorgungsausgleichs bis zur Hälfte des auf die Trennungszeit entfallenden Anspruchs war möglich bei Ehegatten, die schon vor dem 01. 07. 1977 getrennt gelebt haben und deren Ehe allein aufgrund des Widerspruchsrechts des anderen Ehegatten nach § 48 Abs. 2 EheG a. F. nicht geschieden werden konnte, Art. 12 Nr. 3 S. 3, 4 des 1. EheRG.

1. Kapitel   Grundlagen und Konzeption des Versorgungsausgleichs

In § 54 VersAusglG wird hierzu ausdrücklich bestimmt, dass für Sachverhalte vor dem 01.07.1977 weiterhin die Übergangsvorschriften des 1. EheRG sowie des VAHRG anzuwenden sind.

2. Übergangsvorschriften des VAStrRefG

a) Grundlagen

146 Die Übergangsvorschriften des VAStrRefG ergeben sich aus dem Zusammenwirken der Regelungen des Verfahrensrechts und des materiellen Rechts. Das materielle Recht des VersAusglG (§§ 1–47 VersAusglG) und das neue Verfahrensrecht gem. den §§ 217–229 FamFG wurden aufeinander abgestimmt. Die Regelungen ermöglichen einen alsbaldigen Übergang in das neue Verfahrens- und materielle Recht; sie werden hierdurch den Bedürfnissen der anwaltlichen und gerichtlichen Praxis gerecht. Hierbei ist neben den Regelungen der §§ 48–54 VersAusglG ferner Art. 111 FGG-ReformG zu berücksichtigen, der durch Art. 22 VAStrRefG eine Harmonisierung mit § 48 VersAusglG erfahren hat.

b) Überleitung der Altfälle in das neue materielle Recht sowie Verfahrensrecht

147 Die in § 48 VersAusglG enthaltene allgemeine Übergangsvorschrift sieht zum Übergang in das neue materielle Recht folgende Regelungen vor:
– Für Verfahren, die ab dem 01.09.2009 eingeleitet werden (i. S. d. Art. 111 Abs. 1 FGG-ReformG in der Fassung des Art. 22 VAStrRefG), ist das reformierte Recht des Versorgungsausgleichs nach dem VersAusglG und das neue Verfahrensrecht des FamFG anzuwenden (§§ 217–229 FamFG).
– Für Verfahren, die vor dem 01.09.2009 eingeleitet werden oder deren Einleitung beantragt wird, verbleibt es grundsätzlich bei dem bis zum 31.08.2009 geltenden materiellen Recht (§§ 1587–1587p BGB a. F., §§ 1 ff. VAHRG a. F.) sowie dem Verfahrensrecht nach der ZPO, dem FGG und dem VAHRG.
– Nach § 48 Abs. 2, 3 VersAusglG ist jedoch für die sogenannte **Altfälle** in den dort geregelten Verfahrenskonstellationen, die auch für Verbundverfahren i. S. d. 623 ZPO a. F. gelten, das ab dem 01.09.2009 geltende materielle Recht (VersAusglG) und Verfahrensrecht (FamFG) anzuwenden. Hinsichtlich des Verfahrensrechts wird in Art. 111 FGG-ReformG in der Fassung des Art. 22 VAStrRefG umgesetzt, so dass die notwendige Harmonisierung von materiellem Recht und Verfahrensrecht auch in den Übergangsfällen gewahrt bleibt. Danach ist das neue materielle Recht und das neue Verfahrensrecht anzuwenden, wenn,
  (1) ein Versorgungsausgleichsverfahren **am 01.09.2009** abgetrennt oder ausgesetzt ist oder dessen Ruhen angeordnet war (§ 628 S. 1 Nr. 4 ZPO, § 53c FGG, § 2 Abs. 1 Satz 2 VAÜG, § 614 ZPO bei Aussetzung des Scheidungssache oder Anordnung des Ruhens nach § 251 ZPO);
  (2) ein Versorgungsausgleichsverfahren **nach dem 01.09.2009** abgetrennt oder ausgesetzt oder das Ruhen des Verfahrens angeordnet wird;
  (3) am **31.08.2010 im ersten Rechtszug** noch keine Endentscheidung erlassen worden ist. Diese Regelung gilt in Verbindung mit Art. 111 Abs. 5 Satz 1, 2 FGG-ReformG in der Fassung des Art. 22 VAStrRefG nicht nur für die nach dem 31.08.2009 weiterbetriebenen selbständigen Versorgungsausgleichsverfahren, sondern auch für Verbundverfahren, in denen der Versorgungsausgleich durchzuführen ist und die nach der AktO weggelegt worden sind. Dies hat zur Folge, dass nicht nur die Scheidungssache, sondern auch weitere Folgesachen (nachehelicher Unterhalt, Zugewinn) **nach den Bestimmungen des FamFG weitergeführt** werden, unabhängig davon, ob

weitere Folgesachen vor oder nach dem 01.09.2009 rechtshängig gemacht werden.

c) Wiederaufnahme von ausgesetzten Verfahren nach dem VAÜG

§ 50 Abs. 1 Nr. 1 VersAusglG sieht vor, dass auf **Antrag eines Ehegatten oder eines Versorgungsträgers** ein ausgesetzter Versorgungsausgleich wieder aufzunehmen ist; dieser Antrag ist nach § 50 Abs. 2 VersAusglG frühestens 6 Monate vor dem Zeitpunkt zulässig, ab dem aufgrund des Versorgungsausgleichs voraussichtlich Leistungen zu erbringen oder zu kürzen wären. Ferner regelt § 50 Abs. 1 Nr. 2 VersAusglG die Wiederaufnahme der nach § 2 Abs. 1 Satz 2 VAÜG ausgesetzten Verfahren; danach »soll« von Amts wegen nach Ablauf von einer Frist von 5 Jahren nach Inkrafttreten des reformierten Versorgungsausgleichs das Verfahren wieder aufgenommen werden.

148

d) Abänderung des öffentlich-rechtlichen Versorgungsausgleichs, § 51 VersAusglG

§ 51 Abs. 1–3 VersAusglG regelt die Zulässigkeit der Abänderung des öffentlich-rechtlichen Versorgungsausgleichs nach den §§ 1587 ff BGB a. F. Die Regelung erfasst damit auch Verfahren, die nach dem 01.09.2009 nach den Bestimmungen des bis dahin geltenden Rechts rechtskräftig abgeschlossen wurden. Dies erfolgt allerdings nicht auf der Grundlage des § 10a VAHRG. Vielmehr werden die Bestimmungen an das neue Recht angepasst.

149

Es erfolgt eine Totalrevision nach neuem Recht, soweit die Abänderungsvoraussetzungen vorliegen.

Hierbei bleiben allerdings Anrechte, die nach bisherigem Recht nicht dem Versorgungsausgleich unterlagen, im Abänderungsverfahren unberücksichtigt (vor allem betriebliche Altersversorgungen auf Kapitalbasis – Versorgungskonten).

Die Voraussetzungen einer wesentlichen Änderung ergeben sich aus § 51 Abs. 2, 3 VersAusglG. Abs. 2 verweist auf die Voraussetzungen des § 225 Abs. 2, 3 FamFG zur Wesentlichkeitsgrenze; insoweit sind diese auch dann gegeben, wenn eine wesentliche Änderung nur bei einem Anrecht eingetreten ist. Ferner ist § 225 Abs. 4 FamFG zur Erfüllung der Wartezeit zu beachten.

Hinsichtlich der Einzelheiten wird auf die Ausführungen in Kap. 12 Rdn. 1126 ff. verwiesen.

e) Keine Abänderung von Altverfahren im Falle eines Teilausgleichs nach § 3b Abs. 1 Nr. 1 VAHRG

§ 51 Abs. 4 VersAusglG bestimmt, dass eine Abänderung nach § 51 Abs. 3 VersAusglG ausgeschlossen ist, wenn für das Anrecht nach einem Teilausgleich gem. § 3b Abs. 1 Nr. 1 des Gesetzes zur Regelung von Härten im Versorgungsausgleich noch Ausgleichsansprüche nach der Scheidung gem. den §§ 20 bis 26 geltend gemacht werden können.

150

Durch diese Fassung wird klargestellt, dass die Zusatzversorgungskassen des öffentlichen Dienstes und die kirchlichen Zusatzversorgungskassen nach § 51 Abs. 3 VersAusglG abgeändert werden können und **private betriebliche Altersversorgungen** nach dem BetrAVG sowie die privaten Rentenversicherungen auf den Wertausgleich nach der Scheidung i. S. d. §§ 20 ff. VersAusglG verwiesen werden, nur insoweit also ein Abänderungsverfahren ausscheidet. Darüber hinaus ist nach § 51 Abs. 3 VersAusglG vor allem bei **berufsständischen Versorgungen** eine Abänderung (mit der Folge einer internen oder externen Teilung) möglich, die nach dem bestehenden Recht wegen Überschreitens der Höchstgrenze nach § 1587b Abs. 5 BGB a. F. in den Fällen des § 1 Abs. 3 VAHRG a. F. nicht möglich war. Gleiches gilt, wenn eine Beamtenversorgung nunmehr intern geteilt werden kann.

f) Bewertung eines Teilausgleichs bei Ansprüchen aus dem schuldrechtliche Versorgungsausgleich, § 53 VersAusglG

151 § 53 VersAusglG regelt die Streitfrage, in welcher Weise die Bewertung eines nach § 3b Abs. 1 VAHRG vorgenommener Teilausgleich vorzunehmen ist: dies erfolgt auf der Grundlage des aktuellen Rentenwerts. Diese Regelung bezieht sich auf die Rechtsprechung des BGH (FamRZ 2007, 363) zur Bestimmung der schuldrechtlichen Ausgleichsrente nach § 1587g Abs. 1 BGB a. F. im Falle eines öffentlich-rechtlichen Teilausgleichs nach § 3b Abs. 1 VAHRG.

Hinsichtlich der Einzelheiten wird auf die Ausführungen in Kap. 12 Rdn. 1153 verwiesen.

2. Kapitel
Bewertung von Anrechten auf eine Versorgung wegen Alters oder Invalidität

A. Grundlagen

I. Einbindung der Bewertungsvorschriften in das VersAusglG

Das VersAusglG gliedert die verschiedenen Phasen der verfahrensrechtlichen Durchführung des Versorgungsausgleichs (s. hierzu Rdn. 141) wesentlich übersichtlicher als die §§ 1587 ff. BGB a. F. Es regelt im **Teil 1 Kapitel 1** (§§ 6–27 VersAusglG) **die Durchführung** des Ausgleichs eines dem Versorgungsausgleich unterliegenden Anrechts, in **Teil 2 die Wertermittlung** eines auszugleichenden Anrechts (§§ 39–47 VersAusglG) und in **Teil 3 die Übergangsvorschriften** (§§ 48–54 VersAusglG). Anders als nach bisherigem Recht stellt das VersAusglG damit den Ausgleich in den Mittelpunkt der gesetzlichen Regelungen. Im Ablauf des Vollzugs des Versorgungsausgleichs steht allerdings nach der Feststellung der dem Versorgungsausgleich unterliegenden Anrechte, die auf der Grundlage der in § 2 Abs. 2 VersAusglG enthaltenen Definitionen erfolgt, die Ermittlung des ehezeitbezogenen Werts eines Anrechts vor dem Vollzug des Wertausgleichs (s. Rdn. 142). In § 5 Abs. 1 VersAusglG wird hierzu bestimmt, dass der Versorgungsträger den Ehezeitanteil des Anrechts in Form der für das jeweilige Versorgungssystem maßgeblichen Bezugsgröße (s. Rdn. 154) berechnet und nach § 5 Abs. 3 VersAusglG dem Familiengericht einen Vorschlag für die Bestimmung des Ausgleichswerts unterbreitet. Hierbei hat dieser die Regelungen der §§ 39–47 VersAusglG zu berücksichtigen. Durch den Wegfall des in § 1587a Abs. 1 BGB a. F. enthaltenen Systems des Ausgleichs nach dem Zugewinnprinzip, die eine Anpassung aller dem Wertausgleich nach § 1587 Abs. 1 BGB a. F. unterliegenden Anrechte erforderlich machte und der Einführung des Hin- und Her-Ausgleichs, **entfällt der weitere Vorgang der Prüfung einer Dynamik** der jeweiligen Anrechte anhand der Anpassungssätze der gesetzlichen Rentenversicherung und der Beamtenversorgung gemäß § 1587a Abs. 3, 4 BGB a. F. Durch das neue System des internen bzw. externen Ausgleichs besteht kein Anlass mehr, die qualitativen Unterschiede der einzelnen Anrechte festzustellen und auszugleichen; entsprechend entfällt auch die Barwertverordnung.

152

II. Neustrukturierung der Wertermittlung – Teil 2 des VersAusglG

Das VersAusglG strukturiert die Bewertungsvorschriften neu. Diese sind in § 5 VersAusglG sowie den §§ 39–47 VersAusglG enthalten, also in übersichtlicher Weise im Gesetz zusammengefasst.

153

2. Kapitel Bewertung von Anrechten auf eine Versorgung wegen Alters oder Invalidität

	Teil 2 – Wertermittlung		
Kapitel 1	Allgemeine Wertermittlungsvorschriften	§§ 39 ff.	
	– unmittelbare Bewertung einer Anwartschaft	§ 39	wie § 1587a Abs. 2 Nr. 2, 5 BGB
	– zeitratierliche Bewertung einer Anwartschaft	§ 40	wie § 1587a Abs. 2 Nr. 1, 3 BGB
	– Bewertung einer laufenden Versorgung	§ 41	entsprechend §§ 39, 40 VersAusglG
	– Bewertung nach Billigkeit	§ 42	wie § 1587a Abs. 5 BGB
Kapitel 2	Sondervorschriften für bestimmte Versorgungsträger	§§ 43 ff.	
	– Anrechte aus gesetzlicher Rentenversicherung	§ 43	Erweiterung des § 1587a Ab. 7 Satz 2 BGB um Rente nach § 70 Abs. 3a SGB VI
	– Anrechte aus öffentlich-rechtlichem Dienstverhältnis	§ 44	Abs. 2 wie § 1587a Abs. 6 Hs. 1 BGB; Abs. 3 wie § 1587a Abs. 6 Hs. 2 BGB
	– Anrechte nach dem Betriebsrentengesetz	§ 45	nach Abs. 1 Kapitalwert bei DirektVers., P-Kasse, P-Fonds; nach Abs. 3 Rentenwert bei U-Kasse
	– Anrechte aus Privatversicherungen	§ 46	Rückkaufswert, § 169 Abs. 3, 4, 7 VVG
Kapitel 3	Korrespondierender Kapitalwert	§ 47	

1. Allgemeine Grundsätze nach § 5 VersAusglG

154 § 5 VersAusglG regelt die allgemeinen Grundsätze der Bewertung. Dieser enthält folgende Bestimmungen:
– Abs. 1 verpflichtet die Versorgungsträger, den Ehezeitanteil in der von ihrem jeweiligen Versorgungssystem maßgebenden Bemessungs- und Bezugsgröße zu bestimmen. Der **Begriff Bemessungs- oder Bezugsgröße** bedeutet, dass entsprechend dem jeweiligen System des Anrechts zur Ermittlung der Leistung im Versorgungsfall der Versorgungsträger den Ehezeitanteil in Form einer Rente (Beamtenversorgung), von Entgeltpunkten (gesetzliche Rentenversicherung), einem Kapitalwert (private Rentenversicherung), Leistungszahlen, Versorgungspunkten oder Steigerungszahlen (berufsständische Versorgungen) ermittelt. Eine Vereinheitlichung der Bemessungsgrößen in Form eines Rentenbetrages oder einer anderen Form ist wegen des neuen Systems des Ausgleichs (Hin- und Her-Ausgleich) nicht erforderlich.
– Abs. 2 legt das **Stichtagsprinzip** fest, indem die Teilung der in der Ehe erworbenen Versorgungsanrechte auf das Ehezeitende begrenzt wird und die Teilhabe am Versorgungserwerb für die Zeit danach nicht mehr besteht. Zu den in Abs. 2 Satz 2 geregelten Ausnahmen im Falle einer Rückwirkung von nach dem Stichtag eingetretenen Änderungen, die sich auf den Ehezeitanteil auswirken, wird auf Rdn. 125 ff. verwiesen.

II. Neustrukturierung der Wertermittlung – Teil 2 des VersAusglG

- Nach Abs. 3 ist der Versorgungsträger verpflichtet, dem Familiengericht einen **Vorschlag für die Bestimmung des Ausgleichswerts** zu unterbreiten. Soweit dieser nicht in Form eines Kapitalwerts besteht, teilt der Versorgungsträger ferner den korrespondierenden Kapitalwert gemäß § 47 VersAusglG mit (zu dessen Funktion s. Rdn. 176 ff.).
- Ist der Ausgleichswert in einem Verfahren über **Ausgleichsansprüche nach der Scheidung** gem. den §§ 20–26 VersAusglG (vor allem zum schuldrechtlichen Versorgungsausgleich) zu bestimmen, ist nach Abs. 4 Satz 1 grundsätzlich nur der Rentenbetrag zu bestimmen. Das Familiengericht kann aber ferner die **Bestimmung des korrespondierenden Kapitalwerts** verlangen, wenn eine Begrenzung oder ein Ausschluss des Wertausgleichs nach der Härteklausel in Betracht kommt; dies ist insbesondere dann zu prüfen, wenn aufgrund des Wertausgleichs bei einem Ehegatten eine Unterhaltsbedürftigkeit wegen Unterschreitens des angemessenen Unterhalts entsteht und zugleich der Ausgleichsberechtigte über hinreichende Einkünfte verfügt. Der korrespondierende Kapitalwert ist nur auf ausdrückliche Anforderung des Familiengerichts zu bestimmen; dies folgt aus dem Wort »grundsätzlich«, das erst aufgrund des Vorschlags des Bundesrats ins Gesetz eingefügt wurde (BT-Drucks. 16/10144 S. 117 sowie Gegenäußerung der BReg. S. 125). Ferner wird der korrespondierende Kapitalwert bei Durchführung des schuldrechtlichen Versorgungsausgleichs benötigt, wenn jeder Ehegatte ein schuldrechtlich auszugleichendes Anrecht besitzt und der Ehegatte mit dem nominal höheren (Renten-)Anrecht wegen des ihn stärker belastenden Wertausgleichs nach der Scheidung sich auf den Ausschluss gemäß der Härteklausel beruft.
- Nach welcher Methode der Ehezeitanteil eines auszugleichenden Anrechts zu ermitteln ist, wird nicht in § 5 VersAusglG, sondern in den §§ 39–47 bestimmt. Abs. 5 verweist entsprechend auf diese Bestimmungen.
- Mit der Vorschrift des § 5 Abs. 1, 3–5 VersAusglG korrespondiert die in § 220 Abs. 4 FamFG enthaltene **Verpflichtung der Versorgungsträger**, die nach § 5 VersAusglG benötigten Werte dem Familiengericht mitzuteilen. Das Familiengericht kann von Amts wegen verlangen, dass der Versorgungsträger **erläuternde Ausführungen** zu einzelnen Fragen der Wertermittlung macht. Auch die Beteiligten können eine entsprechende Erläuterung verlangen; auf Antrag hat das Familiengericht den Versorgungsträger aufzufordern, die verlangte Klärung vorzunehmen.

2. Gliederung der allgemeinen Wertermittlungsvorschriften gemäß Teil 2 Kapitel 1 des VersAusglG

Teil 2 des VersAusglG ist in drei Kapitel untergliedert. Kapitel 1 enthält die allgemeinen Wertermittlungsvorschriften. Es übernimmt aus den Wertermittlungsvorschriften des bis zum 31.08.2009 geltenden Rechts die in § 1587a Abs. 2 BGB a. F. enthaltenen beiden grundlegenden Methoden der Bestimmung des Ehezeitanteils, die einerseits in § 1587a Abs. 2 Nr. 1 BGB a. F. in der Beamtenversorgung sowie in § 1587a Abs. 2 Nr. 3 BGB a. F. der betrieblichen Altersversorgung in Form der zeitratierlichen Ermittlung des Ehezeitanteils enthalten waren, und andererseits das in § 1587a Abs. 2 Nr. 2 BGB a. F. zur gesetzlichen Rentenversicherung enthaltene Prinzip zur Ermittlung des Ehezeitanteils in Form der unmittelbaren Bewertung (s. Vorauflage Rn. 377). Beide Prinzipien werden strukturiert und damit allgemein verständlicher geregelt. Befindet sich ein Anrecht bei Ehezeitende in der **Leistungsphase**, erfolgt die Bestimmung des Ehezeitanteils entsprechend den zuvor dargelegten Berechnungsmethoden; dies wird in § 41 VersAusglG ausdrücklich

155

geregelt. Kann der Ehezeitanteil ohne Verletzung des Halbteilungsgrundsatzes weder nach der unmittelbaren noch der zeitratierlichen Methode ermittelt werden, ist dieser gemäß § 42 VersAusglG nach Billigkeitsgrundsätzen zu bestimmen; dies entspricht der Regelung des § 1587 a Abs. 5 BGB a. F.

3. Das Prinzip der unmittelbaren Bewertung

156 Die **unmittelbare Bewertung** einer Anwartschaft nach § 39 VersAusglG ist stets vorrangig heranzuziehen, weil nach dieser Methode der Ehezeitanteil exakt nach dem in der Ehezeit erlangten Anteil des Gesamtanrechts festgestellt wird und damit unmittelbar den Wert des in der Ehezeit erzielten Erwerbs des Anrechts widerspiegelt. Diese Methode greift immer dann ein, wenn sich ein Anrecht in der Anwartschaftsphase befindet, also der Leistungs- bzw. Versorgungsfall noch nicht eingetreten ist und die Art der Versorgung eine Bestimmung des Ehezeitanteils durch unmittelbare Feststellung der Höhe des Anrechts zulässt. Dies ist stets der Fall, wenn der Ehezeitanteil nicht durch Berechnungsfaktoren oder -elemente beeinflusst wird, die außerhalb der Ehezeit liegen. § 39 Abs. 2 VersAusglG führt die wesentlichen Fälle der unmittelbaren Bewertung auf; diese Aufzählung ist allerdings nicht abschließend, was sich aus dem Wort »insbesondere« ergibt.

157 Dies betrifft:
– **nach Nr. 1 die Summe der Entgeltpunkte** oder vergleichbarer Rechengrößen (Versorgungspunkte, Leistungszahlen). Dies bezieht sich vor allem auf die Entgeltpunkte der gesetzlichen Rentenversicherung; die Höhe des Anrechts richtet sich nach der Summe der in der Ehezeit erworbenen Entgeltpunkte. Diese werden jährlich durch die Teilung des Durchschnittsentgelts aller Versicherten der gesetzlichen Rentenversicherung durch das individuelle Entgelt des Versicherten (Ehegatten) gebildet und werden grundsätzlich nicht durch einen Bewertungsfaktor beeinflusst, der außerhalb der Ehezeit liegt. Soweit in der gesetzlichen Rentenversicherung Anrechnungszeiten vorliegen, die aufgrund der Gesamtleistungszahl (zum Begriff s. Rdn. 322) gebildet werden, werden nur die bis zum Ehezeitende erworbenen Beitragszeiten berücksichtigt. Die Höhe des Anrechts wird durch die Multiplikation der Entgeltpunkte mit dem aktuellen Rentenwert bestimmt;
– **nach Nr. 2 die Höhe des in der Ehezeit erworbenen Deckungskapitals.** Diese Form des ehezeitbezogenen Erwerbs betrifft in erster Linie private Rentenversicherungen. Das Deckungskapital ergibt sich im Wesentlichen aus den in der Ehezeit geleisteten Beiträgen, den erlangten Zinsgewinnen sowie den zugeteilten Überschussanteilen. Diese Kapitalansammlung, die vor allem durch Risiko-, und Verwaltungskosten sowie den Gewinn des Versicherungsträgers gemindert wird, bildet die Grundlage des Anrechts, das durch Verrentung des Deckungskapitals nach versicherungsmathematischen Grundsätzen und Rechnungsgrundlagen im Leistungsfall zu einer Rentenleistung führt oder als Kapitalbetrag ausbezahlt wird, das in den Fällen des § 3 Abs. 2 Nr. 3 VersAusglG (2. Alt.) ebenfalls dem Versorgungsausgleich unterliegt, wenn ein Antrag der betrieblichen Altersversorgung oder i. S. d. Altersvorsorgeverträge – Zertifizierungsgesetzes vorliegt. Soweit eine Rentenleistung vorgesehen ist, bedarf es nicht mehr des in § 1587 a Abs. 2 Nr. 5 BGB a. F. geregelten Rechenganges; die Versorgungsträger bestimmen den Ehezeitanteil unmittelbar aus dem in der Ehezeit angesammelten Deckungskapital;

158 – **nach Nr. 3 die Summe der Rentenbausteine.** Rentenbausteine werden gebildet, indem aus dem Versorgungsbeitrag für jedes Jahr des Anrechts unmittelbar eine Leistung in Form eines Geldwertes oder in anderer Form (Anteile an einem Ka-

II. Neustrukturierung der Wertermittlung – Teil 2 des VersAusglG

pitalfonds u. ä.) bestimmt wird. Die Höhe der Versorgung ergibt sich aus der Summe aller Bausteine. Da diese jährlich ermittelt werden, kann der Ehezeitanteil entsprechend unmittelbar bestimmt werden. Allerdings ist für das Jahr, in dem jeweils die Eheschließung sowie das Ende der Ehezeit liegt, zu beachten, dass bei einem unterjährig liegenden Ehezeitende der anteilige Wert nicht unmittelbar bestimmt werden kann. Insoweit bietet es sich an, den ehezeitbezogenen Anteil durch die Teilung des auf dieses Jahr entfallenden Bausteines mit dem Quotienten der in der Ehezeit liegenden Monate durch zwölf zu bestimmen (s. a. BT-Drucks. 16/10144 S. 78);

- **nach Nr. 4 die Höhe der Summe der entrichteten Beiträge.** Nach dieser Regelung, die § 1587a Abs. 2 Nr. 4c BGB a. F. entspricht, werden die Leistungen nach einem allgemein definierten Prozentsatz oder Quotienten des gesamten Beitragsaufkommens bestimmt. Zur konkreten Bestimmung des Anrechts ist ein fester Vervielfältiger, der auch altersabhängig sein kann, sowie ein von der Höhe der geleisteten Beiträge abhängiger Berechnungsfaktor erforderlich. Der Ehezeitanteil des Anrechts bestimmt sich, indem die in der Ehezeit entrichteten Beiträge mit dem Vervielfältiger multipliziert werden;
- **nach Nr. 5 die Dauer der Zugehörigkeit zu einem Versorgungssystem.** Danach wird die Höhe des Anrechts entsprechend der Dauer der Zugehörigkeit zum Versorgungssystem (in Monaten oder pro Jahr) bzw. des Bestehens der Versorgungszusage um einen (in der Satzung des Versorgungssystems bestimmten) Grundbetrag erhöht. Entsprechend kann der Ehezeitanteil aufgrund der Dauer der Zugehörigkeit zu einer solchen Versorgung während der Ehezeit bestimmt werden. Dieses Berechnungsprinzip versagt allerdings dann, wenn ein längeres Zeitintervall besteht, das über das Ehezeitende hinausgeht, weil gegebenenfalls dann in der Ehezeit kein Zuwachs des Anrechts eintreten würde. In diesem Fall ist der Ehezeitanteil durch eine zeitratierliche Bewertung zu bestimmen (s. a. Vorauflage Rn. 377 f.).

4. Das Prinzip der zeitratierlichen Ermittlung des Ehezeitanteils

Das Prinzip der zeitratierlichen Bewertung wird in § 40 Abs. 1–3 VersAusglG geregelt. Diese Methode ist stets dann anzuwenden, wenn der ehezeitbezogene Erwerb nicht allein aus den in der Ehezeit erworbenen Berechnungselementen und -faktoren ermittelt werden kann, also der Zuwachs der in der Ehezeit erworbenen Anrechte sich nicht allein aus der Art der Bezugsgröße ableiten lässt. Dies ist z. B. der Fall, wenn der Versorgungserwerb zwar zeitabhängig ist, dieser jedoch nicht exakt auf die Ehezeit bezogen werden kann, weil entweder unterschiedliche Steigerungssätze der Versorgung bestehen oder der Versorgungserwerb von dem Erreichen einer festen Altersgrenze abhängig, der Zuwachs des Anrechts aber schon vor Erreichen dieser Grenze beendet ist, weil die höchste Versorgungsstufe erreicht ist. Ist z. B. ein Beamter mit vollendetem 20. Lebensjahr in das Beamtenverhältnis eingetreten, so erreicht er nach 40 Dienstjahren, also mit Lebensalter 60 die höchstmögliche Versorgung von 71,75% der ruhegehaltsfähigen Dienstbezüge (s. Schaubilder Rdn. 235 f.). Gleichwohl ist auch in der Zeit vom 60. Lebensjahr bis zur festen Altersgrenze von einem weitergehenden Versorgungserwerb auszugehen, weil das Anrecht durch Arbeit i. S. d. § 2 Abs. 2 Nr. 2 VersAusglG aufrechterhalten worden ist. Entsprechendes gilt, wenn die Höhe des Anrechts von der **bei Eintritt des Versorgungsfalls bestehenden Berechnungsgröße** (Entgelt, ruhegehaltsfähiges Gehalt) abhängig ist. § 40 Abs. 4 VersAusglG stellt klar, dass die zeitratierliche Methode insbesondere bei Anrechten anzuwenden ist, bei denen die Höhe der Versorgung von der Leistung abhängig ist, die bei Eintritt des Versorgungsfalls gezahlt

159

2. Kapitel Bewertung von Anrechten auf eine Versorgung wegen Alters oder Invalidität

werden würde. Dies trifft vor allem auf die Beamtenversorgung, aber auch auf solche betrieblichen Altersversorgungen zu, deren Leistungshöhe von einem Prozentsatz des zuletzt erzielten (Brutto)Einkommens abhängig ist.

160 Damit der Ehezeitanteil festgestellt werden kann, sind nach § 40 Abs. 2 VersAusglG **zwei Zeiträume zu ermitteln**; dies erfolgt je nach gesetzlicher oder satzungsmäßiger Bestimmung in Jahren, Monaten oder Tagen. § 40 Abs. 2 Satz 1 VersAusglG legt hierzu fest, dass zunächst die Zeit vom Eintritt in die Versorgung bis zu der für die Versorgung höchstens erreichbare Altersgrenze (n) ermittelt wird – Gesamtzeit. Ferner ist nach § 40 Abs. 2 Satz 2 VersAusglG der Zeitanteil der nach Satz 1 bestimmten Gesamtzeit zu ermitteln, der in die Ehezeit fällt (m). Da diese Methode weniger exakt den Ehezeitanteil bestimmt, ist sie – nachrangig – nur dann anzuwenden, wenn die unmittelbare Methode die Bestimmung des Ehezeitanteils nicht ermöglicht; dies wird in § 40 Abs. 1 VersAusglG ausdrücklich festgelegt. Der danach ermittelte Verhältniswert ist mit der bei Zugrundelegung der Gesamtzeit erreichten Versorgung zu vervielfältigen. Hierbei sind nach § 40 Abs. 3 Satz 1 VersAusglG die zum **Ehezeitende geltenden Bemessungsfaktoren** zugrunde zu legen; diese Regelung deckt sich mit § 5 Abs. 2 Satz 1 VersAusglG. Dies gilt auch im Fall des Antrags nach §§ 225, 226 FamFG zur **Abänderung des Wertausgleichs** bei der Scheidung gemäß den §§ 9–19 VersAusglG, weil sowohl im Fall der internen wie externen Teilung ab dem Ehezeitende die Versorgungsschicksale der Ehegatten getrennt sind und die zum Ehezeitende bestehenden Bemessungsfaktoren die Grundlage für die weitere Entwicklung bzw. Anpassung des Anrechts darstellen. Entsprechend ist auch in der Beschlussformel der Entscheidung (§ 142 Abs. 3 FamFG) das Ende der Ehezeit aufzuführen, um im Abänderungsverfahren nach § 225 FamFG einen Bezugspunkt zu haben. Sie sind deshalb auch nach den §§ 6–8 VersAusglG nicht disponibel; § 8 Abs. 2 VersAusglG. Im Übrigen bestimmt § 40 Abs. 3 Satz 2 VersAusglG durch den Bezug auf § 5 Abs. 2 Satz 2 VersAusglG, dass tatsächliche und rechtliche Änderungen zwischen dem Ehezeitende und dem Zeitpunkt der Entscheidung zu berücksichtigen sind, soweit sie auch im Abänderungsverfahren nach §§ 255, 226 VersAusglG berücksichtigt werden können.

Die Bestimmung des Ehezeitanteils im Zeit – Zeit – Verhältnis (auch m/n-tel Methode genannt) gilt vor allem bei Anrechten aus einem öffentlich-rechtlichen Dienstverhältnis (§ 44 VersAusglG; § 45 Abs. 2 Satz 2 VersAusglG) sowie bei bestimmten Anrechten des BetrAVG (s. hierzu Rdn. 234 ff., 402 ff.).

5. Fälle der Verbindung beider Methoden – unmittelbare sowie zeitratierliche Bewertung

161 Bestimmte Versorgungssysteme lassen die Bestimmung des Ehezeitanteils nach der unmittelbaren oder zeitratierlichen Bewertung nicht zu, sondern erfordern die Methode der Bestimmung der gewährten Leistung sowohl durch die unmittelbare Bewertung wie auch die zeitratierliche Bewertung. Dies gilt vor allem für solche berufsständige sowie betriebliche Versorgungen, die neben einer Steigerungszahl noch einen Zuschlag in Höhe eines bestimmten Vervielfältigers der erreichten Steigerungszahl vorsehen. In diesem Fall muss der Ehezeitanteil nach den jeweiligen Methoden getrennt ermittelt werden. Das bedeutet, dass etwa die in der Ehezeit erzielten **Steigerungszahlen** unmittelbar die Bestimmung der Rentenleistung in der Ehezeit zulässt, während der Zuschlag nicht ehezeitbezogen zugeordnet werden kann, weil dieser sich aus der Gesamtleistung (also auch durch Zeiten vor der Ehezeit) ermittelt. Diese Sachlage trifft z. B. auf die Ärzteversorgung West-

II. Neustrukturierung der Wertermittlung – Teil 2 des VersAusglG

falen-Lippe (FamRZ 1996, 95) zu, die neben Steigerungszahlen einen Zuschlag aus den Steigerungszahlen vorsieht. Entsprechendes gilt für **Überschussanteile** der überbetrieblichen betrieblichen Altersversorgung des Beamtenversicherungsvereins der Deutschen Banken und des Bankiersgewerbes (BVV), die aus Zinsüberschüssen gebildet werden und deshalb der Ehezeitanteil nicht durch das Verhältnis der Gesamtzeit zur Ehezeit gebildet werden kann, weil der Zinserwerb nach dem Ehezeitende keinen Ehezeitbezug aufweist. Demgemäß kann insoweit eine unmittelbare Bewertung erfolgen, wenn der Beginn der Betriebszugehörigkeit in der Ehezeit liegt. Liegt dieser dagegen vor der Eheschließung, ist das Anrecht im Verhältnis der Zeit vom Eintritt in die überbetriebliche Versorgung bis zum Ehezeitende zu ermitteln, indem dieser Quotient mit dem bei Ehezeitende erreichten Anrecht aus Überschussanteilen multipliziert wird (s. a. BGH FamRZ 1992, 1051; OLG München FamRZ 1997, 616; Vorauflage Rn. 340).

Ein weiterer Anwendungsbereich ergibt sich aus der **Zusatzversorgung des öffentlichen sowie kirchlichen Dienstes** durch die Umstellung dieses Versorgungssystems von einem Gesamtversorgungssystem auf ein Punktemodell (zu den Einzelheiten s. Rdn. 432). Da die nach den bis zum 31. 12. 2001 geltenden Bestimmungen gewährte Versicherungs- oder Versorgungsrente in eine Startgutschrift umgewandelt wurde und ab dem 01. 01. 2002 ein Versicherter ausschließlich Versorgungspunkte erwirbt, kann für das Gesamtanrecht keine einheitliche Bewertungsmethode angewandt werden. Entsprechend ist für ein Anrecht bis zum 31. 12. 2001 die mittelbare Bewertung gemäß § 40 VersAusglG i. V. m. § 45 Abs. 2 Satz 2 VersAusglG vorzunehmen, während ab dem 01. 01. 2002 die unmittelbare Bewertung heranzuziehen ist, weil die Versorgungspunkte auf die Ehezeit unmittelbar zugeordnet werden können (s. a. BGH FamRZ 2007, 1084). 162

6. Bewertung einer laufenden Versorgung

a) Grundsatz

Anders als im bisherigen Recht regelt das Gesetz in § 41 VersAusglG die Bestimmung des Ehezeitanteils, wenn zum Zeitpunkt des Ehezeitendes Leistungen aus dem Anrecht bezogen werden. Hierzu übernimmt § 41 Abs. 1 VersAusglG die Regelungen der §§ 39, 40 VersAusglG, unterscheidet danach also zwischen der unmittelbaren und zeitratierlichen Bestimmung des Ehezeitanteils. Die Ermittlung des Ehezeitanteils unterscheidet sich also nicht von dem **Berechnungsweg bei Bewertung einer Anwartschaft**. Entsprechend besteht auch ein Vorrang der unmittelbaren Bewertung. 163

b) Unmittelbare Bewertung

Ist der Ehezeitanteil nach § 39 Abs. 1, 2 VersAusglG durch die unmittelbare Bewertung zu bestimmen, steht die Höhe des Anrechts und damit die der laufenden Leistung aus der Versorgung zugrunde liegende Bezugsgröße fest und ändert sich auch regelmäßig nicht mehr, weil – in Bezug auf öffentlich-rechtlich organisierte Versorgungssysteme – wegen des bestehenden Besitzschutzes eine Verschlechterung des Anrechts regelmäßig ausscheidet. Die innerhalb der Ehezeit bis zum Beginn der Versorgungsleistung erworbene Bezugsgröße (Entgeltpunkte, Steigerungszahlen, Versorgungspunkte) verändert sich grundsätzlich nicht mehr, weil sich die Anwartschaft in ein tatsächliches Bezugsrecht auf Leistung realisiert hat. Der Ehezeitanteil kann danach auf der Grundlage der vom Ehezeitbeginn bis zum Ehezeitende erworbenen Bezugsgröße bestimmt werden. Da Gegenstand des Ausgleichswerts i. S. d. § 5 Abs. 1 VersAusglG die jeweils maßgebende Bezugsgröße ist und nicht die 164

2. Kapitel Bewertung von Anrechten auf eine Versorgung wegen Alters oder Invalidität

tatsächliche Rentenleistung, ist es für die Bestimmung des Ehezeitanteils unerheblich, ob sich – durch eine allgemeine Anpassung der Versorgungsleistung – der tatsächliche Zahlbetrag nach Ehezeitende erhöht hat.

> **Beispiel:**
> Der Träger der gesetzlichen Rentenversicherung teilt mit, dass zum Ehezeitende dem auszugleichenden Anrecht ehezeitbezogen 40 Entgeltpunkte zugrunde liegen. Zum Zeitpunkt der Auskunftserteilung beträgt der aktuelle Rentenwert 26,56 €, so dass die Rentenleistung (ohne Abzug der Kranken- und Pflegeversicherung der Rentner) 1.062,40 € beträgt. Der Teilungsgegenstand besteht damit in den 40 Entgeltpunkten, nicht dagegen dem Rentenbetrag in Höhe von 1.062,40 €. Der Ausgleichsberechtigte erhält durch den Wertausgleich bei der Scheidung durch interne Teilung 20 Entgeltpunkte. Bezieht der Ausgleichsberechtigte zwei Jahre nach der Entscheidung zum Versorgungsausgleich die Altersrente und beträgt zu diesem Zeitpunkt der aktuelle Rentenwert 27,50 €, beläuft sich der Rentenbetrag auf 550,00 € (20 Entgeltpunkte × 27,50 €). Dieser Betrag deckt sich mit dem Leistungsbetrag des Ausgleichspflichtigen, der nach der internen Teilung ehezeitbezogen ebenfalls über 20 Entgeltpunkte verfügt, also den gleichen Zahlbetrag wie der Ausgleichsberechtigte erlangt.

Kann als Ausgleichswert nur der Rentenbetrag angegeben werden, muss jedoch insbesondere zur Festlegung der zugrunde liegenden Rechenfaktoren für den Abänderungsfall nach den §§ 225, 226 FamFG das **Ehezeitende in der Beschlussformel** angegeben werden.

Allerdings ergeben sich im **Einzelfall bedeutsame Ausnahmen**. Hierbei ist zu unterscheiden:

165 **Sonderfall eines kapitalgedeckten Anrechts mit individuellem Deckungskapital**: Besteht die Bezugsgröße in einem kapitalgedeckten Anrecht mit einem individuellen Deckungskapital, aus dem bereits eine Leistung erbracht wird, verändert sich diese mit Beginn der Leistungen. Unproblematisch ist insoweit die Berücksichtigung der Verminderung des Kapitalverzehrs, wenn der Leistungsfall vor Ehezeitende eintritt. Insoweit ist zum Ehezeitende der Teilungsgegenstand entsprechend den Leistungen bis zu diesem Zeitpunkt gemindert. Hat das Deckungskapital bei Beginn der Leistungen an den Inhaber des Anrechts 100.000,00 € betragen und wurde dieses bis zum Ehezeitende in Höhe von 20.000,00 € aufgezehrt, beträgt der Teilungsgegenstand lediglich noch 80.000,00 €. Für die Zeit ab dem Ehezeitende bis zur Rechtskraft der Entscheidung zum Versorgungsausgleich ist die **Schutzbestimmung zugunsten des Versorgungsträgers** gemäß § 30 VersAusglG zu berücksichtigen. Da dem Ausgleichsberechtigten ab dem Ehezeitende in Höhe des hälftigen Ehezeitanteils am Anrecht des anderen Ehegatten – entweder in Form einer sofortigen Leistung, wenn er bereits die Voraussetzungen des Leistungsbezugs in seiner Person erfüllt oder als Anwartschaftsberechtigter – ein Anrecht zusteht, wird dies durch die laufenden Leistungen bis zum Vollzug des Versorgungsausgleichs ständig gemindert. Damit der Versorgungsträger nicht zu einer doppelten Leistung verpflichtet wird, sieht § 30 VersAusglG gegenüber der berechtigten Person eine Befreiung von der Leistungspflicht vor. Diese Regelung gleicht § 1587 p BGB a. F. § 30 Abs. 2 VersAusglG bestimmt die Übergangsfrist der Leistungsbefreiung. Zu den Einzelheiten – auch in Bezug auf Ansprüche des Ausgleichsberechtigten gegen den Ausgleichspflichtigen nach den §§ 812 ff. BGB wird auf Rdn. 612 ff. verwiesen.

166 **Leistungsbezug in der gesetzlichen Rentenversicherung**: Bezieht der Ausgleichspflichtige bereits Leistungen aus der gesetzlichen Rentenversicherung, ist für die Bestimmung des Ausgleichswerts zunächst danach zu unterscheiden, ob sich die Rentenleistung auf eine Rente wegen Erwerbsminderung gemäß § 43 Abs. 1, 2 SGB VI bezieht. Ist mit deren Entziehung nicht mehr zu rechnen, sind die bestands-

geschützten Entgeltpunkte maßgebend. Insoweit wird auf die Einzelheiten zur gesetzlichen Rentenversicherung unter Rdn. 308 f. verwiesen. Bezieht der Ausgleichspflichtige die vorzeitige Altersrente und hat er deshalb einen **Versorgungsabschlag über den Zugangsfaktor** nach § 77 Abs. 2 SGB VI hinzunehmen, ergibt sich – abweichend von der Rechtsprechung des BGH nach dem bis zum 31. 08. 2009 bestehenden Rechtszustand (s. FamRZ 2007, 1542; FamRZ 2009, 28 m. Anm. *Borth* FamRZ 2009, 107) – die Änderung der Bezugsgröße in der gesetzlichen Rentenversicherung aufgrund der Bestimmung der persönlichen Entgeltpunkte, die sich auch auf den Teilungsmodus auswirkt. Teilungsgegenstand sind Entgeltpunkte, so dass im Fall der internen Teilung eine Umrechnung von Renten in Entgeltpunkte entfällt. Damit bedarf es auch keiner § 1587 a Abs. 2 Nr. 2 BGB a. F. entsprechenden Regelung, weil die durch die vorzeitige Inanspruchnahme der Altersrente eintretenden Effekte aufgrund der Teilung der Entgeltpunkte unmittelbar eintreten (s. a. BT-Drucks. 10/10144 S. 80). Zu den Einzelheiten wird auf die Ausführungen zur gesetzlichen Rentenversicherung unter Rdn. 290, 319 verwiesen.

c) Zeitratierliche Bewertung einer laufenden Versorgung

In § 41 Abs. 2 VersAusglG wird zur Bestimmung des Ehezeitanteils auf § 40 Abs. 1–3 VersAusglG verwiesen. Insoweit ist zunächst zu beachten, dass Grundlage der zeitratierlichen Bewertung die tatsächliche Versorgungsleistung ist; dies legt § 41 Abs. 2 Satz 2 VersAusglG ausdrücklich fest. Entsprechend bestimmt diese Regelung, dass bei der Bildung des Zeit – Zeit – Verhältnisses auf die tatsächlich erreichte Zeitdauer in Bezug auf die Gesamtzeit abzustellen ist. Dies wirkt sich insbesondere in der Beamtenversorgung aus, wenn die Versorgung vor Erreichen der (festen) Pensionsaltersgrenze bezogen wird, weil sich in diesem Fall der Verhältniswert verändert. Zugleich kann sich auch der Ruhegehaltssatz verändern, wenn die höchstmögliche Dienstzeit von 40 Jahren, die Voraussetzung für den höchsten erreichbaren Ruhegehaltssatz von 71,75 % ist, unterschritten wird. Zu den Auswirkungen wird auf die Ausführungen zur Beamtenversorgung unter Rdn. 237, 239 verwiesen. Wird die Beamtenversorgung aufgrund des vorzeitigen Bezugs der Versorgung um einen Versorgungsabschlag gemindert, ist die entsprechend gekürzte Versorgung zur Bestimmung des Ehezeitanteils heranzuziehen (s. a. BT-Drucks. 16/10144 S. 80).

167

7. Bewertung nach Billigkeit, § 42 VersAusglG

a) Regelungszweck

Nach § 42 VersAusglG bestimmt das Familiengericht nach billigem Ermessen den Wert der in den Ausgleich einzubeziehenden Versorgung, wenn sich diese nicht nach den Bewertungsregeln gemäß den §§ 39–41 VersAusglG richtet; die Bestimmung entspricht § 1587 a Abs. 5 BGB a. F. Seinem Wortlaut nach trifft diese Vorschrift eine Regelung zur Bewertung eines Anrechts; sie erweitert damit den Kreis der in den Versorgungsausgleich einzubeziehenden Anrechte, soweit diese nicht nach den §§ 39–41 VersAusglG bewertet werden können (zu § 1587 a Abs. 5 BGB a. F. s. BT-Drucks. 7/4361 S. 40; BGH FamRZ 1981, 856, 857; FamRZ 1984, 156; FamRZ 1984, 565). § 42 VersAusglG stellt sich damit als **Auffangvorschrift** dar, deren Zweck es ist, die Vielzahl von Versorgungstypen, die nicht eine der Fallgruppen der §§ 39, 40 VersAusglG entsprechen, zu erfassen. Dagegen erweitert sie nicht den Kreis der dem Versorgungsausgleich unterliegenden Anrechte; insoweit bestimmt § 2 Abs. 1, 2 VersAusglG (§ 1587 Abs. 1 BGB a. F.) abschließend, welche Anrechte dem Wertausgleich unterliegen (BGH LM 1587 Nr. 47 = NJW 1986, 1344 mit

168

2. Kapitel Bewertung von Anrechten auf eine Versorgung wegen Alters oder Invalidität

Anm. *Ellger* FamRZ 1986, 564). Systematisch ist § 42 VersAusglG den **Bewertungsregelungen zuzuordnen**; dies wird durch die Einfügung in Teil 2 des VersAusglG klargestellt. Hierbei können jedoch nur solche Anrechte bewertet werden, die mit den in § 2 Abs. 1, 2 VersAusglG bezeichneten Anrechten vergleichbar sind, also eine Rente bzw. Rentenanwartschaft mit einer immer wiederkehrenden Leistung in Geld für eine Versorgung oder ein Anrecht auf Kapitalleistung i. S. d. § 2 Abs. 2 Nr. 3 2. Alt. VersAusglG (Anrechte der betrieblichen Altersversorgung sowie des Altersvorsorgeverträge-Zertifizierungsgesetzes) vorliegt und ein gesicherter Rechtsanspruch auf diese Leistungen besteht. Im Übrigen ist auch dann eine Bewertung vorzunehmen, wenn z. B. **zeitliche Voraussetzungen** für eine Leistung (Wartezeit, Mindestbeschäftigungs- oder -versicherungszeit) noch fehlen; insoweit gilt § 2 Abs. 4 VersAusglG. Ferner bleiben nach § 40 Abs. 5 VersAusglG (§ 1587 a Abs. 8 BGB a. F.) die aufgrund einer Ehe gewährten Teile einer Versorgung und sonstige familienbezogene Bestandteile einer Versorgung bei der Bewertung unberücksichtigt.

169 Die Bewertung einer dieser Regelung unterliegenden Versorgung erfolgt nach billigem Ermessen des Familiengerichts. Dies bedeutet jedoch nicht, dass der Richter ein völlig neues Bewertungssystem zur Ermittlung des ehezeitbezogenen Anrechts heranziehen könnte, vielmehr hat er sich an den in den §§ 39, 40 VersAusglG vorgegebenen Bewertungstypen zu orientieren und hierbei das Bewertungssystem heranzuziehen, das mit den Grundlagen einer solchen Versorgung am ehesten vergleichbar ist (s. Vorauflage Rn. 119, 120). Nach §§ 39, 40 VersAusglG sind die in Rdn. 156 sowie Rdn. 159 dargestellten Grundtypen der unmittelbaren Bewertung sowie der zeitratierlichen Bewertung einer Anwartschaft zu unterscheiden.

b) Anwendungsbereich

170 Unter die Regelung des § 42 VersAusglG (§ 1587 a Abs. 5 BGB a. F.) fielen nach dem bis zum 31. 08. 2009 geltenden Rechtszustand die Versorgungsanrechte der **Soldaten auf Zeit** und der **Widerrufsbeamten**, die nunmehr in § 44 Abs. 4 VersAusglG gesondert aufgeführt werden, ferner Versorgungen aus einem öffentlich-rechtlichen **Amts- oder Dienstverhältnis**, das sind insbesondere Versorgungen für Regierungsmitglieder (nach dem Bundesministergesetz sowie den entsprechenden Ländergesetzen und nach dem Gesetz über die Rechtsverhältnisse der parlamentarischen Staatssekretäre), Abgeordnete des Bundes und der Länder (gemäß den jeweiligen Abgeordnetengesetzen) und kommunale Wahlbeamte (s. hierzu eingehend Rdn. 57, 198, 244); auch insoweit enthält § 44 Abs. 1 Nr. 1 VersAusglG eine entsprechende Klarstellung. Ein weiterer wichtiger Anwendungsbereich für atypische Versorgungen stellen **ausländische Versorgungsanrechte** und Versorgungen Angehöriger internationaler Organisationen dar (Rdn. 198; s. BGH LM 1587 a Nr. 11 = NJW 1982, 1939 ff.; FamRZ 1996, 98, 101; zur Zulässigkeit des Versorgungsausgleichs bei einem EU – Beamten EuGH FamRZ 2000, 83), soweit sie nicht den §§ 39, 40 VersAusglG unterliegen. Schließlich gehören hierzu **Altenteile, Leibrenten** und **Sachleistungen** (eingehend Rdn. 77).

8. Das Prinzip der Fiktivbewertung

171 Der zum Ende der Ehezeit ermittelte Versorgungswert entspricht nicht ohne weiteres dem Wert, der sich beim tatsächlichen Versorgungsfall, bezogen auf die Ehezeit, ergibt. Um den Wertausgleich zusammen mit der Scheidung der Ehe vornehmen zu können, die überwiegend vor Eintritt des Versorgungsfalls ausgesprochen wird, ist ein **fiktiver Versorgungsfall** zum Ende der Ehezeit zu unterstellen. An-

II. Neustrukturierung der Wertermittlung – Teil 2 des VersAusglG

ders als nach dem Wortlaut des § 1587 a Abs. 2 Nr. 1 Satz 1, Nr. 2 BGB a. F. (»... der sich im Zeitpunkt des Eintritts der Rechtshängigkeit des Scheidungsantrags als Versorgung ergäbe.«) hebt die Regelung zum Gegenstand des Versorgungsausgleichs (§ 2 Abs. 1, 2 VersAusglG) das Prinzip der Fiktivbewertung nicht ausdrücklich hervor. Es ergibt sich aber bereits daraus, dass die Bewertungsvorschriften des Teils 2 des VersAusglG zwischen Anrechten, die noch als Anwartschaft bestehen (§§ 39, 40 VersAusglG) und laufenden Leistungen (§ 41 VersAusglG) unterscheiden. Sie folgt auch aus § 40 Abs. 4 VersAusglG, der dieses Prinzip in seinem Wortlaut aufgenommen hat. Soweit sich ein Versorgungswert nach der Scheidung aufgrund einer gesetzlichen Änderung der Berechnung der Versorgung oder tatsächlichen Umständen ändert und damit der Ehezeitanteil sich vermindert oder erhöht, kann dies im Wege des **Abänderungsantrags** nach §§ 225, 226 FamFG (§ 10 a VAHRG a. F.) berücksichtigt werden (s. Rdn. 1077 ff.).

> **Wichtiger Hinweis:**
> Nach § 225 Abs. 1 FamFG unterliegen der Abänderung aber nur Anrechte nach § 32 VersAusglG; das sind die dort aufgeführten Regelversorgungssysteme, nicht dagegen betriebliche Altersversorgung und private Rentenversicherungen (eingehend Rdn. 1075).

9. Unbeachtlichkeit zeitlicher Anspruchsvoraussetzungen, § 2 Abs. 3 VersAusglG

a) Grundsatz

Der Anspruch auf ein Versorgungsanrecht hängt nach den jeweiligen gesetzlichen Regelungen zur Bestimmungen einer Versorgungsleistung sowohl dem Grunde als auch der Höhe nach regelmäßig von der Erfüllung bestimmter **zeitlicher Mindestvoraussetzungen** ab. So sieht die gesetzlichen Rentenversicherung für eine Rentenleistung bestimmte Wartezeiten vor (§ 50 SGB VI). Nach dem BeamtVG (§ 4 Abs. 1 Satz 2) entsteht ein Versorgungsanspruch grundsätzlich nur, wenn der Beamte eine ruhegehaltsfähige Dienstzeit von mindestens fünf Jahren zurückgelegt hat. Nach § 2 Abs. 3 VersAusglG (§ 1587 a Abs. 7 BGB a. F.) bleibt es für die Frage der **Einbeziehung und der Bewertung** eines Anrechts in den Versorgungsausgleich unbeachtlich, ob nach den jeweils geltenden Versorgungsbestimmungen die zeitlichen Voraussetzungen für eine Leistung vorliegen. Das Gesetz unterstellt insoweit, dass die zeitlichen Voraussetzungen für den Bezug einer Versorgungsleistung noch eintreten können, also zum Vollrecht erstarken (zu § 1587 a Abs. 7 Satz 1 BGB a. F. s. BT-Drucks. 7/4361 S. 35; BT-Drucks. 7/650 S. 159; BGH FamRZ 1982, 31, 32 f. = NJW 1982, 222; s. eingehend auch Rdn. 53). Die Regelung des § 2 Abs. 3 VersAusglG betrifft auch die **Bewertung einer Versorgung der Höhe nach**. Soweit also nach § 5 Abs. 3 BeamtVG die Erfüllung einer zeitlichen Voraussetzung für die Anrechnung eines Teils der ruhegehaltsfähigen Versorgung verlangt wird, was konkret bedeutet, dass die **Besoldungsgruppe eines Beförderungsamtes** für das Ruhegehalt erst nach zweijähriger Zugehörigkeit zu diesem Amt herangezogen werden kann, ist für den Versorgungsausgleich nach § 2 Abs. 3 VersAusglG bei der Berechnung der Höhe des Anrechts dennoch von der Besoldungsgruppe des Beförderungsamtes auszugehen, wenn das Ehezeitende vor Ablauf der zweijährigem Frist nach der Beförderung eingetreten ist (BGH FamRZ 1982, 31, 32 f. = NJW 1982, 222, 224; FamRZ 1982, 1003 = NJW 1982, 2377, 2378; Rdn. 215). Entsprechendes gilt für die Erfüllung der geschäftsplanmäßigen Voraussetzungen für die Umwandlung in eine prämienfreie Versicherung (BGH FamRZ 1986, 344 m. krit. Anm. *Ellger* = NJW 1986, 1344 – in solchen Fällen ist regelmäßig ein äußerst gering-

172

2. Kapitel   Bewertung von Anrechten auf eine Versorgung wegen Alters oder Invalidität

fügiges Deckungskapital angesammelt, weil mit den ersten Beiträgen die einmalig anfallenden Abschluss- und Verwaltungskosten sowie das Risiko finanziert werden müssen) sowie dem Eintritt einer Unverfallbarkeit eines Anrechts außerhalb der betrieblichen Altersversorgung (vor allem bei berufsständischen Versorgungen – BGH FamRZ 1991, 1420 = NJW 1992, 174).

In diesem Zusammenhang ist auch die **Rente nach Mindestentgeltpunkten** bei geringem Arbeitseinkommen gemäß § 262 SGB VI zu sehen (s. hierzu Vorauflage Rn. 130, 216), auf die § 1587a Abs. 7 Satz 2 BGB a. F. abgestellt war. Diese Regelung wird in § 43 Abs. 3 VersAusglG erweitert und bezieht die Rente nach § 70 Abs. 3a SGB VI ein, die eine **Höherbewertung bei 25 Jahren Pflichtversicherung** mit Berücksichtigungszeiten wegen Kindererziehung oder mit Zeiten der nicht erwerbsmäßigen Pflege eines pflegebedürftigen Kindes vorsieht. Insoweit begrenzt § 43 Abs. 3 SGB VI die Regelung des § 2 Abs. 3 VersAusglG für diesen Regelungsbereich und setzt für die Anerkennung des Erhöhungstatbestands voraus, dass bei Ehezeitende die nach § 70 Abs. 3a SGB VI erforderlichen Wartezeiten erfüllt sind s. a. Rdn. 302, 320).

b)   Besonderheit bei betrieblicher Altersversorgung

173 Eine Ausnahme von der **Einbeziehung noch ungewisser Rechtspositionen** im Versorgungsausgleich bei der Scheidung nach den §§ 9–18, 28 VersAusglG besteht nach § 19 Abs. 1 Satz 1 VersAusglG, der den in § 1587a Abs. 2 Nr. 3 Satz 3 BGB a. F. für Anwartschaften auf Leistung einer betrieblichen Altersversorgungszusage enthaltenen Rechtsgedanken übernimmt, diesen aber über den Bereich der betrieblichen Altersversorgung hinaus ausweitet. Anrechte, über die zum Ehezeitende (noch) nicht entschieden werden kann, weil diese noch verfallbar i. S. d. BetrAVG sind (s. hierzu Rdn. 366 ff.), deren Ausgleich nach § 19 Abs. 2 Nr. 3 VersAusglG unwirtschaftlich wäre (§ 1587b Abs. 4 BGB a. F.), soweit diese eine abzuschmelzende Leistung enthalten oder die bei einem ausländischen oder überstaatlichen Versorgungsträger bestehen, werden im Versorgungsausgleich bei der Scheidung nach §§ 9ff. VersAusglG nicht ausgeglichen, sondern unterliegen dem **Ausgleich nach der Scheidung** gemäß den §§ 20–26 VersAusglG, werden also i. d. R. schuldrechtlich ausgeglichen. § 19 Abs. 1 Satz 2 VersAusglG sieht aber – wie § 1587a Abs. 2 Nr. 3 Satz 3 BGB a. F. – durch den Verweis auf § 5 Abs. 2 Satz 1, 2 VersAusglG vor, dass der Eintritt der Unverfallbarkeit einer betrieblichen Altersversorgung zwischen Ehezeitende und dem Zeitpunkt der Entscheidung zu berücksichtigen ist, das Anrecht also bereits im Versorgungsausgleich bei der Scheidung (dinglich) ausgeglichen wird. Diese Regelung entspricht dem durch die Rechtsprechung des BGH entwickelten Grundsatz, dass rechtliche und tatsächliche Veränderungen zwischen Ehezeitende und dem Zeitpunkt der Entscheidung zu berücksichtigen sind, soweit diese auf das ehezeitbezogene Anrecht zurückwirken (eingehend Rdn. 125 ff.).

Anders als nach der Regelung des § 10a Abs. 1 Nr. 2 VAHRG a. F. werden im Zeitpunkt der Entscheidung noch verfallbare Anrechte nicht im Abänderungsverfahren gem. § 225 FamFG nachträglich in Form des Ausgleichs bei der Scheidung nach den §§ 9–18, 28 VersAusglG ausgeglichen, sondern bleiben den Ausgleichsansprüchen nach der Scheidung gemäß §§ 20–26 VersAusglG vorbehalten (eingehend Rdn. 1075, 1094).

Auf demselben Grundgedanken beruht die Regelung des § 40 Abs. 5 VersAusglG (§ 1587a Abs. 8 BGB a. F.), nach der familienbezogene Zuschläge aufgrund einer bestehenden Ehe sowie Kinderzuschläge bei der Wertberechnung nicht berücksichtigt werden, weil ungewiss ist, ob diese im Leistungsfall noch gewährt werden (Rdn. 174).

10. Ausklammerung familienbezogener Bestandteile, § 40 Abs. 5 VersAusglG

Nach § 40 Abs. 5 VersAusglG sind bei der Ermittlung des Wertunterschieds die in den einzelnen Anrechten enthaltenen ehebedingten und familienbezogenen Bestandteile nicht zu berücksichtigen. Leistungen der gesetzlichen Rentenversicherung, der beamtenrechtlichen Versorgung und sonstiger Versorgungen sehen vielfach familienbezogene Bestandteile vor, so z. B. höhere Leistungen für Verheiratete der Altenhilfe für Landwirte (§ 4 Abs. 1 GAL a. F.; BGH FamRZ 1986, 335 = NJW 1986, 1040, 1042) oder den Familienzuschlag für verheiratete Beamte (eingehend Rdn. 99, 208, 211; Kinderzuschüsse nach § 270 SGB VI bestehen faktisch nicht mehr). Für die Wertberechnung nach der zeitratierlichen Bewertungsmethode gemäß § 40 VersAusglG müssen solche familienbezogene Bestandteile außer Betracht bleiben, weil diese Leistungen nicht dauerhaft sind, d. h. beim späteren Versorgungsbezug entfallen können. 174

Dies gilt aber nicht, wenn solche familienbezogenen Bestandteile als **Grundlage für die späteren Versorgungsleistungen** dauerhaft bestehen bleiben, so etwa, wenn ein Angestellter des öffentlichen Dienstes in seinem sozialversicherungspflichtigen Einkommen familienbezogene Leistungen erhält, für die zur gesetzlichen Rentenversicherung Beiträge entrichtet werden, weil diese unabhängig von der Auflösung der Ehe erhalten bleiben. Sie nehmen Einfluss auf die in der Ehezeit bereits erworbene Versorgungsanwartschaft. Entsprechendes gilt für familienbezogene Bestandteile der Zusatzversorgungskasse des öffentlichen Dienstes (BGH FamRZ 1985, 797 = NJW 1985, 2945). Ferner soll nach einer Entscheidung des OLG Celle (FamRZ 1986, 913, 915) die Deckungsrücklage der Altersversorgung der Zahnärztekammer Niedersachsen nicht um den die Witwenversorgung betreffenden Anteil gemindert werden. Entsprechend sieht die Bestimmung zur unmittelbaren Bewertung nach § 39 VersAusglG eine § 40 Abs. 5 VersAusglG gleichende Regelung nicht vor (s. BT-Drucks. 16/10144 S. 78; Vorauflage Rn. 131). 175

III. Der Begriff des korrespondierenden Kapitalwerts

1. Regelungszweck

Die Einführung des neuen Begriffs des »korrespondierenden Kapitalwerts« beruht auf dem neuen System des Wertausgleichs in Form der internen bzw. externen Teilung, das sich von dem bis 13. 08. 2009 bestehenden Rechtszustand dadurch unterscheidet, dass nicht mehr, wie in § 1587 a Abs. 1 Satz 1 BGB a. F. nach dem Zugewinnprinzip festgestellt wird, welcher Ehegatte (insgesamt) ausgleichsberechtigt bzw. ausgleichsverpflichtet ist. Mit der Einführung des Hin- und Her-Ausgleichs nach den §§ 9–19 VersAusglG sowie § 28 VersAusglG kann auf den ersten Blick nicht mehr ohne weiteres erkannt werden, welcher der Ehegatten in seiner gesamten Versorgungsbilanz durch den Versorgungsausgleich im Versorgungsfall eine höhere Leistung für den Fall des Alters sowie der Invalidität erlangt. Für die formale Durchführung des Wertausgleichs bei der Scheidung oder bei der Bestimmung von Ausgleichsansprüchen nach der Scheidung gemäß den §§ 20–26 VersAusglG (vor allem dem schuldrechtlichen Versorgungsausgleich nach § 20 VersAusglG) ist dies unerheblich, weil – im Versorgungsausgleich bei der Scheidung – jedes Anrecht einzeln intern oder extern ausgeglichen wird und eine Saldierung aller Anträge nicht mehr stattfindet. 176

2. Kapitel   Bewertung von Anrechten auf eine Versorgung wegen Alters oder Invalidität

Auch in dem ab 01.09.2009 geltenden Recht bestehen jedoch Sachlagen, in denen die Höhe des insgesamt vollzogenen Übertragungswerts aller Anrechte bedeutsam ist. Hierzu bedarf es eines Instrumentariums, mit dem die jeweiligen dem Wertausgleich unterliegenden **Versorgungsanrechte vergleichbar gemacht** werden müssen. Diesem Zweck dient der korrespondierende Kapitalwert. Der Begriff soll ausdrücken, dass es sich um eine **Hilfsgröße** handelt, die keine Grundlage für einen zu vollziehenden Wertausgleich darstellt, sondern den Ehegatten und weiteren Beteiligten auf anschauliche Weise einen Überblick über die wirtschaftliche Bedeutung des Ausgleichs aller dem Versorgungsausgleich unterliegenden Anrechte vermittelt; dies wird in § 47 Abs. 1 VersAusglG ausdrücklich hervorgehoben. Dies geschieht auf der Grundlage eines Kapitalwerts, da dieser den Wert einer Versorgung exakter widerspiegelt als ein Rentenwert, dessen innerer Wert – je nach dem Umfang einer künftigen Anpassung an die Einkommens- oder Preisentwicklung (statisches Anrecht oder Dynamik) sowie dem Umfang der Versorgungsleistungen (reine Alters- und/oder Invaliditätsrente sowie Hinterbliebenenleistungen in Form von Witwen- und/oder Waisenrenten) – stark differenzieren kann und deshalb der reine Rentenbetrag keinen geeigneten Vergleichsmaßstab darstellt. In § 47 Abs. 6 VersAusglG wird dies besonders hervorgehoben (s. a. BT-Drucks. 16/11903 S. 111; s. a. BT-Drucks. 16/10144 S. 84 – dort als Einkaufspreis bezeichnet).

Zugleich definiert § 47 Abs. 2 VersAusglG den korrespondierenden Kapitalwert als den **Betrag, der zum Ehezeitende aufzubringen** wäre, um beim Versorgungsträger der ausgleichspflichtigen Person für sie ein Anrecht in Höhe des Ausgleichswerts zu begründen. Der Aufwand zum Erwerb in Form eines Kapitalbetrages stellt einen ausreichend spezifizierten Vergleichsbetrag für Anrechte dar, die als Rentenbetrag oder in Form einer anderen Bezugsgröße i. S. d. § 5 Abs. 1 VersAusglG ausgedrückt werden. Diese Vorgehensweise deckt sich mit dem Bewertungsvorgang im Zugewinn gemäß § 1376 Abs. 1–4 BGB (nicht Saldierungsvorgang gem. § 1378 Abs. 1, 3 BGB), in dem ebenfalls Vermögenswerte mit unterschiedlichen wertbildenden Faktoren durch eine Monetarisierung vergleichbar gemacht werden (Immobilien, Unternehmenswert, Grundstücke, Wertpapiere).

177 Darüber hinaus folgt aus dem Begriff des korrespondierenden Kapitalwerts, dass dieser auch bei solchen Versorgungssystemen zu bestimmen ist, die umlagefinanziert sind (gesetzliche Rentenversicherung) oder für die überhaupt keine Beiträge aufzubringen sind (Beamtenversorgung sowie sonstige Anrechte aus einem öffentlich-rechtlichen Dienstverhältnis – Abgeordnete). Es ist also nicht entscheidend, ob eine tatsächliche Kapitaldeckung hinsichtlich eines dem Versorgungsausgleich unterliegenden Anrechts vorliegt.

2.   Anwendungsfälle

178 Nach § 5 Abs. 3 VersAusglG teilt der Versorgungsträger neben der in § 5 Abs. 1 VersAusglG definierten Bezugsgröße (s. hierzu Rdn. 154) den korrespondierenden Kapitalwert mit, damit die Ehegatten eine Vermögensbilanz über ihre gesamten, dem Versorgungsausgleich unterliegenden Anrechte erstellen können. Der korrespondierende Kapitalwert wird jeweils zum Ehezeitende ermittelt und ist nicht davon abhängig, zu welchem Zeitpunkt der Versorgungsfall in Bezug auf das jeweilige Anrecht eintritt. Die Versorgungsbilanz wird in folgenden Fällen benötigt:
– Wenn die Ehegatten eine **Vereinbarung zum Versorgungsausgleich** unter Einbeziehung des güterrechtlichen Ausgleichs sowie zum nachehelichen Unterhalt schließen wollen, also eine Gesamtregelung sämtlicher Scheidungsfolgen an-

III. Der Begriff des korrespondierenden Kapitalwerts

streben. Solche Vereinbarungen werden durch die Regelungen der §§ 6–8 VersAusglG erleichtert, weil eine familiengerichtliche Genehmigung – wie in § 1587 o BGB a. F. – nicht mehr erforderlich ist, sondern lediglich eine allgemeine Inhaltskontrolle zur Prüfung der Wirksamkeit oder Anpassung der Vereinbarung durch das Familiengericht anzustellen ist, § 8 Abs. 1 VersAusglG.

– Wenn das Familiengericht zu prüfen hat, ob die Voraussetzungen einer **Begrenzung oder eines Ausschlusses des Versorgungsausgleichs nach der Härteklausel** des § 27 VersAusglG vorliegen. Nach dem bis zum 31. 08. 2009 geltenden Rechtszustand war die Anwendung der Härteklausel gemäß § 1587 c BGB a. F. insoweit unproblematisch, als nach § 1587 a Abs. 1 BGB a. F. der Ausgleichsberechtigte durch die Erstellung einer Versorgungsbilanz festgestellt wurde und dieser Ausgleichsanspruch nach Billigkeitsgesichtspunkten der Höhe nach zu begrenzen (z. B., dass der Ausgleichsbetrag von 250,00 € um 50% gekürzt wird) oder zu versagen war. Durch den Hin – Her – Ausgleich ist im Einzelfall die Feststellung, welcher Ehegatte durch den Versorgungsausgleich die insgesamt höheren Versorgungsanrechte erlangt, nicht ohne weiteres möglich. Zur Darstellung der Auswirkungen wird auf Rdn. 186 verwiesen.

– Wenn das Familiengericht die **Voraussetzungen der Geringfügigkeit** der beiderseitigen Anrechte oder eines einzelnen Anrechts gemäß § 18 Abs. 1, 2 VersAusglG zu prüfen hat, die zu dem Ausschluss des Versorgungsausgleichs insgesamt oder eines einzelnen Anrechts führen können. Zur Darstellung der Voraussetzungen wird auf Rdn. 581 ff. verwiesen.

3. Berechnung des korrespondierenden Kapitalwerts

a) Grundlagen

In § 5 Abs. 3 VersAusglG wird festgelegt, dass die Versorgungsträger dem Familiengericht einen Vorschlag zur Bestimmung des Ausgleichswerts einer auszugleichenden Versorgung zu unterbreiten und, falls dieser nicht in Form eines Kapitalwerts – das heißt also eines Rentenbetrages oder einer anderen Bezugsgröße (Entgeltpunkte) – besteht, den korrespondierenden Kapitalwert zusätzlich zu bestimmen und mitzuteilen haben.

179

In § 47 Abs. 2 VersAusglG wird der **Begriff des korrespondierenden Kapitalwerts definiert** (s. Rdn. 176). Ferner regelt § 47 Abs. 2–5 VersAusglG, in welcher Weise dieser in der Beamtenversorgung, der betrieblichen Altersversorgung sowie in Versorgungen, in denen nach Abs. 2–4 ein Wert nicht bestimmt werden kann, ermittelt wird.

b) Methoden der Bestimmung des korrespondierenden Kapitalwerts

Gesetzliche Rentenversicherung: Soweit der korrespondierende Kapitalwert eines Anrechts der gesetzlichen Rentenversicherung i. S. d. SGB VI zu bestimmen ist, erfolgt die Berechnung auf der Grundlage der allgemeinen Rechengrößen zur gesetzlichen Rentenversicherung gem. den §§ 187, 281 a SGB VI (zu dessen Grundlagen s. Rdn. 337; s. Bekanntmachung der Umrechnungsfaktoren für den Versorgungsausgleich in der Rentenversicherung vom 02. 12. 2008, BGBl I 2343; FamRZ 2009, 98, 99). Mit diesen kann der zum Erwerb des Anrechts erforderliche Beitragsaufwand, bezogen auf den Zeitpunkt des Ehezeitendes, einfach ermittelt werden.

180

2. Kapitel   Bewertung von Anrechten auf eine Versorgung wegen Alters oder Invalidität

> **Beispiel** (bezogen auf die Rechengrößen 2009):
>
> Der Ehemann hat ehezeitbezogen in der gesetzlichen Rentenversicherung ein auszugleichendes Anrecht in Höhe von 12,5 Entgeltpunkten erlangt (falls keine Verrechnung mit Anrechten des anderen Ehegatten aus der gesetzlichen Rentenversicherung gemäß § 10 Abs. 2 VersAusglG erfolgt, werden für diesen in der gesetzlichen Rentenversicherung 12,5 Entgeltpunkte begründet). Der Träger der Versorgung (Deutsche Rentenversicherung Bund, Land oder Sonderanstalten – Knappschaft) teilt danach mit, dass der Ausgleichswert i. S. d. § 5 Abs. 1, 3 VersAusglG 12,5 Entgeltpunkte beträgt. Ferner teilt er den nach den Rechengrößen zu bestimmenden korrespondierenden Kapitalwert mit, der den entsprechenden Beitragsaufwand in der gesetzlichen Rentenversicherung darstellt, der zum Erwerb von 25 Entgeltpunkten zum Ehezeitende erforderlich ist. Er bestimmt sich wie folgt:
>
> – Faktor der Umrechnung von Entgeltpunkten in Beiträge 2009: 6.144,9210
> – Beitragsaufwand für das auszugleichende Anrecht: 12,5 Entgeltpunkte × 6.144,9210 = 76.811,51 €

181   Beamtenversorgung: § 47 Abs. 3 VersAusglG bestimmt für ein Anrecht nach dem BeamtVG oder aus einem sonstigen öffentlich-rechtlichen Dienstverhältnis, dass der korrespondierende Kapitalwert nach den Rechengrößen der gesetzlichen Rentenversicherung zu ermitteln ist; dies ergibt sich aus der Verweisung auf § 44 VersAusglG. Die Rechtfertigung zur Übernahme des Berechnungsvorgangs nach den Rechengrößen der gesetzlichen Rentenversicherung ergibt sich daraus, dass für solche Anrechte eine Beitragsleistung, anhand derer der Wert eines erworbenen Anrechts bestimmt werden könnte, nicht erfolgt, da diese Versorgungen vollständig aus Steuermitteln finanziert werden. Die entsprechende Anwendung der Rechengrößen der gesetzlichen Rentenversicherung ist sinnvoll (zu deren Ableitung s. Rdn. 337), weil hierdurch einerseits für die Praxis ein erheblicher Verwaltungsaufwand vermieden wird und ferner für die Zwecke des korrespondierenden Kapitalwerts wegen der immer häufiger vorgenommenen Angleichungen beider Systeme die so ermittelten Werte trotz der Unterschiedlichkeit ihrer Struktur hinnehmbar sind (so BT-Drucks. 16/10144 S. 84).

> **Beispiel** (bezogen auf die Rechengrößen 2. Halbjahr 2009):
>
> Der Ehemann hat ehezeitbezogen ein auszugleichendes Anrecht nach dem BeamtVG in Höhe von monatlich 550,00 € erworben. Der Ausgleichswert beträgt danach 275 € (§ 5 Abs. 3 VersAusgG).
>
> Umwandlung den Rentenanrechts in Entgeltpunkte nach §§ 76 Abs. 4, 264a SGB VI (Nr. 1 der Rechengrößen, FamRZ 2009, 98; FamRZ 2009, 1286):
>
> 275 € : 27,20 € (aktueller Rentenwert) = 10,1103 Entgeltpunkte
>
> Faktor der Umrechnung von Entgeltpunkten in Beiträge 2009: 6.144,9210
>
> Beitragsaufwand (fiktiv) für das auszugleichende Anrecht:
>
> 10,1103 Entgeltpunkte × 6.144,9210 = 62.126,99 €

182   Berufsständische Versorgungen: Hinsichtlich der berufständischen Versorgungen besteht keine einheitliche Berechnungsart zur Bestimmung der Höhe des Anrechts. Diese sehen sehr unterschiedliche Methoden zur Bestimmung des Anrechts vor. Soweit diese – vergleichbar mit der gesetzlichen Rentenversicherung – entsprechende Rentenbausteine, Leistungs- oder Steigerungszahlen bilden und hieraus Berechnungsgrößen zur Bestimmung der Beitragsleistung festlegen, kann aus diesen der korrespondierende Kapitalwert abgeleitet werden. Entsprechendes gilt, wenn eine berufständische Versorgung ein individuelles Deckungskapital bildet, aus dem sich die Höhe der Rentenleistung im Versorgungsfall ergibt.

Lässt sich eine Beitragsleistung nicht in einen unmittelbaren Zusammenhang mit der Bestimmung des Anrechts bringen, erfolgt die Bestimmung des korrespondierenden Kapitalwerts gemäß **§ 47 Abs. 5 VersAusglG nach versicherungsmathe-**

III. Der Begriff des korrespondierenden Kapitalwerts

matischen Grundsätzen; hierzu darf die BarwertVO auch nicht analog angewandt werden, weil diese nur eine pauschale Bestimmung des Barwerts vorsieht und die individuellen Berechnungselemente, wie von § 47 Abs. 5 VersAusglG gefordert, vernachlässigt. § 47 Abs. 5 VersAusglG legt hierzu die Voraussetzungen zur Bestimmung des versicherungsmathematischen Barwerts nicht ausdrücklich fest; diese ergeben sich aus den allgemein gültigen mathematischen Grundlagen zur Bewertung des Kapitalwerts eines wiederkehrenden Anrechts, die z. B. auch im Bewertungsgesetz oder bei der Abfindung eines Schadensersatzanspruchs nach § 843 Abs. 3 BGB angewandt werden.

Der Kapitalwert einer künftigen Rentenleistung i. S. d. § 47 Abs. 5 VersAusglG wird durch zwei Größen bestimmt; zum einen durch die Höhe der Rente und zum anderen durch die Wahrscheinlichkeit, dem Grund und der Dauer nach die Rentenleistung erbringen zu müssen. Letzteres ergibt sich aus den in dem Versorgungssystem zugrunde gelegten biometrischen Grundlagen, d. h. die Sterbe- bzw. Überlebenswahrscheinlichkeit. Erheblich ist ferner der der Bildung des Kapitalwerts zugrunde liegende **Rechnungszins von Pensionsrückstellungen**. Hierbei kann der in § 6 a EStG geregelte Zinssatz von 6% zur Berechnung einer bilanziellen Rückstellung für eine (betriebliche) Altersversorgung nicht herangezogen werden. In dem Gesetz zur Modernisierung des Bilanzrechts vom 25. 05. 2009 (BGBl I 1102) wird in § 253 Abs. 2 HGB der Rechnungszins nach Maßgabe einer Rechtsverordnung bestimmt; danach ist ein **Zinsrahmen zwischen 4,5% und 4,7% jährlich** zugrunde zu legen (s. BT-Drucks. 16/10067 S. 56; BT-Drucks. 16/11903, Beschlussempfehlung und Bericht des Rechtsausschusses des Deutschen Bundestages vom 11. 02. 2009 S. 112).

183

Erläuterung des versicherungsmathematischen Barwerts. Der versicherungsmathematische Barwert ergibt sich aus der Abzinsung einer künftig zu zahlenden wiederkehrenden Leistung (Rente). Hierbei wird anhand der Sterbetafel die statistische Lebenserwartung zugrunde gelegt; die individuellen Abweichungen nach oben werden bei einer ausreichend hohen Anzahl an Versicherten statistisch durch ein vorzeitiges Versterben anderer Versicherter ausgeglichen. Maßgebend für die Bestimmung des Barwerts sind einerseits die Höhe der (jährlichen) Rentenleistung, andererseits der zugrunde gelegte Zinssatz sowie der Zeitpunkt des Beginns der Rentenleistung. Der Abzinsungsvorgang richtet sich nach der allgemeinen Formel: A (Abzinsung) = 1 : 1 + p/100 (der Faktor p ist der jeweilige Zinssatz). Bei einem Zinssatz von 5% ergibt sich danach, bezogen auf ein Jahr, der Faktor A = 1 : 1,05 = 0,9523809. Würde beispielsweise eine künftige jährliche Rente von 30.000,00 € (mit Beginn der Rentenleistung) auf zehn Jahre abgezinst werden (mit Zinseszins), so ergäbe sich bei 5% ein Barwert von 243.234,63 €. Anstelle des Betrages von 30.000,00 € ist damit lediglich der abgezinste Betrag bereit zu stellen, weil das jeweils nicht verbrauchte Restkapital mit 5% verzinst werden kann (die letzte Rate von 19.338,27 € zinst sich damit auf 30.000,00 € auf (der Effekt der vorschüssigen bzw. nachschüssigen Verzinsung wurde aus Darstellungsgründen vernachlässigt). In Bezug auf die Faktoren der Barwertverordnung ist zu berücksichtigen, dass in diese die leistungsfreie Zeit vom Ende der Ehezeit bis zur festen Altersgrenze im Zinslauf berücksichtigt werden. Der Faktor vermindert sich umso stärker, je entfernter das Ehezeitende vom 65. Lebensjahr entfernt ist.

> **Beispiel** der Bestimmung des versicherungsmathematischen Barwerts (stark vereinfacht):
> Der Versorgungsträger gewährt (nur) männlichen Versicherten mit einem Lebensalter von 65 Jahren eine jährliche Rente von 10.000,00 €. Hat die bei dem Versorgungsträger versicherte Personengruppe (Abweichung von der Grundgesamtheit wegen günstigerer Lebenserwartung) eine statistisch ermittelte Lebens-

2. Kapitel Bewertung von Anrechten auf eine Versorgung wegen Alters oder Invalidität

erwartung von 14 Jahren und 6 Monaten (nach dem Gesetz der großen Zahl), beträgt der versicherungsmathematische Barwert zunächst für jeden Versicherten 14,5 Jahre × 10.000,00 € = 145.000,00 €. Hierbei ist allerdings nicht berücksichtigt, dass der Versorgungsträger diesen Barwert nur jährlich zu erbringen hat und deshalb für die einzelnen Jahre (der statistischen Lebenserwartung) lediglich den abgezinsten Kapitalbetrag zur Erfüllung der jährlichen Rentenleistung bereitstellen muss. Nach der allgemeinen Formel A = 1 : 1 + p/100 (p = Zinssatz) errechnet sich (bei vorschüssiger Jahresleistung, ohne Zinseszins) im 1. Jahr der Leistung ein Betrag von 10.000,00 €, im 2. Jahr von 9.569,38 €, im 3. Jahr ein Betrag von 9.174,31 € und im 14. Jahr von 6.300,00 €.

Der Versorgungsträger hat nach diesen Vorgaben – zum Stichtag i. S. d. § 3 Abs. 1 VersAusglG – die in Zukunft anfallenden Rentenbeträge festzulegen und auf den maßgebenden Zeitpunkt abzuzinsen. Hierbei wird der künftige Rentenbetrag vom Zeitpunkt des Eintritts des Versorgungsfalls (derzeit i. d. R. 65. Lebensjahr) bis zum Ehezeitende, soweit dieses vor dem Eintritt des Versorgungsfalls liegt, nach dem zuvor dargestellten Modell abgezinst. Danach ist der versicherungsmathematische Barwert umso geringer, je ferner der Eintritt des Versorgungsfalls liegt, weil der Abzinsungsvorgang länger andauert. Soweit ab Leistungsbeginn eine Volldynamik vorliegt, wird der hierin liegende Rententrend neben der fest stehenden Sterbewahrscheinlichkeit berücksichtigt (diskontierte Anzahl der Lebenden). § 16 Abs. 3 BetrAVG sieht zur Erfassung der Anpassung eines Anrechts der betrieblichen Altersversorgung an die Lebenshaltungskosten eine **Pauschalierung der Anpassung von 1% jährlich** ab Versorgungsbeginn vor. In Bezug auf die Abzinsung der in der Zukunft liegenden laufenden Versorgungsleistungen, die mit 4,5% abgezinst werden, verändert sich durch die gegenläufige Dynamik nach § 16 Abs. 3 BetrAVG der Abzinsungsbetrag um 1%, so dass – vereinfacht ausgedrückt – die Abzinsung der künftigen Leistungen entsprechend geringer ausfällt (4,5% – 1% = 3,5%). Dies wirkt sich auf die Höhe des korrespondierenden Kapitalwertes aus, der im Falle einer Anpassung nach § 16 Abs. 3 BetrAVG entsprechend höher ausfällt. Falls dies unklar ist, muss beim Versorgungsträger auf eine Klarstellung gedrängt werden, der nach § 220 Abs. 4 FamFG hierzu vom Familiengericht und einem Beteiligten verpflichtet werden kann.

184 **Betriebliche Altersversorgung**: Für ein Anrecht nach dem BetrAVG bestimmt § 47 Abs. 4 Satz 1 VersAusglG, dass für die Ermittlung des korrespondierenden Kapitalwerts der in § 4 Abs. 5 BetrAVG festgelegte **Übertragungswert**, das ist der Wert, den ein Arbeitnehmer bei einem Wechsel zu einem anderen Betrieb und damit Versorgungsträger mitnehmen kann, zugrunde zu legen ist (eingehend Rdn. 396).

Dies gilt nicht für eine betriebliche Altersversorgung aus dem Bereich der **Zusatzversorgung des öffentlichen oder kirchlichen Dienstes**, da diese überwiegend umlagefinanziert sind und deshalb das Prinzip der Kapitaldeckung des Anrechts kein geeigneter Maßstab zur Bestimmung des korrespondierenden Kapitalwerts darstellt (BT-Drucks. 16/10144 S. 85). Bei dieser Versorgung ist deshalb der korrespondierende Kapitalwert nach der Auffangregelung des § 47 Abs. 5 VersAusglG zu ermitteln (s. Rdn. 182, 183).

4. Verfahrensrechtliche Vorschriften

185 Das Familiengericht kann nach § 220 Abs. 4 FamFG vom Versorgungsträger die nach § 5 VersAusglG benötigten Werte einschließlich einer übersichtlichen und nachvollziehbaren Berechnung der maßgeblichen Regelungen verlangen und in Bezug auf den korrespondierenden Kapitalwert insbesondere den Versorgungsträger auffordern, dass dieser die Einzelheiten der Bestimmung darlegt. Dies bezieht sich vor allem auf den zugrunde gelegten **Abzinsungsfaktor** sowie die weiteren

III. Der Begriff des korrespondierenden Kapitalwerts

biometrischen Daten im konkreten Fall. Auf Antrag eines Beteiligten hat das Familiengericht beim Versorgungsträger diese Daten ebenfalls abzufragen. Hält das Familiengericht den zugrunde gelegten Abzinsungsfaktor für unangemessen (je höher der Faktor, je geringer der korrespondierende Kapitalwert), kann es im Rahmen des Verfahrens zum Versorgungsausgleich ein Sachverständigengutachten mit dem Ziel der Überprüfung des Ergebnisses einholen. Da der korrespondierende Kapitalwert keine Größe des Ausgleichswertes ist, sondern eine Hilfsgröße für die unter der Rdn. 178 aufgeführten Sachlagen darstellt, wird der **Versorgungsträger hierdurch auch nicht beschwert** i. S. d. § 59 Abs. 1 FamFG.

5. Konkrete Bestimmung des korrespondierenden Kapitalwerts bei Vorliegen eines Härtefalles nach § 27 VersAusglG

Das Beispiel erläutert den unter Rdn. 178 dargestellten Regelungszweck zur Einführung des korrespondierenden Kapitalwerts **186**

a) Überblick über die beiderseitigen Anrechte der Ehegatten

	Ehemann	Ehefrau
gesetzl. Rentenversicherung		25,2 (Entgeltpunkte)
betriebliche Altersversorgung		200,00 € (Rente)
berufsständische Versorgung	1.200,00 € (Rente)	
private Rentenversicherung		6.000,00 € (Kapitalwert)

Wird vom Ehemann der Einwand einer groben Unbilligkeit i. S. d. § 27 VersAusglG geltend gemacht, kann nicht ohne weiteres erkannt werden, welcher Ehegatte im Ergebnis nach Durchführung des Versorgungsausgleichs die höheren Versorgungsanrechte besitzt, also durch den Versorgungsausgleich begünstigt wird. Anhand des korrespondierenden Kapitalwertes ist danach festzustellen, welcher Ehegatte im Falle der Saldierung der insgesamt bestehenden Kapitalwerte die höheren Anrechte erlangt und damit eine Herabsetzung oder ein Ausschluss des Versorgungsausgleichs im Hinblick auf den geltend gemachten Härtegrund überhaupt in Betracht kommt.

b) Darstellung der korrespondierenden Kapitalwerte

	Ehemann	Ehefrau
gesetzl. Rentenversicherung		77.426,00 €
betriebliche Altersversorgung		13.300,00 €
berufsständische Versorgung	111.500,00 €	
private Rentenversicherung		3.000,00 €
Gesamt	111.500,00 €	92.726,00 €

187

Anmerkung:

(1) Der korrespondierende Kapitalwert des Anrechts aus der gesetzlichen Rentenversicherung errechnet sich durch Multiplizierung des Umrechnungsfaktors der Rechengrößen zum Versorgungsausgleich (Nr. 2, s. Rdn. 180) von 6.144,9210 mit der Anzahl an Entgeltpunkten von 12,6 Entgeltpunkten (als Ausgleichswert i. S. d. § 5 Abs. 3 VersAusglG).

(2) Der korrespondierende Kapitalwert der betrieblichen Altersversorgung der Ehefrau ergibt sich aus dem Übertragungswert gemäß § 4 Abs. 5 BetrAVG; § 47

Abs. 4 Satz 1 VersAusglG; auch insoweit wird der Ausgleichswert in die Bilanz eingestellt (hälftiger Ehezeitanteil).

(3) Der korrespondierende Kapitalwert der berufsständischen Versorgung ergibt sich aus dem gebildeten Deckungskapital. Soweit bei berufsständischen Versorgungen kein individuelles Deckungskapital gebildet wird, ist nach § 47 Abs. 5 VersAusglG nach versicherungsmathematischen Grundsätzen ein Barwert zu bilden (s. Rdn. 183).

(4) Der korrespondierende Kapitalwert der privaten Rentenversicherung ergibt sich unmittelbar aus dem gebildeten Deckungskapital. Er stellt in der Regel zugleich den Ausgleichswert dar (i. S. d. § 5 Abs. 3 VersAusglG).

(5) Die Gegenüberstellung der korrespondierenden Kapitalwerte sämtlicher Anrechte hat ergeben, dass der Ehemann im Ergebnis mehr Anrechte im Versorgungsausgleich abgibt, als er im Gegenzug erhält. Insoweit kann nach § 27 VersAusglG eine Herabsetzung oder Versagung des Ausgleichs bei Vorliegen eines Härtegrundes sowie einer groben Unbilligkeit erfolgen. Diese Rechtsfolge hängt von den konkreten Umständen des Einzelfalls ab (grundlegend Rdn. 766, 775).

6. Bestimmung des korrespondierenden Kapitalwerts zur Prüfung der Geringfügigkeit gem. § 18 Abs. 1 VersAusglG

188 § 18 Abs. 1 VersAusglG schränkt die Möglichkeiten des Ausschlusses des Versorgungsausgleichs bei geringfügigen Wertunterschieden der beiderseitigen Ausgleichswerte im Verhältnis zur Regelung im Regierungsentwurf (BT-Drucks. 16/10144 S. 60) ein und sieht dessen Anwendung nur vor, wenn **Anrechte gleicher Art** vorliegen. Ferner bewirkt die Formulierung »beiderseitige Anrechte gleicher Art«, dass einzelne Anrechte gleicher Art mit nur geringfügig unterschiedlichen Ausgleichswerten vom Ausgleich ausgenommen werden können. Die Neufassung des Abs. 1 berücksichtigt, dass annähernd vergleichbare Stichtagswerte (in Form einer Rente) i. S. d. § 5 Abs. 1 VersAusglG sich in Bezug auf das Finanzierungsverfahren, der weiteren Entwicklung des Anrechts und den Umfang der Versorgungsleistungen sehr stark unterscheiden können, so dass annähernd vergleichbare kapitalisierte Stichtagswerte zu unterschiedlichen Versorgungsleistungen führen können. Die Ausgestaltung als »Soll-Regelung« in Abs. 1, 2 übernimmt das in Abs. 3 (a. F.) enthaltene Ermessen des Familiengerichts (nunmehr aufgehoben).

> **Beispiel:**
> Steht dem Ehemann ein Anrecht auf eine berufsständische Versorgung zu, das in der Anwartschaftsphase keine oder nur eine geringe Anpassung aufweist, dagegen in der Leistungsphase eine Anpassung an die Entwicklung der allgemeinen Preis- oder Einkommensentwicklung enthält, die sich aus der Verwendung der aus den Beiträgen erzielten Überschüssen für die Leistungsphase ergibt, und verfügt die Ehefrau über ein Anrecht in einer anderen berufsständischen Versorgung mit vergleichbaren Rechnungsgrundlagen und Anpassungen, kann bei annähernd gleicher Höhe des jeweiligen Ausgleichswertes § 18 Abs. 1 VersAusglG angewandt werden. Sieht dagegen das Anrecht des Ehemannes sowohl in der Anwartschaftsphase als auch in der Leistungsphase eine Anpassung an die allgemeine Preis- oder Einkommensentwicklung vor, während das Anrecht der Ehefrau nur eine Anpassung in der Leistungsphase kennt, scheidet die Anwendung des § 18 Abs. 1 VersAusglG aus.

B. Wertermittlung in der Beamtenversorgung

I. Grundlagen

Das Gesetz bestimmt in § 44 Abs. 1 VersAusglG i. V. m. § 40 VersAusglG sowie § 41 **189**
Abs. 2 VersAusglG im Falle einer laufenden Versorgung (§ 1587 a Abs. 2 Nr. 1 BGB
a. F.), in welcher Weise der in der Ehezeit erworbene Anteil aus einem Anrecht aus
einem öffentlich-rechtlichen Dienstverhältnis zu ermitteln ist. Erfasst werden hierbei sowohl die (bereits geleistete) Versorgung wie auch die Versorgungsanwartschaften und -aussichten aus einem solchen Dienstverhältnis. Gleichgestellt sind
diese Anrechte aus einem **privatrechtlichen Arbeitsverhältnis mit Anspruch auf Versorgung nach beamtenrechtlichen Vorschriften oder Grundsätzen** (§ 44
Abs. 1 Nr. 2 VersAusglG); dies bedeutet aber nicht, dass solche Anrechte in jedem
Fall durch interne Teilung nach dem Bundesversorgungsteilungsgesetz oder einer
entsprechenden landesrechtlichen Regelung bzw. in Form der externen Teilung gemäß § 16 VersAusglG auszugleichen sind, weil dieser einen öffentlich-rechtlich
organisierten Träger der Versorgung voraussetzt. Begründet wird ein Beamtenverhältnis durch Ernennung (§§ 5 BRRG, 6 BBG sowie entsprechende Landesbeamtengesetze), die durch Aushändigung einer Urkunde erfolgt. Diese Urkunde hat
zugleich die Art des Beamtenverhältnisses zu enthalten. Es bestehen folgende Beamtenverhältnisse:
- Beamte auf Lebenszeit;
- Beamte auf Zeit (Wahlbeamte, Rdn. 57);
- Beamte auf Probe – es muss eine Probezeit vorgesehen sein (Rdn. 55);
- Beamte auf Widerruf (Rdn. 55);
- Ehrenbeamte;
- Beamte in einstweiligem Ruhestand; diese nehmen eine Sonderstellung ein, d. h.
 ein Beamter auf Lebenszeit hatte ein Amt inne, dessen Ausübung nur in Übereinstimmung mit den grundsätzlichen politischen Zielen und Ansichten der Regierung möglich war (§§ 31 BRRG; 36–40, 176 Abs. 2 BBG, dort i. e. aufgezählt).

II. Personenkreis der Regelung des § 44 Abs. 1 VersAusglG

1. Bestehen eines öffentlich-rechtlichen Dienstverhältnisses

Anspruch auf eine Versorgung aus einem öffentlich-rechtlichen Dienstverhältnis **190**
hat jeder Beamte, der in einem öffentlich-rechtlichen **Dienst- und Treueverhältnis**
steht (zur Definition der Dienstherren-Fähigkeit s. §§ 2 Abs. 1 BBG, 121 BRRG).

Das sind insbesondere
- Bundesbeamte (mittelbare und unmittelbare); hierzu gehören auch Beamte der
 Deutschen Bahn AG und der Deutschen Post AG (§ 7 Eisenbahnneuordnungssatz vom 27. 12. 1993, BGBl I S. 2378; § 2 Abs. 3 PostPersRG vom 14. 09. 1994,
 BGBl I S. 2325, 2353);
- Beamte der Länder, Gemeinden und Gemeindeverbände;
- Beamte der sonstigen Körperschaften, Anstalten und Stiftungen des öffentlichen
 Rechts, die unter der Aufsicht eines Landes stehen;
- Berufsrichter (§§ 2, 8, 10 DRiG i. V. m. § 1 Abs. 2 BeamtVG);
- Polizei-, Vollzugsbeamte, Berufssoldaten (§§ 1, 37 SG, § 1 SVG).

Dienstherr kann nur sein, dem das Recht zusteht, Beamte zu haben; das kann
grundsätzlich nur eine juristische Person sein. Ohne Bedeutung für den Versorgungsausgleich ist es, ob es sich um Anrechte eines Bundes-, Landes-, Kommunal-

oder Körperschaftsbeamten handelt. Nach § 2 Abs. 2 BRRG ist die Berufung in ein Beamtenverhältnis nur zulässig zur Wahrnehmung hoheitlicher Aufgaben oder solcher Aufgaben, die aus Gründen der Sicherheit des Staates oder des öffentlichen Lebens nicht ausschließlich Personen übertragen werden dürfen, die in einem privatrechtlichen Arbeitsverhältnis stehen (§§ 6 BBG, 5 BRRG). Ob der Beamte tatsächlich hoheitliche Aufgaben ausübt, ist für die Frage des Bestehens einer Versorgung und damit für den Versorgungsausgleich unerheblich; es kommt damit allein auf das Bestehen eines Versorgungsanspruchs an. Bis zum 31. 12. 1991 galt § 1587 a Abs. 2 Nr. 1 BGB a. F. nicht für Dienstverhältnisse im Beitrittsgebiet (Art. 234 § 6 Einigungsvertrag). Mit der Überleitung des Versorgungsausgleichs auf das Beitrittsgebiet nach dem VAÜG (Art. 31 des RÜG vom 25. 07. 1991, BGBl I 1606, 1702) werden von § 1587 a Abs. 2 Nr. 1 BGB a. F. und damit auch von § 44 Abs. 1 VersAusglG auch die aufgrund der Überleitung des Beamtenrechts begründeten Dienstverhältnisse nach Maßgabe der vorläufig geltenden besonderen Besoldungs- und Versorgungsregelungen (BesoldungsübergangsVO mit Ergänzungen, BeamtenversorgungsübergangsVO, SoldatenversorgungsübergangsVO) erfasst.

2. Bedeutung des beamtenrechtlichen Status für den Versorgungsausgleich

191 Für die Einbeziehung einer Versorgung i. S. d. § 44 Abs. 1 VersAusglG (§ 1587 a Abs. 2 Nr. 1 BGB a. F.) ist der beim Eheszeitende bestehende beamtenrechtliche Status von Bedeutung, der sich dem Grunde und der Höhe nach auch auf den Versorgungsausgleich auswirken kann. Die verschiedenen (Rechts-)Formen des Beamtenverhältnisses führen auch versorgungsrechtlich zu unterschiedlichen Anrechten; dies wirkt sich auch auf den Versorgungsausgleich aus. Der Regelung des Abs. 2 Nr. 1 unterliegen damit:

192 (1) Anrechte eines **Beamten auf Lebenszeit** (§§ 3 Abs. 1 Nr. 1, 6 BRRG; 5 Abs. 1 Nr. 1 BBG; 4 BeamtVG). Ein Ruhegeldanspruch (i. S. e. Anwartschaft) entsteht erst nach einer Dienstzeit von fünf Jahren, § 4 Abs. 1 Satz 1 BeamtVG. Dennoch unterliegen die Anrechte eines Beamten, der diese zeitlichen Voraussetzungen im Zeitpunkt der letzten mündlichen Verhandlung noch nicht erfüllt hat, dem Versorgungsausgleich, da nach § 2 Abs. 3 VersAusglG (§ 1587 a Abs. 7 BGB a. F.) die Erfüllung einer zeitlichen Voraussetzung unerheblich ist (s. Rdn. 172). Zu den Lebenszeitbeamten gehören auch **politische Beamte** (s. Rdn. 189), die zwar jederzeit in den einstweiligen Ruhestand versetzt werden können, da die Zeit des einstweiligen Ruhestands von fünf Jahren (§ 7 Satz 1 Nr. 2 BeamtVG) ebenfalls zur Versorgungszeit gehört und es sich nicht lediglich um einen Faktor der Berechnung des Anrechts (entsprechend der beamtenrechtlichen Zurechnungszeit) handelt. Das nach § 14 Abs. 6 BeamtVG erhöhte Ruhegehalt ist bei der Bewertung auszuscheiden, da die Anhebung zeitlich befristet ist (s. auch *Johannsen/Henrich/Hahne*, § 1587 a BGB Rn. 60, 76). Das Dienstrechtsreformgesetz vom 24. 02. 1997 (BGBl I 322) lässt die Vergabe von **Führungspositionen auf Probe** zu. Zu den sich daraus ergebenden Folgen wird auf Rdn. 216 verwiesen.

193 (2) Anrechte eines **Beamten auf Probe.** Dieser hat (nach §§ 3 Abs. 1 Nr. 3 BRRG, 5 Abs. 1 Nr. 2 BBG) eine Probezeit abzulegen, um Beamter auf Lebenszeit zu werden. Spätestens nach fünf Jahren hat der Beamte auf Probe einen Rechtsanspruch auf Übernahme als Beamter auf Lebenszeit gem. §§ 6 Abs. 2 BRRG, 9 Abs. 2 BBG. Dessen Rechtsposition ist damit noch nicht gesichert, aber schon so verfestigt, dass im Versorgungsausgleich von einer Versorgungsaussicht ausgegangen werden kann (eingehend Rdn. 55 m. w. N.). Möglich ist die Ernennung zum Beamten auf Lebenszeit ab dem 27. Lebensjahr, §§ 6 BRRG, 9

Abs. 1 Nr. 2 BBG. Tritt eine Dienstunfähigkeit während der Probezeit ein, erlangt der Beamte einen Anspruch auf einen **Unterhaltsbeitrag** nach § 15 Abs. 2 BeamtVG (zur Berücksichtigung im Versorgungsausgleich s. Rdn. 87, 207).

(3) Anrechte eines **Beamten auf Zeit.** Im Grundsatz sind die Beamten auf Zeit, das sind in erster Linie Kommunalbeamte, den Beamten auf Lebenszeit versorgungsrechtlich gleichgestellt; nach § 66 Abs. 1 BeamtVG gelten die Vorschriften der Beamten auf Lebenszeit entsprechend. Zu beachten ist jedoch, dass § 66 Abs. 2 BeamtVG eine **abweichende Staffelung des Ruhegehaltssatzes** vorsieht (s. hierzu auch § 14 Abs. 1 Satz 1 BeamtVG; zur Berechnung im Versorgungsausgleich s. Rdn. 57 f. und Rdn. 243). Erfüllt ein Beamter auf Zeit bei Ablauf seiner Amtszeit nicht die erforderliche Wartezeit, ist dieser nach § 8 SGB VI in der gesetzlichen Rentenversicherung nachzuversichern. Das daraus sich ergebende Anrecht ist im Versorgungsausgleich heranzuziehen (s. OLG Frankfurt/M FamRZ 1984, 182 mit Anm. von *Minz/Kern* FamRZ 1984, 909; BGH FamRZ 1992, 46), so dass kein Anrecht i. S. d. § 44 Abs. 1 BGB anzunehmen ist. Zur Führungsposition auf Zeit s. Rdn. 216. **194**

(4) Anrechte der **Berufsrichter und Staatsanwälte.** Nach § 46 DRiG gilt das BeamtVG für Richter im Bundesdienst; für Richter im Landesdienst verweist § 71 a DRiG auf das BeamtVG entsprechend. Zu unterscheiden ist zwischen Berufsrichtern auf Lebenszeit (§§ 8, 10 DRiG), Richtern auf Zeit (§§ 8, 11 DRiG, nach § 4 BVerfGG Bundesverfassungsrichter), Richtern auf Probe (§§ 8, 12 DRiG) und Richtern kraft Auftrag (§§ 8, 14 DRiG). Die Anrechte eines Lebenszeitrichters werden nach § 44 Abs. 1 VersAusglG i. V. m. § 40 VersAusglG (§ 1587 a Abs. 2 Nr. 1 BGB a. F.) bewertet; die Anrechte eines Richters auf Probe und eines Richters kraft Auftrags bestimmen sich nach den Grundsätzen eines Beamten auf Probe (Rdn. 193). Wird ein Richter kraft Auftrag nur auf Zeit ernannt, gelten dieselben Grundsätze wie bei einem Beamten auf Zeit (s. Rdn. 194). **195**

Für **Staatsanwälte** gilt, da sie in einem Beamtenverhältnis stehen, das BeamtVG unmittelbar. Ihre dienstrechtliche Sonderstellung (§ 122 DRiG) wirkt sich nicht auf deren Versorgung aus.

(5) **Notare.** Notare sind keine Beamte im dargelegten Sinne. Zwar stehen sie nach der BNotO in einem öffentlich-rechtlichen Treueverhältnis; dies wirkt sich jedoch auf ihre dienstrechtliche Stellung nicht aus. Eine Ausnahme gilt allerdings für die Bezirksnotare im OLG-Bezirk Stuttgart (§ 114 BNotO) und die Amtsnotare im OLG-Bezirk Karlsruhe, die (derzeit noch) in einem Beamtenverhältnis stehen (s. LBG Baden-Württemberg). **196**

(6) **Berufssoldaten auf Lebenszeit.** Die Versorgung von Berufssoldaten richtet sich nach § 1 SG, § 15 SVG. Insoweit ist zu beachten, dass die Dienstzeit, anders als bei Beamten, je nach militärischem Rang gestaffelt ist. **Soldaten auf Zeit** erwerben keine Versorgung aus dem Soldatenverhältnis (§§ 1, 13 SVG). Aus der erleichterten Möglichkeit, durch einen Eingliederungsschein (§§ 6, 9 SVG) in den allgemeinen öffentlichen Dienst übernommen zu werden, folgt nicht, dass der Status eines Berufssoldaten oder Beamten auf Lebenszeit angenommen werden könnte, da deren Übernahme dennoch ungewiss ist. Sie werden deshalb nach § 8 Abs. 2 Nr. 1 SGB VI in der gesetzlichen Rentenversicherung nachversichert (s. Rdn. 55, 283), wenn der Soldat auf Zeit im Zeitpunkt der letzten mündlichen Verhandlung zum Versorgungsausgleich nicht in den öffentlichen Dienst übernommen worden ist. Dies wird in § 44 Abs. 4 VersAusglG ausdrücklich geregelt. In diesem Fall gilt die Dienstzeit als Soldat zusammen mit den anderen Dienstzeiten als ein einheitliches Dienstverhältnis. Die bei **197**

2. Kapitel   Bewertung von Anrechten auf eine Versorgung wegen Alters oder Invalidität

Ausscheiden eines Zeitsoldaten gewährte **Übergangshilfe** (§§ 11–13 SVG) ist keine Versorgung i. S. d. § 44 Abs. 1 (Rdn. 208).

3. Ausnahmen

198 Bei den folgenden Anrechten handelt es sich nicht um ein Anrecht nach § 44 Abs. 1 VersAusglG (§ 1587 a Abs. 2 Nr. 1 BGB a.F):

(1) Anrechte aus einem öffentlich-rechtlichen Dienstverhältnis, das zu einem **ausländischen Staat,** einer **internationalen oder supranationalen Organisation** (insbesondere Beamte der EU; s. EuGH FamRZ 2000, 83) oder zur ehemaligen DDR gehört (s. Rdn. 190); diese werden nach § 42 VersAusglG (§ 1587 a Abs. 5 BGB aF.) bewertet (BGH FamRZ 1988, 273, 274; FamRZ 1996, 98; s. a. EuGH FamRZ 2000, 83; Rdn. 168, 170).

(2) Anrechte aus einem **öffentlich-rechtlichen Dienstverhältnis,** das sind insbesondere **Bundes- und Landesminister** sowie parlamentarische **Staatssekretäre,** ferner Abgeordnete des Deutschen Bundestages und der Länder (s. eingehend Rdn. 57, 170). Die Versorgungsanrechte aus einem Dienstverhältnis unterliegen dem Versorgungsausgleich. Die Bewertung richtet sich nach § 42 VersAusglG (§ 1587 a Abs. 5 BGB a. F.; Rdn. 168 ff.; ferner Rdn. 57 f.), da die Dauer der Amtszeit und das Erreichen der festen Altersgrenze ungewiss ist. Unter diese Gruppe fallen im Übrigen der Wehrbeauftragte (§ 15 Abs. 1 des Gesetzes über den Wehrbeauftragten) und die Mitglieder des Direktoriums der Deutschen Bundesbank. Der Ausgleich erfolgt entweder durch die **interne Teilung** nach dem BVersTG (bei einem Dienstverhältnis des Bundes) bzw. einer entsprechenden Landesregelung (bei einem Dienstverhältnis eines Landes) oder die **externe Teilung** nach § 16 VersAusglG.

199 (3) Anrechte für **Lehrkräfte an privaten Schulen** bzw. privaten Fachhochschulen, da die Lehrkräfte nach ihrem Status keine Beamte, sondern regelmäßig Angestellte sind. Wird diesen eine Versorgung nach beamtenrechtlichen Grundsätzen zugesagt, unterliegen sie hinsichtlich ihrer Bewertung § 44 Abs. 1 Nr. 2 VersAusglG (§ 1587a Abs. 2 Nr. 1 S. 1 Alt. 2 BGB a. F.); der Ausgleich erfolgt durch eine interne Teilung bei dem Versorgungsträger des auszugleichenden Anrechts.

(4) **Ehrenbeamten** stehen keine Versorgungsanwartschaften zu, da sie weder Dienstbezüge noch eine Versorgung erhalten, §§ 115 Abs. 2 BRRG, 5 Abs. 3, 177 BBG; 68 BeamtVG; 20 KonsularG. Diese Regelung gilt vor allem für ehrenamtliche Bürgermeister. Auch wenn ein Anspruch auf Ehrensold nach Ausscheiden besteht, scheidet ein Ausgleich nach h. M. aus, weil dieser keinen Versorgungscharakter besitzt (s. *Stegmüller/Schmalhofer/Bauer* § 68 BeamtVG Rn. 1). Soweit § 68 BeamtVG bestimmt, dass Ehrenbeamten ein **Unterhaltsbeitrag** gewährt werden kann, scheidet dessen Berücksichtigung im Versorgungsausgleich schon deshalb aus, weil dessen Bezug nicht gesichert ist. Wird einem Ehrenbeamten ein solcher **Unterhaltsbeitrag** verbindlich bewilligt oder bereits bezahlt, so ist hierin zunächst keine Versorgungsleistung aus einem Dienstverhältnis zu sehen, weil diese nicht aus dem Gesichtspunkt der Alimentation erbracht wird, sondern eher eine Art Treueprämie darstellt (so BSozGE 50/2, 231). Hieraus ist aber nicht zwingend abzuleiten, dass dieser Unterhaltsbeitrag auch im Versorgungsausgleich unberücksichtigt bleibt, weil hierin durchaus eine durch die Arbeit eines Ehegatten i. S. d. § 2 Abs. 2 VersAusglG ausgelöste Leistung gesehen werden kann. Folgt man dieser Ansicht, ist das Anrecht nach § 42 VersAusglG (§ 1587 a Abs. 5 BGB a. F.) zu bewerten.

II. Personenkreis der Regelung des § 44 Abs. 1 VersAusglG

(5) **Beamte auf Widerruf, Soldaten auf Zeit.** Das **Beamtenverhältnis auf Widerruf** wird begründet, wenn der Beamte einen Vorbereitungsdienst abzuleisten hat, §§ 3 Abs. 1 Nr. 4 BRRG, 5 Abs. 2 BBG. Dieses Beamtenverhältnis endet mit dem Ablegen der Prüfung oder aufgrund einer jederzeit möglichen Entlassung. Versorgungsbezüge bestehen nicht; lediglich eine Dienstunfallfürsorge (§§ 30 ff. BeamtVG) wird gewährt.
Während der Vorbereitungszeit sind Widerrufsbeamte nach § 5 Abs. 1 Nr. 1 SGB VI versicherungsfrei. Sie werden in der gesetzlichen Rentenversicherung (entsprechend ihrem Entgelt bis zur Höhe der Beitragsbemessungsgrenze) nachversichert, wenn sie ohne entsprechende Versorgung aus dem Dienstverhältnis ausscheiden (§ 181 SGB VI). Werden sie jedoch in ein öffentlich-rechtliches Dienstverhältnis zunächst als Beamter auf Probe und später auf Lebenszeit übernommen, so gehört die im Vorbereitungsdienst zurückgelegte Zeit zur ruhegehaltsfähigen Dienstzeit, § 6 Abs. 1 Satz 1 BeamtVG. Der **Soldat auf Zeit** steht zwar in einem öffentlich-rechtlichen Dienstverhältnis i. S. d. § 44 VersAusglG. Nach Beendigung der höchstens zwölf Jahre andauernden Dienstzeit erlangt der Soldat auf Zeit jedoch kein Ruhegehalt wie der Berufssoldat; ihm stehen lediglich Übergangsgebührnisse und Beihilfen zu, §§ 11–13 SVG (die im Falle der Gesundheitsbeschädigung gewährte Leistung nach dem BVersG – s. §§ 80, 82 SVG – unterliegt nicht dem Versorgungsausgleich). Versorgungsrechtlich gleicht die Stellung des Soldaten auf Zeit der des Widerrufsbeamten, da er während der Dienstzeit von der Versicherungspflicht in der gesetzlichen Rentenversicherung befreit ist (§ 5 Abs. 1 Nr. 1 SGB VI). Er wird bei Ausscheiden in der gesetzlichen Rentenversicherung nachversichert; wird er Berufssoldat, erhöht sich die ruhegehaltsfähige Dienstzeit um diese Zeit (s. auch Rdn. 57, 197).

200

Sowohl der Beamte auf Widerruf als auch der Soldat auf Zeit erwerben ein **atypisches, alternativ ausgestaltetes Anrecht,** das unmittelbar zwar nicht nach den in den §§ 39, 40 VersAusglG geregelten Bewertungsvorschriften unterliegt, aber wegen der Gewissheit seines Bestandes dem Versorgungsausgleich zugeordnet wird. Das Anrecht ist nach § 44 Abs. 4 VersAusglG (i. V. m. § 42 VersAusglG) mit dem (gesicherten) Wert der Nachversicherung in der gesetzlichen Rentenversicherung auszugleichen; dies erfolgt zu **Lasten des Dienstherrn** nach § 16 Abs. 2 VersAusglG (§ 1587b Abs. 2 BGB a. F.; BGH FamRZ 2003, 29 f.; BGHZ 81, 100 = FamRZ 1981, 2187 = NJW 1981, 2187; FamRZ 1988, 1253). Bei dem Wert der Nachversicherung bleibt es auch dann, wenn der Widerrufsbeamte nach Ende der Ehezeit Richter auf Probe oder auf Lebenszeit wird (eingehend Rdn. 56, 131, 132); hinsichtlich des Ausgleichs gilt weiterhin (§ 16 Abs. 2 VersAusglG § 1587b Abs. 2 BGB a. F.). Scheidet der Widerrufsbeamte aus, so ist der Versorgungsausgleich durch interne Teilung gemäß § 10 VersAusglG in der gesetzlichen Rentenversicherung durchzuführen (zum Rechtszustand bis 31.08.2009 s. a. BGH FamRZ 1982, 154 = NJW 1982, 379; FamRZ 1987, 921). Im Übrigen kann hierauf keine Abänderung nach §§ 225, 226 FamFG gestützt werden.

201

4. Arbeitsverhältnisse mit Anspruch auf Versorgung nach beamtenrechtlichen Vorschriften

a) Grundlagen

Die Bewertung nach der zeitratierlichen Methode gemäß § 40 VersAusglG bezieht neben den Versorgungen oder Versorgungsanwartschaften aus einem öffentlich-rechtlichen Dienstverhältnis auch Anrechte aus einem **privatrechtlichen Dienst-**

202

oder **Arbeitsverhältnis** ein, in dem durch Vertrag zwischen Arbeitnehmer und Arbeitgeber eine Versorgung nach beamtenrechtlichen Vorschriften oder Grundsätzen vereinbart wurde. Dies wird in § 44 Abs. 1 Nr. 2 VersAusglG ausdrücklich geregelt. Die Formulierung dieser Bestimmung ist an § 5 Abs. 1 Nr. 2 SGB VI angelehnt. Aus der Formulierung »nach beamtenrechtlichen Vorschriften oder Grundsätzen« ergibt sich, dass die zugesagte Versorgung mit einer Beamtenversorgung in Grund und Höhe übereinstimmen, ihr jedenfalls aber in ihren Bemessungsgrundlagen (s. hierzu unten Rdn. 212 ff.) gleichen muss. Unerheblich (für die Bewertung) ist, ob die Versorgung durch eine öffentlich-rechtliche oder privatrechtlich organisierte Einrichtung gewährt wird. Die **Rechtsform des Trägers einer Versorgung** ist nach den neuen Teilungsvorschriften dann nicht mehr bedeutsam für die Form des Wertausgleichs bei der Scheidung, soweit eine interne Teilung des Anrechts nach § 10 VersAusglG erfolgt, weil diese bei dem jeweiligen Träger der Versorgung vorgenommen wird, der nicht die Voraussetzungen des § 16 Abs. 1 VersAusglG (öffentlich-rechtlicher Versorgungsträger) erfüllt. Liegen diese dagegen vor, ist zu prüfen, ob eine dem BVersTG entsprechende Regelung besteht oder der Ausgleich nach § 16 Abs. 1 VersAusglG durch Begründung eines Anrechts in der gesetzlichen Rentenversicherung erfolgt. Kriterium für das Vorliegen einer Versorgung nach beamtenrechtlichen Vorschriften oder Grundsätzen ist regelmäßig **Versicherungsfreiheit** (§ 5 Abs. 1 Nr. 2 SGB VI, 6 Abs. 1 Nr. 1 SGB VI) oder Befreiung auf Antrag des Arbeitgebers in der gesetzlichen Rentenversicherung.

b) Einzelbeispiele

203 Eine Versorgung nach beamtenrechtlichen Vorschriften besteht insbesondere
– für **Beschäftigte der Orts- und Innungskrankenkassen,** § 351 RVO, der Berufsgenossenschaften, §§ 690 ff. RVO (dienstordnungsmäßige Angestellte). Diese Angestellten stehen Beamten versorgungsrechtlich gleich, weil die Dienstordnungen bestimmen, dass insbesondere für die Berechnung der Versorgung die Vorschriften der Bundes- und Landesbeamten entsprechend gelten (zur Form des Ausgleichs s. Rdn. 520 ff.);
– bei Arbeitern und Angestellten, die aufgrund einer **Dienstordnung, Satzung** oder **Vertrag** ein Anrecht auf eine Versorgung haben. Diese Versorgungen sind regelmäßig privatrechtlicher Natur, folgen aber inhaltlich voll oder zumindest weitgehend beamtenrechtlichen Regelungen. Hierunter fallen insbesondere Beschäftigte des Bundes, der Länder, der Gemeinden und Gemeindeverbände, ferner der Träger der Sozialversicherung, der Bundesanstalt für Arbeit, der Deutschen Bundesbank, der Landeszentralbanken und der als öffentlich-rechtliche Körperschaften anerkannten Religionsgemeinschaften;
– bei **geistlichen Bediensteten** (Pfarrern) von öffentlich-rechtlichen Religionsgemeinschaften (s. aber OLG Celle FamRZ 1983, 191; OLG Frankfurt/M FamRZ 1987, 719; OLG Nürnberg FamRZ 1995, 98). Für den Bereich der **öffentlich-rechtlichen Religionsgemeinschaften** gilt dies allerdings nur, wenn diese in ihren Versorgungsbestimmungen auf die Regeln des Beamtenversorgungsrechts verweisen, da sie nicht unmittelbar anzuwenden sind. Die Verweisung bezieht sich auf das jeweils geltende Recht der Beamtenversorgung; es sind deshalb die jeweiligen Gesetzesänderungen zu beachten. Der **Ausgleich** erfolgt durch interne Teilung nach § 10 VersAusglG, wenn eine dem BVersTG entsprechende Regelung von der kirchlichen Organisation geschaffen wird, ansonsten nach § 16 Abs. 1 VersAusglG durch Begründung eines Anrechts in der gesetzlichen Rentenversicherung, da die Kirchen öffentlich-rechtliche Träger i. S. d. § 5 Abs. 1 Nr. 2 SGB VI sind;

II. Personenkreis der Regelung des § 44 Abs. 1 VersAusglG

- bei **Lehrern an privaten Schulen** und **Professoren an staatlich anerkannten Fachhochschulen,** soweit deren Versorgung nach beamtenrechtlichen Grundsätzen gestaltet ist (s. a. BGH FamRZ 1985, 794, 795; OLG Köln FamRZ 1983, 78; FamRZ 1984, 400). Diese können nach § 6 Abs. 1 Nr. 2 SGB VI von der Versicherungspflicht befreit sein (OLG Düsseldorf FamRZ 1991, 1205). Hinsichtlich des Ausgleichs gilt das zuvor Gesagte entsprechend;
- bei **Angestellten von Sparkassen,** soweit eine beamtenähnliche Versorgung zugesichert ist (der Ausgleich erfolgt durch interne Teilung, wenn eine dem BVersTG entsprechende Regelung besteht, ansonsten nach § 16 Abs. 1 VersAusglG, weil diese öffentlich-rechtlich organisiert sind);
- bei **wissenschaftlichen Mitarbeitern** der Max-Planck-Gesellschaft zur Förderung der Wissenschaft, da deren Versorgungsbezüge entsprechend dem BeamtVG festgesetzt werden (BGH FamRZ 1986, 248, 249; OLG Celle FamRZ 1983, 1146; OLG München FamRZ 1984, 908; Ausgleich durch interne Teilung des Anrechts, weil die Gesellschaft ein privatrechtlicher Verein ist).

c) Abgrenzung zur betrieblichen Altersversorgung

Bei den in § 44 Abs. 1 Nr. 2 VersAusglG aufgeführten Versorgungsanrechten aus einem Arbeitsverhältnis mit Anspruch auf eine Versorgung nach beamtenrechtlichen Vorschriften oder Grundsätzen handelt es sich um vertraglich begründete privatrechtliche Arbeitsverhältnisse. Hieraus können sich Abgrenzungsschwierigkeiten zu den Versorgungsanrechten der betrieblichen Altersversorgung ergeben. Die den Arbeitnehmern gewährte Versorgung muss ihrem Charakter nach der Beamtenversorgung entsprechen, jedenfalls ihr in den wesentlichen Merkmalen gleichen. Eine solche Versorgung ist danach gegeben, wenn die Versorgungszusage eine lebenslange Alters- und Invaliditätsversorgung vorsieht, die von der Dauer der Dienstzeit und der Höhe des Arbeitsentgelts abhängt. Ferner muss der Arbeitgeber die Versorgung wirtschaftlich selbst tragen, ohne sich hinsichtlich der Versorgung eines anderen Trägers zu bedienen oder den Arbeitnehmer durch Beiträge an deren Finanzierung zu beteiligen. Schließlich ist ein Indiz, dass die Versorgung den **Charakter einer Regelversorgung** i. S. d. § 32 VersAusglG hat. Schwierig ist die Abgrenzung zu den so genannten **gefugten Versorgungen,** die eine Anrechnung auf die Versorgung vorsehen (die **Zusatzversorgungen des öffentlichen Dienstes** sind seit der Satzungsänderung ab 2002 hiervon ausgenommen; s. Rdn. 432 ff.). Soweit es zu Abgrenzungsschwierigkeiten zu einer betrieblichen Altersversorgung kommt, ist § 44 Abs. 1 Nr. 2 VersAusglG lex specialis zu § 45 VersAusglG (zum Rechtszustand bis 31. 08. 2009 s. BGH FamRZ 1994, 232 m. w. N.; OLG Düsseldorf FamRZ 1991, 1205; *Borth* FamRZ 1996, 641, 645 m. w. N.). Rechtsgrundlage einer beamtenähnlichen Versorgung ist i. d. R. eine Ruhelohnordnung, Satzung, Dienstordnung, Vertrag oder ähnliches. 204

5. Besonderheiten des Hochschulbereiches

Besondere Regelungen gelten für die Beamten im Hochschulbereich, Hochschuldozenten, wissenschaftliche Assistenten u. a., die nach Inkrafttreten des Hochschulrahmengesetzes vom 26. 01. 1977 (BGBl I 185; neu gefasst am 08. 04. 1987, BGBl I 70) übernommen wurden; sie sind nach den landesrechtlichen Bestimmungen Beamte auf Widerruf, versorgungsrechtlich jedoch wie Beamte auf Probe zu behandeln (§§ 110, 112 BRRG a. F.). Sie haben kaum noch eine praktische Bedeutung, so dass das VersAusglG die in § 1587 a Abs. 2 Nr. 1 Satz 5 BGB a. F. nicht übernommen hat. Dennoch ist eine Bewertung analog den in dieser Bestimmung getroffenen Anordnungen vorzunehmen (s. a. BT-Drucks. 16/10144 S. 81). Soweit dieser 205

2. Kapitel   Bewertung von Anrechten auf eine Versorgung wegen Alters oder Invalidität

Personenkreis nicht nach neuem Recht übernommen wurde (§ 75 HRG), bleibt der jeweilige Status aufgrund der Übergangsregelung (§ 91 HRG) im Wesentlichen erhalten. **Ordentliche und außerordentliche Professoren,** die dem bisherigen Status unterliegen (§ 107 BRRG a. F.), besitzen Versorgungsanwartschaften i. S. d. § 44 Abs. 1 Nr. 1 VersAusglG. Sie werden nach Erreichen der maßgeblichen Altersgrenze von ihren amtlichen Verpflichtungen entbunden (Entpflichtung, Emeritierung); ihre (vollen) Dienstbezüge erhalten sie danach weiter. Da sie analog § 1587 a Abs. 2 Nr. 1 Satz 5 BGB a. F. den Versorgungsbezügen sonstiger Beamter gleichgestellt sind, fallen sie mit diesem Wert in den Versorgungsausgleich (BGH FamRZ 1983, 467, 471 = NJW 1983, 1784, 1788; s. a. Rdn. 224, 245). **Außerplanmäßige Professoren** (§ 109 BRRG a. F.) sind Beamte auf Widerruf, können aber nur beschränkt entlassen werden; sie sind versorgungsrechtlich Beamten auf Lebenszeit gleichgestellt; ihr Anrecht ist deshalb § 44 Abs. 1 Nr. 1 VersAusglG zuzuordnen. **Wissenschaftliche Assistenten,** die Privatdozenten sind, sind Beamte auf Widerruf, werden aber versorgungsrechtlich wie ein Beamter auf Probe behandelt (§§ 110, 112 BRRG a. F.). Da sie aber als Beamte auf Widerruf jederzeit entlassen werden können, d. h. insbesondere § 6 Abs. 2 BRRG nicht gilt, wonach ein Beamter auf Probe nach fünfjähriger Tätigkeit einen Rechtsanspruch auf Übernahme als Beamter auf Lebenszeit besitzt, liegt keine beamtenähnliche Versorgung i. S. d. § 44 Abs. 1 Nr. 1 VersAusglG vor. Sie ist deshalb nur mit dem Nachversicherungswert in der gesetzlichen Rentenversicherung nach § 42 VersAusglG zu berücksichtigen (OLG Karlsruhe FamRZ 1983, 408; RGRK / *Wick* § 1587 a BGB Rn. 22). Die Versorgung von **Professoren und Hochschuldozenten** nach dem **neuen HRG** und den entsprechenden Landesgesetzen (§ 105 BRRG) kennt eine Entpflichtungsmöglichkeit nicht; ihre Versorgung entspricht der eines normalen Beamten. Hochschulassistenten und beamtete wissenschaftliche Mitarbeiter werden zum Beamten auf Zeit ernannt (§§ 48–53 HRG, 105 BRRG). Nach Ablauf der Amtszeit werden diese entlassen. Da diese im Falle ihres Ausscheidens in der gesetzlichen Rentenversicherung nachversichert werden, ist der Wert der Nachversicherung dem Versorgungsausgleich zugrunde zulegen (so auch *Johannsen/Henrich/Hahne* § 1587 a BGB Rn. 27).

III. Leistungen der Beamtenversorgung, die dem Versorgungsausgleich unterliegen

1. Gesetzliche Grundlagen

206 Die Versorgung der Beamten war nach Gründung der Bundesrepublik Deutschland zunächst in den Beamtengesetzen des Bundes und der Länder geregelt. Mit Einführung des Art. 74 a in das Grundgesetz (1971) wurde dem Bund die konkurrierende Gesetzgebungszuständigkeit für die Besoldung und Versorgung aller Beamten übertragen. In dem am 01. 01. 1977 in Kraft getretenen BeamtVG wurden die gesetzlichen Regelungen der Versorgung der Beamten und Richter in einem besonderen Gesetz zusammengefasst. Für Beamte und Richter, die am 01. 01. 1977 bereits Versorgungsempfänger waren, gilt das bisherige Recht nach Maßgabe der §§ 69 ff. BeamtVG weiter. Durch das 52. Gesetz zur Änderung des Grundgesetzes vom 31. 08. 2006 (BGBl I 2034), das eine grundlegend neue Regelung der Kompetenzverteilung zwischen Bund und Länder trifft (sog. **Föderalismusnovelle**), wurde die Kompetenz für die Versorgung der Beamten und Richter der Länder, Gemeinden und anderen Körperschaften auf die Länder übertragen (s. Art. 74 Abs. 1 Nr. 27 GG, der Regelungen über Laufbahnen, Besoldung und Versorgung von dem Kompetenztitel ausnimmt). Für die Beamten und Richter des Bundes gilt weiterhin das

III. Leistungen der Beamtenversorgung, die dem Versorgungsausgleich unterliegen

BeamtVG (§ 1 Abs. 1 BeamtVG in der Fassung des Gesetzes über die Anpassung von Dienst- und Versorgungsbezügen vom 29.07.2008 – BGBl I 1582). Dieses Gesetz gilt in den Ländern ferner so lange, bis die Länder eigene gesetzliche Regelungen geschaffen haben (s. z. B. Saarland gemäß dem saarländischen BeamtVG, weitgehende Übernahme der Bundesregelung; Art. 125 a GG i. V. m. § 108 Abs. 1 BeamtVG). Die folgende Darstellung folgt den Regelungen des BeamtVG des Bundes.

Insoweit hat der Bund durch das **Dienstrechtsneuordnungsgesetz** vom 05.02.2009 (BGBl. I S. 713) von seiner Kompetenz zu einer eigenständigen Regelung Gebrauch gemacht. Aus der hierin enthaltenen Neuordnung des BBesG (Art. 17) ergibt sich in Bezug auf den Versorgungsausgleich ein besonderes Problem für die Zeit ab 01.07.2009 und ab 01.01.2011. Ist ein Anrecht auszugleichen, ist auch in der Zeit vor 2011 von den höheren Werten der Grundgehaltstabellen auszugehen, wenn der Versorgungsfall erst nach diesem Zeitpunkt beginnt. Dies folgt auch aus der Tatsache, dass die höheren Werte einen Ausgleich für die nicht mehr gewährte **Sonderzulage** bewirken, die nach § 4 BSZG ab 01.01.2010 wiederaufgestockt werden sollte, ab 01.07.2009 jedoch in die Grundgehaltstabellen eingearbeitet wurde; dies folgt aus § 8 Abs. 2 BSZG (s. a. Rdn. 248). Ist in einem Verfahren bis zum 31.12.2010 eine bereits gewährte Versorgung auszugleichen, sind die ab 01.07.2009 geltenden Grundtabellen anzuwenden. Tritt insoweit eine Änderung der Versorgung zu einem späteren Zeitpunkt ein, kann nach §§ 225, 226 FamFG eine Abänderung beantragt werden (s. a. *Ruland* Rn. 354).

Folgende Leistungen werden gewährt:
- Ruhegehalt oder Unterhaltsbeitrag, §§ 4, 15 BeamtVG;
- Hinterbliebenenversorgung, § 16 BeamtVG (zu § 22 BeamtVG; s. Rdn. 31, 32);
- Unfallfürsorge, §§ 30 ff. BeamtVG;
- Übergangsgeld, § 47 BeamtVG;
- Ausgleich bei besonderer Altersgrenze, § 48 BeamtVG;
- Bezüge bei Verschollenheit, § 29 BeamtVG;
- **jährliche Sonderzuwendung** für Versorgungsberechtigte nach § 2 Abs. 2, 50 Abs. 4 BeamtVG i. V. m. SZG. Insoweit ist zu beachten, dass die Sonderzuwendung aufgrund der Verlagerung der Gesetzgebungskompetenz für die Beamten und Richter der Länder, Kommunen und anderen Körperschaften (s. Rdn. 248) für jedes Bundesland sowie den Bund unterschiedlich geregelt sein kann. Da diese in den letzten Jahren teilweise gekürzt wurde, ist stets auch zu prüfen, ob die Voraussetzungen einer Abänderung nach §§ 225, 226 FamFG gegeben sind.

2. Abgrenzung hinsichtlich der einzelnen Leistungen

Im Versorgungsausgleich ist jeweils zu prüfen, welche Leistungen dem Wertausgleich nach § 2 Abs. 1, 2 VersAusglG unterliegen. Das Anrecht auf Ruhegehalt i. S. d. § 2 Abs. 1 Nr. 1 i. V. m. §§ 4–14 a BeamtVG unterliegt dem Versorgungsausgleich, wobei hierunter sowohl die Versorgung wegen Alters als auch wegen **Dienstunfähigkeit** fällt. Der Begriff Dienstunfähigkeit entspricht dem in § 2 Abs. 2 Nr. 2 VersAusglG enthaltenen Begriff der Invalidität und gleicht auch dem Begriff der verminderten Erwerbsfähigkeit i. S. d. § 43 Abs. 1, 2 SGB VI. Das BeamtVG unterscheidet in § 42 Abs. 1 nicht zwischen teilweiser oder voller Erwerbsminderung. Eine Ausnahme gilt für **politische Beamte**, die nach §§ 31 f. BRRG, 36 ff. BBG in den einstweiligen Ruhestand versetzt werden. Diesen steht für die Dauer von fünf Jahren nach § 14 Abs. 5 BeamtVG ein erhöhtes Ruhegehalt (nach der Dienstaltersend-

2. Kapitel Bewertung von Anrechten auf eine Versorgung wegen Alters oder Invalidität

stufe) zu. Dieses ist im Versorgungsausgleich nicht zu berücksichtigen, weil ihm diese nicht für den Fall des Alters oder der Dienstunfähigkeit, sondern wegen des Zweifels an einer vertrauensvollen Zusammenarbeit mit dem Dienstherrn gewährt wird (allein die Tatsache der zeitlichen Befristung ist kein ausschlaggebender Gesichtspunkt, da grundsätzlich auch eine zeitlich befristete Versorgung berücksichtigt werden kann). Dagegen ist die ohne die vorzeitige Zurruhesetzung bereits erworbene Anwartschaft im Versorgungsausgleich zugrunde zulegen (s. Rdn. 189, 192, 218). **Unterhaltsbeiträge** nach §§ 2 Abs. 1 Nr. 1, 15 BeamtVG (so genannter Kann-Unterhaltsbeitrag) und für frühere Widerrufsbeamte gem. § 37 a G 131 (BGBl 65 I 1685) werden wie das Ruhegehalt bemessen. Sie unterliegen dem Versorgungsausgleich dann, wenn sie im Zeitpunkt der Entscheidung unwiderruflich gewährt werden (*Johannsen/Hahne*, § 1587 a BGB Rn. 39, s. a. Rdn. 87, 193; zum Unterhaltsbeitrag nach § 22 BeamtVG s. Rdn. 31, 32). Dies gilt nicht bei einem Unterhaltsbeitrag, der einem aus **disziplinarischen Gründen** entlassenen Beamten nach § 77 BDO gewährt wird, weil diesem nicht die Rechtsnatur einer Alimentation als Belohnung für geleistete Dienste zukommt, sondern als reine Fürsorgeunterstützung anzusehen ist. Kann der ehemalige Beamte seinen (notwendigen) Lebensunterhalt mit anderen Mitteln decken (etwa Einkommen des anderen Ehegatten oder aus eigenem Vermögen), scheidet ein solcher Unterhaltsbeitrag von vornherein aus. Ferner besteht kein durchsetzbarer Rechtsanspruch auf diese Leistung, so dass diesem insgesamt der Charakter eines (geminderten) Ruhegehalts fehlt. Deshalb unterliegt ein solcher Unterhaltsbeitrag auch nicht dem Versorgungsausgleich (BGH FamRZ 1997, 158). Gleiches gilt bei einem im Gnadenweg gewährten Unterhaltsbeitrag (BGH FamRZ 1997, 158; s. a. OLG Köln FamRZ 1994, 1462).

208 **Unfallbedingte Leistungen** – nach §§ 34 ff., 43 BeamtVG sowie der **Verletztenunterhaltsbeitrag** nach § 38 BeamtVG unterliegen nicht dem Versorgungsausgleich; sie stellen eine Art Schadensersatz dar und sind deshalb keine Versorgung für den Fall des Alters bzw. Dienstunfähigkeit. § 1587 a Abs. 2 Nr. 1 Satz 4 BGB a. F. hat deshalb auch unfallbedingte Erhöhungen vom Versorgungsausgleich ausgenommen, weil sie weder mit Hilfe des Vermögens noch durch Arbeit entstanden sind. An diesem Grundsatz ändert sich auch dadurch nichts, dass § 44 Abs. 1 VersAusglG diese Regelung nicht mehr enthält; der hierin liegende allgemeine Grundsatz folgt bereits aus § 2 Abs. 1, 2 Nr. 1, 2 VersAusglG (s. a. Rdn. 86, 87). Anrechte auf **Hinterbliebenenfürsorge** und Verschollenheitsbezüge bleiben beim Versorgungsausgleich außer Betracht. Dasselbe gilt für das Anrecht auf **Übergangsgeld** nach §§ 2 Abs. 1 Nr. 5, 47 BeamtVG, da diesem kein dem § 2 Abs. 1, 2 VersAusglG zugrunde liegender Versorgungszweck zukommt (s. a. OLG Brandenburg FamRZ 2002, 754 – Übergangsgeld eines Abgeordneten). Es soll dem aus dem Dienst ausscheidenden Beamten lediglich den Übergang in einen anderen Beruf erleichtern (s. a. § 67 Abs. 4 BeamtVG bezüglich Hochschulassistenten). Ebenso bleiben **familienbezogene Bestandteile** eines Anrechts bzw. von Leistungen nach § 44 Abs. 1 VersAusglG i. V. m. § 40 Abs. 5 VersAusglG außer Betracht, die nach § 14 Abs. 1 Satz 2 BeamtVG mit dem höheren Familienzuschlag gewährt werden (zu den Auswirkungen des Dienstrechtsreformgesetzes s. Rdn. 212). Dies gilt nicht, wenn dem versorgungsberechtigten Ehegatten nach § 40 Abs. 2 Nr. 4 BBG auch über die Scheidung hinaus eine solche Leistung dauerhaft erhalten bleibt. Schließlich unterliegt der **Ausgleichsbetrag** für Beamte und Soldaten mit vorgezogener Altersgrenze nach §§ 48 BeamtVG, 38 SVG nicht dem Versorgungsausgleich (BGH FamRZ 1982, 999, 1001).

IV. Bestimmung des maßgebenden Ruhegehalts

1. Grundlagen

Grundlagen der Berechnung der in den Versorgungsausgleich einzubeziehenden Anrechte sind die jeweils der Versorgung des Beamten zugrunde liegenden gesetzlichen Regelungen. Im Bereich des § 44 Abs. 1 VersAusglG (§ 1587a Abs. 2 Nr. 1 BGB a. F.) sind das in erster Linie das BeamtVG, SVG, AbgG, BMinG und ParlStG; bei beamtenähnlichen Versorgungen die jeweiligen Satzungen und einzelvertragliche Regelungen. Bei der Ermittlung des ehezeitbezogenen Wertes einer Beamtenversorgung ist der Betrag der Versorgung oder Versorgungsanwartschaft zu ermitteln, der sich zum Bewertungsstichtag, d. h. dem Ende der Ehezeit als Versorgung ergäbe, wenn zu diesem Zeitpunkt der Versorgungsfall eingetreten wäre. Dieser Grundsatz ist in § 40 Abs. 3 VersAusglG geregelt. Soweit der Versorgungsfall bei Ehezeitende noch nicht eingetreten ist, handelt es sich um eine **fiktive Versorgung.** Da nur der in der Ehezeit erworbene Wert auszugleichen ist (§ 3 Abs. 2 VersAusglG), sind – mit Ausnahme des dienstzeitabhängigen Ruhegehaltssatzes (s. hierzu Rdn. 226 ff.) – die zu diesem fiktiven Versorgungsfall maßgebenden Bemessungsfaktoren der Beamtenversorgung, also insbesondere die ruhegehaltsfähigen Dienstbezüge, heranzuziehen, um zu vermeiden, dass nach der Ehezeit eingetretene Versorgungsverbesserungen (durch Beförderung oder höhere Dienstaltersstufen) erfasst werden. Allerdings können nach Ehezeitende eingetretene Änderungen in der Versorgung, die sich auf den Ehezeitanteil auswirken, nach §§ 225, 226 FamFG (§ 10a VAHRG a. F.) Bedeutung erlangen. Entsprechendes gilt, wenn nach Ende der Ehezeit der Versorgungsfall eintritt (s. eingehend Rdn. 125 ff.). In § 44 Abs. 1 VersAusglG (§ 1587a Abs. 2 Nr. 1 BGB a. F.) sind die zur Ermittlung des Ehezeitanteils einer Versorgung aufgeführten Rechenschritte nicht vollständig aufgeführt; sie ergeben sich aber bei Berücksichtigung der in §§ 4 Abs. 3 BeamtVG, 16 SVG enthaltenen Regelungen.

Maßgebliche Bemessungsfaktoren sind danach:
(1) die ruhegehaltsfähigen Dienstbezüge;
(2) die ruhegehaltsfähige Dienstzeit, die im Versorgungsausgleich nach § 40 Abs. 1, 2 Satz 1 VAG zu ermitteln ist. Die dort genannte Zeitdauer ergibt sich durch die
 – Ermittlung der bis zum Ehezeitende zurückgelegten ruhegehaltsfähigen Dienstzeit und die
 – Ermittlung der **Erweiterungszeit** – Zeit vom Ehezeitende bis zur festen Altersgrenze;
(3) Ermittlung des maßgebenden Ruhegehaltssatzes nach Maßgabe der Zeitdauer bis zu der für das Anrecht maßgeblichen – höchst möglichen Altersgrenze;
(4) Anwendung des Ruhegehaltssatzes auf die ruhegehaltsfähigen Dienstbezüge;
(5) Berechnung der Versorgung unter Einbeziehung der jährlichen Sonderzahlung gemäß §§ 1 ff. BSZG (i. d. F. des HaushaltsbegleitG 2006 v. 29.06.2006, BGBl I 1402); in Bezug auf den Bund sind jedoch die Änderungen durch das Dienstrechtneuordnungsgesetz vom 05.02.2009 zu beachten (s. hierzu Rdn. 206, 248);
(6) Bestimmung des Verhältniswertes gemäß § 40 Abs. 2 Satz 3 VersAusglG aus
 – der in die Ehezeit fallende Dienstzeit (§ 40 Abs. 2 Satz 2 VersAusglG) und
 – der Zeitdauer; § 40 Abs. 2 Satz 1 VersAusglG.

Diese Bemessungsfaktoren zum Ende der Ehezeit bleiben dauerhaft bestehen und sind auch im Abänderungsverfahren nach §§ 225, 226 FamFG (§ 10a VAHRG a. F.)

maßgebend. Es ist deshalb auch geboten, in der Beschlussformel der Entscheidung (s. a. § 142 Abs. 3 FamFG) das Ehezeitende zu benennen.

2. Berechnung bei bereits eingetretenem Versorgungsfall

211 Eine fiktive Bewertung der Versorgung entfällt, wenn der Beamte im Zeitpunkt der Entscheidung sich bereits im Ruhestand aus Altersgründen oder vorzeitiger Dienstunfähigkeit befindet. Der maßgebende Wert i. S. d. § 44 Abs. 1 VersAusglG i. V. m. § 40 Abs. 1 VersAusglG ergibt sich dann aus dem Verhältniswert der in die Ehezeit fallenden ruhegehaltsfähigen Dienstzeit zur gesamten ruhegehaltsfähigen Dienstzeit. Der so ermittelte Verhältniswert ist auf die am Ende der Ehezeit maßgebende tatsächliche Versorgungsleistung anzuwenden (BGH FamRZ 1982, 36, 40; FamRZ 1984, 33). Auszuschließen sind nach § 44 Abs. 1 VersAusglG i. V. m. § 40 Abs. 5 VersAusglG **familienbezogene Bestandteile**, so dass nur das Grundgehalt ohne Familienzuschläge heranzuziehen ist (Rdn. 174; zur Regelung nach dem Dienstrechtsreformgesetz s. Rdn. 212). Unberücksichtigt bleiben auch nach dem Ende der Ehezeit eingetretene Anpassungen der Versorgungsbezüge entsprechend der Dienstbezüge aktiver Beamter gem. §§ 70 ff. BeamtVG, weil im Falle des Ausgleichs dieses Anrechts (durch Begründung in der gesetzlichen Rentenversicherung gem. § 16 Abs. 1 VersAusglG, solange eine dem BVersTG entsprechende Regelung zur internen Teilung einer Beamtenversorgung nicht besteht) diese Versorgung nochmals mit der in der gesetzlichen Rentenversicherung inzwischen eingetretenen Dynamik erhöht würde; gegebenenfalls würden auch zwei nicht vergleichbare Werte saldiert, falls auf Seiten des anderen Ehegatten zu verrechnende Anrechte vorliegen (zur maßgeblichen Dienstaltersstufe s. u. Rdn. 213).

3. Ermittlung der ruhegehaltsfähigen Dienstbezüge

a) Grundlagen, Auswirkungen des Dienstrechtsreformgesetzes

212 Bei der Bestimmung der ruhegehaltsfähigen Dienstbezüge ist im Wesentlichen auf das BBesG, teilweise auch auf das BeamtVG und das SVG zurückzugreifen, künftig vor allem auf die jeweiligen Landesversorgungsgesetze (nach Übergang der Gesetzgebungskompetenz durch die Föderalismusreform; s. hierzu Rdn. 206). Die ruhegehaltsfähigen Dienstbezüge setzten sich ursprünglich aus Grundgehalt, Ortszuschlag und den sonstigen Dienstbezügen zusammen, die nach dem Besoldungsrecht als ruhegehaltsfähig bezeichnet wurden, § 5 Abs. 1 Satz 1 BeamtVG. Hierzu zählten insbesondere die ruhegehaltsfähigen Stellen- und Amtszulagen (die örtlichen Sonderzuschläge sind mit dem 2. HStruktG entfallen (BGH FamRZ 1984, 992; auch Ballungsraumzulagen zum Ausgleich regionaler Unterschiede der Lebensunterhaltungskosten bestehen nicht, BVerfG NVwZ-RR 2007, 568). Durch das am 01. 07. 1997 in Kraft getretene **Gesetz zur Reform des öffentlichen Dienstrechts** vom 24. 02. 1997 (BGBl I 322) ist die bisherige Struktur der Besoldung der Beamten verändert worden. Sie beruht nunmehr auf den drei Säulen **Grundgehalt, Familienzuschlag** (§§ 39 ff. BBesG) und **Zulagen** (§§ 42 a ff. BBesG). Soweit bisher eine höhere allgemeine Stellenzulage vorlag, bleibt der Differenzbetrag als allgemeine Stellenzulage erhalten. Aufgrund der Regelung des § 40 Abs. 5 VersAusglG (§ 1587 a Abs. 8 BGB a. F.; s. Rdn. 174, 208, 211) ist für die Berechnung des Ehezeitanteils nach § 44 Abs. 1 VersAusglG i. V. m. § 40 Abs. 1 VersAusglG lediglich das Grundgehalt heranzuziehen, soweit noch eine höhere allgemeine Stellenzulage vor dem 01. 07. 1997 vorlag, der Differenzbetrag als (fort geltende) allgemeine Stellenzulage. Dies ist auch im Abänderungsverfahren nach §§ 225, 226 VersAusglG (§ 10 a VAHRG a. F.) zu berücksichtigen. Nicht dem Versorgungsaus-

IV. Bestimmung des maßgebenden Ruhegehalts

gleich unterliegen die durch das Dienstrechtsreformgesetz neu eingeführten **Leistungsprämien** und **Leistungszulagen;** danach können bei herausragenden Leistungen rückwirkend Einmalzahlungen (Leistungsprämie nach § 42 a Abs. 1 BBesG) oder Leistungszulagen (§ 42 a Abs. 1 BBesG) als befristeter und bei Leistungsabfall widerrufbarer Leistungsanreiz gewährt werden. Denn diese sind in ihrem Bestand nicht gesichert und nicht ruhegehaltsfähig (§ 42 a Abs. 2 Satz 2 BBesG), so dass sie jedenfalls mit Zurruhesetzung des Beamten entfallen.

Die **Höhe des Grundgehalts** richtet sich nach der Stellung des Beamten, Richters oder Soldaten, also der daran angeknüpften Besoldungsgruppe. Nach § 20 BBesG gilt für aufsteigende Gehälter die Besoldungsgruppe A (A 1 bis A 16), für feste Gehälter die Besoldungsgruppe B (B 1 bis B 11; die Zuordnung ergibt sich aus der Anlage I zum BBesG). Die Besoldung der Richter und Staatsanwälte folgt aus der Bundesbesoldungsordnung R (R 1 bis R 10; Anlage III zum BBesG; zur Korrektur der Nichtanpassung bestimmter Richteramtszulagen s. 3. Gesetz zur Änderung besoldungsrechtlicher Vorschriften vom 29. 12. 1984, BGBl I 1710), die der Professoren an den Hochschulen nach der Bundesbesoldungsordnung C (Anlage II zum BBesG; C 1 bis C 4). Sieht die Besoldungsordnung, in die der Beamte eingeordnet ist, keine festen Gehälter vor (B- und C-Besoldung), richtet sich das nach § 5 Abs. 1 BeamtVG maßgebende Grundgehalt nach **Dienstaltersstufen**, bei Richtern und Staatsanwälten nach **Lebensaltersstufen**. Mit Inkrafttreten des Dienstrechtsreformgesetzes (s. Rdn. 212) steigt das Gehalt nicht mehr durchgehend alle zwei Jahre innerhalb der Besoldungsgruppen, sondern bis zur Stufe 5 alle zwei Jahre, bis zur Stufe 9 alle drei Jahre und darüber hinaus alle vier Jahre. Nach § 27 Abs. 1 BBesG ist der Aufstieg in den Stufen der Besoldungsordnung A auch von der Leistung abhängig; er kann gehemmt oder beschleunigt werden. Der Bund hat durch das **Dienstrechtsneuordnungsgesetz** (s. Rdn. 206) anstelle des Besoldungsdienstalters **Erfahrungszeiten** eingefügt. Hierbei handelt es sich um Zeiten, in denen gemäß § 27 Abs. 1 BBesG anforderungsgerechte Leistungen erbracht wurden. Das Durchlaufen von Stufen hängt danach nicht mehr vom Lebensalter, sondern der tatsächlich geleisteten Dienstzeit ab, die altersunabhängig ist. Neben der Anfangsstufe bestehen sieben **Erfahrungsstufen**. Entsprechen die Leistungen des Beamten nicht den Anforderungen seines Amtes, erfolgt kein Aufstieg in die nächste Stufe; dies regelt § 27 Abs. 5 BBesG. Nach § 27 Abs. 2 BBesG kann bei herausragenden Leistungen der Aufstieg beschleunigt werden. § 38 BBesG trifft für Richter eine der richterlichen Unabhängigkeit Rechnung tragende Regelung. Die Überleitung der Beamten oder Richter in das neue Stufensystem erfolgt gehaltsbezogen (Art. 3 Dienstrechtsneuordnungsgesetz) auf der Grundlage von Überleitungstabellen gemäß § 2 Abs. 3, 4 Besoldungsüberleitungsgesetz (Art. 3 Dienstrechtsneuordnungsgesetz). In Bezug auf die Bundesländer ist jeweils im Einzelfall zu prüfen, inwieweit die Regelungen übernommen werden. Teilweise werden die in den Regelungen des Bundes enthaltenen Leistungselemente nicht übernommen.

213

Im Versorgungsausgleich wirkt sich diese Änderung nicht aus, weil für die Bestimmung des Versorgungsanrechts das Ehezeitende maßgebend ist, zu dem die erreichte Dienstaltersstufe bzw. Erfahrungsstufe feststeht. Geändert wurde auch die durch Art. 1 Nr. 34 BeamtVÄndG vom 18. 12. 1989 (BGBl I 2218) eingeführte Regelung zur Einführung eines **Versorgungsabschlages** nach § 14 Abs. 3 BeamtVG, wonach sich das Ruhegehalt um 3,6 v. H. für jedes Jahr mindert, um das der Beamte vor der Vollendung des 65. Lebensjahres in den Ruhestand versetzt wird. Nach § 85 Abs. 5 BeamtVG (in der Fassung für die Zeit vom 01. 01. 1992 bis 30. 06. 1997) galt die Regelung des § 14 Abs. 3 BeamtVG auch für ein Beamtenverhältnis, das am 31. 12. 1991 bereits bestanden hat, bei einem Eintritt des Ruhestandes ab

2. Kapitel   Bewertung von Anrechten auf eine Versorgung wegen Alters oder Invalidität

01. 01. 2002, wobei der Versorgungsabschlag jährlich von 0,6 auf 3,6 v. H. bis zum 31. 12. 2006 anstieg. Das **Dienstrechtsreformgesetz** (Art. 4 Nr. 14) hat diese **Übergangsregelung vorverlagert;** danach beträgt der Vomhundertsatz der Minderung für jedes Jahr bei Erreichen des Altersgrenze nach dem 31. 12. 1997 0,6; er steigt jährlich um 0,6, so dass bei Erreichen der Altersgrenze nach dem 31. 12. 2002 der Prozentsatz des § 14 Abs. 3 BeamtVG von 3,6 erreicht wird (zu den Auswirkungen im Versorgungsausgleich s. Rdn. 246).

214   Die durch das Dienstrechtsreformgesetz 1997 eingetretenen Änderungen sind im Abänderungsverfahren nach §§ 225, 226 FamFG (§ 10 a Abs. 1 VAHRG a. F.) zu berücksichtigen, wenn das Ehezeitende vor dessen Inkrafttreten liegt. Ist nach dem Zeitpunkt der Erstentscheidung zum Versorgungsausgleich eine Wertveränderung des Anrechts eingetreten, wird diese unabhängig davon berücksichtigt, ob sie zu einer Herabsetzung oder Erhöhung des Anrechts führt (BGH FamRZ 2003, 435, 436), da die Bewertung nach §§ 44 Abs. 1 i. V. m. 40 Abs. 1 VersAusglG regelmäßig nur eine Fiktiv-Bestimmung des Anrechts vor dem endgültigen Versorgungsfall darstellt. Aus diesem Grund muss zur **Wahrung des Halbteilungsgrundsatzes** eine Wertveränderung stets berücksichtigt werden. Dies gilt vor allem in Bezug auf das Dienstrechtsreformgesetz 1997, das eine gänzlich neue Besoldungsstruktur geschaffen hat, die grundsätzlich zur Minderung der Besoldung und damit des Versorgungsanrechts führt. Entsprechendes gilt für das Dienstrechtsneuordnungsgesetz.

b)   Beförderung des Beamten innerhalb zwei Jahre vor Ehezeitende

215   Das Ruhegehalt eines Beamten bestimmt sich dann nicht nach der Besoldungsstufe des letzten Amtes bei Beendigung des Dienstverhältnisses, wenn er dieses Amt nicht mindestens zwei Jahre innehatte, § 5 Abs. 3 BeamtVG. Das Ruhegehalt richtet sich dann nach der vorangegangenen Besoldung (zu den Ausnahmen s. §§ 5 Abs. 4, 78 Abs. 3 BeamtVG). Diese Regelung ist jedoch mit Art. 33 Abs. 5 GG nicht vereinbar und nichtig (BVerfG NVwZ 2007, 679). Im Versorgungsausgleich ist unabhängig hiervon aufgrund der in § 2 Abs. 3 VersAusglG (§ 1587 a Abs. 7 BGB a. F.) enthaltenen gesetzgeberischen Wertung von der am Ehezeitende tatsächlich erreichten höheren Besoldungsgruppe auszugehen, weil die Sperrfrist den § 5 Abs. 3 BeamtVG als eine »ähnliche zeitliche Voraussetzung« i. S. d. § 2 Abs. 3 VersAusglG (§ 1587 a Abs. 7 Satz 1 BGB a. F.) anzusehen ist (BGH FamRZ 1982, 31, 33 = NJW 1982, 222 m. w. N.). Tritt die zeitliche Erfüllung der höheren Besoldung nicht ein, weil der Beamte vorzeitig in Ruhestand geht, kann eine Abänderung der Entscheidung nach §§ 225, 226 FamFG erfolgen. Ist im Zeitpunkt der Entscheidung vorauszusehen, dass der Beamte vor Eintritt des Ruhestands die Sperrfrist nicht erfüllen wird, kann nur die vorangehende Besoldung zugrunde gelegt werden.

c)   Vergabe von Führungspositionen und Beförderungsämtern auf Probe

216   Das **Dienstrechtsreformgesetz** ermöglicht die Vergabe bestimmter Führungspositionen auf Probe in einem besonderen Probe-Beamten-Verhältnis (§§ 12 a BRRG, 24 a BBG). Im Falle einer Bewährung kann das Führungsamt auf Dauer übertragen werden; bei einer Nichteignung kehrt der Beamte in seinen früheren Status (i. d. R. als Beamter auf Lebenszeit) zurück. Ferner muss jeder mit einem Dienstposten verbundenen Beförderung eine Erprobungszeit vorangehen. Im übrigen ermöglicht die Regelung des § 12 b BRRG den Ländern, in personell und zeitlich beschränktem Umfang Führungspositionen auf Zeit im Beamtenverhältnis auf Zeit zu vergeben; dies kann zweimal erfolgen. Spätestens nach zehn Jahren soll das Amt auf Dauer

IV. Bestimmung des maßgebenden Ruhegehalts

übertragen werden. Ob und in welchem Umfang die Länder von dieser besonderen Regelung Gebrauch machen, ist derzeit noch nicht abzusehen. In welcher Weise sich die Regelung des § 12a BRRG (§ 24a BBG) auf den Versorgungsausgleich auswirkt, ist nicht eindeutig. Das besondere Probe-Beamten-Verhältnis spricht dafür, eine durch die Verleihung der Führungsposition erhöhte Besoldungsgruppe auch im Versorgungsausgleich gemäß der Regelung des § 2 Abs. 3 VersAusglG (§ 1587a Abs. 7 Satz 1 BGB a. F.) heranzuziehen (s. hierzu auch Rdn. 53, 55, 215), da sich diese Rechtsposition schon so verfestigt hat, dass bei normalem Verlauf ein Rechtsanspruch auf endgültige Vergabe der Führungsposition besteht. Es kann damit von einem Anrecht i. S. d. § 2 Abs. 1 VersAusglG ausgegangen werden. Fällt entgegen dem normalen Verlauf die mit der Führungsposition verbundene Besoldungsgruppe wieder weg, kann dies im Wege eines Abänderungsantrages berücksichtigt werden. War mit der Vergabe der Führungsposition keine Anhebung der Vergütung verbunden, ist eine Nichtgewährung versorgungsrechtlich ohne Bedeutung. Liegt ein Fall der Vergabe der **Führungsposition auf Zeit** gem. § 12 BRRG vor, ist im Versorgungsausgleich wie bei einem **Beamten auf Zeit** vorzugehen (s. Rdn. 57, 194). Wird ein **Beförderungsamt auf Probe** vergeben, so ist im Versorgungsausgleich auch insoweit § 2 Abs. 3 VersAusglG (§ 1587a Abs. 7 Satz 1 BGB a. F.) anzuwenden.

d) Erfassung weiterer Veränderungen nach dem Ehezeitende

Hat der Beamte bei Ende der Ehezeit noch nicht die höchste Dienstaltersstufe erreicht oder kann er in der Besoldungsgruppe durch eine Beförderung noch aufsteigen, ist dies für die Bewertung der Anwartschaft unbeachtlich (BGH FamRZ 1987, 918; FamRZ 1999, 137). Es ist auch keine nachträgliche Erfassung nach §§ 225, 226 FamFG möglich. Dies folgt aus dem Grundsatz des ehezeitbezogenen Erwerbs. Im Grundsatz gilt dies auch für die gesetzliche Erhöhung der Besoldung nach Ende der Ehezeit. Wird allerdings die **Besoldungserhöhung** mit **rückwirkender Kraft** angeordnet und wirkt diese auch auf den Zeitraum vor dem Ehezeitende, ist sie im Versorgungsausgleich zu berücksichtigen (Beispiel: Ehezeitende 31. 01. 2010; Besoldungserhöhung am 15. 02. 2010 mit Wirkung ab 01. 01. 2010). Dabei ist die Erwägung, die Gehaltssteigerung sei durch die gesetzgeberische Entscheidung erst nach Ehezeitende erfolgt, nicht maßgebend, weil im Hinblick auf die gleichmäßige Teilhabe an den in der Ehezeit erworbenen Anrechten ausschließlich entscheidend ist, welche Anrechte in der Ehezeit erworben wurden. Insoweit können nachträgliche Änderungen einer Versorgung, die auf einer gesetzlichen Änderung beruhen, nach §§ 225, 226 FamFG (§ 10a VAHRG a. F.) erfasst werden (BGH FamRZ 1984, 565 = NJW 1984, 1533). Dies hat der BGH (a. a. O.) auch für den Fall anerkannt, dass Änderungen zur Höhe der Versorgung auf gesetzlichen Änderungen beruhen, wenn diese erst im Verfahren der weiteren Beschwerde eingetreten sind. Dennoch ist immer das zur Zeit der Entscheidung geltende Recht anzuwenden, wenn sich dieses nach seinem zeitlichen Geltungswillen auf den zu entscheidenden Sachverhalt erstreckt (s. a. Rdn. 128).

e) Vorzeitiger Ruhestand wegen Dienstunfähigkeit bei Ehezeitende

Nach § 5 Abs. 2 BeamtVG i. d. F. des **Dienstrechtsreformgesetzes** vom 24. 02. 1997 (BGBl I 322) wird bei einem vorzeitigen Ruhestand wegen Dienstunfähigkeit die Versorgung **nur aus der erreichten Dienstaltersstufe** und nicht mehr fiktiv aus dem Endgrundgehalt berechnet (so bis 30. 06. 1997). Eine Ausnahme besteht nach § 5 Abs. 1 BeamtVG bei einem **Dienstunfall**. Dies wirkt sich auch im Versorgungsausgleich aus (zur Berechnung des Ehezeitanteils s. Rdn. 236, 237). Eine Abänderung bereits entschiedener Fälle nach §§ 225, 226 FamFG kommt nicht in Betracht, weil die bei einer bereits eingetretenen (endgültigen) Dienstunfähigkeit bezogene Versorgung sich infolge der Rechtsänderung nicht verschlechtert. Liegt ein **qualifizierter Dienstunfall** vor, erhält der Beamte zwar eine höhere als die erdiente Besoldungsgruppe, § 37 BeamtVG. Entsprechend § 1587 a Abs. 2 Nr. 1 Satz 4 BGB a. F. bleibt die höhere Leistung unberücksichtigt, weil sie weder mit Hilfe des Vermögens noch durch Arbeit erzielt wurde (s. a. Rdn. 208).

f) Beamte im einstweiligen Ruhestand

219 Dem in den einstweiligen Ruhestand versetzten Beamten wird nach §§ 14 Abs. 6 BeamtVG, 26 Abs. 3 SVG für sechs Monate, längstens für die Dauer von drei Jahren 71,75% der ruhegehaltsfähigen Dienstbezüge aus der Endstufe der Besoldungsgruppe gezahlt, in der sich der Beamte befunden hat. Falls sich der Beamte nicht bereits in dieser Endstufe befindet, sind sie im Versorgungsausgleich nicht zu berücksichtigen, da das Ende des erhöhten Leistungsbezugs feststeht (so auch *Johannsen/Hahne*, § 1587 a BGB Rn. 49); vielmehr ist dem Versorgungsausgleich das Normalruhegehalt zugrunde zu legen, das sich nach den allgemeinen Bestimmungen richtete (s. Rdn. 207). Dagegen ist eine Versorgung, die aus einer früher erreichten höheren Besoldungsgruppe erworben wurde, gemäß § 5 Abs. 5 BeamtVG zu berücksichtigen.

g) Teilzeitbeschäftigter Beamter

220 Einem Beamten oder Richter, dessen regelmäßige Arbeitszeit nach §§ 72 a, 79 a Abs. 1 Satz 1 BBG, 48 a Abs. 1 Satz 1 DRiG (oder entsprechendes Landesrecht) ermäßigt wurde, bezieht auch nur entsprechend gekürzte Dienstbezüge. Die **ruhegehaltsfähigen Dienstbezüge** werden aber, wenn eine Teilzeitbeschäftigung im Versorgungsfall besteht, in der dem letzten Amt entsprechenden **vollen Höhe** zugrunde gelegt, § 5 Abs. 1 Satz 2 BeamtVG. Dies gilt auch für den Versorgungsausgleich. Die **ruhegehaltsfähige Dienstzeit** ist dagegen um das Verhältnis zu kürzen, das der ermäßigten Arbeitszeit zur üblichen entspricht, § 6 Abs. 1 Satz 3 BeamtVG (war ein Beamter für die Dauer von sechs Jahren lediglich mit 50% seiner Arbeitskraft beschäftigt, so ist lediglich eine Dienstzeit von drei Jahren anzuerkennen; zur Kürzung aus arbeitsmarktpolitischen Gründen s. z. B. § 152 a LBG Baden-Württemberg) (s. hierzu unten Rdn. 241). Das **Dienstrechtsreformgesetz** vom 24. 02. 1997 (BGBl I 322) hat die frühere Rechtslage, die aus arbeitsmarktpolitischen und familienpolitischen Gründen eine Teilzeitbeschäftigung (bis zu 50% der Arbeitszeit) zuließ, geändert. Die bisher in den aufgehobenen §§ 48 a BRRG und 79 a BBG geregelte familienpolitische Teilzeitbeschäftigung bzw. ein entsprechender Dauerurlaub wurden in §§ 44 a Abs. 4, 5 BRRG, 72 a Abs. 4 bis 6 BBG neu gefasst und lassen vor allem eine Teilzeitbeschäftigung von weniger als der Hälfte der regelmäßigen Arbeitszeit zu. Neu geschaffen wurde in § 72 a Abs. 1 (n. F.) die so genannte **voraussetzungslose Antragsteilzeit;** das BRRG legt hierzu in § 44 a lediglich fest, dass für Landesbeamte durch Gesetz eine Teilzeitbeschäftigung zu regeln ist. Dies wurde in den Landesbeamtengesetzen umgesetzt. Zu beachten ist insbesondere für den Versorgungsausgleich, dass alle Formen der Freistellung vom Dienst sich auch bei der Berücksichtigung von **Ausbildungszeiten** entsprechend dem Anteil der ermäßigten Dienstzeit auswirken. Hierzu sieht § 6 Abs. 1 Satz 3 bis 5 BeamtVG einen Kürzungsfaktor vor, der sich aus dem Verhältnis der tatsächlichen Dienstzeit zur Gesamtdienstzeit ergibt. Die Berücksichtigung von **Ausbildungszeiten** wurde auf höchstens drei Jahre begrenzt, § 12 Abs. 5 BeamtVG. Insoweit ist zu beachten, dass nach den im Bund und den Ländern

IV. Bestimmung des maßgebenden Ruhegehalts

durch die Dienstrechtsreform kürzere Zeiten anerkannt werden. Dies führt in Versorgungsausgleichsverfahren, die nach Inkrafttreten des Dienstrechtsreformgesetzes 1997 durchgeführt wurden, zu einem veränderten Ehezeitanteil, weil die Gesamtversorgungszeit sich hierdurch mindern kann (OLG Bremen FamRZ 2003, 929; *Borth* FamRZ 2005, 397, 400). Nach § 6 Abs. 1 Satz 5 BeamtVG sind **Kindererziehungszeiten** von bis zu zehn Jahren hiervon ausgenommen (vergleichbar der Berücksichtigungszeit der gesetzlichen Rentenversicherung). Wird die Teilzeitbeschäftigung nach dem Ende der Ehezeit verlängert, verändert sich wegen der zeitratierlichen Berechnung auch der Ehezeitanteil; dies ist nach §§ 225, 226 FamFG (§ 10a VAHRG a. F.) zu berücksichtigen (Rdn. 1078), kann aber bereits in der Erstentscheidung zum Versorgungsausgleich erfasst werden, wenn die Bewilligung hierzu vom Dienstherrn in der letzten Tatsacheninstanz nach dem Ende der Ehezeit, aber vor der Entscheidung zum Versorgungsausgleich erfolgt (eingehend Rdn. 125 ff.). Die in § 85 Abs. 4 S. 2 BeamtVG enthaltene Bestimmung des Ruhegehaltssatzes für Teilzeitbeamte, für die am 31. 12. 1991 bereits ein Beamtenverhältnis bestand, ist nach Art. 3 Abs. 3 GG nichtig (s. BVerfG FamRZ 2008, 1598 m. Anm. *Borth*; dort auch zu den Auswirkungen im Versorgungsausgleich).

h) Versorgung eines beurlaubten Beamten

Tritt durch die Beurlaubung eines Beamten eine Verringerung des Besoldungsdienstalters ein (§ 31 Abs. 2 BBesG), weil Zeiten einer Beurlaubung ohne Dienstbezüge keine ruhegehaltsfähigen Dienstzeiten sind (§ 6 Abs. 1 Nr. 5 BeamtVG), wird der Ruhegehaltssatz in der Weise ermittelt, dass die bisherige Dienstzeit und die nach Beendigung der bewilligten Beurlaubungszeit bis zur festen Altersgrenze als Gesamtzeit ermittelt werden. Ferner sind die Bezüge zugrunde zu legen, die dem Beamten bei Wiedereintritt in den Dienst zum Ende der Ehezeit fiktiv zugestanden hätten (s. a. OLG Celle FamRZ 1985, 716; BGH FamRZ 1988, 940; s. ferner unten Rdn. 242). Das **Dienstrechtsreformgesetz** vom 24. 02. 1997 (BGBl I 322) legt hierzu fest, dass alle Formen der Freistellung vom Dienst sich bei der Berücksichtigung von **Ausbildungs- und Zurechnungszeiten** auswirken (s. hierzu Rdn. 220 a. E.). Wird die Beurlaubung nach Ehezeitende verlängert, verändert sich auch der Ehezeitanteil wegen der zeitratierlichen Berechnung der Versorgung. Dies ist nach §§ 225, 226 FamFG (§ 10a VAHRG a. F.) zu berücksichtigen (Rdn. 1078) und gilt auch, wenn dies vor der Entscheidung in der letzten Tatsacheninstanz der Erstentscheidung eintritt (Rdn. 125 ff.).

221

i) Stellenzulage bei Strahlflugzeugführer und Kampfbeobachter

Diese erhalten eine Stellenzulage, wenn sie in der beschriebenen Funktion verwendet werden. Sie darf bei der Bewertung nur berücksichtigt werden, wenn sie bei Ende der Dienstzeit bereits ruhegehaltsfähig war (BGH FamRZ 1982, 1003 = NJW 1982, 2377; FamRZ 1986, 975). Dies tritt ein bei mindestens fünfjähriger zulageberechtigter Verwendung sowie bei Beendigung des Dienstverhältnisses durch Dienstunfähigkeit. Erfüllen sich die zeitlichen Voraussetzungen erst nach rechtskräftiger Entscheidung, kommt eine Abänderung nach §§ 225, 226 FamFG in Betracht. Im Übrigen soll nach BGH (FamRZ 1982, 1003 = NJW 1982, 2377) eine mögliche künftige Entwicklung, die zu einer Reduzierung der Zulage auf 50% führt, unbeachtlich sein. Diese Ansicht wird man unter dem Gesichtspunkt der Wahrung des Halbteilungsgrundsatzes nicht aufrechterhalten können, nachdem eine Abänderung der Erstentscheidung zum Versorgungsausgleich nach §§ 225, 226 FamFG möglich ist.

222

2. Kapitel   Bewertung von Anrechten auf eine Versorgung wegen Alters oder Invalidität

j) Ruhestand beider Ehegatten

223   Beziehen beide Ehegatten im Zeitpunkt der Entscheidung im Versorgungsausgleich eine Beamtenversorgung und sind ihre jeweiligen Gesamtbezüge annähernd gleich hoch, so ist die Entscheidung des BVerfG vom 04.04.1984 zu beachten, wonach ein Wertausgleich mit dem Grundgesetz nicht vereinbar wäre, falls nach Durchführung des Versorgungsausgleichs der ausgleichspflichtige Ehegatte wesentlich niedrigere Versorgungsbezüge erhielte als der berechtigte Ehegatte (FamRZ 1984, 653 = NJW 1984, 2147).

k) Nachversicherung des Beamten nach Ehezeitende; Kürzung wegen Disziplinarverfahren

224   Eine nach Ende der Ehezeit erfolgte Entfernung eines Beamten aus dem Dienst unter Aberkennung des Ruhegehalts sowie die daraufhin erfolgte Nachversicherung in der gesetzlichen Rentenversicherung sind entsprechend §§ 225, 226 FamFG (§ 10a VAHRG a. F.) bereits in der Erstentscheidung zum Versorgungsausgleich bei der Bewertung der Anwartschaft zu berücksichtigen (BGH FamRZ 1989, 1059; Rdn. 137, 283, 1078). Die **zeitlich befristete Kürzung** der Versorgung eines Beamten führt nicht zu einer Veränderung des dem Versorgungsausgleich unterliegenden Anrechts nach § 44 Abs. 1 VersAusglG (OLG München FamRZ 1999, 1430), weil diese Maßnahme das Anrecht in seiner Substanz unverändert bestehen lässt. Es ist aber eine Korrektur nach § 27 VersAusglG (§ 1587c Nr. 1 BGB a. F.) möglich, wenn der volle Wertausgleich grob unbillig wäre. Wird die Versorgung durch eine **verschuldete Entfernung des Beamten** aus dem Beamtenverhältnis wegen eines persönlichen Fehlverhaltens gemindert (mit der Folge der Nachversicherung in der gesetzlichen Rentenversicherung), ist dies im Versorgungsausgleich zu berücksichtigen (BGH FamRZ 1988, 1151 = NJW 1989, 29, 31 – Ausnahme im Fall des § 27 VersAusglG [§ 1587c Nr. 2 BGB a. F.]; s. Rdn. 134).

l) Grundgehalt für emeritierungsberechtigte Professoren

225   Für entpflichtete Professoren bestimmte § 1587a Abs. 2 Nr. 1 Satz 5 BGB a.F, dass die Dienstbezüge für den Versorgungsausgleich mit den beamtenrechtlichen Versorgungsbezügen gleichzustellen sind. Diese Regelung wird in § 44 Abs. 1 VersAusglG nicht übernommen, weil solche Fälle kaum noch entstehen können; die Regelung kann aber analog angewandt werden (s. Rdn. 205, 245). Nach dem Wortlaut des Gesetzes ist für die Wertberechnung der auszugleichenden Versorgung die **volle Versorgung** zugrunde zulegen, also nicht nur in Höhe des Ruhegehaltssatzes, der sich auf höchstens 71,75 v. H. der Dienstbezüge beläuft. Entgegen ihrem Wortlaut ist die Vorschrift nach BGH (FamRZ 1983, 467; OLG Hamburg FamRZ 1980, 1028, 1030; *Schmalhofer* S. 48 f.; *Saar* S. 214) nicht nur bei dem Versorgungsanrecht eines entpflichteten Professors, sondern auch dann anzuwenden, wenn die Bewertung eines emeritierungsberechtigten Professors vorzunehmen ist (s. auch Rdn. 205, 245).

4. Bestimmung der ruhegehaltsfähigen Dienstzeit

a) Ruhegehaltssatz; Übergangsregelungen nach Versorgungsänderungsgesetz

226   Das Ruhegehalt ergibt sich aus einem Vomhundertsatz der ruhegehaltsfähigen Dienstbezüge. Der Vomhundertsatz hängt in seiner Höhe von der ruhegehaltsfähigen Dienstzeit ab. Hierzu trifft § 14 BeamtVG besondere Regelungen. Danach steigt der Ruhegehaltssatz für jedes Dienstjahr um 1,79375% bis höchstens 71,75%, so

IV. Bestimmung des maßgebenden Ruhegehalts

dass ein Beamter für diesen **Höchstsatz 40 Dienstjahre** benötigt. Als volles Dienstjahr wird anerkannt, wenn mehr als 182 Kalendertage vorliegen. Die **Mindestversorgung** errechnet sich entweder aus mindestens 35% ruhegehaltsfähigen Dienstbezügen oder, wenn dies günstiger ist, in Höhe von 65% aus der Endstufe der Besoldungsgruppe A 4 (zur vorübergehenden Erhöhung des Ruhegehaltssatzes s. § 14 a BeamtVG). Hat der Beamte nach 40 Dienstjahren die Pensionsaltersgrenze noch nicht erreicht, erhöht sich der Ruhegehaltssatz nicht mehr; diese Dienstzeiten wirken jedoch i. S. d. § 3 Abs. 2 Nr. 1 VersAusglG versorgungserhaltend, so dass sie ebenfalls dem Versorgungsausgleich unterliegen (s. graphische Darstellung unten Rdn. 235). Für die am 31. 12. 1991 bereits bestehenden Beamtenverhältnisse bestimmt § 85 BeamtVG, dass der erreichte Ruhegehaltssatz nach den bisherigen Bestimmungen, die keinen linearen Verlauf des Ruhegehaltssatzes vorsahen und die Höchstgrenze von 75% bereits nach 35 Dienstjahren erreicht wurde, erhalten bleibt, er aber in den folgenden Dienstjahren nur noch um 1% jährlich steigt (Beamtenversorgungsänderungsgesetz vom 18. 12. 1989, BGBl I 2218). Hierbei unterscheidet die Übergangsregelung zwischen Beamten, die die für sie maßgebliche Altersgrenze vor dem 01. 01. 2002 (§ 85 Abs. 3 BeamtVG) und nach dem 31. 12. 2001 (§ 85 Abs. 1 BeamtVG) erreichen.

Der in § 14 BeamtVG a. F. bestimmte Ruhegehaltssatz von 75% der ruhegehaltsfähigen Bezüge wurde durch Art. 1 Nr. 11 des VersÄndG 2001 auf 71,75% herabgesetzt. Diese Regelung trat nach Art. 20 II Nr. 1 des VersÄndG zum 01. 01. 2003 in Kraft. Die hierzu erlassenen Übergangsbestimmungen des VersÄndG bestimmen in § 69e Abs. 2 Satz1, 3 BeamtVG, dass auf nach dem 31. 12. 2001 eintretende Versorgungsfälle § 14 Abs. 1 Satz 6 BeamtVG bis zum Tag vor In-Kraft-Treten der achten auf den 31. 12. 2002 folgenden Anpassung nach § 70 BeamtVG noch in der bis zum 31. 12. 2002 geltenden Fassung anzuwenden ist (also bis 2009). Die Absenkung des Höchstversorgungssatzes von 75% auf 71,75% erfolgt in der Weise, dass die nächsten acht Anpassungen mit jeweils um etwa 0,5% verminderten Zuwachsraten vorgenommen werden. Auf der Grundlage dieser Sachlage hat der BGH entschieden, dass ab In-Kraft-Treten des VersÄndG, also dem 01. 01. 2003, für die Bewertung eines Anrechts das zur **Zeit der Entscheidung geltende Versorgungsrecht** anzuwenden ist (FamRZ 2003, 435 ff.; FamRZ 2004, 256, 258 = NJW 2004, 1245; FamRZ 2004, 259; FamRZ 2004, 1181). Gesetzesänderungen sind danach auch dann zu berücksichtigen, wenn das Ehezeitende zeitlich vor In-Kraft-Treten der Gesetzesänderung liegt. Diese Grundsätze hat der BGH für die Zeit ab 01. 01. 2003 auch in Bezug auf das VersÄndG angewandt (FamRZ 2004, 256, 258 = NJW 2004, 1245; FamRZ 2004, 259; FamRZ 2004, 1181). Dies hat zur Folge, dass in allen noch nicht abgeschlossenen Verfahren, in denen die Ehezeit vor dem 01. 01. 2003 liegt, der herabgesetzte Versorgungssatz anzuwenden ist. Auch in der **Beschwerde- und Rechtsbeschwerdeinstanz** sowie im **Abänderungsverfahren** nach §§ 225, 226 FamFG (§ 10a VAHRG a. F.) ist diese Herabsetzung zu beachten. Soweit der Versorgungsfall nicht erst ab 2010, sondern bereits während der Übergangsphase eintritt, unterliegt der **degressive Abflachungsbestandteil** der Versorgung (von 75% auf 71,75%) nicht dem (dinglichen) Versorgungsausgleich (BGH FamRZ 2004, 256, 258 = NJW 2004, 1245; FamRZ 2004, 259; FamRZ 2004, 1181; *Bergner* FamRZ 2004, 413). Offen gelassen hat der BGH (FamRZ 2007, 994 m. Anm. *Borth*), ob dieser **Abflachungsbetrag dem schuldrechtlichen Versorgungsausgleich** unterliegt, was grundsätzlich zu bejahen ist. Diese Rechtsprechung übernimmt § 19 Abs. 2 Nr. 2, Abs. 3 VersAusglG, der hinsichtlich solcher Anrechte eine **fehlende Ausgleichsreife** annimmt und sie grundsätzlich den Ausgleichsansprüchen nach der Scheidung vorbehält.

227

2. Kapitel Bewertung von Anrechten auf eine Versorgung wegen Alters oder Invalidität

b) Regelungen des BeamtVG zur Dienstzeitbestimmung und deren Auswirkungen im Versorgungsausgleich

228 Welche Dienstzeiten als ruhegehaltsfähig gelten, wird in den §§ 6 bis 12 BeamtVG bestimmt. Danach unterscheidet man zwischen der regelmäßigen (ruhegehaltsfähigen) Dienstzeit, die in der Regel mit der Berufung in das Beamtenverhältnis, frühestens ab Vollendung des 17. Lebensjahres, beginnt und mit Eintritt in den Ruhestand endet (§ 6 Abs. 1 Satz 1 BeamtVG), sowie weiteren zwingenden Anrechnungszeiten (insbesondere Wehr- und Zivildienst, §§ 7 bis 9 BeamtVG – so genannte **Muss-Anrechnungszeiten**), **Soll-Anrechnungszeiten** (§ 10 BeamtVG, vor allem privates Arbeitsverhältnis im öffentlichen Dienst als Angestellter oder Arbeiter) und **Kann-Anrechnungszeiten** (gem. §§ 11, 12 BeamtVG – Tätigkeit als Rechtsanwalt oder Notar, Ausbildungszeiten). Die Berücksichtigung der **Zeit einer Kindererziehung** richtet sich für ein innerhalb des Beamtenverhältnisses geborenes Kind nach § 50a BeamtVG – Kindererziehungszuschlag); sie sind damit keine ruhegehaltsfähigen Zeiten der Beamtenversorgung, sondern werden mit demselben Wert wie in der gesetzlichen Rentenversicherung der Beamtenversorgung zugeschlagen. Nach § 85 Abs. 7 BeamtVG gilt dies auch für nach dem 31. 12. 1991 geborenen Kinder, nach § 50a Abs. 8 BeamtVG ferner für vor dem 01. 01. 1992 geborene Kinder außerhalb eines Beamtenverhältnisses. § 40 Abs. 5 VersAusglG (§ 1587a Abs. 8 BGB a. F.) gilt nach dessen Zwecksetzung für diese Zuschläge nicht. Im **Versorgungsausgleich** ergeben sich hierbei Besonderheiten:

229 **Sollzeiten** (nach § 10 BeamtVG), die in der Ehezeit liegen, wirken sich im Versorgungsausgleich nur dann aus, wenn das Beamtenverhältnis noch in der Ehe begründet wurde. Andernfalls scheidet ein Anrecht i. S. d. § 44 Abs. 1 VersAusglG selbst dann aus, wenn Zeiten eines in die Ehe fallenden privaten Arbeitsverhältnisses bei der Beamtenversorgung als ruhegehaltsfähig berücksichtigt werden (BGH FamRZ 1984, 569), weil die Begründung des Beamtenverhältnisses erst nach dem Ende der Ehezeit eingetreten ist.

230 Soweit **Zeiten aus einem privaten Arbeitsverhältnis** im öffentlichen Dienst nach § 10 BeamtVG (sog. Soll-Anrechnungszeiten) auch als ruhegehaltsfähige Dienstzeiten angerechnet werden (zur Bindung an die Anerkennung solcher Zeiten im Versorgungsausgleich s. OLG Braunschweig FamRZ 1999, 1280, 1281), also sich sowohl in der gesetzlichen Rentenversicherung als auch der Beamtenversorgung auswirken, folgt hieraus keine unmittelbare Kürzung im Versorgungsausgleich. Vielmehr entspricht dies dem geltenden Recht. Soweit hieraus eine **Überversorgung** entsteht, wird diese über die Kürzungsbestimmungen des § 55 BeamtVG erfasst (BGH FamRZ 2000, 748 f.; FamRZ 2000, 750 – dort Zeiten nach § 12 BeamtVG – Ausbildungs-Studienzeiten). Danach bleiben die Anrechte aus der gesetzlichen Rentenversicherung unberührt, während die Beamtenversorgung gemäß § 44 Abs. 2, 3 VersAusglG (§ 1587a Abs. 6 BGB a. F.) der Kürzung unterliegt. Entsprechendes gilt, wenn früher zurückgelegte Dienstzeiten bei einem neu begründeten Beamtenverhältnis nach § 6 BeamtVG vorliegen. Auch diese Zeiten werden bei der Bestimmung des Anrechts nach § 44 Abs. 1 VersAusglG erfasst, selbst wenn eine **Nachversicherung in der gesetzlichen Rentenversicherung** hinsichtlich der Zeiten des zuerst begründeten Beamtenverhältnisses nach § 8 Abs. 2 Nr. 1 SGB VI erfolgt ist (BGH FamRZ 2000, 748 f.).

231 **Kann-Zeiten** (§§ 11, 12 BeamtVG) werden unabhängig davon einbezogen, ob versorgungsrechtlich die erforderliche Entscheidung der Dienstbehörde im Zeitpunkt der Versorgungsausgleichsentscheidung bereits ergangen oder etwa noch gar nicht beantragt worden ist (BGH FamRZ 1981, 665 ff. = NJW 1981, 1506; FamRZ 1983, 999

IV. Bestimmung des maßgebenden Ruhegehalts

= NJW 1984, 1548; FamRZ 2005, 1531, 1532; anders OLG Frankfurt/M FamRZ 1999, 862). Die in Literatur und Rechtsprechung heftig umstrittene Streitfrage (*Soergel/v. Hornhardt* § 1587a Rn. 12; OLG Schleswig FamRZ 1980, 702 ff.; s. a. 1. Aufl. S. 107 f.) hat der BGH mit der Begründung zugunsten ihrer Einbeziehung entschieden, dass auch die **Möglichkeit der Anrechnung** ein Anrecht i. S. d. § 2 Abs. 1, 2 VersAusglG sei (Aussicht i. S. d. § 1587 Abs. 1 BGB a. F.), wenn die Anerkennung solcher Zeiten nur von einem Antrag abhänge. Zu beachten ist bei dieser Ansicht, dass sich die Anrechnung dieser Zeiten erhöhend auf den Ruhegehaltssatz auswirken kann, falls nicht der Höchstsatz von 71,75 v. H. bereits erreicht ist; dies führt auch zu einem höheren Ausgangswert und damit zu einem höheren Ehezeitanteil. Ansonsten können diese Zeiten den Ehezeitanteil vermindern oder erhöhen, je nach dem, ob diese Zeiten außerhalb oder innerhalb der Ehezeit liegen. Nach BGH (FamRZ 1981, 665 ff. = NJW 1981, 1506; FamRZ 1983, 999 = NJW 1984, 1548; FamRZ 2005, 1531, 1532) sind die Zeiten unabhängig davon zu berücksichtigen, ob sie sich für den Berechtigten günstig oder ungünstig auswirken. Soweit die Anerkennung solcher Zeiten im **Ermessen** der nach § 49 Abs. 2 BeamtVG zuständigen Behörde liegt, darf das FamG nach allgemeinen Grundsätzen deren Ermessensausübung nicht vorgreifen, sondern muss gemäß § 26 FamFG (§ 12 FGG) feststellen, in welcher Weise die zuständige Behörde ihr Ermessen ausübt. Hierzu ist vom FamG beim Träger der Versorgung eine entsprechende Entscheidung einzuleiten (zum Fall der Aussetzung des Verfahrens bei Anfechtung der Ermessensentscheidung s. § 221 Abs. 2, 3 FamFG; § 53 c FGG). Ferner kann das FamG diese Entscheidung nicht korrigieren, indem es die Zuordnung solcher Zeiten zur Ehezeit abändert, da es Zweck der Anrechnungsbestimmungen ist, eine annähernde Gleichstellung in der Versorgung mit derjenigen eines »Nurbeamten« zu erreichen, nicht aber zur Vermeidung einer Doppelversorgung (BGH FamRZ 2005, 1531, 1532). Allerdings ist gegebenenfalls nach § 27 VersAusglG (§ 1587c BGB a. F.) eine Korrektur der formalen Berechnung des Ehezeitanteils vorzunehmen (BGH FamRZ 1983, 999, 1000 = NJW 1984, 1584; OLG Düsseldorf FamRZ 1983, 192, 193; dagegen OLG Frankfurt/M FamRZ 1982, 504).

Eine Sonderstellung nimmt die **Zurechnungszeit** nach § 13 BeamtVG ein. Wird ein Beamter vor Vollendung des 60. Lebensjahres vorzeitig dienstunfähig, wird zu der bis dahin zurückgelegten Dienstzeit zwei Drittel der Zeit vom Eintritt der vorzeitigen Dienstunfähigkeit bis zur Vollendung des 60. Lebensjahres hinzugerechnet, § 13 BeamtVG (bis 31. 12. 1991 ein Drittel der Zeit bis zum 55. Lebensjahr). Bei Teilzeitbeschäftigung und Beurlaubung wird die Zurechnungszeit nur noch entsprechend dem Anteil der ermäßigten zur regelmäßigen Dienstzeit berücksichtigt (Ausnahme bei Erziehungszeiten nach § 6 Abs. 1 S. 5 BeamtVG). Im **Versorgungsausgleich** werden die Zurechnungszeiten, weil sie lediglich einen **Berechnungsfaktor** darstellen, selbst dann zur Ermittlung der vollen Versorgung herangezogen, wenn sie (teilweise) über die Ehezeit hinausgehen. Die gesamte Versorgung ist bereits mit der Versetzung in den vorzeitigen Ruhestand erworben worden. Sie können deshalb bei der Bestimmung des ratierlichen Anteils der Ehezeit nicht berücksichtigt werden, weil sie keinen mit den anderen Zeiten vergleichbaren Bestandteil darstellen (BGHZ 82, 66 = FamRZ 1982, 36, 41 = NJW 1982, 224; FamRZ 1984, 569; Rdn. 42, 90). Ist ein Beamter am Ende der Ehezeit noch nicht in (vorzeitigen) Ruhestand getreten, so kommt für die Wertberechnung des fiktiven Ruhegehalts eine Zurechnungszeit nicht in Betracht.

232

2. Kapitel Bewertung von Anrechten auf eine Versorgung wegen Alters oder Invalidität

c) Sonderfälle zur Dienstzeitbestimmung im Versorgungsausgleich

233 Wird ein Beamter oder Soldat wegen **Dienstunfähigkeit** vorzeitig in den **Ruhestand** versetzt, ist der Ehezeitanteil der Versorgung auf der Grundlage der tatsächlich zugrunde gelegten ruhegehaltsfähigen Dienstzeit zu berechnen (BGH FamRZ 1991, 1415 f.); diese wird somit durch die vorzeitige Pensionierung begrenzt. Diese Rechtsprechung übernimmt § 41 Abs. 2 Satz 1, 2 VersAusglG. Die nach der Ehezeit liegende **Zurechnungszeit** ist – anders als in der gesetzlichen Rentenversicherung – kein echter Zeit-, sondern lediglich ein Berechnungsfaktor und wird bei der Bestimmung des ratierlichen Anteils der Ehezeit nicht berücksichtigt (s. eingehend Rdn. 232). Gleiches gilt, wenn ein **Soldat** auf eigenen Antrag gem. § 2 Abs. 1 PersStärkeG in den vorzeitigen Ruhestand versetzt wird, für die bis zur festen Altersgrenze gewährte Zurechnungszeit (nach § 6 Abs. 2 PersStärkeG), weil diese ebenfalls lediglich einen Berechnungsfaktor darstellt (OLG Celle FamRZ 1995, 810 f.). Entsprechend ist die tatsächlich erlangte Versorgung nach dem SVG maßgebend, auch wenn diese auf dieser Zurechnungszeit (nach § 6 Abs. 2 PersStärkeG) beruht (BGH FamRZ 1996, 1552; *Wick* in FamGb, § 1587 a Rn. 64; *Borth*, FamRZ 1997, 1041, 1043; zu Beamten, die in die **neuen Bundesländer** abgeordnet wurden, s. BGH FamRZ 1995, 28 f.; OLG Hamm FamRZ 1994, 710; *Borth*, FamRZ 1996, 641, 645; zu **Vordienstzeiten** s. FamRZ 1999, 1280).

5. Berechnung des Ehezeitanteils

a) Grundlagen

234 Nach § 44 Abs. 1 VersAusglG i. V. m. § 40 Abs. 2, 3 VersAusglG ist zunächst die (fiktive) Versorgung am Ende der Ehezeit zu ermitteln; hierbei ist dasjenige Ruhegehalt zu bestimmen, das sich ergäbe, wenn der Beamte zum Zeitpunkt des Ehezeitendes i. S. d. § 3 Abs. 1 VersAusglG wegen Erreichens der festen Altersgrenze sein Altersruhegeld bezogen hätte. Hierzu ist die Zeit vom Ende der Ehezeit bis zur festen Altersgrenze, das ist i. d. R. das 65. Lebensjahr, zu erfassen, § 40 Abs. 2 Satz 1 VersAusglG. Diese Regelung beruht auf der Tatsache, dass bei Fassung der gesetzlichen Bestimmung die Beamtenversorgung während der gesamten Dienstzeit unterschiedliche Versorgungszuwächse vorsah und deshalb eine konkrete Zuordnung des Versorgungserwerbs zu unterschiedlichen Ergebnissen bei Bestimmung des Ehezeitanteils geführt hätte, je nach dem, ob die Ehezeit in einer Phase lag, in der hohe oder geringe bzw. keine Zuwächse mehr eintraten. Aus diesem Grunde wurde eine Linearisierung der unterschiedlichen Versorgungszuwächse vorgenommen. Diese Linearisierung ist auch nach dem bestehenden Rechtszustand (seit 01.01.1992) von Bedeutung, weil ein Beamter nach vierzigjähriger Dienstzeit die Höchstgrenze von 71,75 % seines zuletzt bezogenen Gehalts erreicht hat (eingehend Rdn. 226), danach aber noch die Ehezeit weiter bestehen kann (s. folgende Graphik Rdn. 235). Aus der hieraus sich ergebenden anrechnungsfähigen Dienstzeit ist nach § 14 BeamtVG der Ruhegehaltssatz (s. Rdn. 226) zu bestimmen, der sich aus der Anzahl der insgesamt zurückgelegten Dienstzeit ergibt und in einem Prozentsatz (maximal 71,75 %) festgelegt wird. Dieser Prozentsatz ist auf die vom Beamten vor seiner Zurruhesetzung zuletzt bezogenen Dienstbezüge anzuwenden und bestimmt damit die Höhe des Altersruhegeldes, das um die jährliche Sonderzuwendung erhöht wird.

Die **feste Altersgrenze** ist regelmäßig das Ende des Monats, in dem der Beamte das 65. Lebensjahr vollendet (§ 51 Abs. 1 Satz 1 BBG). Diese Altersgrenze ist bei der Bestimmung der Gesamtzeit auch dann heranzuziehen, wenn der Beamte die Wahlmöglichkeit besitzt, vorzeitig in Ruhestand zu gehen, aber eine Bestim-

IV. Bestimmung des maßgebenden Ruhegehalts

mung noch nicht getroffen hat (§ 52 BBG, 26 Abs. 3 BRRG; BGH FamRZ 1982, 999 = NJW 1982, 2374). Gleiches gilt, wenn der Beamte gemäß § 53 BBG von der Möglichkeit Gebrauch macht, zu einem späteren Zeitpunkt in Ruhestand zu treten (höchstens bis zum 68. Lebensjahr). Hierdurch eintretende Änderungen können grundsätzlich durch das Abänderungsverfahren nach §§ 225, 226 FamFG erfasst werden.

> **Wichtiger Hinweis:**
> Ab dem Geburtsjahr 1947 erhöht sich nach § 51 Abs. 1 Satz 2 BBG die Altersgrenze jährlich um einen Monat, ab dem Geburtsjahr 1958 um zwei Monate. Dies ist bei der Bestimmung der Zeitdauer nach § 40 Abs. 2 Satz 1 VersAusglG zu beachten. Ferner ist zu prüfen, inwieweit die Bundesländer aufgrund der übergegangenen Gesetzgebungskompetenz (s. Rdn. 206) sich an der Regelung des Bundes orientieren; insoweit bestehen teilweise Abweichungen von § 51 Abs. 2 Satz 2 BBG.

Im Versorgungsausgleich sind die Dienstbezüge der Beamtenversorgung zum Ende der Ehezeit zugrunde zulegen. Dies gilt auch für ein späteres Abänderungsverfahren nach §§ 225, 226 FamFG. Danach ist gem. § 40 Abs. 2, 3 VersAusglG zu bestimmen, welcher Anteil als »maßgebender Wert« auf die Ehezeit entfällt. Dies erfolgt durch Bildung eines Verhältniswertes aus den in die Ehezeit fallenden Dienstzeiten zu der Gesamtzeit (die sich aus der Zeit vom Beginn der Dienstzeit bis zum Ehezeitende sowie der Erweiterungszeit bis zur festen Altersgrenze ergibt; nach § 40 Abs. 2 Satz 1 VersAusglG der Faktor n). Dieser Verhältniswert ist auf die fiktive Versorgung am Ende der Ehezeit anzuwenden, § 40 Abs. 3 Satz 1 VersAusglG. Die sich im Versorgungsausgleich ergebende Berechnungsmethode des Ehezeitanteils soll am folgenden (vereinfachten) Beispiel dargestellt werden:

235

> Das ruhegehaltsfähige Einkommen beträgt bei Erreichen der festen Altersgrenze (65. Lebensjahr) 3.000 €; die Höchstgrenze von 71,75 % wurde nach der folgenden Graphik mit dem 60. Lebensjahr erreicht. Die Höhe des Versorgungsanspruchs beträgt danach 2.152,50 €, so dass der jährliche Zuwachs sich auf 53,81 € beläuft (s. erstes Schaubild). Im zweiten Schaubild werden die **Auswirkungen des Versorgungsausgleichs** dargestellt, wobei von einer Ehezeit vom 30. bis zum 50. Lebensjahr des Beamten ausgegangen wurde. Aufgrund der »Streckung« des Versorgungserwerbs auf das 65. Lebensjahr ergibt sich lediglich ein jährlicher Zuwachs von 47,83 €, so dass der Ehezeitanteil 956,67 € beträgt. In beiden Darstellungen ist zu berücksichtigen, dass zu der Gesamtdienstzeit (nach § 40 Abs. 2 Satz 1 VersAusglG »Zeitdauer«) auch diejenige Zeit gehört, in der kein Versorgungszuwachs mehr erlangt wird.

2. Kapitel   Bewertung von Anrechten auf eine Versorgung wegen Alters oder Invalidität

Erstes Schaubild:

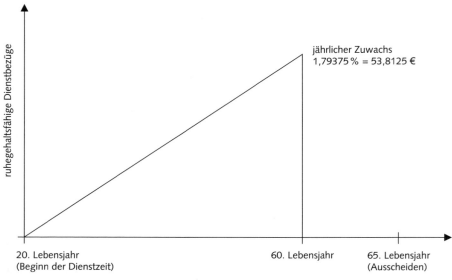

Beispiel:
Ruhegehaltsfähiges Einkommen bei Erreichen der festen Altersgrenze (65. Lebensjahr) 3.000,00 €. Höchstgrenze von 71,75 % wurde erreicht; damit Versorgungsanspruch in Höhe von 2.152,50 € monatlich. Der Faktor 1,79375 errechnet sich aus der Höchstgrenze von 71,75 % nach 40 Dienstjahren (71,75 : 40).

Zweites Schaubild:

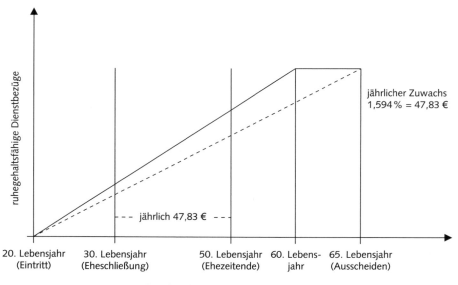

114

IV. Bestimmung des maßgebenden Ruhegehalts

Beispiel wie oben:
Ehezeitanteil 2.152,50 € × (20: 45) = 956,67 €; jährlicher Zuwachs wegen Verlängerung bis 65. Lebensjahr lediglich 47,83 €. Dieses Schaubild verdeutlicht auch, dass sich der Ehezeitanteil eines **mehrfach geschiedenen Beamten** aus der vollen Versorgung i. S. d. § 40 Abs. 2 Satz 1 VersAusglG errechnet und die nach § 57 BeamtVG erfolgte Kürzung nach der vorangehenden Scheidung (s. Rdn. 914) bei der danach folgenden Scheidung außer Betracht bleibt (eingehend Rdn. 915; ferner BGH FamRZ 1997, 1534; 1998, 419; *Borth* FamRZ 1996, 641, 645 f.).

Beispiel der Berechnung des Ehezeitanteils: **236**

Der Beamte wurde am 10.04.1963 geboren. Am 01.04.1984 wurde er in das Beamtenverhältnis berufen. Ehezeit vom 01.02.1991 bis zum 31.07.2009. Bei Ehezeitende wurde der Beamte nach der Besoldungsgruppe A 8 Stufe 10 besoldet. Die allgemeine Stellenzulage beträgt 17,32 €.

(1) **Berechnung der ruhegehaltsfähigen Dienstzeit.**
- *Beginn der ruhegehaltsfähigen Dienstzeit: 01.04.1984*
- *ruhegehaltsfähige Dienstzeit bis zum Ende der Ehezeit:*
01.04.1984 bis 31.07.2009 25 Jahre 122 Tage
- *Erweiterungszeit bis zur festen Altersgrenze (aus Darstellungsgründen 65. Lebensjahr; s. Rdn. 234 a. E.)*

30.04.2028 18 Jahre 273 Tage

43 Jahre 395 Tage

= 44 Jahre 30 Tage

Da der Beamte mehr als 40 Dienstjahre zu verzeichnen hat, ist der Höchstsatz von 71,75% erreicht (s. o. Rdn. 226).

(2) **Bestimmung der ruhegehaltsfähigen Dienstbezüge.**
- *Besoldungsgruppe A 8 Stufe 10*
Grundgehalt 2.455,20 €
- *allgemeine Zulage 17,32 €*

(3) **Monatliches Ruhegehalt** somit 2.472,52 €
hiervon 71,75% 1.774,03 €
zuzüglich Sonderzuwendung monatlich 81,25 €
1.855,25 €

(4) **Berechnung des Ehezeitanteils.**
Ehezeit 01.02.1991 bis 31.07.2009 18 Jahre 181 Tage
Gesamtzeit (Zeitdauer i. S. d. § 40 Abs. 2 Satz 1 VersAusglG) 44 Jahre 30 Tage
18,50/44,08 × 1.855,25 € 778,63 €

Wichtiger Hinweis:
Verkürzt sich die Gesamtzeit, weil der Beamte vorzeitig in Ruhestand geht, ohne dass der Höchstsatz der Versorgung von 71,75% berührt wird, weil die Dienstzeit von 40 Jahren nicht unterschritten wird (s. o.), so kann dies wegen der Bildung des Quotienten zu einem höheren Ehezeitanteil führen. Dies gilt auch im Abänderungsverfahren nach §§ 225, 226 FamFG; in diesem Fall ist § 226 Abs. 3 FamFG i. V. m. § 27 VersAusglG (§ 10a Abs. 3 VAHRG a. F.) zu prüfen (s. Rdn. 1089).

---

b) Berechnung bei bereits eingetretenem Versorgungsfall

Befindet sich der Beamte bereits im Altersruhestand, ist neben dem gezahlten Ruhegehalt nicht zusätzlich noch eine fiktive Versorgung zum Ehezeitende zu ermitteln, sondern das tatsächlich bezogene Anrecht bei Ehezeitende zugrunde zu legen. Der maßgebliche Wert i. S. d. § 41 Abs. 2 VersAusglG i. V. m. § 40 Abs. 3 VersAusglG ergibt sich aus dem Verhältniswert der in die Ehezeit fallenden ruhegehaltsfähigen Dienstzeit zu der gesamten, tatsächlichen ruhegehaltsfähigen Dienstzeit (BGHZ 82, 66; FamRZ 1982, 36, 40 = NJW 1982, 224, 227; Rn. 211). Diese Bestimmung des Verhältniswertes gilt auch dann, wenn bereits nach der Dauer der   **237**

2. Kapitel   Bewertung von Anrechten auf eine Versorgung wegen Alters oder Invalidität

Ehe die höchstmögliche Versorgung erreicht werden könnte; auch in diesem Fall sind vorhandene voreheliche Dienstzeiten der Berechnung zugrunde zulegen.

c) Berechnung für Beamte mit besonderer (vorgezogener) Altersgrenze

238 Für die verschiedenen Gruppen des öffentlichen Dienstes gelten **unterschiedliche Altersgrenzen,** für Polizei-Vollzugsbeamte das 60. Lebensjahr nach § 5 Bundespolizistenbeamtengesetz, für Beamte des gehobenen Flugkontrolldienstes regelmäßig das Ende des Monats, in dem das 53. Lebensjahr vollendet wird, für Berufsunteroffiziere und -offiziere gelten besondere Altersgrenzen gem. § 45 Abs. 2 Soldatengesetz, ebenso für Strahlflugzeugführer (die für Richter an den obersten Gerichtshöfen des Bundes und Mitglieder des Bundesrechnungshofes geltende hinausgeschobene Altersgrenze auf das 68. Lebensjahr wurde mit Wirkung zum 01. 01. 1986 mit Übergangsregelung an die allgemeine Altersgrenze herangeführt). Auch in diesem Falle ist eine fiktive Altersversorgung zu berechnen, wobei allerdings der nach der jeweiligen Altersgrenze erreichbare Ruhegehaltssatz gesondert bestimmt werden muss (zur Bestimmung der festen Altersgrenze wird auf Rdn. 234 verwiesen). Bei bestimmten Berufsgruppen wird der Ruhegehaltssatz wegen der kürzeren Gesamtdienstzeit angehoben, um die höchstmögliche Versorgung wie bei normaler Dienstzeit erreichen zu können. Dies gilt insbesondere nach § 26 Abs. 2 SVG i. V. m. §§ 44 Abs. 2, 45 Abs. 2 SG, 4 a Abs. 3 des Gesetzes über die Bundesanstalt für Flugsicherung (BGBl 75 I 3091). Bei der Ermittlung des Ehezeitanteils ist die Gesamtzeit aus der jeweiligen vorgesehenen Altersgrenze zu bestimmen. Die Versorgung wird damit in einer kürzeren Dienstzeit erworben, so dass im Verhältnis zu dem Beamten, der erst mit 65 Jahren in Ruhestand geht, sich ein höherer Ehezeitanteil ergibt. Hieran nimmt der Ausgleichsberechtigte nach dem allgemeinen Grundsatz der hälftigen Teilhabe der in der Ehe erworbenen Anrechte teil (Art. 3 und 6 GG). Eine andere Betrachtungsweise würde im Übrigen zu erheblichen systematischen Schwierigkeiten bei der Berechnung des Ehezeitanteils in solchen Fällen führen, so etwa wenn der höchstmögliche Ruhegehaltssatz nicht erreicht wurde oder der Versorgungsfall bereits eingetreten ist, so dass eine fiktive Erweiterungszeit, in der keine Versorgung mehr erworben wurde, sich auf die Ermittlung des Ehezeitanteils auswirken würde. Dies widerspräche auch dem Grundsatz des ehezeitbezogenen Erwerbs nach § 5 Abs. 1 VersAusglG. Soweit etwa dadurch unbillige Ergebnisse auftreten, dass bei der Entscheidung zum Versorgungsausgleich von einer vorzeitigen Zurruhesetzung ausgegangen wurde (z. B. bei Strahlflugzeugführer mit Vollendung des 41. Lebensjahres), tatsächlich dieser jedoch – ausnahmsweise – eine Verwendung über diese Altersgrenze erhielt (s. hierzu BGH FamRZ 1982, 999 = NJW 1982, 2374; FamRZ 1982, 1001 = NJW 1982, 2377), kann eine solche nach der Ehezeit eingetretene Entwicklung ein Abänderungsverfahren nach §§ 225, 226 FamFG (§ 10 a VAHRG a. F.) rechtfertigen, in dem die tatsächlichen Verhältnisse zum Versorgungserwerb erfasst werden können (dies gilt im Übrigen auch für Berufsoffiziere des Truppendienstes bestimmter Geburtsjahrgänge, die in den Jahren 1986 bis 1991 auf Antrag in den Ruhestand versetzt wurden – PersStruktG-Streitkräfte BGBl 85 I 1621). Die beim Ausgleichspflichtigen auftretenden wirtschaftlichen Belastungen durch die nach durchgeführtem Versorgungsausgleich gem. §§ 57 ff. BeamtVG vorzunehmende Kürzung führen nicht zu einem verfassungswidrigen Eingriff in dessen Vermögenspositionen (Art. 14 GG), weil die §§ 33, 37 VersAusglG (Anpassung wegen Leistung von Unterhalt, Invalidität oder Tod des Ausgleichsberechtigten) zum Zuge kommen können (eingehend Rdn. 884, 891, 895; ferner BGH FamRZ 1982, 999, 1001 = NJW 1982, 2374, der darauf verweist, dass die Beamten nach der Pensionierung durch

IV. Bestimmung des maßgebenden Ruhegehalts

andere Tätigkeiten eine zusätzliche Versorgung aufbauen können; dies kann jedoch nicht in jedem Fall angenommen werden und ist nur nach § 27 VersAusglG (§ 1587 c BGB a. F.) zu berücksichtigen).

d) Berechnung der Versorgung bei vorzeitiger Dienstunfähigkeit

Befindet sich ein Beamter zum Ehezeitende wegen vorzeitiger Dienstunfähigkeit im Ruhestand, gilt grundsätzlich das oben unter Rdn. 233, 237 Gesagte. Eine **fiktive Berechnung** (mit fester Altersgrenze) scheidet auch dann aus, wenn die vorzeitige Dienstunfähigkeit nach dem Ende der Ehezeit, jedoch vor der Entscheidung in der letzten Tatsacheninstanz eintritt. In diesem Fall ist die tatsächliche Versorgung für die Bestimmung des Ehezeitanteils zugrunde zulegen (s. o. Rdn. 218, 233). Der Ehezeitanteil ermittelt sich aus dem Verhältnis der in der Ehezeit zurückgelegten Dienstzeit zu der gesamten, bis zum Eintritt des vorzeitigen Ruhestands zurückgelegten Dienstzeit. Tritt diese nach Abschluss des Versorgungsausgleichsverfahrens ein, kann dies im Einzelfall zu einem veränderten Ehezeitanteil führen, der im Abänderungsverfahren nach §§ 225, 226 FamFG zu berücksichtigen ist (s. o. Rdn. 236 a. E.). Bei der Bestimmung der Dienstzeit wird die **Zurechnungszeit** nach § 13 Abs. 1 BeamtVG nicht einbezogen, weil sie keine echte Dienstzeit darstellt, sondern nur Einfluss auf den Ruhegehaltssatz nimmt (s. o. Rdn. 232; zum Fall der befristeten Dienstunfähigkeit und Reaktivierung des Beamten s. KG FamRZ 1986, 1005). Zur Berechnung des Ruhegehaltssatzes ist die ruhegehaltsfähige Dienstzeit um ein Drittel vom Eintritt der Dienstunfähigkeit bis zur Vollendung des 60. Lebensjahres zu erweitern (Rdn. 232). Ferner wird aufgrund des Dienstrechtsreformgesetzes (Rdn. 218, 232) nicht mehr das Endgrundgehalt der jeweiligen Besoldungsgruppe, sondern die tatsächlich erreichte Dienstaltersstufe herangezogen (Ausnahme bei Dienstunfall, § 5 Abs. 2 BeamtVG). **239**

Bezieht der Versorgungsempfänger eine **unfallbedingte Erhöhung** (wegen eines die Dienstunfähigkeit auslösenden Dienstunfalles), so ist diese Mehrleistung nach § 2 Abs. 2 Nr. 1 VersAusglG (§ 1587 a Abs. 2 Nr. 1 Satz 4 BGB a. F.) im Versorgungsausgleich auszuklammern. Dies gilt in erster Linie für die Erhöhung des Ruhegehaltssatzes von 20% gem. § 36 Abs. 3 BeamtVG einschließlich der höheren Besoldungsgruppe nach § 37 Abs. 1 BeamtVG. Die in § 36 Abs. 2 BeamtVG enthaltene Zurechnungszeit wird durch die in § 13 BeamtVG enthaltene Regelung der Zurechnungszeit ersetzt. Der Beamte wird im Versorgungsausgleich so behandelt, als ob er nicht durch einen Unfall, sondern aus anderen Gründen dienstunfähig geworden wäre. Eine fiktive Berechnung des Ruhegehalts ist dagegen vorzunehmen, wenn lediglich eine **befristete Dienstunfähigkeit** vorliegt und die Versetzung in den Ruhestand in der Annahme einer alsbaldigen Genesung des Beamten erfolgte (KG FamRZ 1986, 1005). In diesem Fall ist bei der Dienstzeitberechnung die Erweiterungszeit vom Ende der Ehezeit bis zur festen Altersgrenze bei der Bestimmung des Ruhegehaltssatzes und der Ermittlung des Ehezeitanteils im Versorgungsausgleich heranzuziehen. **240**

> **Beispiel:**
> Die monatlichen Ruhegehaltsbezüge (einschließlich Sonderzuwendung) belaufen sich auf 3.000,00 Euro. Bei einer Ehezeit von 20 Jahren und einer Gesamtzeit von 45 Jahren ergibt sich ein Ehezeitanteil von 1.333,33 € (3.000 × 20/45). Nach Verkürzung der Gesamtzeit ergibt sich ein Ehezeitanteil von 1.428,57 € (3.000 × 20/42). Allerdings kann nach § 226 Abs. 3 FamFG i. V. m. § 27 VersAusglG (§ 10 a Abs. 3 VAHRG a. F.) eine Korrektur erfolgen (s. Rdn. 1089).

2. Kapitel   Bewertung von Anrechten auf eine Versorgung wegen Alters oder Invalidität

e) Berechnung bei teilzeitbeschäftigten Beamten

241 Nach § 5 Abs. 1, Satz 2 BeamtVG sind bei der Berechnung des Ruhegehalts die **ruhegehaltsfähigen Dienstbezüge** in voller Höhe zugrunde zulegen (s. o. Rdn. 220). Zeiten, in denen dem Beamten eine **ermäßigte Arbeitszeit** bewilligt worden ist, sind nach § 6 Abs. 1 Satz 3 BeamtVG nur anteilig ruhegehaltsfähig. Bei der Bestimmung der Zeitdauer i. S. d. § 40 Abs. 2 Satz 1 VersAusglG (Gesamtzeit nach § 1587 a Abs. 2 Nr. 1 Satz 2, 3 BGB a. F.) sind deshalb Zeiten einer Teilzeitbeschäftigung nur in dem gekürzten Verhältnis zu berücksichtigen, das der ermäßigten Arbeitszeit zur üblichen entspricht. Diese Kürzung gilt auch für Zeiten nach dem Ende der Ehezeit, soweit für diese eine Teilzeitbeschäftigung bewilligt wurde (BGH FamRZ 1986, 563 ff. = NJW 1986, 1935; FamRZ 1989, 1060; OLG Celle FamRZ 1985, 716; *Ruland/Tiemann*, Rn. 228). Die nach dem bewilligten Zeitraum der Teilzeitbeschäftigung liegende **Erweiterungszeit** bis zur maßgeblichen Altersgrenze wird dagegen nicht im entsprechenden Verhältnis gekürzt. Die sich daraus ergebende Zeitdauer i. S. d. § 40 Abs. 2 Satz 1 VersAusglG (Gesamtzeit) bestimmt den Ruhegehaltssatz. Soweit ein Ehegatte über den im Zeitpunkt der Ehezeit benötigten Zeitraum hinaus teilzeitbeschäftigt bleibt und sich hierdurch der Ruhegehaltssatz vermindert, kann dies nach §§ 225, 226 FamFG berücksichtigt werden. Wird eine Teilzeit nach dem Ende der Ehezeit, aber vor der Entscheidung zum Versorgungsausgleich bewilligt, so ist dies bereits entsprechend dem in §§ 225, 226 FamFG enthaltenen Rechtsgedanken zu berücksichtigen (BGH FamRZ 1988, 940, 941 = NJW-RR 1988, 1028; FamRZ 1989, 1060, 1061; s. Rdn. 220). Aufgrund der Regelung des **Dienstrechtsreformgesetzes** (Rdn. 212, 232) werden Ausbildungs- und Zurechnungszeiten bei einer Teilzeitbeschäftigung und Beurlaubung grundsätzlich nur noch entsprechend dem Anteil der ermäßigten zur regelmäßigen Dienstzeit berücksichtigt (Ausnahme bei Erziehungszeiten, § 6 Abs. 1 BeamtVG; s. a. Rdn. 220).

f) Berechnung bei beurlaubten Beamten

242 Bei ohne Dienstbezügen beurlaubten Beamten nach § 6 Abs. 1 Nr. 5 BeamtVG kann eine Verringerung des Besoldungsdienstalters (§ 31 Abs. 2 BBG) nach dem Ruhegehaltssatz (§ 14 Abs. 1 Satz 1 Hs. 2) eintreten. Bei der Berechnung der Gesamtzeit wird der Beurlaubungszeitraum, auch soweit er über das Ehezeitende hinausgeht, ausgenommen. Sie errechnet sich aus der bisher zurückgelegten Dienstzeit und der sich an das Ehezeitende anschließenden Erweiterungszeit (BGH FamRZ 1986, 659 = NJW 1986, 1934). Gegebenenfalls ist auch hier ein Abänderungsverfahren nach §§ 225, 226 FamFG geboten (s. o. Rdn. 240; dort auch zu den Auswirkungen des Dienstrechtsreformgesetzes).

g) Wahlbeamte, Beamte auf Zeit

243 Die Gesamtzeit ist aus der bisherigen Zeit bis zum Ehezeitende (einschließlich sonstiger anrechenbarer Dienstzeiten aus einem anderen öffentlich-rechtlichen Verhältnis) und der Zeit bis zum Ende des im Zeitpunkt des Ehezeitendes zu bestimmenden Zeitbeamtenverhältnisses. Bei einer späteren (weiteren) Berufung in ein Zeitbeamtenverhältnis fehlt ein ehezeitbezogener Erwerb des Anrechts (§ 5 Abs. 1 VersAusglG); eine über das laufende Zeitbeamtenverhältnis hinausgehende Erweiterungszeit (bis zur festen Altersgrenze) kann deshalb nicht anerkannt werden (s. a. BGH FamRZ 2009, 586, 588; eingehend Rdn. 57), zumal auch eine erneute Berufung bzw. Wiederwahl gänzlich ungewiss ist. Ansonsten ist bei Wahlbeamten immer zu prüfen, ob sie nach Ablauf der Amtszeit bereits die erforderliche Voraussetzung für den Eintritt in den Ruhestand erfüllen. Liegt diese nicht vor, so erfolgt

IV. Bestimmung des maßgebenden Ruhegehalts

eine Nachversicherung in der gesetzlichen Rentenversicherung; in diesem Fall ist der Ehezeitanteil durch die unmittelbare Bewertung nach § 39 VersAusglG und nicht nach § 44 Abs. 1 VersAusglG i. V. m. § 40 VersAusglG vorzunehmen.

Die zuvor dargelegten Grundsätze gelten im Grundsatz auch bei der Bestimmung des Ehezeitanteils einer **Abgeordnetenversorgung** nach dem Abgeordnetengesetz (dort kann im Übrigen ein öffentlich-rechtliches Amtsverhältnis über das 65. Lebensjahr hinaus bestehen; Rdn. 57, 170, 198). Die **Altersentschädigung** aus einer Abgeordnetentätigkeit unterliegt auch dann dem VersAusgl, wenn diese vor Erreichen des 65. Lebensjahres bezogen wird, also vor den Regelaltersgrenzen der gesetzlichen Rentenversicherung, da es entscheidend darauf ankommt, ob das betreffende Anrecht eine Versorgung des Begünstigten im Anschluss an die mögliche Beendigung des aktiven Arbeitslebens bezweckt (BGH FamRZ 2005, 696, 698). Hiervon zu trennen sind reine Kompensationszahlungen für den Verlust einer Erwerbstätigkeit sowie als **Überbrückungs- oder Übergangsgeld**.

244

h) Emeritenbezüge (Hochschulprofessoren)

Bei Emeritenbezügen (Hochschulprofessoren) ist die Gesamtzeit aus der Dienstzeit zu berechnen, begrenzt durch die Altersgrenze von 68 Jahren (s. a. BGH FamRZ 1983, 468 = NJW 1983, 1785; s. im Übrigen oben Rdn. 205, 225).

245

i) Behandlung des Versorgungsabschlages nach § 14 Abs. 3 BeamtVG im Versorgungsausgleich

Nach § 14 Abs. 3 BeamtVG wird das Ruhegehalt um 3,6 v. H. für jedes Jahr gemindert, um das der Beamte vor Vollendung des 65. Lebensjahres in den Ruhestand versetzt wird. Ist bei Durchführung des Versorgungsausgleichs eine **fiktive Bewertung** des Anrechts vorzunehmen, weil der Versorgungsfall noch nicht eingetreten ist, erfolgt die Berechnung des Versorgungswertes nach § 44 Abs. 1 VersAusglG i. V. m. § 40 Abs. 1, 2 VersAusglG auf der Grundlage einer Zeitdauer i. S. d. § 40 Abs. 2 Satz 1 VersAusglG (Gesamt[dienst-]zeit) bis zur festen Altersgrenze, also regelmäßig dem 65. Lebensjahr (eingehend Rdn. 234). Geht der Beamte nach Ende der Ehezeit vorzeitig in Ruhestand (möglich ab Vollendung des 63. Lebensjahres, § 51 Abs. 3 BBG und entsprechende Landesgesetze), vermindert sich der der Bestimmung des Ehezeitanteils zugrunde liegende Betrag aufgrund des vorzunehmenden Versorgungsabschlages. Diese Minderung rechtfertigt jedoch nicht die Abänderung der Erstentscheidung nach § 10 a Abs. 1 VAHRG, weil diese Minderung kein Fall der Veränderung des Werts der Versorgung darstellt, sondern der pauschalierte versicherungsmathematische Abschlag lediglich als Ausgleich dafür anzusehen ist, dass der Beamte vor Erreichen der festen Altersgrenze (65. Lebensjahr) eine Versorgungsleistung bezieht. Eine **Änderung der Leistungsbewertung** der in der gesamten Dienstzeit erreichten Versorgung folgt hieraus dagegen nicht.

246

Der BGH vertrat jedoch in ständiger Rechtsprechung zur gesetzlichen Rentenversicherung die Ansicht (FamRZ 2005, 1455 = NJW – RR 2005, 1233; FamRZ 2007, 1542; FamRZ 2009, 28 m. Anm. *Borth* FamRZ 2009, 127; s. a. Rdn. 290 ff.), dass sich aus dem **Halbteilungsgrundsatz** des § 1587 a Abs. 1 BGB a. F. (ab 01. 09. 2009: § 1 Abs. 2 Satz 2 VersAusglG) die Notwendigkeit ergibt, § 1587 a Abs. 2 Nr. 2 BGB verfassungskonform auszulegen. § 1587 a Abs. 2 Nr. 2 BGB a. F. bestimmt, dass im Falle des vorzeitigen Bezugs der Rente nach §§ 66 Abs. 5, 77 Abs. 2 Satz 1 Nr. 1, 2 SGB VI der Zugangsfaktor nicht zu berücksichtigen ist. Hieraus folgt, dass der Zugangsfaktor bei der Berechnung des Ehezeitanteils nur dann und insoweit außer Betracht bleibt, als die für seine Heransetzung maßgeblichen Zeiten des vorzeiti-

247

gen Rentenbezugs nicht in der Ehezeit zurückgelegt worden sind (so *Staudinger/ Rehme* § 1587 a Rn. 176, 186). Folgt man dieser Rechtsprechung, sind diese Grundsätze entsprechend auf die **Beamtenversorgung anzuwenden** (s. *Borth* FamRB 2005, 292; OLG Celle FamRZ 2007, 560; OLG Stuttgart FamRZ 2007, 1024 – allerdings volle Kürzung). Rechnerisch bedeutet dies, dass das nach Anwendung des Ruhegehaltssatzes ermittelte Anrecht entsprechend der Anzahl der in die Ehezeit liegenden Monate um den Faktor von 0,03 je Monat gekürzt wird. Wird erst nach rechtskräftiger Scheidung ein Versorgungsabschlag aufgrund einer vorzeitigen Zurruhesetzung vorgenommen, so rechtfertigt dies kein Abänderungsverfahren nach §§ 225, 226 FamFG (§ 10 a VAHRG a. F.), weil es insoweit an einem Ehezeitbezug fehlt. Ferner ist zu berücksichtigen, dass durch die kürzere Zeitdauer i. S. d. § 40 Abs. 2 Satz 1 VersAusglG (Gesamtzeit) sich ebenfalls eine Veränderung des Anrechts ergibt, weil sich der Quotient verändert. Unerheblich ist zudem, ob der Versorgungsabschlag beim Ausgleichsberechtigten oder -verpflichteten eintritt.

Im Rahmen der Bestimmung des Teilungswertes nach § 41 VersAusglG in der gesetzlichen Rentenversicherung bedarf es keiner Korrektur der dem auszugleichenden Anrecht zugrunde liegenden Entgeltpunkte, weil Teilungsgegenstand in der gesetzlichen Rentenversicherung nicht eine Rente, sondern Entgeltpunkte sind, so dass sich die Minderung der Entgeltpunkte aufgrund des vorzeitigen Bezugs der Rente ergibt; dies wirkt sich unmittelbar auf den Teilungswert aus (s. BT-Drucks. 16/10144 S. 80; Rdn. 166). Entsprechend ist auch im Bereich der Beamtenversorgung von der tatsächlich bezogenen, um den Versorgungsabschlag gekürzten Pension auszugehen (BT-Drucks. 16/10144 S. 80). Hierbei ist die Kürzung der Zeitdauer i. S. d. § 40 Abs. 2 Satz 1 VersAusglG zu beachten.

j) Kürzung oder Wegfall sowie Dynamik der Sonderzuwendung

248 Die durch das Gesetz über die Anpassung von Dienst- und Versorgungsbezügen in Bund und Ländern 2003/2004 sowie zur Änderung dienstrechtlicher Vorschriften vom 10. 09. 2003 (BGBl I 1798) mögliche **Kürzung oder Streichung der Sonderzuwendung** ist im Versorgungsausgleich unabhängig davon zu berücksichtigen, ob das Ehezeitende vor oder nach In-Kraft-Treten dieses Gesetzes liegt (BGH FamRZ 2003, 437; FamRZ 2004, 1181, 1182; s. a. *Borth* FamRZ 2005, 397, 400). Es ist jeweils der zur Zeit der Entscheidung geltende Bemessungsfaktor anzuwenden (BGH FamRZ 2005, 511, 513 zur baden-württembergischen Regelung; nicht angesprochen wurde die Reduzierung des Zuschlags von 5,333% auf 4,58% nach § 3 SZG aufgrund der Übernahme der Erhöhung des Beitragsatzes zur Krankenversicherung in der gesetzlichen Rentenversicherung; auch in der Entscheidung zum SVG sprach der BGH in FamRZ 2005, 1529 diese Frage nicht an, jedoch in FamRZ 2007, 994 zum baden-württembergischen LSZG; s. a. OLG Koblenz FamRZ 2006, 708; unzutreffend OLG Nürnberg FamRZ 2005, 1749). Entsprechendes gilt zur **vollständigen Streichung** der Sonderzuwendung (BGH FamRZ 2006, 98, 99 – niedersächsische Regelung).).

Die **jährliche Sonderzuwendung** gem. § 2 Abs. 2 SonderzuwendungsG, die seit 1994 auf dem Stand von 1993 eingefroren wurde, unterlag nach BGH (BGH FamRZ 1999, 713; s. *Borth* FamRZ 2001, 877, 879) als Bestandteil der Beamtenversorgung **keiner Dynamisierung**; dies wurde vom BGH erneut bestätigt (NJW-FER 2001, 283). Dieses Problem hat sich durch die Umwandlung bzw. Einfügung der Sonderzuwendungen in das laufende Gehalt weitgehend erledigt (eingehend Rdn. 206). Sie ist auch nach dem neuen Ausgleichssystem durch die interne Teilung gemäß dem BVersTG bzw. entsprechenden Landesgesetzen oder nach § 16 Abs. 1 VersAusglG bedeutungslos geworden.

k) Ermittlung des Ehezeitanteils bei mehreren Ehen

Ist bei einem Beamten, der mehrfach geschieden wurde, der Versorgungsausgleich bei Scheidung einer späteren Ehe durchzuführen, so ist der Ehezeitanteil aus dem ungekürzten Versorgungsanrecht i. S. d. § 40 Abs. 3 Satz 1 VersAusglG zu ermitteln (BGH FamRZ 1997, 1534; 1998, 418; s. a. OLG Frankfurt / M. FamRZ 1997, 1082). Das ergibt sich aus der zeitratierlichen Berechnung des Ehezeitanteils einer Beamtenversorgung gemäß § 40 Abs. 2 Satz 1, 2 VersAusglG. Dass der Ausgleichsbetrag nach § 5 Abs. 1 VersAusglG hinsichtlich des Versorgungsausgleichs einer früheren Ehe nach § 57 BeamtVG bereits zu einer Kürzung des gesamten Versorgungsanrechts geführt hat, muss deshalb für die Berechnung unberücksichtigt bleiben. Denn aufgrund dieser Berechnungsmethode wird nur der auf die konkrete Ehezeit fallende Versorgungserwerb ermittelt, der in den Wertausgleich nach § 5 Abs. 1 VersAusglG einzustellen ist, so dass es auch nicht zu einer Doppelbelastung des Beamten kommt. Gleichzeitig erlangt jeder berechtigte Ehegatte den auf ihn entfallenden Anteil gemäß der Dauer der Ehezeit. Die Anzahl der Ehen ist deshalb für den Versorgungsausgleich unerheblich (s. a. Grafik Rdn. 235).

6. Zusammentreffen mehrerer Versorgungen, § 40 Abs. 2, 3 VersAusglG

a) Grundlagen

Die Regelung des § 44 Abs. 2, 3 VersAusglG (§ 1587a Abs. 6 BGB a. F.) geht auf die Besonderheiten der Versorgungen nach dem BeamtVG sowie dem SVG ein. Bestehen bei einem Beamten, Richter, Soldaten oder Arbeitnehmer i. S. d. § 44 Abs. 1 VersAusglG (Dienstleistungsangestellter) neben der Versorgung nach dem BeamtVG bzw. SVG weitere Versorgungen nach dem BeamtVG oder eine Rentenanwartschaft aus der gesetzlichen Rentenversicherung, so sind die beamtenrechtlichen Ruhens- und Anrechnungsbestimmungen der §§ 54 ff. BeamtVG, §§ 55 ff. SVG auch im Versorgungsausgleich zu beachten. Hierunter fallen auch (bereits geleistete) Versorgungen und nicht lediglich Versorgungsanwartschaften oder Aussichten auf eine Versorgung, was aus dem Hinweis in § 44 Abs. 2 VersAusglG aus Abs. 1 folgt. Solche **Doppelversorgungen** ergeben sich vor allem zwischen der gesetzlichen Rentenversicherung und der Beamtenversorgung, wenn ein Angestellter in ein Beamtenverhältnis übernommen wird (dies ist meist daran zu erkennen, dass bei der Dienstzeitberechnung nach § 40 Abs. 2 Satz 1 VersAusglG nicht das 17. Lebensjahr, sondern ein weitaus höheres Lebensalter zugrunde gelegt wird), aber auch dann, wenn in einer Person mehrere, dem Versorgungsausgleich unterliegende Beamtenversorgungen zusammentreffen. Zweck der beamtenrechtlichen Ruhensregelung ist es, eine aufgrund des Zusammentreffens mehrerer Versorgungen möglicherweise entstehende Überversorgung auf den Höchstsatz der Beamtenversorgung von 71,75% zu begrenzen (eingehend Rdn. 252, 209 ff.).

§ 40 Abs. 2 VersAusglG ist nach § 40 Abs. 3 Satz 2 VersAusglG nicht anzuwenden, wenn die die Kürzung auslösende Versorgung nicht in der Ehezeit erworben wurde, weil der Berechtigte (der Versorgung) ansonsten eine Kürzung aufgrund eines Anrechts hinzunehmen hätte, das nicht dem Versorgungsausgleich unterliegt und damit nicht aufgeteilt wird. Dem Berechtigten steht deshalb der Versorgungsausgleich aus der ungekürzten Versorgung zu. Entsprechendes gilt, wenn eine Doppelversorgung beim Ausgleichsberechtigten vorliegt. Ferner greift § 40 Abs. 2 VersAusglG nicht ein, wenn Versorgungsbezüge mit einem **Einkommen** aus einer

Verwendung im öffentlichen Dienst i. S. d. § 53 BeamtVG zusammentreffen und sich hieraus eine Kürzung ergibt, weil solche Einkünfte nicht zu einer Versorgung i. S. d. § 2 Abs. 1, 2 VersAusglG zählen.

b) Kürzung wegen früherer Beamtenversorgung, § 44 Abs. 2 VersAusglG

252 Die Regelung des § 44 Abs. 2 Satz 1 VersAusglG greift ein, wenn bei einem Ehegatten mehrere Anrechte i. S. d. § 44 Abs. 1 VersAusglG vorliegen (was selten gegeben ist). Bezieht ein Ruhestandsbeamter aus einer neuen Verwendung im öffentlichen Dienst ein Ruhegehalt, so bleibt dies neben einem Ruhegehalt aus einer früheren Verwendung im öffentlichen Dienst ungekürzt; letzteres wird dagegen nur bis zum Erreichen der in § 54 Abs. 2 BeamtVG bezeichneten Höchstgrenze erlangt, gegebenenfalls also gekürzt. Für den Versorgungsausgleich bedeutet dies bei der Ermittlung des Ehezeitanteils der früheren Beamtenversorgung, dass von den sich nach Anwendung von Ruhensvorschriften ergebenden gesamten Versorgungsbezügen und der gesamten in die Ehezeit fallenden ruhegehaltsfähigen Dienstzeit auszugehen ist. Deshalb müssen zunächst beide Versorgungen rechnerisch jeweils unter Berücksichtigung der festen Altersgrenze festgestellt und danach mit der Höchstgrenze des § 54 Abs. 2 BeamtVG abgeglichen werden. Für die Bestimmung der Höchstgrenze ist die Dienstzeit aus beiden Versorgungen sowie die Endstufe der Besoldungsgruppe des früheren Beamtenverhältnisses maßgebend, die um den Unterschiedsbetrag des § 50 BeamtVG gegebenenfalls zu erhöhen ist. Gegebenenfalls ist danach die frühere Versorgung zu kürzen. Der Ehezeitanteil aus beiden (gekürzten) Versorgungsanrechten ist danach im Verhältnis der in der Ehezeit liegenden Dienstzeit zur gesamten Dienstzeit (bis zur festen Altersgrenze) zu ermitteln. Da die Anrechte gleichartig sind, kann der Ehezeitanteil für beide Versorgungen einheitlich ermittelt werden (s. a. unten Rdn. 209 ff.).

253 Die Regelung des § 44 Abs. 2 Satz 1 VersAusglG gilt jedoch nicht bei dem **Zusammentreffen einer innerstaatlichen und einer zwischen- oder überstaatlichen Versorgung** des öffentlichen Dienstes, weil letztere keine innerstaatliche Versorgung i. S. d. § 44 Abs. 1 VersAusglG ist, für die § 44 Abs. 2 Satz 1 VersAusglG eine gesamtversorgungsbezogene Ermittlung des Ehezeitanteils vorschreibt. Vielmehr ist § 44 Abs. 3 VersAusglG sinngemäß anzuwenden (BGH FamRZ 1988, 273 ff.; FamRZ 1989, 263; FamRZ 1996, 98, 102 f.; *Borth* FamRZ 1997, 1041, 1043; a. A. *Bergner* IPRax 1988, 281). Dies hat zur Folge, dass die deutsche Versorgung isoliert nach ihrem Zeit-Zeit-Verhältnis aufzuteilen ist, anders als nach der Ruhensregelung des § 54 Abs. 2 BeamtVG, nach der die sich aus beiden Regelungen ergebende Gesamtversorgung im Verhältnis der bei beiden Versorgungsträgern ehezeitlich erbrachten Dienstzeiten zu den insgesamt zurückgelegten Dienstzeiten zu quotieren ist (s. a. *Schwab/Hahne* Teil VI Rn. 82). Der Anwendung der Ruhensregelung steht nicht entgegen, dass die zur Kürzung der deutschen Beamtenversorgung führende Versorgung nach § 19 Abs. 2 Nr. 4 VersAusglG nicht teilungsreif ist und nach § 19 Abs. 4 VersAusglG auf Ausgleichsansprüche nach der Scheidung verwiesen wird, also schuldrechtlich und nicht öffentlich-rechtlich auszugleichen ist.

c) Kürzung wegen Anrechten aus der gesetzlichen Rentenversicherung

254 Treffen Anrechte aus der gesetzlichen Rentenversicherung aus einem früheren Arbeitsverhältnis mit später erworbenen Anrechten aus einer Beamtenversorgung zusammen, ist nach Abs. 6 Hs. 2 § 55 BeamtVG zu beachten. Übersteigen beide Versorgungen den nach § 55 Abs. 2 BeamtVG zu bestimmenden Höchstbetrag, wird die Beamtenversorgung in Höhe des den Höchstbetrag übersteigenden Wer-

IV. Bestimmung des maßgebenden Ruhegehalts

tes gekürzt (eingehend hierzu Rdn. 250 ff.). Die gesetzliche Rentenversicherung bleibt dagegen ungekürzt (weil beitragsbezogen). Soweit die Anrechte aus der gesetzlichen Rentenversicherung auf **freiwilligen Beiträgen** oder einer **Höherversicherung** beruhen, sind diese Teile nach § 55 Abs. 4 BeamtVG auszuscheiden, weil sie aus den Einkünften bzw. dem Vermögen des Versicherten finanziert wurden und damit dem Schutz des Art. 14 Abs. 1 GG unterliegen. Die Ermittlung dieses Teils des Anrechts aus der gesetzlichen Rentenversicherung erfolgt im Wege einer Verhältnisberechnung der jeweiligen Entgeltpunkte (s. BGH FamRZ 1995, 413; s. a. FamRZ 1988, 49 – freiwillige Beiträge für eine Versicherungsrente der Zusatzversicherung des öffentlichen Dienstes), so dass nur der nicht auf freiwilligen Beiträgen beruhende Anteil bei der Berechnung des Ruhensbetrages berücksichtigt wird (zu den weiteren Einzelheiten der Berechnung s. Rdn. 250, 252, 260). Hat der Arbeitgeber mindestens die Hälfte der Beiträge zu einer freiwilligen Versicherung erbracht oder entsprechende Zuschüsse gewährt, gelten diese Beiträge als Pflichtbeiträge, so dass § 55 BeamtVG insoweit anzuwenden ist (vgl. auch *Stegmüller/Schmalhofer/ Bauer* § 55 BeamtVG Rn. 15). Zum Zusammentreffen mit Leistungen aus der gesetzlichen Unfallversicherung wird auf Rdn. 336 verwiesen (s. a. *Borth* FamRZ 2000, 879).

d) Kürzung aufgrund einer Zusatzversorgung des öffentlichen Dienstes

255 Nach § 44 Abs. 3 VersAusglG ist § 55 Abs. 1 Satz 1 Alt. 2 BeamtVG ferner anzuwenden, wenn dem Beamten aus einem früheren Beschäftigungsverhältnis als Arbeiter oder Angestellter im öffentlichen Dienst eine Zusatzversorgung zusteht. Soweit das Anrecht nach § 19 Abs. 2 Nr. 1 VersAusglG teilungsreif ist, also die satzungsmäßige Wartezeit von 60 Kalendermonaten vorliegt und damit das Anrecht unverfallbar ist, greift der Regelungszweck des § 44 Abs. 2, 3 VersAusglG bei Zusammentreffen mit einer Beamtenversorgung ebenfalls ein. Einer Umrechung in einen versicherungsmathematischen Barwert (i. S. d. § 47 Abs. 5 VersAusglG) wegen einer unterschiedlichen Dynamik (in der Anwartschaftsphase) bedarf es nicht, weil die jeweiligen Nominalwerte zum Ausgleich kommen und entsprechend auch die Anrechung sich nach Nominalwerten bestimmt (zum Rechtszustand bis 31. 08. 2009 s. BGH FamRZ 2004, 1474; FamRZ 2005, 878; FamRZ 2005, 1460; eingehend Rdn. 432 ff.). Beruht das Anrecht teilweise auf freiwilligen Beiträgen, gilt das oben Gesagte (Rdn. 254 a. E.). Die Bereinigung um den Anteil aufgrund freiwilliger Leistungen nach § 55 Abs. 4 BeamtVG erfolgt im Zeit-Zeit-Verhältnis der freiwilligen zur Pflichtbeitragszeit (und nicht im Verhältnis der Beiträge zueinander; s. BVerwG, Beschluss vom 18. 03. 1993 – 2 C 33.91 und GmS-OGB vom 10. 11. 1993 – 2/93; zitiert bei *Schwab/Hahne* Teil VI Rn. 84; anders noch BGH FamRZ 1988, 49 ff.).

e) Zusammentreffen einer Versorgung aus einem öffentlich-rechtlichen Dienstverhältnis mit einer Beamtenversorgung

256 Besonderheiten ergeben sich beim Zusammentreffen von Versorgungen aus einem öffentlich-rechtlichen Dienstverhältnis mit einer Versorgung aus einem Beamtenverhältnis. Die Ruhensregelung nach § 54 BeamtVG ist nicht anzuwenden, wenn Anwartschaften eines **Bundes- oder Landtagsabgeordneten** nach dem AbgG mit Anwartschaften aus einem Beamtenverhältnis zusammentreffen. Nach § 29 Abs. 4 AbgG ruhen vielmehr die Versorgungsansprüche nach dem AbgG bis zu einer bestimmten Höhe (i. H. v. 50% des Betrages, mit dem beide Versorgungsbezüge die Entschädigung nach § 11 Abs. 1 des AbgG übersteigen). Die Beamtenversorgung bleibt ungekürzt, wird also nach §§ 40, 44 Abs. 1 VersAusglG ermittelt

2. Kapitel Bewertung von Anrechten auf eine Versorgung wegen Alters oder Invalidität

(s. a. OLG München FamRZ 1986, 1114). Besonderheiten gelten auch bei Versorgungsanrechten aus einem **öffentlich-rechtlichen Dienstverhältnis;** hierzu gehören Mitglieder der Bundes- und Landesregierungen, also auch parlamentarische Staatssekretäre und Staatssekretäre mit Kabinettsrang (Bayern, Baden-Württemberg). Die Bewertung solcher Anrechte richtet sich nicht nach § 44 Abs. 1 VersAusglG, sondern nach § 42 VersAusglG, weil erhebliche sachliche Unterschiede zwischen einem öffentlich-rechtlichen Dienstverhältnis und einer Versorgung nach § 44 Abs. 1 VersAusglG bestehen. Die Dauer der Amtsinhaberschaft ist i. d. R. rechtlich nicht gesichert, sondern hängt von politischen Entwicklungen ab. Es kann deshalb i. d. R. nicht von festen Amtszeiten, vor allem keiner festen Altersgrenze ausgegangen werden. Deshalb ist eine Bewertung nach § 42 VersAusglG geboten (s. Rdn. 57, 194; ferner *Schwab/Hahne* Teil VI Rn. 58); zu beachten ist, dass regelmäßig die Bestimmungen nach dem BMinG und den Landesministergesetzen eine Beamtenversorgung verdrängen (entsprechende Regelungen gelten beim Wehrbeauftragten, § 15 Abs. 1 Satz 1 WehrbeauftrG, Mitglieder des Direktoriums der Deutschen Bundesbank und der Deutschen Bundesbahn; s. a. Rdn. 57).

7. Berücksichtigung von Ruhens- und Anrechnungsbestimmungen

a) Grundlagen

257 Nach dem Beamtenversorgungsrecht kann ein Beamter, Richter oder Soldat aufgrund mehrerer zeitlich aufeinander folgender Dienst- oder privatrechtlicher Arbeitsverhältnisse mehrere Versorgungsbezüge erwerben. Ferner können Zeiten eines früheren Beschäftigungsverhältnisses, aus denen Anrechte auf eine Versorgung erwachsen sind (gesetzliche Rentenversicherung, Zusatzversorgung des öffentlichen Dienstes), in der später erworbenen Beamtenversorgung als ruhegehaltsfähige Dienstzeit berücksichtigt werden, §§ 11, 12 BeamtVG (s. eingehend Rdn. 250 f.). Um eine Besserstellung der Beamten mit mehreren Beschäftigungsverhältnissen gegenüber den Nur-Beamten zu vermeiden, sieht das BeamtVG **Ruhens- und Anrechnungsvorschriften** in den §§ 54 bis 56 BeamtVG, 55, 55 a SVG vor, die eine »Überversorgung« solcher Beamter verhindern. Der Beamte soll nur die seinem Amt gemäße Versorgung (Alimentation) erhalten. Nach diesen Bestimmungen werden die Leistungen neben den anderen ungekürzt erbrachten Versorgungen nur bis zu einem bestimmten **Höchstsatz** gewährt. Treffen **mehrere beamtenrechtliche Versorgungen** zusammen, so werden neben den neuen Versorgungsbezügen die Versorgungsbezüge aus dem früheren Dienstverhältnis nur nach der in §§ 54 Abs. 2 BeamtVG, 55 Abs. 2 SVG bestimmten Höchstgrenze erbracht. Stehen einem Beamten neben seinem Versorgungsanspruch **Renten der gesetzlichen Rentenversicherung** oder der **Zusatzversorgung des öffentlichen Dienstes** zu, so ermittelt sich die Höchstgrenze der Beamtenversorgung nach dem höchstmöglichen beamtenrechtlichen Ruhegehalt, wobei die zuletzt erreichte Besoldungsgruppe heranzuziehen ist, §§ 55 Abs. 2 BeamtVG, 55 a Abs. 2 SVG. Nicht erheblich ist der Zeitpunkt der Begründung des Dienstverhältnisses, da mit dem 2. HStruktG (BGBl I 81 1531 f.) die Unterscheidung, ob das Dienstverhältnis vor dem 01. 01. 1966 begründet wurde, beseitigt worden ist (die Neuregelung, mit der auch die bisherige Anrechnungsregelung nach § 10 Abs. 2 BeamtVG gestrichen wurde, ist verfassungskonform, BVerfG NJW 1988, 1015). Trifft eine Beamtenversorgung mit Versorgungen aus einer zwischen- oder überstaatlichen Verwendung zusammen, gelten die §§ 56 Abs. 1 BeamtVG, 55 b SVG (eingehend Rdn. 253).

IV. Bestimmung des maßgebenden Ruhegehalts

b) Auswirkungen im Versorgungsausgleich

Diese Kürzungsbestimmungen sind auch im Versorgungsausgleich zu beachten. **258**
§ 44 Abs. 2 VersAusglG (§ 1587 a Abs. 6 BGB a. F.) bestimmt hierzu, wie zu verfahren ist, wenn ein Beamter am Ende der Ehezeit mehrere den vorgenannten Ruhensbestimmungen unterliegende Versorgungen bzw. Versorgungsanwartschaften bezieht. Auch laufende Versorgungen sind in diese Berechnung einzubeziehen. Nicht anzuwenden ist dagegen § 44 Abs. 2, 3 VersAusglG, wenn Versorgungsbezüge mit einem Einkommen aus einer Verwendung des öffentlichen Dienstes zusammentreffen, § 53 BeamtVG, weil das Einkommen aus dieser Verwendung keine Versorgung i. S. d. § 2 Abs. 1, 2 VersAusglG darstellt (eingehend Rdn. 251). Ferner greift § 44 Abs. 2 VersAusglG nicht ein, wenn nur eine der zusammentreffenden Versorgungen in der Ehezeit liegt, weil dem Ausgleichsberechtigten lediglich dann eine Kürzung auferlegt werden kann, wenn ihm ein Anteil an der die Kürzung verursachenden Versorgung zusteht; dies wird in § 44 Abs. 3 Satz 2 VersAusglG ausdrücklich geregelt.

aa) Zusammentreffen zweier Beamtenversorgungen

Weitgehend unproblematisch ist die Bestimmung des jeweiligen Ehezeitanteils im **259**
Fall des § 44 Abs. 2 VersAusglG, weil hier Versorgungen bzw. Anwartschaften aufeinander treffen, die jeweils nach § 44 Abs. 1 VersAusglG bewertet werden; dies ermöglicht einheitlich eine zeitratierliche Berechnung. Dabei muss der Bestimmung des ehezeitbezogenen Werts der Versorgungen die Anwendung der Ruhensbestimmungen vorausgehen. Hierfür sind folgende Rechenschritte vorzunehmen:
(1) Zunächst ist jeweils der **volle Wert** der zusammentreffenden Versorgungen zu bestimmen, wobei die Versorgungsanwartschaften aus dem letzten Dienstverhältnis auf die feste Altersgrenze nach § 44 Abs. 1 VersAusglG i. V. m. § 40 Abs. 2 Satz 1 VersAusglG hochzurechnen sind. Dieser Rechenschritt ist erforderlich, weil auch voreheliche Dienstzeiten sich auf die Höhe der Versorgung auswirken und deshalb nur unter Einbeziehung dieser Versorgungsteile festgestellt werden kann, ob die Höchstgrenze überschritten wird.
(2) Bei der **Bestimmung der Höchstgrenze** des § 54 Abs. 2 BeamtVG sind die gesamten ruhegehaltsfähigen Dienstzeiten aus beiden Versorgungen (ohne Doppelanrechnungen) und die Dienstbezüge nach der Endstufe der Besoldungsgruppe des früheren Dienstverhältnisses heranzuziehen. Danach wird die sich aus dem früheren Dienstverhältnis ergebende Versorgung(-sanwartschaft) um den Betrag gekürzt, um den die Summe sämtlicher Versorgungen den ermittelten Höchstbetrag übersteigt.
(3) Die aus der neuen (ungekürzten) und der früheren (gekürzten) Versorgung gebildete Summe wird dann im Verhältnis der in die Ehezeit fallenden Dienstzeiten zur gesamten Dienstzeit zur Ermittlung des Ehezeitanteils quotiert.

Zum Zusammentreffen einer Beamtenversorgung mit einer zwischen – oder überstaatlichen Versorgung s. Rdn. 253.

bb) Zusammentreffen mit gesetzlicher Rentenversicherung

Weitaus schwieriger gestaltet sich die Ermittlung des maßgeblichen Werts im Versorgungsausgleich bei dem **Zusammentreffen einer Beamtenversorgung** mit einem Anrecht aus der **gesetzlichen Rentenversicherung,** §§ 55 BeamtVG, 55 a SVG (eingehend Rdn. 254). Grundgedanke der Ruhensbestimmung des § 55 Abs. 1 BeamtVG ist zunächst, dass die Rente und eine eventuelle Zusatzversicherung des öffentlichen Dienstes bestehen bleiben und nicht gekürzt werden. Von der Beam- **260**

2. Kapitel Bewertung von Anrechten auf eine Versorgung wegen Alters oder Invalidität

tenversorgung bzw. Anwartschaft wird nur der Wert bis zu der nach § 55 BeamtVG zu bestimmenden Höchstgrenze berücksichtigt; der weitergehende Teil der Versorgung ruht, wird also nicht ausbezahlt. Damit hat die ungekürzte Rentenanwartschaft der gesetzlichen Rentenversicherung in Höhe des ruhenden Anteils die **Funktion der amtsgemäßen Versorgung**. Die Bestimmung der Höchstgrenze erfolgt aufgrund eines fiktiven Ruhegehalts; es handelt sich insoweit um eine Sonderregelung, die nur der Bestimmung der Höchstgrenze dient. Im Versorgungsausgleich kann deshalb nicht auf die zum Ende der Ehezeit erreichte Besoldungsstufe abgestellt werden (so aber OLG Karlsruhe NJW 1981, 687; *Vogel* FamRZ 1980, 605; *Müller-Bütow* FamRZ 1982, 184). Deshalb ist bei den **ruhegehaltsfähigen Dienstbezügen** die Endstufe der Besoldungsgruppe, die bei Ende der Ehezeit maßgebend ist und bei der **ruhegehaltsfähigen Dienstzeit** die Zeit ab dem vollendeten 17. Lebensjahr heranzuziehen. Dieser Regelung liegt der Gedanke zugrunde, dass der »Nur-Beamte« regelmäßig die höchste Dienstaltersstufe seiner Besoldungsgruppe erreicht und damit auch den Höchstsatz von 71,75%. Eine Verkürzung der ruhegehaltsfähigen Dienstzeit aufgrund früherer (Nichtdienst-)Zeiten aus einem Arbeitsverhältnis soll sich nicht nachteilig auswirken. Die gesetzliche Regelung in § 44 Abs. 3 Satz 1 VersAusglG, wonach »sinngemäß zu verfahren« ist, stellt sich wegen des unterschiedlichen Rechenansatzes bei der Ermittlung der in den Versorgungsausgleich einzubeziehenden Versorgungsanwartschaften als unzureichend dar. Die Beamtenversorgung wird durch eine **gesamtzeitbezogene Berechnung** ermittelt; bedingt durch ihre ungleiche Steigerungsrate wird nach §§ 44 Abs. 1, 40 Abs. 2 VersAusglG ein linearer Verlauf des Anrechts angenommen und die auszugleichende Versorgung nach einem Zeit-Zeit-Verhältnis ermittelt (s. Rdn. 236). In der gesetzlichen Rentenversicherung wird dagegen der Ehezeitanteil gem. §§ 39, 43 VersAusglG im Grundsatz nur aufgrund der in der Ehezeit erworbenen Anwartschaft errechnet (s. Rdn. 315 ff.). Somit treffen **teilzeitbezogen berechnete** Rentenanwartschaften und gesamtzeitbezogen errechnete Beamtenversorgungsanwartschaften aufeinander. Im tatsächlichen Versorgungsfall ist dies ohne Bedeutung, weil dem Beamten jedenfalls 71,75% der Bezüge zugesichert werden. Ebenso ist es unerheblich, ob die Rente, wegen der die Beamtenversorgung gekürzt wird, außerhalb der ruhegehaltsfähigen Dienstzeit oder innerhalb der nach dem BeamtVG anerkannten ruhegehaltsfähigen Dienstzeit erworben wurde, also eine **Doppelversorgungszeit** vorliegt. Eine Zusammenfassung der in der gesetzlichen Rentenversicherung zurückgelegten Zeiten und der nach § 40 Abs. 2 Satz 1 VersAusglG zu bildenden Zeitdauer bis zur maßgeblichen Altersgrenze (Gesamtzeit), um hieraus den Ehezeitanteil zu bestimmen, würde deshalb zu verzerrten Ergebnissen führen.

261 In **Literatur und Rechtsprechung** wurde eine Vielzahl von Lösungswegen gesucht, um ein allen Fallgestaltungen gerecht werdendes Berechnungssystem zu finden (*Glockner/Böhmer/Klein* S. 154 ff.; *Klein* FamRZ 1982, 669 ff.; 1. Aufl. S. 119 ff.; OLG Karlsruhe FamRZ 1981, 282; FamRZ 1982, 825 ff.). Nachdem sich in der Praxis (insbesondere der Auskunftspraxis der Träger der Beamtenversorgung) der vom BGH gewählte Lösungsweg in der Entscheidung vom 01.12.1982 (FamRZ 1983, 358 = NJW 1983, 1313) durchsetzt und der BGH an diesem trotz Kritik (*Bergner*, NJW 1982, 1492; NZS 1993, 482, 490; *Müller-Bütow* FamRZ 1983, 463; *Hoppenz* FamRZ 1983, 466 mit Erwiderung *Hahne* FamRZ 1983, 467; OLG Karlsruhe FamRZ 1983, 816; OLG Celle FamRZ 1983, 817; BGH FamRZ 1983, 1005 = NJW 1984, 1550; 1. Aufl. S. 119; *Schmitz* FamRZ 1989, 123, der zu Recht darauf hinweist, dass nach der Berechnung des BGH eine doppelte Quotierung vorgenommen wird, um den Ehezeitanteil des Gesamtruhensbetrages zu ermitteln) festgehalten hat

IV. Bestimmung des maßgebenden Ruhegehalts

(BGH FamRZ 1983, 1005 = NJW 1984, 1550), soll im Wesentlichen lediglich dieser Weg dargestellt werden (zur zutreffenden Kritik s. a. OLG München FamRZ 1996, 740).

Kernpunkt des vom BGH gewählten Lösungsweges sind folgende Grundgedanken: 262
(1) Die beitragsbezogenen Anwartschaften aus der gesetzlichen Rentenversicherung und die zeitbezogenen Anwartschaften der Beamtenversorgung können nicht harmonisiert werden, demgemäß ist der Ehezeitanteil jeder der zusammentreffenden Versorgungen nach den für sie geltenden Regelungen zu ermitteln.
(2) Aus § 44 Abs. 3 Satz 2 VersAusglG (anders als in § 1587a Abs. 6 Hs. 2 BGB a. F.) lässt sich für die Berücksichtigung der Ruhensregelung der §§ 55 BeamtVG, 55a SVG ableiten, dass die konkurrierenden Rentenanwartschaften der gesetzlichen Rentenversicherung, die **vor der Ehezeit** erworben wurden, nicht zu berücksichtigen sind. Erheblich für den Versorgungsausgleich ist deshalb das Ruhen eines Teils der Beamtenversorgung, wenn und soweit diese auf Rentenanwartschaften beruhte, die der Bedienstete in der Ehezeit erworben hat und an denen der andere Ehegatte demgemäß bei der Durchführung des Ausgleichs beteiligt wird. Nach der Ansicht des BGH übernimmt damit die Renten(-anwartschaft) in Höhe des Ruhensbetrages die Funktion des Ruhegehalts. Dies rechtfertigt es, den Beamten mit einer vorehelichen Rentenanwartschaft der gesetzlichen Rentenversicherung und den Beamten ohne eine solche Versorgung gleich zu behandeln, weil sich in beiden Fällen das insgesamt zur Verfügung stehende Einkommen durch nichts unterscheidet (abgesehen von steuerlichen Unterschieden im Leistungsfall).
Im Versorgungsausgleich ist deshalb, wenn Rentenanwartschaften der gesetzlichen Rentenversicherung vor der Ehezeit liegen und nicht in den Wertausgleich nach § 1 Abs. 1 VersAusglG fallen, der in der Ehezeit erworbene Teil der Beamtenversorgung ungekürzt zu übernehmen, d. h. ohne die Anwendung der Kürzungsbestimmungen (zu den weiteren Ausnahmen s. Rdn. 254 ff.).

In der Entscheidung vom 19. 01. 2000 hat sich der BGH (FamRZ 2000, 746) mit 263
der Kritik aus Literatur und Rechtsprechung zur Methode der Ruhensberechnung einer Beamtenversorgung für Zwecke des Versorgungsausgleichs auseinandergesetzt, die seit der Entscheidung des BGH vom 06. 07. 1983 (FamRZ 1983, 1005 = NJW 1984, 1550; FamRZ 1986, 563, 564; zuvor bereits FamRZ 1983, 353 = NJW 1983, 1313) in der gerichtlichen Praxis regelmäßig angewandt wird. Der BGH hält trotz der Kritik an den Grundlagen seiner Rechtsprechung fest. Die in § 55 Abs. 1 BeamtVG geregelte Kürzung ist, soweit die Beamtenversorgung zusammen mit der gesetzliche Rentenversicherung den in § 55 Abs. 2 BeamtVG **bestimmten Höchstbetrag übersteigt**, nach § 44 Abs. 3 Satz 1 VersAusglG (§ 1587a Abs. 6 Satz 2 BGB a. F.) auch im Versorgungsausgleich beachtlich. § 55 BeamtVG greift aber nach BGH nur insoweit ein, als der Kürzungsbetrag auf dem Teil der gesetzlichen Rentenversicherung beruht, der in der Ehezeit erworben wurde und an denen der ausgleichsberechtigte Ehegatte teilnimmt. Danach wird der nach § 55 BeamtVG ermittelte, volle Kürzungsbetrag im Verhältnis der ehezeitlichen zu den insgesamt erworbenen Rentenanwartschaften (Entgeltpunkte) aufgeteilt. Der so errechnete ehezeitbezogene Kürzungsbetrag ist von der Beamtenversorgung abzuziehen. Der BGH trägt jedoch der geäußerten Kritik insoweit Rechnung, als er den **letzten Berechnungsschritt modifiziert**. Zuvor wurde der ehezeitanteilige Kürzungsbetrag von der vollen ungekürzten Versorgung abgezogen und lediglich der verblei-

bende Betrag zeitratierlich nach § 1587a Abs. 2 Nr. 1 BGB a. F. (ab 01.09.2009 § 44 Abs. 1 VersAusglG) im Verhältnis der in der Ehezeit liegenden Dienstzeit zur Gesamtzeit aufgeteilt. Die sich hieraus ergebende doppelte Quotierung des ehezeitanteiligen Kürzungsbetrags bewirkt eine Erhöhung des auszugleichenden Ehezeitanteils der Beamtenversorgung und verletzt damit den Halbteilungsgrundsatz. Dieses Ergebnis wird dadurch vermieden, dass nach BGH zunächst der Ehezeitanteil der ungekürzten Beamtenversorgung ermittelt und danach der ehezeitanteilige Kürzungsbetrag abgesetzt wird. Zutreffend sieht der BGH in dem Wortlaut des § 1587a Abs. 6 Satz 1 BGB a. F. (§ 44 Abs. 2 VersAusglG), der vor der Bestimmung des Ehezeitanteils nach § 1587a Abs. 6 Satz 2 BGB a. F. (§ 44 Abs. 3 Satz 1 VersAusglG) anzuwenden ist, im Hinblick auf die sinngemäße Anwendung kein systematisches Hemmnis. Die weitergehende Kritik an seiner Rechtsprechung hat der BGH mit dem Argument der inzwischen gefestigten höchstrichterlichen Rechtsprechung zurückgewiesen (FamRZ 2000, 746, 748).

264 Tritt beim Zusammentreffen von Rentenanwartschaften der gesetzlichen Rentenversicherung mit einer Beamtenversorgung **keine Überschreitung der Höchstgrenze** gem. § 55 BeamtVG ein, sind beide Versorgungen ungekürzt in den Wertausgleich einzustellen. Dies gilt auch, wenn Ausbildungszeiten bei beiden Versorgungen angerechnet wurden. Wird möglicherweise aufgrund nachehelich eingetretener Umstände bei Eintritt des Versicherungsfalls die (konkrete) Höchstgrenze erreicht (spätere Beförderung), so fehlt der (erforderliche) Ehezeitbezug; deshalb kann dies im Versorgungsausgleich auch nicht erfasst werden. Zur Ruhensberechnung im Falle des Zusammentreffens von Beamtenversorgung und gesetzlicher Rentenversicherung gemäß § 55 Abs. 1, 2 BeamtVG i. V. m. § 44 Abs. 2, 3 VersAusglG führt der BGH (FamRZ 2005, 511, 512 m. Berichtigungsbeschluss FamRZ 2005, 1063; FamRZ 2006, 98) aus, dass es auch insoweit bei dem von ihm entwickelten Grundsatz zur Berücksichtigung des gekürzten Höchstruhegehaltssatzes von 71,75% (bisher 75%), eingeführt durch das Versorgungsänderungsgesetz 2001 (grundsätzlich BGH FamRZ 2004, 256 ff.; eingehend *Borth* FamRZ 2005, 397, 399 f.; Rdn. 250 f.) verbleibt.

265 Bei der Ruhensberechnung bleiben im Übrigen Rentenanwartschaften der gesetzlichen Rentenversicherung aufgrund **freiwilliger Versicherungsbeiträge** nach § 55 Abs. 4 Nr. 1 BeamtVG unberücksichtigt (zur Berechnung s. BGH FamRZ 1988, 49, 50 = NJW-RR 1988, 130), es sei denn, der Arbeitgeber hat mindestens die Hälfte dieser Beiträge getragen (s. a. Rdn. 254).

cc) Überschreiten der Höchstgrenze nach § 55 BeamtVG

266 Sind die Rentenanwartschaften ganz oder teilweise in der Ehezeit erworben worden, so ist entsprechend der zuvor dargestellten Grundsätze vorab zu prüfen, ob die Höchstgrenze des § 55 BeamtVG überschritten wird. Dies ist anhand der ungekürzten Beamtenversorgung und aller, also auch vorehelicher Rentenanwartschaften festzustellen. Liegt danach ein ruhender Teil der Beamtenversorgung vor, nämlich der die Höchstgrenze übersteigende Betrag, so wird hiervon nur der Teil im Versorgungsausgleich berücksichtigt, der durch konkurrierende und in der Ehezeit liegende Rentenanwartschaften verursacht wird. Dies wird durch Bildung eines Verhältniswertes aus den in der Ehezeit zu den insgesamt erworbenen Rentenanwartschaften ermittelt. Danach sind also die ehezeitlich zu den insgesamt erworbenen Entgeltpunkten ins Verhältnis zu setzen. Nach Kürzung um den nach dieser Berechnungsmethode ermittelten Betrag steht die gekürzte (fiktive) Beam-

I. Grundlagen

tenversorgung fest, aus der nach § 40 Abs. 3 Satz 1 VersAusglG (§ 1587a Abs. 2 Nr. 1 Satz 3 BGB a. F.) der ehezeitbezogene Wert zu bestimmen ist. Bei der Bestimmung des ruhenden Teils der Versorgungsanwartschaft ist im Übrigen eine **getrennte Berechnung** für Dezember und die anderen Monate vorzunehmen, wenn die **Sonderzuwendung nicht in das laufende Gehalt** einbezogen wird. Ferner ist bei der Berechnung der Höchstgrenze nicht die am Ende der Ehezeit erreichte Dienstaltersstufe, sondern die Endstufe der Besoldungsgruppe des Beamten heranzuziehen. Rentenanwartschaften sind ansonsten selbst dann bei der Bestimmung des Kürzungsbetrages zu erfassen, wenn Wartezeiten in der gesetzlichen Rentenversicherung (noch) nicht erfüllt sind, § 2 Abs. 3 VersAusglG.

dd) **Bestimmung des Höchstbetrages bei Vorliegen einer Zusatzversorgung des öffentlichen Dienstes**

Bei der Bestimmung des Höchstbetrages ist auch eine Zusatzversorgung des öffentlichen Dienstes zu berücksichtigen (zum Rechtszustand bis 31.08.2009 s. BGH FamRZ 1987, 798 = NJW-RR 1987, 1028; FamRZ 1988, 48 = NJW-RR 1988, 131 – Bestimmung des Kürzungsbetrages, wenn gesetzliche Rentenversicherung und Zusatzversicherung des öffentlichen Dienstes zu berücksichtigen sind; eine Dynamisierung ist nicht erforderlich, s. Rdn. 255). Trifft eine Beamtenversorgung mit Versorgungen aus zwischen- oder überstaatlichen Versorgungen zusammen, gelten die §§ 56 BeamtVG, 55 b SVG (zur Ruhensberechnung bei Anrechten aufgrund der Versorgungsordnung der EG s. BGH FamRZ 1988, 273; berichtigt FamRZ 1989, 263; eingehend Rdn. 255).

267

ee) **Zusammentreffen mit Versorgung aus öffentlich-rechtlichem Amts- oder Dienstverhältnis**

Kein Fall des § 44 Abs. 2, 3 VersAusglG liegt vor, wenn ein Beamter neben seinem Anrecht aus diesem Dienstverhältnis eine weitere Versorgung(-sanwartschaft) als Abgeordneter des Deutschen Bundestages nach dem AbgG (oder als Landtagsabgeordneter) erworben hat. Nach § 29 Abs. 4 AbgG ruhen die Anrechte aus diesem Amtsverhältnis bis zu einer bestimmten Höhe; das Ruhegehalt aus der Beamtenversorgung verdrängt insoweit die Versorgung nach dem AbgG (eingehend Rdn. 256).

268

C. Wertermittlung in der gesetzlichen Rentenversicherung

I. Grundlagen

1. Bewertungsbestimmung des § 43 VersAusglG

Die Bewertungsbestimmung des § 43 VersAusglG (§ 1587a Abs. 2 Nr. 2 BGB a. F.) erfasst die der gesetzlichen Rentenanpassung unterliegenden Renten oder Rentenanwartschaften. § 43 Abs. 1 VersAusglG legt hierzu fest, dass zur Bestimmung des Ehezeitanteils die Grundsätze der unmittelbaren Bewertung nach § 39 Abs. 1, 2 Nr. 1 VersAusglG heranzuziehen sind, soweit es um die Bewertung einer Anwartschaft geht. Dies bezieht sich auch auf § 41 Abs. 1 VersAusglG, soweit die Bewertung einer laufenden Versorgung betroffen ist. Als maßgeblicher Betrag ist nach dem ab 01.09.2009 geltenden neuen Ausgleichssystem nicht mehr eine Vollrente wegen Alters zugrunde zulegen (so § 1587a Abs. 2 Nr. 2 BGB a. F.), die sich bei Ende der Ehezeit i. S. d. § 3 Abs. 1 VersAusglG ergäbe. Das **auszugleichende Anrecht** wird gemäß der Regelung des § 5 Abs. 1 VersAusglG auf der Grundlage

269

2. Kapitel   Bewertung von Anrechten auf eine Versorgung wegen Alters oder Invalidität

der in der **Ehezeit erworbenen Entgeltpunkte** ermittelt (zum Begriff Rdn. 315, 320). Dies wird in § 109 Abs. 6 SGB VI (eingeführt durch Art. 4 Nr. 6 VAStrRefG) ausdrücklich geregelt, der damit insoweit § 1587a Abs. 2 Nr. 2 BGB a. F. ersetzt. Der Begriff des Anrechts in § 43 Abs. 1 VersAusglG erfasst **Renten und Rentenanwartschaften**, so dass sowohl bei Vorliegen bereits laufender Leistungen für eine Rente wegen Alters oder verminderter Erwerbsfähigkeit als auch nach Entrichtung des ersten Beitrages zur gesetzlichen Rentenversicherung oder bei einem sonstigen Erwerb einer Rentenanwartschaft (z. B. durch Kindererziehungszeiten) festzustellen ist, ob ein dem Wertausgleich unterliegendes Anrecht vorliegt.

270   Während § 1587a Abs. 2 Nr. 2 BGB a. F., der zusammen mit Einführung des neuen Rentenrechts am 01.01.1992 aufgrund des RRG 1992 neu gefasst wurde (BGBl I 89 2261, 2388), die Begriffe der damals **neu geschaffenen Rentenformel** (Entgeltpunkte, Zugangsfaktor) enthielt, sieht die maßgebliche Regelung des § 43 VersAusglG insoweit keine spezifischen Bestimmungen vor, sondern verweist auf die Grundsätze der unmittelbaren Bewertung nach § 39 VersAusglG. Dieser übernimmt in § 39 Abs. 2 Nr. 1 VersAusglG den Begriff »Entgeltpunkte«, während der Begriff des Zugangsfaktors (s. Rdn. 319) im VersAusglG nicht enthalten ist, sondern nunmehr in § 109 Abs. 6 SGB VI für den Bereich des Versorgungsausgleichs geregelt wird. Für die Berechnung der (dynamischen) Anrechte aus der gesetzlichen Rentenversicherung gelten die allgemeinen Bestimmungen des SGB VI. Auf der Grundlage des nach dem SGB VI errechneten Anrechts sind nach § 39 Abs. 2 Nr. 1 VersAusglG i. V. m. § 109 Abs. 6 VersAusglG die **Entgeltpunkte aus der Berechnung einer Vollrente wegen Erreichen der Regelaltersgrenze** zu berechnen (zum Begriff Rdn. 319; zum Versorgungsabschlag s. Rdn. 290 f.). Durch das RRG 1999 (Art. 19) wurden die Begriffe Berufs- oder Erwerbsfähigkeit durch »verminderte Erwerbsfähigkeit« ersetzt.

2.   Nichtdynamische Leistungen der gesetzlichen Rentenversicherung

271   Nicht unter § 43 Abs. 1 VersAusglG fallen Renten oder Rentenanwartschaften, für die keine Entgeltpunkte gebildet werden. Dies betrifft die **Beiträge der Höherversicherung** nach § 269 SGB VI (bis 31.12.1997 § 234 SGB VI; – zusätzliche freiwillige Beiträge neben Pflichtbeiträgen aus Zeiten vor dem 01.01.1992 nach §§ 1234, 1261 RVO, 11, 38 AVG sowie zu geringe Mindestbeiträge nach §§ 1255b Abs. 2 RVO, 32b AVG) und bestimmte freiwillige Beiträge *(Ost)* vor dem 01.01.1991 (§ 248 Abs. 3 Satz 2 Nr. 3 SGB VI), für die zur Rentenleistung gesonderte Steigerungsbeträge geleistet werden (§§ 269, 280 SGB VI). Gleiches gilt für Renten aus freiwilligen Beiträgen des Beitrittsgebiets nach § 315b SGB VI. Seit 1998 ist die Zahlung von Beiträgen zur Höherversicherung nicht mehr möglich (§ 280 SGB VI). Diese Anrechte sind als **nichtdynamische Versorgungsleistungen** (da sie nicht nach § 65 SGB VI der jährlichen Rentenanpassung unterliegen) im Versorgungsausgleich gesondert zu behandeln, weil für diese keine Entgeltpunkte gebildet werden und sie damit nicht von der Regelung des § 39 Abs. 2 Nr. 1 VersAusglG erfasst werden. In der Auskunft des Rentenversicherungsträgers nach § 220 Abs. 4 FamFG werden diese Leistungen entsprechend getrennt ausgewiesen, weil sie nicht Bestandteil der (dynamischen) Entgeltpunkte sind.

272   Hinsichtlich der **Höherversicherung** bestimmt sich der Ehezeitanteil durch die unmittelbare Bewertung gemäß § 39 Abs. 2 Nr. 4 VersAusglG, da sich dieser aufgrund der in der Ehezeit geleisteten Beiträge nach § 269 Abs. 1 SGB VI errechnen lässt. Der Ausgleich erfolgt durch interne Teilung. Nach § 10 Abs. 2 VersAusglG, jedenfalls aber analog § 120f Abs. 2 SGB VI, scheidet eine Verrechnung nach § 10 Abs. 2

II. Anwendungsbereich des § 43 VersAusglG

VersAusglG mit Anrechten der gesetzlichen Rentenversicherung aus, da diese auf Entgeltpunkten beruhen, so dass nicht von Anrechten gleicher Art ausgegangen werden kann. Gleiches gilt für Beiträge zur gesetzlichen Rentenversicherung nach § 248 Abs. 3 Satz 2 Nr. 3 SGB VI im Beitrittsgebiet.

Abweichend hiervon regelt § 43 Abs. 2 VersAusglG für **abzuschmelzende Leistungen in der gesetzlichen Rentenversicherung** i. S. d. § 19 Abs. 2 Nr. 2 VersAusglG, das sind nach dem RÜG zu leistende Bestands- sowie Vergleichsrenten, die Bestimmung des Ehezeitanteils auf der **Grundlage der zeitratierlichen Methode** i. S. d. § 40 VersAusglG, indem das Gesamtanrecht nach dem Verhältnis der auf die Ehezeit entfallenden Entgeltpunkte (Ost) zu den gesamten Entgeltpunkten (Ost) multipliziert wird. Diese Sonderregelung ist deshalb erforderlich, weil eine unmittelbare Zuordnung dieses Anrechtsteils zur Ehezeit nicht möglich ist. Die Regelung entspricht § 3 Abs. 1 Nr. 6 Satz 3 VAÜG a. F. Entsprechend findet ein dinglicher Wertausgleich in Form einer internen Teilung nicht statt; der Ausgleich ist nach § 19 Abs. 2 Nr. 2, Abs. 4 VersAusglG durch einen Ausgleichsanspruch nach der Scheidung (regelmäßig also durch den schuldrechtlichen Versorgungsausgleich nach § 20 VersAusglG) vorzunehmen.

273

II. Anwendungsbereich des § 43 VersAusglG

1. Regelungsbereich der gesetzlichen Rentenversicherung

a) Gliederung gesetzliche Rentenversicherung

Die in § 43 Abs. 1 VersAusglG bezeichneten Anrechte aus der gesetzlichen Rentenversicherung gliederten sich bis 31. 12. 2005 in **drei Versicherungszweige,** nämlich die **Rentenversicherung der Arbeiter,** deren Träger die Landesversicherungsanstalten (23), die Seekasse Hamburg für Seeleute (dagegen nicht die Zusatzversorgung der gemeinsamen Ausgleichskasse im Seelotsenwesen der Reviere, BGH FamRZ 1988, 51) und die Bundesbahnversicherungsanstalten waren, die **Rentenversicherung der Angestellten,** deren Träger die Bundesversicherungsanstalt in Berlin war, sowie die Rentenversicherung aller im **Bergbau tätigen Arbeitnehmer** (knappschaftliche Versicherung), die von der Bundesknappschaft geführt wurde. Die Rechtsgrundlagen aller drei Versicherungszweige (RVO, AVG, RKnG) wurden durch das Gesetz zur Reform der gesetzlichen Rentenversicherung (Rentenreformgesetz 1992 – RRG 1992) vom 18. 12. 1989 (BGBl I 2261 ff.) in dem SGB VI zusammengefasst. Eingegliedert in die gesetzliche Rentenversicherung sind auch die in § 2 SGB VI genannten selbständig Tätigen, so vor allem die in die Handwerksrolle eingetragenen Handwerker (§ 2 Abs. 1 Nr. 8 SGB VI) nach einer Beitragspflicht von 216 Kalendermonaten (jetzt Versicherungsfreiheit auf Antrag nach § 6 Abs. 1 Nr. 4 SGB VI) sowie die **Künstler** und **Publizisten** nach näherer Bestimmung des Künstlersozialversicherungsgesetzes (§ 2 Abs. 1 Nr. 5 SGB VI). Wurden von einem Arbeitnehmer in mehreren Zweigen der gesetzlichen Rentenversicherung Beiträge zurückgelegt (sog. **Wanderversicherter**), erhält der Versicherte eine Gesamtrente aus allen Zeiten von demjenigen Träger, an den zuletzt Beiträge entrichtet wurden (s. a. §§ 80, 223, 289 SGB VI). Durch das **Gesetz zur Organisationsreform in der gesetzlichen Rentenversicherung** (Gesetz vom 09. 12. 2004, BGBl I 3242) wurde die zuvor dargelegte Struktur durch Änderung der §§ 125 ff. SGB VI völlig neu gefasst; danach bestehen nur noch die gesetzliche Rentenversicherung und die knappschaftliche Rentenversicherung. Nach § 126 SGB VI ist die allgemeine Rentenversicherung für alle Versicherte zuständig. Das Gesetz hat die Trägerlandschaft aus Bundes- und Landesanstalten beibehalten, jedoch verschiedene Regionalträger zu-

274

sammengefasst (zur Zuordnung der Versicherten s. *Ruland* DRV 2005, 2, 8; *Borth* FamRZ 2005, 1885, 1886). Bedeutsam ist § 126 Abs. 1 Satz 3 SGB VI für die Zuständigkeit eines Rentenversicherungsträgers im **Verfahren zum Versorgungsausgleich** als Beteiligter i. S. d. § 53 b Abs. 2 Satz 1 FGG, die auch im Fall des Wechsels der Zuständigkeit beibehalten bleibt.

275 Eine Sonderform der gesetzlichen Rentenversicherung stellt die **landwirtschaftliche Alterssicherung** dar, deren Träger die landwirtschaftlichen Alterskassen bei den jeweils bestehenden landwirtschaftlichen Berufsgenossenschaften sind. Wegen ihrer unterschiedlichen Ausgestaltung (insbesondere bei der Berechnung und Finanzierung) unterliegt die landwirtschaftliche Alterssicherung nicht der Bewertung des § 43 Abs. 1 VersAusglG (eingehend Rdn. 465). Hierbei erfolgte durch das am 01. 01. 1995 in Kraft getretene Gesetz zur Reform der agrarsozialen Sicherung vom 29. 07. 1994 (BGBl I 1890) eine Ausdehnung des Versicherungsschutzes. Danach werden auch die **Ehegatten** landwirtschaftlicher Unternehmer (i. d. R. die Ehefrau) in den gesetzlichen Versicherungsschutz übernommen; ferner wurde in diesem Gesetz ein neues Berechnungssystem eingeführt sowie die durchgehende Beitragspflicht bis zum 60. Lebensjahr oder bis zum Leistungsfall aufgehoben. Für den Versorgungsausgleich folgt hieraus eine andere Bewertung dieser Anrechte. Diese erfolgt nach den Grundsätzen der unmittelbaren Bewertung gemäß § 39 Abs. 2 Nr. 1 VersAusglG (zu den Einzelheiten s. Rdn. 466, 467). Der Ausgleich bei der Scheidung erfolgt, da die landwirtschaftliche Altersversorgung Teil der gesetzlichen Rentenversicherung ist, im Weg der internen Teilung nach § 10 Abs. 1 VersAusglG. Eine Verrechnung mit Anrechten der gesetzlichen Rentenversicherung nach § 10 Abs. 2 VersAusglG scheidet jedoch wegen der fehlenden Gleichartigkeit des Teilungsgegenstandes sowie der unterschiedlichen Dynamik aus (eingehend Rdn. 522; zur Finanzierung s. a. BT-Drucks. 12/5889; BT-Drucks. 12/5700; BR-Drucks. 508/93).

b) Personenkreis, der der gesetzlichen Rentenversicherung unterliegt

276 In § 1 Satz 1 SGB VI wird beschrieben, nach welchen Grundsätzen eine Versicherungspflicht in der gesetzlichen Rentenversicherung besteht. Versichert sind danach diejenigen Personen, die gegen Arbeitsentgelt oder zu ihrer Berufsausbildung beschäftigt sind. Dieser Kreis ist jedoch erheblich erweitert worden; er umfasst u. a. **Wehr- und Zivildienstleistende** (§ 3 Satz 1 Nr. 2 SGB VI), Bezieher von **Krankengeld, Arbeitslosengeld** oder **Arbeitslosenhilfe,** wenn sie im letzten Jahr vor Beginn der Leistung zuletzt versicherungspflichtig waren (§ 3 Satz 1 Nr. 3 SGB VI), Behinderte (§ 1 Satz 1 Nr. 2 SGB VI) sowie die in § 2 SGB VI aufgeführten selbständig Tätigen, von denen die **Künstler** und **Publizisten** sowie die **Handwerker,** soweit sie in die Handwerksrolle eingetragen sind, besonders hervorzuheben sind.

c) Versicherungsfreie Personen

277 **Versicherungsfrei kraft Gesetzes** sind demgegenüber Personen, die eine Vollrente wegen Alters aus der gesetzlichen Rentenversicherung beziehen von Rentenbeginn an (§ 5 Abs. 4 Nr. 1 SGB VI), Beamte und Richter auf Lebenszeit, auf Zeit oder auf Probe, Berufssoldaten und Soldaten auf Zeit sowie Beamte auf Widerruf im Vorbereitungsdienst (§ 5 Abs. 1 Nr. 1 SGB VI) sowie weitere in § 5 SGB VI genannte Personen, so Beschäftigte von Körperschaften, Anstalten oder Stiftungen des öffentlichen Rechts, wenn ihnen nach beamtenrechtlichen Vorschriften oder Grundsätzen oder entsprechenden kirchenrechtlichen Regelungen eine Anwartschaft auf eine Versorgung zusteht (§ 5 Abs. 1 Nr. 2 SGB VI) und **geringfügig**

II. Anwendungsbereich des § 43 VersAusglG

Beschäftigte i. S. d. § 8 SGB IV (§ 5 Abs. 2 Nr. 1 SGB VI). Auf **Antrag versicherungsfrei** sind die in § 6 Abs. 1 SGB VI genannten Personen, wenn ihnen vom Arbeitgeber eine der Beamtenversorgung gleichende lebenslängliche Versorgung (mit Hinterbliebenenversorgung) zugesichert ist (§ 6 Abs. 1 Nr. 2 SGB VI) oder sie Mitglieder einer berufsständischen Versorgungseinrichtung sind, die eine der gesetzlichen Rentenversicherung vergleichbare Versicherungsleistung vorsieht (§ 6 Abs. 1 Nr. 1 SGB VI), was insbesondere für angestellte oder selbständige Ärzte, Rechtsanwälte und Architekten gilt.

d) Versicherungspflicht auf Antrag, freiwillige Versicherung, Nachzahlung sowie Wiederauffüllung

Durch das Rentenreformgesetz vom 16. 10. 1972 (BGBl I 65) hat der Gesetzgeber im Rahmen der Öffnung der gesetzlichen Rentenversicherung für weitere Gesellschaftsgruppen die **Versicherungspflicht auf Antrag** (§ 4 SGB VI) sowie das Recht zur freiwilligen Versicherung (§§ 7, 232 SGB VI) eingeführt. Selbständig erwerbstätige Personen haben seit 1972 die Möglichkeit, innerhalb von fünf Jahren nach Aufnahme der Erwerbstätigkeit (§ 4 Abs. 2 SGB VI) einen Antrag auf Aufnahme in die gesetzliche Rentenversicherung zu stellen (sogenannte **Antragspflichtversicherung**). Wurde dem Antrag stattgegeben, so scheidet ein Verzicht auf die Versicherungspflicht oder ein späterer Austritt aus, es sei denn, die Voraussetzungen für die Antragspflichtversicherungen entfallen (z. B. bei einem Wechsel in eine nichtselbständige Tätigkeit) oder wenn ein **Befreiungstatbestand** wie der Wechsel in eine berufsständische Versorgung (gem. § 6 Abs. 1 Nr. 1 SGB VI) gegeben ist. Als beitragspflichtige Einnahme gilt nach § 165 Abs. 1 Nr. 1 SGB VI grundsätzlich die Bezugsgröße, bei Nachweis eines niedrigeren oder höheren Arbeitseinkommens jedoch dieses Arbeitseinkommen. Danach besteht für Selbständige im Grundsatz ein Regelbeitrag (BT-Drucks. 11/4124 S. 184). Selbständige, die inzwischen aufgrund gesetzlicher Regelungen versicherungspflichtig geworden waren oder ihre Versicherungspflicht beantragt hatten, konnten bis zum 31. 12. 1975 beantragen, Beiträge in beliebiger Höhe für die Zeit vom 01. 01. 1956 bis 31. 12. 1973 nachzuentrichten (Art. 2 § 51 a ArVNG, Art. 2 § 49 a AnVNG). Diese Beiträge konnten bis zu einem Zeitraum von fünf Jahren als Teilzahlung erbracht werden und endeten zum 31. 12. 1981 (zur Problematik der **Nachentrichtung im Versorgungsausgleich** Rdn. 95 f., 279 f.).

278

Neben den bereits genannten freiberuflich Tätigen besteht für jedermann das Recht zur **freiwilligen Versicherung** in der gesetzlichen Rentenversicherung, soweit diese nicht bereits bei einem Zweig der gesetzlichen Rentenversicherung sozialversichert sind, § 7 SGB VI (Staatsangehörige der Mitgliedstaaten der EU sind grundsätzlich ebenfalls berechtigt, VO 1408/71). Der freiwillig Versicherte kann die Höhe seiner Beiträge selbst wählen. Die Rente errechnet sich ausschließlich nach den tatsächlich gezahlten Beiträgen. Sie müssen grundsätzlich in dem Jahr entrichtet werden, für das sie gelten sollen (nach § 197 Abs. 2 SGB VI sind freiwillige Beiträge nur wirksam, wenn sie bis zum 31.03. des darauf folgenden Jahres, für das sie gelten sollen, gezahlt werden). Die freiwillig gezahlten Beiträge unterliegen der Rentenanpassung, wenn sie eine bestimmte Mindesthöhe erreichen (nach § 167 SGB VI monatlich 325 €). Für Beamte, Richter und diesen gleichgestellte Personen besteht ein Recht zur freiwilligen Versicherung nur, wenn sie die allgemeine Wartezeit erfüllt haben (§ 7 Abs. 2 i. V. m. § 50 SGB VI – 60 Monate). Personen, die bereits eine **Vollrente wegen Alters** beziehen, sind nach § 7 Abs. 3 SGB VI nicht mehr berechtigt, freiwillige Beiträge zu erbringen.

279

2. Kapitel Bewertung von Anrechten auf eine Versorgung wegen Alters oder Invalidität

Exkurs zu den rentenrechtlichen Auswirkungen:

280 Freiwillige Beiträge sind nach § 55 SGB VI in ihren Wirkungen Pflichtbeiträgen grundsätzlich gleichgestellt. Dies gilt vor allem hinsichtlich der Erfüllung rentenrechtlicher Wartezeiten (§ 50 SGB VI), so dass durch diese auch ein Rentenanspruch entsteht. Sofern sie die erforderliche Mindesthöhe erreichen, kommt ihnen auch eine **rentensteigernde Wirkung** zu. Dagegen können allein mit freiwilligen Beiträgen nicht die Voraussetzungen der Rente wegen verminderter Erwerbsfähigkeit geschaffen werden, da der Bezug dieser Renten voraussetzt, dass der Versicherte in den letzten fünf Jahren vor Eintritt der Berufs- oder Erwerbsunfähigkeit mindestens drei Jahre **Pflichtbeiträge** erbracht hat. Aufgrund der **Übergangsbestimmungen** des AnVNG konnte sich bis 1967 ein höherverdienender Angestellter von der **Versicherungspflicht in der gesetzlichen Rentenversicherung befreien** lassen. Diese Regelung kann (auch für den Versorgungsausgleich) heute noch wirksam sein. Sinn und Zweck dieser Regelung nach Art. 2 § 1 AnVNG war, Angestellte, die aufgrund gesetzlicher Änderungen erstmals oder erneut wieder versicherungspflichtig geworden waren, für eine gewisse Übergangszeit die Möglichkeit einzuräumen, ihre **Altersversorgung in eigener Verantwortung** zu gestalten. Lag ein den gesetzlichen Anforderungen entsprechender Lebensversicherungsvertrag vor, so wurde der Angestellte auf Antrag von der gesetzlichen Rentenversicherung befreit (zu den Folgen im Versorgungsausgleich Rdn. 93 f.). Ferner konnten bei der Anrechnung von Kindererziehungszeiten vor dem 01.01.1968 zur Auffüllung der Wartezeit zur Regelaltersrente (§ 50 Abs. 1 Nr. 1 SGB VI) Beiträge nachentrichtet werden (Art. 2 § 49 b AnVNG). Das RRG 1992 hat diese Nachentrichtungsmöglichkeiten durch die Möglichkeit der Nachzahlung freiwilliger Beiträge ersetzt (§§ 204 bis 208 SGB VI), wobei vor allem die Nachzahlung für **Ausbildungszeiten,** die nicht als Anrechnungszeiten berücksichtigt werden (§ 207 SGB VI – möglich bis zum 45. Lebensjahr; bis 2004 ohne Begrenzung), besonders hervorzuheben sind.

281 Eine im Versorgungsausgleich zu beachtende Entrichtung besteht in den **Wiederauffüllbeträgen** gemäß § 187 Abs. 1 Nr. 1 SGB VI, mit denen der Ausgleichspflichtige den durch den Versorgungsausgleich erlittenen Verlust an Anrechten ausgleichen kann (im 1. Halbjahr 2009 kostet ein Anrecht von 100,00 € 23.136,24 € [West] bzw. 22.183,95 € [Ost]; vor allem wegen der geringen Rentensteigerungen ist die Entrichtung in eine private Renten- oder Kapitallebensversicherung wirtschaftlich sinnvoller). Werden in der neuen Ehe Wiederauffüllbeträge für Zeiten **einer früheren Ehe** erbracht, unterliegen die hieraus erworbenen Anrechte nach den Grundsätzen des In-Prinzips dem Versorgungsausgleich in der neuen Ehe (BGH FamRZ 2007, 1719 m. Anm. *Borth* – dort auch zur Problematik der Rückführung der durch den Versorgungsausgleich abgegebenen Anrechte gemäß der Härteklausel nach § 4 VAHRG a. F. (ab 01.09.2009 § 37 VersAusglG; zur vergleichbaren Regelung s. § 58 BeamtVG).

282 Ein **Sonderfall der freiwilligen Nachentrichtung** von Beiträgen ergab sich für Frauen, die von der bis zum 31.12.1968 bestehenden Möglichkeit der **Heiratserstattung** Gebrauch gemacht hatten (Art. 2 § 28 ArVNG, Art. 2 § 27 AnVNG). Voraussetzung war, dass mindestens 36 Monate Pflichtversicherungszeiten vorlagen. Ein Anspruch der im Versorgungsausgleich ausgleichsberechtigten Ehefrau auf Ersatz der verlorengegangenen Rentenanwartschaften gegen den ausgleichspflichtigen Ehemann (über den Versorgungsausgleich hinaus) besteht nicht (OLG Düsseldorf FamRZ 1982, 84). Frauen, denen Kindererziehungszeiten vor dem 01.01.1986 angerechnet wurden, konnten entsprechend Art. 2 § 51 b ArVNG,

Art. 2 § 49 b AnVNG zur Auffüllung der (kleinen) Wartezeit von 60 Monaten freiwillig Beiträge nachentrichten. Nach der Regelung des § 282 Abs. 1 Satz 1 SGB VI reichte für die Berechtigung zur Nachzahlung aus, dass Beiträge aus Anlass der Eheschließung erstattet wurden; einer Pflichtbeitragsleistung nach der Beitragserstattung und im Zeitpunkt der Antragstellung bedurfte es danach nicht mehr. Dies galt entsprechend für Beamtinnen, die sich ihre ruhegehaltsfähigen Dienstzeiten haben abfinden lassen, § 283 SGB VI. Diese Möglichkeit endete in beiden Fällen am 31. 12. 1995. Wurden bis zum 31. 12. 1995 freiwillige Beiträge während der Ehezeit nachbezahlt, sind die hierdurch erworbenen Anrechte auch dann im Versorgungsausgleich zu berücksichtigen, wenn die Nachzahlung für voreheliche Zeiten erbracht wurde (In-Prinzip, eingehend Rdn. 94, 98). Denn mit der Erstattung der Beiträge ist das bestehende Versicherungsverhältnis erloschen, so dass hinsichtlich der nicht ausbezahlten Arbeitgeberbeiträge keine »ruhenden« Rentenanwartschaften bestehen (die durch die Nachzahlung wieder aufgelebt wären; BGH FamRZ 1997, 414; OLG Nürnberg FamRZ 1996, 1550).

e) Nachversicherung eines Beamten oder Richters

283 Von der freiwilligen Nachentrichtung ist zu unterscheiden die **gesetzlich geregelte Nachversicherung** eines Beamten, Richters, Soldat auf Zeit oder einer entsprechenden Personengruppe bei Ausscheiden aus dem öffentlichen Dienst. Im Falle des Ausscheidens aus dem öffentlichen Dienst entfallen die zugesicherten Versorgungsbezüge, auf denen die Versicherungsfreiheit beruhte; der Beamte wird deshalb zu Lasten des Dienstherrn in der gesetzlichen Rentenversicherung nachversichert (§§ 8 Abs. 1 Nr. 1, 2, 181 SGB VI). War der Bedienstete Pflichtmitglied einer berufsständischen Versorgung (Arzt, Architekt), kann dieser von seinem Dienstherrn die Nachversicherung in seiner berufsständischen Versorgungseinrichtung verlangen (§§ 8 Abs. 2 Nr. 2, 186 SGB VI). Im Falle der Nachversicherung in der gesetzlichen Rentenversicherung mindert sich regelmäßig das Anrecht erheblich, weil die Nachversicherung entsprechend dem jeweils jährlich maßgeblichen Entgelt des Beamten erfolgt, während in der Beamtenversorgung i. d. R. 71,75 v. H. des letzten (i. d. R.) gestiegenen Einkommens für die Bestimmung des Anrechts maßgeblich ist. Die im RRG 1992 vorgesehenen Änderungen (§ 181 SGB VI, Übergangsrecht in §§ 233, 277 SGB VI) betreffen vor allem die Berechnung der Nachversicherungsentgelte, aber auch das Zusammentreffen mit vorhandenen Beiträgen sowie Fälligkeit und Aufschub der Beitragszahlung.

284 Aufgrund des seit 01. 09. 2009 geltenden Ausgleichssystems wurde die im Fall einer Nachversicherung geltende Regelung des § 185 Abs. 2 SGB VI angepasst (Art. 4 Nr. 10 VAStrRefG). Wird die interne Teilung einer auszugleichenden Beamtenversorgung gemäß § 10 Abs. 1 VersAusglG i. V. m. den Bestimmungen des BVersTG vorgenommen, bedeutet dies zunächst, dass bei einem Träger der gesetzlichen Rentenversicherung kein Anrecht für den Ausgleichsberechtigten begründet wurde. Erfolgt nach rechtskräftig durchgeführtem Versorgungsausgleich die Nachversicherung eines ausgleichpflichtigen Beamten oder Richters, regelt § 185 Abs. 2 Satz 2 SGB VI den Umwandlungsmodus. Danach gilt mit der Zahlung der Beiträge durch den Träger der Beamtenversorgung an den Träger der gesetzlichen Rentenversicherung das Anrecht als in der gesetzlichen Rentenversicherung übertragen. Dies wirkt sich zulasten des Ausgleichspflichtigen aus, da damit der durch den Versorgungsausgleich ausgelöste Abschlag an Entgeltpunkten (hälftiger Ehezeitanteil) wirksam wird; dies erfolgt nach den allgemeinen Bestimmungen gemäß §§ 76 Abs. 4, 264 a Abs. 2 SGB VI. Für den Ausgleichsberechtigten erfolgt eine Umrechnung des Leistungsbetrags durch die Teilung mit dem aktuellen Rentenwert Ost oder West mit deren Wert zum Ehezeitende. Diese Regelung ist auch wegen der in § 5 BVersTG geregelten Erstattung erforderlich. In diesen Fällen wird zum Schutz des ausgleichspflichtigen Ehegatten regelmäßig ein **Abänderungsverfahren** nach den §§ 225, 226 FamFG durchgeführt, da sich der Wert des ausgeglichenen Anrechts aufgrund der Nachversicherung erheblich mindert. Eine Rechtsverpflichtung des ausgleichspflichtigen Beamten, die Nachversicherung zu vermeiden und bis zur Pensionierung im öffentlichen Dienst zu verbleiben, besteht familienrechtlich nicht (Art. 2 Abs. 1 GG –Handlungsfreiheit) Im Rahmen dieses Abänderungsverfahrens ist die interne Teilung nach dem BVersTG oder einer entsprechenden Länderregelung aufzuheben. Zugleich wird der Versorgungsausgleich durch interne Teilung der aufgrund der Nachversicherung begründeten Anrechte in der gesetzlichen Rentenversicherung vorgenommen.

2. Leistungen der gesetzlichen Rentenversicherung

a) Übersicht

285 Nach dem Recht der gesetzlichen Rentenversicherung können folgende Leistungen in Anspruch genommen werden, § 23 SGB I:
(a) Heilbehandlung, Berufsförderung und andere Leistungen zur Erhaltung, Besserung und Wiederherstellung der Erwerbsfähigkeit einschließlich wirtschaftlicher Hilfen (§§ 9 ff. SGB VI).
(b) Renten **teilweiser bzw. voller Erwerbsminderung** (§ 43 Abs. 1, 2 SGB VI und Alters (§ 35 SGB VI) sowie Rente für Bergleute (§ 45 SGB VI).
(c) Renten wegen Todes (§§ 46 ff. SGB VI), das sind Witwen- und Witwerrenten-Abfindungen sowie Beitragserstattungen (§ 107 SGB VI), Erziehungsrenten nach § 47 SGB VI (Rdn. 30, 288), Waisenrenten (§ 48 SGB VI).
(d) Zuschüsse und andere Leistungen zur Förderung der Gesundheit der Versicherten und ihrer Angehörigen (§§ 20 ff. SGB VI).

Diese Leistungen werden auch aufgrund der im öffentlich-rechtlichen Versorgungsausgleich erworbenen Rentenanwartschaften erbracht.

b) Leistungsvoraussetzungen

286 (1) Renten wegen verminderter Erwerbsfähigkeit, §§ 43 ff. SGB VI.
– **Rente wegen teilweiser Erwerbsminderung**, § 43 Abs. 1 SGB VI. Ein Anspruch vor Erreichen des 65. Lebensjahres besteht, wenn der Versicherte berufsunfähig ist, in den letzten fünf Jahren vor Eintritt der Berufsunfähigkeit drei Jahre Pflichtbeiträge bezahlt und vor Eintritt der Berufsunfähigkeit die allgemeine Wartezeit (von fünf Jahren) erfüllt hat. Freiwillige Beiträge können damit die sogenannte 3/5 Belegung nicht herbeiführen.
– **Rente wegen voller Erwerbsminderung**, § 43 Abs. 2 SGB VI. Ein Anspruch vor Erreichen des 65. Lebensjahres besteht, wenn der Versicherte erwerbsunfähig ist, in den letzten fünf Jahren vor Eintritt der Erwerbsunfähigkeit drei Jahre Pflichtbeitragszeiten und vor Eintritt der Erwerbsunfähigkeit die allgemeine Wartezeit erfüllt hat. Auch hierzu kann aufgrund freiwilliger Beiträge die 3/5 Belegung nicht erreicht werden.

Bei beiden Rentenarten kann sich der Zeitraum von fünf Jahren um bestimmte Zeiträume verlängern. Dies gilt bei Vorliegen von **Berücksichtigungszeiten** (§ 57 Abs. 1, 2 SGB VI) und **Anrechnungszeiten** (§§ 43 Abs. 3, 44 Abs. 4 SGB VI), so dass die Kindererziehung bis zum vollendeten 10. Lebensjahr und auch die Pflege

II. Anwendungsbereich des § 43 VersAusglG

von Pflegebedürftigen nicht zum Verlust des Anspruchs auf eine Rente wegen verminderter Erwerbsfähigkeit führt.
- **Rente für Bergleute**, § 45 SGB VI. Ein Anspruch vor Erreichen des 65. Lebensjahres besteht, wenn der Versicherte im Bergbau vermindert berufsfähig ist, in den letzten fünf Jahren vor Eintritt der im Bergbau verminderten Berufsfähigkeit drei Jahre knappschaftliche Pflichtbeitragszeiten hat und die allgemeine Wartezeit erfüllt.

> **Wichtig:**
> Die Rente wegen verminderter Erwerbsfähigkeit (teilweise oder volle Erwerbsminderung) wird nur bis zum 65. Lebensjahr gewährt und danach von Rechts wegen (also ohne Antrag) in eine Regelaltersrente umgewandelt (§ 115 Abs. 3 SGB VI; s. Rdn. 307).

(2) Renten wegen Alters, §§ 35 ff. SGB VI.   **287**

Die folgenden Versicherungsleistungen werden gewährt:
- **Regelaltersrente**, wenn der Versicherte die Regelaltersgrenze erreicht hat und die allgemeine Wartezeit (60 Kalendermonate) erfüllt ist, § 35 SGB VI. Die Regelaltersgrenze wird mit dem 67. Lebensjahr erreicht.
- **Altersrente für langjährige Versicherte**, wenn der Versicherte das 67. Lebensjahr vollendet hat und die Wartezeit von 35 anrechnungsfähigen Versicherungsjahre (420 Monate) erreicht ist (flexible Altersgrenze – §§ 36 i. V. m. 51 Abs. 3 SGB VI. Die **vorzeitige Inanspruchnahme** ist ab dem 63. Lebensjahr möglich.
- **Altersrente für schwerbehinderte Menschen**, wenn der Versicherte das 65. Lebensjahr vollendet hat, bei Beginn der Altersrente als schwerbehinderter Mensch i. S. d. § 2 Abs. 2 SGB IX anerkannt ist und die Wartezeit von 35 Jahren erfüllt wird, § 37 SGB VI. Die vorzeitige Inanspruchnahme ist ab dem 62. Lebensjahr möglich.
- **Altersrente für langjährig unter Tage beschäftigte Bergleute**, wenn sie das 62. Lebensjahr vollendet und die Wartezeit von 25 Jahren erfüllt haben, § 40 SGB VI. Zu den weiteren knappschaftlichen Rentenleistungen s. Rdn. 289.
- Die **Altersrente für Frauen** gemäß der Übergangsregelung des § 237 a SGB VI. Nach Abs. 1 dieser Vorschrift, die für Frauen gilt, die vor dem 01. 01. 1952 geboren wurden, kann diese Rente bezogen werden, wenn sie das 60 Lebensjahr vollendet haben, nach Vollendung des 40. Lebensjahrs mehr als 10 Jahre Pflichtbeiträge abgeführt sowie die Wartezeit von 15 Jahren erfüllt haben. Für Frauen vor dem Geburtsjahr 1941 gelten nach Abs. 2 weitere günstigere Bestimmungen.

(3) Renten wegen Todes, §§ 46 ff. SGB VI.   **288**

Hierzu zählen folgende Rentenarten:
- die Witwenrente und Witwerrente, § 46 SGB VI;
- die **Erziehungsrente** nach § 47 SGB VI, die in Versicherungsfällen gilt, in denen die Scheidung nach dem 30. 06. 1977 ausgesprochen wurde. Eine Versicherungsleistung wird bei Tod des geschiedenen Ehegatten gewährt, wenn ein eigenes Kind oder ein Kind des geschiedenen Ehegatten erzogen wird, der Versicherte nicht wieder geheiratet hat und bis zum Tod des geschiedenen Ehegatten die allgemeine Wartezeit erfüllt war;
- die Waisenrente, § 48 SGB VI;
- die Rente wegen Todes bei Verschollenheit, § 49 SGB VI;
- ein Sonderfall stellt die sogenannte **Geschiedenenwitwenrente** nach § 243 SGB VI dar (bis 31. 12. 1991 §§ 1265 RVO, 42 AVG), die nur dann geleistet wird, wenn die Ehe vor dem 01. 07. 1977 geschieden, also ein Versorgungsausgleich

2. Kapitel   Bewertung von Anrechten auf eine Versorgung wegen Alters oder Invalidität

nicht durchgeführt wurde. Eine Versicherungsleistung wird nach dem Tod des Versicherten gewährt, wenn dieser der Witwe (dem Witwer) Unterhalt geleistet hat oder im letzten wirtschaftlichen Dauerzustand vor dessen Tod einen Anspruch hierauf hatte und die Witwe (der Witwer) nicht wieder geheiratet hat (zur Hinterbliebenenrente trotz umfassenden Unterhaltsverzichts BSG FamRZ 1989, 1290; FamRZ 1989, 1296; FamRZ 1990, 290).

289   **(4) Sonstige Rentenleistungen.**
– Ein volldynamischer Rentenbestandteil stellt der **Leistungszuschlag** für **ständige Arbeiten unter Tage** nach § 85 SGB VI dar (OLG Hamm FamRZ 1980, 898), für den zusätzliche Entgeltpunkte gewährt werden. Gleiches gilt für die Knappschaftsausgleichsleistungen nach § 239 SGB VI.
– Nicht einbezogen werden dagegen **Kinderzuschüsse** bei einer laufenden Rentenleistung nach § 270 SGB VI, da diese nicht dauerhaft gesichert sind. § 40 Abs. 5 VersAusglG gilt nicht im Falle einer unmittelbaren Bewertung gemäß § 39 VersAusglG, weil bei dieser solche Anrechte unberücksichtigt bleiben. Sie haben zudem kaum noch praktische Bedeutung.

c)   Kürzung der Rentenleistung bei vorzeitigem Rentenbezug

290   Nimmt der Versicherte die Rente vor Erreichen der Regelaltersgrenze (derzeit das 65. Lebensjahr, § 235 SGB VI) in Anspruch, wird von dem erreichten Rentenanspruch ein **versicherungsmathematischer Abschlag** vorgenommen. Dieser Abschlag wird durch den **Zugangsfaktor** nach § 77 SGB VI in der Weise umgesetzt, dass sich dieser um 0,3% je Kalendermonat mindert, wenn die Rente vorzeitig in Anspruch genommen wird (§ 77 Abs. 2 Nr. 1 SGB VI) und um 5% erhöht, wenn der Rentenbezug nach Vollendung des 65. Lebensjahres hinausgeschoben wird (eingehend Rdn. 319). Geht der Versicherte zwei Jahre früher in Rente, beträgt die Minderung 7,2%. Für die Altersrente für langjährige Versicherte nach § 36 SGB VI, die mit 62 Jahren die Rente in Anspruch nehmen können, wurde durch das Wachstums- und Beschäftigungsförderungsgesetz ab 01.01.2000 eine stufenweise Anhebung der Altersgrenze vorgesehen; ab 01.01.2000 kann diese Rente nur noch vorzeitig, also mit Abschlägen nach § 77 Abs. 2 SGB VI in Anspruch genommen werden. In allen Fällen ist die **vorzeitige Inanspruchnahme** der Altersrenten entsprechend den flexiblen Rentenbeginnzeiten möglich, führt aber zu einer entsprechenden Kürzung der Rentenleistung.

Im Versorgungsausgleich ist zur Ermittlung der Entgeltpunkte (als Ausgleichswert i. S. d. § 5 Abs. 1 VersAusglG) nach § 109 Abs. 6 SGB VI von (dem Zugangsfaktor) einer Vollrente wegen Erreichens der Regelaltersgrenze auszugehen (zur Berücksichtigung einer Rentenminderung im Abänderungsverfahren s. Rdn. 247, 330). Entgegen der Regelung des § 1587a Abs. 2 Nr. 2 BGB a. F. hat der BGH (FamRZ 2005, 1455 = NJW-RR 2005, 1233 – Ärzteversorgung Baden-Württemberg; FamRZ 2009, 28 m. Anm. *Borth*; FamRZ 2009, 102; s. a. *Kemnade* FamRZ 2005, 1751, Anm. zu OLG Stuttgart FamRZ 2005, 1749) grundlegend für alle Versorgungsformen entschieden und bestimmt, dass im Falle einer bereits während der Ehe erfolgten vorzeitigen Inanspruchnahme einer Altersrente ein Abschlag – in Bezug auf die konkrete Versorgung je nach dessen Bemessung – bei der Bestimmung der Höhe des Anrechts vorzunehmen ist. Hierzu legt er § 1587a Abs. 2 Nr. 2 BGB a. F. **verfassungskonform** dahin aus, dass der konkrete Zugangsfaktor bei der Berechnung des Ehezeitanteils der Versorgung nur dann und nur insoweit außer Betracht bleiben könne, als die für seine Veränderung maßgeblichen Zeiten des vorzeitigen Rentenbezugs nicht in der Ehezeit zurückgelegt worden seien.

II. Anwendungsbereich des § 43 VersAusglG

Der BGH hat in Bezug auf die Rechtslage bis 31.08.2009 die der herrschenden Meinung widersprechende Entscheidung mit der **Verletzung des Halbteilungsgrundsatzes** begründet. Dies überzeugt für den Bereich der gesetzlichen Rentenversicherung deshalb nicht, weil der Zweck des § 1587a Abs. 2 Nr. 2 BGB a. F. nicht berücksichtigt wurde, wonach sich das Stammrecht bei einem vorzeitigen Rentenbezug nicht ändert, sondern durch einen pauschalen Abzug des Zahlbetrages der vorzeitige Bezug der Rente abgegolten werden soll. Folge dieser Entscheidung ist, dass der Versorgungsausgleich auf der Grundlage des tatsächlichen Rentenbezugs stattfindet, wenn bei Ehezeitende bereits durch den Versorgungsabschlag eine gekürzte Altersrente bezogen wird und sich dies nicht mehr ändern kann, weil die Regelaltersgrenze von (derzeit) 65 Jahren erreicht ist. Liegt das Ehezeitende vor Beginn des vorzeitigen Rentenbezugs, verbleibt es bei der Regelung des § 1587a Abs. 2 Nr. 2 BGB a. F., so dass das Anrecht auf der Grundlage der bis zum Ende der Ehezeit erworbenen Entgeltpunkte mit dem Zugangsfaktor 1 zu bestimmen ist, auch wenn der Ehegatte nach dem Ehezeitende den vorzeitigen Bezug beantragt, weil es an einem Ehezeitbezug fehlt. Beruht der vorzeitige Bezug der Altersrente auf einem gemeinsamen Entschluss der Ehegatten, wird man nach den Grundsätzen der Billigkeit nach den §§ 242, 1587c BGB a. F. die Kürzung ebenfalls berücksichtigen müssen. Liegt das Ehezeitende zwischen Beginn des Bezugs der Rente und dem 65. Lebensjahr, ist die Kürzung nur insoweit beachtlich, als die Monate des vorzeitigen Rentenbezugs in die Ehezeit fallen (s. *Kemnade* FamRZ 2005, 1751 und *Borth* FamRB 2005, 282).

291

> **Beispiel:**
> Beträgt das ehezeitbezogene Anrecht in der gesetzlichen Rentenversicherung 1.000,00 € und bezieht der Ehegatte seit Vollendung des 64. Lebensjahres die vorgezogene Altersrente, erfolgt eine Kürzung des Anrechts um 3,6% (0,03 × 12), also 36,00 €. Liegen von den insgesamt 12 Monaten 6 Monate in der Ehezeit (Zustellung des Scheidungsantrags im Sinne des § 1587 Abs. 2 BGB bei Alter 64 Jahre und 6 Monate), beträgt nach BGH die Kürzung 1,8% (0,03 × 6). In den Wertausgleich sind deshalb lediglich 982,00 € (1.000 − 18) einzubeziehen.

Mit der **Einführung des neuen Teilungsmodus zur gesetzlichen Rentenversicherung** ab dem 01.09.2009 ist eine § 1587a Abs. 2 Nr. 2 BGB a. F. gleichende Regelung nicht mehr erforderlich. Maßgeblich ist nach § 43 Abs. 1 VersAusglG i. V. m. § 39 Abs. 2 Nr. 1 VersAusglG die neue Bezugsgröße i. S. d. § 5 Abs. 1, 2 VersAuglG der gesetzlichen Rentenversicherung, d. h. die Entgeltpunkte. Damit ist eine Umrechnung der Entgeltpunkte in einen Rentenbetrag (in Euro) nicht mehr erforderlich, weil die in der Ehezeit erworbenen Entgeltpunkte geteilt werden. Dies bestimmt § 109 Abs. 6 SGB VI (in der Fassung von Art. 4 Nr. 6 VAStrRefG). Zugleich legt § 109 Abs. 6 SGB VI (in der Fassung von Art. 4 Nr. 6 VAStrRefG) fest, dass – wie bei § 1587a Abs. 2 Nr. 2 BGB a. F. – von den Entgeltpunkten aus der Berechnung einer Vollrente wegen Erreichens der Regelaltersrente aus zu gehen ist. Damit entfällt auch der vom BGH (zuletzt in FamRZ 2009, 28 m. Anm. *Borth*; FamRZ 2009, 107) angestellte Berechnungsmodus. Die gesetzliche Regelung (gegen BGH) rechtfertigt sich aus der Trennung der Versorgungsschicksale ab Eintritt des Ehezeitendes.

292

d) Leistung der Rente als Vollrente oder Teilrente

Der Versicherte hat nach § 42 SGB VI ein Wahlrecht, eine Rente wegen Alters als Vollrente oder als Teilrente in Höhe von einem Drittel, der Hälfte oder zwei Dritteln der erreichten Rente in Anspruch zu nehmen, um gleitend aus dem Arbeitsleben auszuscheiden. Diese Möglichkeit wurde mit Wirkung ab 01.01.1992 durch das

293

2. Kapitel Bewertung von Anrechten auf eine Versorgung wegen Alters oder Invalidität

RRG 1992 eingeführt. Die Teilrente wurde bis 1997 ohne einen versicherungsmathematischen Abschlag bezahlt (s. Rdn. 290), da die Anhebung der Altersgrenzen bis dahin nicht galt (s. a. Rdn. 300).

3. Versorgungsausgleich bei Anrechten ausländischer oder zwischenstaatlicher Rentenversicherungsträger

a) Grundlagen

294 Renten und Rentenanwartschaften eines ausländischen Sozialversicherungsträgers sind in die Bewertung ebenfalls einzubeziehen; dies erfolgt jedoch wegen ihrer regelmäßig unterschiedlichen Ausgestaltung nicht nach § 43 Abs. 1 VersAusglG i. V. m. § 39 VersAusglG, sondern in Form der Bewertung nach billigem Ermessen gemäß § 42 VersAusglG (s. a. Rdn. 168 ff.). Anders als nach dem bis 31. 08. 2009 geltenden Recht, wonach solche ausländischen Anrechte in jedem Fall immer dann zu bewerten waren, wenn nicht von vornherein feststand, welcher Ehegatte nach § 1587 a Abs. 1 BGB a. F. ausgleichspflichtig ist, sind nach dem neuen Rechtszustand ab 01. 09. 2009 solche Anrechte erst dann zu bewerten, wenn sie i. S. d. **§ 19 Abs. 2 VersAusglG teilungsreif** sind. Das ist erst dann der Fall, wenn die Voraussetzungen eines Ausgleichsanspruchs nach der Scheidung gem. den §§ 20–26 VersAusglG vorliegen, d. h. insbesondere der schuldrechtliche Versorgungsausgleich gemäß § 20 VersAusglG entstanden ist oder gem. § 26 VersAusglG ein Ausgleichsanspruch gegen die Witwe oder den Witwer des Ausgleichspflichtigen besteht.

Eine Bewertung bei Ausgleichsansprüchen bei der Scheidung kommt jedoch dann in Betracht, wenn vor allem die Voraussetzungen der Härteklausel nach § 27 VersAusglG zu prüfen sind, weil hierzu der korrespondierende Kapitalwert gemäß § 47 VersAusglG ermittelt werden muss. Insoweit ist jeweils ein versicherungsmathematisches Sachverständigengutachten i. S. d. § 47 Abs. 5 VersAusglG einzuholen (eingehend Rdn. 179 ff.).

295 Ein schuldrechtlicher Ausgleichsanspruch kann nur gegen den Ausgleichspflichtigen (mit der Möglichkeit des Abfindungsbegehrens nach § 24 VersAusglG – eingehend Rdn. 654 ff.) bestehen, nach dessen Tod der verlängerte schuldrechtliche Ausgleichsanspruch nach § 26 VersAusglG gegen dessen Witwe (Witwer), nicht aber gegen den (ausländischen) Versorgungsträger, weil für ein deutsches Gericht keine Befugnis besteht, gegen einen ausländischen Versorgungsträger eine Anordnung zur Versorgung zu treffen.

296 Im Ausland zurückgelegte Versicherungszeiten beeinflussen grundsätzlich die Höhe der Rente in der deutschen gesetzlichen Rentenversicherung nicht, weil sich die Rente nur nach den nach innerstaatlichem Recht maßgeblichen Zeiten richtet, §§ 66, 113 Abs. 1 SGB VI. Hiervon gibt es jedoch Ausnahmen. So können nach besonderen zwischen- und überstaatlichen **Sozialversicherungsabkommen** und EG-Verordnungen Versicherungszeiten bei einem ausländischen Versicherungsträger auch bei Bestimmung der inländischen Renten mit berücksichtigt werden; Angehörige der EG-Staaten sind deutschen Staatsangehörigen gleichgestellt. Hierbei ist danach zu unterscheiden, ob ausländische Zeiten deutschen Beitragszeiten gleichgestellt sind und in die deutsche Versicherungslast fallen, sie der Erfüllung der Wartezeit dienen oder in anderer Form auf die Höhe der deutschen Rente Einfluss nehmen (Rdn. 944). Liegen ausländische Versicherungszeiten vor, sind diese deshalb im Rahmen der Amtsermittlung nach § 26 FamFG zu klären, um festzustellen, in welcher Weise sie Einfluss auf die deutschen Rentenanwartschaften neh-

II. Anwendungsbereich des § 43 VersAusglG

men. Dies kann über die Träger der gesetzlichen Rentenversicherung erfolgen, die zu den jeweiligen Ländern sog. **Verbindungsstellen** eingerichtet haben, die bei der Ermittlung ausländischer Anrechte im Auskunftsersuchen automatisch einbezogen werden (zur weiteren Prüfungsfolge bei ausländischen Versicherungszeiten s. Rdn. 944; dort auch zu den Besonderheiten des **deutsch-polnischen Sozialversicherungsabkommens** vom 09. 10. 1975 (BGBl II 76 393 sowie *Baumgarten* DRV 1986, 475; BGH FamRZ 1983, 263; OLG Koblenz FamRZ 1985, 401).

b) Ungeklärte Zeiten

Liegen **ungeklärte Versicherungszeiten** in der gesetzlichen Rentenversicherung vor, wurde nach dem bis zum 31. 08. 2009 geltenden Rechtszustand teilweise eine Schätzung dieser Zeiten vorgenommen; falls sich später eine Klärung solcher Zeiten ergab, wurde auf § 10 a VAHRG a. F. verwiesen (OLG Karlsruhe FamRZ 2002, 1494, 1495 mit Anm. v. *Kemnade*; s. a. *Borth* FamRZ 2001, 877, 890). Kemnade verwies darauf, dass es für eine Schätzung des Werts an Entgeltpunkten von nicht geklärten Versicherungszeiten keine gesetzliche Grundlage gibt. Dies ist zutreffend. Soweit **einzelne Versicherungszeiten** eines Anrechts – trotz korrekter Anwendung des Amtsermittlungsgrundsatzes gemäß § 26 FamFG – im Wertausgleich bei der Scheidung nach den §§ 9–19 VersAusglG nicht ermittelt werden können, diese zu einem späteren Zeitpunkt jedoch geklärt werden, liegt zwar keine tatsächliche Veränderung des Anrechts nach dem Ende der Ehezeit i. S. d. § 225 Abs. 2 FamFG vor. In analoger Anwendung des in § 225 Abs. 2 FamFG zugrunde liegenden Rechtsgedankens ist der Begriff der tatsächlichen Veränderung auch auf diese Sachlage anzuwenden und der nachträglich bekannt gewordene höhere Wert des Anrechts im Abänderungsverfahren nach den §§ 225, 226 FamFG zu erfassen. Dies folgt aus dem **verfassungsrechtlich gewährleisteten Gebot** der hälftigen Teilhabe an den in der Ehezeit erworbenen Anrechten (Art. 3 Abs. 2, 6 Abs. 1 GG). Das BVerfG hat vom Gesetzgeber verlangt, eine Korrektur der Entscheidung zum Versorgungsausgleich zu ermöglichen, wenn sich nachträglich ergibt, dass ein Anrecht in der Erst- oder einer späteren Abänderungsentscheidung nur teilweise ausgeglichen werden konnte, weil dessen Bestand erst später bekannt wurde oder dieses erst zu einem späteren Zeitpunkt in voller Höhe entstanden ist (BVerfGE 87, 348 = FamRZ 1993, 161 = NJW 1993, 1057). Hierbei hebt das BVerfG zutreffend hervor, dass es sich regelmäßig bei dem Wertausgleich bei der Scheidung um ein noch nicht endgültig entstandenes Anrecht handelt, dessen endgültiger Bestand erst im Versorgungsfall feststeht (ähnlich BT-Drucks. 16/10144 S. 97; eingehend Rdn. 335). Wegen der weiteren Einzelheiten – auch zu ausländischen Anrechten wird auf die Ausführungen in Kapitel 1 Rdn. 101 ff. verwiesen.

4. Zahlung deutscher Renten ins Ausland

Hat ein Deutscher oder Ausländer bei der deutschen gesetzlichen Rentenversicherung Anrechte erworben, dessen gewöhnlicher Aufenthalt aber im Ausland liegt, können die Zahlungen ins Ausland geringer sein als bei einem Rentenbezug im Inland. Hierzu ist zunächst zu klären, ob besondere **über- oder zwischenstaatliche Regelungen** bestehen (§ 110 Abs. 3 SGB VI), falls nicht der Leistungsberechtigte sich nur vorübergehend im Ausland aufhält, so dass insoweit eine Kürzung ausscheidet (§ 110 Abs. 1 SGB VI). Allerdings sind vorrangig über- oder zwischenstaatliche Regelungen zu beachten (§ 110 Abs. 3 SGB VI). Ansonsten werden nach § 113 Abs. 3 SGB VI nur 70% der von einem Ausländer im Inland erworbenen Rentenanrechte erbracht. Soweit der Versorgungsausgleich aufgrund des deutschen Scheidungsstatuts durchgeführt wird, wirkt sich dies bei der Wertberechnung nach § 43 Abs. 1 VersAusglG nicht aus, weil es insoweit allein auf die im Inland erworbenen Entgeltpunkte ankommt, die nicht gekürzt werden (sondern lediglich ein geringerer Zahlbetrag ins Ausland erbracht wird). Soweit der deutsche ausgleichsberechtigte Ehegatte im Ausland lebt, hat er eine Kürzung der im Versorgungsausgleich erworbenen Anrechte nicht hinzunehmen, §§ 113 Abs. 1 Nr. 3, 114 Abs. 1 SGB VI (zu den Besonderheiten der Kürzung eines im Ausland lebenden ausgleichspflichtigen Ehegatten s. VDR-Verbandskommentar, *Ruland/ Bergner*, Kap. 27 Rn. 89 bis 91; s. a. Rdn. 947).

5. Auswirkungen des Fremdrentengesetzes im Versorgungsausgleich

299 Nach dem Fremdrentengesetz vom 25. 02. 1960 (BGBl I 93) sind ausländische Beitragszeiten den deutschen Versicherungszeiten gleichgestellt und somit nach § 43 Abs. 1 VersAusglG i. V. m. § 39 Abs. 2 Nr. 1 VersAusglG ausgleichspflichtig. Vom Fremdrentengesetz werden im Grundsatz diejenigen Personen umfasst (insbesondere Deutsche i. S. d. Art. 116 Abs. 1 GG und Vertriebene i. S. d. Bundesvertriebenengesetzes), die Versicherungszeiten in einem auswärtigen Staat zurückgelegt haben und infolge Kriegseinwirkung oder sonstiger Umstände den früher für sie zuständigen Versicherungsträger nicht mehr in Anspruch nehmen können (zu den Einzelheiten s. 1. Aufl. S. 29, 36). Das Fremdrentengesetz erfasst auch die vom 30. 06. 1945 bis zum 18. 05. 1990 in der früheren DDR zurückgelegten Beitragszeiten. Art. 23 § 1 des Gesetzes zu dem Vertrag vom 18. 05. 1990 über die Schaffung einer Währungs-, Wirtschafts- und Sozialunion zwischen der Bundesrepublik Deutschland und der DDR vom 25. 06. 1990 (BGBl II 518, 527) bestimmte hierzu, dass das Fremdrentengesetz für rentenrechtliche Zeiten nicht anzuwenden ist, die **nach dem 18. 05. 1990** bei einem Träger der gesetzlichen Rentenversicherung im Gebiet der damaligen DDR einschließlich Berlin (Ost) zurückgelegt sind. Zugleich wurde in dieser Bestimmung festgelegt, dass das Fremdrentengesetz nicht für rentenrechtliche Zeiten, die **bis zum 18. 05. 1990** bei einem Träger der gesetzlichen Rentenversicherung im Gebiet der DDR einschließlich Berlin (Ost) zurückgelegt sind, anzuwenden ist, wenn am 18. 05. 1990 ein gewöhnlicher Aufenthalt außerhalb der »alten« Bundesrepublik vorgelegen hat. Ansonsten gelten die Regelungen des Rentenüberleitungsgesetzes (RÜG; s. Rdn. 338 ff.). Diese Regelung bedeutet, dass das Fremdrentengesetz auf die nach dem 18. 05. 1990 im Beitrittsgebiet zurückgelegten Zeiten nicht mehr anzuwenden ist. Sind die Zeiten vor dem 18. 05. 1990 zurückgelegt worden, so ist deren Berücksichtigung vom gewöhnlichen Aufenthalt am 18. 05. 1990 abhängig. Hatte demnach ein Versicherter am 18. 05. 1990 seinen gewöhnlichen Aufenthalt in der früheren DDR, ist das Fremdrentengesetz auf dort bis zum Beitritt erworbene und auch zukünftige rentenrechtliche Zeiten nicht anzuwenden (s. § 254 d SGB VI, § 259 a SGB VI). Durch Art. 3 und 4 des **Wachstums- und Beschäftigungsförderungsgesetzes** vom 25. 09. 1996 (BGBl I 1461) wurden das Fremdrentengesetz und das Fremdrenten- und Auslandsrenten-Neuregelungsgesetz geändert. Diese Änderungen bewirken eine niedrigere Bewertung der Fremdrenten-Anwartschaften; sie sind am 07. 05. 1996 in Kraft getreten. Eine weitere Kürzung der Leistungen erfolgte durch das Hüttenknappschaftliche Zusatzversicherungs-Neuregelungsgesetz vom 21. 06. 2002 (BGBl I 2167). Beruht die Berechnung der Anwartschaften im Versorgungsausgleich noch auf dem alten Rechtszustand, ist eine ergänzende Auskunft unter Berücksichtigung der Gesetzesänderung einzuholen, weil solche Änderungen im Versorgungsausgleich zu berücksichtigen sind (eingehend Rdn. 125 ff.).

III. Das Rentenreformgesetz 1992 und dessen Auswirkungen auf den Versorgungsausgleich

1. Grundlagen

a) Reformanliegen, neue Regelungen

Das Gesetz zur Reform der gesetzlichen Rentenversicherung (Rentenreformgesetz 1992 – RRG 1992) vom 18. 12. 1989 (BGBl I 2261 ff.) stellte eine Neukodifikation des Rentenversicherungsrechts dar. Unter dem Schlagwort eines »bürgernahen Rechts« sollte das Rentenrecht verständlicher gestaltet werden. Mit einer Aufnahme in das Sozialgesetzbuch (SGB) als Sechstes Buch hat der Gesetzgeber das Rentenrecht neu systematisiert und formuliert, zugleich aber auch in Einzelfragen materiell-rechtliche Änderungen vorgesehen. Aufgehoben wurden insbesondere die unterschiedlichen Gesetze für die Arbeiter-, Angestellten- und knappschaftliche Rentenversicherung; die Regelungen der RVO, des AVG und RKnG sind im SGB VI zusammengefasst. Ferner wurden hierin die Neuregelungsgesetze und das Handwerkerversicherungsgesetz aufgenommen, nicht dagegen das Fremdrentengesetz (eingehend Rdn. 274 f., 299). Auch in Zukunft sollte die Rentenversicherung für langjährige Versicherte die Regelvorsorge zur Sicherung des in der aktiven Berufstätigkeit erreichten Lebensstandards sein. Ab 1992 wurde jedoch von der **bruttolohn-** auf die **nettolohnbezogene Rente** übergegangen. Die jährliche Anpassung (zum 1. Juli) erfolgt entsprechend der Entwicklung der Bruttolöhne sowie der Veränderung der Belastung durch Steuern und Sozialbeiträge im vergangenen Jahr im Vergleich zum Vorjahr. Ferner beinhaltet das RRG 1992 die stufenweise Anhebung und Flexibilisierung der Altersgrenzen von 60 und 63 Jahren, die ab dem Jahre 2001 beginnen sollte, danach aber auf das Jahr 1998 vorverlegt wurde, § 41 SGB VI. Soweit der Versicherte vor der für ihn maßgeblichen Altersgrenze Rentenleistungen in Anspruch nimmt, muss er über »**Zugangsfaktoren**« nach § 77 SGB VI der Sache nach versicherungsmathematische Abschläge in Kauf nehmen. Die Anhebung der Altersgrenze führt nicht dazu, dass die Versicherten in jedem Fall bis zum 65. Lebensjahr arbeiten müssten; sie können bis zu drei Jahre früher in Rente gehen. Ferner kann der Versicherte eine **Teilrente** in Höhe von einem Drittel, der Hälfte oder zwei Dritteln der erreichten Vollrente in Anspruch nehmen und gleichzeitig in begrenztem Umfang weiterhin Erwerbseinkommen erzielen. Auch eine Teilrente kann vorzeitig in Anspruch genommen werden; lediglich dieser Teil erfährt über den Zugangsfaktor (§ 77 SGB VI) einen **versicherungsmathematischen Abschlag** (zur Kompensation s. § 77 Abs. 2 SGB VI; Rdn. 290).

300

b) Änderung bei Kindererziehungszeiten, Berücksichtigungszeiten

Für Geburten ab 1992 wurden die 1986 eingeführten Kindererziehungszeiten um zwei auf drei Jahre verlängert, §§ 3 Satz 1 Nr. 1, 56 Abs. 1 SGB VI. In der Bewertung der Kindererziehungszeiten sind keine Änderungen vorgenommen worden; insbesondere können nach der Konzeption des SGB VI während einer Kindererziehungszeit abgeführte Pflichtbeiträge deren rentensteigernde Wirkung – wie bisher – aufheben. Kindererziehungszeiten haben deshalb nach dem bisherigen Rechtszustand des SGB VI nicht die Wirkung eines mehrfachen Versorgungserwerbs für einen begrenzten Zeitraum (s. aber Rdn. 321; zu den Besonderheiten des Erziehungsleistungsgesetzes s. Rdn. 321 a. E.). Neu eingeführt wird der Begriff der Berücksichtigungszeit in § 57 SGB VI (s. u. Rdn. 314). Das BVerfG hat die Regelungen zum Zusammentreffen von Kindererziehungszeiten und Beitragszeiten jedoch mit

301

dem **Grundgesetz für unvereinbar** erklärt (FamRZ 1996, 1137, 1139 = NJW 1996, 2293, 2295).

> **Praktischer Hinweis:**
> Nach dem **RRG 1999** vom 22. 12. 1997 (BGBl I 2998; s. a. Art. 1 Nr. 17 AltersvermögensergänzungsG v. 21. 03. 2001, BGBl I 403) werden für jeden Kalendermonat 0,0833 Entgeltpunkte (früher 0,0625 Entgeltpunkte) zugrunde gelegt, die im Übrigen mit sonstigen Beitragszeiten – entsprechend der Forderung des BVerfG (FamRZ 1996, 1137, 1139 = NJW 1996, 2293, 2295) – nicht verrechnet, sondern **additiv anerkannt** werden, § 70 SGB VI. Bei der Erhöhung sind jedoch Höchstwerte zu beachten, die mit dem Höchstbetrag der gesetzlichen Rentenversicherung identisch sind (§§ 157, 159 SGB VI). Zu den Entgeltpunkten aus Beitragszeiten werden danach die Entgeltpunkte aus den Kindererziehungszeiten bis zum Höchstbetrag hinzugerechnet. Im Übrigen wirken sich die Entgeltpunkte auch auf die Gesamtleistungsbewertung (Rdn. 315) und die Bewertung beitragsfreier sowie beitragsgeminderter Zeiten (§ 54 Abs. 3, 4 SGB VI, Rdn. 322) aus (zu den Übergangsbestimmungen s. 3. Auflage Rn. 213). In Bezug auf die Änderung der Bewertung von **Kindererziehungszeiten** nach § 70 Abs. 2 SGB VI weist der BGH darauf hin, dass für die Höhe des Anrechts im Versorgungsausgleich das zur **Zeit der Entscheidung** geltende Recht anzuwenden ist, wenn es sich nach seinem zeitlichen Geltungswillen auf den zu entscheidenden Sachverhalt erstreckt (BGH FamRZ 2000, 748, 749; FamRZ 2002, 1469; FamRZ 2003, 29 f.; eingehend *Borth* FamRZ 2001, 877, 880). Ist ein Versorgungsausgleich nur deshalb durchzuführen, weil der Ausgleichspflichtige durch Kindererziehungszeiten ausgleichspflichtig wird, ist dies kein Grund, den Versorgungsausgleich nach § 27 VersAusglG (§ 1587 c Nr. 1 BGB a. F.) auszuschließen (BGH FamRZ 2007, 1966 m. Anm. *Borth*; s. a. Rdn. 804).

c) Berücksichtigung und Bewertung beitragsfreier Zeiten

302 Neu geregelt sind auch die Berücksichtigung und Bewertung von **beitragsfreien** bzw. sog. **beitragsgeminderten Zeiten** (§ 54 Abs. 3, 4 SGB VI). Beitragsfreie Zeiten werden individuell nach den von dem einzelnen Versicherten während der gesamten Versicherungszeit erbrachten Beitragsleistungen bewertet – sog. **Beitragsdichte** gem. §§ 71 ff. SGB VI. Ferner wird die Anrechenbarkeit von Anrechnungszeiten nach §§ 58 Abs. 1 Satz 1 Nr. 4, 74 Satz 2 SGB VI der Dauer und der Höhe nach begrenzt (s. eingehend Rdn. 322 ff.). Das Wachstums- und Beschäftigungsförderungsgesetz vom 25. 09. 1996 (Art. 1 Nr. 11; BGBl I 1461) hat hierbei die Bewertung der **Ausbildungs-Anrechnungszeiten** ab 01. 01. 1997 in der Weise verschlechtert, dass ab dem 17. Lebensjahr (bisher 16. Lebensjahr) ein Schulbesuch oder ein Fach- bzw. Hochschulstudium höchstens bis zu drei Jahren (bisher sieben Jahre) anerkannt wird (nach BVerfG NJW 2007, 1577 kein Eingriff in die Eigentumsgarantie nach Art. 14 Abs. 1 GG). Zeiten der Arbeitslosigkeit sowie Krankheit werden (wie bis 1983) zu Pflichtbeitragszeiten; das Wachstums- und Beschäftigungsförderungsgesetz vom 25. 09. 1996 (BGBl I 1461) nimmt allerdings die Zeiten des Bezugs von Arbeitslosenhilfe ab 01. 01. 1997 hiervon aus (Art. 1 Nr. 20 – § 166 Abs. 1 Nr. 2 SGB VI; im Übrigen werden nach der Neufassung des § 74 SGB VI [Art. 1 Nr. 16 des Wachstums- und Beschäftigungsförderungsgesetzes] Zeiten der Arbeitslosigkeit nach dem 30. 06. 1978 und der Krankheit nach dem 31. 12. 1983 nicht bewertet, wenn kein Arbeitslosengeld oder -hilfe bzw. keine Beiträge bei Krankheit bezahlt wurden). Für die in § 252 Abs. 2 SGB VI bestimmte Übergangszeit sind sie zugleich Anrechnungszeiten. Beibehalten worden sind auch die Regelungen über die **Renten nach Mindestentgeltpunkten bei geringem Arbeitsentgelt** (s. Rdn. 172 f.), die allerdings erhebliche Veränderungen erfahren haben und nach § 262 SGB VI sowie Art. 82 RRG 1992 mindestens 35 Jahre mit rentenrechtlichen Zeiten erfordern.

III. Das Rentenreformgesetz 1992 und dessen Auswirkungen auf den VersAusgl

d) Neuformulierung gesetzlicher Begriffe

Im Rahmen der Neufassung des Rentenrechts wurden auch zahlreiche Begriffe **303** verändert. So wurde geändert:
- Altersruhegeld (§§ 1248 RVO, 25 AVG) in Altersrenten (§§ 35 ff. SGB VI; s. Rdn. 287), diese unterteilt sich in
   (1) Regelaltersrente, § 35 SGB VI,
   (2) Altersrente für langjährige Versicherte, § 36 SGB VI,
   (3) Altersrente für schwer behinderte Menschen, § 37 SGB VI,
   (4) Altersrente für langjährig unter Tage beschäftigte Bergleute, § 40 SGB VI,
   (5) Altersrente für Frauen, § 39 SGB VI a. F.; jetzt § 237 a SGB VI (s. Rdn. 287),
   (6) Altersrente wegen Arbeitslosigkeit nach § 38 SGB VI (aufgehoben),
- Hinterbliebenenrente in Rente wegen Todes, §§ 46 ff. SGB VI,
- Berufs-, Erwerbunfähigkeitsrenten und Renten für Bergleute in Renten wegen verminderter Erwerbsfähigkeit, §§ 43 ff. SGB VI; zur Neuregelung nach dem RRG 1999 eingehend Rdn. 286,
- Ausfallzeiten in Anrechnungszeiten, § 58 SGB VI (pauschale Anrechnungszeit, § 253 SGB VI),
- die Rentenformel ist neu gefasst und wesentlich vereinfacht worden, mit der nunmehr die Monatsrente (bisher Jahresrente) errechnet wird; zum aktuellen Rentenwert nach dem RRG 1999 s. die Neufassung des § 68 SGB VI,
- Werteinheiten (§§ 1304 Abs. 2 RVO, 83 Abs. 2 AVG) in Entgeltpunkte, §§ 66, 70 SGB VI. Aus 100 Werteinheiten wird ein Entgeltpunkt, § 264 Satz 1 SGB VI.

Die Entgeltpunkte sind auch bedeutsam für die Umwertung der Bestandsrenten, § 307 Abs. 1 SGB VI.

2. Beitragszeiten und beitragsfreie Zeiten

Das Gesetz unterscheidet zwischen Beitragszeiten, beitragsfreien Zeiten und Be- **304** rücksichtigungszeiten, § 54 Abs. 1 SGB VI. Beitragszeiten sind Pflichtbeitragszeiten (§ 197 Abs. 1 SGB VI) sowie Zeiten, für die Pflichtbeiträge nach besonderen Vorschriften als gezahlt gelten (§§ 55 SGB VI). Zu den letzteren gehören vor allem die Kindererziehungszeiten, § 56 Abs. 1 Satz 1 SGB VI. Für Geburten ab 1992 beträgt sie drei Jahre, für ein Kind, das vor dem 01. 01. 1992 geboren wurde, zwölf Monate; §§ 249 Abs. 1, 56 Abs. 1 SGB VI (eingehend hierzu Rdn. 301). Nach § 54 Abs. 3 SGB VI sind **beitragsgeminderte Zeiten** Kalendermonate, die sowohl mit Beitragszeiten als auch mit Anrechnungszeiten, einer Zurechnungszeit oder Ersatzzeit belegt sind. Sie werden mit den für die beitragsfreien Zeiten ermittelten Entgeltpunkten bewertet, wenn es für den Versicherten günstig ist, §§ 71 Abs. 2 Satz 1, 73 SGB VI und gehen nach § 71 Abs. 3 SGB VI entsprechend in die Gesamtleistungsbewertung ein. Sie können entstehen, wenn wegen des Bezugs von Sozialleistungen von einem Leistungsträger Pflichtbeiträge oder Beiträge für Anrechnungszeiten nach § 252 Abs. 2 (vom 01. 01. 1983 bis 31. 12. 1997) gezahlt werden.

Beitragsfreie Zeiten sind Kalendermonate, die mit **Anrechnungszeiten,** einer Zu- **305** rechnungszeit oder mit Ersatzzeiten belegt sind und für die keine Beiträge bezahlt wurden. Das **Wachstums- und Beschäftigungsförderungsgesetz** vom 25. 09. 1996 (BGBl I 1461) hat die bestehende Regelung zur Dauer der Berücksichtigung und Bewertung von **Ausbildungszeiten** erheblich verschlechtert (eingehend Rdn. 302; zu den Übergangsbestimmungen s. § 252 SGB VI). **Ersatzzeiten** können nach dem 31. 12. 1991 nicht mehr entstehen. Für bestehende Ersatzzeiten entfallen ebenfalls die bisherigen Anrechnungsvoraussetzungen, weil auch sie in die Gesamtleistungsbewertung eingehen.

2. Kapitel   Bewertung von Anrechten auf eine Versorgung wegen Alters oder Invalidität

3. Zurechnungszeiten

306 Die Zurechnungszeit ist eine beitragslose Zeit eines berufs- oder erwerbsunfähigen Versicherten vor Vollendung des 60. Lebensjahres (§ 59 SGB VI). Ihr Zweck besteht darin, auch dem am Beginn des Berufsleben stehenden berufs- oder erwerbsunfähig gewordenen Versicherten die ausgefallenen Beitragszeiten zu ersetzen. Da die Versicherungsdauer wesentlich die Rente in ihrer Höhe mitbestimmt, wird durch Hinzurechnung von Versicherungsjahren die Rente erhöht. Die Beschränkung wurde vom Gesetzgeber deshalb auf das 60. Lebensjahr festgelegt, weil regelmäßig bis zu diesem Lebensjahr eine Versicherungszeit gegeben ist, die eine hinreichende Rentenhöhe gewährleistet. Die Drittelanrechnung zwischen dem 55. und dem 60. Lebensjahr (nach § 59 Abs. 3 SGB VI a. F.) besteht nicht mehr. Nicht mehr erforderlich ist für ihre Anerkennung die **Halbbelegung,** weil die Zurechnungszeit als **beitragsfreie Zeit** in die Gesamtbewertung einbezogen wurde.

307 Im **Versorgungsausgleich** wird eine **Zurechnungszeit** berücksichtigt, wenn ein Ehegatte bei Ehezeitende bereits eine Rente wegen verminderter Erwerbsfähigkeit bezieht. Nach dem bis zum 31. 12. 1991 geltenden Recht war es unerheblich, ob im Versorgungsausgleich der Wert des fiktiven Altersruhegeldes oder der tatsächlich bezogenen Erwerbsunfähigkeitsrente zugrunde gelegt wurde, weil die Zurechnungszeit auch bei einer Umwandlung der Rente wegen Berufs- oder Erwerbsunfähigkeit mit denselben Zeiten und demselben Wert erhalten blieb. Das ab dem 01. 01. 1992 geltende Rentenrecht bestimmt bei einer nach § 115 Abs. 3 SGB VI vorzunehmenden Umwandlung einer Rente wegen verminderter Erwerbsfähigkeit (zum Begriff s. Rdn. 286) in eine Regelaltersrente in § 88 Abs. 1 Satz 2 SGB VI, dass bei der neu zu zahlenden Rente mindestens die bisherigen persönlichen Entgeltpunkte zugrunde zulegen sind. Für den Versorgungsausgleich folgt hieraus, dass die bei Eintritt der verminderten Erwerbsfähigkeit vorhandene Zurechnungszeit, die im Rahmen der Gesamtleistungsbewertung eine Zuordnung von Entgeltpunkten erfährt (eingehend Rdn. 322), entsprechend der Anzahl an Entgeltpunkten auch für die im Versorgungsausgleich nach § 43 Abs. 1 VersAusglG i. V. m. § 39 Abs. 2 Nr. 1 VersAusglG zu ermittelnde (fiktive) Regelaltersrente (als Vollrente) heranzuziehen ist. Die mit dem Bezug der Erwerbsunfähigkeitsrente zugeordneten höheren Entgeltpunkte erlangen damit nach § 88 Abs. 1 Satz 2 SGB VI einen **Besitzschutz,** falls mit der Entziehung der Erwerbsunfähigkeitsrente nicht mehr zu rechnen ist (s. a. Rdn. 308, 329, 334). Ist eine Zurechnungszeit in der Ehezeit erlangt worden, das Ehezeitende aber vor Erreichen des 60. Lebensjahres eingetreten, so ist entsprechend der Regelung des § 124 Abs. 2 SGB VI der Wert der ehezeitbezogenen Zurechnungszeit aus den Entgeltpunkten zu berechnen, die sich aus dem Beginn der Zurechnungszeit bis zum Ende der Ehezeit ergibt. Der Wert der Zurechnungszeit nach dem Ende der Ehezeit (bis zum Erreichen des 60. Lebensjahres) ist dagegen nicht der Ehezeit zuzuordnen (zum Rechtszustand vor dem 01. 01. 1992 BGH FamRZ 1986, 337 = NJW-RR 1986, 491). Entsprechendes gilt für die Berücksichtigung der Zurechnungszeit, wenn die verminderte Erwerbsfähigkeit bereits vor Beginn der Ehe vorlag. Auch insoweit sind der Ehezeit nur diejenigen Entgeltpunkte zuzuordnen, die in die Ehezeit fallen.

308 Hiervon zu unterscheiden ist der Fall, dass eine **bestandsgeschützte** (tatsächlich bezahlte) **Erwerbsunfähigkeitsrente** nach dem vor dem 01. 01. 1992 geltenden Rentenrecht vorlag, die die im Versorgungsausgleich fiktiv errechnete Altersrente überstieg. Dass die Entgeltpunkte der tatsächlichen Rente wegen verminderter Erwerbsfähigkeit insgesamt höher sind als diejenigen der fiktiv ermittelten Altersrente, kann z. B. auf der nach altem (bis 31. 12. 1991 geltenden) Recht günstigeren

III. Das Rentenreformgesetz 1992 und dessen Auswirkungen auf den VersAusgl

Bewertung der ersten fünf Kalenderjahre und der beitragsfreien Zeiten beruhen. Nach ständiger Rechtsprechung des BGH (FamRZ 1989, 723 = NJW 1989, 1995) war im Versorgungsausgleich vom **tatsächlichen Rentenzahlbetrag** auszugehen. Der Ehezeitanteil war in diesen Fällen nach dem Verhältnis der Werteinheiten aus der Berechnung der tatsächlich gezahlten Renten zu bilden (FamRZ 1985, 688 = NJW 1985, 560). Im neuen Rentenrecht ist aber nicht der Zahlbetrag der Rente maßgebend, sondern die Zahl der der **Rentenleistung zugrunde liegenden Entgeltpunkte**. Übersteigt bei einer nach der bis zum 31. 12. 1991 geltenden Rentenformel berechneten und nach dem Ende der Ehezeit bezogenen Rente wegen verminderter Erwerbsfähigkeit, mit deren Entziehung nicht mehr zu rechnen ist, die Summe der in Entgeltpunkte umgerechneten Werteinheiten die Summe der Entgeltpunkte (aus der Berechnung der fiktiven Anwartschaft auf die Regelaltersrente), so ist für den Versorgungsausgleich der Ehezeitanteil aus der Rente mit der höheren, nach § 88 Abs. 1 Satz 2 SGB VI bestandsgeschützten Anzahl der Entgeltpunkte maßgeblich (BGH FamRZ 1997, 160 = NJW 1997, 315; *Klattenhoff*, DAngVers 1992, 57, 68; DAngVers 1994, 68, 73; *Johannsen/Henrich/Hahne* § 1587 a BGB Rn. 170; *Schmeiduch* FamRZ 1998, 594). Zwar schützt die Besitzstandsregelung des § 88 Abs. 1 Satz 2 SGB VI lediglich die der Rente insgesamt zugrunde liegenden persönlichen Entgeltpunkte, nicht aber eine Teilanwartschaft wie etwa diejenige der Ehezeit. Der Ehezeitanteil ist jedoch der für den Versorgungsausgleich maßgeblichen Rente zu entnehmen (BGH FamRZ 1989, 723 = NJW 1989, 1995), wobei die Bestimmung des auf die Ehezeit entfallenden Teils mit dem Gesamtwert der Rente übereinstimmen muss. Aus diesem Grunde scheidet es aus, den Ehezeitanteil aufgrund fiktiver Werte zu berechnen, die der endgültigen Rente nicht zugrunde liegen und sich auf deren Höhe nicht auswirken, weil ansonsten die Gefahr der Verletzung des Halbteilungsgrundsatzes besteht (BGH FamRZ 1997, 160, 161 = NJW 1997, 315). Die Zuordnung der Entgeltpunkte zur Ehezeit bestimmt sich aber nach dem ab den 01. 01. 1992 geltenden Rentenrecht (BGH FamRZ 1996, 406 = NJW 1996, 1344 m. w. N.; FamRZ 1997, 160, 161; *Borth* FamRZ 1997, 1041, 1044). Zurechnungszeiten sind deshalb entsprechend der Regelung des § 124 Abs. 2 SGB VI der Ehezeit zuzuordnen (s. Rdn. 301 a. E.; ferner Rdn. 329, 336). An diesen Grundsätzen hat sich nichts durch die Neuregelung des § 5 Abs. 1 VersAusglG i. V. m. §§ 39 Abs. 2 Nr. 1, 43 Abs. 1 VersAusglG geändert, wonach Teilungsgegenstand nicht die Rente, sondern die Anzahl der Entgeltpunkte ist, weil diese für die Bestimmung der Höhe der Rente maßgeblich sind und deshalb der Ausgleichswert aus den festgestellten tatsächlichen Entgeltpunkten abgeleitet werden kann.

Fällt bei der fiktiv ermittelten Altersrente auf die Ehezeit eine höhere Anzahl an Entgeltpunkten als bei der Rente wegen Erwerbsminderung, die tatsächlich gezahlte Rente wegen Erwerbsminderung aber im Verhältnis zur fiktiv ermittelten Rente wegen Alters die höhere Anzahl an Entgeltpunkten aufweist, verbleibt es nach BGH ebenfalls bei dieser Berechnung, weil nur hierdurch der **Grundsatz der Halbteilung** gewahrt werden kann. Hierbei ist der Ehezeitanteil aus den für den Versorgungsausgleich maßgeblichen Entgeltpunkten der Rente wegen Erwerbsminderung zu entnehmen, dessen Berechnung mit der Gesamtberechnung in Einklang zu bringen ist (BGH FamRZ 1997, 160 = NJW 1997, 315; FamRZ 1989, 723 = NJW 1989, 1995; s. a. *Schmeiduch* FamRZ 1998, 594 – dies kann auf der günstigeren Bewertung der ersten 5 Kalenderjahre nach altem Recht beruhen). Bezieht der Ehegatte bereits die Altersrente (als Folgerente), so dass auch eine Fiktivbewertung im Versorgungsausgleich entfällt, greift aber die Besitzschutzregelung des § 88 Abs. 1 SGB VI ein, sind die Entgeltpunkte für die Berechnung des Anrechts aus der **Vorrente** zu entnehmen, aus der der Besitzschutz abgeleitet wurde (s.

309

Schmeiduch FamRZ 1998, 594, 596, der auch darauf hinweist, dass die Deutsche Rentenversicherung entspr. §§ 88, 300 Abs. 3, 307 Abs. 6 Satz 2 SGB VI verfährt).

4. Unbeachtlichkeit einer unterschiedlichen Besteuerung von Anrechten

a) Grundsatz

310 Bis zum Inkrafttreten des **Alterseinkünftegesetz** vom 05. 07. 2004 (BGBl I 1427) unterlagen Renten der gesetzlichen Rentenversicherung nur mit ihrem (geringen) Ertragsanteil der Einkommenssteuerlast, so dass regelmäßig keine oder nur eine unwesentliche Steuerlast auftrat. Leistungen aus einer Beamtenversorgung, betrieblichen Altersversorgung und sonstigen Versorgungen sind dagegen voll zu versteuern; hierdurch konnten sich erhebliche Abweichungen in Bezug auf die ausgeglichenen Anrechte ergeben, weil der Ausgleichsberechtigte im Ergebnis eine höhere Versorgungsleistung erlangte als der Ausgleichspflichtige, so dass der Grundsatz der gleichmäßigen Teilhabe an den in der Ehe erworbenen Anrechten verletzt wurde. Das BVerfG (BVerfGE 53, 257 = FamRZ 1980, 326 ff. = NJW 1980, 692, 696) unterstellte diese Frage aber nicht der Prüfung der Bestimmungen zum Versorgungsausgleich, sondern hielt dies für eine Folge des Steuerrechts; es wurde deshalb dem Steuergesetzgeber überlassen, in welcher Art und Weise er angesichts der eintretenden Verzerrungen Abhilfe schafft (BVerfGE 54, 11 = NJW 1980, 2569, 2572). Dieser Rechtsprechung ist der BGH gefolgt (BGHZ 74, 86, 101 f. = FamRZ 1979, 490, 494 f. = NJW 1979, 1300, 1303; FamRZ 1988, 709 = NJW 1988, 1839; FamRZ 1989, 725, 727 = NJW 1989, 1999; FamRZ 1989, 844, 846 = NJW 1989, 2812, 2814; FamRZ 1996, 302 f.; FamRZ 2007, 627). Er hat es auch abgelehnt, über die **Härteklausel** nach § 1587 c Nr. 1 BGB einen Ausgleich zu schaffen, weil er in der unterschiedlichen Besteuerung regelmäßig keine grobe Unbilligkeit sieht, die eine Korrektur rechtfertigen könnte. Hierbei hat sich der BGH im Wesentlichen davon leiten lassen, dass die künftige Besteuerung einer Versorgung nicht sicher vorhergesehen werden könne, andererseits aber damit zu rechnen sei, dass der Gesetzgeber die vom BVerfG (53, 257 = FamRZ 1980, 326 ff. = NJW 1980, 692, 696) beanstandete Regelung alsbald ändere.

Dem ist der Gesetzgeber durch das **Alterseinkünftegesetz**, das in den §§ 19 Abs. 2, 22 Nr. 1 Satz 3 a), aa), 24 a EStG die steuerliche Ungleichbehandlung in einer Übergangszeit bis zum Jahre 2040 beseitigt, nachgekommen.

b) Ausnahme bei eingetretenem Versorgungsfall

311 Ist allerdings bei Durchführung des Versorgungsausgleichs der Versorgungsfall bei beiden Ehegatten eingetreten, sind die **steuerlichen Auswirkungen** annähernd sicher festzustellen. In diesem Fall lässt der BGH nach der **Härteklausel** des § 27 VersAusglG (§ 1587 c BGB a. F.) eine Korrektur in der Weise zu, dass der Ausgleichsbetrag zugunsten des Ausgleichspflichtigen so herabgesetzt wird, dass der Halbteilungsgrundsatz gewahrt werden kann (FamRZ 1989, 1163, 1165 = NJW 1989, 2814, 2815; FamRZ 1995, 29, 30 f.; FamRZ 1999, 497; FamRZ 2007, 627). Ist lediglich beim **Ausgleichspflichtigen** der Versorgungsfall eingetreten, der aus seiner Beamtenversorgung eine hohe Steuerlast hinzunehmen hat, kann ebenfalls nach § 27 VersAusglG eine Herabsetzung des Ausgleichsbetrages erfolgen, wenn vorherzusehen ist, dass beim Ausgleichsberechtigten keine oder allenfalls eine geringe Steuerlast auftritt (was regelmäßig dann möglich ist, wenn die Höhe der gesamten Versorgung des Berechtigten in der gesetzlichen Rentenversicherung im Wesentlichen feststeht). Da die Härteklausel nach § 27 VersAusglG lediglich eine **Herabsetzung des Ausgleichsanspruchs** ermöglicht, scheidet nach

III. Das Rentenreformgesetz 1992 und dessen Auswirkungen auf den VersAusgl

dieser Bestimmung eine Korrektur aus, wenn beim Ausgleichsberechtigten eine höhere Steuerlast als beim Ausgleichspflichtigen auftritt. Ergeben sich hierdurch erhebliche Unterschiede, ist auch in diesem Fall der Halbteilungsgrundsatz zu wahren und eine Korrektur nach § 242 BGB vorzunehmen, der in diesem Fall nicht von § 27 VersAusglG verdrängt wird.

Die Notwendigkeit einer **Korrektur der ungleichen Steuerlast** tritt vor allem bei hohen Anrechten des Ausgleichspflichtigen aus einer Beamtenversorgung auf, weil den Ausgleichsberechtigten wegen des steuerlichen Grundfreibetrages i. H. v. 7.664 € sowie des Altersentlastungsbetrags nach § 24 a EStG regelmäßig eine geringere Steuerlast trifft. Die vorzunehmende Korrektur nach § 27 VersAusglG (BGH FamRZ 2007, 627) ist systematisch fragwürdig, weil der in § 1 Abs. 2 VersAusglG enthaltene vorrangige Grundsatz der Halbteilung nicht berücksichtigt wird, nach dem in Bezug auf das einzelne Anrecht der Wertausgleich streng durchzuführen ist. Dem wird der Maßstab der Prüfung der groben Unbilligkeit im Sinne des BGH nicht gerecht, weil diese nur danach erfolgt, ob dem Betroffenen (der Steuerlast) die (ungleiche) **Mehrbelastung wirtschaftlich zumutbar** ist, zumal dieser Effekt zusätzlich durch die Belastung mit Beiträgen zu einer Kranken- und Pflegeversicherung verschärft wird (BGH FamRZ 2006, 323, 325; FamRZ 2007, 120; Rdn. 546). Diese Differenzierung ist gleichheitswidrig.

c) Berücksichtigung der ungleichen Steuerlast im Abänderungsverfahren

Abgelehnt hat der BGH den **Einstieg in ein Abänderungsverfahren** nach § 10 a VAHRG bei einer unterschiedlichen Besteuerung der Beamtenversorgung des Ausgleichspflichtigen, deren nach § 1587 b Abs. 2 BGB in der gesetzlichen Rentenversicherung begründeter Anteil beim Ausgleichsberechtigten ungleich besteuert wird (FamRZ 1989, 725 = NJW 1989, 1999; FamRZ 1996, 1540; OLG Hamm FamRZ 2003, 236; s. Rdn. 113 a. E.). In einer weiteren Entscheidung zu § 10 a VAHRG a. F. hat der BGH (FamRZ 1996, 282) ausdrücklich hervorgehoben, dass eine Abänderung nur unter den Voraussetzungen des § 10 a Abs. 1 Nr. 1–3 VAHRG a. F. möglich sei, während Billigkeitserwägungen nach § 1587 c BGB a. F. (§ 27 VersAusglG), soweit sie auf abgeschlossenen Tatbeständen beruhen und in der Erstentscheidung – bejahend oder verneinend – Eingang gefunden haben, keiner erneuten Überprüfung unterliegen. Er verlangt deshalb im Fall eines noch nicht endgültig angeschlossenen Sachverhalts eine abschließende Würdigung i. S. einer Prognose (anders OLG Karlsruhe FamRZ 2005, 1487 – Erfassung nach § 1587 c BGB a. F.). Der Gesetzgeber habe in § 10 a Abs. 1 VAHRG a. F. eine abschließende Regelung zum Einstieg in das Abänderungsverfahren getroffen und im Übrigen dem Grundsatz der Rechtssicherheit den Vorrang vor dem Grundsatz der materiellen Gerechtigkeit gegeben. Dieser Grundsatz lässt sich bei der Frage der Besteuerung deshalb nicht aufrechterhalten, wenn in der Erstentscheidung mangels Vorhersehbarkeit der steuerlichen Auswirkungen eine Korrektur nach § 1587 c BGB a. F. (insoweit zutreffend) nicht vorgenommen wird, weil die Wahrung des Grundsatzes der Halbteilung nicht von der Zufälligkeit des jeweiligen Zeitpunkts der Scheidung (vor oder nach Eintritt des Versorgungsfalls) abhängen kann (zur Kritik s. a. *Berger* NJW 1990, 678 ff.; *Borth* FamRZ 1996, 714, 717; FamRZ 1997, 1049).

312

Weiterhin offen gelassen hat der BGH die Frage, ob im **Rahmen eines Abänderungsverfahrens** nach §§ 225 f. FamFG Härtegründe nach § 27 VersAusglG berücksichtigt oder nur in den Grenzen des § 226 Abs. 3 FamFG geprüft werden können (FamRZ 1993, 175; FamRZ 1995, 29, 30 = NJW 1995, 136 – zur Steuerlast; FamRZ 1996, 282). Die Berücksichtigung von Härtegründen nach § 27 VersAusglG ist

313

2. Kapitel   Bewertung von Anrechten auf eine Versorgung wegen Alters oder Invalidität

grundsätzlich zu bejahen, weil das Abänderungsverfahren eine Neuvornahme (Totalrevision) des Versorgungsausgleichs darstellt und sein Zweck jedenfalls auch darin besteht, einen der materiellen Rechtslage entsprechenden Wertausgleich vorzunehmen. Im Übrigen sieht der BGH für eine Berücksichtigung der unterschiedlichen Besteuerung durch die Härteklausel nach § 27 VersAusglG keinen Anlass, wenn einerseits der Ausgleichspflichtige insgesamt deutlich höhere Versorgungsanrechte besitzt, andererseits sich die Versorgungsanrechte des Ausgleichsberechtigten durch die Abänderung nicht wesentlich erhöhen (FamRZ 1995, 29, 30 f.).

5. Berücksichtigungszeiten

314 Da Zeiten der Kindererziehung nach Ablauf der rentenbegründend bzw. -steigernd wirkenden Kindererziehungszeit zu einer Lücke in der sozialen Biographie führen können, wurde in § 57 SGB VI ab 01.01.1992 die bis dahin geltende Regelung, wonach der Anspruch auf eine Rente wegen verminderter Erwerbsfähigkeit bei Erziehung eines Kindes bis zu dem fünften Lebensjahr auch ohne die Ausübung einer versicherungspflichtigen Beschäftigung erhalten blieb, erweitert (geändert durch das RRG 1992). Danach wird die Erziehungszeit eines Kindes bis zu seinem **vollendeten zehnten Lebensjahr** erfasst. Neben der Erhaltung des Anspruchs auf eine Rente wegen verminderter Erwerbsfähigkeit (§§ 43 Abs. 1, 2 SGB VI) bewirkt die Berücksichtigungszeit, dass sich die Bewertung der beitragsfreien bzw. geminderten Zeiten nach dem **Beitragsdichtemodell** gem. § 71 Abs. 3 SGB VI nicht verschlechtert (s. u. Rdn. 322). Sie werden ferner auf die Wartezeit von 35 Jahren für Renten nach Mindestentgeltpunkten bei geringem Arbeitsentgelt (§ 262 SGB VI; s. a. Rdn. 320, 327) berücksichtigt oder für die Altersrente für langjährig Versicherte anerkannt. Ihr Zweck besteht deshalb allein darin, weitere rentenrechtliche Nachteile aus solchen Erziehungszeiten als deren Nichtbewertung (im Versicherungsverlauf) zu vermeiden. Eine rentenbegründende bzw. -steigernde Wirkung haben sie nicht. Bei mehreren Kindern, die innerhalb der ersten zehn Jahre geboren werden, überschneiden sich die **Kinderberücksichtigungszeiten;** sie erstrecken sich von dem Monat nach der Geburt des ersten Kindes bis zu dem Ende des Monats, in dem das jüngste Kind das 10. Lebensjahr vollendet. Erforderlich ist jedoch, dass für den gesamten berücksichtigungsfähigen Zeitraum die Voraussetzungen für die Anerkennung einer Kindererziehungszeit vorliegen. Treffen Berücksichtigungs- und Beitragszeiten zusammen, schlägt sich dies nach § 71 Abs. 3 SGB VI bei der **Gesamtleistungsbewertung** nieder. Bei Zusammentreffen mit Kindererziehungszeiten wirkt sich dies jedoch nicht aus, weil beide bei der Gesamtleistungsbewertung mit dem gleichen Wert von 0,0625 Entgeltpunkten je Monat (0,75 im Jahr) erfasst werden, §§ 70 Abs. 2, 71 Abs. 3 SGB VI. Gleiches gilt nach Erhöhung der Entgeltpunkte auf 0,0833 je Monat durch das RRG 1999 (Rdn. 300). Kindererziehungszeiten und Berücksichtigungszeit können nicht zwischen den Eltern geteilt, sondern nur bei einem Elternteil anerkannt werden. Die Berücksichtigungszeit wird deshalb grundsätzlich der **Mutter** zugeschrieben, § 56 Abs. 2 Satz 8 SGB VI. Die Eltern können bestimmen, dass beide Zeiten dem Vater zuzuordnen sind, § 56 Abs. 2 Satz 3 SGB VI. Der berechtigte Elternteil muss das Kind bis zu dessen 10. Lebensjahr erzogen haben. Auf Antrag kann nach § 57 Abs. 2 SGB VI auch die Zeit der nicht erwerbsmäßigen **Pflege eines Pflegebedürftigen** als Berücksichtigungszeit anerkannt werden; aus § 177 SGB VI ist zu entnehmen, dass diese Pflegeberücksichtigungszeiten erst ab dem 31.12.1991 entstehen konnten.

III. Das Rentenreformgesetz 1992 und dessen Auswirkungen auf den VersAusgl

6. Die Rentenformel nach dem RRG 1992

a) Überblick

Im Grundsatz baut die Rentenberechnung auf dem früheren System auf, fasst allerdings mehrere Rechenvorgänge der alten Berechnung zusammen und wird hierdurch leichter verständlich. Neu eingeführt wurde der **Zugangsfaktor,** der die Funktion hat, bei einem vorzeitigen oder hinausgeschobenen Rentenbezug eine unterschiedlich lange Rentenbezugsdauer auszugleichen, § 63 Abs. 5 SGB VI. In § 63 Abs. 1 SGB VI wird das Grundprinzip der Rentenberechnung ausdrücklich hervorgehoben; die Höhe der Rente richtet sich nach den während des Versicherungslebens geleisteten Beiträgen, die vom versicherten Arbeitsentgelt und Einkommen abhängen. Die neue Formel drückt dies durch den Begriff der **Entgeltpunkte** aus, § 63 Abs. 2 SGB VI. Die Dynamik der Renten und Anwartschaften wird durch die Bindung an den **aktuellen Rentenwert** gesichert, § 63 Abs. 7 SGB VI. Diesen Grundsatz hat auch das RRG 1999 beibehalten, dort aber unter Abs. 7 eingefügt: »unter Berücksichtigung der durchschnittlichen Lebenserwartung«; hierdurch soll die steigende Versorgungslast durch die Veränderung der biometrischen Zahlen bei der Bestimmung der Rentenhöhe berücksichtigt werden. Der Monatsbetrag einer Rente ergibt sich, indem die unter Berücksichtigung des Zugangsfaktors ermittelten Entgeltpunkte mit dem **Rentenartfaktor** und dem **aktuellen Rentenwert** vervielfältigt werden, § 63 Abs. 6 SGB VI. Die Anzahl der persönlichen Entgeltpunkte ergibt sich aus den vom Versicherten erreichten Entgeltpunkten, die mit dem Zugangsfaktor vervielfältigt werden, § 66 Abs. 1 SGB VI. Zentrale Faktoren der neuen Rentenformel sind die Entgeltpunkte und der aktuelle Rentenwert. Die individuellen Faktoren der alten Rentenformel werden zu **Entgeltpunkten** zusammengefasst und lösen die Werteinheiten ab. 100 Werteinheiten ergeben einen Entgeltpunkt, § 264 Satz 1 SGB VI.

315

Das Verständnis der Entgeltpunkte soll anhand eines **Beispiels** dargestellt werden. § 63 Abs. 2 Satz 2 SGB VI bestimmt, dass der Durchschnittsverdiener pro Jahr einen Entgeltpunkt erhält. Erzielt ein Versicherter während der gesamten Versicherungszeit durchgehend 30% über dem Durchschnitt, erhält er pro Jahr 1,3 Entgeltpunkte, in 45 Jahren damit 58,5 Entgeltpunkte. Entsprechend erhöht sich auch der Rentenzahlbetrag. Bei der Bestimmung des **Verhältniswertes** des individuellen Entgelts zum Durchschnittsentgelt aller Versicherten ist nach § 70 Abs. 1 Satz 2 SGB VI (s. a. § 310 Nr. 2 SGB VI) für das Kalenderjahr des Rentenbeginns und das davor liegende Jahr als Durchschnittsentgelt der Betrag zugrunde zulegen, der für das **Kalenderjahr vorläufig bestimmt** ist. Das **vorläufige Durchschnittsentgelt** wird nach § 69 Abs. 2 Nr. 2 SGB VI durch Rechtsverordnung bestimmt (s. FamRZ 2009, 98 ff.).

2. Kapitel Bewertung von Anrechten auf eine Versorgung wegen Alters oder Invalidität

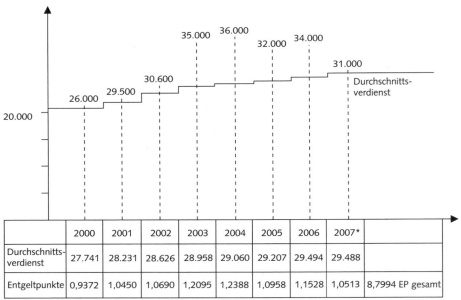

Rente damit 8,7994 EP × 26,27 (aktueller Rentenwert) x× 1 (Rentenfaktor) × 1 (Zugangsfaktor) = 231,16 €
* vorläufiges Entgelt

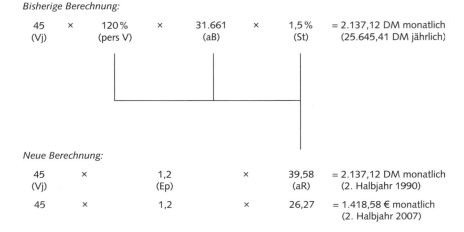

316 An dieser Regelung ist auch im **Versorgungsausgleich** festzuhalten, selbst wenn aufgrund einer Verfahrensverzögerung im Zeitpunkt der letzten Tatsachenentscheidung oder im Abänderungsverfahren das endgültige Entgelt feststeht. Denn § 5 Abs. 1 VersAusglG i. V. m. § 39 Abs. 1, 2 Nr. 1 VersAusglG (§ 1587 a Abs. 2 Nr. 2 BGB a. F.) bestimmt, dass bei Anrechten der gesetzlichen Rentenversicherung der Betrag zugrunde zulegen ist, der sich am Ende der Ehezeit aus den in die Ehezeit fallenden Entgeltpunkten ergibt. Die Berechnung der Entgeltpunkte erfolgt nach den Bestimmungen des SGB VI. Da sowohl beim tatsächlichen Rentenfall wie auch im Versorgungsausgleich regelmäßig die endgültigen Durchschnittsentgelte nicht feststehen, gleichwohl eine Rentenberechnung zur Ermittlung der Anwartschaften vorgenommen werden muss, hat die Bestimmung der Rente und da-

III. Das Rentenreformgesetz 1992 und dessen Auswirkungen auf den VersAusgl

mit der Rentenfaktoren in beiden Fällen gleich zu erfolgen (*Borth*, FamRZ 1996, 641, 648; OLG Frankfurt/M FamRZ 1996, 1422; a. A. OLG Karlsruhe FamRZ 1995, 361 mit ablehnender Anm. von *Kemnade*). Entsprechend hat der BGH zum früheren Rechtszustand entschieden, dass die bei Ehezeitende maßgeblichen Werte des Durchschnittsbruttoentgelts heranzuziehen sind (FamRZ 1991, 173).

b) Aktueller Rentenwert

Ein weiterer wichtiger Faktor ist der aktuelle Rentenwert, der für alle Renten einheitlich gilt und in § 68 Abs. 1 SGB VI definiert wird. Er bestimmt den **monatlichen Betrag** der Altersrente, der sich errechnet, wenn für ein Kalenderjahr Beiträge nach dem durchschnittlichen Entgelt aller Versicherten abgeführt werden. Damit setzt sich der aktuelle Rentenwert, bezogen auf die alte Rentenformel, aus der allgemeinen Bemessungsgrundlage und dem Steigerungssatz für das Altersruhegeld (1,5%) zusammen, das Ergebnis ist durch zwölf zu teilen. Er ersetzt damit die in der allgemeinen Bemessungsgrundlage enthaltene Dynamisierung der Renten, die allerdings aufgrund gesetzgeberischer Eingriffe deutlich hinter dem Durchschnittsverdienst aller Versicherten zurückblieb (allgemeine Bemessungsgrundlage 1990 = 31.661; Durchschnittsverdienst 38.896). Der aktuelle Rentenwert für 1990 (ab 01.07.) beträgt damit: 31.661 × 1,5%: 12 = 39,58 DM (1989: 30.709 × 1,5% : 12 = 38,39 DM). Die Berechnung wird nach § 123 Abs. 1 SGB VI mit zwei Dezimalstellen vorgenommen. Er baut damit nicht auf dem aktuellen Durchschnittseinkommen aller Versicherten auf, sondern beruht auf einem zeitlich weit zurückliegenden Wert. Auf der Basis des aktuellen Rentenwerts 1991 werden die zukünftigen Veränderungen ermittelt (für 1992 s. § 309 SGB VI). Berechnungsart und Umfang der Anpassung ergibt sich aus § 68 Abs. 2 SGB VI (zur Entwicklung des aktuellen Rentenwertes s. folgende Tabelle).

317

Beispiel einer vergleichbaren Berechnung bei einem persönlichen Vomhundertsatz von 120 % und 45 Versicherungsjahren:

Bisherige Berechnung:

45 (Vj)	×	120 % (pers V)	×	31.661 (aB)	×	1,5 % (St)	= 2.137,12 DM monatlich (25.645,41 DM jährlich)

Neue Berechnung:

45 (Vj)	×	1,2 (Ep)	×	39,58 (aR)	= 2.137,12 DM monatlich (2. Halbjahr 1990)
45	×	1,2	×	26,27	= 1.418,58 € monatlich (2. Halbjahr 2007)

Vj = Versicherungsjahre; pers V = persönlicher Vomhundertsatz; aB = allgemeine Bemessungsgrundlage ab 01. 07. 1990; St = Steigerungssatz; Ep = Entgeltpunkte; ARW = aktueller Rentenwert. Der aktuelle Rentenwert leitet sich aus einem persönlichen Vomhundertsatz von 100 ab, entspricht also dem statistischen Durchschnittsentgelt. Das Produkt aus 31.661 und 1,5 v. H. ergibt den Jahresbetrag, so dass sich der monatliche aktuelle Rentenbetrag 39,58 DM ergibt (474,92 : 12).

Die aktuellen Rentenwerte *(Ost)* ergeben sich aus den jeweiligen Rentenanpassungsordnungen (FamRZ 2009, 98). Diese Werte sind nach § 264a Abs. 2 Satz 2 SGB VI mit einem Angleichungsfaktor zu vervielfältigen, wenn das Familiengericht dies angeordnet hat. Die Endergebnisse aus den Berechnungen sind auf vier Dezimalstellen auszurechnen (Ausnahme § 255d SGB VI); die vierte Stelle ist dabei um 1 zu erhöhen, wenn in der fünften Stelle eine der Ziffern 5 bis 9 vorliegen würde, § 121 Abs. 1 und 2 SGB VI. In der **knappschaftlichen Rentenversi-**

cherung ist der aktuelle Rentenwert zuvor mit dem Faktor 1,3333 zu vervielfältigen, §§ 86 Abs. 1, 265 a Abs. 2 SGB VI.

c) Rentenartfaktor

318 In die Rentenberechnung geht ferner der **Rentenartfaktor** ein (§ 67 SGB VI), weil der Steigerungssatz für das Altersruhegeld und die Rente wegen voller Erwerbsminderung von 1,5 % in dem aktuellen Rentenwert enthalten ist. Für Renten wegen Alters und voller Erwerbsminderung nach § 43 Abs. 2 SGB VI beträgt der Rentenartfaktor 1 und wirkt sich somit rechnerisch nicht aus. Für die Rente wegen teilweiser Erwerbsminderung nach § 43 Abs. 1 SGB VI beträgt der Rentenartfaktor 0,5. Die Rente beträgt nach dem obigen Beispiel damit

> **Beispiel:**
> (1) Rente wegen Alters oder voller Erwerbsminderung:
>   20 Ep × 1 (Rentenartfaktor) × 27,20 (ARW) = 544,00 €
> (2) Rente wegen teilweiser Erwerbsminderung:
>   20 Ep × 0,5 (Rentenartfaktor) × 272,00 €

d) Zugangsfaktor

319 Mit dem eingeführten Zugangsfaktor nach § 77 SGB VI sollen die finanziellen Auswirkungen einer unterschiedlich langen Rentenbezugsdauer infolge der vorzeitig bzw. hinausgeschobenen Inanspruchnahme der Altersrente ausgeglichen werden, § 63 Abs. 5 SGB VI. Wird die Rente ab der gesetzlich bestimmten Altersgrenze bezogen, beträgt der Zugangsfaktor 1; an der Höhe der Rente ändert sich damit nichts. Der Zugangsfaktor mindert sich jedoch um 0,3% je Monat, wenn die Rente vor diesem Zeitpunkt bezogen wird. Geht z. B. der Versicherte zwei Jahre früher als gesetzlich bestimmt in Rente, wird die Rente über den Zugangsfaktor um 7,2 % gekürzt. Der Zugangsfaktor erhöht sich um 0,5% je Monat, wenn die Altersrente nach dem 65. Lebensjahr beansprucht wird. Bis zum Jahr 1997 betrug der Zugangsfaktor immer mindestens 1, weil bis dahin die Altersgrenzen beibehalten wurden (zu den Auswirkungen im Versorgungsausgleich s. Rdn. 290).

7. Bewertung von Beitragszeiten

320 Im Grundsatz ist es bei der bisherigen Regelung geblieben, dass die jährliche Beitragsbemessungsgrundlage (Bruttoarbeitsentgelt) durch das Durchschnittsentgelt für dasselbe Kalenderjahr geteilt wird, § 70 Abs. 1 SGB VI. Für das Kalenderjahr des Rentenbeginns und das davor liegende Kalenderjahr wird als Durchschnittsentgelt der Betrag zugrunde gelegt, der für diese Kalenderjahre vorläufig bestimmt ist, § 70 Abs. 1 Satz 2 SGB VI (eingehend Rdn. 314; zur Übergangsregelung s. § 310 Abs. 2 SGB VI; zur alten Regelung s. BGH FamRZ 1991, 173). Aufgrund des **Wachstumsförderungsgesetzes** vom 25. 09. 1996 (BGBl I 1461) wurden **Schulausbildungszeiten** neu geregelt (§§ 58 Abs. 1 Nr. 4, 252 SGB VI); sie werden ab dem 17. Lebensjahr bis zu acht Jahren anerkannt, aber über die begrenzte Gesamtleistungsbewertung höchstens drei Jahre berücksichtigt. Die restlichen Anrechnungszeiten werden als unbewertete Anrechnungszeiten angerechnet (zu den weiteren berufsbildenden Maßnahmen s. §§ 58 Abs. 1 Satz 1 Nr. 4, Satz 2, 252 SGB VI). Zur Bewertung wird auf § 74 Satz 1, 2 SGB VI verwiesen (doppelte Begrenzung – individuell ermittelter Gesamtleistungswert auf 75%; dieser Wert darf nicht 0,0625 je Kalendermonat übersteigen). Dies hat zunächst zur Folge, dass die Entgeltpunkte aus den tatsächlich abgeführten Beiträgen erworben werden, die regelmäßig geringer sind als der bisherige Sockelbetrag von 0,075 Entgeltpunkten je

Kalendermonat. Wegen der Gesamtleistungsbewertung führt dies auch im Versorgungsausgleich zu einer Veränderung von in der Ehezeit liegenden beitragsfreien Zeiten (Anrechnungszeiten), was insbesondere im Abänderungsverfahren von Bedeutung ist (und bei vor dem 01.01.1997 eingeholten Auskünften eine erneute Auskunft erfordert, wenn das Verfahren am 01.01.1997 noch nicht abgeschlossen war). Die Regelungen zur Rente nach **Mindestentgeltpunkten bei geringem Arbeitseinkommen,** sind im Grundsatz beibehalten, in Einzelheiten aber teilweise stark verändert worden (s. § 262 SGB VI, Art. 82 RRG 1992; ferner Rdn. 302).

Für **Kindererziehungszeiten** werden je Kalendermonat 0,0833 Entgeltpunkte gewährt, falls die individuell erworbenen Entgeltpunkte nicht höher sind, § 70 Abs. 2 SGB VI, begrenzt auf die Höchstwerte (Bemessungsgrenze; zu den Einzelheiten Rdn. 301). Keine Beitragszeiten sind dagegen Leistungen nach Art. 2 Nr. 2 des **Erziehungsleistungsgesetzes** vom 17.07.1987 (BGBl I 1585 f.), die an Mütter der Geburtsjahrgänge vor 1921 für die Kindererziehung von den Trägern der gesetzlichen Rentenversicherung erbracht werden. Sie unterliegen deshalb auch nicht dem Versorgungsausgleich (BGH FamRZ 1991, 675; s. a. *von Einem*, FamRZ 1989, 1028; a. A. OLG Stuttgart FamRZ 1989, 185; OLG Karlsruhe FamRZ 1990, 526).

321

8. Bewertung beitragsfreier und beitragsgeminderter Zeiten – Gesamtleistungsbewertung

Die Bewertung der beitragsfreien und beitragsgeminderten Zeiten bestimmt sich nach der von dem Versicherten erbrachten Gesamtleistung an Beiträgen in dem belegungsfähigen Gesamtzeitraum – **Beitragsdichtemodell,** § 71 Abs. 1 SGB VI. Nach der in § 72 Abs. 1 SGB VI enthaltenen Grundregel wird den beitragsfreien und beitragsgeminderten Zeiten der individuelle Durchschnittswert (Gesamtleistungswert) zugeordnet. Dieser bestimmt sich, indem die Gesamtsumme aus Entgeltpunkten für Beitragszeiten und Berücksichtigungszeiten durch die Zahl der Kalendermonate des jeweils belegungsfähigen Gesamtzeitraums geteilt wird – **Grundbewertung.** Belegungsfähiger Zeitraum war früher die Zeit ab dem vollendeten 16. Lebensjahr bis zu dem Monat vor dem Rentenbeginn, § 72 Abs. 2 SGB VI. Diese Regelung wurde durch das Wachstums – und Beschäftigungsförderungsgesetz vom 25.09.1996 (BGBl I 1461) insoweit geändert, nach dem die Zeit ab dem 17. Lebensjahr maßgeblich ist. Nicht belegungsfähig sind beitragsfreie Zeiten, soweit sie nicht gleichzeitig Berücksichtigungszeiten sind, und Zeiten des Bezugs einer Rente, § 72 Abs. 3 SGB VI. Dieses Modell hat zur Folge, dass die beitragsfreien und beitragsgeminderten Zeiten in ihrer Bewertung sehr stark an die individuelle Versicherungsleistung angeknüpft sind. Eine geringe Anzahl an Entgeltpunkten mindert den Wert dieser Zeiten, ebenso vorhandene Lücken im Versicherungsverlauf. Diese Auswirkungen sollen anhand mehrerer Beispiele verdeutlicht werden.

322

Beispiel 1:

Daten:

Pflichtbeitragszeit _____ 30 Jahre _____ 30 Entgeltpunkte (Ep)

Gesamtzeit (Gz) _____ 45 Jahre

beitragsfreie Zeit (bZ) _____ 15 Jahre

2. Kapitel   Bewertung von Anrechten auf eine Versorgung wegen Alters oder Invalidität

Berechnung:

30 Ep/540 Monate (Gz) − 180 (bZ) = 30/360 = 0,0833 Ep (Monat)

Rentenbetrag für beitragsfreie Zeit:

15×12×0,0833×26,56 € =   398,24 €/Monat

(Jahre) (Monate) (Ep/Monat)

zuzüglich Rente aufgrund von Pflichtbeiträgen

30 × 1,0 × 26,56 =   796,80 €/Monat
                                                                                    1.195,04 €/Monat

Anmerkung:

Nach § 121 Abs. 1 SGB VI werden Berechnung auf vier Dezimalstellen durchgeführt, wenn nicht etwas anderes bestimmt ist. Hierbei wird die letzte Dezimalstelle um 1 erhöht, wenn sich in der folgenden Dezimalstelle eine der Zahlen 5 bis 9 ergeben würde (Abs. 2). Rentenleistungen werden nach § 123 Abs. 1 SGB VI auf zwei Dezimalstellen berechnet.

323 **Beispiel 2:**

Liegt bei dem Versicherten in seinem Versicherungsverlauf eine Lücke von zehn Jahren vor, ergibt sich folgende Berechnung:

Daten:

Pflichtbeitragszeiten (pro Jahr 1,2 Ep) _____ 20 Jahre _____ 24 Ep

Gesamtzeit (Gz) _____ 45 Jahre

beitragsfreie Zeit (bZ) _____ 15 Jahre

Versicherungslücke _____ 10 Jahre

Berechnung:

24 Ep/(540 Monate (Gz) − 180 (bZ)) = 24/360 = 0,0667 Ep (Monat)

Rentenbetrag für beitragsfreie Zeit:

15 × 12 × 0,0667 × 26,56 € =   318,88 €/Monat

Bestehen Lücken aufgrund ausländischer Versicherungszeiten, sind diese bei der Gesamtleistungsbewertung zu berücksichtigen (Kap. 10 Rdn. 944).

Beispiel 3:

Einbeziehung von Berücksichtigungszeiten (anstelle einer Lücke im Versicherungsverlauf).

Daten:

Pflichtbeitragszeiten (pro Jahr 1,2 Ep) _____ 20 Jahre _____ 24 Ep

Gesamtzeit (Gz) _____ 45 Jahre

Berücksichtigungszeit _____ 10 Jahre

beitragsfreie Zeit (bZ) _____ 15 Jahre

Berechnung:

24 Ep + (10 × 0,75) 7,5/(540 Monate (Gz) − 180 (bZ)) = 31,5/360 = 0,0875 Ep (Monat)

Für die Gesamtleistungsbewertung werden nach § 71 Abs. 3 SGB VI jedem Kalendermonat 0,0625 (jährlich 0,75) Entgeltpunkte zugeschrieben. Hierdurch wird eine Lücke im Versicherungsverlauf geschlossen, so dass sich der Gesamtleistungswert entsprechend erhöht. Dies wirkt sich auch auf die Bewertung der beitragsfreien Zeit aus. Eine unmittelbare Bewertung der Berücksichtigungszeit erfolgt dagegen nicht.

Rentenbetrag für beitragsfreie Zeit:

15 × 12 × 0,0875 × 26,56 € =   418,32 €/Monat

III. Das Rentenreformgesetz 1992 und dessen Auswirkungen auf den VersAusgl

Die Berücksichtigungszeit führt somit zu einem um 99,44 € höheren Rentenbetrag. Nach dem dargelegten Modell werden insbesondere folgende beitragsfreien Zeiten bewertet:
- *die Zurechnungszeit, § 59 SGB VI*
- *Ersatzzeiten, § 250 SGB VI*
- *Anrechnungszeiten wegen Schwangerschaft und Mutterschaft, § 58 Abs. 1 Satz 1 SGB VI*
- *pauschale Anrechnungszeit, § 253 SGB VI*

Für Anrechnungszeiten wegen Krankheit und Arbeitslosigkeit war nach § 74 SGB VI eine **begrenzte Gesamtleistungsbewertung** vorgesehen; sie betrug 80% des Gesamtleistungswerts. Diese Regelung wurde durch das Wachstums- und Beschäftigungsförderungsgesetz vom 25.09.1996 (BGBl I 1461) ersatzlos gestrichen; zur Bewertung gilt § 166 Abs. 1 Nr. 2 SGB VI. Die Anrechnungszeit wegen eines nach Vollendung des 16. Lebensjahres liegenden Schulbesuches oder einer abgeschlossenen Fach- oder Hochschulausbildung (§ 58 Abs. 1 Satz 1 Nr. 4, Satz 2 SGB VI) wird nur mit 75% des Gesamtleistungswerts bewertet, höchstens aber nur mit 75% des Durchschnittsentgelts aller Versicherten, § 74 Satz 2 SGB VI. Nach § 252 Abs. 1 Nr. 3 SGB VI ist in der Fassung des Wachstums- und Beschäftigungsförderungsgesetzes ab 1.01.1997 das 17. Lebensjahr maßgeblich (Rdn. 322).

324

Beispiel:

Daten:

Pflichtbeitragszeiten (pro Jahr 1,2 Ep) _____ 25 Jahre _____ 30 Ep

Gesamtzeit (Gz) _____ 45 Jahre

Schulzeit (AZ) _____ 5 Jahre

Krankheit (AZ) _____ 5 Jahre

Versicherungslücke _____ 10 Jahre

30 Ep/(540 Monate (Gz) – 180 (bZ)) = 30/420 = 0,0714 Ep (Monat)

Berechnung der Begrenzung nach §§ 74, 263 Abs. 2a SGB VI:

Krankheitszeit 0,0714 × 0,8 = 0,0571 Ep (Monat)

Schulzeit 0,0714 × 0,75 = 0,0536 Ep (Monat)

Rentenbetrag für Anrechnungszeiten (ab 01.07.1990):

Krankheitszeit 5 × 12 × 0,0571 = 3,426 Ep

Schulzeit 5 × 12 × 0,0536 = 3,216 Ep

3,426 + 3,216 × 26,56 € = 176,41 €/Monat

Im Falle der Frühinvalidität bzw. frühem Tod würden sich die Lücken im Versicherungsverlauf wegen der kurzen Versicherungszeit sehr stark auswirken. Das Gesetz sieht deshalb in § 72 Abs. 4 SGB VI einen **Lückenausgleich** vor, indem die im Nenner des Bruches stehenden belegungsfähigen Monate verringert werden, so dass sich der Quotient, der den Wert der Anrechnungszeit bestimmt, erhöht. Die nach § 73 SGB VI vorzunehmende **Vergleichsbewertung** gewährleistet, dass beitragsgeminderte Zeiten mindestens so wie beitragsfreie Zeiten bewertet werden. Dies erfolgt auf der Grundlage der vollwertigen Beitragszeit und der Berücksichtigungszeiten (zu den Einzelheiten s. § 73 SGB VI). Die in § 263 SGB VI enthaltenen Übergangsbestimmungen bezwecken, dass sich die durch die Gesamtleistungsbewertung ergebenden geringeren Rentenbeträge nicht sofort, sondern nach und nach bis zum Jahre 2003 auswirken. Hierzu wird die Zahl der nicht belegungsfähigen Monate um eine Pauschalzeit erhöht; sie beträgt im Jahr 1992 36% der Beitragszeiten, falls nicht die Zahl der nicht mit rentenrechtlichen Zeiten belegten

2. Kapitel   Bewertung von Anrechten auf eine Versorgung wegen Alters oder Invalidität

Monate geringer ist. Nach § 263 Abs. 2 SGB VI wird dieser Wert um jeweils 3% jährlich abgebaut. Diese Regelung wurde ebenfalls durch das Wachstums- und Beschäftigungsförderungsgesetz vom 25. 09. 1996 (BGBl I 1461) ab 01. 01. 1997 geändert.

9. Die Bewertung der dem Versorgungsausgleich unterliegenden Rentenanrechte nach den Bestimmungen des RRG 1992

a) Grundlagen

325   Das RRG 1992 hat die Bestimmungen zum Versorgungsausgleich nach § 1587a Abs. 2 Nr. 2 BGB a. F., soweit sie die gesetzliche Rentenversicherung betrafen, dem neuen Rentenrecht des SGB VI angepasst. Wesentliche Änderungen des Systems sind nicht eingetreten; allerdings werden durch die veränderte Bewertung bestimmter Beitragszeiten und beitragsfreier Zeiten, die bisher im Versorgungsausgleich fiktiv ermittelten Rentenanwartschaften in Versicherungsfällen nach dem neuen Recht von der tatsächlichen Bewertung dieser Zeiten abweichen. Die hierdurch auftretenden Unstimmigkeiten können im Abänderungsverfahren nach §§ 225, 226 FamFG »repariert« werden. Im vorliegenden Abschnitt werden lediglich die wichtigsten Änderungen dargelegt; ansonsten sind die eingetretenen Änderungen bei den jeweiligen Einzelfragen aufgeführt.

b)   Regelung des § 1587a Abs. 2 Nr. 2 BGB

326   § 1587a Abs. 2 Nr. 2 BGB a. F. bestimmte, dass bei Renten oder Rentenanwartschaften aus der gesetzlichen Rentenversicherung der Betrag zugrunde zulegen ist, der sich am Ende der Ehezeit aus den auf die Ehezeit entfallenden Entgeltpunkten ohne Berücksichtigung des Zugangsfaktors als Vollrente wegen Alters ergäbe. Der Wortlaut des § 1587a Abs. 2 Nr. 2 BGB a. F. wurde damit an die neue Rentenformel angepasst. An diesem Grundsatz hat sich auch durch die am 01. 09. 2009 in Kraft getretene Reform des Versorgungsausgleichs nichts geändert. Das VersAusglG enthält jedoch in den maßgeblichen Regelungen der §§ 5 Abs. 1, 39 Abs. 1, 2 Nr. 1, 43 Abs. 1 VersAusglG keine aus der gesetzlichen Rentenversicherung übernommenen Regelungen zur Bestimmung der Bezugsgröße (als Teilungsgegenstand), sondern setzt die Bestimmungen der gesetzlichen Rentenversicherung voraus Das SGB VI setzt jedoch die durch das VersAusglG eingetretenen Änderungen des Ausgleichssystems gemäß den §§ 9–19 VersAusglG um. Zur Bestimmung des Ausgleichswerts i. S. d. § 5 Abs. 1 VersAusglG greift es auf die Definition des Entgeltpunktes gemäß dem SGB VI zurück. § 109 Abs. 6 SGB VI (in der Fassung des Art. 4 Nr. 6 VAStrRefG) legt insoweit fest, dass im Rahmen der unmittelbaren Bewertung nach § 39 Abs. 1, 2 Nr. 1 VersAusglG von den Entgeltpunkten auszugehen ist, die sich aus der Berechung einer Vollrente wegen Erreichens der Regelaltersgrenze ergeben (eingehend hierzu Rdn. 290, 319).

327   Bei der Ermittlung der in die Ehezeit fallenden Entgeltpunkte ist im Hinblick auf die für beitragsfreie und beitragsgeminderte Zeiten festgelegte **Gesamtleistungsbewertung** grundsätzlich von einem **Rentenbeginn zum Zeitpunkt des Ehezeitendes** auszugehen (BT-Drucks. 11 / 4124 S. 234). Soweit eine Rente zu erbringen ist, die nach dem vor 1992 geltenden Recht ermittelt und dann umgewertet wurde, ohne dass den einzelnen Zeiten Entgeltpunkte zugeordnet worden sind, kann nachträglich eine solche Zuordnung durch Umrechnung der Werteinheiten in Entgeltpunkte vorgenommen werden (so Begründung des gemeinsamen Fraktionsentwurfs, BT-Drucks. 11 / 4124 S. 234). Damit ergibt sich zur Bestimmung des Ehezeitanteils folgender Rechenvorgang:

III. Das Rentenreformgesetz 1992 und dessen Auswirkungen auf den VersAusgl

(1) Zunächst ist eine **fiktive Vollrente** (nach § 42 Abs. 1 SGB VI) wegen Alters (§ 35 SGB VI) zu bestimmen; hierbei werden sämtliche rentenrechtliche Zeiten bis zum Ende der Ehezeit berücksichtigt. Nach der ausdrücklichen Festlegung in der Gesetzesbegründung ist von einem Rentenbeginn zum Ehezeitende auszugehen. Hierbei ist der belegungsfähige Gesamtzeitraum i. S. d. § 72 Abs. 2 Satz 1 Nr. 1 SGB VI bis zum Ende der Ehezeit zu berechnen. Ansonsten verbleibt es bei dem Grundsatz der tatsächlichen Rentenberechnung (s. o. Rdn. 322). Dies gilt für die Festlegung der Entgeltpunkte für Beitragszeiten nach § 70 SGB VI und beitragsfreie sowie beitragsgeminderte Zeiten nach §§ 71 bis 74 SGB VI. Der aktuelle Rentenwert (§ 68 SGB VI) ist der Wert, der für den Kalendermonat maßgebend ist, auf den das Ehezeitende fällt (s. hierzu auch §§ 76 Abs. 4, 187 Abs. 2 SGB VI).

(2) Der sich nach (1) vorgenommenen Berechnung der Entgeltpunkte (als Grundlage einer fiktiven Rente) aus allen Zeiten bis zum Ende der Ehezeit sind die »auf die **Ehezeit entfallenden Entgeltpunkte**« zu entnehmen. Dies entspricht der Regelung des § 124 Abs. 2 SGB VI, nach dem der Wert der auf einen Zeitabschnitt fallenden Rente oder Rentenanwartschaft in der Weise zu bestimmen ist, dass nach der Ermittlung der Entgeltpunkte für alle rentenrechtlichen Zeiten die Rente oder Rentenanwartschaft aus den Entgeltpunkten berechnet wird, die auf diesen Zeitabschnitt entfallen.

Nach § 8 Abs. 1 Satz 1 Nr. 2 SGB VI sind in der gesetzlichen Rentenversicherung auch Personen versichert, für die durch den Versorgungsausgleich Rentenanwartschaften übertragen bzw. begründet wurden. Hierin liegt lediglich eine Klarstellung für den Fall, dass der berechtigte Ehegatte bisher in der gesetzlichen Rentenversicherung nicht versichert war.

c) Einzelfragen zur Bestimmung des Ehezeitanteils

Der Monatsbetrag des in der Ehezeit erworbenen Anrechts bestimmt sich nicht mehr – entsprechend der allgemeinen Rentenformel – nach den der Ehezeit zuzuordnenden Entgeltpunkte vervielfältigt mit dem Rentenartfaktor 1,0 (§ 67 SGB VI) und dem aktuellen Rentenwert (§ 68 SGB VI) zum Ende der Ehezeit (§ 63 Abs. 6 SGB VI; s. o. Rdn. 317). Nach § 5 Abs. 1 VersAusglG ist Teilungsgegenstand die Anzahl der in der Ehezeit erworbenen Entgeltpunkte.

328

> **Beispiel:**
> Der Versicherte hat von seinem 17. Lebensjahr (§ 72 Abs. 2 Nr. 1 SGB VI bis zum Ende der Ehezeit (31. 12. 1996) einen belegungsfähigen Gesamtzeitraum von 25 Jahren; die Ehezeit beträgt 15 Jahre. Der Versicherte hat vom Eintritt in die gesetzliche Rentenversicherung bis zum Ende der Ehezeit 30 Entgeltpunkte (1,2 pro Jahr), in der Ehezeit 21 Entgeltpunkte (pro Jahr 1,4) erzielt.

Liegt der Beginn der Ehezeit innerhalb eines Zeitraums, für den ein Entgelt belegt ist, bestimmt sich dessen Aufteilung nach § 123 Abs. 3 SGB VI. **Beitragsfreie Zeiten und beitragsgeminderte Zeiten**, die in der Ehezeit liegen, erhalten die Entgeltpunkte, die sich für diese Zeit bei der Berechnung der (fiktiven) Vollrente ergeben (zur pauschalen Anrechnungszeit s. § 253 Abs. 2 SGB VI). Sind Entgeltpunkte aufgrund freiwilliger Beiträge in der Ehezeit für Zeiten außerhalb der Ehezeit erworben worden, gilt auch insoweit das »**In-Prinzip**« (s. Rdn. 93 ff., 281); d. h. die auf diese Beitragszahlung erworbenen Entgeltpunkte sind zu den in der Ehezeit erworbenen hinzuzuzählen. Werden freiwillige Beiträge außerhalb der Ehezeit »für« Zeiten in der Ehezeit geleistet, bleiben die hierdurch erworbenen Entgeltpunkte bei Bestimmung des Ehezeitanteils außer Betracht. Allerdings dürfen diese Entgeltpunkte nicht aus dem Versicherungsverlauf gestrichen werden, weil sich ansons-

2. Kapitel Bewertung von Anrechten auf eine Versorgung wegen Alters oder Invalidität

ten eine Lücke ergäbe, die sich auf die Gesamtleistungsbewertung negativ niederschlagen würde (s. o. Rdn. 322). Vielmehr sind die so erworbenen Entgeltpunkte von den insgesamt auf die Ehezeit entfallenden Entgeltpunkten abzuziehen. **Mindestentgeltpunkte** bei geringem Arbeitsentgelt (§ 262 SGB VI, Art. 82 RRG 1992) sind gem. § 262 Abs. 2 SGB VI zuzuordnen (Rdn. 320).

d) Berechnung des Ehezeitanteils bei laufenden Renten

329 Der Gesetzgeber hat in § 41 Abs. 1 VersAusglG ausdrücklich den Modus bestimmt, in welcher Weise das Anrecht bei einer bereits laufenden Leistung ermittelt wird. In Bezug auf die gesetzliche Rentenversicherung verweist es – anders als in § 1587a Abs. 2 Nr. 2 BGB a. F. – auf die unmittelbare Bewertung nach § 39 VersAusglG. Liegt eine Altersrente vor, ist wegen des Versorgungsausgleichs keine Neuberechnung der Altersrente vorzunehmen, § 306 SGB VI. Maßgebend ist die Anzahl an Entgeltpunkten (Werteinheiten), die sich aus der Ehezeit zuzurechnenden Entgeltpunkten ergeben, § 307 SGB VI. Nach § 264 SGB VI ergeben 100 Werteinheiten einen Entgeltpunkt. Bei einem Bezug einer Rente wegen verminderter Erwerbsfähigkeit gelten die von der Rechtsprechung allgemein entwickelten Grundsätze (eingehend Rdn. 307, 308). Liegen der Rente wegen verminderter Erwerbsfähigkeit höhere Entgeltpunkte als der späteren Altersrente zugrunde, greift nach § 88 Abs. 1 Satz 2 SGB VI unter den dort genannten Voraussetzungen ein **Besitzschutz** ein. Ist mit der Entziehung dieser Rente nicht mehr zu rechnen, ist der Ehezeitanteil auf der Grundlage der höheren Entgeltpunkte zu bestimmen (eingehend Rdn. 307 f.). Dass ein Anspruch auf eine Rente wegen verminderter Erwerbsfähigkeit nur bis zum vollendeten 65. Lebensjahr besteht, ist angesichts § 88 SGB VI unbeachtlich.

e) Besonderheiten des Abänderungsverfahrens

330 Im Abänderungsverfahren nach §§ 225, 226 FamFG (§ 10 a VAHRG a. F.) gelten die dargelegten Grundsätze entsprechend. Als aktueller Rentenwert ist der Wert maßgebend, der für den Monat des Ehezeitendes bestimmt ist. Tritt aufgrund einer Gesetzesänderung eine Änderung der in der Ehezeit erworbenen Anzahl an Entgeltpunkten i. S. d. § 5 Abs. 2 Satz 2 VersAusglG ein, ist zur Wahrung des Grundsatzes des ehezeitbezogenen Ausgleichs weiterhin der aktuelle Rentenwert zum Ehezeitende heranzuziehen. Dass mit der Übertragung der hälftigen Anzahl an Entgeltpunkten auf den Ausgleichsberechtigten für die Höhe dessen Rentenleistung nur noch dieser Wert bedeutsam ist, weil sich die Höhe der künftigen Rente nach dem Zeitpunkt des Renteneintritts richtet und zu diesem die insgesamt erworbenen Entgeltpunkte (vor- und nachehelich sowie aufgrund des Versorgungsausgleichs) mit dem zu diesem Zeitpunkt geltenden aktuellen Rentenwert multipliziert werden, steht dem nicht entgegen.

Obwohl bei der Erstentscheidung zum Versorgungsausgleich nach §§ 70 Abs. 1 Satz 2, 69 Abs. 2 SGB VI nur das vorläufige Durchschnittsentgelt herangezogen wurde, sind **im Versorgungsausgleich nicht die endgültigen Durchschnittsentgelte** für das Kalenderjahr des Ehezeitendes und das davor liegende Kalenderjahr zugrunde zulegen (eingehend Rdn. 315 f.). Als belegungsfähiger Zeitraum i. S. d. § 72 Abs. 2 Nr. 1 SGB VI ist der Zeitraum bis zu dem vom Familiengericht vorgegebenen Monatsende anzunehmen, also der Monat, in dem das Auskunftsersuchen des Familiengerichts vom Rentenversicherungsträger bearbeitet wird. Solange der Versicherte noch keine Rente bezieht, ist die Anzahl an Entgeltpunkten aus allen Zeiten zu berechnen.

III. Das Rentenreformgesetz 1992 und dessen Auswirkungen auf den VersAusgl

10. Übergangsbestimmungen

Das RRG 1992 erstreckt sich grundsätzlich auf alle Sachverhalte, unabhängig davon, ob sie vor oder nach dessen Inkrafttreten entstanden sind, § 300 Abs. 1 SGB VI (zu den Ausnahmefällen s. Abs. 2). Die in § 300 Abs. 1 und 2 SGB VI enthaltenen Grundsätze gelten auch, wenn nach Inkrafttreten des neuen Rechts eine bereits zuvor geleistete Rente neu festzustellen ist und hierzu die persönlichen Entgeltpunkte neu zu bestimmen sind, § 300 Abs. 3 SGB VI. Dies ist vor allem der Fall, wenn in der Person des Versicherten ein neuer Versicherungsfall eintritt, so z. B. wenn anstelle der Berufs- oder Erwerbsunfähigkeitsrente (jetzt Rente wegen verminderter Erwerbsfähigkeit) ein Rentenanspruch wegen Erreichens der Regelaltersgrenze besteht. Führt die Anwendung des neuen Rechts zu einer Verminderung des Zahlungsanspruchs, besteht nach § 300 Abs. 3 Satz 2 i. V. m. § 88 SGB VI **ein Besitzschutz** zugunsten des Versicherten. Erfolgt eine Änderung rentenrechtlicher Vorschriften nach der Leistung einer Rente, sind die zugrunde gelegten Entgeltpunkte nicht neu zu bestimmen, § 306 Abs. 1 SGB VI (zu den Ausnahmen s. Abs. 2).

331

Für den Versorgungsausgleich folgt hieraus, dass eine seit Inkrafttreten des Rentenreformgesetzes 1992 bezogene Rente hinsichtlich ihres ehezeitbezogenen Wertes zwar auf der Grundlage der in Entgeltpunkte umgewandelten Werteinheiten zu bestimmen ist (*Ruland*, NJW 1992, 1, 7; BGH FamRZ 1996, 406 = NJW 1996, 1344; ferner FamRZ 1993, 294; *Borth*, FamRZ 1996, 641, 646). Die Bestimmung des Ehezeitanteils erfolgt dagegen nach der Neufassung des § 1587a Abs. 2 Nr. 2 BGB a. F. (BGH a. a. O., *Ruland/Bergner*, Handbuch der gesetzlichen Rentenversicherung, Kap. 27 Rn. 20). Dabei sind Werteinheiten aus einer pauschalen Anrechnungszeit (§ 58 SGB VI) dem sich nach § 253 Abs. 2 SGB VI zu berechnenden Anteil der Ehezeit zuzuordnen (BGH FamRZ 1996, 406 = NJW 1996, 1344; ferner FamRZ 1993, 294; s. a. Rdn. 328; *Borth*, FamRZ 1996, 1041, 1044).

11. Berechnung des Ehezeitanteils bei Kürzung der in der Ehezeit erworbenen Anrechte

Nach den Bestimmungen des § 27 VersAusglG kann im Versorgungsausgleich eine Kürzung der in der Ehezeit erworbenen Anwartschaften in Betracht kommen. Entsprechendes gilt, wenn die Ehegatten aufgrund eines Ehevertrages nach § 1408 Abs. 2 BGB i. V. m. den §§ 6–8 VersAusglG oder einer **Scheidungsfolgenvereinbarung zum Versorgungsausgleich** gem. §§ 6–8 VersAusglG ab einer bestimmten Trennungszeit (bis zum Ehezeitende i. S. d. § 3 Abs. 1 VersAusglG) den gemeinsamen Versorgungserwerb ausschließen. In einem solchen Fall ist es erforderlich, neben dem auf die Ehezeit entfallenden Anrechts denjenigen Teil dieses Anrechts für die Zeit zu bestimmen, für den nach den genannten materiell-rechtlichen Bestimmungen zum Versorgungsausgleich eine Kürzung vorzunehmen ist. Für den Bereich der gesetzlichen Rentenversicherung ist hierbei auf das in § 43 Abs. 1 VersAusglG i. V. m. § 39 Abs. 1, 2 Nr. 1 VersAusglG enthaltene Prinzip der Ermittlung des Ehezeitanteils zurückzugreifen (s. Rdn. 326 f.). Nicht zutreffend wäre eine Berechnung dieses Anteils im Zeit-Zeit-Verhältnis, weil dann der unterschiedlich hohe Erwerb von Rentenanwartschaften in der jeweiligen Phase (bestehende Ehezeit – Trennungszeit) nivelliert würde (s. hierzu auch *Smolenski/Schmeiduch*, NJW 1979, 301). Die Trennung der insgesamt in der Ehezeit erworbenen Entgeltpunkte ist nach dem in § 124 Abs. 2 SGB VI enthaltenen Grundsatz vorzunehmen (Rdn. 326 f.). Danach sind die in der Ehezeit insgesamt erworbenen Entgeltpunkte von denjenigen Entgeltpunkten, die in der im Versorgungsausgleich nicht zu berücksichtigenden Trennungszeit erworben wurden, zu trennen. Diese Methode

332

2. Kapitel Bewertung von Anrechten auf eine Versorgung wegen Alters oder Invalidität

ist geeignet, den unterschiedlich hohen Erwerb an Anwartschaften in den jeweiligen Phasen zu erfassen (zum früheren Rechtszustand s. BGH FamRZ 1986, 252 = NJW-RR 1986, 368; s. a. *Johannsen/Hahne*, § 1587 c BGB Rn. 4).

> **Beispiel:**
> - *In der Ehezeit insgesamt erworben: 30 Entgeltpunkte*
> - *In der maßgeblichen Trennungszeit erworben: 10 Entgeltpunkte*
> - *zu kürzendes Anrecht damit: 30 – 10 = 20 Entgeltpunkte*
> - *Der Ausgleichswert beträgt damit lediglich 20 Entgeltpunkte*
> - *Eine Umrechnung des Anrechts in einen Rentenbetrag mit dem aktuellen Rentenwert entfällt damit (20 Entgeltpunkte × 26,56 € [ARW zum 30. 06. 2009] 531,20,00 € : 2 = 265,60 €; ohne Kürzung 30 Entgeltpunkte × 26,56 € = 796,80 € : 2 = 398,40 €).*

12. Erstattung von Beiträgen

333 Sind unter den Voraussetzungen des § 210 SGB VI **Beiträge erstattet** worden (insbesondere, wenn keine Versicherungspflicht besteht und die allgemeine Wartezeit von fünf Jahren nicht vorliegt sowie bei Ausländern, die ihren Wohnsitz ins Ausland verlegen), erlischt das Versicherungsverhältnis zwischen dem Versicherten und dem Rentenversicherungsträger. Allerdings erlöschen Anwartschaften der gesetzlichen Rentenversicherung nicht schon dadurch, dass der Versicherte einen begründeten Antrag auf Beitragserstattung stellt. Deshalb unterliegen solche Anwartschaften jedenfalls solange dem Versorgungsausgleich, wie ein **Erstattungsbescheid** noch nicht ergangen ist, auch wenn der Antrag vor dem Ende der Ehezeit gestellt wurde (BGH FamRZ 1986, 657 = NJW 1986, 1932). Denn bis zur Erstattung bestehen trotz des gestellten Antrages die Anrechte weiter. Der BGH hat ergänzend darauf hingewiesen, dass der Rentenversicherungsträger, wenn noch kein bestandskräftiger Erstattungsbescheid vorliegt, die beantragte Erstattung nach § 29 VersAusglG (Leistungsverbot bis zum Abschluss des Verfahrens; § 10 d VAHRG a. F.) verweigern muss, soweit er von dem Ehescheidungsverfahren bereits Kenntnis erlangt hat, auch wenn die Voraussetzungen einer Erstattung vorliegen (FamRZ 1995, 31; a. A. OLG Hamburg FamRZ 1994, 899). Die nach § 10 d VAHRG mögliche Rückforderung der Beiträge (BGH FamRZ 1995, 31, 32) ermöglicht erst bei einer tatsächlichen Rückzahlung die Berücksichtigung des Anrechts (ggf. nach §§ 225, 226 FamFG). Zur Beitragserstattung generell wird auf Rdn. 138 verwiesen.

13. Rentenbezug bei Ehezeitende wegen voller Erwerbsminderung

334 Bezieht ein Ehegatte bei Ehezeitende die Rente wegen voller Erwerbsminderung nach § 43 Abs. 2 SGB VI, die die fiktiv errechnete Vollrente wegen Erreichens der Regelaltersgrenze nach § 35 SGB VI übersteigt, sind die Entgeltpunkte der höheren Rente in den Wertausgleich einzustellen, wenn nicht damit zu rechnen ist, dass sie wieder entzogen wird (ständige RS des BGH FamRZ 1989, 721 f.; FamRZ 1989, 723 f.; FamRZ 1997, 190 = NJW 1997, 315; *Borth* FamRZ 2001, 877, 880). Auch bei Eintritt des Altersrentenfalls bleibt nach der in § 88 Abs. 1 Satz 2 SGB VI enthaltenen Besitzschutzbestimmung der höhere Zahlbetrag erhalten, obwohl eine Rente wegen voller Erwerbsminderung nur bis zum vollendeten 65. Lebensjahr bezahlt wird. Eine feste Altersgrenze, ab der mit einem Entzug der Rente nicht mehr zu rechnen ist, besteht nicht. Es ist auch vor Erreichen des 60. Lebensjahres möglich, dass eine sichere Prognose zum Eintritt der Erwerbsminderung gestellt werden kann (s. a. OLG Karlsruhe FamRZ 1994, 904 f.). Insbesondere ist zu beachten, dass nach der Art der Erwerbsunfähigkeit dauerhaft damit zu rechnen ist, dass eine Erwerbstätigkeit nicht mehr aufgenommen werden kann. Dies muss im Ein-

III. Das Rentenreformgesetz 1992 und dessen Auswirkungen auf den VersAusgl

zelfall nach dem Amtsermittlungsgrundsatz konkret festgestellt werden (§ 26 FamFG). Zu den weiteren Einzelheiten der Berücksichtigung einer bestandsgeschützten Rente wegen voller Erwerbsminderung im Versorgungsausgleich wird auf Rdn. 307 f. verwiesen.

14. Keine Berücksichtigung ungeklärter versicherungsrechtlicher Zeiten im Versorgungsausgleich

Können bei einem Versicherten der gesetzlichen Rentenversicherung versicherungsrechtlich erhebliche Zeiten in der zum Versorgungsausgleich erteilten Auskunft nicht geklärt werden, so dürfen diese bei einer mangelnden Mitwirkung des Versicherten zur Aufklärung dieser Zeiten nicht unter dem Gesichtspunkt der »**Beweisvereitelung**« zu dessen Nachteil in den Versorgungsausgleich eingestellt werden (OLG Bamberg FamRZ 1996, 1421). Der Gesichtspunkt der mangelnden Mitwirkung eines Ehegatten an der Ermittlung der erheblichen rentenrechtlichen Zeiten der gesetzlichen Rentenversicherung greift im Übrigen schon deshalb nicht durch, weil im Versorgungsausgleichsverfahren der Amtsermittlungsgrundsatz gem. § 26 FamFG gilt (§ 12 FGG). Soweit (OLG Bamberg FamRZ 1996, 1421) zwischen dem zuständigen Rentenversicherungsträger und einem Ehegatten Streit über die Bewertung erheblicher versicherungsrechtlicher Zeiten besteht, ist nach § 221 Abs. 3 FamFG (§ 53 c Abs. 1 Satz 1 FGG) das **Verfahren auszusetzen** und einem Ehegatten eine Frist zur Erhebung einer entsprechenden Klage beim Sozialgericht zu bestimmen, um in diesem Verfahren die präjudizielle Rechtsfrage durch das Sozialgericht entscheiden zu lassen, da die Entscheidung des Familiengerichts über die Anerkennung im Streit stehender Anrechte die Fachgerichte bei der Festsetzung der (tatsächlichen) Versorgung nicht bindet. Kommt der Ehegatte dem nicht nach, so kann nach § 221 Abs. 3 Satz 2 FamFG dessen Vorbringen im Versorgungsausgleich unberücksichtigt bleiben (eingehend Rdn. 1016 908 alt). Können die **Anrechte in der gesetzlichen Rentenversicherung nicht geklärt werden**, weil ein Ehegatte unbekannten Aufenthalts ist, kann im Rahmen der Amtsermittlung nach § 126 FamFG durch **Anfrage bei dem Rentenversicherungsträger** festgestellt werden, ob dort Versicherungszeiten geführt werden. Der zuständige Rentenversicherungsträger kann über Arbeitgeber, Krankenkassen oder den Verband Deutscher Rentenversicherungsträger herausgefunden werden. Sind alle Erkenntnismittel nach § 26 FamFG erschöpft, muss über den Versorgungsausgleich eine Sachentscheidung getroffen werden (eingehend Rdn. 101, 297).

335

15. Ruhensbestimmungen bei Zusammentreffen von Renten mit Leistungen aus der Unfallversicherung und sonstigen Lohnersatzleistungen

Besteht für denselben Zeitraum Anspruch auf eine Rente aus eigener Versicherung und auf eine **Verletztenrente** aus der **Unfallversicherung** oder auf eine Hinterbliebenenrente und eine entsprechende Hinterbliebenenrente aus der Unfallversicherung, wird die Rente aus der gesetzlichen Rentenversicherung nach § 93 Abs. 1 SGB VI nicht geleistet, als die Summe der zusammentreffenden Rentenbeträge vor Einkommensanrechnung den jeweiligen (in § 93 Abs. 3 SGB VI näher bestimmten) Grenzbetrag übersteigt (s. ferner Übergangsbestimmungen nach §§ 267, 311 SGB VI). Zweck dieser Ruhensvorschriften ist die Begrenzung der Leistungen aus der gesetzlichen Rentenversicherung, um einen Doppelbezug von Leistungen mit gleicher Zwecksetzung zu vermeiden. Sowohl die gesetzliche Rentenversicherung als auch die Unfallversicherung haben Lohnersatzfunktion; der Versicherte soll deshalb nur eine begrenzte Gesamtleistung aus beiden Renten erhalten. Diese

336

2. Kapitel   Bewertung von Anrechten auf eine Versorgung wegen Alters oder Invalidität

Grenze beträgt nach § 93 Abs. 3 SGB VI 70% eines Zwölftels des Jahresverdienstes, der der Berechnung der Rente aus der gesetzlichen Unfallversicherung zugrunde liegt.

Im **Versorgungsausgleich** ist trotz der Kürzung der Rentenleistungen von einer ungekürzten Rente auszugehen, weil die Ruhensbestimmung des § 93 Abs. 1 SGB VI das Rentenstammrecht nicht beseitigt, so dass bei einem Wegfall der Unfallrente aus diesem wieder die volle Rente zu erbringen ist. Dies gilt unabhängig davon, ob eine Unfallrente beim Ausgleichsberechtigten oder -verpflichteten vorliegt, weil die verdrängte Rente in Form der Unfallrente ausbezahlt wird (die ihrerseits aber nicht dem Versorgungsausgleich unterliegt, s. Rdn. 86), so dass hierdurch ein Ungleichgewicht im Versorgungserwerb nicht eintritt. Dies wäre lediglich dann anders zu beurteilen, wenn die die gesetzliche Rentenversicherung verdrängende Unfallrente ebenfalls dem Versorgungsausgleich unterläge, was aber auf die gesetzliche Unfallrente wegen ihres Entschädigungscharakters nicht zutrifft (s. Rdn. 86; ferner *Johannsen/Henrich/Hahne*, § 1587 a BGB Rn. 141; unzutreffend deshalb insoweit OLG Celle FamRZ 1989, 1098 zu § 55 AVG a. F.). Die in § 44 Abs. 2, 3 VersAusglG (§ 1587a Abs. 6 BGB a. F.) enthaltene Regelung zu Ruhensvorschriften ist nur heranzuziehen, wenn Anrechte aus einer Beamtenversorgung gem. § 44 Abs. 1 VersAusglG zum Ruhen kommen; sie greift deshalb in den Fällen der §§ 93, 267, 311 SGB VI nicht ein (eingehend Rdn. 250, 254, 257 ff.). Bezieht der Berechtigte Unfallrente, so sind bei einer Übertragung oder Begründung von Anrechten auf ein Versicherungskonto in der gesetzlichen Rentenversicherung die Voraussetzungen des § 19 Abs. 2 Nr. 3 VersAusglG (§ 1587b Abs. 4 BGB a. F.) zu beachten (s. Rdn. 78 f.). Die dargelegten Grundsätze gelten entsprechend, wenn wegen Überschreitens der **Hinzuverdienergrenze** (§ 34 SGB VI), der Leistungen von Arbeitsentgelt bzw. **Vorruhestandsgeld** (§ 94 Abs. 2 SGB VI) die Rente aus der gesetzlichen Rentenversicherung ruht. Sie gelten dagegen nicht bei einer privaten Unfallversicherung aus eigenen Beiträgen, weil diese ihrer Zwecksetzung nach eine zusätzliche Versorgungsleistung im Versicherungsfall vorsieht, die von § 93 SGB VI nicht erfasst wird.

16.   Ableitung der Umrechnungsfaktoren (Rechengrößen)

337   Nach § 281 b SGB VI werden vom Bundesminister für Arbeit und Sozialordnung durch Rechtsverordnung die ab 01.01.1992 geltenden Umrechnungsfaktoren beim Versorgungsausgleich festgelegt. Für die Zahlung von Beiträgen wird der Umrechnungsvorgang in § 187 Abs. 2, 3 SGB VI vorgegeben. In § 281a SGB VI (i. d. F. von Art. 4 Nr. 16 VAStrRefG) wird die Zahlung von Beiträgen im Rahmen des Versorgungsausgleichs in den neuen Bundesländern geregelt. Die 1992 eingeführte **Rentenformel** (eingehend Rdn. 315 ff.) bewirkt eine **andere Bestimmung der Umrechnungsgrößen**. Maßgebliche Berechnungsgröße ist der jeweilige aktuelle Rentenwert (zum Begriff s. Rdn. 317). Der Umrechnungsfaktor 1 (Umrechnen von Rentenanwartschaften in Entgeltpunkte) wird in § 187 Abs. 2 SGB VI geregelt. Danach sind die Entgeltpunkte in der Weise zu ermitteln, dass der Monatsbetrag der Rentenanwartschaften durch den aktuellen Rentenwert mit seinem Wert zum Ende der Ehezeit geteilt wird – Umrechnungsfaktor Nr. 1 (FamRZ 2009, 98). Entgeltpunkte werden in eine Rentenanwartschaft umgerechnet, indem sie mit dem zum maßgeblichen Zeitpunkt des Ehezeitendes aktuellen Rentenwert multipliziert werden – Umrechnungsfaktor Nr. 2. Die Umrechnung von Entgeltpunkten in Beiträge erfolgt, indem sie mit dem im Zeitpunkt der Beitragszahlung maßgeblichen Umrechnungsfaktor vervielfältigt werden. Dieser ermittelt sich aus § 187 Abs. 3 SGB VI; danach ist für 1 Entgeltpunkt der Beitrag zu zahlen, der sich ergibt,

I. Grundlagen des Renten-Überleitungsgesetzes

wenn der zum Zeitpunkt der Beitragszahlung geltende Beitragssatz (derzeit 19,9%) zur gesetzlichen Rentenversicherung auf das Kalenderjahr der Beitragszahlung bestimmte vorläufige Durchschnittsentgelt angewendet wird.

Die Ableitung des **aktuellen Rentenwerts** (Nr. 1 der Rechengrößen, FamRZ 2009, 98) wurde bereits bei der Darstellung der neuen Rentenformel erläutert (eingehend Rdn. 315 ff.).

Die Rechengröße zur **Umrechnung von Entgeltpunkten in Beiträge** (Nr. 3) ist für 2009 wie folgt zu ermitteln:
(1) Vorläufiges Durchschnittsentgelt 2009: 30.879,00 €
(2) Beitragssatz der gesetzlichen Rentenversicherung 2009: 19,9%
(3) Maßgeblicher Faktor damit: 30.879,00 € × 19,9% = 6.144,9210. Dieser Faktor besagt, dass bei einem Jahresdurchschnittsverdienst (2009) in Höhe von 30.879,00 € bei einem Beitragssatz von 19,9% 6.144,9210 € (ohne Rundung) zu zahlen sind; hieraus ergibt sich für 2009 *ein Entgeltpunkt* (s. Schaubild Rdn. 315). Für einen Entgeltpunkt ergibt sich 2009 eine Rentenanwartschaft von 26,56 € (aktueller Rentenwert 1. Halbjahr).
(4) Für eine Anwartschaft von 100,00 € werden damit 3,7651 Entgeltpunkte benötigt (1. Halbjahr 2009).
  100,00 € : 26,56 € (aktueller Rentenwert) = 3,7651 Entgeltpunkte
(5) Zur Begründung einer Rentenanwartschaft von 100,00 € (1. Halbjahr 2008) müssen danach folgende Beiträge bezahlt werden:
  3,7651 Entgeltpunkte × 6.144,9210 = 23.136,24 €.

Die Rechengröße zur **Umrechnung von Beiträgen sowie Barwerten, Deckungskapitalien und vergleichbaren Deckungsrücklagen** in Entgeltpunkte (Nr. 4 der Rechengrößen) leitet sich wie folgt ab:

Bei einem (vorläufigen) Jahresdurchschnittsverdienst (2009) in Höhe von 30.879,00 € und einem Beitragssatz von 19,9% (2009) errechnet sich der Faktor 6.144,9210 (s. Ziffer [3]). Dieser Wert ergibt *einen Entgeltpunkt* (s. o.). Daraus folgt:

6.144,9210 ... 1 Entgeltpunkt

1,00 € (Beitrag) – $1/_{6.144,9210}$ = 0,0001627360

Dieser Wert bedeutet, dass 1 € als Beitrag zur gesetzlichen Rentenversicherung 0,0001627360 Entgeltpunkte erbringen würde.

D. Gesetz zur Überleitung des Versorgungsausgleichs auf das Beitrittsgebiet

I. Grundlagen des Renten-Überleitungsgesetzes

1. Eingliederung der Rentenanrechte der DDR in das System des RRG 1992

Die Schaffung eines einheitlichen Rentenversicherungsrechts im vereinten Deutschland wurde bereits mit dem Vertrag über die Währungs-, Wirtschafts-, und Sozialunion vom 18. 05. 1990 in die Wege geleitet und im Einigungsvertrag festgelegt. Die Vereinheitlichung konnte nicht durch einfache Übertragung des im alten Bundesgebiet geltenden Rechts bewirkt werden, weil das Rentenrecht der DDR keine regelmäßige Anpassung der Renten entsprechend der Lohnentwicklung der Arbeitnehmer vorsah. Die Rente setzte sich vielmehr aus einem Festbetrag und Steigerungsbeträgen zusammen (vergleichbar dem Rechtszustand im alten Bundesgebiet bis 1957). Die Höhe der Rente richtete sich nach den gezahlten

2. Kapitel   Bewertung von Anrechten auf eine Versorgung wegen Alters oder Invalidität

Beiträgen; lag die danach errechnete Rente unter einem Mindestbetrag, wurde dieser geleistet. Eine regelmäßige Anpassung war nicht vorgesehen; in unregelmäßigen Abständen wurden die Festbeträge angehoben, womit auch ein Teuerungsausgleich erfolgte. Die Renten der *DDR* waren damit im Grundsatz statisch. Das Rentensystem in den alten Bundesländern wird dem gegenüber seit 1957 von der **regelmäßigen Anpassung der Renten an die Lohnentwicklung** geprägt (s. hierzu Rdn. 300 ff.). Da eine übergangslose Zusammenführung beider Systeme nicht möglich war, bestimmte der Einigungsvertrag vom 31.08.1990, dass bis zum 31.12.1991 im Beitrittsgebiet das bisherige DDR-Rentenrecht in Kraft blieb, das durch das Rentenangleichungsgesetz vom 28.06.1990 (GBl I 495) bereits eine Angleichung an das System der Rentenberechnung der alten Bundesländer erfuhr (Nettorentenniveau von 70 Prozent des Durchschnittsentgelts nach 45 Versicherungsjahren). Zugleich legte der Einigungsvertrag in Art. 30 Abs. 5 fest, dass das Sechste Buch Sozialgesetzbuch (SGB VI) durch ein besonderes Bundesgesetz zum 01.01.1992 auf das Beitrittsgebiet überzuleiten und für Versicherte der Rentenversicherung, die ihren Rentenbeginn in die Zeit vom 01.01.1992 bis 30.06.1995 haben, das Rentenrecht der DDR weiter anzuwenden ist, wenn es zu günstigeren Leistungen als das Recht des SGB VI führt. Über diese **Vertrauensschutzregelung** hinaus waren für die Übergangsphase zu viele Einzelregelungen des Versicherungs-, Beitrags- und Leistungsrechts Bestimmungen erforderlich, mit denen systematische Brüche vermieden werden sollen. Diesem Auftrag kommt das **Renten-Überleitungsgesetz** (RÜG) vom 25.07.1991 (BGBl I 1606) nach.

339 Die Übertragung des SGB VI auf das Beitrittsgebiet hat zunächst zur Folge, dass ab dem 01.01.1992 die Regelungen der Altersrenten, der Renten wegen verminderter Erwerbsfähigkeit und Hinterbliebenenrenten gelten. Danach können männliche Versicherte in aller Regel bereits ab dem 63. Lebensjahr die Altersrente für langjährige Versicherte in Anspruch nehmen (bisher erst ab dem 65. Lebensjahr).

2. Berechnung der Renten im Beitrittsgebiet

a) Ermittlung der Entgeltpunkte

340 Bei der **Berechnung der Renten** werden die im Beitrittsgebiet erworbenen Anwartschaften auf der Grundlage der tatsächlichen individuellen Entgelte ermittelt. Soweit der Nachweis der individuellen Entgelte nicht mit den Sozialversicherungsnachweisen bzw. einer Bescheinigung oder Glaubhaftmachung möglich ist, greift ein hierfür erstelltes **Tabellenwerk** ein, das sich branchenbezogen an den tatsächlichen Einkommensverhältnissen orientiert. Die in der DDR geltenden Beitragsbemessungsgrenzen sind für die Rentenberechnung nach dem SGB VI nicht bindend (bis Februar 1971 betrug die Beitragsbemessungsgrenze 600,00 Mark, zusammen mit der freiwilligen Zusatzrentenversicherung vom 17.11.1977 – GBl I 395 – bis Dezember 1976 1.200,00 Mark, bis Juni 1990 für bestimmte Selbständige 2.400,00 Mark), so dass auch darüber hinaus erzielte persönliche Entgelte für die Ermittlung der Entgeltpunkte maßgebend sein können (zum Begriff Rdn. 315). Voraussetzung ist jedoch, dass der Versicherte bis zu der jeweiligen Beitragsbemessungsgrenze versichert war, § 256a Abs. 3 SGB VI. Die Ermittlung der Entgeltpunkte erfolgt entsprechend § 70 SGB VI aufgrund der individuellen Entgelte des Versicherten und der Durchschnittsentgelte. Um die wesentlich geringeren Entgelte des Beitrittsgebiets mit den Westentgelten vergleichbar zu machen und sie in eine angemessene Relation zu den Durchschnittsentgelten *(West)* zu setzen, werden die individuellen Entgelte mit den Faktoren der Anlage 10 (Verhältniswerte – Durchschnittsentgelte – West zu Ost; Art. 1 Nr. 146 RÜG) in eine **Beitrags-**

I. Grundlagen des Renten-Überleitungsgesetzes

bemessungsgrundlage umgerechnet, § 256 a Abs. 1 SGB VI (1945 = 1,0000; 1960 = 1,8875; 1980 = 3,1208; 1989 = 3,2330).

> **Beispiel:**
> Individuelles Entgelt *Ost* 1980 = 11.000;
> somit 11.000 × 3,1208 = 34.329.

Danach ist gewährleistet, dass der durchschnittliche Verdiener in Beitrittsgebiet für ein Jahr in gleicher Weise einen Entgeltpunkt erhält wie ein vergleichbarer Versicherter im alten Bundesgebiet. Im Beispielsfall erhält der Versicherte für 1980 1,1643 Entgeltpunkte (34.329,00 / 29.485,00 DM).

b) Aktueller Rentenwert – Ost

Da die Einkommensverhältnisse in Beitrittsgebiet noch nicht das Niveau der alten Bundesländer erreicht haben, würde ein einheitlicher aktueller Rentenwert (zur Definition Rdn. 317) das Verhältnis der Renten zu den tatsächlichen Einkommen aus beruflicher Tätigkeit verfälschen. Bis zur Verwirklichung einheitlicher Einkommensverhältnisse im gesamten Deutschland wird deshalb ein **aktueller Rentenwert – Ost** eingeführt, §§ 254 b, 255 a SGB VI (s. Rdn. 317 a. E.). Ein gemeinsamer aktueller Rentenwert wird deshalb erst dann möglich sein, sobald sich die Einkommenssituation in den neuen Bundesländern derjenigen der alten angeglichen hat (s. BT-Drucks. 12 / 405 S. 110, 111, 126).

341

> **Beispiel:**
> Der aktuelle Rentenwert beträgt im 1. Halbjahr 2009 26,56 € monatlich und 23,34 € in den neuen Bundesländern *(Ost)*. Bei 30 Entgeltpunkten (in 25 Versicherungsjahren) ergibt sich danach
>
> alte Bundesländer: 30 × 26,56 € = 796,80 €
>
> neue Bundesländer: 30 × 23,34 € = 700,20 €.

Damit im Beitrittsgebiet ein gleich hohes Rentenniveau wie im übrigen Bundesgebiet erreicht wird, sind die Renten mit dem aktuellen Rentenwert – Ost so lange anzupassen, bis das Westniveau erreicht wird, § 254 c SGB VI. Folge hiervon ist, dass diese Anrechte bis zur Angleichung eine höhere Dynamik aufweisen als die Rentenanwartschaften im alten Bundesgebiet.

3. Erfassung von Anrechten aus Zusatz- und Sonderversorgungssystemen

Nach dem Einigungsvertrag sind auch Ansprüche und Anwartschaften aus **Zusatz- und Versorgungssystemen** in die gesetzliche Rentenversicherung überzuführen, die somit zum 31. 12. 1991 geschlossen wurden (Art. 3 § 2 RÜG). Hierbei handelt es insbesondere um Versorgungen für leitende Personen der Kombinate und Produktionsgenossenschaften, Künstler und Schriftsteller, Ärzte, Tierärzte, hauptamtliche Mitarbeiter der Gewerkschaft *FDGB* und der Parteien der DDR, aber auch für Angehörige der *Nationalen Volksarmee*, der Volkspolizei und des ehemaligen *Ministeriums für Staatssicherheit* (s. im einzelnen Art. 3 Anlage 1 und 2 RÜG). Maßgebend für die Rentenberechnung ist nicht die Höhe der gezahlten Beiträge, wie im Einigungsvertrag vorgesehen, sondern das jeweilige Einkommen, wobei dieses allerdings nicht bis zur Beitragsbemessungsgrenze berücksichtigt, sondern auf den jeweiligen Durchschnittsverdienst begrenzt wird (Art. 3 § 6 i. V. m. Anlage 3 RÜG; BT-Drucks. 12 / 405 S. 147). Diese Zusatz- und Sonderversorgungssysteme wurden (nach Art. 3 des RÜG – Gesetz zur Überführung der Ansprüche und Anwartschaften aus Zusatz- und Sonderversorgungssystemen des Beitrittsgebiets – AAÜG) zum 31. 12. 1991 in die gesetzliche Rentenversicherung übergeführt

342

2. Kapitel Bewertung von Anrechten auf eine Versorgung wegen Alters oder Invalidität

(Ausnahme § 2 Abs. 2 a AAÜG – Zusatzversorgungssysteme der Parteien zum 30. 06. 1993), ohne dass ein Antrag gestellt werden musste. Dies gilt nicht für die nach dem Pensionsstatut der *Karl-Zeiss-Stiftung Jena* erworbenen Anrechte, deren Überführung in die gesetzliche Rentenversicherung bis zum 31. 12. 1993 beantragt werden musste (gemäß dem Gesetz zu Gleichstellung mit Zusatzversorgungssystemen des Beitrittsgebiets – ZVsG – Art. 4 des RÜG-ErgG vom 24. 06. 1993; BGBl I 1038, 1047). Der Einigungsvertrag sieht in Anlage II Kap. VIII Sachgebiet H Abschnitt III Nr. 9 vor, dass Leistungen aus den Sonder- und Zusatzversorgungssystemen (Art. 3 RÜG – Anspruchs- und Anwartschaftsüberführungsgesetz) zu kürzen oder abzuerkennen sind, sofern der Berechtigte gegen **Grundsätze der Menschlichkeit oder Rechtsstaatlichkeit** verstoßen oder in schwerwiegendem Maße seine Stellung zum eigenen Vorteil oder zum Nachteil anderer missbraucht hat. Diesen Auftrag erfüllt das Versorgungsruhensgesetz (Art. 4 RÜG), das die Voraussetzungen für das Kürzungs- und Aberkennungsverfahren in formeller und materieller Hinsicht schafft.

4. Vertrauensschutzregelungen

343 Eine mehrfache Bedeutung kommt der in Art. 30 Abs. 5 des Einigungsvertrages enthaltenen **Vertrauensschutzregelung** zu. Diese Bestimmung sieht vor, dass Ansprüche von Versicherten, deren Rentenbeginn in der Zeit von 01. 01. 1992 bis 30. 06. 1995 liegt, auch nach dem am 30. 06. 1990 geltenden Recht des Beitrittsgebietes zu bestimmen sind. So kann in der Übergangsphase ein Rentenanspruch entstehen, obwohl die Voraussetzungen des SGB VI für einen solchen nicht gegeben sind. Das gilt z. B. für Frauen, die bei der Geburt von fünf oder mehr Kindern die allgemeine Wartezeit erfüllen (Art. 2 § 17 Abs. 2 Satz 1 i. V. m. §§ 4, 34 Abs. 2 Satz 2 RÜG) und somit mit Vollendung des 60. Lebensjahres eine Altersrente beanspruchen können; ebenso für Behinderte ab Vollendung des 18. Lebensjahres (Art. 2 § 10 RÜG; nach § 44 Abs. 3 SGB VI haben vergleichbare Personen im alten Bundesgebiet erst nach einer Beitragszahlung von 20 Jahren einen Anspruch). Aber auch für die **Höhe der Rentenleistung** kann die Vertrauensschutzregelung bedeutsam sein. Dies gilt insbesondere für die Bestimmungen zu Mindestrenten und Mindestbeträgen nach Art. 2 § 34 RÜG, wonach ein höherer Betrag als nach den Bestimmungen des SGB VI zu erbringen ist. Da **Vergleichsrenten** nicht der Rentenanpassung unterliegen, wird die nach den Bestimmungen des SGB VI festzulegende Rente wegen der im Beitrittsgebiet eintretenden höheren Rentendynamik (der Rente nach dem SGB VI) die Vergleichsrente in vielen Fällen alsbald übersteigen.

344 Entsprechendes kann im Übrigen bei den sogenannten **Bestandsrenten** (laufende Renten) eintreten. Bestandsrenten des Beitrittsgebietes enthalten zum Teil Sachverhalte, die nach den Bestimmungen des SGB VI nicht oder nur in geringem Umfang berücksichtigt werden. Insbesondere die gezahlten Mindestrenten (Art. 2 § 34 RÜG) werden teilweise ohne Beitragsleistungen erbracht; Zurechnungszeiten werden in wesentlich größerem Umfang nach dem SGB VI gewährt (gem. Art. 2 § 20 Abs. Nr. 4 RÜG bis zum 65. Lebensjahr). Solche laufenden Renten werden zwar nicht gekürzt, jedoch auch entsprechend den allgemeinen Rentensteigerungen nicht mehr angepasst (mit Ausnahme der Anpassung bis zum 31. 12. 1991 gem. Art. 2 § 39 RÜG, mit dem sichergestellt werden sollte, dass bei der Vergleichsberechnung die Rentenangleichung zum 01. 07. 1990 und die Rentenanpassungen berücksichtigt werden; BT-Drucks. 12/405 S. 145). Nach dem in § 307 a SGB VI geregelten Verfahren werden aus den der bisherigen Rente zugrunde liegenden Daten (Arbeitsjahre und Durchschnittseinkommen) **persönliche Entgeltpunkte** ermittelt, aus denen ein den Grundsätzen des SGB VI entsprechender anpassungsfähi-

ger Rentenbetrag errechnet werden kann. Dieser Rentenbetrag unterliegt in vollem Umfang zukünftigen Rentenanpassungen. Nach § 307a Abs. 1 SGB VI erfolgt die Ermittlung der Entgeltpunkte in der Weise, dass zunächst für jedes Arbeitsjahr das individuelle Durchschnittseinkommen zum Gesamteinkommen ins Verhältnis gesetzt wird (es darf pro Jahr 1,8 Entgeltpunkte nicht übersteigen). Die durchschnittlichen Entgeltpunkte (Ost) werden danach mit der Anzahl der Arbeitsjahre vervielfältigt. Die sich durch die Überführung eines bestehenden Anspruchs aus Zusatz- und Sonderversorgungssystemen des Beitrittsgebiets ergebenden Besonderheiten sind in § 307b SGB VI geregelt. Soweit sich zwischen dem anpassungsfähigen Teil der Rente und dem bisherigen Zahlbetrag eine Differenz ergibt, wird dieser als **Auffüllbetrag** (§ 315a SGB VI) weiterbezahlt. Seit 1996 wird dieser in Stufen bei künftigen Rentenanpassungen aufgezehrt (um ein Fünftel des Auffüllbetrages, mindestens aber um 20,00 DM bei jeder Rentenanpassung, § 315a SGB VI; BT-Drucks. 12/405 S. 136).

II. Regelungszweck des durch Art. 22 Nr. 4 VAStrRefG aufgehobenen Gesetzes zur Überleitung des Versorgungsausgleichs auf das Beitrittsgebiet

1. Grundlagen

Mit dem Wirksamwerden des Rechts zum Versorgungsausgleich zum 01. 01. 1992 gem. Art. 234 § 6 EGBGB (eingehend Rdn. 338) und der gleichzeitigen Übernahme des SGB VI war es erforderlich, insbesondere im Hinblick auf die eingangs dargestellten besonderen Regelungen zur Überleitung der gesetzlichen Rentenversicherung ergänzende Bestimmungen zum Versorgungsausgleich einzuführen. Dem kam das durch Art. 31 des RÜG vom 25. 07. 1991 (BGBl I 1606) eingeführte Gesetz zur Überleitung des Versorgungsausgleichs auf das Beitrittsgebiet **(VAÜG)** nach, dessen Aufgabe es war, den Versorgungsausgleich auch bei Versorgungsanrechten zu ermöglichen, in dem vor allem der besonderen Dynamik der Rentenanrechte im Beitrittsgebiet sowie den unterschiedlichen Versorgungsformen Rechnung getragen wird.

345

Entsprechend den gesetzlichen Grundlagen gilt der Versorgungsausgleich im Beitrittsgebiet ab dem 01. 01. 1992. Da bis 31. 12. 1991 in den neuen Bundesländern das Rentenrecht der DDR weiter in Kraft war, konnte im Grundsatz ein Versorgungsausgleich nicht durchgeführt werden, weil dieses den Versorgungsausgleich nicht kannte (zu den interlokalen Fragen s. Rdn. 952 ff.).

2. Anwendungsbereich des VAÜG

§ 2 Abs. 1 VAÜG bestimmte den Anwendungsbereich dieses Gesetzes. Es griff vor allem ein, wenn im Beitrittsgebiet (vor und nach dem 01. 01. 1992) Anrechte aus der gesetzlichen Rentenversicherung im Gebiet der neuen Bundesländer erworben wurden. Diese Anrechte unterliegen seit dem Inkrafttreten des Gesetzes einer besonderen, über der Anpassung in den alten Bundesländern liegenden Dynamik – sog. **Angleichungsdynamik.** Diese besondere Dynamik endet mit dem Zeitpunkt **der Herstellung einheitlicher Einkommensverhältnisse** im gesamten Bundesgebiet. Sowohl Höhe der einzelnen Anpassungssätze als auch Zeitpunkt der Angleichung sind derzeit nicht vorhersehbar. Entsprechendes gilt im Kern für die Versorgung von Beamten, Richtern, Soldaten und auch sonstige Versorgungen wie z. B. berufsständische Versorgungen, die ebenfalls eine besondere Steigerung erfahren. Auch wenn diese Angleichungsdynamik einer Versorgung erst nach dem Ende der

346

Ehezeit eintritt, muss sich diese nacheheliche Anhebung des nominalen Versorgungswertes im Hinblick auf den dem Versorgungsausgleich innewohnenden Halbteilungsgrundsatz auswirken, da auch künftige, in dem Anrecht angelegte wertbestimmende Entwicklungen zu erfassen sind (vgl. auch BT-Drucks. 12/405 S. 174 f.; s. a. Rdn. 125 f.). Dies wird in der gesetzlichen Rentenversicherung besonders augenscheinlich, weil der Versicherte im Grundsatz Entgeltpunkte erwirbt, die die Grundlage des bei Eintritt des Versicherungsfalls zu berechnenden Nominalwertes darstellen, der durch den jeweiligen aktuellen Rentenwert definiert wird. Grundsätzlich wäre es denkbar gewesen, bei der Bestimmung des dem Wertausgleich unterliegenden Anrechts den aktuellen Rentenwert der alten Bundesländer heranzuziehen und somit die höhere Angleichungsdynamik gleichsam zu »überspringen«. Eine solche Handhabung hätte sicherlich in vielen Fällen den Verhältnissen entsprochen, die nach der Herstellung einheitlicher Lebensverhältnisse bestehen, würde jedoch bei vorzeitigem Leistungseintritt eine Korrektur notwendig machen (sowohl im Hinblick auf die Erhöhung der Anrechte bei Berechtigten als auch die Minderung beim Verpflichteten aufgrund des durchgeführten Versorgungsausgleichs). Jedenfalls hat der Gesetzgeber diesen Weg ebenso wenig wie eine wesentlich einfacher zu handhabende schuldrechtliche Lösung gewählt, sondern vielmehr einen vermittelnden Weg eingeschlagen (BT-Drucks. 12/405 S. 175). Das VAÜG sollte nach seiner Konzeption deshalb seine Bedeutung verlieren, sobald die Einkommensverhältnisse der neuen Bundesländer denjenigen der alten angeglichen sind, § 1 Abs. 4 VAÜG, was auch einen einheitlichen aktuellen Rentenwert zur Folge hat.

3. Wertermittlung und Durchführung des Versorgungsausgleichs nach der Einkommensangleichung

347 § 5 VAÜG regelte die Anwendung der Bestimmungen zum Versorgungsausgleich nach Eintritt der Einkommensangleichung im Beitrittsgebiet (§ 1 Abs. 4 VAÜG). Denn auch nach dem Zeitpunkt der Einkommensangleichung ist die durch die besondere Angleichungsdynamik eintretende Werterhöhung zu erfassen, wenn das Ende der Ehezeit vor Beendigung der Einkommensangleichung liegt. Sie betrifft die in § 2 Abs. 2 und 3 VAÜG genannten Fälle, in denen das Versorgungsausgleichsverfahren ausgesetzt war, sowie noch nicht abgeschlossene Verbundverfahren, bei denen das Ehezeitende vor der Einkommensangleichung liegt. Auch bei diesen Sachlagen war bei der Wertermittlung angleichungsdynamischer Anrechte bzw. angleichungsdynamischer Anrechte minderer Art die bis zur Einkommensangleichung im Verhältnis zu einem vergleichbaren Anrecht des früheren Bundesgebietes eingetretene Dynamik zu erfassen. Ausgenommen waren dagegen die Fälle des § 2 Abs. 1 Nr. 1 VAÜG, in denen für den im Anwartschaftsstadium durchgeführten Versorgungsausgleich nach §§ 264 a, 265 a SGB VI die Auswirkungen der Angleichungsdynamik bei beiden Ehegatten und den Versorgungsträgern automatisch erfasst werden (vgl. Vorauflage Rn. 260). In den Fällen des Eintritts des Versorgungsfalls **vor Eintritt der Einkommensangleichung** erfolgte die Erfassung der angleichungsdynamischen Wertsteigerung zwischen dem Ende der Ehezeit und dem Zeitpunkt der Entscheidung nach § 3 Abs. 2 VAÜG in Form eines Angleichungsfaktors (s. Vorauflage Rn. 275 ff.). Die Bewertungsbestimmungen des § 5 VAÜG folgten im Grundsatz dem System des § 3 Abs. 2 VAÜG, übernahmen aber nicht die zum Ehezeitende maßgebende besondere Bemessungsgrundlage des Beitrittsgebiets, sondern zogen die Bemessungsgrundlage eines Vergleichsanrechts des früheren Bundesgebiets zum Wert Ende der Ehezeit heran. Aus der Basis dieses Werts wurde dann das endgültige Anrecht für den Versorgungsausgleich bestimmt. In dieser Bewertung konnten somit nur Anrechte einbezogen werden, die nach Abschluss der Einkommensangleichung in ihrer Dynamik vergleichbaren Anrechten des früheren Bundesgebiets entsprechen.

Nach der Einkommensangleichung werden (dynamische) Rentenanwartschaften 348
der gesetzlichen Rentenversicherung jeweils auf der Basis der erworbenen Entgeltpunkte mit dem aktuellen Rentenwert (West) nach § 68 SGB VI ermittelt. Entsprechend bestimmt Nr. 1 für Rentenanwartschaften der gesetzlichen Rentenversicherung i. S. d. § 1 Abs. 2 Nr. 1 VAÜG, dass für die Ermittlung des Nominalwerts des Anrechts aus den auf die Ehezeit fallenden Entgeltpunkten von dem zum Ehezeitende maßgebenden aktuellen Rentenwert (West) des früheren Bundesgebietes auszugehen ist. Entsprechendes gilt für das Abänderungsverfahren nach § 225 FamFG, soweit dieses auf Veränderungen des Versorgungswertes gestützt wird, die nicht durch die Angleichungsdynamik verursacht wurden.

> **Beispiel:**
> Hat ein Ehegatte in der Ehezeit 4,5 Entgeltpunkte aus Versicherungszeiten im Beitrittsgebiet erworben (Ende der Ehezeit 31.01.2000), so ist nach Abschluss der Einkommensangleichung (z. B. 2010) der zum Ende der Ehezeit maßgebende aktuelle Rentenwert *(West)* i. H. v. 48,29 DM monatlich heranzuziehen. Somit errechnet sich eine Anwartschaft von 217,31 DM/111,11 € (4,5 × 48,29 DM). Zur Ermittlung der Entgeltpunkte wird auf § 264a Abs. 2 SGB VI verwiesen.

Nr. 2 des § 5 VAÜG bezog sich auf **angleichungsdynamische Anrechte außerhalb** 349
der gesetzlichen Rentenversicherung i. S. d. § 1 Abs. 2 Nr. 2 VAÜG, also insbesondere die Beamtenversorgung. Auch bei diesen Anrechten war im Grundsatz anstelle der Bemessungsgrundlage des Beitrittsgebiets die zum Ende der Ehezeit maßgebende Bemessungsgrundlage eines allgemeinen entsprechenden Anrechts aus dem früheren Bundesgebiet heranzuziehen. Dies erfolgte jedoch nicht in Form eines schlichten Austausches der Bemessungsgrundlage. Vielmehr war die zum Ehezeitende maßgebende Bemessungsgrundlage des Beitrittsgebiets an die nach dem Ehezeitende eingetretene Wertentwicklung der gesetzlichen Rentenversicherung im Beitrittsgebiet anzupassen. Dies geschah aus Vereinfachungsgründen wiederum wie bei § 3 Abs. 2 Nr. 1b VAÜG auf der Basis des Verhältnisses des aktuellen Rentenwertes (Ost), jeweils bezogen auf das Ende der Ehezeit. Die maßgebende Bemessungsgrundlage errechnete sich danach aus dem Verhältnis der beiden aktuellen Rentenwerte, der mit der Bemessungsgrundlage Ost vervielfältigt wurde. Wie bei § 3 Abs. 2 Nr. 1b Satz 2 VAÜG konnte auch bei der vorliegenden Regelung von der zuvor dargelegten Berechnungsweise abgewichen werden, wenn die für das Anrecht maßgebende Regelung eine angemessene andere Ermittlung der auf der Angleichungsdynamik beruhenden Wertsteigerung des Anrechts vorsah. Gleiches galt, wenn die Übernahme der Angleichungsdynamik der gesetzlichen Rentenversicherung zu unbilligen Ergebnissen führen würde (s. Vorauflage Rn. 277).

III. Aufhebung des Versorgungsausgleichsüberleitungsgesetzes – Auswirkungen auf den Versorgungsausgleich

1. Grundlagen

Art. 22 Nr. 4 VAStrRefG regelt das Außerkrafttreten des Versorgungsausgleichs- 350
überleitungsgesetzes (VAÜG). Aufgrund des neuen Ausgleichssystems, das den Wertausgleich auf eine systeminterne Teilung jedes einzelnen Anrechts umstellt, bedarf es einer Angleichung der Rentenanrechte nach dem RRG 1992 einerseits

2. Kapitel   Bewertung von Anrechten auf eine Versorgung wegen Alters oder Invalidität

(s. Rdn. 300) und den Anrechten nach dem RÜG andererseits nicht mehr (s. Rdn. 338); dessen Notwendigkeit ergab sich aus der unterschiedlichen Dynamik beider Rentenbereiche bis zur Einkommensangleichung (s. Rdn. 339, 347). Da Anrechte der gesetzlichen Rentenversicherung stets durch die interne Teilung gem. § 10 Abs. 1 VersAusglG ausgeglichen werden, entfallen insbesondere die Probleme, die sich aus der unterschiedlichen Dynamik der Anrechte West oder Ost ergaben. Da die Regeldynamik der im alten Bundesgebiet erworbenen Anrechte hinter der Abgleichungsdynamik im Bereich des Beitrittsgebiets zurückblieb, war eine Verrechnung i. S. d. § 1587 a Abs. 1 BGB a. F. ausgeschlossen, so dass sehr viele Versorgungsausgleichsverfahren nach § 2 Abs. 1 Satz 2 VAÜG ausgesetzt werden mussten. Dieser Rechtszustand wird durch die interne Teilung beendet.

2. Keine Verrechnung von Anrechten der gesetzlichen Rentenversicherung (West) mit (Ost)

351 Bestehen bei beiden Ehegatten bei demselben Versorgungsträger **Anrechte gleicher Art**, die durch die interne Teilung gem. § 10 Abs. 2 VersAusglG ausgeglichen werden, lässt § 10 Abs. 2 VersAusglG eine Verrechnung zu. Diese Regelung betrifft in erster Linie Anrechte der gesetzlichen Rentenversicherung. Haben der Ehemann in der Ehezeit 25 Entgeltpunkte und die Ehefrau 11 Entgeltpunkte erworben, kann nach § 10 Abs. 2 VersAusglG – wie nach §§ 1587 a Abs. 1, 1587 b Abs. 1 BGB a. F. – eine Saldierung stattfinden, die aber durch den Versorgungsträger erfolgt. Dies regelt § 120 f Abs. 1 SGB VI ausdrücklich. Danach sind zugunsten der Ehefrau auf deren Versicherungskonto in der gesetzlichen Rentenversicherung 7 Entgeltpunkte zu übertragen (25 − 11 = 14 : 2).

Handelt es sich bei den Anrechten der Ehefrau in Höhe von 11 Entgeltpunkten um Anrechte (Ost), dagegen bei den Anrechten des Ehemannes um Anrecht (West), so kann eine Verrechnung nach § 10 Abs. 2 VersAusglG nicht erfolgen, weil ein Entgeltpunkt (West) derzeit zu einer monatlichen Rentenleistung von 26,56 € führt, während ein Entgeltpunkt (Ost) eine Rentenleistung von 23,34 € ergibt (1. Halbjahr 2009). Dies bedeutet, dass zum Erwerb von 100,00 € im Gebiet der alten Bundesländer 3,7551 Entgeltpunkte (100 : 26,56 €) erforderlich sind, im Beitrittsgebiet dagegen 4,1667 Entgeltpunkte (100 : 23,34 €). Damit können beide Anrechte nicht als gleichartig angesehen werden, so lange die Einkommensangleichung noch nicht festgestellt ist. Dies wird in § 120 f Nr. 1 SGB VI ausdrücklich geregelt.

3. Abzuschmelzende Anrechte der gesetzlichen Rentenversicherung

352 Nach § 19 Abs. 2 Nr. 2 VersAusglG können Anrechte, die abzuschmelzende Leistungen vorsehen, nicht als teilungsreif angesehen werden, so dass bezüglich dieser auch nicht der Wertausgleich bei der Scheidung nach den §§ 9–19, 18 VersAusglG stattfindet, sondern diese nach den §§ 20–26 VersAusglG (Ausgleichsansprüche nach der Scheidung, vor allem durch den schuldrechtlichen Versorgungsausgleich) auszugleichen sind. Diese werden in Bezug auf die sich aus dem RÜG ergebenden besonderen Formen von Renten in § 120 h SGB VI ausdrücklich angesprochen. Hierbei handelt es sich insbesondere um den **Auffüllbetrag** nach § 315 a SGB VI, den Rentenzuschlag nach § 319 a SGB VI, den Übergangszuschlag nach § 319 b SGB VI sowie den besitzgeschützten Zahlbetrag nach dem Anspruchs- und Anwartschafts-Überführungsgesetz oder dem Zusatzversorgungssystem-Gleichstellungsgesetz übergeführten Renten, soweit diese den Monatsbetrag der Renten nach § 307 b Abs. 1 SGB VI übersteigen (eingehend Rdn. 342, 344 ff.). Ferner wird auf die Ausführungen in der Vorauflage zu den Rn. 251, 269 ff. verwiesen.

4. Wiederaufnahme von ausgesetzten Verfahren nach dem Versorgungsausgleichs-Überleitungsgesetz

In den Übergangsvorschriften zum VersAusglG wird in § 50 VersAusglG geregelt, in welcher Form die nach § 2 Abs. 1 Satz 2 VAÜG ausgesetzten Verfahren zum Versorgungsausgleich wieder aufgenommen werden. Eine Aussetzung erfolgte nach § 2 Abs. 1 Satz 2 VersAusglG stets dann, wenn angleichungsdynamische Anrechte (Ost) mit regeldynamischen Anrechten (West) im Wertausgleich zu verrechnen waren (eingehend Vorauflage Rn. 263). Im Hinblick auf die nach § 1587a Abs. 1 BGB a. F. grundsätzlich gebotene Saldierung aller Anrechte der Ehegatten konnte wegen der unterschiedlichen Dynamik eine Verrechnung nach § 1587a Abs. 1 BGB a. F. nicht erfolgen, so dass das Verfahren in solchen Fällen ganz oder teilweise ausgesetzt wurde.

353

§ 50 Abs. 1 VersAusglG sieht die Wiederaufnahme auf **Antrag eines Ehegatten oder Versorgungsträgers** vor, wenn aus einem im Versorgungsausgleich zu berücksichtigenden Anrecht Leistungen zu erbringen oder zu kürzen wären. Ferner ordnet § 50 Abs. 1 Nr. 2 VersAusglG an, dass alle ausgesetzten (und vom Verbund nach § 628 Satz 1 Nr. 1 ZPO a. F. abgetrennten) Verfahren von Amts wegen spätestens bis zum 01.09.2014 wieder aufzunehmen sind (Rdn. 1128).

E. Wertermittlung in der betrieblichen Altersversorgung

I. Grundlagen

1. Überblick

Zu den in § 2 Abs. 1, 2 VersAusglG (§ 1587 Abs. 1 BGB a. F.) aufgeführten Anrechten (Anwartschaften sowie laufende Versorgung) auf eine Versorgung wegen Alters oder Invalidität (teilweise oder volle Erwerbsminderung; Dienstunfähigkeit) gehören auch Leistungen sowie Anwartschaften auf Leistungen der betrieblichen Altersversorgung, die aus Anlass eines Arbeits- oder Tätigkeitsverhältnisses gewährt werden. Rechtliche Grundlage der betrieblichen Altersversorgung ist das **Gesetz zur Verbesserung der betrieblichen Altersversorgung** vom 05.12.1974 (BGBl I 3610). Durch dieses Gesetz wurde die rechtliche Stellung der Arbeitnehmer mit einer betrieblichen Altersversorgungszusage erheblich verbessert. Neben der Frage der **Verfallbarkeit** einer Versorgungszusage bei Ausscheiden eines Arbeitnehmers vor Erreichen der Altersgrenze wurden insbesondere Regelungen zur Sicherung der betrieblichen Altersversorgung im Falle der Vermögenslosigkeit des Arbeitgebers **(Insolvenzsicherung)** sowie zur **Anpassung der laufenden Leistungen** geschaffen. Für den Bereich des Versorgungsausgleichs sind insbesondere die Regelungen zur Verfallbarkeit dem Grunde (§ 1 Abs. 1 BetrAVG) und der Höhe nach (§ 2 BetrAVG) sowie zur Anpassung der laufenden Leistungen von Bedeutung (§ 16 BetrAVG). § 45 Abs. 1, 2 VersAusglG (§ 1587a Abs. 2 Nr. 3 BGB a. F.), der die Bewertung von Leistungen der betrieblichen Altersversorgung regelt, beruht auf diesen Bestimmungen des BetrAVG.

354

Eine tief greifende Änderung hat das BetrAVG durch Art. 9 des Altersvermögensgesetzes vom 26.06.2001 (BGBl I 1310, 1327) erfahren, das in Bezug auf die betriebliche Altersversorgung insbesondere eine staatliche Förderung der kapitalgedeckten betrieblichen und privaten Altersvorsorge beinhaltet. In Bezug auf die Durchführung des Versorgungsausgleichs enthält die Neufassung des BetrAVG

355

2. Kapitel Bewertung von Anrechten auf eine Versorgung wegen Alters oder Invalidität

(1) die **Betriebszusage mit Mindestleistung** als neue Form der betrieblichen Altersversorgung (§ 1 Abs. 2 Nr. 2 BetrAVG; s. Rdn. 356, 363), die nach § 7 Abs. 2 Satz 2, Abs. 2 Satz 1 BetrAVG insolvenzgesichert ist;
(2) die Einführung eines neuen Durchführungsweges der betrieblichen Altersversorgung in Form eines **Pensionsfonds** (s. § 112 Abs. 1 Satz 1 Versicherungsaufsichtsgesetz; s. hierzu Rdn. 363, 392, 415);
(3) den Anspruch auf eine betriebliche Altersversorgung durch **Entgeltumwandlung** (s. Rdn. 367) und
(4) die **Herabsetzung der gesetzlichen Unverfallbarkeitsfristen** (§ 1b Abs. 1 Satz 1 BetrAVG).

Entsprechend sind die Bestimmungen zur Berechnung der unverfallbaren Anwartschaften ergänzt worden (§ 2 Abs. 3a BetrAVG – Pensionsfonds). Gleiches gilt für die Anpassungsprüfung nach § 16 BetrAVG.

2. Zuordnung als betriebliche Altersversorgung

356 Nach der Definition des Begriffs »betriebliche Altersversorgung« in § 1 Abs. 1 BetrAVG werden hierunter alle Leistungen der Alters-, Invaliditäts- und Hinterbliebenenversorgung verstanden, die einem Arbeitnehmer aus **Anlass seines Arbeitsverhältnisses** zugesagt werden (für den Nichtarbeitnehmer s. § 17 Abs. 1 Satz 2 BetrAVG). Den Bestimmungen des BetrAVG liegt zugrunde, dass sämtliche Leistungen vom Arbeitgeber finanziert werden, ohne dass dieses Erfordernis in jedem Fall für die Zuordnung einer Leistung zum BetrAVG zwingende Voraussetzung wäre. Ob eine betriebliche Altersversorgung vorliegt, bestimmt sich allein danach,
(1) ob die Zusage einer Leistung an einen Arbeitnehmer durch den Arbeitgeber aus Anlass des Arbeitsverhältnisses erfolgt ist, und
(2) die Zusage einer Leistung als Versorgung vorliegt, die bei Eintritt des Versorgungsfalls, also bei Erreichen der maßgeblichen Altersgrenze bzw. dem Eintritt der Invalidität oder des Todes entsteht (BAG BB 1990, 2410; BB 1991, 482 = DB 1990, 2475). Aus dieser Definition wurde geschlossen, dass das Anrecht deshalb nicht vererblich sein darf. Ob dieses Kriterium aufgrund § 16 Abs. 6 BetrAVG (Auszahlungsplan) noch tauglich ist, wird teilweise in Zweifel gezogen (s. *Höfer* DB 2001, 1145, 1149, *Reineke* NJW 2001, 3511, 3512).

357 Aus dem Begriff »aus Anlass des Arbeitsverhältnisses« ist zunächst abzuleiten, dass die Leistung bestimmt oder bestimmbar sein muss (z. B. mit einem bestimmten Prozentsatz des letzten Gehalts). Wird nur ein **bestimmter Beitrag** durch den Arbeitgeber bezahlt, so kann die künftige Leistung für den Arbeitnehmer nicht konkret kalkuliert werden; damit fehlt es an dem Bestimmtheitsgebot. Der Gesetzgeber hat aber bereits in § 1 Abs. 6 BetrAVG (in Kraft seit 01.01.1999) eine sog. beitragsorientierte Leistungszusage eingeführt, die durch das Altersvermögensgesetz in § 1 Abs. 2 Nr. 1 BetrAVG übernommen wurde. In diesem hat der Gesetzgeber die **Beitragszusage mit Mindestleistung** geregelt, die vorliegt, wenn der Arbeitgeber sich verpflichtet, Beiträge zur Finanzierung von Leistungen der betriebliche Altersversorgung an einen Pensionsfonds, eine Pensionskasse oder eine Pensionsversicherung zu erbringen und für Leistungen zur Altersvorsorge das planmäßige zuzurechnende Versorgungskapital (aufgrund der gezahlten Beiträge und den daraus erzielten Zinserträgen) bereitzustellen (s. *Reineke* NJW 2001, 3511, 3512). Dem Arbeitnehmer steht danach nur die Leistung sämtlicher Beiträge zu. In welcher Höhe dieser eine Leistung bezieht, hängt davon ab, welche Erträge aus diesen Beiträgen erwirtschaftet werden. Die Nichterbringung der Beiträge ist nach § 7 Abs. 1

I. Grundlagen

Satz 2 BetrAVG insolvenzgeschützt. Das BetrAVG differenziert danach zwischen **leistungsabhängigen und beitragsabhängigen Versorgungen**. Danach gilt:
- Bei einer leistungsabhängigen Versorgung wird dem Arbeitnehmer im Leistungsfall eine Leistung (regelmäßig in Form einer wiederkehrenden Rente oder eines Kapitalbetrages) zugesagt, für deren Finanzierung der Arbeitgeber aufkommen muss.
- Bei einer beitragsabhängigen Versorgung i. S. der §§ 1 Abs. 2, 1 a BetrAVG werden Beiträge auf ein Vorsorgekonto des Arbeitnehmers eingezahlt; die Höhe der Leistung im Versicherungsfall ergibt sich aus der Summe der eingezahlten Beiträge. Diese werden ausschließlich durch den Arbeitgeber erbracht. Jedoch kann der Arbeitnehmer im Rahmen einer Entgeltumwandlung ebenfalls ausschließlich Beiträge auf ein solches Konto einzahlen.

Damit unterliegt z. B. auch eine **Direktversicherung** zur betrieblichen Altersversorgung dem BetrAVG, wenn diese (aufgrund eines Einkommensverzichts) wirtschaftlich vom Arbeitnehmer getragen wird. Ohne Bedeutung für die Zuordnung zum BetrAVG ist schließlich, ob die Zusage von einem öffentlich-rechtlichen oder privaten Arbeitgeber erteilt wurde. Dagegen wird in § 45 Abs. 3 VersAusglG in Bezug auf die Bestimmung des Ehezeitanteils danach unterschieden, ob der Versorgungsträger privatrechtlich oder öffentlich-rechtlich organisiert ist (Rdn. 396, 399).

3. Stellung der betrieblichen Altersversorgung im Versorgungssystem

Die Leistungen der betrieblichen Altersversorgung sind regelmäßig danach konzipiert, die Einkünfte aus der gesetzlichen Rentenversicherung im Falle des Alters und der Invalidität des Arbeitnehmers und im Falle dessen Todes für seine Angehörigen aufzustocken. Sie sollen die durch das Absinken des Einkommens nach Beendigung der Erwerbstätigkeit entstehende Versorgungslücke schließen, um den bisherigen Lebensstandard zu sichern. Diese **Komplementärfunktion** ergibt sich vor allem bei Gesamtversorgungssystemen, die z. B. sicherstellen, dass der Arbeitnehmer einen bestimmten Prozentsatz seines letzten Erwerbseinkommens (früher i. d. R. 75%) erlangt. Die betriebliche Altersversorgung kann aber auch die **grundlegende Altersversorgung** darstellen, wenn für den Arbeitnehmer eine Versicherungspflicht in der gesetzlichen Rentenversicherung nicht besteht (v. a. bei leitenden Angestellten sowie Gesellschafter-Geschäftsführern, deren Gesellschafteranteil unter 50% bleibt).

358

4. Rechtsgrund der Leistungen der betrieblichen Altersversorgung

Rechtsgrundlage einer Zusage können ein Einzelvertrag (§§ 145 ff. BGB), eine Ruhegeldordnung (einseitige Zusage des Arbeitgebers, Gesamtzusage), die Betriebsübung, der Grundsatz der Gleichbehandlung, eine Betriebsvereinbarung, ein Tarifvertrag sowie ein Gesetz sein (z. B. Hüttenknappschaftliche Zusatzversicherung). Eine Verpflichtung zur Gewährung einer betrieblichen Altersversorgung ergibt sich aus dem BetrAVG nicht; dessen Regelungen greifen erst ein, wenn eine wirksame Versorgungszusage besteht. Das BetrAVG stellt hierbei lediglich **Mindestanforderungen** zur Sicherung der Rechtsposition der Arbeitnehmer auf, so dass es den Arbeitgebern unbenommen ist, günstigere Bestimmungen zur Gewährung einer Versorgung aufzustellen.

359

2. Kapitel Bewertung von Anrechten auf eine Versorgung wegen Alters oder Invalidität

5. Art der Leistungen, Abgrenzung

360 Übliche Leistungen sind die Alters-, Invaliditäts- (Rente wegen verminderter Erwerbsfähigkeit) und Hinterbliebenenversorgung, dagegen keine sonstigen Leistungen wie etwa Beiträge zu einer Krankenversicherung oder zu einer Rehabilitationsmaßnahme. Dies folgt aus dem Charakter der betrieblichen Altersversorgung als **ergänzende Versorgung** zu einer anderen öffentlich-rechtlichen Versorgung (Rdn. 358). Teilweise sehen Versorgungszusagen lediglich *eine Leistungsart* vor, also nur eine Leistung für den Fall des Alters oder der Invalidität. Regelmäßig werden Geldleistungen in Form einer Rente oder eines Kapitalbetrages erbracht, möglich sind aber **Sachleistungen** sowie Nutzungsrechte. Sie gelten dann als Leistungen der betrieblichen Altersversorgung, wenn der Beginn oder die Fortsetzung der Leistungen an die Voraussetzungen des Alters oder der Invalidität geknüpft sind. Dies wurde angenommen für Kohledeputate (BAG NJW 1982, 957) sowie deren Barabfindung (BAG DB 1987, 1492); auch ein Wohnrecht an einer Werkswohnung kann hierunter fallen. Die Leistung eines 13. Gehalts (Weihnachtsgeld) unterliegt dann dem BetrAVG, wenn dieses mit Eintritt des Versorgungsfalls nicht entfällt, sondern an den Ruhegeldempfänger weiter erbracht wird (BAG AP § 611 Nr. 26 – Gratifikation; s. a. OLG Hamm FamRZ 1998, 628). Typisches Merkmal für die Zuordnung zum BetrAVG ist danach, dass Leistungen i. d. R. zeitlebens erbracht werden und an den Bezug der Altersrente oder Rente wegen verminderter Erwerbsfähigkeit (Berufs-, Erwerbsunfähigkeit) der gesetzlichen Rentenversicherung gekoppelt sind.

361 Keine Leistungen im Sinne des BetrAVG sind deshalb Zuwendungen, denen aufgrund ihrer Zweckbestimmung ein Versorgungscharakter fehlt. Hierzu gehören **Übergangsgelder,** die einem Arbeitnehmer bei einer vorzeitigen Beendigung seines Arbeitsverhältnisses gewährt werden, also keine Versorgungsfallleistung darstellen (s. Rdn. 66; BGH FamRZ 2001, 27 = NJW 2000, 3563 – Überbrückungsgeld) sowie **Gewinnbeteiligungen** und **Tantiemen,** die als Gegenleitung für den vom Arbeitnehmer erbrachten Einsatz zur Vermehrung des Betriebsgewinnes erbracht werden, es sei denn, sie werden über das Erreichen der festen Altersgrenze oder den Eintritt der Invalidität hinaus bezahlt (s. eingehend Rdn. 67). Entsprechendes gilt für **Jubiläumsgaben.** Auch **Treueprämien** werden regelmäßig nicht zum Zweck der Versorgung für den Fall des Alters oder der Invalidität erbracht; werden sie dagegen aus Anlass eines Geburtstags oder Feiertags erbracht (*Rey,* BB 1984, 2141) und ist ihre Zahlung auf das Erreichen einer bestimmten Altersgrenze abgestellt, kann ihnen Versorgungscharakter zukommen, wenn sie eine bestimmte Höhe erreichen (PSV-Merkblatt 300/M 4/11.86; s. a. *Glockner/Uebelhack,* Rn. 29 sowie OLG Hamm FamRZ 1998, 628).

Betriebliche Versorgungsleitungen in Form **einmaliger Kapitalleistungen,** die regelmäßig über Lebensversicherungen erbracht werden (Direktversicherung), unterliegen ebenfalls dem BetrAVG (§ 1 Abs. 2); sie wurden bis zum 31.08.2009 vom Versorgungsausgleich nicht erfasst, unterliegen nach dem reformierten Versorgungsausgleich gemäß § 2 Abs. 2 Nr. 3 VersAusglG dagegen dem Wertausgleich i. S. d. § 1 Abs. 1 VersAusglG (eingehend Rdn. 72 f.). Keine Leistungen des BetrAVG sind Leistungen, die der **Vermögensbildung** dienen (LAG Hamm DB 1982, 1523), da ihnen kein Versorgungscharakter zukommt. Gleiches gilt für Ausgleichsansprüche von Handelsvertretern gemäß § 89 b HGB sowie **Vorruhestandsleistungen,** die als Leistungen aus dem Arbeitsverhältnis selbst anzusehen sind (s. a. OLG Karlsruhe FamRZ 1998, 629), sowie für Sterbegelder. Die von einem Arbeitgeber gewährte **Ausgleichsleistung** für den nach § 77 Abs. 2 Nr. 1 SGB VI ein-

I. Grundlagen

tretenden **Versorgungsabschlag** bei einem vorzeitigen Rentenbezug (s. Rdn. 290 – sog. VMA – Subvention der Fa. IBM) unterliegt dem BetrAVG, wenn diese für den Fall des Alters als wiederkehrende Leistung erbracht wird (s. OLG Stuttgart, Beschluss vom 31. 01. 2003 – 16 UF 238/02; BGH FamRZ 2001, 27 = NJW 2000, 3563; OLG Köln FamRZ 2002, 1496; *Borth* FamRZ 2005, 397, 401).

Aus den zuvor dargelegten Grundsätzen folgt, dass eine betriebliche Altersversorgung i. S. d. Definition immer dann vorliegt, wenn diese für den Fall des Alters, der Invalidität oder als Hinterbliebenenleistung erbracht wird und ferner Versorgungscharakter aufweist. Anders als nach dem bis zum 31. 08. 2009 geltenden Recht deckt sich diese Begriffsbestimmung mit den Regelungen des Versorgungsausgleichs, weil nach § 2 Abs. 2 Nr. 3 VersAusglG nicht nur eine wiederkehrende Rentenleistung, sondern auch eine Kapitalleistung einbezogen werden kann (eingehend Rdn. 67). **362**

6. Bestimmung der Leistung aus der betrieblichen Altersversorgung

a) Unterschiedliche Leistungsvoraussetzungen

Unter welchen Voraussetzungen eine Leistung aus der betrieblichen Altersversorgung zu erbringen ist, können Arbeitgeber und Arbeitnehmer grundsätzlich frei vereinbaren. Die Versorgungszusagen der Betriebe sind hierzu sehr uneinheitlich gestaltet, so dass sehr stark voneinander abweichende Bestimmungen hierzu bestehen. Häufig wird die Leistung von dem Zurücklegen einer bestimmten **Wartezeit** abhängig gemacht. Ferner enthalten die Versorgungszusagen teilweise Bestimmungen mit festen Euro-Beträgen (s. Rdn. 504 Schaubild 1), die in unregelmäßigen Abständen angehoben werden. Eine häufig auftretende Form besteht darin, die Leistung nach einem bestimmten Prozentsatz des erzielten Arbeitsentgelts sowie abhängig von der Dauer der Betriebszugehörigkeit zu bestimmen (Rdn. 505 Schaubild 2). Weit verbreitet waren früher auch Regelungen, in denen der Arbeitgeber dem Arbeitnehmer die Aufstockung seines Anrechts aus der gesetzlichen Rentenversicherung bis zu einem bestimmten Höchstsatz, der seinerseits dienstzeitabhängig gestaltet werden konnte, zusichert. Hierbei sollten sog. **Limitierungsklauseln** diese Gesamtversorgungssysteme auf einen bestimmten Prozentsatz begrenzen, um eine Überversorgung (im Verhältnis zum Erwerbseinkommen) zu verhindern. Da die **Finanzierung betrieblicher Altersversorgungen** wegen der deutlichen Verlängerung der Lebensalterserwartung immer schwieriger wird, ermöglicht die **Einführung eines Pensionsfonds** (als neuer Durchführungsweg der betrieblichen Altersversorgung) die Begrenzung des sich hieraus ergebenden Risikos, indem dem Arbeitnehmer (lediglich) eine Beitragszusage mit einer Mindestleistung gewährt wird (s. Rdn. 357). Nach § 115 Abs. 1 VAG sind die Pensionsfonds verpflichtet, das Vorsorgevermögen unter Wahrung des Gesichtspunktes der möglichst großen Sicherheit einerseits und der Rentabilität andererseits anzulegen. **363**

b) Bemessung der Leistung nach ihrer Dynamik

Bei der gesetzlichen Rentenversicherung und der Beamtenversorgung spricht man von volldynamischen Versorgungen, weil diese sowohl während der Zeit der aktiven beruflichen Tätigkeit bis zum Eintritt des Versicherungsfalls **(Anwartschaftsphase)** als auch nach Eintritt des Versicherungsfalls **(Leistungsphase)** regelmäßig an die allgemeine Einkommensentwicklung angepasst werden. Bei der betrieblichen Altersversorgung treten demgegenüber aufgrund der überwiegend privatrechtlich ausgestalteten Versorgungszusagen vielfältige Erscheinungsformen bei **364**

2. Kapitel   Bewertung von Anrechten auf eine Versorgung wegen Alters oder Invalidität

der Bemessung der Leistung und ihrer späteren Anpassung auf. Als **volldynamisch** sind solche betrieblichen Altersversorgungen anzusehen, wenn sie sowohl in der Anwartschafts- als auch der Leistungsphase an die allgemeine Einkommensentwicklung angepasst werden (z. B. 50% des durchschnittlichen monatlichen Einkommens des Jahres vor dem Versicherungsfall; Anpassung der Leistungen entsprechend der Erhöhung in der gesetzlichen Rentenversicherung). Als **teildynamisch** bezeichnet man solche Versorgungen, die lediglich im Anwartschafts- oder Leistungsteil dynamisch sind, im Übrigen aber statisch bleiben. (z. B.: dem Arbeitnehmer wird im Versicherungsfall eine Rente von 200,00 € monatlich zugesichert, die ab Leistungsbeginn wie die gesetzliche Rentenversicherung erhöht wird; dem Arbeitnehmer wird für jedes Jahr der Betriebszugehörigkeit im Versicherungsfall eine Rente von 0,5% des letzten monatlichen Einkommens zugesichert, eine Anpassung der Leistung erfolgt nicht). Als statisch bezeichnet man solche Versorgungen, die sich nach ihrer Zusage nicht mehr verändern.

Die Beurteilung eines Anrechts der betrieblichen Altersversorgung nach ihrer Dynamik, die nach dem bis 31. 08. 2009 geltenden Rechtszustand nach § 1587 a Abs. 3, 4 BGB zu bestimmen war und erhebliche praktische Probleme aufwarf, die mit ursächlich für die grundlegende Reform des Versorgungsausgleichs waren, ist nach dem neuen Ausgleichsystem der internen bzw. externen Teilung weitgehend unproblematisch, weil nach dem neuen Teilungsmodus ein Anrecht unabhängig vom Bestehen bzw. Umfang einer Dynamik sofort durch den Ausgleich bei der Scheidung gemäß §§ 9–19 VersAusglG **vollständig ausgeglichen** werden kann und nur noch in den Fällen der **Verfallbarkeit dem Grunde oder der Höhe nach** beim Ausgleich bei der Scheidung das Anrecht gem. § 19 Abs. 2 Nr. 1, Abs. 3 VersAusglG den Ausgleichsansprüchen nach der Scheidung (vor allem dem schuldrechtlichen Versorgungsausgleich nach § 20 VersAusglG) zugewiesen wird. Ferner nimmt die Dynamik eines Anrechts Einfluss auf die Bestimmung des **korrespondierenden Kapitalwerts** nach § 47 VersAusglG (s. § 47 Abs. 6 VersAusglG; eingehend Rdn. 183, 184).

c)   Anpassung der laufenden Leistungen

365   Nach § 16 BetrAVG hat der Arbeitgeber im zeitlichen Abstand von drei Jahren eine **Anpassung der laufenden Leistungen** der Altersversorgung zu prüfen und hierüber nach billigem Ermessen zu entscheiden. Angepasst wird danach lediglich die laufende Leistung, nicht dagegen die Versorgungsanwartschaft. Ab welchem Ausmaß der Geldentwertung vom Arbeitgeber eine Anpassung zu erfolgen hat, wird in § 16 BetrAVG nicht bestimmt. Das Gesetz schreibt lediglich eine wechselseitige Interessenabwägung durch den Arbeitgeber vor, in die insbesondere auch dessen Leistungsfähigkeit einzubeziehen ist (zur Ausgestaltung in der Rechtsprechung s. *Heubeck-Höhne*, § 16 BetrAVG Rn. 114; zur Behandlung im Versorgungsausgleich s. Rdn. 495; zur Berücksichtigung bei der Bestimmung des korrespondierenden Kapitalwerts s. Rdn. 183, 184). Nach § 5 Abs. 1 BetrAVG dürfen die im Versorgungsfall festgesetzten Leistungen nicht durch die Anpassung anderer Versorgungsbezüge an die wirtschaftliche Entwicklung ausgezehrt werden (**Auszehrungsverbot**). Zu beachten sind § 16 Abs. 2, 3 BetrAVG, die eine Anpassung an den Lebenshaltungskostenindex bzw. an die Nettolöhne einer vergleichbaren Arbeitnehmergruppe des Betriebes oder eine 1% jährliche Anpassungsprüfung als erfüllt ansehen. § 16 Abs. 3 BetrAVG nimmt deshalb folgerichtig **Beitragszusagen mit einer Mindestleistung** von der Pflicht zur Anpassungsprüfung aus.

I. Grundlagen

7. Leistungsvoraussetzungen

a) Begriff der Unverfallbarkeit

Die Bestimmung zur Unverfallbarkeit wurde erstmals durch das BetrAVG vom 19. 12. 1974 geregelt, nachdem das BAG 1972 im Wege der richterlichen Rechtsfortbildung grundlegende Voraussetzungen aufgestellt hatte (BAGE 24, 177 = Ausgleichspflichtiger BGB § 242 Ruhegehalt Nr. 156). Diese Regelungen wurden durch das **Altersvermögensgesetz** vom 26. 06. 2001 (BGBl I 1310; eingehend Rdn. 355) zugunsten einer größeren Flexibilität der Arbeitnehmer geändert. Nach § 1 Abs. 1 Satz 1 BetrAVG i. d. F. vom 19. 12. 1974 behält der Arbeitnehmer seine Versorgungsanwartschaft auch dann, wenn sein Arbeitsverhältnis **vor Eintritt des Versorgungsfalls endet.** Unverfallbarkeit i. S. d. § 1 Abs. 1 Satz 1 BetrAVG i. d. F. bis 31. 12. 2000 trat ein, wenn er im Zeitpunkt der vorzeitigen Beendigung des Arbeitsverhältnisses 366

– mindestens das 35. Lebensjahr vollendet hat und
– entweder die Versorgungszusage für ihn mindestens zehn Jahre bestanden hat oder
– der Beginn der Betriebszugehörigkeit mindestens zwölf Jahre zurückliegt und die Versorgungszusage mindestens drei Jahre bestanden hat.

Diese Bestimmungen stellen jedoch **Mindestvoraussetzungen** dar, die der Arbeitgeber günstiger gestalten kann, § 17 Abs. 3 Satz 3 BetrAVG. Der durch das Altersvermögensgesetz eingeführte § 1 b Abs. 1 Satz 1 BetrAVG bestimmt, dass die Anwartschaft erhalten bleibt, 367

– wenn das Arbeitsverhältnis vor Eintritt des Versorgungsfalls, jedoch nach Vollendung des 25. Lebensjahres endet und die Versorgungszusage zu diesem Zeitpunkt mindestens fünf Jahre bestanden hat – unverfallbare Anwartschaft.
– Nach § 30 f BetrAVG n. F. gelten die neuen **Unverfallbarkeitsvorschriften nur für Neuzusagen** (nach dem 31. 12. 2000). Jedoch tritt die gesetzliche Unverfallbarkeit von Altzusagen nach § 30 f Satz 1 Hs. 2 BetrAVG auch dann ein, wenn die Zusage ab dem 01. 01. 2001 fünf Jahre, also am 31. 12. 2005 bestanden, und der Arbeitnehmer bei Beendigung das 30. Lebensjahr vollendet hat.
– Ferner bestimmt § 1 b Abs. 5 Hs. 2 Nr. 1 BetrAVG n. F., dass mit **Beginn der Entgeltumwandlung** ein unwiderrufliches Bezugsrecht einzuräumen ist; dies gilt bei Vorliegen einer Direktversicherung, Pensionskasse oder eines Pensionsfonds. Da § 7 Abs. 2 Satz 2 BetrAVG nur bei unverfallbaren Anrechten Insolvenzschutz gewährt, sind diese Aufwendungen des Arbeitnehmers auch im Fall der Insolvenz des Arbeitgebers geschützt.

Der ausgeschiedene Arbeitnehmer hat das Recht, mit eigenen Beiträgen die Versicherung fortzuführen. Ferner ist dieses Recht durch den Arbeitgeber nicht verpfändbar, abtretbar oder beleihbar, § 1 b Abs. 5 Hs. 2 Nr. 2, 3, 4 BetrAVG.

Abweichungen zu Lasten des Arbeitnehmers sind somit nicht zulässig. § 2 BetrAVG bestimmt, in welchem Umfang die Versorgungsanwartschaften gekürzt werden, wenn der Arbeitnehmer vor Eintritt des Versorgungsfalls aus dem Unternehmen ausscheidet. Diese Regelung beruht auf der Erwägung, dass der Arbeitnehmer nicht seine gesamte Arbeitsleistung für einen vollständigen Erwerb der betrieblichen Altersversorgung erbracht hat. Zur Feststellung der Höhe des unverfallbaren Anteils hat der Gesetzgeber die ratierliche Methode gewählt. Danach erhält der Arbeitnehmer einen Anspruch in Höhe des Teils der Versorgung bei Erreichen der Altersgrenze, der dem Verhältnis der Dauer der tatsächlichen Betriebszugehörigkeit zur möglichen Gesamtzugehörigkeit entspricht. Dieser Anspruch 368

2. Kapitel Bewertung von Anrechten auf eine Versorgung wegen Alters oder Invalidität

bezieht sich auf die fiktive Vollrente bei Eintritt des Versicherungsfalls. Diese Berechnungsweise bewirkt eine **Linearisierung der Versorgung,** so dass ein ungleichmäßiger Zuwachs einer Versorgung in der Anwartschaftsphase keinen Einfluss auf die Höhe der Leistung bei einem vorzeitigen Ausscheiden nimmt (s. Schaubild Rdn. 406).

b) **Auswirkungen des Altersvermögensgesetzes bei der Bestimmung des Ehezeitanteils**

369 Das **Altersvermögensgesetz** hat das Grundprinzip des § 2 BetrAVG beibehalten, in Bezug auf eine **Entgeltumwandlung** und eine Beitragszusage (Rdn. 355) in § 2 Abs. 5 a, Abs. 5 b BetrAVG n. F. jedoch geändert, weil bei diesen Formen die **zeitratierliche Berechnung ungeeignet** ist. Maßgebend ist danach die vom Zeitpunkt der Zusage auf eine bestimmte betriebliche Altersversorgung bis zum Ausscheiden des Arbeitnehmers erreichte Anwartschaft auf Leistungen aus den bis dahin umgewandelten Entgeltbestandteilen. Gleichgestellt sind Beiträge aus einer beitragsorientierten Leistungszusage. Diese Regelungen wirken sich im Versorgungsausgleich zur Bestimmung des Ehezeitanteils gem. § 45 Abs. 2 Satz 1 VersAusglG aus. Aufgrund des beitragsbezogenen Anspruchs bzw. der Aufwendungen für eine Gehaltsumwandlung konnte deshalb die Regelung des § 1587 a Abs. 2 Nr. 3 BGB a. F., der auf § 2 BetrAVG n. F. beruht, nicht mehr beibehalten werden, weil für den Wert des Anrechts ausschließlich die in der Ehezeit angefallenen Beträge entscheidend sind und auch vollkommen ungewiss ist, ob diese bis zum Eintritt des Versicherungsfalls fortgeführt werden. Deshalb ist in diesen Fällen der Ehezeitanteil nach den **Grundsätzen der unmittelbaren Bewertung** zu bestimmen (so schon zu § 1587 a Abs. 5 BGB a. F. i. V. m. § 1587 a Abs. 2 Nr. 5 BGB a. F. OLG Karlsruhe FamRZ 2005, 1752). Gleiches gilt in Bezug auf Anrechte, die auf einer **Entgeltumwandlung** oder einer Beitragszahlung des Arbeitnehmers beruhen (s. a. OLG Nürnberg FamRZ 2005, 112; OLG Celle FamRZ 2007, 563; *Wick,* Der Versorgungsausgleich Rn. 137).

370 Der **Eintritt der Unverfallbarkeit** nach den zuvor genannten Bestimmungen kann nicht dadurch umgangen werden, dass der Arbeitgeber die gesetzlichen Fristen verlängert oder die Rechtsform ändert; § 1 b Abs. 2 Satz 2 BetrAVG sichert insoweit den Bestand einer Versorgungszusage ab. Bei den sog. **Direktversicherungen** nach § 1 Abs. 2 Nr. 2 BetrAVG (Rdn. 413), bei denen der Arbeitgeber für den Arbeitnehmer oder seine Hinterbliebenen bei einem Lebensversicherungsunternehmen eine Lebensversicherung abschließt, wird die Unverfallbarkeit dadurch gesichert, dass der Arbeitgeber nach Eintritt der Unverfallbarkeit gemäß § 1 b Abs. 1 Satz 1 BetrAVG (s. Rdn. 366) im Falle der Beendigung des Arbeitsverhältnisses die Zusage nicht mehr widerrufen kann. Für die **Zusatzversorgungen des öffentlichen Dienstes** gelten besondere Bestimmungen, § 18 BetrAVG; zu den Einzelheiten wird auf Rdn. 432 ff. verwiesen.

c) **Unverfallbarkeit der Höhe nach**

371 Hiervon zu unterscheiden ist die **Unverfallbarkeit** einer Versorgung der **Höhe nach,** die sich nach § 2 BetrAVG richtet. Unverfallbarkeit i. S. d. Regelung des § 19 Abs. 2 Nr. 1 VersAusglG (§ 1587 a Abs. 2 Nr. 3 Satz 3 BGB a. F.) liegt nur dann vor, wenn der Wert einer Versorgungsanwartschaft **dem Grunde und der Höhe nach** gesichert ist, also durch zukünftige Änderungen bis zum Versicherungsfall nicht mehr verändert werden kann. Typisches Beispiel eines nach Ehezeitende (bis zum Eintritt des Versicherungsfalls) nicht gesicherten Anrechts ist die

I. Grundlagen

Einkommensdynamik einer privaten betrieblichen Altersversorgung, deren Wert nach § 2 Abs. 5 BetrAVG während der Anwartschaftsphase nicht geändert wird, sondern auf dem Stand des vorzeitigen Ausscheidens aus dem Betrieb »eingefroren« wird (s. Rdn. 428 ff.). Allgemein gilt deshalb der Grundsatz, dass ein Versorgungsanrecht, das nur dem Grunde nach, nicht aber hinsichtlich seiner Dynamik bis zum Erreichen des Versorgungsfalls gesichert ist, nur mit seinem statischen Wert in den öffentlich-rechtlichen Versorgungsausgleich einbezogen werden kann.

d) Erfüllung von Wartezeiten

Regelmäßig ist der Anspruch (Anwartschaft) auf eine Leistung der betrieblichen Altersversorgung von der Erfüllung einer **Wartezeit** abhängig. Die Vereinbarung einer Wartezeit bedeutet, dass ein Leistungsanspruch nur entsteht, wenn eine bestimmte Dienstzeit zurückgelegt wurde (i. d. R. zwischen 5 und 15 Jahren). Nach § 1 Abs. 4 Satz 4 BetrAVG wird der Ablauf der vorgesehenen Wartezeit durch die Beendigung des Arbeitsverhältnisses nach Eintritt der Unverfallbarkeit nicht berührt; die Wartezeit kann also auch außerhalb des Betriebes erfüllt werden (BAG DB 1986, 1930). Ist die Wartezeit zum Zeitpunkt der Entscheidung zum Versorgungsausgleich noch nicht beendet, liegt keine unverfallbare Anwartschaft vor; die Anwartschaft entsteht frühestens mit **Erfüllung der Wartezeit** (BGH FamRZ 1982, 899, 902 = NJW 1982, 1989, 1992). Bedeutsam wird dies für den Fall, dass die Wartezeit bis zur Altersgrenze oder einer vorzeitigen Invalidität nicht mehr erfüllt werden kann (allerdings ist im Falle der vorzeitigen Invalidität zu prüfen, ob nicht bei Erreichen der Altersgrenze ein neuer Versicherungsfall vorliegt und nunmehr die Wartezeit erfüllt ist). Liegen zwar die Voraussetzungen der Unverfallbarkeit i. S. d. § 1 BetrAVG vor, ist aber die maßgebende Wartezeit nicht erfüllt, kann man entsprechend dem in §§ 1587 a Abs. 2 Nr. 3 Satz 3, 1587 a Abs. 7 Hs. 2 BGB enthaltenen Gedanken, wonach der Begriff der Unverfallbarkeit in der Weise zu verstehen ist, dass das Anrecht dem Grunde oder der Höhe nach von der künftigen Entwicklung der Arbeitsverhältnisse nicht mehr abhängig ist, ebenfalls nicht von einem gesicherten Anrecht ausgehen. Nach den Bestimmungen der Versorgungszusage kann der Beginn der Wartezeit mit dem Beginn der Betriebszugehörigkeit zusammenfallen (BGH FamRZ 1983, 1001 = NJW 1984, 234). Die Aufnahme in ein Versorgungswerk kann auch von einer Altershöchstgrenze abhängig sein (BAG DB 1986, 2237).

372

e) Vorschaltzeiten

Von der Wartezeit zu unterscheiden ist die sogenannte **Vorschaltzeit.** Die Vorschaltzeit ist die Zeit vom Beginn der Betriebszugehörigkeit bis zur Erteilung der Versorgungszusage. Die Rechtsprechung des BAG hat diese, soweit über diese die Bestimmung zum Eintritt der Unverfallbarkeit umgangen wird, nicht anerkannt (zur Übersicht *Neef*, NJW 1984, 343; *Heubeck/Höhne*, § 1 BetrAVG Rn. 401 ff.; BAG BB 1977, 1305; BB 1982, 1488). Danach können die für den Eintritt der Unverfallbarkeit maßgebenden Fristen nicht durch Vorschaltzeiten verlängert werden, weil für den Eintritt der Unverfallbarkeit nicht der Zeitpunkt der vertragsmäßigen Zusage, sondern der tatsächliche Beginn oder der betriebsübliche Zeitpunkt ausschlaggebend ist.

373

2. Kapitel Bewertung von Anrechten auf eine Versorgung wegen Alters oder Invalidität

f) Beginn der Betriebszugehörigkeit und Vordienstzeiten

374 Das Anrecht auf eine betriebliche Altersversorgung entsteht mit der Erteilung der Versorgungszusage und knüpft meist an den **Beginn der Betriebszugehörigkeit** an. Dabei ist zur Bestimmung von Beginn und Beendigung der Betriebszugehörigkeit gem. § 45 Abs. 2 Satz 2 VersAusglG (§ 1587a Abs. 2 Nr. 3 BGB a. F.) auf die **tatsächliche Betriebszugehörigkeit** abzustellen; gleichgestellten Zeiten nach § 10 MutterschutzG, § 78 ZivildienstG, § 8 SoldatenversorgungsG u. ä. unterbrechen die Betriebszugehörigkeit nicht. Diese Ansicht hat der BGH (FamRZ 1997, 166, 167; s. ferner RGRK/*Wick*, § 1587a BGB Rn. 232; *Glockner*, FamRZ 1994, 900, 901; *Borth*, FamRZ 1996, 641, 646) bestätigt und ausgeführt, dass nicht der Zeitpunkt der Erteilung der Versorgungszusage oder der Beginn der Mitgliedschaft in einer betrieblichen Altersversorgung, sondern der tatsächliche Beginn der Betriebszugehörigkeit entscheidend ist. Auch bei mehreren Versorgungseinrichtungen eines Betriebes, bei denen mehrere Teilversorgungen nebeneinander bestehen, kommt es (für die Berechnung des Ehezeitanteils) nur auf die gesamte tatsächliche Betriebsangehörigkeit an, dagegen nicht auf die verschiedenen Zeiten der Mitgliedschaft in den einzelnen Versorgungseinrichtungen. Denn das Gesetz geht davon aus, dass das Anrecht während der Gesamtdauer der Betriebsangehörigkeit erworben wurde (§ 2 Abs. 1 BetrAVG), so dass insoweit der Zeitpunkt des Eintritts in den Betrieb (Pensionskasse) unerheblich ist; dies schlägt sich auch auf die Berechnung des Ehezeitanteils im Versorgungsausgleich nach § 45 Abs. 2 Satz 2 VersAusglG nieder (*Glockner*, FamRZ 1994, 900, 901; *Borth*, FamRZ 1996, 641,646; OLG Celle FamRZ 1995, 367). Klarstellend ist anzufügen, dass die vorstehenden Ausführungen nicht in den Fällen der unmittelbaren Bewertung gem. § 45 Abs. 2 Satz 1 VersAusglG eingreifen, sondern lediglich im Falle einer zeitratierlichen Bestimmung des Ehezeitanteils nach § 45 Abs. 2 Satz 2, 3 VersAusglG.

375 Neben diesen gesetzlich bestimmten Zeiten der Betriebszugehörigkeit können auch **sogenannte Vordienstzeiten** erheblich sein; das sind vor allem Beschäftigungszeiten in einem anderen Betrieb, die vertraglich anerkannt werden. Nach arbeitsrechtlichen Grundsätzen kann die Anrechnung solcher Vordienstzeiten unterschiedliche Wirkungen haben; sie kann zu einer Kürzung oder Wegfall der Wartezeiten führen, die Höhe der zugesagten Leistungen beeinflussen oder eine Anwartschaft auf eine betriebliche Altersversorgung früher unverfallbar werden lassen. Hierbei können mehrere Wirkungen gleichzeitig eintreten (s. hierzu BGH FamRZ 1983, 1001 = NJW 1984, 234; FamRZ 1985, 263 = NJW 1985, 2706; FamRZ 1985, 363, 366; FamRZ 1986, 338, 340 = NJW-RR 1986, 365; FamRZ 1991, 1417). Welche Wirkungen jeweils im Einzelfall gelten sollen, muss durch Auslegung der Vereinbarung bzw. Regelung zur Anerkennung solcher Zeiten entnommen werden. Ob Vordienstzeiten Einfluss auf den Eintritt der Unverfallbarkeit nehmen, ist nach der Rechtsprechung des BAG (NJW 1983, 1927; DB 1982, 1728) und BGH (FamRZ 1983, 1001 = NJW 1984, 234; dort auch zu den näheren Einzelheiten) davon abhängig, ob die Anerkennungszusage vor oder nach der Entscheidung des BAG vom 10. 01. 1972 (BAGE 24, 177 = BB 1972, 1005) erfolgte, mit der das **Rechtsinstitut der Unverfallbarkeit** geschaffen wurde. Erfolgte die Anerkennung vor dieser Rechtsprechung, nimmt die Vordienstzeit nur Einfluss auf die Wartezeit und/oder Leistungshöhe, dagegen nicht auf die Unverfallbarkeit.

Eine andere Frage im Versorgungsausgleich ist, ob solche Vordienstzeiten zugleich als **gleichgestellte Zeiten** (i. S. d. § 1587a Abs. 2 Nr. 3 Satz 1 Buchstabe b BGB a. F.) anzuerkennen sind; § 45 Abs. 2 Satz 2, 3 VersAusglG verwendet diesen Begriff nicht, dennoch sind solche Zeiten zu berücksichtigen, soweit sie Einfluss auf die

Höhe des Erwerbs des Anrechts nehmen. Dies ist zu bejahen, wenn die Vordienstzeiten auch die Erwerbszeiten der betrieblichen Altersversorgung beeinflussen (offen gelassen von BGH FamRZ 1986, 338, 340 = NJW-RR 1986, 365; FamRZ 1985, 263 = NJW 1985, 2706; entschieden für den Fall, dass diese Zeiten auch für die Höhe der Versorgung maßgebend sind, FamRZ 1991, 1417). Diese Rechtsprechung hat der BGH präzisiert (FamRZ 1997, 166, 167 = NJW-RR 1997, 195; s. a. OLG Hamm FamRZ 2004, 1731) und darauf hingewiesen, dass der Betriebszugehörigkeit arbeitsvertraglich gleichgestellte Zeiten (zu § 1587a Abs. 2 Nr. 3 a BGB a. F.), die aufgrund gesetzlicher oder satzungsmäßiger Bestimmung oder Betriebsvereinbarung anerkannt werden – das sind die Vordienstzeiten oder gesamtversorgungsfähigen Zeiten (der Zusatzversorgung des öffentlichen Dienstes) – auch bei der jeweiligen ehezeitlichen Aufteilung eines Anrechts zu berücksichtigen sind, wenn sich solche Zeiten nicht nur auf die Erfüllung der Wartezeit oder den Eintritt der Unverfallbarkeit, sondern auch auf die Höhe einer Versorgung auswirken.

g) Unterbrechung der Betriebszugehörigkeit

Das BetrAVG besagt nichts zu der Frage, ob bei einer vor der Unterbrechung liegenden Betriebszugehörigkeit die gesamten Dienstzeiten im Betrieb zusammenzurechnen sind. Nach dem der Gewährung einer Betriebsrente zugrundeliegenden Grundsatz der Betriebstreue scheidet eine Zusammenrechnung bei unterbrochenen Arbeitsverhältnissen aus (BAG DB 1981, 429; *Glockner/Uebelhack*, Rn. 98). Möglich ist jedoch, dass durch eine Individualvereinbarung bei erneutem Betriebseintritt die frühere Betriebszugehörigkeit als (innerbetriebliche) Vordienstzeit anerkannt wird. Wird ein technischer Betriebseintritt festgelegt, in dem der Zeitpunkt der Betriebszugehörigkeit ab Wiedereintritt um dem Zeitraum der ersten Betriebszugehörigkeit datumsmäßig zurückgesetzt wird, so muss dies entsprechend bei der Bestimmung des Ehezeitanteils berücksichtigt werden, wenn der erste Zeitraum der Betriebszugehörigkeit ganz oder teilweise vor der Ehezeit liegt (s. auch *Glockner/Uebelhack*, Rn. 100). Liegt nur eine kurzfristige Unterbrechung des Arbeitsverhältnisses vor, so erfolgt teilweise eine Zusammenrechnung (BAG BetrAVG 1988 S. 71, Entscheidung vom 29. 09. 1987).

h) Vorruhestand

376

Die Inanspruchnahme einer Vorruhestandsregelung hat weder einen positiven noch negativen Einfluss auf das Entstehen eines Anspruchs auf Betriebsrente. Durch Art. 8 des Gesetzes zur Erleichterung des Übergangs vom Arbeitsleben in den Ruhestand vom 13. 04. 1984 (BGBl I 601) i. d. F. vom 05. 10. 1994 (BGBl I 2911) wurde § 1 Abs. 1 BetrAVG in der Weise erweitert, dass ein Arbeitnehmer seine Anwartschaft auch dann behält, wenn er aufgrund einer Vorruhestandsregelung aus dem Betrieb ausscheidet, ohne die Wartezeit oder sonstige Voraussetzungen für den Bezug der Leistung aus der betrieblichen Altersversorgung zu erfüllen; hierdurch wird vermieden, dass die Inanspruchnahme des Vorruhestands aus diesem Grunde unterlassen wird. Für das Bestehen eines Anspruchs nach dem BetrAVG ist anzunehmen, dass das Arbeitsverhältnis zeitgleich mit der Beendigung des Vorruhestands beendet worden wäre (s. aber 8. DFGT FamRZ 1990, 24, 26 – ruhendes Arbeitsverhältnis; RGRK / *Wick*, § 1587 a Rn. 233). Jedoch scheidet der Arbeitnehmer mit Eintritt des Vorruhestands aus dem Arbeitsverhältnis aus; für die Berechnung des Ehezeitanteils nach § 45 Abs. 2 Satz 2 VersAusglG (zeitratierliche Bewertung) kommt es damit auf das **tatsächliche Zeit-Zeit-Verhältnis** an (offen gelassen von BGH FamRZ 2001, 25, 27 = NJW 2000, 3707).

377

2. Kapitel Bewertung von Anrechten auf eine Versorgung wegen Alters oder Invalidität

i) Teilzeitbeschäftigung

378 Eine **Teilzeitbeschäftigung** ändert im Grundsatz nichts an der Dauer der Betriebszugehörigkeit. Nach der Rechtsprechung des BAG (BAGE 38, 232; s. hierzu Übersicht bei *Becker-Schaffner*, DB 1986, 1773) können nur besondere sachliche Gründe es rechtfertigen, Teilzeitbeschäftigte aus der Versorgungsregelung herauszunehmen. Allerdings kommt es regelmäßig zu einer Kürzung des Versorgungsanspruchs im Verhältnis zu einer vollen beruflichen Tätigkeit (BAG BB 1984, 1430). Nimmt der Arbeitnehmer bei der vorzeitigen Zurruhesetzung (flexible Altersgrenze) auch vorzeitig seine betriebliche Altersversorgung in Anspruch, ist eine Kürzung dieser Versorgung zulässig. Dies ist im Versorgungsausgleich regelmäßig im Abänderungsverfahren nach §§ 225, 226 FamFG zu beachten, weil es sich insoweit um eine nach Ehezeitende eingetretene tatsächliche Änderung handelt. Zu unterscheiden ist hiervon eine vor die Vollendung des 65. Lebensjahres (in der Versorgungszusage festgelegte) vorgezogene **feste Altersgrenze,** bei deren Erreichen der Arbeitnehmer die ungekürzte Versorgung erhält (s. hierzu BAG BB 1986, 1854; BGH FamRZ 1986, 341 = NJW-RR 1986, 363 – beim öffentlichen Dienst). Im Versorgungsausgleich ist dies bei der Bestimmung der Erweiterungszeit zu berücksichtigen, § 45 Abs. 2 Satz 2, 3 VersAusglG.

8. Abfindung einer betrieblichen Altersversorgung

a) Grundlagen

379 § 3 Abs. 1 Satz 1 BetrAVG bestimmt, dass die **einmalige Abfindung** einer Anwartschaft, die der Arbeitnehmer nach § 1 Abs. 1 bis 3 BetrAVG bei Beendigung des Arbeitsverhältnisses erhält, also unverfallbar ist (s. Rdn. 366, 370), nur dann erfolgen kann, wenn dies gesetzlich geregelt ist und der Arbeitnehmer zustimmt (Abs. 1 Satz 2 bestimmt hierzu, entweder auf Verlangen des Arbeitgebers oder Arbeitnehmers bei Geringwertigkeit der zu erwartenden Betriebsrente – 1 % der monatlichen Bezugsgröße – § 18 SGB IV). Aus dieser Regelung folgt damit zugleich, dass für andere **Versorgungsanwartschaften** ein **Abfindungsverbot** besteht. Die Abfindung beinhaltet die Verpflichtung des Arbeitgebers, zum Ausgleich eine angemessene Entschädigung zu zahlen, mit deren Leistung die Versorgungsanwartschaft erlischt. Die Höhe der Abfindung wird nach dem Barwert der nach § 2 BetrAVG bemessenen künftigen Versorgungsleistung im Zeitpunkt der Beendigung des Arbeitsverhältnisses berechnet, § 3 Abs. 2 Satz 1 BetrAVG. Nach dem eindeutigen Wortlaut des § 3 Abs. 1 Satz 1 BetrAVG gilt das Abfindungsverbot nur für eine gesetzlich aufrechtzuerhaltende Anwartschaft bei einem Ausscheiden des Arbeitnehmers vor Erreichen der festen Altersgrenze. Die Regelung ist dagegen nicht anzuwenden, wenn eine bereits **laufende Versorgungsleistung** erbracht wird, so dass es insoweit lediglich der Zustimmung des Versorgungsberechtigten bedarf. Ferner lässt das BAG die Abfindung einer Versorgungsanwartschaft zu, wenn eine entsprechende Vereinbarung bei bestehendem Arbeitsverhältnis, also vor dem Ausscheiden, getroffen wird, auch wenn die Versorgungszusage zehn Jahre oder länger besteht (BAG DB 1991, 501). Ein einseitiges Recht auf Abfindung besteht weder für den Arbeitgeber noch den Arbeitnehmer, so dass es jeweils einer Vereinbarung bedarf (*Glockner/Uebelhack*, Rn. 42).

b) Behandlung im Versorgungsausgleich

380 Wurde das Anrecht aus einer betrieblichen Altersversorgung bereits **vor dem Ende der Ehezeit abgefunden,** ist das auszugleichende Anrecht erloschen (s. hierzu auch grundlegend Rdn. 137; dort auch zu dem Fall des Wegfalls der Versorgung

zwischen dem Stichtag nach § 1384 BGB und § 3 Abs. 1 VersAusglG); es kann deshalb im Versorgungsausgleich nicht mehr berücksichtigt werden, wirkt sich aber regelmäßig bei Bestehen des gesetzlichen Güterstandes in der Weise aus, dass ein unmittelbar vor dem Stichtag zugeflossenes Kapital das Endvermögen i. S. d. § 1375 Abs. 1 BGB erhöht oder, sofern die Abfindung noch nicht (vollständig) bezahlt wurde, als Forderung im Endvermögen zu berücksichtigen ist. Ist das Versorgungsanrecht mangels Zahlung der Abfindungssumme im Zeitpunkt der Entscheidung zum Versorgungsausgleich noch nicht erloschen, kann der Versorgungsausgleich durchgeführt werden (s. Rdn. 137). Insoweit ist das **Leistungsverbot gemäß § 29 VersAusglG** zu berücksichtigen, das den Versorgungsträger verpflichtet, Zahlungen an den Ausgleichspflichtigen zu unterlassen, die sich auf die Höhe des Ausgleichswerts auswirken. Liegt eine wirksame Abfindungsregelung zum Zeitpunkt der Entscheidung zum Versorgungsausgleich vor, die noch nicht vollzogen ist, kann der Versorgungsausgleich entweder in Form der internen Teilung des Anrechts oder durch externe Teilung zu einem nach § 15 VersAusglG bestimmten Versorgungsträger durchgeführt werden, da nach § 2 Abs. 2 Nr. 3 VersAusglG der Versorgungsausgleich bei einer betrieblichen Altersversorgung unabhängig von der Leistungsform durchgeführt werden kann. Solange das Anrecht besteht, ist es nach den Grundsätzen der internen bzw. externen Teilung dem Wertausgleich unterworfen. Dem Versorgungsträger ist es mit Bekanntwerden des Versorgungsausgleichsverfahrens nach § 29 VersAusglG untersagt, die Abfindungsverpflichtung zu erfüllen. Von dem Verfahren erlangt der Versorgungsträger Kenntnis durch das Auskunftsersuchen des Familiengerichts nach § 220 Abs. 1, 2 FamFG, ferner durch die Beteiligung nach § 219 Nr. 2 VersAusglG.

Wird ein nach § 19 Abs. 2 Nr. 1 VersAusglG noch nicht teilungsreifes Anrecht nach Durchführung des Wertausgleichs bei der Scheidung abgefunden, hat der Ausgleichsberechtigte nach § 22 VersAusglG einen Anspruch auf Ausgleich der Kapitalzahlung. Dieser Anspruch kann aber nach § 22 VersAusglG durchgesetzt werden, wenn die Voraussetzungen des Ausgleichsanspruchs nach der Scheidung gem. den §§ 20–26 VersAusglG, beim Ausgleichsberechtigten erst nach der Auszahlung des Kapitalbetrages, erfolgt. Zu den Einzelheiten wird auf Rdn. 701 verwiesen.

9. Widerruf der Versorgungszusage

a) Widerruf bei nachhaltiger Verschlechterung der wirtschaftlichen Lage des Arbeitgebers

Der Widerruf einer betrieblichen Altersversorgung ist trotz der Regelungen zur Unverfallbarkeit möglich (zu den Widerrufstatbeständen s. *Heubeck-Höhne*, § 1 BetrAVG Rn. 413 ff.). Ein solcher kommt insbesondere bei einer **nachhaltigen Verschlechterung der wirtschaftlichen Lage des Arbeitgebers** in Frage (zum Fall der Direktversicherung s. das Widerrufsverbot des § 1 Abs. 2 Satz 1 BetrAVG). Nach § 7 BetrAVG besteht jedoch bei einem Ausfall der Leistungen des Arbeitgebers ein Anspruch gegen den Träger der Insolvenzsicherung nach § 14 BetrAVG, den Pensions-Sicherungs-Verein, VVaG. Die **Insolvenzsicherung** erfasst laufende Leistungen und unverfallbare Anwartschaften sowie die entsprechenden Aussichten auf Leistung einer Unterstützungskasse; laufende Leistungen werden auf einen Höchstbetrag begrenzt (s. hierzu BGH NJW 1984, 980; eingehend Rdn. 412). Im Übrigen unterliegen die Leistungen des PSV a. G. nicht der Anpassung nach § 16 BetrAVG (s. aber BAG NJW 1983, 2902 m. w. N.; BGH a. a. O.). Wird eine vertraglich vereinbarte, unverfallbare Anwartschaft dem Arbeitnehmer nach durchgeführtem

381

2. Kapitel Bewertung von Anrechten auf eine Versorgung wegen Alters oder Invalidität

Versorgungsausgleich entzogen, so ist dies in Kauf zu nehmen und verfassungsrechtlich nicht zu beanstanden (BVerfGE 71, 364 = NJW 1986, 1321).

b) Widerruf bei Treueverletzung des Arbeitnehmers

382 Ferner ist der völlige Entzug der Versorgung möglich, wenn die Voraussetzungen eines Widerrufs wegen einer schwerwiegenden Treueverletzung gegeben sind. Dies kommt in Betracht, wenn der Arbeitnehmer so schwerwiegend gegen seine Pflichten aus dem Arbeitsverhältnis verstoßen hat, dass die Geltendmachung eines Versorgungsanspruchs aus der erteilten Zusage rechtsmissbräuchlich wäre, was vor allem bei Straftaten gegenüber dem Arbeitgeber anzunehmen ist (Unterschlagung, Untreue, Diebstahl, Betrug; s. z. B. BAG AP Nr. 3 zu § 1 BetrAVG – Treuebruch; AP Nr. 2 zu § 1 BetrAVG – Treuebruch nach Eintritt der Unverfallbarkeit der Zusage). Wurde die Verfehlung nach Eintritt der Unverfallbarkeit begangen, scheidet ein vollständiger Widerruf aus (zur Abgrenzung s. BAG AP Nr. 7 zu § 1 BetrAVG – Treuebruch). Greift der Widerruf in vollem Umfang durch, **erlischt** die Anwartschaft und kann deshalb im Versorgungsausgleich nicht berücksichtigt werden, wenn der Widerruf vor dem Zeitpunkt der letzten mündlichen Verhandlung in der Tatsacheninstanz erfolgt (s. hierzu Rdn. 137). Grundsätzlich schlägt das arbeitsrechtliche Fehlverhalten des ausgleichspflichtigen Ehegatten auch auf die familienrechtliche Ausgleichsverpflichtung durch, weil auch bei Fortsetzung der Ehe dieser Effekt eingetreten wäre und zudem im Versorgungsausgleich nur bestehende Anrechte angeglichen werden können. Im Hinblick auf den Hin- und Her-Ausgleich kann jedoch der Wegfall eines Anrechts dazu führen, dass der gegenläufige Ausgleich eines dem Ausgleich unterliegenden Anrechts des anderen Ehegatten nach der Billigkeitsklausel des § 27 VersAusglG nicht vorgenommen wird, gegebenenfalls begrenzt auf die Höhe des weggefallenen Anrechts, wenn der Ausgleichswert hieraus geringer wäre als der Ausgleichswert des Anrechts des anderen Ehegatten. Kommt nur ein Teilwiderruf in Betracht (z. B. ab dem Zeitpunkt des Treuebruchs nach eingetretener Unverfallbarkeit), so kann insoweit der Versorgungsausgleich durchgeführt werden (s. auch *Glockner/Uebelhack*, Rn. 51).

383 Wird vom Arbeitgeber ein Anrecht wegen einer **erheblichen Treueverletzung widerrufen**, ist der (wirksame) Wegfall des Anrechts auch dann erheblich, wenn der Widerruf nach dem Stichtag i. S. d. § 3 Abs. 1 VersAusglG, aber vor der Entscheidung über den VersAusgl erfolgt, weil ein weggefallenes Anrecht nicht mehr ausgeglichen werden kann; dies folgt auch aus § 5 Abs. 2 Satz 2 VersAusglG (zum Rechtszustand bis 31. 08. 2009 s. MünchKomm/*Dörr*, BGB, 4. Aufl., § 1587 Rn. 13; s. a. Rdn. 380; *Glockner/Uebelhack*, Betriebliche Altersversorgung im VersAusgl, Rn. 50; OLG Karlsruhe FamRZ 2004, 1037, 1038). Dies gilt auch in Bezug auf einen Ausgleichsanspruch nach der Scheidung gem. den §§ 20–26 VersAusglG. Besteht Streit über die Wirksamkeit des Widerrufs eines Anrechts (grundlegend BGH NJW 2000, 1197, 1198 – schwerer Pflichtenverstoß), muss gem. § 221 Abs. 2, 3 FamFG das Versorgungsausgleichsverfahren so lange ausgesetzt werden, bis der Berechtigte eine rechtskräftige gerichtliche Klärung herbeigeführt hat.

384 Erfolgt der **Widerruf nach rechtskräftig durchgeführtem Wertausgleich** bei der Scheidung, kann ein Abänderungsverfahren bei einer geteilten betrieblichen Altersversorgung nicht mehr vorgenommen werden, weil sich das Verfahren nach den §§ 225, 226 FamFG lediglich auf die in § 32 VersAusglG aufgeführten Regelsicherungssysteme bezieht. Gegen das Argument, die fehlende Abänderbarkeit sei ein **Verstoß gegen den Gleichheitsgrundsatz** nach Art. 3 Abs. 1 GG, weil bei einem vergleichbaren Wegfall eines Anrechts des § 32 VersAusglG nach rechtskräf-

tig durchgeführtem Versorgungsausgleich lässt sich schwerlich vorbringen, dass die Versorgungsschicksale der Ehegatten grundsätzlich getrennt seien, weil dieses auch bei den Regelversorgungen i. S. d. § 32 VersAusglG gilt. Gewichtiger erscheint das Argument, dass der Teilungsgegenstand einer betrieblichen Altersversorgung ein anderer ist als bei den Regelversorgungen, soweit die Teilung auf Kapitalbasis erfolgt und – analog dem Zugewinnausgleich – mit endgültigem Abschluss des Ausgleichs das Bestandsschicksal der geteilten Vermögensmasse unerheblich ist.

Entscheidend für die Zulässigkeit der Differenzierung dürfte aber sein, dass – jedenfalls in Bezug auf kapitalgedeckte Anrechte – das Anrecht nicht lediglich eine Anwartschaft ist, sondern der Kapitalwert in seinem Bestand endgültig – wie im Zugewinnausgleich – und zum Ehezeitende endgültig feststeht und deshalb eine Veränderung des Anrechts – anders als bei einer Anwartschaft – keinen Ehezeitbezug mehr hat. In Bezug auf betriebliche Altersversorgung, deren Ehezeitanteil gem. § 45 Abs. 2 Satz 2, 3 VersAusglG durch eine zeitratierliche Bewertung festgestellt wird, kann auch nach dem neuen Bewertungsmodell, das den Ehezeitanteil nicht mehr bis zum Erreichen der festen Altersgrenze bestimmt, sondern die (gesamte) Betriebszugehörigkeit lediglich bis zum Ehezeitende erfasst, eine Änderung des ehezeitbezogenen Anrechts durch eine nacheheliche Entwicklung eintreten. Dies soll in Bezug auf die Anwartschaftsdynamik aber durch den schuldrechtlichen Versorgungsausgleich nach § 19 Abs. 3 VersAusglG i. V. m. § 20 VersAusglG ausgeglichen werden.

10. Eigenbeiträge des Arbeitnehmers zu einem betrieblichen Versorgungsanrecht

Eigenbeiträge des Arbeitnehmers zu einer ihm erteilten Zusage können in verschiedenen Erscheinungsformen auftreten. Hat der Arbeitgeber dem Arbeitnehmer eine Zusage in Form einer Direktversicherung erteilt, so kann der Arbeitnehmer zu dieser eigene Beiträge erbringen; nach § 2 Abs. 1 Satz 1 BetrAVG unterliegen den Bestimmungen des BetrAVG jedoch lediglich die Beiträge des Arbeitgebers. Soweit die Beiträge zu einer Direktversicherung auf einer Entgeltumwandlung beruhen, handelt es sich jedoch nicht um Eigenbeiträge des Arbeitnehmers, weil ein Teil der Vergütung unmittelbar in einen Anspruch auf eine Beitragszahlung durch den Arbeitgeber festgelegt wird. Ferner können Beiträge des Arbeitnehmers zu Pensionskassen (s. hierzu BFH BStBl II 91.647 – Urteil vom 29. 04. 1991; die steuerliche Begünstigung entfällt ab 2008; s. a. §§ 14 Abs. 1 Satz 2, 115 SGB VI) sowie in einen Pensionsfonds geleistet werden (s. hierzu Rdn. 363, 415). Im **Versorgungsausgleich** sind Anrechte, die durch eine **Entgeltumwandlung** erworben wurden, aufgrund des § 2 Abs. 2 Nr. 3 VersAusglG unabhängig davon zu erfassen, ob eine wiederkehrende Rentenleistung oder eine Kapitalleistung besteht (s. hierzu Rdn. 68 ff., 389, 413). Gleiches gilt, wenn ein aus dem Betrieb ausgeschiedener Arbeitnehmer gem. § 2 Abs. 2, 3 BetrAVG die Versorgung mit eigenen Beiträgen fortsetzt. Kein Anrecht der betrieblichen Altersversorgung ist gegeben, wenn der Arbeitnehmer z. B. aufgrund eines Befreiungstatbestandes (s. eingehend Rdn. 68 ff.) keine Beiträge zur gesetzlichen Rentenversicherung, sondern zu einer privaten Rentenversicherung erbringt und der Arbeitgeber hierzu einen (hälftigen) Zuschuss erbringt.

385

11. Träger der betrieblichen Altersversorgung

a) Grundlagen

Das Betriebsrentengesetz geht von fünf Durchführungswegen zur betrieblichen Altersversorgung aus. Hierbei handelt es sich um:

386

2. Kapitel Bewertung von Anrechten auf eine Versorgung wegen Alters oder Invalidität

(1) **Unmittelbare Versorgungszusage** (innerbetriebliche Ruhegeldzusage) durch den Arbeitgeber selbst, §§ 1 b Abs. 1; 2 Abs. 1 BetrAVG.
(2) **Direktversicherungen**, die der Arbeitgeber für den Arbeitnehmer in Form eines Lebensversicherungsvertrages abschließt, §§ 1 b Abs. 2; 2 Abs. 2 BetrAVG.
(3) **Pensionskassen** als rechtlich selbständige Versicherungsunternehmen, die dem Arbeitnehmer (Hinterbliebenen) einen Rechtsanspruch auf die Leistungen gewähren, §§ 1 b Abs. 3; 2 Abs. 3 BetrAVG.
(4) **Unterstützungskassen** als rechtsfähige Versorgungseinrichtungen, die dem Arbeitnehmer (Hinterbliebenen) **keinen** Rechtsanspruch auf die Leistungen einräumen, §§ 1 b Abs. 4; 2 Abs. 4 BetrAVG.
(5) **Pensionsfonds als neuer Durchführungsweg** der betrieblichen Altersversorgung gemäß §§ 1 b Abs. 3; 2 Abs. 3 a BetrAVG, eingeführt durch das Altersvermögensgesetz (s. Rdn. 392, 363, 366; geregelt in § 112 Abs. 1 Satz 1 Versicherungsaufsichtsgesetz).

b) Unmittelbare Versorgungszusage – Direktzusage

387 Bei den **unmittelbaren Versorgungszusagen** (auch Direktzusage oder Pensionszusage genannt) werden ausschließlich zwischen dem Arbeitgeber und dem Arbeitnehmer Rechtsbeziehungen hergestellt. Der Anspruch geht auf Gewährung einer betrieblichen Altersversorgung. Der Arbeitgeber muss sicherstellen, dass bei Eintritt des Leistungsfalls das erforderliche Kapital zur Verfügung steht. Die gegenüber dem Arbeitnehmer bestehende Verpflichtung bei Eintritt des Versorgungsfalls wird durch Pensionsrückstellungen (§ 6 a EStG) gesichert; deren Höhe ist nach konkret vorgegebenen versicherungsmathematischen Grundsätzen sowie steuerrechtlichen Vorgaben festzulegen. Die jährlich vorzunehmenden Zuführungen zur Rückstellung mindern den bilanziellen Gewinn des Unternehmens. Die Form der Anlage der der Rückstellung entsprechenden aktiven Werte ist nicht gebunden. Zur Sicherung werden solche Verpflichtungen häufig durch eine **Rückdeckungsversicherung** abgesichert; dies gilt vor allem bei Gesellschafter-Geschäftsführern, die keine Arbeitnehmer i. S. d. BetrAVG sind. Jedoch sind Direktzusagen für Arbeitnehmer im Pensions-Sicherungs-Verein aG gesichert.

Für Direktzusagen gelten nach § 17 VersAusglG die erweiterten Voraussetzungen zur Durchführung der externen Teilung eines Anrechts gem. § 14 VersAusglG (Rdn. 561, 636).

c) Direktversicherungen

388 **Direktversicherungen** sind nach § 1 b Abs. 2 Satz 1 BetrAVG vom Arbeitgeber auf das Leben des Arbeitnehmers abgeschlossene Lebensversicherungen, für die der Arbeitnehmer oder seine Hinterbliebenen bezugsberechtigt sind. Der an sich nach § 166 VVG mögliche **Widerruf des Bezugsrechts** ist dem Arbeitgeber nach § 1 b Abs. 2 Satz 1 BetrAVG untersagt (s. a. Rdn. 381, 382). Lebensversicherungen im versicherungsrechtlichen Sinne sind auch Invaliditätsversicherungen (vgl. § 7 Abs. 3 VAG). Die bei Lebensversicherungsverträgen anfallenden Überschussanteile gehören dann zur betrieblichen Altersversorgung (und somit in den Versorgungsausgleich), wenn diese entweder zur Erhöhung der Versicherungssumme oder zur Vorverlegung der Fälligkeit herangezogen werden. Die Höhe der unverfallbaren Anwartschaften des Arbeitnehmers bei vorzeitigem Ausscheiden aus dem Arbeitsverhältnis richtet sich im Grundsatz nach dem unter Rdn. 366 Gesagten. Um den Arbeitgeber von zukünftigen Auffüllleistungen zu befreien, kann

unter den Voraussetzungen des § 2 Abs. 2 Satz 2 BetrAVG die ratierliche Aufrechterhaltung der Versorgungsanwartschaften des Arbeitnehmers durch die vom Arbeitgeber bereits erbrachten Versicherungsbeiträge ersetzt werden – **sogenannte versicherungsvertragliche Lösung.** In diesem Falle bestimmt sich der Wert der Direktversicherung nach der Höhe des Deckungskapitals der Versicherung zum Zeitpunkt des Ausscheidens des Arbeitnehmers. Da ein **Rückkauf** der unverfallbaren Anwartschaften ausscheidet (§ 2 Abs. 2 Satz 4 BetrAVG), kann diese der Arbeitnehmer selbst fortführen oder beitragsfrei stellen lassen.

Aus dem vom **Arbeitgeber als Versicherungsnehmer** mit einer Versicherungsgesellschaft abgeschlossenen Lebensversicherungsvertrag auf das Leben des Arbeitnehmers wird dieser und gegebenenfalls auch dessen Hinterbliebene bezugsberechtigt, § 1 b Abs. 2 BetrAVG. Auch eine solche mittelbare Versorgungszusage ist eine vom Arbeitgeber erteilte betriebliche Altersversorgung (BGH FamRZ 1987, 52). Wird im Rahmen einer solchen mittelbaren Versorgungszusage nicht eine wiederkehrende Rente, sondern eine **Kapitalsumme ausbezahlt**, unterliegt diese nach § 2 Abs. 2 Nr. 3 VersAusglG dem Versorgungsausgleich (nach dem bis 31.08.2009 Zuordnung zum Güterrecht, Rdn. 68 ff.; BGH FamRZ 1992, 411, 412). Wird im Verhältnis Arbeitgeber – Arbeitnehmer (Valutaverhältnis) eine Kapitalsumme, im Verhältnis Arbeitgeber – Versicherer (Deckungsverhältnis) dagegen eine wiederkehrende Rente vereinbart, so kommt es für die Bewertung im Versorgungsausgleich allein auf den Inhalt der Versorgungszusage zwischen Arbeitgeber und Arbeitnehmer an (s. a. BGH FamRZ 1993, 793, 794 zur Frage der Zuordnung nach dem bis 31.08.2009 geltenden Rechtszustand). **Mängel des Versicherungsvertrages** schlagen deshalb nicht auf den Versorgungsvertrag durch, d. h. der Arbeitgeber muss für die vertragsgemäße Leistung an den Arbeitnehmer einstehen (s. a. BAG FamRZ 1994, 439 [LS]; NZA 1996, 84 = Ausgleichspflichtiger BetrAVG Nr. 25).

389

Hiervon zu unterscheiden ist der Fall einer **unechten Direktversicherung,** bei der der Arbeitnehmer Versicherungsnehmer ist und der Arbeitgeber lediglich Prämien erbringt, die nicht § 1 b Abs. 2 BetrAVG unterliegen und keine betriebliche Altersversorgung darstellen (*Borth*, FamRZ 1996, 641, 646 f.). Ein solches Anrecht ist dem Bereich der privaten Rentenversicherung zuzuordnen; die Bewertung erfolgt nach § 46 VersAusglG (s. Rdn. 488).

d) Pensionskassen

Die **Pensionskassen** (§ 1 b Abs. 3 BetrAVG) bestehen in Form eines Versicherungsvereins auf Gegenseitigkeit i. S. d. Versicherungsaufsichtsgesetzes; diese gewähren ihren Mitgliedern einen Rechtsanspruch, § 7 VAG. Die Pensionskassen stehen unter staatlicher Aufsicht. Im Sinne des BetrAVG gehören hierzu auch die Zusatzversorgungen des öffentlichen Dienstes. Bei den Pensionskassen sieht das BetrAVG (wie bei der Direktversicherung) gemäß § 2 Abs. 3 Satz 2 BetrAVG ebenfalls die **versicherungsvertragliche Lösung** vor, wobei auch hier eine der Voraussetzungen ist, dass aufgrund des Finanzierungsverfahrens entstandene Überschussanteile nur zur Verbesserung der Versicherungsleistung verwendet werden dürfen (zu den näheren Einzelheiten s. *Heubeck/Höhne*, § 2 BetrAVG Rn. 327 ff.). Leistungsträger der Zusagen für Beschäftigte des öffentlichen Dienstes sind die öffentlich-rechtlich organisierten Zusatzversorgungseinrichtungen. Diese sind überwiegend durch Abkommen miteinander verbunden und erkennen bei einem Wechsel gegenseitig Versicherungszeiten ihrer Versicherten an. Seit 1978 erfolgt die Finanzierung ausschließlich aus Auslagen des Arbeitgebers (zu den Einzelheiten s. u. Rdn. 432 ff.).

390

2. Kapitel Bewertung von Anrechten auf eine Versorgung wegen Alters oder Invalidität

e) Unterstützungskassen

391 **Unterstützungskassen** sind rechtsfähige Versorgungseinrichtungen, die zumeist in der Rechtsform eines eingetragenen Vereins, einer GmbH oder einer Stiftung bestehen. Die Mittel zur Finanzierung der Versorgungsleistungen werden ausschließlich vom Arbeitgeber erbracht. Ein Rechtsanspruch auf die Versorgungsleistung besteht für den Arbeitnehmer nicht, § 1 b Abs. 4 BetrAVG. Dieser Ausschluss ist erforderlich, um die Unterstützungskassen von der Versicherungsaufsicht und der persönlichen Steuerpflicht freizuhalten (vgl. hierzu *Schaub/Schusinski/Ströer*, S. 16). Die Rechtsprechung des BAG (BAG AP § 242 BGB Nr. 6 Ruhegehalt – Unterstützungskassen) gewährt dem Versorgungsberechtigten gegenüber einer Unterstützungskasse eine **sichere Rechtsposition**, die den anderen betrieblichen Versorgungsleistungen gleichwertig ist. Im Übrigen gilt die Unverfallbarkeitsregelung auch für Unterstützungskassen, § 1 b Abs. 4 Satz 1 BetrAVG. Die Bewertung der unverfallbaren Versorgungsanwartschaft bei Unterstützungskassen erfolgt – wie bei der unmittelbaren Versorgungszusage – ausschließlich nach der ratierlichen Methode. Insoweit sieht § 2 Abs. 4 BetrAVG die versicherungsvertragliche Lösung nicht vor (zu den Gründen vgl. *Heubeck/Höhne*, § 2 BetrAVG Rn. 305).

Für Unterstützungskassen gelten nach § 17 VersAusglG die erweiterten Voraussetzungen zur Durchführung der externen Teilung eines Anrechts gem. § 14 VersAusglG (Rdn. 561).

f) Pensionsfonds

392 Der Pensionsfonds wurde als weiterer Durchführungsweg der betrieblichen Altersversorgung durch das Altersvermögensgesetz (Rdn. 355) eingeführt; dessen Voraussetzungen sind in § 1 b Abs. 3 BetrAVG sowie § 2 Abs. 3 a BetrAVG festgelegt. Er wird als (selbständige) rechtsfähige Versorgungseinrichtung geführt (in Form der Aktiengesellschaft oder eines Pensionsfondsvereins auf Gegenseitigkeit (PfVaG), der einen Rechtsanspruch auf die zugesagten Leistungen gewährt. Er gleicht der Pensionskasse, ist in der Geldanlage aber freier. Die Leistung besteht in einer lebenslangen Rente. Für den Pensionsfonds sind die für Lebensversicherungsunternehmen anzuwenden Vorschriften des VersAusglG anzuwenden; für den PfVaG wird nach § 113 Abs. 2 Nr. 3 VersAusglG ferner auf die Vorschrift über Versicherungsvereine auf Gegenseitigkeit verwiesen. Der Pensionsfonds wird ebenfalls – unabhängig von der Zusageart – generell dem **Insolvenzschutz des BetrAVG** unterstellt.

g) Freiwillige Versicherung in der gesetzlichen Rentenversicherung

393 Als weitere Form betrieblicher Altersversorgung gilt darüber hinaus auch die vom Arbeitgeber finanzierte freiwillige Versicherung innerhalb der gesetzlichen Rentenversicherung (§ 7 SGB VI), die praktisch jedoch kaum auftritt. Wird der Arbeitnehmer vom Arbeitgeber freiwillig weiterversichert, so erwirbt er Rentenanwartschaften i. S. d. § 43 Abs. 1 VersAusglG. Im Falle einer seit dem RRG 1992 nicht mehr möglichen Höherversicherung (Rdn. 271 f., 463) gilt eine unmittelbare Bewertung. Der Gesetzgeber wollte für den Bereich des Versorgungsausgleichs – wohl im Hinblick auf die öffentlich-rechtliche Ausgestaltung – diese Form der Versorgung nicht den Regelungen zur betrieblichen Altersversorgung unterwerfen. Die **hüttenknappschaftliche Zusatzversicherung im Saarland** ist keine betriebliche Altersversorgung i. S. d. § 45 VersAusglG; deren Bewertung erfolgt nach § 39 Abs. 2 Nr. 1 VersAusglG (zum Rechtszustand bis 31. 08. 2009 s. OLG Saarbrücken FamRZ 1981, 974), da sie sich nach den für die gesetzliche Rentenversicherung geltenden Grundsätzen bemisst. Es kommt damit auch nicht auf die Erfüllung von Wartezeiten und die Zeitbestimmung der Unverfallbarkeit an (BGH FamRZ 1984, 573).

II. Berechnung des Ehezeitanteils einer betrieblichen Altersversorgung

1. Grundlagen

Die Ermittlung des auf die Ehezeit entfallenden Teils der betrieblichen Altersversorgung wird in § 45 Abs. 1, 2 VersAusglG geregelt. Ausgenommen von diesen Bewertungsvorschriften, die in erster Linie die Grundsätze der unmittelbaren Bewertung i. S. d. § 39 VersAusglG, ansonsten der zeitratierlichen Bewertung vorsehen, werden nach § 45 Abs. 3 VersAusglG die Anrechte, die bei einem **Träger der Zusatzversorgung des öffentlichen oder kirchlichen Dienstes** bestehen. Aus § 19 Abs. 2 Nr. 1 VersAusglG, der die Voraussetzungen zur Ausgleichsreife eines Anrechts regelt, ergibt sich, dass der Wertausgleich bei der Scheidung nur bei solchen Anrechten der betrieblichen Altersversorgung vorgenommen wird, die im Zeitpunkt der Entscheidung zum Versorgungsausgleich unverfallbar sind. Nach § 5 Abs. 2 Satz 2 VersAusglG ist nicht das Ehezeitende, sondern der Zeitpunkt der Entscheidung für die Prüfung der Unverfallbarkeit maßgeblich; diese Regelung deckt sich mit § 1587 a Abs. 2 Nr. 2 Satz 3 BGB aF. Danach werden betriebliche Altersversorgungen in den Versorgungsausgleich nur einbezogen, wenn sie im Zeitpunkt des Erlasses der Entscheidung (in der letzten Tatsacheninstanz) unverfallbar geworden sind (s. Rdn. 368, 589). Der Grund für die Herausnahme verfallbarer betrieblicher Altersversorgung ergibt sich aus dem Umstand, dass ein bestimmter Teil dieser Versorgungen wegen eines häufigen Arbeitsplatzwechsels nie unverfallbar wird. Es liegt somit kein dauerhaft gesichertes Versorgungsanrecht vor. Verfallbare Anrechte werden nach § 19 Abs. 2 Nr. 1, Abs. 4 VersAusglG auf Ausgleichsansprüche nach der Scheidung, i. d. R. also auf den schuldrechtlichen Versorgungsausgleich nach § 20 VersAusglG verwiesen (s. Rdn. 54, 366).

394

Ob ein Anrecht der betrieblichen Altersversorgung im Anwartschafts- und/oder Leistungsteil statisch, teildynamisch oder volldynamisch ist, kann für die Bewertung eines Anrechts unberücksichtigt bleiben, weil durch die neue Form der internen bzw. externen Teilung gem. den §§ 9–19 VersAusglG eine Angleichung an die Dynamik der gesetzlichen Rentenversicherung sowie der Beamtenversorgung nicht mehr erforderlich ist.

Die in § 45 Abs. 1, 2 VersAusglG geregelte Form der Bestimmung des Ehezeitanteils berücksichtigt die durch das Altersvermögensgesetz sowie Altersvermögens-Ergänzungsgesetz **neu eingeführten Durchführungswege einer betriebliche Altersversorgung, insbesondere des Pensionsfonds** (eingehend Rdn. 363, 367, 369, 415). Danach sind je nach Form der Finanzierung sowie der Struktur der Berechnung des Anrechts auf eine Versorgung die Grundsätze der unmittelbaren Bewertung oder der zeitratierlichen Bewertung zur Ermittlung des Ehezeitanteils anzuwenden.

2. Die neue Struktur zur Ermittlung des Ehezeitanteils nach § 45 Abs. 1, 2 VersAusglG

a) Grundlagen

Die Neuregelung zur Bestimmung des Ehezeitanteils in der betrieblichen Altersversorgung beruht auf der **zunehmenden Vielfalt der Versorgungslandschaft**, die sich vor allem im Bereich der betrieblichen Altersversorgung auswirkt. Die Ur-

395

2. Kapitel Bewertung von Anrechten auf eine Versorgung wegen Alters oder Invalidität

sache für diese Entwicklung liegt unter anderem in der Förderung der privaten Altersvorsorge durch den Gesetzgeber, da die gesetzliche Rentenversicherung zwar nach wie vor das wichtigste soziale Sicherungssystem darstellt, deren Leistungen aber nicht mehr ausreichen, um das ursprünglich in der gesetzlichen Rentenversicherung enthaltene Vorsorgungsniveau im Alter von etwa 75% des Einkommens während der aktiven beruflichen Tätigkeit erhalten zu können (eingehend hierzu Alterssicherungsbericht 2005 der Bundesregierung vom 09.03.2005; BT-Drucks. 16/906). Im Bereich der betrieblichen Altersversorgungen haben sich eine Vielzahl von Versorgungstypen entwickelt, die bereits nach dem bis zum 31.08.2009 geltenden System der Bestimmung des Ehezeitanteils ein Ausweichen auf die allgemein gefasste Regelung des § 1587a Abs. 5 BGB a. F. erforderlich machte (s. Vorauflage Rn. 324).

b) Regelungsbereich des § 45 Abs. 1 Satz 1 VersAusglG – Wahlrecht des Versorgungsträgers

396 Die Regelung des § 45 VersAusglG orientiert sich so weit wie möglich an den Bestimmungen des BetrAVG. Sie erfasst damit sämtliche Formen der betrieblichen Altersversorgung in der Privatwirtschaft, unabhängig nach der Art des Durchführungsweges (s. hierzu Rdn. 386–392). Für die öffentlich-rechtlich organisierten Anrechte der betrieblichen Altersversorgung, dass sind die Zusatzversorgungen des öffentlichen und kirchlichen Dienstes, sieht § 45 Abs. 3 VersAusglG eine Sonderregelung vor (s. Rdn. 432, 441). § 45 Abs. 1 Satz 1 VersAusglG legt fest, dass bei einem Anrecht nach dem BetrAVG entweder der Wert des Anrechts als **Rentenbetrag** nach § 2 BetrAVG oder als **Kapitalwert** nach § 4 Abs. 5 BetrAVG (i. S. d. Übertragungswertes) maßgeblich ist. Insoweit führt § 45 Abs. 1 Satz 1 VersAusglG die Regelung des § 5 Abs. 1 VersAusglG fort. Die Fassung des § 45 Abs. 1 Satz 1 VersAusglG lässt es ausdrücklich zu, dass der Versorgungsträger die **Bezugsgröße** für die interne oder externe Teilung **wahlweise bestimmen** kann. Wählt der Versorgungsträger den Kapitalwert, der dem Übertragungswert gem. § 4 Abs. 5 VersAusglG entspricht, entfällt zusätzlich die Bestimmung und Mitteilung des korrespondierenden Kapitalwertes an das Familiengericht gem. § 5 Abs. 3 VersAusglG i. V. m. § 47 VersAusglG.

In welcher Weise der **Kapitalwert zu bilden** ist, bestimmt hierbei § 4 Abs. 5 BetrAVG. Liegt eine Direktzusage oder ein Anrecht bei einer Unterstützungskasse vor, so bestimmt sich der Kapitalwert nach dem **Barwert** der nach § 2 BetrAVG zu bestimmenden künftigen Versorgungsleistung im Zeitpunkt der Übertragung; dieser ist nach den Regeln und Rechnungsgrundlagen der Versicherungsmathematik zu bestimmen (eingehend hierzu Rdn. 182, 183). Wird die betriebliche Altersversorgung über einen Pensionsfonds, eine Pensionskasse oder eine Direktversicherung durchgeführt, entspricht der **Übertragungswert dem gebildeten Kapital** im Zeitpunkt der Übertragung.

397 Daneben kann der Versorgungsträger aber auch den **Rentenbetrag nach § 2 BetrAVG** mitteilen (s. a. § 5 Abs. 1 VersAusglG). Die in dieser Regelung enthaltenen Vorschriften macht sich § 45 Abs. 1 VersAusglG zunutze. Die Grundform des § 2 Abs. 1 BetrAVG legt hierzu fest, dass ein vor Erreichen der Altersgrenze ausgeschiedener Arbeitnehmer, dem ein unverfallbares Anrecht zusteht, ein Anspruch mindestens in Höhe des Teiles besitzt, der der ohne das vorherige Ausscheiden zustehenden Leistung entsprechend dem Verhältnis der Dauer der Betriebszugehörigkeit zum Verhältnis vom Beginn der Betriebszugehörigkeit bis zum Erreichen der festen Altersgrenze entspricht. Allerdings bleiben nach § 2 Abs. 5

II. Berechnung des Ehezeitanteils einer betrieblichen Altersversorgung

BetrAVG Veränderungen des nach § 2 Abs. 1 BetrAVG ermittelten Teilanspruchs außer Betracht, soweit sie nach dem Ausscheiden eintreten. Wählt der Versorgungsträger (Arbeitgeber) als Bezugsgröße den Rentenbetrag, hat er nach § 5 Abs. 3 VersAusglG ferner den korrespondierenden Kapitalwert dem Familiengericht mitzuteilen.

c) Prinzip des fiktiv angenommenen Ausscheidens aus dem Betrieb

§ 45 Abs. 1 Satz 2 VersAusglG legt fest, dass bei der Bestimmung des Ehezeitanteils davon auszugehen ist, dass die Betriebszugehörigkeit der ausgleichspflichtigen Person **spätestens zum Ehezeitende beendet** ist; dies gilt unabhängig davon, ob die Bestimmung des Ehezeitanteils in Form eines Rentenwerts oder eines Kapitalwerts erfolgt. Diese Regelung deckt sich mit § 4a BetrAVG. Sie bedeutet, dass zur Wertbestimmung im Versorgungsausgleich fiktiv vom Ausscheiden bei Ehezeitende auszugehen ist. Diese Anordnung bewirkt, dass der Versorgungsträger auf der Grundlage der maßgeblichen Versorgungsregelung (Satzung, tarifrechtliche Regelung, unmittelbare Pensionszusage) die Höhe des dem Versorgungsausgleich unterliegenden Anrechts zum Ehezeitende ermitteln kann (dies entspricht auch § 1587a Abs. 2 Nr. 2a BGB a. F.). 398

Hiervon ist der Fall zu unterscheiden, dass der Arbeitnehmer aus dem Betrieb bereits vor Ehezeitende ausgeschieden ist. In diesem Fall erfolgt auf der Grundlage der tatsächlichen Verhältnisse die Bestimmung des Ehezeitanteils. Zu den Unterschieden der Berechung wird auf die Rdn. 402 ff. verwiesen.

d) Vorrang der unmittelbaren Bewertung vor der zeitratierlichen Bewertung

§ 45 Abs. 2 VersAusglG legt fest, nach welchem Berechnungsmodus der Ehezeitanteil zu bestimmen ist. Nach Satz 1 sowie Satz 2 besteht – wie im Verhältnis zwischen § 39 VersAusglG und § 40 VersAusglG – der **Vorrang der unmittelbaren Bewertung** vor der zeitratierlichen Bewertung. Soweit eine unmittelbare Bewertung möglich ist, richtet sich diese entsprechend den Regelungen der §§ 39, 41 VersAusglG (Rdn. 156, 164). Lässt sich der Wert eines Anrechts unmittelbar aus dem in der Ehezeit erworbenen Wert ermitteln (so vor allem bei Systemen, die auf Rentenbausteinen beruhen, ferner bei sog. Pensionsfonds sowie unmittelbaren Zusagen, die ein Versorgungskonto aufgrund laufender (jährlich zu erbringender) Beitragsleistungen des Arbeitgebers bilden, das im Leistungsfall entweder in Form eines Kapitalbetrags oder einer Rente ausbezahlt wird; s. Fa. Bosch, BGH FamRZ 2003, 153), erfolgt die Bestimmung des Ehezeitanteils nach der unmittelbaren Bewertung. Diese Methode hat den Vorteil, dass der Erwerb in der Ehezeit unmittelbar aus dem Berechnungssystem entnommen werden kann und exakt den ehezeitbezogenen Erwerb darstellt. 399

Lässt das Anrecht eine unmittelbare Bewertung nicht zu, sieht § 45 Abs. 2 Satz 2 VersAusglG die **zeitratierliche Methode** vor. Dies tritt vor allem bei **endgehaltsbezogenen Anrechten** zu (insbesondere bei Direktzusagen), bei denen der Arbeitgeber dem Arbeitnehmer bei Eintritt des Versorgungsfalls einen festen Rentenbetrag zusichert, dessen Höhe von der Dauer der Betriebszugehörigkeit abhängig ist. Diese Methode ist auch bei kapitalgedeckten Anrechten heranzuziehen, wenn nach dem Finanzierungssystem eine unmittelbare Zuordnung zum Ehezeitende nicht möglich ist, weil der Kapitalzufluss nicht stets zeitabhängig erfolgt und es arbeitsrechtlich auf den Zufluss des Kapitals nicht ankommt (so vor allem bei Pensionskassen). Insgesamt ist die zeitratierliche Methode stets als **Auffangregelung zu verstehen**, die immer dann eingreift, wenn die unmittelbare Bewertung den Wert 400

2. Kapitel Bewertung von Anrechten auf eine Versorgung wegen Alters oder Invalidität

des in der Ehezeit Erworbenen nicht zutreffend widerspiegelt. Dies gilt zum Beispiel, wenn der Kapitalzufluss mangels Dokumentation nicht periodengerecht festgestellt werden kann.

Erfolgt die Bestimmung des Ehezeitanteils durch die zeitratierliche Methode, ist zunächst das gesamte Anrecht aus der betrieblichen Altersversorgung zu ermitteln, danach ist ein Verhältniswert der gesamten Betriebszugehörigkeit zur ehezeitbezogenen Betriebszugehörigkeit zu bilden, der den ehezeitbezogenen Erwerb darstellt. Dies deckt sich mit § 2 Abs. 1 BetrAVG (s. Rdn. 397). Zur Bildung des Verhältniswerts ist auf die jeweilige Betriebszugehörigkeit abzustellen, dagegen nicht auf die Zugehörigkeit zur Versorgungseinrichtung (BGH FamRZ 1997, 166).

3. Grundprinzipen der zeitratierlichen Berechnungsmethode

401 Die zeitratierliche Berechnungsmethode soll bewirken, dass der Verlauf des Versorgungsanrechts gem. dem Versorgungsplan vor allem bei unterschiedlichen Steigerungsraten bis zum Versorgungsfall ausgeglichen wird. Mit dieser Methode wird **jedem einzelnen Zeitabschnitt** (Jahr) der Betriebszugehörigkeit somit ein bestimmter Anteil an der bei Erreichen der maßgeblichen Altersgrenze erworbenen Versorgung zugeordnet. Dieses Prinzip ist § 2 BetrAVG entnommen. Da das Anrecht von der Dauer der Betriebszugehörigkeit abhängt, sind auch der Betriebszugehörigkeit **gleichgestellte Zeiten zu berücksichtigen**. Zwar führt § 45 VersAusglG den in § 1587 a Abs. 2 Nr. 3 a BGB a. F. enthaltenen Begriff der gleichgestellten Zeiten nicht auf. Dies bedeutet aber nicht, dass solche Zeiten unberücksichtigt blieben; deren Einbeziehung ergibt sich aus der jeweiligen Versorgungszusage.

Ferner beinhaltet das Prinzip der zeitratierlichen Berechnungsmethode nach § 45 Abs. 1 Satz 2 VersAusglG, dass die **bei Ehezeitende vorliegenden Berechnungsfaktoren** anzuwenden sind. Dies gilt auch im Fall eines zeitlich später durchgeführten Versorgungsausgleichs, sei es, dass infolge der Verbundentscheidung i. S. d. §§ 137 Abs. 1, 2, 142 FamFG bzw. einer Abtrennung des Versorgungsausgleichsverfahrens gem. § 140 FamFG erst geraume Zeit nach dem Ehezeitende die Entscheidung zum Versorgungsausgleich getroffen wird, oder im Abänderungsverfahren nach den §§ 225, 226 FamFG erst viele Jahre nach dem Ausgleich bei der Scheidung gem. den §§ 9–19 VersAusglG eine Neufestsetzung des Anrechts zu erfolgen hat. Lediglich soweit eine Änderung der Bemessungsgrundlagen einen Ehezeitbezug i. S. d. § 5 Abs. 2 Satz 2 VersAusglG aufweist, nimmt diese Einfluss auf die Bestimmung des Ehezeitanteils. Ändert sich die Bemessungsgrundlage aufgrund eines **Karrieresprungs**, hat dieser keinen Einfluss auf die Bestimmung des ehezeitbezogenen Anrechts.

Aufgrund der Anlehnung der Berechnung des Ehezeitanteils an die Bestimmungen des BetrAVG (s. Rdn. 397, 400; ferner zur Unverfallbarkeit Rdn. 366) ist der Ehezeitanteil des Anrechts aus der betrieblichen Altersversorgung in den Fällen des § 45 Abs. 2 Satz 2, 3 VersAusglG zeitratierlich (pro rata temporis) zu bestimmen. Hierbei ist es vor allem bedeutungslos, ob die Berechnung der Rentenhöhe nach Anrechnungszeiten oder anderen Grundsätzen erfolgt (BGH FamRZ 1997, 285 = NJW 1997, 863). Im Übrigen ist bei § 45 Abs. 1, 2 VersAusglG nicht auf den Zeitpunkt der Erteilung der Versorgungszusage oder den Beginn der Mitgliedschaft in einer betrieblichen Versorgungseinrichtung, sondern den Zeitpunkt des Beginns der Betriebszugehörigkeit abzustellen (eingehend Rdn. 373, 374 f.; in den Sonderfällen, vor allem Pensionsfonds Rdn. 415).

II. Berechnung des Ehezeitanteils einer betrieblichen Altersversorgung

4. Darstellung der verschiedenen Fallkonstellationen

a) Überblick über die gesetzliche Regelung

Während § 1587a Abs. 2 Nr. 3 BGB a. F. bei der **Bestimmung des Ehezeitanteils** 402
zwischen dem **Andauern der Betriebszugehörigkeit** im Zeitpunkt des Eintritts
der Rechtshängigkeit, (Nr. 3 Satz 1 Buchstabe a) und der **beendeten Betriebszugehörigkeit** bei Ehezeitende (Nr. 3 Satz 1 b) unterschied, trifft § 45 VersAusglG diese
Differenzierung in Bezug auf die betriebliche Altersversorgung nicht. Insoweit ist
zur Bestimmung des zutreffenden Ehezeitanteils auf den Regelungszusammenhang zwischen § 45 Abs. 1 VersAusglG sowie den §§ 39, 41 VersAusglG zurückzugreifen. Bei der Ermittlung des Ehezeitanteils sind die folgenden Sachlagen zu unterscheiden:

b) Betriebszugehörigkeit bei Ehezeitende beendet

Die Betriebszugehörigkeit i. S. d. § 45 Abs. 2 VersAusglG beginnt nach Eheschlie- 403
ßung und endet vor dem Ehezeitende. In diesem Fall erübrigt sich die Bestimmung
des Ehezeitanteils durch eine Quotenbildung gem. § 45 Abs. 2 Satz 2 VersAusglG,
wenn der Ehezeitanteil durch die zeitratierliche Bewertung festgelegt wird. Hierbei sind aber zwei verschiedene Sachlagen zu unterscheiden:

(1) Bezieht der Ausgleichspflichtige **bei Ehezeitende bereits eine laufende Versorgung**, bestimmt sich der Ehezeitanteil nach § 41 Abs. 2 VersAusglG, so dass die tatsächlichen Werte der Versorgung heranzuziehen sind. Hierbei ist es unerheblich,
ob der Ausgleichspflichtige vorzeitig i. S. d. § 2 Abs. 1 BetrAVG aus dem Betrieb
ausgeschieden ist oder die Zustellung des Scheidungsantrags erst nach Bezug
des Altersanrechts erfolgt.

(2) Bezieht der Ausgleichspflichtige noch **keine Leistungen aus der betrieblichen
Altersversorgung**, greift § 45 Abs. 1 Satz 1, 2 VersAusglG ein. Dies bedeutet zunächst, dass bei der Bestimmung des Werts des Anrechts als Rentenbetrag die
Bemessungsgrundlagen zum Zeitpunkt des Ehezeitendes heranzuziehen sind. Allerdings wird diese Regelung durch § 2 Abs. 5 BetrAVG überlagert. Da der Ausgleichspflichtige bei Ehezeitende aus dem Betrieb ausgeschieden war, wird das
Anrecht nach § 2 Abs. 1 BetrAVG – in Form des betriebsrentenrechtlichen m/n –
Verfahrens – ermittelt (Verhältnis der Dauer der tatsächlichen Betriebszugehörigkeit zu der Zeit vom Beginn der Betriebszugehörigkeit bis zum Erreichen der
Regelaltersgrenze; s. Rdn. 398). Liegt ein einkommensdynamisches Anrecht vor,
dessen künftige Anpassung von der Einkommensentwicklung einer bestimmten
Personengruppe (Betriebsangehörige) oder aller Versicherter der gesetzlichen Rentenversicherung abhängt, so nimmt hieran der Ausgleichspflichtige gem. § 2
Abs. 5 BetrAVG an dieser nachehelich eintretenden Entwicklung nicht teil. Insoweit liegt auch kein Ehezeitbezug i. S. d. § 5 Abs. 2 Satz 2 VersAusglG vor. Ebenso
wenig greifen die Voraussetzungen der Verfallbarkeit der Einkommensdynamik
ein (s. Rdn. 364, 428).

(3) Ist der Ausgleichspflichtige zwar vor dem Ehezeitende aus dem Betrieb ausgeschieden, liegt der **Beginn der Betriebszugehörigkeit aber vor der Eheschließung**,
ist zunächst nach § 45 Abs. 1 Satz 1 VersAusglG i. V. m. § 2 Abs. 1 BetrAVG (s. vorstehend Ziffer [2]) das insgesamt bestehende Anrecht nach dem BetrAVG zu bestimmen. Danach ist der Wert des auszugleichenden Anrechts im Verhältnis der Betriebszugehörigkeit in der Ehezeit zur Gesamtbetriebszugehörigkeit zu ermitteln.

2. Kapitel Bewertung von Anrechten auf eine Versorgung wegen Alters oder Invalidität

> **Beispiel:**
> Ist der ausgleichspflichtige Ehemann im Alter von 25 Jahren in den Betrieb eingetreten und scheidet er aus diesem im Alter von 50 Jahren aus, besteht danach also die Betriebszugehörigkeit 25 Jahre, hat der Ausgleichspflichtige aber im Alter von 30 Jahren geheiratet und wurde die Ehe im Alter von 55 Jahren geschieden, so dass die Ehedauer ebenfalls 25 Jahre beträgt, und beläuft sich die nach § 2 Abs. 1 BetrAVG bestimmte gesamte Versorgung auf 400 € monatlich, so beträgt der Ehezeitanteil des Anrechts 80% des gesamten Anrechts (Betriebszugehörigkeit in der Ehezeit 20 Jahre; Gesamtbetriebszugehörigkeit 25 Jahre; 20/25 tel), das sind 400,00 € = 0,80 = 300,00 €.

(4) Erfolgt die Bestimmung des **Ehezeitanteils durch die unmittelbare Bewertung** nach § 45 Abs. 2 Satz 1 VersAusglG, entfällt eine Quotenbildung unabhängig davon, ob der Beginn der Betriebszugehörigkeit vor oder nach der Eheschließung liegt, weil allein die in der Ehezeit erworbenen Werte den Ehezeitanteil bestimmen (Rentenbausteine, Deckungskapital).

c) Betriebszugehörigkeit bei Ehezeitende nicht beendet

404 (1) Erfolgt die Bestimmung des Ehezeitanteils nach den **Grundsätzen der unmittelbaren Bewertung** gem. § 45 Abs. 2 Satz 1 VersAusglG, wird das ehezeitbezogene Anrecht unmittelbar aus den in der Ehezeit erworbenen Werten ermittelt (Rentenbausteine, Deckungskapital).

405 (2) Der Beginn der Betriebszugehörigkeit liegt **vor der Eheschließung und endet nach Zustellung des Scheidungsantrags**. Die Bestimmung des Ehezeitanteils erfolgt in diesem Fall nach § 45 Abs. 2, 3 VersAusglG – anders als nach § 40 Abs. 2 VersAusglG, da § 45 Abs. 2 Satz 2, 3 VersAusglG bestimmt, dass nicht – wie in § 40 Abs. 2 VersAusglG die zu erwartende Versorgung (R) fester Altersgrenze) im Verhältnis der in die Ehezeit fallenden Zeitdauer mit der höchstens erreichbaren Zeitdauer (bis zur maßgeblichen Altersgrenze) ermittelt wird, sondern lediglich der Verhältniswert aus der ehezeitbezogenen Betriebszugehörigkeit zur gesamten Betriebszugehörigkeit bis zum Ehezeitende heranzuziehen ist (zur Begründung s. BT-Drucks. 16/10144 S. 83). Rechnerisch ergeben sich bei einer endgehaltabhängigen Direktzusage keine Unterschiede, weil im 1. Schritt zunächst die **betriebsrentenrechtliche Verhältnisbildung** (m/n-Verfahren) zu erfolgen hat (Verhältnis der Dauer des Eintritts in den Betrieb bis zum Ehezeitende zur Dauer vom Eintritt in den Betrieb bis zur Regelaltersgrenze). Im 2. Schritt ist die **versorgungsausgleichsrechtliche Verhältnisbildung** vorzunehmen (Verhältnis der Dauer der Betriebszugehörigkeit in der Ehezeit zur Dauer der gesamten Betriebszugehörigkeit bis zum Ehezeitende). Mathematisch wird dasselbe Ergebnis erreicht, wenn unmittelbar – wie in § 40 VersAusglG – die zu erwartende Versorgung bei Erreichen der maßgeblichen Altersgrenze mit dem Verhältnis der Ehezeit zur Gesamtbetriebszugehörigkeit gebildet wird. Ein mit dem Modell des § 40 Abs. 1, 2 VersAusglG ermittelter vergleichbarer Wert ergibt sich nur dann, wenn man zugleich die maßgebliche Rentenhöhe in Bezug auf den Zeitfaktor (für die Rentenhöhe) bei der Methode des § 45 Abs. 1, 2 VersAusglG zum Ehezeitende heranzieht, während bei § 40 Abs. 2 VersAusglG ferner die Zeit vom Ehezeitende bis zur Regelaltersgrenze hinsichtlich der Höhe zusätzlich zu berücksichtigen ist.

II. Berechnung des Ehezeitanteils einer betrieblichen Altersversorgung

Dies wird durch das folgende Beispiel deutlich: **406**

Der Arbeitgeber sichert dem Arbeitnehmer bei Eintritt in den Betrieb (bei Lebensalter 25) zu, nach zehnjähriger Betriebszugehörigkeit eine Rentenanwartschaft von 100,00 € und für jedes weitere Jahr danach eine jährliche Steigerung von 5,00 € zu gewähren. Der Arbeitnehmer kann damit bis zum 65. Lebensjahr eine Rentenanwartschaft i. H. v. von 150,00 €, zusammen also 250,00 €).

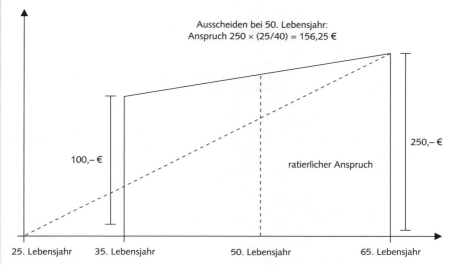

nach zehnjähriger Betriebszugehörigkeit Rente von 100,– €; danach für jedes weitere Jahr 5,– €

Scheidet der Arbeitnehmer mit Lebensalter 50 aus dem Betrieb aus, so erhält er den ratierlichen Anteil von 250 × 25/40 = 156,25 €. Entsprechend errechnet sich der Ehezeitanteil, wenn der Arbeitnehmer mit 25 Jahren geheiratet hat (bei Betriebseintritt) und mit Lebensalter 50 der Scheidungsantrag zugestellt wird bei fortgesetzter Betriebszugehörigkeit bis zum 65. Lebensjahr (gem. § 40 Abs. 2 VersAusglG; § 1587 a Abs. 2 Nr. 3 a BGB a.F.).

Hat der Ehemann mit 40 Jahren geheiratet und wird er mit 50 Jahren geschieden, so dass eine Ehezeit von 10 Jahren vorliegt, so ergeben sich nach beiden Methoden jeweils dieselben Ehezeitanteile.

– Methode nach § 40 Abs. 2 VersAusglG:

250,00 € (Versorgung bei Regelaltersgrenze und Rechenfaktoren zum Ehezeitende) × 10 Jahre (Ehezeit) : 40 Jahre (Betriebszugehörigkeit) = 62,50 €.

– Methode nach § 45 Abs. 1, Satz 2, Abs. 2, Satz 2, 3 VersAusglG

156,25 € (Versorgung bei Ehezeitende und fiktiver Annahme des Ausscheidens nach § 45 Abs. 1 Satz 2 VersAusglG) × 10 (Ehezeit) : 25 Jahre (Dauer vom Eintritt in Betrieb bis zum Ehezeitende) = 62,50 €.

(3) Beginnt die **Betriebszugehörigkeit erst in der Ehezeit**, so ergibt sich bei **dienstzeitabhängigen Zusagen** unter Anwendung des in § 45 Abs. 1 Satz 2, Abs. 2 Satz 3 VersAusglG vorgegebenen Berechnungsganges aber eine Erhöhung des Anrechts gegenüber der in § 40 Abs. 2 VersAusglG festgelegten Berechnungsmethode. Sie entspricht auch nicht dem in § 2 Abs. 1 BetrAVG enthaltenen Regelungszweck. Dies wird im folgenden Beispiel deutlich:

Nach der Satzung zur betrieblichen Altersversorgung beträgt die Rente nach Erfüllung der dreijährigen Wartezeit 20% des durchschnittlichen versicherungspflichtigen Arbeitsentgelts in der gesetzlichen Rentenversicherung der letzten acht Jahre vor Eintritt der Versicherung; sie erhöht sich mit jedem voll mit Beiträgen belegten weiteren Versicherungsjahr um 0,75% bis zu 40%. Der Beginn der Rentenleistung ist an den Bezug der Regelaltersgrenze zur gesetzlichen Rentenversicherung gekoppelt (§ 35 SGB VI).

2. Kapitel   Bewertung von Anrechten auf eine Versorgung wegen Alters oder Invalidität

- Daten:

Geburtstag des Arbeitnehmers: 10.01.1959

Beginn der Pensionsversicherung

(Beginn der Betriebszugehörigkeit): 01.01.1996

Ehezeit: 01.04.01984 bis 31.03.2009

- Berechnung nach § 45 Abs. 1 Satz 2, Abs. 2 Satz 3 VersAusglG:
  - *Durchschnittliches pensionsberechtigtes Jahresgehalt 28.325,00 €*
  - *Vollendete Versicherungsjahre*
  von 01.01.1996 bis 31.03.2009 (13 Jahre)
  - *Berechnung des Prozentsatzes der zu erreichenden Versorgung*
  nach Ablauf der Wartezeit von drei Jahren 20,00%
  für 10 weitere Jahre (10 × 0,75%) 7,5% 27,5%
  - *Jahresruhegehalt: 27,5% × 28.325,00 € = 7.789,38 €.* Der Monatsbetrag beläuft sich 649,12 €. *Eine Quotenbildung scheidet in diesem Fall nach § 45 Abs. 2 Satz 3 VersAusglG aus, weil der Beginn der Betriebszugehörigkeit in der Ehezeit liegt und ein Verhältniswert (nur) mit der gesamten Betriebszugehörigkeit bis zum Ehezeitende zu bilden ist.*

- Berechnung nach § 40 Abs. 2 VersAusglG
  - *Durchschnittliches pensionsberechtigtes Jahresgehalt 28.325,00 €*
  - *Vollendete Versicherungsjahre von 01.01.1996 bis 31.01.2024*
  (65. Lebensjahr) = 28 Jahre
  - *Berechnung des Prozentsatzes der zu erreichenden Versorgung*

nach Ablauf von 3 Jahren	20,00%
für weitere 25 Jahre (25 × 0,75%)	18,75%
gesamt	38,75%

  Die Begrenzung auf 40% wird nicht erreicht.

  - *Jahresruhegehalt (volle Versorgung)*

38,75% × 28.325,00 € =	10.975,94 €
monatlich:	914,66 €

  - *Berechnung des Ehezeitanteils*

Betriebszugehörigkeit in der Ehezeit 01.01.1996 bis 31.03.2009	= 159 Monate
Gesamtbetriebszugehörigkeit 01.01.1996 bis 31.01.2024	= 337 Monate
monatliche Versorgungsanwartschaft 914,66 € × 159/337	= 431,55 €

Anmerkung:

Die in der Zeit von 01.01.1996 bis 31.01.2024 erzielbare Versorgung wird danach unabhängig von ihrem tatsächlichen Verlauf gleichmäßig auf einen Jahresbetrag von 32,57 € (914,66/337 × 12) vom Eintritt in den Betrieb bis zum Ausscheiden verteilt und hieraus der Ehezeitanteil entnommen. Hieraus ergibt sich auch der Unterschied zur Bestimmung des Ehezeitanteils nach § 45 Abs. 1 Satz 2, Abs. 2 Satz 2, 3 VersAusglG, weil der starke Zuwachs von 20% sich nicht auf die verhältnismäßig kurze Ehezeit, sondern die Gesamtzeit verteilt (vergleichbar mit der Beamtenversorgung). In der Begründung des RegE (BT-Drucks. 16/10144 S. 83) wird die vorstehende Methode ebenfalls dargelegt, insoweit aber die Ansicht vertreten, dass sich mathematisch identische Ergebnisse ergeben würden, was bei der dargelegten Fallkonstellation aber nicht zutreffend ist.

---

407   Der Ansatz des § 45 Abs. 1 Satz 2 VersAusglG, dass der ehezeitbezogene Erwerb mit dem Ehezeitende beendet ist, trifft im Fall einer unmittelbaren Bewertung zu und auch in den oben dargelegten Regelfällen. Es lässt sich auch in allen Fällen der zeitratierlichen Bewertung nach § 45 Abs. 1 VersAusglG argumentieren, dass der ehezeitbezogene Erwerb – wie bei der unmittelbaren Bewertung – nach den zum Ehezeitende bestehenden Berechnungsgrundlagen bestimmt wird. Es tritt dann aber das Problem der Vergleichbarkeit (Art. 3 Abs. 1 GG) auf. Folgt man die-

II. Berechnung des Ehezeitanteils einer betrieblichen Altersversorgung

ser Ansicht, kann eine Bewertung nach der Grundvorschrift der zeitratierlichen Bewertung gem. § 40 Abs. 2 VersAusglG i. V. m. § 42 VersAusglG erfolgen. Zwar stellt § 45 Abs. 1, 2 VersAusglG in Bezug auf den Regelungsbereich des § 40 VersAusglG eine lex specialis dar, die grundsätzlich vorrangig ist. Insoweit geht es aber um das übergeordnete Prinzip, dem auf § 2 BetrAVG zugrunde liegt.

5. Berechnung des Ehezeitanteils nach Kalendermonaten

In § 45 VersAusglG (§ 1587a Abs. 2 Nr. 3 BGB a. F.) wird keine Bestimmung dazu getroffen, dass der Verhältniswert zur Ermittlung des Ehezeitanteils auf der Grundlage von Kalendermonaten ermittelt wird. Möglich wäre auch eine Berechnung nach Kalendertagen oder -jahren. Die monatliche Berechnungsweise wird in mehreren Regelungen zum Versorgungsausgleich erwähnt, so in § 3 Abs. 1 VersAusglG; § 76 Abs. 2, 6 SGB VI. Auch endet die Berufstätigkeit aufgrund der gesetzlichen Regelungen der gesetzlichen Rentenversicherung regelmäßig zum Monatsende. Schließlich wird die gesetzliche Rentenleistung in Form eines Monatsbetrages bezahlt (§ 64 SGB VI). Angesichts des Bezugs des BetrAVG auf die gesetzliche Rentenversicherung hinsichtlich der Regelungen zum Erreichen der Altersgrenze ist deshalb die Berechnung nach Monaten zur Harmonisierung mit den Regelungen zur gesetzlichen Rentenversicherung vorzunehmen. **408**

6. Prüfungspflicht bei der Bestimmung des Ehezeitanteils

Das Familiengericht holt beim zuständigen Arbeitgeber bzw. Versorgungsträger eine Auskunft zur Höhe der betrieblichen Altersversorgungsanwartschaften ein, § 220 Abs. 1, 2 FamFG. Es empfiehlt sich, jeweils die Versorgungszusage / Satzung oder vergleichbares mit anzufordern, damit die erteilte Auskunft auf ihre Richtigkeit hin überprüft werden kann. **409**

7. Eintritt der Invalidität vor Erreichen der festen Altersgrenze

Sieht die Satzung bzw. Versorgungszusage bei Eintritt der Invalidität (volle Erwerbsminderung, § 43 Abs. 2 SGB VI, Rdn. 286) vor Erreichen der festen Altersgrenze die Gewährung einer **Zurechnungszeit** vor, so ist zu prüfen, ob diese einen **echten Zeitfaktor** darstellt, der dann zu einer Verlängerung der Dienstzeit führt, oder ob es sich bei dieser lediglich um einen Erhöhungsfaktor des bei Eintritt des Invaliditätsfalles bestehenden Versorgungsanteils handelt. Im ersteren Fall ist dann die Zurechnungszeit eine der Betriebszugehörigkeit gleichgestellte Zeit, was anzunehmen ist, wenn diese bei Wiederherstellung der Erwerbsfähigkeit anerkannt wird. Ansonsten kann dieser Faktor nicht wie gleichgestellte Zeiten behandelt werden. **410**

8. Sonderfall bei Mindestversorgungszusage

Sieht die Satzung zur betrieblichen Altersversorgung neben einem Anrecht, das bei vorzeitigem Ausscheiden aus dem Betrieb der Höhe nach noch verfallbar ist, eine unverfallbare Mindestversorgung vor (so vor dem 01. 01. 2001 in der Zusatzversorgung des öffentlichen Dienstes im Verhältnis Versorgungsrente zur Mindestversorgungszusage, s. 3. Auflage Rn. 333; s. ferner OLG Hamburg FamRZ 1991, 202; FamRZ 1994, 1467, 1468 – private Zusatzversorgung), kann im Wertausgleich bei der Scheidung lediglich der unverfallbare Teil des Anrechts berücksichtigt werden. Der **verfallbare Teil** ist noch nicht teilungsreif i. S. d. § 19 Abs. 2 Nr. 1 VersAusglG und gegebenenfalls im Wege eines Ausgleichsanspruchs nach der Scheidung (vor allem durch den schuldrechtlichen Versorgungsausgleich gem. § 20 VersAusglG) **411** auszugleichen. Ob der Ehezeitanteil des teilungsreifen Anrechts im Wege der unmittelbaren Bewertung oder der zeitratierlichen Bewertung bestimmt wird, ist von den allgemeinen Grundsätzen abhängig (Rdn. 396 ff., zum Rechtszustand bis 31. 08. 2009 s. Vorauflage Rn. 334). Regelmäßig werden Anrechte, die sich aus einer Mindestversorgungszusage ergeben, nach gezahlten Beiträgen bestimmt, so dass anhand dieser eine **unmittelbare Bewertung** nach § 45 Abs. 2 Satz 1 VersAusglG erfolgt (s. a. OLG München FamRZ 1983, 1042; *Glockner/Uebelhack*, Rn. 127).

9. Sicherung der Versorgung im Insolvenzfall

412 Betriebliche Versorgungsansprüche werden vor einer Insolvenz des Arbeitgebers regelmäßig in der Weise gesichert, dass der Pensions-Sicherungsverein a. G. nach § 7 BetrAVG laufende Versorgungsleistungen übernimmt und für unverfallbar gewordene Anwartschaften im Leistungsfall eintritt. Die näheren Einzelheiten der Voraussetzungen einer Leistung ergeben sich aus § 7 BetrAVG (s. a. Rdn. 381). Insolvenzgesichert werden sämtliche Leistungen der betrieblichen Altersversorgung; der Anspruch ist nach § 7 Abs. 3 BetrAVG jedoch auf das Dreifache der im Zeitpunkt der ersten Fälligkeit maßgebenden monatlichen Bezugsgröße gem. § 18 SGB IV begrenzt. Da der Träger der Insolvenzsicherung nicht Arbeitgeber ist, besteht für ihn **keine Verpflichtung zur Anpassung der Leistungen** gem. § 16 BetrAVG (s. hierzu Rdn. 365). Im Übrigen erfasst die Insolvenzsicherung die Formen der unmittelbaren betrieblichen Versorgungszusage, der Direktversicherung, nach § 7 Abs. 2 Satz 2 BetrAVG entsprechend auch für Personen, die zum Kreis der Begünstigten einer Unterstützungskasse oder eines Pensionsfonds gehören, auch wenn der Arbeitgeber die Ansprüche an dem Versicherungsvertrag abgetreten, verpfändet oder beliehen hat (zum entsprechenden Verbot s. § 2 Abs. 2 Satz 2 BetrAVG) oder die Insolvenz mangels Masse abgelehnt bzw. ein außergerichtlicher Vergleich zur Abwendung eines Insolvenzverfahrens abgeschlossen wurde (s. § 7 Abs. 2; Abs. 1 Satz 4 BetrAVG). Gleiches gilt, wenn der Arbeitgeber das Anrecht trotz Eintritts der Unverfallbarkeit nicht unwiderruflich zugesichert hat (s. Rdn. 371; § 1 b Abs. 2 Satz 3 BetrAVG; s. hierzu *Paulsdorff*, § 7 Rn. 327; zum Insolvenzschutz bei Unternehmensumwandlung s. BGH NJW 1991, 1972), und bei Unterstützungskassen. Finanziert wird der Pensions-Sicherungs-Verein a. G. durch Beiträge der Arbeitgeber, die eine betriebliche Altersversorgung führen.

Im **Versorgungsausgleich** wirkt sich die Insolvenzsicherung zunächst nicht aus. Endete die Betriebszugehörigkeit wegen der Insolvenz des Arbeitgebers vor Ende der Ehezeit, besteht bei dem Pensions-Sicherungs-Verein a. G. dann ein Anspruch, wenn das Anrecht zum Zeitpunkt der Insolvenz unverfallbar war. In diesem Fall ist zur **Bestimmung des Ehezeitanteils** § 7 Abs. 2 Satz 4 BetrAVG zu berücksichtigen; danach ist von einer Betriebszugehörigkeit bis zum Eintritt des Sicherungsfalls i. S. d. § 7 Abs. 1 BetrAVG auszugehen. Der Träger der Insolvenzsicherung, der Pensions-Sicherungs-Verein a. G. in Köln, hat gem. § 7 Abs. 1 BetrAVG im Sicherungsfall seine Leistung an den berechtigten Versorgungsempfänger oder dessen Hinterbliebenen grundsätzlich so zu erbringen, wie sie der Arbeitgeber aufgrund seiner Versorgungszusage schuldet (BGH FamRZ 2005, 103). Der nach § 7 Abs. 1 BetrAVG zu bestimmende Leistungsanspruch wird nach § 7 Abs. 3 BetrAVG begrenzt auf höchstens das Dreifache der im Zeitpunkt der ersten Fälligkeit maßgebenden Bezugsgröße i. S. v. § 18 SGB IV.

II. Berechnung des Ehezeitanteils einer betrieblichen Altersversorgung

10. Sonderfälle der Bestimmung des Ehezeitanteils

a) Direktversicherungen

Bei Direktversicherungen i. S. d. § 1 Abs. 2 Nr. 2 BetrAVG (s. Rdn. 72, 370, 388) war nach dem bis zum 31. 08. 2009 geltenden Rechtszustand zur Bestimmung des Ehezeitanteils grundsätzlich die zeitratierliche Berechnungsmethode heranzuziehen (Vorauflage Rn. 325 ff.). Eine Ausnahme bestand nur dann, wenn sich der Arbeitgeber im Falle des vorzeitigen Ausscheidens des Arbeitnehmers aus dem Betrieb sich für die sog. **versicherungsvertragliche Lösung** entschieden hatte (§ 2 Abs. 2 Satz 2 BetrAVG, s. BGH FamRZ 2003, 1648). Für diesen Fall erwog der BGH, den Ehezeitanteil auf der Grundlage des Deckungskapitals zu bestimmen. Nach § 45 Abs. 1 VersAusglG steht es dem Versorgungsträger frei, den Ausgleichswert entweder nach dem Kapital oder einem Rentenwert zu bestimmen, so dass sich aufgrund des dort **geregelten Wahlrechts der Versorgungsträger** regelmäßig für die Angabe des Deckungskapitals als Ausgleichswert i. S. d. § 5 Abs. 1 VersAusglG entscheiden wird. Sieht die Direktversicherung eine Kapitalleistung vor, so unterliegt diese nach § 2 Abs. 2 Nr. 3 VersAusglG dem Versorgungsausgleich (bis 31. 08. 2009 dem Güterrecht). Der Ausgleichswert wird in einem solchen Fall regelmäßig in Form des Deckungskapitals angegeben und durch die unmittelbare Bewertung festgestellt. Sieht die Zusage zwischen Arbeitgeber und Arbeitnehmer eine Rentenleitung vor, hat der Arbeitgeber aber an den Versicherungsgeber eine Prämienzahlung erbracht, ist für die Höhe des Anrechts das Valutaverhältnis zwischen Arbeitgeber und Arbeitnehmer entscheidend (BGH FamRZ 1993, 793, 794; Rdn. 389). Die Bestimmung des **Ausgleichswerts** i. S. d. § 5 Abs. 1 VersAusglG i. V. m. § 45 Abs. 1, 2 Satz 1 VersAusglG erfolgt nach Wahl des Arbeitgebers in Form eines Deckungskapitals oder des Rentenbetrages. Entsprechend richtet sich auch die Bewertung, die bei einem Deckungskapital regelmäßig in Form der unmittelbaren Bewertung erfolgt und nur dann durch eine zeitratierliche Bewertung vorzunehmen ist, wenn ein ehezeitbezogenes Deckungskapital unmittelbar nicht festgestellt werden kann. Soll ein Rentenbetrag ausgeglichen werden, für den kein Kapitalbetrag feststeht, erfolgt die zeitratierliche Bewertung nach § 45 Abs. 2 Satz 2, 3 VersAusglG (s.a Vorauflage Rn. 338; ferner BGH FamRZ 2003, 1648, 1649). 413

Sonderfall der versicherungsvertraglichen Regelung: Scheidet ein Arbeitnehmer aus dem Betrieb vorzeitig aus und liegt die Gewährung der Direktversicherung nur kurze Zeit vor dem Ausscheiden aus dem Betrieb zurück, während die Betriebszugehörigkeit schon lange Zeit besteht, so kann der Arbeitgeber bei einer hohen Nachzahlungspflicht gegenüber dem Versicherungsgeber (wenn nur geringe Beiträge bei Ausscheiden des Arbeitnehmers bezahlt waren, so dass der Teilanspruch des ausgeschiedenen Arbeitnehmers nach § 2 Abs. 1 Satz 1 BetrAVG höher ist als das durch die Beitragszahlung begründete Anrecht; s. hierzu Rdn. 385, 389) unter den Voraussetzungen des § 2 Abs. 2 Satz 2 BetrAVG seine Versorgungsleistung auf die vom Lebensversicherungsunternehmen zu erbringende Versicherungsleistung (die durch die Beitragszahlung des Arbeitgebers begründet wurde) beschränken – sog. **versicherungsvertragliche Lösung**. Der Arbeitnehmer kann diese Versorgung mit eigenen Beiträgen fortführen. 414

Im **Versorgungsausgleich** ist danach zunächst die durch die Prämienzahlung des Arbeitgebers begründete unverfallbare Anwartschaft zu erfassen, deren Ehezeitanteil sich nach § 45 Abs. 1, 2 Satz 1, 2 VersAusglG ermittelt. Ferner sind die durch die freiwilligen Beitragsleistungen des Arbeitnehmers begründeten Anrechte in den Wertausgleich einzubeziehen. Nach § 2 Abs. 2 Nr. 3 BetrAVG sind die durch die freiwillige Leistungen des Arbeitnehmers ebenfalls dem BetrAVG und damit

§ 45 VersAusglG zuzuordnen (zur Abgrenzung von Eigenbeiträgen des Arbeitnehmers s. Rdn. 385, 389 – dort auch zum Abweichen der Zusage des Arbeitgebers von den beim Versicherungsträger durch die Beitragsleistung begründeten Anrechte).

b) Pensionskassen, Pensionsfonds

415 Entsprechendes gilt bei **Pensionskassen,** bei denen ebenfalls ein individuelles Deckungskapital (z. T. auch kollektives) gebildet wird (sog. versicherungsvertragliche Lösung nach § 2 Abs. 3 BetrAVG; s. a. Rdn. 391, 413). In diesen Fällen besteht für den Versorgungsträger nach § 45 Abs. 1 VersAusglG eine **Wahlmöglichkeit**, den Wert des Anrechts als Rentenbetrag oder Kapitalbetrag zu bestimmen. Zur Bewertungsmethode gilt das zu den Rdn. 413, 414 Gesagte. Bereits nach dem bis zum 31. 08. 2009 geltenden Rechtszustand wurde erwogen, anstelle einer **Barwertbildung,** die nur als Hilfslösung für solche Sachlagen zu verstehen war, zur exakten Berechnung deshalb das individuelle Deckungskapital heranzuziehen (Vorauflage Rn. 339; s. a. *Johannsen/Hahne*, § 1587 a BGB Rn. 238 m. w. N.; *Glockner*, FamRZ 1988, 777, 780; OLG München FamRZ 1989, 186 zum Beamtenversicherungsverein a. G. für Bankangestellte; OLG München FamRZ 1997, 616; zur möglichen Abweichung von dem zeitratierlichen Berechnungsmodus s. a. BGH FamRZ 1997, 166, 167 = NJW-RR 1997, 195).

Entsprechendes gilt für **Pensionsfonds** i. S. d. § 2 Abs. 3 a BetrAVG (eingehend Rdn. 363, 367, 392). Nach § 115 Abs. 1 VAG haben die Pensionsfonds das Vorsorgevermögen so anzulegen, dass möglichst eine **große Sicherheit und Rentabilität** bei ausreichender Liquidität des Pensionsfonds unter Wahrung einer angemessenen Mischung und Streuung insgesamt erreicht wird. Aus der Art der Finanzierung ergibt sich, dass der Ehezeitanteil des Anrechts nach § 45 Abs. 1 Satz 1, Abs. 2 Satz 1 VersAusglG mit dem in der Ehezeit erzielten Deckungskapital zu bestimmen ist (Rdn. 367 f.). Geht der vom Arbeitgeber zu finanzierende (Teil-)Anspruch nach § 2 Abs. 1 BetrAVG über die nach dem geltenden Pensionsplan i. S. d. § 112 Abs. 1 Satz. 2 BetrAVG i. V. m. § 113 Abs. 2 Nr. 5 VersAusglG berechnete Deckungsrückstellung hinaus, ist dieser Anspruch gegen den Arbeitgeber geltend zu machen, § 2 Abs. 3 a BetrAVG.

416 Im **Versorgungsausgleich** ist deshalb jeweils zu prüfen, ob die Voraussetzungen des § 2 Abs. 3 a BetrAVG vorliegen. Ist dies der Fall, kann der Arbeitgeber im Fall der internen Teilung des **Pensionsfonds** gem. § 10 VersAusglG den Kapitalwert nach § 45 Abs. 1 Satz 1 als Ausgleichswert bestimmen und insoweit die externe Teilung bei dem Pensionsfonds nach § 14 Abs. 2 Nr. 2 VersAusglG bestimmen oder nach § 14 Abs. 2 Nr. 1 VersAusglG eine entsprechende Vereinbarung vorschlagen. Gleiches gilt, wenn bei einer **Pensionskasse** dieselbe Sachlage nach § 2 Abs. 3 BetrAVG auftritt.

c) Behandlung von Überschussanteilen

417 Teilweise teilen die Träger der betrieblichen Altersversorgung in den Auskünften sog. **Überschussanteile** mit, die regelmäßig nur bis zum Ende der Ehezeit erworben wurden. In diesem Fall ist zu prüfen, ob
– diese Überschussanteile ausschließlich in der Ehezeit erworben wurden oder auch vor der Ehezeit und ob
– der Träger der Versorgung die zukünftige Entwicklung dieser Überschussanteile berücksichtigt hat.

II. Berechnung des Ehezeitanteils einer betrieblichen Altersversorgung

Liegen diese ausschließlich in der Ehezeit, ist der Ausgleichswert i. S. d. § 5 Abs. 1 VersAusglG im Wege der unmittelbaren Bewertung zu ermitteln. Ob dies auch möglich ist, wenn voreheliche Überschussanteile vorliegen, hängt von der Art des Erwerbs ab (so bei periodenbezogener Beitragszahlung). Ansonsten ist der Ehezeitanteil nach § 45 Abs. 2 Satz 2, 3 VersAusglG im Wege der zeitratierlichen Methode zu bestimmen. Meist werden solche Überschussanteile (aus Zinserträgen) zur Anpassung (Dynamisierung) der laufenden Rentenleistungen herangezogen, seltener zur Anpassung der Anwartschaft (s. hierzu BGH FamRZ 1992, 1051 – Beamtenversicherungsverein der Deutschen Banken und des Bankiersgewerbes; OLG München FamRZ 1997, 616; OLG Koblenz FamRZ 2008, 1353).

11. Gesamtversorgungssysteme und limitierte Versorgungen

a) Grundlagen der Gesamtversorgungssysteme

Besonderheiten ergeben sich, wenn die Versorgungszusagen der betrieblichen Altersversorgung die Anrechnung anderer Versorgungen auf die betriebliche Versorgungsleistung vorsehen. Eine im Rahmen eines Gesamtversorgungsplanes erteilte Zusage ist dadurch geprägt, dass die Anwartschaften in Übereinstimmung mit den steigenden Arbeitsentgelten anwachsen, wobei meist ein dienstzeitabhängiger Prozentsatz in der Endstufe von 70% (in älteren Zusagen z. T. 75%) des vor Eintritt des Versicherungsfalles erzielten Gehaltes oder des Durchschnittseinkommens der letzten Jahre gewährt wird. Der dienstzeitabhängige Anstieg ist teilweise linear ausgestaltet (1,5% bis 2% für jedes Dienstjahr); teilweise werden für die ersten zehn Jahre 30%, danach für jedes weitere Beschäftigungsjahr 1% gewährt (s. Rdn. 405 f.). Die Gesamtversorgungszusage ist in der Anwartschaftsphase regelmäßig volldynamisch, da sie an die allgemeine Einkommensentwicklung angepasst wird. Werden die Leistungen ebenfalls entsprechend der Einkommensentwicklung (oder der Steigerung der gesetzlichen Rentenversicherung) angepasst, liegt ein volldynamisches Gesamtanrecht vor; diese Frage ist aber für die **Bestimmung des Ehezeitanteils** sowie für den Fall der **internen Teilung** nach § 10 VersAusglG unbedeutend. Wird eine externe Teilung vorgenommen, so wirkt sich die Dynamik auf die Höhe des Kapitalbetrags nach § 14 Abs. 4 VersAusglG aus.

418

Zur Anrechnung kommen v. a. Leistungen aus der gesetzlichen Rentenversicherung oder der gesetzlichen Unfallversicherung, ferner aus einer anderen betrieblichen Altersversorgung aus einem früheren Arbeitsverhältnis sowie eine befreiende Lebensversicherung. Für den Arbeitnehmer ist die Höhe der einzelnen Elemente des Gesamtversorgungssystems nicht entscheidend, weil ihm insgesamt der höchstmögliche Prozentsatz des letzten Gehaltes oder des durchschnittlichen mehrjährigen Bruttoeinkommens gewährt sind.

> **Beispiel:**
> Der Arbeitnehmer erhält eine Versorgungszusage, nach der ihm 2% des vor dem Eintritt des Versicherungsfalls gewährten Gehaltes, maximal 75% gewährt werden. Auf diese Zusage sind die Leistungen aus der gesetzlichen Rentenversicherung bei Eintritt des Versicherungsfalles abzuziehen.
>
> | | |
> |---|---|
> | Dienstzeit: | 36 Jahre |
> | Prozentsatz: | 36 × 2 = 72% |
> | Versorgungsfähiges Entgelt: | 3.000,00 € |
> | Gesamtversorgung: | 3.000,00 € × 72% = 2.160,00 € |
> | Gesetzliche Rentenversicherung: | 1.500,00 € |
> | Betriebliche Altersversorgung: | 660,00 € |

2. Kapitel Bewertung von Anrechten auf eine Versorgung wegen Alters oder Invalidität

b) Limitierte Versorgungen

419 Bei einer limitierten Versorgung sichert der Arbeitgeber eine Versorgung in Höhe eines jährlichen bestimmten Einkommens zu, die auf einen Höchstsatz begrenzt wird. Zweck einer **Begrenzungsklausel** ist es, eine unerwünschte Überversorgung zu vermeiden (BAG BB 1984, 213; BB 1984, 2134). Eine Anrechnung erfolgt, soweit die satzungsmäßige Obergrenze überschritten wird.

> **Beispiel:**
> Der Arbeitnehmer erhält für jedes Jahr der Betriebszugehörigkeit 0,5 % des letzten Bruttoeinkommens, höchstens jedoch 70 % dieses Einkommens zusammen mit der Rente aus der gesetzlichen Rentenversicherung. Maßgebliches Einkommen 2.800,00 €; Rente der gesetzlichen Rentenversicherung 1.600 €; Betriebszugehörigkeit vom 20. bis zum 65. Lebensjahr.
> (1) höchstmögliche Versorgung: 70% aus 2.800,00 € = 1.960,00 €
> (2) Rente aus der gesetzlichen Rentenversicherung: 1.600,00 €
> (3) Betriebliche Altersversorgung: 0,5% × 45 × 2.800,00 € = 630,00 €
> (4) gesetzliche Rentenversicherung und betriebliche Altersversorgung: 1.600,00 + 630,00 = 2.230,00 €
> (5) Kürzung der betrieblichen Altersversorgung aus Differenz 1.960,00 – 1.600,00 = 360,00 €
>
> Würde die Rente aus der gesetzlichen Rentenversicherung weniger als 1.330 € betragen, bliebe die betriebliche Altersversorgung ungekürzt.

c) Methoden der Ermittlung des Ehezeitanteils bei einem Gesamtversorgungssystem

420 Da im Versorgungsausgleich überwiegend eine fiktive Versorgung zum Ende der Ehezeit zu ermitteln ist, weil noch keine Versorgungsleistung bezogen wird, bestehen insbesondere in solchen Fällen Berechnungsschwierigkeiten zur Höhe der betrieblichen Zusage, weil die endgültige Höhe in der gesetzlichen Rentenversicherung (noch) nicht bekannt ist. Zur Ermittlung des Ehezeitanteils sind zwei Berechnungsmethoden möglich:
(1) Die zukünftige gesetzliche Rentenversicherung ist zu ermitteln, um festzustellen, ob die in der Satzung festgelegte höchstmögliche Versorgung bei Erreichen der Altersgrenze erreicht wird (eine entsprechende Berechnungsweise ist auch in § 2 Abs. 5 Satz 2 BetrAVG enthalten). Hierzu bedarf es einer **Hochrechnung der gesetzlichen Rentenversicherung** vom Ende der Ehezeit bis zum 65. Lebensjahr, da § 2 Abs. 5 Satz 2 BetrAVG auf die Berechnungsmethoden bei Pensionsrückstellungen verweist, die einen Barwert bis zum Eintritt der Regelaltersrente vorsehen. Die auf das 65. Lebensjahr hochgerechnete gesetzliche Rentenversicherung (sog. Näherungsverfahren) ermöglicht es dann, die zum Ehezeitende vorhandene Anwartschaft auf eine betriebliche Altersversorgung zu ermitteln. Hieraus ist der Ehezeitanteil zu bestimmen.
(2) Auf den fiktiven Versicherungsfall (Ehezeitende) sind die bis dahin insgesamt erworbene gesetzliche Rentenversicherung und betriebliche Altersversorgung zu ermitteln. Für die gesetzliche Rentenversicherung ergibt sich die Höhe aus der vom Rentenversicherungsträger erteilten Auskunft. Bei der betrieblichen Altersversorgung muss die zunächst errechnete volle Versorgung im Verhältnis **gesamtmögliche Betriebszugehörigkeit** bis zur festen Altersgrenze zur **gesamten Betriebszugehörigkeit bis zum fiktiven Versicherungsfall** gequotelt werden. Übersteigen danach beide Versorgungen die höchstmögliche Versorgung gemäß der Versorgungszusage, ist die betriebliche Altersversorgung zu kürzen. Dieser gekürzte Betrag ist nochmals zur Ermittlung des Ehezeitanteils zu quoteln, indem die Dauer der Betriebszugehörigkeit bis zum fiktiven Versicherungsfall ins Verhältnis gesetzt wird. Bei dieser Berechnungsweise wird eine Hochrechnung der gesetzlichen Rentenversicherung vermieden. Dieser Rechengang kann aufgrund § 45 Abs. 1 Satz 2 VersAusglG vereinfacht werden,

II. Berechnung des Ehezeitanteils einer betrieblichen Altersversorgung

indem das Anrecht nach dem BetrAVG auf der Grundlage errechnet wird, dass von einer Betriebszugehörigkeit bis zum Ehezeitende auszugehen ist.

d) Meinungsstand in Rechtsprechung und Literatur, Auswirkungen auf den reformierten Versorgungsausgleich

Der BGH hat sich bei Vorliegen einer **Gesamtversorgungszusage** zur Ermittlung des Ehezeitanteils in Anlehnung an seine Entscheidung zur Zusatzversorgung des öffentlichen Dienstes vor der Strukturreform (s. Rdn. 432 ff.; BGHZ 93, 222, 233 = FamRZ 1985, 363, 365 = NJW 1985, 2702; FamRZ 1985, 797) gegen die Hochrechnungsmethode und für die sog. **VBL-Methode** ausgesprochen. Hieran hat der BGH festgehalten (FamRZ 1991, 1416; FamRZ 1994, 23, 24; FamRZ 1995, 88, 89 mit Anm. von *Gutdeutsch*, FamRZ 1995, 1272; zur Abgrenzung zur Zusatzversorgung des öffentlichen Dienstes s. ferner BGH FamRZ 1996, 93). Danach ist zunächst der Betrag der bis zur festen Altersgrenze hochgerechneten vollen Gesamtversorgung (s. Rdn. 420) im Zeit-Zeit-Verhältnis aufzuteilen und sodann von dem auf die Ehezeit entfallenden Anteil die während dieser Zeit erworbenen Anrechte (aus der gesetzlichen Rentenversicherung), die auf die Gesamtversorgung anzurechnen sind, abzuziehen. An dieser Methode hält der BGH selbst dann fest, wenn die anzurechnende gesetzliche Rentenversicherung **fiktiv zu berechnen** ist, weil der Ehegatte tatsächlich Beiträge zu befreienden Lebensversicherungen auf Kapitalbasis entrichtet hat (FamRZ 1998, 420 – Versorgung des »Essener Verbandes«).

421

Ist auf eine so errechnete Gesamtversorgung neben der gesetzlichen Rentenversicherung ein nichtdynamisches (weiteres) Anrecht anzurechnen, so erfolgte dies nach dem bis zum 31. 08. 2009 bestehenden Rechtszustand nicht mit seinem Nennwert (auf den Ehezeitanteil der Gesamtversorgung), sondern mit seinem nach Umrechnung gemäß § 1587a Abs. 3, 4 BGB a. F. dynamisierten Wert. Hierbei verwies der BGH (FamRZ 1994, 23, 24; FamRZ 1995, 88, 89) auf seine Rechtsprechung zur Ruhensberechnung nach § 1587a Abs. 6 Hs. 2 BGB i. V. m. § 55 BeamtVG (FamRZ 1988, 48, 49; FamRZ 1988, 49, 51; Rdn. 254, 259 f.). Diese Dynamisierung entfällt ab 01. 09. 2009 schon deshalb, weil es eine § 1587a Abs. 3, 4 BGB a. F. entsprechende Regelung nicht gibt. Sie ist auch – nach allgemeinen versicherungsmathematischen Grundsätzen deshalb nicht geboten, weil nach dem ab 01. 09. 2009 geltenden Ausgleichssystem reale Werte ausgeglichen werden und es wegen der nicht mehr vorzunehmenden Verrechnung in ihrer Dynamik unterschiedlicher Anrechte nicht mehr auf eine Angleichung der zu verrechenden Anrechte ankommt.

Andererseits wird aber unter Bezug auf die Regelung des § 2 Abs. 5 Satz 2 BetrAVG teilweise auch die **Hochrechnungsmethode** bevorzugt (*Glockner*, FamRZ 1987, 328, 333; FamRZ 1988, 777, 781; FamRZ 1989, 802; OLG Koblenz FamRZ 1989, 292).

Die vom BGH (BGHZ 93, 222, 233 = FamRZ 1985, 363, 365 = NJW 1985, 2702) geäußerten **Bedenken gegen die Hochrechnungsmethode**, die sich vor allem aus der Nivellierung der gesetzlichen Rentenversicherung durch ihre Hochrechnung auf das 65. Lebensjahr ergeben, bestehen auch bei privaten betrieblichen Altersversorgungen. Allerdings kann nicht übersehen werden, dass die VBL-Methode bei bestimmten Sachverhalten zu fragwürdigen Ergebnissen führt, so vor allem, wenn die auf die Versorgung anzurechnende Anwartschaft aus der gesetzlichen Rentenversicherung weitgehend außerhalb der für die Berechnung der betrieblichen Altersversorgung maßgeblichen Betriebszugehörigkeit liegt. Der BGH (FamRZ 1991, 1416, 1419) hat deshalb insoweit zutreffend darauf hingewiesen, dass bei Anwendung der VBL-Methode darauf zu achten ist, ob die Zeit, während der die Anwartschaften der in die Gesamtversorgung einbezogenen gesetzlichen Rentenversiche-

422

2. Kapitel Bewertung von Anrechten auf eine Versorgung wegen Alters oder Invalidität

rung erworben worden sind, mit der für die Gesamtversorgung maßgebenden Zeit übereinstimmt oder nicht (s. a. Rdn. 443; BGH FamRZ 2005, 1664, 1666).

423 Anders als bei der Zusatzversorgung des öffentlichen Dienstes (vor deren Strukturreform) mindern die Anwartschaften aus der gesetzlichen Rentenversicherung mit ihrem vorbetrieblich erlangten Teil die Gesamtversorgung, ohne insoweit einer bestimmten Zeit während der Betriebszugehörigkeit zugeordnet werden zu können. Würde die hochgerechnete Gesamtversorgung zeitratierlich nach dem Verhältnis der ehezeitlichen Betriebszugehörigkeit zur insgesamt möglichen Betriebszugehörigkeit aufgeteilt und lediglich der ehezeitliche Teil der gesetzlichen Rentenanwartschaften von dem auf die Ehezeit entfallenden Teil der Gesamtversorgung abgezogen, so bliebe unberücksichtigt, dass auch der vorbetrieblich erworbene Teil der gesetzlichen Rentenversicherung auf die Gesamtversorgung angerechnet wird. Dies würde zu fehlerhaften Ergebnissen führen (*Glockner*, FamRZ 1989, 802, 803; OLG München FamRZ 1991, 338 ff.). Um die unverhältnismäßigen Auswirkungen des Vorwegabzuges zu vermeiden, ist der vorbetrieblich erworbene Teil der gesetzlichen Rentenversicherung nicht abzuziehen, sondern entsprechend der Dauer der ehezeitlichen und der übrigen Betriebszugehörigkeit aufzuteilen, und derjenige Teil, der auf die ehezeitliche Betriebszugehörigkeit entfällt, zu dem ehezeitlichen Anteil der gesetzlichen Rentenversicherung hinzuzurechnen; dieser Betrag ist von der ehezeitbezogenen Gesamtversorgung abzuziehen. Der zuvor bezeichnete Verhältniswert der gesetzlichen Rentenversicherung ist nach dem Verhältnis der ehezeitlichen zur Gesamtzeit der möglichen Betriebszugehörigkeit zu bestimmen. Diese Berechnungsweise bewirkt eine Kürzung des ehezeitlichen betrieblichen Rentenanrechts, die im angemessenen Verhältnis zu den Auswirkungen der vorbetrieblich erworbenen Anrechte auf das insgesamt erreichte Anrecht aus der betrieblichen Altersversorgung steht (BGH FamRZ 1991, 1416, 1420). Liegt der Beginn der Ehezeit vor dem Eintritt in den Betrieb, so ist entsprechend den Grundsätzen des BGH der Ehezeitanteil der betrieblichen Altersversorgung in der Weise zu bestimmen, dass von der auf die Ehezeit entfallenden Gesamtversorgung sowohl die auf die ehezeitliche Betriebszugehörigkeit entfallenden anrechenbaren Anrechte als auch die zeitratierlich vor der Betriebszugehörigkeit erworbenen anrechenbaren Anrechte abzuziehen sind.

424 In Bezug auf die neuen Bewertungsbestimmungen gem. der §§ 39 ff. VersAusglG hat das Familiengericht zu überprüfen, ob die Grundsätze des BGH, soweit man diesen folgt, von den Versorgungsträgern berücksichtigt werden. Das nach den dargelegten Methoden ermittelte Anrecht wird entweder durch die interne oder externe Teilung ausgeglichen; die nach § 14 Abs. 4 VersAusglG zu leistende Kapitalzahlung an einen externen Versorgungsträger ist regelmäßig auf der Grundlage eines versicherungsmathematischen Barwerts i. S. d. § 47 Abs. 5 VersAusglG zu bestimmen. In der Praxis werden sich kaum Sachlagen ergeben, dass auf ein kapitalgedecktes Anrecht, das nach § 5 Abs. 1 VersAusglG i. V. m. § 45 Abs. 1 Satz 1 VersAusglG mit seinem Kapitalwert angegeben wird, Anrechte mit einem Rentenbetrag anzurechnen sind, weil die kapitalgedeckten Anrechte regelmäßig aufgrund einer Beitragszahlung entstehen, die ein gesichertes Anrecht darstellen und nicht durch eine Verrechnung mit einem Rentenanrecht gemindert werden dürfen (Art. 14 Abs. 1 GG). Soweit dies dennoch der Fall ist, bedarf es einer Verrentung eines kapitalgedeckten Anrechts.

e) Keine Korrektur im Abänderungsverfahren

425 Führt eine zu hohe »Vorbelastung« aus der gesetzlichen Rentenversicherung (unter Beachtung der unter Rdn. 422 dargelegten Grundsätze) dazu, dass zum Ende

der Ehezeit die betriebliche Altersversorgung ganz oder überwiegend verdrängt wird, so liegt zum Ende der Ehezeit kein auszugleichendes Anrecht vor. Um den Grundsatz des ehezeitbezogenen Erwerbs aufrecht zu erhalten, kann auch im Falle des Abänderungsverfahrens nach §§ 225, 226 FamFG nicht aufgrund einer gesamtheitlichen Betrachtung zum Ende der beruflichen Tätigkeit dieses Ergebnis korrigiert werden, da insoweit der Gesichtspunkt des ehezeitbezogenen Erwerbs durchgreift.

f) Limitierte Versorgung im Versorgungsausgleich

426 Nicht generell entschieden hat der BGH, nach welcher (der in Rdn. 420 dargestellten) Methode der Ehezeitanteil einer betrieblichen Altersversorgung bei einer Limitierungsklausel zu ermitteln ist (s. grundsätzlich Rdn. 420; s. BGH FamRZ 1991, 1421, 1423; FamRZ 1995, 88, 89). Zutreffend führt der BGH aus, dass der Ehezeitanteil einer betrieblichen Altersversorgung isoliert nach § 45 Abs. 1, 2 VersAusglG (§ 1587 a Abs. 2 Nr. 3 a BGB a. F.) errechnet werden kann, also ohne Einbeziehung der gesetzlichen Rentenversicherung, wenn feststeht, dass der in der Zusage bestimmte Höchstsatz nicht überschritten wird (*Borth*, FamRZ 1996, 641, 647). Übersteigen jedoch betriebliche Altersversorgung und gesetzliche Rentenversicherung den in der Zusage bestimmten Höchstsatz, so dass rechnerisch Berührungspunkte bestehen, stellt sich diese wie bei einem echten Gesamtversorgungssystem als ein Anrecht dar, das sich aus der Differenz zwischen der gesetzlichen Rentenversicherung und dem in der Versorgungszusage bestimmten Höchstsatz ergibt, so dass der Ehezeitanteil wie bei einem echten Gesamtversorgungssystem nach der VBL-Methode zu ermitteln ist (Rdn. 422). Offengelassen hat der BGH jedoch, nach welchem Berechnungsmodell der Höchstsatz zu ermitteln ist (FamRZ 1995, 88, 89).

III. Verfallbare Anrechte im Bereich der betrieblichen Altersversorgung

1. Behandlung im Versorgungsausgleich

427 Nach § 19 Abs. 2 Nr. 1 VersAusglG werden Anwartschaften, die im Zeitpunkt der Entscheidung (in der letzten Tatsacheninstanz, s. § 5 Abs. 2 Satz 2 VersAusglG) – und nicht dem Ende der Ehezeit – noch verfallbar sind, **wegen fehlender Teilungsreife** im Wertausgleich bei der Scheidung nach den §§ 9–19, 28 VersAusglG nicht ausgeglichen, sondern nach § 19 Abs. 4 VersAusglG auf Ausgleichsansprüche nach der Scheidung gem. den §§ 20–26 VersAusglG verwiesen. Tritt zu einem späteren Zeitpunkt eine Unverfallbarkeit ein, kann regelmäßig im Wege des schuldrechtlichen Versorgungsausgleichs gem. § 20 VersAusglG ein Ausgleichsanspruch geltend gemacht werden (zum Begriff s. Rdn. 54, 366, 587). Verfallbare Anrechte unterliegen deshalb nicht dem Wertausgleich bei der Scheidung (sog. dinglicher Wertausgleich). Hierbei ist es unerheblich, mit welchem Grad der Wahrscheinlichkeit die Unverfallbarkeit eintreten wird (BGHZ 83, 222 = FamRZ 1985, 363 = NJW 1985, 2702). Wird ein verfallbares Anrecht zu einem späteren Zeitpunkt unverfallbar, kann dies **nicht im Abänderungsverfahren** nach §§ 225, 226 FamFG berücksichtigt werden (s. Rdn. 1075), da dieses Verfahren nach § 225 Abs. 1 FamFG nur hinsichtlich der in § 32 VersAusglG aufgeführten Regelsicherungssysteme vorgesehen ist, zu denen die betriebliche Altersversorgung auch dann nicht gehört, wenn es sich um eine öffentlich-rechtlich organisierte betriebliche Altersversorgung (Zusatzversorgung des öffentlichen Dienstes) handelt. Im Übrigen erfasst § 19 Abs. 2 Nr. 1 VersAusglG die **Unverfallbarkeit dem Grunde und der Höhe** nach (§§ 2, 18 BetrAVG; eingehend Rdn. 371). Hierzu dürfen im Wertausgleich bei der Scheidung nur diejenigen Anrechte der betrieblichen Altersversorgung be-

2. Kapitel Bewertung von Anrechten auf eine Versorgung wegen Alters oder Invalidität

rücksichtigt werden, die durch eine Veränderung nach dem Ende der Ehezeit nicht mehr beeinträchtigt werden können (BGH FamRZ 1982, 899, 1988, 822 – Verfallbarkeit der Versorgungsrente aus der Zusatzversorgung der öffentlichen Dienstes vor Eintritt des Versicherungsfalles; BGH FamRZ 1987, 52; FamRZ 1989, 844 – Einfrieren der Einkommensdynamik einer privaten betrieblichen Altersversorgung nach § 2 Abs. 5 BetrAVG bei Ausscheiden aus dem Betrieb vor Eintritt des Versicherungsfalles; s. Rdn. 428).

2. Verfallbarkeit der zukünftigen Dynamik

a) Grundlagen

428 Die Regelung des § 2 Abs. 5 Satz 1 BetrAVG bestimmt, dass eine in der Versorgung enthaltene Dynamik im Falle des Ausscheidens des Arbeitnehmers aus dem Betrieb vor Erreichen der festen Altersgrenze zu dem Zeitpunkt »**eingefroren**« wird, zu dem der Arbeitnehmer ausscheidet. Diese Regelung hat der BGH in seiner Rechtsprechung zur Verfallbarkeit eines Anrechts zum Grunde und der Höhe nach übernommen (s. FamRZ 1988, 822).

429 **Beispiel:**
Der Arbeitnehmer erhält für jedes Jahr der Zugehörigkeit zum Betrieb 0,5% des jeweiligen durchschnittlichen monatlichen Bruttoeinkommens. Tritt der Arbeitnehmer mit dem 20. Lebensjahr ein und scheidet er mit dem 65. Lebensjahr aus dem Betrieb aus, so beträgt bei einem maßgeblichen monatlichen Einkommen von 3.000 € das Anrecht monatlich 675 € (45 × 0,5% × 3.000). Scheidet der Arbeitnehmer dagegen bereits mit dem 50. Lebensjahr aus, so wird das Anrecht bei Erreichen des 65. Lebensjahres nach der Bemessungsgrundlage ermittelt, die bei Lebensalter 50 galt. Bei einem durchschnittlichen monatlichen Einkommen von 2.000 € bei Lebensalter 50 beträgt danach das Anrecht lediglich 450 € monatlich (2.000 × 45 × 0,5%), § 2 Abs. 5 Satz 1 BetrAVG. Da der Arbeitnehmer bereits mit dem 50. Lebensjahr ausgeschieden ist, wird das Anrecht nach § 2 Abs. 1 Satz 1 BetrAVG im Verhältnis der Dauer der Betriebszugehörigkeit zur Gesamtdauer gekürzt, vorliegend also um 30/45, so dass sich ein Anrecht von 300 € errechnet (s. auch Schaubild Rdn. 406).

Schaubild:

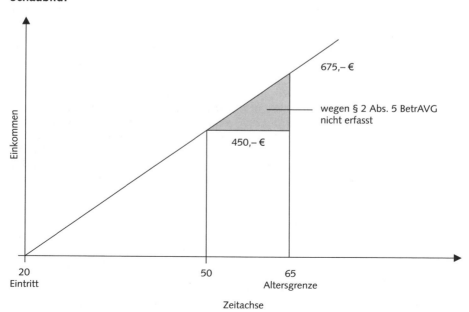

III. Verfallbare Anrechte im Bereich der betrieblichen Altersversorgung

b) Auswirkungen im Versorgungsausgleich

Die Regelung des § 19 Abs. 2 Nr. 1 VersAusglG legt für den Bereich der betrieblichen Altersversorgung fest, dass ein Anrecht noch nicht ausgleichsreif ist und damit nicht dem Wertausgleich bei der Scheidung nach den §§ 9–19, 28 VersAusglG unterliegt, wenn es der Höhe nach noch verfallbar ist. Ersichtlich bezieht sich das Gesetz hinsichtlich des Begriffs »*wenn es dem Grunde und der Höhe nach noch nicht hinreichend verfestigt ist*« auf die entsprechende Rechtsprechung des BGH, der den Begriff der Verfallbarkeit der Höhe nach bei der Zusatzversorgung des öffentlichen Dienstes in Bezug auf die (volldynamische) Versorgungsrente (vor deren Strukturreform ab dem 01.01.2002) geprägt hat (FamRZ 1982, 899). Diese Rechtsprechung hat der BGH auch für die **privaten betrieblichen Altersversorgung** übernommen (FamRZ 1989, 844; FamRZ 1987, 52 – dort bereits für eine entsprechende satzungsmäßige Regelung; OLG Koblenz FamRZ 1989, 293; OLG Celle FamRZ 1989, 402; s.a. *Glockner*, FamRZ 1987, 576). Da zum Zeitpunkt des Ehezeitendes nicht mit der erforderlichen Sicherheit festgestellt werden kann, ob der Versicherte **bis zum Erreichen der Altersgrenze** im Betrieb verbleibt, kann eine bestehende Einkommensdynamik nicht berücksichtigt werden, da deren Bestand erst sicher ist, wenn der Arbeitnehmer bis zum Versorgungsfall dem Betrieb weiterhin angehört. Eine bis zum Ende der Ehezeit bestehende Dynamik in der Anwartschaftsphase hat sich auf die Höhe des Versorgungswerts niedergeschlagen und ist deshalb nicht gesondert zu erfassen. Lediglich dann, wenn nach Ehezeitende, aber vor Abschluss des Versorgungsausgleichsverfahrens in der letzten Tatsacheninstanz feststeht, dass der Arbeitnehmer bis zum Eintritt des Versicherungsfalls im Betrieb verblieben ist, kann nach § 5 Abs. 2 Satz 2 VersAusglG verfahren werden, soweit eine Einkommensdynamik vorliegt. Wegen der Verfallbarkeit der Einkommensdynamik in der Anwartschaftsphase nach § 2 Abs. 5 Satz 1 BetrAVG ist diese nicht gesichert.

430

c) Erfassung des der schuldrechtlichen Ausgleichsrente zugewiesenen Teils des Anrechts bei Verbleiben im Betrieb

Aufgrund der Rechtsprechung des BGH (FamRZ 1989, 844) wird im Versorgungsausgleich unterstellt, dass der Arbeitnehmer aus dem Betrieb vor Erreichen der festen Altersgrenze ausscheiden kann. Verbleibt er dennoch weiterhin im Betrieb bis zum Erreichen der festen Altersgrenze, so kann der nach Ende der Ehezeit eingetretene Zuwachs des Anrechts erfasst werden. Dies ist nicht im Wege des Abänderungsverfahrens nach §§ 225, 226 FamFG möglich, da § 225 Abs. 1 FamFG eine Abänderung der betrieblichen Altersversorgung nicht vorsieht (Rdn. 427), sondern muss den nicht ausgeglichenen Teil nach § 19 Abs. 2 Nr. 1 i.V.m. Abs. 4 VersAusglG durch Ausgleichsansprüche nach der Scheidung geltend machen, also regelmäßig in **Form des schuldrechtlichen Versorgungsausgleichs**.

431

> **Die Auswirkungen sollen am folgenden Beispiel dargestellt werden:**
>
> Die betriebliche Altersversorgung sieht für den Arbeitnehmer vor, dass dieser für jedes Jahr der Zugehörigkeit zum Betrieb 0,5% des jeweiligen durchschnittlichen monatlichen Einkommens erhält. Tritt der Arbeitnehmer mit dem 20. Lebensjahr in den Betrieb ein, heiratet er mit dem 30. Lebensjahr und wird mit 50 geschieden, so beträgt die Anwartschaft ehezeitbezogen 300,00 € monatlich, wenn bei Ehezeitende ein monatliches Einkommen von 3.000,00 € zugrunde zu legen war (0,5% × 45 × 3.000 = 675 € × 20/45 = 300,00 €).

2. Kapitel Bewertung von Anrechten auf eine Versorgung wegen Alters oder Invalidität

Schaubild:

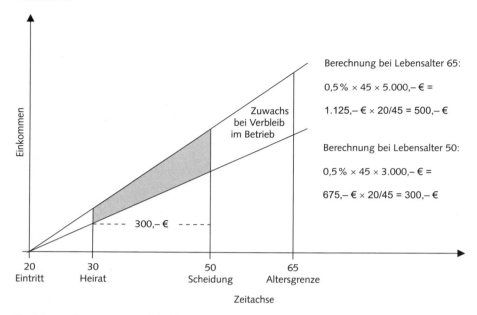

Der Zuwachs um 200,00 € (Differenz zwischen 500,00 € und 300,00 €) ergibt sich daraus, dass die Bemessungsgrundlage des Anrechts bis zum 65. Lebensjahr von 3.000,00 € auf 5.000,00 € monatlich angestiegen ist. Dieser Betrag ist nach § 5 Abs. 2 Satz 2 VersAusglG zusätzlich zu erfassen. Die Einkommensdynamik wird nach dem tatsächlichen Anstieg erfasst (s. hierzu Rdn. 590, 676).

Die Fälle des Ausgleichs der verfallbaren Einkommensdynamik treten nur bei endgehaltbezogenen Anrechten auf, die regelmäßig im Wege der zeitratierlichen Bewertung ermittelt werden, nicht dagegen bei solchen Anrechten, die durch eine bestimmte (jährliche) Beitragsleistung des Arbeitgebers in Form einer Kapitalansammlung begründet werden.

IV. Zusatzversorgung des öffentlichen Dienstes

1. Grundlagen

432 Innerhalb der betrieblichen Altersversorgung nehmen die Zusatzversorgungen des öffentlichen Dienstes eine Sonderstellung ein, § 18 BetrAVG. Zum Kreis der öffentlich-rechtlichen Zusatzversorgungen gehören vor allem die Versorgungsanstalt des Bundes und der Länder (VBL), die Kommunalen Zusatzversorgungskassen (ZVK), die Nachfolgeorganisationen der Bundespost (VAP), der Bundesbahn, die Versorgungsanstalt der deutschen Bühnen und Kulturorchester und die kirchlichen Zusatzversorgungskassen. Sie sind als rechtsfähige Anstalten des öffentlichen Rechts organisiert und erfassen alle Arbeiter und Angestellte des öffentlichen Dienstes, nicht jedoch Beamte. § 18 BetrAVG bestimmt den Kreis der Personen, die den Zusatzversorgungskassen angehören oder im Falle des Ausscheidens aus einem Arbeitsverhältnis von einem öffentlich-rechtlich organisierten Arbeitgeber nachzuversichern sind, § 18 Abs. 1 Nr. 4 bis 6 i. V. m. Abs. 6 BetrAVG (Bayrischer Rundfunk – BGH FamRZ 1985, 56; Radio Bremen – OLG Bremen FamRZ 1985, 943; Berliner

IV. Zusatzversorgung des öffentlichen Dienstes

Verkehrsbetriebe – BGH FamRZ 1984, 1212; Norddeutsche Landesbank – FamRZ 1985, 939; AOK, sofern nicht Dienstordnungsangestellter i. S. d. § 1587a Abs. 2 Nr. 1 BGB – KG FamRZ 1984, 1112; kommunale, als AG geführte Wirtschaftsbetriebe; sie gewähren bei Ausscheiden einen Anspruch auf Nachversicherung in der Zusatzversorgung des öffentlichen Dienstes anstelle einer privaten betrieblichen Altersversorgung – OLG Hamm FamRZ 1982, 73). **Rechtsgrundlage** sind Tarifverträge zwischen den Tarifpartnern des öffentlichen Dienstes im staatlichen, kommunalen und kirchlichen Bereich (vor allem Tarifvertrag Altersversorgung – ATV). Danach sind die beteiligten Arbeitgeber verpflichtet, alle Arbeitnehmer bei der Zusatzversorgung anzumelden und die festgelegten Beiträge (Umlagen) zu entrichten. Die Rechtsbeziehungen zwischen Arbeitgeber und dem Träger der Zusatzversorgung sind **privater Natur** und unterliegen der Inhaltskontrolle (BVerfG NJW 2000, 3341). Wechselt ein Arbeitnehmer des öffentlichen Dienstes zu einem anderen Arbeitgeber des öffentlichen Dienstes, so wird dieser aufgrund bestehender **Überleitungsabkommen** in die Zusatzversorgung des öffentlichen Dienstes des neuen Arbeitgebers übernommen. Im Versorgungsausgleich ist allein dieser zur Auskunft nach § 220 Abs. 1, 2 FamFG verpflichtet und zugleich Verfahrensbeteiligter im Falle des § 219 Nr. 2 FamFG. Die Finanzierung erfolgt seit 1978 ausschließlich über Umlagen der Arbeitgeber.

Bis zur Umstellung des Systems der Zusatzversorgungen des öffentlichen Dienstes zum 31. 12. 2001 (s. Rdn. 434) war es das Ziel, die Altersversorgung der Angestellten und Arbeiter des öffentlichen Dienstes derjenigen der Beamten anzugleichen. Hierzu wurde die Grundversorgung des Arbeitnehmers (überwiegend die gesetzliche Rentenversicherung) durch die Zusatzversorgung in der Weise aufgestockt, dass eine **beamtenähnliche Gesamtversorgung** entsteht. Die Leistungen der Zusatzversorgung des öffentlichen Dienstes glichen weitgehend den Rentenleistungen in der gesetzlichen Rentenversicherung; es wurden Renten wegen Alters, Berufs- oder Erwerbsunfähigkeit (verminderte Erwerbsfähigkeit) sowie für Hinterbliebene gewährt, dagegen keine Erziehungsrente und auch keine Leistungen zur Krankenversicherung der Rentner. **433**

2. Zusatzversorgungen des öffentlichen Dienstes vor und nach deren Umstellung

a) Umstellung des Systems der Zusatzversorgung des öffentlichen Dienstes zum 31. 12. 2001

Am 01. 03. 2002 haben die Tarifvertragsparteien des öffentlichen Dienstes im Tarifvertrag Altersversorgung einen grundlegenden Systemwechsel in Bezug auf die Berechung und Art des Anrechts aus der Zusatzversorgung des öffentlichen Dienstes vereinbart. Hierdurch wurde das frühere, seit 1966 bestehende endgehaltsbezogene Gesamtversorgungssystem aufgegeben und durch eine auf einem **Punktemodell beruhenden Betriebsrentensystem** ersetzt (Neufassung der VBL-Satzung am 22. 11. 2003, BAnz. Nr. 1 vom 03. 01. 2003, rückwirkend zum 01. 01. 2002; s. a. *Wick* FamRZ 2008, 1223). Anlass für diesen Systemwechsel war eine krisenhafte Einnahmen- und Ausgabenentwicklung bei den Zusatzversorgungskassen (s. Zweiter Versorgungsbericht vom 03. 10. 2001, BT-Drucks. 14/7220, Dritter Versorgungsbericht vom 22. 06. 2005, BT-Drucks. 15/5821). Ein weiterer Anlass ergab sich aus der Rechtsprechung des BVerfG, das die Berechnung der Versicherungsrente (Rdn. 436), die bei vorzeitigem Ausscheiden aus dem öffentlichen Dienst lediglich eine statische Zusatzrente gewährte, als einen Verstoß gegen Art. 3 Abs. 1 GG im Verhältnis zu sonstigen Betriebsrenten ansah und deshalb § 18 BetrAVG für verfassungswidrig erklärte (BVerfGE 98, 365 ff.). Ferner hat es am 22. 03. 2000 **434**

2. Kapitel Bewertung von Anrechten auf eine Versorgung wegen Alters oder Invalidität

(NJW 2000, 3341) die fehlende Dynamisierung der Mindestversorgungsrente der VBL als Ungleichbehandlung gegenüber sonstigen Betriebsrenten angesehen sowie die Halbanrechnung von Vordienstzeiten bei voller Anrechnung der aus diesen Zeiten erworbenen Rentenanwartschaften der gesetzlichen Rentenversicherung beanstandet und schließlich einen übersichtliche und durchschaubare Regelung der Zusatzversorgung des öffentlichen Dienstes gefordert.

b) Überblick über die Leistungen der Zusatzversorgung des öffentlichen Dienstes bis 31.12.2001

435 Die Versorgungsrente bildete zusammen mit der Grundversorgung das Kernstück der Zusatzversorgung des öffentlichen Dienstes. Die Höhe der Gesamtversorgung errechnete sich aus einem zeitabhängigen Prozentsatz des aus den letzten drei Jahren vor Versorgungseintritt gebildeten gesamtversorgungsfähigen Entgelts. Ihre Leistungen waren volldynamisch, wurden im Versorgungsausgleich aber wegen der Möglichkeit des Ausscheidens vor Eintritt in den Ruhestand als der Höhe nach verfallbar angesehen (BGHZ 84, 158, 167 = FamRZ 1982, 899, 902; FamRZ 1988, 822 = NJW-RR 1988, 898). Die Versorgungsrente konnte durch die **Mindestversorgungsrente** überlagert werden, wenn die Leistungen geringer waren, als die Versicherungsrente eines ausgeschiedenen Mitarbeiters (eingehend 3. Auflage Rn. 351 f.).

436 Schied der Arbeitnehmer vor Eintritt des Versorgungsfalls aus dem öffentlichen Dienst aus, erhielt er die **statische Versicherungsrente** (§ 44a VBLS a. F.; s. 3. Auflage Rn. 353), die lediglich aus einem festen Prozentsatz (0,4%) des letzten Arbeitsentgelts pro Jahr der Pflichtversicherung gewährt wurde. Ferner wurde diese Versorgung nach § 18 Abs. 2 BetrAVG nicht wie private Betriebsrenten nach § 16 BetrAVG laufend an die wirtschaftliche Entwicklung angepasst. Nach der Entscheidung des BVerfG vom 22.03.2000 (NJW 2000, 3341) wurde deshalb § 18 Abs. 2 BetrAVG mit Wirkung ab 01.01.2001 wesentlich geändert (Gesetz vom 21.12.2000, BGBl I 1924 sowie 26.11.2001, BGBl I 3138). Schließlich bestand noch eine **Besitzstandsrente für Altfälle** nach § 92 VBLS (s. 3. Auflage Rn. 354).

c) Leistungen der Zusatzversorgung des öffentlichen Dienstes

437 Das mit Wirkung ab 01.01.2002 eingeführte **Punktemodell** sieht vor, dass die künftigen Leistungen der Zusatzversorgung des öffentlichen Dienstes entsprechend einem kapitalgedeckten System ermittelt werden. Vergleichbar mit dem Erwerb von Entgeltpunkten in der gesetzlichen Rentenversicherung werden dem Berechtigten individuelle Versorgungspunkte pro Jahr gutgeschrieben, die vom jeweils erzielten Entgelt und Alter abhängig sind (§ 35 VBLS). Deren Summe wird im Versorgungsfall mit einem bestimmten statischen Messbetrag (4,00 €) vervielfältigt (Summe der Versorgungspunkte × Messbetrag von 4,00 € = monatliche Zusatzversorgung). Die Einzelheiten der Bestimmung der Versorgungspunkte aus dem zusatzversorgungspflichtigen Entgelt erfolgen durch eine Teilung des individuellen zusatzversorgungspflichtigen Monatsentgelts durch ein statisches Referenzentgelt (1.000,00 €; s. § 36 Abs. 2 VBLS) und der Multiplikation mit einem jeweiligen Altersfaktor, der eine jährliche Verzinsung von 3,25% in der Anwartschaftsphase und 5,25% in der Leistungsphase enthält (s. Tabelle § 36 Abs. 3 VBLS; s.a. *Seiters*, Betriebliche Altersversorgung 2002, 511; *Engbroks*, Betriebliche Altersversorgung 2002, 519 ff.; *Wein*, Betriebliche Altersversorgung 2002, 526). Versorgungspunkte können sich ferner aus **sozialen Faktoren** (§ 37 Abs. 1 VBLS – Elternzeit, Erwerbsminderung) sowie aus **Bonuspunkten** (§§ 36 Abs. 1c, 68 VBLS) ergeben, die sich

IV. Zusatzversorgung des öffentlichen Dienstes

im Rahmen der Kapitaldeckung aus tatsächlich erzielten oder, falls eine solche nicht realisiert wurde, aus einer fiktiven Verzinsung).

d) Umstellung der vor dem 01.01.2002 erworbenen Anrechte

Die von den Arbeitnehmern des öffentlichen Dienstes vor der Systemumstellung **438** erworbenen Anrechte in der ZVöD wurden in das neue System überführt, indem diese wertmäßig festgestellt und als sog. **Startgutschrift** auf die ab 01.01.2002 geführten Versorgungskonten der Versicherten übertragen wurden. Hierzu regeln die Übergangsbestimmungen der Satzungen der Träger einer ZVöD drei unterschiedliche Sachlagen:
(1) Beziehereiner Versorgung bis zum 31.12.2001;
(2) Versicherte, die am 01.01.2002 das 55. Lebensjahr vollendet hatten (sowie im Tarifgebiet West beschäftigt waren bzw. dem Umlagesatz West unterfielen oder Pflichtversicherungszeiten vor dem 01.01.1997 vorweisen konnten); diese werden als **rentennahe Versicherte** bezeichnet;
(3) Versicherte, die am 31.12.2001 in einem zusatzversorgungspflichtigen Beschäftigungsverhältnis standen; diese werden als **rentenferne Versicherte** bezeichnet.

Die Anrechte der etwa 200.000 rentennahen Versicherten wurden im Wesentlichen nach dem bis 31.12.2001 geltenden Satzungsrecht ermittelt und in das Punktemodell übertragen. Die Anrechte der übrigen, etwa 1,7 Millionen rentenfernen Versicherten bestimmen sich entsprechend den §§ 78 Abs. 1, 2, 79 Abs. 1 Satz 1 der Satzung der Zusatzversorgung des Bundes und der Länder (VBLS) i. V. m. § 18 Abs. 2 BetrAVG. Dabei wird zunächst die höchstmögliche Versorgungsrente nach dem Gesamtversorgungssystem unter Anrechnung eines näherungsweise bestimmten Anrechts der gesetzlichen Rentenversicherung als Grundversorgung bestimmt. Für jedes Jahr erhält der Versicherte entsprechend § 18 Abs. 2 BetrAVG 2,25% dieser Voll-Leistung (aus 44,44 Versicherungsjahren), die in Versorgungspunkte umgerechnet wird. Die Startgutschrift der **beitragsfreien Versicherungsrente** wurde auf Grundlage der einfachen Versicherungsrente (§ 44 VBLS a. F.; Rdn. 436) bestimmt.

e) Verfassungswidrigkeit der Übergangsbestimmungen

Der BGH hat durch Urteil vom 14.11.2007 (FamRZ 2008, 395 mit Anmerkung **439** *Borth*) in der nach den §§ 33 Abs. 1 Satz1 ATV, 79 Abs. 1 Satz1 VBLS i. V. m. § 18 Abs. 2 BetrAVG vorzunehmenden Berechnung der Startgutschrift einen Verstoß gegen Art. 3 Abs. 1 GG gesehen, soweit ein **Versorgungssatz von 2,25 %** für jedes Jahr der Pflichtversicherung zugrunde zu legen ist. Insbesondere erachtet er den in § 18 Abs. 2 Nr. 1 Satz 1 BetrAVG n. F. vorgesehenen Satz von 2,25% als sachwidrige und damit gegen Art. 3 Abs. 1 GG verstoßende Ungleichbehandlung. Der jährliche Anteilssatz von 2,25% ist unter anderem dem Modell der Standardrente einer Durchschnittverdieners in der gesetzlichen Rentenversicherung entnommen (BT-Drucks. 14/4363 S. 9; Durchschnittswert bei Männern 45,4 Jahre sowie 43,3 Jahre bei Frauen; damit 100%: 44,44 Jahre = 2,25%). Mit diesem Anteilssatz sollten sowohl eine Begünstigung als auch eine Benachteiligung der **vorzeitig ausscheidenden Arbeitnehmer** gegenüber denjenigen vermieden werden, die bis zum Eintritt des Versorgungsfalls im öffentlichen Dienst verbleiben. Den Verstoß gegen Art. 3 Abs. 1 GG leitet der BGH aus der Bestimmung ab, dass der Faktor 2,25% pro Pflichtversicherungsjahr gilt. Dies lässt sich aber mit den Bestimmungen der §§ 41 Abs. 2 Satz 1, 5, Abs. 2b Satz 1, 5 VBLS a. F. nicht vereinbaren, weil diese

2. Kapitel   Bewertung von Anrechten auf eine Versorgung wegen Alters oder Invalidität

die Höhe sowohl des Brutto- als auch des Nettoversorgungssatzes aus der Gesamtversorgungszeit und nicht den Pflichtversicherungsjahren ableiten. **Gesamtversorgungszeit und Pflichtversicherungsjahre** können jedoch erheblich voneinander abweichen, weil in ersterer vor allem nach dem 17. Lebensjahr zurückgelegte Schul-, Fach- und Hochschulzeiten, ferner berufsvorbereitende Bildungsmaßnahmen berücksichtigt wurden, jedoch nicht als Pflichtversicherungszeiten zählen. Damit können Arbeitnehmer mit längeren Ausbildungszeiten (Akademiker) 44,44 Pflichtversicherungsjahre nie erreichen, so dass diese überproportionale Abschläge hinnehmen müssen (Rz. 136 des Urteils). Hierin sieht der BGH durch eine Standardisierung nicht zu rechtfertigende Systembrüche.

3. Versicherungsarten, Leistungen nach der Systemumstellung

440 Nach § 24 VBLS besteht die Zusatzversorgung des öffentlichen Dienstes aus der Pflichtversicherung, der beitragsfreien Versicherung und der freiwilligen Versicherung. Die Versicherungspflicht besteht zwischen dem 17. und 65 Lebensjahr. Die Pflichtversicherung besteht ab dem Zeitpunkt, für den Umlagen oder Beiträge entrichtet worden sind (§ 27 VBLS). Die **beitragsfreie** Versicherung entsteht, wenn der Versicherte aus dem öffentlichen Dienst ausscheidet und die Pflichtversicherung endet. Die freiwillige Versicherung (§ 54 VBLS) ermöglicht dem Versicherten, weitere Versorgungspunkte durch Abführung eigener Beiträge zu erwerben. Nach § 25 VBLS besteht bei Eintritt der Leistungsvoraussetzungen ein Anrecht auf Altersrente, Rente wegen einer Erwerbsminderung und eine Hinterbliebenenrente. Eine Wartezeit von 60 Monaten ist grundlegende Voraussetzung, die sich jedoch nicht auf freiwillige Leistungen bezieht (reines Kapitaldeckungsverfahren). Ferner ist der **Eintritt des Versicherungsfall in der gesetzlichen Rentenversicherung** (§ 33 VBLS) für den Leistungsbezug erforderlich.

4. Durchführung des Versorgungsausgleichs

a) Unverfallbarkeit der Zusatzversorgung des öffentlichen Dienstes

441 Das Anrecht aus der Zusatzversorgung des öffentlichen Dienstes ist stets unverfallbar, wenn die Wartezeit von fünf Jahren (§ 34 VBLS) im Zeitpunkt der Entscheidung zum Versorgungsausgleich nach § 5 Abs. 2 Satz 2 VersAusglG erfüllt sind, weil damit das Anrecht teilungsreif i. S. d. § 19 Abs. 2 Nr. 1 VersAusglG ist und damit dem Wertausgleich bei der Scheidung nach den §§ 9–19, 28 VersAusglG unterliegt. Angesichts des neuen Berechnungssystems entfällt eine Unterscheidung der Verfallbarkeit dem Grunde und der Höhe nach (§ 2 Abs. 5 BetrAVG), weil die jeweils erworbenen jährlichen Versorgungspunkte den endgültigen Wert darstellen, der nach Eintritt der Wartezeit nicht mehr entfallen kann (s. Rdn. 442).

b) Bestimmung des Ehezeitanteils

442 Die Sonderregelung des § 45 VersAusglG nimmt in Abs. 3 den Bereich der Zusatzversorgungen des öffentlichen und kirchlichen Dienstes ausdrücklich von den Bestimmungen des § 45 Abs. 1, 2 VersAusglG aus. Dies beruht auf der Tatsache, dass diese Versorgungen umlagefinanziert sind und deshalb die Bestimmung des Ehezeitanteils nicht nach denselben Grundsätzen wie ein kapitalgedecktes Anrecht erfolgen kann. Die in § 45 Abs. 3 VersAusglG genannten Anrechte unterliegen deshalb nach den allgemeinen Bewertungsgrundsätzen der §§ 39–41 VersAusglG.

Beruht das Anrecht ausschließlich auf **Versorgungspunkten nach Umstellung des Systems der Zusatzversorgung** des öffentlichen Dienstes, also bei einem Ehezeit-

IV. Zusatzversorgung des öffentlichen Dienstes

beginn nach dem 31. 12. 2001, ist eine zeitratierliche Berechnung nach § 40 Abs. 2 VersAusglG nicht erforderlich. Wie in der gesetzlichen Rentenversicherung kann der Ehezeitanteil aufgrund der in der Ehe erworbenen Versorgungspunkte bestimmt werden. Die Ermittlung ergibt sich deshalb aus § 39 Abs. 1, 2 Nr. 1 VersAusglG (§ 1587 a Abs. 5 BGB a. F. i. V.m. § 1587 a Abs. 2 Nr. 2 BGB a. F.; s. *Glockner*, FamRZ 2002, 287).

Beruht das Anrecht sowohl auf den nach dem 31. 12. 2001 erworbenen Versorgungsanrechten als auch einer vor dem 01. 01. 2002 erworbenen **Startgutschrift**, ist der Ehezeitanteil in getrennten Berechnungswegen zu bestimmen. Die vor dem 01. 01. 2002 erworbenen (umgewandelten) Anrechte wurden zeitratierlich nach dem Verhältnis der Pflichtversicherungszeiten in der Ehe zur gesamten Pflichtversicherungszeit, beide begrenzt auf den 31. 12. 2001, ermittelt (BGH FamRZ 2009, 591, 594; FamRZ 2009, 1397, 1399). Die nach dem 31. 12. 2001 erworbenen Versorgungspunkte werden, wie zuvor beschrieben, nach § 39 Abs. 2 Nr. 1 VersAusglG festgestellt. Die zusammengerechneten Beiträge stellen das ehezeitbezogene Anrecht dar.

c) Sonderfälle der Bestimmung des Ehezeitanteils

Zu einer vor der Satzungsänderung zum 01. 01. 2002 (s. hierzu *Glockner* FamRZ 2002, 287; *Deisenhofer* FamRZ 2002, 288; *Borth* FamRZ 2003, 889, 893; *Wick* 2008, 1223, 1226) bezogenen VBL-Rente wegen vorzeitiger Erwerbsunfähigkeit hat der BGH (FamRZ 2005, 1458) – abweichend von OLG Oldenburg (FamRZ 2001, 484) – bei der Bestimmung des Ehezeitanteils an der von ihm entwickelten VBL-Methode festgehalten und in dieser Entscheidung auch zu den Übergangsbestimmungen (§ 75 VBLS) eingehend Stellung genommen, wonach grundsätzlich weiterhin zur Bestimmung des Ehezeitanteils die VBL-Methode heranzuziehen ist. In einer weiteren Entscheidung, die ebenfalls den Rechtszustand vor der Satzungsänderung betrifft, hat der BGH (FamRZ 2005, 1664, 1666) anerkannt, dass die VBL-Methode unter den dort dargelegten besonderen Voraussetzungen zu nicht hinnehmbaren Ergebnissen führen könne; dennoch hält er auch insoweit an der VBL-Methode grundsätzlich fest, modifiziert aber den Rechengang in Bezug auf den auf die voreheliche Zeit entfallenden Teil der Gesamtversorgung in Höhe des Wertes der gesetzlichen Rentenversicherung. Dies gilt ferner bei der Zusatzversorgung der DRV Knappschaft-Bahn-See (BGH FamRZ 2007, 1238). Soweit aufgrund der Satzungsänderung die im Rahmen der Gesamtversorgung gezahlte Versorgungsrente ab 01. 01. 2002 in Form der von der gesetzlichen Rentenversicherung abgekoppelten Besitzstandsrente weiter bezahlt wird (§ 75 Abs. 2 VBLS), bestimmt sich der Ehezeitanteil dieser Versorgung nach dem Zeit-Zeit-Verhältnis der in der Ehezeit zurück gelegten zur gesamten versorgungsfähigen Zeit iS. des § 42 VBLS a. F. Liegt das Ehezeitende vor der Umwandlung der Zusatzversorgung zum 01. 01. 2002, so ist der **Ehezeitanteil einer qualifizierten Mindestversorgungsrente** zeitratierlich zu berechnen (BGH FamRZ 2005, 1664, 1666; FamRZ 2007, 1238, 1241).

443

d) Dynamik der Zusatzversorgung des öffentlichen Dienstes

Der BGH (FamRZ 2004, 1474; eingehend *Borth* FamRZ 2005, 397, 401) hat zur VBL bestimmt, dass diese im Anwartschaftsstadium statisch und im Leistungsstadium dynamisch ist. Entsprechend hat er dies zur ZVöD des Kommunalen Versorgungsverbandes Baden-Württemberg (FamRZ 2005, 878; FamRZ 2005, 1460) und zum Kommunalen Versorgungsverband Thüringen (FamRZ 2005, 1532) anerkannt.

444

2. Kapitel Bewertung von Anrechten auf eine Versorgung wegen Alters oder Invalidität

Gleiches gilt in Bezug auf die Zusatzversorgung der DRV Knappschaft-Bahn-See (BGH FamRZ 2007, 1238). Hat ein Ehegatte am Stichtag der Satzungsänderung (31. 12. 2001) eine bis dahin statische Mindestversorgungsrente bezogen, die die dynamische Versorgungsrente überstieg, wird diese nach § 37 der Satzung der ZVöD des Kommunalen Versorgungsverbandes Baden-Württemberg – wie auch die Versorgungsrente, falls diese die Mindestversorgungsrente übersteigt – als Besitzstandsrente mit 1% jährlich im Leistungsstadium erhöht (BGH FamRZ 2005, 1460). Enthält die ZVöD einen auch in der Leistungsphase statischen Teil, ist diese getrennt zu bewerten und nach der BarwertVO zu dynamisieren (OLG Nürnberg FamRZ 2005, 1258). Wird bei Ehezeitende bereits die im Leistungsstadium volldynamische ZVöD-Rente bezogen, entfällt die Dynamisierung nach der BarwertVO (BGH FamRZ 2005, 601; FamRZ 2005, 1460; KG FamRZ 2006, 710).

Der zuvor dargelegte und bis zum 31. 08. 2009 geltende Rechtszustand hat in Bezug auf die Dynamik in der Leistungsphase für das ab 01. 09. 2009 geltende Recht keine Auswirkungen, da das Anrecht regelmäßig im Wege der internen Teilung im Versorgungsausgleich ausgeglichen wird, so dass eine Teilhabe des Ausgleichsberechtigten an dem Zuwachs grundsätzlich gesichert ist.

e) Neuberechnung der Rente der Zusatzversorgung im öffentlichen Dienst im Abänderungsverfahren nach der Strukturreform

445 Die Übergangsbestimmungen des VersAusglG sehen in § 51 Abs. 3 VersAusglG auch für den Bereich der Zusatzversorgungen des öffentlichen und kirchlichen Dienstes eine Abänderbarkeit einer früheren Entscheidung vor, deren Voraussetzungen sich nach § 225 Abs. 2, 3 FamFG richten, § 51 Abs. 2 VersAusglG. Die Voraussetzungen sind in § 51 Abs. 3 VersAusglG geregelt; insoweit wird auf die Ausführungen zu Rdn. 1144, 1145 ff. verwiesen.

Unterschiedliche Meinungen bestehen zur Bestimmung des Anrechts der ZVöD im Abänderungsverfahren nach § 10a VAHRG a. F.; die auch im Rahmen des § 51 VersAusglG bedeutsam sind. Erschwert wird dessen Bewertung durch den Umstand, dass im Falle des Ehezeitendes vor der Strukturreform der ZVöD ab 01. 01. 2002 in der Erstentscheidung, wenn der Versorgungsfall noch nicht eingetreten war, wegen der Verfallbarkeit der Anwartschaftsdynamik (BGH FamRZ 1982, 899, 902 = NJW 1982, 1489; FamRZ 1988, 822 = NJW-RR 1988, 898) lediglich die statische Versicherungsrente, die gemäß der BarwertVO zu dynamisieren war, in den Wertausgleich eingestellt und der Ausgleich der volldynamischen Versorgungsrente (BGH FamRZ 1986, 894 = NJW-RR 1986, 1119; FamRZ 1986, 247 = NJW 1986, 382) auf das Abänderungsverfahren bzw. den schuldrechtlichen VersAusgl verwiesen wurde. Mit der Strukturreform wurde diese in ein neues Anrecht umgewandelt (in Form einer sog. Startgutschrift), das nach BGH im Anwartschaftsstadium statisch und in der Leistungsphase dynamisch ist (BGH FamRZ 2004, 1474; eingehend *Borth* FamRZ 2005, 397, 401; *Wick*, FamRZ 2008, 1223). Der BGH (FamRZ 2005, 601 m. Anm. *Bergner*) hat die im Zeitpunkt der Abänderungsentscheidung bereits laufende Versorgung mit der Begründung ungekürzt in den Wertausgleich nach § 1587a Abs. 1 Satz 1 BGB eingestellt, das Anrecht sei ab 01. 01. 2002 als im Leistungsstadium dynamisch zu bewerten. Unklar bleibt in der Entscheidung, ob es sich bei dem eingestellten Betrag um den Wert zum Ende der Ehezeit oder dem Wert zum Zeitpunkt der Abänderungsentscheidung handelt (nach den mitgeteilten Beträgen wohl Letzteres), was *Bergner* (FamRZ 2005, 601) zutreffend kritisiert; dieser nimmt, da im Abänderungsverfahren grundsätzlich die Rechenfaktoren des Ehezeitendes anzuwenden sind, eine Rückrechnung des Anrechts zum

IV. Zusatzversorgung des öffentlichen Dienstes

Zeitpunkt der Abänderungsentscheidung auf das Ehezeitende auf der Grundlage der jeweils geltenden aktuellen Rentenwerte vor. Diese Problematik sah auch das OLG Celle (FamRZ 2006, 271, 274) und nahm bei einem vor der Satzungsänderung zum 01.01.2002 eingetretenen Ehezeitende eine Rückrechnung anhand der Entwicklung der gesamtversorgungsfähigen Entgelte vor, um die Veränderung der Versorgungsrente durch die Umwandlung zum 01.01.2002 auf diese Weise im Abänderungsverfahren zu berücksichtigen. Dem ist der BGH in Bezug auf die Startgutschrift (zum 31.12.2001) gefolgt (s. FamRZ 2009, 950; FamRZ 2009, 1312; FamRZ 2009, 1397, 1399).

Liegt eine (statische) **qualifizierte Mindestversorgungsrente** (nach altem Recht) vor, so ist zu prüfen, ob diese bei Umwandlung der Zusatzversorgung des öffentlichen Dienstes zum 01.01.2002 (als Besitzstandsrente) die dynamische Versorgungsrente überstieg; in diesem Fall wurde diese Rentenanwartschaft dem Startguthaben zugrunde gelegt. Dass nach früherer Rechtslage in diesem Fall die Mindestversorgungsrente im Versorgungsausgleich zu dynamisieren war und diese nur dann in den Ausgleich eingestellt wurde, wenn der dynamisierte Betrag die Versorgungsrente dennoch überstieg (BGH FamRZ 1990, 380) ist nach der Umwandlung der Zusatzversorgung unerheblich, weil der höhere Betrag dauerhaft in die Betriebsrente nach neuem Satzungsrecht überging (s. a. BGH FamRZ 2007, 1238, 1240) und dort – wie die umgewandelte Versorgungsrente – ab Leistungsbeginn mit 1% dynamisiert wird.   **446**

5. Auswirkungen der Entscheidung des BGH zur Verfassungswidrigkeit der Übergangsbestimmungen

a) Umfang der Auswirkungen

Die Entscheidung des IV. Zivilsenats des BGH zur Unwirksamkeit der Übergangsbestimmung der ZVöD hat weit reichende Folgen für den VersAusgl. Die Entscheidung betrifft zwar nur die Satzung der VBL (§§ 78, 79 VBLS i. V. m. § 18 BetrAVG); da sämtliche Träger einer ZVöD diese Übergangsbestimmungen zur Festlegung des Startguthabens zum 01.01.2002 systemgleich übernommen haben (s. § 18 Abs. 2 BetrAVG), erfasst die Entscheidung des BGH sämtliche Zusatzversorgungen des öffentlichen Dienstes (einschließlich der kirchlichen Zusatzversorgungen). Damit sind zugleich sämtliche Verfahren zum VersAusgl betroffen, in denen ein Ehegatte ein Anrecht in einer ZVöD mit einem Startguthaben erworben hat. Nachdem der BGH wegen der Tarifautonomie der Tarifvertragspartner nicht selbst einen bestimmten Weg zur verfassungskonformen Berechnung vorgegeben, sondern diesen mehrere Möglichkeiten zu einer wirksamen Berechnung der bis zum 31.12.2001 erworbenen Anrechte aufgezeigt hat, ist es den Familiengerichten versagt, durch Einholung eines Sachverständigengutachtens eine individuelle Berechnung des Anrechts vorzunehmen und auf dieser Grundlage den VersAusgl durchzuführen.   **447**

Die Familiengerichte sind deshalb gehalten, sämtliche Verfahren zum VersAusgl, in denen ein von der Entscheidung des BGH betroffenes Anrecht vorliegt, in entsprechender Anwendung des **§ 148 ZPO so lange auszusetzen**, bis die Tarifpartner die neuen Bestimmungen zur Festlegung des Startguthabens geschaffen haben (BGH FamRZ 2009, 211 m. Anm. *Borth*; FamRZ 2009, 303). Da wegen der vom BGH angesprochenen massiven finanziellen Auswirkungen vollkommen offen ist, zu welchem Zeitpunkt sich die Tarifvertragspartner einigen, ist vom Familiengericht jeweils im Einzelfall zu prüfen, ob entsprechend § 140 Abs. 2 Nr. 2 FamFG eine **Abtrennung** des Verfahrens zum Versorgungsausgleich in Betracht kommt.

2. Kapitel Bewertung von Anrechten auf eine Versorgung wegen Alters oder Invalidität

b) Fälle, in denen der Versorgungsausgleich durchgeführt werden kann

448 Soweit ersichtlich, erteilen die Träger einer ZVöD weiterhin Auskünfte zur Höhe des Anrechts eines Ehegatten auf der Grundlage der bestehenden Übergangsbestimmungen. Bei folgenden Sachlagen kann der VersAusgl uneingeschränkt durchgeführt werden.

- Da die Entscheidung des BGH vom 14. 11. 2007 (nur) **rentenferne Versicherte** betrifft, ist die Berechnung des Startkapitals für rentennahe Versicherte, die am **01. 01. 2002 das 55. Lebensjahr** vollendet hatten, von den vom BGH gerügten Übergangsbestimmungen nicht erfasst. In diesem Fall kann die Berechnung des Anrechts aus der ZVöD bei Durchführung des VersAusgl herangezogen werden (s. Ziffer I der Anm. zur Entscheidung des BGH vom 14. 11. 2007, FamRZ 2008, 395).
- Wurde die **Ehe nach dem 31. 12. 2001 geschlossen**, so dass die Ehezeit i. S. d. § 3 Abs. 1 VersAusglG frühestens am 01. 01. 2002 beginnt, erfolgt die Berechnung des Anrechts nach dem Punktemodell (s. Ziffer I der Anm. zur Entscheidung des BGH vom 14. 11. 2007). Auch wenn der Ehegatte vor dem 01. 01. 2002 ein Anrecht in Form des Startkapitals erworben hat, wirkt sich dieses auf die Höhe des Anrechts nicht aus, weil das Anrecht auf der Grundlage der **jährlich gutgeschriebenen Versorgungspunkte** (vervielfältigt mit dem Messbetrag) gemäß § 45 Abs. 3 VersAusglG i. V. m. § 39 Abs. 1, 2 Nr. 1 VersAusglG durch unmittelbare Bewertung ermittelt wird.
- Hat ein Ehegatte vor dem 01. 01. 2002 bereits eine **Versorgung aus der ZVöD bezogen**, so wird das Anrecht auf der Grundlage der früheren Bestimmungen ermittelt (s. hierzu Rdn. 432 ff.; *Glockner* FamRZ 2002, 287 f.), so dass auch insoweit das Anrecht von der Entscheidung des BGH nicht betroffen ist. Der VersAusgl kann deshalb ebenfalls durchgeführt werden.

c) Fälle, in denen der Versorgungsausgleich teilweise durchgeführt werden kann

449
- Aufgrund des neuen Ausgleichssystems der §§ 9–19 VersAusglG, das keine Saldierung aller Anrechte i. S. d. § 1587a Abs. 1 BGB a. F. mehr vorsieht, ist nur in Bezug auf den Ausgleich eines Anrechts der ZVöD eine Aussetzung des Verfahrens zum Versorgungsausgleich geboten. Hinsichtlich der weiteren auszugleichenden Anrechte kann der Wertausgleich in Form der internen oder externen Teilung durchgeführt werden. Insoweit ist jederzeit eine Teilentscheidung zum Versorgungsausgleich zu den nicht betroffenen Anrechten möglich (s. BGH FamRZ 2009, 303, 305 zum Rechtszustand bis 31. 08. 2009).
- In verfahrensrechtlicher Hinsicht ist nach § 140 Abs. 2 Nr. 2 FamFG (§ 628 Satz 1 Nr. 4 ZPO aF.) der VersAusgl in Bezug auf die ZVöD **abzutrennen und dieser Teil entsprechend § 220 Abs. 2, 3 FamFG bzw. § 148 ZPO auszusetzen**. Die neue Form des Hin- und Her-Ausgleichs begünstigt den Erlass einer Teilentscheidung zur Verbundentscheidung, weil aufgrund der weggefallenen Saldierung aller Anrechte zwischen den einzelnen (unterschiedlichen) Anrechten keine rechtliche Verknüpfung besteht, sondern jeweils ein selbständiger Ausgleich des einzelnen Anrechts erfolgt. Die zuvor dargelegten Grundsätze gelten auch im **Rechtsmittelverfahren**. Wurde der VersAusgl in erster Instanz durchgeführt, kann bei der zuvor dargelegten Sachlage auch ein (zulässiges) **Teilrechtsmittel** gegen die Entscheidung zur ZVöD in Form der Beschwerde nach § 58 FamFG eingelegt werden (s. BGH FamRZ 1983, 459; zur Auflösung des Verbundes s. BGH FamRZ 1986, 898).

450
- Soweit sich das Verfahren zum Versorgungsausgleich **noch nach dem bis zum 31. 08. 2009 geltenden Rechtszustand** richtet, ist eine Teilentscheidung vor allem

IV. Zusatzversorgung des öffentlichen Dienstes

dann geboten, wenn beim Ausgleichsberechtigten der Rentenfall bereits eingetreten ist oder ein sog. »**rentennaher Jahrgang**« vorliegt. Würde in einem solchen Fall das gesamte Verfahren zum VersAusgl ausgesetzt, so hätte dies einen **Verlust von Anrechten des Berechtigten** zur Folge und bedeutet zugleich einen Eingriff in dessen Rechtsstellung, falls nicht über einen geschuldeten nachehelichen Unterhalt gem. §§ 1569 ff. BGB ein Ausgleich geschaffen wird (s. hierzu auch BGH FamRZ 2009, 303, 304). Der hierdurch entstehende Verlust an Anrechten wird auch nicht mit endgültiger Durchführung des VersAusgl nach Änderung der Übergangsbestimmungen nachträglich ausgeglichen, weil die um den Zuschlag aufgrund des VersAusgl **nach § 76 SGB VI erhöhte Rente** vom Beginn des Kalendermonats an zu zahlen ist, in dem die Entscheidung zum VersAusgl wirksam geworden ist (BSG FamRZ 1991, 934; s. a. § 1587 p BGB a. F. – Schutz des Versorgungsschuldners). In diesem Zusammenhang ist auf die vergleichbare Situation der Aussetzung des VersAusgl nach § 2 Abs. 1 Satz 2 VAÜG a. F. hinzuweisen; nach § 2 Abs. 1 Satz 1 Nr. 1 b VAÜG a. F. i. V. m. § 3 Abs. 2 VAÜG a. F. hat der Gesetzgeber zur Umsetzung des VersAusgl im Leistungsfall Angleichungsfaktoren eingeführt, um wirtschaftliche Nachteile des Ausgleichsberechtigten zu vermeiden. Ist eine Teilentscheidung zulässig, so besteht in den zuvor beschriebenen Fällen auch ein **Anspruch auf Teilausgleich**. Ist beim Ausgleichspflichtigen der Rentenfall eingetreten, während beim Ausgleichsberechtigten der Bezug der Altersrente erst in einigen Jahren ansteht und auch nicht die Voraussetzungen einer verminderten Erwerbsfähigkeit i. S. d. § 43 Abs. 1, 2 SGB VI vorliegen, ist eine Teilentscheidung nicht zwingend, so dass auch das gesamte Verfahren zum VersAusgl ausgesetzt werden kann. Wenn nicht die Voraussetzungen des § 5 VAHRG a. F. vorliegen (Härtefall wegen Unterhaltspflicht) muss das Familiengericht allerdings prüfen, ob wegen der **Kürzung zugunsten des Versorgungsträgers** dennoch eine Teilentscheidung zu treffen ist.

- Ob hinsichtlich des **ab 01. 09. 2009 geltenden Rechtszustandes** hinsichtlich eines Anrechts der ZVöD von einer Aussetzung abzusehen ist, wenn beim Ausgleichsberechtigten der Versorgungsfall eingetreten ist, bedarf jeweils der Abwägung im Einzelfall. Da die Anrechte der ZVöD lediglich eine Sekundärversorgung darstellen, sind die wirtschaftlichen Auswirkungen regelmäßig gering. Falls eine § 35 VersAusglG vergleichbare Situation vorliegt, also der in Bezug auf die ZVöD Ausgleichsberechtigte gleichzeitig ein anderes Anrecht dieses Ausgleichsberechtigten ausgeglichen wird, kann es zur Vermeidung erheblicher wirtschaftlicher Nachteile geboten sein, von einer Aussetzung abzusehen. Dieser Effekt vermindert sich dann, wenn beide Ehegatten jeweils ein gleichartiges Anrecht in der ZVöD haben, so dass eine Verrechnung nach § 10 Abs. 2 VersAusglG im Rahmen der internen Teilung in Betracht kommt. In diesem Fall wird regelmäßig eine Aussetzung in Betracht kommen.
- Möglich ist eine Vereinbarung, dass unbeschadet der Verfassungswidrigkeit der Übergangsbestimmungen der Wertausgleich hinsichtlich der ZVöD dennoch durchgeführt wird. Eine solche Vereinbarung ist aber nur dann zulässig, wenn zugleich **sämtliche betroffenen Versorgungsträger der ZVöD zustimmen** (nicht aber die anderen Versorgungsträger).

F. Wertermittlung bei Pensionszusagen für Selbständige, Gesellschafter-Geschäftsführer

I. Grundlagen

452 Selbständige unterliegen regelmäßig nicht der Versicherungspflicht in der gesetzlichen Rentenversicherung, soweit sie nicht unter den Voraussetzungen des § 4 Abs. 2 SGB VI nach Aufnahme der selbständigen Tätigkeit oder dem Ende einer die Versicherungspflicht begründenden Tätigkeit die sog. Antragspflichtversicherung beantragt haben (zum Kreis der versicherungsfreien Personen in der gesetzlichen Rentenversicherung s. a. Rdn. 276 ff.). In § 2 SGB VI werden bestimmte selbständig Tätige aufgeführt, die dennoch versicherungspflichtig sind (vor allem arbeitnehmerähnliche Selbständige, Handwerker). Aufgrund dieser Rechtslage nehmen Selbständige Maßnahmen zur Altersvorsorge in Form einer Pensionszusage auf privatrechtlicher Basis vor. Soweit solche Pensionszusagen auf der Grundlage eines Dienstverhältnisses vereinbart werden, ist stets zu prüfen, ob diese wegen **fehlender Arbeitnehmereigenschaft als Leistung aus einer betrieblichen Altersversorgung** angesehen werden können. Dies betrifft vor allem Alleingesellschafter von Personen- oder Kapitalgesellschaften, persönlich haftende Gesellschafter der offenen Handels- oder Kommanditgesellschaften, Selbständige, die nicht dem Geltungsbereich des § 17 Abs. 1 BetrAVG unterliegen und deshalb als **Unternehmer** gelten (s. a. BGH BB 1980, 1046; BB 1980, 1215; BB 1980, 1527; BB 1981, 1276). Unternehmereigenschaft wird ferner bei geschäftsführenden Gesellschaftern angenommen, wenn sie mehr als 50% der Anteile der Gesellschaft halten, also aufgrund des Umfangs ihrer Kapitalbeteiligung maßgeblichen Einfluss auf die Gesellschaft (und damit die Zusage selbst) nehmen können (BGH BB 1980, 1046; s. a. BGH ZIP 1991, 396). In allen diesen Fällen greift die Unverfallbarkeitsbestimmung des § 1 b BetrAVG nicht ein (sie kann aber einzelvertraglich auch bei dem zuvor genannten Personenkreis vereinbart werden; s. a. OLG München FamRZ 1996, 554).

453 Soweit eine **rechtsverbindliche Pensionsverpflichtung** besteht, kann unter den Voraussetzungen des § 6 a EStG eine Pensionsrückstellung vorgenommen werden; dies setzt steuerrechtlich voraus, dass die Pensionszusage auf einem Dienstverhältnis beruht, nicht nach freiem Belieben widerrufen werden kann sowie nicht in Abhängigkeit von künftigen gewinnabhängigen Bezügen besteht und schriftlich erteilt ist. Solche Pensionsrückstellungen können auch für **beherrschende Gesellschafter-Geschäftsführer von Kapitalgesellschaften** gebildet werden (das KStG verweist auf die Gewinnermittlungsbestimmungen des EStG), wenn die Zusage zivilrechtlich wirksam vereinbart und betrieblich veranlasst ist und unter den gegebenen Umständen auch einem Nichtgesellschafter erteilt worden wäre (sog. Fremdvergleich – wenn also tatsächliche Dienst- oder Arbeitsleistungen für das Unternehmen erbracht werden), ferner dass die Pensionszusage vom Berechtigten noch erdient und vom Unternehmer finanziert werden kann (BFH, Urteil v. 29.04.1987 – BStBl II 797; BMF Erlass vom 01.08.1996 – BStBl I 1138 sowie 07.03.1997 – BStBl I 637).

II. Wertermittlung im Versorgungsausgleich

454 Da solche Pensionszusagen nicht dem BetrAVG unterliegen (sie stellen aber der Rechtsform nach regelmäßig eine Direktzusage dar), erfolgt die Bestimmung des Ausgleichswerts i. S. d. § 5 Abs. 1 VersAusglG nicht nach der Sonderregelung des

II. Wertermittlung im Versorgungsausgleich

§ 45 Abs. 1, 2 VersAusglG, sondern den allgemeinen Vorschriften der §§ 39–42 VersAusglG. Danach ist vorrangig die Bestimmung des Ehezeitanteils nach § 39 Abs. 1, 2 VersAusglG durch die unmittelbare Bewertung vorzunehmen. Soweit die Pensionszusage eine Rentenleistung vorsieht, für die nach den (strengen) versicherungsmathematischen Bestimmungen des § 6 a EStG bilanziell Rückstellungen nach den Grundsätzen des versicherungsmathematischen Barwerts) gebildet werden, wird nach der Finanzierungsform nur die zeitratierliche Bewertung nach § 40 Abs. 2 VersAusglG in Betracht kommen, da in solchen Fällen keine der in § 39 Abs. 2 Nr. 1–5 VersAusglG aufgeführten Bezugsgrößen gegeben ist. Für die Berücksichtigung im Versorgungsausgleich ist es nicht erforderlich, dass die Voraussetzungen der Unverfallbarkeit i. S. d. § 1 b BetrAVG eingetreten sind, weil diese Regelung nicht eingreift. Insoweit ist nach § 2 Abs. 3 VersAusglG ein Anrecht auch dann in den Versorgungsausgleich einzubeziehen, wenn eine Wartezeit, Mindestbeschäftigungszeit oder ähnliche zeitliche Voraussetzung noch nicht erfüllt ist.

455 Hat das Unternehmen eine **Rückdeckungsversicherung** hinsichtlich der Pensionszusage abgeschlossen, nach der der Betrieb (als Kapitalgesellschaft oder Personengesellschaft) eine Versicherung bei einem Versicherungsunternehmen auf das Leben des Berechtigten abschließt, um das Risiko der Inanspruchnahme auszulagern, so stellt sich die Frage, ob der **Teilungsgegenstand im Versorgungsausgleich** die Pensionszusage oder das für den Berechtigten gebildete externe Deckungskapital darstellt. Dies ist vor allem dann bedeutsam, wenn solche Rückdeckungsversicherungen nicht die Voraussetzungen des Altersvorsorgeverträge-Zertifizierungsgesetzes (s. § 2 Abs. 2 Nr. 3 VersAusglG) erfüllen, so dass diese bei vorgesehener Kapitalleistung nicht dem Versorgungsausgleich, sondern dem Güterrecht unterliegen (s. § 2 Abs. 4 VersAusglG zur Abgrenzung; ferner Rdn. 68 ff.). Der BGH (FamRZ 1993, 793, 794) hat zum BetrAVG entschieden, dass für die Zuordnung eines Anrechts auf den Inhalt der Zusage zurückzugreifen ist (s. a. Rdn. 389). Dies ist entsprechend bei einer Pensionszusage im vorliegenden Sinn anzunehmen, da die Rückdeckungsversicherung der Absicherung des Betriebs dient und der Anspruch gegen den Versicherungsträger in der Steuerbilanz getrennt als Aktiva zu erfassen ist (§ 246 Abs. 2 HGB, BFH, Urteil vom 25. 02. 2004, BStBl II 654). Bleibt die Rückdeckungsversicherung hinsichtlich des in dieser angesammelten Kapitalbetrags hinter dem versicherungsmathematischen Barwert zurück und tritt Insolvenz ein, so ist entscheidend, ob der Berechtigte der Pensionszusage einen Anspruch auf die Rückdeckungsversicherung hat, was regelmäßig durch eine Verpfändung an den Berechtigten der Fall ist. In diesem Fall verbleibt es dennoch – in Höhe des gedeckten Kapitalbetrags – bei der Pensionszusage des Berechtigten mit dem Betrieb.

456 Im **Wertausgleich bei der Scheidung** gem. den §§ 9- 19, 28 VersAusglG ist nach dem zuvor Gesagten der interne Ausgleich beim Betrieb als Versorgungsträger vorzunehmen. Liegen die Voraussetzungen einer externen Teilung vor, hat der Betrieb den nach § 14 Abs. 4 VersAusglG geschuldeten Kapitalbetrag an den Versorgungsträger des Ausgleichsberechtigten zu erbringen. Im Insolvenzfall hat der Betrieb im Fall der internen Teilung den anteiligen Wert der Rückdeckungsversicherung bereitzustellen, da für den Versorgungsausgleich allein das Valutaverhältnis zwischen dem Betreib und dem Berechtigten maßgeblich ist.

> **Verfahrensrechtlicher Hinweis:**
> Der Rückdeckungsversicherer ist ebenfalls Beteiligter i. S. d. § 219 Nr. 2 FamFG, weil dieser im Insolvenzfall in seinen Rechten aufgrund des Teilungsvorgangs beim Wertausgleich bei der Scheidung nach den §§ 9 ff. VersAusglG in seinen Rechten betroffen ist.

G. Wertermittlung bei berufsständischen Versorgungen

I. Grundlagen

457 Die **berufsständischen Versorgungswerke** stellen eine eigenständige, öffentlich-rechtlich organisierte Versorgung dar, die für alle kammerfähigen freien Berufe eingerichtet werden können (Apotheker, Architekten, Ärzte, Rechtsanwälte, Notare, Steuerberater). Rechtsgrundlage für ihre Errichtung sind landesgesetzliche Regelungen. Überwiegend besteht für die Berufsangehörigen eine Pflichtmitgliedschaft; teilweise sehen die Satzungen auch Befreiungsmöglichkeiten vor. Beamte (insbesondere Ärzte), die den öffentlichen Dienst verlassen und selbständig werden, können zwischen der Nachversicherung in der gesetzlichen Rentenversicherung und dem zuständigen Versorgungswerk wählen (§ 8 Abs. 2 Nr. 1 i. V. m. § 6 Abs. 1 Nr. 1 Satz 2, 2 SGB VI). Die Versorgungswerke sind öffentlich-rechtlich organisiert; sie sind deshalb auch den in § 32 VersAusglG aufgeführten Regelsicherungssystemen zugeordnet, die grundsätzlich der Abänderbarkeit im Versorgungsausgleich gem. den §§ 225, 226 FamFG unterliegen.

458 **Uneinheitlich** sind die jeweiligen **Finanzierungsverfahren** gestaltet; die Leistungen werden im Wege des offenen Deckungsplanverfahrens, eines modifizierten Anwartschaftsdeckungsverfahrens, eines Umlageverfahrens mit Kapitalstock oder eines reinen Umlageverfahrens finanziert. Die Art der Finanzierung wirkt sich einerseits auf die Ermittlung des Ehezeitanteils aus, andererseits auf die Bestimmung der Dynamik der Versorgung. Soweit deren Finanzierung im offenen Deckungsplanverfahren, im Umlageverfahren mit Kapitalstock oder im reinen Umlageverfahren erfolgt, gelten sie als volldynamisch. Bei Anrechten, die im **Anwartschaftsdeckungsverfahren** finanziert werden, ist je nach Verwendung der erzielten Überschüsse in der Anwartschafts- und Leistungsphase insgesamt eine Teildynamik oder in der Leistungsphase eine Volldynamik gegeben. Allerdings ist zu berücksichtigen, dass angesichts des in den letzten Jahren eingetretenen stark sinkenden Zinsertrags von angelegten Kapitalbeträgen die (geringeren) erzielten Überschüsse weitgehend nur noch zur Dynamisierung der Leistungsphase eingesetzt werden, so dass für eine Anpassung der Anwartschaftsphase keine Erträge mehr eingesetzt werden können (so z. B. bayerische Architektenversorgung; s. BVerfG FamRZ 2006, 1000 mit Anm. von *Borth/Glockner*, FamRZ 2006, 1004).

II. Bewertungsmethoden bei berufsständischen Versorgungen

1. Gesetzliche Grundlagen

459 Die Regelungen zur Wertermittlung gem. den §§ 39–46 VersAusglG enthalten für den Bereich der berufsständischen Versorgungen – anders als zur gesetzlichen Rentenversicherung, der Beamtenversorgung, der betrieblichen Altersversorgung sowie der privaten Rentenversicherung – keine speziellen Bestimmungen. Es ist deshalb auf die **Allgemeinen Wertvorschriften** der §§ 39–42 VersAusglG zur Bestimmung des Ehezeitanteils zurückzugreifen. Für die Zuordnung eines Anrechts zur unmittelbaren Bewertung oder zeitratierlichen Bewertung ist es erforderlich, die jeweiligen Grundlagen der Versorgung auf die Methode der Bestimmung des Anrechts im Versorgungsfall festzustellen. Hierbei erfüllen die §§ 39–42 VersAusglG dieselbe Funktion wie § 1587a Abs. 2 Nr. 4 a–c BGB a. F. Die Versorgungsträger sind zwar nach § 5 Abs. 3 VersAusglG verpflichtet, dem Familiengericht einen Vorschlag für die Bestimmung des Ausgleichswerts zu unterbreiten.

II. Bewertungsmethoden bei berufsständischen Versorgungen

Dies entbindet jedoch das Familiengericht nicht, im Hinblick auf das Amtsermittlungsprinzip gem. § 26 FamFG (§ 12 FGG), die Bestimmung des Ehezeitanteils zu prüfen.

2. Die verschiedenen Systeme

a) Berufständische Versorgungen mit zeitratierlicher Bewertung

Die Bestimmung des Ehezeitanteils nach der zeitratierlichen Methode gilt für die meisten **berufsständischen Versorgungen.** Ausdrücklich entschieden wurde dies bezüglich der Ärzteversorgung Niedersachsen (OLG Celle FamRZ 1983, 933), der Nordrheinischen Ärzteversorgung (BGH FamRZ 1983, 265), dem Versorgungswerk der Betriebsärztekammer Trier (BGH FamRZ 1992, 47), der Notarkasse München (BGH FamRZ 1985, 1236) sowie der Ärzteversorgung Westfalen-Lippe (BGH FamRZ 1996, 95; Rechtsanwaltsversorgung Niedersachsen BGH FamRZ 2005, 694 = NJW 2005, 1277). Zutreffend hat der BGH darauf hingewiesen, dass die Leistung der Versorgung sich zwar nach einer am Durchschnittsverdienst der Versicherten orientierten Bemessungsgrundlage richtet (wie in der gesetzlichen Rentenversicherung – § 70 SGB VI; §§ 9 Abs. 2, 25 Abs. 1 der Satzung), dies aber unter dem Vorbehalt steht, dass die versicherungsmathematische Bilanz und damit die Leistungsfähigkeit des Versorgungswerkes überhaupt Verbesserungen zulässt. Da die Satzung des Versorgungswerkes ferner einen Zuschlag zur Versorgungsleistung vorsieht, kann dieser aufgrund der in der Ehezeit **erworbenen Steigerungszahlen** nicht konkret einem bestimmten Zeitabschnitt zugeordnet werden. Insofern unterscheidet sich diese Versorgung von der gesetzlichen Rentenversicherung, in der ausschließlich die in der Ehezeit liegenden Entgeltpunkte maßgeblich sind (Rdn. 325 ff.).

460

In Anlehnung an die Beamtenversorgung und betriebliche Altersversorgung erfolgt eine ratierliche Berechnung (pro rata temporis; s. hierzu die graphischen Darstellungen Rdn. 235 zur Beamtenversorgung, Rdn. 406 zur betrieblichen Altersversorgung). Hierdurch wird eine gleichmäßige (linearisierte) Verteilung des Versorgungserwerbs vom Beginn bis zum Ende der Zugehörigkeit zur Versorgung unterstellt (entsprechend § 2 Abs. 1 BetrAVG). Der maßgebende Wert ist der Teilbetrag der zugesagten vollen Versorgungsleistung, der sich aus dem Verhältnis der in die Ehezeit fallenden berücksichtigungsfähigen Zeiten zu den gesamten Zeiten ergibt. Welche Zeiten berücksichtigungsfähig sind, folgt aus den jeweiligen Rechtsgrundlagen (Gesetz, Satzung, Einzelvertrag).

b) Im Versorgungsausgleich ist danach wie folgt vorzugehen:

(1) Bestimmung der **voraussichtlichen Gesamtdauer** der zu berücksichtigenden Zeit (Gesamtzeit), die sich aus der Zeit vom Beginn der anrechnungsfähigen Zeiten bis zur maßgebenden (festen) Altersgrenze ergibt. Bestimmt die Versorgungsordnung keine feste Altersgrenze, ist das Lebensalter heranzuziehen, zu dem die Angehörigen der jeweiligen Berufsgruppe in den Ruhestand treten (nach tatsächlicher Handhabung in der Praxis, s. BGH NJW-RR 1986, 623).

461

(2) Bestimmung der auf die Ehezeit entfallenden anrechnungsfähigen Zeiten.
(3) Berechnen der Versorgung zum Zeitpunkt der maßgebenden Altersgrenze (mit Faktoren zum Ende der Ehezeit).
(4) Ermittlung des Verhältniswertes aus ehezeitbezogener anrechnungsfähiger Zeit und anrechnungsfähiger Gesamtzeit (durch Bildung eines Quotienten); der so errechnete Verhältniswert ist auf die volle nach (3) ermittelte Versorgung anzuwenden. Das Ergebnis ist der Ehezeitanteil.

2. Kapitel Bewertung von Anrechten auf eine Versorgung wegen Alters oder Invalidität

(5) Wird bei Ehezeitende bereits eine Versorgungsleistung gewährt, tritt diese an die Stelle der nach (3) erreichten Versorgung; ferner ist die tatsächliche Gesamtzeit heranzuziehen, die bei einer vorzeitigen Zurruhesetzung regelmäßig kürzer ist als die nach (1) bestimmte Gesamtzeit. Dies entspricht § 41 Abs. 2 VersAusglG.

Bei der Berechnung des Anrechts ist von dem Versorgungswert auszugehen, der bei Erreichen der festen Altersgrenze (65. Lebensjahr) gegeben wäre, wobei jedoch die zum Ende der Ehezeit maßgeblichen Bemessungsfaktoren heranzuziehen sind. Dies bleiben auch in einem späteren Abänderungsverfahren nach §§ 225, 226 FamFG maßgeblich. Bei der **Hochrechnung einer berufsständischen Versorgung**, die im offenen Deckungsplanverfahren finanziert wird, sind die Leistungs- oder Steigerungszahlen heranzuziehen, die zum Zeitpunkt des Endes der Ehezeit maßgeblich waren, nicht dagegen der gesamte Durchschnittswert bis zum Ende der Ehezeit, weil ansonsten die meist geringeren vorehelichen Werte zu einem geringeren hochgerechneten Anrecht führen würden (eingehend MüKo/*Glockner*, § 1587 a BGB Rn. 403).

Der Bewertung unterliegen nur solche Anrechte, die von der grundlegenden Bestimmung des § 2 Abs. 1, 2 VersAusglG erfasst werden. Voraussetzung für eine Einbeziehung ist damit eine zumindest **hinreichend sicheres Anrecht** (eingehend Rdn. 50 ff.). Anders als nach § 19 Abs. 2 Nr. 1 VersAusglG ist eine Versorgung auch dann ausgleichsfähig, wenn eine Unverfallbarkeit i. S. d. § 1 Abs. 1 BetrAVG noch nicht eingetreten ist, weil diese Bestimmung nur die Besonderheiten der betrieblichen Altersversorgung betrifft, nicht aber die weiteren Bewertungsbestimmungen. Dies folgt aus § 2 Abs. 3 VersAusglG (Rdn. 172; BGH FamRZ 1991, 1420; OLG München FamRZ 1996, 554). Es ist deshalb für die Einbeziehung einer Versorgung in den Versorgungsausgleich unerheblich, ob z. B. ein Versicherter die Wartezeit von 60 Monaten (z. B. bei einem berufsständischen Versorgungswerk) bei Ehezeitende erreicht hat. Gleiches gilt bei einem Anrecht aus einer berufsständischen Versorgung, deren Satzung bei einer Beendigung der Pflichtmitgliedschaft dessen Verfallbarkeit vorsieht (BGH NJW-RR 1986, 1195; MüKo/*Glockner*, § 1587 a BGB Rn. 389).

c) Bestimmung des Werts nach dem Bruchteil entrichteter Beiträge

462 Der **Ehezeitanteil** einer berufsständischen Versorgung errechnet sich aus den in der Ehezeit entrichteten Beiträgen (Entgelten), wenn sich die Rentenanwartschaft oder Leistung nach einem **Bruchteil entrichteter Beiträge** richtet. Die Rente wird in diesem Fall aufgrund eines festen Prozentsatzes oder Quotienten der Gesamtbeitragssumme ermittelt. In den Leistungsbestimmungen der Versorgungssatzung wird dies in der Weise geregelt, dass neben einem feststehenden Faktor (als Multiplikator) ein beweglicher Bezugsbetrag (Entgeltpunkte u. ä.) zur Berechnung heranzuziehen ist. Nach dieser Methode der Berechnung sind die Leistungen nicht voll dynamisch, da es für die Annahme einer solchen Dynamik (im Anwartschaftsstadium) nicht ausreicht, wenn die Beiträge an eine regelmäßig angepasste allgemeine Bemessungsgrundlage (z. B. gesetzlichen Rentenversicherung) gekoppelt sind und das Mitglied infolgedessen mit jeder Anhebung dieser Bemessungsgrundlage entsprechend höhere Anwartschaften erwerben muss (BGH FamRZ 1991, 310, 312; FamRZ 1996, 481– sog. Beitragsdynamik); für die Bestimmung des Ehezeitanteils ist die Dynamik jedoch ohne Bedeutung, ebenfalls für die Durchführung des Wertausgleichs. Solchen Versorgungen ist regelmäßig kein individuelles

I. Grundlagen

Deckungskapital zuzuordnen, so dass eine unmittelbare Bewertung gem. § 39 Abs. 1, 2 VersAusglG ausscheidet.

Von den berufsständischen Versorgungen werden erfasst das Versorgungswerk der Zahnärztekammer Schleswig-Holstein und der kassenärztlichen Vereinigung Schleswig-Holstein (BGH FamRZ 1996, 481), die Ärzteversorgung Bayern (BGH FamRZ 1983, 40 = NJW 1983, 336; OLG Bamberg FamRZ 1985, 942 – für Anrechte bis 31.12.1984; BGH FamRZ 2005, 188), Ärzteversorgung Hessen (BGH FamRZ 1987, 361; FamRZ 2006, 397 f.), die Apothekerversorgungen in Bayern und Westfalen-Lippe (OLG Hamm FamRZ 1986, 70; BGH FamRZ 2002, 1554), die Zahnärzteversorgung Niedersachsen (OLG Celle FamRZ 1986, 913), das Versorgungswerk der Architektenkammer Baden-Württemberg (BGH FamRZ 1991, neuerdings als volldynamisch bewertet BGH FamRZ 2005, 430). Die Tatsache, dass ein geringer Teil der Versorgung nicht nach dem individuellen Deckungskapital finanziert wird, schließt die Heranziehung des Deckungskapitals nicht aus, wenn hierdurch eine wirklichkeitsgerechtere Bewertung möglich wird.

463

d) Bewertung nach den Grundsätzen der gesetzlichen Rentenversicherung

Für einen geringen Teil der berufsständischen Versorgungen bestimmen sich Renten oder ähnlich laufende Geldleistungen nach den Grundsätzen der Rentenberechnung der gesetzlichen Rentenversicherung. Maßgeblich sind damit die Faktoren **Versicherungszeit,** die allerdings in der Rentenformel nach dem RRG 1992 nicht mehr enthalten ist, **Durchschnittsverdienst aller Versicherten** und **Höhe der persönlichen Beiträge.** Danach ist zu prüfen, ob sich eine Versorgung gem. § 43 Abs. 1 VersAusglG berechnen lässt, weil nach diesen Grundsätzen der ehezeitbezogene Anteil exakt bestimmt werden kann. Die Berechnung kommt dann in Betracht, wenn sich die Versorgung nach den Grundsätzen der Berechnung der gesetzlichen Rentenversicherung richtet. Das maßgebliche Anrecht muss danach aus der Anzahl des jährlich festzustellenden Quotienten aus den individuellen Einkommen zum durchschnittlichen Einkommen sowie einer anpassungsfähigen Bemessungsgrundlage bestimmt werden. Die Anzahl der Quotienten gibt die Höhe der gezahlten Beiträge wieder; dies entspricht einer beitragsbezogenen Bestimmung des Anrechts. In welcher Weise die Bemessungsgrundlage festgelegt wird, ist keine Frage der Bestimmung des Ehezeitanteils, sondern der Gesamtbewertung des Anrechts (s. a. MüKo / *Glockner* § 1587 a BGB Rn. 407). Nach diesen Grundsätzen bestimmen sich die baden-württembergische Ärzteversorgung (OLG Stuttgart FamRZ 2004, 378), die Ärzteversorgung Bayern (ab 01.01.1985, FamRZ 2005, 1455), das Versorgungswerk der Ärztekammer Hamburg (OLG Hamburg FamRZ 1980,1028) sowie der Ärztekammer Schleswig-Holstein und der Zahnärztekammer Nordrhein-Westfalen.

464

H. Alterssicherung für Landwirte

I. Grundlagen

Durch das Gesetz zur Reform der agrarsozialen Sicherung (Agrarsozialreformgesetz 1995) vom 29.07.1994 (BGBl I 1890), das am 01.01.1995 in Kraft getreten ist, erfolgte eine Umwandlung des Versorgungssystems der Alterssicherung der Landwirte. Hiermit wurde die Alterssicherung dem Strukturwandel in der Landwirtschaft (insbesondere weitere Konzentration von Betrieben) angepasst; ferner wurde die eigenständige soziale Sicherung der Ehefrauen der landwirtschaftlichen

465

2. Kapitel   Bewertung von Anrechten auf eine Versorgung wegen Alters oder Invalidität

Unternehmer verbessert sowie das Beitrags- und Leistungssystem gerechter gestaltet (s. BR-Drucks. 508/93 S. 62 f.; BT-Drucks. 12/5700; BT-Drucks. 12/5889 S. 7 f.). Art. 1 des Agrarsozialreformgesetzes 1995 enthält das **Gesetz über die Alterssicherung für Landwirte** (ALG), das anstelle des (aufgehobenen) Gesetzes über eine Altershilfe für Landwirte (GAL) getreten ist. Die landwirtschaftliche Alterskasse ist ein **Teil der gesetzlichen Rentenversicherung**. Landwirtschaftliche Alterskassen werden bei den jeweiligen landwirtschaftlichen Berufsgenossenschaften errichtet. Jeder landwirtschaftliche Unternehmer der Land- und Forstwirtschaft einschließlich des Wein-, Obst-, Gemüse- und Gartenbaus sowie der Teichwirtschaft und Fischzucht ist Pflichtmitglied der für ihn zuständigen landwirtschaftlichen Alterskasse. Aufgrund des zum 01.01.1995 in Kraft getretenen Agrarsozialreformgesetzes 1995 werden die **Ehegatten** landwirtschaftlicher Unternehmer (vorwiegend Frauen) in den Versicherungsschutz aufgenommen. Nach Maßgabe des § 92 ALG erfolgt dies für die Zeit vor Inkrafttreten des Gesetzes im Wege einer fingierten Nachversicherung, so dass der Ehegatte eigene Anrechte aufgrund eigener Beitragszahlung erwirbt. Der frühere Ehegattenzuschlag entfällt damit (s. a.h BR-Drucks. 508/93 S. 63 f.). Ferner wirkt sich das Agrarsozialreformgesetz auf die **landwirtschaftlichen Unternehmer** der **neuen Bundesländer** aus, die bis 31.12.1994 in der gesetzlichen Rentenversicherung versichert waren (§ 229a Abs. 2 SGB VI; zu den Auswirkungen nach dem aufgehobenen VAÜG wird auf die Vorauflage Rn. 284 verwiesen). Nach Art. 5 Nr. 2 des Agrarsozialreformgesetzes erhält der landwirtschaftliche Unternehmer ein Wahlrecht zwischen der landwirtschaftlichen Altersversorgung und der gesetzlichen Rentenversicherung. Soweit die Wartezeit wegen verminderter Erwerbsfähigkeit noch nicht erfüllt war, besteht dagegen Pflichtmitgliedschaft in der landwirtschaftlichen Altersversorgung.

II. Berechnung des Anrechts

466 Das ALG sieht zur Berechnung der Alterssicherung der Landwirte eine neue Rentenformel vor, §§ 23 ff. ALG. Nach § 23 Abs. 1 ALG ist der Monatsbetrag der Altersrente das Produkt aus der Multiplikation des **allgemeinen Rentenwerts** mit der Steigerungszahl. Diese erfasst die Dauer der Versicherungszugehörigkeit in Form von Beitragszeiten und Zurechnungszeiten (§§ 18, 19 ALG) sowie Zeiten des Bezuges einer mit einer Zurechnungszeit zusammentreffenden Rente wegen Erwerbsunfähigkeit (§ 23 Abs. 2 Satz 1 ALG; seit dem RRG 1999 verminderte Erwerbsfähigkeit). Dem Versicherten wird für jeden Kalendermonat, der mit einer dieser Zeiten belegt ist, ein Wert zugerechnet, der 0,0833 für rentenrechtliche Zeiten eines landwirtschaftlichen Unternehmers beträgt, § 23 Abs. 3 Nr. 1 ALG (für den Ehegatten 50% = 0,0417). Das Anrecht beläuft sich damit jährlich in Höhe des Betrages des **allgemeinen Rentenwertes**, der sich zum 01.07. eines jeden Jahres entsprechend der Entwicklung des aktuellen Rentenwertes in der gesetzlichen Rentenversicherung (§ 68 SGB VI) wie folgt verändert:

1. Halbjahr 2007 = 12,06 €; 1. Halbjahr 2008 = 12,13 €; 1. Halbjahr 2009 = 12,26 €,
2. Halbjahr 2009 = 12,56 €; monatlicher Beitrag: 212,00 €; neue Bundesländer
1. Halbjahr 2007 = 10,60 €; 1. Halbjahr 2008 = 10,66 €; 1. Halbjahr 2009 = 10,78 €;
2. Halbjahr 2009 = 11,14 €; monatlicher Beitrag: 180,00 €.

Die **Höhe des Anrechts** bestimmt sich durch eine Multiplikation der anzurechnenden (Beitrags-)Monate mit dem Faktor 0,0833 (beim Ehegatten in Höhe von 50 × 0,0417) und dem allgemeinen Rentenwert (2009 = 12,26 sowie 10,78 (Ost)); dies folgt aus § 23 ALG. Der **Ehezeitanteil** eines Anrechts bestimmt sich deshalb nach § 39 Abs. 2 Nr. 1 VersAusglG. Eine Ausnahme besteht bei Besitzstandsrenten; deren Ehezeitanteil kann nur zeitratierlich bestimmt werden, weil eine Zuordnung auf einen bestimmten Zeitabschnitt nicht möglich ist.

III. Bewertung von Bestandsrenten

Soweit Renten vorliegen, die bei Inkrafttreten des Agrarsozialreformgesetzes am 01.01.1995 bereits gewährt wurden (sog. Bestandsrenten), ist zur Bestimmung des Ehezeitanteils im Versorgungsausgleich die **zeitratierliche Methode** gem. § 40 Abs. 1, 2 VersAusglG heranzuziehen, da auf diese nach §§ 94 Abs. 4, 98 Abs. 1 ALG das neue Recht nicht anzuwenden ist. Der im bisherigen Recht zur landwirtschaftlichen Altershilfe geregelte **Ehegattenzuschlag** (§ 4 Abs. 1 Satz 1 GAL – um 50% erhöhte Leistung), der nach § 40 Abs. 5 VersAusglG im Versorgungsausgleich unberücksichtigt bleibt, ist nach der Sonderbestimmung des § 98 Abs. 7 ALG dem Versorgungsausgleich zuzuordnen, wenn der Ehegatte des Versorgungsberechtigten kein eigenes Anrecht nach dem ALG besitzt (s. a. *Greßmann/Klattenhoff*, FamRZ 1995, 577, 580; nach § 4 Abs. 3 GAL entfällt der Ehegattenzuschlag, wenn der Ehegatte Anspruch auf ein Bestandsrente hat; zur Korrektur bei Wegfall des Zuschlags nach § 98 Abs. 3 ALG s. § 101 ALG). Aufgrund des Übergangsrechts zum ALG ist in der Zeit vom 01.07.1995 bis 30.06.2009 ein **Zuschlag für Zugangsrenten** gemäß § 97 ALG auf der Grundlage einer Besitzschutzrente zum 31.12.1994 zu gewähren, wenn die nach bisherigem Recht berechnete Rente höher wäre (Differenzbetrag der Rente aus altem und neuem Recht; zum degressiven Abschmelzfaktor nach § 97 Abs. 3 ALG s. a. OLG Celle FamRZ 1995, 1360 sowie 3. Auflage Rn. 379).

467

IV. Leistungsteile, die nicht dem Versorgungsausgleich unterliegen

Die landwirtschaftlichen Alterskassen gewähren Rentenleistungen wegen Alters und Erwerbsminderung. Solange Beiträge zur landwirtschaftlichen Alterskasse bezahlt werden, ist es nach § 2 Abs. 3 VersAusglG unerheblich, ob die zeitlichen Voraussetzungen für die Gewährung einer Rente im Zeitpunkt der Entscheidung zum Versorgungsausgleich gegeben sind (zur Methode der Ermittlung des Ehezeitanteils Rdn. 466; zum Wegfall des Anrechts nach § 27 GAL a. F. s. BGH FamRZ 1986, 892 = NJW-RR 1986, 1195; FamRZ 1987, 1016 = NJW-RR 1987, 1346; eingehend Rdn. 137). Seit dem **Agrarsozialreformgesetz hängen** Rentenleistungen nach dem ALG nicht mehr davon ab, ob der Versicherte bis zur Vollendung des 60. Lebensjahres oder dem Eintritt des Versicherungsfalles regelmäßig Beiträge erbracht hat, §§ 11, 12 ALG. Vielmehr behält der Versicherte bei vorzeitiger Beendigung der Tätigkeit als landwirtschaftlicher Unternehmer – wie in der gesetzlichen Rentenversicherung – die bis dahin erworbenen Anrechte (zur Berücksichtigung von Beitragszeiten vor 1995 s. § 93 Nr. 2 i. V. m. §§ 90, 85 Abs. 1 Satz 2 ALG, die danach wieder aufleben können). Nicht dem Versorgungsausgleich unterliegt die **Landabgabenrente** nach §§ 41 ff. GAL (jetzt §§ 121 ff. ALG), da sie weder mit Hilfe des Vermögens noch durch Arbeit begründet oder aufrechterhalten worden ist (eingehend Rdn. 59). Auch die Rente wegen der **Aufgabe der landwirtschaftlichen Produktion** unterliegt nicht dem Versorgungsausgleich. Sie wird aus strukturpolitischen Gründen nach § 8 Abs. 5, 7 des Gesetzes zur Förderung der Einstellung der landwirtschaftlichen Erwerbstätigkeit vom 21.02.1989 (BGBl. I 233 i. d. F. von Art. 12 des Agrarsozialreformgesetzes 1995) bis zum Bezug der landwirtschaftlichen Altershilfe gewährt. Ihrem Charakter gleicht sie damit der Landabgabenrente; insbe-

468

sondere kommt ihr kein Leistungszweck wegen Alters oder Invalidität i. S. d. § 1587 Abs. 1 BGB zu (s. a. *Greßmann/Klattenhoff*, FamRZ 1995, 577, 578).

J. Überstaatliche oder zwischenstaatliche sowie ausländische Betriebsrenten

469 Versorgungen bei überstaatlichen, zwischenstaatlichen sowie ausländischen Versorgungsträgern unterliegen grundsätzlich dem Versorgungsausgleich, soweit der Versorgungsausgleich nach den in § 2 Abs. 2 VersAusglG aufgeführten Grundsätzen durchzuführen ist. Nach § 19 Abs. 2 Nr. 4 VersAusglG ist ein solches Anrecht in Bezug auf den Wertausgleich bei der Scheidung nach den §§ 9–19, 28 VersAusglG jedoch **nicht teilungsreif**, so dass diese Anrechte lediglich in Form der Ausgleichsansprüche nach der Scheidung, also in erster Linie durch den schuldrechtlichen Versorgungsausgleich ausgeglichen werden können. Hierbei kommt es nicht darauf an, ob der Bezugsberechtigte seinen gewöhnlichen Aufenthalt im Inland besitzt; unerheblich ist im Grundsatz auch, ob das für das ausländische oder internationale Anrecht geltende Recht eine dem Versorgungsausgleich gleichende Regelung kennt oder (lediglich) eine Hinterbliebenenversorgung für den geschiedenen Ehegatten vorsieht (s. hierzu EuGH FamRZ 2000, 83).

470 Im **Versorgungsausgleich** ist der Ehezeitanteil nach § 39 VersAusglG im Wege der unmittelbaren Bewertung, ansonsten durch die zeitratierliche Bewertung gem. § 40 VersAusglG zu bestimmen. Ansonsten gilt die Bewertungsbestimmung des § 42 VersAusglG, die eine Bewertung nach Billigkeit zulässt (Rdn. 168, 169). Die vorgenannten Vorschriften erfassen auch ausländische oder übernationale betriebliche Altersversorgungen; da für diese das BetrAVG nicht gilt, greift auch nicht § 45 VersAusglG ein (s. a. *Soergel/Schmeiduch*, § 1587 a BGB Rn. 227; eingehend Rdn. 942 ff.). Soweit ein ausländisches oder überstaatliches Anrecht sich nach den Grundsätzen der deutschen gesetzlichen Rentenversicherung richtet, ist die unmittelbare Bewertung nach § 39 Abs. 2 Nr. 1 VersAusglG anzuwenden.

K. Wertermittlung bei privaten Rentenversicherungen

I. Grundlagen

1. Rechtsgrundlagen

471 Der Bereich der privaten Rentenversicherungen war in dem bis zum 31. 08. 2009 geltenden Rechtszustand in § 1587 a Abs. 2 Nr. 5 BGB a. F. geregelt (s. hierzu Vorauflage Rn. 388 ff.). Auch das VersAusglG erfasst Renten und Rentenanwartschaften des **privatrechtlich organisierten Versicherungsbereiches.** Diese werden in der grundlegenden Vorschrift zur Erfassung eines Anrechts im Versorgungsausgleich in § 2 Abs. 1 VersAusglG ausdrücklich aufgeführt. Ferner sieht § 46 VersAusglG für diesen Bereich besondere Bewertungsbestimmungen zur Feststellung des Ehezeitanteils eines auszugleichenden Anrechts vor. Die Lebensversicherungen aus dem Bereich der Personenversicherung stellen im deutschen Versorgungssystem teilweise eine ergänzende, für freiberuflich Tätige häufig auch eine alternative Versorgungsform dar. Es ist deshalb folgerichtig, dass auch diese Form der Versorgung, soweit sie Rentenleistungen betreffen, in die Regelungen des Versorgungsausgleichs aufgenommen wurde. Aufgrund der **staatlichen Förderung von Altersvorsorgeaufwendungen** durch das Altersvermögensgesetz und Altersvermögensergänzungsgesetz (eingehend Rdn. 127) sowie deren steuerliche Förderung nach §§ 10 a, 82 Abs. 2 EStG nehmen private Renten-

I. Grundlagen

versicherungen künftig auch bei Berufstätigen in abhängiger Stellung aufgrund der auch unterhaltsrechtlich anerkannten Vorsorgeaufwendungen (s. *Borth*, NJW 2008, 326) eine größere Bedeutung ein (zur Abgrenzung im Versorgeausgleich s. Rdn. 47, 84 a. E.). Anzumerken ist, dass der **Bereich der Lebensversicherungen** bereits vor Inkrafttreten des 1. EheRG von dem Zugewinnausgleich nach §§ 1372 ff. BGB erfasst wurde (BGHZ 67, 262 = NJW 1977, 101), nunmehr aber teilweise dem Versorgungsausgleich unterliegt. Insoweit sind diese Lebensversicherungen der freien Verfügung der Ehegatten wie etwa beim Zugewinn weitgehend entzogen, wobei in diesem Zusammenhang darauf hinzuweisen ist, dass der Versorgungsausgleich unabhängig vom Güterstand durchgeführt wird, § 2 Abs. 4 VersAusglG.

Die gesetzlichen Grundlagen für die Organisation und die Wahrung der privatrechtlich organisierten Lebensversicherungsunternehmen sowie die Regelung der Rechtsverhältnisse ergeben sich aus dem Versicherungsaufsichtsgesetz, dem Versicherungsvertragsgesetz, den allgemeinen Versicherungsbedingungen (Leben), die die Bestimmungen des Versicherungsvertragsgesetzes ergänzen und gegebenenfalls auch besonderen Versicherungsvereinbarungen. Die private Versicherung will ihrer Zwecksetzung nach besondere, dem Einzelfall gerecht werdende Versicherungsleistungen anbieten. Dies bedeutet, dass die Formen der Versicherungen und die Leistungsarten vielfältiger sind als bei anderen Versorgungsformen. Ferner sind sie nicht von der Zugehörigkeit zu einer bestimmten Berufsgruppe abhängig. Der zwischen den privaten Lebensversicherungsunternehmen (Versicherer) und einer Privatperson (Versicherungsunternehmer) abgeschlossene Vertrag sieht einerseits die Zahlung einer Kapitalleistung oder eine Rentenleistung (zeitlich begrenzt oder lebenslang) durch den Versicherer vor; der Versicherungsnehmer oder ein Dritter ist andererseits verpflichtet, Beiträge zu leisten, § 1 VVG.

2. Arten der Lebensversicherung

a) Überblick

Die Lebensversicherungen lassen sich nach ihrer rechtlichen und rechnungsmäßigen Ausgestaltung in drei Grundformen gliedern, nämlich in Kapitalversicherungen, Leibrentenversicherungen und Risikolebensversicherungen. 472

b) Kapitallebensversicherungen; Abgrenzungen

Diese sind die gebräuchlichste Form der Lebensversicherung. Bei dieser Versicherungsart hat der Versicherer im vereinbarten Versicherungsfall eine bestimmte Kapitalsumme zu erbringen, die ein Deckungskapital voraussetzt, das den versicherungsmathematischen Gegenwert der Leistung darstellt. Diese Form kann als Lebensversicherung 473

(1) auf den Erlebensfall, wenn z. B. der Versicherungsnehmer oder die Gefahrsperson das 65. Lebensjahr erreicht;
(2) auf den Todesfall, also beim Tode des Versicherten oder bei einer Gefahrsperson abgeschlossen werden.

Beide Formen können gleichzeitig versichert werden, das heißt, Versicherungsfall ist entweder das Erleben eines bestimmten Zeitpunktes oder der Tod des Versicherungsnehmers oder der Gefahrsperson. Da Kapitallebensversicherungen nicht dem Versorgungsausgleich unterliegen (Rdn. 68 ff., 480), wird von einer eingehenden Darstellung abgesehen. Die aufgrund des **Altersvermögensgesetzes und Altersvermögensergänzungsgesetzes** geförderten Altersvorsorgeprodukte unterliegen dem Versorgungsausgleich, soweit sie die in § 2 Abs. 2 Nr. 1–3 VAG vorgegebenen Voraussetzungen erfüllen. Fehlt es hieran, unterliegen sie dem Versorgungsausgleich nicht, soweit sie nicht dem BetrAVG unterliegen oder dem Bereich des Altersvorsorgeverträge- Zertifizierungsgesetzes zuzuordnen sind und deshalb nach § 2 Abs. 2 Nr. 3 VersAusglG vom Versorgungsausgleich erfasst werden. Betroffen sind hiervon Anteile an thesaurierenden oder ausschüttenden Investmentfonds, die von Banken oder Fonds ausgegeben werden. Insoweit ist zu deshalb prüfen, ob sie dem Bereich des BetrAVG bzw. dem Bereich des Altersvorsorgeverträge- Zertifizierungsgesetzes zuzuordnen sind oder güterrechtlich qualifiziert werden (s. a. Rdn. 72). Zu den steuerlichen Grundlagen s. Rdn. 628 ff.

c) Leibrentenversicherungen

474 Bei dieser Versicherungsart wird vom Versicherer dem Versicherten / Begünstigten bei Erreichen eines bestimmten Lebensalters die Leistung einer Rente zugesichert (s. a. §§ 150 ff. VVG). Man unterscheidet grundsätzlich:
(1) Sofort beginnende Leibrentenversicherung gegen Einmalbetrag. Der Versicherte zahlt bei Vertragsschluss eine **Einmalprämie**. Aus dieser wird ein Deckungskapital gebildet, das der Finanzierung der Rentenleistung dient.
(2) Aufgeschobene Leibrentenversicherung mit laufenden Beiträgen oder gegen Einmalbeitrag. Die Rente ist erst ab einem bestimmten Zeitpunkt (65. Lebensjahr) zu erbringen, dann aber bis zum Tode des Versicherten. Der Versicherte hat laufend oder bis zu einem bestimmten Zeitpunkt Beiträge zu erbringen. Stirbt der Versicherte vor Beginn der Rentenzahlung (Aufschubzeit), so entfällt eine Leistungspflicht des Versicherers, falls keine Todesfallleistung vereinbart wurde. Die Höhe der Beiträge werden aufgrund der Berechnungsgrundlage Allgemeine Sterbetafel, Zinsfuß, Verwaltungskosten sowie einem Risikozuschlag, bezogen auf die Leibrente für eine bestimmte Person ermittelt. Aus diesen Beiträgen und den Zinserträgen wird ein Deckungskapital gebildet. Ferner wirkt sich auf die Höhe der Leibrente der Überschuss des Versicherungsunternehmens aus, weil Leibenten hieran beteiligt werden. Dieser Überschuss entsteht, weil die Versicherungsaufsichtsbehörden für die Berechnung des Beitrages und des Deckungskapitals eine Verzinsung mit einem Mindestbetrag zulassen. Durch die rechnungsmäßig tatsächlich höher erzielten Zinsen bilden sich **Überschüsse**, die meist in Form der **Erhöhung** von **Versicherungsleistungen** dem Versicherten zufließen (diese haben sich wegen des sinkenden Zinstrends in den letzten Jahren erheblich vermindert). Möglich wäre auch eine Verrechnung mit laufenden Beiträgen. Die Leibrentenversicherung kann in eine beitragsfreie Versicherung umgewandelt werden § 165 Abs. 1 VVG, so dass die Versicherung ohne Beitragspflicht weiter besteht. Die Leistungen des Versicherten werden in diesem Fall entsprechend neu berechnet (§ 165 Abs. 2 VVG), d. h. entsprechend des bei Einstellung der Beitragsleistungen vorhandenen Deckungskapitals (s. Rdn. 481). Hierbei bleiben die Ansprüche aus der Überschussbeteiligung unberührt, § 165 Abs. 3 Satz 2 VVG.

d) Fondsgebundene Rentenversicherung

475 Die fondsgebundene Rentenversicherung ist dem Bereich der privaten Rentenversicherung zuzuordnen; sie unterscheidet sich von der klassischen Form durch die Verbindung der Kapitalanlage mit Fondsprodukten des Kapitalmarktes. Die Leistungen werden – wie bei der herkömmlichen privaten Rentenversicherung – aufgrund des nach dem Geschäftsplan des Versicherers gebildeten Deckungskapitals erbracht; dieses wird aus den ungezählten Beiträgen einschließlich bezogener

I. Grundlagen

staatlicher Altersversorgungszulagen und der erwirtschafteten Erträge (das heißt das Garantie-Deckungskapital und das Fonds-Deckungskapital.

e) Risikoversicherungen

Die Risikolebensversicherung dient dem Zweck, einen nicht vorhersehbaren Versicherungsfall abzudecken. Hierzu gibt es insbesondere folgende Formen: 476

aa) Private Berufs-, Erwerbsunfähigkeitsversicherung, § 172 VVG

Diese Versicherung kann als Kapital- und als Rentenversicherung ausgestaltet sein (auch Zeitrente bis zum Erreichen der Altersgrenze, ferner als selbständige Versicherung oder Zusatzversicherung). Bei der Berufsunfähigkeitsversicherung trägt der Versicherer die Gefahr, dass der Versicherte vorzeitig berufsunfähig wird (zur Begriffsbestimmung s. § 2 Allgemeine Versicherungsbedingungen Berufsunfähigkeitsversicherung; *Eisenecker*, § 8 IV 1 m. w. N.). Der Versicherungsschutz besteht, solange der Versicherte seinen Beruf normalerweise ausübt. Eine Sonderform ist die **Berufsunfähigkeits-Zusatzversicherung,** die einerseits in der Befreiung von der Beitragszahlungspflicht für eine Hauptversicherung für den Fall der Berufsunfähigkeit, andererseits aber auch in der Zahlung einer Rente wie bei einer selbständigen Berufsunfähigkeitsversicherung bestehen kann (s. Rdn. 78 f.). 477

bb) Todesfallversicherung

Todesfallversicherung bei Tod des Versicherten (Gefahrsperson): diese Versicherung kann ebenfalls als selbständige oder Zusatzversicherung abgeschlossen werden. In der Form der selbständigen Versicherung kann z. B. bei Unfalltod des Versicherten eine Kapitalleistung vereinbart werden. Möglich ist auch die Vereinbarung einer Zeitrente. 478

cc) Private Unfallversicherung, § 178 VVG

Diese Versicherung ist eine Unterform der Berufsunfähigkeitsversicherung, mit der eine bestimmte Erwerbsminderung durch Unfall gesichert werden soll (*Eisenecker*, § 9 m. w. N.). Die vom Versicherer zu erbringenden Leistungen werden bei den Risikoversicherungen durch Beiträge finanziert. Jeder laufende Beitrag wird zusammen mit anderen Risikoversicherungsbeiträgen dazu herangezogen, die für den jeweiligen Beitragszeitraum eintretenden Risikofälle zu finanzieren. Für die danach zu erbringen Leistungen wird für **jeden einzelnen Versicherungsfall** ein **Deckungskapital** gebildet, das für die zukünftigen Leistungen benötigt wird. Die Leistungen werden sonach ebenfalls aus einem Deckungskapital gebildet, jedoch erst nach Eintritt des Versicherungsfalls. Die Risikoabsicherung erfolgt demnach nicht aufgrund eines Sparvorgangs, sondern durch die Beitragszahlung. Wird der Beitrag nicht mehr erbracht, erlischt auch der Versicherungsschutz. Tritt der Versicherungsfall während der Laufzeit der Versicherung nicht ein, so besteht für den Versicherer keine Leistungspflicht (außer der bereits erbrachten Übernahme dieses Risikos; s. Rdn. 78 f., 86). Die Versicherungsunternehmen bieten regelmäßig eine Verbindung der verschiedenen Versicherungsformen an. So können zur Leibrentenversicherung Leistungen im Todesfall vereinbart werden (insbesondere Witwenrenten). 479

2. Kapitel Bewertung von Anrechten auf eine Versorgung wegen Alters oder Invalidität

II. Anwendungsbereich im Versorgungsausgleich

1. Abgrenzung zwischen Güterrecht und Versorgungsausgleich

480 Nach der eindeutigen tatbestandlichen Fassung des § 1587a Abs. 2 Nr. 5 BGB a. F. unterlagen dem Versorgungsausgleich nur **Renten oder Rentenanwartschaften der privaten Versicherungen**, nicht dagegen auch Kapital(lebens)versicherungen. Da überwiegend private Lebensversicherungen als Kapitalversicherungen abgeschlossen sind, wurden in den Versorgungsausgleich sehr selten Anwartschaften bzw. Renten aus der privaten Rentenversicherung einbezogen. Die in der Literatur diskutierte Frage (*Friederici*, NJW 1979, 2350; *Zimmermann*, S. 140 ff.) der Einbeziehung von **Kapitalversicherungen in den Versorgungsausgleich** wurde durch die Entscheidung des BGH vom 09.11.1983 für die Praxis geklärt (BGHZ 88, 386 = FamRZ 1984, 156 = NJW 1984, 299; eingehend hierzu Rdn. 68 ff.). Danach fallen auch Kapitallebensversicherungen mit einem **Rentenwahlrecht** (Option) nur dann in den Versorgungsausgleich, wenn das Wahlrecht bis zur Rechtshängigkeit des Scheidungsantrags ausgeübt worden ist. Hierbei ist es unerheblich, ob das angesammelte Kapital oder ein (wesentlicher) Teil bei der **Eheschließung bereits vorhanden war**, weil es für die Einbeziehung in den Versorgungsausgleich ausreicht, dass das Anrecht in der Ehe »durch Vermögen geschaffen oder aufrechterhalten« wurde, § 2 Abs. 2 Nr. 1 VersAusglG. Eine § 1374 Abs. 2 BGB entsprechende Regelung kennt das Recht des Versorgungsausgleichs nicht (eingehend Rdn. 83). Das bei Ehezeitbeginn vorhandene Kapital ist jedoch güterrechtlich Anfangsvermögen nach § 1374 Abs. 1 BGB. Haben die Ehegatten Gütertrennung vereinbart, verbleibt es ebenfalls bei dem Grundsatz des § 2 Abs. 1, 2, 4 VersAusglG. Liegen Rentenleistungen zum Ende der Ehezeit vor, unterliegt diese Versorgung dem Versorgungsausgleich, wenn der Anspruch auch zum Zeitpunkt der letzten tatrichterlichen Entscheidung noch besteht. Entfällt dagegen der Anspruch bis zu diesem Zeitpunkt, unterliegt diese Versorgung nicht dem Versorgungsausgleich (s. a. BGH FamRZ 1986, 892 = NJW-RR 1986, 1195; FamRZ 1987, 1016 – dort auch zur landwirtschaftlichen Alterskasse).

Kapitallebensversicherungen, die im Rahmen einer **betrieblichen Altersversorgung** bestehen, unterliegen nach der Neuregelung gem. § 2 Abs. 2 Nr. 3 VersAusglG ebenfalls dem Versorgungsausgleich. Solche Anrechte fallen dann in den Regelungsbereich der privaten Rentenversicherung, wenn die **Voraussetzungen einer versicherungsvertraglichen Regelung** bei einer Direktversicherung oder eines Anrechts einer Pensionskasse gem. § 2 Abs. 2 Satz 2–7; Abs. 3 Satz 2, 3 BetrAVG vorliegen (s. Rdn. 414).

481 Besteht ein Anrecht auf eine **Rentenleistung aus einer privaten Versicherung** zum Ende der Ehezeit, so ist zu klären, ob es sich um zeitlich befristete oder unbefristete Leibrentenversicherungen einerseits oder selbständige bzw. zusätzliche Versicherungen für den Fall der Berufsunfähigkeit (Risikoversicherung) andererseits handelt. Weitere Voraussetzung für die Zuordnung zum Versorgungsausgleich ist, dass ein auf Rentenzahlung gerichtetes Anrecht der »**Versorgung wegen Alters oder Invalidität**« dienen soll, § 2 Abs. 2 Nr. 2 VersAusglG. Dies bedeutet zwar nicht, dass ein wiederkehrendes Anrecht im Gleichlauf mit der gesetzlichen Rentenversicherung oder Beamtenversorgung ausbezahlt wird. Eine Versorgung wegen Alters liegt aber nur dann vor, wenn die zugesagte Versorgungsleistung im Anschluss an die Beendigung des aktiven Berufslebens gewährt wird und das bisherige Erwerbseinkommen ersetzen soll. Dies nimmt der BGH (BGH FamRZ 2005, 696, 698; FamRZ 2007, 889) nicht an, wenn die Rentenleistung zu einem erheblichen

Anteil schon während des aktiven Erwerbslebens bezahlt wurde. Der BGH ordnet ein solches Anrecht dem Güterrecht zu, im Zugewinn also mit dem am Stichtag noch vorhandenen Kapitalwert.

Soweit eine private Lebensversicherung nicht aus dem Bereich des BetrAVG stammt (s. Rdn. 480 a. E.), die nach § 2 Abs. 2 Nr. 3 VersAusglG dem Versorgungsausgleich unterliegt, treten bei einem Aufbau einer **eigenen kapitalgedeckten Altersversorgung**, soweit die Verträge nach dem 31.12.2006 geschlossen werden, Abgrenzungsprobleme in der Regel nicht auf, weil nach § 10 Abs. 1 Nr. 2 b EStG Beiträge nur dann **steuerlich als Sonderausgaben** anerkannt werden, wenn die Altersversorgung eine lebenslange monatliche Leibrentenleistung vorsieht, die nicht vor dem 60. Lebensjahr beginnen darf (ab 31.12.2011 Vollendung des 62. Lebensjahrs). Eine vorzeitige Kapitalisierung ist ebenfalls ausgeschlossen; sie darf erst mit Beginn der Auszahlungsphase erfolgen (Ausnahme bei Abfindung einer Kleinbetragsrente nach § 93 Abs. 3 Satz 2, 3 EStG). 482

Wurde das vorhandene Deckungskapital zur **Sicherheit abgetreten** oder **verpfändet**, ist so lange von einem gesicherten Anrecht auszugehen, als die Sicherheit nicht in Anspruch genommen wird und die aus dem zugrunde liegenden Rechtsverhältnis zu erbringenden Leistungen (Zins und Tilgung eines in Anspruch genommenen Darlehens) laufend erbracht werden. Wird zu einem späteren Zeitpunkt die Sicherheit in Anspruch genommen, die zum Wegfall des Anrechts führt, konnte nach dem bis zum 31.08.2009 geltenden Rechtszustand in einem Abänderungsverfahren nach § 10a VAHRG a. F. dann die Durchführung des Versorgungsausgleichs aufgehoben werden, wenn eine eingetretene Änderung auf die Ehezeit bezogen werden kann, was bei einer nachehelich ausgelösten Inanspruchnahme der Sicherheit regelmäßig nicht anzunehmen ist; im Übrigen war dann § 10a Abs. 3 VAHRG a. F. zu prüfen (eingehend Vorauflage Rn. 842 ff.; OLG Zweibrücken FamRZ 2004, 642). Nach §§ 225 Abs. 1 FamFG kann ab dem 01.09.2009 eine Abänderung der Entscheidung zum Versorgungsausgleich bei **nachträglichem Wegfall** nicht mehr erfolgen, weil danach das Abänderungsverfahren nur in Bezug auf die in § 32 VersAusglG aufgeführten Regelsicherungssysteme zulässig ist. Hierunter fallen aber die privaten Rentenversicherungen nicht. Dies lässt sich unter dem Gesichtspunkt des Art. 3 Abs. 1 GG nur dann vertreten, wenn man die Aufteilung solcher Ansprüche entsprechend dem güterrechtlichen Prinzip versteht, das heißt, Kapitalbeträge im Grundsatz güterrechtlich bewertet, so dass es auf die nachehelichen Entwicklung grundsätzlich nicht ankommt (Ausnahme bei § 5 Abs. 2 Satz 2 VersAusglG; eingehend hierzu Rdn. 381 ff.). 483

2. Bestimmung des Ehezeitanteils nach § 46 VersAusglG

a) Grundlagen

Innerhalb der Vorschriften zur Wertermittlung sieht das VersAusglG in den Sondervorschriften **für bestimmte Versorgungsträger** in § 46 VersAusglG vor, dass für die Bewertung eines Anrechts aus einem privaten Rentenversicherungsvertrag die **Bestimmungen des VVG über Rückkaufswerte** anzuwenden sind, also § 169 Abs. 1–7 VVG. Da nach § 5 Abs. 1 VersAusglG der Teilungsgegenstand sowohl in einer Rente als auch einem Kapitalbetrag bestehen kann, konnte der Gesetzgeber auf eine § 1587a Abs. 2 Nr. 5 BGB a. F. entsprechende Regelung verzichten; diese sah bei einer über das Ehezeitende hinausgehender Prämienzahlungspflicht vor, die Versicherung zunächst fiktiv prämienfrei i. S. d. § 165 VVG zu stellen. Bestand bei Ehezeitende keine Prämienpflicht mehr, stand die prämienfreie Leistung bereits fest (s. Rdn. 474 a. E.). 484

2. Kapitel Bewertung von Anrechten auf eine Versorgung wegen Alters oder Invalidität

Maßgebliche Bezugsgröße ist nach § 46 Satz 1 VersAusglG der auf die **Ehezeit entfallende Rückkaufswert**, von dem Stornokosten jedoch nicht abgezogen werden dürfen, § 46 Satz 2 VersAusglG. Dies entspricht den Grundsätzen der unmittelbaren Bewertung nach § 39 Abs. 2 Nr. 1, 2 VersAusglG. Der Rückkaufswert ist vom Versicherer im Fall einer Kündigung des Versicherungsnehmers oder des Versicherers zu leisten; er stellt deshalb zum maßgeblichen Stichtag des Ehezeitendes den Wert des Anrechts in Form eines Kapitalbetrags dar.

b) Differenzierung nach unterschiedlichen Sachlagen

485 Zur Bestimmung des Ehezeitanteils sind unterschiedliche Sachlagen zu berücksichtigen. Nach § 5 Abs. 1 VersAusglG können die Versorgungsträger den Ehezeitanteil nach der jeweiligen Bezugsgröße des zu teilenden Anrechts ermitteln. § 5 Abs. 5 VersAusglG verweist auf § 46 VersAusglG, der als Teilungsgegenstand das nach § 169 Abs. 3 Satz 1 VVG **festgestellte Deckungskapital** festlegt. Nach § 169 Abs. 3 Satz 1 VVG (in der seit 01.01.2008 geltenden Fassung des Gesetzes zur Reform des Versicherungsvertragsrechts vom 23.11.2007, BGBl I 2631) ist zur Ermittlung des Rückkaufswerts das Deckungskapital der Versicherung heranzuziehen, das sich nach den anerkannten Regeln der Versicherungsmathematik mit den Rechungsgrundlagen der Prämienkalkulation zum Schluss einer laufenden Versicherungsperiode ergibt. Nach § 46 Satz 2 VersAusglG sind hierbei Stornokosten nicht abzuziehen (Rdn. 493). Dieser Wert wird nach § 169 Abs. 7 VVG ergänzt um die dem Versicherungsnehmer bereits zugeteilten **Überschussanteile**, soweit sie nicht in dem nach § 169 Abs. 3 Satz 1 VVG ermittelten Betrag enthalten sind, sowie den nach den jeweiligen Allgemeinen Versicherungsbedingungen für den Fall der Kündigung vorgesehenen **Schlussüberschussanteil** (hälftiger Anteil an den Bewertungsreserven nach § 153 Abs. 3 Satz 2 VVG).

486 (1) Wurde die private Rentenversicherung **erst in der Ehezeit** abgeschlossen, so kann der Ehezeitanteil festgestellt werden, indem nach den Bestimmungen des VVG i. V. m. § 46 VersAusglG der Rückkaufswert des Anrechts i. S. d. § 46 Abs. 1 VersAusglG i. V. m. § 169 Abs. 3 Satz 1 VVG zum Ende der Ehezeit bestimmt wird. Insoweit entspricht dieser Wert dem ehezeitbezogenen Erwerb i. S. d. § 1 Abs. 1 VersAusglG.

487 (2) Wurde die private Rentenversicherung bereits **vor Eingehen der Ehe abgeschlossen** und besteht diese nach Ehezeitende fort, ist zur Bestimmung des Ehezeitanteils nach § 169 Abs. 3 Satz 1 VVG der Rückkaufswert i. S. d. § 46 Satz 1 VersAusglG zu beiden Stichtagen gem. § 3 Abs. 1 VersAusglG zu ermitteln. Zur Abgrenzung des vorehelich erzielten Anrechts von dem in der Ehezeit erworbenen Anrecht sind nicht nur die bis zur Eheschließung erbrachten Prämien, sondern auch die nach § 169 Abs. 7 VVG ergänzend zu berücksichtigenden Anteile einzubeziehen – einschließlich des **bis zum Ehezeitbeginn angefallenen Zinses**, der ebenfalls dem Wert zu Beginn der Ehezeit zuzuordnen ist, weil diesem ein Ehezeitbezug fehlt. Hierbei ist zunächst der Rückkaufswert i. S. d. § 169 Abs. 3 Satz 1 VVG zum Beginn der Ehezeit festzustellen, danach der Rückkaufswert zum Ehezeitende. Der Differenzbetrag stellt den ehezeitbezogenen Erwerb dar. Versicherungstechnisch vollzieht sich dieser Vorgang in der Weise, dass nach § 169 Abs. 3 Satz 1 VVG jeweils zum Schluss der laufenden Versicherungsperiode i. S. d. § 169 Abs. 3 Satz 1 VVG, die jährlich ab Beginn des Versicherungsverhältnisses bestimmt wird, das Deckungskapital zu ermitteln ist. Hierdurch werden auch die in dieser Periode gezahlten Beiträge, der festgelegte Rechnungszins (Garantiezins), die Überschussanteile (Zins, der über dem gesetzlich geregelten Rechnungszins erzielt wird), die Bewertungsre-

II. Anwendungsbereich im Versorgungsausgleich

serven (§ 153 Abs. 3 Satz 1 VVG –Stille Reserven) und die jeweils zuzuordnenden Schlussüberschussanteile für den Fall der Kündigung des Versicherungsvertrages erfasst. Der Zuwachs vom Beginn der Ehezeit bis zum Ehezeitende stellt den Rückkaufswert i. S. d. § 46 Satz 1 VersAusglG dar. Durch diese Methode ist auch sichergestellt, dass die aus dem vorehelich erworbenen Deckungskapital **in der Ehezeit anfallenden Zinserträge** im Versorgungsausgleich berücksichtigt werden. Dies entspricht dem in § 2 Abs. 2 Nr. 1 VersAusglG (s. a. § 1587 Abs. 1 Satz 2 BGB a. F.) enthaltenen Grundsatz, dass es im Versorgungsausgleich hinsichtlich des Erwerbs eines auszugleichenden Anrechts auf die Herkunft des Vermögens nicht ankommt, da der Versorgungsausgleich keinen privilegierten Erwerb i. S. d. § 1374 Abs. 2 BGB kennt (eingehend Rdn. 83, 85). Verändert sich ein zum Ehezeitende bestimmter Anteil an den Überschussanteilen sowie ein (fiktiv angenommener) Schlussüberschussanteil, nimmt der Ausgleichsberechtigte aufgrund der regelmäßig vorgenommenen internen Teilung gem. § 10 VersAusglG an der nachvertraglich eintretenden Entwicklung teil.

Fraglich ist, ob entsprechend der Rechtsprechung zum Zugewinn (BGH FamRZ 1974, 114 = NJW 1974, 83; FamRZ 1987, 791) eine **Indexierung des zum Stichtag bei Ehezeitbeginn vorhandenen Kapitalbetrags** zu erfolgen hat, nachdem im Versorgungsausgleich ein Ausgleich von Kapitalwerten stattfindet. Eine solche Bereinigung des Kaufkraftverlustes ist i. R. d. Versorgungsausgleichs nicht geboten, weil es im Zugewinn um die Bereinigung eines unechten Zugewinns, also dem Zuwachs eines Vermögenswertes geht, während im Versorgungsausgleich ein Versorgungsanrecht auszugleichen ist und der Anlass für den Erwerb eines Anrechts gem. § 2 Abs. 2 Nr. 1 VersAusglG unerheblich ist.

(3) Eine **Ausnahme** besteht für **steuerlich geförderte Verträge** nach § 10 Abs. 1 Nr. 2 EStG (sog. Basis- oder Rürup-Rente); in diesen Fällen ist der Wert unmittelbar aufgrund des Deckungskapitals nach § 39 Abs. 2 Nr. 2 VersAusglG zu bestimmen, weil diese Verträge eine vorzeitige Aufhebung nicht zulassen (s. Rdn. 482). **488**

(4) Liegen eine **fondsgebundene Versicherung** oder sonstige Versicherungen i. S. d. § 54 b VAG vor, bei denen aus einem Lebensversicherungsvertrag Leistungen in Form von Anteilen an einem Sondervermögen, das von einer Kapitalgesellschaft verwaltet wird, in Form von einer Investmentgesellschaft ausgegebenen Anteilen oder für das Sondervermögen einer Kapitalgesellschaft zugelassenen Werten (ausgenommen Geld) vorgesehen sind, sieht § 169 Abs. 4 Satz 1 VVG eine besondere Berechnungsbestimmung vor, weil in diesen Fällen ein Deckungskapital im eigentlichen Sinn nicht gebildet wird. Danach wird im Grundsatz der Zeitwert des Anrechts nach den anerkannten Regeln der Versicherungsmathematik bestimmt, soweit nicht der Versicherer eine bestimmte Leistung garantiert. Der ausgleichsberechtigten Person steht im Versorgungsausgleich jedenfalls der **hälftige Wert der Garantieleistung** zu, ferner die nach § 169 Abs. 7 VVG zu bestimmenden ehezeitbezogenen Überschussanteile; dies folgt aus § 169 Abs. 7 Satz 1 VVG, der auf § 169 Abs. 4 VVG verweist. Der Ehezeitanteil bestimmt sich danach grundsätzlich nach den Anteilseinheiten zum Ende der Ehezeit (s. a. *Borth*, FamRZ 2008, 2069, 2074; zu Hybridprodukten ferner OLG Brandenburg FamRZ 2007, 1985, insoweit ist nach § 169 Abs. 3 VVG ein Deckungskapital zu bilden). Unabhängig hiervon kann der Versicherer nach § 5 Abs. 1 VersAusglG den Ehezeitanteil entweder in Form eines Rentenbetrages oder eines Kapitalbetrages mitteilen. Zur Frage von **Veränderungen des Anrechts** zwischen dem Ehezeitende und dem Zeitpunkt der Ent- **489**

scheidung, die vor allem bei fondsgebundenen Versicherungen auftreten, wird auf die Ausführungen zum Ausgleich der der Scheidung gemäß den §§ 9–19 VersAusglG verwiesen (Rdn. 521, 535 f.).

490 (5) Liegt ein Versicherungsvertrag vor, der nach dem bis zum 31. 12. 2007 geltenden Recht abgeschlossen wurde, liegt ein sog. **Altvertrag** i. S. d. Art. 1 Abs. 1 EGVVG in der seit dem 01. 01. 2008 geltenden Fassung vor. Insoweit ist der Rückkaufswert gem. § 176 VVG in der Fassung bis zum 31. 12. 2007 zu ermitteln (zu den weiteren Einzelheiten s. *Einiko*, VersR 2008, 298, 310).

491 (6) Wird aus einem Versicherungsvertrag bereits eine **laufende Leistung** erbracht, gilt für die Bestimmung des Ehezeitanteils § 41 Abs. 1 VersAusglG i. V. m. § 39 Abs. 2 Nr. 2 VersAusglG. Teilungsgegenstand ist in einem solchen Fall lediglich das bei Ehezeitende noch vorhandene Deckungskapital. Zum Schutz des Versicherers besteht die Leistungspflicht für eine Übergangszeit nur gegenüber der bisher berechtigten Person; nach § 30 Abs. 2 VersAusglG dauert diese Übergangszeit bis zum letzten Tag des Monats, der dem Monat folgt, in dem der Versorgungsträger von der Rechtskraft der Entscheidung Kenntnis erlangt hat. Bis zum wirksamen Abschluss des Verfahrens zum Versorgungsausgleich darf der Versorgungsträger nach § 29 VersAusglG keine Zahlungen an die ausgleichspflichtige Person erbringen, die sich auf die Höhe des Ausgleichswerts auswirkt. Dies bezieht sich jedoch nur auf die Geltendmachung des restlichen Rückkaufswertes (i. S. e. Abfindung des bei Ehezeitende noch vorhandenen Deckungskapitals anstelle des Weiterbezugs der laufenden privaten Rentenleistung).

c) Exkurs zu den Deckungsrückstellungen

492 Damit ein Versicherer die vertraglich garantierte Leistung erbringen kann, sind diese zu einer vorsichtigen Kalkulation verpflichtet. Sie haben hierzu gem. § 11 Abs. 1 Satz 2 VersAusglG eine Deckungsrückstellung zu bilden (vor allem gem. der Deckungsrückstellungsverordnung vom 06. 05. 1996, BGBl I 670, zuletzt geändert am 11. 05. 2009, BGBl I 1050), die sich aus der Summe des Deckungskapitals aller Versicherungsverträge ergibt. Nach den gesetzlich definierten Rechnungsgrundlagen sind die Versicherer verpflichtet, einen gesetzlich festgelegten Höchstzinssatz einzuhalten, der für die gesamte Versicherungszeit gilt. Der Rechungszinssatz, der an Staatsanleihen angekoppelt ist, betrug bis zum 30. 06. 2000 4%; bis 31. 12. 2003 3,25%, bis 31. 12. 2006 2,75% und beläuft sich derzeit auf 2,25%. Soweit ein Versicherer mit den eingenommenen laufenden Beiträgen oder einer Einmalzahlung durch eine günstige Anlage auf dem Kapitalmarkt eine günstigere Rendite erlangt, bilden diese (im Grundsatz) die Überschussanteile.

Soweit im Versorgungsausgleich ein Vertrag auszugleichen ist, dessen Rechnungszins noch über dem derzeit geltenden Rechungszins von 2,25% liegt, stellt sich im Fall der internen Teilung nach § 10 VersAusglG die Frage, ob im Fall der **Neubegründung eines Vertragsverhältnisses** (durch die gestaltende Entscheidung im Versorgungsausgleich nach § 224 Abs. 1 FamFG) der Rechnungszins parallel zu den Verhältnissen des Ausgangsvertrages oder gem. dem zum Zeitpunkt der Versorgungsausgleichsentscheidung geltenden Rechnungszins festzulegen ist. Hierzu sieht § 2 Abs. 2 Satz 1 DeckungsrückstellungsVO (i. d. F. von Art. 9 f des 3. Gesetzes zur Änderung des SGB IV vom 15. 07. 2009, BGBl I 1939) vor, dass von den Versicherern im Falle der internen Teilung nach § 10 VersAusglG auch den der dem ursprünglichen Versicherungsvertrag zugrunde liegende Rechnungszins verwendet werden kann. Gleiches gilt nach § 1 Abs. 3 Satz 1 Pensionsfonds-DeckungsrückstellungsVO (Art. 9 g 3. Gesetzes zur Änderung des SGB IV vom

I. Bedeutung der Dynamik im reformierten Versorgungsausgleich

15. 07. 2009, BGBl I 1939). Durch diese Bestimmung wird für den Bereich des Versorgungsausgleichs sichergestellt, dass der Halbteilungsgrundsatz im Fall der internen Teilung eines Anrechts gewahrt bleibt, weil nach der durchgeführten internen Teilung die Entwicklung des Anrechts bis zum Leistungsfall identisch verläuft.

3. Kein Abzug der Stornokosten

Nach § 46 Satz 2 VersAusglG dürfen **Stornokosten** zur Bestimmung des Ausgleichswerts im Versorgungsausgleich nicht berücksichtigt werden. Dies bezieht sich auf den Teilungsmodus des Versorgungsausgleichs, bei dem im Falle einer internen Teilung die Zahlung eines Rückkaufswerts nicht erfolgt, so dass die ansonsten durch die Zahlung des Rückkaufswertes entstehenden Kosten i. S. d. § 169 Abs. 5 VVG insoweit nicht anfallen (s. a. BGH FamRZ 1986, 344 = NJW 1986, 1344 m. Anm. Ellger FamRZ 1986, 564). Erfolgt eine externe Teilung mit der Folge eines Kapitalabflusses (§ 15 Abs. 3 VersAusglG), was nur mit Zustimmung des Versorgungsträgers zulässig ist, trägt dieser die Kosten der Teilung. 493

Nicht gedeckte Abschluss- und Vertriebskosten, die nach § 4 Abs. 1 Satz 2 DeckungsrückstellungsVO auf 4% der Summe aller während der Laufzeit des Versicherungsvertrages zu zahlenden Prämien begrenzt sind (sog. Höchstzillmersatz), die nach § 169 Abs. 3 Satz 1 VVG (letzter Hs.) auf fünf Jahre zu verteilen sind, werden vom Ehezeitanteil nicht abgezogen. Soweit diese Kosten noch nicht erfüllt sind und dennoch ein positiver Wert besteht, sind diese auf beide Ehegatten entsprechend zu verteilen (in der Regel hälftig, wenn Vertragsbeginn innerhalb der Ehezeit). Aus dem Vorgang der internen Teilung entstehen keine zusätzlichen Abschlusskosten, weil die Neubegründung eines Vertragsverhältnisses mit dem Ausgleichsberechtigten aufgrund der gesetzlichen Regelung zur internen Teilung erfolgt.

4. Unwiderrufliche Bezugsberechtigung

Bezugsberechtigter einer Versorgung ist grundsätzlich der Versicherungsnehmer. In dem das Versicherungsverhältnis begründeten Vertrag kann jedoch widerruflich oder unwiderruflich eine andere Person als Bezugsberechtigte benannt werden. Da nach § 1 Abs. 1 VersAusglG eine Versorgung oder Anwartschaft nur dann dem Versorgungsausgleich unterliegt, wenn diese für einen Ehegatten begründet oder aufrechterhalten worden ist, scheidet eine private Lebensversicherung aus dem Versorgungsausgleich aus, wenn eine unwiderrufliche Bezugsberechtigung für eine dritte Person besteht. Ist dagegen Versicherungsnehmer der eine Ehegatte und unwiderruflich Bezugsberechtigter der andere, so verbleibt sie im Versorgungsausgleich, und zwar auf Seiten des Bezugsberechtigten, weil die namentlich bezeichnete Bezugsberechtigung mit der Scheidung nicht entfällt. Ob der Bezugsberechtigte gleichzeitig Versicherter ist, kann im Versorgungsausgleich nicht ausschlaggebend sein, weil es nur auf den Bezug einer Versorgung ankommt. 494

L. Begriff der Dynamik

I. Bedeutung der Dynamik im reformierten Versorgungsausgleich

Aufgrund der in den §§ 10–19, 28 VersAusglG enthaltenen Bestimmungen zur internen bzw. externen Teilung von Anrechten bedarf es zur Durchführung des Ver- 495

2. Kapitel Bewertung von Anrechten auf eine Versorgung wegen Alters oder Invalidität

sorgungsausgleichs **keiner Saldierung** der jeweiligen Anrechte unter den Ehegatten. Damit entfällt auch die Prüfung, ob ein auszugleichendes Anrecht in seiner Wertigkeit gem. § 1587a Abs. 3, 4 BGB a. F. an den Anpassungen der gesetzlichen Rentenversicherung sowie Beamtenversorgung zu messen ist. Regelmäßig wird deshalb der Versorgungsausgleich unabhängig davon durchgeführt, ob das auszugleichende Anrecht dynamisch, teildynamisch oder statisch zu bewerten ist, weil im Fall der internen Teilung jeder Ehegatte nach vollzogener Teilung an dem nach rechtskräftig durchgeführtem Versorgungsausgleich an der künftigen Entwicklung jeweils in gleichem Maße teilnimmt, so dass es einer Angleichung eines Anrechts an den Maßstab der gesetzlichen Rentenversicherung sowie Beamtenversorgung über die BarwertVO nicht mehr bedarf. Erfolgt eine externe Teilung, wird durch die nach § 15 Abs. 2 VersAusglG geschuldete Leistung eines Kapitalbetrags der am Ehezeitende bestehende Wert ausgeglichen, in dem auch die bis dahin vorhandene Teil- oder Volldynamik enthalten ist, weil insoweit der Kapitalwert entsprechend höher ist als bei einem rein statischen Anrecht. Dennoch kann im Einzelfall die Notwendigkeit bestehen, die Voraussetzungen einer Dynamik zu prüfen, so dass auch die Grundlagen der Dynamik eines Anrechts darzustellen sind. Dies betrifft folgende Sachlagen:

496 – **Angemessener Ausgleich zur Vorbereitung eines Ehevertrags oder einer Scheidungsfolgenvereinbarung** gem. § 1408 Abs. 2 BGB i. V. m. §§ 6–8 VersAusglG. Der reformierte Versorgungsausgleich ermöglicht in weitaus größerem Umfang als nach dem bis zum 31. 08. 2009 geltenden Recht gem. §§ 1408 Abs. 2, 1587o BGB a. F. den Abschluss einer Vereinbarung zum Versorgungsausgleich (eingehend Rdn. 516, 824 ff.). Aufgrund des Hin- und Her-Ausgleichs können einzelne Versorgungen aus dem Wertausgleich ohne Verletzung des Halbteilungsgrundsatzes i. S. d. § 1587a Abs. 1 BGB a. F. herausgenommen und mit anderen Vermögenspositionen verrechnet werden. Dies gilt vor allem in Bezug auf einen hälftigen Anteil an einem gemeinsamen Eigenheim oder einer Kapitallebensversicherung, die mit dem Kapitalwert eines Versorgungsanrechts ganz oder teilweise verrechnet werden können. Soll z. B. der hälftige Anteil des Ehemannes an einem Eigenheim auf die Ehefrau übertragen werden und steht dem Ehemann ein Anrecht auf eine betriebliche Altersversorgung mit einer ehezeitbezogenen monatlichen Rentenanwartschaft von 400,00 € zu, so ist für den zu berücksichtigenden Kapitalwert dieses Anrechts bedeutsam, ob es sich insoweit um ein rein statisches oder einkommensabhängiges Anrecht in der Anwartschafts- und / oder Leistungsphase handelt. Entsprechend ist zur Vorbereitung eines Ehevertrages oder einer Scheidungsfolgenvereinbarung anhand der Satzung oder tariflichen Bestimmung zu klären, welcher Dynamik dieses Anrechts zugrunde liegt. Der Versorgungsträger hat entsprechend gem. § 5 Abs. 3 VersAusglG in Bezug auf das Rentenanrecht den korrespondierenden Kapitalwert nach § 47 VersAusglG mitzuteilen. Bei einem Lebensalter von 50 Jahren zum Zeitpunkt der Bewertung weist ein rein statisches Anrecht i. H. v. monatlich 400,00 € etwa 28.500,00 € auf (jedoch abhängig von weiteren Faktoren wie dem Leistungsumfang als reine Alters- und / oder Invaliditätsversorgung). Der Kapitalwert eines volldynamischen Anrechts beläuft sich dagegen auf etwa 49.000,00 €.

497 – **Wirksamkeits – und Ausübungskontrolle bei Eheverträgen und Scheidungsfolgenvereinbarungen**. Ferner muss das Familiengericht nach § 8 Abs. 1 VersAusglG eine Wirksamkeits – und Ausübungskontrolle in Bezug auf den angemessenen Ausgleich von Rechts wegen vornehmen. Auch insoweit hat das Familiengericht zu prüfen, welche Dynamik die in die Scheidungsfolgenvereinba-

I. Bedeutung der Dynamik im reformierten Versorgungsausgleich

rung oder den Ehevertrag einbezogenen Anrechte aufweisen, weil sich je nach Dynamik der Kapitalwert eines Anrechts erhöhen kann. Insoweit wird auf die vorstehenden Ausführungen verwiesen.

- **Verrechnungsvereinbarung bei interner Teilung.** Im Rahmen der internen Teilung können nach § 10 Abs. 2 Satz 2 VersAusglG verschiedene Versorgungsträger eine Vereinbarung zur Verrechnung von Anrechten treffen. Solche Vereinbarungen bestehen vor allem zwischen berufsständischen Versorgungen (Beispiel: zwischen dem Träger einer Ärzteversorgung und einer Anwaltsversorgung besteht ein entsprechendes Abkommen). Insoweit ist nach Vollzug durch die Versorgungsträger die Gleichartigkeit beider Anrechte i. S. d. § 10 Abs. 2 Satz 1 VersAusglG zu prüfen; hierbei ist insbesondere anhand der Satzung sowie der Berechnungsgrundlagen zu klären, ob deren Dynamik im Anwartschafts- und Leistungsphase identisch ist.   **498**

- **Prüfung der Geringfügigkeit nach § 18 Abs. 1 VersAusglG.** Nach § 18 Abs. 1 VersAusglG soll das Familiengericht beiderseitige Anrechte nicht ausgleichen, wenn die Differenz ihrer Ausgleichswerte gering ist. Besteht der Ausgleichswert i. S. d. § 5 Abs. 1 VersAusglG in Form einer Rente, hat das Familiengericht nach § 18 Abs. 1 VersAusglG bei einem geringen Wertunterschied i. S. d. § 18 Abs. 3 VersAusglG die Möglichkeit, den Versorgungsausgleich auszuschließen. Zur Ausübung des in § 18 Abs. 1 VersAusglG eingeräumten Beurteilungsspielraums hat das Familiengericht zu prüfen, ob die beiderseitigen Anrechte nicht nur in ihrem Rentenwert geringe Wertunterschiede aufweisen, sondern wie sich im Falle einer unterschiedlichen Dynamik die nacheheliche Wertentwicklung gestaltet. Ist ein Anrecht des Ehemannes mit einem Rentenwert von 380,00 € monatlich volldynamisch, das Anrecht der Ehefrau mit monatlich 400,00 € dagegen statisch, würde die nachehelich eintretende Anpassung des Anrechts des Ehemannes vor allem dann zu einem Ungleichgewicht bei Eintritt des Versorgungsfalls führen, wenn bei beiden Ehegatten der Versorgungsfall noch weit entfernt ist, weil sich das Anrecht des Ehemannes erheblich verändert. In diesem Fall bedarf es einer Klärung der Auswirkungen der Dynamik, die bei der vorliegenden Sachlage dazu führen wird, dass die Voraussetzungen einer Geringfügigkeit i. S. d. § 18 Abs. 1 VersAusglG nicht anzunehmen sind (s. a. Rdn. 583).   **499**

- **Beschränkung des Versorgungsausgleichs nach Härteklausel.** Die nach § 27 VersAusglG (§ 1587 c Nr. 1–3 BGB a. F.) vorzunehmende Prüfung, ob die Voraussetzungen einer groben Unbilligkeit bei Durchführung des Versorgungsausgleichs vorliegen, kann regelmäßig ohne Kenntnis der Gesamtheit aller Anrechte in Bezug auf ihre Wertigkeit nicht vorgenommen werden, ohne die den jeweiligen Anrechten zugrunde liegenden Kapitalwerte zu kennen. Aufgrund des Hin- und Her-Ausgleichs wird nicht mehr – wie zu dem bis zum 31. 08. 2009 geltenden Rechtszustand bestimmt, welcher Ehegatte ausgleichspflichtig und welcher ausgleichberechtigt ist, weil jedes Anrecht unabhängig von der Ausgleichsrichtung dem Wertausgleich unterliegt. Entsprechend muss das Familiengericht auch die Dynamik sämtlicher dem Wertausgleich unterliegenden Anrechte prüfen. Entsprechend haben die Versorgungsträger nach § 5 Abs. 3 VersAusglG i. V. m. § 47 VersAusglG den jeweiligen korrespondierende Kapitalwert mitzuteilen. Gelangt das Familiengericht zum Ergebnis, dass nur hinsichtlich eines einzelnen Anrechts ein Ausschluss des Versorgungsausgleichs in Betracht kommt oder soll nur eine Begrenzung des Ausgleichs der Höhe nach erfolgen, bedarf es einer Kenntnis der hinter einem Anrecht stehenden Dynamik, die sich durch einen geringeren oder höheren Kapitalwert ausdrückt (s. o. Rdn. 496).   **500**

II. Begriffsbestimmung

501 Für die Durchführung des Versorgungsausgleichs ist die **jeweilige Dynamik eines Anrechts** unerheblich, da aufgrund des Hin- und Her-Ausgleichs keine Notwendigkeit besteht, die insgesamt dem Versorgungsausgleich unterliegenden Versorgungsanrechte miteinander zu vergleichen. Eine Ausnahme besteht nur in den Fällen des § 10 Abs. 2 VersAusglG (s. Rdn. 498, 516, 523). Insbesondere haben die gesetzlichen Rentenversicherung sowie die Beamtenversorgung ihre Funktion als Maßstabsversorgung verloren (zum Begriff s. Vorauflage Rn. 409). Gleichwohl ergibt sich aus den obigen Ausführungen (Rdn. 495–500) die Notwendigkeit einer Beurteilung und Bewertung der verschiedenen Formen einer Dynamik. Begrifflich ist zur Beurteilung der Dynamik zunächst danach zu unterscheiden, ob eine **Einkommens, – Zins- oder Preisdynamik** vorliegt, wobei sich diese in ihren Auswirkungen überlagern können, das heißt, eine Einkommensdynamik nicht immer die höchsten Anpassungssätze aufweist, sondern – so vor allem in den Jahren 2000–2006 diese von der Zins- und auch Preisdynamik überholt wurde. Ferner ist die Dynamik in ihrer Wertigkeit davon geprägt, ob eine solche sowohl in der **Anwartschaftsphase** (Versorgungserwerb bis zur Verrentung) als auch **Leistungsphase** vorliegt oder eine solche nur in einer dieser Phasen besteht. Liegt die Dynamik eines Anrechts unterhalb der Einkommensdynamik, wurde nach dem bis zum 31.08.2009 geltenden Rechtszustand von einer Teildynamik gesprochen.

III. Dynamik der gesetzlichen Rentenversicherung sowie Beamtenversorgung

502 Die Versorgungswerte beider Versorgungen zeichnen sich dadurch aus, dass sie sowohl während des Erwerbs (Anwartschaftszeit) als auch ab Leistungsbeginn an die **allgemeine Einkommensentwicklung** angepasst werden. Der aktive Beamte erwirbt eine Anwartschaft auf eine Altersversorgung von regelmäßig 71,75% seines letzten Einkommens, also nicht irgendeines Einkommens aus der aktiven Zeit; die Rentenanwartschaft der gesetzlichen Rentenversicherung bemisst sich nach dem aktuellen Rentenwert, der an die allgemeine Einkommensentwicklung angekoppelt ist, §§ 63 Abs. 7, 68 SGB VI. Nach Eintritt des Versorgungsfalles richtet sich das Ruhegehalt gem. § 70 BeamtVG nach der allgemeinen Einkommensentwicklung; entsprechend gilt dies nach § 65 SGB VI für die gesetzliche Rentenversicherung.

IV. Begriff der Voll- sowie Teildynamik

503 Für die Annahme einer **Volldynamik** genügte es nach dem bis zum 31.08.2009 bestehenden Rechtszustand, dass die Anpassung an die Einkommensentwicklung einer **bestimmten Berufsgruppe** folgt (BGH FamRZ 1983, 265 = NJW 1983, 1378; FamRZ 1983, 998). Eine rein statische Versorgung war danach gegeben, wenn diese in keiner Phase angepasst wird, also der bei Erteilung der Versorgungszusage zugesicherte Wert bis zur Beendigung der Leistung gleich bleibt. Von einer **Teildynamik** spricht man, wenn das Anrecht in einer oder beiden Phasen zwar eine Anpassung erfährt, die Wertsteigerung jedoch hinter denjenigen der Beamtenversorgung oder der gesetzlichen Rentenversicherung zurückbleibt (BGH FamRZ 1985, 1119, 1120; *Heubeck/Zimmermann*, BB 1981, 1225; *Ellger/Glockner*, FamRZ 1984, 733).

IV. Begriff der Voll- sowie Teildynamik

Beispiel einer Teildynamik. Schaubild 1:

Anwartschaftsphase statisch, Leistungsphase volldynamisch.

504

Die Versorgung sieht in diesem Fall vor, dass der Versicherte/Arbeitnehmer nach zehnjähriger Zugehörigkeit einen (Sockel-)Betrag von 200,00 € erhält und danach für jedes weitere Jahr bis zum Erreichen des festen Altersgrenze 10,00 €. Bei einer dreißigjährigen Zugehörigkeit zur Versorgung erlangt der Versicherte dann eine Anwartschaft von 400,00 €. Diese Zusage ist nicht an die laufende Einkommensentwicklung angekoppelt, so dass sich der Wert zwischen dem Eintritt in die Versorgung und dem Erreichen der Altersgrenze nicht verändert (zum Vergleich: der aktuelle Rentenwert in der gesetzlichen Rentenversicherung ist von 1977 = 12,88 € bis 2009 auf 26,56 € angestiegen; er hat sich also mehr als verdoppelt (s. a. Rdn. 315 ff.). Sieht die Versorgung ferner ab Leistungsbeginn (65. Lebensjahr) vor, dass die Rente entsprechend den Leistungen der gesetzlichen Rentenversicherung angepasst wird, so liegt in der Leistungsphase eine Volldynamik vor.

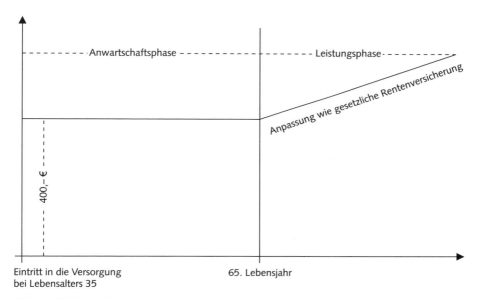

Eintritt in die Versorgung bei Lebensalters 35

65. Lebensjahr

Anmerkung:

Auch wenn in der Anwartschaftsphase eine »handgesteuerte« Anhebung der Zusage erfolgt (z. B. jährlicher Zuwachs nach zehn Jahren um 15,00 €), so bleibt es bei einem statischen Anrecht in der Anwartschaftsphase, weil die weitere Entwicklung nicht mit der gesetzlichen Rentenversicherung oder der Beamtenversorgung gleich läuft.

Schaubild 2:

Anwartschaftsphase dynamisch, Leistungsphase statisch.

505

Die Versorgung sieht vor, dass der Versicherte für jedes Jahr der Mitgliedschaft bis zum 65. Lebensjahr 0,5 % des jeweiligen sozialversicherungspflichtigen monatlichen Entgelts erlangt. Tritt der Versicherte mit Lebensalter 25 in die Versorgung ein, so würde bei einem monatlichen Entgelt von 2.000,00 € zu diesem Zeitpunkt die Anwartschaft monatlich 400,00 € betragen (2.000,00 € × 40 Jahre × 0,5 %). Beläuft sich das monatliche sozialversicherungspflichtige Entgelt bei Erreichen des 65. Lebensjahres auf 5.500,00 €, so beträgt die dann zu erbringende Rente 1.100,00 €. Enthält die Versorgung ab Leistungsbeginn keine Anpassung an die Einkommensentwicklung, ist das Anrecht insoweit in der Anwartschaftsphase volldynamisch und in der Leistungsphase statisch.

2. Kapitel Bewertung von Anrechten auf eine Versorgung wegen Alters oder Invalidität

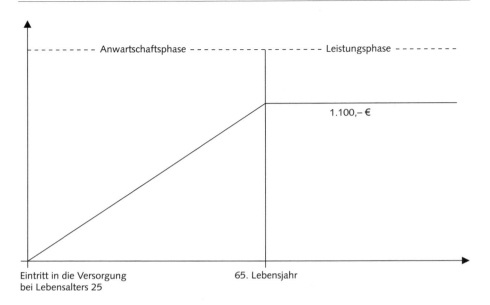

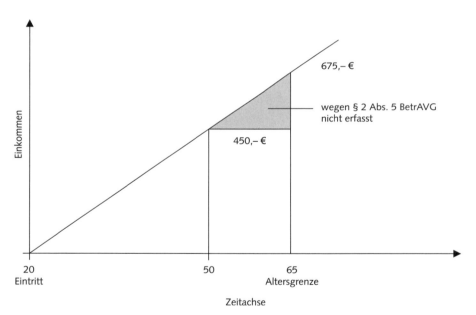

V. Dynamik und Finanzierungsverfahren

506 Die Beurteilung der Frage, ob eine Versorgung eine Dynamik in beiden Phasen beinhaltet und welche Qualität eine eventuelle Anpassung aufweist, kann sich indiziell aus der Art der zugrundeliegenden versicherungstechnischen Berechnung bzw. Finanzierung sowie der Form der Zusage ergeben. Wird die Anpassung einer Versorgungsleistung aufgrund laufend zu entrichtender steigender Beiträge vorgesehen (mittelbare Anpassung) und die Versorgungsleistung im **Anwartschafts-**

deckungsverfahren finanziert, liegt in der Anwartschaftsphase keine Dynamik vor (BT-Drucks. 7/4361 S. 39; BGH FamRZ 1985, 1119; *Glockner,* FamRZ 1988, 777, 779). Die jeweilige Beitragserhöhung schlägt sich auf die Höhe des Deckungskapitals nieder und ergibt entsprechend höhere Versorgungsleistungen. Soweit dieses sich bis zum Ende der Ehezeit angesammelt hat, erhöht sich entsprechend der Wert der Versorgung. Die Finanzierung einer Versorgung im **Umlageverfahren** (z. B. gesetzliche Rentenversicherung) bzw. offenen **Deckungsplanverfahren,** deren Anpassung unabhängig von der Höhe der gezahlten Beiträge erfolgt und von der Höhe des Gesamteinkommens der Versicherten abhängt, weist auf eine Dynamik in der Anwartschaftsphase hin (z. B. erhält der Versicherte der gesetzlichen Rentenversicherung für die jährlich durch seine Beiträge erworbenen Entgeltpunkte eine an die allgemeine Einkommensentwicklung angepasste Leistung; 1977 ergab ein Entgeltpunkt eine monatliche Rente von 25,20 DM (12,88 €), 2009 von 27,20 €).

VI. Einkommensabhängige Anpassungen

Einkommensabhängige Anpassungen können in verschiedenen Erscheinungsformen auftreten. Eine typische Regelung in der betrieblichen Altersversorgung ist etwa, dass der Arbeitnehmer einen bestimmten Prozentsatz seines letzten Einkommens (häufig 0,5%) vor Eintritt des Versicherungsfalls für jedes Dienstjahr erhält (OLG München FamRZ 1987, 1053; OLG Braunschweig FamRZ 1988, 74 – VW-Betriebsrente). Nicht erforderlich ist es dagegen, dass der zugesagte Prozentsatz steigt, wie etwa bei der Beamtenversorgung, der nach vierzig Dienstjahren auf 71,75% ansteigt, da die Dynamik von der Bemessungsgrundlage, also dem Einkommen, bestimmt wird, nicht aber von der Höhe des Anteils. Ein Ansteigen des Prozentsatzes schlägt sich in dem höheren Versorgungswert nieder. Es ist deshalb auch ausreichend, dass die **Anpassung an die Einkommensentwicklung einer bestimmten Berufsgruppe** gekoppelt ist, so dass ein unmittelbarer Vergleich mit der gesetzlichen Rentenversicherung oder Beamtenversorgung nicht erforderlich ist (BGH NJW 1983, 1378). Schwieriger ist die Beurteilung, wenn die maßgebende Bemessungsgrundlage zwar an das Einkommen der Betriebsangehörigen gekoppelt ist, aber nicht stetig erfolgt, sondern nur in größeren zeitlichen Abständen (etwa alle fünf Jahre wird die Bemessungsgrundlage an die aktuelle Einkommensentwicklung angepasst). Eine Volldynamik wird man in diesen Fällen jedenfalls dann annehmen können, wenn die jeweilige Aktualisierung entweder aufgrund einer Betriebsübung oder durch Satzung gesichert ist und die Zeiträume nicht zu lang sind (s. *Glockner,* FamRZ 1988, 777, 779, der eine zweijährige Anpassung verlangt; a. A. BGH FamRZ 1995, 88, 91 – mehr als fünf Jahre). Für die Annahme einer Volldynamik ist es ausreichend, dass eine **volldynamische Entwicklung hinreichend wahrscheinlich** ist (BGH FamRZ 1985, 1119, 1121; BGHZ 85, 194 = FamRZ 1983, 40 = NJW 1983, 336; FamRZ 1997, 161); diese Prognose kann auf die versicherungstechnischen Berechnungsgrundlagen, die Einkommensentwicklung, die Zinsdynamik des Finanzierungsverfahrens und das zu erwartende Beitragsaufkommen in Relation zur Anzahl der Versorgungsempfänger gestützt werden. Ab welchem Anpassungszeitraum eine Volldynamik abzulehnen ist, kann nur aus den Umständen des Einzelfalles entnommen werden, jedenfalls aber nicht mehr bei einem Anpassungszeitraum von zehn Jahren, weil die Einkommenszuwächse in den letzten zehn Jahren über 20% betragen haben. Eine spätere Aktualisierung kann jedoch unter den Voraussetzungen des § 10 a VAHRG erfolgen.

507

2. Kapitel Bewertung von Anrechten auf eine Versorgung wegen Alters oder Invalidität

VII. Verfall der Einkommensdynamik

508 Diese starke **Abflachung der Dynamik** in der gesetzlichen Rentenversicherung und der Beamtenversorgung in den letzten Jahren hat dazu geführt, dass das System des § 1587 a Abs. 3, 4 BGB a. F. angesichts der unsicheren Prognosen zur Zinsentwicklung nicht aufrecht erhalten werden konnte (s. a. BVerfG FamRZ 2006, 1000; FamRZ 2006, 1002 m. Anm. *Glockner/Borth*; s. a. Rdn. 428). Dies gilt insbesondere deshalb, weil die Maßstabsversorgungen der gesetzlichen Rentenversicherung und der Beamtenversorgung hinter den **(Teil-)Anpassungen bei berufsständischen Versorgungen und Betriebsrenten** zurückblieben, insoweit also eine »Überdynamik« bestand. Aufgrund der gesetzgeberischen Eingriffe in die gesetzliche Rentenversicherung in den §§ 63 Abs. 7, 65, 68, 255 e SGB VI, die eine Abkoppelung der Rentensteigerungen von der Einkommensentwicklung aufgrund eines eingefügten **Nachhaltigkeitsfaktors und eines Altersvorsorgeanteils** bewirken, ist die Anbindung eines Anrechts an die allgemeine Einkommensentwicklung allenfalls ein Indiz für eine Dynamik.

VIII. Preisentwicklung

509 Eine **Ankoppelung an die Preisentwicklung** galt bisher aufgrund der bisherigen langfristigen Preisentwicklung einerseits und der Einkommensentwicklung andererseits nicht als eine volldynamische Anpassung (*Heubeck/Zimmermann*, BB 1981, 1225, 1227; BGH FamRZ 1985, 1235 = NJW-RR 1986, 621; s. Rdn. 419). Dies war insbesondere für den Fall des § 16 BetrAVG bedeutsam, der eine Anpassung der laufenden Leistungen entsprechend der **Kaufkraftentwicklung** vorsah (s. Vorauflage Rn. 299, 421). Nach der Rechtsprechung des BAG (NJW 1977, 828; NJW 1980, 1181) war zwar eine Regelanpassung geboten, jedoch hing diese auch von der Entwicklung der wirtschaftlichen Leistungsfähigkeit des Betriebes ab (s. hierzu Rdn. 317 f.). Eine Preisdynamik ist auch dann anzunehmen, wenn eine preisabhängige Anpassung aufgrund zuvor festgelegter Leistungstabellen in der Versorgungszusage vorliegt. Die Differenzierung zwischen einkommens- und preisabhängigen Anpassungen ist angesichts der tatsächlichen Entwicklung der wirtschaftlichen Verhältnisse der letzten zehn Jahr allerdings problematisch. Die Einkommensanpassungen sind insbesondere in der Beamtenversorgung in den letzten Jahren hinter der Entwicklung der Preise bzw. Lebenshaltungskosten zurückgeblieben.

IX. Zinsdynamik

510 Eine zinsabhängige Dynamik beruht auf einem gebildeten Deckungskapital. Soweit aus diesem ein rechnungsmäßiger Überzins (vom Träger der Versorgung) gebildet wird, kann dieser zur **Dynamisierung** des Versorgungsanrechts herangezogen werden. Insoweit ist zu beachten, dass wegen der **reduzierten Zinserträge** in den letzten Jahren die berufsständischen Versorgungswerke die (geringeren) Zinserträge nur für die Dynamik in der Leistungsphase einsetzen konnten, so dass für die Anpassung der Anwartschaftsphase keine hinreichenden Erträge mehr zur Verfügung standen (s. a. BVerfG FamRZ 2006, 1000 m. Anm. *Borth/Glockner*). Dies wird sich auch in nächster Zukunft kaum ändern.

X. Berufsständische Versorgungen

Als volldynamische berufsständische Versorgungen gelten die Baden-Württembergische Ärzteversorgung (OLG Stuttgart FamRZ 1999, 863; FamRZ 2004, 378, die Ärzteversorgung Hamburg (OLG Hamburg FamRZ 1980, 1028), die Nordrheinische Ärzteversorgung (BGH FamRZ 1983, 265 = NJW 1983, 1378), die Ärzteversorgung Westfalen-Lippe (BGH FamRZ 1983, 998 = NJW 1984, 925), die Versorgung beim Versorgungswerk der Zahnärztekammer Nordrhein (BGH, Beschluss vom 02.11.1983, IV b ZB 5/82, nicht veröffentlicht), die Notarkasse München (BGH FamRZ 1985, 1236 = NJW-RR 1986, 623). Gleiches gilt für die Versorgung der Ausgleichskasse der Seelotsen der Reviere (BGH FamRZ 1988, 51), außerdem die Versorgung der Rechtsanwälte in Nordrhein-Westfalen (BGH FamRZ 1991, 1420). Eine volldynamische Versorgung ist auch die Versorgung der Wirtschaftsprüfer und vereidigten Buchprüfer in Nordrhein-Westfalen (OLG Düsseldorf FamRZ 1996, 1483), da die Anwartschaft als Produkt aus dem Rentensteigerungsbetrag, der Anzahl der anzurechnenden Versicherungsjahre und dem persönlichen durchschnittlichen Beitragsquotienten gebildet wird (vgl. auch BGH FamRZ 1991, 1420, 1421 zum Versorgungswerk der Rechtsanwälte in Nordrhein-Westfalen; zur Architektenversorgung Baden-Württemberg BGH FamRZ 2005, 430; eingehend Vorauflage Rn. 421).

511

XI. Sonstige Versorgungen

Die Versorgung der Versorgungsanstalt der Deutschen Bühnen (VddB), einer zusätzlichen betrieblichen Altersversorgung des öffentlichen Dienstes, ist nach OLG Nürnberg (FamRZ 1996, 551) im Leistungsteil jetzt volldynamisch. Der BGH hat dies in der Entscheidung vom 25.09.1996 bestätigt (FamRZ 1997, 161 – Versorgungsanstalt der Deutschen Bühnen; FamRZ 1997, 164 – Versorgungsanstalt der Deutschen Kulturorchester) und im Übrigen zutreffend darauf hingewiesen, dass die Beurteilung der Volldynamik einer Versorgung nicht davon abhängt, ob der Versicherte einen **Rechtsanspruch auf Anpassung** seiner Bezüge, sondern von der **tatsächlichen Übung** des Versorgungsträgers. Die Versorgung bei dem **Beamtenversicherungsverein des Deutschen Bank- und Bankiersgewerbes** (BVV – überbetriebliche Versorgungseinrichtung für Bankangestellte) ist im Anwartschafts- und Leistungsteil volldynamisch, wobei nicht entscheidend ist, dass die Versicherungsbedingungen und der Geschäftsplan des BVV weder eine regelmäßige Anpassung an die Lohn- und Gehaltsentwicklung noch eine Anbindung an die Steigerung der Lebenshaltungskosten vorsehen, sondern ob der Wert des Anrechts gemäß § 1587a Abs. 3 BGB tatsächlich in gleicher Weise oder nahezu gleicher Weise steigt wie die gesetzliche Rentenversicherung und die Beamtenversorgung (BGH FamRZ 1992, 1051; s. a. *Gutdeutsch*, FamRZ 1994, 612, 615). Dass die (volldynamische) Leistungen aus Zinsüberschüssen und laufenden Erträgen des Vermögens stammen, ist ohne Bedeutung.

512

3. Kapitel
Der Wertausgleich von Versorgungsanrechten

I. Einleitung

Die Aufgabe des bis zum 31. 08. 2009 geltenden **Prinzips des Einmalausgleichs** in eine Richtung in Höhe des hälftigen Wertunterschieds gem. § 1587a Abs. 1 Satz 1 BGB a. F. und die **Einführung des Hin- und Her-Ausgleichs** hat eine grundlegende Neufassung der Regelungen zur Durchführung des Wertausgleichs zur Folge. Während hinsichtlich der Bestimmungen zur Bewertung eines Anrechts weitgehend auf die in § 1587a Abs. 2 Nr. 1–5 BGB a. F. enthaltenen Grundsätze und Strukturelemente zurückgegriffen werden konnte (s. hierzu 2. Kapitel), mussten die Vorschriften zum Wertausgleich von Versorgungsanrechten grundlegend neu gefasst und strukturiert werden. Dem trägt das VersAusglG Rechnung, das gegenüber den bis 31. 08. 2009 geltenden Regelungen eine klare Gliederungsstruktur enthält, indem das Gesetz nach den Strukturelementen des Versorgungsausgleich gegliedert wird, nämlich dem Ausgleich von Anrechten, deren Bewertung sowie den Übergangsbestimmungen, so dass die Gesetzessystematik deutlich transparenter gestaltet ist (s. a. grafischer Überblick in Rdn. 13).

513

II. Gliederung der Regelungen zum Wertausgleich

In **Teil 1** (Der Versorgungsausgleich) werden in vier Kapiteln die Grundsätze des Ausgleichs von Anrechten geregelt.

514

- **Kapitel 1** (Allgemeiner Teil) regelt das Prinzip der Halbteilung der Anrechte, die Definition der Ehezeit, die Bestimmung des Ehezeitanteils und des Ausgleichswerts sowie den Auskunftsanspruch zur Ermittlung der Anrechte.
- **Kapitel 2** ist in drei Abschnitte gegliedert, in denen der Wertausgleich bei der Scheidung, die Ausgleichsansprüche nach der Scheidung sowie die allgemeine Härteklausel geregelt werden. Das Kapitel weitet die Regelungsbefugnis der Ehegatten zum Abschluss von Vereinbarungen über den Versorgungsausgleich aus, bestimmt die Rangfolge der Ausgleichsformen, enthält Regelungen zur internen und externen Teilung, definiert die Ausnahmen vom Ausgleich wegen Geringfügigkeit und fehlender Ausgleichsreife, bestimmt die Voraussetzungen des schuldrechtlichen Versorgungsausgleichs und die Möglichkeiten einer Abfindung einschließlich der Teilhabe an der Hinterbliebenenversorgung und bestimmt abschließend die Voraussetzungen zur Beschränkung und zum Wegfall des Versorgungsausgleichs (Härteklausel).
- **Kapitel 3** enthält ergänzende Bestimmungen zum Wertausgleich bei der Scheidung, die dem Schutz des Ausgleichsberechtigten während des laufenden Versorgungsausgleichsverfahrens sowie dem Schutz der Versorgungsträger im Zusammenhang mit der Umsetzung des Wertausgleichs dienen. Ferner sind hierin eine Schutzklausel zugunsten der ausgleichspflichtigen Person bei Tod eines Ehegatten und der Sonderfall des Ausgleichs einer Invaliditätsversorgung in Form einer Risikoversorgung enthalten.
- **Kapitel 4** enthält Regelungen zur Anpassung des Versorgungsausgleichs nach Rechtskraft bei Unterhaltsleistungen und im Fall des Todes des Ausgleichsberechtigten.

3. Kapitel Der Wertausgleich von Versorgungsanrechten

515   **Gliederungsübersicht**

	Teil 1 – Der Versorgungsausgleich		
Kapitel 1	Allgemeiner Teil	§§ 1 ff.	Regelung bis 31.08.2009
	– Halbteilung	§ 1	§ 1587 a Abs. 1 BGB – aber: Hin- und Her-Ausgleich
	– Auszugleichendes Anrecht auch Kapitalleistungen bei BetrAVG – Anrechten	§ 2	§ 1587 Abs. 1 BGB aber: nur Anwartschaften – Begriff Aussichten nicht mehr
	– Ehezeit Ausschluss bei kurzer Ehedauer (2/3 Jahre)	§ 3	§ 1587 Abs. 2 BGB
	– Auskunft	§ 4	§ 1587 e Abs. 1 BGB;
	– Berechnung des Ausgleichswertes Betrieb muss Ausgleichswert berechnen	§ 5	Weiter als § 1587 a Abs. 2 Satz 1–5 BGB
Kapitel 2	Ausgleich	§§ 6 ff.	
	Abschnitt 1 – Vereinbarungen	§§ 6–8	§ 1408 Abs. 2 BGB, 1587 o BGB
	– Regelungsbefugnis ohne Genehmigung durch FamG	§ 6	Jahresfrist nach § 1408 Abs. 2 BGB entfällt
	– besondere formelle Wirksamkeitsvoraussetzungen	§ 7	§ 1587 o Abs. 2 Satz 1 BGB, § 1410 BGB gilt weiter
	– besondere materielle Wirksamkeitsvoraussetzungen	§ 8	§ 1587 o Abs. 1 Satz 2 BGB
	Abschnitt 2 – Wertausgleich bei der Scheidung	§§ 9–19	§ 1587 b Abs. 1, 2 BGB; §§ 1 Abs. 2, 3, 3 b Abs. 1 VAHRG
	– interne Teilung	§ 10	§ 1587 b Abs. 1 BGB, § 1 Abs. 2 VAHRG – Realteilung
	– interne Teilung von Betriebsrenten	§ 12	wie Realteilung nach § 1 Abs. 2 VAHRG
	– Teilungskosten	§ 13	Kostenneutralität
	– externe Teilung	§ 14	wie § 1587 b Abs. 2 BGB; §§ 1 Abs. 3, 3 b Abs. 1 Satz 1 VAHRG
	– Wahlrecht hins. Zielversorgung	§ 15	
	– externe Teilung Beamtenversorgung	§ 16	§ 1587 b Abs. 2 BGB – Quasisplitting
	– Ausweitung der externen Teilung auf Direktzusage und Unterstützungskasse	§ 17	Bis allgemeine Bemessungsgrundlage nach §§ 159, 160 SGB VI – 64.800,00 €
	– Geringfügigkeit	§ 18	Saldierung wie bei § 1587 b Abs. 1–3 BGB; 1% – Renten; 120% Kapital aus § 18 SGB IV
	– fehlende Ausgleichsreife	§ 19	Verfallbarkeit nach BetrAVG – § 1587 a Abs. 2 Nr. 3 Satz 3 BGB; Unwirtschaftlichkeit nach § 1587 b

II. Gliederung der Regelungen zum Wertausgleich

			Abs. 4 BGB, ausländ. Anrechte i. S. d. § 3 a Abs. 5 VAHRG
	Abschnitt 3 – Ausgleichsansprüche nach der Scheidung	§§ 20–26	
	– schuldrechtliche Ausgleichsrente	§ 20	§ 1587 g BGB; § 1587 f BGB und § 2 VAHRG entfallen
	– Abtretung von Versorgungsansprüchen	§ 21	§ 1587 i BGB
	– Ausgleich durch Kapitalzahlung	§ 22	auch im Fall der (späteren) Umwandlung nach Scheidung?
	– Anspruch auf Abfindung	§ 23	wie in § 1587 l BGB Zumutbarkeitsprüfung
	– Zweckbindung i. S. d. § 15 Abs. 1, 2	§ 24	wie § 1587 l Abs. 3 BGB
	– Hinterbliebenenversorgung – Anspruch gegen Versorgungsträger	§ 25	Wie § 3 a VAHRG – Wiederverheiratungsklausel
	– Hinterbliebenenversorgung – Anspruch gegen Witwe/Witwer	§ 26	wie § 3 a Abs. 5 VAHRG
	Abschnitt 4 – Härteklausel	§ 27	§§ 1587 c, 1587 h BGB, § 10 a Abs. 3 VAHRG – Problem Bilanz – keine Regelbeispiele
Kapitel 3	Ergänzende Vorschriften	§§ 28 ff.	
	– privatrechtl. Anrecht auf laufende Versorgung wegen Invalidität	§ 28	Rechtsprechung BGH zur Risikoversicherung
	– Leistungsverbot bis Abschluss des Verfahrens	§ 29	Schutzklausel zugunsten des Ausgleichsberechtigten wie § 10 d VAHRG
	– Schutz des Versorgungsträgers	§ 30	wie § 1587 p BGB
	– Tod eines Ehegatten	§ 31	s. § 1587 e Abs. 4 BGB – Hin- und Her-Ausgleich beachten
Kapitel 4	Anpassungen nach Rechtskraft	§§ 32 ff.	
	– Anwendungsbereich	§ 32	Härtefälle i. S. d. §§ 4, 5 VAHRG nur für Regelsicherungssysteme
	– Anpassung wegen Unterhalt	§ 33	grundsätzlich wie §§ 5, 6 VAHRG
	– Durchführung der Anpassung wegen Unterhalt	§ 34	Zuständigkeit des Familiengerichts
	– Anpassung wegen Invalidität des Ausgleichspflichtigen	§ 35	
	– Durchführung der Anpassung zu § 35	§ 36	Zuständigkeit des Versorgungsträgers
	– Anpassung wegen Tod des Ausgleichsberechtigten	§ 37	wie § 4 VAHRG
	– Durchführung der Anpassung nach § 37	§ 38	Antragsrecht entsprechend § 9 Abs. 2 VAHRG

III. Vereinbarungen über den Versorgungsausgleich

1. Regelungszweck der §§ 6–8 VersAusglG

516 Die §§ 6–8 VersAusglG regeln Zulässigkeit, Wirksamkeit und Formvoraussetzungen von Vereinbarungen im Versorgungsausgleich. Mit deren Einbindung in den Regelungsbereich des Wertausgleichs soll in erster Linie die Dispositionsbefugnis der Ehegatten im Versorgungsausgleich gestärkt werden. Die neu gefassten Regelungen geben deshalb die bisher den Abschluss von Vereinbarungen einschränkenden Bestimmungen auf; sie ermöglichen insbesondere in weitaus größerem Umfang als bisher, Anrechte der Altersvorsorge mit anderen Vermögenswerten der Ehegatten in einen Gesamtausgleich einzubeziehen. Hierzu entfällt das bisher bestehende **Genehmigungserfordernis** nach § 1587 o BGB a. F. Ferner wird die in § 1408 Abs. 2 Satz 2 BGB a. F. enthaltene Jahresfrist aufgehoben, innerhalb der bei Einreichung eines Scheidungsantrags ein Ehevertrag unwirksam wurde. Die Regelungen fassen die Bestimmungen zum Ehevertrag sowie zu Scheidungsfolgenvereinbarungen zusammen, so dass die Probleme der Abgrenzung beider Regelungsbereiche nicht mehr bestehen. Der Schutz der Ehegatten soll durch die weiter bestehende notarielle Form sowie die richterliche Prüfung in Form einer **Wirksamkeits- und Ausübungskontrolle** erfolgen.

2. Überblick über die gesetzlichen Bestimmungen

517 § 6 VersAusglG enthält zunächst den allgemeinen Grundsatz, dass auch der Versorgungsausgleich der Dispositionsbefugnis der Ehegatten unterliegt und entsprechend der Abschluss von Vereinbarungen zum Versorgungsausgleich gefördert werden soll. Ferner enthält diese Vorschrift **Regelbeispiele zur Gestaltung von Vereinbarungen**, anhand derer die Ehegatten den Rahmen der Gestaltungsbefugnis entnehmen können. Dies betrifft vor allem
- die Einbeziehung des Versorgungsausgleichs in die Regelung der ehelichen Vermögensverhältnisse,
- den Ausschluss des Versorgungsausgleichs sowie
- den Vorbehalt von Ausgleichsansprüchen nach der Scheidung, also vor allem den schuldrechtlichen Versorgungsausgleich.

Das Familiengericht ist an die Vereinbarungen der Ehegatten gebunden, soweit diesen keine allgemeinen **Wirksamkeits- und Durchsetzungshindernisse** entgegenstehen; dies bezieht sich vor allem auf die §§ 119, 123, 134, 138 BGB sowie einen **Vertrag zulasten Dritter**. Ein solcher Fall tritt beim Ausgleich eines öffentlich-rechtlichen Anrechts ein, wenn die Quote von 50% überschritten wird, was zu einer Risikoerhöhung des Versorgungsträgers führen kann, wenn der Ausgleichsberechtigte aufgrund des höheren Anteils eine höhere Belastung zu tragen hat, die sich im Falle einer längeren Bezugsdauer des den hälftigen Anteil übersteigenden Betrags realisiert. Ferner ist ein solcher Fall in § 25 Abs. 2 VersAusglG bei Vereinbarung des schuldrechtlichen Versorgungsausgleichs geregelt.

§ 7 VersAusglG bestimmt die besonderen **formellen Wirksamkeitsvoraussetzungen**. Die Vorschrift legt generell die notarielle Form der Beurkundung fest, die jedoch nur bis zum Eintritt der Rechtskraft der Scheidung erforderlich ist. Dies gilt sowohl hinsichtlich einer Scheidungsfolgenvereinbarung wie auch hinsichtlich eines Ehevertrags; insoweit gilt § 1410 BGB.

In § 8 VersAusglG werden die besonderen materiellen Wirksamkeitsvoraussetzungen von Vereinbarungen geregelt. Diese beziehen sich insbesondere auf die

Rechtsprechung des BVerfG sowie des BGH zur Inhaltskontrolle von Eheverträgen. Ferner enthält § 8 Abs. 2 VersAusglG eine **Regelungssperre** vor allem in Bezug auf öffentlich-rechtliche Versorgungsanrechte. Wegen der Einzelheiten wird auf Kapitel 7 verwiesen (Rdn. 516).

IV. Der Wertausgleich bei der Scheidung

1. Überblick sowie verfahrensrechtliche Grundlagen

Der Wertausgleich bei der Scheidung gem. den §§ 9–19, 28 VersAusglG richtet sich nach den folgenden Grundsätzen: **518**
- Die Entscheidung zum Versorgungsausgleich erfolgt – wie nach § 623 Abs. 1 Satz 3 ZPO a. F. – nach § 137 Abs. 1, 2 Nr. 1, Satz 2 FamFG von **Amts wegen im Verbund**. Regelmäßig betrifft dies ausschließlich den Wertausgleich bei der Scheidung nach den §§ 19–19, 28 VersAusglG. Ist z. B. ein bei einem ausländischen, zwischenstaatlichen oder überstaatlichen Versorgungsträger bestehendes Anrecht i. S. d. § 19 Abs. 2 Nr. 3 VersAusglG bereits zum Zeitpunkt der Scheidung teilungsreif, liegen ebenfalls die Voraussetzungen einer Verbundentscheidung vor, wenn der Ausgleichsberechtigte einen entsprechenden Antrag stellt, weil ebenfalls eine Entscheidung für den Fall der Scheidung (Folgesache) in Bezug auf ein solches Anrecht zu treffen ist.
- Soweit der Versorgungsausgleich im selbständigen Verfahren durchzuführen ist (z. B. bei Scheidung der Ehe im Ausland, wenn das Versorgungsausgleichsstatut deutsches Recht ist oder nach Art. 17 Abs. 3 EGBGB), liegt ebenfalls ein Verfahren der Angelegenheiten der freiwilligen Gerichtsbarkeit vor. Es gilt insbesondere der Untersuchungsgrundsatz nach § 26 FamFG.
- Nach § 140 Abs. 2 Nr. 1, 2, 4, 5 FamFG kann das Verfahren abgetrennt werden. Besonders zu beachten ist § 140 Abs. 2 Nr. 4 FamFG, der auf **Antrag beider Ehegatten** eine **Abtrennung nach drei Monaten** seit Rechtshängigkeit des Scheidungsantrags zulässt, wenn die erforderlichen Mitwirkungshandlungen von den Ehegatten erbracht wurden (Abgabe der Formulare zum Versorgungsausgleich, Erledigung von Nachfragen des Versorgungsträgers über den Versicherungsverlauf).
- Der Wertausgleich erfolgt **nicht durch eine Saldierung** aller in der Ehezeit erworbenen Anrechte. Jedes Anrecht wird jeweils grundsätzlich intern geteilt; diese Teilungsart entspricht dem Splitting in der gesetzlichen Rentenversicherung gem. § 1587 b Abs. 1 BGB a. F.; eine Ausnahme besteht jedoch bei gleichartigen Anrechten beider Ehegatten bei demselben Versorgungsträger gem. § 10 Abs. 2 VersAusglG. Daneben ist eine externe Teilung gem. den §§ 14–17 VersAusglG möglich. Das Verhältnis dieser Regelungen wird durch die **Rangfolge nach § 9 VersAusglG** bestimmt. Danach ist die externe Teilung grundsätzlich nachrangig (s. Rdn. 520).
- Die interne Teilung bezieht sich auch auf **betriebliche Altersversorgungen**, soweit diese nach § 19 Abs. 2 Nr. 1 VersAusglG teilungsreif (d. h. unverfallbar) sind. Damit entfällt ein Ausgleich über die gesetzliche Rentenversicherung i. S. d. § 3 b Abs. 1 Nr. 1 VAHRG a. F. oder durch Beitragszahlung nach § 3 b Abs. 1 Nr. 2 VAHRG a. F. Die Regelung des § 15 Abs. 5 Satz 1 VersAusglG, die einen externen Ausgleich in der gesetzlichen Rentenversicherung vorsieht, greift bei einer betrieblichen Altersversorgung nicht ein, weil nach § 15 Abs. 5 Satz 2 VersAusglG (in der Fassung von Art. 9 d Nr. 2 des 3. Gesetzes zur Änderung des SGB IV – Gesetz zur Errichtung einer Versorgungsausgleichskasse und zur

Änderung anderer Gesetze) ein Anrecht nach dem BetrAVG abweichend in der **neu gegründeten Versorgungsausgleichskasse** zu begründen ist.
- Der nach § 76 Abs. 2 Satz 3 SGB VI a. F. i. V.m. § 1587b Abs. 5 BGB a. F. zu beachtende **Höchstbetrag** entfällt, da diese Bestimmung im SGB VI aufgehoben wurde (gem. Art. 4 Nr. 3 VAStrRefG), so dass vor allem im Bereich der Beamtenversorgung bei hohen Ausgleichswerten im **Falle der externen Teilung** nach § 16 Abs. 1 VersAusglG das gesamte Anrecht ausgeglichen werden kann, auch solange die Beamtenversorgung keine interne Teilung vorsieht (dies sieht der Bund durch das Bundesversorgungsteilungsgesetz vor – Art. 5 VAStrRefG). Dies hat den sozialpolitisch positiven Effekt, dass der (nach bisherigem Recht nicht ausgleichbare Teil der Beamtenversorgung) nicht in den schuldrechtlichen Versorgungsausgleich zu verweisen ist (s. § 1587 f Nr. 2 BGB a. F.). Die in § 225 Abs. 1 SGB VI geregelte **Erstattungspflicht des Versorgungsträgers** bleibt im Falle einer externen Teilung bestehen.
- Ein Versorgungsträger kann gem. § 11 Abs. 1 Nr. 3 VersAusglG das Anrecht bei der Durchführung der Teilung so umgestalten, dass eine **Hinterbliebenenversorgung dem Ausgleichsberechtigten** im Leistungsfall nicht gewährt wird (s. a. BT-Drucks. 16 / 10144 S. 56). In diesem Fall muss der Verzicht auf eine Hinterbliebenenversorgung wertmäßig kompensiert werden, indem das Anrecht wegen Alters entsprechend erhöht wird.

2. Regelung der Rangfolge nach § 9 VersAusglG

a) Zweck der Rangfolgeregelung nach § 9 VersAusglG

519 Die Vorschrift des § 9 VersAusglG legt die Vorgehensweise bei der Durchführung des Wertausgleichs bei der Scheidung fest. Sie bewirkt gleichzeitig eine Transparenz hinsichtlich der Struktur des vorzunehmenden Wertausgleichs und führt die zu beachtenden Regelungen auf.

b) Anwendungsbereich der internen sowie externen Teilung

520 Die in § 9 VersAusglG enthaltene Regelung beinhaltet eine Rangfolge zur Durchführung des Wertausgleichs bei der Scheidung. Danach gelten folgende Grundsätze, die in der dargelegten Reihenfolge zu prüfen sind:
- Grundsätzlich unterliegen sämtliche Anrechte dem Wertausgleich bei Scheidung nach den §§ 9–19 und 28 VersAusglG.
- Dieser Grundsatz wird in zweifacher Hinsicht begrenzt, so
  - wenn die Ehegatten durch eine Vereinbarung nach den §§ 6–8 VersAusglG eine wirksame Vereinbarung geschlossen haben, nach der der Wertausgleich nicht nach den §§ 9–19, 28 VersAusglG vorgenommen wird (z. B. Ausgleich durch einen ver-mögensrechtlichen Ausgleich im Zusammenhang mit dem Güterrecht) oder
  - die Ausgleichsreife eines Anrechts nach § 19 Abs. 1, 2 VersAusglG fehlt (v. a. Verfallbarkeit eines Anrechts der betrieblichen Altersversorgung).
- Vorrangig erfolgt nach § 9 Abs. 2 VersAusglG der Ausgleich durch **interne Teilung**, die die Grundform des Ausgleichs darstellt. Die interne Teilung bedeutet, dass für die ausgleichsberechtigte Person bei dem Versorgungsträger des auszugleichenden Anrechts ein eigenständiges Anrecht begründet wird. Dieses Prinzip entspricht dem bisher in § 1 Abs. 2 VAHRG geregelten **Realteilung** (s. hierzu Vorauflage Rn. 473 ff.).
- Entsprechend bestimmt § 9 Abs. 3 VersAusglG, dass die **externe Teilung** nach § 14 Abs. 1 VersAusglG **nachrangig** ist und nur in den Fällen des § 14 Abs. 2

IV. Der Wertausgleich bei der Scheidung

Nr. 1, 2 VersAusglG (Vereinbarung; auf Verlangen des ausgleichspflichtigen Versorgungsträgers) sowie den § 16 Abs. 1 VersAusglG (Beamtenversorgung ohne interne Teilung) und § 17 VersAusglG (erweiterte externe Teilung bei betrieblichen Altersversorgungen aus einer Direktzusage oder Unterstützungskasse). Hieraus folgt, dass die externe Teilung nur innerhalb des in § 9 Abs. 3 VersAusglG definierten Rahmens zulässig ist. Auch hierin drückt sich der **Ausnahmecharakter der externen Teilung** aus, der über die Regelungen der §§ 14 Abs. 2 Nr. 2, 16 Abs. 1, 2, 17 VersAusglG nur dann zulässig ist, wenn der Ausgleichsberechtigte und der Versorgungsträger des auszugleichenden Anrechts ausdrücklich eine externe Teilung vereinbaren.

– Ferner ist nach § 9 Abs. 4 VersAusglG die **Regelung zur Geringfügigkeit** gem. § 18 VersAusglG zu prüfen (Rdn. 581 ff.). Diese Regelung bezieht sich auf die Möglichkeit gem. § 18 Abs. 1 VersAusglG, bei beiderseitigen Anrechten gleicher Art mit geringer Wertdifferenz von der Durchführung des Versorgungsausgleichs abzusehen. Entsprechendes gilt nach § 18 Abs. 2 VersAusglG bei einzelnen Anrechten mit einem geringen Ausgleichswert.

– Nach § 16 Abs. 2 VersAusglG sind Anrechte eines Soldaten auf Zeit sowie eines Widerrufsbeamten stets durch Begründung eines Anrechts in der gesetzlichen Rentenversicherung auszugleichen; s. a. § 44 Abs. 4 VersAusglG zur Bewertung dieser Anrechte.

3. Interne Teilung von Anrechten für die ausgleichsberechtigte Person

a) Grundsatz der gleichmäßigen Teilhabe im positiven wie negativen Sinn

Die Regelungen zur internen Teilung gem. §§ 10–13 VersAusglG sind das Kernstück der Reform zum Versorgungsausgleich. § 11 VersAusglG bestimmt die **Anforderungen an die interne Teilung**, wonach insbesondere für die ausgleichsberechtigte Person ein eigenständiges und entsprechend gesichertes Anrecht mit vergleichbarer Wertentwicklung begründet und auch der **gleiche Risikoschutz** gewährt wird. Aufgrund dieser Bestimmungen wird die **Umrechnung von Anrechten** gem. § 1587a Abs. 3, 4 BGB a. F. i. V.m. der Barwertverordnung überflüssig, weil der jeweils ausgleichsberechtigte Ehegatte beim Versorgungsträger des auszugleichenden Anrechts ein eigenständiges Anrecht erhält, das vom Versorgungsschicksal des anderen Ehegatten nicht abhängig ist. Durch diese Regelung wird der **Grundsatz der hälftigen Teilhabe** an dem in der Ehezeit erlangten Anrecht umfassend erfüllt, weil sich das für die ausgleichsberechtigte Person begründete Anrecht nach denselben Bestimmungen wie das der ausgleichspflichtigen Person nach durchgeführter interner Teilung verbleibende Anrecht richtet. **Künftige Veränderungen** wirken sich deshalb für beide Ehegatten in gleicher Weise aus. Dies gilt zunächst für den Fall einer bestehenden Dynamik in der Anwartschaftsphase und / oder Leistungsphase (Ausnahme nach § 12 VersAusglG bei einer betrieblichen Altersversorgung, s. Rdn. 546), gleichermaßen aber auch dann, wenn ein Anrecht wegen mangelnder Insolvenzsicherung **ganz oder teilweise wegfällt**, so vor allem bei einer Pensionszusage für einen Gesellschafter – Geschäftsführer, die nicht beim Pensionssicherungsverein a. G. insolvenzgesichert werden kann, weil es an der Arbeitnehmereigenschaft des Versorgungsberechtigten fehlt (i. S. d. § 7 BetrAVG) und eine **Rückdeckungsversicherung** nur teilweise oder gar nicht besteht, so dass im Insolvenzfall auch die nach § 6a EStG vorgenommene Pensionsrückstellung nicht eine Leistung garantiert. Ferner wirkt sich die interne Teilung auf die Frage der **gleichartigen Besteuerung** sowie der Belastung mit **Sozialversicherungsbeiträgen** mit Eintritt des Versorgungsfalls aus (Krankenversi-

521

cherung, Pflegeversicherung). Insoweit wird auf die Ausführungen zu Rdn. 580 verwiesen.

> **Praktischer Hinweis:**
>
> Der Grundsatz der gleichmäßigen Teilhabe bedeutet auch, dass im Falle des Ausgleichs eines Kapitalbetrags (als Bezugsgröße i. S. d. § 5 Abs. 3 VersAusglG) der zwischen dem Ehezeitende bzw. dem Zeitpunkt der Erteilung der Auskunft durch den Versorgungsträger und dem Wirksamwerden der Entscheidung (Rechtskraft) anfallende Zinsertrag ebenfalls Teilungsgegenstand ist. In der **Beschlussformel** kann dies in der Weise erfasst werden, dass ab dem Zeitpunkt der Auskunfterteilung der Ausgleichswert laufend (jährlich) um den Zinssatz steigt, der dem Garantiezins des auszugleichenden Anrechts entspricht. Durch diese Anordnung im Beschluss wird auch der Gleichlauf mit dem Ausgleich eines Anrechts der gesetzlichen Rentenversicherung und Beamtenversorgung hergestellt, bei denen die Bezugsgröße gesetzlich angepasst wird (s. a. Rdn. 535, 1045).

b) Verrechnung gleichartiger Anrechte bei demselben Versorgungsträger als Ausnahmeregelung

522 (1) § 10 Abs. 2 Satz 1 VersAusglG lässt eine **Verrechnung der beiderseitigen Anrechte** zu, wenn beide Ehegatten bei demselben Versorgungsträger ein gleichartiges Anrecht erworben haben. Dies betrifft vor allem den Bereich der gesetzlichen Rentenversicherung und der berufsständischen Versorgung (beide Ehegatten führen Beiträge zum selben Träger ab). In diesem Fall vollzieht sich der Ausgleich wie das bekannte Rentensplitting nach § 1587b Abs. 1 BGB a. F. Allerdings nimmt nicht das Familiengericht selbst den Verrechnungsvorgang vor, sondern der Versorgungsträger. Dies folgt aus dem Wortlaut des § 10 Abs. 2 Satz 1 VersAusglG, der bestimmt, dass »*nach der internen Teilung durch das Familiengericht der Ausgleich nur in Höhe des Wertunterschieds vollzogen*« wird.

523 (2) Die zu verrechnenden Anrechte müssen in ihrer **Grundstruktur vergleichbar** sein; dies bezieht sich auf den Leistungskatalog (Alters-/Invaliditätsversorgung), die Anpassung in der Anwartschafts- und Leistungsphase, sowie der Finanzierungsart.

Dem trägt § 120f Abs. 1, 2 SGB VI Rechnung, der alle in der gesetzlichen Rentenversicherung erworbenen Anrechte grds. gleichstellt, hiervon jedoch in § 120f Abs. 2 SGB VI die Anrechte der gesetzlichen Rentenversicherung (Ost) und (West) sowie der **knappschaftlichen Rentenversicherung** ausnimmt, diese also nicht untereinander wegen unterschiedlicher Wertigkeit bzw. Dynamik (s. hierzu Rdn. 498, 501) verrechnet werden können.

> **Beispiel** (bezogen auf Rechenfaktoren 1. Hj. 2009)
>
> **Ausgleich bis 31. 08. 2009**
>
> | | Ehemann | Ehefrau | Euro |
> | --- | --- | --- | --- |
> | ges. RV (West) | 664,00 | 132,80 | |
> | ges. RV (Ost) | | 233,40 | |
> | betriebl. AV | 200,00 | | dynamisiert |
> | betriebl. AV | | 50,00 | dynamisiert |
> | | | | |

IV. Der Wertausgleich bei der Scheidung

Keine Saldierung nach § 1587 a Abs. 1 BGB a. F., da Anrechte der Ehefrau angleichungsdynamisch sind, so dass das Versorgungsausgleichsverfahren nach § 2 Abs. 1 Satz 2 VAÜG auszusetzen war.

Ausgleich ab 01.09.2009

Nr.		Ehemann	Ehefrau	Bezugsgröße
1	ges. RV (West)	25	5	Entgeltpunkte West
2	ges. RV (Ost)		10	Entgeltpunkte Ost
3	betriebl. AV	360,00		Rente (Euro)
4	betriebl. AV		9.500,00	Kapital (Euro)

Ausgleich:

– **Nr. 1**: Da gleichartige Anrechte in der gesetzlichen Rentenversicherung (West) vorliegen, sind im Ergebnis von dem Anrecht des Ehemannes in der gesetzlichen Rentenversicherung auf das Anrecht der Ehefrau in der gesetzlichen Rentenversicherung 10 Entgeltpunkte (25–5 = 20 : 2) zu übertragen. Das Familiengericht nimmt dennoch (zunächst) die interne Teilung in Bezug auf die Anrechte des Ehemannes vor, indem 12,5 Entgeltpunkte auf das Versicherungskonto der Ehefrau in der gesetzlichen Rentenversicherung übertragen und umgekehrt vom Versicherungskonto der Ehefrau auf das Versicherungskonto des Ehemannes in der gesetzlichen Rentenversicherung 2,5 Entgeltpunkte übertragen werden. Hierzu ist die **Benennung des Ehezeitendes** sinnvoll, aber nicht erforderlich, weil aufgrund der Bestimmungen zur gesetzlichen Rentenversicherung der bei Eintritt des Versorgungsfalls geltende aktuelle Rentenwert auf die Anzahl der insgesamt erworbenen Entgeltpunkte anzuwenden ist. Soweit die Anrechte der Ehegatten aus der gesetzlichen Rentenversicherung bei demselben Träger (DRV Bund oder DRV Land) bestehen, nimmt dieser danach die Belastung des Versicherungskontos des Ehemannes in Höhe von 10 Entgeltpunkten vor; umgekehrt werden dem Versicherungskonto der Ehefrau 10 Entgeltpunkte gutgebracht. Sind verschiedene Träger der gesetzlichen Rentenversicherung zuständig, erfolgt zwischen beiden Versorgungsträgern die Verrechnung, weil die gesetzliche Rentenversicherung nach § 126 SGB VI grundsätzlich als ein einheitliches Versorgungssystem anzusehen ist (s. Rdn. 274). Die Gleichartigkeit von regeldynamischen Anrechten der gesetzlichen Rentenversicherung wird in § 120 f Abs. 1 SGB VI ausdrücklich festgestellt, so dass eine Verrechnung der Bezugsgröße (Entgeltpunkte) zulässig ist.

Ausgleichswert i. S. d. § 5 Abs. 3 VersAusglG: 12,5 sowie 2,5 Entgeltpunkte (West)

– **Nr. 2**: Die im Beitrittsgebiet erworbenen Entgeltpunkte können nicht als Anrechte gleicher Art angesehen werden, da der Erwerb von Entgeltpunkten (Ost) aufgrund der unterschiedlichen Dynamik nicht zum selben Rentenbetrag im Versorgungsfall führt wie bei Anrechten der gesetzlichen Rentenversicherung (West), solange eine Einkommensangleichung i. S. d. § 1 Abs. 1 VAÜG noch nicht festgestellt ist. Dies legt § 120 f Abs. 2 SGB VI ausdrücklich fest. Entsprechendes gilt in Bezug auf die **knappschaftliche Rentenversicherung**, für die das Anrecht mit unterschiedlichen Renteartfaktoren zu ermitteln ist. Nach den §§ 86 Abs. 1, 265 a Abs. 2 SGB VI ist der aktuelle Rentenwert mit dem Faktor 1,3333 zu vervielfältigen. Auch insoweit bedarf es eines gesonderten Ausgleichs. Zu Lasten der

Anrechte der Ehefrau in der gesetzlichen Rentenversicherung (Ost) werden zugunsten des Ehemannes Anrechte in der gesetzlichen Rentenversicherung (Ost) in Höhe von 5 Entgeltpunkten übertragen.

Ausgleichswert i. S. d. § 5 Abs. 3 VersAusglG: 5 Entgeltpunkte (Ost)

526 – **Nr. 3, 4:** Eine Verrechnung der Anrechte der beiderseitigen Ehegatten aus der betrieblichen Altersversorgung scheidet schon deshalb aus, weil die Bezugsgrößen unterschiedlich sind. Eine Verrechnung ist ansonsten nur dann zulässig, wenn beide Ehegatten Anrechte bei demselben Versorgungsträger erworben haben, z. B. also beide Ehegatten jeweils Anrechte in der Zusatzversorgung des öffentlichen Dienstes erworben haben. Dies gilt auch, wenn z. B. der Ehemann ein solches Anrecht bei der VBL (Zusatzversorgung des Bundes und der Länder), die Ehefrau dagegen bei dem Kommunalen Versorgungsverband (KVV) ein entsprechendes Anrecht erworben hat. Jedoch muss nach § 10 Abs. 2 Satz 2 VersAusglG zwischen den verschiedenen Trägern der Zusatzversorgungen des öffentlichen Dienstes eine entsprechende Vereinbarung vorliegen.

527 (3) Ferner kann eine Verrechnung erfolgen, wenn **verschiedene Versorgungsträger untereinander eine entsprechende Vereinbarung** getroffen haben; dies wird vor allem bei den Trägern der verkammerten Versorgungen der Fall sein (Ärzte-/Rechtsanwaltsversorgung), die im Rahmen der Realteilung gem. § 1 Abs. 2 VAHRG a. F. vergleichbare Bestimmungen zur Realteilung in ihren Satzungen aufgenommen haben, wonach eine solche vorgenommen wird, wenn beide Ehegatten Mitglied in einem entsprechenden Versorgungswerk sind. Allerdings ist dies nur dann zulässig, wenn die zu verrechnenden Anrechte hinsichtlich ihrer Berechnungsfaktoren gleichartig sind.

528 (4) Der **Vollzug** erfolgt nach § 10 Abs. 2 VersAusglG durch den **Versorgungsträger selbst**, der nach der rechtskräftigen Entscheidung des Familiengerichts die Verrechnung der gleichartigen Anrechte mitteilt (BT-Drucks. 16/10144 S. 55). In welcher Weise der Vollzug der nach § 10 Abs. 2 VersAusglG vorgenommenen Verrechnung den beteiligten Ehegatten mitgeteilt wird, regelt § 10 Abs. 2 VersAusglG nicht. Wendet sich ein Ehegatte gegen die Verrechnung, weil er der Ansicht ist, dass die Verrechnung durch verschiedene Versorgungsträger (aufgrund einer Vereinbarung i. S. d. § 10 Abs. 2 VersAusglG) nicht hätte vorgenommen werden dürfen, weil keine Versorgungen gleicher Art vorliegen, so muss er dies auf dem für die **Versorgungsträger geltenden Rechtsweg anfechten**. Würden z. B. der gesetzlichen Rentenversicherung eine Verrechnung zwischen Anrechten West und Ost entgegen § 120 f Abs. 1, 2 SGB VI vornehmen, müsste die Anordnung, die einen belastenden Verwaltungsakt darstellt, vor den Sozialgerichten angegriffen werden. Erfolgt eine Verrechnung zwischen zwei berufsständischen Versorgungen, ist der belastende Verwaltungsakt vor den Verwaltungsgerichten anzufechten, da diese öffentlich-rechtlich organisiert sind. Erfolgt eine Verrechnung von zwei privatrechtlich organisierten Versorgungsträgern, sind die allgemeinen Zivilgerichte zuständig. Betrifft dies zwei betriebliche Altersversorgungen, muss die Verrechnung vor den Arbeitsgerichten angegriffen werden.

529 (5) Keine Verrechnung darf zwischen einem Anrecht der **gesetzlichen Rentenversicherung** und der **Beamtenversorgung** erfolgen, da das Gesetz keine § 1587 a Abs. 3 BGB a. F. entsprechende Regelung getroffen hat. Vielmehr ist in Bezug auf die Beamtenversorgung entweder eine interne Teilung nach dem BVersTG oder einer entsprechenden Regelung eines Bundeslandes vorzu-

IV. Der Wertausgleich bei der Scheidung

nehmen (s. Rdn. 550;) oder es findet nach § 16 VersAusglG eine externe Teilung statt (s. Rdn. 576).

4. Anforderungen an die interne Teilung nach §§ 11, 12 VersAusglG

a) Grundlagen

Der maßgebende Grundsatz ist in § 11 Abs. 1 VersAusglG enthalten, der verlangt, dass die gleichwertige Teilhabe an dem zu teilenden Anrecht gewährleistet ist. Die Konkretisierung dieses Grundsatzes erfolgt in § 11 Abs. 1 Satz 2 VersAusglG. Diese Regelungen stellen die **Mindestanforderungen an die interne Teilung** dar. Soweit es um gesetzlich geregelte Alterssicherungssysteme geht, steht dem Familiengericht insoweit keine Kontrollbefugnis über die rechtliche Ausgestaltung der Leistungsbestimmungen dieser Bestimmungen zu. Dies gilt vor allem für die gesetzliche Rentenversicherung, Beamtenversorgung, landwirtschaftliche Altersvorsorge sowie die berufsständischen Versorgungen (BT-Drucks. 16/10144 S. 55). In Bezug auf Versorgungen, deren Leistungen nicht gesetzlich geregelt sind, also vor allem betriebliche Altersversorgungen, private Pensionszusagen und private Rentenversicherungen, folgt aus § 11 Abs. 1 VersAusglG, dass diesen die Einzelgestaltung über die Durchführung und den Vollzug der internen Teilung überlassen bleibt. Sie haben jedoch die Regelungen des § 11 Abs. 1 Satz 2 Nr. 1–3 VersAusglG zu beachten. Hierzu enthält sich das Gesetz näherer Vorgaben und weist diesen Versorgungsträgern eine **eigene Gestaltungsbefugnis** zu und verlangt lediglich, dass das zu schaffende Teilungssystem grundlegenden verfassungsrechtlichen Anforderungen gerecht wird. In der Gesetzesbegründung wird auf die entsprechende Regelung des § 1 Abs. 2 Satz 2 VAHRG a. F. und die hierzu entwickelten Grundsätze verwiesen (BT-Drucks. 16/10144 S. 55, 56). Ferner wird auf die zu § 1 Abs. 2 VAHRG entwickelte Rechtsprechung (vor allem BGH FamRZ 1989, 951; FamRZ 1997, 1470, FamRZ 1999, 158) verwiesen und ausgeführt, dass der in dieser Rechtsprechung entwickelte Rahmen auch für die künftige Gestaltung der internen Teilung Geltung besitzt. Zur praktischen Umsetzung des Prüfungsumfangs des Familiengerichts in Bezug auf die in § 11 Abs. 1 Satz 2 VersAusglG enthaltenen Mindestanforderungen wird auf die Rdn. 531 ff. verwiesen.

530

b) Begründung eines eigenständigen und entsprechend gesicherten Anrechts

Es muss für den Ausgleichsberechtigten ein **eigenständiges und gesichertes Anrecht** begründet werden; dies beinhaltet – entsprechend dem Prinzip des Versorgungsausgleichs – die Trennung der Versorgungsschicksale der Ehegatten, so dass der **Leistungsfall** unabhängig vom Bezug des Anrechts durch den Ausgleichspflichtigen eintritt. Der Ausgleichsberechtigte wird in einer privaten Rentenversicherung sowie einer Direktversicherung der betrieblichen Altersversorgung selbst versicherte Person. Die **Trennung der Versorgungsschicksale** bedeutet zugleich, dass sich der Eintritt des Versorgungsfalls nach den jeweiligen Bestimmungen des Leistungsrechts der ausgeglichenen Versorgung richtet. Aufgrund des Hin- und Her-Ausgleichs kann das – anders als nach dem bis zum 31. 08. 2009 geltenden Rechtszustand, in dem die Saldierung aller Anrechte erfolgte – bedeuten, dass der im Ergebnis durch den Versorgungsausgleich höher belastete Ehegatte im Falle eines unterschiedlichen Eintritts des Versorgungsfalls Nachteile erlangen kann, weil er die Voraussetzungen des Leistungsbezugs in dem auszugleichenden Anrecht des anderen Ehegatten nicht erfüllt.

531

3. Kapitel   Der Wertausgleich von Versorgungsanrechten

> **Beispiel:**
> Der Ehemann ist Beamter und bezieht nach der Scheidung ab dem 63. Lebensjahr sein Ruhegehalt aus einer Beamtenversorgung. Er hat im Versorgungsausgleich an die Ehefrau 500,00 € abgegeben, die entsprechend mit Rechtskraft der Entscheidung zum Versorgungsausgleich bei seinem Versorgungsanrecht gekürzt werden. Die Ehefrau hat in der Ehezeit Anrechte in der gesetzlichen Rentenversicherung erworben und im Versorgungsausgleich 150,00 € an den Ehemann abgegeben. Nach dem bis zum 31. 08. 2009 geltenden Rechtszustand hätte er 350,00 € abgegeben; entsprechend wäre sein Anrecht um diesen Betrag ab Leistungsfall gekürzt worden. Da er zur gesetzlichen Rentenversicherung nie Pflichtbeiträge abgeführt hat, kann er erst mit Erreichen der festen Altersgrenze (eingehend Rdn. 287) die Rente aus der gesetzlichen Rentenversicherung beziehen. Er hat deshalb in Höhe von 150,00 € einen zeitlich befristeten Nachteil hinzunehmen, bis er die Voraussetzungen zum Bezug einer Leistung erfüllt. Diesem Effekt des neuen Ausgleichssystems trägt das Gesetz nach § 35 VersAusglG in den Fällen der **Invalidität der ausgleichspflichtigen Person** oder einer für sie geltenden besonderen Altersgrenze (Soldat, Polizeibeamter) Rechnung, nach dem die Kürzung einer laufenden Versorgung auf Antrag ausgesetzt wird (eingehend Rdn. 891 ff.).

532   Die Begründung eines eigenständigen Anrechts bedeutet, dass für den Ausgleichsberechtigten – wie im öffentlich-rechtlichen Versorgungsausgleich nach dem bis zum 31. 08. 2009 geltenden Recht – ein unmittelbarer Anspruch entsteht, der eine **quasi dingliche Absicherung** beinhaltet. Er leitet sich zwar familienrechtlich von den Rechtsbeziehungen zum anderen Ehegatten ab und beruht auf dem Anspruchsbereich des § 1 Abs. 1 VersAusglG. Der Vollzug dieses Anspruchs aus § 1 Abs. 1 VersAusglG erfolgt jedoch durch Einräumung einer von der Person des ausgleichspflichtigen Ehegatten unabhängigen Rechtsposition; dies folgt auch aus § 31 Abs. 1 VersAusglG, wonach der Wertausgleich auch im Falle des Todes des Ausgleichspflichtigen durchgeführt wird. Entsprechend wird der Ausgleichsberechtigte in einer privaten Rentenversicherung sowie einer Direktversicherung der betrieblichen Altersversorgung selbst versicherte Person, während er im Fall des Ausgleichs öffentlich-rechtlich organisierter Versorgungen einen gesetzlich geregelten Anspruch auf ein Versorgungsanrecht erwirbt. In der gesetzlichen Rentenversicherung wird dies in den §§ 52, 76 Abs. 7, 86 SGB VI ausdrücklich geregelt. Beim Ausgleich eines Anrechts aus der **Beamtenversorgung** folgt dies aus § 2 Abs. 1 BVersTG. Nach § 1 Abs. 3 BVersTG wird dessen Regelungsbereich auch auf ein Anrecht der ausgleichspflichtigen Person aus einem **öffentlich-rechtlichen Amtsverhältnis** des Bundes ausgedehnt. Dies betrifft insoweit Minister und politische Staatssekretäre sowie Abgeordnete des Bundes; insoweit verweist § 25 a Abgeordnetengesetz auf die Bestimmungen des BVersTG. Entsprechendes regelt § 43 Abs. 2 des Gesetzes über die Altersicherung der Landwirte. Für den Bereich der **berufsständischen Versorgungen** folgt dies aus den jeweiligen Satzungen, in denen dem ausgleichsberechtigten Ehegatten ein eigenständiges Anrecht zu gewähren ist. Dagegen ist es für die interne Teilung nicht ausreichend, dass **lediglich die Abtretung** eines entsprechenden Anspruchs des Ausgleichsberechtigten erfolgt, weil damit der Bestand des Anrechts von der ausgleichspflichtigen Person abhängen würde.

c)   Sicherung des Insolvenzschutzes sowie Rückdeckungsversicherung

533   Ferner folgt aus Nr. 1, dass das Anrecht **denselben Insolvenzschutz** erlangen muss. Für den Bereich der betrieblichen Altersversorgung wird dies durch § 12 VersAusglG erreicht, der bestimmt, dass der Ausgleichsberechtigte die Rechtsstellung eines ausgeschiedenen Arbeitnehmers erlangt, so dass die Insolvenzsicherung nach § 7 BetrAVG eingreift. Dies ist bei einem **Gesellschafter-Geschäftsführer** bei einer Pensionszusage (die teilweise als betriebliche Altersversorgung bezeichnet wird), dem keine Arbeitnehmerstellung zukommt, wenn er über einen

IV. Der Wertausgleich bei der Scheidung

Anteil an der Gesellschaft von über 49% verfügt und damit nicht § 7 BetrAVG unterliegt, nur dann gegeben, falls **eine Rückdeckung** besteht und zugleich gewährleistet ist, dass eine entsprechende Sicherung für den Ausgleichsberechtigten erfolgt. Besteht eine Rückdeckungsversicherung, ist im Umfang des Ausgleichswerts eine Insolvenzsicherung zu schaffen. Versicherungstechnisch bedeutet dies, dass in den **Versicherungsschutz der Rückdeckungsversicherung** die ausgleichsberechtigte Person aufgenommen wird. Entsprechend hat das Familiengericht in seiner Entscheidung gem. § 224 Abs. 1 FamFG dies anzuordnen und hierzu den Rückdeckungsversicherer am Verfahren zum Versorgungsausgleich zu beteiligen (Rdn. 539). Deckt die Rückdeckungsversicherung nicht vollständig das auszugleichende Anrecht ab, weil die entsprechenden Beiträge nicht geleistet wurden, bezieht sich die Rückdeckung nur anteilig auf das auszugleichende Anrecht. Insoweit nimmt der ausgleichsberechtigte Ehegatte in dem Umfang an der Sicherung teil, wie sie in der Ehezeit begründet wurde. Tritt der Insolvenzfall vor oder während des Versorgungsbezugs ein, fällt der Ausgleichsberechtigte mit seinem Anspruch aus; dies entspricht grundsätzlich den Prinzip der internen Teilung, bei der die Vor – und Nachteile von beiden Ehegatten getragen werden (was auch bei Fortsetzung der Ehe eingetreten wäre).

d) Vergleichbare Wertentwicklung

§ 11 Abs. 1 Nr. 2 VersAusglG verlangt, dass die interne Teilung ein Anrecht in Höhe des Ausgleichswerts mit vergleichbarer Wertentwicklung entsteht, also in der Anwartschafts- und Leistungsphase dieselben Anpassungssätze aufweist, um eine vergleichbare Wertentwicklung sicherzustellen. Das Familiengericht hat im Rahmen des Amtsermittlungsgrundsatzes gem. § 26 FamFG zu prüfen, ob die maßgeblichen Regelungen der Versorgungsträger eine gleichmäßige Teilhabe garantieren (die korrekte Umsetzung wird teilweise angezweifelt, s. *Bergner* ZRP 2008, 211, 212; *Häußermann* BetrAVG 2008, 428; *Rehme* FuR 2008, 370 sowie FuR 2008 433, 436). 534

Die Umsetzung des Gebots einer vergleichbaren Wertentwicklung hängt jedoch von dem Teilungsgegenstand ab, der dem Ausgleichswert i. S. d. § 5 Abs. 1, 3 VersAusglG zugrunde liegt. Hierbei ist danach zu unterscheiden, ob das auszugleichende Anrecht im Umlageverfahren finanziert, also die **gewährte Rente** grundsätzlich unabhängig vom Zeitpunkt der Beitragszahlung und der Lebenserwartung des Versicherten gewährt wird, oder ein **kapitalgedecktes Versorgungsanrecht** vorliegt, dessen Höhe aufgrund des Individualprinzips von dem Alter des Versicherten bei Leistung des Beitrages, dessen Lebenserwartung sowie von dem kalkulierten Zins (einschließlich Zinseszins) abhängt (s. hierzu *Ellger* FamRZ 1986, 513). Im Bereich der gesetzlichen Rentenversicherung sowie der Beamtenversorgung sind die Anpassungssätze in der Anwartschafts- und Leistungsphase gesetzlich definiert, so dass insoweit das in § 11 Abs. 2 Nr. 2 VersAusglG enthaltene Gebot gesichert ist. Im Bereich der berufsständischen Versorgungen (z. B. Ärzte-, Rechtsanwalts-, Architektenversorgung) richten sich die Anpassungssätze nach den satzungsmäßigen Bestimmungen; nach § 11 Abs. 1 Nr. 2 VersAusglG muss die Anpassung des Ausgleichswerts dem auszugleichenden Anrecht entsprechen. Dies bedeutet, dass die Zinserträge, die durch die von den Mitgliedern des Versorgungswerks eingezahlten Beiträge entstehen, im selben Umfang dem nach der durchgeführten internen Teilung verbleibenden Anrecht des Ausgleichspflichtigen und dem Anrecht des Ausgleichsberechtigten zugeordnet werden, also die **Verteilung der Erlöse** auf die Anwartschaftsphase sowie Leistungsphase unabhängig davon einheitlich erfolgt, ob der Leistungsberechtigte sein Anrecht aus eigener Beitragsleistung oder aus der Durchführung der internen Teilung ableitet. 535

3. Kapitel Der Wertausgleich von Versorgungsanrechten

Dieser Grundsatz bezieht sich entsprechend auf den Zeitraum zwischen der Erteilung der Auskunft und dem Wirksamwerden der Entscheidung, die in Verbundverfahren erheblich auseinanderfallen kann (zur Beschlussfassung s. Rdn. 521).

536 Liegt ein **kapitalgedecktes Anrecht** vor (betriebliche Altersversorgung sowie private Rentenversicherung), hat der Versorgungsträger drei Möglichkeiten der Bestimmung des Ausgleichswerts i. S. d. § 5 Abs. 1 VersAusglG.

- Der Versorgungsträger kann die Teilung auf der Grundlage des in der **Ehezeit erzielten Deckungskapitals** vornehmen. Dieser Teilungsvorgang führt bei Ehegatten mit unterschiedlicher Lebenserwartung im Falle einer Verrentung des Kapitals zu unterschiedlich hohen Rentenleistungen, weil sich in diesem Fall ein unterschiedlicher versicherungsmathematischer Barwert ergibt (s. Rdn. 182, 183). Diese Berechnung wird bei privaten Rentenversicherungen eingreifen. Sie ist unter dem Gesichtspunkt des Halbteilungsgrundsatzes dann unbedenklich, wenn Teilungsgegenstand nicht ein Rentenbetrag, sondern das in der Ehezeit erworbene Deckungskapital ist. Hiervon geht das Gesetz in § 5 Abs. 1 VersAusglG i. V. m. § 1 Abs. 1 VersAusglG aus, da der reformierte Versorgungsausgleich sich nicht ausschließlich auf die Gewährung eines Rentenbetrages bezieht. Auch aus verfassungsrechtlicher Sicht ist diese Entscheidung des Gesetzgebers unbedenklich, weil die Formen der Bildung von Altersvermögen sehr unterschiedlich ausgestaltet sind und deshalb auch das Ausgleichssystem zum Versorgungsausgleich auf die gewandelten Verhältnisse der Altersvorsorge reagieren darf (dem entspricht im Übrigen der Teilungsvorgang im Zugewinnausgleich, bei dem die nachehezeitliche Entwicklung generell unerheblich ist). Entscheidend ist die gleichmäßige Teilhabe an dem in der Ehe erwirtschafteten Anrecht. In Bezug auf § 11 Abs. 1 Nr. 2 VersAusglG ist aber erforderlich, dass beide Anrechte bis zum Leistungsfall eine vergleichbare Zinsentwicklung des aufgeteilten Deckungskapitals aufweisen.
- Ferner kann die Aufteilung des **in der Ehezeit erworbenen Rentenbetrages** oder einer entsprechenden Leistungszahl bzw. Versorgungspunkte erfolgen. Dieser Teilungsvorgang kann aber aufgrund einer unterschiedlichen Lebenserwartung zu einer Belastung des Versorgungsträgers führen, wenn der Ausgleichsberechtigte aufgrund einer längeren Lebenserwartung versicherungsmathematisch eine ungünstigere Risikostruktur als der Ausgleichspflichtige aufweist.
- Zur Vermeidung der vorstehenden Nachteile besteht ferner die Möglichkeit, dass der Versorgungsträger für beide Ehegatten gleich hohe Rentenbeträge auf der Grundlage des in der Ehezeit erworbenen Deckungskapitals ermittelt und dieses zur Vermeiddung der eigenen Belastung nach der jeweiligen Risikostruktur aufteilt. Danach wird dem Ehegatten mit der längeren Lebenserwartung ein höheres Deckungskapital zugeordnet, was insgesamt zu einer Minderung des gesamten Anrechts führt, weil das Deckungskapital mehrere Risiken abzudecken hat (eingehend *Ellger* FamRZ 1986, 513).
- Erfasst werden muss ferner der Zinsanfall bezüglich des Ausgleichswerts zwischen Erteilung der Auskunft und dem Zeitpunkt der Entscheidung (s. Rdn. 521, 535).

e) Gleicher Risikoschutz

537 Nach § 11 Abs. 1 Nr. 3 VersAusglG muss das Anrecht denselben Risikoschutz gewährleisten (Alters-Invaliditätsversorgung; ferner Hinterbliebenenversorgung; zur Einschränkung s. BGH FamRZ 1999, 158). Der Versorgungsträger kann diesen Risikoschutz auf eine Altersvorsorge einschränken und das Anrecht bei der Durchführung der Teilung so umgestalten, dass eine **Hinterbliebenenversorgung dem**

Ausgleichsberechtigten im Leistungsfall nicht gewährt wird (s. a. BT-Drucks. 16/10144 S. 56). In diesem Fall muss der Verzicht auf eine Hinterbliebenenversorgung wertmäßig kompensiert werden, indem das Anrecht wegen Alters entsprechend erhöht wird (Erhöhung der Leistung zur Altersversorgung um etwa 15–20%). Damit die **gleiche Leistungsqualität** gewahrt wird, muss bei Umwandlung das Deckungskapital oder der versicherungsmathematische Barwert erhalten bleiben; dagegen kann nach § 11 Abs. 1 Nr. 3 VersAusglG die Leistungsidentität aufgegeben werden (s. a. BGH FamRZ 1994, 559, 560 zur Realteilung gem. § 1 Abs. 2 VAHRG a. F.). Damit die wertmäßige Kompensierung im Rahmen der Umwandlung nachgeprüft werden kann, hat der Versorgungsträger dem Familiengericht nach § 220 Abs. 4 FamFG nachvollziehbare Ausführungen zu den Rechnungsgrundlagen der Umwandlung vorzulegen.

f) Auffangregelung des § 11 Abs. 2 VersAusglG

§ 11 Abs. 2 VersAusglG hat die Funktion einer Auffangregelung. § 11 Abs. 1 VersAusglG ermöglicht den Versorgungsträgern die Gestaltung der internen Teilung; hierbei haben sie die in § 11 Abs. 1 Satz 2 Nr. 1–3 VersAusglG vorgegebenen Grundsätze zu beachten. Unterlassen die Versorgungsträger entsprechende Regelungen, legt § 11 Abs. 2 VersAusglG (1. Halbsatz) fest, dass für das Anrecht der ausgleichberechtigten Person **dieselben Regelungen** wie für das Anrecht der ausgleichspflichtigen Person gelten. Jedoch können die Versorgungsträger für das ausgeglichene Anrecht nach § 11 Abs. 2 VersAusglG (2. Halbs.) besondere Regelungen durch Satzung, Geschäftsplan, Betriebsvereinbarung) treffen. Diese Bestimmungen haben sich aber grundsätzlich am Prinzip der gleichmäßigen Teilhabe zu orientieren. Der maßgebliche Rahmen folgt aus § 11 Abs. 1 Nr. 1–3 VersAusglG (s. Rdn. 530–532). Verstoßen die **besonderen Regelungen zum Versorgungsausgleich** i. S. d. § 11 Abs. 2 VersAusglG (2. Halbs.) gegen die in § 11 Abs. 1 Satz 2 Nr. 1–3 VersAusglG festgelegten Grundsätze, sind diese nach § 134 BGB unwirksam (BT-Drucks. 16/10144 S. 57). Damit gelten dieselben Grundsätze wie für das auszugleichende Anrecht.

538

5. Reichweite der Gestaltungsbefugnis nach § 11 VersAusglG

a) Sicherung des Insolvenzschutzes bei Pensionszusage

Besteht für das ausgeglichene Anrecht ein vollständiger oder teilweiser Insolvenzschutz, muss dieser entsprechend auf das ausgeglichene Anrecht übertragen werden (s. Rdn. 533). Unterbleibt dies, sind die besonderen Regelungen zum Versorgungsausgleich unwirksam. Das Familiengericht hat deshalb die Voraussetzungen der Sicherung des Insolvenzschutzes zu prüfen. Verletzt dieser den in § 11 Abs. 1 Satz 2 Nr. 1 VersAusglG enthaltenen Grundsatz, ordnet es in seiner Entscheidung an, dass das für die berechtigte Person begründete Anrecht denselben Insolvenzschutz erlangt; dies folgt aus § 11 Abs. 2 VersAusglG. Entsprechend hat es den Träger der Insolvenzsicherung am Verfahren zum Versorgungsausgleich gem. § 219 FamFG zu beteiligen. Diese Voraussetzungen sind vor allem bei einer **Pensionszusage eines Betriebes** für einen Gesellschafter-Geschäftsführer in Bezug auf die Rückdeckungsversicherung zu prüfen, wenn die Voraussetzungen des § 7 BetrAVG nicht eingreifen, weil der Versorgungsberechtigte nicht Arbeitnehmer i. S. d. BetrAVG ist. Besteht in einem solchen Fall die Rückdeckungsversicherung in Form eines kapitalbezogenen Anrechts, das nicht den Bestimmungen des BetrAVG unterliegt und auch nicht die Voraussetzungen des Altersvorsorgeverträge-Zertifizierungsgesetz i. S. d. § 2 Abs. 2 Nr. 3 VersAusglG erfüllt, ist die Zuord-

539

nung zum Versorgungsausgleich fraglich und hat auch praktische Relevanz, wenn gleichzeitig Gütertrennung besteht, so dass kein Ausgleich dieses Anrechts im Zugewinn erfolgt. Maßgebend ist jedoch die Zwecksetzung der Pensionszusage, die dem Versorgungsausgleich unterliegt. Die **Form der Rückdeckung** ist demgegenüber unerheblich (s. a. BGH FamRZ 1993, 793, 794 zum vergleichbaren Problem bei unterschiedlichen Leistungsformen in Valuta – sowie Deckungsverhältnis zwischen Arbeitgeber und Arbeitnehmer, Vorauflage Rn. 319).

b) **Wechsel der Leistungsform**

540 Keinen Verstoß gegen § 11 Abs. 1 Satz 2 Nr. 2 VersAusglG stellt es dar, wenn das auszugleichende Anrecht (weiterhin) als **Rentenleistung geführt** wird, das für den Ausgleichsberechtigten begründete Anrecht dagegen in **Form eines Kapitalbetrags**, der nach versicherungsmathematischen Grundsätzen den Barwert der künftigen Rentenleistung darstellt und auch die künftige Rentensteigerung des ausgeglichenen Anrechts erfasst. Zulässig ist es ferner, einen **versicherungsmathematischen Versorgungsabschlag** generell bei einem vorzeitigen Rentenbezug pauschaliert zu regeln; weicht dieser von den Regelungen der gesetzlichen Rentenversicherung gem. § 77 Abs. 2 Nr. 1 SGB VI sowie § 14 Abs. 3 Satz 2 BeamtVG (0,3% monatlich) wesentlich ab, muss durch Sachverständigengutachten geprüft werden, ob ein solcher gerechtfertigt ist. Ferner ist es zur Vermeidung der Belastung des Versorgungsträgers zulässig, im Falle einer Rentenleistung als Ausgleichswert i. S. d. § 5 Abs. 1 VersAusglG wegen der längeren Bezugsdauer des Anrechts aufgrund des Geschlechts einen versicherungsmathematischen Versorgungsabschlag festzulegen.

c) **Anpassung wegen Unterhalt und wegen Tod der ausgleichsberechtigten Person**

541 In den **Fällen der internen Teilung** nach § 11 Abs. 1 VersAusglG trifft das Gesetz keine ausdrückliche Regelung, ob die besonderen Regelungen für den Versorgungsausgleich i. S. d. § 11 Abs. 2 VersAusglG Regelungen zur Anpassung wegen Tod des Ausgleichsberechtigten enthalten müssen. Die Regelungen des § 11 Abs. 1 Satz 2 Nr. 1–3 VersAusglG betreffen den Teilungsvorgang sowie die Absicherung von Grund und Höhe der künftigen Leistung, besagen aber nichts zur Frage der Anwendung der Regelung der §§ 33, 37 VersAusglG. In Bezug auf die in § 32 VersAusglG **aufgeführten Regelsicherungssysteme** können die Regelungen der §§ 33, 37 VersAusglG aufgrund der verfassungsrechtlichen Vorgaben zur Einführung der Anpassung wegen Tod des Ausgleichsberechtigten (BVerfGE 52, 257 = FamRZ 1980, 326, 336 = NJW 1980, 695) nicht abbedungen werden.

542 Anders stellt sich die Sachlage in Bezug auf **privat-rechtlich organisierte Träger** eines Versorgungsanrechts dar. Die Regelung des § 32 VersAusglG nimmt diese ausdrücklich von den Bestimmungen zur Anpassung nach Rechtskraft des Versorgungsausgleichs aus und begründet dies damit, dass in Bezug auf die Realteilung nach § 1 Abs. 2 VAHRG a. F. die §§ 4–9 VAHRG a. F. von der unmittelbaren Anwendung ausgenommen wurden. Folgt man formal der Entscheidung des Gesetzgebers in § 32 VersAusglG, bedarf es in Bezug auf die Ausgestaltung der internen Teilung nach § 11 Abs. 1 Satz 2 Nr. 1–3 VersAusglG insoweit keiner Bestimmungen zur Anpassung wegen Unterhalt oder wegen Tod des Ausgleichsberechtigten. Der Bezug auf die Regelungen des VAHRG ist jedoch nicht zweifelsfrei, weil sich die Sachlage nur bedingt vergleichen lässt. Sah ein Versorgungsträger eine den §§ 4, 5 VAHRG a. F. entsprechende Regelung in der Realteilung nicht vor, musste in Bezug auf einen privat-rechtlich organisierten Versorgungsträger nach

IV. Der Wertausgleich bei der Scheidung

BGH geprüft werden, ob hierin eine **unangemessene Benachteiligung** zu sehen ist (FamRZ 1997, 1470, 1471; FamRZ 1998, 421, 423; eingehend Vorauflage Rn. 481; bei einem öffentlich-rechtlichen Versorgungsträger schied die Realteilung aus; an deren Stelle trat der Ausgleich nach § 1 Abs. 3 VAHRG). Nach BGH ließ sich für private Versorgungsträger kein eindeutiger Zwang zu einer generellen Regelung der Härtefälle ableiten. Führte eine solche Sachlage im konkreten Einzelfall zu einer unangemessenen Benachteiligung, war von der Realteilung abzusehen. Dies lag z. B. bei einem hohen Altersunterschied des Ausgleichspflichtigen und des Ausgleichsberechtigten und gleichzeitiger Unterhaltslast des Ausgleichspflichtigen vor, weil dieser gegebenenfalls außerstande wäre, nach Kürzung seines Anrechts ohne Ausgleich entsprechend § 5 VAHRG a. F. den geschuldeten Unterhalt zu bezahlen und gleichzeitig dem Berechtigten erst Jahre später aus der Realteilung den Unterhalt ersetzende Versorgungsleistungen aus der Realteilung zustehen.

Im Hinblick auf die Tatsache, dass die Sekundärversorgungen eine immer wichtigere Bedeutung für die Sicherung des unterhaltsrechtlichen Existenzminimums haben, ist die Ausklammerung der ergänzenden Altersversorgungssysteme im Hinblick auf Art. 2 Abs. 1 GG sowie Art. 3 Abs. 1 GG fragwürdig. Dies gilt jedenfalls in Bezug auf die **betriebliche Altersversorgung**, die in der Regel einen wesentlichen Teil der Alterssicherung darstellt. Deren endgültiger Verlust bei durchgeführtem Versorgungsausgleich bedeutet sowohl in den Unterhaltsfällen i. S. d. § 33 VersAusglG wie auch den Todesfällen i. S. d. § 37 VersAusglG einen Entzug von Einkünften, die deshalb von der Entscheidung des BVerfG vom 28. 02. 1980 erfasst werden (BVerfGE 52, 257 = FamRZ 1980, 326, 336 = NJW 1980, 695). In Bezug auf die **private Rentenversicherung** stellt sich die Frage, ob die Teilung des Anrechts im Versorgungsausgleich eine andere Rechtsfolge nehmen muss wie im Zugewinn, bei dem zwar kein unmittelbares Teilhaberecht an der Kapitallebensversicherung besteht, jedoch ein schuldrechtlicher Zahlungsanspruch monetär die selben Wirkungen aufweist, dort aber die »*Teilung*« endgültig ist. In den Unterhaltsfällen nach § 33 VersAusglG kann der Ausgleichsberechtigte Leistungen durch eine frühere Fälligkeit erreichen. In den Fällen des § 37 VersAusglG greift dagegen der Gesichtspunkt der endgültigen Teilung mit rechtskräftig durchgeführtem Versorgungsausgleich ein, da der Teilungsgegenstand das Deckungskapital ist, so dass eine Rückführung des geteilten Kapitals nicht zwingend ist.

543

d) Einführung des Rentnerprivilegs

Der BGH (FamRZ 2005, 541) ließ zu dem bis zum 31. 08. 2009 geltenden Rechtszustand eine Realteilung auch dann zu, wenn die maßgebliche Satzung des privaten Versorgungsträgers keine dem Rentnerprivileg nach § 101 III SGB VI entsprechende Regelung enthält. Insoweit grenzt der BGH (FamRZ 1997, 1470; FamRZ 1990, 421, 423) diese Bestimmung von der Härteregelung der §§ 4, 5 VAHRG a. F. ab, deren Berücksichtigung er in der die Realteilung zulassenden Satzung verlangte. Nachdem durch Art. 4 Nr. 5 VAStrRefG, § 101 Abs. 3 SGB VI in der bis zum 31. 08. 2009 bestehende Fassung sowie durch Art. 6 Nr. 3 VAStrRefG § 57 Abs. 1 Satz 1 BeamtVG aufgehoben wurden, ist die Einführung eines Rentnerprivilegs nicht zur Wahrung der Anforderungen der internen Teilung gem. § 11 Abs. 1 Satz 2 Nr. 1–3 VersAusglG geboten.

544

6. Auswirkungen des neuen Ausgleichssystems

Die Auswirkungen des neuen Ausgleichssystems sollen anhand eines Beispiels dargelegt werden:

545

3. Kapitel   Der Wertausgleich von Versorgungsanrechten

Geltendes Recht (die Beträge zur betriebliche Altersversorgung sind über die BarwertVO dynamisiert):

	Ehemann	Ehefrau
ges. RV	700,00 €	300,00 €
BAV	186,00[(1)] €	
BAV		19,00[(2)] €
Summe	886,00 €	319,00 €

(1) Anrecht in Leistungsphase dynamisch; Ehemann 50 Jahre alt; nicht dynamisierter Betrag: 400,00 €.
(2) Anrecht in Leistungsphase dynamisch; Ehefrau 50 Jahre alt.

Ausgleichsanspruch nach § 1587 a Abs. 1 BGB: 886–319 = 567 : 2 = 283,50 €
Ausgleich nach § 1587 b Abs. 1 BGB durch Rentensplitting: 186–19 = 167 : 2 = 83,50 €
700–300 = 400 : 2 = 200,00 €
Ausgleich nach §§ 1 Abs. 2, 3, 2 VAHRG:
Ausgleich nach § 3 b Abs. 1 Nr. 1 VAHRG i. H.v 2 %   = 50,40 €
gem. § 18 Abs. 4 SGB IV

Restlicher Betrag von 33,10 € ist durch Beitragszahlung (7.703,00 €) oder nach § 2 VAHRG, also schuldrechtlich bei Eintritt des beiderseitigen Rentenfalls nach § 1587 g Abs. 1 BGB.

Neuer Ausgleich:

	Ehemann	Ehefrau
ges. RV	700,00 € = 26,3554 Entgeltpunkte	300,00 € = 11,2952 Entgeltpunkte
BAV	400,00 €	
BAV		40,00 €

Ausgleich gesetzliche Rentenversicherung:
(1) Interne Teilung nach § 10 Abs. 1 VersAusglG durch Übertragung von 13,1777 Entgeltpunkte vom Rentenkonto des Ehemannes auf das Rentenkonto der Ehefrau.
(2) Interne Teilung nach § 10 Abs. 1 VersAusglG durch Übertragung von 5,6476 Entgeltpunkte vom Rentenkonto der Ehefrau auf das Rentenkonto des Ehemannes.
(3) Nach § 10 Abs. 2 VersAusglG nimmt der Träger der gesetzlichen Rentenversicherung im Rahmen des Vollzugs nach Rechtskraft der Entscheidung zum Versorgungsausgleich eine Verrechnung vor. Danach wird das Versicherungskonto des Ehemannes mit 7,5301 Entgeltpunkten belastet und dem Versicherungskonto der Ehefrau 7,5301 gutgeschrieben. Diese ergeben derzeit ein Rentenanrecht in der gesetzlichen Rentenversicherung i. H. v. 200,00 € (7,5301 × 26,56 € – aktueller Rentenwert 1. Hj. 2009).

Ausgleich der betrieblichen Altersversorgungen:
(4) Teilung der betriebliche Altersversorgung des Ehemanns nach § 10 Abs. 1 VersAusglG durch **interne Teilung**, wenn betriebliche Altersversorgung der Ehefrau bei einem anderen Versorgungsträger i. H. v. 200,00 € (abzüglich Teilungskosten nach § 13 VersAusglG).
(5) Betrieb kann nach § 17 VersAusglG eine **externe Teilung** bei einem anderen Versorgungsträger (Pensionsfonds) verlangen, wenn Anrecht in Form einer Direktzusage oder bei einer Unterstützungskasse besteht und der Kapitalbetrag des Ausgleichswerts den Betrag von 64.800,00 € (2009) nicht übersteigt (nach der allgemeinen Rentenversicherung gem. §§ 159, 160 SGB VI).
(6) Teilung der betrieblichen Altersversorgung der Ehefrau grundsätzlich durch interne Teilung nach § 10 Abs. 1 VersAusglG i. H. v. 20,00 €, wenn dieses Anrecht nicht beim selben Träger wie der betrieblichen Altersversorgung des Ehemannes besteht. Nach § 12 VersAusglG i. V. m. § 4 Abs. 3 BetrAVG besteht ein Mitnahmerecht, mit dem eine Verbindung mit einem eigenen Anrecht möglich ist (s. Rdn. 546).

IV. Der Wertausgleich bei der Scheidung

(7) Nach § 18 Abs. 1, 2 VersAusglG scheidet ein Ausgleich wegen Geringfügigkeit aus, wenn bei einem Rentenbetrag als maßgebende Bezugsgröße 1 % der Bemessungsgrundlage nach § 18 SGB IV nicht überschritten wird, derzeit 25,20 € (2009); in allen anderen Fällen des Ausgleichswerts beträgt der Grenzwert 120 % der monatlichen Bezugsgröße nach § 18 Abs. 1 SGB IV (das sind 3.024,00 €). Damit kann der Ausgleich in Bezug auf das Anrecht der Ehefrau unterbleiben.

(8) Andernfalls ist eine externe Teilung nach § 14 Abs. 2 Nr. 2 VersAusglG möglich, weil der Ausgleichswert den dort geregelten Grenzwert nicht übersteigt.

(9) Sowohl bei der internen wie externen Teilung kann der Versorgungsausgleich zugunsten eines Ehegatten auch **bei Tod eines Ehegatten, der über ein ausgleichspflichtiges Anrecht verfügt**, nach Eintritt der Rechtskraft der Scheidung, aber vor rechtskräftigem Abschluss des Versorgungsausgleichsverfahrens nach § 31 Abs. 1 VersAusglG durchgeführt werden. Dies gilt vor allem in **Bezug auf eine betriebliche Altersversorgung**, so dass das neue Recht insoweit eine wesentlich bessere soziale Absicherung gegenüber dem bestehenden Recht bewirkt.

7. Rechtsfolge der internen Teilung von Anrechten der betrieblichen Altersversorgung

§ 12 VersAusglG fingiert im Falle des Ausgleichs eines Anrechts des BetrAVG, dass die ausgleichsberechtigte Person mit der Übertragung des Anrechts nach dem BetrAVG die Stellung eines ausgeschiedenen Arbeitnehmers i. S. d. BetrAVG erlangt. Hiermit soll bestimmt werden, dass der Ausgleichsberechtigte lediglich eine **versorgungsrechtliche Verbindung** zum Träger des intern ausgeglichenen Anrechts erlangt, dagegen nicht eine arbeitsrechtliche Stellung. Entsprechend dem Regelungszweck des § 11 Abs. 1 Satz 2 Nr. 1 VersAusglG erlangt damit der Ausgleichsberechtigte denselben Insolvenzschutz nach § 7 BetrAVG. Ferner unterliegt das übertragene Anrecht den **Anpassungsbestimmungen des § 16 BetrAVG**, der vom Versorgungsträger (Arbeitgeber) alle drei Jahre die Prüfung einer Anpassung der laufenden Leistungen der betrieblichen Altersversorgung verlangt, bei der nach billigem Ermessen einerseits die Belange des Arbeitnehmers (Entwicklung der Lebenshaltungskosten) und andererseits die wirtschaftliche Lage des Arbeitgebers zu berücksichtigen sind. Hierzu enthält § 16 Abs. 2, 3 BetrAVG bestimmte Richtwerte, bei deren Einhaltung die nach § 16 Abs. 1 BetrAVG bestehende Verpflichtung als erfüllt gilt (Angleichung an den Verbraucherindex für Deutschland oder an die Nettolohnentwicklung vergleichbarer Arbeitnehmergruppen, pauschalierte Anpassung der laufenden Leistungen i. H. v. 1%). Des Weiteren kann der Ausgleichsberechtigte nach § 1 b Abs. 5 Satz 1 Nr. 2 BetrAVG durch **eigene Beiträge fortführen**, auch steht ihm die Möglichkeit der **Mitnahme des Anrechts** gem. § 4 Abs. 3 BetrAVG zu. Aufgrund dieser Regelung kann der Ausgleichsberechtigte die Wirkungen einer externen Teilung erreichen, indem er das im Versorgungsausgleich erlangte Anrecht des BetrAVG mit einem eigenen Anrecht der BetrAVG zusammenführt. Diese Regelung ist aber **zeitlich befristet** und kann nach § 4 Abs. 3 BetrAVG nur innerhalb eines Jahres nach Beendigung des Arbeitsverhältnisses verlangt werden; dies gilt nach rechtskräftig durchgeführtem Versorgungsausgleich entsprechend.

Weitere Folge der Regelung des § 12 VersAusglG ist, dass das Anrecht im Leistungsfall dem **Lohnsteuerabzug** nach den §§ 38 ff EStG i. V. m. § 19 Abs. 1 Nr. 3 EStG unterliegt und die Leistungen aus dem übertragenen Anrecht nach § 229 Abs. 1 Satz 1 Nr. 5 SGB V ferner als beitragspflichtige Einnahmen gelten, so dass der Versorgungsträger die **gesetzlich geschuldeten Beiträge zur Kranken- und Pflegeversicherung** abzuführen hat. Dies hat im Übrigen zur Folge, dass in Bezug auf das damit eintretende Nettoprinzip die Belastungen der ausgleichspflichtigen und ausgleichsberechtigten Person dem Grundsatz der Halbteilung entsprechen.

3. Kapitel   Der Wertausgleich von Versorgungsanrechten

8. Interne Teilung eines Anrechts aus einem öffentlich-rechtlichen Dienst- oder Amtsverhältnis

a) Regelungszweck und Regelungsbereich des Beamtenversorgungsteilungsgesetzes

547 Nach § 10 Abs. 1 VersAusglG ist jedes Anrecht innerhalb des Versorgungssystems des auszugleichenden Anrechts zu teilen. Da sich das Anrecht aus einer Beamtenversorgung oder einem sonstigen öffentlich-rechtlichen Dienst- oder Amtsverhältnis (s. §§ 1, 4 BeamtVG) aus dem Status des durch besonderen Bestellungsakt verliehenen Amtes ableitet, bedarf es zur Vollziehung der internen Teilung eines aus diesem Amt erworbenen Anrechts nach § 10 Abs. 1 VersAusglG einer gesetzlichen Regelung, die der ausgleichsberechtigten Person ein eigenes Anrecht gegen einen Träger der Beamtenversorgung begründet und zudem die erforderlichen Vollzugsbestimmungen zur Kürzung der Versorgungsbezüge der ausgleichspflichtigen Person i. S. d. §§ 57, 58 BeamtVG trifft. Das BVersTG, eingeführt durch Art. 5 VAStrRefG vom 03. 04. 2009 (BGBl I 700, 716), schafft die erforderlichen Voraussetzungen zur Durchführung der internen Teilung eines Anrechts aus einem öffentlich-rechtlichen Dienst- oder Amtsverhältnis.

548 Das durch das BVersTG geschaffene Anrecht des Ausgleichsberechtigten leitet sich **nicht aus dem Alimentationsprinzip des Art. 33 Abs. 5 GG** ab, sondern regelt den Anspruch auf Zahlung aus dem familienrechtlichen Ausgleichsanspruch zum Versorgungsausgleich gem. §§ 1, 5 VersAusglG. Entsprechend wurde das aufgrund der internen Teilung entstandene Anrecht nicht im BeamtVG, sondern in einem selbständigen Gesetz geregelt. Dies gilt auch für den Fall, dass **beide Ehegatten den Status** eines Beamten haben. Die unterschiedliche Qualität des im Versorgungsausgleich erworbenen Anrechts zeigt sich zum Beispiel, dass ein Ehegatte nach rechtskräftig durchgeführtem Versorgungsausgleich seinen Beamtenstatus aufgibt, also aus dem öffentlichen Dienst ausscheidet. Hinsichtlich der eigenen Anrechte wird der Beamte in der gesetzlichen Rentenversicherung nachversichert; die im Versorgungsausgleich erworbenen Anrechte vom anderen Ehegatten bleiben aber beim Versorgungsträger der internen Teilung bestehen. Das Gesetz gilt ausschließlich für solche auszugleichenden Versorgungsanrechte, die in die **Regelungskompetenz des Bundes** fallen, also Anrechte eines Beamten des Bundes oder einer sonstigen bundesunmittelbaren Körperschaft, Anstalt oder Stiftung des öffentlichen Rechts, eines Richters des Bundes sowie eines entsprechenden Versorgungsempfängers betrifft, § 1 Abs. 2 Nr. 1–3 BVersTG. § 1 Abs. 3 BVersTG weitet den Anwendungsbereich dieses Gesetzes auf ausgleichspflichtige Personen in einem öffentlich-rechtlichen Amtsverhältnis des Bundes aus; dies betrifft **Minister und politische Staatssekretäre** des Bundes. Soweit ein **Bundesland** eine entsprechende gesetzliche Regelung getroffen hat, das nach dem Gesetz zur Änderung des Grundgesetzes vom 28. 08. 2006 (BGBl I 2034) hierfür die Gesetzgebungskompetenz besitzt, kann für dessen Bereich ebenfalls eine interne Teilung von Anrechten aus einem öffentlich-rechtlichen Dienst- oder Amtsverhältnis vorgenommen werden. Ansonsten ist der Ausgleich solcher Anrechte durch eine **externe Teilung nach § 16 VersAusglG** vorzunehmen (Rdn. 576).

549 Ferner greift das BVersTG nur dann ein, wenn die ausgleichspflichtige Person zum **Zeitpunkt des Ehezeitendes** in einem entsprechenden Dienst- oder Amtsverhältnis stand oder zu diesem Zeitpunkt bereits ein Versorgungsanrecht bezog. War die ausgleichspflichtige Person zu diesem Zeitpunkt aus einem entsprechenden Dienst- oder Amtsverhältnis ausgeschieden, ist eine Nachversicherung erfolgt (eingehend Rdn. 283); danach besteht kein Anrecht mehr i. S. d. BVersTG. Der Ausgleich erfolgt damit in der gesetzlichen Rentenversicherung.

IV. Der Wertausgleich bei der Scheidung

b) Inhaltliche Gestaltung des Anrechts nach dem BVersTG

Die ausgleichsberechtigte Person erlangt nach § 2 Abs. 1 BVersTG einen **Anspruch auf Zahlung einer Altersversorgung** gegen den in der Entscheidung des Familiengerichts bestimmten Versorgungsträger. Verstirbt der Ausgleichsberechtigte, geht dessen Anspruch auf dessen Hinterbliebenen über, § 2 Abs. 2 Satz 1 BVersTG. Der danach berechtigte Personenkreis wird durch die Verweisung auf die §§ 46, 48 Abs. 1–3 SGB VI bestimmt. Danach gelten die Bestimmungen der gesetzlichen Rentenversicherung entsprechend; eine Ausnahme besteht lediglich in Bezug auf die Erfüllung der rentenrechtlich für den Leistungsbezug erforderlichen Wartezeit. Diese Regelung bewirkt im Übrigen, dass die Leistungsberechtigten unabhängig davon bestimmt werden, ob das Anrecht nach den Bestimmungen des BeamtVG intern oder extern gem. § 16 VersAusglG geteilt wird; im letzteren Fall wird ein Anrecht in der gesetzlichen Rentenversicherung zulasten des Anrechts aus der Beamtenversorgung begründet. Die Höhe des Anrechts richtet sich nach § 3 Abs. 2 BVersTG. Der in § 2 Abs. 2 Satz 3 BVersTG enthaltene **Leistungsausschluss** entspricht § 23 Abs. 2 BeamtVG und betrifft den Anspruch eines Waisen, wenn das Kindschaftsverhältnis durch Annahme als Kind begründet wurde und die ausgleichsberechtigte Person zu diesem Zeitpunkt bereits das 65. Lebensjahr vollendet hatte.

550

§ 2 Abs. 3 BVersTG bestimmt den **Zeitpunkt des Leistungsbeginns** hinsichtlich des übertragenen Anrechts. Maßgeblich für den Beginn der Zahlung aus dem übertragenen Anrecht sind die Vorschriften desjenigen gesetzlichen Alterssicherungssystems, dem die ausgleichsberechtigte Person bis zum Bezug von Leistungen wegen Alters oder Dienst- bzw. Erwerbsunfähigkeit (teilweise oder volle Erwerbsminderung) angehört hat. War der Ausgleichsberechtigte in der gesetzlichen Rentenversicherung versichert, richtet sich der Leistungsbezug nach den Bestimmungen des SGB VI. War dieser Beamter, gelten die Regelungen des BeamtVG oder die entsprechenden Regelungen der Länder. Mit dem Bezug auf das Versorgungssystem des Ausgleichsberechtigten ist auch gewährleistet, dass – entsprechend der Zwecksetzung des Versorgungsausgleichs – der Bezug der eigenen Versorgungsanrechte und der durch den Versorgungsausgleich erworbenen Anrechte einheitlich erfolgt, weil mit Beendigung der aktiven beruflichen Tätigkeit auch das Bedürfnis nach einer ergänzenden Versorgung besteht.

Gehörte der Ausgleichsberechtigte **keinem gesetzlich geregelten Alterssicherungssystem** an, greift § 2 Abs. 3 BVersTG auf die Bestimmungen der gesetzlichen Rentenversicherung zurück. Danach kann der Ausgleichsberechtigte gem. den Bestimmungen der gesetzlichen Rentenversicherung Leistungen aus dem übertragenen Anrecht erlangen (s. hierzu Rdn. 284).

Der Bezug der Leistungen aus dem übertragenen Anrecht muss nach § 2 Abs. 4 BVersTG **schriftlich beantragt** werden. Hierzu sind die Voraussetzungen des Leistungsbezugs darzulegen und auf Aufforderung auch zu belegen. Zur Verjährung des Anspruchs gelten die §§ 197 Abs. 2 BGB i. V. m. § 195 BGB. § 2 Abs. 5 BVersTG legt den Zeitpunkt der Beendigung der Leistungen aus dem Anrecht fest; diese enden mit Ablauf des Monats, in dem der Ausgleichsberechtigte verstirbt. Für Witwen und Waisen gilt § 61 Abs. 1 Satz 1 Nr. 1–3; Abs. 2 und 3 BeamtVG entsprechend.

551

c) Anpassung des Anrechts

552 Entsprechend § 11 Abs. 1 Satz 2 Nr. 1 VersAusglG wird das auf den **Ausgleichsberechtigten übertragene Anrecht** gem. den Anpassungssätzen der Beamtenversorgung fortlaufend angepasst. Entsprechend dieser Anpassung wird nach § 57 BeamtVG beim ausgeglichenen Anrecht des Ausgleichspflichtigen eine Kürzung vorgenommen. Die Dynamisierung richtet sich nach den Veränderungen des Ruhegehalts der ausgleichspflichtigen Person. Da diese während des aktiven Dienstes keinen Anspruch auf einen Versorgungsbezug besitzt, leiten sich die Anpassungssätze aus der allgemeinen Entwicklung der Versorgungsbezüge der Ruhegehaltsempfänger ab.

Ab Beginn des **Ruhestands der ausgleichspflichtigen Person,** erhöht oder vermindert sich das übertragene Anrecht in dem Verhältnis, in dem sich das Ruhegehalt des Ausgleichspflichtigen aufgrund von Anpassungen erhöht oder vermindert. Ausgeklammert werden insoweit jedoch Änderungen aufgrund persönlicher Verhältnisse des Ausgleichspflichtigen. Hierdurch wird gewährleistet, dass einerseits die Erhöhung des übertragenen Anrechts und andererseits die Kürzung des ausgeglichenen Anrechts **gleichlaufend sind.**

Verändern sich dagegen der **Ruhegehaltssatz oder die Zahlungen** nach dem **Sonderzuwendungsgesetz** (13. Gehalt), muss diese Änderung im Wege des Abänderungsverfahrens nach § 225 FamFG geltend gemacht werden.

d) Erstattung bei Beendigung des Dienstverhältnisses

553 In § 5 BVersTG werden die Voraussetzungen zur Erstattung von Leistungen des Versorgungsträgers geregelt, die dieser an den Ausgleichsberechtigten erbringt, dieser aber wegen Ausscheidens der ausgleichspflichtigen Person aus dem bei diesem bestehenden Dienstverhältnis keine Kürzung des Anrechts i. S. d. § 57 BeamtVG mehr vornehmen kann. Die Regelung entspricht § 225 SGB VI in den Fällen des Quasisplittings gem. § 1587b Abs. 2 BGB a. F. bzw. der externen Teilung nach § 16 VersAusglG.

e) Zusammentreffen von Versorgungsbezügen beider Ehegatten

554 Haben sowohl der Ehemann als auch die Ehefrau bei demselben Versorgungsträger ein Anrecht nach dem BeamtVG erworben, erfolgt der Ausgleich durch das Familiengericht nach dem Grundsatz des § 10 Abs. 1 VersAusglG jeweils zugunsten des anderen Ehegatten. Der Versorgungsträger nimmt nach Rechtskraft der Entscheidung zum Versorgungsausgleich die in § 10 Abs. 2 VersAusglG geregelte Verrechnung der beiderseitigen gleichartigen Anrechte vor (eingehend Rdn. 522 ff.). Der danach vollzogene Ausgleich kann nicht nach § 54 BeamtVG auf die dort geregelte Höchstgrenze begrenzt werden, weil der Erwerb eines Anrechts im Versorgungsausgleich nicht unter den Regelungsbereich des § 54 BeamtVG fällt und das nach dem BVersTG erworbene Anrecht nicht aus der Verwendung im öffentlichen Dienst stammt (s. a. Rdn. 548).

9. Interne Teilung eines Anrechts nach dem Abgeordnetengesetz

555 Der Ausgleich von Anrechten nach den Bestimmungen des Abgeordnetengesetzes (des Bundes) erfolgte nach dem bis zum 31.08.2009 bestehenden Rechtszustand nach § 1 Abs. 3 VAHRG a. F. im Wege des analogen Quasisplittings, also durch Begründung eines entsprechenden Anrechts in der gesetzlichen Rentenversicherung. Dieses Prinzip wird im reformierten Versorgungsausgleich aufgegeben. Nach § 10

IV. Der Wertausgleich bei der Scheidung

Abs. 1 VersAusglG ist der Wertausgleich in Form der internen Teilung vorrangig vor der externen Teilung nach den §§ 14 ff. VersAusglG durchzuführen. Diesem Grundsatz trägt die Neufassung des § 25 a Abs. 1 Abgeordnetengesetz Rechnung. Dieser ordnet an, dass die Anrechte auf Altersentschädigung aus einem **Abgeordnetenverhältnis intern** geteilt werden. Beteiligter Versorgungsträger ist die Bundestagsverwaltung. Nach § 25 a Abs. 2 Abgeordnetengesetz gilt für die **Durchführung der internen Teilung** das BVersTG, dessen Regelungen entsprechend anzuwenden sind. Insoweit wird auf die Rdn. 547 ff. verwiesen.

Ferner ordnet § 25 a Abgeordnetengesetz an, dass die **Bestimmung des Ehezeitanteils** der Altersentschädigung gem. § 39 VersAusglG nach der **unmittelbaren Bewertung** erfolgt. Insoweit weicht die Neuregelung des § 25 a Abgeordnetengesetz (gem. Art. 7 VAStrRefG) von der bisher geltenden Regelung ab; danach war der Ehezeitanteil nach § 1587 a Abs. 2 Nr. 1 BGB a. F. zeitratierlich zu bestimmen. Die Neuregelung rechtfertigt sich aus der Tatsache, dass gem. § 19 Abgeordnetengesetz ein Anrecht oder ein Anspruch auf Altersentschädigung das Erreichen eines bestimmten Lebensalters und eine mindestens einjährige Mitgliedschaft im Deutschen Bundestag voraus. **Bezugsgröße der Altersentschädigung** ist die monatliche Abgeordnetenentschädigung; sie steigt nach § 20 Satz 2 Abgeordnetengesetz für jedes Jahr der Mitgliedschaft um 2,5 % der Abgeordnetenentschädigung. Maßgeblich für die Höhe des Anrechts sind damit die Dauer der Mitgliedschaft sowie die Höhe der Abgeordnetenentschädigung im betreffenden Zeitraum. Somit kann die Bezugsgröße einem bestimmten Zeitabschnitt zugeordnet werden. Die nach § 23 Abgeordnetengesetz geleistete **Abfindungszahlung**, die bei einem Ausscheiden aus dem Deutschen Bundestag vor dem 31. 12. 2007 und weniger als acht Jahre Mitgliedschaft bzw. ab dem 1. Januar 2008 bei einer Mitgliedschaft von weniger als einem Jahr gewähr wird, hat keinen Versorgungscharakter, sondern hat die **Funktion eines Übergangsgeldes**. Soweit in der gesetzlichen Rentenversicherung eine Nachversicherung erfolgt, ist der Ausgleich in diesem System durchzuführen. Ist diese noch nicht erfolgt, fehlt es an der Ausgleichsreife i. S. d. § 19 Abs. 1, 2 VersAusglG. Zum Zusammentreffen mit einem Anrecht der Beamtenversorgung s. Rdn. 256, 268.

556

10. Interne Teilung der Alterssicherung der Landwirte und Schornsteinfeger

Nach § 43 Abs. 1, 2 des Gesetzes über die **Alterssicherung der Landwirte** (in der Fassung von Art. 9 des VAStrRefG) findet zwischen geschiedenen Ehegatten die interne Teilung nach § 10 Abs. 1 VersAusglG statt. Diese Regelung ersetzt die bisher vorzunehmende Realteilung, die nach dem bis zum 31. 08. 2009 geltenden Recht lediglich wahlweise erfolgte, weil der Ausgleichsberechtigte unter bestimmten Voraussetzungen den Ausgleich über die gesetzlichen Rentenversicherung gem. § 1 Abs. 3 VAHRG a. F. verlangen konnte. § 43 Abs. 2 dieses Gesetzes bestimmt zur Durchführung der internen Teilung, dass zu Lasten der Anrechte der ausgleichspflichtigen Person für die ausgleichsberechtigte Person Anrechte bei der für sie zuständigen landwirtschaftlichen Alterskasse übertragen werden. Hierbei sind Anrechte aus **Zeiten im Beitragsgebiet** und aus Zeiten im übrigen Bundesgebiet getrennt intern zu teilen. Dies deckt sich mit § 120 f Abs. 1, 2 SGB VI. Zu beachten ist § 43 Abs. 3 ALG (eingeführt durch Art. 9 c des 3. Änderungsgesetzes zum SGB IV); dieser bestimmt, dass ein Anrecht durch eine **externe Teilung im Versorgungsausgleich** nach dem ALG nur begründet werden kann, wenn die ausgleichsberechtigte Person vor dem Ende der Ehezeit bereits Anrechte nach dem ALG erworben hat. In den Grundlagen s. Rdn. 275, 465.

557

Zu beachten ist die **Übergangsregelung** des § 97 Abs. 13 des Gesetzes über die Alterssicherung der Landwirte; danach gilt für die Summe der Steigerungszahlen nach § 23 ALG und nach § 97 Abs. 1 Satz 1 ALG die **zeitratierliche Bewertung** nach § 40 VersAusglG. Dies erfolgt aus Gründen der Verwaltungsvereinfachung. Zudem werden nach § 97 Abs. 13 Satz 2 ALG bestimmte familienbezogene Bestandteile abweichend von § 40 Abs. 5 VersAusglG berücksichtigt.

558   Nach **§ 33 a Schornsteinfegergesetz** findet zwischen geschiedenen Ehegatten die interne Teilung nach § 10 Abs. 1 VersAusglG statt. Die Einzelregelungen zu § 33 a dieses Gesetzes entsprechen im Wesentlichen den Bestimmungen des BVersTG. § 33 a Abs. 4 Satz 1 Schornsteinfegergesetz geht auf die berufsspezifisch eintretende Berufsunfähigkeit ein, die nicht auf den Ausgleichsberechtigten übertragen werden kann.

11.   Teilungskosten des Versorgungsträgers

559   Grundsätzlich haben die Ehegatten nach § 13 VersAusglG die bei der internen Teilung entstehenden Kosten jeweils hälftig zu tragen (Vorschlag des Bundesrats; BT-Drucks. 16/10144 S. 117; *Borth* FamRZ 2008, 1797, 1800). Der Versorgungsträger kann hierzu die bei einer **internen Teilung entstehenden Kosten**, der durch den organisatorischen Mehraufwand entsteht, mit den Anrechten beider Ehegatten verrechnen, soweit sie angemessen sind. Dies betrifft insbesondere die privatrechtlich organisierten Versorgungen. Dagegen dürfen Kosten für die Ermittlung des Ehezeitanteils, auch wenn der Versorgungsträger einen Gutachter hierzu einsetzt, nicht geltend gemacht werden, da dieser Aufwand aufgrund der allgemeinen gesetzlichen Pflicht zur Auskunftserteilung generell geschuldet ist.

Nicht übernommen wurde der weitere Vorschlag des Bundesrats zur Einführung einer Pauschalierung der »angemessenen Kosten«. Der RegE (BT-Drucks. 16/10144 S. 57) schlägt einen pauschalierten Kostenabzug von 2–3% vor, wie sie auch bei Durchführung der Realteilung nach § 1 Abs. 2 VAHRG a. F. gebilligt wurden. Der Rechtsausschuss geht davon aus, dass die Familiengerichte bei der Anerkennung der (angemessenen) Teilungskosten des Versorgungsträgers sich nicht schematisch an einem bestimmten Prozentsatz orientieren, sondern bei hohen Ausgleichswerten eine Begrenzung der Höhe nach vornehmen, wenn der Abzug in keinem Verhältnis zum Aufwand steht, da es für die Verwaltung eines auszugleichenden Anrechts grundsätzlich unerheblich ist, ob ein Betrag von 200,00 € oder 600,00 € geschuldet wird. Die Bundesregierung verweist insoweit auf § 220 Abs. 4 FamFG, wonach das Familiengericht vom Versorgungsträger eine **Erläuterung der Kostenberechnung** verlangen und im Fall einer Unangemessenheit korrigieren kann.

Hervorzuheben ist, dass die Regelung des § 13 VersAusglG nur in Bezug auf die interne Teilung gilt und den Bereich der externen Teilung generell nicht erfasst. Bei dieser entstehen auf Seiten des abgebenden Anrechts lediglich Kosten aufgrund des Kapitalabflusses, jedoch keine Verwaltungskosten ab Leistungsbeginn wie bei der internen Teilung. Auf Seiten der aufnehmenden Versorgung besteht entweder ein Versorgungskonto oder der Versorgungsträger gewinnt einen neuen Versicherten, falls es sich um einen privatrechtlich organisierten Versicherer handelt. Demgemäß besteht kein Bedürfnis zur Regelung von Teilungskosten.

IV. Der Wertausgleich bei der Scheidung

12. Externe Teilung
a) Grundlagen

In den §§ 14–17 VersAusglG (Teil 1, Kapitel 2, Unterabschnitt 3) sind die Voraussetzungen einer externen Teilung geregelt. **Zweck dieser Regelungen** ist es, vor allem den Trägern einer betrieblichen Altersversorgung die Möglichkeit einzuräumen, ein Anrecht außerhalb des Systems des auszugleichenden Anrechts zu begründen, um die sich bei einer internen Teilung ergebenden verwaltungsmäßigen Belastungen zu vermeiden. Hierzu bestimmt § 14 Abs. 2 Nr. 1 VersAusglG, dass die externe Teilung im Falle einer Vereinbarung zwischen dem Ausgleichsberechtigten und dem Versorgungsträger des Ausgleichspflichtigen stattfindet. Weiter sieht § 14 Abs. 2 Nr. 2 VersAusglG vor, dass der **Versorgungsträger der ausgleichspflichtigen Person** eine externe Teilung (i. S. e. Wahlrechts) verlangen kann, wenn der Ausgleichswert am Ende der Ehezeit bei einem Rentenbetrag als maßgebliche Bezugsgröße höchstens 2 %, in allen anderen Fällen als Kapitalwert höchstens 240 % der monatlichen Bezugsgröße nach § 18 SGB IV beträgt (2009 Rentenbetrag 50,40 €; Kapitalbetrag 6.048,00 €).

560

Hiervon zu unterscheiden ist die **Ausweitung der externen Teilung von Betriebsrenten** in den Fällen einer **Direktzusage** oder einer **Unterstützungskasse** gem. § 17 VersAusglG. Diese Bestimmung regelt eine höhere Wertgrenze. Solche Anrechte können durch eine externe Teilung auch dann ausgeglichen werden, wenn der Ausgleichswert als Kapitalwert nicht höher als die Beitragsbemessungsgrenze in der allgemeinen Rentenversicherung nach §§ 159, 160 SGB VI ist; dieser Wert beläuft sich derzeit auf 64.800,00 € (2009). Diese höhere Wertgrenze gegenüber der Regelung des § 14 Abs. 2 Nr. 2 VersAusglG bezieht sich auf die **internen Durchführungswege der betrieblichen Altersversorgung**, weil insoweit der Arbeitgeber – anders als bei einem Anrecht aus einem externen Durchführungsweg (Direktversicherung, Pensionskasse, Pensionsfonds; s. Rdn. 386 ff.) – unmittelbar die Verwaltung der Ansprüche eines betriebsfremden Versorgungsempfängers übernehmen muss (BT-Drucks. 16/10144 S. 60). Nach dieser Bestimmung scheidet für den Ausgleichsberechtigten eine systeminterne Teilhabe aus; dessen Interessen soll jedoch durch das in § 15 VersAusglG vorgesehene **Wahlrecht hinsichtlich der Zielversorgung** gewahrt werden. Übersteigt der Ausgleichswert aus einer Direktzusage oder einer Unterstützungskasse die Beitragsbemessungsgrenze, kann eine externe Teilung nur im Falle eines Einvernehmens zwischen Versorgungsträger und Ausgleichsberechtigten gem. § 14 Abs. 2 Nr. 1 VersAusglG erfolgen.

561

Danach ist die externe Teilung in folgenden Fällen zulässig:
– Im Fall einer **Vereinbarung** zwischen dem Ausgleichsberechtigten und dem Versorgungsträger des Ausgleichspflichtigen, § 14 Abs. 2 Nr. 1 VersAusglG;
– Auf **Verlangen des Versorgungsträgers** bei einem Ausgleichswert, der höchstens einen Rentenbetrag von 50,40 € bzw. einen Kapitalbetrag von 6.048,00 € erreichen darf, § 14 Abs. 2 Nr. 2 VersAusglG;
– Bei einer **Direktzusage oder einer Unterstützungskasse,** wenn der Ausgleichswert als Kapitalwert den Betrag von 64.800,00 € nicht übersteigt, § 17 VersAusglG;
– Solange eine Beamtenversorgung eine interne Teilung nicht vorsieht; § 16 VersAusglG;
– Stets extern auszugleichen sind die Anrechte auf eine Versorgung der Beamten auf Widerruf sowie der Soldaten auf Zeit, soweit der BVersTG nicht eingreift, § 16 Abs. 2 VersAusglG.

562

3. Kapitel   Der Wertausgleich von Versorgungsanrechten

Hierzu wird in § 14 Abs. 2 VersAusglG ausdrücklich hervorgehoben, dass die externe Teilung nur in den zuvor dargelegten Fällen zulässig und die interne Teilung grundsätzlich vorrangig ist. Liegen jedoch die Voraussetzungen des § 14 Abs. 2 VersAusglG vor, ist das Familiengericht an die **Wahl der externen Teilung** gebunden.

b)   Durchführung der externen Teilung

563   Nach § 14 Abs. 1 VersAusglG begründet das Familiengericht durch eine **Gestaltungsentscheidung** für die ausgleichsberechtigte Person ein Anrecht auf eine Versorgung bei einem anderem Versorgungsträger als demjenigen, bei dem das Anrecht der ausgleichspflichtigen Person besteht. Mit der Begründung eines externen Anrechts wird – wie bei der internen Teilung – gleichzeitig das Anrecht der ausgleichspflichtigen Person in Höhe des für die ausgleichsberechtigte Person begründeten Anrechts gekürzt. Erfüllt der Versorgungsträger des auszugleichenden Anrechts die in § 14 Abs. 4 VersAusglG geregelte Zahlungspflicht, ist dieser von den sich aus dem Rechtsverhältnis des Versorgungsausgleichs ergebenden Pflichten befreit. Liegen zu einem späteren Zeitpunkt die Voraussetzungen einer Abänderung nach § 225 FamFG vor, kann sich – je nach Inhalt der Änderungsentscheidung – eine erhöhte Zahlungsverpflichtung oder ein Rückzahlungsrecht gegenüber der Zielversorgung ergeben. Die Abänderung des § 225 FamFG bezieht sich jedoch nur auf die Regelsicherungssysteme i. S. d. § 32 VersAusglG, dagegen nicht auf eine betriebliche Altersversorgung oder private Rentenversicherung.

§ 14 Abs. 4 VersAusglG enthält – entsprechend der verfahrensrechtlichen Vorschrift des § 222 Abs. 3 FamFG, nach der das Familiengericht in seiner Entscheidung den Kapitalbetrag festlegt – die materiell-rechtliche Verpflichtung des (abgebenden) Versorgungsträgers des auszugleichenden Anrechts im Falle einer externen Teilung; dieser hat bei dem aufnehmenden Versorgungsträger des Ausgleichsberechtigten entsprechend ein Anrecht zu begründen (ein Anrecht der betrieblichen Altersversorgung wird für den Ausgleichsberechtigten bei einem Pensionsfonds einer privaten Versicherung begründet). Der vom Versorgungsträger geschuldete Kapitalbetrag entspricht dem **Ausgleichswert** i. S. d. §§ 5 Abs. 1, 14 Abs. 1 VersAusglG. Zu den verfahrensrechtlichen Fragen wird auf Rdn. 1040 ff. verwiesen.

c)   Unzulässigkeit der externen Teilung bei Erreichen der Altersgrenze

564   Kann ein **Anrecht durch Beitragszahlung** nicht mehr begründet werden, weil die ausgleichsberechtigte Person die Regelaltersgrenze erreicht hat, ist nach § 14 Abs. 5 VersAusglG der Ausgleich durch eine interne Teilung vorzunehmen, § 9 Abs. 2, 3 VersAusglG. Ist also der Versorgungsausgleich hinsichtlich einer betrieblichen Altersversorgung zu einem Zeitpunkt durchzuführen, zu dem beide Ehegatten bereits eine Rentenleistung beziehen, erfolgt der Ausgleich nicht schuldrechtlich (§ 20 VersAusglG), sondern ist durch eine interne Teilung vorzunehmen. Diese entspricht der Regelung des § 1587 e Abs. 3 BGB a. F. und beruht auf dem allgemeinen Grundsatz, dass mit eingetretenem Versorgungsfall ein bereits realisiertes Versicherungsrisiko nicht nachträglich versichert werden kann. Ist ein Anrecht aus einem öffentlich-rechtlichen Dienst- oder Amtsverhältnis nach § 16 VersAusglG extern auszugleichen, weil ein Bundesland (noch) nicht die Voraussetzungen der internen Teilung entsprechend dem BVersTG geschaffen hat (s. Rdn. 547), greift § 14 Abs. 5 VersAusglG nicht ein, weil insoweit die versicherungstechnischen Probleme nicht auftreten und zudem § 44 VersAusglG auch den Ausgleich einer

bereits laufenden Versorgung vorsieht. In diesem Fall verbleibt es deshalb bei der externen Teilung nach § 16 VersAusglG. Hierzu wird auf Rdn. 337 verwiesen.

d) Externe Teilung durch Vereinbarung der Beteiligten

Nach § 14 Abs. 2 Nr. 1 VersAusglG können die ausgleichsberechtigte Person und der Versorgungsträger des auszugleichenden Anrechts eine Vereinbarung zur Vornahme der externen Teilung i. S. d. § 14 Abs. 1 VersAusglG schließen. Diese Vereinbarung stellt keine Regelung des Versorgungsausgleichs i. S. d. §§ 6–8 VersAusglG dar, weil keine materiell-rechtliche Gestaltung des familienrechtlichen Ausgleichsanspruchs erfolgt, die zudem nur zwischen den Ehegatten geschlossen werden kann, sondern nur die **Form der Durchführung des Versorgungsausgleichs** geregelt wird. Entsprechend bedarf es auch keiner notariellen Form für eine solche Vereinbarung gem. § 7 Abs. VersAusglG i. V. m. § 1410 BGB. Die Initiative für eine solche Vereinbarung kann sowohl von der ausgleichsberechtigten Person als auch dem Versorgungsträger des auszugleichenden Anrechts ergriffen werden. Eine Begrenzung hinsichtlich der Höhe des Ausgleichswerts, wie in § 17 VersAusglG geregelt, besteht nicht. Aus der Sicht der ausgleichsberechtigten Person kann eine solche Vereinbarung sinnvoll sein, wenn diesem mehrere auszugleichende Anrechte zustehen und er eine Bündelung sämtlicher Versorgungsanrechte anstrebt, also eine bestehende Versorgung weiter ausbauen will. Für den Versorgungsträger besteht der Vorteil darin, dass er sich den durch eine interne Teilung entstehenden Verwaltungsaufwand erspart. Soweit allerdings kein Regelsicherungssystem i. S. d. § 32 VersAusglG vorliegt, ist das für ihn günstige Risiko des Versterbens der ausgleichsberechtigten Person vor Eintritt des Versorgungsfalls mit der Leistung des Kapitalbetrags entfallen, weil die Regelung des § 37 VersAusglG (Anpassung wegen Tod der ausgleichsberechtigten Person) insoweit nicht gilt. Für die ausgleichsberechtigte Person kann sich eine andere – ungünstigere oder günstigere – Entwicklung des bei einem externen Versorgungsträger begründeten Anrechts ergeben. Insoweit hat dieser die Chancen und Risiken abzuwägen. Ferner müssen bei der Vereinbarung nach § 14 Abs. 2 Nr. 1 VersAusglG die **steuerlichen Auswirkungen der externen Teilung** berücksichtigt werden. Dies folgt aus § 15 Abs. 3 VersAusglG (in der Fassung von Art. 9 d des 3. Gesetzes zur Änderung des SGB IV). Danach muss darauf geachtet werden, dass hinsichtlich der von der ausgleichsberechtigten Person zu wählenden Zielversorgung die Zahlung des Kapitalbetrags nach § 14 Abs. 4 VersAusglG nicht zu steuerpflichtigen Einnahmen oder zu einer schädlichen Verwendung bei der ausgleichspflichtigen Person führt.

565

Die **Wahl der Zielversorgung** gem. § 15 Abs. 1 VersAusglG ist von den nach § 14 Abs. 2 Nr. 1 VersAusglG zulässigen Vereinbarung zu trennen, da diese von der ausgleichsberechtigten Person allein getroffen wird. Im Hinblick auf die **steuerrechtlichen Auswirkungen sowie die schädliche Verwendung** i. S. d. § 15 Abs. 3 VersAusglG (in der Fassung von Art. 9 d des 3. Änderungsgesetzes zum SGB IV) wird aber der Versorgungsträger des auszugleichenden Anrechts bei der Vereinbarung auch diese Risiken in die Vereinbarung sinnvoller Weise einbeziehen. Die Vereinbarung hat ferner zu beachten, dass der Träger der Zielversorgung mit der Begründung eines entsprechenden Anrechts einverstanden sein muss. Auch hat das Familiengericht nach § 15 Abs. 2 VersAusglG zu prüfen, ob die gewählte Zielversorgung eine **angemessene Versorgung** gewährleistet. Liegen diese Voraussetzungen nicht vor, muss die externe Teilung gem. § 15 Abs. 5 Satz 1 VersAusglG in der gesetzlichen Rentenversicherung vorgenommen werden, bei einem Anrecht der betrieblichen Altersversorgung gem. § 15 Abs. 5 Satz 2 VersAusglG in der Versorgungsausgleichsausgleichskasse. Wird von der ausgleichsberechtigten Person so-

566

wie dem Versorgungsträger des auszugleichenden Anrechts eine Vereinbarung zur Vornahme einer externen Teilung getroffen, zugleich aber festgelegt, dass eine geeignete Zielversorgung i. S. d. § 15 Abs. 3 VersAusglG gewählt wird, hat das Familiengericht die Voraussetzungen des § 15 Abs. 2 VersAusglG zu prüfen. Gelangt es zum Ergebnis, dass die gewählte Versorgung **keine angemessene Versorgung** gewährleistet, hat das Familiengericht zu entscheiden, ob insgesamt die Vereinbarung unwirksam ist (§ 139 BGB). Gelangt das Familiengericht zu diesem Ergebnis, ist die interne Teilung nach § 10 Abs. 1 VersAusglG vorzunehmen. Andernfalls zieht es als Zielversorgung nach § 15 Abs. 5 Satz 1, 2 VersAusglG entweder die gesetzliche Rentenversicherung oder bei einer auszugleichenden betrieblichen Altersversorgung die Versorgungsausgleichskasse als Zielversorgung heran.

567 Die Vereinbarung i. S. d. § 14 Abs. 2 Nr. 1 VersAusglG bereitet lediglich die danach zu vollziehende externe Teilung vor. Zu deren **Umsetzung** bedarf es danach der **familiengerichtlichen Entscheidung** i. S. d. § 224 Abs. 1, 2 FamFG. Die konkrete Vorbereitung und Durchführung der externen Teilung regelt § 222 FamFG. Danach fordert das Familiengericht die ausgleichsberechtigte Person auf, das Wahlrecht nach §§ 14 Abs. 2, 15 VersAusglG innerhalb einer bestimmten Frist auszuüben und den Nachweis vorzulegen, dass der ausgewählte Versorgungsträger mit der vorgesehenen Teilung einverstanden ist. Ferner wird das Familiengericht im Rahmen des Amtsermittlungsgrundsatzes darauf hinwirken, dass die externe Teilung steuerrechtlich neutral i. S. d. § 15 Abs. 3 VersAusglG vollzogen werden kann und nicht zu einer schädlichen Verwendung führt. Liegen die Voraussetzungen für eine wirksame und angemessene Versorgung i. S. d. § 15 Abs. 2 VersAusglG vor, setzt das Familiengericht nach § 222 Abs. 3 FamFG den gem. § 14 Abs. 4 VersAusglG geschuldeten Kapitalbetrag in seiner Entscheidung fest (s. a. Rdn. 569).

e) Externe Teilung auf Antrag des Versorgungsträgers

568 Nach § 11 Abs. 2 Nr. 2 VersAusglG kann der Versorgungsträger des auszugleichenden Anrechts ohne Zustimmung der ausgleichsberechtigten Person die externe Teilung verlangen. Entsprechend dieser Bestimmung ist auf einseitigen Antrag des Versorgungsträgers die externe Teilung nur bis zu den dort genannten Grenzwerten zulässig. Zweck dieser Regelung ist es, einerseits Kleinstanrechte zu vermeiden, soweit die Ausgleichszahlung in eine bereits bestehende Versorgung der ausgleichsberechtigten Person einbezahlt wird. Ferner sollen die Verwaltungskosten bei geringfügigen Anrechten vermieden werden, die im Verhältnis zur Leistung im Versorgungsfall prozentual gesehen sehr hoch sind.

Die **Wertgrenze** des § 14 Abs. 2 Nr. 2 VersAusglG ist doppelt so hoch wie die Regelung des § 18 Abs. 3 VersAusglG, nach der wegen Geringfügigkeit eines Anrechts oder einer geringfügigen Differenz zweier oder mehrerer Anrechte ein Wertausgleich nicht durchgeführt werden muss. Nach § 14 Abs. 2 Nr. 2 VersAusglG darf der **Ausgleichswert** am Ende der Ehezeit bei einem Rentenbetrag als maßgebliche Bezugsgröße höchstens 2%, in allen anderen Fällen als Kapitalwert höchstens 240% der monatlichen Bezugsgröße nach § 18 SGB IV betragen. Im Jahre 2009 beträgt diese jährlich 30.240,00 €, monatlich 2.520,00 €; Rentenbetrag nach § 14 Abs. 2 Nr. 2 VersAusglG beträgt damit 50,40 €, der Kapitalbetrag 6.048,00 € (s. a. FamRZ 2009, 97). Der Begriff des Ausgleichswerts i. S. d. §§ 1 Abs. 2, 5 Abs. 3 VersAusglG bedeutet, dass der hälftige Ehezeitanteil des auszugleichenden Anrechts die zuvor dargelegten Grenzwerte nicht übersteigen darf. Ist dies der Fall, kann nur die interne Teilung nach § 10 Abs. 1 VersAusglG vorgenommen werden, falls nicht die

IV. Der Wertausgleich bei der Scheidung

Voraussetzungen des § 17 VersAusglG vorliegen oder nach § 14 Abs. 2 Nr. 1 VersAusglG die externe Teilung vereinbart wurde (s. Rdn. 565 ff.).

f) Bestimmung der Höhe des Kapitalbetrags nach § 14 Abs. 4 VersAusglG

Anders als § 11 Abs. 1 Nr. 1- 3 VersAusglG zur internen Teilung enthalten die Bestimmungen zur externen Teilung keine näheren Vorgaben, was unter einer angemessenen Versorgung zu verstehen ist. Zur **Wahrung des Halbteilungsgrundsatzes** i. S. d. § 1 Abs. 1 VersAusglG muss gewährleistet sein, dass der versicherungsmathematische Barwert der nach § 14 Abs. 4 VersAusglG geschuldeten Kapitalleistung eine dem auszugleichenden Anrecht zugrunde liegende Dynamik in der Anwartschafts- und Leistungsphase enthält. Ferner muss der Kapitalbetrag denselben Risikoschutz wie das auszugleichende Anrecht erfassen (Invaliditätsabsicherung; s. a. § 11 Abs. 1 Nr. 3 VersAusglG).

569

g) Verrechnung gleichartiger Anrechte, Vollzug der externen Teilung

Die Verrechnung von Anrechten i. S. d. § 10 Abs. 2 VersAusglG ist im Falle einer externen Teilung nicht möglich. Der Verweis in § 14 Abs. 3 VersAusglG auf § 10 Abs. 3 VersAusglG stellt klar, dass sich – entsprechend den Regelungen bei der internen Teilung – der Vollzug der Teilung aus den jeweils betroffenen Versorgungen ergibt. Damit wird die Umsetzung des zu leistenden Kapitalbetrags in das jeweilige Versorgungssystem der Zielversorgung angesprochen. Wird z. B. ein Kapitalbetrag in die gesetzliche Rentenversicherung als Zielversorgung geleistet, richtet sich deren Umwandlung in Entgeltpunkte nach § 187 SGB VI (in der Fassung von Art. 4 Nr. 11 VAStrRefG). Hierzu wird auf Rdn. 337 verwiesen.

570

13. Wahlrecht hinsichtlich der Zielversorgung bei externer Teilung, § 15 VersAusglG

a) Grundlagen

Ist eine externe Teilung nach § 14 Abs. 1, 2 VersAusglG durchzuführen, hat der Ausgleichsberechtigte zu entscheiden, bei welchem Versorgungsträger das neue Anrecht begründet oder ein bestehendes Anrecht ausgebaut werden soll – **Zielversorgung**. Der ausgewählte Versorgungsträger muss mit der vorgesehenen Teilung einverstanden sein. Entsprechend muss der Ausgleichsberechtigte nach § 222 Abs. 2 FamFG (in der Fassung von Art. 2 Nr. 5 VAStrRefG) nachweisen, dass der ausgewählte Versorgungsträger mit der **vorgesehenen Teilung einverstanden** ist. Soweit der Träger der ausgleichspflichtigen Versorgung einen Vorschlag zur Wahl des externen Versorgungsträgers unterbreitet, so z. B. über die Pensionskasse, die in Verbindung mit dem Unternehmen steht, muss die ausgleichsberechtigte Person diesen Vorschlag nicht annehmen, da das einseitige Wahlrecht nach § 14 Abs. 2 Nr. 2 VersAusglG bedingungsfeindlich ist (BT-Drucks. 16/10144 S. 59). Dennoch können die Beteiligten hierüber eine Vereinbarung schließen. Das Familiengericht setzt deshalb nach § 222 Abs. 1 FamFG dem Ausgleichsberechtigten eine Frist, innerhalb der diese Zustimmung nachzuweisen ist. Liegt diese vor, setzt das Familiengericht nach § 222 Abs. 3 FamFG den nach § 14 Abs. 4 VersAusglG an die Zielversorgung zu zahlenden Kapitalbetrag fest. Hinzuweisen ist schließlich auf § 114 Abs. 4 Nr. 7 FamFG; danach besteht für die Wahl der externen Teilung nach §§ 14 Abs. 2, 15 Abs. 1 VersAusglG **kein Rechtsanwaltszwang**.

571

b) Anforderungen an die Qualität der Zielversorgung

572 Nach § 15 Abs. 2 VersAusglG muss die gewählte Zielversorgung eine **angemessene Versorgung** gewährleisten. Soweit die im Versorgungsfall zu erbringende Leistung in einer Rentenzahlung besteht, ist hinsichtlich des versicherungsmathematischen Barwerts auf die Höhe des Abzinsungsfaktors des im Leistungsfall geschuldeten monatlichen Rentenbetrags zu achten. Bestehen Zweifel an der Angemessenheit der Versorgung, hat das Familiengericht zunächst nach § 220 Abs. 4 FamFG eine Erläuterung des Kapitalbetrags zu verlangen und kann auch ein Sachverständigengutachten zur Angemessenheit einholen. § 15 Abs. 4 VersAusglG bestimmt, dass die Voraussetzungen einer Angemessenheit stets dann gegeben sind, wenn die Zahlung des Kapitalbetrags nach § 14 Abs. 4 VersAusglG zur Begründung eines Anrechts in der gesetzlichen Rentenversicherung, in der betrieblichen Altersversorgung oder in ein nach § 5 Altersvorsorgeverträge-Zertifizierungsgesetz zertifiziertes Produkt erbracht wird, diese also als Zielversorgung generell geeignet sind. Trotz dieser Legaldefinition zur Angemessenheit ist festzuhalten, dass vor allem aufgrund des unterschiedlichen Risikoschutzes der gesetzlichen Rentenversicherung einerseits und den weiteren in § 15 Abs. 4 VersAusglG genannten Versorgungen andererseits die gesetzliche Rentenversicherung als Zielversorgung jedenfalls dann hinter dem monetären Leistungsumfang der anderen Versorgungen zurückbleibt, das heißt die Rentenanpassungen deutlich geringer sind als diejenige von zertifizierten Produkten, so dass zu empfehlen ist, die gesetzliche Rentenversicherung nur dann als Zielversorgung zu wählen, wenn keine sonstigen Zielversorgungen i. S. d. § 15 Abs. 4 VersAusglG bestehen. Im Hinblick auf den Ansatz, dass eine betriebliche Altersversorgung stets als geeignete Zielversorgung anzusehen ist, kann die Anpassung eines zu begründenden Anrechts in der Leistungsphase mit 1 % jährlich jedenfalls als angemessen angesehen werden, weil nach § 16 Abs. 3 Nr. 1 BetrAVG dieser Zinssatz eine Anpassungsprüfung nicht erfordert (s. Rdn. 546). Gleiches gilt, wenn die Anpassung den Anpassungssätzen der gesetzlichen Rentenversicherung entspricht. In Bezug auf eine betriebliche Altersversorgung ist nach § 15 Abs. 5 Satz 2 VersAusglG, wenn keine Zielversorgung benannt wird, das Anrecht bei der Versorgungsausgleichskasse zu begründen.

c) Berücksichtigung steuerrechtlicher Auswirkungen

573 Die Regelung des § 15 Abs. 3 VersAusglG (in der Fassung von Art. 9 d des 3. Änderungsgesetzes des SGB IV; BT-Drucks. 16/13424 S. 24) schränkt das **Wahlrecht des Ausgleichsberechtigten** gem. § 15 Abs. 1 VersAusglG teilweise ein. § 15 Abs. 3 VersAusglG bestimmt, dass die Zahlung des Kapitalbetrags gem. § 14 Abs. 4 VersAusglG an die gewählte Zielversorgung nicht zu steuerpflichtigen Einnahmen bei der ausgleichspflichtigen Person oder zu einer schädlichen Verwendung führen darf; hierdurch soll der durch den versorgungsausgleichsrechtlichen Vorgang ausgelöste **steuerliche Effekt** in der Versorgung des Ausgleichspflichtigen berücksichtigt werden. Die Bestimmungen des § 15 Abs. 3, 4 VersAusglG sind im Zusammenhang mit § 3 Nr. 55 b EStG (in der Fassung von Art. 10 Nr. 1 VAStrRefG) zu sehen, der die Fälle der externen Teilung für den Ausgleichspflichtigen steuerneutral stellt (S. BT-Drucks. 16/10144 S. 108), jedoch aus steuersystematischen Gründen nicht alle Fälle erfasst. Steuerneutralität ist danach stets im Falle eines externen Ausgleichs in der gesetzlichen Rentenversicherung, der betrieblichen Altersversorgung oder eines nach § 5 Altersvorsorge-Zertifizierungsgesetz zertifizierten Anrechts gegeben. Wird eine **ungeförderte private Rentenversicherung** als Zielversorgung gewählt, führt der Ausgleichsvorgang in Höhe des Ausgleichswerts zu steuerpflichtigen Einkünften beim Ausgleichspflichtigen (nach §§ 19, 20, 22 EStG).

Entsprechendes gilt, wenn die Wahl einer Zielversorgung in Bezug auf ein **gefördertes Altersversorgungsvermögen eine schädliche Verwendung** i. S. d. § 93 Abs. 1 EStG bewirken würde (Voraussetzungen einer zulässigen Verwendung: Auszahlung frühestens ab Vollendung des 62. Lebensjahrs bei Verträgen nach dem 31. 12. 2011; Zahlung einer lebenslangen gleich bleibenden oder steigenden monatlichen Leibrente gem. § 1 Abs. 1 Satz 1 Nr. 2 und 4 AltZertG, ab Vollendung des 85. Lebensjahres kann eine Teilkapitalverrentung erfolgen; monatliche Hinterbliebenenrente, monatliche Rente wegen teilweiser oder voller Erwerbsminderung). Zur Vermeidung einer **einseitigen Belastung** des Ausgleichspflichtigen (Halbteilungsgrundsatz) muss dieser deshalb in einem solchen Fall der Wahl durch den Ausgleichsberechtigten nach § 15 Abs. 1 VersAusglG zustimmen; dies regelt § 15 Abs. 3 VersAusglG (letzter Halbs.). Stimmt der Ausgleichspflichtige nicht zu, ist die Wahl nach § 15 Abs. 1 VersAusglG unwirksam. In diesem Fall erfolgt der Ausgleich nach **§ 15 Abs. 5 VersAusglG in der gesetzlichen Rentenversicherung** oder, wenn eine betriebliche Altersversorgung vorliegt, nach § 15 Abs. 5 Satz 2 VersAusglG in der Versorgungsausgleichskasse.

Will der Ausgleichsberechtigte ein bestehendes Anrecht in Form einer privaten Rentenversicherung ausbauen, muss entsprechend geklärt werden, ob die **externe Teilung steuerneutral** durchgeführt werden kann. Hierzu ist beim Versorgungsträger des Ausgleichspflichtigen zunächst nachzufragen, nach welcher Bestimmung des EStG (vor allem §§ 19, 20, 22 EStG) die Leistungen des Arbeitgebers der Besteuerung unterliegen; danach ist zu prüfen, ob die Zielversorgung die Voraussetzungen des § 15 Abs. 4 VersAusglG erfüllt. Der **Auffangversorgungsträger** (Versorgungsausgleichskasse) erfüllt die Voraussetzungen des § 15 Abs. 4 VersAusglG (zu den Einschränkungen s. Rdn. 575).

d) Bildung einer Versorgungsausgleichskasse zur Durchführung der externen Teilung

Die Bundesregierung hat aufgrund einer Anregung des Rechtsausschusses, noch vor Inkrafttreten des VAStrRefG am 01. 09. 2009 die gesetzlichen Voraussetzungen für die Gründung eines **Auffangversorgungsträgers** mit dem Ziel geschaffen, in den Fällen des Ausgleichs einer betrieblichen Altersversorgung die durchzuführende externe Teilung nach den §§ 14, 17 VersAusglG (als Zielversorgung) nach § 15 Abs. 5 Satz 1 VersAusglG nicht in der gesetzlichen Rentenversicherung zu vollziehen, wenn ein Ehegatte sein Wahlrecht nach § 15 Abs. 1 VersAusglG nicht ausübt. Die Regelung des § 15 Abs. 5 Satz 1 VersAusglG, die einen externen Ausgleich in der gesetzlichen Rentenversicherung vorsieht, greift danach bei dem **Ausgleich einer betrieblichen Altersversorgung** nicht ein, weil nach § 15 Abs. 5 Satz 2 VersAusglG (in der Fassung von Art. 9 d Nr. 2 des 3. Gesetzes zur Änderung des SGB IV – Gesetz zur Errichtung einer Versorgungsausgleichskasse und zur Änderung anderer Gesetze; diese Regelung tritt erst in Kraft, wenn die Genehmigungsbehörde, das ist die Bundesanstalt für Finanzdienstleistungsaufsicht, die Erlaubnis zur Aufnahme des Geschäftsbetriebes erteilt hat; das war Ende September 2009 noch nicht gegeben) ein Anrecht nach dem BetrAVG abweichend in der **neu gegründeten Versorgungsausgleichskasse** zu begründen ist. Die Zuweisung zur Versorgungsausgleichskasse als Zielversorgung einer extern auszugleichenden betrieblichen Altersversorgung hat aber den **Nachteil**, dass die Verzinsung nur entsprechend dem erforderlichen Rechnungszins (2,5%) erfolgt und das Anrecht nicht weiter ausgebaut werden kann. Dies folgt aus § 4 sowie § 5 des Gesetzes über die Versorgungsausgleichskasse (Art. 9 e des 3. Änderungsgesetzes des SGB IV, BT-Drucks. 16 / 13424 S. 25). § 4 Abs. 2 dieses Gesetzes bestimmt, dass ein Zins in einer Höhe zu garantieren ist, die dem Höchstwert für den Rechnungszins nach § 65

Abs. 1 Nr. 1 VAG zum Zeitpunkt der Begründung des Anrechts bei der Versorgungsausgleichskasse entspricht. Sämtliche auf den Rentenbestand fallenden Überschussanteile müssen nach Abs. 3 zur Erhöhung der laufenden Leistungen verwendet werden. Nach § 4 Abs. 4 dieses Gesetzes kann die Versorgungsausgleichskasse **angemessene Verwaltungskosten** in Abzug bringen. Abschluss- und Vertriebskosten dürfen nicht erhoben werden. Eine weitere Beschränkung ergibt sich aus § 5 Abs. 1, 2 dieses Gesetzes; danach ist das bei der Versorgungsausgleichskasse begründete Anrecht nicht übertragbar, nicht beleihbar und nicht veräußerbar und darf auch nicht vorzeitig verwertet werden. Auch entfällt eine Fortsetzung mit eigenen Beiträgen. Zulässig ist es jedoch, bei mehreren extern auszugleichenden Anrechten jeweils die Versorgungsausgleichskasse als Zielversorgung zu wählen. Hieraus folgt, dass die ausgleichsberechtigte Person das Wahlrecht nach § 15 Abs. 1 VersAusglG zur Bestimmung einer Zielversorgung nicht auf die Versorgungsausgleichskasse beschränken sollte, sondern einen die Voraussetzungen des § 15 Abs. 4 VersAusglG (Zertifizierung nach § 5 Altersvorsorgeverträge-Zertifizierungsgesetz) als Zielversorgung wählt, der das eingezahlte Kapital zinsgünstiger verwenden kann als die Versorgungsausgleichskasse und ferner die Möglichkeit hat, diese Zielversorgung mit eigenen Beiträgen auszubauen.

14. Externe Teilung von Anrechten aus einem öffentlich-rechtlichen Dienst- oder Amtsverhältnis

a) Grundlagen

576 Die Regelung des § 16 VersAusglG berücksichtigt die Möglichkeit, dass der Versorgungsträger einer Beamtenversorgung oder eines Amtsverhältnisses **keine interne Teilung** vorsieht, wie dies der Bund für Bundesbeamte durch das BVersTG bereits vollzogen hat (zu den Einzelheiten s. Rdn. 547 ff.). Ob und zu welchem Zeitpunkt die zuständigen Länder, die seit der Föderalismusreform für ihren Bereich der Beamtenversorgung zuständig sind, eine entsprechende gesetzliche Regelung schaffen, ist derzeit offen. Solange dies nicht erfolgt, muss die Teilung eines Versorgungsanrechts eines Beamten oder aus einem öffentlich-rechtlichen Amtsverhältnis nach § 16 Abs. 1 VersAusglG vorgenommen werden. Diese Regelung entspricht § 1587 b Abs. 2 BGB a. F. (Quasisplitting). § 16 VersAusglG erfasst auch Anrechte aus einem öffentlich-rechtlichen Dienst- oder Amtsverhältnis, so vor allem die Versorgung eines Ministers oder Abgeordneten und nicht nur aus einem beamtenrechtlichen Dienstverhältnis nach dem BBG oder den Landesbeamtengesetzen.

b) Inhalt der Entscheidung des Familiengerichts

577 Soweit in Bezug auf ein Anrecht aus einem öffentlich-rechtlichen Dienst- oder Amtsverhältnis durch externe Teilung gem. § 16 Abs. 1 VersAusglG auszugleichen ist, muss das Familiengericht den vom Versorgungsträger ermittelten Ehezeitanteil i. S. d. § 5 Abs. 1 VersAusglG gem. § 16 Abs. 3 VersAusglG in Entgeltpunkte umrechnen. Hierbei hat es danach zu unterscheiden, ob das Anrecht im Beitrittsgebiet oder dem übrigen Bundesgebiet erworben wurde. Die Bezugsgröße i. S. d. § 5 Abs. 1 VersAusglG ist deshalb in diesen Fällen ein Rentenbetrag (s. a. § 1587 b Abs. 6 BGB a.F). Entsprechendes gilt dies für Anrechte im Beitrittsgebiet nach § 3 Abs. 1 Nr. 5 VAÜG.

Die Festsetzung erfolgt durch das Familiengericht in der Beschlussformel seiner Entscheidung i. S. d. § 224 Abs. 1 FamFG. Die Beschlussformel lautet danach bei einem auszugleichenden Anrecht von 500,00 € bei einem Ehezeitende 2. Halbjahr 2009 wie folgt:

IV. Der Wertausgleich bei der Scheidung

Zu Lasten der Anrechte des Ehemannes nach dem BeamtVG beim Landesamt für Besoldung und Versorgung Baden-Württemberg werden auf das Versicherungskonto Nr. 25101955M 501 der Ehefrau bei der Deutschen Rentenversicherung Bund eine monatliche Rente von 500,00 € begründet, bezogen auf das Ehezeitende 30. 09. 2009. Der vorgenannte Rentenbetrag ist in Entgeltpunkte umzurechnen; er entspricht 18,3824 Entgeltpunkten (aktueller Rentenwert 27,20 €).

Handelt sich um ein Verfahren im Beitrittsgebiet, muss dies besonders ausgesprochen werden. Die Beschlussformel lautet dann:

Zu Lasten der Anrechte des Ehemannes nach dem BeamtVG beim Landesamt für Besoldung und Versorgung Sachsen werden auf das Versicherungskonto Nr. 25101955M 501 der Ehefrau bei der Deutschen Rentenversicherung Sachsen eine monatliche Rente von 500,00 € begründet, bezogen auf das Ehezeitende 30. 09. 2009. Der vorgenannte Rentenbetrag ist in Entgeltpunkte umzurechnen; er entspricht 20,7125 Entgeltpunkte (aktueller Rentenwert 24,14 €).

c) Weitere Regelungen

§ 16 Abs. 2 VersAusglG regelt den Ausgleich bei **Widerrufsbeamten und Zeitsoldaten** (BGH FamRZ 1987, 921; FamRZ 2003, 29 f.) nach der bestehenden Rechtslage, der stets durch Begründung eines Anrechts in der gesetzlichen Rentenversicherung erfolgt. Der nach § 76 Abs. 2 Satz 3 SGB VI i. V. m. § 1587 b Abs. 5 BGB a. F. zu beachtende **Höchstbetrag** entfällt (gem. Art. 4 Nr. 3 VAStrRefG), so dass im Bereich der Beamtenversorgung bei hohen Ausgleichswerten im Falle der externen Teilung nach § 16 Abs. 1 VersAusglG das gesamte Anrecht ausgeglichen werden kann, auch solange die Beamtenversorgung keine interne Teilung vorsieht (dies sieht der Bund durch das Bundesversorgungsteilungsgesetz vor – Art. 5 VAStrRefG vor; s. Rdn. 548 ff.). Dies hat den positiven Effekt, dass der (nach bisherigem Recht nicht ausgleichbare Teil der Beamtenversorgung) nicht in den schuldrechtlichen Versorgungsausgleich zu verweisen ist (s. § 1587 f Nr. 2 BGB a. F.). Die in §§ 187, 225 Abs. 1 SGB VI geregelte **Erstattungspflicht des Versorgungsträgers** bleibt im Falle einer externen Teilung bestehen.

578

15. Weiterleitung der Krankenversicherungspflicht bei der externen Teilung

Aus dem **Halbteilungsgrundsatz** i. S. d. § 1 Abs. 1 VersAusglG ist auch abzuleiten, dass die Belastung der beiderseitigen Versorgungen mit der Lohn- bzw. Einkommensteuer sowie den Beiträgen zur gesetzlichen Kranken- und Pflegeversicherung aus dem ausgeglichenen Anrecht jeweils nach denselben Grundsätzen erfolgt. Entsprechend darf es bei der Vornahme des Wertausgleichs zwischen der internen Teilung gem. § 10 Abs. 1 VersAusglG sowie der externen Teilung nach § 14 VersAusglG keine Unterschiede ergeben. Für den Bereich der Einkommensteuerlast wird dies in § 3 Nr. 55 a EStG für den Bereich der internen Teilung und den Bereich der externen Teilung nach § 3 Nr. 55 b EStG sichergestellt (zu den Einzelheiten s. Rdn. 631, 633). Im Bereich der gesetzlichen Krankenversicherung ist im Falle der internen Teilung sichergestellt, dass die nach den Bestimmungen des SGB V geschuldeten Beiträge vom Versorgungsträger abgeführt werden, weil nach § 11 Abs. 2 VersAusglG für das Anrecht der ausgleichsberechtigten Person die Regelungen des auszugleichenden Anrechts gelten. Entsprechendes gilt in Bezug auf eine betriebliche Altersversorgung nach § 12 VersAusglG. Insoweit wird auf die Ausführungen zu Rdn. 546 verwiesen.

579

3. Kapitel   Der Wertausgleich von Versorgungsanrechten

580   In Bezug auf die **externe Teilung** bestehen im Falle des Ausgleichs eines Anrechts aus einem öffentlich-rechtlichen Dienst- oder Amtsverhältnis gem. § 16 VersAusglG keine Besonderheiten, weil mit der Begründung eines Anrechts in der gesetzlichen Rentenversicherung ab dem Rentenfall aus dem erworbenen Anrecht die Krankenversicherung der Rentner zu leisten ist. Erfolgt die externe Teilung in einen privaten Pensionsfonds oder ein vergleichbares Produkt, so stellt sich die Frage, ob die hinsichtlich des ausgeglichenen Anrechts bestehende **Kranken- und Pflegeversicherungspflicht weitergeleitet** wird. Dies ist zu bejahen. Aus den §§ 229, 237 SGB V folgt, dass Renten der betrieblichen Altersversorgung (§ 229 Abs. 1 Nr. 5 SGB V) sowie Renten, die für bestimmte Berufsgruppen eingerichtet sind (berufsständische Versorgungen), als beitragspflichtige Einnahmen gelten. § 237 Nr. 2 SGB V dehnt diesen Grundsatz auf einen Zahlbetrag aus, der eine der Rente vergleichbare Einnahme betrifft. Hierunter fallen auch Kapitalabfindungen, was sich aus § 229 Abs. 1 Satz 3 SGB V ergibt (s. a. BSG, Urteil vom 25. 04. 2007, B 12 KR 25/05; BSG, Urteil vom 25. 04. 2007, B 12 26/05; s. a. BT-Drucks. 15/1525 S. 139). Hieraus folgt, auch privat-rechtlich organisierte Anrechte der Beitragspflicht aufgrund des Weiterleitungsgrundsatzes unterliegen, wenn das auszugleichende Anrecht der Beitragspflicht unterworfen ist.

16. Geringfügige Ausgleichswerte

a) Grundlagen

581   Die Regelung des § 18 VersAusglG ermöglicht es, vom Ausgleich abzusehen, wenn entweder die Differenz sämtlicher beiderseitigen Ausgleichswerte auf Kapitalbasis gering sind oder ein Anrecht mit einem geringen Ausgleichswert besteht. Die Regelung beinhaltet **zwei Varianten**.

Nach § 18 Abs. 1 VersAusglG ist der Wertunterschied bei Ehezeitende gering, wenn die **Differenz der Ausgleichswerte** am Ehezeitende derzeit als Rentenbetrag höchstens 25,20 € und als Kapitalwert höchstens 3.024,00 € beträgt. Dies wird in § 18 Abs. 3 VersAusglG bestimmt, der bei einem Rentenbetrag als maßgebliche Bezugsgröße höchstens 1%, in allen anderen Fällen als Kapitalwert höchstens 120% der monatlichen Bezugsgröße des § 18 Abs. 1 SGB IV festlegt (im Jahre 2.520,00 € monatlich; s. FamRZ 2009, 97). Voraussetzung ist jedoch, dass es sich um **Anrechte gleicher Art** handelt; dieser Begriff entspricht dem in § 10 Abs. 2 VersAusglG enthaltenen Begriff. Hierdurch wird berücksichtigt, dass annähernd vergleichbare Stichtagswerte i. S. d. § 5 Abs. 1 VersAusglG sich in Bezug auf das Finanzierungsverfahren, der weiteren Entwicklung des Anrechts und den Umfang der Versorgungsleistungen sehr stark unterschieden können, so dass annähernd vergleichbare kapitalisierte Stichtagswerte zu unterschiedlichen Versorgungsleistungen führen können.

582   Gleiches gilt nach § 18 Abs. 2 VersAusglG, wenn die **Ausgleichswerte einzelner Anrechte** gering im vorgenannten Sinne sind. Zweck dieser Regelung ist es (BT-Drucks. 16/10144 S. 60), dass für den zuständigen Versorgungsträger durch die Teilung des Anrechts und Aufnahme eines neuen Berechtigten kein unverhältnismäßig hoher Verwaltungsaufwand entsteht. Da es sich um eine **Soll-Bestimmung** handelt, kann im Einzelfall hiervon abgewichen werden, so vor allem, wenn bei einem Ehegatten mehrere geringfügige Anrechte bestehen und der andere Ehegatte ohne den Ausgleich dieser Anrechte bis zur Altersgrenze keine hinreichende, die wirtschaftliche Existenz sichernde Vorsorgeanrechte erreichen könnte (§ 18 Abs. 3 VersAusglG in der Fassung des RegE sah entsprechend eine flexible Anwen-

dung vor; diese wurde aus Vereinfachungsgründen nicht übernommen; s. *Borth*, FamRZ 2009, 562, 564.).

b) Geringe Differenz einzelner Ausgleichswerte i. S. d. § 18 Abs. 1 VersAusglG

§ 18 Abs. 1 VersAusglG schränkt – anders als nach der Fassung des RegE (BT-Drucks. 16/10144 S. 62; zum Inhalt der Änderungen s. *Borth* FamRZ 2008, 1797, 1800) – die Möglichkeiten des Ausschlusses des Versorgungsausgleichs bei geringfügigen Wertunterschieden der beiderseitigen Ausgleichswerte ein und sieht dessen Anwendung nur vor, wenn **Anrechte gleicher Art** vorliegen. Ferner bewirkt die Formulierung »*beiderseitige Anrechte gleicher Art*«, dass einzelne Anrechte gleicher Art mit nur geringfügig unterschiedlichen Ausgleichswerten vom Ausgleich ausgenommen werden können. Die Neufassung des Abs. 1 berücksichtigt, dass annähernd vergleichbare Stichtagswerte i. S. d. § 5 Abs. 1 VersAusglG sich in Bezug auf das Finanzierungsverfahren, der weiteren Entwicklung des Anrechts und den Umfang der Versorgungsleistungen sehr stark unterschieden können, so dass annähernd vergleichbare Stichtagswerte zu unterschiedlichen Versorgungsleistungen führen können. Die Ausgestaltung als »Soll-Regelung« in Abs. 1, 2 übernimmt das in § 18 Abs. 3 VersAusglG – RegE – enthaltene **Ermessen des Familiengerichts**.

583

Beispiel:

Steht dem Ehemann ein Anrecht auf eine berufsständische Versorgung zu, das in der Anwartschaftsphase keine oder nur eine geringe Anpassung aufweist, dagegen in der Leistungsphase eine Anpassung an die Entwicklung der allgemeinen Preis- oder Einkommensentwicklung enthält, die sich aus der Verwendung der aus den Beiträgen erzielten Überschüssen für die Leistungsphase ergibt, und verfügt die Ehefrau über ein Anrecht in einer anderen berufsständischen Versorgung mit vergleichbaren Rechnungsgrundlagen und Anpassungen, kann bei annähernd gleicher Höhe des jeweiligen Ausgleichswertes § 18 Abs. 1 VersAusglG angewandt werden. Sieht dagegen das Anrecht des Ehemannes sowohl in der Anwartschaftsphase als auch in der Leistungsphase eine Anpassung an die allgemeine Preis- oder Einkommensentwicklung vor, während das Anrecht der Ehefrau nur eine Anpassung in der Leistungsphase kennt, scheidet die Anwendung des § 18 Abs. 1 VersAusglG aus. Wird der Ausgleichswert i. S. d. § 5 Abs. 1, 3 VersAusglG in beiden Auskünften in Form eines Rentenwerts mitgeteilt, ergibt sich aus dem korrespondierenden Kapitalwert, dass die Anrechte wegen deren **unterschiedlicher Dynamik** nicht gleichwertig sind, so dass in einem solchen Fall ein Ausschluss des Versorgungsausgleichs ausscheidet, weil keine Anrechte gleicher Art i. S. d. § 18 Abs. 1 VersAusglG vorliegen (eingehend Rdn. 499).

Weiteres Beispiel (entsprechend BT-Drucks. 16/11903 S. 107):

Der Ehemann verfügt über ein Anrecht in der Beamtenversorgung mit einem Ausgleichswert von 1.000,00 €, die Ehefrau ein Anrecht in der gesetzlichen Rentenversicherung i. H. v. 15 Entgeltpunkten (398,40 €). Daneben besteht bei jedem Ehegatten ein Anrecht auf eine private Rentenversicherung, das beim Ehemann einen Ausgleichswert von 5.000,00 € und der Ehefrau i. H. v. 5.300,00 € aufweist. Hinsichtlich der beiderseitigen Anrechte aus der privaten Rentenversicherung kann wegen des geringen Wertunterschiedes von einem Ausgleich abgesehen werden, während der Ausgleich zur Beamtenversorgung (nach § 10 Abs. 1 VersAusglG oder nach § 16 Abs. 1 VersAusglG) sowie zur gesetzlichen Rentenversicherung (nach § 10 Abs. 1 VersAusglG) jeweils zugunsten des anderen Ehegatten stattfindet.

3. Kapitel   Der Wertausgleich von Versorgungsanrechten

c) Ermessensentscheidung bei einzelnen Anrechten mit geringem Ausgleichswert nach § 18 Abs. 2 VersAusglG

584 § 18 Abs. 2 VersAusglG ermöglicht ebenfalls eine Ermessensentscheidung hinsichtlich einzelner Anrechte mit geringem Ausgleichswert; danach kann das Familiengericht vom Ausgleich eines einzelnen Anrechts mit einem geringen Ausgleichswert absehen, diesen aber auch durchführen (zum Regelungszweck dieser Bestimmung s. Rdn. 582).

Beispiel des Ausschlusses des Wertausgleichs hinsichtlich eines einzelnen Anrechts:

	Ehemann	Ehefrau	Ausgleich
Ges. Rentenversicherung	30 Entgeltpunkte		15 Entgeltpunkte
Ges. Rentenversicherung		20 Entgeltpunkte	10 Entgeltpunkte
betriebl. Altersvers.	200,00 €		100,00 €
betriebl. Altersvers.		30,00 €	15,00 €

1. Das Familiengericht hat den Ausgleich hinsichtlich des Anrechts des Ehemannes in der gesetzlichen Rentenversicherung i. H. v. 15 Entgeltpunkten zugunsten der Ehefrau anzuordnen. Das entspricht einem Rentenbetrag von 408,00 € (Ehezeitende 2. Halbj. 2009; aktueller Rentenwert 27,20 €).
2. Ferner hat das Familiengericht den Wertausgleich hinsichtlich des Anrechts der Ehefrau aus der gesetzlichen Rentenversicherung i. H. v. 10 Entgeltpunkten zugunsten des Ehemannes anzuordnen. Das entspricht einem Rentenbetrag von 272,00 € (Ehezeitende 2. Halbj. 2009; aktueller Rentenwert 27,20 €).
3. Der Rentenversicherungsträger (Deutsche Rentenversicherung) vollzieht danach die Verrechnung der gleichartigen Anrechte aus der gesetzlichen Rentenversicherung nach Rechtskraft der Entscheidung zum Versorgungsausgleich gem. § 10 Abs. 2 VersAusglG, indem das Rentenversicherungskonto des Ehemannes mit 5 Entgeltpunkten belastet und dem Rentenversicherungskonto der Ehefrau 5 Entgeltpunkte gutgeschrieben werden. Das entspricht einem Rentenbetrag von 136,00 ([408–272], Ehezeitende 2. Halbj. 2009; aktueller Rentenwert 27,20 €).
4. Hinsichtlich des Anrechts des Ehemannes aus einer betrieblichen Altersversorgung erfolgt der Wertausgleich entweder durch interne Teilung nach § 10 Abs. 1 VersAusglG oder durch externe Teilung nach § 17 VersAusglG, wenn das Anrecht aufgrund einer Direktzusage oder einer Unterstützungskasse besteht (der Kapitalbetrag von 64.800,00 € wird bei einem monatlichen Rentenanrecht von 100,00 € nicht überschritten) oder die Beteiligten nach § 14 Abs. 2 Nr. 1 VersAusglG eine Vereinbarung zur Durchführung der externen Teilung geschlossen haben.
5. Der Ausgleich hinsichtlich des Anrechts der Ehefrau aus der betrieblichen Altersversorgung bleibt unterhalb der in § 18 Abs. 3 VersAusglG definierten Grenze von 25,20 €, so dass insoweit ein Ausgleich grundsätzlich nicht durchzuführen ist. Die Bestimmung des Grenzwertes hängt ausschließlich von der Höhe des Ausgleichswerts in Form der Bezugsgröße »Rente« ab, so dass es unerheblich ist, wenn im Einzelfall zwar der Grenzwert zur Höhe des Kapitals, nicht aber zur Bezugsgröße »Rente« überschritten wird.

585 **Beispiel der Durchführung des Wertausgleichs trotz geringer Ausgleichswerte**

	Ehemann	Ehefrau	Ausgleich
ges. RV	30 Entgeltpunkte		15 Entgeltpunkte
ges. RV		20 Entgeltpunkte	10 Entgeltpunkte
betriebl. AV	30,00 €		15,00 €
betriebl. AV	40,00 €		20,00 €
private RV	1.600,00 € Deckungskapital		800,00 €

IV. Der Wertausgleich bei der Scheidung

1. Der Ausgleich der jeweiligen Anrechte der Ehegatte aus der gesetzlichen Rentenversicherung erfolgt wie vorstehend nach Ziffer 1–3.
2. Zur Prüfung der Frage, ob im Rahmen der Ermessensentscheidung ein Ausschluss des Wertausgleichs im Betracht kommt, sind neben der Feststellung der Grenzwerte gem. § 18 Abs. 3 VersAusglG ferner die **Auswirkungen des Ausschlusses in Bezug auf die wirtschaftlichen Verhältnisse** der Beteiligten zu beachten. Verfügt die Ehefrau im konkreten Fall insgesamt über Versorgungsbezüge, die das Existenzminimum– bei Berücksichtigung der Erwerbsverhältnisse bis zur festen Altersgrenze – nicht decken oder sich im Bereich des Existenzminimums bewegen, so dass die Ehefrau auf diese Anrechte angewiesen ist. Unklar bleibt nach der Gesetzesfassung der **Bewertungsmaßstab** für die nach § 18 Abs. 1 VersAusglG zu treffende Abwägung. Diese ergibt sich aus dem Zweck des Versorgungsausgleichs, der neben dem Teilhabegesichtspunkt (Art. 3 Abs. 1 GG) auch die **Sicherung der wirtschaftlichen Existenz** des Ehegatten mit den geringeren Anrechten bewirken soll (Art. 6 Abs. 1 GG – fortwirkende Verantwortung). Hieraus folgt, dass die wirtschaftlichen Verhältnisse im Rahmen der Ermessensprüfung zu beachten sind, so dass im Einzelfall der Wertausgleich trotz geringfügiger Anrechte dennoch durchzuführen ist. Das Familiengericht hat im Rahmen des Amtsermittlungsgrundsatzes gem. § 26 FamFG den Sachverhalt insoweit zu klären, wenn nach den eingeholten Auskünften und den sich daraus ergebenden wirtschaftlichen Verhältnissen ergibt, dass ein Ehegatte auf die vollständische oder teilweise Durchführung des Versorgungsausgleichs angewiesen ist.
3. Der Ausgleich der Anrechte aus der betrieblichen Altersversorgung sowie der privaten Rentenversicherung erfolgt vorrangig grundsätzlich im Wege der internen Teilung, § 10 Abs. 1 VersAusglG. Wegen der geringfügigen Ausgleichswerte kann nach § 14 Abs. 2 Nr. 2 VersAusglG die externe Teilung erfolgen, dessen Voraussetzungen hinsichtlich der Grenzwerte vorliegen.

d) Verfahrensrechtlicher Vollzug

Gelangt das Familiengericht im Rahmen der Ermessensprüfung zum Ergebnis, dass ein einzelnes Anrecht wegen Geringfügigkeit nicht ausgeglichen werden soll, hat es in der **Entscheidung zum Versorgungsausgleich** gem. § 224 Abs. 3 FamFG festzustellen, dass insoweit ein Versorgungsausgleich nicht stattfindet. Die Beschlussformel lautet damit in Bezug auf das nicht auszugleichende Anrecht (gem. dem Beispielsfall in Rdn. 584; zur Beschlussformel Rdn. 1053): **586**

Ein Ausgleich des Anrechts der Ehefrau aus einer betrieblichen Altersversorgung bei der Fa. A. GmbH findet wegen Geringfügigkeit des Ausgleichswerts nicht statt.

Diese Entscheidung ist mit der Beschwerde nach § 58 Abs. 1 FamFG grundsätzlich anfechtbar, wenn eine Beschwer geltend gemacht wird. Diese kann darin bestehen, dass keine Geringfügigkeit i. S. d. § 18 Abs. 1, 2 VersAusglG vorliegt. Ferner kann geltend gemacht werden, dass das Ermessen i. S. d. § 18 Abs. 1, 2 VersAusglG fehlerhaft ausgeübt wurde und ein Ausgleich hätte vorgenommen werden müssen. Zulässig ist auch ein Antrag auf Abänderung der Entscheidung nach § 225 Abs. 1 FamFG, wenn ein Anrecht gem. § 32 Nr. 1- 5 VersAusglG (Regelsicherungssystem) in der Erstentscheidung wegen Geringfügigkeit nach § 18 Abs. 1, 2 VersAusglG ausgeschlossen wurde, jedoch eine nach § 225 Abs. 2 FamFG zu berücksichtigende wesentliche Veränderung tatsächlicher oder rechtlicher Art eingetreten ist.

17. Fehlende Ausgleichsreife eines Anrechts

a) Grundlagen

Die Regelung des § 19 VersAusglG nimmt Anrechte aus dem Ausgleich bei Scheidung gem. den §§ 9–19, 28 VersAusglG aus, bei denen zu diesem Zeitpunkt eine Entscheidung zum Ausgleich nicht möglich ist. Der in § 19 Abs. 2 Nr. 1–4 VersAusglG aufgeführte Katalog betrifft unterschiedliche Ursachen, die dem Ausgleich bei der Scheidung entgegenstehen. Die **tatbestandliche Reichweite** dieser Vorschrift unterscheidet sich von § 1587 f Nr. 1–5 BGB a. F. schon deshalb, weil die dort geregelten Tatbestände des schuldrechtlichen Versorgungsausgleichs **587** des § 1587 f Nr. 1–3 BGB a. F. wegen des neuen Ausgleichssystems nicht mehr auftreten. Sie geht auch weiter als der Begriff der Verfallbarkeit eines Anrechts i. S. d. § 1587a Abs. 2 Nr. 3 Satz 3 BGB (a. E.) und ist zudem von § 2 Abs. 3 VersAusglG (§ 1587a Abs. 7 BGB a. F.) abzugrenzen. § 19 Abs. 1, 2 VersAusglG bezieht alle Fälle ein, in denen aus rechtlichen Gründen eine interne Teilung oder externe Teilung nicht möglich ist. Der Vorschrift des § 19 Abs. 1, 2 Nr. 1–4 VersAusglG ist nach ihrem **Wortlaut abschließend gefasst**. Der Begriff *»fehlende Ausgleichsreife«* ist nach § 19 Abs. 1 VersAusglG andererseits umfassend zu verstehen und greift stets dann ein, wenn aus einem rechtlichen Grund, der materieller oder verfahrensrechtlicher Art sein kann, eine Entscheidung im Wege des Ausgleichs bei der Scheidung nach den §§ 9–19, 28 VersAusglG nicht zulässig ist.

b) Zeitpunkt der Beurteilung der fehlenden Entscheidungsreife

588 § 19 Abs. 1 Satz 2 VersAusglG verweist hinsichtlich des Zeitpunkts der Beurteilung, ob Entscheidungsreife vorliegt, auf § 5 Abs. 2 VersAusglG entsprechend. Danach ist als maßgeblicher **Zeitpunkt das Ehezeitende** heranzuziehen. Tritt zwischen dem Ehezeitende i. S. d. § 3 Abs. 1 VersAusglG und dem Zeitpunkt der Entscheidung jedoch die Ausgleichsreife ein, ist der Ausführungen bei der Scheidung vorzunehmen. Dies folgt aus der Verweisung auf Satz 1 und Satz 2 des § 5 Abs. 2 VersAusglG; danach können Veränderungen nach dem Ende der Ehezeit und dem Zeitpunkt der Entscheidung erfasst werden. Dies bezieht sich sowohl auf den Eintritt der Unverfallbarkeit einer betrieblichen Altersversorgung i. S. d. § 1b BetrAVG als auch den Eintritt der Voraussetzungen des schuldrechtlichen Versorgungsausgleichs in Bezug auf ein ausländisches Anrecht, wenn also zum Zeitpunkt der Entscheidung zum Versorgungsausgleich beide Ehegatten bereits Versorgungsleistungen beziehen, so dass die unmittelbare Ausgleichsleistung zwischen den Ehegatten auch in der Verbundentscheidung auf Antrag gem. § 223 FamFG erfolgen kann.

c) Fälle der fehlenden Ausgleichsreife

589 § 19 Abs. 2 VersAusglG benennt die Sachlagen, bei deren Vorliegen ein Anrecht wegen fehlender Ausgleichsreife nicht ausgeglichen werden kann. Hierzu regelt § 19 Abs. 2 VersAusglG
- die Sachlage, dass sich ein Anrecht dem Grund oder der Höhe nach noch nicht hinreichend verfestigt hat; hierzu gehört vor allem eine noch **verfallbare betriebliche Altersrente**, Nr. 1;
- eine abzuschmelzende Leistung (etwa § 69 e BeamtVG) besteht, die regelmäßig aus Gründen des Besitzschutzes für eine Übergangszeit erbracht und meist von einer anderen Regelversorgung aufgrund deren Dynamik stufenweise verdrängt wird, Nr. 2;
- eine **ausländische, zwischenstaatliche oder überstaatliche Versorgung** besteht, auf die ein deutscher Richter keine Zugriffsmöglichkeit i. S. e. Rechtsgestaltung (durch interne oder externe Teilung) hat, Nr. 3;
- den Fall eines **unwirtschaftlichen Ausgleichs** (i. S. d. § 1587b IV BGB a. F.), Nr. 4.

Diese Fälle werden regelmäßig über die **schuldrechtliche Ausgleichszahlung** gem. §§ 20 ff. VersAusglG ausgeglichen. Hinsichtlich der ausländischen, zwischenstaatlichen oder überstaatlichen Anrechte sieht § 26 VersAusglG einen Anspruch gegen die Witwe oder den Witwer (vergleichbar mit § 3 a Abs. 5 VAHRG a. F.) vor.

IV. Der Wertausgleich bei der Scheidung

d) Fehlende Verfestigung dem Grunde und der Höhe nach

Die Fassung des § 19 Abs. 2 Nr. 1 VersAusglG stellt klar, dass nicht nur Anrechte, die dem Grunde nach, sondern auch der Höhe nach (§ 2 Abs. 5 BetrAVG) verfallbar sind, **nicht als ausgleichsreif** angesehen werden können. Diese Regelung betrifft die Sachlage, dass bei Vorliegen einer Einkommensdynamik die Höhe des Anrechts sich noch nicht endgültig entwickelt hat, soweit bei Ehezeitende noch nicht der Versorgungsfall eingetreten ist. Entsprechend bestimmt § 45 Abs. 1 Satz 2 VersAusglG zur Bewertung eines Anrechts der betrieblichen Altersversorgung, dass zur Bestimmung des Ehezeitanteils davon auszugehen ist, dass die Betriebszugehörigkeit der ausgleichspflichtigen Person bei Ehezeitende beendet ist. Verbleibt die ausgleichspflichtige Person im Betrieb, tritt **nachträglich eine Erhöhung des ehezeitlichen Anrechts** aufgrund der Einkommensdynamik ein (zum Rechtszustand bis 31.08.2009 s. BGH FamRZ 1987, 52; FamRZ 1989, 844; FamRZ 1991, 1421, 1424; eingehend Rdn. 430 f., 503 ff., 676).

590

Die Regelung des § 19 Abs. 2 Nr. 1 VersAusglG ist ferner auf sonstige Anrechte anwendbar, die nicht dem BetrAVG unterliegen, so vor allem auf **Versorgungszusagen aufgrund vertraglicher Vereinbarungen** (mit Verfallbarkeits- oder Widerrufsklauseln; s. BT-Drucks. 16/11903 S. 108). Gleiches gilt bei der Zusage eines Versorgungsanrechts eines Gesellschafter-Geschäftsführers (die nicht dem BetrAVG unterliegt und deshalb keinen Insolvenzschutz genießt), für dass nach § 6 a EStG eine Pensionsrückstellung vorgenommen wurde, diese aber nicht durch eine Rückversicherung im Insolvenzfall des Betriebes abgesichert ist.

e) Abzuschmelzende Leistungen, § 19 Abs. 2 Nr. 2 VersAusglG

Abzuschmelzende Leistungen werden regelmäßig aus Gründen des Besitzschutzes für eine Übergangszeit gesetzlich geregelt und meist von einer neu strukturierten Versorgung im Falle deren Dynamik stufenweise verdrängt (so § 69 e BeamtVG). Solche Anrechte, auch Abflachungsbetrag genannt, werden nach der Rechtsprechung des BGH regelmäßig durch den schuldrechtliche Versorgungsausgleich ausgeglichen (zu § 69 e BeamtVG FamRZ 2007, 995; s. a. Rdn. 63). Ferner werden von dieser Vorschrift die Fälle des § 3 Abs. 1 Nr. 6 und 7 VAÜG erfasst, die bestimmte Zusatzleistungen nur schuldrechtlich ausgleichen (s. Rdn. 342 ff.). Liegen solche Sachlagen vor, erfolgt beim Wertausgleich bei der Scheidung kein Wertausgleich, falls nicht zum Zeitpunkt der Scheidung die Voraussetzungen des schuldrechtlichen Versorgungsausgleich bereits eingetreten sind und deshalb auf Antrag gem. § 223 VersAusglG der schuldrechtliche Versorgungsausgleich durchgeführt werden kann. Ansonsten hat das Familiengericht gem. § 224 Abs. 4 FamFG in den Gründen der Entscheidung festzuhalten, dass noch Anrechte bestehen, die wegen fehlender Ausgleichsreife nicht erfasst werden, aber zu einem späteren Zeitpunkt nach § 19 Abs. 4 VersAusglG i. V. m. §§ 20–26 VersAusglG ausgeglichen werden können, soweit deren Voraussetzungen eintreten.

591

f) Unwirtschaftlichkeit des Ausgleichs

aa) Fehlende Auswirkungen zugunsten der ausgleichsberechtigten Person

Bei welchen Sachlagen sich der Versorgungsausgleich nicht zugunsten des Berechtigten auswirkt und damit unwirtschaftlich i. S. d. § 19 Abs. 2 Nr. 3 VersAusglG (§ 1587 b Abs. 4 BGB a. F.) ist, ist aufgrund der jeweiligen Verhältnisse des Einzelfalles festzustellen. Dies ist etwa dann anzunehmen, wenn vorherzusehen ist, dass der Berechtigte aus den übertragenen oder begründeten Anwartschaften

592

nie eine Leistung beziehen wird, also wenn etwa in der gesetzlichen Rentenversicherung die Voraussetzung der (kleinen) Wartezeit von fünf Jahren in keinem Fall mehr erfüllt werden kann, § 50 Abs. 1 SGB VI. Dies ist nicht bereits dann anzunehmen, wenn der übertragene Betrag – zusammen mit eigenen erworbenen Anrechten – die Voraussetzungen von fünf Jahren nicht erreicht (zur Berechnung s. Rdn. 597 f.), da die **erforderliche Wartezeit** später durch Pflicht- bzw. freiwillige Beiträge erfüllt werden kann. Die Voraussetzungen des § 19 Abs. 2 Nr. 3 VersAusglG sind dagegen anzunehmen, wenn die Anwartschaft nicht (mehr) aufgefüllt werden kann, weil sich der Berechtigte in der Nähe des Rentenalters befindet und die finanziellen Mittel für freiwillige Beiträge fehlen (BGH NJW 1980, 396, 397). Ist der Berechtigte Beamtin oder Beamter, muss geprüft werden, ob durch freiwillige Beiträge die Anwartschaft aufgefüllt werden könnte; dies ist nach § 7 Abs. 2 i. V. m. § 5 Abs. 1 SGB VI nur möglich, wenn fünf Jahre (allgemeine Wartezeit § 50 SGB VI) bereits vorliegen (zur Berechnung Rdn. 597 f.; s. Ausnahme nach § 7 Abs. 2 Satz 2 SGB VI bei geringfügiger Beschäftigung). Eine Anrechnung auf die eigene Beamtenpension von Anrechten, die durch freiwillige Beiträge erworben wurden, scheidet aus und greift nach § 55 Abs. 1 Satz 3 BeamtVG nur im Falle des Versorgungsausgleichs ein. Die bloße Möglichkeit des Ausscheidens des Beamten aus dem öffentlichen Dienst mit der Folge seiner Nachversicherung in der gesetzlichen Rentenversicherung reicht für die Annahme des § 19 Abs. 2 Nr. 3 VersAusglG nicht aus, weil ein Anhaltspunkt für eine solche Entwicklung vorhanden sein muss. Ferner greift diese Regelung ein, wenn die zu erwartende Rente durch andere Leistungen verdrängt wird. Dies ist der Fall, wenn Anwartschaften aus der gesetzlichen Rentenversicherung mit einer **Rente der gesetzlichen Unfallversicherung** (§ 93 SGB VI) zusammentreffen.

> **Praktischer Hinweis:**
>
> Im Versorgungsausgleichsverfahren sollte bei Eingreifen des § 93 SGB VI, sobald die Höhe des zu übertragenden oder zu begründenden Anrechts feststeht, vom Familiengericht beim Rentenversicherungsträger des Ausgleichsberechtigten eine Stellungnahme dazu angefordert werden, inwieweit sich der vorgesehene Wertausgleich auf die Höhe der Rente auswirkt. Hierzu sind die erforderlichen Auskünfte und der rechnerische Ausgleich dem Rentenversicherungsträger mitzuteilen (zur Form des Ausgleichs Rdn. 593).

bb) Der Begriff der Unwirtschaftlichkeit

593 Bei der Prüfung des Tatbestandsmerkmals »Unwirtschaftlichkeit« ist zu klären, ob zwischen den für den Verpflichteten auftretenden Belastungen aus dem Verlust des Anrechts und dem wirtschaftlichen Vorteil des Berechtigten ein **Missverhältnis** entstehen würde. Dies ist nicht schon dann anzunehmen, wenn der Verpflichtete Anrechte abgeben muss, solange diese dem Berechtigten zugute kommen. Regulativ in diesen Fällen ist § 27 VersAusglG, der ein wirtschaftliches Ungleichgewicht nach Durchführung des Versorgungsausgleichs nach den dort genannten tatbestandlichen Voraussetzungen vermeiden will. Eine Unwirtschaftlichkeit wurde (zu § 1587b Abs. 4 BGB a.F) teilweise angenommen, wenn der Berechtigte etwa seine Altersversorgung in bestimmter Weise gestaltet hat (z. B. durch private Lebensversicherungen), so dass ein öffentlich-rechtlicher Ausgleich wenig nützen würde (s. *Johannsen/Hahne*, § 1587b BGB Rn. 47 m. w. N.). Kein Fall der Unwirtschaftlichkeit ist die Wiederheirat der bereits geschiedenen Ehegatten (BGH FamRZ 1983, 461, 462), ebenso wenig, dass die Ehefrau eines Beamten im Falle dessen Todes einen Unterhaltsbeitrag nach § 22 BeamtVG erhält (OLG Stuttgart FamRZ 1979, 831), zumal beim Anspruch der ausgleichsberechtigten Person gegen

IV. Der Wertausgleich bei der Scheidung

den Versorgungsträger nach § 25 Abs. 1, 2 VersAusglG (verlängerter schuldrechtlicher Versorgungsausgleich nach § 3 a Abs. 3 VAHRG a.F) der Anspruch ausgeschlossen ist. Auch bei geringfügigem Wertausgleich zwischen Ehegatten, die jeweils hohe Anrechte besitzen, kann keine Unwirtschaftlichkeit trotz des erheblichen Verwaltungsaufwandes angenommen werden. Bei geringen Rentenanwartschaften des Ausgleichsberechtigten kann durch Übertragung bzw. Begründung im Übrigen auch bei kleinen Beträgen die **Wartezeit** (§ 50 SGB VI) erfüllt werden, die Voraussetzung für eine Rentenleistung ist, so dass Wirtschaftlichkeit im Sinne dieser Bestimmung vorliegt.

Kein Fall der Unwirtschaftlichkeit ergibt sich bei Durchführung des öffentlich-rechtlichen Versorgungsausgleichs zugunsten eines Ehegatten, der in einem Beamtenverhältnis steht und für den in der gesetzlichen Rentenversicherung nach § 16 VersAusglG durch externe Teilung ein Anrecht begründet wird, weil sich aus diesem Recht in der Regel kein Anspruch auf Zahlung einer Rente wegen verminderter Erwerbsfähigkeit nach § 43 Abs. 1, 2 SGB VI ergibt (BGH FamRZ 1984, 667; FamRZ 2007, 30 = NJW 2007, 73; RGRK / *Wick*, 12. Aufl. § 1587 b Rn. 87; *Staudinger/ Rehme* § 1587 b Rn. 118; s. a. AG Kassel FamRZ 2007, 644), während bei einem erwerbsgeminderten Arbeitnehmer sich die im Versorgungsausgleich erworbenen Anrechte nach § 66 Abs. 1 Satz 4 SGB VI unmittelbar rentensteigernd auswirken. Der BGH stützt dies im Wesentlichen auf den Gesichtspunkt, dass ein Beamter im Fall der Dienstunfähigkeit auf die im Versorgungsausgleich erworbenen Anrechte nicht in gleicher Weise angewiesen ist wie ein sozialversicherungspflichtiger Arbeitnehmer; deshalb liege eine gleichheitswidrige Behandlung nicht vor. Nach BGH reicht es aus, wenn unter Berücksichtigung der durch den Versorgungsausgleich erworbenen Wartezeiten (§ 52 Abs. 1 SGB VI) die allgemeine Wartezeit von fünf Jahren für das Altersruhegeld erfüllt wird. Nicht entschieden hat der BGH, ob diese Grundsätze auch bei einem Beamten mit jüngerem Lebensalter und sicherem Eintritt der Dienstunfähigkeit ebenfalls gelten oder ob ein Verstoß gegen Art. 3 Abs. 1 GG vorliegt, weil sich in diesem Fall der Unterschied der Versorgungsleistungen zwischen Beamtenversorgung und gesetzlicher Rentenversicherung deutlich verstärkt.

594

Dieselbe Prüfung ist auch bei einem Beamten anzustellen, wenn dieser wegen eines berufsbedingt früheren Eintritts in den Ruhestand (Polizeibeamter, Soldat) bis zur festen Altersgrenze in der gesetzlichen Rentenversicherung aus den im Versorgungsausgleich erworbenen Anrechten keine Leistungen erlangt. Insoweit kann ein bestehender Unterhaltsanspruch zu einem angemessenen Ausgleich führen.

cc) Rechtsfolgen

Anders als § 1587 b Abs. 4 BGB a. F. geht § 19 Abs. 4 VersAusglG davon aus, dass ausschließlich Ausgleichsansprüche nach der Scheidung gemäß §§ 20–26 VersAusglG, also in erster Linie der **schuldrechtliche Versorgungsausgleich** in Betracht kommen, der dem Berechtigten allerdings keine Sicherung in Bezug auf den Anspruch gegen den Versorgungsträger nach § 25 Abs. 1, 2 VersAusglG (verlängerter schuldrechtliche Versorgungsausgleich i. S. d. § 3 a Abs. 3 VAHRG a. F.) gibt. Möglich ist die Abfindung eines solchen Anspruchs nach § 23 VersAusglG durch eine zweckgebundene Einzahlung von Beiträgen zu einer **privaten Lebensversicherung** oder eine **Kapitalabfindung,** wobei insoweit nach § 23 VersAusglG (§ 1587 l Abs. 3 BGB a. F.) zu prüfen ist, ob dem Verpflichteten die Auferlegung von Beiträgen zugemutet werden kann. Möglich ist auch eine nach den §§ 6–8 VAG getroffene Vereinbarungen zur Form des Ausgleichs, die das Gericht zur

595

Grundlage der Entscheidung heranzieht, also etwa eine geringfügige betriebliche Altersversorgung auf Seiten des Berechtigten im Wertausgleich außer Betracht lässt.

dd) Berechnung der allgemeinen Wartezeit, § 50 SGB VI

596 In der gesetzlichen Rentenversicherung ergeben sich **Wartezeiten** aus den vom Versicherten zurückgelegten Versicherungszeiten. Im Versorgungsausgleich werden keine Wartezeiten, sondern Rentenanwartschaften übertragen bzw. begründet. Diese sind deshalb in Wartezeiten umzurechnen, wenn zu prüfen ist, ob der Ausgleichsberechtigte im Versicherungsfall die Voraussetzungen der allgemeinen Wartezeit von fünf Jahren gem. § 50 SGB VI erfüllt, bei deren Vorliegen überhaupt erst eine Rente gezahlt wird. Bedeutsam wird dies vor allem, wenn der Ausgleich nach § 16 VersAusglG durch externe Teilung (§ 1587b Abs. 2 BGB a.F) und nicht nach dem BVersTG oder einer entsprechenden länderrechtlichen Regelung zwischen den Ehegatten vorzunehmen ist. Der **Berechnungsvorgang** wird in § 52 SGB VI für den Versorgungsausgleich geregelt (s. Rdn. 597, 656). Danach sind die durch den Versorgungsausgleich erworbenen bzw. zu erwartenden Entgeltpunkte, die den übertragenen bzw. begründeten Rentenanwartschaften zugrunde liegen (§ 76 SGB VI) durch den Faktor 0,0313 (der frühere Divisor betrug 0,0625, das entspricht 75 % des Anrechts, das ein durchschnittlicher Versicherter jährlich in der gesetzlichen Rentenversicherung erzielt) zu teilen. In der knappschaftlichen Versicherung beträgt der Faktor 0,0234. Das Ergebnis stellt die Wartezeit (in Monaten) dar. Hierbei ist zu berücksichtigen, dass bereits in der Ehezeit mit Beiträgen belegte Kalendermonate bei der nach § 52 SGB VI vorzunehmenden Berechnung nach § 52 Abs. 1 Satz 2 SGB VI berücksichtigt werden. Der Erwerb von Wartezeiten wird im Übrigen durch die Dauer der Ehezeit begrenzt, so dass bei einer kurzen Ehedauer keine höheren Wartezeiten erworben werden können.

ee) Berechnung nach § 52 SGB VI

597 Für den Ausgleichsberechtigten, der nur Anrechte aus einem öffentlich-rechtlichen Dienst- oder Amtsverhältnis i. S. d. § 16 Abs. 1 VersAusglG (§ 1587a Abs. 2 Nr. 1 BGB a.F) erworben hat, sollen nach § 16 Abs. 1 VersAusglG 95,00 € als Ausgleichswert in der gesetzlichen Rentenversicherung begründet werden, bezogen auf das Ehezeitende 31.10.2009. Nach § 52 Abs. 1 Satz 1 SGB VI ist zunächst die Anzahl der begründeten Entgeltpunkte zu ermitteln (Nr. 1 der Rechengrößen), indem die Rentenanwartschaft durch den aktuellen Rentenwert (Rdn. 317, 337) geteilt wird.

95,00 € : 27,20 € = 3,4926 Entgeltpunkte

Danach sind die Entgeltpunkte durch den Faktor 0,0313 zu teilen.

3,4926 : 0,0313 Monate; damit 111,6 Monate (§ 121 Abs. 3 SGB VI).

g) Anrechte bei einem ausländischen, zwischenstaatlichen oder überstaatlichen Versorgungsträger

598 Anrechte i. S. d. Nr. 4, die bei einem ausländischen Versorgungsträger bestehen, können durch die Entscheidung eines deutschen Gerichts nicht in Form der internen oder externen Teilung ausgeglichen werden, weil es an der Rechtsbefugnis zu einer entsprechenden Anordnung fehlt. Nr. 4 bestimmt deshalb, dass solche Anrechte generell nicht teilungsreif sind. Nach dem bis 31.08.2009 geltenden Rechtszustand war bei Einleitung des Verfahrens zum Versorgungsausgleich stets der

IV. Der Wertausgleich bei der Scheidung

Wert eines ausländischen Anrechts zu prüfen, weil aufgrund der Saldierung aller Anrechte im Grundsatz zunächst festzustellen war, welcher Ehegatte nach § 1587 a Abs. 1 BGB a. F. ausgleichsberechtigt bzw. ausgleichspflichtig ist. Mit der Einführung des Hin- und Her-Ausgleichs i. S. d. § 1 Abs. 2 VersAusglG bedarf es zunächst einer Feststellung der Höhe eines ausländischen Anrechts im Fall des Wertausgleichs bei der Scheidung nicht, weil aus dem zuvor dargelegten Grund eine Teilungsreife insoweit fehlt und nach dem in § 19 Abs. 4 VersAusglG enthaltenen Grundsatz erst mit Eintritt des Versorgungsfalls ein Ausgleich stattfinden kann. Jedoch ist in jedem Fall von Amts wegen gem. § 26 FamFG zu prüfen, ob bei einem Ehegatten ein Anrecht bei einem ausländischen Versorgungsträger besteht, weil § 224 Abs. 4 FamFG ausdrücklich eine **entsprechende Dokumentation in den Gründen der Entscheidung** zum Versorgungsausgleich bei der Scheidung verlangt. Dagegen erfolgt in diesem Fall keine Feststellung in der Beschlussformel, dass in Bezug auf das Anrecht des ausländischen Versorgungsträgers kein Wertausgleich erfolgt, weil dieser auf den Eintritt des Leistungsfalls lediglich hinausgeschoben wurde und entsprechend in § 224 Abs. 4 FamFG die Dokumentation zu erfolgen hat. Zur Durchführung des Versorgungsausgleichs mit Auslandsberührung wird auf Kapitel 10 Rdn. 920 ff. verwiesen.

h)   Ausgleichssperre bei Anrechten eines ausländischen Versorgungsträgers gem. § 19 Abs. 3 VersAusglG

Liegen bei einem Ehegatten Anrechte eines ausländischen Versorgungsträgers vor, während der andere Ehegatte inländische Anrechte auszugleichen hat, so kann die Vornahme des Wertausgleichs bei der Scheidung nach den §§ 9 ff. VersAusglG unbillig sein. Diesen Sachverhalt regelt § 19 Abs. 3 VersAusglG. Die **Unbilligkeit des Wertausgleichs** folgt aus dem neuen System des Hin- und Her-Ausgleichs i. S. d. § 1 Abs. 2 VersAusglG, der bei der dargestellten Konstellation dazu führen kann, dass der Ehegatte mit den im Inland bestehenden Anrechten den jeweiligen Ehezeitanteil seiner Anrechte durch den Wertausgleich bei der Scheidung abzugeben hätte, während er vom anderen Ehegatten mit den ausländischen Anrechten nur den deutlich schwächeren schuldrechtlichen Ausgleichsanspruch erlangen würde, der zudem erst im Leistungsfall realisiert werden könnte. Eine unbillige Sachlage ergäbe sich vor allem, wenn bei dem Ehegatten mit den inländischen Anrechten der Fall der Invalidität oder bei Vorliegen einer besonderen Altersgrenze ein früherer Versorgungsfall eintritt, so dass die Voraussetzungen des § 35 VersAusglG nicht eingreifen, weil hinsichtlich des ausländischen Anrechts kein Wertausgleich stattfindet und damit das hälftige Anrecht durch den (einseitigen) Wertausgleich wegfiele, ohne dass ein Ausgleich durch das Anrecht des anderen Ehegatten erfolgt. Das Bestehen eines ausländischen Anrechts bewirkt aber **keine generelle Ausgleichssperre**, sondern führt nach § 19 Abs. 3 VersAusglG zu einer Billigkeitsprüfung. Nach dieser ist jeweils im Einzelfall festzustellen, inwieweit die Durchführung des Versorgungsausgleichs zu unbilligen Ergebnissen führt. Ferner tritt eine unbillige Sachlage i. S. d. § 19 Abs. 3 VersAusglG auf, wenn die Höhe der ausländischen Anrechte nach § 26 FamFG in Bezug auf deren Bestand oder Höhe nicht ermittelt werden kann. Dies folgt aus Sinn und Zweck dieser Regelung, die den Ausgleich inländischer Anrechte vermeiden will, wenn die ausländischen Anrechte des anderen Ehegatten nicht sicher gewährleistet sind.

599

3. Kapitel Der Wertausgleich von Versorgungsanrechten

Beispiel einer vollständigen Ausgleichssperre:

	Ehemann	Ehefrau	Ausgleich
ges. RV		15 Entgeltpunkte (408,00 €)	7,5 Entgeltpunkte
ausländ. Anrecht	600,00 €		300,00 €
betriebl. AV		100,00 €	50,00 €
ausländ. betriebl. AV	50,00 €		25,00 €

1. Würde der Wertausgleich bei der Scheidung durchgeführt, müsste die Ehefrau 7,5 Entgeltpunkte in der gesetzlichen Rentenversicherung, das sind (2. Halbjahr 2009) 204,00 € (7,5 × 27,20 € aktueller Rentenwert) sowie 50,00 € in der betrieblichen Altersversorgung durch interne bzw. externe Teilung abgeben.
2. Die Teilung des Anrechts bei den ausländischen Versorgungsträgern kann nach § 19 Abs. 2 Nr. 4 VersAusglG nicht erfolgen, so dass erst bei Eintritt des Versorgungsfalls bei beiden Ehegatten nach § 19 Abs. 4 VersAusglG i. V. m. § 20 Abs. 1 Satz 1, Abs. 2 VersAusglG ein Ausgleichsanspruch unmittelbar gegen den Ehemann besteht (Bezug einer laufenden Rente durch beide Ehegatten). Besteht das Anrecht in Höhe von 600,00 € bei einem ausländischen Regelsicherungssystem, das mit der deutschen gesetzlichen Rentenversicherung vergleichbar ist, so wäre der Ausgleich zulasten der Ehefrau im Wege der internen Teilung bzw. externen Teilung unbillig, weil sie die ihr nach § 1 Abs. 2 VersAusglG zustehenden Anrechte sofort übertragen oder begründen müsste, während sie keine vergleichbar gesicherten Anrechte vom Ehemann erlangen würde. Da nicht auszuschließen ist, dass bei der Ehefrau der Versorgungsfall zeitlich vor dem Versorgungsbezug des Ehemannes eintritt, würde bei Durchführung des Wertausgleichs zulasten der Ehefrau eine Versorgungslücke entstehen, da die besondere Schutzbestimmung des § 35 Abs. 1 VersAusglG nicht eingreift.
3. Das Familiengericht hat bei **Vorliegen von Billigkeitsgründen** i. S. d. § 19 Abs. 3 VersAusglG **in der Entscheidung festzustellen**, dass ein Ausgleich bei der Scheidung nach § 19 Abs. 3 VersAusglG insgesamt nicht stattfindet. Dies folgt aus § 19 Abs. 1 VersAusglG i. V. m. § 19 Abs. 3 VersAusglG, die bestimmen, dass bei fehlender Entscheidungsreife ein Wertausgleich nicht stattfindet. Dies bedeutet zugleich, dass die auszugleichenden Anrechte nicht mehr durch interne Teilung oder externe Teilung zu einem späteren Zeitpunkt auszugleichen sind, sondern für sämtliche Anrechte die Teilung nach § 19 Abs. 4 VersAusglG i. V. m. §§ 20–26 VersAusglG, also in der Regel durch eine schuldrechtliche Ausgleichszahlung erfolgt. Damit insoweit der Halbteilungsgrundsatz zulasten des Ehegatten mit den höheren ausländischen Anrechten nicht verletzt wird, besteht der Anspruch gem. § 20 VersAusglG nur in Höhe des hälftigen Überschusses der beiderseitigen Anrechte.
4. In **verfahrensmäßiger Hinsicht** ist zunächst zu beachten, dass die Feststellung im zuvor dargelegten Sinn in § 224 Abs. 3 FamFG nicht ausdrücklich geregelt ist. Diese Vorschrift ist deshalb analog auf die zuvor dargestellte Sachlage anzuwenden. Dem steht nicht entgehen, dass in den in § 224 Abs. 3 FamFG aufgeführten Fällen des § 3 Abs. 3 VersAusglG (kurze Dauer der Ehe), § 6 Abs. 1 Nr. VersAusglG (Ausschluss des Versorgungsausgleichs durch Vereinbarung), § 18 Abs. 1, 2 VersAusglG (Ausschluss des Versorgungsausgleichs wegen Geringfügigkeit des Ausgleichswertes) sowie § 27 VersAusglG (Ausschluss des Versorgungsausgleichs wegen Vorliegen eines Härtefalles) durch die Feststellung, dass ein Wertausgleich bei der Scheidung nicht stattfindet, der Versorgungsausgleich endgültig ausgeschlossen ist und auch nicht später aufgrund eines Abänderungsverfahrens nach § 225 FamFG die interne Teilung oder externe Teilung eines Anrechts erfolgen kann, weil insoweit rechtskräftig festgestellt wird, dass ein Versorgungsausgleich nicht erfolgt. § 224 Abs. 3 FamFG verweist nämlich auch auf § 6 Abs. 1 Nr. 3 VersAusglG, der den Fall der Vereinbarung von Ausgleichsansprüchen nach der Scheidung gem. den §§ 20–26 VersAusglG regelt, also grundsätzlich einen Ausgleich außerhalb des Wertausgleichs bei der Scheidung noch zulässt.
5. Auf eine entsprechende Beschlussformulierung kann deshalb nicht verzichtet werden, weil die Feststellung nach § 19 Abs. 3 VersAusglG grundsätzlich mit der Beschwerde nach § 38 FamFG anfechtbar ist. Insofern ist es nicht ausreichend, lediglich nach § 224 Abs. 4 FamFG in den Gründen der Entscheidung auf die nicht ausgeglichenen Anrechte hinzuweisen. Nicht nur zur Klarstellung ist bei der vorliegenden Sachlage deshalb **folgender Beschluss** zu erlassen.

V. Ergänzende Vorschriften

Ein Wertausgleich findet in Bezug auf die Anrechte der Ehefrau in der gesetzlichen Rentenversicherung sowie der betrieblichen Altersversorgung nicht statt. Von dieser Feststellung werden Ausgleichsansprüche nach der Scheidung gem. den §§ 20–26 VersAusglG nicht berührt.

Beispiel einer teilweisen Ausgleichssperre: 601

	Ehemann	Ehefrau	Ausgleich
ges. RV	20 Entgeltpunkte (544,00 €)		10 Entgeltpunkte (272,00 €)
Ausländ. Anrecht		300,00 €	150,00 €
inländische betriebl. AV	100,00 €		50,00 €

1. In Bezug auf die gesetzliche Rentenversicherung des Ehemannes wird nur ein Ausgleich in Höhe von 4,4853 Entgeltpunkten, das entspricht – bezogen auf das 2 Halbjahr 2009 – 122,00 €. Hierbei wird davon ausgegangen, dass es sich bei dem ausländischen Anrecht der Ehefrau um ein vergleichbares Regelsicherungssystem wie die deutsche gesetzliche Rentenversicherung handelt. Damit ist zur Umsetzung der Regelung des § 19 Abs. 1 Nr. 4, Abs. 3 VersAusglG der Ausgleich nur hinsichtlich des den Wert von 300,00 € übersteigenden Betrages des Anrechts des Ehemannes in der gesetzlichen Rentenversicherung vorzunehmen, weil nur insoweit beim Ehemann eine unbillige Belastung eintreten kann. Der Ausgleich bestimmt sich dann wie folgt: Die vom Versorgungsträger der gesetzlichen Rentenversicherung mitgeteilten Entgeltpunkte werden in einen Rentenbetrag zum Eheendezeitende umgerechnet, also 20 Entgeltpunkte × 27,20 € (aktueller Rentenwert 2. Halbjahr 2009) = 544,00 € abzüglich 300,00 € (ausländisches Anrecht der Ehefrau). Der Betrag von 244,00 € ist durch zwei zu teilen, so dass 122,00 € herauskommen. Das sind 4,4855 Entgeltpunkte (122,00 € : 27,20 €) zugunsten der Ehefrau in der gesetzlichen Rentenversicherung, die durch interne Teilung zu übertragen sind.
2. Ferner findet der **Wertausgleich bei der Scheidung** hinsichtlich des Anrechts des Ehemannes in der betrieblichen Altersversorgung durch interne Teilung oder externe Teilung statt.

i) Vorbehalt von Ausgleichsansprüchen nach der Scheidung

Aus § 19 Abs. 4 VersAusglG ist zu entnehmen, dass die Feststellung der fehlenden Ausgleichsreife i. S. d. § 19 Abs. 1, 3 VersAusglG nicht zum endgültigen Ausschluss des Versorgungsausgleichs führt, jedoch den Wertausgleich bei der Scheidung nach den §§ 9–18, 28 VersAusglG ausschließt. Dieser kann nach dem eindeutigen Wortlaut des § 19 Abs. 1 VersAusglG – in den Fällen des § 19 Abs. 2 Nr. 1 VersAusglG – auch nicht zu einem späteren Zeitpunkt stattfinden. Der Ausgleich erfolgt nach § 19 Abs. 4 VersAusglG vielmehr nach den §§ 20–26 VersAusglG, also in Form der schuldrechtlichen Ausgleichsrente nach § 20 VersAusglG, dem Anspruch auf Kapitalzahlung nach § 22 VersAusglG, einer Abfindung nach § 23 VersAusglG oder dem Anspruch gegen den Versorgungsträger (verlängerter schuldrechtlicher Versorgungsausgleich) nach § 25 VersAusglG, der allerdings in den Fällen der Ausgleichssperre nach § 19 Abs. 3 VersAusglG nicht besteht.   602

V. Ergänzende Vorschriften

1. Überblick

Kapitel 3 von Teil 1 des VersAusglG (Versorgungsausgleich) beinhaltet Vorschriften, die für den Versorgungsausgleich generell gelten, deren Bedeutung jedoch nachrangig ist. Sie werden deshalb innerhalb des VersAusglG erst nach den Be-   603

stimmungen zum Wertausgleich bei der Scheidung geregelt. Das Kapitel regelt die folgenden Sachverhalte:
- In § 28 VersAusglG den Ausgleich eines Anrechts der Privatvorsorge wegen Invalidität (das sind vor allem private Berufsunfähigkeitsversicherungen);
- § 29 VersAusglG enthält ein Leistungsverbot bis zum Abschluss des Verfahrens zum Versorgungsausgleich; diese Regelung entspricht § 10 d VAHRG a. F.
- § 30 VersAusglG regelt den Schutz des Versorgungsträgers in den Fällen einer bereits bestehenden Leistungspflicht bei Durchführung des Versorgungsausgleichs. Die Regelung fasst die Vorschriften der § 1587 p BGB a. F., § 3 a Abs. 7 VAHRG a. F. sowie § 10 a Abs. 7 VAHRG a. F. zusammen.
- § 31 VersAusglG enthält Regelungen für den Fall des Todes eines Ehegatten; dies war bis zum 31. 08. 2009 in § 1587 e Abs. 2 BGB a. F. geregelt.

2. **Ausgleich eines Anrechts der Privatvorsorge wegen Invalidität**

a) **Grundlagen der bisherigen Rechtsprechung**

604 Die Vorschrift des § 28 VersAusglG regelt den Ausgleich eines Anrechts auf eine private Versorgung wegen Invalidität. Hierbei handelt es sich vor allem um den Ausgleich von privaten Berufsunfähigkeitsversicherungen und Berufsunfähigkeits– Zusatzversicherungen. Für diese **Risikoversicherungen** ist charakteristisch, dass für sie erst im Versicherungsfall ein Deckungskapital gebildet wird; unterbleibt eine Beitragszahlung, entfällt im Übrigen jeglicher Versicherungsschutz. Ist in der Ehezeit ein Versicherungsfall nicht eingetreten, hängt das Fortbestehen des Versicherungsschutzes von den weiteren Prämienzahlungen des Versicherten ab. Demnach wurde bereits nach der bis zum 31. 08. 2009 geltenden Rechtslage kein Wertausgleich vorgenommen, weil in der Ehezeit keine endgültig und dauerhaft erworbene Anwartschaft vorlag, solange in der Ehezeit ein Versicherungsfall nicht eingetreten war (BGH FamRZ 1986, 344 = NJW 1986, 1344 m. w. N.; FamRZ 1988, 488; ferner BT-Drucks. 7/650 S. 158). Wird dagegen eine Berufsunfähigkeitsrente oder eine private Unfallversicherung bei Ehezeitende gezahlt und wurde ihr letzter Beitrag, der für den Erwerb maßgeblich war, in der Ehezeit gezahlt, unterlag diese dem Versorgungsausgleich. Entsprechendes galt für **Berufsunfähigkeitszusatzversicherungen,** weil auch sie als reine Risikoversicherungen nur so lange einen Anspruch auf Leistung im Versicherungsfall vorsehen, als der jeweilige Beitrag gezahlt wird; in diesem Fall wird ein entsprechendes Deckungskapital gebildet (s. OLG Karlsruhe FamRZ 1996, 1554 f.; *Borth*, FamRZ 1997, 1041 f.; s. a. Rdn. 78).

605 Eine **private Unfallversicherung** unterliegt dem Versorgungsausgleich, wenn bei Ehezeitende bereits Leistungen erbracht werden (*Borth* FamRZ 2001, 889, 890 m. w. N.). Wird nach Eintritt des Versicherungsfalls eine **einmalige Kapitalleistung** erbracht, unterliegt dieses Anrecht nicht dem Versorgungsausgleich (OLG Brandenburg FamRZ 2004, 27; s. a. BGH FamRZ 2003, 664; FamRZ 2003, 923); regelmäßig liegt in einem solche Fall kein Anrecht i. S. d. Altersvorsorgeverträge – Zertifizierungsgesetzes i. S. d. § 2 Abs. 2 Nr. 3 VersAusglG vor, so dass eine Kapitalleistung dem Güterrecht zuzuordnen ist. Wird eine private Rentenversicherung zur **Sicherheit abgetreten oder verpfändet,** ist zu prüfen, mit welcher Wahrscheinlichkeit von einer Inanspruchnahme des Anrechts durch den Gläubiger auszugehen ist, weil in der Sicherungsvereinbarung keine Vollabtretung des Anrechts liegt (offen OLG Zweibrücken FamRZ 2004, 642). **Private Berufsunfähigkeitsversicherungen** unterliegen nicht dem Versorgungsausgleich, wenn in der Ehezeit der Versicherungsfall nicht eintritt, weil ein ausgleichsfähiges Anrecht erst mit Eintritt des Versicherungsfalls entsteht (durch Zuweisung eines entsprechenden De-

ckungskapitals für die vereinbarte Leistung). Dies hat der BGH (FamRZ 2005, 1530; s. a. OLG Nürnberg FamRZ 2006, 711) erneut bestätigt.

b) Neuregelung des § 28 VersAusglG

§ 28 Abs. 1 VersAusglG übernimmt weitgehend die nach bisherigem Recht bestehenden Grundsätze (s. a. Rdn. 78–80). Er bestimmt in Bezug auf den Ausgleichsberechtigten, dass dieser die **gesundheitlichen Voraussetzungen** für eine Versorgung wegen Invalidität erfüllen muss, wenn er nicht bereits eine solche bezieht. Die Vorschrift geht danach nicht davon aus, dass beim Ausgleichsberechtigten dieselben Anspruchsvoraussetzungen zum Bezug des Anrechts wegen Invalidität wie beim Ausgleichspflichtigen vorliegen müssen. Vielmehr werden die Anspruchsvoraussetzungen objektiv bestimmt. Es reicht danach aus, wenn z. B. die Voraussetzungen des § 43 Abs. 1, 2 SGB VI oder einer Verletztenrente der gesetzlichen Unfallrente i. S. d. § 56 SGB VII vorliegen. Danach ist nicht Voraussetzung, dass beim Ausgleichsberechtigten eine Vollerwerbsunfähigkeit besteht. Ob die Voraussetzungen des Leistungsbezugs beim Ausgleichsberechtigten vorliegen, wenn dieser nicht bereits eine Unfallversicherung bezieht, muss im Versorgungsausgleichsverfahren gesondert festgestellt werden, wenn dies vom Ausgleichsberechtigten geltend gemacht wird. Besteht hierüber Streit, hat das Familiengericht die Voraussetzungen durch Einholung eines Sachverständigengutachtens zu klären; der Ausgleichspflichtige kann im Rechtsmittelweg zum Oberlandesgericht gem. § 119 Abs. 1 Nr. 1 a GVG die Feststellungen überprüfen lassen. Die §§ 21, 221 FamFG greifen bei dieser Sachlage nicht ein.

606

§ 28 Abs. 2 VersAusglG legt den **Ehezeitanteil** fest. Er berücksichtigt den besonderen Charakter dieses Ausgleichs. Insoweit ist nicht entscheidend, welches Deckungskapital in der Ehezeit angesammelt wurde, sondern die Tatsache, dass der Versicherungsfall in der Ehezeit liegt, der durch den letzten Beitrag in der Ehezeit zur Bildung des Deckungskapitals geführt hat. Nicht entscheidend ist, dass rententechnisch bereits bei Ehezeitende das Deckungskapital gebildet war, da mit Eintritt des Versicherungsfalls ein Anspruch auf Bildung eines solchen besteht.

607

c) Form des Wertausgleichs

Der Ausgleich erfolgt nach den Bestimmungen von **Ausgleichsansprüchen nach der Scheidung** gem. den §§ 20–22 VersAusglG. Das Anrecht ist danach stets schuldrechtlich zwischen den Ehegatten auszugleichen. Diese Lösung vermeidet auch die Prüfung durch das Familiengericht, ob der Ausgleichsberechtigte die vertraglich vereinbarten Voraussetzungen des Versicherungsvertrages zwischen dem Ausgleichspflichtigen und dem Versorgungsträger tatsächlich auch erfüllt, so etwa, wenn Voraussetzung ist, dass eine Erwerbstätigkeit ausgeübt wird, was beim Ausgleichsberechtigten wegen der Betreuung und Erziehung von Kindern nicht vorliegt. Auch könnten aufwendige Gesundheitsprüfungen bei Absicherung bestimmter Risiken erforderlich werden. Gleichwohl ist trotz der Verweisung auf die §§ 20–22 VersAusglG der Ausgleich von Amts wegen durchzuführen, weil der Ausgleich bei der Scheidung nach den §§ 9 ff. VersAusglG erfolgt und nicht nur auf Antrag wie nach § 223 FamFG. Der Verweis auf die §§ 20–22 VersAusglG bedeutet lediglich, dass anstelle der Ausgleichsformen des internen bzw. externen Ausgleichs der Wertausgleich schuldrechtlich erfolgt.

608

3. Leistungsverbot bis zum Abschluss eines Verfahrens, § 29 VersAusglG

609 § 29 beinhaltet das Verbot von **Zahlungen** aus einem dem Wertausgleich unterliegenden Anrechts durch den Versorgungsträger dieses Anrechts an die ausgleichspflichtige Person **während des Verfahrens zur Durchführung des Versorgungsausgleichs**. Diese Regelung entspricht weitgehend § 10 d VAHRG a. F. Zweck dieser Regelung ist es, den Wegfall eines Versorgungsanrechts während eines laufenden Verfahrens auf Seiten des Ausgleichspflichtigen zu verhindern, der durch die Erstattung von geleisteten Beiträgen eintreten könnte. Erlangt der Versicherungsträger Kenntnis von einem Versorgungsausgleichsverfahren, ist es ihm nach dieser Bestimmung untersagt, einen Erstattungsbescheid zu erlassen bzw. eine Zahlung von Leistungen vorzunehmen, solange die Versorgungsausgleichsentscheidung noch nicht wirksam geworden ist (zu § 10 d VAHRG a. F. s. BT-Drucks. 10/6369 S. 23). Regelmäßig kommt eine Beitragserstattung in der gesetzlichen Rentenversicherung (nach §§ 210, 211 SGB VI) in Betracht; es sind aber auch andere Regelungen denkbar, in denen einem Versicherten die Möglichkeit eingeräumt werden kann, sich begründete Anrechte auszahlen zu lassen. Dies gilt vor allem in Bezug auf **Pensionszusagen** eines Gesellschafter-Geschäftsführers einer Kapitalgesellschaft oder einer **betrieblichen Altersversorgung mit Kapitalleistung**, die nach § 2 Abs. 2 Nr. 3 VersAusglG dem Versorgungsausgleich unterliegt. Um dem Verlust eines Versorgungsanrechts vorzubeugen, wurde den Versorgungsträgern zunächst ein Leistungsverweigerungsrecht entsprechend § 242 BGB eingeräumt (BGH FamRZ 1986, 657 = NJW 1986, 1932; s. a. Rdn. 333). Hierauf ist aufgrund der Regelung des § 29 VersAusglG nicht mehr zurückzugreifen.

610 Allerdings kann diese lediglich ab tatsächlicher Kenntnisnahme von dem laufenden Versorgungsausgleichsverfahren wirken, so dass sich bei eventuellen Erstattungen oder Zahlungen an die ausgleichspflichtige Person Probleme bei der Harmonisierung von Versorgungsausgleich und Zugewinn ergeben können. Erfolgt in **Unkenntnis der Rechtshängigkeit eines Scheidungsantrags**, also vor Benachrichtigung des Versorgungsträgers durch das Familiengericht, dass ein Versorgungsausgleich durchzuführen ist, die **Zahlung eines Kapitalbetrags** aus einer betrieblichen Altersversorgung, stellt sich die Frage, ob der Zahlbetrag dem Zugewinn zuzuordnen ist. Zwar scheidet nach § 2 Abs. 4 VersAusglG in einem solchen Fall grundsätzlich der güterrechtliche Ausgleich aus; dies hätte zur Folge, dass das Anrecht keinem Ausgleich unterliegen würde. Jedoch könnte man dem entgegen halten, dass sich das Anrecht aufgrund der Auszahlung in einen güterrechtlich auszugleichenden Kapitalbetrag umgewandelt hat. Liegt Gütertrennung vor oder ist kein auszugleichender Zugewinn wegen Überschuldung vorhanden, würde ein güterrechtlicher Ausgleich ausscheiden. Der Ausgleichsberechtigte kann bei dieser Sachlage jedoch den sicheren Anspruch auf **Ausgleich einer Kapitalzahlung** nach § 22 VersAusglG geltend machen, dessen Voraussetzungen mit der Zahlung an die ausgleichspflichtige Person vorliegen, weil einerseits ein intern oder extern auszugleichendes Anrecht beim Versorgungsträger der auszugleichenden Versorgung nicht mehr besteht und andererseits ein noch nicht ausgeglichenes Anrecht i. S. d. § 22 S. 1 VersAusglG vorliegt, das nach dieser Bestimmung ausgeglichen werden kann. Soweit der Ausgleichsberechtigte die Voraussetzungen einer schuldrechtlichen Ausgleichszahlung i. S. d. § 20 Abs. 2 VersAusglG noch nicht erfüllt, also noch keinen Anspruch auf eine eigene Versorgungsleistung besitzt, bleibt der Anspruch dennoch bestehen und kann mit Eintritt der Voraussetzungen des § 20 Abs. 2 VersAusglG geltend gemacht werden; § 22 Satz 2 VersAusglG verweist insoweit auf § 20 VersAusglG. Bestehen Zweifel an der Realisierung zu einem späteren Zeitpunkt, kann der Ausgleichsberechtigte den Anspruch durch Arrest nach

V. Ergänzende Vorschriften

§§ 916, 919 ZPO sichern. Ferner besteht die Möglichkeit, den Anspruch auf Abfindung in Höhe des Ausgleichswerts nach § 23 Abs. 1 VersAusglG zu verlangen. Dieser Anspruch ist dann nach allgemeinen versicherungsmathematischen Grundsätzen vom Zeitpunkt des künftigen Versorgungsfalls auf den Zeitpunkt der Geltendmachung abzuzinsen.

Hat der Versorgungsträger laufende Rentenleistungen an die ausgleichspflichtige Person erbracht, ehe dieser Kenntnis von dem Verfahren zum Versorgungsausgleich erlangt hat, ist das Anrecht entsprechend gemindert und kann nur in Höhe des danach noch vorhandenen Umfangs ausgeglichen werden, soweit das Anrecht kapitalgedeckt finanziert ist. 611

Dagegen kann eine Erstattung von Beiträgen oder Zahlung für Anrechte vorgenommen werden, die keinen Ehezeitbezug haben. Hierfür spricht der Wortlaut, der lediglich eine Einflussnahme auf das auszugleichende Anrecht verhindern will. Erbringt der Versicherungsträger trotz Kenntnis des Versorgungsausgleichsverfahrens Zahlungen i. S. dieser Bestimmung, ist von dem Fortbestehen des Anrechts auszugehen. Der Versorgungsträger wird in diesem Fall den Leistungsbescheid regelmäßig aufheben und die erbrachten Leistungen zurückverlangen. Wurden Beiträge erstattet, ist aber (zunächst) das Anrecht erloschen; es kann deshalb nicht ausgeglichen werden (BGH FamRZ 1995, 31, 32; Rdn. 137, 333). Kann der Rentenversicherungsträger die erstatteten Beiträge wieder einziehen, ist das wieder aufgelebte Anrecht auszugleichen.

4. Schutz des Versorgungsträgers, § 30 VersAusglG

a) Regelungszweck

Die Vorschrift legt fest, dass der Versorgungsträger, der während eines laufenden Verfahrens zum Versorgungsausgleich bereits Leistungen an die ausgleichspflichtige Person zu erbringen hat, gegenüber der ausgleichsberechtigten Person für eine Übergangszeit von der Leistung befreit ist. Diese Bestimmung entspricht in ihrem Regelungsgehalt weitgehend § 1587 p BGB a. F., § 3 a Abs. 7 VAHRG a. F. sowie § 10 a Abs. 7 VAHRG a. F. Entsprechend greift diese Bestimmung auch ein, wenn aufgrund eines Abänderungsverfahrens gem. § 225 FamFG eine geänderte Leistungspflicht eintritt. Zweck der Regelung ist, den Träger eines auszugleichenden Anrechts vor einer **doppelten Inanspruchnahme** zu schützen. Eine solche kann eintreten, wenn die laufenden Rentenzahlungen an den Ausgleichspflichtigen nach Durchführung des Versorgungsausgleichs (aus zahlungstechnischen Gründen) nicht sofort gemindert werden können, der Ausgleichspflichtige aber durch den Versorgungsausgleich bereits einen Rentenanspruch besitzt. Zur Umstellung wird dem Träger der Versorgung eine verlängerte Frist gewährt. 612

b) Anwendungsbereich

Die Regelung wird nur in Verfahren wirksam, wenn die **ausgleichspflichtige Person** im Zeitpunkt der Scheidung **Rentenleistungen bezieht** und auch die ausgleichsberechtigte Person die Voraussetzungen eines Rentenanspruchs erfüllt. Entsprechendes gilt, wenn diese Verhältnisse im Zeitpunkt der Entscheidung eines abgetretenen Versorgungsausgleichsverfahrens oder eines Abänderungsverfahrens nach § 225 FamFG vorliegen. Im Bereich der gesetzlichen Rentenversicherung ist mit der rechtskräftigen Entscheidung zum Versorgungsausgleich der ausgleichsberechtigten Person nach den Voraussetzungen des § 99 Abs. 1 SGB VI von Beginn des Monats an Rente zu gewähren, in dem diese Voraussetzungen ein- 613 getreten sind. Diesen Zeitpunkt kennt der Rentenversicherungsträger regelmäßig nicht. Ferner kann die **versicherungstechnische Minderung** des Kontos der ausgleichspflichtigen Person und die Erhöhung des Kontos der ausgleichsberechtigten Person nicht immer sofort durchgeführt werden. In diesen Fällen bietet diese Regelung dem Rentenversicherungsträger einen Schutz vor der Pflicht zu Doppelleistungen (BT-Drucks. 7/4361 S. 50). Nach § 30 Abs. 2 VersAusglG kann dieser deshalb bis zum Ablauf des letzten Tages des Monats, der dem Monat folgt, in dem der Versorgungsträger Kenntnis von der Rechtskraft der Entscheidung zum Versorgungsausgleich erlangt hat, mit **befreiender Wirkung** gegenüber der ausgleichsberechtigten Person die ungekürzte Rente an die ausgleichspflichtige Person erbringen. Das bedeutet, dass im günstigsten Fall der Versorgungsträger zwei Monate Zeit hat, die Leistungen in Höhe des Ausgleichswerts gem. § 5 Abs. 1, 3 VersAusglG an die ausgleichsberechtigte Person rententechnisch umzustellen. Entsprechendes gilt nach der Regelung des § 99 Abs. 1 SGB VI. Nach dem Regelungszweck des § 30 Abs. 1 VersAusglG (§ 1587p BGB a. F.) kommt es auf die **Kenntnis der wirksam gewordenen Entscheidung** an (BSG FamRZ 1983, 389, 390 mit Anm. *von Pillhofer*, FamRZ 1983, 699; FamRZ 1985, 595, 596), nicht der rechtsmittelfähigen Entscheidung (weil diese in der Rechtsmittelinstanz jederzeit abänderbar ist und deshalb nicht Grundlage des Versorgungsausgleichs sein kann). Diese Grundsätze gelten gem. § 30 Abs. 1 Satz 2 VersAusglG auch, wenn die Leistungen aus dem ausgeglichenen Anrecht nicht an den ausgleichsberechtigten Ehegatten, sondern an die **Witwe** oder den Witwer der ausgleichsberechtigten Person zu erbringen sind. Dies entspricht § 3a Abs. 7 VAHRG a. F.

614 Regelmäßig erfolgt von dem Familiengericht nach Rechtskraft eine entsprechende Mitteilung; unterbleibt diese, muss der Träger der Versorgung ein **Rechtskraftzeugnis nach § 46 FamFG** einholen. Diese Verpflichtung folgt aus § 17 SGB I, der es dem Träger der Versorgung auferlegt, für die Auszahlung einer zustehenden Sozialleistung alsbald Sorge zu tragen. Wird dies von ihm unterlassen, ist maßgebend das Kennenmüssen (BSG FamRZ 1982, 699, 700). Auch bei Vorliegen einer zweitinstanzlichen Entscheidung beginnt die Schutzfrist erst mit der Mitteilung des Eintritts der Rechtskraft. Dabei ist es unerheblich, ob die eingelegte Rechtsbeschwerde zum BGH nach § 70 FamFG nicht zulässig ist. Denn auch in diesem Fall kann mit der gebotenen Sicherheit der Zeitpunkt der Rechtskraft erst nach entsprechender Mitteilung des Familiengerichts angenommen werden, weil die an sich statthafte, aber nicht zulässige Rechtsbeschwerde den Eintritt der Rechtskraft hinausschiebt (BSG FamRZ 1985, 595). Die Rechtskraft tritt dann erst mit der Verwerfungsentscheidung ein (GMS-OGB FamRZ 1984, 975). Entscheidet der BGH in der Sache selbst, beginnt die Schutzfrist mit dem Zugang der getroffenen Entscheidung beim Rentenversicherungsträger, weil die Rechtskraft feststeht (zum Abänderungsverfahren Rdn. 1092).

Die **Schutzfrist** endet mit dem Ablauf des Monats, der dem Monat folgt, in dem beim Rentenversicherungsträger die Mitteilung über den Eintritt der Rechtskraft eingegangen ist. Sie dauert danach höchstens zwei Monate. Überschreitet der Versicherungsträger die Schutzfrist, hat er an die ausgleichsberechtigte Person Zahlungen zu leisten.

615 Die an die ausgleichspflichtige Person erbrachten Überzahlungen können zurückgefordert werden. Die ausgleichsberechtigte Person kann trotz des Schuldnerschutzes nach § 30 VersAusglG von der ausgleichspflichtigen Person die nach Rechtskraft vom Versicherungsträger an diesen weitergezahlten Leistungen gem. § 30 Abs. 3 VersAusglG nach den **Grundsätzen der ungerechtfertigten Bereiche-**

V. Ergänzende Vorschriften

rung nach § 812 BGB zurückverlangen. § 30 VersAusglG hat keine Auswirkungen auf den Rentenanspruch der ausgleichsberechtigten Person dem Grunde nach, er wirkt sich deshalb auch nicht auf den Beginn der Rentenleistung aus. Die Rente wird ab dem Monat geleistet, zu dessen Beginn die Voraussetzungen erfüllt sind, § 99 Abs. 1 SGB VI. Diese Bestimmung des Rentenbeginns wirkt sich dann aus, wenn an einem Monatsersten eine Entscheidung zum Versorgungsausgleich wirksam wird und die sonstigen Voraussetzungen bereits vorliegen. Bei einer laufenden Rente ist – abweichend von §§ 99 Abs. 1, 100 Abs. 1 SGB VI – kein Antrag im Fall des Wirksamwerdens erforderlich. Eine Rentenerhöhung ist ab Beginn des Monats von Amts wegen vorzunehmen, an dessen Ersten eine wirksame Versorgungsausgleichsentscheidung vorliegt.

c) Anwendung bei interner Teilung sowie externer Teilung

§ 30 VersAusglG greift unabhängig davon ein, ob der Ausgleich bei der Scheidung durch interne Teilung gem. §§ 10 ff. VersAusglG oder externe Teilung gem. §§ 14 ff. VersAusglG erfolgt, weil von der Vorschrift jeweils nur der Versorgungsträger des auszugleichenden Anrechts betroffen ist. **616**

d) Schutz des Versorgungsträgers bei Leistungen an die Witwe oder den Witwer

§ 30 Abs. 1 Satz 1 VersAusglG greift auch bei Streitigkeiten zwischen der ausgleichsberechtigten Person und einer Witwe / einem Witwer der ausgleichspflichtigen Person in den Verfahren des § 25 VersAusglG über die Höhe der Ausgleichsrente (insbesondere eventuelle Kürzungen) ein. Der Schuldnerschutz erfasst verschiedene Sachlagen, um gleichzeitig auch die Leistungen an den Berechtigten oder die Witwe / den Witwer nicht zu verzögern (BT-Drucks. 10/5447 S. 13). Grundsätzlich kann der Versorgungsträger nach § 30 Abs. 1 Satz 1 VersAusglG unter den dort genannten Voraussetzungen mit **befreiender Wirkung** leisten. Der Schutz des Versorgungsträgers endet spätestens mit dem Ende des Folgemonats, in dem der Versorgungsträger vom Eintritt der Rechtskraft der familiengerichtlichen Entscheidung zu § 25 VersAusglG Kenntnis erlangt hat; dies folgt aus § 30 Abs. 2 VersAusglG. Grundsätzlich kann der Versorgungsträger die Hinterbliebenenversorgung auch während des Verfahrens nach § 25 VersAusglG an die Witwe / den Witwer der ausgleichspflichtigen Person mit befreiender Wirkung auch gegen die ausgleichsberechtigte Person auszahlen. Liegt jedoch ein vollstreckbarer Titel zur Zahlung der Ausgleichsrente nach §§ 20, 22 VersAusglG (§ 1587 g BGB a. F.) gegen die ausgleichspflichtige Person vor, muss der Versorgungsträger an die ausgleichsberechtigte Person mit befreiender Wirkung gegenüber der Witwe / dem Witwer leisten, falls er durch die Vorlage des Titels hierzu aufgefordert wurde. Dies gilt auch im Falle der Abtretung nach § 21 VersAusglG, weil der Anspruch nach § 25 VersAusglG und die gekürzte Hinterbliebenenrente noch nicht feststehen. Leistet der Versorgungsträger über die Schutzfrist hinaus weiterhin an den Hinterbliebenen, wird er gegenüber der ausgleichsberechtigten Person nicht befreit. **617**

5. Tod eines Ehegatten, § 31 VersAusglG

a) Normzweck

Die Vorschrift regelt die Auswirkungen des Todes eines Ehegatten für alle Regelungsbereiche des Versorgungsausgleichs. Sie übernimmt hierzu einerseits die Regelung des § 1587 e Abs. 2 BGB a. F., weitet diese Vorschrift aber im Hinblick auf die neue Form des Ausgleichssystems (Hin- und Her-Ausgleich) aus. Ferner regelt die **618**

Vorschrift die weiteren Auswirkungen in Bezug auf Ausgleichsansprüche nach der Scheidung. Danach enthält § 31 Abs. 1–3 VersAusglG folgende Sachlagen:
– Tod eines Ehegatten nach Rechtskraft der Scheidung, aber vor Rechtskraft der Entscheidung zum Wertausgleich bei der Scheidung gem. den §§ 9–19, 28 VersAusglG; hierbei ist die Vornahme des Wertausgleichs zugunsten des überlebenden Ehegatten davon abhängig, ob dieser hierdurch besser gestellt wird als er bei Durchführung des Wertausgleichs bei der Scheidung stünde – nach Abs. 2 **Prüfung der Besserstellung durch Tod eines Ehegatten**.
– Bei Tod der ausgleichsberechtigten Person erlischt deren Ausgleichsanspruch; den Erben steht kein Wertausgleich zu – **Erlöschen des Ausgleichsanspruchs**;
– Tod eines Ehegatten bei Ausgleichansprüchen nach der Scheidung gem. den §§ 20–26 VersAusglG (schuldrechtliche Ausgleichszahlungen); hierzu bestimmt Abs. 3 Satz 1, dass bei Tod eines Ehegatten Ausgleichsansprüche nach der Scheidung erlöschen – **Erlöschen der Ansprüche nach der Scheidung**.
– Fortbestehen von Ansprüchen auf Teilhabe an der Hinterbliebenenversorgung nach den §§ 25, 26 VersAusglG bei Tod der ausgleichspflichtigen Person nach Abs. 3 Satz 2 (verlängerter schuldrechtlicher Versorgungsausgleich) – **Fortbestehen des Anspruchs auf Teilhabe an der Hinterbliebenenversorgung**.
– **Fortbestehen von Erfüllungs- und Schadensersatzansprüchen** i. S. d. § 1586 Abs. 2 Satz 1 BGB nach Tod eines Ehegatten; Abs. 3 Satz 3.
– Nicht ausdrücklich geregelt wird die Sachlage, dass ein Ehegatte **vor Eintritt der Rechtskraft** des Scheidungsausspruchs verstirbt. In diesem Fall ist das Verfahren nach § 131 FamFG (§ 619 ZPO a. F.) erledigt. Ein Versorgungsausgleich wird damit nicht mehr durchgeführt. Dem überlebenden Ehegatten steht damit die Hinterbliebenenrente aus den Anrechten des verstorbenen Ehegatten zu. In der gesetzlichen Rentenversicherung ist die die Witwenrente und Witwerrente nach § 46 SGB VI geregelt (s. Rdn. 288).
– Der **Tod der ausgleichspflichtigen Person nach rechtskräftigem Abschluss** des Versorgungsausgleichsverfahrens ändert an der bereits erfolgten Durchführung des Versorgungsausgleichs nichts. Mit Durchführung des Versorgungsausgleichs sind die Versorgungsschicksale der Ehegatten getrennt und wirken sich nicht aufeinander aus. Diese Sachlage hat nur dann Auswirkungen auf den Versorgungsausgleich, wenn im Fall des Wertausgleichs bei der Scheidung nach den §§ 9–19, 28 VersAusglG ein noch nicht teilungsreifes Anrecht der ausgleichspflichtigen Person i. S. d. § 19 Abs. 2 Nr. 1 VersAusglG besteht. In diesem Fall kann der Anspruch gegen den Versorgungsträger nach § 25 Abs. 1 VersAusglG (verlängerter schuldrechtliche Versorgungsausgleich) oder gegen die Witwe/den Witwer nach § 26 VersAusglG zu einem späteren Zeitpunkt noch geltend gemacht werden, nicht dagegen die Ausgleichsansprüche nach der Scheidung gem. den §§ 20–24 VersAusglG; dies regelt § 31 Abs. 3 VersAusglG (s. Rdn. 625).

b) Erlöschen des Ausgleichsanspruchs bei Tod der ausgleichsberechtigten Person

619 Zweck des Versorgungsausgleichs ist es, der ausgleichsberechtigten Person i. S. d. § 1 Abs. 2 VersAusglG eine eigenständige Alters- und Invaliditätsversorgung zu verschaffen. Stirbt der Ausgleichsberechtigte, entfällt dieser Zweck. Aus diesem Grunde **erlischt der Ausgleichsanspruch** mit dem Tode des Ausgleichsberechtigten, soweit er sich zu diesem Zeitpunkt noch nicht verwirklicht hat (BT-Drucks. 7/650 S. 163 zu § 1587 e Abs. 2 BGB a. F.). Dieser Grundsatz wird in § 31 Abs. 1 Satz 2 VersAusglG dadurch zum Ausdruck gebracht, dass die **Erben des Verstorbenen** kein Recht auf den Ausgleichsanspruch geltend machen können.

V. Ergänzende Vorschriften

Diese Anordnung betrifft sowohl die Ausgleichsansprüche bei der Scheidung nach den §§ 9–19, 28 VersAusglG als auch die Ausgleichsansprüche nach der Scheidung gem. den §§ 20–26 VersAusglG.

Zur Geltung kommt § 31 Abs. 1 VersAusglG nur für den Fall, dass der **Versorgungsausgleich erst nach rechtskräftiger Scheidung** der Ehe durchgeführt wird, also im Falle der Abtrennung des Verfahrens zum Versorgungsausgleich nach § 140 FamFG, im Falle der rechtskräftigen Scheidung der Ehe im Ausland, wenn das Scheidungsstatut deutsches Recht ist oder ein ausländischer Ehegatte nach rechtskräftiger Scheidung der Scheidung gem. Art. 17 Abs. 3 EGBGB den Antrag auf Durchführung des Versorgungsausgleichs stellt. Wird über den Versorgungsausgleich im Verbund mit dem Scheidungsausspruch nach § 137 Abs. 1, 2 Nr. 1 FamFG entschieden und stirbt der Berechtigte vor Eintritt der Rechtskraft des Scheidungsurteils, entsteht der Anspruch überhaupt nicht, weil ein Versorgungsausgleich nur zwischen geschiedenen Ehegatten stattfindet, § 1 Abs. 1 VersAusglG. Das Verfahren erledigt sich in der Hauptsache, § 131 FamFG. Ist das Scheidungsurteil rechtskräftig, die Entscheidung zum Versorgungsausgleich aber noch nicht getroffen oder wirksam angefochten (§ 58 FamFG) und stirbt danach der Berechtigte, erledigt sich die Hauptsache, weil der Verfahrensgegenstand entfallen ist (BGH FamRZ 1983, 683; KG FamRZ 1981, 381 – dort auch zu den Kosten; OLG Saarbrücken FamRB 2002, 168 – Scheidung im Ausland rechtskräftig-Versorgungsausgleich im Inland). Verstirbt der Berechtigte nach rechtskräftig durchgeführtem Versorgungsausgleich, bleibt die Entscheidung wirksam mit der Folge, dass der Verpflichtete eine dauernde Kürzung seiner Versorgungsbezüge hinzunehmen hat. Eine Ausnahme gilt nur im Fall des § 37 VersAusglG (Rdn. 895). Wurde nach § 23 VersAusglG bindend eine **Zahlung zur Abfindung** für ein noch nicht ausgeglichenes Anrecht angeordnet (z. B. in den Fällen des § 19 Abs. 2 Nr. 3 VersAusglG bei Unwirtschaftlichkeit des Ausgleichs bei der Scheidung – kein ausreichender Erwerb von Wartezeiten in der gesetzlichen Rentenversicherung), hat die ausgleichspflichtige Person bis zum Eintritt des Todes diese Zahlung aber noch nicht erbracht, **erlischt die Zahlungspflicht.** Wurden Zahlungen entrichtet, kann unter den Voraussetzungen des § 37 Abs. 1 Satz 2 VersAusglG eine Rückzahlung bei Tod des Ausgleichsberechtigten verlangt werden. Eine **Heirat des Ausgleichsberechtigten** wirkt sich dagegen, anders als beim nachehelichen Unterhalt gem. § 1586 BGB, auf den Ausgleichsanspruch nicht aus, weil der Versorgungsausgleich auf der gemeinsamen Lebensleistung der Ehegatten in der Ehe beruht.

c) **Kein Erlöschen des Ausgleichsanspruchs bei Tod der ausgleichspflichtigen Person im Fall des Wertausgleichs bei der Scheidung**

§ 31 Abs. 1 VersAusglG stellt für den Fall des Wertausgleichs bei der Scheidung nach den §§ 9–19, 28 VersAusglG klar, dass dieser auch dann durchzuführen ist, wenn die ausgleichspflichtige Person verstirbt. Der Ausgleichsanspruch erlischt danach also nicht. Dies gilt unabhängig davon, ob die **interne Teilung oder externe Teilung** vorzunehmen ist. Stirbt die ausgleichspflichtige Person nach Rechtskraft des Scheidungsurteils, aber vor wirksamer Entscheidung über den Versorgungsausgleich, weil dieser abgetrennt war oder die Versorgungsausgleichsentscheidung angefochten wurde (s. Rdn. 619), so werden die nicht in den Nachlass fallenden Versorgungsrechte als fortbestehend fingiert. Dieser Grundsatz erfasst auch privatrechtlich organisierte Anrechte der betriebliche Altersversorgung sowie der privaten Rentenversicherung, so dass das auszugleichende Anrecht nicht mit dem Tod der ausgleichspflichtigen Person erlischt.

620

Das Verfahren wird gegen die **Erben** geltend gemacht, die eine der Prozessstandschaft vergleichbare Stellung einnehmen und die sich auf dieselben Einwendungen wie der Verpflichtete berufen können, also auch auf die **Härteklausel des § 27 VersAusglG** (BGH FamRZ 1982, 473 = NJW 1982, 1939; FamRZ 1984, 467 zu § 1587 c Nr. 1 BGB a. F.).

d) Verbot der Besserstellung der ausgleichsberechtigten Person nach § 31 Abs. 2 VersAusglG

621 Aus dem in § 31 Abs. 2 Satz 1 VersAusglG enthaltenen Verbot der Besserstellung des überlebenden Ehegatten durch den Wertausgleich bei der Scheidung, der einen Ausgleichsanspruch gegen die Erben des verstorbenen Ehegatten geltend macht, ergeben sich zwei Sachlagen, die zu unterscheiden sind, nämlich
– der überlebende Ehegatte hat in der Ehezeit insgesamt die höheren Anrechte erworben;
– der überlebende Ehegatte hat in der Ehezeit insgesamt weniger Anrechte als der verstorbene Ehegatte erworben.

Steht fest, dass der **überlebende Ehegatte die höheren selbst erworbenen Anrechte** in der Ehezeit erlangt hat, besteht kein Bedürfnis, den Wertausgleich bei der Scheidung durchzuführen. Folge dieser Regelung ist, dass der überlebende Ehegatte seine eigenen Anrechte nicht abgeben muss; dies folgt aus § 31 Abs. 1 Satz 2 VersAusglG, nach dem die Erben keinen Anspruch auf den Wertausgleich haben. Würde dies dennoch erfolgen, müssten die die übertragenen Anrechte nach § 37 VersAusglG an den überlebenden Ehegatten wieder zurückgeführt werden. Zugleich folgt aus dem Besserstellungsverbot, dass durch den Wertausgleich bei der Scheidung keinen Wertausgleich i. S. d. § 5 Abs. 1, 3 VersAusglG aus den Anrechten des verstorbenen Ehegatten erlangt.

Hat dagegen der überlebende Ehegatte insgesamt die **geringeren Anrechte in der Ehezeit** erworben, wird nach der Billigkeitsregelung des § 31 Abs. 2 Satz 1 VersAusglG insoweit der Wertausgleich bei der Scheidung durchgeführt, als dessen eigenen Anrechte hinter den Anrechten des verstorbenen Ehegatten zurückbleiben.

622 Verfahrensmäßig bedeutet dies:
– Im **ersten Schritt** hat das Familiengericht den überlebenden Ehegatten sowie die Erben des verstorbenen Ehegatten aufzufordern, nach § 220 Abs. 3 FamFG Auskünfte über sämtliche in der Ehezeit erworbenen Anrechte zu erteilen. Haben die Erben keine Kenntnis oder sind die Erben nicht zu ermitteln, kann das Familiengericht nach § 220 Abs. 1 FamFG bei bekannten Versorgungsträgern sowie sonstigen Stellen (Träger der Krankenversicherung, Arbeitgeber, Versicherungsgesellschaft) **Auskünfte zum Ehezeitanteil** einholen.
– Im **zweiten Schritt** ist festzustellen, welcher Ehegatte insgesamt die höheren Anrechte in der Ehezeit erworben hat. Dies erfolgt durch einen Vergleich aller Anrechte, die beide Ehegatten erworben haben. Soweit Anrechte bei beiden Ehegatten vorliegen, die nicht gleicher Art i. S. d. § 10 Abs. 2 VersAusglG sind, ist anhand des korrespondierenden Kapitalwerts festzustellen, welcher Ehegatte insgesamt die werthöheren Anrechte erworben hat (grundsätzlich hierzu Rdn. 176 ff.; 186).
– Ergibt die Prüfung anhand des korrespondierenden Kapitalwerts, dass der überlebende Ehegatte insgesamt die höheren Anrechte in der Ehezeit erzielt hat, ist ein Wertausgleich nicht durchzuführen. Dies stellt das Familiengericht in der Entscheidung zum Versorgungsausgleich entsprechend der Regelung des

V. Ergänzende Vorschriften

§ 224 Abs. 3 VersAusglG ausdrücklich fest. Unter den Voraussetzungen des § 225 Abs. 1, 2 FamFG kann diese **Entscheidung abgeändert** werden, wenn nach dem Ende der Ehezeit eine wesentliche Wertveränderung eintritt, die dazu führt, dass die Anrechte des überlebenden Ehegatten hinter die Anrechte des verstorbenen Ehegatten fallen.

– Bleiben die Anrechte des überlebenden Ehegatten hinter den Anrechten des verstorbenen Ehegatten zurück, hat das Familiengericht **im dritten Schritt** auf der Grundlage der Billigkeitsentscheidung des § 31 Abs. 2 Satz 2 VersAusglG zu bestimmen, in welcher Höhe und über welche Anrechte der verstorbenen ausgleichspflichtigen Person der restliche Ausgleich erfolgt. Hierzu hat das Familiengericht die betroffenen Versorgungsträger zu beteiligen und zur **Wahrung des Anspruchs auf das rechtliche Gehör** (Art. 103 GG) auf die beabsichtigte Entscheidung hinzuweisen.

– Nach § 31 Abs. 2 Satz 2 VersAusglG kann das Familiengericht bei mehreren auszugleichenden Anrechten nach Billigkeitsgrundsätzen entscheiden, welche Anrechte zum Ausgleich herangezogen werden. Eine bestimmte Methode in Form einer Rangfolge oder einer Quote legt das Gesetz nicht fest, sondern überlässt es dem Familiengericht, ob es nur ein Anrecht oder mehrere Anrechte zum Ausgleich heranzieht.

Beispiel: 623

	Ehemann verstorben	Ehefrau	korrespondierender Kapitalwert
ges. RV	25,7353 Entgeltpunkte		
ges. RV		11,0294 Entgeltpunkte	
betriebl. AV	200,00 €		33.500,00 €
betriebl. AV		150,00 €	30.500,00 €

1. Da die Ehefrau keine Anrechte an den verstorbenen Ehemann abzugeben hat (§ 31 Abs. 1 Satz 2 VersAusglG), erfolgt der Ausgleich nur insoweit, als im Falle des Wertausgleichs bei der Scheidung die ihr zugeordneten Anrechte des Ehemannes die eigenen Anrechte übersteigen würden. § 31 Abs. 2 Satz 1 VersAusglG schließt lediglich die Lücke, die durch den nicht vollzogenen Hin- und Her-Ausgleich entsteht.
2. In Bezug auf den Ausgleich der Anrechte des Ehemannes in der gesetzlichen Rentenversicherung bedeutet dies, dass das Familiengericht die interne Teilung nur in Höhe der hälftigen Differenz der Bezugsgröße vornimmt, also i. H. v. 7,3530 Entgeltpunkten (25,7353−11,0294 = 14,7059). Das entspricht einer Anwartschaft von 200,00 € (aktueller Rentenwert 2. Halbjahr 2009 = 27,20 €).
3. In Bezug auf die Anrechte des Ehemannes aus der betrieblichen Altersversorgung ist hinsichtlich der Höhe des Ausgleichs zu berücksichtigen, ob die Voraussetzungen von Anrechten gleicher Art i. S. d. § 18 Abs. 1 VersAusglG vorliegen. Dies ist in Bezug auf die mitgeteilten korrespondierenden Kapitalwerte nicht der Fall. Wählt der Versorgungsträger des auszugleichenden Anrechts des Ehemannes die externe Teilung, kann der Kapitalwert von 1.500,00 € als Kapitalwert i. S. d. § 14 Abs. 4 VersAusglG herangezogen werden. Ansonsten erfolgt die interne Teilung, indem aufgrund eines versicherungsmathematischen Gutachtens der sich aus einem Kapitalwert von 1.500,00 € ergebende Rentenwert in der Versorgung des Ehemannes ergibt. Im konkreten Fall ist § 18 Abs. 2 VersAusglG zu prüfen, der nicht anzuwenden ist, wenn die Ehefrau auf den Wertausgleich aus der betrieblichen Altersversorgung zur Sicherstellung ihres Existenzminimums angewiesen ist.

3. Kapitel   Der Wertausgleich von Versorgungsanrechten

624   Weiteres Beispiel:

	Ehemann verstorben	Ehefrau	korrespondierender Kapitalwert
ges. RV	18,0000 Entgeltpunkte		110.608,57 €
ges. RV		14,0000 Entgeltpunkte	86.028,89 €
betriebl. AV		80,00 € Rente	15.200,00 €

1. Bei der vorstehenden Sachlage ist zunächst zu berücksichtigen, dass die Ehefrau nicht besser gestellt werden darf wie bei Durchführung des Wertausgleichs bei der Scheidung. Da ferner das Anrecht der Ehefrau nicht auszugleichen ist, sondern die Höhe des nach § 31 Abs. 2 Satz 1 VersAusglG zu bestimmenden Gesamtausgleichs mindert, muss ein Berechnungsmodell zur Bestimmung des Höchstwertes festgelegt werden. Dies kann anhand der korrespondierenden Kapitalwerte gem. § 47 VersAusglG erfolgen. Bezogen auf die korrespondierenden Kapitalwerte stehen dem Anrecht des Ehemannes in Höhe von 110.608,57 € aus dem Anrechten der Ehefrau ein entsprechender Gesamtwert von 101.228,89 € gegenüber. Der hälftige Betrag beläuft sich auf 4.689,84 €. Umgerechnet ergibt dies in der gesetzlichen Rentenversicherung ein Anrecht von 0,7632 Entgeltpunkte (4.689,84 € × 0,0001627360 – Umrechnen von Beiträgen in Entgeltpunkte, FamRZ 2009, 100 = 0,7632 Entgeltpunkte × 27,20 aktueller Rentenwert 2. Hj. 2009).
2. Das Familiengericht wird in diesem Fall im Wege der internen Teilung vom Versicherungskonto des Ehemannes in der gesetzlichen Rentenversicherung auf das Versicherungskonto der Ehefrau 0,7632 Entgeltpunkte übertragen (0,7632 Entgeltpunkte × 27,20 aktueller Rentenwert 2. Halbjahr 2009 = 20,76 €).

e)   Erlöschen der Ausgleichsansprüche nach der Scheidung

625   § 31 Abs. 3 VersAusglG regelt die Folgen des Todes der ausgleichsberechtigten Person sowie der ausgleichspflichtigen Person in Bezug auf Ausgleichsansprüche nach der Scheidung gem. den §§ 20–26 VersAusglG. Diese Bestimmung steht in keinem unmittelbaren Zusammenhang mit den Regelungen des § 31 Abs. 1, 2 VersAusglG, die sich auf den Wertausgleich bei der Scheidung bezieht. § 31 Abs. 3 VersAusglG legt fest, dass die Ausgleichsansprüche nach der Scheidung unabhängig davon erlöschen, ob die ausgleichsberechtigte Person oder die ausgleichspflichtige Person verstirbt. Tritt der **Tod der ausgleichsberechtigten Person** ein, entfällt der Regelungszweck des Versorgungsausgleichs dem Grunde nach. Ein Übergang auf die Erben tritt nicht ein, § 31 Abs. 1 Satz 2 VersAusglG.

626   Tritt der **Tod der ausgleichspflichtigen Person** ein, entfällt das schuldrechtlich auszugleichende Anrecht bereits dem Grunde nach, weil der unmittelbar Leistungsberechtigte keinen Anspruch gegen den Versorgungsträger des auszugleichenden Anrechts mehr besitzt. An dessen Stelle tritt der Anspruch der ausgleichsberechtigten Person gegen den Versorgungsträger gem. § 25 VersAusglG (verlängerter schuldrechtlicher Versorgungsausgleich i. S. d. § 3 a VAHRG a. F.). Dieser Anspruch erlischt nicht; dies regelt § 31 Abs. 3 Satz 2 VersAusglG ausdrücklich. Gleiches gilt für den Anspruch gegen die Witwe bzw. den Witwer nach § 26 VersAusglG, der § 3 a Abs. 5 VAHRG a. F. entspricht.

Mit dem **Tod der ausgleichsberechtigten Person** erlischt nicht nur die schuldrechtliche Ausgleichsrente nach § 20 Abs. 1 VersAusglG, sondern auch der **Anspruch auf Kapitalzahlung** nach § 22 VersAusglG sowie der **Anspruch auf Abfindung** gem. § 23 VersAusglG; dies folgt aus dem eindeutigen Wortlaut des § 31 Abs. 3 Satz 1 VersAusglG, der die §§ 20–24 VersAusglG insoweit ausdrücklich anspricht

V. Ergänzende Vorschriften

und entspricht der Regelung des § 1587 m BGB a. F. (zum Entstehen des Anspruchs auf Kapitalzahlung vor dem Tod der ausgleichsberechtigten Person s. Rdn. 627 a. E.).

Die in § 31 Abs. 3 VersAusglG geregelten Fälle treten regelmäßig erst auf, wenn zuvor der Ausgleich bei der Scheidung nach den §§ 9–19, 28 VersAusglG bereits rechtskräftig festgestellt worden ist und ein Anrecht nach § 19 Abs. 2 Nr. 1 VersAusglG noch nicht teilungsreif war. Sie treten also – mit Ausnahme der Übergangsfälle, in denen bereist in der Zeit vor dem 01. 09. 2009 die Voraussetzungen eines schuldrechtlichen Versorgungsausgleichs entstanden sind – künftig selten auf, weil durch die interne Teilung oder externe Teilung der betrieblichen Altersversorgungen die Fälle des schuldrechtlichen Versorgungsausgleichs nur noch bei Verfallbarkeit eines Anrechts zum Zeitpunkt der Entscheidung entstehen können.

f) Kein Erlöschen bei Erfüllungs- und Schadensersatzansprüchen

Eine Ausnahme von dem Wegfall des Ausgleichsanspruchs nach der Scheidung gem. § 31 Abs. 3 Satz 1 VersAusglG besteht jedoch insoweit, als **rückständige Ansprüche** auf die schuldrechtliche Ausgleichsrente nach § 20 VersAusglG entstanden sind, ehe die ausgleichsberechtigte Person verstorben ist. Dies regelt § 31 Abs. 3 Satz 3 VersAusglG ausdrücklich, der die in § 1586 Abs. 2 BGB genannten Ansprüche auf Erfüllung und Schadensersatz ausdrücklich aufführt. Dieser Anspruch richtet sich gegen die Erben der ausgleichspflichtigen Person (s.a Vorauflage Rn. 664; OLG Koblenz FamRZ 2007, 483). Ferner endet die Ausgleichsrente nach § 20 VersAusglG erst zum **Ende des Sterbemonats**, weil diese an den tatsächlichen Bezug der Versorgung gekoppelt ist. Entsprechend verweist auch § 20 Abs. 3 VersAusglG auf § 1585 Abs. 1 Satz 2, 3 BGB.

627

> **Beispiel:**
> Die Voraussetzungen der schuldrechtlichen Ausgleichsrente nach § 20 Abs. 1 VersAusglG sind aufgrund des Eintritts des Versorgungsfalls ab 01. 09. 2009 entstanden. Zugleich hat die ausgleichsberechtigte Person die ausgleichspflichtige Person zum 01.09. 2009 i. S. d. § 20 Abs. 3 VersAusglG i. V. m. § 1585 b Abs. 2 BGB in Verzug gesetzt. Stirbt die ausgleichsberechtigte Person im Januar 2010, entfällt der künftige Anspruch auf die Rente nach § 20 Abs. 1 VersAusglG ab 01. 02. 2010. Die bis zum 31. 01. 2010 entstandene laufende monatliche Ausgleichsrente geht auf die Erben der ausgleichsberechtigten Person über.

Der Anspruch auf **Schadensersatz wegen Nichterfüllung** i. S. d. § 1586 Abs. 2 BGB entsteht insbesondere dann, wenn die ausgleichspflichtige Person längere Zeit vergeblich zur Auskunftserteilung über das Bestehen eines nach den §§ 20–24 VersAusglG auszugleichenden Anrechts aufgefordert wurde und die ausgleichsberechtigte Person deshalb keinen Antrag auf Leistung der Rente stellen konnte, da sie keine Kenntnis über den Bestand des Anrechts hatte. Steht fest, dass ein Anrecht dem Ausgleich nach den §§ 20–24 VersAusglG besteht, ist lediglich dessen Höhe unbekannt, reicht es für die Geltendmachung der Rente nach § 20 VersAusglG aus, die ausgleichspflichtige Person in Verzug i. S. d. § 1613 Abs. 1 Satz 1 BGB (Stufenmahnung) zu setzen. Dies folgt aus § 20 Abs. 3 VersAusglG, der auf § 1585 b Abs. 2 BGB verweist.

Schuldet die ausgleichsberechtigte Person einen **Ausgleich auf Kapitalzahlung** nach § 22 VersAusglG, ist es für das Bestehen des Anspruchs bedeutsam, ob zum Zeitpunkt des Entstehens des Anspruchs die ausgleichsberechtigte Person bereits verstorben war. Tritt der Tod erst danach ein, können die Erben den Anspruch nach § 22 VersAusglG verlangen.

3. Kapitel   Der Wertausgleich von Versorgungsanrechten

VI. Steuerrechtliche Auswirkungen des Versorgungsausgleichs

1. Rechtslage bis zum Alterseinkünftegesetz vom 05.07.2004

628 Bis zum Inkrafttreten des **Alterseinkünftegesetzes** vom 05.07.2004 (BGBl I 1427) unterlagen Renten der gesetzlichen Rentenversicherung gem. § 22 EStG a. F. nur mit ihrem (geringen) Ertragsanteil der Einkommenssteuerlast, während der sog. Kapitalanteil steuerfrei war, so dass regelmäßig keine oder nur eine unwesentliche Steuerlast auftrat. Leistungen aus einer Beamtenversorgung, betrieblichen Altersversorgung und sonstigen Versorgungen sind dagegen voll zu versteuern; hierdurch konnten sich erhebliche Abweichungen in Bezug auf die ausgeglichenen Anrechte ergeben, weil der Ausgleichsberechtigte im Ergebnis eine höhere Versorgungsleistung erlangte als der Ausgleichspflichtige, so dass der Grundsatz der gleichmäßigen Teilhabe an den in der Ehe erworbenen Anrechten verletzt wurde. Das BVerfG (BVerfGE 53, 257 = FamRZ 1980, 326 ff. = NJW 1980, 692, 696) unterstellte diese Frage aber nicht der Prüfung der Bestimmungen zum Versorgungsausgleich, sondern hielt dies für eine Folge des Steuerrechts; es wurde deshalb dem Steuergesetzgeber überlassen, in welcher Art und Weise er angesichts der eintretenden Verzerrungen Abhilfe schafft (BVerfGE 54, 11 = NJW 1980, 2569, 2572). Dieser Rechtsprechung ist der BGH gefolgt (BGHZ 74, 86, 101 f. = FamRZ 1979, 490, 494 f. = NJW 1979, 1300, 1303; FamRZ 1988, 709 = NJW 1988, 1839; FamRZ 1989, 725, 727 = NJW 1989, 1999; FamRZ 1989, 844, 846 = NJW 1989, 2812, 2814; FamRZ 1996, 302 f.; FamRZ 2007, 627). Er hat es auch abgelehnt, über die **Härteklausel** nach § 1587 c Nr. 1 BGB a. F. einen Ausgleich zu schaffen, weil er in der unterschiedlichen Besteuerung regelmäßig keine grobe Unbilligkeit sieht, die eine Korrektur rechtfertigen könnte. Hierbei hat sich der BGH im Wesentlichen davon leiten lassen, dass die künftige Besteuerung einer Versorgung nicht sicher vorhergesehen werden könne, andererseits aber damit zu rechnen sei, dass der Gesetzgeber die vom BVerfG (BVerfGE 53, 257 = FamRZ 1980, 326 ff. = NJW 1980, 692, 696) beanstandete Regelung alsbald ändere. Eine Korrektur nahm der BGH nach § 1587 c Nr. 1 BGB a. F. nur dann vor, wenn im Zeitpunkt der Entscheidung zum Versorgungsausgleich bei Ausgleich einer Beamtenversorgung bereits der Versorgungsfall eingetreten war (s. hierzu Vorauflage Rn. 114).

Dem ist der Gesetzgeber durch das **Alterseinkünftegesetz**, das in den §§ 19 Abs. 2, 22 Nr. 1 Satz 3 a) aa), 24 a EStG die steuerliche Ungleichbehandlung in einer Übergangszeit bis zum Jahre 2040 beseitigt, nachgekommen, nachdem das BVerfG am 06.03.2002 (BVerfGE 105, 73 ff. = NJW 2002, 1103 = FamRZ 2002, 809 [LS.] festgestellt hatte, dass die unterschiedliche Besteuerung von Leistungen der gesetzlichen Rentenversicherung und der Beamtenversorgung gegen Art. 3 Abs. 1 GG verstößt.

2. Neuordnung der steuerlichen Behandlung der Altersvorsorge durch das Alterseinkünftegesetz

629 Die grundlegende Neuerung des Alterseinkünftegesetzes besteht darin, dass für sämtliche wesentlichen Altersvorsorgesysteme die **nachgelagerte Besteuerung** vorzunehmen ist. Der Begriff der nachgelagerten Besteuerung drückt aus, dass die Beiträge (Aufwendungen) für die Bildung einer Altersvorsorge steuerfrei gestellt und im Gegenzug die Leistungen im Versorgungsfall in vollem Umgang der Besteuerung unterliegen. Erfolgt eine **vorgelagerte Besteuerung**, kann die Versorgungsleistung nicht erneut besteuert werden, da Einkünfte nur einmal einer Steuerlast unterliegen (BVerfG 105, 73, 134 f. = NJW 2002, 1103 = FamRZ 2003 809

VI. Steuerrechtliche Auswirkungen des Versorgungsausgleichs

[LS] und diese als Kapitalrückfluss angesehen werden. In diesem Fall unterliegen nur die Zinserträge der Besteuerung. Für den **Bereich der gesetzlichen Rentenversicherung** ist dieser Systemwechsel mit einem langjährigen Übergang zur vollen nachgelagerten Besteuerung verbunden (beginnend 2005 bis zum Jahr 2040). Die grundsätzlich volle Steuerfreiheit von Vorsorgeaufwendungen wird ab 2005 schrittweise bis zum Jahr 2025 vollzogen.

Mit der Systemumstellung verbunden ist die Freistellung der **Beiträge zur sog. Basisversorgung** von der Einkommenssteuer. Die Freistellung des Arbeitgeberanteils im Bereich der gesetzlichen Rentenversicherung erfolgt durch § 3 Nr. 62 EStG, während der Arbeitnehmeranteil durch Abzug als **Sonderausgabe** nach § 10 Abs. 1 Nr. 2 a EStG steuerfrei gestellt wird. Unter diese Bestimmung fallen auch die Beiträge zur landwirtschaftlichen Alterskasse sowie zu berufsständischen Versorgungswerken, da es sich insoweit mit der gesetzlichen Rentenversicherung vergleichbare Leistungen handelt. Die Beiträge zu einer **eigenen kapitalgedeckten Altersversorgung** unterliegen dem Sonderabzug nach § 10 Abs. 1 Nr. 2 b EStG, soweit diese der gesetzlichen Rentenversicherung entspricht und die Funktion einer Basisversorgung hat. Zu deren Anerkennung dürfen die erworbenen Anrechte nicht übertragbar, nicht beleihbar, nicht veräußerbar und nicht kapitalisierbar sein. Auch darf kein Anspruch auf Auszahlung bestehen, sondern die Leistungen müssen die Zahlung einer monatlichen Rente auf die Lebenszeit des Steuerpflichtigen vorsehen, die nicht vor dem 60. Lebensjahr beginnen darf. Nach Ablauf der Übergangsphase zur nachgelagerten Besteuerung (bis zum Jahre 2025) bestehen nach § 10 Abs. 3 EStG Höchstbeträge für den Abzug als Sonderausgaben für Beiträge zu einer Basisversorgung i. H. v. 20.000,00 € (40.000,00 € bei Verheirateten).

Zum erleichterten Verständnis der Neuregelung der Besteuerung nach dem Alterseinkünftegesetz ist von **drei Gruppen** (s. *Risthaus*, DB 2004, 1329, 1330; *Hohaus/Mittelsten/Scheid* DStZ 2004, 591 ff. – drei Schichten; s. a. BMF-Schreiben vom 30.01.2008, BStBl I 390; BMF-Schreiben vom 18.09.2008, BStBl I 887 – Aktualisierung aufgrund Eigenheimrentengesetz vom 29.07.2008, BGBl I 1509) auszugehen, die unterschiedlichen steuerrechtlichen Regelungen unterliegen.

— Zur **ersten Gruppe der Basisversorgung** gehören die gesetzliche Rentenversicherung, die Beamtenversorgung, die Alterssicherung der Landwirte, die berufsständischen Versorgungen sowie **die kapitalgedeckte Leibrentenversicherung**, sofern diese die zuvor dargelegten Voraussetzungen (Rdn. 629) erfüllt. Bei diesen erfolgt – wie in der Beamtenversorgung schon bisher – stets die nachgelagerte Besteuerung:
— **Die zweite Gruppe** der Altersversorgung betrifft die **kapitalgedeckte zusätzliche Altersvorsorge**. Dieser sind die private betriebliche Altersversorgung (damit ohne die Zusatzversorgung des öffentlichen Dienstes, zu der auch die kirchlichen Versorgungswerke gehören) sowie die **geförderten privaten Altersvorsorgeverträge** zuzuordnen. Hierbei handelt es sich um die sog. Riester-Rente nach §§ 10 a, 82 EStG. Auch bei dieser Gruppe wird die **nachgelagerte Besteuerung** vorgenommen. Dem liegt zugrunde, dass Beiträge (Leistungen) für eine dieser Gruppe zuzuordnenden Versorgungsregelung steuerfrei gestellt werden bzw. keinen steuerlichen Effekt beim Berechtigten der künftigen Versorgungsleistung auslösen. Für den Bereich der betrieblichen Altersversorgung richtet sich dies nach dem jeweiligen Durchführungsweg (eingehend hierzu Rdn. 354 ff.). Die grundlegende Regelung der Steuerbefreiung enthält § 3 Nr. 63 EStG (§ 40 b EStG – Lohnsteuerpauschalierung wurde aufgehoben), die für Direktversicherungen, Pensionskassen und einen Pensionsfonds gilt. Liegt eine **Pensionszusage** vor, erfolgt nach § 6 a EStG für die künftige Versorgungsleis-

tung eine steuerliche Rückstellung aufgrund der **handelsrechtlichen Passivierungspflicht** nach § 249 HGB, aus der sich noch kein unmittelbarer Anspruch des Arbeitnehmers ergibt und deshalb auch keinen Zufluss bei diesem auslöst, folglich auch keine Steuerpflicht entsteht. Auch im Falle eines Anrechts bei einer Unterstützungskasse ergeben sich in der Anwartschaftsphase nur beim Arbeitgeber steuerliche Auswirkungen, der nach § 4d EStG die Zuwendungen an die Unterstützungskasse als Betriebsausgaben abzieht (das Deckungskapital für laufende Leistungen wird auf der Grundlage einer Verzinsung von 5,5% ermittelt). Die nachgelagerte Besteuerung erfolgt bei Leistungen aus Pensionskassen, Pensionsfonds oder Direktversicherungen nach § 22 Nr. 5 EStG, bei einer Pensionszusage sowie einer Unterstützungskasse nach § 19 Abs. 2 EStG. Eine **Ausnahme** besteht bei sog. **Altzusagen** (bei Pensionskassen, Direktversicherungen wurden Leistungen bzw. Beiträge des Arbeitgebers nach § 40b EStG als steuerpflichtiger Arbeitslohn behandelt und pauschal besteuert; bei diesen erfolgt eine Besteuerung nach § 22 Nr. 1 Satz 3 Buchstabe a, Doppelbuchstabe bb EStG nur i. H. d. neuen Ertragsanteils.

Überblick über die steuerlichen Regelungen gem. den Durchführungswegen der betrieblichen Altersversorgung			
	Zuwendungen/Beiträge	Leistungen	Bemerkungen
Pensionskasse	steuerfreier Arbeitslohn bis zu 4% der Beitragsbemessungsgrundlage[(1)]; bei Verträgen ab 01.01.2005 zusätzlich bis zu 1.800,00 € – § 3 Nr. 63 EStG	sonstige Einkünfte nach § 22 Nr. 5 EStG – volle Besteuerung	
Pensionskasse	Steuerpflichtiger Arbeitslohn, LSt nach Lohnsteuerkarte erhoben, Förderung durch Altersvorsorgezulage oder zusätzlichen Sonderausgabenabzug nach § 10a EStG	sonstige Einkünfte nach § 22 Nr. 5 EStG – volle Besteuerung	
Pensionskasse Altfälle	steuerpflichtiger Arbeitslohn nach § 40b EStG bis zu 1.752,00 € mit 20% pauschal	nach § 22 Nr. 1 S. 3 a) bb) EStG – Besteuerung i. H. d. neuen Ertragsanteils	
Direktversicherung	steuerfreier Arbeitslohn bis zu 4% der Beitragsbemessungsgrundlage[(1)]; bei Verträgen ab 01.01.2005 zusätzlich bis zu 1.800,00 € – § 3 Nr. 63 EStG	sonstige Einkünfte nach § 22 Nr. 5 EStG – volle Besteuerung	
Direktversicherung Altfälle	steuerpflichtiger Arbeitslohn nach § 40b EStG bis zu 1.752,00 € mit 20% pauschal	nach § 22 Nr. 1 S. 3 a) bb) EStG – Besteuerung i. H. d. neuen Ertragsanteils; bei Kapitalzahlung steuerfrei nach § 20 Abs. 1 Nr. 6 EStG a. F.	
Pensionsfonds	steuerfreier Arbeitslohn bis zu 4% der Beitragsbemessungsgrundlage[(1)]; bei Verträgen ab 01.01.2005 zusätzlich bis zu 1.800,00 € – § 3 Nr. 63 EStG	sonstige Einkünfte nach § 22 Nr. 5 EStG – volle Besteuerung	

VI. Steuerrechtliche Auswirkungen des Versorgungsausgleichs

Überblick über die steuerlichen Regelungen gem. den Durchführungswegen der betrieblichen Altersversorgung			
	Zuwendungen/Beiträge	Leistungen	Bemerkungen
Pensionsfonds	steuerpflichtiger Arbeitslohn, LSt nach Lohnsteuerkarte erhoben, keine Förderung durch Altersvorsorgezulage oder zusätzlichen Sonderausgabenabzug nach § 10a EStG	sonstige Einkünfte nach § 22 Nr. 1 S. 3 a) bb) EStG – Besteuerung i. H. d. neuen Ertragsanteils	
Unterstützungskasse	Zusage der Leistung bewirkt keinen Arbeitslohn	Arbeitslohn nach § 19 EStG als Versorgungsbezüge – Steuerabzug nach Lohnsteuerkarte mit abgeschmolzenem Versorgungsfreibetrag[(2)]	
Unterstützungskasse	Steuerpflichtiger Arbeitslohn, gefördert durch Altersvorsorgezulage oder zusätzlichen Sonderausgabenabzug nach § 10a EStG	sonstige Einkünfte nach § 22 Nr. 5 EStG – volle Besteuerung	
Pensionszusage	Zusage der Leistung bewirkt keinen Arbeitslohn	Arbeitslohn nach § 19 EStG als Versorgungsbezüge – Steuerabzug nach Lohnsteuerkarte mit abgeschmolzenem Versorgungsfreibetrag[(2)]	

(1) Beitragsbemessungsgrenze (West) in der gesetzlichen Rentenversicherung 2009 = 2.592,00 €; für Alt- und Neufälle kann die Steuerbefreiung nach § 3 Nr. 63 EStG ab 2005 nur noch in Anspruch genommen werden, wenn eine lebenslange Rentenzahlung oder ein Auszahlungsplan mit Restverrentung vereinbart wird.

(2) Bei Versorgungsbeginn 2009 33,4% der Versorgungsbezüge, höchstens 2.520,00 € und des Zuschlags zum Versorgungsfreibetrag 2009 i. H. v. 752,00 €.

– Der **dritten Gruppe sind Kapitalanlageprodukte** zuzuordnen, die nicht ausschließlich der Altersvorsorge dienen und deshalb vorgelagert besteuert werden. Dies betrifft vor allem Kapitallebensversicherungen, deren Beiträge deshalb steuerlich nicht als Sonderausgaben geltend gemacht werden können (s. a. Rdn. 647).

Zu beachten ist § 22a EStG, der von den dort genannten Versorgungsträgern, das sind die gesetzliche Rentenversicherung, die landwirtschaftliche Alterskasse, die berufsständischen Versorgungseinrichtungen, die Pensionskassen, die Pensionsfonds, die Versicherungsunternehmen, die Unternehmen, die Verträge i. S. d. § 10 Abs. 1 Nr. 2b) EStG anbieten und die Anbieter i. S. d. § 80 EStG bis zum 01.03. des folgenden Jahres, in dem eine Leibrente oder andere Leistung nach § 22 Nr. 12 Satz 3a) EStG und § 22 Nr. 5 EStG zugeflossen sind, verlangt, sog. **Rentenbezugsmitteilungen** zu übermitteln, auf deren Grundlage von den Versorgungsempfängern die Einkommensteuer erhoben wird.

3. Kapitel   Der Wertausgleich von Versorgungsanrechten

3. Steuerliche Regelungen nach den VAStrRefG
a) Zweck der einkommensteuerrechtlichen Regelungen

631   Das VAStrRefG enthält in Art. 10 Bestimmungen zur Änderung des EStG, deren Zweck darin besteht, durch flankierende Regelungen den Wertausgleich bei der Scheidung sowohl im Falle der internen Teilung als auch der externen Teilung **steuerneutral** zu stellen. Die Regelungen des Art. 10 VAStrRefG sind davon geprägt, den Wertausgleich so durchzuführen, dass bei der ausgleichspflichtigen Person und der ausgleichsberechtigten Person durch die steuerliche Veranlagung nach dem EStG keine sich aus dem Steuersystem ergebenden unterschiedlichen Belastungen sowohl bei Durchführung des Wertausgleichs als auch im jeweiligen Versorgungsfall entstehen. Hierdurch soll eine **gleichmäßige Teilhabe** an den in der Ehezeit erworbenen Anrechten i. S. d. Halbteilungsgrundsatzes erreicht werden.

b) Steuerrechtliche Regelungen zur internen Teilung

632   § 3 Nr. 55 a Satz 1 EStG bestimmt deshalb, dass die gem. § 10 Abs. 1 VersAusglG durchgeführte interne Teilung eines auszugleichenden Anrechts sowohl für den Ausgleichspflichtigen als auch den Ausgleichsberechtigten steuerlich neutral, der Ausgleichsvorgang also steuerfrei ist. Der Ausgleichsberechtigte erlangt hinsichtlich des neu begründeten Anrechts steuerrechtlich die gleiche Rechtsstellung wie der Ausgleichspflichtige; dies bestimmt § 3 Nr. 55 a Satz 2 EStG, der bestimmt, dass das übertragene Anrecht einkommensteuerlich zu den zu versteuernden Einkünften gehört, zu denen das ausgeglichene Anrecht des Ausgleichspflichtigen gehören würde, wenn die interne Teilung nicht vorgenommen worden wäre. Nach der internen Teilung werden die späteren Versorgungsleistungen bei dem Ausgleichsberechtigten so besteuert wie das Anrecht bei der ausgleichspflichtigen Person ohne Berücksichtigung der Teilung zu besteuern wäre.

Die **Versorgungsleistungen** können daher weiterhin zu Einkünften aus nichtselbständiger Arbeit (§ 19 EStG), aus Kapitalvermögen (§ 20 EStG) oder zu sonstigen Einkünften (§ 22 EStG) führen. Die ausgleichspflichtige Person versteuert später die **zufließenden, durch den Ausgleich reduzierten** und die ausgleichsberechtigte Person die aus dem **Versorgungsausgleich zufließenden Leistungen**. Dem entspricht auch § 12 BetrAVG, der bestimmt, dass im Falle der internen Teilung die ausgleichsberechtigte Person wie ein ausgeschiedener Arbeitnehmer behandelt wird.

c) Steuerrechtliche Regelungen zur externen Teilung

633   Nach § 3 Nr. 55 b Satz 1 EStG wird im Fall der externen Teilung nach § 14 VersAusglG zur Vermeidung von Belastungen der **Teil des Ausgleichswerts steuerfrei** gestellt, der ansonsten nach den §§ 19, 20, 22 EStG zu steuerpflichtigen Einkünften führen würde. Wird nach § 14 VersAusglG die externe Teilung einer betrieblichen Altersversorgung oder einer privaten Rentenversicherung vorgenommen, ist der nach § 14 Abs. 4 VersAusglG vom Versorgungsträger des auszugleichenden Anrechts zu leistende Ausgleichswert in Form eines Kapitalbetrags steuerfrei, soweit Leistungen aus einem solchen Anrecht nachgelagert versteuert werden. Wird eine Beamtenversorgung oder eine Versorgung aus einem sonstigen öffentlich-rechtlichen Amtsverhältnis nach § 16 VersAusglG ausgeglichen, stellt dies eine besondere Form der externen Teilung dar. Die für die ausgleichsberechtigte Person begründete Rente wird im Leistungsfall nach § 22 Nr. 1 a) bb) EStG – wie andere Renten – nachgelagert versteuert.

VI. Steuerrechtliche Auswirkungen des Versorgungsausgleichs

Nach § 3 b Nr. 55 Satz 2 EStG ist die **Steuerfreistellung für bestimmte Fallgestaltungen ausgeschlossen**. Diese Bestimmung soll eine Besteuerungslücke schließen, die dadurch entstehen kann, dass Mittel aus der betrieblichen Altersversorgung oder der nach § 10 a EStG sowie nach den §§ 79 EStG (Abschnitt XI – Altersvorsorgezulage) geförderten Altersvorsorge auf Vorsorgeprodukte durch externe Teilung übertragen werden, deren daraus fließende Leistungen nach § 20 Abs. 1 Nr. 6 EStG oder § 22 Nr. 1 Satz 3 lit. a) bb) EStG der Besteuerung unterliegen. Eine solche Sachlage tritt auf, wenn der nach § 14 Abs. 4 VersAusglG zu leistende Kapitalbetrag aus einem Anrecht der ausgleichspflichtigen Person stammt, das nachgelagert zu versteuern ist (z. B. Leistungen aus einem Pensionsfonds, einer Pensions-[Direkt]zusage, Unterstützungskasse), in eine Zielversorgung der ausgleichsberechtigten Person eingezahlt wird, deren Leistungen im Versorgungsfall zu Einkünften aus Kapitalvermögen nach § 20 Abs. 1 Nr. 6 EStG oder zu einer nur mit dem **verringerten Ertragsanteil** zu versteuernden Leibrente nach § 22 Nr. 1 Satz 3 lit. a) bb) EStG führen würde (s. a. Rdn. 630). Erfolgt die Übertragung dagegen auf ein Vorsorgeprodukt, welches nach § 22 Nr. 1 Satz 3 lit. a) aa) EStG der Besteuerung unterliegt, liegen die Voraussetzungen des § 3 Nr. 55 b Satz 2 EStG (Ausschluss der Steuerfreistellung) nicht vor. Die von § 22 Nr. 1 Satz 3 lit. a) aa) EStG erfassten Alterssicherungssysteme werden schrittweise in eine nachgelagerte Besteuerung überführt, so dass – wie bei der internen Teilung – gewährleistet ist, dass die **Einkünfte einmal** der vollen Besteuerung unterliegen. Auf eine Sonderregelung wurde aus Vereinfachungsgründen für die Übergangsphase verzichtet (BT-Drucks. 16/10144 S. 109; s. a. Rdn. 629 f.).

634

> **Wichtiger Hinweis:**
>
> Um die in § 3 Nr. 55 b Satz 1 EStG geregelte Steuerfreiheit zu erhalten, muss deshalb bei der Auswahl der Zielversorgung gem. § 15 Abs. 1 EStG darauf geachtet werden, dass ein Vorsorgeprodukt gewählt wird, dessen Leistungen gem. § 22 Nr. 1 Satz 3 a, aa EStG besteuert werden. Das Familiengericht hat deshalb zur Wahrung der Steuerneutralität und des Halbteilungsgrundsatzes darauf zu achten, dass die gewählte Zielversorgung diese Voraussetzungen erfüllt; entsprechend verbietet § 15 Abs. 3 VersAusglG die Auswahl einer Zielversorgung, wenn eine Zahlung i. S. d. § 14 Abs. 4 VersAusglG zu steuerpflichtigen Einnahmen bei der ausgleichspflichtigen Person führt. Dies kann dadurch sichergestellt werden, dass die externe Teilung hin zu einem zertifizierten Altersvorsorgevertrag i. S. d. § 15 Abs. 4 VersAusglG erfolgt. Die Versorgungsausgleichskasse erfüllt diese Voraussetzungen, da § 5 des Gesetzes über die Versorgungsausgleichskasse den Voraussetzungen der §§ 1 Abs. 3, 5 Altersvorsorgeverträge – Zertifizierungsgesetz entspricht. Gleiches gilt für die in § 15 Abs. 4 VersAusglG genannten Versorgungen (u. a. gesetzliche Rentenversicherung, betriebliche Altersversorgung).

Greift die Steuerfreistellung nach § 3 Nr. 55 b Satz 1 EStG nicht ein, hat die ausgleichspflichtige Person den Kapitalwert i. S. d. § 14 Abs. 4 VersAusglG, der auf die von der ausgleichsberechtigte Person gewählten Zielversorgung eingezahlt wird, als Zufluss voll zu versteuern. Stimmt die ausgleichspflichtige Person der Wahl der Zielversorgung zu, ist nach § 15 Abs. 3 VersAusglG die externe Teilung durchzuführen. Ansonsten muss das **Familiengericht die gewählte Zielversorgung ablehnen** und die externe Teilung nach § 15 Abs. 5 Satz 1 VersAusglG über die gesetzlichen Rentenversicherung oder, falls ein Anrecht der betrieblichen Altersversorgung vorliegt, nach § 15 Abs. 5 Satz 2 VersAusglG über die Versorgungsausgleichskasse vornehmen.

§ 3 Nr. 55 b Satz 3 EStG legt fest, dass der Versorgungsträger des ausgleichspflichtigen Anrechts gegenüber dem Versorgungsträger der ausgleichsberechtigten Person die für die Besteuerung der Leistungen erforderlichen **Grundlagen mitzuteilen** hat. Hierdurch wird gewährleistet, dass die sachgerechte Erfassung, Do-

635

kumentation und Mitteilung der steuerlich zu erfassenden Leistungen für die ausgleichsberechtigte Person zutreffend erfolgt. Dies ist lediglich dann nicht erforderlich, wenn die erforderlichen Grundlagen ohnehin zwischen den Versorgungsträgern bekannt sind, § 3 Nr. 55 b Satz 4 EStG.

636 In § 22 Nr. 5 Satz 2 EStG wird sichergestellt, dass die bei der externen Teilung steuerfrei gestellten Ausgleichswerte nachgelagert besteuert werden. Die Ergänzung nach § 19 Abs. 1 Nr. 2 EStG bestimmt, dass es sich bei Leistungen aus einer **Direktzusage oder einer Unterstützungskasse** um Einkünfte aus nichtselbständiger Arbeit handelt. Beim Ausgleichspflichtigen liegen Einkünfte insoweit lediglich i. H. d. gekürzten Leistungen vor. § 52 Abs. 36 Satz 10 EStG enthält Regelungen im Falle einer internen bzw. externen Teilung eines Versicherungsvertrages, die steuerneutral aufgrund des richterlichen Teilungsaktes behandelt werden. § 93 EStG regelt die Voraussetzungen und **Rechtsfolgen einer schädlichen Verwendung**. Nach § 15 Abs. 3 VersAusglG darf das Familiengericht in einem solchen Fall die externe Teilung nicht vollziehen, sondern hat diese nach der **Auffangregelung** des § 15 Abs. 5 Satz 1, 2 VersAusglG vorzunehmen (in der gesetzlichen Rentenversicherung oder der Versorgungsausgleichskasse bei einer betrieblichen Altersversorgung).

4. Besteuerung eines Anrechts der gesetzlichen Rentenversicherung

a) Behandlung der Beiträge zur gesetzlichen Rentenversicherung als Sonderausgaben

637 Nach § 10a Abs. 1 Nr. 2a EStG werden die Beiträge zur gesetzlichen Rentenversicherung als **Sonderausgaben** grundsätzlich steuerfrei gestellt. Dies erfolgt jedoch nur schrittweise (s. Rdn. 628). Im Jahre 2005 war der jährliche Höchstbeitrag von 20.000,00 € (40.000,00 € bei Verheirateten) i. H. v. 60% gem. § 10 Abs. 3 Satz 1, 2, 4, 5 EStG abziehbar; dies bezieht sich auf den Gesamtbeitrag (Arbeitgeber- und Arbeitnehmeranteil). Bis zum Jahre 2025 steigt dieser Prozentsatz um jährlich 2% gem. § 10 Abs. 3 Satz 6 EStG, so dass ab 2025 die Beiträge voll steuerlich abziehbar sind.

b) Besteuerung der Renten

638 Da die Rentenbeiträge auch nach den Neuregelungen teilweise aus versteuertem Einkommen erbracht werden, werden Renten von Steuerpflichtigen, die Beiträge nach dem seit dem 01.01.2005 geltenden Recht Beiträge geleistet haben, nicht sofort voll versteuert. Entsprechend werden die Renten seit 2005 schrittweise in die volle Besteuerung übergeführt. Dies entspricht den Vorgaben des BVerfG (BVerfGE 105, 73, 134 = NJW 2002, 1104), das bereits versteuertes Einkommen nicht erneut besteuert werden darf. Im Jahre 2005 wurde nach § 22 Nr. 1 Satz 3 lit. a, aa EStG der Anteil der zu besteuernden Rente für Rentner, die zu diesem Zeitpunkt bereits Rente bezogen, und Rentner, die im Jahre 2005 erstmals eine Rente erlangten, der steuerpflichtige Anteil auf 50% festgesetzt. Für jedes Jahr des Rentenbeginns nach 2005 steigt der Anteil des zu versteuernden Einkommens um 2%, so dass im Jahre 2009 der Prozentsatz von 58% erreicht ist. Ab 2020 (Anteil 80%) steigt der Anteil jährlich um 1%, so dass 2040 100% erreicht werden. Der jährliche Anteil lässt sich aus der in § 22 Nr. 1 Satz 3 lit. a, aa EStG eingearbeiteten Tabelle entnehmen. Hat ein Rentner im Jahre 2010 den Anteil von 60% erreicht, so bleibt der sich danach ergebende steuerfreie Anteil der Rente von 40% als fester, sich nicht veränderter **persönlicher Freibetrag** erhalten, der während der gesamten Bezugszeit der Rente gilt. Dieser gilt ab dem Jahr, der dem Jahr des Rentenbeginns folgt.

VI. Steuerrechtliche Auswirkungen des Versorgungsausgleichs

Beispiel:
Der Rentenberechtigte hat im Jahr 2010 für das gesamte Jahr eine Rente i. H. v. 10.000,00 € bezogen. Danach werden zur Veranlagung zur Einkommensteuer zunächst 6.000,00 € als steuerpflichtiges Einkommen aus der Rente berücksichtigt. Der restliche Betrag von 4.000,00 € wird mit den sog. Ertragsanteil berücksichtigt (aus Erträgen des Rentenrechts i. S. e. Kapitalertrages). Dieser beträgt nach § 22 Nr. 1 Satz 3 lit. a, bb EStG bei einem Lebensalter von 65 Jahren 18%, so dass der Rentner sich weitere 720,00 € als zu versteuerndes Einkommen aus dem Rentenbezug zurechnen lassen muss.

Hat der Rentner keine sonstigen zu versteuernde Einkünfte, fällt keine Einkommensteuer an, weil das zu versteuernde Einkommen von 6.720,00 € zum einen den steuerfreien Grundfreibetrag von 7.664,00 € gem. § 32 a Abs. 1 Nr. 1 EStG enthält und zum anderen den Altersentlastungsbetrag gem. § 24 a EStG. Letzterer beträgt im Jahr 2010 32% der Einkünfte, höchstens jedoch 1.520,00 €. Ferner steht einem Rentner noch der (geminderte) Werbungskostenfreibetrag nach § 9 a Satz 1 Nr. 3 EStG i. H. v. 102,00 € sowie der begrenzte Sonderausgabenabzug nach § 10 Abs. 4 EStG für Beiträge zur Kranken-, Pflege- oder Arbeitslosenversicherung i. H. v. höchstens 2.400,00 € zu, der bei steuerfreien Arbeitgeberanteilen zur Krankenversicherung auf 1.500,00 € gekürzt wird.

Soweit eine im **Versorgungsausgleich übertragene Rente** (durch eine interne Teilung oder nach § 16 VersAusglG begründete Rente) bezogen wird, unterliegt diese denselben Grundsätzen wie die zuvor dargelegte Rentenbesteuerung, erfolgt also nachgelagert, weil ein steuerlicher Effekt bei der Durchführung des Wertausgleichs bei der Scheidung gem. den §§ 9–19, 28 VersAusglG nach § 3 Nr. 55 a EStG nicht ausgelöst wird (eingehend Rdn. 631 ff.).

639

Entsprechendes gilt, wenn im **Rahmen der externen Teilung** von einem Versorgungsträger nach § 14 Abs. 4 VersAusglG zugunsten der ausgleichsberechtigten Person in die gesetzliche Rentenversicherung als Zielversorgung i. S. d. § 15 Abs. 5 Satz 1 VersAusglG ein **Kapitalbetrag** einbezahlt wird. Dieser Vorgang ist einkommensteuerrechtlich neutral, führt also nicht zu steuerlichen Einnahmen auf Seiten der ausgleichspflichtigen Person i. S. d. § 15 Abs. 3 VersAusglG. Dem entspricht auch die Bestimmung in § 15 Abs. 4 VersAusglG, der festlegt, dass ein Anrecht der gesetzlichen Rentenversicherung stets die Voraussetzungen der §§ 1 Abs. 3, 5 Altersvorsorgeverträge-Zertifizierungsgesetz erfüllt. Erfolgen Leistung aus dem in der gesetzlichen Rentenversicherung begründeten Anrecht, erfolgt entsprechend die nachgelagerte Besteuerung wie bei den anderen Zahlungen aus der gesetzlichen Rentenversicherung. Eine Zahlung eines Kapitalbetrags zum Ausgleich einer betrieblichen Altersversorgung erfolgt nicht in die gesetzliche Rentenversicherung, sondern nach § 15 Abs. 5 Satz 2 VersAusglG in die Versorgungsausgleichskasse.

5. Wiederauffüllung eines durch den Versorgungsausgleich gekürzten Anrechts der gesetzlichen Rentenversicherung

Nach § 187 Abs. 1 Nr. 1 SGB VI kann die ausgleichspflichtige Person eines Anrechts der gesetzlichen Rentenversicherung Beiträge zur Auffüllung der durch den Versorgungsausgleich gekürzten Rente zur gesetzlichen Rentenversicherung einzahlen. Diese Beiträge stellen keine vorweggenommenen Werbungskosten dar (BFH NJW 2002, 1291). Die Beiträge können nur auf Antrag nach § 10 Abs. 3 Satz 7 EStG als Sonderausgaben gem. § 10 Abs. 1 Nr. 2a, Abs. 3 EStG abgezogen werden (BFHE 212, 242 = FamRZ 2002, 485 [LS]). Da in diesem Fall Anrechte der gesetzlichen Rentenversicherung aus bereits versteuerten Beiträgen stammen, sind diese nach § 22 Nr. 1 Satz 3 lit. a, bb EStG mit ihrem Ertragsanteil zu besteuern.

640

3. Kapitel   Der Wertausgleich von Versorgungsanrechten

6. Steuerrechtliche Auswirkungen bei Ausgleich einer Beamtenversorgung

a) Die Besteuerung der Versorgungsbezüge eines Beamten

641 Die Einkünfte aus einer Pension eines Beamten erfolgt nach § 19 Abs. 1 Nr. 2 EStG, da es sich um Einkünfte aus nichtselbständiger Arbeit handelt. Die Beamtenversorgung ist der typische Fall einer nachgelagerten Besteuerung, weil ein Beamter während seiner aktiven beruflichen Phase nie einen Beitrag für seine Altersvorsorge abzuführen hat, die Versorgung also aus nicht versteuertem Einkommen stammt, aber auf der beruflichen Tätigkeit beruht und demgemäß mit dem Bezug des Versorgungsanrechts der nachgelagerten Besteuerung unterliegt. Dem in § 19 Abs. 2 EStG geregelten **Versorgungsfreibetrag** liegt der Zweck zugrunde, die Besteuerung der Versorgungsbezüge an die bis 2005 bestehende günstige Besteuerung der gesetzlichen Rentenversicherung anzugleichen. Der **Zuschlag zum Versorgungsfreibetrag** von zunächst 900,00 € soll den Wegfall des Arbeitnehmer-Pauschbetrags bei Versorgungsbezügen gem. § 9a Satz 1 Nr. 1 EStG ab dem Veranlagungszeitraum 2005 ausgleichen.

Da die gesetzlichen Rentenversicherung ab 2006 in einer langen Übergangsphase bis 2040 in die nachgelagerte Besteuerung übergeführt wird (s. Rdn. 637 f.), wird auch der Versorgungsfreibetrag analog bis zum Jahre 2040 abgebaut. Der für den Versorgungsfreibetrag maßgebende Vomhundertsatz und sein Höchstbetrag sowie der Zuschlag zum Versorgungsfreibetrag bestimmen sich ab dem Jahr 2005 grundsätzlich nach dem Jahr des Versorgungsbeginns. Die danach ermittelten Werte des Versorgungsfreibetrages und des Zuschlags zum Versorgungsfreibetrag bleiben grundsätzlich für die gesamte Laufzeit des Versorgungsbezugs unverändert, § 19 Abs. 2 Satz 8 EStG. Er wird aber nicht an die steigenden Versorgungsbezüge angepasst, sinkt deshalb im Verhältnis zu diesen relativ, weil er als Fixbetrag bis zum Ende des Versorgungsbezugs feststeht. Für jeden ab 2006 neu in den Ruhestand tretenden Versorgungsempfänger werden die Werte nach der Tabelle in § 19 Abs. 2 Satz 3 EStG nach bestimmten Prozentsätzen herabgesetzt (von 2006–2020 jeweils 1,6%, von 2021–2040 jeweils 0,8% jährlich). Bis zum Jahre 2005 hat der Versorgungsfreibetrag 40% der Versorgungsbezüge, höchstens jedoch 3.000,00 € betragen, der Zuschlag zum Versorgungsfreibetrag 900,00 €. Im Jahre 2010 beträgt der Prozentsatz 32%, der Zuschlag 720,00 €.

b) Steuerrechtliche Auswirkungen des Wertausgleichs von Versorgungsanrechten eines Beamten

642 Auf Seiten der **ausgleichspflichtigen Person** führt die Durchführung des Wertausgleichs zugunsten der ausgleichsberechtigten Person bei der Scheidung nach §§ 9–19 VersAusglG zu einem entsprechenden Abschlag des Versorgungsanrechts; dies gilt unabhängig davon, ob der Wertausgleich durch interne Teilung oder externe Teilung erfolgt. Hierdurch mindert sich auch die den Beamten treffende Steuerlast ab Beginn des Versorgungsbezugs. Dies bewirkt bei einem Beamten, der zum Zeitpunkt des Versorgungsausgleichs bereits eine Versorgung bezieht, nach § 19 Abs. 2 Satz 10, 11 EStG eine **Neuberechnung des Versorgungsfreibetrages** sowie des Zuschlags zum Versorgungsfreibetrag, die bezogen auf das Jahr des Beginns des ersten Versorgungsbezugs zu erfolgen hat. Dies wird sich in den nächsten Jahren wegen der Höchstbetragsregelung nach § 19 Abs. 2 Satz 3 EStG aber nicht auswirken.

VI. Steuerrechtliche Auswirkungen des Versorgungsausgleichs

Beispiel:
Der Beamte erlangt im Jahr 2010 insgesamt einen Versorgungsbezug von 10.000,00 €. Nach der Tabelle des § 19 Abs. 2 Satz 3 EStG beträgt der Versorgungsfreibetrag 32,%, also 3.200,00 €. Der Höchstbetrag beläuft sich jedoch im Jahr 2010 auf 2.400,00 € zuzüglich des Zuschlags von 720,00 € also auf 3.120,00 €.

Füllt der Beamte nach § 58 BeamtVG den Verlust seines Anrechts aus dem Versorgungsausgleich wieder auf (**Wiederauffüllung**), können diese Aufwendungen als Werbungskosten im Jahr des Entstehens dieser Aufwendungen geltend gemacht werden (BFH NJW 2006, 1860). Dies gilt auch, wenn diese Aufwendungen zur Vermeidung des Versorgungsausgleichs an die ausgleichsberechtigte Person unmittelbar im Rahmen eines vermögensrechtlichen Ausgleichs geleistet werden (BFH NJW 2006, 1839). **643**

Wird auf die **ausgleichsberechtigte Person im Wege der internen Teilung** gem. § 10 Abs. 1 VersAusglG beim Versorgungsträger der Beamtenversorgung ein Anrecht übertragen, bestimmt § 3 Nr. 55a EStG, dass die Leistungen aus diesem Anrecht bei der ausgleichsberechtigten Person zu den Einkünften gehören, zu denen die Leistungen bei der ausgleichspflichtige Person gehören würden, falls die interne Teilung nicht vorgenommen worden wäre. Das Anrecht der ausgleichsberechtigten Person ist deshalb nach § 19 Abs. 1 Nr. 2 EStG – wie das Anrecht der ausgleichspflichtigen Person (s. Rdn. 641) – nachgelagert zu besteuern (als »*Vorteile aus früheren Dienstleistungen*«). Der Ausgleichsberechtigte kann ferner die nach § 19 Abs. 2 Satz 3 EStG bestehenden Versorgungsfreibeträge geltend machen. **644**

Erfolgt der Wertausgleich bei der Scheidung **zugunsten der ausgleichsberechtigte Person** im Wege der **externen Teilung** gem. § 16 VersAusglG, also durch Begründung eines Anrechts in der gesetzlichen Rentenversicherung (wie nach § 1587b Abs. 2 BGB a. F. – Quasisplitting), werden die Leistungen als Rente der gesetzlichen Rentenversicherung gem. § 22 Nr. 1 Satz 3 lit. a. aa. EStG besteuert. Auch insoweit gilt seit 2005 der Grundsatz der nachgelagerten Besteuerung (Rdn. 638). **645**

Aufgrund der vorstehenden Bestimmungen entfällt damit künftig eine unterschiedliche Besteuerung von Versorgungsleistungen eines Beamten sowie einer Leistung aus der gesetzlichen Rentenversicherung. Es besteht deshalb auch kein Anlass mehr, zum Ausgleich einer unterschiedlichen Besteuerung die Härteklausel gem. § 27 VersAusglG anzuwenden (s. a. Rdn. 628).

7. Steuerrechtliche Auswirkungen bei berufsständischen Versorgungen

Anrechte aus berufsständischen Versorgungen unterliegen in gleicher Weise wie die gesetzliche Rentenversicherung der nachgelagerten Besteuerung gem. § 22 Nr. 1 Satz 3 lit a, aa; sowie Nr. 5 Satz 1 EStG; (eingehend Rdn. 629, 630), weil die Beiträge zu diesen Versorgungen steuerlich gefördert werden. Beitragszahlungen zu allen bestehenden berufsständigen Versorgungen können nach § 10 Abs. 1 Nr. 2a EStG als Sonderausgaben berücksichtigt werden, da sie mit den Leistungen der gesetzlichen Rentenversicherung vergleichbar sind (s. hierzu Schreiben des BMF vom 07. 02. 2007 BStBl. I 269). Soweit zu solchen Versorgungswerken Beiträge abgeführt werden können, die die Beitragsbemessungsgrenze der gesetzlichen Rentenversicherung gem. §§ 159, 160 SGB VI übersteigen (2009 – 64.800,00 €), sieht § 22 Nr. 1 Satz 3 lit a, bb EStG eine »Öffnungsklausel« vor; Leistungen aus diesen Beiträgen werden nicht nachgelagert, sondern mit dem geringeren Ertragsanteil besteuert (s. hierzu auch *Ruland* FamRZ 2009, 1456, 1461). **646**

8. Steuerrechtliche Auswirkungen bei sonstigen Versorgungen

647 Anrechte der **landwirtschaftlichen Altersversorgung** werden wie Leistungen aus der gesetzlichen Rentenversicherung besteuert; insoweit wird auf die Ausführungen hierzu verwiesen (Rdn. 629 f.). Liegt ein Anrecht auf der Grundlage von **geförderten privaten Altersvorsorgeverträgen** gem. § 10 a EStG vor (sog. **Riester-Verträge** – s. eingehend Rdn. 630), unterliegen die Versorgungsleistungen gem. § 22 Nr. 5 Satz 1 EStG der nachgelagerten Besteuerung (s. Schreiben des BMF vom 17. 11. 2004, BStBl I 1065 Rn. 96). Bei nicht geförderten Beiträgen, die aus versteuertem Einkommen stammen, sind die Versorgungsbezüge nach § 22 Nr. 1 Satz 3 lit. a, bb EStG nur mit dem **Ertragsanteil** zu versteuern.

§ 93 Abs. 1 a EStG (in der Fassung von Art. 10 Nr. 5 VAStrRefG) legt fest, dass der **Versorgungsausgleich keine schädliche Verwendung** darstellt. Dies betrifft in besonderem Maße die staatlich geförderten privaten Altersvorsorgeverträge. Damit scheidet auch eine Rückzahlung der staatlichen Förderung aus. Da im Falle einer internen Teilung die staatliche Förderung anteilig auf die ausgleichsberechtigte Person übergeht (s. § 10 Abs. 3 VersAusglG, § 11 Abs. 3 VersAusglG), hätte eine schädliche Verwendung durch die ausgleichsberechtigte Person zu Folge, dass die staatlichen Zulagen nach den §§ 84 ff. EStG sowie steuerlichen Vorteile zurückgezahlt werden müssten (Ausnahme im Fall eines Kleinstbetrages gem. § 93 Abs. 3 EStG). Diese Regelung beruht auf § 93 EStG, nach dem eine schädliche Verwendung dann vorliegt, wenn das geförderte Altersvorsorgevermögen nicht entsprechend dem Zweck der Förderung der Sicherstellung einer laufenden Altersvorsorge ab Beginn des Versorgungsfalls verwendet, also z. B. vor Beginn der laufenden Leistungen oder nach Eintritt des Versorgungsfalls kapitalisiert wird. Liegt eine schädliche Verwendung vor, hat die steuerpflichtige Person die hierauf entfallenden Beiträge sowie die Zulagen nach Abschnitt XI (§§ 79 ff. EStG) zurückzuzahlen.

Hinsichtlich der **Anrechte aus der betrieblichen Altersversorgung** wird zu den steuerrechtlichen Besonderheiten auf die Darstellung in Rdn. 630 verwiesen.

Die **Versorgung von Abgeordneten** ist entsprechend der Beamtenversorgung nachgelagert zu versteuern. Nach § 22 Nr. 4 Satz 4 lit. b EStG kann für diese Versorgung zwar ein Versorgungsfreibetrag, nicht aber der Zuschlag zu diesem Freibetrag nach § 19 Abs. 2 Satz 3 EStG geltend gemacht werden. Dies gilt entsprechend für die ausgleichsberechtigte Person nach Durchführung des Wertausgleichs bei der Scheidung.

9. Anrechte der privaten Versicherung

a) Steuerrechtliche Grundlagen

648 Die Beiträge zu einer **eigenen kapitalgedeckten Altersversorgung** unterliegen dem Sonderabzug nach § 10 Abs. 1 Nr. 2 b EStG, soweit diese der gesetzlichen Rentenversicherung entspricht und die **Funktion einer Basisversorgung** hat. Zu deren Anerkennung dürfen die erworbenen Anrechte nicht übertragbar, nicht beleihbar, nicht veräußerbar und nicht kapitalisierbar sein. Auch darf kein Anspruch auf Auszahlung bestehen, sondern die Leistungen müssen die Zahlung einer monatlichen Rente auf die Lebenszeit des Steuerpflichtigen vorsehen, die nicht vor dem 60. Lebensjahr beginnen darf. Liegen die Voraussetzungen vor, erfolgt die nachgelagerte Besteuerung, weil die Beiträge hierfür steuerfrei gestellt sind (s. Rdn. 630).

Auch für **Lebensversicherungsverträge, die bis zum Jahr 2004** abgeschlossen wurden (sog. Altverträge), sind die Beiträge weiterhin als Sonderausgaben gem.

VI. Steuerrechtliche Auswirkungen des Versorgungsausgleichs

§ 10 Abs. 1 Nr. 3 lit b EStG abziehbar. Die Versorgungsleistungen werden nach § 22 Nr. 1 Satz 3 lit. a EStG a. F. i. V.m. § 52 Abs. 36 Satz 4 EStG deshalb auch weiterhin mit dem Ertragsanteil besteuert. Die Ertragsanteile bestimmen sich nach dem Alter bei Rentenbeginn; sie wurden gegenüber dem früheren Recht abgesenkt; sie betragen bei Bezug der Rente ab dem 65. Lebensjahr 18% anstelle von bisher 27%. Zu beachten sind die in § 10 Abs. 4 EStG enthaltenen Höchstbeträge des Sonderausgabenabzugs von 2.400,00 € bzw. 1.500,00 €.

Bei reinen Kapitallebensversicherungen und Rentenversicherungen mit Kapitalwahlrecht nach dem bis zum 31.12.2004 geltenden Recht wurden Beiträge i. H. v. 88% in den Sonderausgabenabzug einbezogen, wenn sie eine Mindestlaufzeit von zwölf Jahren haben bzw. das Kapitalwahlrecht nicht vor Ablauf dieser Frist ausgeübt werden kann, § 10 Abs. 1 Nr. 2 b lit. cc, dd EStG a. F. Für Neuverträge ab 01.01.2005 wurde durch das Alterseinkünftegesetz sowohl der Sonderausgabenabzug als auch die Steuerbefreiung der Erträge aus Kapitallebensversicherungen gestrichen (s. a. Rdn. 629).

Bei reinen Kapitallebensversicherungen, die ab dem Jahr 2005 abgeschlossen werden, können Beiträge nicht mehr als Sonderausgaben abgezogen werden (zu den Ausnahmen s. § 10 Abs. 1 Nr. 3 lit. a EStG Berufsunfähigkeitsversicherung sowie für Risikoversicherungen für Todesfall). Da die Beiträge aus versteuertem Einkommen erbracht werden, richtet sich die Besteuerung nach § 20 Abs. 1 Nr. 6 Satz 1 EStG nach dem dort definierten steuerpflichtigen Ertrag (Unterschiedsbetrag zwischen Auszahlungsbetrag und den entrichteten Beiträgen mit Abmilderung der Besteuerung, wenn die Erträge nach dem 60 Lebensjahr und nach Ablauf von zwölf Jahren seit Vertragsschluss ausbezahlt werden – nur zur Hälfte). Durch das Unternehmenssteuerreformgesetz vom 14.08.2007 (BGBl I 1912) wurden **Regelungen zur Abgeltungssteuer** mit einem Steuersatz von 25% eingeführt (Ausnahme § 32 d Abs. 2 Nr. 2 EStG).

b) Auswirkungen bei Durchführung des Versorgungsausgleichs

Liegt ein **Anrecht der privaten Rentenversicherung** oder ein gem. § 2 Abs. 2 Nr. 3 VersAusglG vom Versorgungsausgleich erfasstes Anrecht vor, das eine **Kapitalleistung** vorsieht und nach §§ 1 Abs. 3, 5 Altersvorsorgeverträge-Zertifizierungsgesetz zertifiziert ist, bleiben diese bei Durchführung des Wertausgleichs bei der Scheidung gem. den §§ 9–19 VersAusglG steuerneutral. Dies gilt sowohl bei der internen Teilung nach § 10 Abs. 1 VersAusglG als auch der externen Teilung nach § 14 VersAusglG. Die **Übertragung des Ausgleichswerts** i. S. d. § 5 Abs. 1, 3 VersAusglG auf die ausgleichsberechtigte Person nach § 10 Abs. 1 VersAusglG sowie die **Begründung des Ausgleichswerts** nach § 14 Abs. 1 VersAusglG bei einer Zielversorgung i. S. d. § 15 Abs. 1 VersAusglG, also bei einem anderen Versicherungsunternehmen, stellt weder einen Erlebensfall noch einen Rückkauf des Anrechts dar (s. BT-Drucks. 16/10144 S. 109), sondern erfolgt aufgrund der richterlichen Entscheidung zum Versorgungsausgleich, ist also ein richterlicher Gestaltungsakt. Er löst deshalb keine steuerlichen Wirkungen aus. Entsprechend greifen auch die § 3 Nr. 55 a EStG sowie § 3 Nr. 55 b EStG erst gar nicht ein.

649

c) Besteuerung des Anrechts im Versorgungsfall

Um die **Besteuerung der Erträge** aus einem Anrecht der privaten Versicherung für die ausgleichsberechtigte Person und die ausgleichspflichtige Person **gleich zu behandeln**, fingiert § 52 Abs. 36 Satz 10 EStG (eingeführt durch Art. 10 Nr. 4 VAStrRefG), dass dieser Vertrag insoweit zu dem gleichen Zeitpunkt als abge-

650

schlossen gilt, wie derjenige der ausgleichspflichtigen Person. Ohne diese Regelung könnte die ausgleichsberechtigte Person die in § 20 Abs. 1 Nr. 6 Satz 2 EStG **geregelte Steuerbefreiung** in der bis zum 31. 12. 2004 geltenden Fassung für Altverträge, die vor dem 01. 01. 2005 geschlossen wurden, nicht in Anspruch nehmen. Ferner würde die Frist (von zwölf Jahren, s. Rdn. 648 a. E.) für den hälftigen Unterschiedsbetrag nach § 20 Abs. 1 Nr. 6 Satz 2 EStG in der derzeit geltenden Fassung neu zu laufen beginnen. Dies wird durch die Regelung des § 52 Abs. 36 Satz 10 EStG vermieden.

Dies gilt unabhängig davon, ob das Anrecht auf einen neu begründeten oder bereits einen abgeschlossenen Versicherungsvertrag der ausgleichsberechtigten Person übertragen wird, weil insoweit auf den Vertragsschluss der ausgleichspflichtigen Person abzustellen ist. Die Übertragung des Ausgleichswerts i. S. d. § 5 Abs. 1, 3 VersAusglG ist bei beiden Sachlagen so zu behandeln, als ob ein **Einmalbeitrag** geleistet worden wäre (BT-Drucks. 16/10144 S. 110). Wird der Ausgleichswert auf einen **bestehenden Vertrag** übertragen, ist bei der späteren Versicherungsleistung der Teil, der auf Beitragsleistungen der ausgleichsberechtigten Person beruht und nicht durch den Versorgungsausgleich ausgelöst wurde, steuerrechtlich nach dem Zeitpunkt der Vertragsschlusses durch die ausgleichsberechtigte Person zu behandeln. Dies kann – je nach dem Zeitpunkt des Vertragsschlusses – zu unterschiedlichen steuerrechtlichen Folgen führen. Insoweit wird auf die Einzeldarstellung in Rdn. 648 verwiesen.

10. Steuerrechtliche Folgen der Ausgleichsansprüche nach der Scheidung

a) Rechtszustand bis zum 31. 12. 2007

651 Nach dem bis zum 31. 12. 2007 geltenden Rechtszustand konnte der Ausgleichspflichtige die schuldrechtliche Ausgleichsrente als **dauernde Last** gem. § 10 Abs. 1 Nr. 1 a EStG a. F. absetzen, während der Ausgleichsberechtigte die Ausgleichsrente nach § 22 Nr. 1 EStG zu versteuern hatte (s. hierzu Schreiben des Bundesministeriums der Finanzen vom 20. 07. 1981, FamRZ 1982, 104 sowie BStBl I 567). Zur Wahrung des Halbteilungsgrundsatzes musste bei der nach § 1587 c BGB a. F. zu treffenden Abwägung die Steuerlast beider (geschiedenen) Ehegatten berücksichtigt werden, die bei dem Ausgleichsberechtigten aufgrund des hohen Grundfreibetrages der Einkommenssteuer zur Steuerfreiheit oder geringen Steuerlast führte, sofern keine sonstigen der Einkommenssteuer unterliegenden Einkünfte vorlagen (s. hierzu Vorauflage Rn. 114, 642; BGH FamRZ 2005, 1982; FamRZ 2006, 323, 325). Wurde das schuldrechtlich auszugleichende Anrecht nach **§ 1587 l BGB abgefunden,** konnte eine dauernde Last nach § 10 Abs. 1 Nr. 1 a EStG a. F. nicht geltend gemacht werden, da eine solche nur angenommen werden kann, wenn aufgrund rechtlicher Verpflichtung über längere Zeit nach Zahl oder Wert ungleichmäßig wiederkehrende Geld- oder Sachleistungen erbracht werden; diese Voraussetzungen entfallen bei einer einmaligen Zahlung zur Ablösung einer dauernden Last (Entscheidung des BFH vom 26. 05. 1971 – BStBl II 655). Dies gilt auch im Falle einer Abfindungszahlung nach § 1587 l BGB, zumal die dauernde Last auch das Vorhandensein eines Berechtigten voraussetzt, dem die Leistungen zufließen, was in dieser Form entfällt.

b) Rechtszustand ab 01. 01. 2008

652 Schuldet die ausgleichspflichtige Person eine schuldrechtliche Ausgleichsrente i. S. d. § 20 Abs. 1 VersAusglG, kann sie die Leistungen an die ausgleichsberechtigte Person seit dem 01. 01. 2008 nach § 10 Abs. 1 Nr. 1 b EStG in vollem Umfang abzie-

VI. Steuerrechtliche Auswirkungen des Versorgungsausgleichs

hen, soweit die ihnen zugrunde liegenden Einnahmen bei der ausgleichspflichtigen Person der Besteuerung unterliegen (also nachgelagert versteuert werden, s. Rdn. 630) und die ausgleichsberechtigte Person diese nach § 22 Nr. 1 c EStG zu versteuern hat; dies hängt davon ab, ob die Leistungen von der ausgleichspflichtigen Person als Sonderausgaben abgezogen werden können. Die bisherige Unterscheidung zwischen **Renten und dauernden Lasten** besteht nicht mehr, so dass bei Anwendung der Neuregelung Versorgungsleistungen im vollen Umfang als Sonderausgaben abgezogen werden können. Die Änderung beruht darauf, dass eine Übertragung der Einkommensquelle und nicht des Vermögens stattfindet. Damit ist für die bei der ausgleichsberechtigten Person entstehende Steuerlast entscheidend, ob die schuldrechtliche Ausgleichsrente nach § 20 Abs. 1 VersAusglG nachgelagert oder nur mit dem Ertragsanteil zu besteuern ist (s. Rdn. 629 f.). Im letzteren Fall hat die ausgleichsberechtigte Person die bezogenen Leistungen nur in entsprechender Höhe zu versteuern (s. BFHE 203, 337 = NJW-RR 2004, 508; *Görke* FPR 2007, 139). Macht die ausgleichsberechtigte Person die Ausgleichsrente als Sonderausgaben einkommensteuerlich geltend, sind deshalb von der ausgleichspflichtigen Person diese Aufwendungen nicht nach § 242 BGB zu erstatten (zum früheren Rechtszustand s. Amtsgericht Bergisch-Gladbach FamRZ 2008, 1867 m. Anm. *Borth*). Ist die **schuldrechtliche Ausgleichsrente nach § 21 VersAusglG abgetreten** worden, gilt das zuvor Gesagte, weil sich durch die Abtretung der Charakter der Leistung nicht ändert, sondern lediglich der Vollzug der Leistung unmittelbar zwischen dem verpflichteten Versorgungsträger und der ausgleichsberechtigte Person des Versorgungsausgleichs erfolgt.

Wird das **Anrecht nach § 23 VersAusglG abgefunden**, ist – anders als nach dem bis zum 31. 12. 2007 geltenden Rechtszustand (s. Rdn. 651) – aufgrund des eindeutigen Wortlauts des § 10 Abs. 1 Nr. 1 b EStG und auch dem dieser Bestimmung zugrunde liegenden Regelungszusammenhang die zweckgebundene Abfindungsleistung an den Versorgungsträger i. S. d. § 23 Abs. 1 Satz 2 VersAusglG als Sonderausgaben im Jahr der Leistung abzuziehen (a. A. *Schmidt/Heinike*, § 10 Rz 65; *Ruland* FamRZ 2009, 1456, 1462). Hierbei ist es unerheblich, ob die Abfindungsleistung im Falle einer nach § 22 VersAusglG bereits erfolgten Kapitalzahlung an die ausgleichspflichtige Person erfolgt oder schon zu einem Zeitpunkt verlangt wird, zu dem eine schuldrechtlich geschuldete Ausgleichszahlung i. S. d. § 20 Abs. 1 VersAusglG noch nicht geschuldet wird, weil die Voraussetzungen des § 20 Abs. 2 VersAusglG (Fälligkeit des Anspruchs) noch nicht eingetreten sind. Zwar erfolgt die Zahlung der ausgleichspflichtigen Person regelmäßig aus versteuertem Einkommen. Jedoch stellt die Zahlung den vorweggenommenen Ausgleich einer späteren laufenden Leistung des schuldrechtlichen Versorgungsausgleichs dar, so dass § 10 Abs. 1 Nr. 1 b EStG eingreift. Da die Leistung des schuldrechtlichen Versorgungsausgleichs in vollem Umfang als Sonderausgaben geltend gemacht werden kann, ist es bei höheren Abfindungsbeträgen sinnvoll, die Abfindungszahlung auf mehrere Veranlagungszeiträume zu verteilen (vergleichbar mit dem begrenzten Realsplitting nach § 10 Abs. 1 Nr. 1 EStG bis zu jährlich 13.805,00 €). Auf der Seite der ausgleichsberechtigten Person erfolgt entsprechend nach § 22 Nr. 1 c EStG die Besteuerung als sonstige Einkünfte (erst) im Leistungsfall aus dem abgefundenen Anrecht. Wird die Abfindung nicht entsprechend der bindenden Regelung des § 23 Abs. 1 Satz 2 VersAusglG zweckgebunden verwendet, entfällt für die ausgleichspflichtige Person die Möglichkeit zur Geltendmachung des Sonderausgabenabzugs nach § 10 Abs. 1 Nr. 1 b EStG.

653

# 4. Kapitel
Ausgleichsansprüche nach der Scheidung

I. Regelungsbereich

1. Eingeschränkter Anwendungsbereich des schuldrechtlichen Versorgungsausgleichs im neuen Versorgungsausgleich

Die in Abschnitt 3 von Teil 1 (Der Versorgungsausgleich) des VersAusglG geregelten Ausgleichsansprüche nach der Scheidung erfassen in den §§ 20–26 VersAusglG die Bestimmungen des schuldrechtlichen Versorgungsausgleichs den bis zum 31.08.2009 geltenden Rechtszustand gem. den §§ 1587 f, 1587 g BGB a. F., § 2 VAHRG mit den entsprechenden Folgeregelungen sowie den verlängerten schuldrechtlichen Versorgungsausgleich nach § 3 a VAHRG a. F.

654

Das **Ziel des VAStrRefG** ist es, den schuldrechtlichen Versorgungsausgleich nach § 1587 g BGB a. F. sowie den verlängerten schuldrechtlichen Versorgungsausgleich nach § 3 a VAHRG a. F. wegen deren strukturellen Schwächen soweit als möglich zurückzudrängen. Dieses Ziel wird durch die **interne sowie externe Teilung** gem. den §§ 9–19 VersAusglG sowie den Wegfall der Höchstgrenze nach § 1587 b Abs. 5 BGB a. F. sowie § 76 Abs. 2 Satz 3 SGB VI (s. Art. 4 Nr. 3 a VAStrRefG) weitgehend erreicht. Dies betrifft insbesondere die nachstehend aufgeführten Fälle des schuldrechtlichen Versorgungsausgleichs nach bisherigem Recht, die aufgrund des neuen Ausgleichssystems im Wege der internen sowie externen Teilung künftig strukturell nicht mehr auftreten. Hierbei geht es vor allem um die folgenden Sachlagen:

– Verweisung des Ausgleichs einer betrieblichen Altersversorgung nach § 2 VAHRG auf den schuldrechtlichen Versorgungsausgleich gem. den §§ 1587 g ff. BGB a. F., soweit ein solches Anrecht nicht oder nur teilweise nach § 3 b Abs. 1 Nr. 1 VAHRG im Wege des erweiterten Splittings in der gesetzlichen Rentenversicherung ausgeglichen und auch die Anordnung einer Beitragszahlung nach § 3 b Abs. 1 Nr. 2 VAHRG a. F. wegen fehlender (wirtschaftlicher) Zumutbarkeit nicht angeordnet wurde;
– Eintritt des schuldrechtlichen Versorgungsausgleichs analog § 1587 f Nr. 3 BGB a. F. bei Anordnung einer Beitragszahlung nach § 3 b Abs. 1 Nr. 2 VAHRG a. F., die jedoch nicht erbracht wurde;
– kein vollständiger Ausgleich eines Anrechts der Beamtenversorgung wegen Überschreitens der Höchstgrenze in der gesetzlichen Rentenversicherung gem. § 1587 b Abs. 5 BGB a. F. i. V.m. § 76 Abs. 2 Satz 3 SGB VI a. F. (s. Vorauflage Rn. 538);
– Verfallbarkeit eines Anrechts der betrieblichen Altersversorgung dem Grunde und der Höhe nach gem. den §§ 1 b, 2 Abs. 1–5 BetrAVG zum Zeitpunkt der Entscheidung zum öffentlich-rechtlichen Versorgungsausgleich;
– in durchgeführten Verfahren zum Versorgungsausgleich zur Zusatzversorgung des öffentlichen Dienstes vor dem 01.01.2002, in denen lediglich die statische Versicherungsrente und nicht die volldynamische Versorgungsrente ausgeglichen wurde, da diese zum Zeitpunkt der Entscheidung zum öffentlich-rechtlicher Versorgungsausgleich noch verfallbar war (eingehend Rdn. 432 ff.). Allerdings ist insoweit zu berücksichtigen, dass das Anrecht der Versorgungsrente durch die Strukturreform der Zusatzversorgung des öffentlichen Dienstes (s. hierzu *Borth* FamRZ 2008, 326) in das Startguthaben ab 01.01.2002 eingeflossen

4. Kapitel   Ausgleichsansprüche nach der Scheidung

ist und lediglich im Leistungsstadium volldynamisch ist (s. BGH FamRZ 2009, 211; FamRZ 2009, 296).

2. Fortbestehender Anwendungsbereich bei schuldrechtlichen Ausgleichsansprüchen in Altfällen

655 Soweit bei Durchführung des öffentlich-rechtlichen Versorgungsausgleichs nach dem bis zum 31. 08. 2009 geltenden Rechtszustand einer der zuvor dargelegten Sachlagen (Rdn. 654) eingetreten ist, bleiben Ansprüche aus dem schuldrechtlichen Versorgungsausgleichs weiterhin bestehen. Auf diese Ansprüche sind allerdings nicht die Regelungen nach den §§ 1587 ff. BGB a. F., also vor allem nach den §§ 1587 g BGB ff. a. F. anzuwenden, da diese nach Art. 3 Nr. 5 VAStrRefG aufgehoben wurden und § 1587 BGB n. F. auf die Bestimmungen des VersAusglG verweist. Deshalb greifen in diesen Fällen ebenfalls die Bestimmungen der §§ 20–26 VersAusglG ein, soweit Ausgleichsansprüche im zuvor dargelegten Sinne bestehen, die durch die Entscheidung des öffentlich-rechtlicher Versorgungsausgleichs ausgelöst wurden, aber erst nach dem 31. 08. 2009 entstehen. Es besteht aber nach den **Übergangsbestimmungen** gem. § 51 VersAusglG die Möglichkeit, jedenfalls in einem Teil solcher Fälle (vor allem im Bereich der Zusatzversorgung des öffentlichen Dienstes) im Wege des dort geregelten Abänderungsverfahrens die Ausgleichsansprüche nach der Scheidung zu umgehen und durch die interne sowie externe Teilung gem. den §§ 9–19 VersAusglG in diesen Altfällen den reformierten Versorgungsausgleich anzuwenden. Zu den Einzelheiten wird auf die Ausführungen zu Kapitel 12 (Rdn. 1129 ff.) verwiesen.

3. Anwendungsbereich der Ausgleichsansprüche nach der Scheidung im reformierten Versorgungsausgleich, Verhältnis zum Abänderungsverfahren

656 Ein Anwendungsbereich besteht jedoch in den **Fällen der fehlenden Ausgleichsreife** gem. § 19 Abs. 2 Nr. 1 VersAusglG, ferner, wenn Ehegatten in einer Vereinbarung nach den §§ 6–8 VersAusglG den schuldrechtlichen Versorgungsausgleich anstelle des Ausgleichs bei Scheidung gem. den §§ 9.- 19 VersAusglG wählen. Der schuldrechtliche Versorgungsausgleich wird danach vor allem bei Bestehen einer Einkommensdynamik des Anrechts eingreifen, die im Versorgungsausgleich wegen der **Verfallbarkeit der Dynamik der Höhe** nach gem. § 2 Abs. 5 BetrAVG (s. BT-Drucks. 16/10144 S. 64; Rdn. 371, 427, 428, 508) erst mit Eintritt des Versorgungsfalls erfasst werden kann, ferner bei Anrechten eines ausländischen oder supranationalen Versorgungsträgers. Ansonsten tritt er aufgrund der deutlichen Verbesserung der Verfallbarkeitsbestimmungen nach den Bestimmungen des BetrAVG kaum noch auf (eingehend Rdn. 366). Zusammenfassend treten Ausgleichsansprüche nach der Scheidung in den folgenden Sachlagen auf:

– Wenn die Ehegatten nach § 6 Abs. 1 Nr. 3 VersAusglG den Versorgungsausgleich Ausgleichsansprüchen nach der Scheidung vorbehalten.
– Im Falle einer fehlenden Ausgleichsreife eines **Anrechts der betrieblichen Altersversorgung**, weil dieses dem Grunde nach noch verfallbar ist. Dies ist gegeben, wenn das Anrecht der betrieblichen Altersversorgung zum Zeitpunkt der Entscheidung i. S. d. § 5 Abs. 2 Satz 2 VersAusglG noch nicht fünf Jahre besteht oder der Berechtigte des Anrechts zu diesem Zeitpunkt noch nicht das 25. Lebensjahr erreicht hat; § 1 b BetrAVG (s. a. Rdn. 366 ff.).
– Im Fall der **Verfallbarkeit** eines Anrechts der betrieblichen Altersversorgung **der Höhe nach** gem. § 19 Abs. 2 Nr. 1 VersAusglG i. V. m. § 2 Abs. 5 BetrAVG (eingehend Rdn. 428 f.). Dieser Teil des Anrechts, also die sog. **Anwartschaftsdynamik** wird auch im Falle der internen Teilung oder externen Teilung nicht aus-

geglichen, weil sie bei Ehezeitende bzw. zum Zeitpunkt der Entscheidung über den Wertausgleich bei der Scheidung noch nicht angefallen ist, sondern erst zum Zeitpunkt des Eintritts des Versorgungsfalls feststeht. Diese Sachlage tritt aber nur bei den sog. **endgehaltbezogenen Anrechten** ein, wenn der Betrieb dem Arbeitnehmer zusagt, einen bestimmten Prozentsatz seines durchschnittlichen monatlichen oder jährlichen Einkommens als Rente zu zahlen. Diese Form der betrieblichen Altersversorgungszusage tritt aber wegen auftretenden Finanzierungsschwierigkeiten, die sich aus der immer weiter steigenden Lebenserwartung ergeben und damit der Aufwand für eine Rentenleistung immer weiter steigt, immer seltener auf, weil die Betriebe wegen des Übergangs auf eine beitragsbezogene Leistung (s. Rdn. 355, 369) solche Anrechte nicht mehr zusagen (s. a. BT-Drucks. 16/10144 S. 64).

- Bei Vorliegen eines Anrechts bei einem **ausländischen, zwischenstaatlichen oder überstaatlichen Versorgungsträger** i. S. d. § 19 Abs. 2 Nr. 4 VersAusglG; in diesen Fällen kann ein deutsches Gericht die interne Teilung oder externe Teilung nicht anordnen, so dass der Ausgleich solcher Anrechte nur nach den §§ 20–26 VersAusglG erfolgen kann.
- Soweit der Ausgleich für die **ausgleichsberechtigte Person unwirtschaftlich** i. S. d. § 19 Abs. 2 Nr. 3 VersAusglG wäre (eingehend Rdn. 593, 596). Ein solcher Fall tritt ein, wenn im Falle des Ausgleichs eines Anrechts der Beamtenversorgung nach § 16 VersAusglG auf die ausgleichsberechtigte Person, die ebenfalls den Status eines Beamten aufweist, ein Anrecht in der gesetzlichen Rentenversicherung übertragen werden soll, das nicht ausreicht, um die **allgemeine Wartezeit** gem. § 50 Abs. 1 Nr. 1 SGB VI von 60 Kalendermonaten in der gesetzlichen Rentenversicherung zum Bezug einer Rente zu erfüllen (s. Rdn. 285, 592) und die ausgleichsberechtigte Person nicht die Befugnis besitzt, die fehlende Wartezeit durch eigene (freiwillige) Beiträge aufzufüllen. Dies scheidet für Beamten nach § 7 Abs. 2 SGB VI i. V. m. § 5 Abs. 1 Nr. 1 SGB VI aus. Gleiches gilt, wenn die ausgleichsberechtigte Person nie Anrechte in der gesetzlichen Rentenversicherung durch eigene Beiträge oder Kindererziehungszeiten erlangt hat und durch die interne Teilung ein Anrecht erworben würde, das die Voraussetzungen der allgemeinen Wartezeit gem. § 10 Abs. 1 Nr. 1 SGB VI von 60 Kalendermonaten nicht erreicht und auch die Zahlung freiwilliger Beiträge zur Auffüllung ausscheidet.

Berechnung des Mindestwerts des Ausgleichs (Ergänzung zu Rdn. 593, 596):

Nach § 50 Abs. 1 Nr. 1 SGB VI sind zum Bezug einer Rente der gesetzlichen Rentenversicherung 60 Kalendermonate erforderlich. Zur Umrechnung eines im Versorgungsausgleich erworbenen Anrechts bestimmt § 52 SGB VI den Faktor 0,0313. Der Grenzwert, ab dem eine Rente der gesetzlichen Rentenversicherung bezogen werden kann (mit Erreichen der festen Altersgrenze) ermittelt sich damit wie folgt:

60 Monate × 0,0313 × 27,20 € (aktueller Rentenwert 1. Halbjahr 2010) = **51,08 €**

Knappschaftliche Rentenversicherung: 60 Monate × 0,0234 × 36,27 € (27,20 × 1.3333) = **50,92 €**

Die Bestimmung des aktuellen Rentenwerts in der knappschaftlichen Rentenversicherung folgt aus §§ 86 Abs. 1, 265 a Abs. 2 SGB VI.

- Soweit ein Anrecht keine gleich bleibende Versorgung in Form einer wiederkehrenden Leistung, sondern sog. **Abschmelzbeträge** zur Anpassung eines Anrechts an eine neue Rechtslage vorsieht (Abflachungsbeträge), um einen erworbenen Besitzstands aus einem Anrecht verfassungsrechtlich unbedenklich

auszugleichen, soweit das Anrecht aufgrund der gesetzlichen Neuregelung künftig geringere Leistungen vorsieht. Dies gilt derzeit in Bezug auf § 69e BeamtVG (eingehend Rdn. 591).
– Anders als nach dem Rechtszustand bis zum 31.08.2009 (s. hierzu Vorauflage Rn. 617) besteht in der Regel keine Konkurrenz zwischen den Ansprüchen auf eine schuldrechtliche Ausgleichszahlung nach den §§ 20, 22 VersAusglG und dem Abänderungsverfahren zu Entscheidungen zum Wertausgleich bei der Scheidung nach den §§ 9–19, 28 VersAusglG gem. § 225 FamFG, das als die sichere Ausgleichsform vorrangig anzuwenden ist. Die Ausgleichsansprüche nach der Scheidung gem. den §§ 20–26 VersAusglG haben zwar – wie der schuldrechtliche Versorgungsausgleich nach den §§ 1587 ff. BGB a. F. sowie dem § 2 VAHRG a. F. – die Funktion eines Auffangtatbestandes. Das Abänderungsverfahren nach §§ 225, 226 FamFG bezieht sich jedoch auf den Wertausgleich bei der Scheidung; es greift deshalb nicht in Bezug auf auszugleichende Anrechte ein, bei denen ergänzend schuldrechtliche Ausgleichsansprüche entstehen können wie beim Teilausgleich nach § 3b Abs. 1 VAHRG a. F. Die insoweit bestehenden schuldrechtlichen Ausgleichsansprüche gem. § 1587g BGB a. F. konnten grundsätzlich nach § 10a Abs. 1 Nr. 2, 3 VAHRG durch den vollständigen Ausgleich des Anrechts im Wege des Verfahrens nach § 10a VAHRG a. F. vermieden werden, so dass insoweit ein Vorrang anzunehmen war. Eine solche Sachlage tritt im reformierten Versorgungsausgleich nicht auf. Soweit ein verfallbarer Teil eines Anrechts i. S. d. § 19 Abs. 2 Nr. 1 VersAusglG auftritt, bliebt dieser den Ausgleichsansprüchen nach der Scheidung vorbehalten. Die Regelung des § 225 Abs. 2 VersAusglG greift nach § 225 Abs. 1 VersAusglG nur bei den in § 32 VersAusglG aufgeführten **Regelsicherungssystemen** ein, nicht aber in Bezug auf die sonstigen Anrechte. Eine Ausnahme besteht nur, soweit bei einem der in § 32 VersAusglG aufgeführten Anrechte ein Teil des Anrechts nicht hinreichend verfestigt ist. Dieser Teil des Anrechts kann grundsätzlich nach § 225 Abs. 2 VersAusglG erfasst werden; insoweit würde auch ein nach § 19 Abs. 2 Nr. 1 VersAusglG i. V. m. § 19 Abs. 4 VersAusglG bestehender Ausgleichsanspruch nach der Scheidung verdrängt werden.

657 | **Wichtiger Hinweis:**
Der Ausgleich eines Anrechts der Privatvorsorge wegen Invalidität gem. § 28 VersAusglG ist kein Fall des Wertausgleichs bei der Scheidung, sondern ist dem Wertausgleich bei der Scheidung zuzuordnen, der gem. § 28 Abs. 3 VersAusglG lediglich für die Durchführung des Ausgleichs auf die §§ 20–22 VersAusglG verweist (eingehend Rdn. 604).

4. Eingeschränkte Sicherheit des Leistungsbezugs – Risiken bei Vereinbarung des Wertausgleichs nach der Scheidung gem. den §§ 20–24 VersAusglG

658 Problematisch ist die Vereinbarung des schuldrechtlichen Versorgungsausgleichs im Rahmen der **Durchführung des Wertausgleichs bei der Scheidung** gem. § 6 Abs. 1 Nr. 3 VersAusglG. Zwar ist dessen zentrale Schwäche mit der Einführung des verlängerten schuldrechtlichen Versorgungsausgleichs gem. § 3a VAHRG a. F. – jetzt Anspruch gegen den Versorgungsträger nach § 25 VersAusglG – entfallen, so dass auch nach dem Tode der ausgleichspflichtigen Person eine Versorgungsleistung durch den Träger der Versorgung fortgeführt werden kann. Allerdings muss beachtet werden, dass der Ausgleichsanspruch nach der Scheidung gem. den §§ 20–24 VersAusglG **bei Tod der ausgleichsberechtigten Person oder**

der ausgleichspflichtigen Person erlischt, § 31 Abs. 3 VersAusglG, und der Anspruch gegen den Versorgungsträger nach § 25 VersAusglG nur bei Bestehen einer **Hinterbliebenenversorgung** gewährt wird und diesem ferner eine **Wiederverheiratungs- oder Anrechnungsklausel** (BGH FamRZ 2005, 189 = FamRB 2005, 71) bei eigenen Einkünften entgegenstehen kann. Ferner schließt § 25 Abs. 3 VersAusglG den Anspruch aus, wenn die Ehegatten ohne Zustimmung des Versorgungsträgers eine höhere Ausgleichsrente als vorgesehen vereinbart haben. Die Vereinbarung birgt deshalb **erhebliche Risiken**. In jedem Fall sollte bei Vereinbarung des schuldrechtlichen Versorgungsausgleichs bedacht werden, dass die ausgleichspflichtige Person grundsätzlich die **Möglichkeit der Abfindung** der Betriebsrente besitzen kann. Dies hat zur der Folge, dass diese bei Abfindung erlischt und der Berechtigte gegen den Betrieb keine Ansprüche nach § 25 VersAusglG mehr geltend machen kann. Deshalb ist ausdrücklich zu vereinbaren, dass im Falle der Abfindung vor dem Eintritt der Voraussetzungen des schuldrechtlichen Versorgungsausgleichs nach § 20 VersAusglG der Ausgleich durch eine Kapitalzahlung gem. § 22 VersAusglG festgelegt und durch eine entsprechende Abtretung dieses Anspruchs gesichert wird.

Haftungsfalle: Ein an sich bestehender Anspruch gegen den Versorgungsträger (Anspruch auf den verlängerten schuldrechtlichen Versorgungsausgleich) nach § 25 VersAusglG gegen den Träger einer im Versorgungsausgleich bei der Scheidung nicht ausgeglichenen betrieblichen Altersversorgung besteht nicht, wenn die ausgleichsberechtigte Person vor dem Entstehen des Anspruchs eine neue Ehe eingeht. Dies gilt auch, wenn für den Fall der Wiederheirat der Witwe/dem Witwer eine Abfindung zugesagt ist. Der BGH (BGH FamRZ 2005, 189 = FamRB 2005, 71) stellt unter Bezug auf den Regelungszweck des § 25 VersAusglG (§ 3 a VAHRG a. F.) klar, dass die **verlängerte schuldrechtliche Ausgleichsrente** nicht besteht, wenn der Versorgungsträger seinem Versicherten überhaupt keine Hinterbliebenenversorgung zusichert oder eine an sich zugesicherte Hinterbliebenenversorgung im Fall der erneuten Heirat der Witwe nicht gewährt (oder danach entzieht). Da § 25 VersAusglG einen geschiedenen Ausgleichsberechtigten nicht besser stellen will, als dieser stünde, wenn die Ehe nicht geschieden worden wäre, schließt eine Wiederverheiratungsklausel einen Anspruch nach § 25 VersAusglG aus. Zur Erläuterung einer solchen Bestimmung verweist der BGH auf die entsprechende Regelung des § 107 SGB VI. Der Ausgleichsanspruch besteht auch nicht im Falle der **Zusage einer Abfindung** für den Fall einer erneuten Heirat, wenn die Ehe bereits geschlossen war, ehe der geschiedene Ehegatte verstarb. Insoweit verweist der BGH auf den Regelungszweck einer solchen Abfindung, die dem überlebenden Ehegatten eine Art Anreiz zum Eingehen einer Ehe gewähren soll.

659

5. Abschließender Regelungsbereich der Ausgleichsansprüche nach der Scheidung

Der Regelungsbereich der Ausgleichsansprüche nach der Scheidung wird – anders in § 1587 f Nr. 1 bis 5 BGB a. F. sowie § 2 VAHRG a. F. – nicht in einer gesonderten Vorschrift festgelegt. Die Regelungen zu den Ausgleichsansprüche nach der Scheidung gem. den §§ 20–26 VersAusglG legen in § 20 VersAusglG lediglich allgemein fest, dass ein Anspruch nur besteht, wenn der ausgleichspflichtige Ehegatte eine laufende Versorgung aus einem Anrecht bezieht, das noch nicht ausgeglichen worden ist. Nach dem **Regelungszusammenhang des neuen Versorgungsausgleichs** kommt ein Anspruch nur in den Fällen der fehlenden Ausgleichsreife nach § 19 Abs. 1 VersAusglG in Betracht, ferner, wenn die Ehegatten in einer Vereinbarung nach § 6 Abs. 1 Nr. 3 VersAusglG den Versorgungsausgleich, also im Rahmen

660

4. Kapitel Ausgleichsansprüche nach der Scheidung

der Durchführung des Wertausgleichs bei der Scheidung, Ausgleichsansprüchen nach der Scheidung vorbehalten (s. hierzu Rdn. 656).

661 Nach dem bis zum 31. 08. 2009 geltenden Rechtszustand war es nicht zulässig, die Bestimmungen zum schuldrechtlichen Versorgungsausgleich auf andere Fälle auszudehnen (BGH FamRZ 1980, 129, 130 = NJW 1980, 396, 397; NJW 1987, 1018). Vielmehr durfte der schuldrechtliche Versorgungsausgleich nur in den gesetzlich festgelegten Fallgruppen durchgeführt werden, weil er dem Ausgleichsberechtigten keine eigenständige Versorgung verschaffte, zudem mit dem Tod des Ausgleichspflichtigen entfällt und allenfalls der verlängerte schuldrechtliche Versorgungsausgleich eingreift. Hieraus ergaben sich schwerwiegende Nachteile für die soziale Sicherung der ausgleichsberechtigten Person. Entsprechend stand den Ehegatten auch **kein allgemeines Wahlrecht** zwischen öffentlich-rechtlichem und schuldrechtlichem Versorgungsausgleich zu, weil das Verfahren zur Durchführung des öffentlich-rechtlichen Versorgungsausgleichs weitgehend der Privatautonomie entzogen war. Allerdings hatte der BGH in den Fällen des § 3 b VAHRG a. F., nach dem das Gericht dem schuldrechtlichen Versorgungsausgleich unterliegende Anrechte öffentlich-rechtlich ausgleichen kann, einen entgegenstehenden Willen des Ausgleichsberechtigten als beachtlich angesehen und ließ in diesen Fällen die Wahl des schuldrechtlichen Versorgungsausgleichs zu (BGH FamRZ 1993, 172).

662 Auch der **reformierte Versorgungsausgleich** schreibt zwingend vor, dass grundsätzlich der Wertausgleich bei der Scheidung durchzuführen ist. Dies folgt aus § 9 Abs. 1 VersAusglG, der bestimmt, dass dem Wertausgleich bei der Scheidung alle Anrechte unterliegen und eine Ausnahme nur dann besteht, wenn die Ausgleichsreife eines Anrechts nach § 19 Abs. 1, 2 VersAusglG fehlt oder die beteiligten Ehegatten den Versorgungsausgleich abweichend von den §§ 9–19 VersAusglG aufgrund einer Vereinbarung anderweitig regeln. In **Bezug auf die Teilungsreife** eines Anrechts ist die Regelung des § 19 Abs. 1, 2 VersAusglG abschließend, wobei § 19 Abs. 2 Nr. 1 VersAusglG insoweit auch eine im Gesetz nach Nr. 1–4 nicht geregelte Fallgruppe zulässt, wenn ein Anrecht dem Grund oder der Höhe nach **nicht hinreichend verfestigt** ist, so vor allem, wenn noch eine unsichere Aussicht auf ein künftiges Anrecht besteht, das nicht die Qualität einer Anwartschaft i. S. d. § 2 Abs. 1, 2 VersAusglG aufweist. Dagegen wird den Ehegatten **durch Vereinbarung nach § 6 Abs. 1 Nr. 3 VersAusglG** die Möglichkeit eröffnet, den Wertausgleich Ausgleichsansprüchen nach der Scheidung vorzubehalten. Die insoweit eingeräumte Dispositionsbefugnis geht weiter als in dem bis zum 31. 08. 2009 geltenden Rechtszustand. Allerdings unterliegt eine solche Vereinbarung gem. § 8 Abs. 1 VersAusglG einer **Inhalts- und Ausübungskontrolle**. Danach kann die Vereinbarung des Wertausgleichs nach der Scheidung gem. § 6 Abs. 1 Nr. 3 VersAusglG vor allem dann dazu führen, den Wertausgleich dennoch bei der Scheidung durchzuführen, wenn das Familiengericht zu dem Ergebnis gelangt, dass eine solche Regelung des Wertausgleichs einseitig zu Lasten der insgesamt ausgleichsberechtigten Person geht. Dies ist vor allem dann gegeben, wenn die ausgleichsberechtigte Person im Versorgungsfall über **keine ausreichende Altersvorsorge** verfügen würde, falls die ausgleichspflichtige Person vorzeitig verstirbt und auch keine hinreichende Absicherung durch den Anspruch gegen den Versorgungsträger nach § 25 VersAusglG (verlängerter schuldrechtlicher Versorgungsausgleich) sowie eigene Anrechte bestehen würde. Insoweit ist darauf hinzuweisen, dass der Versorgungsausgleich dem Kernbereich der Scheidungsfolgen zuzuordnen ist (BGH FamRZ 2004, 601; eingehend Rdn. 825, 844), weil er die Funktion des vorweggenommenen Altersunterhalt gem. § 1571 BGB einnimmt. Ferner sind die unter den Rdn. 658, 659 beschriebenen Risiken der Ausgleichsansprüche bei der Scheidung zu beachten. Danach verbleibt es auch nach dem reformierten Versorgungsausgleich, dass der Gesichtspunkt der sozialen Sicherung des wirtschaftlich schwächeren Ehegatten im Vordergrund bei der Durchführung des Versorgungsausgleichs steht; entsprechend wird dieser auch nach den **Grundsätzen der freiwilligen Gerichtsbarkeit von Amts wegen** in den Bestimmungen der §§ 217–229 FamFG durchgeführt.

II. Überblick über die Vorschriften zum Wertausgleich nach der Scheidung

- **Anspruch auf schuldrechtliche Ausgleichsrente** nach § 20 VersAusglG. Diese Vorschrift regelt die Voraussetzungen des Anspruchs auf den schuldrechtlichen Versorgungsausgleich entsprechend der Regelung des § 1587 g BGB a. F. Er sieht einen unmittelbaren Anspruch der ausgleichsberechtigten Person gegen die ausgleichspflichtige Person vor, der auf Zahlung einer laufenden Rente gerichtet ist.
- **Anspruch auf Abtretung einer laufenden Rente** auf den schuldrechtlichen Versorgungsausgleichs gem. § 21 VersAusglG, der auch im Falle einer betrieblichen Altersversorgung gegenüber deren Träger verlangt werden kann; diese Regelung entspricht § 1587 i BGB a. F. Sie soll eine erleichterte Durchsetzung des Anspruchs für die ausgleichsberechtigte Person gewährleisten.
- Anspruch auf **Ausgleich von Kapitalzahlungen** gem. § 22 VersAusglG, der vor allem im Bereich der betrieblichen Altersversorgung eingreift (insbesondere bei sog. Versorgungskonten – entsprechend § 2 Abs. 2 Nr. 3 VersAusglG). Die Fassung des § 22 VersAusglG stellt klar, dass dieser Anspruch lediglich eine **Sonderform des schuldrechtlichen Versorgungsausgleichs** i. S. d. § 20 I VersAusglG darstellt, soweit das Anrecht eine Kapitalleistung (vor allem aus einer betrieblichen Altersversorgung) vorsieht. Das bis zum 31. 08. 2009 geltende Recht sah den Ausgleich eines solchen Anrechts nicht vor.
- **Anspruch auf Abfindung** für ein noch nicht ausgeglichenes Anrecht gem. §§ 23, 24 VersAusglG (auch bzgl. eines **ausländischen Anrechts**); die Abfindung ist zweckgebunden und an den Versorgungsträger zu zahlen, bei dem ein neues Anrecht begründet oder ein bestehendes Anrecht ausgebaut werden soll. Insoweit sind die Betriebe / Träger einer betrieblichen Altersversorgung i. d. R. nicht betroffen, weil solche Abfindungen eher zur Begründung eines Anrechts in einen Pensionsfonds eingezahlt werden (s. hierzu Wahlrecht zu einer Zielversorgung nach § 15 VersAusglG). Insoweit ist aber zu berücksichtigen, dass dieses Anrecht auf den Stichtag zum Eheende abzuzinsen ist (zur Steuerlast s. § 3 Nr. 55 a, Nr. 55 b EStG; Rdn. 629 ff.). Wie nach § 1587 l BGB a. F. besteht nach § 23 VersAusglG der Abfindungsanspruch nur, wenn die Zahlung der Abfindung für den Ausgleichspflichtigen zumutbar ist.
- **Anspruch gegen den Versorgungsträger gem. § 25 VersAusglG** (Unterabschnitt 3 Teilhabe an der Hinterbliebenenversorgung). Diese Bestimmung gleicht § 3 a VAHRG a. F. und gewährt nach dem Tod der ausgleichspflichtigen Person einen Zahlungsanspruch, der inhaltlich dem Anspruch auf eine schuldrechtliche Ausgleichszahlung nach § 20 VersAusglG entspricht, aber mit diesem nicht identisch ist.
- **Anspruch gegen die Witwe oder den Witwer** gem. § 26 VersAusglG. Diese Regelung stellt eine Auffangregelung in den Fällen dar, in denen der Versorgungsträger eines ausländischen, zwischenstaatlichen oder überstaatlichen Anrechts durch ein deutsches Gericht nicht zur Zahlung der Ausgleichsrente verpflichtet werden kann. Die Vorschrift entspricht § 3 a Abs. 5 VAHRG a. F.

663

III. Der Anspruch auf die schuldrechtliche Ausgleichsrente nach § 20 VersAusglG

1. Grundlagen

664 In § 20 Abs. 1, 2 VersAusglG werden die Voraussetzungen des Anspruchs auf eine schuldrechtliche Ausgleichsrente festgelegt; dies entspricht weitgehend der Regelung des § 1587 g Abs. 1, 2 BGB a. F.

Hierbei bestimmt § 20 Abs. 1 VersAusglG den Anspruch auf die Ausgleichsrente der Höhe nach und § 20 Abs. 2 VersAusglG dem Grunde nach.

Ein fälliger Anspruch auf die Ausgleichsrente besteht, wenn
- die **ausgleichspflichtige Person** eine laufende Versorgung aus einem noch nicht ausgeglichenen Anrecht bezieht; hierbei ist es unerheblich, ob der Bezug der Rente aufgrund des Erreichens der Regelaltersgrenze, einer vorgezogenen Altersgrenze oder wegen Invalidität (teilweise oder volle Erwerbsminderung nach § 43 Abs. 1 SGB VI, Rente wegen Dienstunfähigkeit nach § 5 Abs. 2 VersAusglG) eingetreten ist;
- die **ausgleichsberechtigte Person** eine eigene **laufende Versorgung** i. S. d. § 2 Abs. 1, 2 VersAusglG bezieht; hierbei ist der Anlass für den Bezug – wie bei der ausgleichspflichtigen Person – unerheblich (vorgezogene Alters- oder Invaliditätsrente) oder die **Regelaltersrente** der gesetzlichen Rentenversicherung erreicht hat, ohne eine eigene Versorgung zu beziehen oder die **gesundheitlichen Voraussetzungen** für eine laufende Versorgung wegen Invalidität erfüllt;
- **Verzug** nach § 1585 b Abs. 2 BGB i. V. m. § 1613 Abs. 1 BGB vorliegt; hierbei reicht es im Hinblick darauf, dass ein Verfahren der freiwilligen Gerichtsbarkeit vorliegt, dass die ausgleichsberechtigte Person einen unbezifferten Antrag beim Familiengericht einreicht, wenn nicht vorgerichtlich bereits die Voraussetzungen einer Stufenmahnung i. S. d. § 1613 Abs. 1 BGB gegeben sind.

Der Höhe nach richtet sich der Anspruch auf die schuldrechtliche Ausgleichsrente
- nach dem Ausgleichswert gem. § 5 Abs. 1, 3 VersAusglG; hierbei wird der Ehezeitanteil nach den Bestimmungen der §§ 39, 40 VersAusglG festgelegt (unmittelbare bzw. mittelbare Methode);
- hiervon werden nach § 20 Abs. 1 Satz 2 VersAusglG die auf den Ausgleichswert entfallenden Sozialversicherungsbeiträge oder vergleichbaren Aufwendungen (Beiträge zu einer privaten Kranken- und Pflegeversicherung) abgezogen (s. Rdn. 684);
- der bereinigte Ausgleichswert richtet sich damit nach dem tatsächlichen Bezug des auszugleichenden Anrechts; die Steuerlast der ausgleichspflichtigen Person ist nicht nach der Billigkeitsklausel gem. § 27 VersAusglG zu bereinigen, weil die ausgleichspflichtige Person die Leistungen zum schuldrechtlichen Versorgungsausgleich nach § 10 Abs. 1 Nr. 1b EStG als Sonderausgaben geltend machen kann, während die ausgleichsberechtigte Person den Bezug der Leistungen zum schuldrechtlichen Versorgungsausgleich nach § 22 Nr. 1c EStG zu versteuern hat (eingehend Rdn. 652).

665 Liegt ein **geringfügiger Ausgleichswert** vor, greift nach § 20 Abs. 1 Satz 3 VersAusglG die Vorschrift des § 18 Abs. 1, 2 VersAusglG ein. Wird von einem Ehegatten der auf die **Härteklausel** gem. § 27 VersAusglG gestützte Ausschluss des Versorgungsausgleichs geltend gemacht, kann zur Bestimmung des tatsächlichen Ausgleichspflichtigen nach § 5 Abs. 4 VersAusglG, soweit lediglich ein Rentenbe-

III. Der Anspruch auf die schuldrechtliche Ausgleichsrente nach § 20 VersAusglG

trag als laufende Leistung vorliegt, auch der korrespondierende Kapitalwert vom Versorgungsträger im Zusammenhang mit der zu erteilenden Auskunft zum auszugleichenden Anrecht verlangt werden. Gleiches gilt, wenn die Ehegatten bei mehreren schuldrechtlich auszugleichenden Anrechten eine Vereinbarung nach den §§ 6–8 VersAusglG treffen wollen.

2. Beginn und Voraussetzungen der Leistungen zur schuldrechtlichen Ausgleichsrente

Im schuldrechtlichen Versorgungsausgleich gem. § 20 Abs. 1 VersAusglG werden lediglich **laufende Leistungen** ausgeglichen, dagegen keine Anwartschaften. Der Anspruch nach § 20 Abs. 1 VersAusglG kann deshalb im Grundsatz erst geltend gemacht werden, wenn die ausgleichspflichtige Person eine Versorgungsleistung bezieht und die ausgleichsberechtigte Person die Voraussetzungen für eine Alters- oder Invaliditätsrente erfüllt bzw. Leistungen erhält oder die Regelaltersgrenze der gesetzlichen Rentenversicherung erreicht hat, § 20 Abs. 2 VersAusglG. Hierdurch kann für den Berechtigten – anders als im Wertausgleich bei der Scheidung – eine Versorgungslücke entstehen, wenn die Voraussetzungen für eine Versorgungsleistung vorliegen, diese aber beim Ausgleichspflichtigen noch nicht gegeben sind. Die finanzielle Absicherung eines bedürftigen Ehegatten ist in diesen Fällen nur über den nachehelichen Unterhalt nach §§ 1569 ff. BGB möglich. Aufgrund des vom Ausgleichspflichtigen abgeleiteten Anspruchs stehen dem Ausgleichsberechtigten auch **keine Nebenleistungen** wie etwa in der gesetzlichen Rentenversicherung (Beiträge zur Krankenversicherung u. a.) zu; ebenso wenig ergibt sich ein Anspruch für Hinterbliebene des Berechtigten. Der Ausgleichsberechtigte kann sich nach § 21 VersAusglG einen **fälligen schuldrechtlichen Ausgleichsanspruch abtreten** lassen, so dass dieser unmittelbar gegen den Träger der auszugleichenden Versorgung besteht. Der Bestand hängt aber vom Schicksal des anspruchsbegründeten Ausgleichspflichtigen ab, so dass die Abtretung lediglich das Vollstreckungsrisiko sichert. Nach § 20 Abs. 3 VersAusglG i. V.m. § 1585 Abs. 1 Satz 2 BGB ist die Rente monatlich im Voraus zu entrichten. Mit dem **Tod des Verpflichteten erlischt der Ausgleichsanspruch;** dies bestimmt § 31 Abs. 3 EStG (zum früheren Rechtszustand s. BGH FamRZ 1989, 950; ferner BT-Drucks. 9/2296 S. 12). Dies folgt zunächst aus der Tatsache, dass mit dem Tod des Verpflichteten dessen Versorgung endet und damit auch die Grundlage des Ausgleichsanspruchs entfällt. Darüber hinaus verweist § 20 Abs. 3 VersAusglG nicht auf § 1586 b BGB, der einen Übergang der Unterhaltspflicht mit dem Tode des Verpflichteten auf die Erben als Nachlassverbindlichkeiten vorsieht. Ein **bis zum Tode des Verpflichteten** entstehender Ausgleichsanspruch richtet sich gegen die Erben. Diese Schwäche des schuldrechtlichen Versorgungsausgleichs wurde auch mit Einführung des verlängerten schuldrechtlichen Versorgungsausgleichs gem. § 3 a VAHRG a.F, jetzt nach § 25 VersAusglG Anspruch gegen den Versorgungsträger, nicht beseitigt, da der Ausgleichsberechtigte gegen den Träger der auszugleichenden Versorgung nur dann einen originären Leistungsanspruch erhält (s. hierzu Rdn. 728 ff.), wenn das auszugleichende **Anrecht eine Hinterbliebenenversorgung** vorsieht. Ansonsten besteht nur in besonderen Fällen eine über den Tod des Ausgleichspflichtigen hinausgehende Absicherung des Berechtigten, so etwa im Fall des § 22 Abs. 2 BeamtVG, der für die geschiedene Witwe eines Beamten einen **Unterhaltsbeitrag** vorsieht, wenn im Zeitpunkt des Todes des Ausgleichspflichtigen ein schuldrechtlicher Ausgleichsanspruch bestand (s. Rdn. 4, 31, 193, 207).

666

Ohne Einfluss auf den schuldrechtlichen Versorgungsausgleich ist es, wenn die ausgleichsberechtigte Person sich **wieder verheiratet,** da der Versorgungsausgleich einen Ausgleich von Versorgungsanwartschaften vorsieht, die in der Ehezeit

667

erworben wurden und deshalb unabhängig vom Familienstand des Berechtigten zu erbringen sind. Sieht das schuldrechtlich auszugleichende Anrecht in seiner Satzung vor, dass die Leistung bis zum **Ende des Monats** erbracht wird, in dem der Versicherte verstirbt, wirkt sich dies auch beim Anspruch auf die schuldrechtliche Ausgleichsrente aus, das heißt die Leistung endet nicht mit dem Tod des Ausgleichspflichtigen, sondern zum Ende des Monats, in dem dieser verstirbt. Dies rechtfertigt sich aus dem Grundgedanken des Versorgungsausgleichs, den Ausgleich in Höhe des aufgrund der gemeinsamen Leistung in der Ehe erworbenen Werts vorzunehmen (offen gelassen in BGH FamRZ 1989, 950).

3. Der Ausgleichsanspruch dem Grunde nach

668 § 20 VersAusglG regelt den schuldrechtlichen Ausgleichsanspruch dem Grunde und der Höhe nach; insbesondere werden der Zeitpunkt der Durchführung des schuldrechtlichen Versorgungsausgleichs und die Ausgestaltung der Ausgleichsrente näher bestimmt. Die Festlegung des Ausgleichsanspruchs kann – anders als beim Wertausgleich bei der Scheidung – zwischen den Ehegatten unmittelbar erfolgen; ein gerichtliches Verfahren ist hingegen nicht erforderlich (eingehend Rdn. 726). Die Ausgleichsrente hat unterhaltsähnlichen Charakter (s. Rdn. 670, 725). Da die Ausgleichsrente als »Anspruch infolge der Auflösung der Ehe« anzusehen ist, muss diese – wie nacheheliche Unterhaltsansprüche – auf eine **wieder aufgelebte Witwenrente** aus einer früheren Ehe des Ausgleichsberechtigten nach § 46 Abs. 3 i. V. m. § 90 SGB VI **angerechnet** werden. Aufgrund des Hin- und Her-Ausgleichs i. S. d. § 1 Abs. 1, 2 VAG ist es unerheblich, in welcher Weise der Wertausgleich bei der Scheidung vollzogen wurde. Entscheidend ist allein, ob nach Durchführung des Wertausgleichs bei der Scheidung nach den §§ 9–19 VersAusglG ein noch nicht ausgeglichenes Anrecht bei einem Ehegatten besteht.

669 Liegen mehrere Anrechte bei jedem Ehegatten vor, erfolgt eine **Saldierung der Anrechte nicht**. Analog nach § 10 Abs. 2 VersAusglG ist eine Verrechnung gleichartiger Anrechte vorzunehmen, wenn diese bei demselben Versorgungsträger vorliegen, also wenn beide Ehegatten z. B. jeweils Anrechte in der Zusatzversorgung des öffentlichen oder kirchliches Dienstes besitzen.

670 Auch bei mehreren schuldrechtlich auszugleichenden Anrechten der ausgleichspflichtigen Person, die gleichzeitig zur Zahlung fällig werden, steht dem Ausgleichsberechtigten ein **einheitlicher Zahlungsanspruch** zu, der, sofern es zu einer gerichtlichen Entscheidung kommt, einheitlich in der Beschlussformel zugesprochen wird. Insoweit gleicht er einer Unterhaltsleistung. Dies ändert sich jedoch im Fall des § 21 VersAusglG, wenn der Ausgleichsberechtigte von jedem Träger eine Abtretung verlangt. Der Anspruch erlischt mit dem Tod des Ausgleichsberechtigten, § 31 Abs. 3 VersAusglG. Im Übrigen kann in den Fällen des § 1587 f Nr. 2 BGB a. F. (Übersteigen der Höchstgrenze nach § 76 Abs. 2 Satz 3 SGB VI in der bis zum 31. 08. 2009 geltenden Fassung) ein Unterhaltsbeitrag nach § 22 Abs. 2 BeamtVG verlangt werden. Anders als beim nachehelichen Unterhalt (§ 1586 b Abs. 1 BGB) können **Erben des Ausgleichspflichtigen** nicht in Anspruch genommen werden (BGH NJW-RR 1989, 963).

4. Fälligkeit des Anspruchs

a) Voraussetzungen beim Ausgleichspflichtigen

671 Der Ausgleichsanspruch kann erst verlangt werden, wenn die Voraussetzungen des § 20 Abs. 1, 2 VersAusglG vorliegen. Grundlegende Voraussetzung auf Seiten

III. Der Anspruch auf die schuldrechtliche Ausgleichsrente nach § 20 VersAusglG

des Verpflichteten ist, dass dieser schon eine **Versorgung erlangt** hat, unabhängig davon, ob sie wegen Alters oder Invalidität (Rente wegen verminderter Erwerbsfähigkeit nach § 43 Abs. 1, 2 SGB VI, Dienstunfähigkeit nach § 5 Abs. 2 BeamtVG) erbracht wird (BGH FamRZ 1987, 145, 146 = NJW 1987, 1014, 1015). Ferner ist eine Fälligkeit des Anspruchs bei Bezug des vorgezogenen Altersruhegeldes sowie bei Vorruhestandsbezügen (BGH FamRZ 1987, 145; FamRZ 2001, 25, 27; FamRZ 2001, 27, 28 – Vorruhestandsbezüge der Fa. IBM) zu berücksichtigen. Hierbei sind nur solche Anrechte des Verpflichteten auszugleichen, die tatsächlich erbracht werden. Dies gilt auch, wenn das Anrecht vor Erreichen der festen Altersgrenze bei einem ausländischen Versorgungsträger besteht. Bezieht der Verpflichtete etwa ein vorgezogenes Altersruhegeld aus der gesetzlichen Rentenversicherung, aber noch nicht die schuldrechtlich auszugleichende betriebliche Altersversorgung, entsteht der Ausgleichsanspruch erst bei Beginn einer Leistung. Sind mehrere Anrechte schuldrechtlich auszugleichen und ist deren Leistungsbeginn verschieden, wird der Ausgleich jeweils nur aufgrund der tatsächlich geleisteten Versorgung berechnet. Grundsätzlich ist eine Versorgung erst bei Beginn der tatsächlichen Leistung »erlangt« (zu den gegenteiligen Meinungen nach altem Recht s. Vorauflage Rn. 625). Ferner ist es grundsätzlich dem Ausgleichspflichtigen zu überlassen, ob er etwa die vorzeitige Rente wegen Alters in Anspruch nimmt oder bis zum 65. Lebensjahr beruflich tätig bleibt (Art. 2 Abs. 1, 12 GG), um seine Versorgungsverhältnisse günstiger zu gestalten (s. a. *Schwab/Hahne*, Teil VI, Rn. 236, offen gelassen in BGH FamRZ 1988, 936, 939 = NJW-RR 1988, 1090). Übt der Ausgleichspflichtige seine Erwerbstätigkeit über die in der Versorgungsregelung geltende Regelaltersgrenze hinaus aus (s. a. § 77 Abs. 2 Nr. 2 SGB VI), so wird der Ausgleichsanspruch nach § 20 Abs. 1 VersAusglG erst fällig, wenn die auszugleichende Versorgung tatsächlich gewährt wird (OLG Celle FamRZ 1995, 812, 814). Unschädlich ist bei tatsächlichem Bezug der Rente, dass diese zugunsten eines **Drittgläubigers abgetreten oder verpfändet** wurde (BGH FamRZ 1988, 936, 939 = NJW-RR 1988, 1090). Allenfalls dann, wenn der Ausgleichspflichtige die gesetzliche Rentenversicherung bezieht, dagegen aber eine antragsabhängige Versorgung aus nicht nachvollziehbaren Gründen nicht in Anspruch nimmt, kann eine andere Beurteilung geboten sein (§ 162 BGB). Anders als im Wertausgleich bei der Scheidung kann die schuldrechtliche Ausgleichsrente bereits **vor Eintritt der Rechtskraft der Entscheidung** verlangt werden, da die Entscheidung gem. § 40 FamFG mit Bekanntgabe an den Beteiligten wirksam wird und nach § 86 Abs. 2 FamFG vollstreckbar ist. Der Berechtigte kann nach § 20 Abs. 3 VersAusglG i. V. m. § 1585 b Abs. 2, 3 BGB bereits vor Rechtshängigkeit Verzug herbeiführen (BGH FamRZ 1985, 263, 265 = NJW 1985, 2706, 2707).

b) Voraussetzungen beim Ausgleichsberechtigten

Auf Seiten der ausgleichsberechtigten Person müssen wahlweise die in Rdn. 664 dargestellten Voraussetzungen vorliegen, damit es zu einer Ausgleichsleistung kommt. Hierbei ist es, anders als bei der ausgleichspflichtigen Person, nicht in jedem Fall erforderlich, dass eine Versorgung erlangt wird. Die Ausgleichsrente entsteht jedenfalls, wenn auch die ausgleichsberechtigte Person eine Versorgung erlangt hat. Dies ist bei Bezug einer – auch vorgezogenen – Rente wegen Alters und Rente wegen voller Erwerbsminderung nach § 43 Abs. 2 SGB VI der Fall. Auch der Bezug der Rente wegen teilweiser Erwerbsminderung nach § 43 Abs. 1 SGB VI erfüllt die Voraussetzungen des § 20 Abs. 1 VersAusglG, wenn der Versicherte auf nicht absehbare Zeit außerstande ist, täglich mindestens sechs Stunden berufstätig zu sein. Die Ausgleichsrente besteht ferner, wenn der Berechtigte we-

672

gen **Krankheit** oder **anderer körperlicher oder geistiger Gebrechen** auf nicht absehbare Zeit keine zumutbare Erwerbstätigkeit ausüben kann. Dies folgt aus dem Begriff »*gesundheitliche Voraussetzungen*«, die sich auf die zuvor genannten Begriffe beziehen und aus dem Bereich des Rentenrechts entlehnt sind; sie entsprechen im Wesentlichen dem Begriff der Erwerbsunfähigkeit nach § 44 Abs. 2 SGB VI a. F. (§§ 1247 Abs. 2 RVO, 24 Abs. 2 AVG bis 31. 12. 1991) sowie der hierzu bestehenden Rechtsprechung des BSG (BSGE 14, 83; BSGE 14, 207; BSGE 21, 189; BSGE 26, 240). Bei der Auslegung des Begriffes »*die gesundheitlichen Voraussetzungen für eine laufende Versorgung wegen Invalidität*« bietet es sich an, diesen entsprechend § 43 Abs. 1, 2 SGB VI entwickelten Grundsätzen auszulegen, also zu prüfen, ob das Ende der Gesundheitsbeeinträchtigung nicht erkennbar ist oder die Krankheit bereits sechs Monate angedauert hat. Für die Übernahme des kürzeren Zeitraumes spricht, dass bei einem öffentlich-rechtlich durchgeführten Versorgungsausgleich der Ausgleichsberechtigte nach dem Grundsatz der Rentenversicherung entsprechende Leistungen erhalten hätte. Auch bei der Prüfung, ob vom Ausgleichsberechtigten die Ausübung einer Tätigkeit verlangt werden kann, die ihm nach Ausbildung und Fähigkeiten zumutbar ist, kann auf die Rechtsprechung des BSG zu §§ 1246 RVO, 23 AVG, die bis zum 31. 12. 1991 galten, danach aber durch § 43 SGB VI ersetzt wurden, zurückgegriffen werden (BSGE 9, 254, 258; BSG SozR 2200, § 1246 RVO Nr. 37, 44, 51). Wurden danach die Voraussetzungen einer Erwerbsunfähigkeit bejaht, bevor der Ausgleichsberechtigte das 65. Lebensjahr erreicht hat, wird ihm die Ausgleichsrente nach § 20 Abs. 1 VersAusglG gewährt, wenn auch der Ausgleichspflichtige die Voraussetzungen des § 20 Abs. 1 VersAusglG erfüllt. Hat die ausgleichsberechtigte Person die Regelaltersgrenze, derzeit also noch das **65. Lebensjahr vollendet,** kann sie in jedem Fall die Ausgleichsrente verlangen (BGH FamRZ 1989, 950).

673 Die Voraussetzungen des § 20 Abs. 1, 2 VersAusglG liegen dagegen nicht vor, wenn der Ausgleichsberechtigte wegen der **Betreuung eines gemeinsamen Kindes** (§ 1570 BGB) oder weil er eine Erwerbstätigkeit nicht zu finden vermag und arbeitslos ist (§ 1573 Abs. 1 BGB) oder einer der Tatbestände der §§ 1575, 1576 BGB gegeben ist, keine Erwerbstätigkeit ausüben kann. Denn die schuldrechtliche Ausgleichsrente regelt den Ausgleich der in der Ehezeit erworbenen Rentenanrechte, soll aber nicht die Unterhaltsbedürftigkeit eines Ehegatten decken. Entsprechend ist es auch im Grundsatz unerheblich, ob eine **Bedürftigkeit i. S. d. § 1577 Abs. 1 BGB** gegeben ist.

5. Ausgleichsanspruch der Höhe nach

a) Grundlagen der Berechnung, Ermittlung des Ehezeitanteils

674 Die schuldrechtliche Ausgleichsrente besteht – wie das Anrecht im Fall des Wertausgleichs bei der Scheidung – nur in Höhe der in Ehezeit aufgrund der gemeinsamen Lebensleistung erworbenen Anrechte. Der Ausgleichswert (Ehezeitanteil) wird deshalb nach denselben Grundsätzen wie beim Wertausgleich bei der Scheidung nach den §§ 39–46 VersAusglG bestimmt. Dies ergibt sich aus der Gliederung des VersAusglG der im Teil 2 die Bewertungsbestimmungen für alle Arten des Ausgleichs gem. dem Teil 1 enthält. Regelmäßig ist die Höhe des Wertausgleichs bei der Scheidung für die Bestimmung des schuldrechtlich auszugleichenden Anrechts nach § 20 VersAusglG nicht erheblich. Ferner haben die Versorgungsträger nach § 5 Abs. 1, 3 VersAusglG dem Familiengericht einen Vorschlag für die Bestimmung des Ausgleichswerts zu unterbreiten. Auf Anforderung kann das Familiengericht nach § 5 Abs. 4 VersAusglG im Falle der Leistung einer Rente als maßgeb-

III. Der Anspruch auf die schuldrechtliche Ausgleichsrente nach § 20 VersAusglG

liche Bezugsgröße i. S. d. § 5 Abs. 1 VersAusglG auch den **korrespondierenden Kapitalwert** verlangen. Dies folgt aus dem in § 5 Abs. 4 VersAusglG enthaltenen Begriff »*grundsätzlich*« (s. hierzu auch Stellungnahme des Bundesrats BT-Drucks. 16 / 10144 S. 116 sowie Gegenäußerung der Bundesregierung BT-Drucks. 16 / 10144 S. 125). Für die Bestimmung des Ausgleichswerts ist generell zu berücksichtigen, dass zwischen dem Ehezeitende, das für die Bestimmung des Werts des Anrechts maßgeblich ist, und dem Eintritt der Voraussetzungen der schuldrechtlichen Ausgleichsrente regelmäßig ein längerer Zeitraum liegt, in dem sich das noch nicht ausgeglichene Anrecht verändert. Diese Änderungen sind zu berücksichtigen, soweit diesen ein Ehezeitbezug zugrunde liegt.

Ist im schuldrechtlichen Versorgungsausgleich erstmals der **Ehezeitanteil einer Betriebsrente** zu ermitteln, ist nach § 5 Abs. 2, 5 VersAusglG i. V. m. § 45 VersAusglG für die Wertberechnung von den bei Ende der Ehezeit maßgebenden Bemessungsgrundlagen auszugehen. Dies gilt insbesondere dann, wenn die Höhe der Versorgung von Gehalts- bzw. Leistungsstufen abhängig ist und sich nach einer beruflichen Qualifikation richtet. In diesem Fall darf, um den **Grundsatz des ehezeitbezogenen Erwerbs** nicht zu verletzen, nur die zum Ende der Ehezeit erreichte Stufe herangezogen werden. Zwischenzeitliche Anhebungen, die auf einer besseren Einstufung beruhen, werden nicht erfasst (sog. **Karrieresprung**; s. a. BGH FamRZ 1987, 145, 147 = NJW 1987, 1014, 1015; BGHZ 110, 224, 227 f. = FamRZ 1990, 605; FamRZ 1997, 285, 286; s. a. BT-Drucks. 7 / 650 S. 267; BT-Drucks. 7 / 4361 S. 46, 47; RGRK-BGB / *Wick*, § 1587 g BGB Rn. 20 f.; *Schwab/Hahne*, Teil VI Rn. 239). Hieraus folgt, dass bei einer betrieblichen Altersversorgung stets zu prüfen ist, ob nach der Ehezeit eine Steigerung des Anrechts eingetreten ist, die nicht auf einer allgemeinen Einkommensverbesserung (tarifliche Steigerungen), sondern auf einer besseren Einstufung im Gehaltsgefüge (bessere Leistungsgruppe, Aufstieg zum Gruppen- oder Abteilungsleiter u. ä.) beruht. Gleiches gilt für eine Beamtenversorgung und eine vergleichbare Versorgung, die (ausnahmsweise) schuldrechtlich auszugleichen ist. In diesem Fall ist die bei Ehezeitende erreichte Besoldungsgruppe sowie Dienstaltersstufe heranzuziehen, um den Grundsatz des ehezeitbezogenen Erwerbs nicht zu verletzen. Dagegen sind Anhebungen der bei Ehezeitende erreichten Einstufung aufgrund der **allgemeinen Einkommensentwicklung** nach § 5 Abs. 2 Satz 2 VersAusglG zu erfassen (eingehend Rdn. 656 ff.; Beispiel Rdn. 429, 679; s. a. Schaubild Rdn. 428 f., 503 ff.).

675

Die **Bestimmung des Ehezeitanteils** richtet sich nach § 5 Abs. 5 VersAusglG i. V. m. § 45 VersAusglG in gleicher Weise wie bei Wertausgleich bei der Scheidung. Liegen sog. **Vordienstzeiten** in einer Versorgung vor, so wirken sich diese jedenfalls auf die Höhe des Anrechts aus (OLG Hamm FamRZ 2004, 1731, 1732). Zu prüfen ist gleichzeitig, ob solche Vordienstzeiten zugleich als gleichgestellte Zeiten i. S. d. anzuerkennen sind, was in der Regel anzunehmen ist, wenn die Vordienstzeiten die betriebliche Altersversorgung beeinflussen (BGH FamRZ 1991, 1417; FamRZ 1997, 166 = NJW-RR 1997, 195). Während der BGH diese Zeiten bei der Bestimmung des Ehezeitanteils berücksichtigt, wenn sich diese nicht nur auf die Erfüllung der Wartezeit oder den Eintritt der Unverfallbarkeit, sondern auch auf die Höhe auswirken, meint das OLG Hamm (FamRZ 2004, 1731, 1732), dass bei Bestehen eines rechnerischen Erhöhungsfaktors die Betriebszugehörigkeit nicht beeinflusst wird. Liegt der Beginn der Betriebszugehörigkeit vor Erteilung der Versorgungszusage, sind für die Bestimmung des Ehezeitanteils auch Zeiten einzubeziehen, die nach der Versorgungsordnung nicht zu den anrechnungsfähigen Dienst- / Beschäftigungszeiten gehören (OLG Köln FamRZ 2004, 1728, 1729), da die Betriebsrente ein Entgelt für die gesamte Betriebstreue des Arbeitnehmers darstellen soll.

676

Konnte eine **Beamtenversorgung wegen Übersteigens des Höchstbetrages** gem. § 1587 b Abs. 5 BGB a. F. i. V.m. § 76 Abs. 2 Satz 3 SGB VI in der Fassung bis zum 31. 08. 2009 in Höhe eines Betrages von 100,00 € zum Ende der Ehezeit nicht ausgeglichen werden, so ist dieser Wert maßgebend und lediglich um die zwischen Ehezeitende und Zeitpunkt der Entscheidung zum schuldrechtlichen Versorgungsausgleich eingetretene Gehaltsanpassungen zu erhöhen; dies folgt aus § 2 Abs. 2 Satz 2 VersAusglG. Hat sich der Ruhegehaltssatz der Beamtenversorgung von 75% auf 71,75% vermindert, kommt auch ein Abänderungsverfahren nach § 51 VersAusglG i. V. m. § 225 FamFG in Betracht. Eine danach verbleibende Überschreitung der Höchstgrenze nach dem bis zum 31. 08. 2009 geltenden Recht scheidet für die Zeit danach aus, weil die entsprechende Regelung des § 76 Abs. 2 Satz 3 SGB VI durch Art. 4 Nr. 3 a VAStrRefG aufgehoben wurde und damit im Abänderungsverfahren ein Ausgleich des Anrechts der Beamtenversorgung gem. § 10 Abs. 1 VersAusglG durch interne Teilung oder gem. § 16 VersAusglG durch externe Teilung vollständig erfolgen kann, so dass der Anspruch auf die schuldrechtliche Ausgleichsrente vollständig entfällt.

677 Der **Rückgriff auf die Höhe des Wertausgleichs bei der Scheidung** ist aber dann erforderlich, wenn sich die schuldrechtliche Ausgleichsrente nach § 20 Abs. 1 VersAusglG aufgrund der Verfallbarkeit eines Anrechts der betrieblichen Altersversorgung der Höhe nach i. S. d. § 19 Abs. 1 Nr. 1 VersAusglG i. V. m. § 2 Abs. 5 BetrAVG ergibt (eingehend hierzu Rdn. 427, 428; 489 ff.). In diesem Fall ist lediglich die Differenz zwischen dem Gesamtanrecht nach Berücksichtigung des Eintritts der Unverfallbarkeit und dem durch interne Teilung gem. § 10 Abs. 1 VersAusglG oder externe Teilung gem. § 14 VersAusglG ausgeglichen Teil des Anrechts dem schuldrechtlichen Versorgungsausgleich zuzuweisen. Hierzu bedarf es der Bestimmung der Entwicklung des im Wertausgleich bei der Scheidung ausgeglichenen Anrechts bis zum Zeitpunkt des Entstehens der schuldrechtlichen Ausgleichsrente, weil ansonsten der Wertausgleich durch die schuldrechtliche Ausgleichsrente die Wertentwicklung des bereits ausgeglichenen Anrechts, die nach § 11 Abs. 1 Nr. 2 VersAusglG bzw. § 15 Abs. 2 VersAusglG sowohl im Fall der internen Teilung als auch der externen Teilung grundsätzlich gewährleistet sein muss.

b) Veränderung des auszugleichenden Anrechts nach Ehezeitende

678 Die Regelung des § 5 Abs. 2 Satz 2 VersAusglG greift auch bei der Bestimmung des Anspruchs auf die schuldrechtliche Ausgleichsrente gem. § 20 Abs. 1 VersAusglG ein; diese Regelung entspricht § 1587 g Abs. 2 Satz 2 BGB a. F. Die Regelung ermöglicht die **Erfassung zusätzlicher Veränderungen** nach Ehezeitende. Hierbei ist es unerheblich, ob das Anrecht zum Zeitpunkt der Entscheidung über den Wertausgleich bei der Scheidung gem. den §§ 9–19 VersAusglG wegen insgesamt noch nicht eingetretener Unverfallbarkeit oder der Verfallbarkeit der Höhe des Anrechts nicht oder nur teilweise dem Wertausgleich unterlag (s. hierzu Rdn. 674, 677); dies folgt auch aus § 19 Abs. 2 Nr. 1 VersAusglG. Ein Anrecht i. S. d. § 19 Abs. 2 Nr. 4 VersAusglG unterliegt stets erstmal dem Wertausgleich. Auch insoweit ist die Entwicklung dieses Anrechts seit dem Ende der Ehezeit zu berücksichtigen, soweit dieser ein Ehezeitbezug zukommt. Nach § 5 Abs. 2 Satz 2 VersAusglG sind Veränderungen generell nur insoweit zu erfassen, als sie einen **Ehezeitbezug** haben; sie können also nur insoweit berücksichtigt werden, als sie sich rückwirkend auf den Umfang eines Anrechts auswirken und hierdurch sich der Ehezeitanteil verändert. Nacheheliche Verbesserungen **(Karrieresprung)** bleiben dagegen außer Betracht (zum Rechtszustand bis 31. 08. 2009 s. *Schwab/Hahne*, Teil VI, Rn. 239; OLG Bremen FamRZ 2004, 31; OLG Hamm FamRZ 2004, 1213).

III. Der Anspruch auf die schuldrechtliche Ausgleichsrente nach § 20 VersAusglG

Eine **Wertveränderung** i. S. d. § 5 Abs. 2 Satz 2 VersAusglG liegt vor, wenn ein Anrecht sich durch die Anpassung an die wirtschaftliche Entwicklung, insbesondere der Einkommens- oder der Lebenshaltungskosten, erhöht. Dies kann in den unterschiedlichsten Formen eintreten (Beispiel: Bei Ehezeitende war Bemessungsgrundlage einer betrieblichen Altersversorgung (im Sinne einer endgehaltsbezogenen Zusage) ein jährliches Einkommen von 3.000,00 €; diese Bemessungsgrundlage hat sich nach der Satzung auf 4.000,00 € erhöht. Wurde der Arbeitnehmer nach Ende der Ehezeit in eine höhere Leistungsgruppe seines Betriebes eingestuft und beträgt die maßgebliche Bemessungsgrundlage bei der Entscheidung des schuldrechtlichen Versorgungsausgleich 5.000,00 €, ist dieser Wert dagegen unbeachtlich, s. Rdn. 427 f.). Entsprechendes gilt bei prozentualen Anpassungen oder dem Anstieg einer (Dienst-)Altersstufe einer Versorgung. Scheidet der Arbeitnehmer nach dem Ende der Ehezeit, aber vor Eintritt des Versicherungsfalles aus dem Betrieb aus, ist die nach § 2 Abs. 5 BetrAVG bis zum Ausscheiden angewachsene Dynamik zu erfassen (s. Rdn. 427 ff., 431 – Schaubild). Ist eine **Beamtenversorgung schuldrechtlich** auszugleichen, sind seit dem Ende der Ehezeit eingetretene Erhöhungen der Versorgungsbezüge (§ 58 Abs. 2 BeamtVG) zu berücksichtigen; dies gilt auch für die Erhöhungen einer Versorgung durch **Überschussanteile einer privaten Versicherung**. Zu erfassen sind auch Wertveränderungen, die sich aufgrund einer nach Ehezeitende vorgenommenen Änderung der für die Bewertung maßgebenden Bestimmung ergeben, wenn also ein Gesetz, eine Satzung oder eine Einzelzusage geändert wird (s. Rdn. 127 ff., 130 ff.), ferner sonstige Rentenanpassungen, die bis zum Zeitpunkt der Festlegung des Wertes der schuldrechtlichen Ausgleichsrente eingetreten sind (BGH FamRZ 1989, 1285). Insgesamt ist bei der Festsetzung der Ausgleichsrente zu beachten, dass alle sonstigen Änderungen mit Ehezeitbezug in gleicher Weise wie im Abänderungsverfahren nach § 10 a VAHRG zu erfassen sind (BGHZ 110, 224 = FamRZ 1990, 605 = NJW 1990, 1480; s. a. Rdn. 664). Liegt umgekehrt bei einer Versorgungsanpassung nach Ehezeitende **kein Ehezeitbezug** vor (Anhebung einer Dienstaltersstufe, Aufstieg im Betrieb vom normalen Arbeitnehmer zum Gruppenleiter oder Abteilungsleiter), ist bei der Bestimmung der Bemessungsgrundlage, was die Einstufung angeht, zunächst auf die Verhältnisse bei Ende der Ehezeit zurückzugreifen und danach festzustellen, in welchem Umfang (aufgrund einer Einkommensanpassung) das Anrecht bei Beibehaltung dieser beruflichen Stellung bis zur Geltendmachung der schuldrechtlichen Ausgleichsrente angestiegen wäre. Insoweit ist ein fiktiver Wert heranzuziehen (vergleichbar mit der Rechtsprechung zum Ehegattenunterhalt, wenn eine unerwartete, vom Normalverlauf abweichende Entwicklung eingetreten ist, BGH FamRZ 1991, 307, 308; s. a. FamRZ 1990, 1085, 1086).

679

6. Dynamischer Titel hinsichtlich künftiger Leistungen; rückständige Ansprüche

Strittig war, ob die zukünftige Leistung der Ausgleichsrente durch Festlegung eines prozentualen Anteils des auszugleichenden Anrechts im Beschluss (s. § 1612 a Abs. 1 BGB zum Kindesunterhalt) erfolgen kann, um künftige Abänderungsverfahren zu vermeiden (bejahend OLG Zweibrücken FamRZ 2002, 399 (2. ZS); OLG Brandenburg FamRZ 2004, 118; verneinend OLG Zweibrücken FamRZ 2003, 1290 (5. ZS); OLG Celle FamRZ 2004, 1215, 1217; OLG Frankfurt/M FamRZ 2004, 28, 30). Dem ist der BGH zutreffend entgegengetreten (FamRZ 2007, 2055, 2056 f.) Er weist darauf hin, dass das Erfordernis der Bestimmtheit eines Vollstreckungstitels nicht gewahrt ist und ein Vergleich zu § 1612 a Abs. 1 BGB deshalb nicht möglich ist, weil im Fall einer Vollstreckung dort der Rückgriff auf die Regelbetragsverordnung erfolgt. Entsprechend kann auch nicht verlangt werden, dass

680

4. Kapitel   Ausgleichsansprüche nach der Scheidung

ein bestimmter prozentualer Anteil des Anrechts gem. § 21 VersAusglG abgetreten wird, weil dieser lediglich eine erleichterte Durchsetzung des Anspruchs nach § 20 Abs. 1 VersAusglG regelt, so dass auch insoweit kein dynamischer Zahlungsanspruch besteht.

Zulässig und praktisch vernünftig ist es dagegen, eine **entsprechende Vereinbarung** zu treffen und die Träger der Betriebsrente anzuweisen, einen entsprechenden Anteil der Betriebsrente unmittelbar an den Ausgleichsberechtigten auszuzahlen (OLG Stuttgart FamRZ 2003, 455, 457f.; zur Titulierung nach § 1587i BGB a. F. s. OLG Köln FamRZ 2004, 1728); in einer solchen Vereinbarung liegt eine **Abtretung** i. S. d. § 21 VersAusglG.

Schuldet die ausgleichspflichtige Person **rückständige Leistungen**, kann hinsichtlich dieser im Falle einer Entscheidung keine Rentenzahlung bewilligt werden, weil das Gesetz eine Ratenzahlung nicht vorsieht (OLG Celle FamRZ 2003, 1299). Wurde Verzug nach § 20 Abs. 3 i. V. m. § 1585b Abs. 2 BGB lange Zeit vor Rechtshängigkeit des Antrags herbeigeführt (s. hierzu BGH FamRZ 1989, 950), ist nach § 20 Abs. 3 die Vorschrift des § 1585b Abs. 3 BGB zu berücksichtigen, wonach für eine mehr als ein Jahr vor Rechtshängigkeit liegende Zeit der Ausgleich nur beschränkt verlangt werden kann.

7.   Wegfall eines Anrechts nach Ehezeitende

681 Möglich ist der **Wegfall eines Anrechts,** das bei Ende der Ehezeit noch vorhanden war. Solche Umstände können rechtliche oder tatsächliche (individuelle) Ursachen haben. Eine solche Sachlage kann sich insbesondere aufgrund des nachträglichen Wegfalls einer angenommenen Erfüllung der Wartezeit sowie bestimmter Stellen- bzw. Leistungszusagen ergeben, ferner im Fall des Widerrufs einer betrieblichen Altersversorgung. Ebenso kann durch eine Gesetzesänderung nach Rechtskraft der Entscheidung zum Versorgungsausgleich bei der Scheidung ein Anrecht entfallen, das zunächst einem künftigen schuldrechtlichen Versorgungsausgleich unterlag. Ein solcher Sachverhalt kann eintreten, wenn in einer Entscheidung vor dem 01.09.2009 der Ausgleich einer Beamtenversorgung wegen der überschrittenen Höchstgrenze gem. § 1587b Abs. 5 BGB a. F. nicht vollständig durchgeführt werden konnte und deshalb der nicht ausgeglichene Teil des Anrechts nach § 1587f Nr. 2 BGB a. F. nicht möglich war. Sinkt das Anrecht der Beamtenversorgung aufgrund der Kürzung des Ruhegehaltssatzes von 75% auf 71,75% (s. Rdn. 227), kann dieses unter den in der Erstentscheidung zum öffentlich-rechtlicher Versorgungsausgleich ausgeglichenen Betrag fallen. In diesem Fall entfällt das schuldrechtlich auszugleichende Anrecht vollständig. Solche Änderungen sind zu berücksichtigen, weil im Zeitpunkt der Bestimmung der Ausgleichsrente nach § 20 Abs. 1 VersAusglG es an einem ausgleichsfähigen Anrecht fehlt, insbesondere nur eine laufende Rente der ausgleichspflichtigen Person ausgeglichen werden kann, die aber nicht (mehr) besteht.

8.   Ausgleich einer beim Wertausgleich bei der Scheidung vergessenen Versorgung

682 Wird in der Entscheidung zum Wertausgleich bei der Scheidung ein Anrecht nicht erfasst, weil es von einem Ehegatten vorsätzlich oder versehentlich nicht angegeben wurde, so stellt sich die Frage, ob und in welcher Weise ein solches Anrecht nachträglich noch erfasst werden kann. Nach dem bis zum 31.08.2009 geltenden Recht konnte eine im öffentlich-rechtlichen Versorgungsausgleich nicht erfasste Versorgung im Rahmen des Abänderungsverfahrens nach § 10a VAHRG a. F. berücksichtigt werden, weil nach dem System des § 10a Abs. 1 VAHRG eine Totalre-

III. Der Anspruch auf die schuldrechtliche Ausgleichsrente nach § 20 VersAusglG

vision im Abänderungsverfahren erfolgte, das heißt sämtliche Gründe der Wertabweichung von der tatsächlichen Versorgungssituation erfasst werden konnten, auch wenn es sich um Rechtsanwendungsfehler gehandelt hat (s. hierzu Rdn. 830, 973).

Im **reformierten Versorgungsausgleich** entfällt aufgrund des Hin- und Her-Ausgleichs gem. § 1 Abs. 1, 2 VersAusglG im Falle der Änderung einer Entscheidung nach § 225 FamFG das Prinzip der Totalrevision des durchgeführten Wertausgleichs bei der Scheidung. § 225 Abs. 2 FamFG lässt nur eine Abänderung zu, wenn nach Ende der Ehezeit eine rechtliche oder tatsächliche Veränderung eingetreten ist, die sich auf den Ehezeitanteil i. S. d. Ausgleichswerts nach § 5 Abs. 1, 3 VersAusglG auswirkt. Auch wird lediglich eine Abänderung der Entscheidung hinsichtlich desjenigen Anrechts vorgenommen, bei dem die Änderung eingetreten ist. Eine Überprüfung des weiteren Wertausgleichs erfolgt in einem solchen Fall dagegen nicht. Wird ein Anrecht im Wertausgleich bei der Scheidung nicht berücksichtigt, liegt deshalb kein Fall des § 225 Abs. 2 FamFG vor, weil sich nachträglich keine Änderung des Anrechts ergeben hat, sondern ein **Rechtsanwendungsfehler**, der nach der neuen Struktur des Abänderungsverfahrens nicht mehr korrigiert werden kann und dem auch die materielle Rechtskraftbindung entgegen steht. Demgemäß verbietet es sich auch, einen Anwendungsfall des § 225 Abs. 2 FamFG analog mit der Begründung anzunehmen, diese Regelung diene der Vermeidung verfassungsrechtlicher Ergebnisse. Ferner liegt kein Fall einer Teilentscheidung vor, weil eine solche nur angenommen werden kann, wenn die Endentscheidung zum Wertausgleich bei der Scheidung nach den §§ 9–19 VersAusglG ausdrücklich als solche bezeichnet wird (s. BGH FamRZ 1988, 276; Rdn. 1066, s. a. Rdn. 1080).

Im Hinblick auf diese Rechtslage stellt sich die Frage, ob ein »**vergessenes Anrecht**«, das nicht mehr mit dem Abänderungsverfahren nach § 225 Abs. 2 FamFG berücksichtigt werden kann, mit dem Anspruch auf die schuldrechtliche Ausgleichszahlung nachträglich ausgeglichen werden kann. Soweit ein vorsätzliches Verschweigen festgestellt werden kann, wäre das nicht berücksichtigte Anrecht nachträglich durch das **Wiederaufnahmeverfahren** gem. § 48 Abs. 2 FamFG i. V. m. den §§ 579, 580 ZPO (§ 580 Nr. 4 ZPO) im Wege des Wertausgleichs bei der Scheidung gem. den §§ 9–19 VersAusglG zu erfassen, wobei nach § 586 Abs. 3 Satz 2 ZPO dieser Rechtsbehelf auf die Zeitdauer von fünf Jahren begrenzt ist. Denkbar wäre es auch in einem solchen Fall, einen **Schadensersatzanspruch** nach § 823 Abs. 2 BGB i. V. m. § 263 StGB anzunehmen. Nach der Struktur des reformierten Versorgungsausgleichs kommt ein Anspruch auf eine schuldrechtliche Ausgleichsrente nur in Betracht, wenn dies von den Ehegatten nach § 6 Abs. 1 Nr. 3 VersAusglG ausdrücklich vereinbart wurde oder ein Fall der fehlenden Ausgleichsreife nach § 19 Abs. 1, 2 VersAusglG vorliegt. Keiner dieser Sachlagen ist insoweit anzunehmen. Der reine Wortlaut des § 20 Abs. 1 VersAusglG lässt dagegen den Ausgleich einer vergessenen Versorgung zu, weil diese noch keinem Wertausgleich unterworfen wurde. Allerdings besteht die Funktion von Ausgleichsansprüchen nach der Scheidung nicht darin, Rechtsanwendungsfehler auszugleichen, was der Vorschrift des § 20 Abs. 1 VersAusglG als Auffangregelung entgegensteht. Auch aus verfassungsrechtlichen Gründen lässt sich schwerlich § 20 Abs. 1 VersAusglG zum Ausgleich einer nicht berücksichtigten Versorgung heranziehen, weil es nicht darum geht, einen gleichheitswidrigen Zustand, der sich aus der Art der nicht ausgeglichenen Anwartschaft ergibt, zu korrigieren, sondern ein einfacher Rechtsanwendungsfehler vorliegt, der mit einer gleichheitswidrigen und da-

683

mit fehlerhafter Struktur des reformierten Versorgungsausgleichs nichts zu tun hat.

9. Kein Abzug von Sozialversicherungsbeiträgen – Nettoprinzip des Ausgleichs

684 § 20 Abs. 1 Satz 2 VersAusglG bestimmt, dass die auf die schuldrechtliche Ausgleichsrente entfallenden **Sozialversicherungsbeiträge oder vergleichbare Aufwendungen** nicht abgezogen werden. Dies bezieht sich auf die Beiträge zur gesetzlichen Kranken- und Pflegeversicherung, ferner auf die entsprechenden Aufwendungen im privaten Versicherungsbereich. Das Gesetz weicht damit grundlegend von der Rechtsprechung des BGH ab (FamRZ 1994, 560), der entschied, dass danach sowohl im öffentlich-rechtlichen als auch im schuldrechtlichen Versorgungsausgleich die Bruttorente ohne Abzug des Krankenversicherungsaufwands heranzuziehen sei. Der BGH verkannte hierbei nicht, dass vor allem beim schuldrechtlichen Versorgungsausgleich unbefriedigende Ergebnisse eintreten können, so insbesondere, wenn beide Ehegatten wegen des Bezugs der Rente aus der gesetzlichen Rentenversicherung bereits der Versicherungspflicht zur gesetzlichen Krankenversicherung unterliegen (§§ 5 Abs. 1 Nr. 11, Abs. 2, 237 Abs. 1 Nr. 1, 228 SGB V) und wegen der einbehaltenen Beiträge jeweils vollen Versicherungsschutz erlangen. Bezieht der ausgleichspflichtige Ehegatte daneben noch eine ausgleichspflichtige Betriebsrente, unterlag diese nach § 237 Nr. 2 SGB V der Beitragspflicht, auch wenn diese im Rahmen der schuldrechtlichen Ausgleichsverpflichtung nach § 1587 i BGB a. F. abgetreten worden war (BGH FamRZ 1994, 560, 561; FamRZ 2006, 343; FamRZ 2007, 120; FamRZ 2007, 1545; BSG FamRZ 1994, 1242; BVerfG FamRZ 2002, 311 f.). Damit finanzierte der Ausgleichspflichtige die Krankenversicherungsbeiträge des Ausgleichsberechtigten mit, da der schuldrechtliche Ausgleichsbetrag nicht zu den beitragspflichtigen Einnahmen nach § 237 Nr. 1 bis 3 SGB V zählt. Dennoch lehnt der BGH die Berücksichtigung der Belastung durch die Krankenversicherungsbeiträge ab, weil diese Auswirkungen keine Folge des Versorgungsausgleichs, sondern aus Gründen der Verwaltungsvereinfachung eingeführt worden seien. Der BGH ließ jedoch bei grob unbilligen Ergebnissen im Einzelfall eine Korrektur nach § 1587 h Nr. 1 BGB a. F. zu. Zur Frage der **Abänderung einer Altentscheidung** nach § 227 Abs. 1 FamFG i. V. m. § 48 Abs. 1 FamFG wird auf die Ausführungen zu Rdn. 1094 verwiesen.

685 Auf diese unbefriedigende Rechtsprechung hat der Gesetzgeber mit der Regelung des § 20 Abs. 1 Satz 2 VersAusglG reagiert und bei den Ausgleichsansprüchen nach den §§ 20–24 VersAusglG grundsätzlich das **Nettoprinzip** eingeführt. Die ausgleichspflichtige Person hat deshalb die Ausgleichsrente – und entsprechend auch eine Kapitalleistung nach § 22 VersAusglG – nur in Höhe des hälftigen Wertunterschieds nach Abzug dieser Aufwendungen zu leisten.

> **Beispiel:**
> Die ausgleichspflichtige Person bezieht ein Anrecht in Höhe von monatlich 400,00 € (brutto). Von diesem Anrecht werden Beiträge zur gesetzlichen Kranken- und Pflegeversicherung i. H. v. 17,5% abgezogen, das sind monatlich 70,00 €, so dass die Nettoauszahlung 330,00 € beträgt. Der bereinigte Ausgleichswert i. S. d. § 5 Abs. 1, 3 VersAusglG i. V. m. § 20 Abs. 1 VersAusglG beträgt danach 165,00 €.

III. Der Anspruch auf die schuldrechtliche Ausgleichsrente nach § 20 VersAusglG

10. Steuerrechtliche Auswirkungen

Schuldet die ausgleichspflichtige Person eine schuldrechtliche Ausgleichsrente i. S. d. § 20 Abs. 1 VersAusglG, kann sie die Leistungen an die ausgleichsberechtigte Person seit dem 01.01.2008 nach § 10 Abs. 1 Nr. 1 b EStG in vollem Umfang abziehen, soweit die ihnen zugrunde liegenden Einnahmen bei der ausgleichspflichtigen Person der Besteuerung unterliegen (also nachgelagert versteuert werden, s. Rdn. 630) und die ausgleichsberechtigte Person diese nach § 22 Nr. 1 c EStG zu versteuern hat; dies hängt davon ab, ob die Leistungen von der ausgleichspflichtigen Person als **Sonderausgaben** abgezogen werden können. Diese Regelungen stellen die ausgleichspflichtige und die ausgleichsberechtigte Person einkommenssteuerlich neutral, so dass es keiner Korrektur gem. der Härteklausel nach § 27 VersAusglG bedarf. Dies gilt auch für die Fälle der Kapitalleistung gem. § 22 VersAusglG sowie der Abfindung nach § 23 VersAusglG. Zu den Einzelheiten wird auf die Ausführungen in den Rdn. 651, 653 verwiesen (dort auch zum Fall der Abtretung nach § 21 VersAusglG).

686

11. Anwendung der Härteklausel nach § 27 VersAusglG

Nach dem bis zum 31.08.2009 geltenden Rechtszustand sah § 1587 h BGB a. F. eine eigenständige Regelung zur Anwendung der Härteklausel i. S. d. § 1587 c BGB a. F. vor (eingehend Vorauflage Rn. 650 ff.). Der reformierte Versorgungsausgleich sieht eine gesonderte Bestimmung in den Fällen der Ausgleichsansprüche nach der Scheidung gem. den §§ 20–26 VersAusglG nicht vor, sondern integriert die Regelungen des § 1587 h BGB a. F. in dem neu gefassten § 27 VersAusglG. Insoweit wird auf die Ausführungen im 4. Kapitel (Rdn. 809) verweisen.

687

12. Besonderheiten der Zusatzversorgung des öffentlichen Dienstes

Besonderheiten ergeben sich beim schuldrechtlichen Ausgleich einer **Zusatzversorgung des öffentlichen Dienstes**. Hierbei ist danach zu unterscheiden, zu welchem Zeitpunkt der Versorgungsfall beim Ausgleichspflichtigen eingetreten ist, weil mit Wirkung ab 01.01.2002 die ZVöD eine grundlegende Systemumstellung erfahren hat (s. Rdn. 434 ff.).

688

Ist der **Versorgungsfall vor dem 01.01.2002 eingetreten**, gilt Folgendes:

Ist auf Seiten der ausgleichspflichtigen Person die im Zeitpunkt der Erstentscheidung verfallbare volldynamische Versorgungsrente unverfallbar geworden, muss die im öffentlich-rechtlichen Versorgungsausgleich ausgeglichene statische Versicherungsrente mit ihrem dynamisierten Wert auf die Versorgungsrente angerechnet werden; der Differenzbetrag stellt die schuldrechtliche Ausgleichsrente dar (BGHZ 84, 158 = FamRZ 1982, 899, 904 = NJW 1982, 1989, 1994; allerdings geht der BGH auf die Methode der Angleichung nicht ein). Dabei ist die Höhe der Versorgungsrente nach den zum Ende der Ehezeit gegebenen Werten zu bestimmen; inzwischen eingetretene Anpassungen sind nach § 5 Abs. 2 Satz 2 VersAusglG (§ 1587 g Abs. 2 Satz 2 BGB a. F.; s. Rdn. 678 ff.) zu erfassen (zur Zusatzversorgung des öffentlichen Dienstes s. Rdn. 434 ff.). Möglich wäre es aber auch, den ehezeitbezogenen Wert der Versorgungsrente zum Zeitpunkt der Entscheidung des schuldrechtlichen Versorgungsausgleichs heranzuziehen und den dynamischen Wert der Versicherungsrente auf diesen Zeitpunkt anzupassen; aus dem Gesetz lässt sich zur Methode der Angleichung nichts entnehmen. Entsprechendes gilt, wenn auf Seiten des Ausgleichsberechtigten (nach dem Rechtszustand bis 31.08.2009) eine Zusatzversorgung vorliegt, die schuldrechtlich auszugleichen ist (sog. **Rückausgleichung**, s. Vorauflage Rn. 612, 622). In beiden Fällen ist aber regelmäßig eine Abänderung nach § 51 Abs. 1, 3 VersAusglG der geeignetere Weg zur Erfassung der volldynamischen Versorgungsrente.

Ist der **Versorgungsfall beim Ausgleichspflichtigen nach dem 31. 12. 2001** eingetreten, wurde das Anrecht in ein Startkapital umgewandelt. In diesem Fall entfällt die Unterscheidung zwischen der statischen Versicherungsrente und der volldynamischen Versorgungsrente, weil letztere mit einem entsprechend höheren Startkapital umgewandelt wurde. Insoweit liegt kein schuldrechtlich auszugleichendes Anrecht vor.

689 Eine **weitere Variante der Berechnung** ergibt sich, wenn das **Ehezeitende vor dem 31. 12. 2001** liegt, der **Versorgungsfall aber danach eingetreten** ist. In diesem Fall ist zunächst die Höhe der Versorgungsrente zum Ehezeitende festzustellen und hieraus der Zuwachs des Ehezeitanteils bis zum 31. 12. 2001 zu ermitteln, was durch den Verhältniswert der **gesamtversorgungsfähigen Entgelte** des Jahres 2001 zum Jahr des Ehezeitendes zu bestimmen ist (s. hierzu auch BGH FamRZ 2009, 1312). Aus den danach ermittelten ehezeitbezogenen Versorgungspunkten ist dann der Zuwachs des Anrechts aufgrund § 5 Abs. 2 Satz 2 VersAusglG festzustellen. Ist der **Versorgungsfall vor dem 31. 12. 2001** eingetreten, ist der Ehezeitanteil auf der Grundlage der Versorgungsrente zu bestimmen und der Zuwachs der Rente bis zum Zeitpunkt der Entscheidung über die schuldrechtliche Ausgleichsrente festzustellen.

13. Schuldrechtliche Ausgleichsrente bei ausländischen zwischenstaatlichen oder überstaatlichen Anrechten

690 Anrechte bei einer zwischenstaatlichen, internationalen oder ausländischen Versorgungseinrichtung können nicht nach den Bestimmungen zum Wertausgleich bei der Scheidung, also in Form einer internen Teilung oder externen Teilung gem. den §§ 9–19 VersAusglG ausgeglichen werden, weil sie nicht der deutschen Jurisdiktion unterliegen und die deutschen Gerichte damit nicht unmittelbar in die Rechte dieses Versorgungsträgers eingreifen können. Dies wird in § 19 Abs. 2 Nr. 4 VersAusglG, ausdrücklich angeordnet (s. auch Rdn. 598 f.). Der Ausgleich ist deshalb nach § 19 Abs. 2 Nr. 4, Abs. 4 VersAusglG als Ausgleichsanspruch nach der Scheidung zu vollziehen (s. Beispielsfall OLG München FamRZ 1996, 554, CERN-Pensionsfond zu dem bis zum 31. 08. 2009 geltenden Recht, § 3 b Abs. 2 VAHRG a. F. i. V.m. § 3 a Abs. 5 VAHRG a. F.). Wird eine dem schuldrechtlichen Versorgungsausgleich unterliegende betriebliche Altersversorgungszusage eines ausländischen Arbeitgebers nach Ende der Ehezeit dem Ausgleichspflichtigen als **Kapitalbetrag** ausbezahlt (z. B. bei einer sog. Freizügigkeitsleistung eines Arbeitgebers der Schweiz), so steht das der Durchführung des schuldrechtlichen Versorgungsausgleichs – auch in Form einer Abfindung nach § 1587 l BGB – nicht entgegen, weil § 22 VersAusglG den Ausgleich eines solchen Anrechts, das auf eine Kapitalzahlung gerichtet ist, ebenfalls dem Versorgungsausgleich unterwirft. Voraussetzung ist allerdings, dass dieses Anrecht die Bestimmungen des § 2 Abs. 2 Nr. 3 VersAusglG erfüllt, also ein Anrecht der betrieblichen Altersversorgung ist oder dem Altersvorsorgeverträge-Zertifizierungsgesetz unterliegt. Die nacheheliche Kapitalisierung stellt lediglich eine **Formveränderung** und keine Wertveränderung dar (OLG Karlsruhe FamRZ 1996, 673; *Glockner/Uebelhack*, S. 169). Hierbei kommt es auf die güterrechtlichen Verhältnisse der Ehegatten nicht an, § 2 Abs. 4 VersAusglG.

III. Der Anspruch auf die schuldrechtliche Ausgleichsrente nach § 20 VersAusglG

14. Pflicht zur Auskunftserteilung

Die Vorschrift des § 4 VersAusglG gilt generell für alle Verfahren des Versorgungsausgleichs, also auch für die Verfahren zu Ausgleichsansprüchen nach der Scheidung gem. den §§ 20–26 VersAusglG (grundlegend Rdn. 971, 1025). Die Beteiligten am Verfahren des Versorgungsausgleichs haben einen **Anspruch auf Auskunft** über die maßgeblichen Berechnungsgrundlagen zur Bestimmung der schuldrechtlichen Ausgleichsrente nach § 20 Abs. 1 VersAusglG, den Anspruch auf Kapitalzahlung nach § 22 VersAusglG, den Anspruch auf Abfindung nach § 23 VersAusglG, den Anspruch gegen den Versorgungsträger nach § 25 VersAusglG (verlängerter schuldrechtlicher Versorgungsausgleich i. S. d. § 3 a VAHRG a. F.) sowie den Anspruch gegen die Witwe oder den Witwer nach § 26 VersAusglG. Kommt eine Anwendung der Härteklausel gem. § 27 VersAusglG in Betracht, erstreckt sich die Auskunftspflicht nicht nur auf die in der Ehezeit erworbenen Anrechte i. S. d. § 2 Abs. 1, 2 VersAusglG, sondern auch auf vor- und nacheheliche Anrechte sowie sonstige Einkünfte und auch Vermögen. Art und Umfang leiten sich danach aus § 1605 BGB ab. Der Auskunftsanspruch bezieht sich nicht allein auf die Verhältnisse zum Zeitpunkt der Entscheidung, sondern auch auf die Bemessungsfaktoren bei Ehezeitende sowie die nach dem Ende der Ehezeit eingetretenen Änderungen, die nach § 2 Abs. 2 Satz 2 VersAusglG auf die Höhe des auszugleichenden Anrechts gem. den §§ 20–26 VersAusglG Einfluss nehmen. Ferner ist auch über nach der ersten Entscheidung zum schuldrechtlichen Versorgungsausgleich eingetretene Verhältnisse Auskunft zu erteilen.

691

Entsprechend § 4 Abs. 4 VersAusglG i. V. m. § 1605 Abs. 1 Satz 2 BGB sind die erteilten **Auskünfte zu belegen** durch Vorlage entsprechender Renten- bzw. Versorgungsbescheide und sonstiger Berechnungsgrundlagen (Satzung der Versorgung). Die Auskunft über die Höhe eines Anrechts und die Erfüllung des Beleganspruchs kann meist durch die Vorlage von Rentenbescheiden u. ä. erfolgen (in der gesetzlichen Rentenversicherung nach § 109 SGB VI). Falls ein Ehegatte die Auskunft über Anrechte der gesetzlichen Rentenversicherung verweigert, können die Versicherungsträger die notwendigen Auskünfte dem anderen Ehegatten zuleiten (§ 74 Nr. 2 b SGB X); dies gilt auch außerhalb eines gerichtlichen Verfahrens zum Versorgungsausgleich. Der Beleganspruch bezieht sich nur auf Einkünfte, nicht auf Vermögen; er wird nach § 883 ZPO vollstreckt, dagegen nicht nach § 888 ZPO. Verlangt der Ausgleichsberechtigte eine **Abfindung** nach § 23 VersAusglG, können die dargelegten Auskunfts- und Belegpflichten bereits vor Fälligkeit bestehen, um die Berechnung der Ausgleichsrente und des Abfindungsanspruchs zu ermöglichen. Da der Auskunftsanspruch ein Annex des Hauptanspruchs ist, hängt er in seinem Bestand vom Bestehen des Hauptanspruches ab; er kann danach erst verlangt werden, wenn die Voraussetzungen der §§ 20–26 VersAusglG eingetreten sind. Hieraus entsteht dem Ausgleichsberechtigten kein Nachteil, weil entsprechend § 254 ZPO ein **Stufenantrag** bzw. außergerichtlich eine **Stufenmahnung** entsprechend § 1613 Abs. 1 BGB möglich ist. Die dargelegten Pflichten gelten zwischen allen Beteiligten i. S. d. § 219 FamFG. Daneben besteht der in § 220 FamFG geregelte **verfahrensrechtliche Auskunfts- und Beleganspruch**, der ferner Mitwirkungspflichten der Beteiligten regelt.

692

15. Modalitäten der Zahlung der Ausgleichsrente, Verzug, Wiederheirat

Nach § 20 Abs. 3 VersAusglG i. V. m. § 1585 Abs. 1 Satz2 BGB ist die Ausgleichsrente nach § 20 Abs. 1 VersAusglG monatlich **im Voraus** zu bezahlen. **Stirbt** der Ausgleichsberechtigte im Laufe des Monats, wird nach § 20 Abs. 3 VersAusglG

693

i. V. m. § 1585 Abs. 1 Satz 3 BGB der volle Betrag für den laufenden Monat geschuldet. Nicht eindeutig ist die Sachlage, wenn die geschuldete Ausgleichsrente aufgrund einer gerichtlichen Abänderungsentscheidung nach § 227 Abs. 1 FamFG i. V. m. § 48 Abs. 1 FamFG gekürzt wird oder ganz entfällt. Ob in diesem Fall § 1585 Abs. 1 Satz 3 BGB entsprechend anzuwenden ist (so MüKo/*Dörr*, zu § 1587 k BGB Rn. 4), erscheint zweifelhaft, weil im Falle des Todes regelmäßig die Versorgung bis zum Ende des Monats erbracht wird, während Veränderungen, die zur Kürzung bzw. zum Wegfall der Ausgleichsrente führen, vom Ausgleichspflichtigen nicht in jedem Fall vorhergesehen werden können. Im Übrigen kennt das Gesetz keine § 238 Abs. 3 FamFG entsprechende Regelung, so dass eine Änderungsentscheidung nach § 224 Abs. 1 FamFG erst nach Eintritt der Rechtskraft wirksam wird. Da damit aber die andere Partei (vor allem durch Rechtsmittel) den Zeitpunkt des Wirksamwerdens einer Entscheidung beeinflussen könnte, ist § 226 Abs. 4 FamFG entsprechend heranzuziehen, so dass die Abänderung auf den Zeitpunkt des der Antragstellung folgenden Monats zurückwirkt.

Die schuldrechtliche Ausgleichsrente kann nicht bereits ab dem Zeitpunkt verlangt werden, zu dem ihre gesetzlichen Voraussetzungen nach § 20 Abs. 1, 2 VersAusglG vorliegen. Nach § 20 Abs. 3 VersAusglG i. V. m. § 1585 b Abs. 2 BGB besteht die Ausgleichsrente erst ab **Verzug** oder der **Rechtshängigkeit** dieses Anspruchs (OLG Hamm FamRZ 1987, 290, 291). Anders als im Unterhaltsrecht sind an die **Bestimmung der Mahnung** keine besonderen Anforderungen zu stellen, weil auch zur verfahrensmäßigen Geltendmachung ebenfalls keine Bezifferung verlangt wird (KG FamRZ 1987, 287, 289). Die Mahnung kann auch mit einem **(Stufen-)Antrag** zur Erteilung einer Auskunft verbunden werden; ferner ist eine **vorgerichtliche Stufenmahnung** möglich (BGH FamRZ 1990, 283; s. a. § 1613 Abs. 1 BGB). Sind **rückständige Beträge** nach wirksamer Mahnung aufgelaufen, sind diese insgesamt fällig; eine Rentenzahlung kann nicht angeordnet werden (OLG Celle FamRZ 2003, 1299), falls keine Stundung vereinbart wird. Im Übrigen gelten die weiteren Beschränkungen nach § 20 Abs. 3 VersAusglG i. V. m. § 1585 b Abs. 3 BGB, wonach Leistungen für einen Zeitraum, der mehr als ein Jahr vor Rechtshängigkeit zurückliegt, nicht verlangt werden können, falls sich der Verpflichtete nicht absichtlich der Leistungen entzogen hat (BGH FamRZ 2002, 1698; FamRZ 2004, 530; FamRZ 2004, 798). Ferner erlischt der Ausgleichsanspruch nicht im Falle der **Wiederheirat** des Ausgleichsberechtigten. § 20 Abs. 3 VersAusglG verweist zwar insoweit nicht auf § 1586 Abs. 1 BGB. Dies folgt jedoch aus dem Regelungsgrund des Versorgungsausgleichs, der in der Ehe aufgetretene Versorgungslücken ausgleichen soll, die sich unabhängig von einer Wiederheirat nachteilig auswirken können (BT-Drucks. 7/650 S. 168).

16. Erlöschen bei Tod des Ausgleichsberechtigten und Ausgleichspflichtigen

694 Der Ausgleichsanspruch **erlischt mit dem Tod eines Ehegatten**, § 31 Abs. 1 VersAusglG. Die bis zu dessen Tod fällig gewordenen Ansprüche auf Erfüllung oder Schadensersatz wegen Nichterfüllung erlöschen jedoch nicht; sie gehen auf die Erben des Berechtigten über; dies wird in § 31 Abs. 3 Satz 3 VersAusglG durch die entsprechende Anwendung des § 1586 Abs. 2 BGB klargestellt (BGH FamRZ 1989, 950 = NJW-RR 1989, 963). Der Anspruch auf Zahlung der Ausgleichsrente entfällt erst zum Ende des Sterbemonats, §§ 20 Abs. 3 VersAusglG, 1585 Abs. 1 Satz 3 BGB. Die bis zum Eintritt des Todes des Verpflichteten fällig gewordene Ausgleichsrente erlischt nicht; sie richtet sich gegen die Erben des Ausgleichspflichtigen (s. a. OLG Koblenz FamRZ 2007, 483). Auch beim Tod des Verpflichteten endet die Ausgleichsrente erst zum Ende des Sterbemonats (offen gelassen von BGH

IV. Abtretung von Versorgungsansprüchen gem. § 21 VersAusglG

FamRZ 1989, 950 = NJW-RR 1989, 963), weil die Ausgleichsrente an den tatsächlichen Bezug der Versorgung gekoppelt ist und diese in der Regel erst zum Ende des Sterbemonats ausläuft (s. a. Rdn. 693). Mit dem Anspruch gegen den Versorgungsträger nach § 25 VersAusglG (verlängerter schuldrechtlicher Versorgungsausgleichs nach § 3a VAHRG a. F.) kann der Berechtigte nach dem Tod des Verpflichteten und den dort genannten Voraussetzungen einen **eigenständigen Anspruch** geltend machen.

IV. Abtretung von Versorgungsansprüchen gem. § 21 VersAusglG

1. Regelungsbereich

Diese Regelung des § 21 VersAusglG, die § 1587 i BGB a. F. weitgehend gleicht, eröffnet dem Ausgleichsberechtigten die Möglichkeit, die schuldrechtliche Ausgleichsrente nicht nur durch eine familiengerichtliche Geltendmachung und anschließende Zwangsvollstreckung zu realisieren, sondern auch durch eine gerichtlich ausgesprochene **zwangsweise Abtretung** des **Versorgungsanspruchs** des Verpflichteten gegen den Träger der Versorgung in Höhe der schuldrechtlichen Ausgleichsrente durchzusetzen. Anders als bei einer Zwangsvollstreckung in das Vermögen des Verpflichteten (i. d. R. in dessen Versorgungsansprüche nach §§ 829, 835 ff. ZPO) ist der Berechtigte bei einer Geltendmachung nach § 21 VersAusglG nicht durch die Pfändungsfreigrenzen zugunsten des Schuldners nach §§ 850 ff. ZPO beschränkt (BT-Drucks. 7/650 S. 168; BT-Drucks. 7/4361 S. 47 zu § 1587 i BGB a. F.) Allerdings wird in solchen Fällen meist eine Begrenzung des Ausgleichsanspruchs nach der Härteklausel gem. § 27 VersAusglG in Betracht kommen. Außerdem ist der Weg über § 21 VersAusglG umständlich, wenn der Verpflichtete die Abtretung nicht freiwillig erklärt, weil diese dann nur über einen Titel nach § 95 Abs. 1 Nr. 5 FamFG (Titel auf Abgabe der Abtretungserklärung) erlangt werden kann. Die Rechtswirkungen der Abtretung folgen aus §§ 389 ff. BGB; der Versorgungsträger kann deshalb nach Kenntnis der Abtretung nur noch an den Berechtigten mit **befreiender Wirkung** leisten, § 407 BGB. Der Ausgleichsanspruch erlischt nicht bereits mit der Abtretung, weil hierin keine Leistung an Erfüllungs Statt zu sehen ist (§ 364 Abs. 2 BGB; er geht erst mit der Leistung des Versorgungsträgers unter (so auch *Schwab/Hahne*, Teil VI, Rn. 247 f. m.w.N.; MüKo/*Glockner*, § 1587 i BGB Rn. 2). Ansonsten würde etwa ein Einbehalt des Versorgungsträgers der dem § 21 VersAusglG zugrunde liegenden Regelungsgehalt widersprechen. Der Abtretungsanspruch ist trotz seiner umständlichen Geltendmachung vor allem dann sinnvoll, wenn vorrangige Pfändungen anderer Gläubiger drohen; umgekehrt schützt der Anspruch aus § 21 VersAusglG den Ausgleichsberechtigten weder vor einer vorrangigen Abtretung der Versorgungsansprüche an einen Dritten noch vor einer vorrangigen Aufrechnung nach § 53 Abs. 5 SGB I. Bei einer Gefährdung des Anspruchs kann die **Sicherung im Wege des einstweiligen Rechtsschutzes** geboten sein (vorläufige Anordnung).

695

2. Voraussetzungen

Voraussetzung für ein Abtretungsbegehren nach § 21 VersAusglG ist das Vorliegen eines fälligen und noch nicht vom Versorgungsträger erfüllten Anspruchs des Ausgleichspflichtigen. Ein **Sicherungsbedürfnis** des Ausgleichsberechtigten ist nicht erforderlich. Die Abtretung eines dem Grunde nach noch nicht entstandenen Anspruchs ist nicht möglich. Für **aufgelaufene Rückstände** kann eine Abtretung auf zukünftige Leistungen nicht verlangt werden (zu § 1587 i BGB a.F s. OLG Hamm

696

FamRZ 1987, 290, 292), weil diese zeitlich mit der Versorgungsleistung kongruent sein müssen. Dies regelt nunmehr § 21 Abs. 2 VersAusglG ausdrücklich. Unklar ist das Gesetz, wenn der Verpflichtete mehrere dem schuldrechtlichen Versorgungsausgleich unterliegende Versorgungen bezieht. Da es sich bei der Ausgleichsrente um einen »*einheitlichen Ausgleichsanspruch*« handelt, kann die Abtretung nur einer von mehreren auszugleichenden Versorgungen in Höhe des gesamten Ausgleichsbetrages verlangt werden, der allerdings nicht die Höhe des Versorgungsanspruchs des Verpflichteten gegen den Träger der abzutretenden Versorgung übersteigen darf. Strittig ist, ob der Verpflichtete oder der **Berechtigte ein Wahlrecht** besitzt (für ein Wahlrecht des Berechtigten *Johannsen/Hahne*, § 1587i BGB Rn. 3; MüKo/*Glockner*, § 1587i BGB Rn. 7; *Soergel/Vorwerk*, § 1587i BGB Rn. 2). Für ein Wahlrecht des Berechtigten spricht der Zweck des § 21 VersAusglG, der den schuldrechtlichen Ausgleichsanspruch des Berechtigten sichern soll.

3. Änderung der Verhältnisse nach erfolgter Abtretung

697 Nach § 227 Abs. 1 FamFG i. V. m. § 48 Abs. 1 FamFG kann eine Entscheidung zur Abtretung einer Versorgung abgeändert werden, wenn die Ausgleichswerte durch eine **wesentliche Änderung** der Verhältnisse anzupassen sind. **Verstirbt der Ausgleichsberechtigte,** erlischt der schuldrechtliche Ausgleichsanspruch gem. § 31 Abs. 1 VersAusglG. Die abgetretenen Versorgungsansprüche gehen nach § 21 Abs. 4 VersAusglG auf den Verpflichteten über. Entsprechend §§ 407, 412 BGB kann der Träger der abgetretenen Versorgung mit befreiender Wirkung gegenüber dem Verpflichteten solange Leistungen erbringen, bis er vom Tod des Berechtigten Kenntnis erlangt. Insoweit greift die Schutzbestimmung des § 30 VersAusglG ein, so dass die Schutzfrist erst nach Ablauf des Monats nach Kenntniserlangung endet (s. hierzu Rdn. 612). Die **Abtretung erlischt,** wenn der Verpflichtete stirbt, weil mit dessen Tod auch der schuldrechtliche Ausgleichsanspruch entfällt.

4. Aufhebung von Abtretungsverboten und -beschränkungen, § 21 Abs. 3 VersAusglG

698 Die Pflicht zur Abtretung kann nach Abs. 3 nicht in einem Gesetz, einer Satzung oder in sonstigen Bestimmungen bestehenden Abtretungsverbot oder Beschränkungen begrenzt werden, § 400 BGB i. V. m. §§ 850 Abs. 2, 3 b; 850 a bis i ZPO; 53, 54 SGB I; 69 Abs. 2 VBL-S gilt auch für **vereinbarte Abtretungsverbote** (BT-Drucks. 7/650 S. 168). Gleiches gilt hinsichtlich der in den §§ 53 Abs. 3 SGB I i. V. m. § 54 Abs. 3 SGB I enthaltenen Beschränkung der Abtretung von Rentenleistungen. Diese Einschränkungen der Abtretbarkeit von Versorgungsansprüchen sollen den Anspruch des Ausgleichsberechtigten sichern, ohne die eine wirtschaftliche Absicherung möglicherweise nicht erreicht werden könnte.

5. Verfahren

699 Der Anspruch nach § 21 VersAusglG wird im Verfahren der freiwilligen Gerichtsbarkeit geltend gemacht; dies ergibt sich aus den Bestimmungen des FamFG, die das Verfahren zum Versorgungsausgleich dem FGG-Bereich zuordnen (s. §§ 112, 113 Abs. 1 FamFG zur Abgrenzung von Ehesachen und Familienstreitsachen). Er kann gleichzeitig mit der Ausgleichsrente nach § 20 Abs. 1 VersAusglG verlangt werden. Inhalt des Antrags ist die Verpflichtung des Ausgleichspflichtigen zur **Abgabe der Abtretungserklärung.** Gibt das Familiengericht diesem Antrag statt, wird die Abgabe der Abtretungsverpflichtung mit Eintritt der Rechtskraft der Entscheidung nach § 95 Abs. 1 Nr. 5 FamFG i. V. m. § 894 ZPO fingiert. Möglich ist

auch ein Abtretungsvertrag zwischen dem Ausgleichsberechtigten und dem Ausgleichspflichtigen (s. OLG Stuttgart FamRZ 2003, 455, 457 f.; OLG Köln FamRZ 2004, 1728).

6. Rückübertragung abgetretener Versorgungsansprüche auf den Ausgleichspflichtigen

Stirbt der Ausgleichsberechtigte, entfällt der Ausgleichsanspruch nach § 31 VersAusglG (Rdn. 642). War dieser nach § 21 VersAusglG abgetreten, so wird der Anspruch gem. § 21 Abs. 4 VersAusglG kraft Gesetzes auf den Ausgleichspflichtigen zurück übertragen. Hierdurch soll vermieden werden, dass zwischen den Erben des Ausgleichsberechtigten und dem Ausgleichspflichtigen ein Verfahren notwendig wird. Zahlt der Versorgungsträger auch nach dem Tod des Ausgleichsberechtigten die Ausgleichsrente weiter, weil er hiervon keine Kenntnis hat, so erfolgt diese Leistung nach §§ 412, 407 BGB mit befreiender Wirkung. Diese Schutzwirkung entfällt erst, wenn der Versorgungsträger vom Tod des Ausgleichsberechtigten Kenntnis erlangt. Jedoch greift auch beim schuldrechtlichen Versorgungsausgleich aus zahlungstechnischen Gründen zudem § 30 VersAusglG (§ 53 Abs. 4 SGB I) ein, der den Versorgungsträger bis zum Ende des folgenden Monats schützt, in dem Kenntnis vom Tod erlangt wurde. Der Ausgleichspflichtige kann nach § 816 Abs. 2 BGB von den Erben die zuviel gezahlten Beträge herausverlangen. Im Übrigen gilt § 21 Abs. 4 VersAusglG entsprechend, wenn der Zahlungsanspruch aus anderen Gründen (teilweise) wegfällt. 700

V. Anspruch auf Ausgleich von Kapitalzahlungen gem. § 22 VersAusglG

Die Regelung steht im Zusammenhang mit der Einbeziehung von Anrechten in den Versorgungsausgleich, die eine Kapitalleistung vorsehen, soweit sie dem Regelungsbereich des § 2 Abs. 2 Nr. 3 VersAusglG unterliegen, es sich also um Leistungen aus einer betrieblichen Altersversorgung oder einem nach dem Altersvorsorgeverträge-Zertifizierungsgesetz zertifizierten Anrecht handelt (s. hierzu Rdn. 354 ff.; 473, 575). Die Regelung greift ein, soweit beim Wertausgleich bei der Scheidung gem. den §§ 9–19, 28 VersAusglG ein solches Anrecht nicht ausgeglichen wird. Der in § 22 Satz 2 VersAusglG enthaltene Verweis auf die Bestimmungen des § 20 VersAusglG greift nur mittelbar ein, weil dort der Fall einer Rentenleistung geregelt ist und deshalb die darin enthaltenen Regelungen nicht unmittelbar auf die Sachlage des § 22 VersAusglG passen. Die Bestimmung des Ausgleichswerts i. S. d. § 5 Abs. 1, 3 VersAusglG erfolgt auf der Grundlage des § 41 Abs. 1 VersAusglG; danach ist die tatsächliche Kapitalzahlung maßgeblich. Entsprechend § 20 Abs. 1 Satz 2 VersAusglG sind die auf dem Kapital ruhenden **Sozialleistungen für die gesetzliche Kranken- und Pflegeversicherung** vor Vornahme des Ausgleichs zu bereinigen. Hinsichtlich der Steuerlast gilt für die ausgleichspflichtige Person § 20 Abs. 1 Nr. 6 EStG; die ausgleichsberechtigte Person hat den Bezug dieser Leistungen als schuldrechtlichen Versorgungsausgleich nach § 22 Nr. 1 c EStG zu versteuern (s. Rdn. 652, 653). Erfolgt die **Auszahlung in Teilbeträgen** und liegt (noch) keine wiederkehrende Rentenzahlung i. S. d. § 20 Abs. 1 VersAusglG vor, bestimmt sich die Fälligkeit nach dem Zeitpunkt der vertraglich oder tariflich bestimmten jeweiligen Teilzahlungen (BT-Drucks. 16/10144 S. 65). Entsprechend kann nicht bereits bei der Fälligkeit der ersten Rate der Gesamtbetrag der Kapitalzahlung gefordert werden. Stirbt die ausgleichsberechtigte Person vor der Fälligkeit einer folgenden Teilzahlung, erlischt der künftige Anspruch und kann deshalb auch nicht von den Erben verlangt werden. 701

702 Erfolgt die Kapitalzahlung an die ausgleichspflichtige Person und liegen zu diesem Zeitpunkt die Voraussetzungen eines Anspruchs nach § 22 VersAusglG noch nicht vor, weil die ausgleichsberechtigte Person die Voraussetzungen des § 20 Abs. 2 VersAusglG noch nicht erfüllt (s. hierzu Rdn. 664), kann der Anspruch nach § 22 VersAusglG von der ausgleichspflichtigen Person dennoch mit Eintritt der Voraussetzungen nach § 20 Abs. 2 VersAusglG bei der ausgleichsberechtigten Person geltend gemacht werden. Dies stützt sich darauf, dass die ausgleichspflichtige Person den Schuldgrund kennt oder zu kennen hat. Ferner ist das **Schutzbedürfnis der ausgleichsberechtigten Person** höher zu bewerten als das Recht der ausgleichspflichtigen Person, den Kapitalbetrag selbst vollständig zu verwerten (BT-Drucks. 16/10144 S. 65). Die ausgleichsberechtigte Person kann zum Schutz vor einer nicht durchsetzbaren Vollstreckung den **Erlass einer Sicherungsanordnung** nach § 49 Abs. 1 FamFG verlangen, wenn die Voraussetzungen eines dringenden Bedürfnisses für ein sofortiges Tätigwerden i. S. d. § 49 Abs. 1 FamFG gegeben sind. Ferner kann die ausgleichsberechtigte Person den (abgezinsten) **Anspruch auf Abfindung** gem. § 23 Abs. 1 VersAusglG geltend machen, der effektiver als ein Antrag nach § 49 FamFG ist, weil die ausgleichspflichtige Person zum Zeitpunkt der Auszahlung des Kapitalbetrags nicht wirksam geltend machen kann, die Leistung des Abfindungsbetrags sei nicht zumutbar i. S. d. § 23 Abs. 2 VersAusglG.

VI. Anspruch auf Abfindung, Zumutbarkeit

1. Zweck der Regelung

703 Die Regelungen der §§ 23, 24 VersAusglG, die im Kern der Vorschrift des § 1587 l BGB a. F. entsprechen, sollen die Möglichkeit der Sicherung eines noch nicht ausgeglichenen Anrechts gegenüber der bisherigen Regelung des § 1587 l BGB a. F. verbessern und diese Bestimmungen vor allem durch ihre systematische Stellung stärker in das Rechtsbewusstsein stellen als die bis zum 31. 08. 2009 bestehende Regelung zur Abfindung eines schuldrechtlich auszugleichenden Anrechts. § 23 Abs. 1 VersAusglG beinhaltet einen Anspruch der ausgleichsberechtigten Person auf Abfindung ihrer künftigen schuldrechtlichen Ausgleichsansprüche gegen die ausgleichspflichtige Person. Die Regelung erfasst die in den §§ 20, 22 VersAusglG bestimmten Ausgleichsansprüche. Anlass für die Einführung dieser Regelung im 1. EheRG war die **Schwäche des schuldrechtlichen Versorgungsausgleichs,** der nur unter den verhältnismäßig engen Voraussetzungen des § 20 Abs. 1, 2 VersAusglG (§ 1587 g BGB a. F.) entsteht und bei Tod des Ausgleichspflichtigen nach § 31 Abs. 3 Satz 1 VersAusglG erlischt. Die Abfindung der schuldrechtlich auszugleichenden Anrechte sollte deshalb der **besseren sozialen Absicherung des Ausgleichsberechtigten** dienen, es diesem somit ermöglichen, den Unsicherheiten des schuldrechtlichen Versorgungsausgleichs durch die Erlangung einer Abfindung zu begegnen (BT-Drucks. 7/650 S. 168, 169; BT-Drucks. 10/6369 S. 17), mit der eine eigenständige, von der Person des Ausgleichspflichtigen unabhängige Sicherung aufgebaut werden kann. Zugleich wird aber auch den Belangen der ausgleichsberechtigten Person in dem Tatbestand des § 23 Abs. 2 VersAusglG Rechnung getragen. Danach wird eine Abfindungszahlung versagt, wenn sie dem Verpflichteten *»nach seinen wirtschaftlichen Verhältnissen nicht zumutbar«* ist. Diese Regelung will in erster Linie **unverhältnismäßig starke wirtschaftliche Belastungen** vermeiden (BT-Drucks. 10/6369 S. 18 zu § 1587 l BGB in der ab 01. 01. 1987 geltenden Fassung) und ferner einen Maßstab für die Prüfung der Belastbarkeit des Verpflichteten darstellen (BT-Drucks. 10/5447 S. 25).

VI. Anspruch auf Abfindung, Zumutbarkeit

2. Anwendungsbereich

Die Abfindungsregelung ist trotz der erweiterten Ausgleichsregelungen in Form der internen Teilung sowie der externen Teilung und des Anspruchs gegen den Versorgungsträger gem. § 25 VersAusglG (verlängerter schuldrechtlicher Versorgungsausgleich) nicht ohne praktische Bedeutung. Tritt die Unverfallbarkeit eines Anrechts erst nach Durchführung des Wertausgleichs bei der Scheidung nach den §§ 9–19, 28 VersAusglG ein, kann die Geltendmachung einer Abfindung geboten sein, um das Risiko des Vorverstrebens der ausgleichspflichtigen Person zu vermeiden, das vor allem bei einem größeren Altersunterschied gegeben sein kann. Dies gilt auch in Bezug auf den Anspruch gegen den Versorgungsträger nach § 25 VersAusglG, weil diese Regelung (in Form des verlängerten schuldrechtlichen Versorgungsausgleichs) dort ins Leere geht, wo die auszugleichende Versorgung keine Hinterbliebenenversorgung vorsieht; der Anspruch kann auch bei einer Wiederverheiratung des Berechtigten oder durch Anrechnung eigener Leistungen wegfallen (s. hierzu Rdn. 693). Im Übrigen können bei **Anrechten eines ausländischen oder zwischenstaatlichen Versorgungsträgers** weder Anwartschaften im Wege der internen Teilung oder externen Teilung ausgeglichen werden, noch besteht ein durchsetzbarer Anspruch in Deutschland gegen den Versorgungsträger nach § 25 Abs. 1 VersAusglG, sondern nur gegen die Witwe oder den Witwer gem. § 26 VersAusglG. In diesen Fällen besteht ein Interesse des Berechtigten an einer Abfindung.

704

3. Auswirkungen

Mit der (vollständigen) Leistung der Abfindung nach § 23 Abs. 1 VersAusglG entfällt eine spätere Bestimmung der Ausgleichsrente nach §§ 20, 22 VersAusglG; sie beendet die Abhängigkeit der schuldrechtlichen Ausgleichsansprüche von dem Versorgungsschicksal des Verpflichteten und hat deshalb wie der Wertausgleich bei der Scheidung eine **dingliche Wirkung.** Denn die Abfindung ist eine Leistung an Erfüllungs Statt (§ 363 Abs. 1 BGB), so dass mit der Leistung der Abfindung der Ausgleichsanspruch erlischt; der Ausgleichspflichtige ist damit vor einer doppelten Leistung geschützt. Dies gilt auch dann, wenn die Abfindungsleistung nicht die beabsichtigte Absicherung des Berechtigten erbracht hat (wenn zeitliche Voraussetzungen einer Versorgungsleistung fehlen oder die Abfindung zweckwidrig verwendet wurde, die dann aber im Fall der Geltendmachung von Unterhalt zur Anwendung des § 1579 Nr. 4 BGB führt – mutwilliges Bedürftigmachen). Mit der Leistung der Abfindung entfällt auch ein Anspruch gegen den Versorgungsträger nach § 25 Abs. 1 VersAusglG nach dem Tod des Verpflichteten gegen den Träger der auszugleichenden Versorgung.

705

4. Voraussetzungen

a) Abfindung eines noch nicht ausgeglichenen Anrechts

Eine Abfindung kann nur wegen eines noch nicht ausgeglichenen Anrechts, in der Regel also **zukünftigen schuldrechtlich auszugleichenden Anrechts** gefordert werden. Ein solches liegt vor, wenn das Entstehen dieses Anspruchs nur noch von den in § 20 Abs. 1, 2 VersAusglG genannten Voraussetzungen abhängt, die auch in den Fällen des § 22 VersAusglG gelten, § 22 Satz 2 VersAusglG. Ferner muss eines der in § 19 Abs. 1, 2 Nr. 2–4 VersAusglG genannten Anrechten vorliegen, deren Bestand gesichert ist, die aber im Wertausgleich bei der Scheidung aus dem in § 19 Abs. 1, 2 VersAusglG enthaltenen Regelungszweck nicht ausgleichbar sind. Dagegen **scheidet das Abfindungsbegehren** bei Anrechten **aus,**

706

die i. S. d. § 19 Abs. 2 Nr. 1 VersAusglG **noch verfallbar** sind, also nicht feststeht, ob der Verpflichtete später eine Versorgungsleistung bezieht. Solange solche Anrechte noch verfallbar sind, besteht auch kein künftiger Ausgleichsanspruch (zu § 1587 l BGB a. F. s. BGH FamRZ 1984, 668, 669; OLG Hamm FamRZ 1981, 572). Tritt in den Fällen des § 19 Abs. 2 Nr. 1 VersAusglG jedoch nach dem Zeitpunkt der Entscheidung zum Wertausgleich bei der Scheidung (s. hierzu § 5 Abs. 2 Satz 2 VersAusglG) eine **Verfestigung des Anrechts**, insbesondere die Unverfallbarkeit eines Anrechts der betrieblichen Altersversorgung nach den §§ 1 b, 2 BetrAVG ein, kann eine Abfindung gem. den §§ 23, 24 VersAusglG festgesetzt werden.

707 Eine **zeitliche Befristung zur Geltendmachung des Abfindungsanspruchs** bis zum Eintritt der Voraussetzungen eines Zahlungsanspruchs nach den §§ 20, 22 VersAusglG besteht nicht; dies folgt bereits aus dem Wortlaut des § 23 Abs. 1 VersAusglG, der – anders als § 1587 l BGB a. F. (künftige Ausgleichsansprüche) – als Voraussetzung für den Anspruch auf Abfindung lediglich ein noch nicht ausgeglichenes Anrecht verlangt. Der Abfindungsanspruch erlischt deshalb nicht, wenn der Ausgleichspflichtige aus der auszugleichenden Versorgung **bereits Leistungen** bezieht, da der im Wertausgleich bei der Scheidung gem. den §§ 9–19, 28 VersAusglG noch nicht ausgeglichene Ausgleichsanspruch der ausgleichsberechtigten Person bestehen bleibt. Auch der Eintritt der Voraussetzungen der §§ 20, 22 VersAusglG beim Ausgleichsberechtigten bringt die Abfindung nicht zum Erlöschen (s. a. BT-Drucks. 16/10144 S. 65). Dies folgt aus der Tatsache, dass die in § 1587 l Abs. 3 BGB a. F. enthaltene Begrenzung auf das 65. Lebensjahr in den §§ 23, 24 VersAusglG nicht mehr enthalten ist (zu den Einzelheiten s. Vorauflage Rn. 671) Das Abfindungsbegehren endet damit erst, wenn in einem Versorgungssystem die **Zahlung eines Beitrages nicht mehr möglich** ist. Dies folgt auch aus § 14 Abs. 4 VersAusglG, der diesen Grundsatz ausdrücklich festlegt und auch in Bezug auf den rechtlich schwächeren Regelungsbereich der Ausgleichsansprüche nach der Scheidung gilt. Für den Bereich der gesetzlichen Rentenversicherung gilt § 187 Abs. 4 SGB VI, der ausdrücklich bestimmt, dass ab Bewilligung einer Vollrente wegen Alters eine Beitragszahlung zur Begründung von Rentenanwartschaften nicht mehr zulässig ist. In der privaten Rentenversicherung ist zwar grundsätzlich über die feste Altersgrenze der gesetzlichen Rentenversicherung hinaus eine Versicherung grundsätzlich möglich. Allerdings ist die **Zahlung einer Abfindung zu einer privaten Rentenversicherung** davon abhängig, dass ein Rentenversicherungsträger gefunden wird, der einer Einmalzahlung zustimmt, aus der ein künftiges Rentenanrecht geleistet werden kann. Dies wird nur bei entsprechend hohen Abfindungsbeträgen möglich sein.

b) Zulässigkeit der Anordnung von Beiträgen zur gesetzlichen Rentenversicherung

708 Ist bei der ausgleichsberechtigten Person nur der **Fall der Invalidität** eingetreten, kann noch für den späteren Fall des Alters eine Versicherung in der gesetzlichen Rentenversicherung oder einer privaten Lebens- oder Rentenversicherung erfolgen. Dies rechtfertigt sich auch aus der Erwägung, dass der schuldrechtliche Versorgungsausgleich so weit wie möglich durch andere sichere Ausgleichsformen ersetzt werden soll. Auch die Neufassung des § 187 Abs. 1 SGB VI (in der Fassung von Art. 4 Nr. 11 a VAStrRefG) sieht den Fall der Anordnung einer Beitragszahlung zur gesetzlichen Rentenversicherung durch eine Entscheidung des Familiengerichts vor. Zwar ist der Fall der Abfindung nach § 23 VersAusglG nicht ausdrücklich geregelt. Aufgrund der in § 24 Abs. 2 VersAusglG enthaltenen Verweisung zur Ausübung des Wahlrechts hinsichtlich der Zielversorgung auf § 15 VersAusglG, der in § 187 Abs. 1 Nr. 2 a SGB VI ausdrücklich benannt wird, ist wohl zu entnehmen, dass in den Fällen einer Abfindung eines Anrechts i. S. d. §§ 20, 22 VersAusglG weiterhin eine Beitragszahlung zur gesetzlichen Rentenversicherung geleistet werden kann. Soweit überhaupt eine Beitragszahlung zur gesetzlichen Rentenversicherung in Betracht gezogen wird, ist dennoch durch das Familiengericht zu klären, ob der Versorgungsträger der gesetzlichen Rentenversicherung eine entsprechende Entscheidung des Familiengerichts vollzieht. Zulässig ist nach § 187 Abs. 1 Nr. 2 SGB VI jedenfalls, im Rahmen einer Vereinbarung, die in einem familiengerichtlichen Verfahren zu § 23 VersAusglG geschlossen wird, die Abfindungssumme in die gesetzliche Rentenversicherung gem. den Bestimmungen des § 187 Abs. 2–7 SGB VI einzubezahlen. Andernfalls können Beiträge in die gesetzliche Rentenversicherung nur auf der Grundlage von freiwilligen Beiträgen der ausgleichsberechtigten Person gem. § 7 SGB VI erfolgen, die bis zum 31.03. rückwirkend für das abgelaufene Jahr in begrenzter Höhe erbracht werden können, § 197 Abs. 2 SGB VI. Dies ist nur möglich, wenn die ausgleichsberechtigte Person keine Pflichtbeiträge zur gesetzlichen Rentenversicherung abführt.

5. Wirtschaftliche Zumutbarkeit für den Ausgleichspflichtigen

a) Grundlagen

Nach § 23 Abs. 2 VersAusglG, der § 1587 l Abs. 1 BGB a. F. entspricht, kann eine Abfindung nur verlangt werden, wenn die Zahlung dem Verpflichteten (**wirtschaftlich) zumutbar** ist. Ziel dieser Regelung ist es, unverhältnismäßige Belastungen bei der Festsetzung einer Abfindung zu verhindern (BT-Drucks. 10/5447 S. 25). Um die **wirtschaftliche Bewegungsfreiheit** des Verpflichteten nicht zu stark einzuschränken, darf eine Abfindung nur insoweit angeordnet werden, als der eigene angemessene Unterhalt des Verpflichteten und der anderer Unterhaltsberechtigter nicht beeinträchtigt wird (BT 10/5447 S. 25). Auf Vorschlag des Bundesrates hat der Rechtsausschuss des Bundestages diese Änderung weitgehend übernommen und ergänzend ausgeführt, eine Zahlungsverpflichtung sollte nur dann entstehen, wenn dies nach den genannten wirtschaftlichen Verhältnissen zumutbar erscheint (BT-Drucks. 10/6369 S. 18), um dem verfassungsrechtlichen Gebot der Vermeidung übermäßiger wirtschaftlicher Belastungen gerecht zu werden. Die Neufassung beinhaltet damit keine gänzliche Umorientierung bei der Anordnung der Abfindung, sie will aber die **Opfergrenze** für den Berechtigten spürbar anheben.

709

b) Begriff der Zumutbarkeit der Zahlung einer Abfindung

Die Anordnung einer Beitragsentrichtung ist nur zulässig, wenn und soweit sie dem Ausgleichspflichtigen **zumutbar** ist. Anders als § 1587 l Abs. 1 BGB a. F. verwendet § 23 Abs. 2 VersAusglG den Begriff der wirtschaftlichen Zumutbarkeit nicht. Dass sich hieraus eine andere Bewertung der Zumutbarkeit ergibt, lässt sich aus der Begründung des § 23 VersAusglG im Regierungsentwurf nicht entnehmen (s. BT-Drucks. 16/10144 S. 65). Dem Ausgleichspflichtigen sollen nur solche Vermögensopfer zugemutet werden, die zu seiner wirtschaftlichen Gesamtsituation in einem angemessenen Verhältnis stehen. Zur Entstehungsgeschichte der Abfindungsregelung gem. § 1587 l BGB a. F., aus der sich die einschränkende Auslegung des Begriffs der Zumutbarkeit ergibt, wird auf die Ausführungen der Vorauflage in Rn. 515, 670 verwiesen. Um die wirtschaftliche Bewegungsfreiheit des Ausgleichspflichtigen nicht zu stark einzuschränken, darf eine Abfindung nur insoweit angeordnet werden, als der **eigene angemessene Unterhalt des Ausgleichspflichtigen** und der anderer Unterhaltsberechtigter nicht beeinträchtigt wird (BT-Drucks. 10/5447 S. 25). Auf Vorschlag des Bundesrates wurde vom

710

Rechtsausschuss dieses Verständnis der neuen Regelung zugrunde gelegt und ergänzend ausgeführt, eine Zahlungsverpflichtung solle nur dann entstehen, wenn dies nach den wirtschaftlichen Verhältnissen zumutbar erscheint (BT-Drucks. 10/6369 S. 18), um dem verfassungsrechtlichen Gebot der Vermeidung einer übermäßigen wirtschaftlichen Belastung gerecht zu werden (BVerfGE 63, 88 f. = FamRZ 1983, 442, 347 – **Anhebung der Opfergrenze**). In Bezug auf die Belange der ausgleichsberechtigten Person wurde dies auch damit gerechtfertigt, dass mit der Einführung des verlängerten schuldrechtlichen Versorgungsausgleichs nach § 3 a VAHRG a. F., jetzt als Anspruch gegen den Versorgungsträger gem. § 25 VersAusglG, der Berechtigte bei Wegfall des schuldrechtlichen Versorgungsausgleichs besser gesichert ist als zuvor (s. auch BGH FamRZ 1997, 166, 169).

711 Die Beitragsentrichtung kann sowohl aus **laufenden Einkünften** (insbesondere Erwerbseinkommen) als auch aus dem **Vermögensstamm** des Ausgleichspflichtigen verlangt werden; ebenso ist es möglich, neben des Einsatzes des Vermögens auch eine Ratenzahlung aus laufenden Einkünften zu verlangen; dies legt § 23 Abs. 3 VersAusglG ausdrücklich fest, wenn die Zahlung eines Einmalbeitrages nicht zumutbar ist. Nach den vorgegebenen Kriterien sollen **weitgehende Einschnitte in die wirtschaftliche und berufliche Lage** des Ausgleichspflichtigen vermieden werden. So kann nicht verlangt werden, eine ausgeübte selbständige Tätigkeit zugunsten einer abhängigen Beschäftigung, aus der ein höheres Einkommen erzielt werden kann, aufzugeben, um den Beitrag entrichten zu können. Eine Beitragsentrichtung scheidet in jedem Fall aus, wenn der Ausgleichspflichtige aufgrund seiner Einkommensverhältnisse aus beruflicher Tätigkeit wirtschaftlich außerstande ist, den eigenen angemessenen Unterhalt und denjenigen sämtlicher Unterhaltsberechtigten zu erfüllen. Hierzu gehört auch ein etwaiger Vorsorgeunterhalt nach § 1578 Abs. 3 BGB. Eine Beitragsentrichtung kommt danach nur dann in Betracht, wenn der **eigene angemessene Unterhalt** des Ausgleichspflichtigen i. S. d. § 1581 Satz 1 BGB (zum Verständnis dieses Begriffes s. BGH FamRZ 1990, 260, 262) hierdurch nicht gefährdet wird, so dass bei durchschnittlichen Einkommensverhältnissen im Falle der **Anordnung einer** (möglichen) **Ratenzahlung** jedenfalls der angemessene Unterhalt (derzeit mindestens 1.100,00 €) nicht unterschritten werden darf; vielmehr ist er insbesondere bei höheren Einkünften höher anzusetzen, um den Ausgleichspflichtigen in seiner wirtschaftlichen Bewegungsfreiheit nicht zu sehr einzuengen.

Eine **Beitragspflicht (in Raten)** sollte deshalb generell erst ab einem verfügbaren **Einkommen von monatlich 1.400,00 €** beginnen (entsprechend dem Selbstbehalt bei einer Unterhaltspflicht gegenüber betagten Eltern), weil diese eine deutlich schwächere Verpflichtung darstellt als eine Unterhaltspflicht gegenüber vorrangig bedürftigen Personen; dies folgt aus § 1587 d Abs. 1 Satz 1 letzter Hs. BGB a. F. Soweit ein Ausgleichspflichtiger Aufwendungen für eine **ergänzende Altersvorsorge** geltend macht, sind auch diese vorrangig zu berücksichtigen, weil die Sicherstellung der eigenen Altersvorsorge einer Fremdvorsorge vorgeht (Art. 2 Abs. 1 GG – Handlungsfreiheit; s. BGH FamRZ 2005, 1817 = NJW 2005, 3277; FamRZ 2007, 793 = NJW 2007, 1961; *Borth* NJW 2008, 326).

Bestehen Unterhaltspflichten gegenüber dem geschiedenen Ehegatten und/oder minderjährigen und volljährigen Kindern, sind diese Verpflichtungen ebenfalls vorab zu erfüllen. Ist der Beitrag aus dem laufenden Einkommen zu erbringen, muss im Hinblick auf den Zumutbarkeitsmaßstab diese Zahlungspflicht **zeitlich begrenzt** und absehbar sein, weil eine unbegrenzte Zahlungspflicht die Opfergrenze übersteigen würde. Auch bei einer Abänderungsentscheidung gem. § 227

FamFG i. V. m. § 48 Abs. 1 FamFG zur angeordneten Ratenzahlung nach § 23 Abs. 3 VersAusglG gilt der zuvor dargelegte Zumutbarkeitsmaßstab. Zuständig für die Abänderung ist der Rechtspfleger nach § 14 Nr. 2 a RPflG.

Zur Erfüllung der Zahlungsverpflichtung nach § 23 Abs. 1 VersAusglG hat der Ausgleichspflichtige grundsätzlich auch den **Vermögensstamm** anzugreifen (zum Rechtszustand bis zum 31. 08. 2009 s. *Johannsen/Hahne*, § 1587 l BGB Rn. 6; MüKo/*Sander*, § 3 b VAHRG Rn. 39; RGRK/*Wick*, § 3 b VAHRG Rn. 38; BGH FamRZ 1997, 166, 169; OLG Celle FamRZ 1995, 367 – Verwertung eines Kapitals aus der Vermögensauseinandersetzung). Nicht eindeutig festzulegen ist hierbei allerdings, in welchem Umfang der Vermögensstamm in Anspruch genommen werden muss. Liegen gute Vermögensverhältnisse vor, vor allem ein hinreichendes Kapitalvermögen, das wirtschaftlich angemessen verwertet werden kann (z. B. Wertpapiere und sonstige Berechtigungen), ist der Einsatz dieses Vermögens zumutbar, so lange hierdurch nicht der eigene angemessene Unterhalt oder eine angemessene Alterssicherung gefährdet wird. Andererseits kann es vom Ausgleichspflichtigen nicht verlangt werden, ein selbst bewohntes Eigenheim zu verwerten. Auch bei einem Renditeobjekt, das Mieteinkünfte abwirft, mit denen der eigene Unterhalt und die Altersversorgung (ganz oder teilweise) gesichert werden sollen, ist nicht zur Erfüllung der Beitragspflicht einzusetzen (jedoch kann sich aus den Einkünften eine Ratenzahlungspflicht ergeben). Muss der Ausgleichspflichtige im Rahmen der Zugewinn- oder Vermögensauseinandersetzung ein von ihm bewohntes Eigenheim veräußern, das er mit dem Einkommen aus einer beruflichen Tätigkeit abbezahlt hat, so ist der Erlös regelmäßig dann nicht ganz oder teilweise ohne weiteres einzusetzen, wenn mit dem verbleibenden Betrag erneut selbst genutzter Wohnraum erworben werden soll. Vielmehr ist in diesem Fall zu prüfen, inwieweit der Ausgleichsberechtigte durch den Anspruch gegen den Versorgungsträger nach § 25 VersAusglG abgesichert ist (s. BGH FamRZ 1997, 166, 169). Auch ist es bedeutsam, ob der Ausgleichspflichtige mit vorhandenen Einkünften den Vermögensverlust auf absehbare Zeit ausgleichen kann. Auch **sonstige Belastungen** wie hohe Scheidungskosten oder ein hoher Zugewinnausgleich sind bei der Zumutbarkeitsabwägung zu berücksichtigen (BT-Drucks. 10/6369 S. 18). Die verfassungsrechtlich geschützte Opfergrenze ist jedenfalls dann überschritten, wenn der Ausgleichspflichtige etwa 70% des ihm nach der Vermögensauseinandersetzung verbleibenden Vermögens einsetzen müsste (BGH FamRZ 1997, 166, 168 f.).

Weitere Fälle aus der Rechtsprechung (auch zu § 3 b Abs. 1 Nr. 2 VAHRG a. F.):

OLG Hamm FamRZ 1999, 929 – nicht zumutbar bei Arbeitgeberabfindung aus Auflösung eines Arbeitsverhältnisses i. H. v. 53.100,00 €, wenn diese für den laufenden Unterhalt einzusetzen ist (Problem der Doppelberücksichtigung).

OLG Celle FamRZ 1999, 930 – nicht zumutbar bei Einkommen von monatlich 3.740,00 €, von dem etwa 1.310,00 € nach Abzug von Unterhaltslasten verbleiben (Beitragsaufwand i. H. v. 7.300,00 €).

KG FamRZ 2002, 467 = NJW-RR 2002, 76 – Einsatz des Vermögensstamms grundsätzlich zumutbar.

OLG Köln FamRZ 2002, 1492, 1494 – Anordnung einer Ratenzahlung zumutbar.

OLG Oldenburg FamRZ 2003, 768 – Beitrag von monatlich 770,00 € bei einem Einkommen von 4.950,00 €, einer Unterhaltspflicht i. H. v. 1.550,00 € und einem Gesamtbeitrag von 37.564,00 €.

OLG Hamm FamRZ 2005, 988 – zumutbare Verwertung einer Kapitallebensversicherung und eines Bausparvertrages, wenn eine angemessene Altersversorgung gesichert ist.

BGH FamRZ 2005, 889; FamRZ 2005, 1464 – zu berücksichtigen sind ein unsicherer Arbeitsplatz, eine Belastung aus dem Erwerb einer Eigentumswohnung und eine eingeschränkte Erwerbstätigkeit wegen Kinderbetreuung.

OLG Saarbrücken NJW 2006, 3073 – Zahlung von etwa 54.000,00 € bei Vermögen i. H. v. etwa 110.000,00 € und etwa 920,00 € für die eigene Altersvorsorge zumutbar.

OLG Zweibrücken FamRZ 2007, 1178 – Zahlung von 6.542,00 € bei einem nach Abzug der Unterhaltsverbindlichkeiten verbleibenden Einkommen von monatlich 1.930,00 €; die Aufnahme eines Kredits wurde als zumutbar angesehen. Die Gestattung einer Ratenzahlung i. S. d. § 23 Abs. 3 VersAusglG (§ 3 b Abs. 1 Nr. 2 Satz 2 VAHRG a.F) wurde nicht erwogen.

c) Anordnung einer Ratenzahlung

713 Die Abfindung kann in Form einer **Ratenzahlung** nach § 23 Abs. 3 VersAusglG angeordnet werden. Angesichts der in § 23 Abs. 3 VersAusglG (§ 1587 l Abs. 3 Satz 3 BGB a. F.) vorgesehenen Möglichkeit der Anordnung einer Ratenzahlung scheidet eine Abfindung deshalb nicht schon dann aus, wenn dem Verpflichteten die sofortige Begleichung der Gesamtsumme nicht zumutbar ist (BT-Drucks. 10/6369 S. 18, 19). Die Höhe der monatlichen Ratenzahlung hängt von der Gesamthöhe der Abfindungsforderung sowie davon ab, ob beim Verpflichteten noch sonstige Vermögenswerte vorhanden sind. Jedenfalls darf nicht der Mindestbetrag des angemessenen Selbstbehalts (derzeit nach der Düsseldorfer Tabelle mindestens 1.100,00 € monatlich; 01. 01. 2008) unterschritten werden (zur Abgrenzung und zum Vorrang weiterer Unterhaltspflichten eingehend Rdn. 711). Fallen **Unterhaltspflichten** zu einem späteren Zeitpunkt weg, kann nach diesem Zeitpunkt eine Abfindung erstmals, aber auch eine Erhöhung bereits angeordneter Raten gem. § 227 Abs. 1 FamFG i. V. m. § 48 Abs. 1 FamFG begehrt werden. Entsprechendes gilt, wenn die **wirtschaftlichen Verhältnisse des Verpflichteten sich verschlechtern**. Keine Verpflichtung besteht, zur Erfüllung der Abfindung ein Eigenheim zu veräußern oder den gesamten Geldbetrag aus der Auseinandersetzung des Vermögens bzw. des Zugewinns einzusetzen (BT-Drucks. 10/5447 S. 25; OLG Frankfurt FamRZ 1984, 182; OLG Karlsruhe FamRZ 1984, 287; s. a. BGH FamRZ 1995, 362). Jedoch kann es zumutbar sein, Teile hiervon einzusetzen, so etwa wenn die Einkünfte aus einer beruflichen Tätigkeit es ermöglichen, die Vermögenseinbuße wieder auszugleichen. Dasselbe gilt auch für den Einsatz eines Sparguthabens – mit Ausnahme eines **Notgroschens** bis zu 3.000,00 € – sowie die Beleihung eines Wertpapierdepots. Die Inanspruchnahme eines **Darlehens** zur Finanzierung der Abfindung ist jedenfalls dann zumutbar, wenn es dem Verpflichteten angesichts seiner sonstigen Einkommensverhältnisse möglich ist, dieses ohne Beeinträchtigung des eigenen angemessenen Unterhalts und der Unterhaltsansprüche Dritter abzutragen.

6. Höhe der Abfindung

a) Bestimmung des Zeitwertes nach § 24 Abs. 1 VersAusglG

714 Die Höhe der Abfindung ist gem. § 24 Abs. 1 VersAusglG nach dem Wert des Anrechts zu bestimmen, den dieses im **Zeitpunkt der Abfindungsentscheidung** hat (BT-Drucks. 7/4361 S. 47); dies wird in § 24 Abs. 1 VersAusglG ausdrücklich be-

VI. Anspruch auf Abfindung, Zumutbarkeit

stimmt. Dieser Wert ist nach § 24 Abs. 1 VersAusglG festzulegen. Danach ist zunächst von dem (ehezeitbezogenen) Ausgleichswert des Anspruchs auf die schuldrechtliche Ausgleichsrente gem. den §§ 20, 22 VersAusglG zum Ende der Ehezeit auszugehen. Anschließend ist eine Anpassung nach § 5 Abs. 2 Satz 2 VersAusglG vorzunehmen, mit der die nach dem Ende der Ehezeit bis zum Zeitpunkt der letzten mündlichen Verhandlung der Entscheidung nach §§ 20, 22 VersAusglG eingetretenen Veränderungen erfasst werden (s. o. Rdn. 677, 678). Findet keine mündliche Verhandlung statt (s. § 32 FamFG), ist zur Klarstellung in der Entscheidung zu § 23 Abs. 1 VersAusglG ein entsprechender Zeitpunkt zu benennen (BT-Drucks. 7/4361 S. 48).

b) Bestimmung des Abfindungsbetrages

Ausgangspunkt bei der Bestimmung des Abfindungsbetrags ist zunächst der **Ausgleichswert** des noch nicht ausgeglichenen Anrechts **zum Ehezeitende**. Dieser kann entsprechend § 5 Abs. 1 VersAusglG in Form der dort genannten Bezugsgrößen bestehen, also in Form einer Rente, eines Kapitalbetrags oder einer sonstigen Bezugsgröße (Entgeltpunkte, Leistungszahlen; unklar BT-Drucks. 16/10144 S. 65). Da die Abfindung stets als Kapitalleistung in Form eines Einmalbetrages oder einer Ratenzahlung zu erbringen ist, stellt sich die **Frage des Ausgleichsgegenstandes**, ob also eine Rente bzw. eine andere Bezugsgröße, die als Rente bestimmt werden kann, oder der bereits zum Ende der Ehezeit zu bestimmende Kapitalbetrag zugrunde zu legen ist. Dies ist im ersteren Sinn anzunehmen, weil die nach § 2 Abs. 2 VersAusglG zu erfassenden Änderungen nach dem Ende der Ehezeit, soweit sie einen Ehezeitbezug haben, nach der Entwicklung des jeweiligen Anrechts zu berücksichtigen sind. Würde auch im Falle einer Rentenleistung unmittelbar ein Kapitalbetrag bei Ehezeitende angenommen, müsste eine eingetretene Rentensteigerung durch die Ermittlung eines weiteren Kapitalbetrags zum Zeitpunkt der Entscheidung zu § 23 Abs. 1 VersAusglG ermittelt werden, der die Anpassung des auszugleichenden Anrechts ergänzend erfassen müsste. 715

Entsprechend ist auf der Grundlage des Ausgleichswerts in einem zweiten Schritt eine eingetretene Wertveränderung des Anrechts gem. § 5 Abs. 2 Satz 2 VersAusglG vom **Ehezeitende bis zum Zeitpunkt der Entscheidung zur Bestimmung des Zeitwerts** gem. den §§ 23, 24 VersAusglG festzustellen. Zu den Einzelheiten wird auf die Rdn. 676–678 verwiesen.

Bei der Bestimmung des Zeitwerts ist nach der Bezugsgröße des Ausgleichswerts zu unterscheiden. 716
- Besteht der **Ausgleichswert in einem Kapitalbetrag** aus einer betrieblichen Altersversorgung, die zum Zeitpunkt der Entscheidung über den Wertausgleich bei der Scheidung nach § 1b BetrAVG noch verfallbar war, so ist der Wertzuwachs vom Ehezeitende bis zum Zeitpunkt der Entscheidung zur Abfindung um die diesem inzwischen unverfallbar gewordenen Anrecht zugeflossenen Überschüsse zu erhöhen. Dieser Zuwachs kann nach § 220 Abs. 1 FamFG beim Versorgungsträger ermittelt werden.
- Besteht der **Ausgleichsbetrag in einem Rentenbetrag**, ist der zum Zeitpunkt der Entscheidung zur Abfindung ermittelte Rentenbetrag (nach Berücksichtigung der Erhöhungen gem. § 5 Abs. 2 Satz 2 VersAusglG) zu kapitalisieren. Dies erfolgt auf der Grundlage eines versicherungsmathematischen Barwerts, der einerseits von dem zugrunde gelegten Rechnungszins sowie der individuellen Lebenserwartung abhängt. Insoweit ist die »fernere Lebenserwartung« heranzuziehen, die sich aus den Sterbetafeln der Jahre 2005/2007 des Statistischen Bun-

desamts ergeben. Versicherungsmathematisch ist eigentlich von den **verbundenen Leben beider ehemaliger Ehegatten** auszugehen (s. a. *Bergner/Schneider* FamRZ 2004, 1838, 1839 f.), da die Dauer des abzufindenden Anrechts sowohl von der Lebenserwartung der ausgleichsberechtigten Person als auch der ausgleichspflichtigen Person abhängt. Im Rahmen der Bestimmung der Abfindungssumme kann aber der Regelungszweck des Versorgungsausgleichs berücksichtigt werden, der mit der Trennung der Versorgungsschicksale die Dauer des Bezugs eines Anrechts trennt. Hieraus ist es gerechtfertigt, die Abzinsung des Anrechts auf der Grundlage der biometrischen Daten der ausgleichsberechtigten Person zu ermitteln (s. a. *Schwab/Hahne* Teil VI Rn. 253 f.; ferner *Bergner/ Schneider* FamRZ 2004, 1838, 1840). Als **Rechnungszins** ist der von der Bundesbank nach § 253 Abs. 2 HGB monatlich bekannt gegebene Zins heranzuziehen. Weist ein Anrecht in der Anwartschafts- und/oder Leistungsphase eine Dynamik auf, ist der zugrunde gelegte Zinssatz entsprechend zu mindern (Beispiel: Steigerung der Leistungen um 1%; danach ist für diese Phase der angenommene Zinssatz von 5% auf 4% zu kürzen; hierdurch erhöht sich der Abfindungsbetrag der künftigen Rente, weil für die künftige jährliche Rentenzahlung ein geringerer Abzinsungsfaktor angenommen wird).

- Erfolgt die Abfindungszahlung zur gesetzlichen Rentenversicherung, erfolgt die Bestimmung des Kapitalwerts gem. den Umrechnungsfaktoren für den Versorgungsausgleich in der Rentenversicherung (vom 02.12.2008, BGBl I 2343; FamRZ 2009, 98; s. a. Rdn. 337). Liegt ein Anrecht von 120,00 € als Ausgleichswert vor, ergibt dies 4,4118 Entgeltpunkte (120 : 27,20 € – aktueller Rentenwert 2. Halbjahr 2009). Für einen Entgeltpunkt beträgt der Umrechnungsfaktor 6.144,9210; damit sind in die gesetzlichen Rentenversicherung 27.110,16 € einzuzahlen.
- Entscheidet sich der Ausgleichsberechtigte zu einer Begründung des Anrechts in einer **privaten Lebens- oder Rentenversicherung,** ist die Abfindung gem. dem versicherungsmathematischen Barwert des auszugleichenden Anrechts vorzunehmen. Der ermittelte Barwert hat die Funktion eines **Einmalbeitrages zur privaten Lebens- oder Rentenversicherung;** auch eine Ratenzahlung ist möglich, die so zu bemessen ist, dass sich die aus dem Einmalbeitrag ermittelte Rente ergibt. Da § 24 Abs. 2 VersAusglG auf die Regelung des § 15 Abs. 1–5 VersAusglG verweist, also nach § 15 Abs. 2 VersAusglG die gewählte Zielversorgung eine angemessene Versorgung gewährleisten muss, ist von der gewählten Versorgung zu verlangen, dass **Gewinnanteile zur Erhöhung der Versicherungsleistungen** verwendet werden, wenn das Anrecht mit den dynamischen Werten der gesetzlichen Rentenversicherung vergleichbar ist (BT-Drucks. 7/650 S. 169). Ferner ergibt sich aus der Verweisung auf § 15 Abs. 1–5 VersAusglG, dass die Zahlung des Kapitalbetrags an die gewählte Zielversorgung nicht zu steuerlichen Einnahmen bei der ausgleichspflichtigen Person führen darf. Zu den Anforderungen an die Zielversorgung wird auf die Rdn. 572, 573 verwiesen (Steuerneutralität nur hinsichtlich geförderter bzw. zertifizierter Versorgungen).
- Wird der kapitalisierte Abfindungsbetrag nicht zu Versorgungszwecken verwendet, so kann dies bei Geltendmachung eines nachehelichen Unterhalts nach den §§ 1569 ff. BGB dazu führen, dass er aufgrund der **Verletzung einer Obliegenheit** zur Verwendung dieser Mittel zur eigenen Altersversorgung sich so behandeln lassen muss, als ob diese Beträge i. S. d. § 1587 l BGB verwendet worden wären (§§ 1577 Abs. 1, 1579 Nr. 4 BGB).
- Hinzuweisen ist insoweit, dass nach § 20 Abs. 1 Satz 3 VersAusglG **geringfügige Ausgleichswerte** i. S. d. § 18 Abs. 1, 2 VersAusglG nicht auszugleichen sind; dies gilt auch in Bezug auf ein Abfindungsbegehren, was in § 24 Abs. 1 Satz 2 VersAusglG entsprechend gilt.

VI. Anspruch auf Abfindung, Zumutbarkeit

7. Zweckbindung der Abfindungszahlung

Nach § 23 Abs. 1 Satz 2 VersAusglG ist die Abfindung an den Versorgungsträger zu zahlen, bei dem ein bestehendes Anrecht ausgebaut oder ein neues begründet werden soll. Ferner verweist § 24 Abs. 2 VersAusglG auf die Regelung des § 15 Abs. 1–5 VersAusglG. Hieraus ist abzuleiten, dass entsprechend dem Zweck der Abfindungszahlung ein Anrecht i. S. d. § 2 Abs. 2 VersAusglG auf eine Alters- und Invaliditätsversorgung gebildet werden muss. Zwar muss das Anrecht nicht denselben Risikoschutz wie bei der internen Teilung gem. § 11 Abs. 1 Satz 2 Nr. 2 VersAusglG gewährleisten. Es muss jedoch eine angemessene Versorgung gem. § 15 Abs. 2 VersAusglG sicherstellen. Dies ist nach § 15 Abs. 4 VersAusglG stets gewährleistet, wenn die Abfindung zur gesetzlichen Rentenversicherung (s. hierzu Rdn. 707), in eine betriebliche Altersversorgung oder einen Vertrag eingezahlt wird, der nach § 5 Altersvorsorgeverträge-Zertifizierungsgesetz zertifiziert ist (eingehend Rdn. 572, 573). Dies bedeutet zugleich, dass die Abfindungssumme nicht unmittelbar an die **ausgleichsberechtigte Person** ausbezahlt oder in ein anderes Produkt einbezahlt wird, das die zuvor genannten Voraussetzungen nicht erfüllt, also eine **private Lebensversicherung mit Kapitalleistung** oder eine private Rentenversicherung mit einer Kapitaloption, weil diese in eine Kapitalleistung umgewandelt werden kann. Eine Einzahlung zur Beamtenversorgung ist grundsätzlich nicht möglich; sie wäre jedoch möglich, um Abschläge nach § 58 BeamtVG aus einem früheren Versorgungsausgleich wieder aufzufüllen, also im Leistungsfall eine entsprechende Kürzung abzuwenden.

717

Voraussetzungen einer wirksamen Wahl der Zielversorgung ist deshalb, dass eine den Anforderungen des § 24 Abs. 2 VersAusglG i. V. m. § 15 VersAusglG gerecht werdende Auswahl getroffen wird.

8. Verfahren

Das Abfindungsbegehren wird regelmäßig nach § 217 FamFG in einem selbständigen Verfahren geltend gemacht werden; aber auch ein entsprechender Verbundantrag ist zulässig. Die Abfindung wird gem. § 223 FamFG nur auf **ausdrücklichen Antrag** zugesprochen; zuständig ist nach § 14 Nr. 2a RPflG der Familienrichter; dies gilt auch für die Festsetzung von Raten nach § 23 Abs. 3 VersAusglG. Auch die Neuberechnung der Raten nach § 227 FamFG i. V. m. § 48 Abs. 1 FamFG obliegt dem Familienrichter, wenn eine Erfassung des Zeitwerts des Anrechts in Betracht kommt. Die Entscheidung nach § 23 VersAusglG ist mit der Beschwerde gem. § 58 FamFG sowie der Rechtsbeschwerde gem. § 70 FamFG anfechtbar.

718

> **Beispiele einer Antragsformulierung:**
>
> *1. Fall:* Der Antragsgegner ist verpflichtet, an die Antragstellerin zur Abfindung ihrer schuldrechtlichen Ausgleichsrente aus der betrieblichen Altersversorgungszusage der Fa. ... einen Betrag von 20.000,00 € zu bezahlen, der zu dem von der Antragstellerin bei der (privaten) Lebensversicherung AG abgeschlossenen Vertrag mit der Versicherungsnummer ... zu erbringen ist.
>
> *2. Fall:* Der Antragsgegner ist verpflichtet, an die Antragstellerin zur Abfindung ihres Ausgleichsanspruchs aus der Beamtenversorgung beim Land einen Betrag von ... € zur Begründung einer Rentenanwartschaft in der gesetzlichen Rentenversicherung von ... € zu bezahlen, bezogen auf den Berechnungszeitpunkt 31. 10. 2009.
>
> Die Tilgung erfolgt in monatlichen Raten zu je € ... und ist auf das Versicherungskonto der Antragstellerin bei der Bundesversicherungsanstalt für Angestellte einzuzahlen, beginnend zum Ersten des Monats, der auf den Eintritt der Rechtskraft der Entscheidung folgt.

719

In diesem Fall ist wegen der Veränderung der Bemessungsgrundlage bei jeder Veränderung eine Nachberechnung zur Ermittlung der höheren Beitragszahlungen vorzunehmen. Ferner ist zu prüfen, ob die Begründung eines Anrechts in der gesetzlichen Rentenversicherung nicht unwirtschaftlich i. S. d. § 19 Abs. 2 Nr. 3 VersAusglG ist (s. hierzu Rdn. 592, 596, 656).

9. Tod des Ausgleichsberechtigten

720 Aus § 31 Abs. 3 Satz 1 VersAusglG folgt, dass mit dem **Tod des Berechtigten** nicht nur der Anspruch auf Gewährung der schuldrechtlichen Ausgleichsrente gem. §§ 20, 22 VersAusglG, sondern auch die Abfindungsforderung erlischt. Der Erfüllungsanspruch für die Abfindung geht damit nicht auf die Erben des Ausgleichsberechtigten über (BT-Drucks. 7/650 S. 170), nachdem auch mit dem Tod des Berechtigten keine versicherungstechnische Möglichkeit einer weiteren Beitragsentrichtung mehr besteht. Eine geleistete Abfindung kann unter den Voraussetzungen des § 37 Abs. 1 Satz 2 VersAusglG vom Verpflichteten zurückverlangt werden, weil diese Regelung auch Beitrags- und Abfindungsleistungen betrifft (vgl. hierzu Rdn. 895 ff.). Dies gilt entsprechend auch für den Fall eines Schadensersatzes wegen Nichterfüllung des Abfindungsanspruches gegen den Verpflichteten (*Johannsen/Hahne*, § 1587 m BGB Rn. 1 m. w. N.). Lediglich dann, wenn der Berechtigte die Abfindung vorweg bezahlt hat, geht der Rückgriffsanspruch mit dem Tod des Berechtigten auf dessen Erben über.

721 Auch bei **Tod der ausgleichspflichtigen Person** entfällt der Ausgleichsanspruch nach § 31 Abs. 3 Satz 1 VersAusglG und damit auch der Abfindungsanspruch nach § 23 VersAusglG. Die Abfindung kann deshalb nicht von den Erben des Verpflichteten verlangt werden, falls nicht rückständige Raten oder ein Schadensersatzanspruch wegen Nichterfüllung bestehen, die als Nachlassverbindlichkeiten von den Erben verlangt werden können.

10. Anrechnung auf den Unterhalt

722 Ist der Berechtigte (teilweise) abgefunden worden, so hat er sich auf einen Unterhaltsanspruch gegen den Verpflichteten den Betrag anrechnen zu lassen, den er als Versorgung nach § 23 VersAusglG erhalten würde, falls die Abfindung nicht geleistet worden wäre. Das VersAusglG hat zwar die Regelung des § 1587 n BGB a. F. nicht übernommen. Der hierin enthaltene Grundsatz ergibt sich jedoch aus allgemeinen Grundsätzen des Unterhaltsrechts, vor allem aus § 1577 Abs. 1, 4 BGB. Danach soll der Berechtigte allein das **Risiko einer fehlgeschlagenen Sicherung** der Ausgleichsrente durch eine Abfindungszahlung zur gesetzlichen Rentenversicherung oder privaten Lebens- bzw. Rentenversicherung tragen. Diese Regelung wirkt sich vor allem dann aus, wenn der Berechtigte einen privaten Versicherungsvertrag gekündigt hat. Zugleich wird mit dieser Regelung auch der **unterhaltsrechtliche Charakter** des schuldrechtlichen Versorgungsausgleichs deutlich. Die Anrechnung auf den Unterhalt kommt allerdings erst mit Beginn der (fiktiven) Ausgleichsrente in Betracht, da zuvor eine anrechenbare Ausgleichsforderung auf den Unterhalt noch nicht bestanden hätte. Übersteigt der geschuldete Unterhalt die fiktiv anzurechnende Ausgleichsrente (vor allem bei der Teilabfindung), ist der verbleibende Teil des Unterhaltsanspruchs dennoch zu erbringen.

VII. Abänderungen rechtskräftiger Entscheidungen und Vereinbarungen zum Wertausgleich nach der Scheidung, Beschwerde gegen Endentscheidungen

Die Entscheidung zum Wertausgleich nach der Scheidung unterliegt – wie die Entscheidung zum Wertausgleich bei der Scheidung gem. den §§ 9–19, 28 VersAusglG – der Abänderung. Dies wird in § 227 Abs. 1 FamFG ausdrücklich geregelt. Gleichermaßen können nach § 227 Abs. 2 FamFG Vereinbarungen der Ehegatten zum Versorgungsausgleich gem. den §§ 6–8 VersAusglG abgeändert werden.

723

Voraussetzung für die **Abänderung einer Entscheidung** zum Wertausgleich nach der Scheidung nach § 227 Abs. 1 FamFG ist, dass sich die Verhältnisse nach dieser Entscheidung **wesentlich geändert** haben. § 48 Abs. 1 FamFG bestimmt hierzu, dass die wesentliche Änderung in Bezug auf die **Sach- und Rechtslage nachträglich** eingetreten sein muss. Dies deckt sich weitgehend mit § 1587 g Abs. 3 BGB a. F. Die Abänderungsmöglichkeit ist nicht beschränkt, betrifft also auch bereits abgeänderte Endentscheidungen. Insoweit gleicht diese Regelung § 323 ZPO a. F. (zum Rechtszustand bis 31. 08. 2009 s. BT-Drucks. 7/4361 S. 44; s. a. BGH FamRZ 1984, 669, 670 = NJW 1984, 2364). Der Begriff der wesentlichen Veränderung entspricht den in § 5 Abs. 2 Satz 2 VersAusglG angesprochenen Änderungen, jedoch mit dem Unterschied, dass die Änderungen erst nach der ersten Entscheidung zu einer schuldrechtlichen Ausgleichszahlung i. S. d. §§ 20–26 VersAusglG eingetreten sein dürfen. Die Regelung gilt also auch für Ansprüche gegen den Versorgungsträger nach § 25 VersAusglG sowie für Ansprüche gegen die Witwe oder den Witwer nach § 26 VersAusglG. Allgemein anerkannt ist, dass eine wesentliche Änderung bei einer Abweichung des Versorgungswertes von mindestens 10% vorliegt (*Johannsen/Hahne*, § 1587 g BGB Rn. 23; *MüKo/Dörr*, § 1587 g BGB Rn. 29). Die in § 225 Abs. 2 FamFG enthaltene Mindestgrenze von 5% des bisherigen Ausgleichswerts des Anrechts gilt in den Fällen der §§ 20–26 VersAusglG nicht. Als wesentliche Änderung ist es ferner anzusehen, wenn eine verminderte Erwerbsfähigkeit nach § 43 Abs. 1, 2 SGB VI vorlag, die zu einer zeitlich befristeten Rente geführt hat, inzwischen wieder aber dauerhafte Erwerbsfähigkeit vorliegt. Eine zu den Ausgleichsansprüchen nach der Scheidung ergangene Entscheidung (als echtes Streitverfahren der freiwilligen Gerichtsbarkeit) erwächst in **materielle Rechtskraft** mit der Folge, dass nach den allgemein geltenden Grundsätzen im Falle einer Abänderungsentscheidung Fehler in einer vorangegangenen Entscheidung nicht korrigiert werden können. Dies entspricht auch der Neukonzeption des § 225 Abs. 1, 2 FamFG (s. Rdn. 683, 1077 f.; zum Rechtszustand bis zum 31. 08. 2009 s. aber Vorauflage Rn. 649). Durch den Wegfall der Totalrevision gem. § 10 a VAHRG a. F. entfällt auch eine analoge Interpretation in den Fällen der Ausgleichsansprüche nach der Scheidung gem. § 48 Abs. 1 FamFG (bisher § 1587 g Abs. 3 BGB a. F.).

Für das Abänderungsverfahren gelten dieselben Grundsätze wie beim einleitenden Verfahren zur schuldrechtlichen Ausgleichsrente nach § 20 VersAusglG (s. hierzu oben Rdn. 664 ff.). Endentscheidungen in den Verfahren der §§ 20–26 VersAusglG können uneingeschränkt mit der **Beschwerde nach den §§ 58 ff. FamFG** angefochten werden. Der nach § 53 g Abs. 2 FGG a. F. geregelte Ausschluss eines Rechtsmittels besteht in Bezug auf die Rechtsbeschwerde i. S. d. §§ 70 ff. FamFG nicht (zum Rechtszustand bis 31. 08. 2009 s. BGH FamRZ 1984, 669 = NJW 1984, 2464).

724

4. Kapitel   Ausgleichsansprüche nach der Scheidung

> **Wichtiger Hinweis:**
>
> Im Hinblick auf die grundlegende Änderung der Rechtslage durch die gesetzliche Regelung des § 20 Abs. 1 Satz 2 VersAusglG stellt sich die Frage, ob in Altverfahren zum schuldrechtlichen Versorgungsausgleich, in denen der Ausgleichswert auf der Grundlage des Bruttoprinzips bestimmt und die Härteklausel nach § 1587 c Nr. 1 BGB a. F. nicht angewandt wurde, gem. § 227 Abs. 1 FamFG i. V. m. § 48 FamFG die Abänderung der Erstentscheidung beantragt werden kann. Dies ist zu bejahen, weil § 48 FamFG die Abänderung einer Endentscheidung im Falle einer nachträglichen Änderung der Rechtslage ausdrücklich vorsieht. Dies ist bei der gegebenen Sachlage zu bejahen. Liegt ein höherer Ausgleichsbetrag vor, liegt auch eine wesentliche Änderung i. S. d. § 48 Abs. 1 FamFG vor, da jedenfalls seit 2004 (Erhöhung auf den vollen Beitragssatz zur gesetzlichen Kranken- und Pflegeversicherung) eine Abweichung von 10 % erreicht wird.

Haben die Ehegatten eine **Vereinbarung zum Versorgungsausgleich** nach § 6 VersAusglG geschlossen, kann diese nach § 227 Abs. 2 VersAusglG i. V. m. den §§ 225, 226 FamFG abgeändert werden, soweit eine Abänderung nicht ausdrücklich abgeschlossen wurde. Dies gilt aber lediglich, soweit eine solche Vereinbarung zur Grundlage einer Entscheidung des Familiengerichts herangezogen wurde und den Wertausgleich bei der Scheidung nach den §§ 9–19, 28 VersAusglG betrifft, also nicht die Ausgleichsansprüche nach der Scheidung gem. den §§ 20–26 VersAusglG. Haben die Ehegatten insoweit eine Vereinbarung zu den Ausgleichsansprüchen nach der Scheidung geschlossen, die nicht zur Grundlage einer familiengerichtlichen Entscheidung herangezogen wurde, richtet sich deren Abänderung nach den allgemeinen Grundsätzen des BGB (§§ 133, 157, 242, 313 BGB).

VIII. Verhältnis zum nachehelichen Unterhalt

725   Der nacheheliche Unterhalt und die Ausgleichsansprüche gem. §§ 20–24 VersAusglG schließen sich gegenseitig nicht aus. Anders als der Unterhalt hängen die Ausgleichsansprüche der §§ 20–24 VersAusglG nicht von der **Bedürftigkeit der ausgleichsberechtigten Person** ab (zum Sonderfall der Härteklausel des § 27 VersAusglG [§ 1587 h Nr. 1 BGB a. F.] s. Rdn. 811, 814). Bezieht der Berechtigte Leistungen aus den Ansprüchen gem. §§ 20–24 VersAusglG, mindert sich dessen Bedürftigkeit nach § 1577 Abs. 1 BGB (wie beim Versorgungsausgleich bei der Scheidung nach den §§ 9–19, 28 VersAusglG) und damit der Unterhaltsanspruch. Einkünfte aus dem Versorgungsausgleich prägen aber die ehelichen Lebensverhältnisse und sind deshalb mit der Differenz- bzw. Additionsmethode bei der Bestimmung der ehelichen Lebensverhältnisse i. S. d. § 1578 Abs. 1 BGB zu berücksichtigen (BGH FamRZ 2002, 88, 90). Dies entspricht auch dem Zweck des Versorgungsausgleichs, der eine eigenständige, von den wirtschaftlichen Verhältnissen des ausgleichspflichtigen Ehegatten unabhängige Versorgung sicherstellen soll. Hieraus folgt im Übrigen, dass bei einer Konkurrenz zwischen den schuldrechtlichen Ausgleichszahlungen nach den §§ 20–24 VersAusglG und nachehelichem Unterhalt bei eingeschränkter Leistungsfähigkeit des Ausgleichspflichtigen der schuldrechtliche Versorgungsausgleich vorrangig ist. Im Übrigen erfolgt der schuldrechtliche Versorgungsausgleich im Grundsatz auch unabhängig von der (unterhaltsrechtlichen) Leistungsfähigkeit des Ausgleichspflichtigen (zur Begrenzung nach § 27 s. Rdn. 811, 814).

IX. Verfahrensfragen

1. Antragsverfahren

Über Ausgleichsansprüche nach der Scheidung gem. den §§ 20–26 VersAusglG wird nur **auf Antrag** eines Ehegatten entschieden; dies bestimmt § 223 FamFG. Insoweit unterscheidet sich dieser Regelungsbereich von den Ausgleichsansprüchen bei der Scheidung gem. den §§ 9–19, 28 VersAusglG, die nach § 137 Abs. 2 Satz 2 FamFG von Amts wegen im Zwangsverbund durchzuführen und deshalb auch von Amts wegen einzuleiten sind. Nach Einleitung unterliegt das Verfahren den Bestimmungen des FamFG, so dass auch der Grundsatz der **Amtsermittlung** nach § 27 FamFG heranzuziehen ist, da es sich bei diesen Verfahren nicht um eine Familienstreitsache i. S. d. § 112 FamFG handelt, für die nach § 113 Abs. 1 FamFG für wesentliche Bereiche die Bestimmungen der ZPO gelten. Nach allgemeinen Grundsätzen bedarf es in dem Bereich der schuldrechtlichen Ausgleichszahlungen **keines bezifferten Antrags**, da der Antrag i. S. d. § 223 FamFG nur eine verfahrenseinleitende Funktion hat. Das Gericht ist deshalb auch an **bestimmte Sachanträge nicht gebunden** (OLG Düsseldorf FamRZ 1985, 720). Regelmäßig werden die Ansprüche nach den §§ 20–24 VersAusglG außerhalb des Entscheidungsverbunds beantragt, weil bei Auflösung der Ehe dessen Voraussetzungen nach den §§ 20–24 VersAusglG nicht vorliegen; er steht aber einer Verbundentscheidung im Grundsatz nicht entgegen, wenn die Voraussetzungen der §§ 20–24 VersAusglG zum Zeitpunkt der Entscheidung über den Scheidungsantrag bereits vorliegen, da auch in diesem Fall eine Entscheidung für den Fall der Scheidung zu treffen ist. Der Antrag ist beim Familiengericht einzureichen, dessen **Zuständigkeit** sich nach § 218 FamFG richtet (eingehend Rdn. 975). Er kann nicht erstmals in der Beschwerdeinstanz gestellt werden (BGH NJW 1990, 1847). Es besteht **kein Anwaltszwang**, es sei denn, die Ausgleichsrente wird im Verbundverfahren geltend gemacht, § 10 FamFG i. V. m. § 114 Abs. 1 FamFG. Die Beteiligten können im Übrigen Vereinbarungen auch **außergerichtlich** schließen. Insoweit bedarf es keiner besonderen Form, weil sich die in § 7 VersAusglG geregelte notarielle Form auf den Wertausgleich bei der Scheidung bezieht.

2. Feststellungsinteresse

Von dem Verfahren zur Entscheidung über die Ansprüche nach den §§ 20–24 VersAusglG ist die Frage zu unterscheiden, ob bei der Verbundentscheidung zum Wertausgleich bei der Scheidung gem. § 137 Abs. 2 Nr. 1 FamFG bereits eine **feststellende Entscheidung** zum schuldrechtlichen Versorgungsausgleich zu treffen ist, also die Voraussetzungen der §§ 20–24 VersAusglG nicht vorliegen. Zwar ist es grundsätzlich möglich, eine feststellende Entscheidung nach § 256 ZPO im Versorgungsausgleich zu treffen; in den Verfahren der §§ 20–24 VersAusglG fehlt es aber in der Regel an einem **Feststellungsinteresse**, weil sowohl die Feststellung des künftigen Anspruchs als auch dessen Höhe im Zeitpunkt der Entscheidung nicht bestimmt werden kann (BGH FamRZ 1984, 251, 253 = NJW 1984, 610, 611; FamRZ 1995, 293 = NJW-RR 1995, 321; FamRZ 1995, 1481; *Borth*, FamRZ 1996, 714, 719; s. a. BGH FamRZ 1996, 1465 zum verlängerten schuldrechtlichen Versorgungsausgleich; s. aber OLG Karlsruhe FamRZ 1986, 917). Ist nämlich beispielsweise eine betriebliche Altersversorgungszusage dem Grunde oder der Höhe nach noch verfallbar, kann nicht festgestellt werden, ob es je zu einem schuldrechtlichen Versorgungsausgleich kommt. Die Höhe einer solchen Versorgung kann wegen einer möglicherweise später eintretenden Veränderung nicht festgelegt werden. Auch kommt einer solchen Entscheidung **keine Bindungswirkung** zu

4. Kapitel   Ausgleichsansprüche nach der Scheidung

(BGH FamRZ 1995, 157; FamRZ 1995, 1481). Solange die Voraussetzungen der §§ 20–24 VersAusglG nicht vorliegen, besteht die Gefahr, dass bei einer späteren Durchführung dieser Verfahren der vermeintlich rechtskräftig gewordene Anspruch zur Grundlage der Zahlung der Ausgleichsrente gemacht wird (BGH FamRZ 1995, 157; FamRZ 1995, 1481; s. a. Rdn. 1048). Kein Feststellungsinteresse zu dem Anspruch auf die schuldrechtliche Ausgleichsrente besteht auch dann, wenn der (voraussichtliche) Ausgleichsverpflichtete die Voraussetzungen des § 27 VersAusglG im Wertausgleich bei der Scheidung geltend gemacht hat und diese auch bei dem Anspruch auf die schuldrechtliche Ausgleichszahlung nach § 20 VersAusglG festgestellt haben will, weil auch in diesem Fall es ungewiss ist, ob ein Anspruch entsteht, so dass es an einem subjektiven Recht zu diesem Zeitpunkt fehlt. Nicht geboten ist im Verbundurteil die Feststellung, dass die spätere Geltendmachung von Ausgleichsansprüchen nach der Scheidung vorbehalten bleibt (BGH FamRZ 1984, 668, 669; OLG Zweibrücken FamRZ 1983, 1237). Jedoch bestimmt § 224 Abs. 4 FamFG, dass das Familiengericht in den Gründen der Entscheidung darauf hinzuweisen hat, dass hinsichtlich einer Versorgung oder bestimmten Teile davon noch Ausgleichsansprüche nach der Scheidung bestehen. Allerdings ist eine Berechnung der Höhe nach nicht vorzunehmen und auch regelmäßig nicht sinnvoll, weil sich das Anrecht bis zum Leistungsfall noch verändern kann.

5. Kapitel
Teilhabe an der Hinterbliebenenversorgung

I. Überblick

Die in Unterabschnitt 3 der Ausgleichsansprüche nach der Scheidung geregelten Tatbestände betreffen zwei miteinander verbundene Sachlagen, die unter dem Begriff der Teilhabe an der Hinterbliebenenversorgung zusammengefasst werden. Hierbei handelt es sich vor allem um den Anspruch gegen den Versorgungsträger nach § 25 Abs. 1 VersAusglG, der § 3a Abs. 1 VAHRG a. F. entspricht. Ferner ist in diesem Abschnitt der Anspruch gegen die Witwe oder den Witwer der ausgleichsberechtigten Person geregelt, der stets dann eingreift, wenn die Hinterbliebenenversorgung an die Witwe oder den Witwer ausbezahlt wird.

728

II. Normzweck des § 25 VersAusglG – Anspruch gegen den Versorgungsträger

Die Regelung des § 25 VersAusglG soll die schwache Stellung der Ansprüche auf die schuldrechtliche Ausgleichsrente nach den §§ 20, 22 VersAusglG durch die Möglichkeit der Inanspruchnahme des Trägers einer schuldrechtlich auszugleichenden Versorgung so weit als möglich beseitigen. Diese Regelung deckt sich weitgehend mit § 3a VAHRG a.F, der die Bezeichnung »verlängerter schuldrechtlicher Versorgungsausgleich« führte, die aber aufgegeben wurde, um zu dokumentieren, dass der Anspruch nach § 25 VersAusglG kein von den §§ 20, 22 VersAusglG abgeleiteter Anspruch darstellt, da dieser mit dem **Tod der ausgleichspflichtigen Person** erlischt. Da dieser Anspruch auch nicht als Nachlassverbindlichkeit auf die Erben übergeht, bliebe die ausgleichsberechtigte Person in diesem Fall unversorgt. Zweck der Regelung des § 25 VersAusglG ist es, diese Versorgungslücke zu schließen (BT-Drucks. 10/5447 S. 10 f. zu § 3a VAHRG a. F.). § 25 Abs. 1 VersAusglG bestimmt, dass der Ausgleichsberechtigte nach dem Tod des Verpflichteten vom Träger die Hinterbliebenenversorgung verlangen kann, die er erhielte, wenn die Ehe bis zum Tod der ausgleichspflichtigen Person fortbestanden hätte. Die Bestimmung des § 25 Abs. 1 VersAusglG gewährt damit dem Berechtigten einen **eigenständigen Anspruch** gegen den **Träger der auszugleichenden Versorgung.** Die Leistung des Versorgungsträgers nach § 25 VersAusglG gleicht damit der Ausgleichsrente nach § 20 VersAusglG selbst dann, wenn es sich bei dem auszugleichenden Anrecht um eine betriebliche Altersversorgung handelt. Nicht eindeutig ist der **Rechtscharakter** dieses Anspruchs. Einerseits tritt der Träger der Versorgung nicht als Rechtsnachfolger des Verpflichteten in dessen Rechtsposition ein; der Anspruch richtet sich nach den in § 25 VersAusglG bestimmten Voraussetzungen und ist insbesondere nach dem Tod des Verpflichteten neu festzusetzen. Andererseits leitet sich der Anspruch aus dem familienrechtlichen Verhältnis der Ehegatten ab. Der Träger der Versorgung kann aus diesem Verhältnis auch Einwendungen (z. B. die Härteklausel nach § 27 VAG) vorbringen. Ferner weist der Anspruch **Strukturen der Geschiedenenwitwenrente** i. S. d. §§ 243 SGB VI, 1265 RVO a. F. auf, da er an die Höhe der Hinterbliebenenrente anknüpft und auch eine entsprechende Anpassung vorsieht. Die innere Rechtfertigung ergibt sich aus dem **Grundsatz der gleichmäßigen Teilhabe** der in der Ehe erworbenen Anrechte und ist damit nach Art. 3 und 6 GG verfassungsrechtlich geboten. Entsprechend hat das BVerfG in der Entscheidung vom 23. 06. 1993 (FamRZ 1993, 1173) die Regelungen über den verlängerten schuld-

729

rechtlichen Versorgungsausgleich gem. § 3 a VAHRG a. F. mit dem Grundgesetz für vereinbar erklärt, soweit sie den privaten Versorgungsträger, der in der Vergangenheit eine Versorgung erfüllt hatte, bei künftigem Eintritt des Versorgungsfalls zur Zahlung der Ausgleichsrente auch dann verpflichtet, wenn die Ehe bereits vor dem Inkrafttreten der Regelung geschieden war (§ 3 a VAHRG a.F wurde durch Art. 2 Nr. 3 des Gesetzes über weitere Maßnahmen auf dem Gebiet des Versorgungsausgleichs vom 08. 12. 1986 [BGBl I S. 2317] eingeführt; er ist seit dem 01. 01. 1987 in Kraft).

III. Schutz der Träger der auszugleichenden Versorgung

730 Der Gesetzgeber will den Belangen der Versorgungsträger, auf die im Einzelfall erhebliche Mehrbelastungen zukommen und die mit ihren Interessen im Grundsatz hinter dem Interesse des Ausgleichsberechtigten am Fortbestand seiner schuldrechtlichen Ausgleichsrente zurückzutreten, dadurch Rechnung tragen, dass der Anspruch begrenzt wird (s. u. Rdn. 731, 746 ff.) und die Versorgung eines neuen Ehegatten (Witwe/Witwer) gekürzt werden kann. Er ist deshalb auch nicht als ein Anspruch nach dem BetrAVG zu qualifizieren. Der Anwendungsbereich des Anspruchs gem. § 25 VersAusglG ist im Übrigen durch die in den §§ 9–17 VersAusglG neuen Ausgleichsformen der externen Teilung sowie der internen Teilung gegenüber dem Rechtszustand bis zum 31. 08. 2009 erheblich eingeschränkt. Ferner entsteht kein Anspruch, wenn die ausgleichsberechtigte Person nach § 23 VersAusglG den Anspruch auf Abfindung erfolgreich geltend macht, weil mit vollständiger Erfüllung des Abfindungsanspruchs der familienrechtliche Anspruch der ausgleichsberechtigten Person wegen Erfüllung erloschen ist, so dass es an den tatbestandlichen Voraussetzungen des § 25 Abs. 1 VersAusglG fehlt. Er bleibt aber entsprechend bestehen, soweit lediglich eine Teilabfindung erfolgt ist.

IV. Voraussetzungen des Anspruchs, § 25 Abs. 1 VersAusglG

1. Vorliegen einer Hinterbliebenenversorgung

a) Begriff der Hinterbliebenenversorgung

731 Neben dem Anspruch auf eine schuldrechtliche Ausgleichsrente bzw. dem Anspruch auf Ausgleich einer Kapitalzahlung nach § 22 VersAusglG und dem Tod des Verpflichteten sieht § 25 Abs. 1 VersAusglG nur dann einen Leistungsanspruch vor, wenn bei dem angenommenen Fortbestehen der Ehe die ausgleichsberechtigte Person vom Träger der Versorgung eine **Hinterbliebenenversorgung** (als Witwe/Witwer) erhielte. Voraussetzung für den Anspruch ist also, dass nach der maßgebenden Satzung oder vergleichbaren Regelung des Trägers der Versorgung eine Hinterbliebenenversorgung zugunsten eines überlebenden Ehegatten vorgesehen ist (BT-Drucks. 10/5457 S. 11 zu § 3 a VAHRG a. F.). Eine Hinterbliebenenversorgung für **sonstige Personen** (insbesondere Waisen) erfüllt dagegen die Voraussetzungen nach § 25 Abs. 1 VersAusglG nicht; dies folgt auch aus der Kürzungsbestimmung des § 25 Abs. 4 VersAusglG. Die Einschränkung des Anspruchs auf die Fälle einer vorgesehenen Hinterbliebenenversorgung ist gerechtfertigt, weil ansonsten der geschiedene Ehegatte besser gestellt würde als beim Fortbestehen der Ehe. Der Anspruch nach § 25 Abs. 1 VersAusglG kann nicht isoliert durch eine besondere Bestimmung in der Satzung der Versorgung ausgeschlossen werden, also etwa in der Weise, dass lediglich eine Witwen-/Witwerversorgung, aber nicht die Rente aus § 25 Abs. 1 VersAusglG gewährt wird (OLG Karlsruhe

IV. Voraussetzungen des Anspruchs, § 25 Abs. 1 VersAusglG

FamRZ 1988, 1290). Dies schließt es nicht aus, dass der Träger der Versorgung die Hinterbliebenenversorgung generell abschafft und damit auch einer Ausgleichspflicht nach § 25 Abs. 1 VersAusglG entgeht (s. a. OLG Hamm FamRZ 2008, 2124 zu § 3 a VAHRG a. F.). Legt allerdings der Träger der Versorgung in der Satzung oder vergleichbaren Regelung fest, dass eine Hinterbliebenenversorgung nur im Falle der Auflösung der Ehe entfällt, so liegt in dieser Bestimmung eine Ausschaltung des Anspruches nach § 25 Abs. 1 VersAusglG, über den der Versorgungsträger unmittelbar nicht verfügen, sondern allenfalls jegliche Witwen-/Witwerversorgung abschaffen kann und damit auch den Anspruch aus § 25 Abs. 1 VersAusglG. Regelt die Satzung, dass im Falle einer längeren Trennung des Ehegatten vom Versorgungsberechtigten eine Witwen-/Witwerrente entfällt, so liegt hierin wieder eine generelle Aufhebung der Witwen-/Witwerversorgung, die im Rahmen der Gestaltungsbefugnis des Trägers der Versorgung liegt.

> **Praktischer Hinweis:**
>
> Der Anspruch nach § 25 Abs. 1 VersAusglG erfasst nach seinem eindeutigen Wortlaut beide Formen der schuldrechtlichen Ausgleichszahlungen, also sowohl den Anspruch auf die schuldrechtliche Ausgleichsrente nach § 20 Abs. 1 VersAusglG als auch den (schuldrechtlichen) Anspruch auf Ausgleich von Kapitalzahlungen nach § 22 VersAusglG. Voraussetzung ist aber, dass für beide Formen eine Hinterbliebenenversorgung i. S. d. § 25 Abs. 1 VersAusglG vorgesehen ist.

b) Wiederverheiratungsklauseln, Anrechnungsbestimmungen

Der Träger der Versorgung kann auch mittelbar auf Grund und Höhe des Anspruchs nach § 25 Abs. 1 VersAusglG Einfluss nehmen. Soweit die Versorgungszusage eine (häufig vorkommende) **Wiederverheiratungsklausel** enthält, kann der Versorgungsträger anordnen, dass eine Witwen- oder Witwerrente ruht oder erlischt, wenn der hinterbliebene Ehegatte eine neue Ehe eingeht. Dies wirkt sich auch auf den Anspruch nach § 25 Abs. 1 VersAusglG aus, der damit ebenfalls untergeht (BT-Drucks. 10/5447 S. 11 zu § 3 a VAHRG a. F.). Entsprechendes gilt, wenn die Versorgungszusage die **Anrechnung von Renten** oder **sonstigen Einkünften** auf die Hinterbliebenenversorgung vorsieht. Dies kann bei entsprechenden wirtschaftlichen Verhältnissen des Anspruchsberechtigten zu einer Kürzung, aber auch zu einem gänzlichen Wegfall des Anspruchs nach § 3 a VAHRG führen (BT-Drucks. 10/5447 S. 11). Die der ausgleichsberechtigten Person geschuldete Ausgleichsrente darf danach die um die anzurechnenden Leistungen verminderte fiktive Hinterbliebenenversorgung nicht übersteigen. Dies kann aber nicht für Leistungen gelten, die die ausgleichsberechtigte Person aufgrund des Wertausgleichs bei der Scheidung nach den §§ 9–19, 28 VersAusglG bezieht, da ohne Scheidung der Ehe diese nicht vorlägen. Dies bezieht sich jedoch nur auf Leistungen aus der geschiedenen Ehe, aus der der Anspruch nach § 25 Abs. 1 VersAusglG folgt, nicht dagegen für frühere oder später geschiedene Ehen (BT-Drucks. 10/5447 S. 11 zu § 3 a VAHRG a. F.). Eine Ausnahme von der Nichtanrechnung von Anrechten, die durch den Versorgungsausgleich erworben wurden, kann dann bestehen, wenn etwa eine Hinterbliebenenleistung aus der gesetzlichen Rentenversicherung bei Fortbestehen der Ehe auf das auszugleichende Anrecht anzurechnen wäre.

Nicht eindeutig ist die Behandlung von **Regelungen zur Abfindung von wiederverheirateten Hinterbliebenen** im Falle des § 25 Abs. 1 VersAusglG, wenn sich das auszugleichende Anrecht auf eine wiederkehrende Rentenleistung bezieht. Der Wortlaut des § 25 Abs. 1 VersAusglG sieht ausdrücklich beide Formen der Ausgleichsansprüche nach der Scheidung gem. § 20 VersAusglG sowie § 22

VersAusglG vor (s. Rdn. 731), so dass die Hinterbliebenenversorgung sowohl in Form einer wiederkehrenden Rentenleistung als auch in **Form einer einmaligen Kapitalabfindung** bestehen kann. Grundsätzlich ist eine solche Gestaltung der Hinterbliebenenversorgung durch den Träger der Versorgung anzuerkennen, weil es diesem auch freisteht, von einer Hinterbliebenenversorgung ganz abzusehen. Hieraus folgt auch, dass sich bei Bestehen eines solchen Abfindungsanspruchs kein Anspruch nach § 25 Abs. 1 VersAusglG ableiten lässt, falls der Berechtigte wieder eine Ehe eingeht (BT-Drucks. 10/5447 S. 11 zu § 3 a VAHRG a. F.).

Eine andere Frage ist hingegen, ob die **ausgleichsberechtigte Person** vom Träger der Versorgung eine Abfindung im Falle der Wiederheirat verlangen kann, soweit das nicht ausgeglichene Anrecht eine wiederkehrende Rentenleistung vorsieht. Dem steht der Wortlaut des § 25 Abs. 1 VersAusglG nicht entgegen (zur Regelung des § 3 a VAHRG a. F. s Vorauflage Rn. 688). Entsprechend ist ein Abfindungsanspruch anzuerkennen, sofern die Voraussetzungen des Anspruchs nach § 25 Abs. 1 VersAusglG vorliegen. Denn eine solche Abfindungsregelung stellt den **kapitalisierten Wert** der (verbleibenden) Hinterbliebenenversorgung dar. Das Gebot der Gleichbehandlung von geschiedenen und nicht geschiedenen Ehegatten bei Fortsetzung der Ehe und auch der Grundsatz der Teilhabe an den in der Ehe erworbenen Versorgungswerten rechtfertigt es deshalb, dem Berechtigten einen solchen Anspruch zuzugestehen (so im Ergebnis auch *Johannsen/Hahne*, § 3 a VAHRG Rn. 12; differenzierend *Wagenitz* FamRZ 1987, 1, 6). Dies setzt allerdings voraus, dass man eine solche Kapitalleistung als eine Hinterbliebenenversorgung i. S. d. § 25 Abs. 1 VersAusglG anerkennt. Kein Abfindungsanspruch gegen den Versorgungsträger ist dagegen im Falle der Wiederheirat zuzubilligen, wenn die ausgleichsberechtigte Person noch lebt und gegebenenfalls die Ausgleichsrente nach §§ 20, 22 VersAusglG schuldet, weil es an den Voraussetzungen des § 25 Abs. 1 VersAusglG fehlt.

734 Ein an sich bestehender Anspruch auf den Anspruch gegen den Versorgungsträger nach § 25 Abs. 1 VersAusglG im Falle einer nicht ausgeglichenen betrieblichen Altersversorgung besteht nicht, wenn der Ausgleichsberechtigte **vor dem Entstehen des Anspruchs eine neue Ehe eingeht**. Dies gilt auch, wenn für den Fall der Wiederheirat der Witwe/dem Witwer eine Abfindung zugesagt ist (BGH FamRZ 2005, 189 = FamRB 2005, 71 zu § 3 a VAHRG a. F.). Steht einem ausgleichsberechtigten Ehegatten aus einer betrieblichen Altersversorgung des anderen Ehegatten die schuldrechtliche Ausgleichsrente nach § 20 VersAusglG oder der Anspruch auf Ausgleich von Kapitalzahlungen nach § 22 VersAusglG zu, so stellt sich die Frage, ob der Ausgleichsberechtigte, der wieder verheiratet ist, den Anspruch gegen den Versorgungsträger gem. § 25 Abs. 1 VersAusglG geltend machen kann, wenn die Bestimmungen des auszugleichenden Anrechts vorsehen, dass einer (nicht geschiedenen) Witwe des Versorgungsberechtigten im Fall des Eingehens einer neuen Ehe die an sich bestehende Witwenrente nicht zusteht. Ferner ist das Bestehen eines Anspruchs nach § 25 Abs. 1 VersAusglG zu prüfen, wenn einer Witwe im Fall ihrer erneuten Heirat eine Abfindung vom Träger der Versorgung gewährt wird. Der BGH stellt unter Bezug auf den Regelungszweck des § 3 a VAHRG a. F. klar, dass ein Anspruch auf die Ausgleichsrente nicht besteht, wenn der Versorgungsträger seinem Versicherten überhaupt keine Hinterbliebenenversorgung zusichert oder eine an sich zugesicherte Hinterbliebenenversorgung im Fall der erneuten Heirat der Witwe nicht gewährt (oder danach entzieht). Da § 25 Abs. 1 VersAusglG einen geschiedenen Ausgleichsberechtigten nicht besser stellen will, als dieser stünde, wenn die Ehe nicht geschieden worden wäre, schließt eine Wiederverheiratungsklausel einen Anspruch nach § 25 Abs. 1 VersAusglG aus. Zur

IV. Voraussetzungen des Anspruchs, § 25 Abs. 1 VersAusglG

Erläuterung einer solchen Bestimmung verweist der BGH auf die entsprechende Regelung des § 107 SGB VI. Der Ausgleichsanspruch besteht auch nicht im Falle der **Zusage einer Abfindung für den Fall einer erneuten Heirat**, wenn die Ehe bereits geschlossen war, ehe der geschiedene Ehegatte verstarb. Insoweit verweist der BGH (FamRZ 2005, 189 = FamRB 2005, 71 zu § 3 a VAHRG a. F.) auf den Regelungszweck einer solchen Abfindung, die dem überlebenden Ehegatten eine Art Anreiz zum Eingehen einer Ehe gewähren soll.

> **Praktischer Hinweis:**
> Wird bei Durchführung des Wertausgleichs bei der Scheidung nach den §§ 9–19, 28 VersAusglG ein nicht teilungsreifes Anrecht nicht ausgeglichen, muss in der Entscheidung zum Versorgungsausgleich nach § 224 Abs. 4 FamFG hierauf hingewiesen werden. Entsprechend muss der potentiell ausgleichsberechtigte Ehegatte auf die Wiederverheiratungsklausel für den Fall des Vorversterbens des eine schuldrechtliche Ausgleichszahlung nach den §§ 20–24 VersAusglG schuldenden Ehegatten hingewiesen werden.
>
> Der ausgleichsberechtigte Ehegatte sollte deshalb prüfen, ob der mögliche Verlust eines Anspruchs nach § 25 VersAusglG durch die Geltendmachung einer Abfindung nach § 23 VersAusglG vermieden werden kann.

c) Kapitalleistungen als Hinterbliebenenversorgung bei Rentenleistung an die ausgleichspflichtige Person

Entsprechendes gilt, wenn die Versorgungszusage an die ausgleichspflichtige Person eine wiederkehrende Rentenleistung und an dessen hinterbliebenen Ehegatten eine **Kapitalleistung** vorsieht. Dass den Hinterbliebenen in diesem Fall eine Kapitalleistung gewährt wird, ändert nichts an der Qualifikation der Zusage als einer der schuldrechtlichen Ausgleichsrente nach § 20 Abs. 1 VersAusglG unterliegenden Versorgung, weil es insoweit ausschließlich auf das dem Verpflichteten zustehende Anrecht ankommt. Bestätigt wird diese Ansicht durch die neu eingeführte Bestimmung des § 22 VersAusglG, die die Form der Kapitalzahlung ausdrücklich als Teilungsgegenstand der Ausgleichsansprüche nach der Scheidung ansieht. Strittig ist in diesem Fall allerdings, ob dem Berechtigten eine wiederkehrende Leistung so lange zusteht, bis die Summe des geschuldeten Kapitalbetrages erreicht wird (so *Wagenitz* FamRZ 1987, 1, 6) oder die Kapitalsumme (so *Johannsen/Hahne*, § 3 VAHRG Rn. 12) oder einen Anteil hiervon, sofern der Verpflichtete wieder verheiratet war. Für letztere Ansicht spricht einerseits, dass der Berechtigte nach § 25 Abs. 1 VersAusglG nicht besser gestellt werden soll als im Fall des Fortbestehens der Ehe, ferner praktische Erwägungen, weil keine Regelungen zur Bestimmung des Anspruchs gegen den Versorgungsträger bestehen. Zur Bestimmung des Anteils wäre es auch denkbar, den versicherungsmathematischen Bartwert (i. S. d. § 47 Abs. 5 VersAusglG), bezogen auf das Leben der ausgleichsberechtigten Person zu ermitteln und diesen Betrag von der Gesamtkapitalsumme abzuzweigen, falls der Barwert geringer als diese ist. Ansonsten steht der ausgleichsberechtigten Person der gesamte Kapitalwert zu.

Verstirbt der wiederverheiratete Verpflichtete, bevor beim Berechtigten die Voraussetzungen des § 25 Abs. 1 VersAusglG vorliegen, wird der Versorgungsträger das dem Berechtigten zustehende Kapital zurückhalten müssen, um im Leistungsfall dessen Anspruch erfüllen zu können (bei einer vollständigen Auszahlung des Kapitals an die Witwe / den Witwer ist ein Anspruch gegen diese, sofern sie noch lebt, entsprechend § 26 VersAusglG zu erwägen).

5. Kapitel Teilhabe an der Hinterbliebenenversorgung

2. Persönliche Voraussetzungen beim Ausgleichsberechtigten

736 Der Anspruch nach § 25 Abs. 1 VersAusglG hängt ferner davon ab, dass der Berechtigte gegen den Verpflichteten einen **zukünftigen** Anspruch auf die schuldrechtliche Ausgleichsrente oder einen Leistungsanspruch nach den §§ 20, 22 VersAusglG besessen hat. Dies setzt voraus, dass ein im Zeitpunkt der Verbundentscheidung gem. § 137 Abs. 1, 2 Nr. 1 FamFG zum Wertausgleich bei der Scheidung nach den §§ 9–19, 28 VersAusglG noch nicht teilungsreifes (und damit verfallbares) Anrecht im Zeitpunkt des Todes des Verpflichteten teilungsreif geworden war oder mit dessen Tod teilungsreif geworden ist (zum Rechtszustand bis zum 31. 08. 2009 s. BGH FamRZ 1986, 894 = NJW-RR 1986, 1199). Entsprechendes gilt für Altfälle, in denen nach dem bis zum 01. 09. 2009 geltenden Recht ein Anrecht nicht ausgeglichen wurde und der schuldrechtliche Versorgungsausgleich nach § 1587 f. BGB a. F. bzw. nach § 2 VAHRG a. F. vorbehalten blieb (s. a. § 53 VersAusglG). Nach § 25 Abs. 1 VersAusglG reicht es für das Entstehen des Ausgleichsanspruchs aus, dass die Voraussetzungen des § 20 Abs. 2 VersAusglG bei der ausgleichsberechtigten Person eingetreten sind, d. h. sie Anspruch auf eine Versorgung wegen Alters oder Invalidität bzw. bei Erreichen der Regelaltersgrenze (derzeit das 65. Lebensjahr) hätte oder eine solche bereits bezieht. Ob der Verpflichtete die auszugleichende Rente bei seinem Todesfall bezogen hatte, ist danach nicht erforderlich. Verstirbt der Verpflichtete vorzeitig, kann das für den Berechtigten zu einem vorzeitigen Bezug der Leistung nach § 25 Abs. 1 VAG führen, die bei Weiterleben des Verpflichteten erst zu einem späteren Zeitpunkt hätte erlangt werden können (s. a. *Wagenitz* FamRZ 1987, 1, 5; *Ruland*, NJW 1987, 345, 351).

Grafisch dargestellt können sich folgende Anspruchsfolgen ergeben:

Ausgleichsverpflichter: Abkürzung V; Ausgleichsberechtigter: Abkürzung B.

```
        60              65                                      75
V       ├───────────────┼───────────────────────────────────────┤
        Lebensalter bei  Beginn der Betriebsrente               Tod
        Scheidung der Ehe

        55              60              65  §§ 20, 22 VersAusglG  70  § 25 Abs. 1 VersAusglG  75
B       ├───────────────┼───────────────┼═══════════════════════╪══════════════════════════┤
                                        Beginn des Anspruchs auf eine                        Tod
                                        schuldrechtliche Ausgleichs-
                                        zahlung nach §§ 20, 22 VersAusglG

        55              60                      65                              75
V       ├───────────────┼───────────────────────┼───────────────────────────────┤
        Scheidung                                                               Tod

        55              60      Kein Anspruch   65   §§ 20, 22 VersAusglG       § 25 Abs. 1
B       ├───────────────┼───────────────────────┼═══════════════════════════════┤ VersAusglG
                Rente wegen verminderter Erwerbsfähigkeit

        50                      60
V       ├───────────────────────┤
                                Tod

        45                      55                      60   § 25 Abs. 1 VersAusglG
B       ├───────────────────────┼───────────────────────┼──────────────────────────────
                                                        Rente wegen verminderter
                                                        Erwerbsfähigkeit
```

IV. Voraussetzungen des Anspruchs, § 25 Abs. 1 VersAusglG

Weitere Voraussetzung der Leistung des Anspruchs nach § 25 Abs. 1 VersAusglG ist, dass die auszugleichende Anwartschaft nicht mit dem **Tod des Ausgleichspflichtigen** untergeht. Bei betrieblichen Altersversorgungen muss also Unverfallbarkeit des Anrechts eingetreten sein; diese kann auch mit dem Tod des Ausgleichspflichtigen eintreten (BGH NJW-RR 1986, 1199). Da der Ausgleichsberechtigte im Fall des Anspruchs gegen den Versorgungsträger nach § 25 Abs. 1 VersAusglG **keine Besserstellung** seiner Rechtsposition erfahren soll, kann der Bezug der Leistung nach § 25 Abs. 1 VersAusglG hinausgeschoben sein, obwohl die Voraussetzungen des § 20 Abs. 2 VersAusglG vorliegen. Dies tritt ein, wenn der Bezug der Hinterbliebenenleistung nach der maßgebenden Satzung an den Fall der festen Altersgrenze (derzeit das 65. Lebensjahr) geknüpft ist, der Berechtigte aber entweder eine Erwerbsunfähigkeitsrente oder flexibles Altersruhegeld bezieht.

737

3. Höhe des Ausgleichsanspruchs

Die Höhe des Anspruchs gegen den Versorgungsträger nach § 25 Abs. 1, 3 VersAusglG richtet sich nach den Berechnungsbestimmungen des § 5 Abs. 1, 3 VersAusglG i. V. m. den §§ 39–47 VersAusglG; dies folgt aus der systematischen Stellung des § 5 VersAusglG. Maßgebend ist danach der Ausgleichsbetrag, den der Verpflichtete im Zeitpunkt seines Todes zu erbringen hatte, gegebenenfalls angepasst nach § 5 Abs. 2 Satz 2 VersAusglG an die weitere Entwicklung der Versorgungsleistung (§ 16 BetrAVG; s. a. OLG Hamm FamRZ 2001, 1221, 1222 – dort auch zur Fälligkeit rückständiger Beträge). Ist der Verpflichtete verstorben, ehe es zu einem nach den §§ 20, 22 VersAusglG auszugleichenden Anrecht kommt, muss der Ausgleichsbetrag fiktiv unter Zugrundelegung des § 5 Abs. 2 Satz 2 VersAusglG ermittelt werden. Die nach § 5 Abs. 2 Satz 2 VersAusglG nachträglich eingetretenen Wertveränderungen können nur insoweit erfasst werden, als diese einen Ehezeitbezug haben (Rdn. 674 ff.).

738

Der nach §§ 20, 22 VersAusglG bestehende Anspruch der ausgleichsberechtigten Person wird der Höhe nach durch die vom Versorgungsträger **gewährte Hinterbliebenenversorgung** begrenzt. Hieraus folgt, dass die Höhe der verlängerten schuldrechtlichen Ausgleichsrente in **zwei Schritten** zu ermitteln ist. Zunächst ist die Höhe des Anrechts nach §§ 20, 22 VersAusglG zu bestimmen. Danach ist zu prüfen, ob dieser Betrag die (fiktive) Hinterbliebenenversorgung übersteigt. Zu einer solchen Kürzung kann es vor allem kommen, wenn Versorgungsleistungen des Berechtigten auf die Hinterbliebenenversorgung anzurechnen sind (s. o. Rdn. 732, 741). Dies gilt aber nicht in Bezug auf Versorgungsanteile, die auf dem durchgeführten öffentlich-rechtlichen Versorgungsausgleich beruhen, weil diese im Falle der (echten) Witwen-/Witwerversorgung nicht vorhanden wären (BT-Drucks. 10/5447 S. 11; kritisch *Wagenitz* FamRZ 1987, 1, 6; MüKo/*Glockner*, § 3 a VAHRG Rn. 11). Für die vorliegend vertretene Ansicht spricht, dass die Witwen-/Witwerversorgung auf der Beteiligung an der Versorgung des verstorbenen Versicherungsberechtigten (z. B. aus der gesetzlichen Rentenversicherung) aufbaut, die bei Scheidung in der Form des Versorgungsausgleichs erfolgt. Hat der Anspruchsberechtigte z. B. Rentenanwartschaften in der gesetzlichen Rentenversicherung aus eigenen Beiträgen und aus dem Versorgungsausgleich erworben, so sind diese im Falle einer Anrechnungsregelung aufzuteilen und lediglich die auf eigenen Beiträgen beruhenden Anrechte anzurechnen.

Auch bei der Bestimmung des Anspruchs gegen den Versorgungsträger nach § 25 Abs. 1 VersAusglG ist z. B. in Bezug auf eine im Wertausgleich bei der Scheidung gem. den §§ 9–19, 28 VersAusglG nicht erfasste Anwartschaftsdynamik gem.

739

§ 19 Abs. 2 Nr. 1 VersAusglG der bereits **vorgenommene Ausgleich** des Anrechts aus der betrieblichen Altersversorgung im Wertausgleich bei der Scheidung in der Weise zu berücksichtigen.

Besteht die Hinterbliebenenleistung in einer **Kapitalzahlung** (Rdn. 735), kann der Ausgleichsberechtigte den nach § 45 VersAusglG zu bestimmenden Anteil an diesem Kapital verlangen. Im Falle der erfolgten Auszahlung dieses Kapitals an die Witwe (spätere Ehefrau des Ausgleichspflichtigen) besteht kein Anspruch mehr gegen den Träger der Versorgung (s. a. Rdn. 735 a. E.).

740 Die in § 25 Abs. 1, 3 VersAusglG enthaltene Begrenzung, dass der Ausgleichsanspruch des geschiedenen Ehegatten nur in **Höhe der Hinterbliebenenversorgung** besteht, bedeutet nicht, dass ein nach der Versorgungsordnung für die Hinterbliebenenversorgung vorgesehener Prozentsatz auch auf die Ausgleichsrente anzuwenden ist. Die Ausgleichsrente ist lediglich auf die Höhe der (fiktiven) Hinterbliebenenrente begrenzt (OLG München FamRZ 2000, 1222, 1223).

Wertveränderungen der auszugleichenden Versorgung zwischen Ehezeitende und Entstehen des Ausgleichsanspruchs nach § 25 Abs. 1 VersAusglG sind nach § 5 Abs. 2 Satz 2 VersAusglG zusätzlich zu berücksichtigen (zum bisherigen Rechtszustand s. OLG Hamm FamRZ 2001, 1221, 1222). Rückständige Beträge werden nach § 25 Abs. 4 VersAusglG i. V. m. § 20 Abs. 3 VersAusglG fällig (Rdn. 693). Ab Verzug kann auch eine **Verzinsung** des Anspruchs verlangt werden (OLG Hamm FamRZ 2001, 1221, 1222).

V. Anrechnung anderweitiger Leistungen nach § 25 Abs. 3 Satz 2 VersAusglG

741 Ferner bestimmt § 25 Abs. 3 Satz 2 VersAusglG, dass **Leistungen an die ausgleichsberechtigte Person**, die diese von dem Versorgungsträger i. S. d. § 25 Abs. 1 VersAusglG als Hinterbliebene erlangt, anzurechnen sind. Hierbei kann es sich um eine Leistung nach § 22 BeamtVG in Form eines Unterhaltsbeitrags handeln (s. Rdn. 31, 32 – dort auch zur zeitlichen Begrenzung auf Fälle bis zum 31. 08. 2009), ferner um eine Geschiedenenwitwenrente oder um eine Leistung der Witwe oder des Witwers nach § 26 VersAusglG.

742 In Bezug auf die vergleichbare Regelung des § 3a Abs. 2 Nr. 2 VAHRG a. F. verweist die amtliche Begründung hierzu auf den **Unterhaltsbeitrag** an den früheren Ehegatten nach § 22 Abs. 2 BeamtVG (s. a. OLG Düsseldorf FamRZ 2000, 829; OLG Koblenz FamRZ 2007, 483); vergleichbar ist auch die Gewährung einer **Geschiedenenversorgung** (Witwenrente). Die Feststellung dieses Unterhaltsbeitrages obliegt dem Versorgungsträger der Versorgung des verstorbenen Beamten, der auch die Voraussetzungen zu prüfen hat, ob dem ausgleichsberechtigten Ehegatten bei Tod des Ausgleichspflichtigen eine schuldrechtliche Ausgleichsrente zugestanden hat, nicht dagegen dem Familiengericht (OLG Düsseldorf FamRZ 2000, 829). Bei der nach der Gesetzesbegründung (BT-Drucks. 10/5447 S. 12) vorzunehmenden »qualitativen Gesamtwürdigung« kann ein großzügiger Vergleichsmaßstab herangezogen werden. Jedoch muss die angebotene Leistung jedenfalls zu einer Versorgung führen, die bei Ausfall des § 25 Abs. 1 VersAusglG eine mögliche Versorgungslücke schließt (BT-Drucks. 10/5447 S. 12). Hierzu kann auch eine **Abfindungsleistung** ein geeigneter Ersatz sein (s. a. *Johannsen/Hahne*, § 3a VAHRG Rn. 7; *Ellger* FamRZ 1986, 513, 519).

VI. Wertausgleich bei mehreren auszugleichenden Versorgungen beider Ehegatten

Bestehen mehrere auszugleichende Versorgungen der ausgleichspflichtigen Person, schuldet jeder Versorgungsträger nach § 25 Abs. 1 VersAusglG den Ehezeitanteil des auszugleichenden Anrechts. Entsprechend dem neuen Ausgleichssystem wird – anders als nach dem bis zum 31. 08. 2009 bestehenden Rechtszustand – kein einheitlicher Anspruch auf eine einheitliche schuldrechtliche Ausgleichsrente gebildet. Hatten vor dem Tod der ausgleichspflichtigen Person beide Ehegatten jeweils einen Anspruch nach den §§ 20, 22 VersAusglG gegen den anderen Ehegatten, so ist in Bezug auf den Anspruch des § 25 Abs. 1 VersAusglG ebenfalls die Regelung des § 31 Abs. 2 VersAusglG zu berücksichtigen. Danach darf der überlebende Ehegatte **durch den Wertausgleich nicht besser gestellt werden**, als wenn der Versorgungsausgleich durchgeführt worden wäre (eingehend Rdn. 618 ff.). Dabei sind auf Seiten der ausgleichsberechtigten Person auch solche Anrechte zu berücksichtigen, die keine Hinterbliebenenversorgung vorsehen (zu § 3a VAHRG a. F. s. BT-Drucks. 10/5447 S. 11).

743

Beispiel:

	ausgleichspflichtige Person verstorben	ausgleichsberechtigte Person
private betriebliche Altersversorgung	200,00 €	
private betriebliche Altersversorgung		50,00 €

Die private betriebliche Altersversorgung der ausgleichsberechtigten Person mit dem Wert von 50,00 € sieht keine Hinterbliebenenversorgung vor.
– Der ausgleichsberechtigten Person steht ansich ein Ausgleichswert von 100 € zu.
– Nach § 31 Abs. 2 VersAusglG ist eine **Begrenzung des Wertausgleichs** in der Weise vorzunehmen, dass die ausgleichsberechtigte Person nicht mehr Anrechte erlangen darf, als ihr bei vollständiger Durchführung des Versorgungsausgleichs zustehen würden. Sind beide Anrechte gleicher Art i. S. d. § 10 Abs. 2 VersAusglG, wird der Anspruch der ausgleichsberechtigten Person nach § 31 Abs. 2 Satz 1 VersAusglG begrenzt auf 75,00 €. Liegen keine Anrechte gleicher Art vor, ist nach § 5 Abs. 4 Satz 1 VersAusglG der korrespondierende Kapitalwert gem. § 47 VersAusglG von den Versorgungsträgern zu verlangen und danach die Höhe der Minderung des Wertausgleichs nach § 25 Abs. 1 VersAusglG zu bestimmen.

VII. Anpassung der Ausgleichsrente

Nach § 5 Abs. 2 Satz 2 VersAusglG ist der Versorgungsträger verpflichtet, die zu entrichtende Ausgleichsrente in gleicher Weise anzupassen wie die zu leistende Hinterbliebenenversorgung. Die Höhe kann sich aus § 16 BetrAVG, Satzung und vergleichbaren Regelungen ergeben. Nach § 223 FamFG i. V. m. § 227 FamFG können sowohl die ausgleichsberechtigte Person als auch Hinterbliebene oder Träger der Versorgung einen Abänderungsantrag stellen, falls es zu einer Veränderung des Versorgungswerts kommt.

744

VIII. Keine Bindung des Versorgungsträgers an rechtskräftige Entscheidungen zu schuldrechtlichen Ausgleichszahlungen

Die nach § 20 Abs. 1 VersAusglG gegen die ausgleichspflichtige Person festgelegte schuldrechtliche Ausgleichsrente bindet den nach § 25 Abs. 1 VersAusglG in Anspruch genommenen Versorgungsträger nicht. Denn § 25 Abs. 1 VersAusglG stellt

745

einen **eigenständigen Anspruch** dar, der neu festzusetzen ist. Insbesondere ist der Versorgungsträger **kein Rechtsnachfolger** des Verpflichteten (zu § 3 a VAHRG a. F. s. BGH FamRZ 1991, 175, 177); zudem ist er am Verfahren zu schuldrechtlichen Ausgleichsansprüchen gegen den Verpflichteten nicht zu beteiligen (zu § 3 a VAHRG a. F. s. BT-Drucks. 10/5447 S. 14; BGH FamRZ 1989, 370; FamRZ 1989, 692). Der Versorgungsträger und die am Verfahren zu beteiligende Witwe (Witwer) können vielmehr **sämtliche Einwendungen zu Grund und Höhe** des Anspruchs erheben. Dies folgt aus § 25 Abs. 3 VersAusglG, der bestimmt, dass die Höhe des Anspruchs auf den Betrag begrenzt ist, den die ausgleichsberechtigte Person als schuldrechtliche Ausgleichsrente verlangen könnte; hierzu gehört auch der Einwand einer groben Unbilligkeit des Wertausgleichs nach § 27 VersAusglG. Ferner können insbesondere die **mangelnde Bedürftigkeit** der ausgleichsberechtigten Person gem. § 27 VersAusglG (§ 1587 h Nr. 1 BGB a.F; s. Rdn. 811) und eine **unbillige Belastung** des Hinterbliebenen infolge der Kürzung geltend gemacht werden (auf die wirtschaftlichen Verhältnisse des verstorbenen Verpflichteten kommt es dagegen nicht an; s. Rdn. 805).

IX. Ausschluss des Anspruchs nach § 25 Abs. 2 VersAusglG

746 Der Anspruch gegen den Versorgungsträger nach § 25 Abs. 1 VersAusglG ist nach § 25 Abs. 2 VersAusglG **in folgenden Fällen ausgeschlossen:**
- wenn die Ehegatten in einer Vereinbarung nach den §§ 6–8 VersAusglG den Wertausgleich bei der Scheidung gem. den §§ 9–19, 28 VersAusglG ausgeschlossen und insbesondere nach § 6 Abs. 1 Nr. 3 VersAusglG den Wertausgleich nach der Scheidung vereinbart haben;
- wenn ein Wertausgleich bei der Scheidung gem. den §§ 9–19, 28 VersAusglG wegen fehlender Ausgleichsreife nach § 19 Abs. 2 Nr. 2 VersAusglG (Anrecht mit einer abzuschmelzenden Leistung) oder nach § 19 Abs. 2 Nr. 3 VersAusglG (unwirtschaftlicher Ausgleich für die ausgleichsberechtigte Person) nicht durchgeführt wurde;
- wenn nach § 19 Abs. 3 VersAusglG i. V. m. § 19 Abs. 2 Nr. 4 VersAusglG (Zusammentreffen von Anrechten bei einem ausländischen, zwischenstaatlichen oder überstaatlichen Versorgungsträger mit Anrechten bei einem inländischen Versorgungsträger – sog. Ausgleichssperre; s. hierzu Rdn. 599 f.) ein Wertausgleich bei der Scheidung gem. den §§ 9–19, 28 VersAusglG nicht durchgeführt wurde.

Die Regelung des § 25 Abs. 2 VersAusglG, die § 3 a Abs. 3 Satz 1, 2 VAHRG a. F. gleicht, schließt den Anspruch gegen den Versorgungsträger in den zuvor dargelegten Fällen aus. Sie will in diesen Fällen z. B. sicherstellen, dass sozialversicherungsrechtliche Bestimmungen, nach denen die Übertragung oder Begründung von Anwartschaften wegen fehlender Wartezeiten zu keiner Versorgungsleistung an den Berechtigten führt (s. § 19 Abs. 2 Nr. 3 VersAusglG), nicht über den Anspruch gegen den Versorgungsträger nach § 25 Abs. 1 VersAusglG umgangen werden können (zu § 3 a VAHRG a. F. s. BT-Drucks. 10/5447 S. 12). Denn der Versorgungsträger hätte keine Möglichkeit zu einer Kürzung des Anrechts der ausgleichspflichtigen Person zu deren Lebzeiten. Eine in diesen Fällen angeordnete schuldrechtliche Ausgleichsrente endet mit dem Tod des Verpflichteten. Im Rahmen der Entscheidung zu § 19 Abs. 2 Nr. 3 VersAusglG ist dies vom Familiengericht zu beachten. Insoweit ist zu beachten, dass die schuldrechtliche Ausgleichsrente nach § 23 VersAusglG zu einem späteren Zeitpunkt auch abgefunden werden kann (eingehend Rdn. 703 ff.). § 25 Abs. 2 VersAusglG **schließt den Anspruch** auf den Anspruch gegen den Versorgungsträger nach Abs. 1 auch insoweit **aus,** als ein von den Ehegatten nach §§ 6–8 VersAusglG ohne Zustimmung des Versorgungsträgers vereinbarter schuldrechtlicher Versorgungsausgleich die nach dem Gesetz geschuldete Ausgleichsrente übersteigt. Solche Vereinbarungen stellen einen **Vertrag zu Lasten Dritter** dar; sie sind deshalb gegenüber dem betroffenen Versorgungsträger nicht wirksam. Ebenso wenig können die Ehegatten ein an sich im Wertausgleich bei der Scheidung gem. den §§ 9–19 VersAusglG durch Vereinbarung dem Anspruch nach § 25 Abs. 1 VersAusglG gegen den Versorgungsträger unterstellen, weil in diesem Fall der Versorgungsträger die Versorgung des Verpflichteten zu dessen Lebzeiten nicht kürzen könnte (BT-Drucks. 10/5447 S. 12).

X. Kürzung der Hinterbliebenenversorgung, § 25 Abs. 5 VersAusglG

Hinterlässt die ausgleichspflichtige Person i. S. d. §§ 20, 22 VersAusglG eine Witwe/einen Witwer, kann der Träger der auszugleichenden Versorgung die Hinterbliebenenversorgung und die der ausgleichsberechtigten Person geschuldete Ausgleichszahlung **vom Zeitpunkt ihrer Zahlung an kürzen**; dies wird in § 25 Abs. 5 VersAusglG ausdrücklich geregelt (wie § 3a Abs. 4 Satz 1 VAHRG a. F.). Diese Regelung dient dem Schutz des Versorgungsträgers und bewirkt hierdurch, dass dieser nicht über das **verfassungsrechtlich zulässige Maß** hinaus in Anspruch genommen wird (Opfergrenze). Der Versorgungsträger soll aus dem verlängerten schuldrechtlichen Versorgungsausgleich nicht über die von ihm zugesagte Hinterbliebenenversorgung hinaus in Anspruch genommen werden (zu § 3a Abs. 4 VAHRG a. F. s. BT-Drucks. 10/5447 S. 12). Die nach § 25 Abs. 1 VersAusglG geschuldete Ausgleichszahlung wird deshalb nicht nur nach Voraussetzung und Höhe durch die Hinterbliebenenversorgung begrenzt; es erfolgt vielmehr auch eine Anrechnung auf die an die Witwe (den Witwer) auszuzahlende Hinterbliebenenversorgung, wenn eine solche neben der Ausgleichszahlung geschuldet wird. Die dem Versorgungsträger hieraus entstehenden Mehrkosten, die vor allem auftreten können, wenn der Verpflichtete einen wesentlich jüngeren Ehegatten heiratet, versucht das Gesetz durch Einsparungen »per saldo« auszugleichen (BT-Drucks. 10/5447 S. 12), indem die Kürzung der Hinterbliebenenversorgung wie im Wertausgleich bei der Scheidung gem. den §§ 9–19 VersAusglG auch nach dem Tode der ausgleichsberechtigten Person fortgesetzt wird. Die beim Versorgungsträger hierdurch eintretenden Einsparungen an Versorgungsleistungen sollen nach den Vorstellungen des Gesetzes **auftretende Mehrbelastungen** ausgleichen, die sich vor allem ergeben können, wenn mangels einer Witwe keine Kürzung möglich ist (BT-Drucks. 10/5447 S. 12, 13; s. a. *Büdenbender* FamRZ 1986, 852, 854).

747

XI. Verweisung auf anwendbare Vorschriften, § 25 Abs. 2, 3 VersAusglG

Der Anspruch gegen den Versorgungsträger nach § 25 Abs. 1 VersAusglG will eine mit dem Tod des Ausgleichspflichtigen eintretende Versorgungslücke schließen, den Ausgleichsberechtigten jedoch **grundsätzlich nicht besser stellen,** als wenn der Ausgleichspflichtige noch lebte. § 25 Abs. 3, 4 VersAusglG verweist hierzu auf Regelungen über das Entstehen und Erlöschen, den Ausschluss und die Abänderung eines gegen den Versorgungsträger oder die Witwe/den Witwer des Ausgleichspflichtigen gerichteten Anspruchs auf die Ausgleichsrente; insoweit gelten die selben Grundsätze wie beim schuldrechtlichen Versorgungsausgleich (BT-Drucks. 10/5447 S. 13). Im Einzelnen gilt folgendes:

748

5. Kapitel   Teilhabe an der Hinterbliebenenversorgung

(1) Die Bezugnahme auf § 20 Abs. 3 VersAusglG i. V. m. § 1585 Abs. 1 Satz 2 und 3 BGB regelt **Einzelheiten der Zahlung des Anspruchs nach § 25 Abs. 1 VersAusglG,** wie sie auch für den Ausgleichsanspruch gegen den Verpflichteten selbst gelten. Der Anspruch auf eine Rentenleistung ist monatlich im Voraus zu bezahlen und wird auch dann geschuldet, wenn der Anspruch im Laufe dieses Monats durch Tod oder Heirat erlischt (zur Bezifferung s. Rdn. 726).

(2) Für die Vergangenheit kann der Berechtigte nach § 20 Abs. 3 VersAusglG i. V. m. § 1585 b Abs. 2 und 3 BGB **Erfüllung** oder **Schadensersatz wegen Nichterfüllung** ab Verzug oder Rechtshängigkeit verlangen, jedoch nicht über ein zurückliegendes Jahr hinaus (s. a. OLG Köln FamRZ 1985, 403; zu den Voraussetzungen des Verzugs Rdn. 693). Verzug kann auch durch eine Stufenmahnung herbeigeführt werden.

(3) Nach § 227 FamFG i. V. m. § 48 FamFG können **rechtskräftige Entscheidungen** zum Anspruch gegen den Versorgungsträger nach § 25 Abs. 1 VersAusglG unter denselben Voraussetzungen abgeändert werden wie zwischen Verpflichtetem und Berechtigtem in Fällen der §§ 20, 22 VersAusglG. Unter diese Verfahrensregelungen können auch Veränderungen der wirtschaftlichen Verhältnisse des Berechtigten nach § 27 VersAusglG fallen (s. Rdn. 811).

(4) Der Anspruch gegen den Versorgungsträger nach § 25 Abs. 1 VersAusglG **erlischt gem. § 31 Abs. 3 Satz 1 VersAusglG,** wenn der Ausgleichsberechtigte verstirbt (Rdn. 694). Anders als im Wertausgleich bei der Scheidung nach den §§ 9–19 VersAusglG besteht keine Hinterbliebenenversorgung. Soweit allerdings bis zum Tod des Ausgleichsberechtigten rückständige Ansprüche bestehen, gehen diese auf die Erben über. **Heiratet die ausgleichsberechtigte Person,** bleibt der Anspruch gegen den Versorgungsträger nach § 25 Abs. 1 VersAusglG bestehen, da § 1586 Abs. 1 BGB nicht entsprechend gilt, es sei denn, dass die **Hinterbliebenenversorgung eine Wiederverheiratungsklausel** enthält oder die Verbesserung der wirtschaftlichen Verhältnisse des Berechtigten zu einem Ausschluss des Anspruchs nach § 27 VersAusglG führt (s. Rdn. 659, 732 ff.). Kann der Hinterbliebene (Witwer / Witwe) im Falle seiner Wiederheirat eine Abfindung verlangen, führt dies beim Ausgleichsberechtigten nicht zu einem Abfindungsanspruch (BT-Drucks. 10/5447 S. 11; s. a. Rdn. 731).

(5) Den Versorgungsträgern und der Witwe stehen **sämtliche Einwendungen** aus § 27 VersAusglG gegen den verlängerten schuldrechtlichen Versorgungsausgleich zu, die auch vom Verpflichteten hätten geltend gemacht werden können. Dies folgt aus dem Wortlaut des § 25 Abs. 3 Satz 1 VersAusglG, der den Anspruch auf die Höhe der Ansprüche nach den §§ 20, 22 VersAusglG beschränkt. Darüber hinaus können sie auch nach dem Tod des Verpflichteten eingetretene **wirtschaftliche Veränderungen** vorbringen (s. o. Nr. 4). Bei der Beurteilung der sich aus § 27 VersAusglG ergebenden Einwendungen sind die wirtschaftlichen Verhältnisse des inzwischen verstorbenen Ausgleichspflichtigen weiterhin einzubeziehen, dagegen nicht diejenigen seiner eventuell vorhandenen Hinterbliebenen. Denn der verlängerte schuldrechtliche Ausgleichsanspruch leitet sich aus den familienrechtlichen Beziehungen der Ehegatten ab; der Berechtigte kann aus § 25 Abs. 1 VersAusglG keinen weitergehenden Ausgleichsanspruch ableiten, als ihm nach den §§ 20, 22 VersAusglG insgesamt zusteht. Dies bedingt die »Übernahme« der Einwendungen des Verpflichteten in den Anspruch gegen den Versorgungsträger (s. a. BGH FamRZ 1996, 1465).

Der Anspruch aus § 25 Abs. 1 VersAusglG entsteht – wie auch der Anspruch auf die schuldrechtliche Ausgleichsrente oder den Anspruch auf Kapitalzahlungen nach § 22 VersAusglG (s. Rdn. 693) – bereits mit **Inverzugsetzung des Leistungspflichtigen;** hierzu reicht auch eine Stufenmahnung aus. Die Leistungspflicht kann damit bereits vor rechtskräftiger Festsetzung des Ausgleichsanspruchs durch eine familiengerichtliche Entscheidung beginnen (zum Schutz des Versorgungsträgers s. Rdn. 612, 617). Der Anspruch aus § 25 Abs. 1 VersAusglG unterscheidet sich insoweit vom Wertausgleich bei der Scheidung, dessen Wirkungen frühestens mit Rechtskraft der familiengerichtlichen Entscheidung eintreten, weil es sich insoweit um einen unmittelbaren schuldrechtlichen Anspruch zwischen der ausgleichsberechtigten Person und dem Versorgungsträger handelt, bei dem kein selbständiges Versorgungsanrecht begründet wird.

XII. Schutz des Versorgungsträgers

Der Schutz des Versorgungsträgers, bei Streitigkeiten zwischen dem Ausgleichsberechtigten und einer Witwe/einem Witwer des Verpflichteten über die Höhe der Ausgleichsrente (insbesondere eventuelle Kürzungen) **keine Doppelleistungen** erbringen zu müssen, wird in § 30 VersAusglG geregelt. Diese Bestimmung entspricht der Regelung des § 1587 p BGB a. F., wobei allerdings der Anspruch aus § 25 Abs. 1 VersAusglG schon vor Eintritt der Rechtskraft der familiengerichtlichen Entscheidung originär entstehen kann (s. Rdn. 748 a. E.). Wegen der Einzelheiten wird auf die Ausführungen hierzu verwiesen (Rdn. 612). Anders als zu § 3 a VAHRG a. F. werden zu § 25 Abs. 1 VersAusglG keine gesonderten Bestimmungen getroffen.

749

XIII. Auskunftspflichten

Die vielfältigen rechtlichen Verflechtungen zur Bestimmung des Anspruchs gegen den Versorgungsträger nach § 25 Abs. 1 VersAusglG erfordern für sämtliche Beteiligte, also Ausgleichsberechtigten, Witwe/Witwer und Versorgungsträger eine **wechselseitige Information** über sämtliche hierfür maßgebenden Grundlagen. Diese wechselseitigen Informationspflichten sind allgemein in § 4 VersAusglG (Rdn. 691, 971, 1025) sowie in § 220 FamFG (Rdn. 1008) geregelt. Besondere Bestimmungen enthält § 25 VersAusglG – anders als § 3 a Abs. 8 VAHRG a. F. – nicht.

750

XIV. Verfahren bei Ansprüchen nach § 25 VersAusglG

1. Familiengerichtliche Zuständigkeit

Streitigkeiten über Grund und Höhe des Anspruchs gegen den Versorgungsträger sind nach § 217 FamFG den **Familiengerichten zur Entscheidung** zugewiesen. Damit gelten die Verfahrensvorschriften der §§ 218–229 FamFG. Die **örtliche Zuständigkeit** folgt aus § 218 FamFG und bestimmt sich unabhängig von einem zuvor anhängigen Verfahren gegen den verstorbenen Verpflichteten (BGH FamRZ 1991, 927). Sachlich ist das Familiengericht neben der Bestimmung des Ausgleichsanspruches nach § 25 Abs. 1 VersAusglG auch für **Kürzung der Hinterbliebenenversorgung** und die **verlängerte Ausgleichsrente,** die **Anpassung** der Hinterbliebenenversorgung und die **Auswirkungen** auf die verlängerte Ausgleichsrente zuständig (BT-Drucks. 10/5447 S. 14). Anders als im Wertausgleich bei der Scheidung nach den §§ 9–19, 28 VersAusglG bedarf es nicht zwingend eines gericht-

751

5. Kapitel   Teilhabe an der Hinterbliebenenversorgung

lichen Verfahrens, weil eine rechtsgestaltende Entscheidung zu dem Anspruch nach § 25 Abs. 1 VersAusglG nicht erforderlich ist. Der Anspruch kann von sämtlichen Beteiligten auch ohne gerichtliches Verfahren festgelegt werden.

2.   Antragsvoraussetzung

752   Das Verfahren wird – wie im Fall der §§ 20, 22 VersAusglG – nur auf **Antrag eines Beteiligten** eingeleitet; dies folgt aus § 223 FamFG. Es richtet sich nach den Bestimmungen des FamFG, so dass der Grundsatz der Amtsermittlung gem. § 27 FamFG gilt. Danach ist ein **bezifferter Antrag** zur Festsetzung des Anspruchs nach § 25 Abs. 1 VersAusglG nicht erforderlich (zu § 3a VAHRG a. F. s. a. OLG Bamberg FamRZ 1998, 1367); dem Anspruchsteller obliegt es aber, die zur Entscheidung maßgebenden Grundlagen vorzutragen, die er sich gegebenenfalls durch ein Auskunftsbegehren nach § 25 Abs. 1 VersAusglG im Wege eines **Stufenantrags** entsprechend § 254 ZPO verschaffen kann.

3.   Entscheidung des Familiengerichts, Vollstreckung

753   Die Versorgungsträger sind am Verfahren nach § 25 VersAusglG zu **beteiligen,** da sie Betroffene i. S. d. § 219 FamFG sind. Diese Beteiligungsregelung stellt sicher, dass die Entscheidung über den Anspruch gegen den Versorgungsträger nach § 25 Abs. 1 VersAusglG gegenüber den Hinterbliebenen und dem Versorgungsträger und eine Entscheidung über die Kürzung der Hinterbliebenenversorgung, die zu einer Minderung des Anspruchs nach § 25 VersAusglG führt, auch gegen den Berechtigten wirkt (s. BT-Drucks. 10/5447 S. 14). Denn die Entscheidungen des Familiengerichts erwachsen in **materielle Rechtskraft,** sind jedoch nach § 227 Abs. 1 FamFG i. V. m. § 48 Abs. 1 FamFG abänderbar. Die **Vollstreckung** des Auskunftsbegehrens richtet sich gem. § 95 Abs. 1 FamFG i. V. m. § 888 Abs. 1 ZPO. Zuständig ist somit das Familiengericht als Verfahrensgericht. Liegt ein Zahlungstitel zur verlängerten Ausgleichsrente vor, so sind hierfür die allgemeinen Vollstreckungsgerichte zuständig, § 764 ZPO.

4.   Feststellungsinteresse

754   Für feststellende Entscheidungen über den Anspruch nach § 25 Abs. 1 VersAusglG fehlt vor dem **Tod des ausgleichspflichtigen Ehegatten** regelmäßig das erforderliche Feststellungsinteresse, weil nicht sicher ist, ob dieser Anspruch überhaupt entsteht. Denn wie bei den schuldrechtlichen Ausgleichsansprüchen gem. den §§ 20, 22 VersAusglG ist ungewiss, ob der ausgleichsberechtigte Ehegatte den Ausgleichspflichtigen überlebt (BGH FamRZ 1996, 1465; *Wick* FamGb, § 3a VAHRG Rn. 44). Soweit zu den schuldrechtlichen Ausgleichsansprüchen in eng begrenzten Ausnahmefällen ein Feststellungsinteresse anzunehmen ist (Rdn. 727), gilt dies auch zu § 25 Abs. 1 VersAusglG, bei dem jedoch zusätzlich zu beachten ist, dass eine Bindung an die schuldrechtlichen Ausgleichsansprüche nicht besteht (Rdn. 745). Ferner sind nach § 25 Abs. 3 VersAusglG Einwendungen durch den Versorgungsträger und die Witwe/den Witwer möglich, die den Anspruch nach § 25 VersAusglG zu Fall bringen können. Somit ist ein den Anspruch gegen den Versorgungsträger nach § 25 VersAusglG betreffendes Feststellungsbegehren regelmäßig auf ein künftiges Rechtsverhältnis gerichtet und nicht, wie entsprechend § 256 ZPO erforderlich, auf ein bereits bestehendes.

755   Die Ablehnung eines Feststellungsinteresses i. S. d. § 256 ZPO mag in solchen Fällen problematisch sein, in denen etwa die Härtegründe i. S. d. § 27 VersAusglG aus der Ehezeit sich auch noch beim Anspruch gegen den Versorgungsträger nach § 25

XV. Anspruch bei nicht innerstaatlichen Versorgungen, § 26 VersAusglG

VersAusglG auswirken können (Rdn. 748). Das erforderliche Feststellungsinteresse besteht aber nur, wenn das bereits bestehende Rechtsverhältnis durch eine **tatsächliche Unsicherheit** gefährdet ist. Hieran mangelt es regelmäßig. Im Rahmen der nach § 26 FamFG vorzunehmenden Ermittlungen bei Geltendmachung eines Härtegrundes nach § 27 VersAusglG kann jedoch auf sämtliche Feststellungen zur Scheidung, zum Getrenntlebens- und nachehelichen Unterhalt sowie zum Wertausgleich bei der Scheidung zurückgegriffen werden.

XV. Anspruch bei nicht innerstaatlichen Versorgungen, § 26 VersAusglG

1. Voraussetzungen

Richtet sich der Anspruch i. S. d. § 25 Abs. 1 VersAusglG gegen einen Versorgungsträger, der nicht der Rechtsprechung der im Geltungsbereich des Grundgesetzes tätigen Gerichte unterliegt, das sind **zwischen- bzw. überstaatliche sowie ausländische Versorgungsträger,** kann der Anspruch nach § 25 Abs. 1 VersAusglG durch die deutschen Gerichte nicht angeordnet werden. Um auch in diesen Fällen dem Berechtigten der schuldrechtlichen Ausgleichsrente eine verbesserte Sicherung zu gewähren, ermöglicht das Gesetz **nach § 26 VersAusglG die Inanspruchnahme der Witwe/des Witwers** (zu § 3 a Abs. 5 VAHRG a. F. s. BT-Drucks. 10/5447 S. 13). Andere Hinterbliebene können dagegen nicht in Anspruch genommen werden. Eine Leistungspflicht entsteht erst, wenn die Witwe/der Witwer eine Leistung bezieht. Zur Höhe gelten dieselben Grundsätze wie bei der nach § 25 Abs. 1 VersAusglG zu leistenden Zahlung. Die Höhe des Anspruchs darf unter Berücksichtigung devisenrechtlicher Einschränkungen den von der Witwe/dem Witwer tatsächlich bezogenen Betrag nicht übersteigen (BT-Drucks. 10/5447 S. 13). Da der Ausgleichsberechtigte regelmäßig die Höhe des auszugleichenden Anrechts nicht kennt, ist von der Witwe/dem Witwer nach § 4 Abs. 1 VersAusglG (Hinterbliebene) eine **Auskunft** zur Höhe der Versorgung einzuholen (Vollstreckung nach § 85 Abs. 1 FamFG i. V. m. § 888 ZPO; s. Rdn. 753). Bezieht der Ausgleichsberechtigte von dem Träger der Versorgung eine Leistung (i. d. R. in Form der Geschiedenenwitwenrente), ist diese nach § 26 Abs. 2 VersAusglG i. V. m. § 25 Abs. 3 Satz 2 VersAusglG auf den Anspruch gegen die Witwe/den Witwer anzurechnen. Zu erwähnen ist, dass nach den in § 26 VersAusglG genannten Versorgungen der Wertausgleich bei der Scheidung in beiden Formen der internen Teilung sowie der externen Teilung ausgeschlossen ist. Möglich ist dagegen eine **Abfindung nach § 23 VersAusglG,** der vor allem in Fällen eine besondere Bedeutung zukommt, in denen entweder nach der Satzung oder individuellen Umständen eine Geschiedenenwitwenrente ausscheidet (eingehend Rdn. 663, 703).

756

2. Kürzung nach Tod des Ausgleichsberechtigten

Die in § 25 Abs. 5 VersAusglG enthaltene Kürzungsregelung führt auch dann zu einer Kürzung zu Lasten der Witwe/des Witwers, wenn die ausgleichsberechtigte Person i. S. d. § 25 Abs. 1 VersAusglG verstorben ist und damit ein Anspruch nach § 25 Abs. 1 VersAusglG wegfällt. Diese »fortgesetzte Kürzung« kann beim Versorgungsträger zu einem vom Gesetzgeber gewollten finanziellen Vorteil führen (eingehend Rdn. 747). Die Kürzung entfällt nach § 37 VersAusglG mit dem **Tod des Berechtigten,** wenn die vom Träger der schuldrechtlich auszugleichenden Versorgung an den Berechtigten erbrachte Rentenleistung 36 Monate nicht übersteigen. Die Kürzungsregelung ist **zwingendes Recht.** Sie gilt nach dem eindeutigen Wortlaut des § 25 Abs. 5 VersAusglG auch für private Versorgungsträger (anders in dem

757

5. Kapitel Teilhabe an der Hinterbliebenenversorgung

bis 31. 08. 2009 geltenden Rechtszustand s. BT-Drucks. 10/5447 S. 13; s. a. *Ruland* NJW 1987, 345, 351, der dies zutreffend als theoretische Frage ansieht; Vorauflage Rn. 703). Das Gesetz sieht **keine proportionale Kürzung** des Anspruchs nach dem Verhältnis der jeweils bestehenden Ehedauer vor (wie etwa bei § 91 SGB VI, vor 01. 01. 1992 § 1265 RVO a. F.). Vielmehr wird der Anspruch gegen den Versorgungsträger nach § 25 Abs. 1 VersAusglG vorab von der Hinterbliebenenrente abgezogen. In den Auswirkungen bedeutet dies, dass die Witwe/der Witwer so gestellt wird, als ob der Wertausgleich bei der Scheidung durchgeführt worden wäre (BT-Drucks. 10/5447 S. 12).

> **Beispiel:**
> Beträgt die Gesamtversorgung 800,00 € und fällt hiervon ein Wert von 600,00 € in die Ehezeit, so beträgt der Anspruch nach § 25 Abs. 1 VersAusglG 300,00 €. Sieht die Versorgung eine Leistung von 60% der zu Lebzeiten geschuldeten Rente des Verpflichteten an dessen Witwe vor, beträgt die Hinterbliebenenversorgung 480,00 €. Diese ist um den Anteil des Berechtigten von 300,00 € zu kürzen, so dass an die Witwe ein verbleibender Betrag von 180,00 € als Hinterbliebenenversorgung erbracht wird. Bei besonderen Sachlagen, so etwa bei einem Versorgungsabschlag von 10%, wenn die Witwe/der Witwer mehr als 15 Jahre jünger ist als der Versorgungsberechtigte (Verpflichtete des Versorgungsausgleichs), kann die vorrangige Kürzung zu einer **gänzlichen Auszehrung** der Witwenversorgung führen, was verfassungsrechtlich nicht unbedenklich erscheint, da der Beitrag der Witwe/des Witwers zum gemeinsamen Unterhalt der Familie (§§ 1356, 1360 BGB) gänzlich unberücksichtigt bleibt (*Johannsen/Hahne* § 3 a VAHRG Rn. 21).

6. Kapitel
Beschränkung oder Wegfall des Versorgungsausgleichs

I. Grundlagen

1. Normzweck des § 27 VersAusglG

Nach den Bestimmungen zum Wertausgleich bei der Scheidung gem. den §§ 9–19, 28 VersAusglG sowie zum Wertausgleich nach der Scheidung gem. den §§ 20–26 VersAusglG ist der Ausgleich der in die Ehezeit fallenden auszugleichenden Anrechte i. S. d. § 2 Abs. 1, 2 VersAusglG unabhängig von den jeweiligen Ursachen, die zur Auflösung der Ehe geführt haben, und den wirtschaftlichen Verhältnissen beider Ehegatten durchzuführen. Die schematische Vornahme des Versorgungsausgleichs kann im **Einzelfall jedoch zu unbilligen Ergebnissen** führen. Dies wird insbesondere vorliegen, wenn der Versorgungsausgleich seinem Zweck der Aufteilung der in der Ehe aufgrund einer gemeinsamen Lebensleistung erworbenen Anrechte zuwiderlaufen oder nicht zu einer angemessenen sozialen Sicherung beider Ehegatten führen würde, der Wertausgleich also nicht mehr durch Art. 6 Abs. 1 und Art. 3 Abs. 2 GG gerechtfertigt wäre. Sinn des § 27 VersAusglG ist es, solche aufgrund des **starren Wertausgleichs eintretenden Ergebnisse zu korrigieren** und verfassungsrechtlich bedenkliche Ergebnisse zu vermeiden (BVerfGE 53, 257 = FamRZ 1980, 326, 334 = NJW 1980, 692, 694; BVerfGE 66, 324 = FamRZ 1984, 653 = NJW 1984, 2147; FamRZ 1993, 405 = NJW 1993, 1059; BT-Drucks. 7/650 S. 162). Die Vorschrift des § 27 VersAusglG übernimmt im reformierten Versorgungsausgleich damit die Funktion von § 1587 c BGB a. F., § 1587 h BGB a. F., § 3 a Abs. 6 VAHRG a. F. sowie § 10 a Abs. 3 VAHRG a. F.; sie fasst also sämtliche Tatbestände einer groben Unbilligkeit nach dem bis zum 31.08.2009 geltenden Recht in einer Norm zusammen.

758

2. Funktion einer Generalklausel

Anders als § 1587 c Nr. 1 bis 3 BGB a. F. enthält § 27 VersAusglG keine enumerativ aufgeführten Gründe eines Härtefalles, die aufgrund einer sich daraus ergebenden groben Unbilligkeit eine Kürzung bzw. einen Ausschluss des Versorgungsausgleichs rechtfertigen können, sondern regelt nur den allgemein gefassten Tatbestand einer groben Unbilligkeit, der durch das Wort »ausnahmsweise« die enge tatbestandliche Fassung der Härteklausel unterstreicht. § 27 VersAusglG ist deshalb – wie bereits § 1587 c Nr. 1 BGB a. F. – als Generalklausel zu verstehen, die über die in § 1587 c Nr. 2 und Nr. 3 BGB a. F. enthaltenen besonderen Härtefälle hinaus weitere Ausschluss- bzw. Kürzungsgründe erfasst (s. a. BT-Drucks. 16/10144 S. 67 f.; Vorauflage Rn. 714). Darüber hinaus kann § 27 VersAusglG seine **Funktion als Gerechtigkeitskorrektiv** nur dann erfüllen, wenn sämtliche Umstände des Einzelfalls bei der Würdigung der groben Unbilligkeit einbezogen werden und sich die Prüfung nicht nur auf die tatbestandlichen Voraussetzungen der einzelnen Fallgruppen beschränkt (BGHZ 74, 38, 58 = FamRZ 1979, 477, 489 = NJW 1979, 1289, 1299); dies wird in § 27 Satz 2 VersAusglG tatbestandlich besonders hervorgehoben. Hiernach ermöglicht die Härteklausel eine am Gerechtigkeitsempfinden orientierte Entscheidung, wenn bei einem pflichtwidrigen Verhalten der jeweils ausgleichsberechtigten Person eine schematische Vornahme des Versorgungsausgleichs eine Prämierung beinhalten (BVerfGE 53, 257, 298 = FamRZ 1980, 326, 334 = NJW 1980, 692, 694; FamRZ 2003, 1173 – Bewertung eines persönlichen Fehlverhaltens eines Ehegatten) oder die Entscheidung gegen die **tragenden Prinzi-**

759

pien des Versorgungsausgleichs verstoßen würde (BVerfGE 66, 324, 331 = FamRZ 1984, 653 = NJW 1984, 2147; FamRZ 1993, 405 = NJW 1993, 1059 f.). Im Übrigen hat die Härteklausel eine besondere Funktion bei sogenannten **Altehen,** auf die sich seit dem 01.07.1977 das Recht des Versorgungsausgleichs erstreckt und die bei Eheschließung nicht mit dem Versorgungsausgleich haben rechnen müssen.

3. Die Funktion der Härteklausel im neuen Ausgleichssystem

a) Folgen für die Anwendung der Härteklausel durch Aufgabe des Wertausgleichs in eine Richtung

760 Die Härteklausel des § 1587c BGB a. F. beruhte auf dem Prinzip, dass nach § 1587 a Abs. 1 BGB a. F. – wie im Zugewinnprinzip des § 1378 Abs. 1 BGB – der Ehegatte mit den insgesamt geringeren Anrechten einen Ausgleichsanspruch gegen den anderen Ehegatten hatte. Der Versorgungsausgleich wurde danach nur in eine Richtung vorgenommen. Die Anwendung der Härteklausel setzte danach voraus, dass vor der Abwägung der einzelnen Billigkeitskriterien in jedem Fall vorab die in der Ehezeit erworbenen Anrechte i. S. d. § 1587 Abs. 1 BGB a. F. ermittelt und konkret deren Ehezeitanteil festgesetzt wurden. Stand fest, welcher Ehegatte ausgleichsberechtigt ist, so konnte die Härteklausel nach § 1587c BGB nur insoweit angewendet werden, als in Bezug auf die ausgleichsberechtigte Person sich ein Härtefall verwirklicht hatte. Diese konnte in einem persönlichen Fehlverhalten liegen, aber auch in wirtschaftlichen Umständen, die einen Wertausgleich zugunsten des formal ausgleichsberechtigten Ehegatten unbillig erscheinen ließen, weil eine Sinnverfehlung des Versorgungsausgleichs durch eine Gefährdung der wirtschaftlichen Existenz der ausgleichspflichtigen Person entstanden wäre. Rechtsfolge war danach die Versagung oder Kürzung des Ausgleichsanspruchs. Ergab sich aufgrund des **Verhaltens der ausgleichspflichtigen Person** eine Minderung der Anrechte, so konnte im formalen Wertausgleich über den Bestand der vorhandenen Anrechte ein weitergehender Wertausgleich zulasten dieser Person nicht erfolgen, um eine ungerechtfertigte Belastung der ausgleichsberechtigten Person zu vermeiden (s. a. BGH FamRZ 1985, 687), weil dies zu einer Fiktion nicht vorhandener Anrechte geführt hätte (s. a. BGH FamRZ 2005, 2055, 2057; in einem solchen Fall konnte allenfalls nach § 826 BGB ein Schadensersatzanspruch wegen sittenwidriger Schädigung angenommen werden s. Rdn. 799).

761 Der **reformierte Versorgungsausgleich** sieht den Wertausgleich nur in eine Richtung nicht vor, wenn beide Ehegatten jeweils auszugleichende Anrechte i. S. d. § 2 Abs. 1, 2 VersAusglG besitzen, sondern nimmt nach § 1 Abs. 1, 2 VersAusglG einen hinsichtlich jedes auszugleichenden Anrechts vor. Danach gibt es – anders als bei § 1381 BGB zum Zugewinnausgleich und § 1579 BGB zum Trennungs- und nachehelichen Unterhalt – keine ausschließliche Bestimmung des ausgleichsberechtigten Ehegatten, so dass auch die Härteklausel jedenfalls in Teilbereichen eine andere Funktion als in dem bis zum 31.08.2009 geltenden Rechtszustand einnimmt. Vielmehr ist **jeder Ehegatte ausgleichsberechtigt und ausgleichsverpflichtet,** wenn beide jeweils über ein ausgleichspflichtiges Anrecht i. S. d. § 1 Abs. 1, 2 VersAusglG verfügen. Demgemäß können, wenn ein Ehegatte auf den Bestand eines Anrechts illoyal einwirkt, wechselseitig die Ausgleichsansprüche der jeweils ausgleichspflichtigen Person in entsprechender Höhe gekürzt oder ausgeschlossen werden. Angesichts der unterschiedlichen, gesetzestechnisch schwer zu handhabenden Sachlagen wird im reformierten Versorgungsausgleich auf die Aufführung einzelner Härtegründe im Sinne von Regelbeispielen – wie etwa in § 1579 Nr. 1–8 BGB zum Trennungs- und nachehelichen Unterhalt – verzichtet (BT-

I. Grundlagen

Drucks. 16/10144 S. 68), um die Anwendung der Härteklausel in Bezug auf das neue Ausgleichssystem offen und flexibel zu halten.

b) Bestehende Sanktionsgrenzen bei Anwendung der Härteklausel

Auch im reformierten Versorgungsausgleich bleibt der Grundsatz bestehen, dass die Härteklausel des § 27 VersAusglG **lediglich eine Herabsetzung** des Versorgungsausgleichs ermöglicht, **nicht aber dessen Erhöhung** (s. BT-Drucks. 16/10144 S. 68; krit. *Born* NJW 2008, 2289, 2293). Liegt bei einem Ehegatten ein persönliches Fehlverhalten vor, kann regelmäßig auf der **Grundlage des korrespondierenden Kapitalwerts** nach § 47 VersAusglG bestimmt werden (eingehend Rdn. 176 ff.), ob dieser im Ergebnis bei Durchführung des Wertausgleichs bei der Scheidung die höheren Anrechte als der andere Ehegatte erlangt, der das Bestehen eines Härtefalle nach § 27 VersAusglG einwendet und deshalb einen Ausschluss des Wertausgleichs verlangt. Entsprechendes gilt, wenn ein Ehegatte wegen eines starken vermögensrechtlichen Gefälles die grobe Unbilligkeit eines im Ergebnis zu seinen Lasten durchzuführenden Versorgungsausgleichs geltend macht.

762

Aufgrund des Hin- und Her-Ausgleichs gem. § 1 Abs. 1, 2 VersAusglG kann jedoch unter Beachtung des eingangs genannten Grundsatzes insgesamt eine angemessenere Sanktion auf ein illoyales Verhalten eines Ehegatten erfolgen. Dies gilt nicht nur, wenn die insgesamt ausgleichsberechtigte Person, sondern die insgesamt ausgleichspflichtige Person illoyal auf auszugleichende Anrechte einwirkt. Hierbei muss allerdings darauf geachtet werden, dass bei der Berücksichtigung eines Härtefalls die Anrechte des Ehegatten, dem ein illoyales Fehlverhalten zuzuordnen ist, im Hin- und Her-Ausgleich jedenfalls den **Bestand seiner Anrechte** vor Durchführung des Wertausgleichs behält. Dies gilt gleichermaßen im Wertausgleich bei der Scheidung nach den §§ 9–19, 28 VersAusglG und im Wertausgleich nach der Scheidung gem. den §§ 20–26 VersAusglG. Würde dieser Grundsatz nicht berücksichtigt, käme dem **Versorgungsausgleich ein Strafcharakter** zu (s. a. BT-Drucks. 16/10144 S. 127 – Stellungnahme der Bundesregierung auf die Stellungnahme des Bundesrats vom 04. 07. 2008 zum Regierungsentwurf, BR-Drucks. 343/08; ferner *Borth* FamRZ 1997, 1801).

Die Auswirkungen sollen an folgenden Beispielen dargestellt werden. Hierbei werden aus Gründen der Darstellung die jeweiligen Anrechte nicht gemäß den Bezugsgrößen i. S. d. § 5 Abs. 1 VersAusglG dargestellt, sondern generell in Form einer Rentenleistung.

763

Nach Durchführung des Wertausgleichs bei der Scheidung ergäbe sich folgendes Ergebnis:

	Ehemann	Ehefrau	Ausgleich
ges. RV	600,00 €	→	300,00 €
ges. RV	←	200,00 €	100,00 €
BAV	60,00 €	→	30,00 €
BAV	←	100,00 €	50,00 €

Nach Durchführung des Wertausgleichs bei der Scheidung ergäbe sich folgendes Ergebnis:
- gesetzliche Rentenversicherung:
  Ehemann : 300 (eigene Anrechte : 600–300)   + 100 (von Ehefrau)   = 400,00 €
  Ehefrau : 100 (eigene Anrechte : 200–100)   + 300 (von Ehemann)   = 400,00 €

6. Kapitel Beschränkung oder Wegfall des Versorgungsausgleichs

– betriebliche Altersversorgung:
Ehemann: 30 (eigene Anrechte: 60–30)   + 50 (Ehefrau)   = 80,00 €
Ehefrau: 50 (eigene Anrechte: 100–50) + 30 (Ehemann)   = 80,00 €

Die Ehefrau wirkt illoyal auf ihr Anrecht in der betrieblichen Altersversorgung ein, so dass dieses vollständig entfällt und nicht mehr ausgeglichen werden kann.

	Ehemann	Ehefrau	Ausgleich
ges. RV	600,00 €	→	300,00 €
ges. RV	←	200,00 €	100,00 €
BAV	60,00 €	→	30,00 €
BAV		0	0

– Damit der Ehemann nicht unbillig nach § 27 VersAusglG belastet wird, entfällt zunächst sein Ausgleich in Höhe von 30,00 €.
– Da er aber Anspruch auf weitere 20,00 € hätte, kann zudem der Ausgleich in der gesetzlichen Rentenversicherung zu seinen Lasten um weitere 20,00 € (umgerechneter Barwert in Entgeltpunkte) gekürzt werden.
– Liegt ein schwerer Verstoß gegen eheliche Pflichten oder eine schwerwiegende Straftat vor (Betrug), kann über die rechnerische Bereinigung des Wegfalls des Anrechts der Ehefrau ferner wegen grober Unbilligkeit insgesamt ein Wertausgleich nach § 27 VersAusglG ausgeschlossen werden.
– Im Ergebnis ergibt sich bei dieser Berechnungsmethode keine Abänderung gegenüber der Berechnung nach § 1587 c Nr. 2 BGB a.F., weil der Ausgleich der Ehefrau um insgesamt 50,00 € geringer vollzogen wird. Dies ergäbe sich auch im Falle einer Gesamtbilanzierung nach § 1587 a Abs. 1 BGB a.F.
– Da die Rentenwerte aufgrund verschiedener Faktoren nicht vergleichbar sind, bedarf es zur Vornahme der Billigkeitsprüfung der Verwendung der korrespondierenden Kapitalwerte gem. § 47 VersAusglG (eingehend Rdn. 176 ff.); hierdurch kann vor allem eine verschiedene Dynamik der Anrechte erfasst werden, die im Verhältnis der Rentenwerte zueinander unterschiedliche Verhältniswerte zwischen den einzelnen Anrechten ergeben können.

Weiteres Beispiel:

	Ehemann	Ehefrau	Ausgleich
ges. RV	300,00 €	→	150,00 €
ges. RV	←	200,00 €	100,00 €
BAV	100,00 €	→	50,00 €
BAV	←	60,00 €	30,00 €

Nach Durchführung des Wertausgleichs bei der Scheidung ergäbe sich folgendes Ergebnis:
– gesetzliche Rentenversicherung:
Ehemann: 150 (eigene Anrechte: 300–150) + 100 (von Ehefrau) = 250,00 €
Ehefrau: 100 (eigene Anrechte: 200–100) + 150 (von Ehemann) = 250,00 €
– betriebliche Altersversorgung:
Ehemann: 50 (eigene Anrechte: 100 - 50) + 30 (Ehefrau)   = 80,00 €
Ehefrau: 30 (eigene Anrechte: 60–30)   + 50 (Ehemann)   = 80,00 €

Der Ehemann wirkt illoyal auf sein Anrecht in der betrieblichen Altersversorgung ein, so dass dieses vollständig entfällt und nicht mehr ausgeglichen werden kann.

	Ehemann	Ehefrau	Ausgleich
ges. RV	300,00 €	→	150,00 €

I. Grundlagen

	Ehemann	Ehefrau	Ausgleich
ges. RV	←	200,00 €	100,00 €
BAV	0	0	0
BAV	←	60,00 €	30,00 €

- Damit die Ehefrau nicht unbillig nach § 27 VersAusglG belastet wird, entfällt zunächst ihr Ausgleich in Bezug auf die betriebliche Altersversorgung i.H.v. 30,00 €.
- Hinsichtlich des weiteren Anspruch auf 20,00 € kann der Wertausgleich in der gesetzlichen Rentenversicherung des Ehemannes nicht über die Quote von 50 % erhöht werden. Fraglich ist, ob aus Billigkeitsgründen ihr Wertausgleich in der gesetzlichen Rentenversicherung zu ihren Lasten um 20,00 € (umgerechnet in Entgeltpunkte) gemindert wird. Dem würde der Grundsatz des Verbots des Übersteigens des Halbteilungsgrundsatzes entgegenstehen, wenn man die Verrechnungsregelung des § 10 Abs. 2 VersAusglG nicht als eine reine Vollzugsregelung, sondern als Teil des Halbteilungsgrundsatzes ansehen würde. Dies lässt sich aus § 1 Abs. 2 VersAusglG nicht entnehmen. Dies bedeutet, dass die Kürzung des Ausgleichs in dem Anrecht zur gesetzlichen Rentenversicherung der Ehefrau um 20,00 € zulässig ist.

Weiteres Beispiel:

	Ehemann	Ehefrau	Ausgleich
ges. RV	300,00 €	→	150,00 €
BAV	100,00 €	→	50,00 €
priv. RV	←	60,00 €	30,00 €

Der Ehemann wirkt illoyal auf sein Anrecht in der betrieblichen Altersversorgung ein, so dass dieses vollständig entfällt und nicht mehr ausgeglichen werden kann.
- In diesem Fall entfällt der Ausgleich zulasten der Ehefrau in ihrer privaten Rentenversicherung. Der weitere fehlende Ausgleich von 20,00 € kann nicht durch eine Erhöhung des Ausgleichs in der gesetzlichen Rentenversicherung des Ehemannes erfolgen, weil insoweit der Halbteilungsgrundsatz verletzt würde.

4. Verhältnis zu §§ 242, 1381, 1579 BGB

Bei der Anwendung des § 27 VersAusglG ist zu berücksichtigen, dass der Versorgungsausgleich auf dem Ausgleich einer gemeinsamen Lebensleistung beruht, also bereits erwirtschaftete Anrechte einbezieht. Insoweit gleicht diese Bestimmung § 1381 BGB. Die Anforderungen an § 27 VersAusglG sind also deutlich höher als bei der unterhaltsrechtlichen Härteklausel nach § 1579 BGB (s. hierzu auch BVerfG FamRZ 2003, 1173). Die Einschränkung des Versorgungsausgleichs beinhaltet deshalb im Ergebnis die Rückgewähr eines Teils des vom Ausgleichspflichtigen in der Ehe erbrachten Unterhaltsbeitrages (so BT-Drucks. 7/4361 S. 19, 43; s. a. Rdn. 768). Im Übrigen kann neben der Härteklausel des § 27 VersAusglG der **Einwand der Verwirkung** oder der **unzulässigen Ausübung** eines Anspruchs nach § 242 BGB bei Durchführung des Versorgungsausgleichs nicht geltend gemacht werden (BGH FamRZ 1993, 176, 178 = NJW 1992, 3293, 3295). Zwar handelt es sich bei § 27 VersAusglG BGB ebenfalls um eine Ausprägung des Grundsatzes von Treu und Glauben; jedoch verlangt diese Bestimmung das besondere Merkmal der **groben Unbilligkeit,** also einen strengeren Maßstab als bei § 242 BGB (zuletzt BGH FamRZ 2004, 1737; FamRZ 2007, 996 = NJW 2007, 2477 – illoyal verspätetes

765

6. Kapitel   Beschränkung oder Wegfall des Versorgungsausgleichs

Verlangen des Versorgungsausgleichs; zu § 10a Abs. 3 VAHRG a. F. in Abänderungsverfahren).

5. Unterschiedliche Zeitpunkte zur Anwendung der Härtefallklausel

766 Aufgrund der generellen Regelung der Härtefälle im Versorgungsausgleich gem. § 27 VersAusglG bestehen verschiedene Prüfungszeitpunkte, die sich aus den unterschiedlichen Verfahrensregelungen ergeben.

– Der häufigste Anwendungsbereich ergibt sich im **Wertausgleich bei der Scheidung** nach den §§ 9–19, 28 VersAusglG (bis zum 31. 08. 2009 nach § 1587c BGB a. F.), der überwiegend im Rahmen des Entscheidungsverbunds nach § 137 Abs. 1, 2 Nr. 1 FamFG erfolgt, aber auch in den Fällen des Art. 17 Abs. 3 EGBGB bei einem ausländischen Scheidungsstatut sowie der Scheidung im Ausland regelmäßig in einem zeitnahen Zeitraum nach der Scheidung; ferner wenn im Ausland nach deutschem Recht die Ehe geschieden wurde und ein Ehegatte im Inland die Durchführung des Versorgungsausgleichs nach deutschem Recht begehrt. Verkürzt dargestellt sind bei Anwendung der Härtefallklausel zu diesem Zeitpunkt abgeschlossene Sachverhalte sowie vermögensbezogene Erwägungen heranzuziehen.

– Ferner kommt § 27 VersAusglG im Falle des **Wertausgleichs nach der Scheidung** gem. der §§ 20–26 VersAusglG in Betracht. Insoweit ist zum einen auf die bereits bei Durchführung des Wertausgleichs bei der Scheidung vorhandenen Sachverhalte zurückzugreifen, soweit zum Zeitpunkt der Erstentscheidung hinsichtlich eines oder mehrerer Anrechte die Voraussetzungen der fehlenden Teilungsreife nach § 19 Abs. 1, 2 VersAusglG vorlagen und über die noch keine bindende Entscheidung zur Anwendung der Härtefallklausel getroffen wurde. Ferner greifen weitere unterhaltsrechtliche Elemente bei der Prüfung der Härtefallklausel ein (eingehend Rdn. 811), vor allem ob und in welchem Umfang der Ausgleichsberechtigte den nach seinen Lebensverhältnissen angemessenen Unterhalt aus seinen Einkünften und seinem Vermögen bestreiten kann (diese Prüfung erfolgte bis 31. 08. 2009 gem. § 1587h BGB a. F.).

– Schließlich ist eine Härtefallprüfung im **Abänderungsverfahren** nach § 225, 226 FamFG (§ 10a VAHRG a. F.) vorzunehmen; insoweit verweist § 226 Abs. 3 FamFG **entsprechend auf § 27 VersAusglG**. Der Schwerpunkt der Prüfung eines Härtefalles ergibt sich bei einem nach der Erstentscheidung eingetretenen Vermögensverfall oder einer Unterhaltsbedürftigkeit, die bei Vornahme einer Abänderung zu einer Sinnverfehlung des Versorgungsausgleichs führen können, nicht dagegen ohne weiteres bei einer Verletzung der Unterhaltspflicht nach rechtskräftig durchgeführter Erstentscheidung zum Versorgungsausgleich (BGH FamRZ 2007, 360). Dagegen ist § 27 VersAusglG nicht unmittelbar heranzuziehen, weil es sich nach den Vorstellungen des Gesetzgebers (zu § 1587c BGB a. F.) bei den von § 27 VersAusglG erfassten Sachverhalten um abgeschlossene Vorgänge handelt, die im Erstverfahren eine abschließende Beurteilung erfahren haben und über die rechtskräftig entschieden wurde (BGH FamRZ 2007, 360, 361; FamRZ 1996, 282; *Borth* FamRZ 1997, 1041, 1048), so dass sie selbst dann nicht angewandt werden können, wenn sie im Zeitpunkt der Erstentscheidung bekannt waren, aber nicht berücksichtigt wurden. Entsprechend lässt auch der BGH den **Einstieg in das Abänderungsverfahren** allein mit der Begründung, es liege ein Tatbestand des § 27 VersAusglG (§ 1587c BGB a. F.) vor, nicht zu (FamRZ 1989, 725, 726 f. = NJW 1989, 1999, 2000; FamRZ 1995, 29, 30 f. = NJW 1995, 136, 137; FamRZ 1996, 282; s. a. Rdn. 1089; *Borth* FamRZ 1996, 641, 644; FamRZ 1997, 1041, 1048). Wurde im Erstverfahren der Versorgungsausgleich

I. Grundlagen

nach § 27 VersAusglG (§ 1587 c BGB a. F.) herabgesetzt, so sind im Falle eines Abänderungsverfahrens die dort festgestellten Gründe zur Herabsetzung auch in der Abänderungsentscheidung zu übernehmen, weil § 226 Abs. 3 FamFG (§ 10 a VAHRG a. F.) nur eine »*entsprechende Abänderung*« aufgrund eines Sachverhaltes ermöglicht, der nach § 226 Abs. 3 FamFG erneut beurteilt werden kann. Konkret bedeutet dies, dass etwa die in der Erstentscheidung **herangezogene Herabsetzungsquote** auch bei der erneuten Entscheidung zu übernehmen ist.

6. Keine Regelung zur Beseitigung systembedingter Unstimmigkeiten

Es ist nicht Aufgabe der Härteklausel, jede systembedingte Unstimmigkeit zu beseitigen. So hat der BGH (BGHZ 74, 102 = FamRZ 1979, 490, 494 = NJW 1979, 1303; FamRZ 1988, 709, 710 = NJW 1988, 1839; FamRZ 1989, 725, 727 = NJW 1989, 1999, 2000; FamRZ 1989, 1163) es abgelehnt, die (derzeit noch bestehende) **unterschiedliche Besteuerung** von Leistungen aus einer Beamtenversorgung und der gesetzlichen Rentenversicherung (eingehend Rdn. 628 ff.) bereits bei der Ermittlung der Höhe des auszugleichenden Anrechts im Versorgungsausgleich zu berücksichtigen (die erst im Leistungsfall eintritt), weil im Regelfall die zukünftige steuerliche Belastung nicht abzusehen ist. Der BGH betrachtet diese Frage als eine Sache der Steuergesetzgebung (s. BGH FamRZ 2007, 627 = NJW-RR 2007, 651; zur entsprechenden Umsetzung in der gesetzlichen Rentenversicherung s. Rdn. 628 ff.). Lassen sich allerdings bei der Durchführung des Versorgungsausgleichs die Auswirkungen der steuerlichen Ungleichbehandlung im Hinblick auf bereits bestehende Versorgungsleistungen hinreichend sicher bestimmen und würden danach die Nettoeinkünfte des Ausgleichspflichtigen unter diejenigen des Berechtigten absinken, ist nach § 27 VersAusglG eine entsprechende Korrektur vorzunehmen (BGH FamRZ 1989, 1163; eingehend Rdn. 628. ff.). Dies betrifft insbesondere auch Ausgleichsansprüche nach der Scheidung in den Fällen, in denen aufgrund des bis zum 31. 08. 2009 nach § 1587b Abs. 1, 2 BGB a. F., §§ 1 Abs. 2, 3; 2 VAHRG a. F. geltenden Ausgleichssystems strukturell Anrechte auf eine schuldrechtliche Ausgleichsrente noch in höherem Umfang bestehen als nach dem ab dem 01. 09. 2009 geltenden Rechtszustand des reformierten Versorgungsausgleichs.

767

Zu Recht wurde in der Rechtsprechung die Härteklausel (§ 1587c Nr. 1 BGB a. F.) angewandt, wenn sich aufgrund der **Bewertungsgrundsätze** der § 1587a Abs. 2 BGB a. F. (§§ 39 ff. VersAusglG) Unbilligkeiten ergeben haben (s. z. B. BGH FamRZ 1982, 999, 1003, 1005 – vorgezogene Altersgrenze bei Strahlflugzeugführern; FamRZ 1985, 797, 799 – erhöhter Ortszuschlag für Verheiratete kann später entfallen; FamRZ 1987, 364 – der Verpflichtete hat nach Ehezeitende für den anderen Ehegatten Beiträge in der gesetzlichen Rentenversicherung nachentrichtet; ein güterrechtlicher Ausgleich entfiel). Soweit allerdings eine Korrektur des Wertausgleichs aufgrund der stichtagsbedingten Bewertung von Anrechten erforderlich wurde, bietet die Abänderungsmöglichkeit des § 225 VersAusglG die Möglichkeit der nachträglichen Erfassung solcher Unstimmigkeiten; sie können nach § 5 Abs. 2 Satz 2 VersAusglG bereits bei einer Veränderung der Bewertung zwischen Ehezeitende und Zeitpunkt der letzten tatrichterlichen Entscheidung berücksichtigt werden (Rdn. 125 ff.).

768

7. Begriff der groben Unbilligkeit

Eine grobe Unbilligkeit liegt nach der herkömmlichen Begriffsbestimmung vor, wenn die Durchführung des Versorgungsausgleichs dem Gerechtigkeits- und Billigkeitsempfinden in unerträglicher Weise widerspricht (BT-Drucks. 7/650 S. 162;

769

BGH NJW 1973, 749; FamRZ 1981, 756 = NJW 1981, 1733). Da § 27 VersAusglG eine **Ausnahmeregelung** darstellt, was sich bereits aus dem Wortlaut dieser Vorschrift ergibt, ist der anzuwendende Maßstab wesentlich strenger als bei § 242 BGB. Zur inhaltlichen Ausfüllung dieses Begriffes kann nicht auf die zum Ausschluss des Ehegattenunterhalts nach § 1579 BGB entwickelten Grundsätze zurückgegriffen werden, weil der Unterhalt zukünftige Leistungen des Verpflichteten bestimmt, die nach § 1579 BGB eingeschränkt werden sollen, während der Versorgungsausgleich einen Ausgleich aufgrund einer gemeinsamen Lebensleistung der Ehegatten vorsieht und eine Teilhabe an den in der Ehe erworbenen Vermögenswerten bewirkt (BT-Drucks. 7/4361 S. 43; BGH FamRZ 1983, 32 = NJW 1983, 117; Rdn. 765). Das BVerfG (FamRZ 2003, 1173 = FamRB 2003, 387 = NJW 2003, 2819 – Kammerentscheidung; grundsätzlich zum persönlichen Fehlverhalten s. BGH FamRZ 1990, 985 = NJW 1990, 2745, FamRZ 2003, 1173 = FamRB 2003, 387 = NJW 2003, 2819 – Kammerentscheidung) hat im Falle einer langjährigen außerehelichen Beziehung des ausgleichsberechtigten Ehegatten zu einem anderen Partner den aus Art. 6 Abs. 1 i. V. m. Art. 3 Abs. 2 GG abgeleiteten Grundsatz der Gleichwertigkeit der beiderseitigen Leistungen, die die Ehegatten im Rahmen der innerfamiliären Arbeitsteilung erbringen, stärker gewichtet als den im Falle einer schweren Eheverfehlung aus Art. 14 und 33 Abs. 2 GG folgenden Schutz des Versorgungsanrechts des erwerbstätigen Ehegatten, der über § 27 VersAusglG zu verwirklichen ist. Im Rahmen der Billigkeitsabwägung kommt dem Wert des haushaltsführenden und die Kindererziehung und -betreuung wahrnehmenden Ehegatten ein so starkes Gewicht zu, dass auch im Falle einer erheblichen Verletzung der ehelichen Treue ein gänzlicher Ausschluss ausscheidet. Der **Teilhabegedanke** verdrängt danach die in der Härteklausel des § 27 VersAusglG (§ 1587 c Nr. 1 BGB a. F.) enthaltenen **Genugtuungsfunktion**. Dies gilt nach BVerfG grundsätzlich auch dann, wenn der Ausgleichsberechtigte über hinreichend eigenes Vermögen oder eigene Anrechte verfügt.

770 Die Ausfüllung des Begriffes »*grobe Unbilligkeit*« hat sich an der **Zwecksetzung des Versorgungsausgleichs** zu orientieren; er soll insbesondere dem nicht oder nur teilweise berufstätigen Ehegatten eine eigene Versorgung verschaffen. Dieser Zweck würde verfehlt, wenn die Ehe nur von kurzer Dauer war (BGH FamRZ 1981, 944, 945 – sechs Wochen) oder die Ehegatten trotz langer Ehedauer nur kurze Zeit zusammengelebt haben; in solchen Fällen fehlt es an einer **gemeinsamen Lebensleistung** und damit auch an dem rechtfertigenden Grund für den Versorgungsausgleich (Sinnverfehlung). Gleiches gilt, wenn der Ausgleichsberechtigte seine **Pflichten in der ehelichen Lebensgemeinschaft** in schwerwiegender Weise verletzt hat. Dies gilt bei einer nicht nur vorübergehenden Verletzung der Pflicht, zum Familienunterhalt (auch in Form des Naturalunterhalts, §§ 1353, 1356, 1606 Abs. 3 Satz 2 BGB) beizutragen.

771 Da der Versorgungsausgleich neben dem (güterrechtlich orientierten) Gesichtspunkt der Aufteilung der in der Ehe als gemeinsame Lebensleistung erworbenen Anrechte auf dem Grundsatz der Verschaffung einer eigenen Versorgung mit dem Ziel einer **unterhaltsrechtlichen Absicherung** beruht, kann ein Härtefall nach § 27 VersAusglG auch gegeben sein, wenn beim Ausgleichsberechtigten bereits eine **ausreichende Versorgung** besteht und der Ausgleichspflichtige gleichzeitig unterhalb der Sicherung des notwendigen Lebensbedarfes sinken würde. Nicht ausreichend ist es dagegen zur Annahme eines Härtefalles, dass der Ausgleichsberechtigte eine **höhere Versorgung** als der Ausgleichspflichtige durch den Versorgungsausgleich erlangt (BGH FamRZ 1986, 563 = NJW 1986, 1935); hierin drückt sich das in § 1587 a Abs. 1 BGB a. F. ausdrücklich normierte Zugewinn-

I. Grundlagen

prinzip des Versorgungsausgleichs aus. Aus dem Grundsatz der gleichmäßigen Teilhabe an den in der Ehe erzielten Anrechten ergibt sich auch, dass der Versorgungsausgleich auch dann durchzuführen ist, wenn beide Ehegatten während der Ehe jeweils in vollem Umfang ihre berufliche Tätigkeit weiterführten und ehebedingte Einbußen an Versorgungsanrechten nicht eintraten. Dies folgt aus dem Grundsatz der **Lebens- und Versorgungsgemeinschaft** der Ehegatten (BGH FamRZ 1988, 709 = NJW 1988, 1839; FamRZ 1989, 492 = NJW-RR 1989, 131).

8. Umfang des Ausschlusses

Die tatbestandliche Fassung des § 27 VersAusglG (*»soweit...«*) lässt eine **Herabsetzung des Wertausgleichs,** aber auch einen **gänzlichen Ausschluss** zu. Vor allem nach dem seit dem 01.09.2009 geltenden System des Hin- und Her-Ausgleichs nach § 1 Abs. 1, 2 VersAusglG kann der Ausschluss auf einzelne Anrechte beschränkt werden (so auch *Johannsen/Hahne* § 1587 c BGB a. F. Rn. 3; zur Methode der Berechnung bei einer teilweisen Herabsetzung s. eingehend Rdn. 332). Liegt eine zeitratierlich zu berechnende Versorgung i. S. d. § 40 VersAusglG vor, ist im Zeit-Zeit-Verhältnis diejenige Ehezeit herauszunehmen, in die der Tatbestand des § 27 VersAusglG fällt, sofern nach der zu treffenden Billigkeitsabwägung (nur) eine Einschränkung des Ausgleichs vorzunehmen ist. Eine Entscheidung zur Herabsetzung oder dem Ausschluss des Versorgungsausgleichs kann im Hinblick auf die erforderliche Gesamtabwägung (s. Rdn. 759) nur nach Klärung der jeweiligen Anrechte getroffen werden; insbesondere kann ein Härtefall nicht damit begründet werden, die nach § 27 FGG zu treffenden Ermittlungen seien umfangreich (so aber OLG Hamm FamRZ 1987, 721). Hierzu sieht der reformierte Versorgungsausgleich durch die Einführung des **Begriffs des korrespondierenden Kapitalwerts,** der eine Hilfsgröße darstellt (s. hierzu Rdn. 176 ff.), eine **Gesamtsicht aller von den Ehegatten erworbenen Anrechte** in Form eines auf die Bezugsgröße des Kapitalwertes des einzelnen Anrechts vor, die es dem Familiengericht ermöglicht, nach den sich aus dem Einzelfall ergebenden Billigkeitsgesichtspunkten zu bestimmen, ob der die im Versorgungsausgleich insgesamt höheren Anrechte erwerbende Ehegatte eine Begrenzung oder einen Ausschluss des Versorgungsausgleichs hinzunehmen hat.

772

Ob eine **vollständige Versagung** oder lediglich eine **Kürzung des Versorgungsausgleichs** vorzunehmen ist, hängt von dem Gewicht und der Schwere der Billigkeitsgesichtspunkte ab (BGH FamRZ 1983, 32, 35 = NJW 1983, 117, 119), aber auch von sonstigen Umständen, die in die Billigkeitsabwägung einfließen (wirtschaftliche Verhältnisse, Dauer der Ehe, Opfer für die Familie). Dies obliegt jeweils der tatrichterlichen Würdigung. Die **Rechtsbeschwerde** nach §§ 70 ff. FamFG kann nur darauf gestützt werden, ob die wesentlichen Gesichtspunkte beachtet und die Abwägung in einer dem Gesetz gemäßen Weise vorgenommen wurde (BGH FamRZ 1990, 1341 = NJW-RR 1990, 1155; s. a. FamRZ 1987, 362, 364). Die Härteklausel nach § 27 VersAusglG lässt auch nach dem neuen System im Grundsatz nur eine **Begrenzung des Ausgleichsbetrages** zu, ist jedoch in Bezug auf den Einzelausgleich jeden Anrechts und in Bezug auf die Sanktion auf ein illoyales Verhalten eines Ehegatten flexibler (eingehend Rdn. 762). Sie ermöglicht weiterhin nicht, die Anrechte des Ausgleichspflichtigen (fiktiv) zu erhöhen, so etwa, wenn der Ausgleichspflichtige sich Beiträge vor dem Ende der Ehezeit hat erstatten lassen, so dass das Anrecht entfallen ist. Ebenso wenig ermöglicht es die Härteklausel, den Ausgleichsanspruch zu erhöhen, um eine ungerechtfertigte Härte für den Ausgleichsberechtigten zu vermeiden (BGH FamRZ 1982, 1193 = NJW 1983, 37; FamRZ 1985, 687). Jedoch können bestimmte Anrechte beim Wertausgleich – anders als

773

nach dem bis zum 31.08.2009 geltenden Rechtszustand (BGH FamRZ 1987, 48) – ausgeklammert werden. In Fällen mit bewusster Schädigungsabsicht besteht ein Anspruch nach § 826 BGB (s. Rdn. 799).

II. Aufgliederung der Härtegründe nach § 27 VersAusglG

1. Übernahme der Härtegründe aus § 1587 c BGB a. F.?

774 Die Begründung des Regierungsentwurfs (BT-Drucks. 16/10144 S. 67 f.) geht davon aus, dass die zu § 1587 c BGB a. F. entwickelten Grundsätze der Härtefallklausel auch nach § 27 VersAusglG ihre Geltung behalten. Dies legt es nahe, die vor allem durch den BGH entwickelte Rechtsprechung zum Verständnis der Härtefallklausel auch im Bereich des § 27 VersAusglG anzuwenden. Dem ist grundsätzlich zuzustimmen. Jedoch müssen die Besonderheiten des reformierten Versorgungsausgleichs auch in Bezug auf die Anwendung der Härtefallklausel berücksichtigt werden.

Dies betrifft zunächst die Anwendung der Härtefallklausel in den Fällen der **Besteuerung von Anrechten**, wenn beide Ehegatten bereits eine Versorgung beziehen. Insoweit bestehen nur noch in eingeschränktem Umfang Unterschiede in der Besteuerung der dem Versorgungsausgleich unterliegenden Anrechte. Dies bezieht sich vor allem auf die Unterschiede der **Besteuerung eines Anrechts der** Beamtenversorgung (eingehend hierzu Vorauflage Rn. 113), das vollumfänglich der nachgelagerten Besteuerung unterliegt, während der Bezug eines Anrechts der gesetzlichen Rentenversicherung nach § 22 Nr. 1 a lit. aa EStG derzeit nur mit einem Anteil von 58 % der Rentenbezüge aus der gesetzlichen Rentenversicherung der Einkommensteuer unterliegt. Insoweit ergibt sich nur bei hohen Anrechten aus der Beamtenversorgung ein nach § 27 VersAusglG zu beachtendes Korrekturbedürfnis. Die hierzu erforderliche Prüfung hinsichtlich der Auswirkungen bedarf einer konkreten Betrachtung der zu versteuernden Einkünfte anhand der zum Zeitpunkt der Entscheidung vorliegenden aktuellen Einkommensteuererklärungen und -bescheide, anhand deren bestimmt werden kann, ob sich bei der Beamtenversorgung wegen der grundsätzlich höheren Besteuerung eine Verminderung der (netto) ausgezahlten Pension ergibt, die die Anwendung des § 27 VersAusglG rechtfertigt. Eine solche Sachlage tritt aber nur dann ein, wenn ein Anrecht der Beamtenversorgung nach § 16 VersAusglG im Wege der externen Teilung ausgeglichen wird. Insoweit ist neben der geringeren Belastung der gesetzlichen Rentenversicherung auch der Altersentlastungsbetrag nach § 24 b EStG einerseits und in der Beamtenversorgung der Vorsorgungsfreibetrag einschließlich des Zuschlags hierzu gem. § 19 Abs. 2 EStG zu berücksichtigen (zur Besteuerung nach dem Alterseinkünftegesetz eingehend Rdn. 628 ff.; s. a. BGH FamRZ 2007, 627, 628; FamRZ 2005, 696, 700). Zudem hat sich die Problematik der unterschiedlichen Besteuerung aufgrund der neuen Bestimmungen der § 3 Nr. 55 a EStG sowie § 3 Nr. 55 b EStG (eingeführt durch Art. 10 VAStrRefG), die den Versorgungsausgleich einkommensteuerrechtlich neutral stellen und generell zur nachgelagerten Besteuerung bei beiden Ehegatten im jeweiligen Versorgungsfall führen, weitgehend erledigt.

775 Ferner ist zu beachten, dass nach dem VersAusglG **geringfügige Ausgleichswerte** künftig nach § 18 VersAusglG ausgeschlossen werden können, ohne dass es der Prüfung der Härtefallklausel bedarf. Zu berücksichtigen ist zudem, dass in dem Fall der **fehlenden Ausgleichsreife** nach § 19 Abs. 2 Nr. 4 VersAusglG bei Zusammentreffen ausländischer, zwischenstaatlicher sowie überstaatlicher Anrechte

II. Aufgliederung der Härtegründe nach § 27 VersAusglG

nach Billigkeitsgründen ein Ausgleich zu vollziehen ist. Diese Billigkeitsklausel stellt aber lediglich eine Ausgleichssperre dar, dagegen keine allgemeine Billigkeitsklausel, die zu einem Ausschluss des Wertausgleichs führt. Entsprechend wurde auch in § 224 Abs. 3 FamFG diese Regelung nicht in Bezug auf die Fassung der Beschlussformel bei einem Ausschluss des Versorgungsausgleichs nach § 27 VersAusglG berücksichtigt.

2. Beiderseitige Verhältnisse der Ehegatten

a) Begriff der beiderseitigen Verhältnisse

Der in § 1587 c Nr. 1 BGB a. F. enthaltene Begriff der beiderseitigen Verhältnisse, die zu einer groben Unbilligkeit führen können, hat auch für die Anwendung des § 27 VersAusglG weiterhin Bedeutung. Die grobe Unbilligkeit des Versorgungsausgleichs muss sich nach dem aus den beiderseitigen Verhältnissen der Ehegatten ergeben (s. a. Wortlaut des § 1587 c Nr. 1 BGB a. F.). Das Gesetz führt hierzu den **beiderseitigen Vermögenserwerb** beispielhaft auf. Was das Gesetz mit der Berücksichtigung der beiderseitigen Verhältnisse meint, wird aus Sinn und Zweck des Versorgungsausgleichs deutlich. Dieser soll dem ausgleichsberechtigten Ehegatten eine **eigenständige Versorgung** gewährleisten bzw. hierfür einen Grundstock legen. Er dient damit letztlich der wirtschaftlichen Absicherung der Ehegatten im Rentenalter und tritt ganz oder teilweise an die Stelle des nachehelichen Unterhalts nach § 1569 ff. BGB, insbesondere des Altersunterhalts nach § 1571 BGB (s. a. BGH FamRZ 2004, 601 – der Versorgungsausgleich ist dem Kernbereich der Scheidungsfolgen zuzuordnen). Hieraus ergibt sich, dass grundsätzlich alle Umstände zu berücksichtigen sind, die mittelbar oder unmittelbar sich auf die wirtschaftliche Situation der Ehegatten im Versorgungsfall auswirken. Dies bedeutet zugleich, dass es nicht auf die wirtschaftlichen und sonstigen Verhältnisse bis zum Ende der Ehezeit ankommt, sondern auch danach eintretende Umstände zu erfassen sind (soweit dies verfahrensmäßig möglich ist). Das Gesetz bezieht sich ausdrücklich nicht nur auf den beiderseitigen Vermögenserwerb während der Ehe, sondern auch im Zusammenhang mit der Scheidung. Ferner ergibt sich aus der tatbestandlichen Fassung, dass neben dem beiderseitigen Vermögenserwerb auch die Vermögenslage der Ehegatten, deren Einkommensverhältnisse und sonstige Umstände wie der künftige Versorgungserwerb zu beachten sind.

776

b) Vermögenserwerb der Ehegatten

Nach dem Wortlaut der Nr. 1 kommt dem jeweiligen Vermögenserwerb der Ehegatten eine besondere Bedeutung zu. Hierbei ist zunächst der während der Ehezeit erworbene Vermögenserwerb in Betracht zu ziehen, der in Form von Grundstücken (BGH FamRZ 1990, 1341 = NJW-RR 1990, 1155), Kapitalvermögen (BGH FamRZ 1988, 47) und sonstigen vermögenswerten Rechten (Kapitallebensversicherungen) bestehen kann. Hat beispielsweise ein Ehegatte in der Ehe aufgrund einer gewerblichen Tätigkeit keine dem Versorgungsausgleich unterliegenden Versorgungsanrechte erworben, sondern Vermögen in **Form von Grundstücken oder Kapitalvermögen** gebildet, während der andere Ehegatte aufgrund einer beruflichen Tätigkeit Versorgungsanrechte in erheblichem Umfang erworben hat und somit formal ausgleichspflichtig wäre, so kann die formale Durchführung des Versorgungsausgleichs grob unbillig sein. Allerdings ist zu prüfen, ob der Vermögenserwerb des gewerblich tätigen Ehegatten der güterrechtlichen Auseinandersetzung unterliegt oder bei Scheidung ausschließlich bei ihm verbleibt (insbesondere bei bestehender Gütertrennung nach § 1414 BGB, s. a. Rdn. 796; OLG Hamburg

777

6. Kapitel Beschränkung oder Wegfall des Versorgungsausgleichs

FamRZ 2002, 257). Ferner sind in die Betrachtung solche Anrechte einzubeziehen, die nicht dem Versorgungsausgleich unterliegen, weil sie weder mit Hilfe des Vermögens noch durch Arbeit der Ehegatten aufrechterhalten oder erworben wurden (§ 2 Abs. 2 Nr. 1 VersAusglG). Hierzu gehören insbesondere **Renten aus der gesetzlichen Unfallversicherung** (s. OLG Celle FamRZ 1989, 1098, 1099), Renten nach dem BVG oder BEG sowie sonstige Leistungen mit Entschädigungscharakter (Rdn. 66, 86). Gleiches gilt für dingliche Wohnrechte und sonstige gesicherte Ansprüche auf eine Leistungsrente u. ä. Liegen solche Anrechte bei einem Ehegatten vor, so sind sie insbesondere dann in die Abwägung einzubeziehen, wenn sich bei formaler Durchführung des Versorgungsausgleichs ein Ungleichgewicht ergeben würde (eingehend Rdn. 781).

778 Zu dem beiderseitigen Vermögenserwerb können auch Vermögenspositionen gehören, die bereits **bei Eheschließung** vorlagen oder **nach dem Ende der Ehezeit erworben** wurden (und in der Erstentscheidung noch berücksichtigt werden können – z. B. ein größerer Erbschaftserwerb vor der Entscheidung in der letzten Tatsacheninstanz zum Versorgungsausgleich; s. a. BGH FamRZ 1988, 940, 941 = NJW-RR 1988, 1028). Allerdings muss sich ein solcher Vermögenserwerb bereits so konkretisiert haben, dass deren Erhalt mit hoher Wahrscheinlichkeit zu erwarten sowie dauerhaft gesichert ist. Die bloße Aussicht auf eine spätere Erbschaft gehört hierzu ebenso wenig wie bestehende Unterhaltsansprüche aus einer (gar beabsichtigten) weiteren Ehe (OLG Stuttgart FamRZ 1979, 831; BGH FamRZ 1983, 35, 36 = NJW 1983, 165, 166). Auch der Vermögenserwerb **während der Trennungszeit** gehört zu den zu berücksichtigenden Faktoren, wobei im Rahmen der Harmonisierung von Versorgungsausgleich und Zugewinn (s. hierzu BGH FamRZ 1992, 790 f. = NJW 1992, 1888 f.; eingehend Rdn. 23, 83, 99; *Borth* FamRZ 1996, 641 f.) nicht auf § 27 VersAusglG zurückzugreifen ist, sondern die (Nicht-)Berücksichtigung solcher Anrechte aus einer systemgerechten Auslegung der §§ 2 Abs. 2 Nr. 1–3 VersAusglG (§ 1587 Abs. 1 Satz 2 BGB a. F.), 1372 ff. BGB abgeleitet wird (BGH FamRZ 1992, 790 f. = NJW 1992, 1888 f.).

779 Auch **mittelbare Auswirkungen** auf die wirtschaftlichen Verhältnisse der Ehegatten sind in die Billigkeitsabwägung einzubeziehen. Hierzu gehört insbesondere die Möglichkeit zum **Aufbau einer eigenen Altersversorgung** nach Ende der Ehezeit, so z. B. bei einer **qualifizierten Berufsausbildung** (BGH FamRZ 1988, 600 = NJW-RR 1988, 709; FamRZ 1989, 1060 = NJW-RR 1989, 902), andererseits aber auch der Umstand, dass wegen einer langjährigen Haushaltstätigkeit oder einer Erkrankung eine Erwerbstätigkeit nicht mehr gefunden bzw. ausgeübt werden kann (BGH FamRZ 1981, 756 = NJW 1981, 1733). Insgesamt ist die Frage, ob der Ausgleichsberechtigte aufgrund eigener Erwerbstätigkeit eine **angemessene Altersversorgung** noch aufbauen kann, zurückhaltend zu beurteilen (BGH FamRZ 1990, 1341 = NJW-RR 1990, 1155). Nicht zu berücksichtigen ist ein unterschiedlicher Versorgungserwerb, der sich aufgrund der Zugehörigkeit zu verschiedenen Versorgungssystemen ergibt (Beamtenversorgung oder berufsständische Versorgung einerseits, gesetzliche Rentenversicherung andererseits; s. BGH FamRZ 1989, 1062, 1063). Gleiches gilt, wenn ein Ehegatte wegen der Aufgabe seines Beamtenstatus infolge der Nachversicherung in der gesetzlichen Rentenversicherung (s. Rdn. 55, 224, 283) eine Minderung seiner Versorgungsanrechte hinnehmen muss, weil es keine Verpflichtung (im Sinne einer Obliegenheit) gibt, den einmal eingenommenen beruflichen Status nur um des Erhalts der Versorgung willen beizubehalten. Schließlich kann ein **persönliches Fehlverhalten** beachtlich sein, selbst wenn aus diesem unmittelbar keine wirtschaftlichen Folgen entspringen (BGH FamRZ 1983,

II. Aufgliederung der Härtegründe nach § 27 VersAusglG

32 = NJW 1983, 117; FamRZ 1984, 662, 665 = NJW 1984, 2358, 2361; eingehend Rdn. 781).

c) Umstände, die zum Scheitern der Ehe geführt haben

§ 27 VersAusglG lässt auch die Berücksichtigung solcher Umstände zu, die zum Scheitern der Ehe geführt haben; dieser Begriff ist in § 1587 c Nr. 1 BGB a. F. enthalten. Die Regelung des § 1587 c Nr. 1 Hs. 2 BGB a. F. steht diesem nicht entgegen, da diese lediglich sicherstellen wollte, dass der Versorgungsausgleich unabhängig von dem Vorliegen eines persönlichen Verschuldens am Scheitern der Ehe vorgenommen werden soll (BGH FamRZ 1983, 32, 33 = NJW 1983, 117, 118).

780

3. Versorgungslage beider Ehegatten – fehlende ausgewogene soziale Sicherheit

Die Härteklausel greift nicht bereits dann ein, wenn der Ausgleichsberechtigte nach Durchführung des Versorgungsausgleichs über höhere Anrechte verfügt als der Ausgleichspflichtige (BGH FamRZ 1986, 563 = NJW 1986, 1935 – keine ehebedingten Einbußen bei kinderloser Doppelehe). Dies gilt auch, wenn durch den Versorgungsausgleich der das Existentminimum sichernde Eigenbedarf der ausgleichspflichtigen Person unterschritten wird und sie auf die gesamten Rentenanwartschaften angewiesen ist. Eine durch den Versorgungsausgleich eintretende Bedürftigkeit ist deshalb für sich allein für eine Herabsetzung oder einen Ausschluss nicht maßgebend. Denn der Versorgungsausgleich enthält nicht allein den Gedanken der Sicherstellung der Versorgung im unterhaltsrechtlichen Sinn (§ 1577 Abs. 1 BGB), sondern auch das Prinzip der Aufteilung des in der Ehe gemeinsam Erwirtschafteten (BGH FamRZ 2006, 769, 771). Dementsprechend ist in die vorzunehmende Abwägung die Gesamtsituation der Ehegatten einzubeziehen (BGH FamRZ 1981, 130, 132 = NJW 1981, 394, 396; FamRZ 1981, 756, 757 = NJW 1981, 1733, 1734; FamRZ 1982, 258 = NJW 1982, 989). Die **eigene Bedürftigkeit** rechtfertigt deshalb erst dann einen Ausschluss oder eine Kürzung, wenn der Berechtigte bereits eine ausreichende Versorgung hat oder noch erwerben kann, während die **ausgleichspflichtige Person dringend auf ihre Versorgung angewiesen** ist, es also zu einem erheblichen wirtschaftlichen Ungleichgewicht kommen würde (BGH FamRZ 2005, 699; FamRZ 2005, 1238; FamRZ 2006, 696, 701; FamRZ 2007, 1084, 1086). Dies ist etwa der Fall, wenn die ausgleichspflichtige Person Anrechte in Höhe des unterhaltsrechtlichen Selbstbehalts (§ 1603 Abs. 2 BGB) hat, diese aber wegen seiner Erwerbsunfähigkeit nicht mehr aufstocken kann, also bei Durchführung des Versorgungsausgleichs deutlich unter den **notwendigen Selbstbehalt** fiele (derzeit mindestens 770,00 €), während die ausgleichsberechtigte Person über ausreichende Anwartschaften verfügt oder noch in ausreichendem Maße erwerben kann (zur weiteren Rechtsprechung s. *Borth* FamRZ 1997, 714, 718) oder daneben Vermögenseinkünfte bezieht, mit der eine entstehende Bedürftigkeit nach § 1577 Abs. 1 BGB gedeckt werden kann.

781

Ein Härtegrund kann ferner bestehen, wenn die ausgleichsberechtigte Person über **Vermögen verfügt**, das deren Altersversorgung sichert, und gleichzeitig die ausgleichspflichtige Person auf ihre eigenen Versorgungsanrechte zur Sicherung der Altersversorgung dringend angewiesen ist (BGH FamRZ 1999, 714, 715; FamRZ 2005, 1238). Zu prüfen ist insoweit jedoch, ob der Ausgleichspflichtige bis zum Erreichen der Altersgrenze seine Anrechte weiter ausbauen kann oder Vermögen zur Sicherung seiner Altersversorgung besitzt. Wurde der Zugewinn nach § 1414 BGB ausgeschlossen und Gütertrennung vereinbart, gilt Entsprechendes (BGH FamRZ 2005, 1238, 1239; OLG Hamm FamRZ 2005, 1483). Lässt sich Letzteres allerdings

782

nicht mit hinreichender Sicherheit feststellen, etwa weil der Berechtigte angesichts der langen Dauer der Erwerbslosigkeit oder einer angeschlagenen Gesundheit trotz entsprechender Bemühungen keine Erwerbstätigkeit finden konnte (§ 1573 Abs. 1 BGB), ist der Wertausgleich ohne Kürzung durchzuführen (s. a. BGH FamRZ 1990, 1341 = NJW-RR 1990, 1155; Rdn. 779). In solchen Fällen gewinnt bei der zu treffenden Gesamtabwägung der Umstand an Gewicht, dass der Ausgleichsberechtigte während der Ehe sein berufliches Fortkommen im Interesse der Familie zurückgestellt hat und somit **ehebedingte Nachteile** in seiner Versorgung hat hinnehmen müssen (BGH FamRZ 1988, 489, 491) und er deshalb auf den Versorgungsausgleich zur Verbesserung seiner sozialen Lage ebenfalls angewiesen ist (zur entsprechenden Abwägung bei einem Frühpensionär s. BGH FamRZ 1990, 1341 = NJW-RR 1990, 1155). In diesem Zusammenhang ist auch auf die **unterhaltsrechtliche Funktion des Versorgungsausgleichs** in Bezug auf den nach § 1578 b Abs. 1, 2 BGB zu prüfenden Nachteilsausgleich hinzuweisen, der ab Bezug eines durch den Versorgungsausgleich erworbenen Anrechts unterhaltsrechtlich nach § 1578 b Abs. 1, 2 BGB eingreifen kann (s. hierzu BGH FamRZ 2008, 1335, 1328; FamRZ 2008, 1508, 1511).

Bei der Prüfung der **wirtschaftlichen Verhältnisse des Ausgleichspflichtigen** sind auch weitere Versorgungen und versorgungsähnliche Leistungen zu berücksichtigen, selbst wenn diese dem Versorgungsausgleich selbst nicht unterliegen, so z. B. **weitere, außerhalb der Ehezeit liegende Rententeile** (BGH FamRZ 1988, 489; Zurechnungszeit) oder eine Verletztenrente der gesetzlichen Unfallversicherung bzw. eine private Unfallversicherung sowie sonstige Renten mit Entschädigungscharakter. Auch das Vorhandensein eines lastenfreien Eigenheimes oder eines Wohnrechts kann insoweit auf die zutreffende Billigkeitsabwägung Einfluss nehmen.

783 Bei der Prüfung, ob die **ausgleichsberechtigte Person** ausreichend gesichert ist, sind in gleicher Weise außerhalb der Ehezeit liegende Rentenanwartschaften und sonstige versorgungsähnliche Anrechte zu berücksichtigen (OLG Celle FamRZ 1989, 1098 – Verletztenrente aus der gesetzlichen Unfallversicherung, § 55 AVG a. F.; eingehend Rdn. 336, 592; **hohe Vermögenseinkünfte** OLG Zweibrücken FamRZ 2007, 1746; OLG Schleswig FamRZ 2008, 281; OLG Hamm FamRZ 2008, 898, 900). Dem entspricht es auch, den Wertausgleich auszuschließen, wenn der Ausgleichspflichtige infolge des Verlustes von Rentenansprüchen zur Deckung seines Lebensunterhalts Leistungen nach dem SGB II (Grundsicherung) oder SGB XII in Anspruch nehmen müsste, während die Versorgungslage des Ausgleichsberechtigten durch den Versorgungsausgleich nicht verbessert würde, weil eine **wieder aufgelebte Witwenrente** nach ihrem ersten Ehemann entsprechend gekürzt würde (BGH FamRZ 1989, 46 = NJW 1989, 1988). Eine entsprechende Sicherung des Ausgleichsberechtigten kann auch nicht generell nach Eingehen einer neuen Ehe angenommen werden, weil deren Bestand nicht sicher ist, sondern erst dann, wenn dem Ausgleichsberechtigten in der neuen Ehe Vermögenswerte zugeflossen sind (BGH FamRZ 1982, 471, 472 = NJW 1982, 1463, 1464; FamRZ 1988, 498; weitere Fälle der obergerichtlichen Rechtsprechung: OLG Bamberg FamRZ 1997, 29; OLG Koblenz FamRZ 1996, 555; OLG Hamm FamRZ 1997, 27).

4. Vermögensrechtliche Lage beider Ehegatten

784 Ein Ausschluss bzw. eine Kürzung des Versorgungsausgleich unter dem Gesichtspunkt des wirtschaftlichen Ungleichgewichts kommt auch in Betracht, wenn die

ausgleichsberechtigte Person über nicht **ausgleichspflichtiges Kapital oder Grundvermögen** verfügt (BGH FamRZ 1981, 130, 132 = NJW 1981, 394, 396; FamRZ 1988, 47 – Erbschaft in erheblichem Umfang), während die ausgleichspflichtige Person auf die von ihr erworbenen Versorgungsansprüche dringend angewiesen ist (eingehend Rdn. 777) und die nicht ausreichende Versorgungslage auch nicht durch eigenes Vermögen ausgeglichen werden kann. Ist die güterrechtliche Auseinandersetzung noch nicht abgeschlossen, müssen die Beteiligten auf die **Vorgreiflichkeit** dieser Frage hingewiesen und gegebenenfalls das Verfahren entsprechend § 148 ZPO ausgesetzt werden. In die vorzunehmende Gesamtabwägung sind aber auch eventuelle Vermögenswerte des Ausgleichspflichtigen einzubeziehen (BGH FamRZ 1987, 49, 51; FamRZ 1987, 923 – Auseinandersetzungsanspruch nach §§ 741 ff. BGB; FamRZ 1989, 491, 492 – Vermögen als Gewerbetreibender). Dabei kann auch ein Vermögenserwerb nach der Trennung oder Scheidung der Ehe zu den beiderseitigen Verhältnissen (i. S. d. § 1587c Nr. 1 BGB a. F.) gehören (BGH FamRZ 1987, 49, 51; FamRZ 1988, 940, 941 = NJW-RR 1988, 1028), da die Hervorhebung des Vermögenserwerbs während der Ehe nur beispielhaft ist, aber bei der vorzunehmenden Gesamtabwägung einen späteren Erwerb nicht ausschließen will. Auf die Herkunft des Vermögens kommt es regelmäßig nicht an (weitere Rspr. s. *Borth* FamRZ 1997, 714, 718). Bloße **Aussichten** des Berechtigten auf einen Vermögenserwerb, etwa eine in Aussicht stehende Erbschaft oder eine beabsichtigte Eheschließung, ermöglichen eine Herabsetzung bei der Prüfung der beiderseitigen Verhältnisse nicht.

5. Sonstige Umstände

Auch sonstige Umstände, die Einfluss auf die Verdienstmöglichkeiten nehmen, können in die Billigkeitsabwägung Eingang finden, so z. B. eine eingetretene **Krankheit** oder Minderung der Erwerbsfähigkeit (BGH FamRZ 1981, 756, 757 = NJW 1981, 1733, 1734; s. a. Rdn. 779). Zu den zu berücksichtigenden Verhältnissen sind auch **besondere Leistungen** des Ausgleichsberechtigten für die Familie zu zählen (BGH, Beschluss vom 25. 06. 1986, IV b ZB 2/84, nicht veröffentlicht – Ehefrau erzieht fünf Kinder und übt daneben eine Erwerbstätigkeit aus).

785

6. Kurze Dauer der Ehe als Härtegrund

Ein Ausschluss des Versorgungsausgleichs kann bei einer **extrem kurzen Dauer** der Ehe gerechtfertigt sein (BGH FamRZ 1981, 944, 945 – sechs Wochen) oder wenn die Eheschließung nur zum Schein erfolgte, um dem ausländischen Ehegatten eine Einbürgerung oder eine Verlängerung des Aufenthaltes zu ermöglichen. Wurde die Ehe einige Monate geführt, ist dies allein kein Grund für den Ausschluss des Versorgungsausgleichs. Ebenso wenig kommt ein Ausschluss in Frage, wenn beide Ehegatten während der Ehe durchgehend berufstätig waren und ehebedingte Einbußen an Versorgungsanrechten nicht eingetreten sind (BGH FamRZ 1989, 492 = NJW-RR 1989, 131). Die Aufteilung der Anwartschaften rechtfertigt sich aus der gemeinsamen Teilhabe der in der Ehe erwirtschafteten Anrechte, die im Falle des Scheiterns der Ehe zwischen den Ehegatten aufgeteilt werden (s. a. BGH FamRZ 1988, 709). Allerdings kann bei einer solchen Sachlage berücksichtigt werden, dass nach § 18 Abs. 1, 2 VersAusglG ein Versorgungsausgleich wegen Geringfügigkeit nicht stattfindet. Der in dieser Bestimmung liegende Regelungszweck kann im Rahmen der Billigkeitsabwägung gem. § 27 VersAusglG zu einem Ausschluss des Versorgungsausgleichs führen, falls der Ehegatte mit den geringeren Anrechten aufgrund des nicht gesicherten Existenzminimums auf diese Anrechte angewiesen ist (eingehend hierzu Rdn. 581 ff.).

786

7. Lange Dauer der Trennung

787 Haben die Ehegatten über eine **längere Dauer hinweg getrennt gelebt,** kann die uneingeschränkte Vornahme des Versorgungsausgleichs grob unbillig sein, weil die rechtfertigende Grundlage für dessen Durchführung fehlt, solange die eheliche Lebensgemeinschaft der Ehegatten aufgehoben ist – **Sinnverfehlung des Versorgungsausgleichs** (BGH FamRZ 2004, 1181). Die Sinnverfehlung des Versorgungsausgleichs stützt der BGH auch darauf, dass die auf Lebenszeit angelegte Ehe (bei Erwerbstätigkeit eines oder beider Ehegatten) im Kern als Versorgungsgemeinschaft angelegt ist (BGH FamRZ 2004, 601 = FamRB 2004, 353 = NJW 2004, 930; BGH FamRZ 2004, 601 = FamRB 2004, 353 = NJW 2004, 930). Nach BGH ist dies v. a. dann anzunehmen, wenn eine **wirtschaftliche Verselbständigung in der Trennungszeit** eingetreten ist und keine ehebedingte Bedürfnislage eintritt (FamRZ 2004, 1181 = NJW-RR 2004, 1231; s. a. OLG Hamm FamRZ 2004, 885; OLG Koblenz FamRZ 2004, 1580 – dort auch zum Zeitpunkt des Ausschlusses). Fällt die Trennungszeit im Verhältnis zur gesamten Ehezeit nicht so stark ins Gewicht, dass ein Ausschluss gerechtfertigt wäre, so kann dies jedoch aus anderen Gründen, insbesondere im Falle einer **phasenverschobenen Ehe** in Betracht kommen (hoher Altersunterschied der Ehegatten, so dass der Ältere über viele Jahre hinweg keine Versorgungsanrechte erwerben konnte, s. Rdn. 785). Trotz einer langen Trennungszeit, die grundsätzlich einen Ausschluss rechtfertigt, kann sich der Zeitpunkt des Ausschlusses (bis zum Ehezeitende) verschieben, wenn ehebedingt eine berufliche Tätigkeit nicht oder nur teilweise aufgenommen werden kann, sich also die wirtschaftliche Verselbständigung verzögert; dies gilt insbesondere im Falle der Betreuung gemeinschaftlicher Kinder (s. a. OLG Brandenburg FamRZ 2004, 118).

Diese Grundsätze hat der BGH auch bei einer Ehe herangezogen (FamRZ 1993, 302 = NJW 1993, 588), in der die Ehegatten nicht schon am 01. 07. 1977 getrennt gelebt haben und ausgeführt, dass auch im Hinblick auf das Vertrauen auf den möglichen Fortbestand der Ehe nach § 1587 c BGB eine Kürzung des Versorgungsausgleichs zu prüfen ist. Im konkreten Fall setzte der BGH der verhältnismäßig kurzen Dauer der Trennungszeit von fünfeinhalb Jahren bis zur Rechtshängigkeit des Scheidungsantrages die lange Dauer der ehelichen Lebensgemeinschaft entgegen, ferner, dass sich die Ehefrau der **Erziehung der gemeinsamen Kinder** gewidmet hat. Das **schützenswerte Vertrauen** des Ausgleichsberechtigten kann deshalb auf der jahrelangen Betreuung gemeinschaftlicher Kinder beruhen (BGH FamRZ 1980, 37 = NJW 1980, 53); der BGH sah deshalb von einer Kürzung ab (s. a. FamRZ 2005, 2052; FamRZ 2006, 769, 770). Allerdings ist zu berücksichtigen, dass der ausgleichsberechtigte Ehegatte auf den **Fortbestand einer durch die Ehe gewährten Versorgung** vertrauen durfte. Ferner kann beachtlich sein, dass der Berechtigte wegen seines Alters im Zeitpunkt der Trennung außerstande war, selbst für seine Altersversorgung aufzukommen (BGH FamRZ 1981, 340, 341) oder er davon ausgehen konnte, dass die Trennung nicht endgültig ist (BGH FamRZ 1980, 37 = NJW 1980, 53).

788 Erwirbt nur ein Ehegatte während der Ehezeit Anrechte auf eine Versorgung, während der andere Ehegatte bereits eine **Rentenleistung bei Eheschließung** bezieht, so folgt hieraus allein keine Anwendung der Härteklausel. Dies gilt insbesondere dann, wenn der Ausgleichsberechtigte seinen Pflichten i. S. d. §§ 1353, 1356, 1360 BGB nachkam. Lediglich dann, wenn eine längerfristige Verletzung dieser Pflichten vorliegt, kann ein (teilweiser) Ausschluss gegeben sein (s. § 1587 c Nr. 3 BGB a. F.; BGH FamRZ 1987, 49 = NJW-RR 1987, 578). Ist der die Rente beziehende Ehe-

II. Aufgliederung der Härtegründe nach § 27 VersAusglG

gatte ausreichend gesichert, während der andere Ehegatte bei Durchführung des Versorgungsausgleichs keine ausreichende Versorgung erreichen könnte, kann ebenfalls ein Ausschluss gerechtfertigt sein (BGH FamRZ 1986, 357 = NJW-RR 1986, 491; FamRZ 1988, 489, 491 = NJW-RR 1988, 322, 323). Ist der **Ausgleichspflichtige wesentlich älter als der Ausgleichsberechtigte**, so rechtfertigt die Kürzung der Versorgung nicht die Anwendung des § 27 VersAusglG, weil diese Regelung nicht zum Ausgleich systembedingter Auswirkungen des Versorgungsausgleichs angewandt werden kann. Im Übrigen greift im Fall einer Unterhaltslast die Regelung des § 33 VersAusglG (Anpassung der Auswirkungen des Versorgungsausgleichs wegen Unterhalts) ein. Andererseits kann die Trennung den Ausgleichsberechtigten von den Aufgaben in der Ehe entlastet haben, so dass es ihm möglich war, einer Erwerbstätigkeit nachzugehen (BGH FamRZ 1982, 475 = NJW 1983, 176). Dies gilt vor allem, wenn die Ehegatten sich in jüngeren Jahren getrennt haben. Führen die Ehegatten über Jahre hinweg lediglich eine Wochenendehe und hat jeder einen eigenen Hausstand geführt, so schließt das die gemeinsame Teilhabe an den in der Ehe erwirtschafteten Anrechten grundsätzlich nicht aus (OLG München FamRZ 1986, 1116).

Nach dem Grundgedanken des Versorgungsausgleichs kann eine **lange Trennungszeit** (BGH FamRZ 2004, 1181, 1183 – 11,5 Jahre) mit einer wirtschaftlichen Verselbständigung dazu führen, dass der Versorgungsausgleich – teilweise – ausgeschlossen wird. Das gilt vor allem bei einer **phasenverschobenen Ehe**, wenn also ein Ehegatte in der Ehe bereits eine Versorgung bezieht, während der andere noch Anrechte erwirbt und dieser auf diese Anrechte angewiesen ist, weil er bei Vornahme des Versorgungsausgleichs keine angemessene Versorgung mehr erreichen kann, während der andere Ehegatte eine hinreichende Versorgung besitzt. In diesen Fällen stellt der BGH (FamRZ 2007, 1964 m. Anm. *Borth*) den **Gesichtspunkt der langen Dauer der Trennung** im Verhältnis zur Gesamtdauer der Ehe, der grundsätzlich eine Sinnverfehlung des Versorgungsausgleichs wegen fehlendem gemeinsamen Zusammenwirken in persönlicher und wirtschaftlicher Hinsicht bedeutet, nicht in den Vordergrund seiner Argumentation, sondern hebt den Gesichtspunkt der Phasenverschiebung besonders hervor. Hierzu prüft er die beiderseitige Versorgungslage und hält eine Korrektur durch die Härteklausel für geboten, wenn bei der ausgleichsberechtigten Person ein **Übergewicht der vorhandenen Anrechte** auf eine Versorgung besteht, das bei Durchführung des Versorgungsausgleichs noch verstärkt würde und die wesentlichen Anrechte des Ausgleichspflichtigen ganz oder teilweise in der Trennungszeit erworben wurden. Diese Begründung weicht von der bisherigen Rechtsprechung des BGH insoweit ab, als der Versorgungsausgleich dennoch durchzuführen ist, wenn der Ausgleichspflichtige nicht auf die übertragenen Anrechte angewiesen ist (BGH FamRZ 1999, 714, 715). Da der Härtefall bei der vorliegenden Sachlage in der Verbindung zwischen Versorgungserwerb in der Trennungszeit und der Versorgungsbilanz zu sehen ist, ist der Entscheidung des BGH im Ergebnis zuzustimmen. Den Gesichtspunkt der Sicherung des Unterhalts ab Eintritt des Versorgungsfalls (s. BVerfG FamRZ 1984, 653) berücksichtigt der BGH nicht, obwohl er im Rahmen der Inhaltskontrolle von Eheverträgen (FamRZ 2004, 601) den Versorgungsausgleich unterhaltsrechtlich qualifiziert; vielmehr stützt er seine Argumentation auf den güterrechtlichen Ausgleich im Versorgungsausgleich.

8. Finanzierung der Ausbildung

Der Ausschluss oder die Kürzung des Versorgungsausgleichs kann in Betracht kommen, wenn der Ausgleichspflichtige dem anderen Ehegatten während der

6. Kapitel   Beschränkung oder Wegfall des Versorgungsausgleichs

Ehe ein **Studium finanziert** hat, ohne dass dies zum Ausgleich einer wegen der Eheschließung zunächst unterlassenen Ausbildung erfolgt (§ 1575 Abs. 1 BGB; s. BGH FamRZ 1983, 1217 = NJW 1984, 302; FamRZ 1988, 600 = NJW 1988, 709; FamRZ 2004, 862 = NJW-RR 2004, 1009; s. ferner OLG Köln FamRZ 1989, 1060 – dort überobligationsmäßiger Beitrag zum Familienunterhalt; OLG Köln FamRZ 1989, 1197 – Ausschluss, obwohl ungewiss ist, ob Studium eine qualifizierte Erwerbsmöglichkeit eröffnet). Hierbei kommt auch dem Umstand Bedeutung zu, dass der Ausgleichsberechtigte durch die finanzielle Unterstützung eine Basis für sein späteres Erwerbsleben erhält. Ferner werden ihm in begrenztem Umfang Ausbildungszeiten in der gesetzlichen Rentenversicherung oder einer anderen Versorgung anerkannt (zur weiteren Rechtsprechung OLG Frankfurt/M FamRZ 1994, 1472; OLG Köln FamRZ 1994, 1473; OLG Hamm FamRZ 1998, 684; OLG Köln FamRZ 2005, 1485).

9.   Herbeiführung einer Unterhaltsbedürftigkeit bei beiderseitigem Rentenbezug

791 Ebenso stellt es einen Härtegrund i. S. d. § 27 VersAusglG dar, wenn der Versorgungsausgleich bei Ehegatten, die **bereits Altersrente erhalten,** dazu führen würde, dass der Ausgleichspflichtige gegen den Ausgleichsberechtigten einen Unterhaltsanspruch hätte (BGH FamRZ 1987, 255 = NJW-RR 1987, 325; zur Frühpensionierung OLG Hamm FamRZ 2007, 224). Die Vornahme des Versorgungsausgleichs würde eine **Sinnverfehlung** der Regelung nach den §§ 1587 ff. BGB bedeuten. Desgleichen ist nach § 27 VersAusglG eine Korrektur des formalen Versorgungsausgleichs vorzunehmen, wenn der Ausgleichspflichtige nach dem Ende der Ehezeit für den Ausgleichsberechtigten freiwillige Beiträge nachentrichtet, so dass diese Aufwendungen weder im Versorgungsausgleich noch im Zugewinn berücksichtigt werden (BGH FamRZ 1987, 364). Andererseits ist eine Herabsetzung nicht allein deshalb berechtigt, weil der Ausgleichsanspruch der ausgleichsberechtigten Person wegen einer vorzeitigen Dienstunfähigkeit höher ist als bei fortgesetzter Berufstätigkeit, selbst wenn der Berechtigte wegen einer fortgesetzten Erwerbstätigkeit weitere Anrechte erwirkt, diese aber nicht zu einer unverhältnismäßig hohen eigenen Versorgung führen (BGH FamRZ 1990, 1341 = NJW-RR 1990, 1155).

10.   Berücksichtigung eines persönlichen Fehlverhaltens

792 Die Berücksichtigung eines persönlichen Fehlverhaltens im Rahmen der Härteregelung des § 27 VersAusglG wird in Literatur und Rechtsprechung kontrovers diskutiert. Neben der Ansicht, dass nur ein wirtschaftliches Verhalten des Berechtigten für die Annahme der groben Unbilligkeit herangezogen werden könne, wird auch der Standpunkt vertreten, dass nicht-wirtschaftliche Umstände nur in seltenen Ausnahmefällen für eine Härteregelung in Frage kommen. Der BGH (FamRZ 1983, 32 = NJW 1983, 117) bezieht ein eheliches Fehlverhalten in die nach § 27 VersAusglG vorzunehmende Abwägung grundsätzlich ein, auch soweit dieses keinen wirtschaftlichen Bezug aufweist. Allerdings lässt er dies im Hinblick auf die Auswirkungen auf den Ausgleichsberechtigten nur bei ganz **besonders ins Gewicht** fallenden Sachverhalten zu, so etwa, wenn ein Ehegatte seine ihm obliegenden Pflichten über lange Zeit hinweg nachhaltig verletzt hat. Die Verfehlung muss für den Ausgleichspflichtigen so belastend sein, dass die Vornahme des Versorgungsausgleichs unerträglich erscheint. Dem steht nicht § 1587 c Nr. 1 Hs. 2 BGB a. F. entgegen, da diese Regelung lediglich gewährleisten soll, dass der Versorgungsausgleich ohne Rücksicht auf ein etwaiges Verschulden eines Ehegatten am Scheitern der Ehe durchgeführt wird.

II. Aufgliederung der Härtegründe nach § 27 VersAusglG

- Ein besonders **belastendes ehewidriges Verhalten**, das die Anwendung des § 27 VersAusglG rechtfertigt, liegt vor, wenn die Ehefrau den Ehemann durch die Vorspiegelung, das von ihr zu gebärende Kind stamme von ihm, zum Eingehen oder zur Fortsetzung der Ehe veranlasst hat, obwohl in dieser bereits Spannungen aufgetreten waren (BGH FamRZ 1983, 32 = NJW 1983, 117).
- Gleiches gilt, wenn eine Ehefrau dem Ehemann jahrelang (jedenfalls mit bedingtem Vorsatz) ein nicht von ihm stammendes Kind als sein Kind angegeben hat (BGH FamRZ 1985, 267, 269 = NJW 1985, 2266; andererseits BGH FamRZ 1987, 362; OLG Oldenburg FamRZ 2007, 222 – Härtefall trotz Nichtanfechtung der Ehelichkeit eines Kindes, bestätigt von BGH FamRZ 2008, 1836). Geht die Ehefrau aber selbst von der Ehelichkeit des Kindes aus, scheidet die Anwendung des § 27 VersAusglG aus, weil ihr nur ein geringes Verschulden vorzuwerfen ist (BGH FamRZ 1987, 362). Allerdings ist zu beachten, dass nach §§ 1593, 1600 d Abs. 4 BGB ein Kind so lange als ehelich gilt, bis dessen Nichtehelichkeit rechtskräftig festgestellt ist; dies soll nach BGH auch der Anwendung des § 27 VersAusglG entgegenstehen (FamRZ 1983, 267 = NJW 1983, 824). Der BGH lässt aber unter bestimmten Voraussetzungen eine **Inzidentfeststellung** der Vaterschaft ausnahmsweise zu, wenn davon auszugehen ist, dass ein Verfahren zur Feststellung der Vaterschaft auf längere Zeit nicht stattfinden wird (BGH FamRZ 2009, 32 m. Anm. *Wellenhofer* – zum Scheinvaterregress). Allerdings hat die ausgleichspflichtige Person – anders als in dem der Entscheidung des BGH zugrunde liegenden Sachverhalt – durch die Einleitung des Vaterschaftsanfechtungsverfahrens jederzeit die Möglichkeit, seine Nichtvaterschaft feststellen zu lassen. Eine Inzidentfeststellung wird deshalb nur dann zulässig sein, wenn die Ehefrau den Ehemann von einer Feststellung seiner Vaterschaft abgehalten hat. Dies gilt auch dann, wenn nach Ablauf der Anfechtungsfrist aufgrund des Klärungsanspruchs nach § 1598 a BGB festgestellt wird, dass die Vaterschaft nicht besteht, weil ansonsten die Regelung des § 1600 d Abs. 4 BGB ausgehöhlt würde.
- Offenbart die ausgleichsberechtigte Ehefrau nicht, dass ein **in der Ehe geborenes Kind nichtehelich** ist, so ist ein gänzlicher Ausschluss in aller Regel nicht zwingend (s. a. OLG Hamm FamRZ 1992, 72; OLG Karlsruhe FamRZ 1994, 1474), wenn ansonsten eine Verletzung ehelicher Pflichten nicht vorliegt (s. a. BVerfG FamRZ 2003, 1173). Bei einem Antrag auf Feststellung der Nichtehelichkeit kann das Versorgungsausgleichsverfahren nach § 148 ZPO ausgesetzt werden.
- Die **Zuwendung zu einem anderen Partner** führt für sich allein nicht zur Annahme einer groben Unbilligkeit; der BGH hat dies in einem Fall abgelehnt, in dem sich die Ehefrau nach 26-jähriger Ehe einem anderen Mann zugewandt hatte (FamRZ 1987, 362; s. a. BVerfG FamRZ 2003, 1173 = NJW 2003, 2819). Dies kann bei einem besonders anstößigen Verhalten anders zu beurteilen sein.
- Auch bei sonstigen Fehlverhalten des Ausgleichsberechtigten ist die Härteklausel nur unter engen Voraussetzungen anzuwenden (OLG Hamburg FamRZ 1984, 316 – **übermäßiger Alkoholgenuss** bei krisenhaft verlaufender Ehe; BGH FamRZ 1989, 1062 – Vorwurf der Prozessunfähigkeit). Hierbei ist zu berücksichtigen, dass der Versorgungsausgleich einen **Ausgleich für die gemeinsame Leistung in der Ehe** gewährt und deshalb auch andere Kriterien gelten als bei § 1579 Nr. 6 BGB zum Unterhalt, der sich gegen eine zukünftige Unterhaltspflicht wendet.
- Auch ein **einzelner Vorfall** kann die Anwendbarkeit des § 27 VersAusglG begründen, sofern er genügend schwer wiegt. Einen solchen hat der BGH (FamRZ 1990, 985) nicht darin gesehen, dass eine Ehefrau nach der Trennung versucht

793

hat, sich und das gemeinschaftliche Kind zu töten, weil nicht auszuschließen war, dass sie ohne Schuld gehandelt hat (zur Beweislast s. u. Rdn. 1059).
– Langjährige **körperliche Misshandlungen** können ebenfalls die Begrenzung oder den vollständigen Ausschluss des Versorgungsausgleichs rechtfertigen (OLG Bamberg FamRZ 2008, 1748; KG FamRZ 2007, 564 – langjährige Freiheitsstrafe).

11. Überspannung der ehelichen Solidarität

794   Ein Härtefall nach § 27 VersAusglG kann auch dann bestehen, wenn die ausgleichspflichtige Person für **hohe Verbindlichkeiten** des anderen Ehegatten aufzukommen hat (AG Biedenkopf FamRZ 2007, 564). Ob ein Härtefall auch dann anzunehmen ist, wenn die ausgleichsberechtigte Person eine wenig einträgliche Erwerbstätigkeit über längere Zeit ausübt und damit der notwendige Lebensbedarf der Familie nicht gedeckt werden kann, ist stets anhand des Einzelfalls zu prüfen (OLG Köln FamRZ 2008, 791). Einen Härtefall bejaht dagegen das OLG Düsseldorf (FamRZ 2007, 1332), wenn der Ausgleichspflichtige eine Rente wegen voller Erwerbsminderung bezieht und der Ausgleichsberechtigte während der Ehe drei Jahre an seiner Dissertation gearbeitet hat, ohne zum Familienunterhalt beizutragen.

12. Einseitiger Versorgungserwerb wegen Rentenbezugs eines Ehegatten während der Ehezeit; hoher Altersunterschied

795   Erwirbt nur ein Ehegatte während der Ehezeit Anrechte auf eine Versorgung, während der andere Ehegatte bereits eine Rentenleistung bei Eheschließung bezieht, so folgt hieraus allein keine Anwendung der Härteklausel. Dies gilt insbesondere dann, wenn der Ausgleichsberechtigte seinen Pflichten i. S. d. §§ 1353, 1356, 1360 BGB nachkam. Lediglich dann, wenn eine längerfristige Verletzung dieser Pflichten vorliegt, kann ein (teilweiser) Ausschluss gegeben sein (s. § 1587c Nr. 3 BGB a. F.; BGH FamRZ 1987, 49 = NJW-RR 1987, 578). Ist der eine Rentenleistung beziehende Ehegatte ausreichend gesichert, während der andere Ehegatte bei Durchführung des Versorgungsausgleichs keine ausreichende Versorgung erreichen könnte, kann ebenfalls ein Ausschluss gerechtfertigt sein (s. BGH FamRZ 1986, 357 = NJW-RR 1986, 491; FamRZ 1988, 489, 491 = NJW-RR 1988, 322, 323; FamRZ 2004, 1181, 1183; FamRZ 2007, 1964; eingehend Rdn. 787). Ist der Ausgleichspflichtige wesentlich älter als der Ausgleichsberechtigte, so rechtfertigt die Kürzung der Versorgung nicht die Anwendung des § 27 VersAusglG, weil diese Regelung nicht zum Ausgleich systembedingter Auswirkungen des Versorgungsausgleichs angewandt werden kann (eingehend Rdn. 767). Im Übrigen greift im Fall einer Unterhaltslast die Vorschrift des § 33 VersAusglG ein.

13. Auswirkungen des Güterstandes

796   Der Versorgungsausgleich wird nach § 2 Abs. 4 VersAusglG unabhängig vom Güterstand durchgeführt. Dass die Ehegatten während der Ehe **Gütertrennung** vereinbart hatten (§ 1414 BGB), rechtfertigt deshalb nicht die Anwendung der Härteklausel nach § 27 VersAusglG, selbst wenn in erheblichem Umfang höhere Vermögenswerte bei dem Ausgleichsberechtigten eingetreten sind. Wird jedoch aufgrund hoher Vermögenswerte die Versorgung des Ausgleichsberechtigten ausreichend gesichert, kann ein Härtefall gegeben sein (eingehend Rdn. 777 ff.). Die Gefahr, dass auch ein hoher Vermögenswert verfallen kann, ist insoweit ohne Bedeutung, da diese dem allgemeinen wirtschaftlichen Risiko des Ausgleichsberech-

II. Aufgliederung der Härtegründe nach § 27 VersAusglG

tigten zuzuordnen ist (s. a. § 1577 Abs. 4 BGB sowie § 1587 n BGB a. F.; BGH FamRZ 1988, 47, 48).

14. Wegfall eines Anrechts durch illoyales Handeln oder Unterlassen

a) Voraussetzungen

Nach § 1587 c Nr. 2 BGB a. F. konnte ein Versorgungsausgleich ganz oder teilweise ausgeschlossen werden, soweit die ausgleichsberechtigte Person in Erwartung der Scheidung oder nach der Scheidung durch Handeln oder Unterlassen bewirkt hatte, dass ihr zustehende Anrechte auf eine Versorgung nicht entstanden oder entfallen sind. Dieser Regelung lag der in § 162 BGB enthaltene Rechtsgedanke zugrunde, dass wider Treu und Glauben herbeigeführte günstige Umstände so behandelt werden, als lägen sie nicht vor; der dieser Vorschrift zugrunde liegende Rechtsgedanken gilt auch nach § 27 VersAusglG. Zur Annahme dieser Voraussetzungen ist ein **bewusst treuwidriges, zielgerichtetes Handeln** oder **Unterlassen** erforderlich, mit dem die Versorgungsbilanz beeinflusst werden soll, so etwa, wenn ein Arbeitnehmer unmittelbar vor Eintritt der Unverfallbarkeit einer betrieblichen Altersversorgungszusage seine Arbeitsstelle aufgibt bzw. treuwidrig den Widerruf der betrieblichen Altersversorgung herbeiführt oder bereits bereitgestellte Beiträge zur gesetzlichen Rentenversicherung oder zu einer privaten Versicherung nicht abführt bzw. den Versicherungsvertrag kündigt oder ein Beamter sich ohne Dienstbezüge beurlauben lässt (BGH FamRZ 1986, 658, 659 = NJW 1986, 1934 m. w. N.; OLG Frankfurt/M FamRZ 1981, 908; OLG Zweibrücken FamRZ 1983, 600; OLG Karlsruhe FamRZ 1983, 818). Gleiches gilt bei einer Beitragserstattung in der gesetzlichen Rentenversicherung nach § 210 SGB VI (s. a. Rdn. 137, 333; s. a. OLG Bamberg FamRZ 2007, 1897 – Verletzung der Mitwirkungspflicht). Unterlässt es ein Ehegatte, der während der Ehe einvernehmlich den Haushalt versorgt hat, nach der Trennung eine Erwerbstätigkeit aufzunehmen, und vertraut er auf die weitere Versorgung des Ehemannes, so fehlt es an dem **subjektiven Tatbestandsmerkmal** der bewussten Einflussnahme auf die Versorgungsbilanz (BGH FamRZ 1984, 467, 469 = NJW 1984, 2829, 2831). Ebenso sind die Folgen eines Verhaltens des berechtigten Ehegatten auf dessen Versorgungsbilanz hinzunehmen, wenn deren Ursachen außerhalb der Ehezeit gesetzt wurden oder das Verhalten auf nachvollziehbaren Gründen beruht (BGH FamRZ 1988, 709, 710 = NJW 1988, 2839, 1840 – Verzicht auf berufliche Aufstiegschancen).

797

b) Rechtsfolgen

Werden die Voraussetzungen eines illoyalen Einwirkens auf ein Anrecht bejaht (§ 1587 c Nr. 2 BGB a. F.), so ist der Versorgungsausgleich auf den Wert herabzukürzen, der sich ergeben hätte, wenn der treuwidrig beendete Versorgungserwerb tatsächlich eingetreten wäre. Dies kann zudem auch zu einem vollständigen Ausschluss des Versorgungsausgleichs führen, wenn eine besondere Treuwidrigkeit in dem Verhalten der ausgleichsberechtigten Person zusehen ist. Die Regelung ist nur auf den **Ausgleichsberechtigten** anzuwenden; dieser kann auch (über Nr. 2) nicht Ausgleichsverpflichteter werden, selbst wenn bei korrektem Verhalten dieses Ehegatten sich die Versorgungsbilanz nach § 1587 a Abs. 1 BGB umgekehrt hätte. Zu berücksichtigen ist jedoch in Bezug auf das seit 01.09.2009 bestehende neue Ausgleichssystem des Hin- und Her-Ausgleichs, dass jeder Ehegatte berechtigt und zugleich verpflichtet sein kann. Insoweit wird auf die Ausführungen zu den Rdn. 761 ff. verwiesen.

798

6. Kapitel   Beschränkung oder Wegfall des Versorgungsausgleichs

799 Hat der **Ausgleichspflichtige** treuwidrig auf das Entstehen oder den Bestand eines Anrechts eingewirkt, kann deshalb nicht eine Erhöhung des Ausgleichsanspruchs erreicht werden, weil die Härteklausel lediglich eine Herabsetzung bzw. Versagung eines Anspruches, aber keine Erhöhung ermöglicht (zum Wegfall s. BGH FamRZ 2004, 694). Zu berücksichtigen ist jedoch in Bezug auf das seit 01. 09. 2009 bestehende neue Ausgleichssystem des Hin- und Her-Ausgleichs, dass jeder Ehegatte berechtigt und zugleich verpflichtet sein kann. Insoweit wird auf die Ausführungen zu den Rdn. 761 ff. verwiesen. Liegt eine **bewusste Schädigungsabsicht** des Ausgleichspflichtigen vor, kann die Einflussnahme auf den Wert der Versorgung in Ausnahmefällen unbeachtet bleiben, d. h. von einem vollen Anrecht ausgegangen werden (s. BGH FamRZ 1988, 1148, 1151 = NJW 1989, 29, 31; s. a. MüKo/ *Dörr* § 1587 c BGB Rn. 41). Allerdings bedeutet dies nicht, dass im Falle des Verlustes des Anrechts in der gesetzlichen Rentenversicherung oder der Beamtenversorgung ein Wertausgleich durch interne Teilung oder externe Teilung möglich wäre, weil in diesen Fällen regelmäßig das auszugleichende Anrecht entfallen ist. In solchen Fällen bleibt regelmäßig nur ein **Schadensersatzanspruch nach § 826 BGB,** der in Form einer Kapitalabfindung in entsprechender Höhe des auszugleichenden Anrechts zu erbringen ist und die der Ausgleichsberechtigte in eine private Rentenversicherung einzahlen kann (Rdn. 762).

15. Verletzung der Unterhaltspflicht

a) Voraussetzungen

800 Nach § 1587 c Nr. 3 BGB a. F. konnte der Versorgungsausgleich ausgeschlossen oder begrenzt werden, wenn der ausgleichsberechtigte Ehegatte längere Zeit hindurch seine Pflicht, zum Familienunterhalt beizutragen, gröblich verletzt hat. Auch diese Fallgruppe wird von § 27 VersAusglG erfasst, weil die Vornahme des Versorgungsausgleichs auf dem Prinzip der Gleichwertigkeit der beiderseitigen Leistungen in der Ehe beruht und im Falle der Störung dieses Grundsatzes eine Sinnverfehlung des Versorgungsausgleichs gegeben sein kann. Einem Ehegatten wird danach der Versorgungsausgleich versagt, wenn eine **Störung der Lebens- und Versorgungsgemeinschaft** als rechtfertigende Grundlage des Versorgungsausgleichs aufgetreten ist. Der **Familienunterhalt** umfasst die gesamten Unterhaltsleistungen nach §§ 1356, 1360 BGB, so dass sowohl eine Vernachlässigung der sich aus der ehelichen Lebensgemeinschaft ergebenden Naturalunterhaltspflicht (Führen des Haushalts, Betreuung gemeinschaftlicher Kinder) als auch Barunterhaltspflicht in gleicher Weise erheblich sein kann. Die Unterhaltspflichtverletzung muss **während der Ehe** vorgelegen haben. Damit sind die sich aus der ehelichen Lebensgemeinschaft ergebenden Pflichten jedoch nicht nur bis zum Zeitpunkt der Trennung der Ehegatten gemeint, sondern bis zum Stichtag i. S. d. § 3 Abs. 1 VersAusglG (Eheende). Eine danach liegende Pflichtenverletzung rechtfertigt keinen Ausschluss, weil mit dem Eheende auch eine Ausgleichsverpflichtung entfällt. Der Begriff Familienunterhalt, der unterhaltsrechtlich nur die gegenseitigen Pflichten bis zur Trennung der Ehegatten umschreibt (§§ 1360, 1360 a BGB) rechtfertigt es nicht, den Anwendungsbereich des § 27 VersAusglG auf den Zeitpunkt der Trennung zu begrenzen. Denn eine bestehende Naturalunterhaltspflicht, die mit der Trennung endet, wandelt sich in eine Barunterhaltspflicht um, soweit eine solche gegenüber dem anderen Ehegatten oder einem gemeinschaftlichen Kind nach §§ 1361, 1601 ff. BGB besteht und eine Erwerbstätigkeit zumutbar ist (so auch *Johannsen/Hahne* § 1587 c BGB Rn. 37). Sinn und Zweck des Ausschlusses des Versorgungsausgleichs bei dieser Fallgruppe, der eine bis zum Ende der Ehezeit, nicht nur bis zur Trennung bestehende Ausgleichspflicht voraussetzt, rechtfertigen es, eine Pflichtenverletzung des Ausgleichsberechtigten auch über die Trennung hinaus bis zum Ende der Ehezeit zu erfassen.

b) Schwere der Unterhaltsverletzung

Voraussetzung (nach § 1587 c Nr. 3 BGB a. F.) ist eine **gröbliche Unterhaltspflichtverletzung,** die längere Zeit angedauert hat und nicht nur gelegentlich vorlag. Das Merkmal »*gröblich*« besagt, dass eine objektiv vorliegende Verletzung der Unterhaltspflicht nicht ausreicht. Es müssen weitere Umstände vorliegen, die der Pflichtverletzung ein besonderes Gewicht geben, was insbesondere dann anzunehmen ist, wenn die Unterhaltsberechtigten dadurch in ernsthafte wirtschaftliche Schwierigkeiten geraten (BGH FamRZ 1986, 658, 660 = NJW 1986, 1934; FamRZ 1987, 49 = NJW-RR 1987, 578). Darüber hinaus muss die Unterhaltspflichtverletzung nachhaltig sein (OLG Celle FamRZ 1981, 576). Eine gröbliche Pflichtverletzung verliert nicht dadurch ihr Gewicht, dass dem anderen Ehegatten oder gemeinschaftlichen Kindern eine Unterstützung durch Dritte zukommt oder Sozial- bzw. Arbeitslosenunterstützung bzw. -hilfe gewährt wird oder der andere Ehegatte eine Erwerbstätigkeit aufgenommen hat, um die Familie vor einer Notlage zu bewahren (OLG Hamburg FamRZ 1984, 712; OLG Köln FamRZ 1986, 580). Entsprechendes gilt, wenn der Ausgleichsberechtigte einen unrentablen Handwerksbetrieb weiterführt und keine andere Tätigkeit aufnimmt, so dass die Ausgleichsverpflichtete neben der Kindesbetreuung und der Haushaltsführung den Familienunterhalt durch Aufnahme einer Erwerbstätigkeit sichern musste (BGH FamRZ 1987, 49, 50 = NJW 1987, 578; s. a. AG Villingen-Schwenningen FamRZ 2007, 1897). Andererseits kann das Merkmal einer gröblichen Unterhaltspflichtverletzung des Ausgleichsberechtigten nicht gegeben sein, wenn auch der Ausgleichspflichtige nach der Trennung der Ehegatten für den Unterhalt der Familie nicht mehr aufkam und sein Einkommen selbst verbrauchte (BGH, Beschluss vom 22. 09. 1982, IV b ZB 579/80).

c) Schuldhaftes Verhalten

Die Pflichtenverletzung muss vorwerfbar sein (OLG Stuttgart FamRZ 1981, 1193 – hirnorganische Wesensveränderung). Nicht einheitlich wird die Frage beantwortet, ob vorsätzliches Verhalten (*Soergel/Vorwerk* § 1587 c BGB Rn. 37; OLG Karlsruhe FamRZ 1983, 818, 820) erforderlich ist oder ob eine grobe Fahrlässigkeit ausreicht (OLG Celle FamRZ 1981, 576). In Anlehnung an die Rechtsprechung des BGH zu § 1579 Nr. 4 BGB, der die Folgen einer »mutwilligen Unterhaltspflichtverletzung« regelt, bietet es sich an, auf den vom BGH geprägten Begriff der »Leichtfertigkeit« und des »unterhaltsbezogenen Verhaltens« zurückzugreifen (FamRZ 1981, 1042, 1044 = NJW 1981, 2805, 2807; FamRZ 1984, 364, 367; FamRZ 1985, 158). Danach ist ein vorsätzliches Verhalten nicht zu verlangen (so auch *Johannsen/Hahne* § 1587 c Rn. 39; a. A. MüKo/*Dörr* § 1587 c BGB Rn. 48). Der Begriff des **leichtfertigen unterhaltsbezogenen Verhaltens** ist dabei auch geeignet, den schwierigen Fällen des alkoholbedingten Ausfalls eines Ehegatten bei der Führung des Haushalts gerecht zu werden. Entsprechend ist ein vorwerfbares Verhalten nicht (mehr) anzunehmen, wenn der Ausgleichsberechtigte im Hinblick auf die sich verfestigende Zerrüttung immer mehr seinem Unterhaltsbeitrag nicht mehr nachkommt (s. OLG Bamberg FamRZ 1979, 522). Im Übrigen ist bei einer langen Ehedauer und besonderen Leistungen in der Ehe in solchen Fällen regelmäßig zu erwägen, trotz einer schweren Verfehlung nur einen **Teilausschluss des Versorgungsausgleichs** anzuordnen. Auch kann lediglich hinsichtlich eines bestimmten Zeitabschnittes in der

Ehe, in dem der Ehegatte seinen Pflichten nicht mehr nachkam, ein Ausschluss des Versorgungsausgleichs angenommen werden. Greift die Fallgruppe einer gröblichen Unterhaltspflichtverletzung mangels Vorwerfbarkeit nicht ein, kann jedoch eine andere Fallgruppe gegeben sein.

d) Rechtsfolgen

803   In den Fällen einer gröblichen Unterhaltspflichtverletzung kann eine Herabsetzung, aber auch eine gänzliche Versagung des Ausgleichs in Frage kommen (Rdn. 772), wobei allerdings angesichts der Art des Härtefalls regelmäßig nur eine zeitbezogene teilweise Herabsetzung in Betracht kommen wird. Erfolgt eine Kürzung, ist diese nicht nur auf diejenigen Anrechte zu beschränken, die auf die Zeit der Unterhaltspflichtverletzung entfallen, weil dann sanktionslos bliebe, wenn ein Ehegatte in der Zeit seiner Pflichtverletzung gleichwohl die werthöheren Anrechte erworben hätte (BGH FamRZ 1987, 49 = NJW-RR 1987, 578); vielmehr kann unabhängig hiervon der Versorgungsausgleich ganz oder teilweise ausgeschlossen werden. Wie in den anderen Fallgruppen des § 27 VersAusglG kann auch diese nur bei einer Pflichtenverletzung des Ausgleichsberechtigten herangezogen werden (eingehend Rdn. 760 ff.). Allerdings sind auch insoweit die Besonderheiten des neuen Ausgleichsystems gem. § 1 Abs. 1, 2 VersAusglG zu berücksichtigen (eingehend Rdn. 761 ff.). Dagegen kann der Ausgleichsanspruch **nicht** mit der **Begründung erhöht** werden, der Ausgleichsberechtigte habe in weitaus größerem Umfang zum Familienunterhalt beigetragen als der Ausgleichspflichtige und sei deshalb gehindert gewesen, in höherem Umfang eigene Anrechte zu erwerben (BGH FamRZ 1982, 1193 = NJW 1983, 37).

16. Sonstige Härtefälle

804   – Nach § 27 VersAusglG kann berücksichtigt werden, dass ein **ausländischer Ehegatte,** der mit einem Deutschen verheiratet ist und im Fall der Scheidung in den Genuss des Versorgungsausgleichs gelangen würde, erst vor der Entscheidung zum Versorgungsausgleich die deutsche Staatsangehörigkeit erworben hat (BGH FamRZ 1982, 795, 797 = NJW 1982, 1940, 1942; s. ferner FamRZ 1982, 473, 475 = NJW 1982, 1939; FamRZ 1982, 585).
– Kein Ausschluss des Versorgungsausgleichs kommt in Betracht, wenn die Ehefrau während der Ehe **erfolgreich studiert** hat, jedoch nach erneuter Eheschließung und Geburt eines Kindes nicht berufstätig war (OLG Karlsruhe FamRZ 1997, 30; eingehend Rdn. 790).
– Erfolgt durch den Ausgleichsberechtigten eine **unberechtigte Anzeige wegen sexueller Nötigung** sowie Vergewaltigung, so ist der Versorgungsausgleich bei langer Ehedauer dennoch nicht auszuschließen (OLG Bamberg FamRZ 2006, 210).
– Lässt sich der Ausgleichsberechtigte nach der Trennung eine **während der Ehe gebildete Altersvorsorge** (Lebensversicherung) ausbezahlen und verbraucht er dieses Kapital, kann dies zu einer Kürzung oder Versagung des Ausgleichs führen (OLG Celle FamRZ 2006, 1041).
– Beruht die Ausgleichspflicht in erster Linie auf dem **Erwerb von Kindererziehungszeiten,** so nimmt das OLG Karlsruhe (FamRZ 2005, 1982) keinen Härtefall an, wenn der Ausgleichsberechtigte mangels Leistungsfähigkeit i. S. d. § 1581 Satz 1 BGB keinen Unterhalt nach § 1570 BGB erbringen kann. Generell sind Kindererziehungszeiten wie Rentenzeiten zu behandeln und unterliegen auch dann dem Wertausgleich, wenn diese beim Ausgleichspflichtigen vorliegen und die Ausgleichspflicht ausgelöst haben (BGH FamRZ 2007, 1966 m. Anm. *Borth*).

- Die **Verletzung der Mitwirkungspflicht** im Rahmen der Feststellung der dem Versorgungsausgleich unterliegenden Anrechte führt nach OLG Naumburg ebenfalls zur Versagung des Versorgungsausgleichs (FamRZ 2007, 1748); dies lässt sich aus dem Rechtsgedanken des § 162 BGB ableiten s. a. § 444 ZPO), kann aber erst nach Erschöpfung aller Möglichkeiten zur Durchsetzung des Auskunftsanspruchs nach § 4 VersAusglG sowie einer sorgfältigen Ermittlung von Amts wegen gem. § 26 FamFG angenommen werden.
- Die Belastung einer im schuldrechtlichen Versorgungsausgleich auszugleichenden betrieblichen Altersversorgung mit den Beträgen zur Kranken- und Pflegeversicherung konnte nach dem bis zum 31. 08. 2009 geltenden Rechtszustand zur Anwendung des § 1587 c Nr. 1 BGB a. F. führen (BGH FamRZ 2005, 1982; FamRZ 2007, 120; FamRZ 2007, 1545). Diese Frage erledigt sich durch die Regelung des § 20 Abs. 1 Satz 2 VersAusglG. Danach ist die schuldrechtliche Ausgleichsrente um die auf dem auszugleichenden Anrecht lastenden gesetzlichen Sozialversicherungsbeiträge sowie vergleichbaren privaten Aufwendungen zu bereinigen (Nettoprinzip – s. Rdn. 684).

III. Weitere Fragen zur Härteklausel

1. Wegfall von Härtegründen mit dem Tod der ausgleichspflichtigen Person

Nach § 31 Abs. 1 VersAusglG kann der Versorgungsausgleich grundsätzlich auch nach dem Tod des Ausgleichspflichtigen durchgeführt werden, so vor allem, wenn das Versorgungsausgleichsverfahren nach § 628 Abs. 1 ZPO abgetrennt oder nach § 145 Abs. 1 VersAusglG der Versorgungsausgleich isoliert mit der Beschwerde nach § 58 Abs. 1 VersAusglG angefochten wurde, so dass Rechtskraft des Scheidungsausspruches eintrat (zu den Besonderheiten nach dem neuen Ausgleichssystem des Hin – und Her – Ausgleichs vor allem in Bezug auf das **Verbot der Besserstellung** nach § 31 Abs. 2 VersAusglG s. Rdn. 618 ff.). In diesen Fällen wird teilweise die Ansicht vertreten (OLG Frankfurt/M FamRZ 1995, 299), dass nach dem Tod des Ausgleichspflichtigen Härtegründe nicht mehr geltend gemacht werden könnten, weil mit dessen Tod dessen (berechtigte) Belange oder seiner Erben nicht mehr berührt würden. Auch widerspreche es nicht dem Wesen des Versorgungsausgleichs, diesen nunmehr in vollem Umfang durchzuführen. Dieser Ansicht ist jedenfalls in Fällen, in denen der Gesichtspunkt der Verwirkung eines Anspruchs im Vordergrund steht, nicht zu folgen; sie lässt sich im Übrigen aus dem Gesetz und aus Sinn und Zweck der Härteklausel nicht ableiten. Kann etwa der Ausgleichsberechtigte aufgrund eigenen Vermögens für seinen Unterhalt selbst aufkommen und entfällt deshalb auch dessen Versorgungsbedürftigkeit, ist zwar die Sicherung des notwendigen Selbstbehalts des Ausgleichspflichtigen nicht mehr erforderlich; jedoch kann für die Hinterbliebenen des Ausgleichspflichtigen der Erhalt der Anrechte von Bedeutung sein. Für die hier vertretene Ansicht spricht auch die Regelung des § 25 Abs. 1 VersAusglG (s. eingehend Rdn. 748), die bestimmt, dass die ausgleichsberechtigte Person vom Versorgungsträger nur die Versorgung als Hinterbliebenenversorgung verlangen kann, die sie erhielte, wenn die Ehe bis zum Tod der ausgleichspflichtigen Person fortbestanden hätte (zu § 3 a VAHRG a. F. s. a. BGH FamRZ 1996, 1464). Dass diese Regelung nur auf den Bereich des § 25 VersAusglG (wegen des Schutzes der Träger der Versorgung) begrenzt sein soll, ist nicht ersichtlich. Vielmehr drückt sich in dieser Bestimmung der allgemeine Grundsatz aus, dass eine einmal eingetretene Rechtslage (hier bestehender Versagungsgrund nach § 27 VersAusglG) sich allein durch den Tod des Anspruchsverpflichteten nicht verändern kann (s. a. *Borth* FamRZ 1996, 714, 718). Zur Härterege-

805

6. Kapitel   Beschränkung oder Wegfall des Versorgungsausgleichs

lung für sogenannte Altehen nach Art. 12 Nr. 3 Abs. 3 Satz 3, 4 des 1. EheRG wird auf die Vorauflage Rn. 750 verwiesen.

2. Einschränkung des Amtsermittlungsgrundsatzes in Härtefällen

806 Der im Versorgungsausgleich geltende Amtsermittlungsgrundsatz nach § 26 FamFG verlangt, dass die zur Anwendung der Härteklausel **maßgeblichen Tatsachen von Amts wegen berücksichtigt** werden (BGH FamRZ 1985, 267, 269 = NJW 1985, 2266, 2267). Dieser allgemeine Grundsatz, der es nicht ermöglicht, einen Sachvortrag entsprechend § 138 Abs. 3 ZPO durch einen Beteiligten als zugestanden anzusehen, erfährt jedoch bei § 1587 c BGB eine gewisse Einschränkung, weil es den Verfahrensbeteiligten überlassen ist, dass sie sich auf für sie vorteilhafte Umstände berufen (BVerfG FamRZ 1992, 1151, 1152; BGH FamRZ 1988, 709, 710 = NJW 1988, 1839, 1840; FamRZ 1990, 985; OLG Karlsruhe FamRZ 1992, 689; s. a. Borth FamRZ 1996, 714, 719). Es ist deshalb Sache des Ausgleichspflichtigen, die für die Härteklausel erheblichen Umstände vorzutragen (BGH FamRZ 1988, 709, 710 = NJW 1988, 1839). Lassen sich die Voraussetzungen der Härteklausel trotz Ermittlungen nach § 26 FamFG nicht feststellen, verbleibt es bei den **allgemeinen Beweislastregeln**. Es geht deshalb zu Lasten des Ausgleichspflichtigen, wenn sich die Voraussetzungen zu § 27 VersAusglG nicht feststellen lassen (BGH FamRZ 1990, 985; FamRZ 1990, 1341, 1342 = NJW-RR 1990, 1155, 1156; FamRZ 2007, 366, 367).

Da der Ausgleichspflichtige die **Voraussetzungen eines Ausschlussgrundes darlegen** und beweisen muss, steht ihm nach § 4 VersAusglG ein **Auskunftsanspruch** zu solchen Umständen zu, die den Ausschluss rechtfertigen können (OLG Karlsruhe FamRZ 2003, 1840). Dies gilt z. B. hinsichtlich des Erwerbs eines umfangreichen Vermögens (aus einer Erbschaft).

807 Das Gericht ist auch im **Rechtsmittelverfahren** über den Wertausgleich bei der Scheidung berechtigt und verpflichtet, eine Überprüfung der Vorentscheidung in jeder Richtung vorzunehmen, lediglich begrenzt durch das Verbot der Schlechterstellung des Rechtsmittelführers. Dies ist allerdings in Bezug auf das neue Ausgleichssystem des Hin – und Her – Ausgleichs auf den Umfang der Anfechtung der Entscheidung begrenzt. Hat ein Versorgungsträger Beschwerde eingelegt, so kann ein Ehegatte im Rahmen dieses Verfahrens geltend machen, dass der Versorgungsausgleich herabzusetzen oder auszuschließen sei (BGH FamRZ 1985, 265, 268 = NJW 1985, 2266, 2267 unter Hinweis auf FamRZ 1984, 990 = NJW 1984, 2879). Die Beschwerde des Versorgungsträgers erfasst aber nur den Teil der Entscheidung zum Wertausgleich bei der Scheidung nach den §§ 9–19, 38 VersAusglG, der das bei ihm bestehende Anrecht betrifft, nicht dagegen die weiteren ausgeglichenen Anrechte der anderen Versorgungsträger, da das Prinzip des Ausgleichs nur in einer Richtung (i. S. d. Zugewinnprinzips) nicht mehr besteht. Der Versorgungsträger wird durch die Anwendung der Härteklausel nicht beschwert, so dass ihm insoweit auch kein Beschwerderecht zusteht (BGH FamRZ 1981, 131, 132 = NJW 1981, 1274, 1275).

808 Das Gericht ist an die **Vorstellungen der Beteiligten** über die Anwendung der Härteklausel **nicht gebunden,** weil diese von Rechts wegen anzuwenden ist. Möglich ist es jedoch, im Rahmen einer nach § 1408 Abs. 2 BGB i. V. m. den §§ 6–8 VersAusglG zulässigen Vereinbarung zum Versorgungsausgleich, bestimmte Lebensbereiche und Vorstellungen der Ehegatten zu regeln, an die das Gericht gebunden ist (BGH FamRZ 1985, 45, 47 = NJW 1985, 315, 317); dies wird in § 6 Abs. 2 VersAusglG ausdrücklich geregelt, wonach das Familiengericht nur im Falle beste-

hender Wirksamkeits- und Durchsetzungshindernisse (§§ 134, 138 BGB) an eine Vereinbarung nicht gebunden ist. Im Übrigen ist die Anwendung der Härteklausel **Gegenstand der tatrichterlichen Würdigung**, die vom Gericht der Rechtsbeschwerde nur daraufhin überprüft werden kann, ob die wesentlichen Umstände der tatbestandlichen Voraussetzungen erfasst wurden und das Ermessen im Sinne der gesetzlichen Regelung ausgeübt worden ist (BGH FamRZ 1987, 362, 364 = NJW-RR 1987, 324, 325; FamRZ 1990, 1341, 1342 = NJW-RR 1990, 1155, 1156).

IV. Ausschluss des Versorgungsausgleichs bei Ausgleichsansprüchen nach der Scheidung gem. den §§ 20–26 VersAusglG

1. Regelungsbereich

§ 1587h BGB a. F. ermöglichte den **Ausschluss und die Herabsetzung** der nach § 1587f BGB a. F. oder § 2 VAHRG i. V. m. § 1587g BGB a. F. zu leistenden Ausgleichsrente; er galt ferner nach § 3a Abs. 6 VAHRG a. F. entsprechend in den Fällen des verlängerten schuldrechtlichen Versorgungsausgleichs nach § 3a Abs. 1 und 5 VAHRG a. F. Die Ausgleichsansprüche nach der Scheidung gem. den §§ 20–26 VersAusglG werden, wie auch der Wertausgleich bei der Scheidung, allein auf der Grundlage der in der Ehe erworbenen Anrechte durchgeführt. Die Ursachen, die zur Scheidung geführt hatten, sind ebenso unbeachtlich wie die wirtschaftlichen Verhältnisse der ausgleichsberechtigten Person und der ausgleichspflichtigen Person im Zeitpunkt der Bestimmung der Ausgleichsrente nach den §§ 20–26 VersAusglG. Das VersAusglG regelt deshalb die Fälle einer unbilligen Härte insgesamt in § 27 VersAusglG, der deshalb auch in den Verfahren der Ausgleichsansprüche nach der Scheidung unmittelbar gilt. Gleichwohl sind in diesen Verfahren die zu § 1587h BGB a. F. entwickelten Grundsätze zur Begrenzung oder zum Ausschluss des Versorgungsausgleichs ebenfalls anzuwenden.

809

Auch in den Verfahren der §§ 20–26 VersAusglG kann die schematische Durchführung des Wertausgleichs im Einzelfall zu unbilligen Ergebnissen führen, wenn der danach durchzuführende Wertausgleich eines Anrechts mit dem dem Versorgungsausgleich zugrunde liegenden Zweck des Ausgleichs der Aufteilung der in der Ehe erworbenen Anrechte in Widerspruch tritt. Insoweit ist in gleicher Weise wie im Wertausgleich bei der Scheidung nach den §§ 9–19, 28 VersAusglG § 27 VersAusglG in dessen Funktion als **verfassungsrechtlich gebotenes Korrektiv** anzuwenden. Hierbei stehen im Bereich der Ausgleichsansprüche nach der Scheidung veränderte wirtschaftliche Verhältnisse der früheren Ehegatten nach der Scheidung im Vordergrund der Prüfung der Härtefallklausel gem. § 27 VersAusglG. Dies bedeutet jedoch nicht, dass in diesen Verfahren nicht auch die allgemeinen Härtegründe des § 27 VersAusglG nicht anwendbar wären; vielmehr stehen diese gleichrangig neben den besonderen, sich insbesondere aus dem Zeitpunkt des Entstehens der Ansprüche nach den §§ 20–26 VersAusglG ergebenden Härtegründen. Hierfür spricht auch, dass ansonsten die ausgleichsberechtigte Person in den Verfahren des Wertausgleichs nach der Scheidung besser gestellt wäre als in den Verfahren des Wertausgleichs bei der Scheidung. Danach sind im schuldrechtlichen Versorgungsausgleich neben den im Wertausgleich nach der Scheidung besonders im Vordergrund stehenden wirtschaftlichen Verhältnissen, wie in § 1587h BGB a. F. geregelt, auch die sonstigen beiderseitigen Verhältnisse (s. hierzu Rdn. 776 ff.) zu erfassen. Ein **langes Getrenntleben** oder ein **grobes Fehlverhalten** können danach ebenfalls zur Kürzung oder zum Ausschluss des Ausgleichsanspruchs führen (s. Rdn. 787, 792).

6. Kapitel   Beschränkung oder Wegfall des Versorgungsausgleichs

810   Über die Herabsetzung oder den Ausschluss des Versorgungsausgleichs kann **erst bei Bestehen von Ausgleichsansprüche nach der Scheidung** gem. den §§ 20–26 VersAusglG entschieden werden, es sei denn, dass im Zeitpunkt der Scheidung schon diese Voraussetzungen vorlagen und ein Ausgleichsanspruch nach den §§ 20, 22 VersAusglG beantragt war. Denn im Zeitpunkt der Verbundentscheidung steht weder dem Grunde noch der Höhe nach fest, ob es je zu einer schuldrechtlichen Ausgleichsrente kommt. Soweit beim Wertausgleich bei der Scheidung aufgrund der Härtefallklausel der Versorgungsausgleich teilweise oder ganz ausgeschlossen wurde, erfasst die Rechtskraft der Entscheidung zu den §§ 9–19, 28 VersAusglG nicht den Wertausgleich nach der Scheidung, weil diese Ansprüche unabhängig vom Wertausgleich bei der Scheidung bestehen und die Rechtskraftwirkung sich nur auf den im jeweiligen Verfahren geltend gemachten Anspruch bezieht und zudem die jeweilige Prüfung der groben Unbilligkeit auf unterschiedlichen Sachverhalten beruhen kann. Macht die ausgleichspflichtige Person im Wertausgleich nach der Scheidung erneut das Bestehen eines Härtefalles geltend, müssen in diesem Verfahren die Voraussetzungen einer groben Unbilligkeit wiederum geprüft werden, ohne dass eine tatbestandliche Bindung aus der Erstentscheidung besteht. Im Rahmen der Prüfung der Voraussetzungen nach dem Amtsermittlungsgrundsatz gem. § 26 FamFG kann jedoch auf die Feststellungen in der Erstentscheidung zurückgegriffen werden.

2.   Fehlende Unterhaltsbedürftigkeit beim Ausgleichsberechtigten

811   Die schuldrechtliche Ausgleichsrente nach §§ 20, 22 VersAusglG wird, anders als im nachehelichen Unterhalt nach § 1577 Abs. 1 BGB, grundsätzlich unabhängig von der unterhaltsrechtlichen Bedürftigkeit des Ausgleichsberechtigten sowie der Leistungsfähigkeit des Ausgleichspflichtigen gewährt. Die Rente nach § 20 VersAusglG bzw. das Kapital nach § 22 VersAusglG sind deshalb auch dann zu zahlen, wenn dadurch der unterhaltsrechtliche Eigenbedarf des Ausgleichspflichtigen i. S. d. § 1581 Satz 1 BGB unterschritten wird. Ein Anspruch auf eine schuldrechtliche Ausgleichsrente besteht jedoch nicht, soweit der Ausgleichsberechtigte den nach seinen **Lebensverhältnissen angemessenen Unterhalt** aus seinen Einkünften und seinem Vermögen bestreiten kann und die Gewährung der Ausgleichsrente für den Ausgleichspflichtigen bei Berücksichtigung der beiderseitigen wirtschaftlichen Verhältnisse ein unbillige Härte bedeuten würde. Nach Sinn und Zweck des Versorgungsausgleichs (s. a. Wortlaut des § 1587h Nr. 1 BGB a. F.) kommt eine Begrenzung oder ein Ausschluss des Wertausgleichs nicht bereits dann in Betracht, wenn die ausgleichsberechtigte Person nicht (mehr) bedürftig ist, weil der Versorgungsausgleich die während der Ehe erworbenen Versorgungswerte ausgleichen will (BGH FamRZ 1985, 263, 265 = NJW 1985, 2706, 2707). Andererseits folgt aus der durch die **Zahlung der Ausgleichsrente beim Ausgleichspflichtigen** eingetretenen Bedürftigkeit ebenso wenig ein Härtefall, sofern der Ausgleichsberechtigte diese Leistungen wegen seiner eingeschränkten wirtschaftlichen Verhältnisse benötigt. Ein Härtefall ergibt sich vielmehr erst aus der Verknüpfung der fehlenden Bedürftigkeit des Ausgleichsberechtigten mit den zu einer Bedürftigkeit führenden Auswirkungen bei dem Verpflichteten.

812   Im Rahmen der Billigkeitsprüfung nach § 27 VersAusglG können die **fehlende Sicherung des Existenzminimums des Ausgleichspflichtigen**, Belastungen wegen Krankheit oder vergleichbare Umstände und die Anrechnung von Unterhaltsleistungen für zurückliegende Zeiträume berücksichtigt werden (s. hierzu OLG Frankfurt/M FamRZ 2004, 28). Auch kann eine ungleiche Versorgungslage zwischen dem Ausgleichsberechtigtem und -pflichtigen zum Ausschluss des An-

IV. Ausschluss d. VA b. Ausgleichsansprüchen nach d. Scheidung

spruchs auf die schuldrechtliche Ausgleichsrente führen (OLG Karlsruhe FamRZ 2003, 1840, 1841), so v. a. wenn der ausgleichsberechtigte Ehegatte wieder verheiratet ist und in der neuen Ehe eine ausreichende Versorgung oder Vermögensausstattung erlangt hat, während der Ausgleichspflichtige auf die eigenen Anrechte zur Sicherung eines angemessenen Eigenbedarfs angewiesen ist (Sinnverfehlung des Versorgungsausgleichs; s. a. BGH FamRZ 2004, 1025). Entsprechendes gilt in Bezug auf den Anspruch nach § 22 VersAusglG.

Auf Seiten des Berechtigten stellte § 1587 h Nr. 1 BGB a. F. auf den »*angemessenen Unterhalt nach den Lebensverhältnissen des Berechtigten*« ab; diese Prüfung ist auch im Rahmen eines Anspruchs nach den §§ 20, 22 VersAusglG vorzunehmen. Maßgebend sind danach die zum **Zeitpunkt der Entscheidung** zur schuldrechtlichen Ausgleichsrente bestehenden Verhältnisse, nicht die ehelichen Lebensverhältnisse i. S. d. § 1578 Abs. 1 Satz 1 BGB. Denn die Prüfung eines Härtefalles richtet sich nach den Auswirkungen im **Zeitpunkt des Fälligwerdens des Ausgleichsanspruchs**. Demgemäß sind auch Veränderungen zwischen dem Ende der Ehezeit und dem Zeitpunkt der Entscheidung zu den Ausgleichsansprüchen nach der Scheidung bei der zu treffenden Abwägung zu berücksichtigen (s. a. BGH FamRZ 1985, 251, 253 = NJW 1984, 610, 611 m. w. N.). Auf welchen Grundlagen die Veränderung der Lebensverhältnisse des Berechtigten nach Auflösung der Ehe beruht, ist unbeachtlich; sie kann durch eine weitergehende berufliche Tätigkeit, Wiederheirat oder Vermögenserwerb, aber auch durch veränderte Geldwertverhältnisse eingetreten sein. Im Rahmen der danach vorzunehmenden Billigkeitsabwägung ist allerdings eine Orientierung an den ehelichen Lebensverhältnissen geboten, wenn die ausgleichsberechtigte Person die gestiegenen Verhältnisse nicht decken kann. Insbesondere ist es in Bezug auf die zuvor dargelegten Grundsätze nicht möglich, nachehelich eingetretene Verbesserungen des angemessenen Unterhalts auch dann zu berücksichtigen, wenn hierdurch auf Seiten der ausgleichspflichtigen Person der eigene angemessene Unterhalt, bezogen auf den Zeitpunkt der Entscheidung über die schuldrechtliche Ausgleichsrente, gefährdet wäre. Im Vordergrund der Abwägung steht jeweils ein **angemessener Ausgleich** der gegebenenfalls durch sonstige Einkommens- und Vermögensverhältnisse beeinflussten Versorgungslage beider Ehegatten. Wurden die ehelichen Verhältnisse als Maßstab herangezogen, sind diese an die fortentwickelten Geldwertverhältnisse anzupassen; dies entspricht auch § 2 Abs. 2 Satz 2 VersAusglG. Zu den bei der Billigkeitsprüfung zu berücksichtigenden Einkünften zählen sämtliche Einnahmen aus einer beruflichen Tätigkeit; das sind regelmäßig Renteneinkünfte aus einer Altersversorgung. Es kann aber auch ein Einkommen aus einer aktiven beruflichen Tätigkeit der ausgleichsberechtigten Person erfasst werden, soweit diese zumutbar ist. Ferner sind zu den Einkünften auch Unterhaltsleistungen Dritter, vor allem eines weiteren Ehegatten zu zählen, da diese die Bedürftigkeit ebenfalls mindern. Hierbei kann sich der Ausgleichsberechtigte nicht auf die **Vorrangigkeit des Versorgungsausgleichs** berufen, der unabhängig von etwaigen Unterhaltsansprüchen oder Verpflichtungen zu zahlen ist, weil im Rahmen der Prüfung des § 27 VersAusglG auch die wirtschaftlichen Belange des Verpflichteten zu wahren sind. Bei einer eingeschränkten Leistungspflicht des (weiteren) Unterhaltsverpflichteten des Berechtigten kann allerdings dessen Unterhaltspflicht hinter der schuldrechtlichen Ausgleichsrente der ausgleichspflichtigen Person zurücktreten (so auch *Johannsen/Hahne* § 1587 h BGB Rn. 7). Ist der Ausgleichspflichtige selbst unterhaltspflichtig, kommt der Vorrang der schuldrechtlichen Ausgleichsrente wieder zum Zug.

813

6. Kapitel Beschränkung oder Wegfall des Versorgungsausgleichs

3. Unbillige Härte für den Ausgleichspflichtigen

814 Weitere Voraussetzung ist das **Eintreten einer unbilligen Härte** für den Ausgleichspflichtigen bei starrer Durchführung des Wertausgleichs. Der Regierungsentwurf (zu § 1587h BGB a. F. – BT-Drucks. 7/650 S. 166) sieht eine solche unbillige Härte dann als verwirklicht an, wenn bei Erfüllung des Ausgleichsanspruchs der **eigene notwendige Lebensbedarf** des Verpflichteten gefährdet wäre. Dieses Verständnis entspricht aber nicht dem Regelungszweck des § 1587h Nr. 1 BGB a. F., der, geprägt durch das in § 1587c Nr. 1 BGB enthaltene Gerechtigkeitskorrektiv, einen angemessenen Ausgleich der gegebenenfalls durch sonstige Einkünfte beeinflussten Gesamtversorgungslage bewirken soll (s. Rdn. 769, 781). Im Interesse einer Gleichbehandlung von Ausgleichsberechtigtem und Ausgleichspflichtigem ist deshalb eine unbillige Härte schon dann anzunehmen, wenn der **eigene angemessene Selbstbehalt des Verpflichteten** i. S. d. § 1581 Satz 1 BGB zum Zeitpunkt der Entscheidung über die schuldrechtliche Ausgleichsrente gefährdet wäre (so auch *Johannsen/Hahne* § 1587h BGB Rn. 8; OLG Celle FamRZ 1982, 501, 503; OLG Hamm FamRZ 1990, 889, 890 = NJW 1991, 184). Hingegen muss der Ausgleichspflichtige in diesem Fall nicht bis zum notwendigen Selbstbehalt (i. S. d. § 1603 Abs. 2 Satz 1 BGB) die Rente einsetzen (Erreichen der Opfergrenze). In die Beurteilung des eigenen angemessenen Unterhalts sind auch sonstige Unterhaltspflichten der ausgleichspflichtigen Person (gegenüber einem weiteren Ehegatten und Kindern) einzubeziehen (s. Wortlaut des § 1581 Satz 1 BGB). Bestehen gegenüber einem weiteren Unterhaltsberechtigten (2. Ehefrau) Unterhaltspflichten, können diese im Rahmen der Billigkeitsabwägung nach § 27 VersAusglG berücksichtigt werden, wenn auch eine Herabsetzung oder ein Ausschluss eines eventuellen Unterhaltsanspruchs des Berechtigten gegenüber dem Verpflichteten nach § 1579 Nr. 7 BGB in Frage kommt. Die Verweisung in § 1587h N. 1 BGB a. F. auf § 1577 Abs. 3 BGB stellt klar, dass bei der Feststellung der Bedürftigkeit i. S. d. § 1587h Nr. 1 BGB und der unbilligen Härte für den Ausgleichspflichtigen der **Stamm des Vermögens des Berechtigten** nicht einzubeziehen ist, soweit dessen Verwertung unwirtschaftlich wäre oder eine unbillige Härte darstellen würde (im Ergebnis MüKo/*Maurer* § 1577 BGB Rn. 23, *Schwab/Borth* Teil IV, Rn. 1117 ff.).

4. Unbillige Härte zur Wahrung des Halbteilungsgrundsatzes

815 Soweit bei Durchführung des schuldrechtlichen Versorgungsausgleichs gem. § 1587g BGB a. F., der grundsätzlich auf der Grundlage der geleisteten Bruttorente vorzunehmen war, dem Ausgleichspflichtigen die Steuerlast sowie die Beiträge zur Kranken- und Pflegeversicherung entstehen, die beim Ausgleichsberechtigten nicht anfielen, stellte sich die Frage der Korrektur des ermittelten Ausgleichswertes nach Billigkeitsgrundsätzen, um den Ausgleichspflichtigen vor einer übermäßigen Mehrbelastung zu schützen. Der BGH lehnte dies regelmäßig ab (s. FamRZ 2007, 1545, 1547; FamRZ 2007, 1805 = FamRB 2007, 357) und ließ nach § 1587c BGB a. F. nur eine Korrektur zu, wenn bei der ausgleichspflichtigen Person das Existenzminimum gefährdet war. Die Problematik tritt im reformierten Versorgungsausgleich deshalb nicht auf, weil die schuldrechtliche Ausgleichrente sowie das Kapital nach den §§ 20, 22 VersAusglG nach dem Nettobetrag zu leisten sind; dies wird in § 20 Abs. 1 Satz 2 VersAusglG ausdrücklich festgelegt. Auch die unterschiedliche steuerliche Belastung tritt in den Fällen der §§ 20, 22 VersAusglG faktisch kaum noch auf, da die ausgleichspflichtige Person diese Leistungen nach § 10 Abs. 1 Nr. 1c EStG als Sonderausgaben geltend machen kann und die ausgleichsberechtigte Person die bezogenen Leistungen nach § 22 Nr. 1b EStG als sonstige Einkünfte zu versteuern hat (eingehend Rdn. 651 f.).

V. Anwendung d. Härtefallkl. b. Abänderung einer Entsch. z. Versorgungsausgleich

5. Weitere Härtefälle

Hinsichtlich der allgemeinen Härtefälle wird auf die Ausführungen zu den Rdn. 776 ff. verwiesen. Wie bei § 27 VAG entfällt der Ausgleichsanspruch, soweit der Berechtigte durch aktives Tun oder Unterlassen einer Handlung den **Verlust eines Anrechts** bewirkt oder **dessen Entstehen verhindert** hat (Rdn. 797). Entsprechendes gilt bei einer länger **andauernden gröblichen Verletzung** der **Unterhaltspflicht** während der Ehe (Rdn. 800 ff.). Die Verletzung einer nachehelichen Unterhaltspflicht kann ebenfalls im Rahmen der allgemeinen Billigkeitsprüfung nach § 27 VersAusglG berücksichtigt werden.

816

6. Rechtsfolgen, Verfahren

Liegen die Voraussetzungen des § 27 VersAusglG in einem Fall nach den §§ 20–26 VersAusglG vor, kann aufgrund der nach dieser Bestimmung vorzunehmenden Abwägung der beiderseitigen Interessen der Ehegatten eine **gänzliche Versagung** der schuldrechtlichen Ausgleichsrente, aber auch eine **zeitliche Begrenzung** oder **Herabsetzung** angeordnet werden. Auch kann eine Herabsetzung, zeitliche Begrenzung oder Versagung hinsichtlich einer schuldrechtlichen Ausgleichsrente bejaht, bei einer weiteren dagegen verneint werden. Maßgebend sind die persönlichen und wirtschaftlichen Umstände, die die Anwendung der Billigkeitsklausel rechtfertigen. Obwohl die Geltendmachung der schuldrechtlichen Ausgleichsrente nach § 223 VersAusglG einen Antrag voraussetzt, sind die Voraussetzungen der Härteklausel des § 27 VersAusglG **von Amts wegen** zu berücksichtigen (eingehend Rdn. 806 f.). Eine nach § 27 VersAusglG ausgesprochene Versagung, Herabsetzung oder zeitliche Befristung kann entsprechend den zu beachtenden Umständen der wirtschaftlichen Leistungsfähigkeit und den maßgebenden Abwägungskriterien Änderungen unterworfen sein. Bei veränderten wirtschaftlichen Verhältnissen kann deshalb eine Entscheidung zu den §§ 20, 22 VersAusglG gem. § 227 Abs. 1 FamFG abgeändert werden. Ferner ist umgekehrt bei einem zeitlich späteren, nicht bereits bei Beginn der Ausgleichsrente nach § 20 VersAusglG gerechtfertigten Ausschluss, bei einer Herabsetzung oder einer Versagung die Anwendung des § 27 VersAusglG möglich.

817

V. Anwendung der Härtefallklausel bei Abänderung einer Entscheidung zum Versorgungsausgleich

1. Regelungszweck des § 226 Abs. 3 FamFG

Ist ein Verfahren zur Abänderung einer Entscheidung zum Versorgungsausgleich durchzuführen, können die Voraussetzungen eines Härtefalles ebenfalls gegeben sein. Dies gilt nach § 226 Abs. 3 FamFG für die Abänderung einer Entscheidung über den Wertausgleich bei der Scheidung, der bestimmt, dass § 27 VersAusglG entsprechend anzuwenden ist. Nach dieser Bestimmung, die die Grundsätze des § 10a Abs. 3 VAHRG a. F. übernimmt (BT-Drucks. 16/10144 S. 98), soll eine Abänderung nicht vorgenommen werden, soweit sie unter Berücksichtigung der beiderseitigen wirtschaftlichen Verhältnisse, insbesondere des **Versorgungserwerbs nach der Ehe grob unbillig** wäre. Die Begründung des Regierungsentwurfs (BT-Drucks. 16/10144 S. 98) führt – unter Bezug auf die Regelung des § 10a Abs. 3 VAHRG a. F. – aus, dass bei der Härtefallprüfung nur solche Gründe zu berücksichtigen sind, die nach der Entscheidung zum Wertausgleich bei der Scheidung ergangen sind. Obwohl also die Voraussetzungen zur Abänderung einer Entscheidung i. S. d. § 225 Abs. 1, 2 FamFG vorliegen, kann diese unter besonderen Umständen

818

405

unterbleiben, so z. B., wenn der wirtschaftlich gut gestellte Antragsteller auf eine Verbesserung seiner Versorgungsbilanz nicht angewiesen ist, während der Antragsgegner die in der früheren Entscheidung übertragenen Anrechte dringend benötigt. Die Regelung lehnt sich damit an die einzelnen Härtegründe zu § 27 VersAusglG an. Ihrem Zweck nach schützt die Regelung des § 226 Abs. 3 FamFG nicht nur die ausgleichspflichtige Person vor einem unbilligen Ausgleich, sondern auch die ausgleichsberechtigte Person, die durch die Abänderungsentscheidung eine Verminderung der übertragenen Anwartschaften hinnehmen müsste. Dies wäre etwa der Fall, wenn der Ausgleichswert der früheren Entscheidung sich bei Berücksichtigung der Abänderungsgründe vermindert und nunmehr dem Berechtigten aus Billigkeitsgründen der frühere Ausgleichswert erhalten bleiben soll (s. a. BGH FamRZ 2005, 2055, 2057 – Interessenausgleich zur Vermeidung einer Teilungsungerechtigkeit).

819 Bei diesem Verständnis stellt sich die Frage, ob diese Regelung über den in § 27 VersAusglG enthaltenen Grundsatz, dem lediglich die Funktion einer negativen Härteklausel zukommt (Rdn. 759 ff.), auch als **positive Härteklausel** verstanden werden kann. Dies erscheint insbesondere unter dem Gesichtspunkt der Halbteilung der in der Ehe erworbenen tatsächlichen Versorgungswerte problematisch (*Bergner* NJW 1989, 1975, 1977). Da der Versorgungsausgleich in verfassungsrechtlich geschützte Positionen eingreift, ist eine über den Halbteilungsgrundsatz hinausgehende Inanspruchnahme des Verpflichteten nur unter dem **Gesichtspunkt des Vertrauensschutzes** zulässig, wobei allein aufgrund der fiktiven Bewertung eines Anrechts im Versorgungsausgleich ein solcher Vertrauenstatbestand nicht entstehen kann. Denn eine fiktiv ermittelte Anwartschaft beinhaltet die Möglichkeit ihrer Abänderung. Danach kann diese Vorschrift nur dann die Funktion der positiven Billigkeitsklausel erlangen, wenn der antragstellende Verpflichtete in doloser Weise auf seine Versorgungsanrechte einwirkt, mit deren Entwicklung der Berechtigte nicht rechnen musste, nicht aber bereits dann, wenn außerhalb der Ehezeit weitere Anrechte erworben werden, die trotz der Kürzung durch den Versorgungsausgleich insgesamt zu einem angemessenen Gesamtanrecht führen. Die Härteklausel nach § 226 Abs. 3 FamFG kann es aber nicht rechtfertigen, aus Billigkeitsgründen zulasten des Rentenversicherungsträgers **nicht bestehende Anrechte als bestehend zu fingieren** (BGH FamRZ 1992, 45; FamRZ 2005, 2055, 2057).

2. Verhältnis zu § 27 VersAusglG

820 Zur Auslegung des § 226 Abs. 3 VersAusglG können die zu § 27 VersAusglG entwickelten Grundsätze im Prinzip herangezogen werden. Das bisherige Verständnis des § 10a Abs. 3 VAHRG a. F. beschränkte die Prüfung ausdrücklich auf die **wirtschaftlichen Verhältnisse** der Ehegatten, wobei dem nachehelichen Vermögens- und Versorgungserwerb eine besondere Bedeutung zukam (BGH FamRZ 1988, 1148, 1150 = NJW 1989, 29, 31; FamRZ 2007, 1238, 1241; OLG Hamm FamRZ 2007, 1025). Hierauf nimmt auch die Begründung des Regierungsentwurfs zu § 226 Abs. 3 FamFG in erster Linie Bezug. Danach sind die wirtschaftlichen Verhältnisse der Ehegatten, insbesondere der nacheheliche Erwerb von Anrechten, die jeweilige Bedürftigkeit i. S. d. § 1577 Abs. 1 BGB und damit des Ausgleichswerts maßgebend. Aus dem Regelungszweck des § 226 Abs. 3 FamFG lässt sich jedoch nicht entnehmen, dass andere Gründe, denen ein wirtschaftlicher Bezug fehlt wie etwa ein **persönliches Fehlverhalten,** in die nach Abs. 3 zu treffende Billigkeitsabwägung nicht einzubeziehen sind. Insoweit benennt die Begründung auch die Ursachen für die Veränderung des Ehezeitanteils als Abänderungsgrund, aus dem sich eine Ausweitung des Verständnisses des § 226 Abs. 3 FamFG im Verhältnis zu § 10 a VAHRG entnehmen lässt. Hieraus ist abzuleiten, dass auch ein **illoyales Einwirken eines Ehegatten** auf den Bestand eines Anrechts im Rahmen der Billigkeitsprüfung zu berücksichtigen ist.

Soweit bereits in der früheren Entscheidung Billigkeitsabwägungen nach § 27 VersAusglG oder nach § 1587c BGB a. F. getroffen worden sind, können diese in der Abänderungsentscheidung nicht erneut herangezogen werden (BT-Drucks. 10/6369 S. 21; OLG Köln FamRZ 1990, 294), weil § 10 a Abs. 1 VAHRG eine Abänderung nur nach den dort genannten Tatbestandsmerkmalen zulässt.

Allerdings beschränkt sich diese Einschränkung nur auf **abgeschlossene Sachverhalte**. Wurde etwa bei der früheren Entscheidung nach § 27 VersAusglG oder nach § 1587 c Nr. 1 BGB a. F. der beiderseitige Vermögenserwerb berücksichtigt und hat sich die dieser Entscheidung zugrunde gelegte wirtschaftliche Lage grundlegend geändert, besteht im Falle des § 226 Abs. 3 FamFG keine Bindung des Gerichts an die frühere Entscheidung (s. a. OLG Karlsruhe FamRZ 2005, 1487; a. A. BGH FamRZ 1996, 1540; s. aber FamRZ 2007, 360). Dabei kann die Abänderung allein auf den durch die spätere Billigkeitsabwägung eintretenden Differenzbetrag gestützt werden; nicht erforderlich ist der »Einstieg« über andere Abänderungsgründe i. S. d. § 10 a Abs. 1 VAHRG (so aber *Johannsen/Hahne* § 10 a VAHRG Rn. 46; BGH FamRZ 1989, 725, 726). Dies rechtfertigt sich letztlich aus dem Schutz der Versorgungsanrechte nach Art. 3 und 14 GG, der es insbesondere gebietet, solche wirtschaftlichen Entwicklungen zu erfassen. Dies entspricht auch dem Regelungszweck des § 225 Abs. 1, 2 FamFG (Rdn. 1076).

821

3. Anwendungsfälle des § 226 Abs. 3 FamFG

(1) Die ausgleichsberechtigte Person verlangt eine Erhöhung des Ausgleichswertes. Ihre wirtschaftlichen Verhältnisse sind aber aufgrund eines nachehelichen Erwerbs erheblich günstiger als diejenigen der ausgleichspflichtigen Person. Für den umgekehrten Fall gilt dies dann nicht, wenn man § 226 Abs. 3 FamFG lediglich als negative Billigkeitsklausel ansieht (s. o. Rdn. 819).

822

(2) Der Antragsteller hat den Verlust eines Anrechts in **vorwerfbarer Weise selbst verschuldet**. Hierzu gehört nicht der Fall, dass ein Ehegatte nach der Scheidung durch eine berufliche Veränderung einen Versorgungsverlust hinnehmen muss (z. B. Ausscheiden aus dem Beamtenverhältnis); eine noch verfallbare betriebliche Altersversorgung bleibt wegen des Wechsels des Arbeitsplatzes verfallbar (BGH FamRZ 1989, 44 = NJW 1989, 34).

(3) Die Voraussetzungen des § 226 Abs. 3 FamFG sind vor allem dann anzunehmen, wenn die wirtschaftlichen Verhältnisse des Ausgleichspflichtigen beengt sind, der Ausgleichsberechtigte dagegen nach Scheidung der Ehe aber umfangreiche Vermögenswerte (BGH FamRZ 2007, 1238, 1241 – Erbschaft, neue Ehe) erworben hat.

(4) Keinen Grund zur Anwendung des § 10 a Abs. 3 VAHRG a. F. sieht das OLG Celle (FamRZ 2008, 900, 903; s. a. OLG Schleswig FamRZ 2007, 1891) im Falle einer vorzeitigen Pensionierung eines Beamten, dem das sogenannte Pensionsprivileg nach § 57 Abs. 1 Satz 2 BeamtVG nicht zugute kommt. Dieses entfällt ab 01. 09. 2009 in gleicher Weise wie die Regelung des § 101 Abs. 3 SGB VI (Art. 4 Nr. 5 VAStrRefG; Art. 6 Nr. 3 VAStrRefG).

(5) Der Eintritt der Unverfallbarkeit einer **betrieblichen Altersversorgung** nach § 2 Abs. 5 BetrAVG ermöglicht kein Abänderungsverfahren nach § 225 Abs. 1 FamFG – anders als nach § 10 a VAHRG a. F., da § 225 Abs. 1 FamFG nur die

6. Kapitel   Beschränkung oder Wegfall des Versorgungsausgleichs

in § 32 VersAusglG genannten **Regelsicherungssysteme** dem Abänderungsverfahren vorbehält (1074 ff.). Eine solche Veränderung des im Wertausgleich bei der Scheidung ausgeglichenen Anrechts kann nur nach § 19 Abs. 2 Nr. 1 VersAusglG i. V. m. § 19 Abs. 4 VersAusglG, §§ 20, 22 VersAusglG (Anspruch auf die schuldrechtliche Ausgleichsrente bzw. Kapitalzahlung) erfolgen.

VI. Berücksichtigung von Härtegründen nach § 27 VersAusglG im Abänderungsverfahren

823   Der BGH (FamRZ 2007, 360, 361 f.) leitet aus dem Wortlaut des § 10 a Abs. 1 Nr. 1 VAHRG a. F. ab, dass die Erstentscheidung zum Versorgungsausgleich entsprechend dieser Wertveränderung abgeändert werden kann. Soweit in dieser Entscheidung Billigkeitserwägungen gem. der Härteklausel des § 27 VersAusglG zum Ausschluss oder zur Herabsetzung des Versorgungsausgleich geführt haben, bleiben diese auch für den Abänderungsfall im Umfang der Erstentscheidung maßgebend, soweit es sich um **abgeschlossene Tatbestände** handelt. Umgekehrt müssen Umstände, aus denen in der Erstentscheidung keine Herabsetzung oder kein Ausschluss des Versorgungsausgleichs abgeleitet wurde, im Abänderungsverfahren unberücksichtigt bleiben. Dies gilt nach BGH unabhängig davon, ob sie im Zeitpunkt der Erstentscheidung bekannt oder nicht nachweisbar waren oder aus sonstigen Gründen nicht berücksichtigt wurden. Entsprechend hat der BGH einen möglicherweise vom Ausgleichsberechtigten begangenen sexuellen Missbrauch des gemeinsamen Kindes, der im Zeitpunkt der Erstentscheidung vom Ausgleichsberechtigten bestritten und von diesem Vorwurf freigesprochen wurde, nicht berücksichtigt, obwohl dieser die Tat später eingeräumt hatte. Diesen Grundsatz begrenzt der BGH, obwohl sich für den Ausgleichspflichtigen des Erstverfahrens die Ausgleichspflicht durch eine eingetretene Änderung des Anrechts erhöht; hinsichtlich des erhöhten Teils ist der Härtegrund nicht »verbraucht«, weil im Erstverfahren der Härtegrund nur hinsichtlich des damaligen Ausgleichsbetrages geprüft und angewandt wurde.

Begeht die ausgleichsberechtigte Person nach dem Ehezeitende eine Straftat, die gegen die ausgleichspflichtige Person gerichtet ist, scheidet nach dem Wortlaut des § 225 Abs. 2 FamFG deren Berücksichtigung aus, weil kein Fall einer rechtlichen oder tatsächlichen Veränderung vorliegt.

7. Kapitel
Vereinbarungen über den Versorgungsausgleich

I. Grundlegende Neuordnung

Der Gesetzgeber hat die Reform des Versorgungsausgleichs zum Anlass genommen, die Möglichkeiten zum Abschluss von Vereinbarungen über den Versorgungsausgleich grundlegend neu zu gestalten. Die neuen Bestimmungen sehen eine vollständige Neuorientierung der Befugnisse der Ehegatten zum Abschluss von Vereinbarungen vor, die von folgenden Grundsätzen geprägt werden: 824
- Vereinbarungen zum Versorgungsausgleich werden in den Bereich des Wertausgleichs eingegliedert. Dies erfolgt in den §§ 6–8 VersAusglG, die systematisch vorrangig vor den konkreten Bestimmungen zum Wertausgleich bei der Scheidung gem. den §§ 9–19, 28 VersAusglG stehen (eingehend Rdn. 516 f.). Damit soll hervorgehoben werden, dass der Abschluss von Vereinbarungen zum Versorgungsausgleich erwünscht ist und die betroffenen Ehegatten die neuen Spielräume zum Abschluss von Vereinbarungen auch nutzen. Mit deren Einbindung der in den Regelungsbereich des Wertausgleichs soll in erster Linie die Dispositionsbefugnis der Ehegatten im Versorgungsausgleich gestärkt werden.
- Die Dispositionsbefugnisse der Ehegatten werden aufgrund der Neuorientierung erheblich ausgeweitet. Die neu gefassten Regelungen geben deshalb die bisher den Abschluss von Vereinbarungen einschränkende Bestimmungen auf; sie ermöglichen insbesondere in weitaus größerem Umfang als bisher, Anrechte der Altersvorsorge mit anderen Vermögenswerten der Ehegatten in einem Gesamtausgleich zu verbinden und eine Gesamtregelung beider Bereiche vorzunehmen.
- Hierzu entfällt das bisher bestehende **Erfordernis zur Genehmigung von Vereinbarungen** nach § 1587 o BGB a. F. Ferner wird die in § 1408 Abs. 2 Satz 2 BGB a. F. enthaltene Jahresfrist aufgehoben, innerhalb der bei Einreichung eines Scheidungsantrags ein Ehevertrag unwirksam wurde (Art. 3 Nr. 3, 5 VAStrRefG).
- In § 7 Abs. 1, 3 VersAusglG wird einerseits die notarielle Beurkundung i. S. d. § 1410 BGB beibehalten sowie weiterhin nach § 7 Abs. 2 VersAusglG die Form des § 127 a BGB ermöglicht.
- Die Regelungen fassen die Bestimmungen zum Ehevertrag sowie zu Scheidungsfolgensvereinbarungen zusammen, so dass die Probleme der Abgrenzung beider Regelungsbereiche nicht mehr bestehen. Entsprechend wird § 1408 Abs. 2 BGB (in Art. 3 Nr. 3 VAStrRefG neu gefasst. Die maßgeblichen Regelungen sind in den §§ 6–8 VersAusglG zusammengefasst. Die §§ 6–8 VersAusglG regeln Zulässigkeit, Wirksamkeit und Formvoraussetzungen von Vereinbarungen im Versorgungsausgleich.
- Der Schutz der Ehegatten soll durch die weiter bestehende notarielle Form sowie die richterliche Prüfung in Form einer **Wirksamkeits- und Ausübungskontrolle** erfolgen.
- Die den Abschluss von Vereinbarungen hindernde Bestimmung des § 1414 Satz 2 BGB, wonach mit dem Ausschluss des Versorgungsausgleichs zugleich der gesetzliche Güterstand aufgehoben wird und Gütertrennung eintritt, wird gem. Art. 3 Nr. 4 VAStrRefG aufgehoben.

7. Kapitel   Vereinbarungen über den Versorgungsausgleich

II. Schutz des wirtschaftlich schwächeren Ehegatten

1. Inhaltskontrolle

825 Der **Schutz eines Ehegatten** wird nach § 8 VersAusglG durch die Vorgabe angestrebt, dass die **Vereinbarung einer Inhalts- und Ausübungskontrolle** standhalten muss. Das Familiengericht hat nach § 6 Abs. 2 VersAusglG von Rechts wegen zu prüfen, ob der Vereinbarung Wirksamkeits- und Durchsetzungshindernisse i. S. d. §§ 123, 134, 138, 242 BGB entgegenstehen. Werden solche nicht festgestellt, ist das Familiengericht an die Vereinbarung gebunden. Enthält die Vereinbarung Regelungen zu Anrechten, dürfen diese keine vertragliche Regelung zulasten Dritter enthalten; dies bestimmt § 8 Abs. 2 VersAusglG. Auch soll durch die **zwingende notarielle Form** der Schutz eines Ehegatten gesichert werden. Neu ist die in § 224 Abs. 3 FamFG enthaltene Bestimmung (in der Fassung von Art. 2 Nr. 5 VAStrRefG), dass auch im Falle des Ausschlusses bzw. Verzichts eines Ehegatten auf den Versorgungsausgleich eine entsprechende Feststellung im Beschluss zum Versorgungsausgleich zu erfolgen hat. Diese Regelung hat zur Folge, dass damit abschließend und rechtlich verbindlich die Nichtdurchführung des Versorgungsausgleichs festgestellt wird und zu einem späteren Zeitpunkt eine erneute Prüfung einer Inhaltskontrolle nicht möglich ist, weil diese das Familiengericht bereits im Rahmen der Erstprüfung nach §§ 6 Abs. 2, 8 Abs. 1 VersAusglG vorgenommen hat, also eine bindende richterliche Entscheidung vorliegt.

2. Formvorschriften

826 § 7 Abs. 1 VersAusglG legt fest, dass Verträge über den Versorgungsausgleich notariell zu beurkunden sind. Dies entspricht dem bis zum 31. 08. 2009 bestehenden Recht. Diese Regelung bezieht sich auf eine Vereinbarung über den Versorgungsausgleich, die **vor Rechtskraft der Entscheidung über den Wertausgleich bei der Scheidung** nach den §§ 9–19, 28 VersAusglG geschlossen wird; sie betrifft damit den Regelungsbereich der Scheidungsfolgen. Nach § 7 Abs. 2 VersAusglG kann eine Vereinbarung zum Versorgungsausgleich auch in der Form des § 127 a BGB geschlossen werden; erfolgt dies im Rahmen eines Scheidungsverfahrens im Verbund nach § 137 Abs. 1, 2 Nr. 1 FamFG, müssen beide Ehegatten nach § 114 Abs. 1 FamFG durch einen Rechtsanwalt vertreten lassen, um eine wirksame Regelung treffen zu können. Nimmt das Familiengericht die Beurkundung vor, hat dieses die **Belehrungspflicht** nach § 17 BeurkG wahrzunehmen, also vor allem auf die rechtlichen Auswirkungen der getroffenen Vereinbarung hinzuweisen. Wird eine vertragliche Regelung im **Rahmen eines Ehevertrags** geschlossen, ist nach § 7 Abs. 3 VersAusglG die strengere Vorschrift des § 1410 BGB maßgebend, die die Anwesenheit beider Ehegatten bei der Beurkundung erfordert; in diesem Fall gelten die Regelungen der § 7 Abs. 1, 2 VersAusglG nicht. Die Vorschrift des § 7 Abs. 1 VersAusglG hebt hervor, dass bis zum Zeitpunkt der **Rechtskraft der Entscheidung zum Versorgungsausgleich** (und nicht der Scheidung) die notarielle Form zu berücksichtigen ist. Wird das Verfahren zum Versorgungsausgleich nach § 140 Abs. 2 Nr. 1, 2, 4, 5 FamFG **abgetrennt**, bedarf es weiterhin der notariellen Form, weil es um den Versorgungsausgleich bei der Scheidung nach §§ 9 ff. VersAusglG geht, für den weiterhin der Schutzzweck der Regelung des § 7 Abs. 1 VersAusglG gilt. Wird die in § 7 Abs. 1–3 VersAusglG vorgegebene Form nicht eingehalten (vor allem hinsichtlich des Rechtsanwaltszwangs nach § 114 Abs. 1 FamFG i. V. m. § 137 Abs. 1, 2 FamFG), ist die Vereinbarung nach § 125 BGB nichtig.

III. Wirksamkeit von vor dem 01.09.2009 abgeschlossenen Altverträgen

Wird eine Vereinbarung über den **Wertausgleich nach der Scheidung** gem. den §§ 20–26 VersAusglG geschlossen (insbesondere über die schuldrechtliche Ausgleichsrente nach § 20 VersAusglG), ist die notarielle Form nicht geboten; dies entspricht auch dem Rechtszustand bis zum 31.08.2009.

827

Zweck der notariellen Form von Vereinbarungen zum Versorgungsausgleich ist es, durch die Mitwirkung eines Notars die fachkundige und unabhängige Beratung der vertragsschließenden Ehegatten sicherzustellen (BT-Drucks. 7/4361 S. 49 zu § 1587o BGB a.F), sie vor übereilten Regelungen zu schützen und vor allem gem. §§ 14 Abs. 1, 17 BeurkG über die Folgen der beabsichtigten Vereinbarung zu belehren. Dies gilt insbesondere in Bezug auf einen beabsichtigten Verzicht auf den Versorgungsausgleich. Hält der Notar eine eheverträgliche Regelung bzw. Scheidungsfolgenvereinbarung nach §§ 134, 138 BGB für unwirksam, kann (und muss) er die Beurkundung ablehnen. Zweifelt der Notar an der Wirksamkeit, muss er nach § 17 Abs. 2 BeurkG auf seine Bedenken hinweisen und diese dokumentieren, wenn dennoch eine Beurkundung erfolgen soll (s.a. BGHZ 158, 81 ff. = FamRZ 2004, 601, 606 = NJW 2004, 930, 934; zur Haftung s. *Schubert* FamRZ 2001, 733, 739).

III. Wirksamkeit von vor dem 01.09.2009 abgeschlossenen Altverträgen

Allgemein gilt der Grundsatz, dass eine gesetzliche Regelung erst ab deren Inkrafttreten Rechtswirkungen entfaltet. Rechtsakte, die vor Inkrafttreten eines neuen Gesetzes wirksam begründet wurden, verlieren deshalb auch dann nicht ihre Wirksamkeit, wenn die sich aus einer Vereinbarung ergebenden Rechtsfolgen erst nach Inkrafttreten des neuen Gesetzes eintreten (s. z. B. BT-Drucks. 16/6980 S. 20 sowie BT-Drucks. 16/1830 S. 39 zum UÄndG 2007). Vereinbarungen, die vor dem 01.09.2009 als **Scheidungsfolgenvereinbarung** auf der Grundlage des § 1587o BGB a. F. abgeschlossen wurden, bedürfen deshalb für ihre Wirksamkeit weiterhin der Genehmigung des Familiengerichts (eingehend hierzu Vorauflage Rn. 756 ff.), soweit sie sich auf den Versorgungsausgleich gem. den §§ 1587 ff. BGB a. F. beziehen, wenn der Versorgungsausgleich nach dem bis zum 31.08.2009 geltenden Recht gem. § 48 Abs. 1 VersAusglG durchzuführen ist. Wird das Verfahren zum Versorgungsausgleich im ersten Rechtszug nach dem bis zum 31.08.2009 geltenden materiellen Recht bis zum 31.08.2010 nicht abgeschlossen, ist nach Art. 111 Abs. 5 FGG-ReformG (in der Fassung von Art. 22 VAStrRefG) sowie § 48 Abs. 3 VersAusglG das neue materielle Recht nach dem VersAusglG sowie das neue Verfahrensrecht nach den §§ 217–229 FamFG anzuwenden. Das bedeutet in Bezug auf eine vorbereitete notarielle Vereinbarung zu § 1587o BGB, dass diese mangels anwendbarer rechtlicher Grundlagen nicht mehr genehmigt und damit nicht mehr umgesetzt werden kann, so dass eine Vereinbarung auf der Grundlage der §§ 6–8 VersAusglG neu gefasst werden muss.

828

Entsprechendes gilt für **Eheverträge nach § 1408 Abs. 2 BGB a. F.** Soweit ein Ehevertrag nach dem bis zum 31.08.2009 geltenden Rechtszustand abgeschlossen wird, der einen Ausschluss des Versorgungsausgleichs enthält, führt die Einreichung eines Scheidungsantrags innerhalb eines Jahres nach § 1408 Abs. 2 Satz 1 BGB a. F. zu dessen Unwirksamkeit (zu den Einzelheiten eingehend Vorauflage Rn. 775 f.). Ist am 01.09.2010 im ersten Rechtszug das Verfahren zum Versorgungsausgleich noch nicht abgeschlossen, greifen die Übergangsbestimmungen des Art. 111 Abs. 5 FGG-ReformG (in der Fassung von Art. 22 VAStrRefG) sowie § 48 Abs. 3 VersAusglG ein. Dies hat zur Folge, dass das neue materielle Recht ab 01.09.2010 gilt, das in § 1408 Abs. 2 BGB (in der Fassung von Art. 3 Nr. 3

829

VAStrRefG) die Unwirksamkeit einer Vereinbarung nicht mehr kennt, wenn innerhalb eines Jahres nach Vereinbarung des Ausschlusses des Versorgungsausgleichs ein Scheidungsantrag gestellt wird.

830 Damit stellt sich die Frage, ob eine Scheidungsfolgenvereinbarung sowie ein Ehevertrag gänzlich ihre Wirkungen verlieren oder zwischen den Ehegatten ein Anspruch auf Anpassung der Vereinbarung an die neuen gesetzlichen Regelungen gem. den Grundsätzen des § 313 BGB besteht. In Bezug auf die **Bindungswirkung einer Vereinbarung** zum Versorgungsausgleich nach dem bis zum 31. 08. 2009 geltenden Recht gilt, dass diese bei einem durch Gesetz neu geschaffenen Rechtszustand in gleicher Weise wie die Änderung der Rechtsprechung an die neue gesetzlichen Bestimmungen anzupassen ist. Es ist nicht ersichtlich, dass in diesem Fall der Bindungswille einer Vereinbarung entfällt, soweit die neuen gesetzlichen Vorschriften keine ausdrückliche Aufhebung von vertraglichen Regelungen nach dem alten Rechtszustand ausdrücklich vorsehen. Hieraus folgt, dass ein Anspruch auf Anpassung an die neuen gesetzlichen Regelungen nach Billigkeitsgesichtspunkten gem. den §§ 242, 313 BGB zu erfolgen hat. In Bezug auf die nach § 8 Abs. 1 VersAusglG vorzunehmende Inhaltskontrolle hat sich die Rechtslage im Übrigen nicht geändert, weil bereits seit der Entscheidung des BVerfG vom 06. 02. 2001 (BVerfGE 103, 89, 101 = FamRZ 2001, 343 m. Anm. *Schwab* NJW 2001, 957) das Familiengericht von Rechts wegen die in § 8 Abs. 1 VersAusglG angeordnete Inhaltskontrolle vorzunehmen hat. Führt diese zur Annahme einer Unwirksamkeit der vertraglichen Regelung, entfällt grundsätzlich eine Bindung. Ansonsten ist entsprechend den neuen gesetzlichen Regelungen insbesondere in Bezug auf den Hin- und Her-Ausgleich eine Anpassung der ursprünglichen Vereinbarung vorzunehmen. Enthält diese im Einzelfall Regelungen, die nach dem neuen Recht nicht umgesetzt werden können, kann dies zu einer vollkommen neu gefassten Vereinbarung führen.

Wird der Scheidungsantrag nach dem 31. 08. 2009 eingereicht und wurde der Ehevertrag innerhalb der Jahresfrist des § 1408 Abs. 2 Satz 2 BGB a. F. geschlossen, so ist diese Bestimmung nicht mehr anwendbar mit der Folge, dass ein vereinbarter Ausschluss wirksam bleibt; der Schutz des Ehegatten erfolgt gem. § 8 Abs. 1 VersAusglG durch Vornahme einer Inhaltskontrolle.

IV. Regelungsbereich von Vereinbarungen

1. Größerer Gestaltungsspielraum

831 Aufgrund des neuen Systems des Ausgleichs von Versorgungsanrechten (Einführung des sog. Hin- und Her-Ausgleichs – Aufgabe des Ausgleichs durch Saldierung nach dem Zugewinnprinzip) sind die Gestaltungsmöglichkeiten zum Versorgungsausgleich größer geworden; dies wird in § 6 Abs. 1 VersAusglG durch entsprechende Bestimmungen klargestellt. Insbesondere kann hinsichtlich eines dem Versorgungsausgleich unterliegenden Anrechts durch Vereinbarung eine gesonderte Regelung getroffen werden (s. u. Rdn. 839), was nach früherem Recht nicht zulässig war, soweit ein Anrecht des Berechtigten aus dem Versorgungsausgleich herausgenommen wurde, weil sich hierdurch diese Quote von 50% erhöhte (BGH FamRZ 1990, 384). Dieser größere Gestaltungsspielraum wird durch in § 6 Abs. 1 Nr. 1–3 VersAusglG aufgeführten Regelbeispiele dokumentiert, der insbesondere eine Ausweitung gegenüber dem in § 1587 o BGB a. F. enthaltenen Bestimmungen darstellt, bei dem z. B. zweifelhaft war, ob ein entschädigungsloser Verzicht zulässig ist (s. Vorauflage Rn. 790). Jedoch sind die in § 6 VersAusglG auf-

IV. Regelungsbereich von Vereinbarungen

geführten Regelbeispiele nicht abschließend, was sich bereits aus dem Wort in § 6 Abs. 1 Satz 2 VersAusglG »insbesondere« ergibt.

2. Regelungsbereich in zeitlicher Hinsicht

Die in § 6 Abs. 1 VersAusglG geregelte Gestaltungsbefugnis bezieht sich zunächst auf Vereinbarungen über den Versorgungsausgleich im Rahmen einer ehevertraglichen Regelung, mit der eine vorausschauende Rechtsgestaltung bewirkt werden soll. Ferner gilt § 6 Abs. 1 VersAusglG auch in sämtlichen Regelungsphasen des Versorgungsausgleichs gem. dem VersAusglG, also dem Wertausgleich bei der Scheidung gem. den §§ 9–19, 28 VersAusglG, dem Wertausgleich nach der Scheidung gem. den §§ 20–26 VersAusglG sowie dem Abänderungsverfahren nach den §§ 225, 227 Abs. 1 FamFG. In Bezug auf das Abänderungsverfahren nach § 225 Abs. 1, 2 FamFG, das sich stets auf die Abänderung des Wertausgleichs bei der Scheidung bezieht und nur die in § 32 VersAusglG aufgeführten Regelsicherungssysteme betrifft, kann eine Vereinbarung nur auf der Grundlage des **rechtskräftig abgeschlossenen Erstverfahrens** erfolgen, also die bindende Regelung des Wertausgleichs nicht rückwirkend abändern, es sei denn, dass die Versorgungsträger einer abweichenden Regelung zustimmen. Der Wertausgleich bei der Scheidung ist vielmehr endgültig und unumkehrbar (BGH FamRZ 2002, 1553). Möglich wäre insoweit allenfalls, im Rahmen schuldrechtlicher Ausgleichsansprüche eine Rückführung von Anrechten vorzunehmen, die im Wertausgleich bei der Scheidung übertragen oder begründet wurden.

832

3. Einbeziehung in den vermögensrechtlichen Ausgleich

§ 6 Abs. 1 Nr. 1 VersAusglG hebt besonders hervor, dass der Versorgungsausgleich nicht zwangsläufig unabhängig von dem sonstigen Vermögensausgleich zu regeln ist, sondern beide Bereiche miteinander verbunden werden können. Will z. B. der Ehemann seine Versorgungsanrechte für eine neue eheliche Verbindung erhalten, kann zum Ausgleich der (wertmäßig vergleichbare) Anteil an einer Immobilie oder diese insgesamt übertragen werden. Solche Gestaltungsmöglichkeiten werden durch die Verpflichtung der Versorgungsträger, neben der Bestimmung des Ausgleichswerts i. S. d. § 5 Abs. 1 VersAusglG auch den **korrespondierenden Kapitalwert** nach § 47 VersAusglG mitzuteilen, gefördert.

833

4. Ausschluss des Versorgungsausgleichs

§ 6 Abs. 1 Nr. 2 VersAusglG lässt auch den **Ausschluss des Versorgungsausgleichs** ganz oder teilweise zu. Hierzu sind verschiedene Gestaltungsmöglichkeiten denkbar. So können die Regelversorgungen (gesetzliche Rentenversicherung, Beamtenversorgung, berufsständische Versorgungen) nach den §§ 9 ff. VersAusglG durch die interne oder externe Teilung ausgeglichen, gleichzeitig aber der Kapitalwert oder korrespondierende Kapitalwert einer betrieblichen Altersversorgung oder privaten Rentenversicherung im Rahmen der vermögens- oder güterrechtlichen Auseinandersetzung in den dort vorzunehmenden Ausgleich eingestellt werden. Dies gilt unabhängig davon, bei welchem Ehegatten solche Anrechte bestehen. Ebenso ist es im Falle einer beiderseitig bestehenden hinreichenden sozialen Sicherung zulässig, auf den Wertausgleich insgesamt zu verzichten, so vor allem, wenn keine ehebedingten Nachteile hinsichtlich des Versorgungserwerbs in der Ehe eingetreten sind. Dies gilt insbesondere,
– wenn es sich nicht um eines der Regelsicherungssysteme gem. § 32 VersAusglG, sondern um sekundäre Anrechte auf eine Versorgung handelt, so vor allem eine

834

7. Kapitel   Vereinbarungen über den Versorgungsausgleich

betriebliche Altersversorgung oder eine private Rentenversicherung, denen lediglich eine ergänzende Funktion im Rahmen der gesamten Versorgungslage zukommt;
- wenn die Voraussetzungen eines geringfügigen Anrechts i. S. d. § 18 Abs. 1, 2 VersAusglG vorliegen (eingehend Rdn. 581);
- wenn die Voraussetzungen eines auf eine abzuschmelzende Leistung gerichteten Anrechts gem. § 19 Abs. 2 Nr. 2 VersAusglG vorliegen, dessen Teilungsreife aber fehlt (Rdn. 587 ff.; s. aber Rdn. 746, 836 f.);
- wenn der Ausgleich für die ausgleichsberechtigte Person unwirtschaftlich i. S. d. § 19 Abs. 2 Nr. 3 VersAusglG wäre (Rdn. 587 ff., s. aber Rdn. 746; 836 f.);
- wenn auf ein Anrecht auf eine schuldrechtlich auszugleichende Rente gem. § 20 VersAusglG verzichtet werden soll;
- wenn zwar keine kurze Dauer der Ehe i. S. d. § 3 Abs. 3 VersAusglG vorliegt, aber beide Ehegatten bei einer den Zeitraum von drei Jahren nicht wesentlich übersteigenden Dauer der Ehe jeweils durchgehend Anrechte in einem der in § 32 VersAusglG aufgeführten Regelsicherungssysteme erworben haben und keine ehebedingten Einbußen an Versorgungsanrechten eingetreten sind;
- wenn die Dauer der Ehe nicht kurz i. S. d. § 3 Abs. 3 VersAusglG war, aber die Ehegatten die eheliche Lebensgemeinschaft alsbald nach der Eheschließung aufgegeben haben und keine gegenseitige wirtschaftliche Abhängigkeit entstanden ist (durch Kindererziehung und -betreuung sowie Haushaltsführung unter Aufgabe der beruflichen Tätigkeit).

Eine Einschränkung erfährt der Ausschluss des Versorgungsausgleichs aber durch die nach § 8 Abs. 1 VersAusglG vorzunehmende Inhaltskontrolle, die der besonderen sozialen Absicherung des wirtschaftlich schwächeren Ehegatten dient (s. Rdn. 825, 844).

5. Herausnahme bestimmter Zeiträume aus dem Wertausgleich

835 Zulässig ist es ferner, **bestimmte Zeiträume** aus dem Ausgleich herauszunehmen (BGH FamRZ 1990, 273). Eine solche Vereinbarung ist hinsichtlich einzelner Anrechte sowie für alle in der Ehezeit erworbenen Anrechte möglich, so vor allem, wenn die Ehegatten vor Einreichung des Scheidungsantrags längere Zeit getrennt gelebt haben und der Versorgungsausgleich wegen nicht mehr bestehender wirtschaftlicher und persönlicher Verflechtungen eine Sinnverfehlung darstellen würde und deshalb auch die Voraussetzungen eines Härtefalls nach § 27 VersAusglG gegeben wären. Nicht verändert werden darf nach der Zwecksetzung des § 8 Abs. 2 VersAusglG dagegen das **Ehezeitende**, weil dieses für die versorgungsausgleichsrechtliche Festlegung der Berechnungsgrundlagen (aktueller Rentenwert in der gesetzlichen Rentenversicherung; Höhe der ruhegehaltsfähigen Bezüge in der Beamtenversorgung) bindend ist und deshalb eine Veränderung des Ehezeitendes i. S. d. § 3 Abs. 1 VersAusglG zu Abweichungen in der Bestimmung des Ehezeitanteils führen würde. Insoweit wird auf die Ausführungen zu Rdn. 116 verwiesen.

6. Vereinbarung des schuldrechtlichen Versorgungsausgleichs

836 § 6 Abs. 1 Nr. 3 VersAusglG sieht vor, dass bereits im Zusammenhang mit dem Versorgungsausgleich bei der Scheidung nach den §§ 9–19, 28 VersAusglG eine Vereinbarung über Anrechte erfolgen kann, die dem **Ausgleich nach der Scheidung** gem. §§ 20–26 VersAusglG unterliegen (vor allem zum schuldrechtlichen Versorgungsausgleich). Eine solche Vereinbarung ist dann sinnvoll, wenn die Ehegatten

IV. Regelungsbereich von Vereinbarungen

sämtliche Scheidungsfolgen bereits im Zusammenhang mit der Scheidung abschließend regeln wollen; allerdings ist zu berücksichtigen, dass regelmäßig die den §§ 20–26 VersAusglG unterliegenden Anrechte nur bedingt hinsichtlich ihrer Höhe festgestellt werden können. Ist das grundsätzlich möglich, gegebenenfalls auch nur im Wege einer groben Schätzung der künftigen Ausgleichsrente, spricht nichts gegen eine solche Vereinbarung.

Jedoch ist die **Vereinbarung der schuldrechtlichen Ausgleichsrente** gem. den §§ 20, 22 VersAusglG im Rahmen der Durchführung des Wertausgleichs bei der Scheidung bei der Scheidung nicht unproblematisch. Zwar ist dessen zentrale Schwäche mit der Einführung des Anspruchs gegen den Versorgungsträger nach § 25 VersAusglG (verlängerter schuldrechtlicher Versorgungsausgleich i. S. d. § 3 a VAHRG a. F.) entfallen, so dass auch nach dem Tode des Verpflichteten eine Versorgungsleistung durch den Träger der Versorgung fortgeführt werden kann. Es ist jedoch zu beachten, dass der Anspruch gegen den Versorgungsträger nach § 25 VersAusglG nur bei Bestehen einer **Hinterbliebenenversorgung** gewährt wird und diesem ferner eine **Wiederverheiratungs- oder Anrechnungsklausel** bei eigenen Einkünften entgegenstehen kann (BGH FamRZ 2005, 189 = FamRB 2005, 71; eingehend Rdn. 732). Auch enthält § 25 Abs. 2 VersAusglG eine **wichtige Sperre** hinsichtlich des Anspruchs gegen den Versorgungsträger nach § 25 Abs. 1 VersAusglG, wenn im Rahmen einer Vereinbarung nach § 6 Abs. 1 Nr. 3 VersAusglG auf den Wertausgleich bei der Scheidung verzichtet und der Ausgleich auf die Ansprüche nach den §§ 20, 22 VersAusglG verwiesen wurde; § 25 Abs. 2 VersAusglG bezweckt insoweit den Schutz der Versorgungsträger vor zusätzlichen wirtschaftlichen Belastungen (eingehend Rdn. 746). Ferner schließt § 25 Abs. 3 VersAusglG den Anspruch aus, wenn die Ehegatten ohne Zustimmung des Versorgungsträgers eine höhere Ausgleichsrente als vorgesehen vereinbart haben (Rdn. 741). Eine solche Vereinbarung birgt deshalb **erhebliche Risiken**. In jedem Fall sollte bei Vereinbarung des schuldrechtlichen Versorgungsausgleichs bedacht werden, dass der Verpflichtete grundsätzlich die **Möglichkeit der Abfindung** seiner Betriebsrente besitzen kann. Dies hat zur der Folge, dass diese bei Abfindung erlischt und der Berechtigte gegen den Betrieb keine Ansprüche nach § 25 VersAusglG mehr geltend machen kann. Deshalb ist ausdrücklich zu vereinbaren, dass im Falle der Abfindung vor dem Eintritt der Voraussetzungen des schuldrechtlichen Versorgungsausgleichs nach § 20 VersAusglG der Ausgleich durch eine Kapitalzahlung gem. § 22 VersAusglG festegelegt und durch eine entsprechende Abtretung dieses Anspruchs gesichert wird.

Haftungsrisiko:

Ein an sich bestehender Anspruch auf den verlängerten schuldrechtlichen Versorgungsausgleich nach § 25 VersAusglG gegen den Träger einer im Versorgungsausgleich bei der Scheidung nicht ausgeglichenen betrieblichen Altersversorgung besteht nicht, wenn der Ausgleichsberechtigte vor dem Entstehen des Anspruchs eine neue Ehe eingeht. Dies gilt auch, wenn für den Fall der Wiederheirat der Witwe/dem Witwer eine Abfindung zugesagt ist (BGH FamRZ 2005, 189 = FamRB 2005, 71). Der BGH stellt unter Bezug auf den Regelungszweck des § 25 VersAusglG (§ 3 a VAHRG a. F.) klar, dass die **verlängerte schuldrechtliche Ausgleichsrente** nicht besteht, wenn der Versorgungsträger seinem Versicherten überhaupt keine Hinterbliebenenversorgung zusichert oder eine an sich zugesicherte Hinterbliebenenversorgung im Fall der erneuten Heirat der Witwe nicht gewährt (oder danach entzieht). Da § 25 VersAusglG einen geschiedenen Ausgleichsberechtigten nicht besser stellen will, als dieser stünde, wenn die Ehe nicht geschieden

837

838

7. Kapitel Vereinbarungen über den Versorgungsausgleich

worden wäre, schließt eine Wiederverheiratungsklausel einen Anspruch nach § 25 VersAusglG aus. Zur Erläuterung einer solchen Bestimmung verweist der BGH auf die entsprechende Regelung des § 107 SGB VI. Der Ausgleichsanspruch besteht auch nicht im Falle der **Zusage einer Abfindung** für den Fall einer erneuten Heirat, wenn die Ehe bereits geschlossen war, ehe der geschiedene Ehegatte verstarb. Insoweit verweist der BGH auf den Regelungszweck einer solchen Abfindung, die dem überlebenden Ehegatten eine Art Anreiz zum Eingehen einer Ehe gewähren soll.

839 Beispiel zur Gestaltung einer Vereinbarung über den Versorgungsausgleich mit einer vermögensrechtlichen Regelung

Sachverhalt:

Beide Ehegatten sind hälftige Miteigentümer eines Eigenheims im Wert von 250.000,00 €. Auf der Immobilie ruhen noch Verbindlichkeiten in Höhe von 30.000,00 €, für die beide Ehegatten haften. Die Ehefrau möchte das hälftige Eigentum des Ehemannes übernehmen, um in der bisherigen ehelichen Wohnung verbleiben zu können. Der Ehemann will seine Altersversorgung für die neue Ehe erhalten. Die Ehefrau erzielt ein monatliches Einkommen (netto) i.H.v. 1.400,00 €. Ihr gesamtes Anrecht in der gesetzlichen Rentenversicherung beträgt 500,00 €; sonstiges wesentliches Vermögen ist nicht vorhanden; der Ehemann schuldet einen Zugewinn von 15.000,00 € aufgrund von Kapitalvermögen. Ferner besteht ein nach § 1578 b BGB zu begrenzender Aufstockungsunterhalt i.H.v. monatlich 250,00 €, da ehebedingte Nachteile in der Erwerbsbiografie nicht eingetreten sind; dieser ist nach § 1578 b Abs. 1, 2 BGB unterhaltsrechtlich auf fünf Jahre zu begrenzen.

Nach den eingeholten Auskünften ergeben sich folgende auszugleichende Anrechte:

	Ehemann	Ehefrau	korrespondierender Kapitalwert
ges. RV	29,4118 Entgeltpunkte (800,00 €)		90.366,48 €
ges. RV		7, 3429 Entgeltpunkte (200,00 €)	22.591,62 €
BAV	300,00 €		27.250,00 €
BAV		50,00 €	4.000,00 €
Private RV	9.000,00 € Deckungskapital		4.500,00 €

Vorschlag für die Gestaltung des Versorgungsausgleichs unter Einbeziehung des vermögensrechtlichen Ausgleichs:
1. Die Ehefrau übernimmt die Eigentumshälfte des Ehemannes an dem Eigenheim sowie die auf diesem ruhenden Verbindlichkeiten i.H.v. 30.000,00 € (mit Freistellung). Dieses wird vor Verrechnung mit den Ansprüchen der Ehefrau aus Zugewinn, abgefundenem nachehelichen Unterhalt (gem. § 1585 Abs. 2 BGB i. V. m. § 1573 Abs. 2 BGB) und nur teilweise durchgeführten Versorgungsausgleich mit einem Übernahmebetrag von 110.000,00 € angesetzt (250.000,00 € Gesamtwert; hälftiger Anteil damit 125.000,00 € abzüglich der Übernahme des auf den Ehemann fallenden Anteils an den Kreditverbindlichkeiten i.H.v 15.000,00 €).
2. Die Ehefrau verzichtet mit Vollzug der Übertragung der Eigentumshälfte des Ehemannes auf ihren Anspruch auf Zugewinn i.H.v. 15.000,00 €.
3. Ferner wird der Anspruch auf den nachehelichen Unterhalt gem. § 1573 Abs. 2 BGB mit einem Betrag von 12.500,00 € abgefunden; hierbei werden die künftigen Unterhaltszahlungen für die Dauer von fünf Jahren (jährlich 250,00 € × 12 = 3.000,00 € × 5 = 15.000,00 €) auf den Betrag von 12.500,00 € abgezinst. Der Betrag von 12.500,00 € wird ebenfalls auf die geschuldete Ausgleichszahlung von 110.000,00 € angerechnet.
4. Ein Ausgleich des Anrechts aus der betrieblichen Altersversorgung des Ehemanns wird nicht durchgeführt. Der der Ehefrau insoweit zustehende Kapitalbetrag (Ausgleichswert i.S.d. § 5 Abs. 3 VersAusglG) beträgt 27.250,00 €. Ebenso findet hinsichtlich der privaten Rentenversicherung des Ehe-

V. Vereinbarungen zum Versorgungsausgleich nach § 1408 Abs. 2 BGB

mannes sowie der betrieblichen Altersversorgung der Ehefrau kein Wertausgleich bei der Scheidung statt. Der Überschuss aus der Verrechnung beider Anrechte beträgt 500,00 € (Ausgleichswert zur privaten Rentenversicherung 4.500,00 € zugunsten der Ehefrau; Ausgleichswert zur betrieblichen Altersversorgung 4.000,00 € zugunsten des Ehemannes), der ebenfalls auf die Ausgleichzahlung von 110.000,00 € anzurechnen ist.

5. In Bezug auf den danach noch verbleibenden Übernahmebetrag gemäß Ziffer 1 der Vereinbarung i.H.v. 54.500,00 € (15.000 + 12.500 + 27.500 + 500) wird der Wertausgleich hinsichtlich der Anrechte der Ehegatten in Bezug auf die gesetzliche Rentenversicherung begrenzt auf den Kapitalbetrag von 54.500,00 €. Dies entspricht 8,8691 Entgeltpunkten (54.500 : 6.144.9210 – Faktor Nr. 2 – Umrechnen von Entgeltpunkten in eine Rentenanwartschaft, FamRZ 2009, 99, 100).

6. Die Ehegatten sind sich darüber einig, dass der Ausgleich hinsichtlich der Anrechte des Ehemannes nur i.H.v. 8,8691 Entgeltpunkten stattfindet, das entspricht (aktueller Rentenwert 2. Halbjahr 2009 = 27,20 €) derzeit 241,24 €.

7. Diese Vereinbarung stellt **keine Regelung zulasten des Versorgungsträgers** zur gesetzlichen Rentenversicherung i.S.d. § 8 Abs. 2 VersAusglG dar, weil die Ausgleichsquote von 50% auch nach Verrechnung beider Anrechte in der gesetzlichen Rentenversicherung nach § 10 Abs. 2 VersAusglG durch den Träger der gesetzlichen Rentenversicherung nicht verletzt wird. Der Ausgleichswert des Anrechts des Ehemannes in der gesetzlichen Rentenversicherung beträgt 14,7059 Entgeltpunkte (29,4118 : 2); der Ausgleichswert des Anrechts der Ehefrau in der gesetzlichen Rentenversicherung beträgt 3,6715 Entgeltpunkte (7,3429 : 2). Nach § 10 Abs. 2 VersAusglG würden bei vollständig durchgeführtem Versorgungsausgleich der Ehefrau effektiv 11,0344 Entgeltpunkte übertragen werden. Die Reduzierung auf den Ausgleichswert von 8,8691 Entgeltpunkten verletzt deshalb nicht den Halbteilungsgrundsatz.

8. Eine Vereinbarung mit dem Träger der gesetzlichen Rentenversicherung, die hälftige Quote von 50% zu übersteigen, wäre nicht zulässig, weil eine solche Vereinbarung dem Träger der Versorgung nach §§ 32, 46 Abs. 2 SGB I verwehrt ist. Gleiches gilt nach § 3 Abs. 1 BeamtVG in Bezug auf ein Anrecht in der Beamtenversorgung.

V. Vereinbarungen zum Versorgungsausgleich nach § 1408 Abs. 2 BGB

1. Regelungsbereich

Nach § 1408 Abs. 2 BGB kann durch Ehevertrag der Versorgungsausgleich **ganz oder teilweise ausgeschlossen** werden (zu § 1408 Abs. 2 BGB a. F. s. BGH FamRZ 1986, 890 = NJW 1986, 2316; dort auch zum Meinungsstand). Diese Bestimmung ermöglicht den Ehegatten, durch Ehevertrag den Versorgungsausgleich zu gestalten. Die in dieser Regelung eingeräumte Rechtsmacht umfasst nicht nur den generellen Ausschluss, sondern Modifikationen i. S. eines »minus«, die nicht in die Form eines Teilausschlusses gekleidet sein müssen. Einschränkungen ergeben sich aus den zwingenden gesetzlichen Bestimmungen des Versorgungsausgleichs und des Sozialversicherungsrechts, die auch in § 8 Abs. 2 VersAusglG enthalten sind, und den allgemeinen Grenzen der Vertragsfreiheit (§§ 134, 138 BGB). Als Schutz verbleibt danach zunächst die Formbestimmung des § 8 Abs. 3 VersAusglG i. V. m. § 1410 BGB, aus der sich eine **Belehrungspflicht** des Notars ergibt, § 17 BeurkG. Ferner bestimmt § 8 Abs. 1 VersAusglG die generelle Vornahme einer Inhaltskontrolle, die bereits nach dem bis 31.08.2009 geltenden Recht durch die Rechtsprechung des BVerfG (BVerfGE 103, 89, 101 = FamRZ 2001, 343 m. Anm. *Schwab* NJW 2001, 957; FamRZ 2001, 985) sowie des BGH (grundlegend FamRZ 2004, 600 ff.) zur **Überprüfung der Wirksamkeit von Eheverträgen** eingeführt (eingehend Rdn. 844); danach gehört der **Versorgungsausgleich zum Kernbereich der Scheidungsfolgen**. Durch die Zusammenfassung der Regelungen zum Ehevertrag sowie der Scheidungsfolgenvereinbarung in den §§ 6–8 VersAusglG entfällt die im Einzelfall nicht immer einfach vorzunehmende Abgrenzung zwischen § 1408 Abs. 2 BGB a. F. und § 1587 o BGB a. F. (s. Vorauflage Rn. 767).

840

7. Kapitel   Vereinbarungen über den Versorgungsausgleich

841 Anerkannt ist, dass eine Vereinbarung nach § 1408 Abs. 2 BGB sich im **Rahmen der Strukturmerkmale des Versorgungsausgleichs** und insbesondere der Bestimmungen des Sozialversicherungsrechts halten muss (BGH FamRZ 1986, 890 = NJW 1986, 2316; FamRZ 1990, 273 = NJW 1990, 1363). Es ist deshalb zum **Schutz der Solidargemeinschaft** nicht zulässig, den Ausgleichswert eines (einzelnen) Anrechts in der gesetzlichen Rentenversicherung i. S. d. § 5 Abs. 3 VersAusglG über die Quote von 50% hinaus zu erhöhen; dies folgt aus dem Regelungsprinzip des § 1 Abs. 1, 2 VersAusglG i. V. m. den Bestimmungen zur gesetzlichen Rentenversicherung, die eine Erhöhung des Risikos nicht zulassen. Zwar können die Ehegatten im Rahmen einer externen Teilung nach den §§ 14–17 VersAusglG einen höheren Wert als 50% als Ausgleichswert bestimmen. Dies ist aber nur im Bereich der privaten Rentenversicherungen sowie der privaten betrieblichen Altersversorgung zulässig, während öffentlich-rechtliche Versorgungen nur bei Bestehen einer gesetzlichen Regelung eine die Quote von 50 % übersteigenden Ausgleichsbetrag zulassen können. Eine solche fehlt in der gesetzlichen Rentenversicherung und in der Beamtenversorgung. Zwar können im Rahmen einer Vereinbarung nach § 187 Abs. 1 Nr. 2 lit. b SGB VI i. V. m. § 15 VersAusglG, auf den § 187 SGB VI verweist, durch eine **Beitragszahlung Anrechte begründet** werden; diese dürfen aber die Quote von 50% eines Anrechts nicht übersteigen, weil diese Vorschrift eine entsprechende Regelung zur Zustimmung durch den Versorgungsträger nicht trifft, so dass es an einer Rechtsgrundlage für eine solche Vereinbarung fehlt.

842 Zulässig ist eine solche Vereinbarung, die ihre materiell-rechtliche Grundlage in § 27 VersAusglG hat (z. B. ungleicher Vermögenserwerb, der nicht dem güterrechtlichen Ausgleich unterliegt eingehend Rdn. 776). Ferner kann eine Vereinbarung geschlossen werden, mit der von **beiden Ehegatten** während der Trennungszeit erworbene Anrechte aus dem Versorgungsausgleich herausgenommen werden (eingehend Rdn. 116 f.; dort auch zu den Fällen, in denen eine Vereinbarung unwirksam ist – zur Bestimmung des Ehezeitendes). Legen die Ehegatten fest, dass der beiderseitige Versorgungserwerb ab einer bestimmten Trennungszeit nicht dem Versorgungsausgleich unterliegen soll (Rdn. 117 ff.), erwirbt aber der insgesamt ausgleichsberechtigte Ehegatte nach diesem Zeitpunkt höhere Anrechte als der Ausgleichspflichtige, so ändert diese Vereinbarung nichts an dem nach § 3 Abs. 1 VersAusglG zu bestimmenden Ehezeitende (eingehend Rdn. 117 ff.); sie ist jedoch unter dem Gesichtspunkt der Härtefallklausel nach § 27 VersAusglG als wirksam anzusehen, weil die Ehegatten wegen des weggefallenen Regelungsgrundes des Versorgungsausgleichs (keine gemeinsame Lebensleistung mit dauerhafter Trennung) insoweit befugt sind, eine Regelung zur Dauer des beiderseitigen Versorgungserwerbs zu treffen (zur Berechnung bei einem Teilausschluss Rdn. 332).

2. Möglicher Inhalt von Vereinbarungen

843 Nach § 1408 Abs. 2 BGB kann der Versorgungsausgleich insbesondere ohne eine Gegenleistung ausgeschlossen werden, wenn beide Ehegatten jeweils über ausreichende Versorgungsanrechte oder andere Vermögenswerte verfügen. Als zulässig wird es angesehen, den Ausschluss an eine auflösende bzw. aufschiebende Bedingung zu knüpfen oder ein Rücktrittsrecht bei Eintritt festzulegender Voraussetzungen einzuräumen (MüKo / *Kanzleiter* § 1408 BGB Rn. 22). Möglich ist es auch, **einzelne Anwartschaften** des Ausgleichspflichtigen aus dem Versorgungsausgleich auszuklammern oder eine **geringere Quote** hinsichtlich eines einzelnen Anrechts festzulegen. Da nach dem neuen Ausgleichsprinzip des Hin- und Her-Ausgleichs eine Gesamtsaldierung nicht erfolgt, kann durch die Herausnahme eines einzelnen Anrechts bei dem Ehegatten, der insgesamt die geringeren Anrechte im Versorgungsausgleich aufweist, für diesen im Ergebnis eine höhere Quote als 50% erreicht werden. In Bezug auf **ein einzelnes Anrecht** ist dies nur unter den zuvor in Rdn. 841 f. dargelegten Voraussetzungen zulässig. Hieraus folgt auch, dass außerhalb der Ehezeit liegende Anrechte des Verpflichteten in den Versorgungsausgleich nicht einbezogen werden können, es sei denn, diese würden auf in der Ehezeit erbrachten Beiträgen beruhen (Rdn. 94 ff. – In-Prinzip). Zulässig ist es ferner, **bestimmte Zeiträume** vor dem Ende der Ehezeit auszuklammern, sofern hierdurch dem Ausgleichsberechtigten nicht mehr Anwartschaften in der gesetzlichen Rentenversicherung übertragen werden, als ihm nach § 43 Abs. 1 VersAusglG zustehen (BGH FamRZ 1990, 283; Rn. 82 f.; zur Berechnung bei Teilausschluss s. Rdn. 332). **Nicht verändert** werden kann dagegen der nach § 3 Abs. 1,. 2 VersAusglG festzulegende **Stichtag,** weil dieser Einfluss auf die Berechnung der gesetzlichen Rentenversicherung (als fiktiver Versicherungsfall) und die Umrechnung der übertragenen Anwartschaften im Leistungsfall nimmt (eingehend Rdn. 116 f.). Ferner ist es nicht zulässig, den Versorgungsausgleich zu Lebzeiten der Ehegatten in einer Vereinbarung auszuschließen, diesen aber bei Tod des Ausgleichspflichtigen durchzuführen, weil hierdurch die Strukturmerkmale des Versorgungsausgleichs verletzt würden, da insbesondere den betroffenen Versorgungsträgern die Möglichkeit der Kürzung des auszugleichenden Anrechts der ausgleichspflichtigen Person genommen würde. Wird im Rahmen einer Vereinbarung eine Bestimmung zur Form des Wertausgleichs getroffen, ist diese nur wirksam, wenn der betroffene Träger der Versorgung dieser Regelung zustimmt und nach den gesetzlichen Bestimmungen hierzu auch befugt ist (s. Rdn. 841); ansonsten liegt ein unzulässiger **Vertrag zulasten Dritter** vor (BGH FamRZ 2002, 1554, 1555 – Realteilung).

VI. Inhaltskontrolle von Vereinbarungen

1. Rechtslage vor der grundlegenden Entscheidung des BGH zur Inhaltskontrolle

Vereinbarungen nach § 1408 Abs. 2 BGB unterliegen der allgemeinen Inhaltskontrolle nach §§ 134, 138 BGB (BGH FamRZ 1986, 890 = NJW 1986, 2316; FamRZ 1991, 306; FamRZ 1992, 1403 = NJW 1992, 3165). Ferner ist eine Anfechtung nach den §§ 119 ff. BGB möglich. Greift eine dieser Bestimmungen durch, so ergibt sich die Unwirksamkeit der Vereinbarung. In diesem Fall ist ein Versorgungsausgleichsverfahren (im Sinne eines Erstverfahrens) einzuleiten, auch wenn der Wirksamkeitsmangel erst viele Jahre nach rechtskräftiger Scheidung bekannt wird; im Übrigen ist § 139 BGB zu beachten. Ferner können Vereinbarungen nach § 1408 Abs. 2 BGB den Grundsätzen über die **Änderung bzw. den Wegfall der Geschäftsgrundlage** unterliegen (BGH FamRZ 2005, 1144, 1148 abweichend zu FamRZ 2004, 601). Dies gilt insbesondere im Hinblick auf die Tatsache, dass sich der jeweilige Erwerb der Ehegatten an Versorgungsanrechten bis zum Zeitpunkt einer Scheidung bei Abschluss des Ehevertrages nicht sicher vorhersehen lässt. So kann die Vorstellung der Ehegatten, dass während der ehelichen Lebensgemeinschaft jeder Ehegatte aufgrund einer ausgeübten beruflichen Tätigkeit für seine Altersversorgung selbst aufkommen kann, durch nicht vorhersehbare Umstände (Kindesbetreuung, Krankheit, sonstige schicksalsbedingte Umstände) gestört werden. Solchen Veränderungen kann, wenn diese sich erheblich auswirken, durch eine **Anpassung der Vereinbarung** an die geänderten Verhältnisse Rechnung getragen werden (BGH FamRZ 1994, 96 = NJW 1994, 579 – zu § 1587 o BGB a. F.; s. ferner FamRZ 1987, 578 = NJW 1987, 1770; s. a. *Borth* FamRZ 1996, 711, 714 sowie Rdn. 856).

844

7. Kapitel Vereinbarungen über den Versorgungsausgleich

2. Rechtsprechung des BGH zur Inhaltskontrolle bei Eheverträgen

a) Grundlagen

845 Im Anschluss an die Entscheidung des BVerfG vom 06. 02. 2001 (BverfGE 103, 89, 101 = FamRZ 2001, 343 m. Anm. Schwab FamRZ 2001, 985), in der das BVerfG im Falle einer auf ungleicher Verhandlungsgrundlage basierende einseitige Dominanz eines Ehegatten von den Gerichten eine Inhaltskontrolle aufgrund des Maßstabes der Art. 3 Abs. 1 GG sowie Art. 6 Abs. 1 GG verlangt, hat der BGH seine Rechtsprechung zur Kernbereichslehre hinsichtlich der Scheidungsfolgen entwickelt.

Generell unterliegen die gesetzlichen Regelungen zum Unterhalt, Versorgungsausgleich und Zugewinn der **vertraglichen Disposition der Ehegatten**. Ein unverzichtbarer Mindestgehalt an Scheidungsfolgen zugunsten des berechtigten Ehegatten kennt das geltende Recht nicht. Trotz der grundsätzlichen »Disponibilität der Scheidungsfolgen« darf der Schutzzweck der gesetzlichen Regelungen nicht beliebig unterlaufen werden, was dann gegeben wäre, wenn durch den Ehevertrag eine **evident einseitige** und durch die individuelle Gestaltung der ehelichen Lebensverhältnisse **nicht gerechtfertigte Lastenverteilung** entstünde (Ziffer III 2). Die Belastungen für den einen Ehegatten wiegen umso schwerer, je direkter der vertragliche Ausschluss von gesetzlichen Regelungen in den **Kernbereich der Scheidungsfolgen** eingreift.

– Zum **Kernbereich** gehört in erster Linie der nacheheliche Unterhalt nach §§ 1570, 1571, 1572 BGB, wobei der Betreuungsunterhalt nach § 1570 BGB an oberster Stelle steht, während der Unterhalt nach § 1573 Abs. 1 BGB (bis zur Erlangung einer angemessenen Erwerbstätigkeit) sowie der Unterhalt für eine angemessene Krankenversicherung und Altersvorsorge i. S. d. § 1578 Abs. 2, 3 BGB geringeres Gewicht haben sollen. Am ehesten verzichtbar sind der Aufstockungsunterhalt nach § 1573 Abs. 2 BGB und der Ausbildungsunterhalt nach § 1575 BGB.

– Den **Versorgungsausgleich** ordnet der BGH dem Altersunterhalt nach § 1571 BGB zu, der als vorweggenommener Altersunterhalt einer vertraglichen Disposition nur begrenzt offen steht. Möglich ist dies bei (beiderseitigen) deutlich gehobenen Versorgungsverhältnissen, wenn es also lediglich um die »Aufstockung« einer bereits vorhandenen hinreichenden Versorgung geht.

– Den **Zugewinnausgleich** nach § 1378 Abs. 1 BGB sieht der BGH als am weitesten einer Einschränkung durch Ehevertrag zugänglich an (BGH FamRZ 2007, 974), weil sich aus der ehelichen Lebensgemeinschaft als gleichberechtigter Partnerschaft nicht notwendigerweise eine Vermögensgemeinschaft ergebe (zu den Einzelheiten Ziffer III 2 c der Entscheidung).

– Der Kernbereich ist jedoch **nicht jeglicher Modifikation** entzogen. Ehevertragliche Regelungen hält der BGH für denkbar, wenn die berufliche Tätigkeit und die Betreuung eines Kindes miteinander vereinbart werden können (ähnlich BVerfG FamRZ 2001, 343, 347 – wenn beide Ehegatten beruflich tätig sind und sich Haus- und Familienarbeit teilen – Ziffer B I 2 d). Auch ist ein Verzicht möglich, wenn bereits bei Eheschließung die Voraussetzungen eines Unterhalts wegen Krankheit nach § 1572 BGB und wegen Alters nach § 1571 BGB gegeben sind (der Verzicht darf aber objektiv nicht zum **Nachteil der Sozialhilfe** vereinbart werden, weil dann § 138 BGB eingreift – BGH FamRZ 1992, 1403; FamRZ 2007, 197). Entscheidend für die Definition des Kernbereichs ist nach BGH, welche Bedeutung die einzelnen Scheidungsfolgen für den Berechtigten in dessen konkreter Lebenslage haben. Der BGH hält deshalb die Sicherung des laufenden Lebensbedarfs (Existenzsicherung) wichtiger als die Gewährung des Zugewinns und des Versorgungsausgleichs.

Die nach den Vorgaben des BVerfG vorzunehmende **Inhaltskontrolle von Eheverträgen** nimmt der BGH in **zwei Schritten** vor, nämlich durch die Wirksamkeitskontrolle gem. § 138 BGB und die Ausübungskontrolle nach § 242 BGB. Diese Prüfung entfällt nicht durch eine hinreichende notarielle Belehrung über Inhalt und Folgen des Vertrages (§ 17 BeurkG). In gleicher Weise gilt dies, wenn beide Ehegatten bei den Vertragsverhandlungen jeweils durch einen Rechtsanwalt beraten werden.

846

Bei der **Wirksamkeitskontrolle nach § 138 BGB** ist eine Gesamtwürdigung aller subjektiv verfolgten Zwecke und Beweggründe vorzunehmen und objektiv auf die individuellen Einkommens- und Vermögensverhältnisse sowie die Auswirkungen des Ehevertrags auf Ehegatten und Kinder zum **Zeitpunkt des Vertragsabschlusses** abzustellen. Eine Sittenwidrigkeit nimmt der BGH nur dann an, wenn Regelungen aus dem Kernbereich des gesetzlichen Scheidungsfolgenrechts ganz oder jedenfalls zu erheblichen Teilen abbedungen werden, ohne dass die sich aus dem Vertrag ergebenden Nachteile durch anderweitige Vorteile gemildert werden oder der Verzicht durch den angestrebten Ehetyp sowie sonstige gewichtige Belange gerechtfertigt wird. Eine Kompensation kann durch die Übertragung von Vermögenswerten für den Fall der Scheidung eintreten, die den Bedarf des berechtigen Ehegatten dauerhaft und angemessen absichert (Kapitallebensversicherungen, Immobilie). Auch bei jeweils gesicherten Einkünften oder eigenen Vermögenswerten kann das Verdikt der Sittenwidrigkeit entfallen.

Soweit ein Ehevertrag der Prüfung des § 138 BGB standhält (der BGH weist zutreffend darauf hin, dass die Einstiegsschwelle für § 138 BGB sehr hoch ist, muss der Richter anhand des **Maßstabes des § 242 BGB** prüfen, ob ein Ehegatte die ihm durch den **Vertrag eingeräumte Rechtsmacht missbraucht,** wenn er sich auf die vertraglichen Regelungen bei Geltendmachung eines Anspruchs zum Scheidungsfolgenrecht durch den anderen Ehegatten beruft. Hierbei kommt es nicht nur auf die Verhältnisse bei Vertragsabschluß an; es können vielmehr vor allem **nachvertragliche Entwicklungen** berücksichtigt werden, wenn im Zeitpunkt des Scheiterns der Ehe durch die vertragliche Regelung eine **evident einseitige Lastenverteilung** eintritt, die – auch bei Berücksichtigung des Vertrauens des anderen Ehegatten auf den Bestand des Vertrages – für den betroffenen Ehegatten unzumutbar ist. Diese Voraussetzungen können insbesondere dann bestehen, wenn die einvernehmliche Gestaltung der ehelichen Lebensverhältnisse von der bei Vertragsabschluss geplanten Gestaltung der ehelichen Lebensverhältnisse grundlegend abweicht (entgegen den gemeinsamen Vorstellungen zur Führung der ehelichen Lebensgemeinschaft kommt ein Kind zur Welt). Gleiches gilt, wenn durch schicksalhafte Entwicklungen ein Ehegatte besondere Lasten zu tragen hat (das gemeinsame Kind ist dauerhaft erkrankt oder behindert und muss ständig gepflegt werden). Im Rahmen der Ausübungskontrolle geht der BGH im Falle einer nachvertraglich eintretenden evident einseitigen Lastenverteilung weiter als das BVerfG, das seine Inhaltskontrolle auf den Zeitpunkt des Vertragsabschlusses abstellte.

847

b) Fälle einer Wirksamkeitskontrolle

Zur Wirksamkeitskontrolle geht der BGH zutreffend davon aus, dass der Versorgungsausgleich in seinen **Wirkungen einen vorweggenommenen Altersunterhalt** i. S. d. § 1571 BGB darstellt und deshalb – anders als der Zugewinn – nicht schrankenlos einer den Wertausgleich ausschließenden Vereinbarung zugänglich ist. Es

848

ist deshalb bereits im Rahmen der **Wirksamkeitskontrolle nach § 138 BGB** zu prüfen, ob ein Eingriff in den geschützten Kernbereich der Scheidungsfolgen vorliegt (BGH FamRZ 2004, 601; ferner FamRZ 2005, 26 = FamRB 2005, 8), was nicht anzunehmen ist, wenn im Zeitpunkt des Vertragsabschlusses erkennbar war, dass der die Familienarbeit verrichtende Ehegatte nach den konkret zu bestimmenden Einkommens- und Vermögensverhältnissen in der Lage sein konnte, bis zum Erreichen der Altersgrenze eine eigene angemessene Altersversorgung zu erzielen (zu dem Prüfungsumfang im konkreten Fall s. BGH FamRZ 2005, 26 = FamRB 2005, 8; dort auch zu den prozessualen Folgen). Eine Sittenwidrigkeit liegt auch dann nicht vor, wenn der Ausgleichspflichtige eine Ausgleichszahlung erbringt – etwa in Form eines Beitrags zur gesetzlichen Rentenversicherung während der bestehenden Ehe. Auch der vorhersehbare Fall einer Frühpensionierung kann einen Ausschluss des Versorgungsausgleichs rechtfertigen (OLG Schleswig FamRZ 2007, 1891). Andererseits ist ein in einem Ehevertrag **kompensationslos vereinbarter Ausschluss des Versorgungsausgleichs** nach § 138 Abs. 1 BGB unwirksam (BGH FamRZ 2008, 2011), wenn die Ehegatten bei Abschluss des Vertrags bewusst in Kauf nehmen, dass die Ehefrau wegen Kindesbetreuung alsbald aus der beruflichen Tätigkeit ausscheiden und bis auf weiteres keine eigenen Versorgungsanrechte erwerben wird (mit Ausnahme von Kindererziehungszeiten). Der Ausschluss kann ferner zur **Gesamtnichtigkeit des Ehevertrages** i. S. d. § 139 BGB führen, wenn die Ehefrau im 9. Monat schwanger ist und der Vertragsentwurf ihr erstmals anlässlich des Notartermins bekannt gemacht wird.

Im Rahmen der Wirksamkeitskontrolle zum Ausschluss des Versorgungsausgleichs ist gleichzeitig die **güter- und vermögensrechtliche Auseinandersetzung** der Ehegatten zu berücksichtigen, die ein Äquivalent für den Ausschluss des Versorgungsausgleichs darstellen kann, wenn mit den erlangten Vermögenswerten eine hinreichende eigene Vorsorge getroffen werden kann.

c) Fälle einer Ausübungskontrolle

849 Eine **Ausübungskontrolle** kommt in Betracht, wenn kein Fall der Wirksamkeitskontrolle vorliegt. Dies ist insbesondere anzunehmen, wenn im Zeitpunkt des Vertragsschlusses beide Ehegatten eine berufliche Tätigkeit ausüben, mit der jeder Ehegatte bis zum Erreichen der Altersgrenze eine hinreichende eigene Altersversorgung aufbauen könnte. Treten nachvertraglich Änderungen bei einem Ehegatten ein, so vor allem, wenn sich dieser unter Aufgabe der beruflichen Tätigkeit teilweise oder ausschließlich der Betreuung und Erziehung der Kinder widmet, besteht im Rahmen der Ausübungskontrolle regelmäßig die Notwendigkeit zur Vertragsanpassung, um den ehebedingten Verlust an Versorgungsanrechten auszugleichen – sog. Nachteilsausgleich (BGH FamRZ 2005, 185 = FamRB 2005, 38). Der BGH leitet dies zutreffend aus der besonderen Bedeutung des Versorgungsausgleichs für die **Sicherstellung der finanziellen Existenz ab Erreichen der Altersgrenze** ab, dessen Wegfall aufgrund eines ehevertraglichen Verzichts dieselbe Wirkung wie ein Verzicht auf den Altersunterhalt nach § 1571 BGB hat. Offenkundig wird diese Erwägung vor allem dann, wenn der Unterhaltsberechtigte deutlich jünger ist als der Unterhaltspflichtige, weil insoweit der Ausfall des Altersunterhalts mit hoher Wahrscheinlichkeit zu erwarten ist.

850 Hinsichtlich der **Rechtsfolgen** sind dem benachteiligten Ehegatten diejenigen Anrechte auf eine Altersversorgung im Rahmen des Versorgungsausgleichs zuzusprechen, die bei Aufrechterhaltung der beruflichen Tätigkeit hätten erzielt werden können. Die Höhe des Anrechts kann nach § 287 ZPO geschätzt werden, richtet

VI. Inhaltskontrolle von Vereinbarungen

sich insoweit aber nach der beruflichen Stellung im Zeitpunkt der Beendigung der beruflichen Tätigkeit (zu den Einzelheiten BGH FamRZ 2005, 185 = FamRB 2005, 38). Der durchzuführende Versorgungsausgleich erreicht damit nicht zwingend den hälftigen Wertunterschied i. S. d. § 1 Abs. 2 VersAusglG (Ausgleichswert), darf diesen jedenfalls nicht übersteigen.

> **Beispiel:**
> Hat der Ehemann in der Ehezeit (Dauer zwanzig Jahre) ein Versorgungsanrecht aus einer berufsständischen Versorgung i.H.v. 2.000,00 € erworben, die Ehefrau dagegen lediglich ein Anrecht in der gesetzlichen Rentenversicherung i.H.v. 200,00 € (hiervon etwa 80,00 € aus Kindererziehungszeiten), da sie alsbald nach Eheschließung ihre berufliche Tätigkeit wegen der Erziehung des gemeinsamen Kindes aufgab, und nimmt sie nunmehr wieder die früher ausgeübte berufliche Tätigkeit als Verkäuferin auf, mit dem sie ein durchschnittliches Jahreseinkommen erzielt, so ist zur **Realisierung des Nachteilausgleichs** zu ermitteln, welches Anrecht ohne Aufgabe der beruflichen Tätigkeit in der Ehezeit hätte erreicht werden können. Diese Berechnung erfolgt in der Weise, dass bei einem durchschnittlichen sozialversicherungspflichtigen Einkommen derzeit (Ende der Ehezeit als Maßstab) Anrechte in der gesetzlichen Rentenversicherung i.H.v. etwa 27,00 € monatlich erreicht werden können. Ohne die Aufgabe der beruflichen Tätigkeit wegen der Kindeserziehung hätte die Ehefrau damit ein eigenes Anrecht in der gesetzlichen Rentenversicherung in Höhe von etwa 540,00 € erworben. Damit erfolgt ein Versorgungsausgleich zur Realisierung des Nachteilausgleiches in Höhe von 340,00 € (540,00 € als erzielbares Anrecht abzüglich des tatsächlich erlangten Anrechts von 200,00 €). Die Festlegung der erzielbaren Bruttoeinkünfte ist anhand der vor oder zu Beginn der Ehe ausgeübten beruflichen Tätigkeit zu bestimmen; hierbei ist die Einkommensdynamik entsprechend dem maßgeblichen Versorgungssystem für die gesamten Ehezeit zu übernehmen. Der tatsächliche Versorgungsausgleich i.H.v. 900,00 € (2.000,00 € abzüglich 200,00 € = 1.800,00 € : 2) findet wegen des Verzichts auf den Versorgungsausgleich nicht statt.

3. Ausschluss des Versorgungsausgleichs in der Beschlussformel der Entscheidung

Stellt das Familiengericht nach Vornahme einer Inhaltskontrolle einen wirksamen Verzicht auf den Versorgungsausgleich nach § 1408 Abs. 2 BGB i. V. m. den §§ 6–8 VersAusglG fest, ist zusätzlich in der Beschlussformel der Verbundentscheidung gem. § 137 Abs. 1, 2 FamFG auszusprechen, dass ein Versorgungsausgleich nicht stattfindet, § 224 Abs. 3 FamFG. Für den Rechtszustand bis zum 31. 08. 2009 war § 53 d FGG a. F. zu berücksichtigen, wonach in einem solchen Fall eine Entscheidung zum Versorgungsausgleich nicht zu treffen war. Wurde dennoch in dem Tenor sowie den Gründen der Inhalt der Vereinbarung wiederholt, stand die Rechtskraft dieser Entscheidung einer Wirksamkeits- oder Ausübungskontrolle nicht entgegen. Denn materiell beinhaltet diese Entscheidung nur die Wiedergabe des Inhalts des Ehevertrages und bedeutet nicht den Ausschluss des Versorgungsausgleichs i. S. d. § 27 VersAusglG (§ 1587 c BGB a. F.; BGH FamRZ 1991, 681; OLG Nürnberg FamRZ 2005, 454). Wurde jedoch eine Rechtsprüfung durch das Familiengericht vorgenommen, ist diese Entscheidung in Rechtskraft erwachsen, so dass die zuvor genannte Rechtsprechung des BGH nicht eingreift (BGH FamRZ 2009, 217 m. Anm. *Borth*; s. Rdn. 1053).

851

4. Einzelfälle zur Wirksamkeits- und Ausübungskontrolle

Wirksamkeitskontrolle:
- Bei Abschluss des Ehevertrages waren beide Ehegatten berufstätig; ferner konnte davon ausgegangen werden, dass beide die Erwerbstätigkeit fortsetzen werden – BGH FamRZ 2007, 1310;
- Aufbau einer eigenständigen Versorgung erschien für beide Ehegatten gesichert – OLG München FamRZ 2003, 376; OLG Karlsruhe FamRZ 2007, 477;

852

7. Kapitel Vereinbarungen über den Versorgungsausgleich

- Annahme gesicherter Vermögensverhältnisse aus Einkünften eines Unternehmens – OLG Brandenburg FamRZ 2007, 736;
- Jeder Ehegatte hatte bereits eine angemessene Altersversorgung erworben – BGH FamRZ 2005, 691;
- Verpflichtung zur Abführung von Beiträgen zur gesetzlichen Rentenversicherung, die dem Gesichtspunkt des Nachteilsausgleichs i. S. d. § 1578 b BGB Rechnung tragen – BGH FamRZ 2005, 1445; Amtsgericht Mönchengladbach-Rheydt FamRZ 2007, 1026;
- Zahlung eines hohen Kapitalbetrages, der eine Sicherung für den Fall des Alters gewährleistet (s. § 1577 Abs. 4 BGB) – Amtsgericht Mönchengladbach-Rheydt FamRZ 2007, 1026;
- Entschädigungsloser Verzicht auf den Versorgungsausgleich, wenn beide Ehegatten berufstätig waren und die Ehe kinderlos blieb – OLG Saarbrücken FamRZ 2008, 1189;
- Ausnutzen einer Zwangslage, Leichtgläubigkeit oder Unerfahrenheit – BGH FamRZ 2008, 386; OLG Saarbrücken FamRZ 2008, 1189; BGH FamRZ 2005, 26;
- Fehlende Information über beabsichtigte Vereinbarung zum Ausschluss des Versorgungsausgleichs vor dem Notartermin – BGH FamRZ 2008, 2011, 2014 m. Anm. *Bergschneider*;
- Schwangerschaft und geringe bzw. aussichtslose Berufschancen – BGH FamRZ 2006, 1359; FamRZ 2005, 1444; FamRZ 2007, 1310; FamRZ 2008, 2011; FamRZ 2008, 386.

Ausübungskontrolle:
- Ausübung einer beruflichen Tätigkeit bei Vertragsschluss, danach aber Übernahme der Erziehung und Betreuung der gemeinsamen Kinder – BGH FamRZ 2005, 26; FamRZ 2005, 185; FamRZ 2008, 2011, 2013;
- Nicht vorhersehbare Ausweitung der Kinderbetreuung und -erziehung, so dass geplante Erwerbstätigkeit nicht aufgenommen werden konnte – Amtsgericht Lüdenscheid FamRZ 2007, 480 f.;
- Erkrankung eines Ehegatten BGH FamRZ 2008, 582;
- Entstehen eines ehebedingten Nachteils durch Übernahme der Haushaltsführung – OLG Celle FamRZ 2008, 1191, 1193 – keine Anpassung, weil kein Anlass zur Aufgabe der Erwerbstätigkeit.

5. Wirksamkeit eines entschädigungslosen Verzichts auf den Versorgungsausgleich

853 Der einseitige (entschädigungslose) Verzicht auf einen Ausgleich bedeutet in der Regel keinen angemessenen Ausgleich. In einem solchen Fall ist zu prüfen, ob die Voraussetzungen einer einseitigen und evidenten Benachteiligung eines Ehegatten vorliegen, die zur Wirksamkeitskontrolle gem. § 138 BGB führen oder aufgrund einer nachvertraglichen Entwicklung der ehelichen Lebensverhältnisse eine Ausübungskontrolle nach § 242 BGB erfordern. Dies gilt jedoch nicht ausnahmslos:
- Ein Ausschluss kann wirksam sein, wenn die Voraussetzungen der Härtefallklausel nach § 27 VersAusglG vorliegen, so z. B. um der ausgleichspflichtigen Person die eigene knapp bemessene Versorgung zu erhalten oder wenn ein **wirtschaftlichen** bzw. **persönliches Fehlverhalten** vorliegt, das einen Ausschluss rechtfertigt. Dies gilt auch für den Fall, dass nach § 27 VersAusglG nur ein **Teilausschluss** in Betracht kommt, da in einem solchen Fall nicht von einer Übervorteilung des Verzichtenden gesprochen werden kann oder aber die zu § 27 VersAusglG vorgebrachten Umstände einen Ausschluss nicht rechtfertigen, der Verzicht aber bei Berücksichtigung aller Umstände billigenswert erscheint

VI. Inhaltskontrolle von Vereinbarungen

(BGH FamRZ 1982, 688 = NJW 1982, 1464; FamRZ 1987, 467 = NJW 1987, 1768; KG FamRZ 2000, 1157).
- Auch bei einer **langen Trennungszeit** ist ein entschädigungsloser Verzicht nicht ausgeschlossen, wenn die Grundlage für den Versorgungsausgleich der gemeinsamen Lebensleistung nicht mehr bestanden hat. In diesen Fällen ist vor allem ein Teilverzicht möglich.
- Auch **sonstige Umstände** können einen entschädigungslosen Verzicht rechtfertigen, so etwa, wenn durch den Ausschluss des Versorgungsausgleichs die soziale Sicherung des Verpflichteten gestützt wird, die auch einem gemeinsamen behinderten Kind zugute kommt (OLG Oldenburg FamRZ 1990, 295).
- Aus der **Gestaltungsmöglichkeit der Ehegatten**, die auch im Rahmen des Versorgungsausgleichs besteht, kann ebenfalls ein Verzicht auf einen Versorgungsausgleich abgeleitet werden. Dies sieht der BGH z. B. dann für gegeben an, wenn die Vorsorge für das Alter und die Invalidität eines oder beider Ehegatten nicht oder nicht in erster Linie durch Leistung von Beiträgen zur gesetzlichen Rentenversicherung, sondern durch Vermögensbildung getroffen wird (BGH FamRZ 1994, 234 = NJW 1994, 580 – Stärkung des Unternehmens; der Ehefrau wurden während der Ehe zwei Grundstücke übertragen; ferner konnte sie ein Unternehmen nach der Scheidung allein weiterführen).
- Ein weiterer Anwendungsfall besteht bei **Vorliegen eines geringfügigen Anrechts** i. S. d. § 18 Abs. 1, 2 VersAusglG; insoweit ist der Ausschluss des Versorgungsausgleichs nur die Wiedergabe einer gesetzlichen Regelung.

6. Altersvorsorge auf Kapitalbasis bei Ausschluss des gesetzlichen Güterstands

Der BGH hat in der grundlegenden Entscheidung vom 11.02.2004 (s. Rdn. 845) den Zugewinn **nicht dem Kernbereich der Scheidungsfolgen** zugeordnet und hält diesen der ehevertraglichen Disposition für am Weitesten zugänglich (BGH FamRZ 2004, 601 – Ziff. III 1 b, 2 c; FamRZ 2007, 1310; zur Kritik s. *Borth* FamRZ 2004, 609, 611). In Sonderfällen können dennoch die Voraussetzungen einer Wirksamkeits- oder einer Ausübungskontrolle gegeben sein. Dies ist anzunehmen, wenn die Maßnahmen zur Altersversorgung nicht in Form von Rentenanrechten (vor allem einer privaten Lebensversicherung auf Rentenbasis), sondern sonstiger Vermögenswerte (Immobilien, Kapitalanlagen, die nicht nach § 2 Abs. 2 Nr. 3 VersAusglG dem Versorgungsausgleich unterliegen) getroffen wurde und sonstige Vorsorgemaßnahmen, die dem Versorgungsausgleich unterliegen, nicht bestehen. In diesen Fällen hat der nicht vorgenommene Ausgleich der Vermögenswerte dieselben Wirkungen wie ein nicht durchgeführter Versorgungsausgleich. Es ist deshalb zur Sicherung des Altersunterhalts i. S. d. § 1571 BGB erforderlich, im Rahmen der Wirksamkeits- sowie Ausübungskontrolle eine Korrektur des Ausschlusses des Zugewinns vorzunehmen. Dies bezieht sich allerdings nur auf solche Vermögenswerte, die zweifelsfrei der Altersvorsorge zugeordnet werden können; insoweit kann deren steuerliche Geltendmachung (§ 10 Abs. 1 EStG a. F.) hierfür ein Indiz sein. Dies gilt in erster Linie, wenn Selbständige ihre **Altersvorsorge in Form vermögensbildender Investitionen** vornehmen und nicht in Form wiederkehrender Leistungen (Kapitallebensversicherungen, Immobilien, Wertpapiere), was nach BGH bis zu 20% des jährlichen Bruttoeinkommens zulässig ist (BGH FamRZ 2003, 860). Entsprechendes deutet der BGH (BGH FamRZ 2005, 1463 = FamRB 2005, 285) im Falle der Zuordnung einer betrieblichen Altersversorgung mit Kapitalleistung an, wenn Gütertrennung vereinbart ist. Auch im Falle einer ergänzenden Altersvorsorge, die ein Nichtselbständiger bis zu 4% seines jährlichen Bruttoeinkom-

854

7. Kapitel Vereinbarungen über den Versorgungsausgleich

mens zusätzlich zur gesetzlichen Rentenversicherung und Beamtenversorgung vornehmen darf (BGH FamRZ 2005, 1817), greifen diese Grundsätze ein.

855 Zugleich hat aber der BGH (BGH FamRZ 2008, 388; s. a. FamRZ 2007, 1310, 1311) den **ehevertraglichen Verzicht auf den Zugewinn** nicht schon deshalb einer Wirksamkeitskontrolle nach § 138 BGB unterworfen, wenn ein Ehegatte – entsprechend den gemeinsamen Vorstellungen bei Vertragsschluss – in der Ehe einer selbständigen Erwerbstätigkeit nachgegangen ist und deshalb kein im Versorgungsausgleich auszugleichendes Versorgungsvermögen erworben hat. Der BGH weist darauf hin, dass die **Erhaltung der wirtschaftlichen Substanz einer Unternehmensbeteiligung** ein berechtigtes Interesse am Ausschluss des Zugewinns darstellen kann. Ferner hat der BGH darauf hingewiesen, dass unterlassene Vorsorgemaßnahmen nicht über den Zugewinnausgleich ausgeglichen werden können, unabhängig davon, ob eine selbständige Tätigkeit ausgeübt wird.

Vorgehen in der Praxis:

Haben die Ehegatten Gütertrennung vereinbart und wurde die Altersvorsorge durch Bildung von Kapitalvermögen vorgenommen, das nicht dem Versorgungsausgleich unterliegt, so sind die Voraussetzungen einer Wirksamkeits- und Ausübungskontrolle in Bezug auf die Sicherung der Altersvorsorge des anderen Ehegatten zu prüfen. Hat dieser ehebezogen keine ausreichende Altersvorsorge erlangen können, sind die Voraussetzungen einer Inhaltskontrolle in der Regel zu bejahen. In diesem Fall muss (güterrechtlich) Auskunft nach § 1379 Abs. 1 BGB vom anderen Ehegatten mit dem Ziel verlangt werden, Kenntnis über die Vermögenswerte zu erlangen, die der Altersvorsorge dienen. Dem Einwand des Eintritts der Verjährung nach § 1378 Abs. 4 BGB kann gegebenenfalls entgegengehalten werden, dass die Berufung hierauf eine nach § 242 BGB unzulässige Rechtsausübung darstellt.

7. Inhaltskontrolle bei Scheidungsfolgenvereinbarungen

856 Die Entscheidungen des BVerfG vom 06. 02. 2001 (BVerfG FamRZ 2001, 343 = NJW 2001, 957) und des BGH vom 11. 02. 2004 (FamRZ 2004, 601) hatten sich jeweils mit Eheverträgen zu befassen, in denen die Scheidungsfolgen aufgrund einer **vorausschauenden rechtsgestaltenden Vereinbarung** geregelt wurden. Dennoch gelten die dort entwickelten Grundsätze zur Inhaltskontrolle auch bei **Scheidungsfolgenvereinbarungen**, die im Zusammenhang mit oder nach der Scheidung getroffen wurden (s. *Bergschneider* FamRZ 2005, 453; *Borth* FamRZ 2004, 609; OLG München FamRB 2005, 3). Voraussetzung hierfür ist insoweit ebenfalls, dass durch eine solche Regelung eine **evident einseitige und durch die individuelle Gestaltung** der ehelichen Lebensverhältnisse nicht gerechtfertigte Lastenverteilung entstünde und hierdurch in den Kernbereich der Scheidungsfolgen eingegriffen würde. Zwar sind den Ehegatten bei Abschluss einer Vereinbarung regelmäßig diejenigen Umstände bekannt, die während der ehelichen Lebensgemeinschaft zu einer wirtschaftlichen Schlechterstellung eines Ehegatten in Bezug auf die Sicherstellung des Unterhalts nach Scheidung und der Altersvorsorge geführt haben, so dass eine ehebedingte Bedürftigkeit bereits im Rahmen der Scheidungsfolgenvereinbarung geltend gemacht werden kann und im Übrigen die Notwendigkeit zur Korrektur einer fehlerhaften Prognose einer künftigen Entwicklung durch eine Ausübungskontrolle nicht besteht (BGH FamRZ 2007, 1567, 1569). Dem entspricht auch die Regelung des § 8 Abs. 2 VersAusglG, die nicht zwischen Eheverträgen i. S. d. § 1408 Abs. 2 BGB und Scheidungsfolgenvereinbarungen i. S. d. § 7 Abs. 1 VersAusglG unterscheidet.

VI. Inhaltskontrolle von Vereinbarungen

8. Teilwirksamkeit einer Scheidungsfolgenregelung

Liegen die Voraussetzungen einer Wirksamkeitskontrolle bei einem Ehevertrag vor, der einen Globalverzicht beinhaltet, so stellt sich die Frage, ob das **Unwerturteil des § 138 BGB sämtliche Teile des Ehevertrages** erfasst. Diese Frage hatte der BGH in dem Urteil vom 11. 02. 2004 (FamRZ 2004, 601) nicht zu entscheiden, jedoch die Möglichkeit der teilweisen Unwirksamkeit eines Ehevertrages nach § 138 BGB nicht ausgeschlossen. Aus der Kernbereichstheorie ist abzuleiten, dass nur diejenigen Teile des Ehevertrages unwirksam sind, die dem engeren Kernbereich zuzuordnen sind. Im Falle eines Globalverzichts auf den nachehelichen Unterhalt, der in Bezug auf die Unterhaltsansprüche der §§ 1570, 1571, 1572 BGB unwirksam ist, ist es demnach nicht zwingend, die Unwirksamkeit des Ehevertrages auf alle Bereiche auszudehnen. Da die Inhaltskontrolle eine Würdigung aller Umstände voraussetzt, ist entsprechend § 139 BGB zu prüfen, inwieweit aus dem Willen zur Einheitlichkeit sämtliche Regelungen des Ehevertrages betroffen sind (s. *Borth* FamRZ 2004, 609, 611; OLG Stuttgart BWNotZ 1990, 167; nach BGH FamRZ 2005, 1144, 1146 in der Regel insgesamt unwirksam).

857

9. Belehrung nach § 17 BeurkG und Inhaltskontrolle

Die Praxis lehrt, dass die **notarielle Belehrungspflicht kein Garant** dafür ist, dass im Falle einer vorhersehbaren ehebezogenen Unterhaltsbedürftigkeit eines Ehegatten Verzichtsvereinbarungen geschlossen werden. Entsprechend hat der BGH (FamRZ 2004, 601; a. A. *Langenfeld* DNotZ 2001, 272, 279) eine Inhaltskontrolle bei Eheverträgen auch nicht davon abhängig gemacht, ob eine Belehrung nach § 17 BeurkG erfolgt ist. Bereits das BVerfG (FamRZ 2001, 343 = NJW 2001, 957) hat mit seiner Forderung, es sei Aufgabe der Gerichte, auf die Wahrung der Grundrechtspositionen hinzuwirken, die richterliche Inhaltskontrolle über die Verbindlichkeit einer ehevertraglichen Regelung gestellt, unabhängig davon, in welcher Weise diese zustande gekommen ist.

858

Die nach § 17 BeurkG erfolgte Belehrung bewirkt deshalb nicht, dass eine Inhaltskontrolle unterbleiben kann. Entsprechendes gilt, wenn bei Abschluss des Ehevertrages oder einer Scheidungsfolgenvereinbarung die Ehegatten jeweils durch einen **Rechtsanwalt beraten** wurden.

10. Wirksamkeit eines Verzichts bei Ausgleichsleistungen

Wird in einem Ehevertrag eine Ausgleichsleistung für den Verzicht auf den nachehelichen Unterhalt oder den Versorgungsausgleich vorgesehen, so ist zunächst zu prüfen, ob die Vereinbarung überhaupt einer Wirksamkeitskontrolle i. S. d. § 138 BGB unterliegt. Dies ist zwar nicht grundsätzlich ausgeschlossen; die Ausgleichsleistung spricht aber dafür, dass eine **ungerechte Lastenverteilung gerade vermieden werden sollte**. Es ist deshalb festzustellen, ob die Ausgleichsleistung nach Art und Höhe geeignet ist, den Anspruch auf den Wertausgleich auszugleichen. Liegt eine erhebliche Wertabweichung vor, sind regelmäßig die Voraussetzungen einer Ausübungskontrolle nach § 242 BGB zu prüfen. Dies gilt vor allem, wenn eine nachvertragliche Entwicklung eingetreten ist, die der Ausübung einer beruflichen Tätigkeit mit einem entsprechenden Erwerb von Versorgungsansprüchen entgegen stand.

859

7. Kapitel   Vereinbarungen über den Versorgungsausgleich

11. Verfahrensfragen

a) Auskunft und Inhaltskontrolle

860   Macht ein Ehegatte die Unwirksamkeit eines Ehevertrags nach § 138 BGB geltend oder hält er die Berufung auf einen Verzicht nach § 242 BGB für missbräuchlich, muss er hinsichtlich jeder einzelnen Scheidungsfolge entweder im Verbund nach § 137 FamFG oder isoliert einen Antrag stellen, dem i. d. R. eine Stufenklage zur Auskunft voranzustellen ist. Das Familiengericht **entscheidet danach incidenter**, ob der Ausschluss der Scheidungsfolgen nach dem Vertrag Bestand hat oder dieser nach §§ 138, 242 BGB zu korrigieren ist.

b) Antrag auf Feststellung der Unwirksamkeit eines Ehevertrages

861   Macht der benachteiligte Ehegatte die Unwirksamkeit eines Globalverzichts geltend, ist aus verfahrensökonomischen Gründen ein **Feststellungsantrag entsprechend § 256 ZPO** zur Prüfung der Wirksamkeit des Vertrages zulässig, um ein aufwendiges Verfahren zur Bestimmung der Anspruchshöhe im Falle einer Leistungsklage zu vermeiden (*Musielak-Foerste* ZPO-Kommentar, § 256 Rn. 12). Der BGH hält es ferner für zulässig, dass unter den Voraussetzungen des § 256 Abs. 2 ZPO im **Rahmen der Verbundentscheidung** nach § 623 Abs. 1 ZPO im Wege der **Zwischenfeststellungsklage** geprüft werden kann, ob der Ausschluss einer oder sämtlicher Scheidungsfolgen nichtig ist, weil diese Frage für die Geltendmachung einer Scheidungsfolge vorgreiflich sein kann (BGH FamRZ 2005, 691 = FamRB 2005, 126).

Antrag:

Es wird festgestellt, dass der von den Ehegatten am 20. 10. 1992 geschlossene notarielle Ehevertrag zu den Scheidungsfolgen Unterhalt, Versorgungsausgleich und Zugewinn insgesamt unwirksam ist (alternativ: zu den Scheidungsfolgen Unterhalt und Versorgungsausgleich).

12. Vornahme der Inhaltskontrolle von Rechts wegen

862   Nach § 8 Abs. 1 VersAusglG hat das Familiengericht von Rechts wegen zu prüfen, ob eine Wirksamkeits- oder Ausübungskontrolle vorzunehmen ist. Hierzu hat es nach dem Amtsermittlungsgrundsatz des § 26 FamFG vorzugehen, d. h., zu prüfen, welche Anrechte jeder Ehegatte in der Ehezeit erworben hat und ob im Falle eines vollständigen oder teilweisen Ausschlusses eine evidente Benachteiligung des wirtschaftlich schwächeren Ehegatten vorliegt. Ist dies der Fall, führt das Familiengericht den Versorgungsausgleich nach den gesetzlichen Bestimmungen ganz oder teilweise durch. Insoweit hat das Familiengericht zu beachten, dass die **richterliche Vertragsanpassung** einen Ehegatten nicht besser stellen darf, als dieser ohne die Wirkungen der Ehe und dem damit einhergehenden Erwerbsverzicht stünde (BGH FamRZ 2007, 874, 977).

13. Vereinbarungen nach Rechtskraft der Entscheidung zum Versorgungsausgleich – keine Umkehr des Versorgungsausgleichs bei Wiederheirat

863   Vereinbarungen können auch noch nach Rechtskraft des Scheidungsurteils geschlossen werden, so wenn das Verfahren nach § 140 FamFG abgetrennt wurde (BGH FamRZ 1982, 688 = NJW 1982, 1464; FamRZ 1989, 1060 – selbständiges Rechtsmittel), ferner, wenn der Versorgungsausgleich aufgrund der Beschwerde sich in zweiter Instanz befindet, das Scheidungsverfahren aber rechtskräftig ge-

VI. Inhaltskontrolle von Vereinbarungen

worden ist (§ 145 FamFG; s. BGH FamRZ 2002, 1553;), nicht jedoch nach Eintritt der Rechtskraft der Entscheidung zum Versorgungsausgleich, da diese rechtsgestaltende Wirkung auch gegenüber Dritten (Versorgungsträger) besitzt und diese nicht rückgängig gemacht werden können (s. § 76 SGB VI). Dies gilt auch, wenn **geschiedene Ehegatten erneut heiraten**; die Zuordnung der Anrechte bei Scheidung ihrer Ehe ist endgültig und kann deshalb auch im Abänderungsverfahren nach § 225 FamFG nicht wieder aufgehoben werden (zur Unumkehrbarkeit des Versorgungsausgleichs s. BVerwG DVBl. 1994, 1080, 1084; OLG Zweibrücken FPR 2000, 148; FamRZ 2000, 1156). Dies gilt für alle Ausgleichsformen der §§ 9–19 VersAusglG. Generell gilt, dass allein das Verfahrensrecht keine Sperre für eine materiell-rechtlich wirkende Vereinbarung für die Zeit nach rechtskräftigem Abschluss des Scheidungsverfahrens errichtet, so dass auch geschiedene Ehegatten im Rahmen der ihnen überlassenen Gestaltungsbefugnis Vereinbarungen schließen können. Eine Begrenzung ergibt sich jedoch bei einer Beteiligung Dritter.

8. Kapitel
Anpassung nach Rechtskraft

I. Regelungsbereich

1. Ausgangslage

Die in Teil 1 Kapitel 4 enthaltenen Vorschriften der §§ 32–38 VersAusglG beziehen **864** sich auf die Auswirkungen des vollzogenen Wertausgleichs bei der Scheidung gem. den §§ 9–19 VersAusglG. Wird die interne oder externe Teilung eines Anrechts vorgenommen, bewirkt dies bei der Versorgung der ausgleichspflichtigen Person eine entsprechende Kürzung des Anrechts. Werden im Versorgungsausgleich Rentenanwartschaften der gesetzlichen Rentenversicherung auf ein Versicherungskonto des Ausgleichsberechtigten übertragen, so ist auf dem Rentenkonto des Ausgleichspflichtigen nach § 76 Abs. 3 SGB VI ein entsprechender Abschlag an Entgeltpunkten vorzunehmen, der zu einer entsprechenden Minderung einer im Versicherungsfall zu zahlenden Rente führt. Entsprechendes gilt nach § 57 BeamtVG im Bereich der Beamtenversorgung sowie durch vergleichbare Bestimmungen bei den weiteren, in § 32 Nr. 3–5 VersAusglG aufgeführten Regelsicherungssystemen (zu den versorgungsrechtlichen Auswirkungen s. Rdn. 904 ff.). Dieser **Abschlag** wird nach Wirksamwerden der Versorgungsausgleichsentscheidung unabhängig davon durchgeführt, ob dies gleichzeitig auch zu einer Leistung an den Ausgleichsberechtigten aus den abgegebenen Anwartschaften führt. Dies ist eine Folge des sofortigen und endgültigen Vollzugs und der **Trennung der Versorgungsschicksale** beider Ehegatte mit Rechtskraft der Scheidung. Eine **Ausnahme von diesem Grundsatz** stellte hierzu § 101 Abs. 3 SGB VI a. F. dar, nach dem die ungekürzte Rente weiterbezahlt wurde, bis der Ausgleichsberechtigte aus den übertragenen Anrechten Leistungen erhielt (s. Vorauflage Rn. 564 ff. – sogenanntes **Rentnerprivileg**); diese Vorschrift wurde durch Art 4 Nr. 5 VAStrRefG ersatzlos aufgehoben und gilt nach § 268 a SGB VI (in der Fassung von Art. 4 Nr. 15 VAStrRefG) nur noch in Übergangsfällen, wenn bis zum 31. 08. 2009 bereits der Rentenfall eingetreten ist und ferner ein Verfahren zum Versorgungsausgleich eingeleitet wurde.

Diese **Aufteilung der Anrechte** der Ehegatten in Form eines endgültigen Vollzugs **865** hat das BVerfG in der Entscheidung vom 28. 02. 1980 (BVerfGE 52, 257 = FamRZ 1980, 326, 336 = NJW 1980, 692, 695) grundsätzlich als mit Art. 14 Abs. 1 GG vereinbar angesehen und auch keinen Verstoß gegen Art. 6 Abs. 1 GG sowie Art. 3 Abs. 1 GG angenommen. Der rechtskräftig vollzogene Versorgungsausgleich mit der Folge zweier getrennter Rentenversicherungsverhältnisse kann aber durch **nachträglich eintretende Umstände** zu mit dem Grundgesetz nicht zu vereinbarenden Ergebnissen führen. Insbesondere ist der Versorgungsausgleich nicht mehr gerechtfertigt, wenn beim Verpflichteten eine spürbare Kürzung der Rentenanwartschaften erfolgt, ohne dass sich andererseits der Erwerb eines selbständigen Versicherungsschutzes angemessen für den Berechtigten auswirkt. Mögliche grundgesetzwidrige Auswirkungen können sich danach ergeben, wenn
(1) der Berechtigte vor seinem Tod keine oder nur äußerst geringfügige Leistungen aus den übertragenen Anwartschaften bezogen hat, während der Verpflichtete durch die Minderung/Kürzung spürbar belastet wurde oder
(2) wenn nach der Minderung/Kürzung beim Verpflichteten ein Versicherungsfall eintritt, der Berechtigte aber aus den übertragenen Anwartschaften noch

keine Leistungen bezieht, jedoch auf Unterhaltszahlungen des Verpflichteten angewiesen ist.

Um mögliche, durch den Versorgungsausgleich später eintretende grundrechtswidrige Auswirkungen zu vermeiden, hat deshalb das BVerfG dem Gesetzgeber aufgegeben, **ergänzende Regelungen** zu schaffen. Diesem Auftrag ist der Gesetzgeber durch das Gesetz zur Regelung von Härten im Versorgungsausgleich vom 21. 02. 1983 (BGBl I 105) in den §§ 4 ff. VAHRG nachgekommen. Das Gesetz ist dabei auf die vom BVerfG aufgeführten Härtefälle (Unterhaltsfall und Todesfall bei Vorversterben der ausgleichsberechtigten Person) eingegangen und macht die durch den Versorgungsausgleich **bewirkte Kürzung** der Versorgung des Verpflichteten **rückgängig**.

2. Umsetzung der verfassungsrechtlichen Vorgaben im reformierten Versorgungsausgleich

866 Der in § 4 VAHRG geregelte Härtefall wegen Tod der ausgleichsberechtigten Person ist in §§ 37, 38 VersAusglG normiert, der in § 5 VAHRG enthaltene Härtefall bei Unterhaltsleistungen in den §§ 33, 34 VersAusglG. Ergänzt wurden diese Vorschriften durch einen weiteren Härtetatbestand, der sich im **Fall der Invalidität** durch das neue Teilungssystem des Hin- und Her-Ausgleichs ergeben kann. Zum Schutz der Versorgungsträger als Sachwalter der Versicherungsgemeinschaft wirken die Härtefälle – anders als nach dem bis zum 31. 08. 2009 geltenden Recht – erst ab der Stellung eines Antrags zur Anpassung nach Rechtskraft der Entscheidung zum Versorgungsausgleich. Dies folgt aus § 34 Abs. 3 VersAusglG in den Unterhaltsfällen und aus § 38 Abs. 2 VersAusglG i. V. m. § 34 Abs. 3 VersAusglG in den Fällen der Anpassung wegen Tod der ausgleichsberechtigten Person.

II. Beschränkung der Anpassung nach Rechtskraft auf die Regelsicherungssysteme

1. Voraussetzung der Anpassung nach den §§ 32–38 VAG

867 Die §§ 32 ff. VersAusglG setzen eine rechtskräftige Entscheidung zum Wertausgleich bei der Scheidung voraus. Hierbei ist es unerheblich, ob diese nach § 137 Abs. 1, 2 Nr. 1 FamFG im Entscheidungsverbund oder in einem nach § 140 FamFG abgetrennten bzw. selbständigen Verfahren ergangen ist, ebenso, ob die rechtskräftige Entscheidung zum Wertausgleich bei der Scheidung auf einer nach den §§ 6–8 VersAusglG beschlossenen Vereinbarung beruht. Möglich ist nach dem Regelungszweck des § 227 Abs. 2 FamFG jedoch der Ausschluss der Abänderbarkeit einer Vereinbarung, soweit die Ehegatten hierüber verfügen können, so dass insoweit die §§ 32–38 VersAusglG nicht eingreifen (Ausnahme im Fall des Todes gem. § 37 VersAusglG). Auch eine nach §§ 225, 226 FamFG ergangene Abänderungsentscheidung zum Wertausgleich bei der Scheidung fällt in den Regelungsbereich dieser Bestimmungen. Nicht erfasst werden dagegen Entscheidungen zum Wertausgleich nach der Scheidung gem. den §§ 20–26 VersAusglG, weil insoweit eine unmittelbare Ausgleichszahlung geschuldet wird und eine Trennung der Versorgungsschicksale wie im Wertausgleich bei der Scheidung nicht erfolgt.

2. Kreis der anpassungsfähigen Anrechte

868 § 32 VersAusglG zählt die Anrechte, die der Anpassung nach den §§ 33–38 VersAusglG unterliegen konkret auf. Hierbei handelt es sich um:

II. Beschränkung der Anpassung nach Rechtskraft auf die Regelsicherungssysteme

– die gesetzliche Rentenversicherung einschließlich der Höherversicherung i. S. d. § 280 Abs. 5 SGB VI; der Regierungsentwurf benennt ferner die umlagefinanzierte hüttenknappschaftliche Zusatzversicherung (BT-Drucks. 16/10144 S. 72), die ansich der betrieblichen Altersversorgung zuzuordnen ist; nach Nr. 1,
– die Beamtenversorgung für Beamte, Richter und Soldaten oder einer anderen Versorgung, soweit aufgrund dieser Versicherungsfreiheit i. S. d. § 5 Abs. 1 SGB VI besteht. Hierbei handelt es sich vor allem um beamtenähnliche Beschäftigungsverhältnisse bei Körperschaften, Anstalten oder Stiftungen des öffentlichen Rechts, die nach beamtenähnlichen Grundsätzen oder kirchenrechtlichen Bestimmungen eine Versorgung gewähren (vor allem gesetzliche Krankenkassen, gesetzliche Unfallversicherung;); nach Nr. 2,
– die berufsständischen Versorgungen oder vergleichbarer Einrichtungen (Lehrer an Privatschulen, die nach § 6 Abs. 1 Nr. 2 SGB VI von der Versicherungspflicht befreit sind); nach Nr. 3,
– die Alterssicherung der Landwirte nach Nr. 4 und
– die Versorgungssysteme der Abgeordneten (auch Europaabgeordnete) und der Regierungsmitglieder im Bund und in den Ländern.

Nicht ganz eindeutig ist, ob diese **Aufzählung abschließend** ist (s. hierzu BT-Drucks. 16/10144 S. 71). Danach unterliegt diesen Regelungen nicht der Bereich der ergänzenden Altersversorgungen, unabhängig davon, wenn diese privat – rechtlich organisiert sind. Dies gilt für die Zusatzversorgungen des öffentlichen und kirchlichen Dienstes. Dagegen sind nach dem Regelungszweck des § 32 VersAusglG öffentlich-rechtlich organisierte betriebliche Versorgungssysteme diesem zuzuordnen, auch wenn diesen eine ergänzende Versorgungsfunktion zukommt, so insbesondere die Seemannskasse i. S. d. § 137 a SGB VI und die Schornsteinfegerversorgung; insoweit ist § 32 VersAusglG entsprechend anzuwenden, um dem Gebot des BVerfG (s. Rdn. 865) zum Ausgleich auftretender Härten zu begegnen.

3. Rechtfertigung des eingeschränkten Anwendungsbereichs

Der Regierungsentwurf stützt die Begrenzung des Anwendungsbereichs auf öffentlich-rechtlich organisierte Versorgungen darauf, dass die privaten Träger auch nach dem bis zum 31. 08. 2009 geltenden Recht von der unmittelbaren Anwendung der §§ 4–9 VAHRG ausgeschlossen gewesen seien (BT-Drucks. 16/10144 S. 71 f.). Dies wurde § 10 VAHRG a. F. entnommen, der nur in den Fällen des § 1 Abs. 3 VAHRG a. F. (analoges Quasisplitting bei öffentlich-rechtlich organisierten Versorgungen) die entsprechende Anwendung der §§ 4–9 VAHRG vorsah, dagegen nicht zu § 1 Abs. 2 VAHRG a. F. (Realteilung; s. a. BGH FamRZ 1989, 951, 953). Es bestehen jedoch Zweifel, ob die Begrenzung der Anpassung nach Rechtskraft auf die in § 32 VersAusglG aufgeführten Regelsicherungssysteme den verfassungsrechtlichen Vorgaben des BVerfG (s. hierzu Rdn. 865) Rechnung trägt (s. a. *Bergner* ZRP 2008, 211, 213; *Rehme* FuR 2008, 474 f.; *Born* NJW 2008, 2289, 2292). Dies gilt vor allem auch in Bezug auf die Regelung des § 225 Abs. 1 FamFG, der bestimmt, dass die Abänderung einer Entscheidung zum Wertausgleich bei der Scheidung nur in den in § 32 VersAusglG aufgeführten Versorgungen zulässig sein soll (s. a. Rdn. 1075), obwohl die Möglichkeit der Abänderung einer Entscheidung zur Wahrung des Halbteilungsgrundsatzes verfassungsrechtlich geboten ist (BVerfGE 87, 384 = FamRZ 1993, 161 = NJW 1993, 1057). Demgemäß hat auch der Gesetzgeber des VAHRG a. F. ausgeführt, es sei Aufgabe der Träger einer privatrechtlich organisierten Versorgung, eine Vorsorge gegen verfassungswidrige Härten zu treffen (BT-Drucks. 9/2216 S. 16; s. hierzu Vorauflage Rn. 578). War dies

869

nicht gewährleistet, hatten die Familiengerichte eine andere Ausgleichsform zu wählen (s. BGH FamRZ 1993, 398 f. = NJW – RR 1993, 259; FamRZ 1998, 421, 423; differenzierend in FamRZ 1989, 951, 953 – kein Zwang zur generellen Einführung einer Härteklausel).

III. Überblick über die Fälle der Anpassung nach Rechtskraft

870 Die §§ 32–38 VersAusglG regeln **drei Fälle der Anpassung** nach Rechtskraft. Hierbei handelt es sich um:
– die Anpassung wegen Unterhalt, die hinsichtlich ihrer Voraussetzungen in den §§ 33, 34 VersAusglG geregelt werden;
– die Anpassung wegen Invalidität der ausgleichsberechtigten Person oder einer für sie geltenden besonderen Altersgrenze nach § 35 VersAusglG, deren Zweck darin besteht, leistungsrechtliche Auswirkungen aufgrund des durchgeführten Versorgungsausgleichs auszugleichen, die sich aus dem neuen Ausgleichssystem des Hin- und Her-Ausgleichs nach § 1 Abs. 1, 2 VersAusglG ergeben;
– die Anpassung wegen Tod der ausgleichsberechtigten Person, deren Voraussetzungen in den §§ 37, 38 VersAusglG geregelt werden.

Allen Fällen ist – wie in den Fällen der §§ 4, 5 VAHRG a. F. – gemeinsam, dass der **Inhalt der rechtsgestaltenden Entscheidung** zum Versorgungsausgleich nicht geändert wird, es also bei der Trennung des Versorgungsschicksals mit Rechtskraft der Entscheidung zum Versorgungsausgleich verbleibt, jedoch die Übertragung bzw. Begründung eines Anrechts zugunsten der ausgleichsberechtigten Person – selbst im Fall des Todes der ausgleichsberechtigten Person – ausgesetzt wird.

IV. Anpassung wegen Unterhalt

1. Normzweck

871 Die Bestimmung des § 33 VersAusglG regelt die Fälle, in denen die ausgleichsberechtigte Person aus den übertragenen bzw. begründeten Anwartschaften noch keine Leistungen erhält, bei der ausgleichspflichtigen Person aber der Versorgungsfall bereits eingetreten und dieser dem Berechtigten dem Grunde nach zu Unterhaltsleistungen verpflichtet ist. Die Regelung kommt damit der Forderung des BVerfG in der Entscheidung vom 28. 02. 1980 (BVerfGE 53, 257 = FamRZ 1980, 326 = NJW 1980, 692; s. Rdn. 865) nach und sieht einen **Härteausgleich** in der Weise vor, dass die Versorgung des Verpflichteten aufgrund des Versorgungsausgleichs **nicht insoweit gekürzt** wird, **als ein Unterhaltsanspruch besteht**, höchstens jedoch begrenzt in Höhe der Differenz der beiderseitigen Ausgleichswerte aus denjenigen Anrechten i. S. d. § 32 VersAusglG, aus denen die ausgleichspflichtige Person eine laufende Rente bezieht. Diese sich aus § 32 Abs. 3 VersAusglG ergebende Begrenzung weicht von der bis zum 31. 08. 2009 geltenden Regelung des § 5 VAHRG a. F. insoweit ab, als nach dem bisherigen Recht die Prüfung der Höhe der Unterhaltspflicht nicht erfolgte, sondern pauschal die Kürzung des Anrechts ausgesetzt wurde, bis die ausgleichsberechtigte Person aus dem Versorgungsausgleich eine Versorgungsleistung bezieht. Wie § 5 VAHRG a. F. will § 33 VersAusglG den **wirtschaftlichen Belastungen** des Unterhaltspflichtigen vorbeugen (BSGE 59, 246 = FamRZ 1987, 380 zu § 5 VAHRG a. F. Er ist im Übrigen auch dann anzuwenden, wenn der Berechtigte nur deshalb keinen Unterhalt erhält, weil der Verpflichtete wegen der Kürzung seiner Versorgung **nicht leistungsfähig** ist. Anders als bei § 37 VersAusglG wird nach dieser Bestimmung der Wegfall der Kürzung **zeitlich**

IV. Anpassung wegen Unterhalt

begrenzt, weil sie nach ihrem Zweck lediglich so lange die Kürzung aussetzen will, bis der Berechtigte selbst aus den im Versorgungsausgleich übertragenen Anwartschaften Leistungen bezieht. Ob zeitlich danach der Berechtigte gegen den Verpflichteten einen Unterhaltsanspruch besitzt (z. B. bei Wegfall des nachehelichen Unterhalts aufgrund einer zeitlichen Begrenzung nach der Härteklausel des § 1578 b Abs. 1, 2 BGB), ist hierfür unerheblich. § 33 VersAusglG trägt damit der **Erhaltung der wirtschaftlichen Leistungsfähigkeit** des Verpflichteten Rechnung. Im Übrigen rechtfertigt sich die Regelung des § 33VersAusglG aus dem Grundprinzip des Versorgungsausgleichs, nach dem die Übertragung von Anwartschaften an den Berechtigten dessen Sicherung nach Beendigung der Erwerbstätigkeit dient. Aus § 33 VersAusglG folgt lediglich die Verpflichtung für den Versorgungsträger, die infolge des Versorgungsausgleichs vorzunehmende Kürzung für eine bestimmte Dauer auszusetzen; er verlangt dagegen nicht, dass die höheren Leistungen insgesamt oder zu einem Teil an den Berechtigten ausgezahlt werden. Es ist deshalb möglich, dass vorrangige Drittgläubiger bis zu dem nach § 850 c ZPO pfändbaren Betrag Zugriff auf die ungekürzte Versorgung nehmen. Ferner kann der Berechtigte trotz seines Antragsrechts nach § 34 Abs. 2 VersAusglG vom Versorgungsträger **keine unmittelbare Auszahlung** des entfallenden Kürzungsbetrages verlangen.

2. Voraussetzungen einer Anpassung wegen Unterhalt

Nach der Regelung des § 33 VersAusglG wird die Kürzung nur ausgesetzt, wenn: **872**
- der ausgleichspflichtigen Person ein um den Versorgungsausgleich geminderter Versorgungsanspruch zusteht;
- die ausgleichsberechtigte Person noch nicht die Voraussetzungen für eine laufende Versorgung erfüllt;
- die ausgleichsberechtigte Person gegen die ausgleichspflichtige Person einen gesetzlichen Unterhaltsanspruch hat oder nur deshalb nicht hat, weil dieser durch die Kürzung nicht leistungsfähig ist;
- die Kürzung am Ende der Ehezeit bei einem Rentenbetrag mindestens 2% der monatlichen Bezugsgröße (§ 18 SGB IV), in allen anderen Fällen als Kapitalwert mindestens 240% dieser Bezugsgröße betragen hat; das sind derzeit (2. Halbjahr 2009) ein Rentenbetrag von 50,40 € bzw. ein Kapitalbetrag von 6.048,00 €; hierdurch soll in Fällen mit geringeren Auswirkungen keine Anpassung erfolgen;
- von einem der nach § 34 Abs. 2 VersAusglG antragsberechtigten Ehegatten nach § 33 Abs. 1 VersAusglG ein Antrag zur Anpassung an das Familiengericht gestellt wird, § 34 Abs. 1 VersAusglG.

3. Stellung eines Antrags

Eine Anpassung nach § 33 VersAusglG erfolgt **nur auf Antrag**. Antragsberechtigt **873** sind die ausgleichspflichtige Person sowie die ausgleichsberechtigte Person, dagegen nicht – wie bei § 5 VAHRG a. F. – die Hinterbliebenen der ausgleichpflichtigen Person, § 34 Abs. 2 VersAusglG (zum Regelungszweck s. Vorauflage Rn. 579 – wegen Unterhaltsverpflichtung der Erben der ausgleichpflichtigen Person; zum nicht bestehenden Antragsrecht der mit der ausgleichpflichtigen Person wiederverheirateten Witwe s. BVerwG FamRZ 1991, 429). Soweit sich die Einkommensverhältnisse der geschiedenen Ehegatten nach erfolgter Anpassung gem. § 33 VersAusglG ändern, steht auch dem **betroffenen Versorgungsträger** nach § 34 Abs. 2 Satz 2 VersAusglG ein Antragsrecht zu, da im Fall der Veränderung der Einkommensverhältnisse, die zu einer Minderung des Unterhaltsanspruchs führen, die geschiedenen Ehegatten an einer Abänderung der Erstentscheidung zu § 33 VersAusglG kein wirtschaftliches Interesse haben. Der Begriff der laufenden Versorgung der ausgleichpflichtigen Person i. S. d. § 33 Abs. 1 Satz 1 VersAusglG bezieht sich regelmäßig auf eine Rente wegen Alters oder vergleichbare Versorgungsleistung (vor allem Beamtenversorgung), eine Rente wegen teilweiser oder voller Erwerbsminderung (§§ 43 Abs. 1, 2 SGB VI) oder um eine Versorgung wegen Dienstunfähigkeit; ein Übergangsgeld nach §§ 25 Abs. 2, 116 Abs. 1 SGB VI zählt hierzu nicht.

4. Voraussetzungen auf Seiten der ausgleichsberechtigten Person

874 Weitere Voraussetzung ist, dass der **Berechtigte** noch **keine laufende Versorgung** aus dem im Versorgungsausgleich erworbenen Anrecht »erhalten kann«. Dies bezieht sich vor allem auf den Bezug einer Rente wegen Alters oder Erwerbsminderung (§§ 43 Abs. 1, 2 SGB VI) oder nach § 2 RÜG. Andere Rentenleistungen gehören hierzu nicht, soweit sie nicht die zuvor genannten verdrängen, wie etwa die Unfallrente nach §§ 267, 311 SGB VI, die das Stammrecht der Rente nicht berührt (s. a. BverwG NVwZ 2005, 830). Das ist vor allem das Übergangsgeld nach §§ 20 ff. SGB VI (s. *Bergner* DRV 1983, 215, 239). Andere Versorgungsleistungen stehen einer Kürzung nicht entgegen. Maßgebend für die Anwendung des § 33 VersAusglG ist ferner, dass der Berechtigte keine vom Rentenversicherungsträger durch Bescheid festgesetzte Rente bezieht. Erfüllt der Berechtigte etwa die Voraussetzungen des flexiblen Altersruhegeldes, wird aber von ihm ein erforderlicher Antrag zu dessen Bezug nicht gestellt, sind dennoch die Voraussetzungen des § 33 Abs. 1 VersAusglG zu bejahen (so auch *Michaelis/Sander* DAngVers 1983, 104, 109; a. A. *Müller* FamRZ 2005, 1721 ff.), weil es dem Berechtigten freisteht, den Zeitpunkt seines Rentenbezugs zu bestimmen, zumal er auch einen Versorgungsabschlag hinnehmen müsste (§ 77 Abs. 2 Nr. 2 a SGB VI). Hat der Berechtigte dagegen das 65. Lebensjahr erreicht und macht er das Altersruhegeld nicht geltend, kann der Rentenversicherungsträger bei einem entsprechenden Antrag das Bestehen eines Anspruchs entgegenhalten. Generell entfällt die Anwendung bei einer **treuwidrigen Ausnützung der Regelung** des § 33 VersAusglG (§ 46 SGB I), so etwa, wenn zu Lasten der Solidargemeinschaft eine eigene Rente nicht in Anspruch genommen wird, um für den Verpflichteten die Erhöhung über § 33 Abs. 1 VersAusglG zu erlangen. Wird dem Berechtigten eine zeitlich befristete Rente wegen geminderter Erwerbsfähigkeit gewährt, so können nach dem Wegfall dieser Rentenleistungen die Voraussetzungen des § 33 Abs. 1 VersAusglG wieder aufleben oder erstmals eintreten.

875 Der Berechtigte muss gegen den Verpflichteten einen **gesetzlich geregelten Unterhaltsanspruch** haben. Regelmäßig leitet sich ein solcher aus den §§ 1570 bis 1576 BGB ab, er kann sich im Fall der **Wiederheirat der geschiedenen Ehegatten** aus den §§ 1360, 1360 a, 1361 BGB ergeben (BGH FamRZ 1983, 461 = NJW 1983, 1317, 1319; OVG Münster FamRZ 2008, 2128, 2129 f. VG Bayreuth FamRZ 2000, 960 – dort auch zu den Wirkungen eines tatsächlich nicht gewollten Unterhaltsverzichts). Ein rein **vertraglicher Unterhaltsanspruch,** der nicht lediglich die Modifizierung eines gesetzlich bestehenden Unterhaltsanspruchs bedeutet, reicht dagegen nicht aus, weil in diesen Fällen regelmäßig kein Härtegrund vorliegt, wie er vom BVerfG (BVerfGE 53, 257 = FamRZ 1980, 326 = NJW 1980, 692) bezeichnet und vom Gesetzgeber in § 33 VersAusglG erfasst wurde (s. a. BSG NJW-RR 1995, 840). Ferner ist bei solchen Vereinbarungen der Gefahr eines kollusiven Zusammenwirkens der Ehegatten entgegenzuwirken (s. *Johannsen/Hahne* § 5 VAHRG Rn. 6). Eine **indizielle Wirkung** für ein solches Verhalten kann bei Unterhaltsvereinbarungen bestehen, wenn die Höhe des festgesetzten Unterhalts im Verhältnis zu den maßgebenden Einkünften sehr gering ist. Dem entspricht es, dass nach § 33

IV. Anpassung wegen Unterhalt

Abs. 3 VersAusglG durch das Familiengericht eine Prüfung des gesetzlich geschuldeten Unterhaltsanspruchs zu erfolgen hat. § 33 Abs. 1 VersAusglG ist auch dann anzuwenden, wenn der Verpflichtete lediglich wegen seiner **mangelnden Leistungsfähigkeit** i. S. d. § 1581 Satz 1 BGB keinen Unterhalt zu leisten vermag; dies folgt aus dem Wortlaut sowie dem Regelungszweck des § 33 Abs. 1 VersAusglG (... »*ohne die Kürzung durch den Versorgungsausgleich einen gesetzlichen Unterhaltsanspruch hätte*« ...), verfassungswidrige Ergebnisse zu vermeiden (VGH Baden-Württemberg FamRZ 2001, 1149; VG Bayreuth FamRZ 2000, 960). Entsprechend hebt das OVG Münster (FamRZ 2001, 1151; FamRZ 2002, 827 = FamRB 2002, 295) zutreffend hervor, dass unter § 33 Abs. 1 VersAusglG nur ein **gesetzlicher Unterhalt** nach den §§ 1569 ff. BGB fällt, der im Einzelfall im Wege einer Vereinbarung konkretisiert und auch näher ausgestaltet werden kann.

Andererseits kann die Kürzung nach § 33 Abs. 1 VersAusglG nicht ausgesetzt werden, wenn der Verpflichtete auch ohne Kürzung nicht zu Unterhaltsleistungen verpflichtet wäre, so etwa, wenn die Bedürftigkeit des Berechtigten nach § 1577 Abs. 1 BGB entfallen oder der Unterhaltsanspruch nach § 1579 BGB auszuschließen ist. Ferner entfällt ein Unterhaltsanspruch nach den §§ 1569 ff. BGB, wenn der unterhaltsberechtigte Ehegatte wieder heiratet, so dass auch kein Anwendungsfall des § 33 Abs. 1 VersAusglG besteht. Hat die ausgleichsberechtigte Person auf nachehelichen Unterhalt gem. § 1585 c Satz 1 BGB verzichtet, entfällt ebenfalls eine Anpassung (BGH FamRZ 1994, 1171, 1172).

5. Voraussetzungen auf Seiten der ausgleichspflichtigen Person

Ein Anpassungsfall nach § 33 Abs. 1 VersAusglG entfällt auch dann, wenn der Verpflichtete den geschuldeten Unterhalt unabhängig von der vorgenommenen Kürzung **voll erfüllen** könnte. Nicht erforderlich ist, dass der **Unterhaltsanspruch des Berechtigten tituliert wurde** (so noch BT-Drucks. 9/34, § 1581 r BGB-E). Ebenso wenig müssen tatsächliche Zahlungen nachgewiesen werden (BT-Drucks. 9/2296 S. 15). Anders als nach dem bis zum 31. 08. 2009 bestehenden Rechtszustand (Vorauflage Rn. 582) ist es für die Vornahme der Anpassung nach § 33 Abs. 1 VersAusglG erheblich, in welcher Höhe der Unterhaltsanspruch besteht; hierdurch soll die Belastung für die Versorgungsträger gemindert werden. Entsprechend muss das Familiengericht nach § 34 Abs. 1 VersAusglG konkret prüfen, in welcher Höhe ein Unterhaltsanspruch der ausgleichpflichtigen Person besteht (s. Rdn. 878).

876

Hat der Träger einer Versorgung **Zweifel am Bestehen eines Unterhaltsanspruchs**, hat er dies im Rahmen des Verfahrens zur Aussetzung der Kürzung vor dem Familiengericht geltend zu machen. Hierbei besteht **keine Bindung** an eine bestehende Unterhaltsfestsetzung durch Vereinbarung oder Urteil, zumal mit Eintritt des Versorgungsfalls bei der ausgleichpflichtigen Person regelmäßig die Voraussetzungen einer Abänderung nach den §§ 238, 239 FamFG vorliegen (Rdn. 877 a. E.).

Eine Anpassung nach § 33 Abs. 1 VersAusglG erfolgt auch dann, wenn der Unterhaltsanspruch durch eine **Kapitalabfindung** (§ 1585 Abs. 2 BGB) abgegolten wird (BSG FamRZ 1994, 752 [LS]; BVerwG FamRZ 1995, 928 [LS]; BGH FamRZ 1994, 1171; s. dagegen VGH Mannheim FamRZ 1989, 515). Insoweit ist aber bei einer geringen Abfindungssumme im Einzelfall zu prüfen, ob die Abfindung eines nach § 1578 b Abs. 1, 2 BGB zeitlich begrenzten Unterhaltsanspruch erfolgt ist, da in diesem Fall die Anpassung gem. § 33 Abs. 1 VersAusglG nur im zeitlichen Rahmen des abgefundenen Unterhaltsanspruchs erfolgen kann. Eine Anpassung erfolgt dagegen nicht, wenn auf Unterhalt nach § 1585 c BGB **endgültig verzichtet** wurde

877

8. Kapitel   Anpassung nach Rechtskraft

(BGH FamRZ 1994, 1171). Denn in diesem Fall ist der gesetzliche Unterhaltsanspruch erloschen, falls nicht die Berufung auf den Unterhaltsverzicht nach § 242 BGB bei Vorliegen eines Unterhaltsanspruchs nach § 1570 BGB wegen der Betreuung gemeinschaftlicher Kinder für die Zeit der Kinderbetreuung verwehrt ist (s. BGH FamRZ 1992, 1403 = NJW 1992, 3164) oder § 138 BGB eingreift (BGH FamRZ 1987, 40, 42 f. = NJW 1987, 1546, 1548). Liegt ein **Unterhaltstitel** vor (Urteil, gerichtlicher Vergleich, Urkunde nach § 794 Abs. 1 Nr. 5 ZPO), so wird man regelmäßig von dem Bestehen eines Unterhaltsanspruchs ausgehen können. Das Familiengericht hat jedoch das Bestehen eines Unterhaltsanspruchs unabhängig von der Form der Unterhaltsfestsetzung (Urteil, Beschluss, Vergleich, außergerichtliche Vereinbarung) festzustellen und gegebenenfalls die Aussetzung der Kürzung abzulehnen.

6. Die Bestimmung der Anpassung nach § 33 Abs. 3 VersAusglG

a) Grundlagen

878 § 33 Abs. 3 VersAusglG legt fest, dass die durch den Versorgungsausgleich ausgelöste Kürzung des ausgeglichenen Anrechts **höchstens in Höhe des Unterhaltsanspruchs** ausgesetzt werden kann. Dieser wird jedoch zusätzlich **durch die Differenz der beiderseitigen Ausgleichswerte** aus denjenigen Anrechten i. S. d. § 32 VersAusglG begrenzt, aus denen die ausgleichspflichtige Person eine laufende Versorgung bezieht. Insoweit erfolgt gegenüber dem bis zum 31. 08. 2009 bestehenden Rechtszustand eine wesentliche Änderung der maßgeblichen Bestimmungen. Bisher war die Höhe des Unterhalts für die Aussetzung der Kürzung unerheblich, so dass bereits bei einem geringfügigen Unterhaltsbetrag die gesamte Kürzung aufgehoben wurde, bis die ausgleichsberechtigte Person aus dem Versorgungsausgleich einen Leistungsanspruch erlangte. Diese Regelung erfährt im neuen Recht eine wesentliche Einschränkung. Zur Umsetzung der Bestimmung des § 33 Abs. 3 VersAusglG ist es erforderlich, dass das Familiengericht in einem selbständigen Verfahren i. S. d. § 217 FamFG die Höhe des Unterhalts gem. dem Amtsermittlungsgrundsatz nach § 26 FamFG selbst ermittelt. Dieses **Verfahren ist als FG – Verfahren** und nicht als Familienstreitsache i. S. d. § 112 Nr. 1 FamFG zu führen. Insoweit kann ein Vergleich gem. § 36 FamFG nicht geschlossen werden, weil die Ehegatten über den Verfahrensgegenstand nicht verfügen können. Nach dem eindeutigen Wortlaut der §§ 33 Abs. 1, 34 Abs. 1 VersAusglG sowie dem Sinnzusammenhang erfolgt eine Anpassung **nur aufgrund der Entscheidung des Familiengerichts**; die Vorlage einer Unterhaltsregelung an den betroffenen Versorgungsträger (Urteil, Vergleich, außergerichtliche Vereinbarung) macht das Anpassungsverfahren nicht überflüssig. Dies gilt auch dann, wenn in dem Unterhaltsverfahren der geschiedenen Ehegatten der Umfang der Kürzung des Anrechts der ausgleichspflichtigen Person berücksichtigt worden ist, weil die Unterhaltssache als Familienstreitsache i. S. d. § 112 Nr. 1 FamFG den betroffenen Versorgungsträger nicht bindet. Es ist zur Festsetzung der Unterhaltspflicht deshalb vorrangig das Verfahren nach §§ 33, 34 VersAusglG durchzuführen. An diesem Verfahren sind neben den Ehegatten die betroffenen Versorgungsträger gemäß § 219 Nr. 2 FamFG zu beteiligen. Zur Bestimmung der Unterhaltshöhe sind sämtliche Einkünfte, die auf die Höhe des Anspruchs Einfluss nehmen, von Amts wegen (§ 26 FamFG) zu berücksichtigen. Erzielt die ausgleichsberechtigte Person nachehelich nicht prägende Einkünfte iSd. § 1578 Abs. 1 BGB, die nach § 1577 Abs. 1 BGB auf den nach § 33 Abs. 1, 3 VersAusglG zu bestimmenden Unterhalt anzurechnen sind, kann sich eine Reduzierung des bei Rechtskraft der Scheidung bestehenden Unterhalts bis auf Null ergeben. Hat die ausgleichpflichtige Person ein Abänderungsver-

IV. Anpassung wegen Unterhalt

fahren nach §§ 238, 239 FamFG mit dem Ziel der Herabsetzung oder der Aufhebung der Unterhaltspflicht eingeleitet, ist dieses Verfahren wegen Vorgreiflichkeit nach § 113 Abs. 1 FamFG i. V. m. § 148 ZPO auszusetzen.

Die Bestimmung der Höhe der Aussetzung der Kürzung soll anhand des folgenden Beispiels dargestellt werden:

879

	Ehemann	Ehefrau	Ausgleich
ges. RV	1.000,00 €	→	500,00 €
Entgeltpunkte	36,7647	→	18,3824
ges. RV	←	400,00 €	200,00 €
Entgeltpunkte	←	14,7059	7,3530
Vollzug nach § 10 Abs. 2 VersAusglG	18,3824	7,3530	= 11,0284

(1) Das Einkommen der Ehefrau aus einer Erwerbstätigkeit beträgt monatlich 1.200,00 €, bereinigt um 1/7 bzw. 5% + 10% gem. den Süddeutschen Leitlinien.
(2) Die Gesamthöhe der Anrechte des Ehemannes in der gesetzlichen Rentenversicherung beträgt 1.800,00 € monatlich.
(3) Unterhaltspflicht bei Rentenbezug ohne Kürzung durch den Versorgungsausgleich: 1.800 – 1.200 = 600 : 2 = 300,00 €.
(4) Nach Durchführung des Versorgungsausgleichs mindert sich das Anrecht des Ehemannes von (insgesamt) 1.800,00 € um 500,00 € auf 1.300,00 €. Gleichzeitig erwirbt dieser 200,00 €, so dass nach § 10 Abs. 2 VersAusglG nur die Anzahl an Entgeltpunkten aus einem Rentenbetrag von monatlich 300,00 € abgebucht und auf dem Versicherungskonto der Ehefrau gut gebracht werden (2. Halbjahr 2009 = 27,20 € aktueller Rentenwert);
(5) Danach verbleiben dem Ehemann monatlich 1.500,00 € (1.800,00 € – 300,00 €); der Unterhaltsanspruch würde sich damit auf 150,00 € monatlich vermindern (1.500,00 € – 1.200,00 € = 300,00 € : 2); damit liegen die Voraussetzungen einer Anpassung vor;
(6) Nach § 33 Abs. 3 VersAusglG hat eine Aussetzung der Kürzung in Höhe des Unterhaltsanspruchs zu erfolgen. Zu dem Betrag der ausgleichpflichtigen Person von 1.500,00 € (1.800,00 € – 500,00 € + 200,00 €) ist der ohne die Kürzung ermittelte (fiktive) Unterhalt zu bestimmen, damit aus 1.500,00 € + 300,00 € gem. Ziffer (3) = 1.800,00 €. Somit ergibt sich derselbe Unterhaltsbetrag von 300,00 € wie bei der Unterhaltsbestimmung ohne die Kürzung aufgrund des Versorgungsausgleichs (1.800,00 € – 1.200,00 € = 600,00 € : 2). Dieses Ergebnis entspricht den Vorgaben des BVerfG (s. Rdn. 865).

Weiteres Beispiel (nach BT-Drucks. 16/10144 S. 72):

880

(1) Der Ehemann verfügt ohne Kürzung des auszugleichenden Anrechts durch den Versorgungsausgleich über eine Versorgung von monatlich 2.750,00 €.
(2) Die Ehefrau verfügt über ein bereinigtes Einkommen aus einer Erwerbstätigkeit i.H.v. monatlich 1.600,00 €.
(3) Der Unterhaltsanspruch beträgt danach: 2.750,00 € – 1.600,00 € = 1.150 : 2 = 575,00 €
(4) Der Ehemann hat durch Teilung seines Anrechts den Betrag von 900,00 € an die Ehefrau abzugeben. Zugleich erlangt er von dieser einen Ausgleich i. H. v. 150,00 €, so dass sich seine Versorgung auf 2.000,00 € monatlich vermindert (§ 10 Abs. 2 VersAusglG).
(5) Nach der Regelung des § 33 Abs. 1, 3 VersAusglG ist der Betrag der (fiktiven) Unterhaltsleistung von der vollen Kürzung des Anrechts der ausgleichpflichtigen Person durch den Versorgungsausgleich abzuziehen, so dass der ausgleichpflichtigen Person danach ein Betrag von 2.575,00 € (2.000,00 € + 575,00 € als Unterhaltsbetrag) zuzurechnen ist. Danach ist bis zum Leistungsbezug der ausgleichsberechtigten Person die Kürzung i.H.v. 575,00 € auszusetzen, so dass die ausgleichpflichtige Person einen Versorgungsbezug von 2.575,00 € erlangt.
(6) Der von der ausgleichpflichtigen Person geschuldete Unterhalt beträgt danach: 2.575,00 € – 1.600,00 € = 975,00 € : 2 = 487,50 €
(7) Dieses Ergebnis belegt einerseits, dass die in § 33 Abs. 1, 3 VersAusglG enthaltenen Bestimmungen nicht in vollem Umfang die Vorgaben des BVerfG (s. Rdn. 865) erfüllen, sondern es von der Höhe der Ausgleichspflicht der unterhaltsberechtigten Person abhängt, ob die ausgleichpflichtige Person

8. Kapitel   Anpassung nach Rechtskraft

den ohne Kürzung ihres auszugleichenden Anrechts geschuldeten Unterhalt erbringen kann, wie vom BVerfG gefordert. Die Regelung des § 33 Abs. 1, 3 VersAusglG wird deshalb in der Interpretation gem. der Begründung im Regierungsentwurf (BT-Drucks. 16/10144 S. 72) verfassungsrechtlich kaum Bestand haben. Ferner ist zu berücksichtigen, dass die Rentenbeträge stets brutto ausbezahlt und um die **gesetzlich geschuldeten Sozialversicherungsbeiträge** gemindert werden (Kranken-/Pflegeversicherung), ebenso um die Einkommenssteuer, was im Rahmen des Berechnungsmodells nach § 33 Abs. 1, 3 VersAusglG jedoch nicht berücksichtigt werden kann, da dieses keine bindende Feststellung des unterhaltsrechtlich geschuldeten Unterhalts zum Ziel hat, sondern die Verbesserung der Leistungsfähigkeit der ausgleichpflichtigen Person i.S.d. Rechtsprechung des BVerfG (s. Rdn. 865). Dies bedeutet, dass zur Wahrung des Halbteilungsgrundsatzes die nach durchgeführtem Versorgungsausgleich gem. § 33 Abs. 1, 3 VersAusglG ermittelten Beträge nicht den unterhaltsrechtlich geschuldeten Betrag darstellen.

(8) Erlangt die ausgleichspflichtige Person vom anderen Ehegatten ein Anrecht, aus dem wegen fehlender Voraussetzungen des Leistungsrechts noch keine Versorgung bezogen wird (Beamter bezieht ab dem 64. Lebensjahr seine Versorgung aus der Beamtenversorgung; die nach § 10 Abs. 1 VersAusglG auf ein Versicherungskonto in der gesetzlichen Rentenversicherung übertragenen Anrechte können erst ab dem 65. Lebensjahr bezogen werden), so ändert sich grundsätzlich am Berechnungsmodell nichts. Der fehlende Bezug wird durch eine Erhöhung des Aussetzungsbetrags der insgesamt vorgenommenen Kürzung seines Anrechts ausgeglichen, allerdings begrenzt auf die Höhe der Differenz der beiderseitigen Ausgleichswerte der Anrechte gem. §§ 32, 33 Abs. 3 VersAusglG.

b)   Fassung der Beschlussformel

881   Die nach § 33 Abs. 1, 3 VersAusglG i. V. m. § 224 Abs. 1 FamFG zu formulierende Beschlussformel lautet:

> **Beispiel:**
> 1. Die hinsichtlich des Anrechts der ausgleichspflichtigen Person bei der Deutschen Rentenversicherung Bund (Versicherungsnummer ...) vorgenommene Kürzung i.H.v. monatlich 600,00 €, die in Folge der Entscheidung des Amtsgerichts – Familiengericht A. vom 10.12.2009 (Aktenzeichen 100 F 200/09) zur Durchführung des Versorgungsausgleichs von der Deutschen Rentenversicherung Bund durch Bescheid vom 15.11.2009 vorgenommen wurde, wird hinsichtlich eines Rentenbetrages i.H.v. 350,00 €, das sind 12,8676 Entgeltpunkte (als Bezugsgröße i.S.d. § 5 Abs. 1 VersAusglG) ausgesetzt.
> 2. Die Kosten des Verfahrens werden gegeneinander aufgehoben (§ 81 Abs. 1 FamFG).
> 3. Der Gegenstandswert wird auf 500,00 € festgesetzt (§ 50 Abs. 3 Nr. 1 FamGKG).

c)   Begrenzung in Höhe der Differenz der beiderseitigen Ausgleichswerte

882   Nach § 33 Abs. 3 VersAusglG darf die Kürzung höchstens in Höhe der Differenz der beiderseitigen Ausgleichswerte aus denjenigen Anrechten i.S.d. § 32 VersAusglG ausgesetzt werden, aus denen die ausgleichspflichtige Person eine laufende Versorgung bezieht. Zweck dieser Regelung ist es, dass die ausgleichspflichtige Person nicht besser gestellt werden darf, als seien die Ausgleichswerte aus den Regelsicherungssystemen des § 32 VersAusglG saldiert worden (BT-Drucks. 16/10144 S. 73).

> **Beispiel des Regierungsentwurfs:**
> (1) Die ausgleichspflichtige Person bezieht eine Versorgung von monatlich 2.000,00 € vor der Kürzung durch den Versorgungsausgleich.
> (2) Sie schuldet der ausgleichsberechtigten Person monatlich 600,00 €.
> (3) Aufgrund des Versorgungsausgleichs würde das Anrecht der ausgleichspflichtigen Person zugunsten der ausgleichsberechtigten Person um monatlich 800,00 € gekürzt.
> (4) Zugleich wird zugunsten der ausgleichspflichtigen Person im Versorgungsausgleich ein Anrecht des anderen Ehegatten i.H.v. monatlich 400,00 € ausgeglichen. Danach verfügt die ausgleichspflichtige Person nach Vollzug des Versorgungsausgleichs tatsächlich über ein monatliches Anrecht i.H.v. 1.600,00 € (2.000,00 € – 800,00 € + 400,00 €).

IV. Anpassung wegen Unterhalt

(5) Nach dem Wortlaut von § 33 Abs. 3 Hs. 1 VersAusglG würde die Kürzung um 600,00 € ausgesetzt werden, obwohl die ausgleichspflichtige Person lediglich einen »Verlust« von 400,00 € (2.000,00 € – 1.600,00 €) zu verzeichnen hat. Danach ist die Aussetzung auf den Betrag von 400,00 € zu begrenzen.

d) Kürzung mehrerer Versorgungen nach Billigkeit

§ 33 Abs. 4 VersAusglG regelt den Fall, dass der ausgleichpflichtigen Person mehrere Anrechte i. S. d. § 32 VersAusglG zufließen. § 33 Abs. 4 VersAusglG bestimmt, dass das Familiengericht die Kürzung nach billigem Ermessen vorzunehmen hat. Diese kann entweder anteilig nach Quoten gem. der jeweiligen Höhe des Ausgleichswerts i. S. d. § 5 Abs. 1, 3 VersAusglG auf alle Versorgungen aufgeteilt werden. Aber auch die Auswahl eines einzelnen Anrechts ist zulässig und bietet sich vor allem an, wenn dieses im Verhältnis zum anderen Anrechts deutlich höher ist.

883

7. Durchführung der Anpassung wegen Unterhalt

Zuständig für die Entscheidung nach § 33 Abs. 1 VersAusglG ist gem. § 34 Abs. 1 VersAusglG das Familiengericht. Das Verfahren ist ein Verfahren i. S. d. § 217 FamFG; dies folgt aus der Zuweisung nach §§ 33, 34 Abs. 1 VersAusglG. Die **örtliche Zuständigkeit** richtet sich regelmäßig nach § 218 Nr. 2–4 FamFG; diese Regelungen orientieren sich am letzten gemeinsamen gewöhnlichen Aufenthalt beider Ehegatten oder des Antragsgegners, wenn ein solcher nicht mehr besteht, ansonsten nach dem gewöhnlichen Aufenthalt des Antragstellers. Nach § 219 FamFG sind die Ehegatten sowie die betroffenen Versorgungsträger am Verfahren zu beteiligen. Das Verfahren ist ein Verfahren der freiwilligen Gerichtsbarkeit, obwohl Grundlage der Bestimmung der Höhe der Aussetzung der Kürzung der nacheheliche Unterhalt nach den §§ 1569 ff BGB ist. Dagegen liegt **keine Familienstreitsache** i. S. d. § 112 Abs. 1 FamFG vor. Nach § 10 Abs. 4 FamFG besteht kein Rechtsanwaltszwang. Auch wenn die Voraussetzungen des § 33 Abs. 1 VersAusglG zum Zeitpunkt der Scheidung bereits vorliegen, ist das Verfahren keine Verbundsache, weil die Entscheidung nicht für den Fall der Scheidung zu treffen ist, sondern eine Angelegenheit der Auswirkungen des Versorgungsausgleichs betrifft. Eingeleitet wird das Verfahren auf Antrag eines oder beider Ehegatten, § 34 Abs. 2 VersAusglG. Da es sich bei dem Verfahren um eine Angelegenheit der freiwilligen Gerichtsbarkeit handelt, bedarf es keines bezifferten Antrags, § 23 Abs. 1 FamFG.

884

Der Anspruch auf Anpassung geht nach § 34 Abs. 3 VersAusglG auf die **Erben** über, wenn der Erblasser nach § 33 Abs. 1 VersAusglG den Antrag gestellt hatte. Den Erben steht ein eigenes Antragsrecht nicht zu. Die Hinterbliebenen verfügen nicht mehr über ein eigenes Antragsrecht (anders in § 9 Abs. 2 VAHRG a. F.). Im Übrigen soll wegen der nicht mehr bestehenden Doppelbelastung für Hinterbliebene, die zugleich als Erben für den Unterhalt des anderen Ehegatten aufzukommen haben, kein Antragsrecht bestehen (BT-Drucks. 16/10144 S. 73).

8. Prüfungspflichten des Familiengerichts

Zur Feststellung der Voraussetzungen des Unterhaltsanspruchs kann das Familiengericht nach § 220 Abs. 1, 3 FamFG **Auskünfte und Mitwirkungshandlungen** durch Vorlage von Einkommens- und Vermögensbelegen (wie in einem Unterhaltsverfahren) verlangen, die sich aus dem gesetzlichen Rechtsverhältnis ableiten. Eine Titulierung des Unterhalts ist jedoch für das Eingreifen des § 33 Abs. 1 VersAusglG nicht erforderlich. § 33 Abs. 1 VersAusglG greift auch ein, wenn der Verpflichtete lediglich wegen seiner **mangelnden Leistungsfähigkeit** i. S. d. § 1581

885

Satz 1 BGB keinen Unterhalt zu leisten vermag; dies folgt aus dem Regelungszweck des § 33 Abs. 1 VersAusglG, verfassungswidrige Ergebnisse zu vermeiden.

9. Zeitpunkt und Beendigung der Kürzung, Mitwirkungspflichten

886 Zu welchem **Zeitpunkt die Aussetzung der Kürzung** beginnt, bestimmt § 34 Abs. 3 VersAusglG. Danach ist die Kürzung der Versorgung ab dem Monat auszusetzen, der der Antragstellung folgt. Dies entspricht allgemeinen verfahrensrechtlichen Grundsätzen (s. a. § 226 Abs. 4 FamFG). Anders als nach dem bis zum 31. 08. 2009 bestehenden Rechtszustand (Beginn der Erhöhung mit Ablauf des Monats, in dem sämtliche tatbestandlichen Voraussetzungen zu einer Rentenleistung vorlagen) ist der Wegfall der Versorgungskürzung erst mit **Wirkung ex nunc** anzuordnen. Je nach Dauer des Verfahrens hat der **Versorgungsträger eine Nachzahlung** zu leisten. Das Gesetz hat aber insoweit auf eine Regelung i. S. d. § 6 VAHRG a. F. verzichtet, so dass der Nachzahlungsbetrag ausschließlich an die ausgleichspflichtige Person zu leisten ist. Nach §§ 53, 54 SGB I kann dieser Betrag gepfändet oder abgetreten werden.

Auf der Grundlage der durch die Entscheidung des Familiengerichts nach § 33 VersAusglG festgelegten Aussetzung der Kürzung kann die ausgleichspflichtige Person die Abänderung eines bestehenden Unterhaltstitels verlangen (§ 238 FamFG). Liegt noch keine Unterhaltsfestsetzung zum nachehelichen Unterhalt vor, kann die ausgleichsberechtigte Person entsprechend den Feststellungen zur Unterhaltshöhe in der Entscheidung zu § 33 VersAusglG den nachehelichen Unterhalt verlangen.

887 Über die **Beendigung der Aussetzung der Kürzung** entscheidet nach § 34 Abs. 6 Satz 1 VersAusglG der Versorgungsträger. Dies wird erfolgen, wenn die ausgleichspflichtige Person den Versorgungsträger nach § 34 Abs. 5 VersAusglG entsprechend den dort genannten **Informationspflichten** über einen Änderungssachverhalt zum geschuldeten Unterhalt unterrichtet (Wiederheirat oder Tod der ausgleichsberechtigten Person, Wegfall der Unterhaltszahlungen wegen Entfallen der Bedürftigkeit nach § 1577 Abs. 1 BGB der ausgleichsberechtigten Person). Unterlässt dies die ausgleichspflichtige Person in vorwerfbarer Weise, ist diese aufgrund der gesetzlichen Informationspflicht zu Schadensersatz gem. § 50 SGB X verpflichtet (ansonsten greift § 823 Abs. 2 BGB i. V. m. § 34 Abs. 5 VersAusglG als Schutzgesetz im Sinne dieser Bestimmung ein). Ansonsten ist der Versorgungsträger auch nach § 4 Abs. 1, 3 VersAusglG befugt, von der ausgleichsberechtigten Person Auskunft über eine nach § 34 Abs. 5 VersAusglG beachtliche Änderung einzuholen, die zur Aufhebung der Anpassung führen kann.

888 Hiervon zu trennen ist die **Änderung nach § 34 Abs. 6 Satz 2 VersAusglG**, die vom Familiengericht vorzunehmen ist, wenn sich aufgrund eines unterhaltsrechtlichen erheblichen Umstands der gesetzlich geschuldete Unterhalt wesentlich i. S. d. § 33 Abs. 2 VersAusglG ändert, so dass auch eine Änderung der Anpassungsentscheidung gem. § 224 Abs. 3 FamFG zu erfolgen hat.

10. Änderung der Rentenbescheide der ausgleichspflichtigen und ausgleichsberechtigten Person

889 Wird die Anpassung nach § 33 Abs. 1 VersAusglG geändert, sind bei Vorliegen einer Rente der gesetzlichen Rentenversicherung die **Rentenbescheide** sowie Bescheide über einen sonstigen Versorgungsbezug hinsichtlich der geschiedenen Ehegatten zu ändern. Nach § 101 Abs. 3 b Nr. 1–3 SGB VI (in der Fassung des Art. 4

Nr. 5 VAStrRefG) erfolgt dies mit Wirkung von dem Zeitpunkt an, zu dem in den Fällen:
- des § 33 Abs. 1 VersAusglG eine Leistung an die ausgleichsberechtigte Person aus einem von ihm im Versorgungsausgleich erworbenen Anrecht beginnt,
- des § 33 Abs. 3 VersAusglG eine Leistung an die ausgleichspflichtige Person aus einem im Versorgungsausgleich erworbenen Anrecht beginnt sowie
- des § 34 Abs. 5 VersAusglG die ausgleichspflichtige Person ihre Unterhaltszahlungen teilweise oder vollständig eingestellt hat.

11. Verzeihung des Härtegrundes nach § 1579 BGB

Soweit ein unterhaltsrechtlicher Härtegrund nach § 1579 Nr. 2–8 BGB auf einem persönlichen Fehlverhalten des Unterhaltsberechtigten beruht, kann die Berufung auf diesen versagt werden, wenn der Unterhaltspflichtige das Verhalten des Unterhaltsberechtigten ausdrücklich oder stillschweigend verziehen hat. Die Wirkung der Verzeihung leitet sich aus § 242 BGB ab, weil die Berufung auf den Härtegrund im Falle einer Verzeihung aufgrund des entstandenen Vertrauenstatbestandes ein Verstoß gegen Treu und Glauben darstellen würde. Die tatbestandlichen Voraussetzungen des Härtegrundes entfallen damit nicht; im Rahmen der Prüfung der (groben) Unbilligkeit ist die Verzeihung jedoch zu berücksichtigen (BGH FamRZ 2003, 521, 522; OLG Düsseldorf FamRZ 1997, 1159; OLG Hamm FamRZ 1997, 1485; MüKo/*Maurer* § 1579 BGB Rn. 70; *Schwab/Borth* Teil IV Rn. 514).

890

Die **Wirkungen einer Verzeihung** sind nicht auf ein Fehlverhalten des Unterhaltsberechtigten begrenzt, sondern greifen auch dann ein, wenn ein Härtegrund nicht an ein persönliches Fehlverhalten anknüpft. Dies folgt aus dem Gesichtspunkt, dass die Geltendmachung eines solchen Härtegrundes im Verhältnis zu einer persönlichen Verfehlung erst recht verzichtet werden kann, wenn ein Wille zur Aufrechterhaltung der Ehe durch den Unterhaltspflichten besteht.

V. Anpassung wegen Invalidität

1. Regelungszweck

Zweck der Regelungen der §§ 35 Abs. 1, 36 VersAusglG ist es, **leistungsrechtliche Auswirkungen** aufgrund des durchgeführten Versorgungsausgleichs auszugleichen, die sich aus dem neuen Ausgleichssystem des Hin- und Her-Ausgleichs ergeben. Bezieht z. B. der ausgleichspflichtige Ehemann vor Erreichen der festen Altersgrenze (derzeit das 65. Lebensjahr) wegen Invalidität bereits eine Versorgung, wird nach Durchführung der (internen oder externen) Teilung dessen Anrecht gekürzt. Hat der andere Ehegatte ebenfalls ein (geringeres) auszugleichendes Anrecht und kann der Ehemann aus den von der Ehefrau erworbenen Anrechten erst mit Erreichen der Regelaltersgrenze eine Leistung beziehen, weil die Voraussetzungen für einen Rentenbezug wegen Invalidität nicht vorliegen, wird die Kürzung der laufenden Leistung im Umfang des ab Erreichen der festen Altersgrenze zu beziehenden Anrechts ausgesetzt. Diese Regelung wurde aufgrund der Beratungen im Rechtsausschuss des Bundestages auf Versorgungen mit einer **flexiblen Altersgrenze** ausgedehnt, so dass auch insoweit ein Ausgleich des Nachteils erfolgt (der durch den Wegfall der Saldierung aller Anrechte der Ehegatten wie in dem bis zum 31.08.2009 geltenden System nach § 1587a Abs. 1 BGB entsteht). Dies betrifft vor allem Beamte mit einer vorgezogenen Altersgrenze (Polizeibeamte, Soldaten, s. a. BT-Drucks. 16/11903 S. 110).

891

8. Kapitel   Anpassung nach Rechtskraft

2. Voraussetzungen

892
- Nach § 35 Abs. 1 VersAusglG erfolgt nur dann eine Anpassung, wenn die ausgleichspflichtige Person eine laufende Leistung aus eigenen Anrechten entweder wegen dem Fall der Invalidität oder wegen Erreichens einer besonderen Altersgrenze bezieht und sie aus einem im Versorgungsausgleich erworbenen Anrecht durch Übertragung oder Begründung keine Leistung beziehen kann, weil sie die Voraussetzungen dieses Anrechts nicht erfüllt (s. a. § 10 Abs. 3 VersAusglG sowie § 14 Abs. 3 VersAusglG).
- Die Kürzung ist nach § 35 Abs. 3 VersAusglG **höchstens in Höhe der Ausgleichswerte** aus den nach § 32 VersAusglG benannten anpassungsfähigen Anrechten auszusetzen, aus denen die ausgleichspflichtige Person noch keine Leistung bezieht.
- Die Anpassung nach § 35 Abs. 1 VersAusglG erfolgt nach § 35 Abs. 2 VersAusglG i. V. m. § 33 Abs. 2 VersAusglG nur dann, wenn die Kürzung am Ende der Ehezeit bei einem Rentenbetrag als maßgebliche Bezugsgröße mindestens 2%, in allen anderen Fällen als Kapitalwert mindestens 240% der monatlichen Bezugsgröße des § 18 Abs. 1 SGB IV betragen hat. Das sind als Rente derzeit 50,40 € und als Kapitalbetrag 6.048,00 € (s. Sozialversicherungs-Rechengrößenverordnung 2009; BGBl I 08 2336; s. hierzu FamRZ 2009, 97). Hierdurch soll vermieden werden, dass die Versorgungsträger verwaltungstechnisch aufwendige Aussetzungen der Kürzung bei geringen Kürzungsbeträgen vorzunehmen haben.
- Bezieht die ausgleichspflichtige Person **mehrere Versorgungen**, so ist nach § 35 Abs. 3 VersAusglG jede Versorgung nur insoweit zu kürzen, als dies dem Verhältnis ihrer Ausgleichswerte entspricht (zur Berechnung s. Rdn. 893 Ziffer 7).
- Die Aussetzung der Kürzung erfolgt nach § 35 Abs. 1 VersAusglG **nur auf Antrag** der ausgleichpflichtigen Person, § 36 Abs. 2 VersAusglG. Dieser Antrag ist bei dem Versorgungsträger zu stellen, der die Kürzung vollzogen hat.

3. Beispiel einer Anpassung nach § 35 Abs. 1 VersAusglG

893

	Ehemann	Ehefrau	Ausgleich
ges. RV	←	400,00 €	200,00 €
Entgeltpunkte		14,7059	7,3530
Beamtenversorgung	800,00 €	→	400,00 €
Entgeltpunkte bei § 16 VersAusglG	29,4118		14,7059

(1) Der Ehemann bezieht ab Erreichen des 62. Lebensjahrs entweder eine Versorgung wegen Dienstunfähigkeit aus einer Beamtenversorgung oder eine Altersversorgung aufgrund einer vorgezogenen Altersgrenze ab dem 62. Lebensjahr (Polizeibeamter, Soldat).

(2) Aus dem Anrecht in der gesetzlichen Rentenversicherung, das er durch den Versorgungsausgleich von der Ehefrau i.H.v. 200,00 € erlangt hat, kann er noch keine Versorgung beziehen, weil Voraussetzung für eine Rente wegen Erwerbsminderung nach § 43 Abs. 1, 2 SGB VI ist, dass in den letzten 5 Jahren vor Eintritt des Versorgungsfalls 36 Pflichtbeitragsmonate belegt sind; dies wird durch den Versorgungsausgleich nicht erfüllt.

(3) Nach dem bis zum 31.08.2009 geltenden Rechtszustand hätte der Ehemann im Versorgungsausgleich 250,00 € an die Ehefrau aufgrund der Saldierung nach § 1587a Abs. 1 BGB a.F. abgegeben.

(4) Nach dem neuen Ausgleichssystem gem. § 1 Abs. 1, 2 VersAusglG muss er zunächst 400,00 € an die Ehefrau im Versorgungsausgleich entweder nach § 16 VersAusglG (als besondere Form der externen Teilung) oder durch die interne Teilung nach § 10 Abs. 1 VersAusglG abgeben, wenn beispielsweise ein Anrecht der berufständischen Versorgung vorliegt. Aus dem im Gegenzug von der Ehefrau erlangten Anrecht fließen ihm erst ab Erreichen der Regelaltersgrenze Leistungen zu.

VI. Anpassung wegen Todes der ausgleichsberechtigten Person

(5) Nach § 35 Abs. 3 VersAusglG wird die Kürzung i.H.v. 200,00 € ausgesetzt, da der Ehemann in dieser Höhe aus dem im Versorgungsausgleich erlangten Anrecht (noch) keine Leistungen erlangt. Damit hat er vorläufig lediglich i.H.v. 200,00 € - wie nach dem bis zum 31.08.2009 bestehenden Rechtszustand - eine Kürzung hinzunehmen.

(6) Liegt bei der Ehefrau – anstelle eines Anrechts der gesetzlichen Rentenversicherung - ein Anrecht aus einer Beamtenversorgung vor, greift § 35 Abs. 1 VersAusglG nicht ein, wenn der Ausgleich nach § 10 Abs. 1 VersAusglG im Wege der internen Teilung erfolgen kann, weil die Voraussetzungen des BVersTG (s. Art. 5 VAStrRefG) eingreifen. Danach steht dem Ehemann nach § 2 Abs. 3 Satz 1 BVersTG ab Eintritt des Versorgungsfalls im eigenen Anrecht auch ein aus dem nach diesem Gesetz erlangten Anrecht zeitgleich zu (s.a. Rdn. 550).

(7) Hätte der Ehemann anstelle des Ausgleichs eines Anrechts der Beamtenversorgung i.H.v. 800,00 € ein solches nur i.H.v. 600,00 € und zugleich ein Anrecht aus einer berufsständischen Versorgung i.H.v. 200,00 € und würde er ab dem 62. Lebensjahr aus beiden Anrechten eine Versorgung wegen Dienstbzw. Erwerbsunfähigkeit beziehen, so wäre nach § 35 Abs. 4 VersAusglG der Aussetzungsbetrag von 200,00 € anteilig auf beide Versorgungen umzusetzen. In Bezug auf das Anrecht in der Beamtenversorgung würde dann der Aussetzungsbetrag 150,00 € betragen (200 × 600/800) und in Bezug auf die berufsständische Versorgung i.H.v. 50,00 € (200 × 200/800).

4. Durchführung der Anpassung wegen Invalidität oder einer besonderen Altersgrenze

In § 36 Abs. 1–4 VersAusglG werden die Voraussetzungen zur Durchführung der Anpassung nach § 35 Abs. 1 VersAusglG geregelt; dies bezieht sich auch auf deren Abänderung im Fall des § 225 Abs. 1 FamFG sowie der Aufhebung. Zuständig für die Entscheidung über die Anpassung ist der Versorgungsträger, bei dem das aufgrund des Versorgungsausgleichs gekürzte Anrecht entsteht. Antragsberechtigt i. S. d. § 35 Abs. 1 VersAusglG ist die ausgleichspflichtige Person, § 36 Abs. 2 VersAusglG. Die Wirksamkeit der Anpassung richtet sich nach § 36 Abs. 3 VersAusglG i. V. m. § 34 Abs. 3 VersAusglG, greift danach also ab dem Ersten des Monats ein, der auf den Monat der Antragstellung folgt. Im Übrigen bestehen für die ausgleichspflichtige Person nach § 36 Abs. 4 VersAusglG i. V. m. § 4 Abs. 3 VersAusglG **Informationspflichten**, sobald sie aus einem im Versorgungsausgleich erworbenen Anrecht eine Leistung i. S. d. § 35 Abs. 1 VersAusglG beziehen kann. In diesem Fall hebt der Versorgungsträger die Aussetzung der Kürzung auf; insoweit gilt § 101 Abs. 3 b Nr. 2 SGB VI (s. Rdn. 889). § 36 Abs. 3 VersAusglG verweist auch auf § 34 Abs. 4 VersAusglG; danach geht der Anspruch auf Anpassung auf die Erben über, wenn der Erblasser den Antrag gestellt hatte; dieser fällt damit in den Nachlass. Bei mehreren Versorgungsträgern sind diese nach § 4 Abs. 3 VersAusglG gegenseitig zur Auskunft über die Versorgungsverhältnisse verpflichtet.

894

Treffen die Anpassung nach § 35 Abs. 1 VersAusglG wegen Invalidität oder einer die ausgleichspflichtige Person geltenden Altersgrenze mit der Anpassung wegen Unterhalt nach § 33 VersAusglG zusammen, ist vorab die Anpassung nach § 35 VersAusglG vorzunehmen. Zwar besteht insoweit keine gesetzlich bestimmte Rangfolge; dies ergibt sich jedoch aus dem weiter gehenden Regelungszweck des § 35 Abs. 1 VersAusglG.

VI. Anpassung wegen Todes der ausgleichsberechtigten Person

1. Grundlagen, Änderungen des neuen Rechts

§ 37 VersAusglG regelt den Grundtatbestand der Anpassung wegen Todes der ausgleichsberechtigten Person. Die Regelung tritt an die Stelle des § 4 VAHRG a. F. Sie entspricht den Vorgaben des BVerfG (s. Rdn. 865) in den Fällen der Durchführung

895

des Versorgungsausgleichs durch die interne Teilung sowie externe Teilung nach den §§ 9–19 VersAusglG, indem sie bestimmt, dass die nach rechtskräftiger Durchführung des Versorgungsausgleichs vorgenommene Kürzung im Leistungsfall der ausgleichpflichtigen Person wieder rückgängig gemacht wird, sofern die ausgleichsberechtigte Person aus den übertragenen oder begründeten Anrechten noch keine oder nur zeitlich begrenzt eine Versorgung bezogen hat. Faktisch bedeutet dies, dass die Wirkungen des Versorgungsausgleichs als nicht bestehend behandelt werden. § 37 VersAusglG ist aber klarer gefasst und insbesondere auf die neuen Formen des Ausgleichs abgestimmt. Es gelten folgende Grundsätze:

– Entsprechend dem Regelungszweck des § 4 VAHRG wird der Versorgungsausgleich rückgängig gemacht, wenn die ausgleichsberechtigte Person **vor Bezug** der im Versorgungsausgleich übertragenen oder begründeten Anrechte verstirbt.
– Nach § 37 Abs. 2 VersAusglG greift diese Regelung nur ein, wenn die **ausgleichsberechtigte Person** die Versorgung aus dem übertragenen Anrecht nicht länger als 36 Monate bezogen hat (nach § 4 Abs. 2 VAHRG a. F. die Leistung i. H. v. 24 Monaten). Ohne Bedeutung ist es für das Eingreifen des § 37 Abs. 1 VersAusglG, ob **Hinterbliebene** (Waisen) Leistungen erhalten haben, weil § 120 b Abs. 1 SGB VI (in der Fassung von Art. 4 Nr. 7 VAStrRefG) nur auf Rentenleistungen unter Ehegatten abstellt.
– Eine Anpassung erfolgt – anders als in § 4 VAHRG a. F. – dagegen nicht, wenn nur die **Hinterbliebenen der ausgleichspflichtigen Person** von der Anpassung Vorteile erlangen würden, weil nur der überlebende Ehegatte antragsberechtigt ist, § 120 b Abs. 2 SGB VI.
– § 37 Abs. 1 Satz 2 VersAusglG sieht die **Rückzahlung von Beiträgen** vor, die zur Abwendung der Kürzung oder zur Begründung von Anrechten zugunsten des Ausgleichsberechtigten geleistet wurden.
– § 37 Abs. 3 VersAusglG sieht vor, dass die vom überlebenden Ehegatten im Versorgungsausgleich vom verstorbenen Ehegatten erlangten Anrechte erlöschen. Entsprechend regelt § 38 Abs. 3 VersAusglG Informationspflichten.
– Die Aussetzung der Kürzung setzt nach § 37 Abs. 1 VersAusglG einen Antrag der ausgleichspflichtigen Person voraus, § 38 Abs. 1 Satz 2 VersAusglG. Anders als nach dem bis zum 31. 08. 2009 geltenden Recht wirkt die Anpassung erst ab dem ersten Tag des Monats, der auf den Monat der **Antragstellung** folgt. § 38 Abs. 2 VersAusglG i. V. m. § 34 Abs. 3 VersAusglG. Ab diesem Zeitpunkt entfällt die Kürzung des Anrechts aufgrund des Versorgungsausgleichs.

2. Voraussetzungen der Aussetzung der Kürzung wegen Todes

896 Die Anpassung nach § 37 Abs. 1 VersAusglG setzt zunächst voraus, dass die ausgleichsberechtigte Person i. S. d. § 1 Abs. 2 Satz 1 VersAusglG gestorben ist. Hierbei ist zu unterscheiden, ob die ausgleichsberechtigte Person vor Beginn des Leistungsbezugs aus dem im Versorgungsausgleich erworbenen Anrecht gestorben ist oder sie aus dem übertragenen oder begründeten Anrecht Leistungen erlangt hat, § 37 Abs. 2 VersAusglG. Anders als in den §§ 33 Abs. 2, 35 Abs. 2 VersAusglG besteht eine Regelung wegen Geringfügigkeit, bis zu der keine Anpassung erfolgt, nicht. Wird von der ausgleichpflichtigen Person der Tod der ausgleichsberechtigten Person vorsätzlich herbeigeführt, scheidet eine Aufhebung der Kürzung nach § 37 Abs. 1 VersAusglG aufgrund des Rechtsgedankens des § 162 Abs. 2 BGB bzw. § 105 SGB VI aus (s. *Ruland* Rn. 905).

897 Verstirbt die ausgleichsberechtigte Person, bevor sie eine Versorgung aus dem im Versorgungsausgleich erlangten Anrecht bezieht, wird ab dem in § 38 Abs. 2

VI. Anpassung wegen Todes der ausgleichsberechtigten Person

VersAusglG i. V. m. § 34 Abs. 3 VersAusglG genannten Monatsersten die Kürzung des ausgeglichenen Anrechts der ausgleichpflichtigen Person aufgehoben (zur Abwicklung angefallener Kürzungen nach dem bis zum 31.08.2009 bestehenden Rechtszustand s. Vorauflage Rn. 575 f.). Hierbei ist es ohne Belang, ob die ausgleichsberechtigte Person Hinterbliebene (Witwe, Waisen) hinterlässt, die aus den erworbenen Anrechten eine Rente wegen Todes verlangen könnten. § 37 Abs. 2 VersAusglG (s. a. § 120 b Abs. 1 SGB VI; BT-Drucks. 16/10144 S. 76) legt hierzu fest, dass es nur auf den Bezug einer Leistung der ausgleichsberechtigten Person ankommt.

Hat die ausgleichsberechtigte Person aus dem im Versorgungsausgleich erworbenen **Anrecht bereits eine Leistung bezogen**, erfolgt die Aufhebung der Kürzung ebenfalls, solange der Bezug der Leistung die Zeitgrenze von 36 Monaten gem. § 37 Abs. 2 VersAusglG i. V. m. § 120 b Abs. 1 SGB VI nicht überschritten hat. Nach dem Wortlaut des § 37 Abs. 2 VersAusglG kommt es – anders als nach § 4 Abs. 2 VAHRG a. F. (s. hierzu Vorauflage Rn. 570) – nur auf die Dauer des Bezugs der Leistungen aus dem Antrag an, dagegen nicht auf die Summe der an die verstorbene Person erbrachten gesamten Leistungen (z. B. Regelleistungen nach § 9 SGB VI – medizinische, berufsfördernde Leistungen zur Rehabilitation, Witwenabfindungen nach § 107 SGB VI). Es ist deshalb unerheblich, wenn nur eine Rente wegen teilweiser Erwerbsminderung nach § 43 Abs. 1 SGB VI mehr als 36 Monate bezogen wurde, weil damit der zeitlich definierte Grenzwert überschritten wurde, so dass eine Aufhebung der Kürzung nicht erfolgt. Andererseits ist der Bezug einer Maßnahme nach § 9 SGB VI (Rehabilitationsmaßnahme) **keine Versorgung** i. S. d. § 37 Abs. 1 VersAusglG, weil sich dieser Begriff lediglich auf den Bezug einer Versorgung wegen Alters oder Invalidität bezieht (s. a. *Ruland* Rn. 907). **Ruht die Leistung** aus dem Anrecht – wegen Zusammentreffen von der gesetzlichen Rentenversicherung und der Unfallrente nach § 93 SGB VI, liegt ein Leistungsbezug nicht vor, so dass § 37 Abs. 1 VersAusglG eingreift.

> **Praktischer Hinweis:**
> Wurde der Antrag einer ausgleichpflichtigen Person nach § 4 Abs. 2 VAHRG a.F. wegen Überschreitens der Leistungsgrenze von zwei Jahren überschritten und ein entsprechender Antrag abgelehnt, so kann nach dem 01.09.2009 erneut ein Antrag gestellt werden, weil die neue Regelung des § 37 Abs. 1 VersAusglG nicht auf die Versorgungsausgleichsentscheidungen nach dem 31.08.2009 begrenzt ist, sondern auch Fälle erfasst, in denen vor dem 01.09.2009 eine Kürzung aufgrund einer Entscheidung zum Versorgungsausgleich vorgenommen wurde. Die Regelung des § 48 Abs. 1 VersAusglG bezieht sich auf die Durchführung des Versorgungsausgleichs. Zudem ist § 120 b SGB VI (in der Fassung von Art. 4 Nr. 7 VAStrRefG mit Wirkung ab 01.09.2009 in Kraft getreten. Insoweit liegt eine die ausgleichpflichtige Person begünstigende Regelung vor, die nach den Bestimmungen des VwVfG zu einem begünstigenden Verwaltungsakt führen.

Standen der ausgleichsberechtigten Person **mehrere Anrechte** aus dem Versorgungsausgleich zu, so ist für jedes Anrecht die Frist von 36 Monaten getrennt zu berechnen (zum Rechtszustand vor dem 01.09.2009 s. Vorauflage Rn. 574).

3. Folgen der Anpassung wegen Todes der ausgleichsberechtigten Person

Werden Leistungen weniger als 36 Monate bezogen, erfolgt nach § 37 Abs. 1 VersAusglG i. V. m. §§ 38 Abs. 2, 34 Abs. 3 VersAusglG ab dem Ersten des Monats, der der Antragstellung folgt, die Aufhebung der Kürzung. Anders als § 4 Abs. 2 VAHRG a. F. sieht § 37 Abs. 2 VersAusglG **keine Anrechnung** der von der ausgleichsberechtigten Person bis zu deren Tod bezogener Leistungen vor. Dies beruht

898

darauf, dass nach § 38 Abs. 2 VersAusglG erst ab Antragstellung die Kürzung aufgehoben wird, so dass auch kein Anlass zur Anrechnung der Leistungen an die ausgleichsberechtigte Person besteht.

899 Nach § 37 Abs. 1 Satz 2 VersAusglG sind **Beiträge**, die die ausgleichspflichtige Person zur **Abwendung einer Kürzung** durch den Versorgungsausgleich gem. § 187 Abs. 1 Nr. 1 SGB VI oder § 58 Abs. 1 BeamtVG an den Träger der gesetzlichen Rentenversicherung geleistet hat, zu erstatten; hierbei sind bereits gewährte Leistungen an die ausgleichsberechtigte Person anzurechnen. Gleiches gilt, wenn die ausgleichspflichtige Person **Beiträge zur Begründung eines Anrechts** zugunsten der ausgleichsberechtigten Person im Falle der externen Teilung nach § 15 Abs. 1 VersAusglG oder im Zusammenhang mit einer Vereinbarung gem. §§ 6–8 VersAusglG nach § 187 Abs. 1 Nr. 2 SGB VI geleistet hat. Auch in den Fällen des § 3b Abs. 1 Nr. 2 VAHRG a. F., in denen zur Begründung eines Anrechts in der gesetzlichen Rentenversicherung ein Beitrag auf Anordnung des Familiengerichts zu leisten war, gilt § 37 Abs. 1 Satz 2 VersAusglG (dies entspricht § 7 VAHRG a. F., der insgesamt aufgehoben wurde).

900 Anzurechnende Leistungen sind nicht nur Renten wegen Alters oder Invalidität, sondern auch Leistungen der Rehabilitation nach § 9 SGB VI oder an Hinterbliebene. Entscheidend ist insoweit, ob aus dem begründeten Anrecht Leistungen erbracht wurden (VGH Kassel NJW 1997, 1323; BSG SGb 2004, 298). Der anzurechnende Betrag ist im Verhältnis des Ausgleichswerts i. S. d. § 1 Abs. 2 VersAusglG zum Gesamtwert des Anrechts zu bestimmen (s. Vorauflage Rn. 588, 589). Besteht hierüber Streit, ist für diesen bei Anrechten der gesetzlichen Rentenversicherung das Sozialgericht zuständig, für Anrechte der Beamtenversorgung sowie der berufsständischen Versorgungen das Verwaltungsgericht.

Zurückgezahlt werden lediglich die tatsächlich geleisteten Beiträge; eine Anpassung an die Dynamik der gesetzlichen Rentenversicherung erfolgt nicht. Eine **Verzinsung** kann entsprechend § 44 SGB I i. H. v. 4% verlangt werden. Der Anspruch kann lediglich von der ausgleichpflichtigen Person geltend gemacht werden. Ist diese nach Antragstellung verstorben, geht der Anspruch nach § 38 Abs. 2 VersAusglG i. V. m. § 34 Abs. 4 VersAusglG auf die **Erben** über.

4. Erlöschen der von der ausgleichspflichtigen Person im Versorgungsausgleich erworbenen Anrechte

901 Nach § 37 Abs. 3 VersAusglG **erlöschen** mit Wirksamwerden der Anpassung nach § 37 Abs. 1 VersAusglG **die Anrechte** i. S. d. § 32 VersAusglG, die die ausgleichspflichtige Person von der verstorbenen ausgleichsberechtigten Person im Versorgungsausgleich erlangt hat. Dies ist die Folge des neuen Ausgleichssystems des Hin- und Her-Ausgleichs. Durch diese Regelung soll die ausgleichspflichtige Person keine bessere Versorgungslage erlangen, als ohne Durchführung des Versorgungsausgleichs bestehen würde. Da mit der Aufhebung der Kürzung des im Versorgungsausgleich geminderten eigenen Anrechts die eigene Versorgungslage nicht beeinträchtigt wird, bedarf es nach der Zwecksetzung des Versorgungsausgleichs auch nicht der Beibehaltung des durch den Versorgungsausgleich erlangten Versorgungserwerbs zulasten des anderen (verstorbenen) Ehegatten. Entsprechend ordnet § 37 Abs. 3 VersAusglG an, dass diese Anrechte zu dem Zeitpunkt erlöschen, sobald die Anpassung wirksam wird, also nach § 38 Abs. 2 VersAusglG i. V. m. § 34 Abs. 3 VersAusglG. Hierzu ergeht nach § 101 Abs. 3b Nr. 3 SGB VI der Rentenbescheid mit Wirkung des Zeitpunkts der Aufhebung der Kürzung. Dagegen erlöschen die Anrechte nicht, die der ausgleichsberechtigten Person im Versorgungsausgleich übertragen wurden, obwohl die Kürzung bei der ausgleichsberechtigten Person aufgehoben wurde. Aus diesen können Renten wegen Todes an Hinterbliebene der verstorbenen Person entstehen, was zu einer doppelten Rentenleistung für diese führen kann (s. a. BT-Drucks. 16/10144 S. 75; Kritisch *Ruland* Rn. 912).

Mit dieser Regelung korrespondiert die in § 38 Abs. 3 Satz 1 VersAusglG enthaltene **Mitwirkungs- und Auskunftspflicht** der ausgleichspflichtigen Person. Diese hat deshalb zum Zeitpunkt der Antragstellung nach § 37 Abs. 1 VersAusglG i. V. m. §§ 38 Abs. 2, 34 Abs. 3 VersAusglG die anderen Versorgungsträger, bei denen sie Anrechte der verstorbenen ausgleichsberechtigten Person erworben hat, über den Tod sowie den Antrag nach § 37 Abs. 1 VersAusglG zu unterrichten. Gleichzeitig muss der Versorgungsträger des ausgeglichenen Anrechts der ausgleichpflichtigen Person den Eingang des Antrags nach § 37 Abs. 1 VersAusglG sowie seine Entscheidung zur Aufhebung der Kürzung informieren. Hierzu kann dieser bei der ausgleichspflichtigen Person eine Auskunft über die zu unterrichtenden Versorgungsträger nach § 4 Abs. 1, 3 VersAusglG verlangen. Der Kreis der zu beteiligenden Versorgungsträger kann regelmäßig aus der Verbundentscheidung gem. § 137 Abs. 1, 2 FamFG zur Scheidung sowie der Folgesache Versorgungsausgleich entnommen werden. Der Nachweis des Todes der ausgleichsberechtigten Person erfolgt durch Zuleitung einer Sterbeurkunde.

902

5. Durchführung der Aussetzung der Kürzung

Nach § 38 Abs. 1 Satz 1 VersAusglG entscheidet über die Aussetzung der Kürzung nach § 37 Abs. 1 VersAusglG der Versorgungsträger, bei dem das durch den Versorgungsausgleich gekürzte Anrecht besteht. Antragsberechtigt ist nach § 38 Abs. 1 Satz 2 VersAusglG die ausgleichspflichtige Person. Entscheidend für das Wirksamwerden der Aussetzung ist der Zeitpunkt der Antragstellung, § 38 Abs. 2 VersAusglG i. V. m. § 34 Abs. 3 VersAusglG. Wird der Antrag nicht sofort bei Eintritt des Todes der ausgleichsberechtigten Person gestellt, hat die ausgleichspflichtige Person die sich hieraus ergebenden nachteiligen Folgen zu tragen.

903

9. Kapitel
Auswirkungen der Übertragung oder Begründung von Anrechten in der gesetzlichen Rentenversicherung sowie Beamtenversorgung

I. Übertragung von Rentenanwartschaften

1. Umsetzung des Versorgungsausgleichs in der gesetzlichen Rentenversicherung

Das Familiengericht bestimmt mit der Entscheidung über den Versorgungsausgleich, dass vom Versicherungskonto der ausgleichspflichtigen Person auf ein Versicherungskonto der ausgleichsberechtigten Person in der gesetzlichen Rentenversicherung eine bestimmte Anzahl an Entgeltpunkten übertragen wird. § 5 Abs. 1 VersAusglG legt hierzu fest, dass die jeweilige Bezugsgröße des auszugleichenden Anrechts als Teilungsgegenstand heranzuziehen ist. Der reformierte Versorgungsausgleich unterscheidet sich insoweit von der bis zum 31.08.2009 geltenden Regelung; nach dieser wurde der Ausgleichswert stets in Form eines monatlichen Rentenbetrags, bezogen auf das Ehezeitende, ausgedrückt. Regelmäßig wird die Entscheidung des Familiengerichts zum Versorgungsausgleich mit der Rechtskraft des Scheidungsbeschlusses i. S. d. § 116 Abs. 1 FamFG wirksam (§ 148 FamFG), falls nicht der Entscheidungsverbund nach § 140 Abs. 1 FamFG aufgelöst und die Entscheidung zum Versorgungsausgleich angefochten wurde. Die übertragenen Anrechte nehmen in gleicher Weise wie die durch Beitragsleistung eines Versicherten begründeten Anwartschaften an den jährlichen Rentenanpassungen teil (§§ 65, 68 SGB VI). Die Dynamisierung der übertragenen Rentenanrechte erfolgt über die Koppelung an den aktuellen Rentenwert, der nach § 65 SGB VI zum ersten Juli jeden Jahres gem. den Regelungen des § 68 SGB VI neu bestimmt wird. Entsprechend bestimmt § 5 Abs. 1 VersAusglG die Anknüpfung an diese Bezugsgröße. Damit entfällt auch die bis zum 31.08.2009 erforderliche Umrechnung des übertragenen Rentenbetrages in Entgeltpunkte. Steigt zwischen dem Ende der Ehezeit und dem tatsächlichen Rentenfall der aktuelle Rentenwert, erhöht sich auch der Nominalbetrag der Rente (zum Vergleich: der aktueller Rentenwert betrug 1977 12,88 €, im 2. Halbjahr 2009 27,20 €). Nach § 76 Abs. 1 SGB VI erfolgt zugunsten eines Versicherten ein **Zuschlag** an Entgeltpunkten aufgrund des Versorgungsausgleichs. Gleichzeitig sieht diese Regelung in § 76 Abs. 3 SGB VI einen entsprechenden **Abschlag** an Entgeltpunkten zu Lasten des Ausgleichspflichtigen vor.

904

> **Beispiel:**
> Auf den Ausgleichsberechtigten wurde bei Ehezeitende (30.06.1997) ein Anrecht in der gesetzlichen Rentenversicherung i. H. v. 600,00 DM übertragen. Im zweiten Halbjahr 2009 tritt der Rentenfall ein.
> (1) Umrechnen des Anrechts in Entgeltpunkte nach § 76 Abs. 2 SGB VI (s. FamRZ 2009, 97).
>   600,00 DM : 46,47 DM (aktueller Rentenwert erstes Halbjahr 1997) = 12,8562 Entgeltpunkte
>   Somit erfolgt ein Zuschlag von 12,8562 Entgeltpunkten zu den vom Ausgleichsberechtigten aufgrund eigener Beiträge erworbenen Entgeltpunkten.
> (2) Bestimmung der Rentenleistung aus dem Versorgungsausgleich.
>   12,8562 Ep × 27,20 € (aktueller Rentenwert zweites Halbjahr 2009) = 349,69 €
> (3) In dem Ansteigen von 600,00 DM auf 349,69 € (683,93 DM) drückt sich die Rentendynamik aus.
> (4) Beim Ausgleichspflichtigen wird von den in der Ehezeit insgesamt erworbenen Entgeltpunkten ein Abschlag von 12,8562 Entgeltpunkten vorgenommen, so dass entsprechend auch die Minderung »mitwächst«. Tritt beim Ausgleichspflichtigen im 2. Halbjahr 2009 der Rentenfall ein, mindert sich sein Anrecht um denselben Betrag von 349,69 €.

905

Nach § 76 Abs. 6 SGB VI entfällt der Zuschlag zu gleichen Teilen auf die in der Ehezeit liegenden Kalendermonate, nach Hs. 2 dieser Bestimmung der Abschlag zu gleichen Teilen auf die in der Ehezeit liegenden Kalendermonate mit Beitragszeiten und beitragsfreien Zeiten.

2. Zusammentreffen von Anrechten der knappschaftlichen Versicherung mit Anrechten der allgemeinen gesetzlichen Rentenversicherung

906 Bei der Durchführung des Wertausgleichs gem. § 10 Abs. 1 VersAusglG durch die interne Teilung geht das Familiengericht aufgrund des neuen Ausgleichssystems nicht mehr von einem einheitlichen Betrag aus, wenn Leistungsteile der allgemeinen Rentenversicherung (Deutsche RV Bund und Länder) und knappschaftlichen Versicherung zusammentreffen (so § 1587a Abs. 2 Nr. 2 BGB a. F.). Entsprechend wurde die Umsetzungsregelung des § 86 SGB VI nach Art. 4 Nr. 4 VAStrRefG aufgehoben (Aufteilungsverfahren). In der Beschlussformel der familiengerichtlichen Entscheidung gem. § 116 FamFG werden deshalb die Anrechte in Form der Entgeltpunkte (aufgrund der einzelnen Versicherungsbeträge) gesondert ausgewiesen. Denn die Berechnungsgrößen der allgemeinen Rentenversicherung unterscheiden sich von denen der **knappschaftlichen Versicherung**. Entsprechend ist der Teilungsgegenstand von Entgeltpunkten aus der knappschaftlichen Versicherung ein anderer als in der allgemeinen gesetzlichen Rentenversicherung. Es liegen deshalb verschiedenartige Anrechte vor, da die Rente aus der knappschaftlichen Rentenversicherung auf anderen Rechenfaktoren beruht als die Renten der sonstigen Versicherten (s. §§ 82, 67 SGB VI – Rentenartfaktor für Rente wegen Alters 1,3333 anstelle von 1,0), so dass diese im Hin- und Her-Ausgleich auch getrennt auszuweisen sind. Damit entfällt auch eine Umrechnung in knappschaftliche Entgeltpunkte. Zugleich entfällt nach § 10 Abs. 2 VersAusglG eine Verrechnung beim Vollzug, weil gleichartige Anrechte im Sinne dieser Vorschrift nicht vorliegen.

3. Auswirkungen bei Rentenbezug

907 Die Übertragung von Rentenanwartschaften erfolgt unabhängig davon, ob beim Ausgleichsberechtigten oder -verpflichteten bereits der Rentenfall eingetreten ist (Rdn. 41), wobei es unerheblich ist, ob eine Rente wegen Alters oder verminderter Erwerbsfähigkeit nach § 43 Abs. 1, 2 SGB VI erbracht wird. Entsprechend bestimmt § 2 Abs. 1 VersAusglG, dass auch Ansprüche auf eine laufende Versorgung im Versorgungsausgleich auszugleichen sind. Bezieht der Ausgleichsberechtigte bereits Rente bei Durchführung des Versorgungsausgleichs, so erhöht sich seine Rente um den auszugleichenden Betrag (BSG FamRZ 1982, 1008); beim Ausgleichspflichtigen erfolgt eine entsprechende Minderung.

II. Auswirkungen der Begründung von Rentenanwartschaften

1. Fälle der Begründung von Rentenanwartschaften im Versorgungsausgleich

908 Die Wirkungen der Begründung von Rentenanwartschaften sind in § 76 SGB VI geregelt. Insoweit wird auf die obigen Ausführungen Bezug genommen (Rdn. 904 f.). Rentenanwartschaften werden im Versorgungsausgleich begründet in den Fällen:
(1) des Ausgleichs eines Anrechts auf eine Beamtenversorgung nach § 16 VersAusglG (bis 31.08.2009 nach § 1587b Abs. 2 BGB);
(2) nach dem bis zum 31.08.2009 geltenden Recht zum Ausgleich eines bei einem öffentlich-rechtlichen Träger bestehenden sonstigen Anrechts i. S. d. § 1587a Abs. 2 Nr. 3–5 BGB a. F. (z. B. Zusatzversorgung des öffentlichen Dienstes, be-

II. Auswirkungen der Begründung von Rentenanwartschaften

rufsständische Versorgungen, soweit diese keine Realteilung nach § 1 Abs. 2 VAHRG vorsehen) nach § 1 Abs. 3 VAHRG a. F. – analoges Quasisplitting;
(3) des Ausgleichs eines Anrechts durch Beitragsentrichtung (Kapitalbetrag) nach § 15 Abs. 1 VersAusglG im Fall der externen Teilung, einer Vereinbarung nach den §§ 6–8 VersAusglG zur Begründung von Rentenanwartschaften (s. § 187 Abs. 1 Nr. 2 a SGB VI) sowie in den Fällen des § 3 b Abs. 1 Nr. 2 VAHRG a. F. in Entscheidungen auf der Grundlage des bis zum 31.08.2009 geltenden Rechts;
(4) wenn ein vom Ausgleichspflichtigen erbrachter Beitrag, um den nach Durchführung des Splittings erlittenen **Abschlag an Entgeltpunkten** (ganz oder teilweise) wieder **aufzufüllen** ist, §§ 76 Abs. 2 Nr. 1, 187 Abs. 1 Nr. 1 SGB VI;
(5) darüber hinaus kann der Träger der Versorgungslast die Erstattungspflicht für die Begründung von Rentenanwartschaften nach § 16 VersAusglG zugunsten des Ausgleichsberechtigten durch eine Beitragszahlung ablösen, §§ 187 Abs. 1 Nr. 3, 225 Abs. 2 SGB VI.

2. Umrechnen der begründeten Rentenanwartschaft in Entgeltpunkte

Bei der Begründung von Rentenanwartschaften ist danach zu unterscheiden, ob der Ausgleichsbetrag in monatlichen Euro-Beträgen oder einem Kapitalbetrag ausgedrückt wird. Besteht der Ausgleichsbetrag in einer Rentenanwartschaft, ist dieser Ausgleichsbetrag in gleicher Weise wie bei der Übertragung von Rentenanwartschaften in Entgeltpunkte umzurechnen, § 76 Abs. 2 SGB VI (Rdn. 905; s. a. Rdn. 377 – Deckengröße). Auch die danach ermittelten Entgeltpunkte sind Grundlage für die Berechnung von Wartezeiten, die Höhe der Rentenleistung und die Berechnung des Höchstbetrages. Entgegen dem allgemeinen Grundsatz wirkt sich ein Zuschlag von Entgeltpunkten aufgrund einer **Beitragsentrichtung auf das Rentenkonto des Berechtigten** oder aufgrund einer Wiederauffüllung von Rentenanwartschaften durch den Verpflichteten nur dann aus, wenn die Beiträge bis zu einem Zeitpunkt gezahlt worden sind, bis zu dem Entgeltpunkte für freiwillig gezahlte Beiträge zu ermitteln sind, § 76 Abs. 5 SGB VI. Dies bezieht sich auf die in § 75 SGB VI enthaltenen Bestimmungen. Danach können freiwillige Beträge nicht berücksichtigt werden, die für die Zeit nach Beginn einer Rente (Abs. 1) wegen Alters oder verminderter Erwerbsfähigkeit für die Zeit nach der Invalidität gezahlt werden (Abs. 2 Satz 1 Nr. 1). Liegen dagegen die Voraussetzungen des § 75 Abs. 3 SGB VI vor (volle Erwerbsminderung bei Beitragszeiten von zwanzig Jahren), so können wohl auch die im Versorgungsausgleich gezahlten Beiträge sich auf die Rentenhöhe niederschlagen. Die in § 75 SGB VI enthaltenen Regelungen entsprechen im übrigen § 3 b Abs. 1 Nr. 2 Satz 1 Hs. 2 VAHRG a. F. und § 187 Abs. 4 SGB VI.

909

Entsprechendes gilt im Falle der **Begründung eines Anrechts durch Zahlung eines Kapitalbetrags** nach § 14 Abs. 4 VersAusglG. Die Umrechnung in Entgeltpunkte wird in § 187 Abs. 4 Satz 2, 3 SGB VI (in der Fassung von Art. 4 Nr. 3 b SGB VI) geregelt. Danach ist der durch die Entscheidung des Familiengerichts festgesetzte Kapitalbetrag mit dem zum Ende der Ehezeit maßgebenden Umrechnungsfaktor für die Ermittlung von Entgeltpunkten im Rahmen des Versorgungsausgleichs zu vervielfältigen. Das Ergebnis stellt die Entgeltpunkte dar, auf deren Grundlage über den aktueller Rentenwert der Rentenbetrag zu bestimmen ist.

910

> **Beispiel:**
> Der vom Familiengericht nach § 14 Abs. 4 VersAusglG i. V. m. § 222 Abs. 3 FamFG festgesetzte Kapitalbetrag beträgt 50.000,00 €. Dieser Betrag ist mit dem Faktor Nr. 5 der Rechengrößen zur Durchführung

des Versorgungsausgleichs in der gesetzlichen Rentenversicherung zu vervielfältigen (2. Halbjahr 2009 - BGBl. I 08 2343; s. FamRZ 2009, 99).

50.000,00 € × 0,0001627360 = 8,1368 Entgeltpunkte

8,1368 Entgeltpunkte × 27,20 € (aktueller Rentenwert) = 221,32 €

3. Rentenrechtliche Auswirkungen der Begründung von Rentenanwartschaften durch Beitragsentrichtung

911 Infolge der Beitragsentrichtung können die Voraussetzungen für eine freiwillige Versicherung begründet werden, § 7 Abs. 2 SGB VI, falls die Höhe der Beiträge eine Wartezeit von mindestens sechzig Kalendermonaten ergibt. Bedeutsam kann dies für Personen sein, die von der Versicherungspflicht befreit sind, jedoch **im Wege einer Vereinbarung** nach §§ 6–8 VersAusglG Anrechte in der gesetzlichen Rentenversicherung begründen wollen. Wird jedoch eine bestimmte Anzahl von (Pflicht-)Beiträgen für eine rentenversicherungspflichtige Beschäftigung oder Tätigkeit vorausgesetzt (§§ 38, 39 SGB VI), kann die Begründung von Rentenanwartschaften durch Beitragsentrichtung solche Beiträge aus einer rentenversicherungspflichtigen Beschäftigung oder Tätigkeit nicht ersetzen, also z. B. für den Eintritt des vorzeitigen Altersruhegeldes. Denn die Begründung von Rentenanwartschaften durch Beitragsentrichtung erfolgt aufgrund einer bestimmten Kapitalleistung, stellt also eine andere Form dar als die Begründung von Rentenanwartschaften durch Pflichtbeiträge.

4. Begründung von Rentenanwartschaften aufgrund der externen Teilung nach § 16 VersAusglG

a) Erstattung der Leistung durch den Träger der Versorgung

912 Die rentenrechtliche Ausführung der Begründung von Rentenanwartschaften aufgrund einer beamtenrechtlichen Versorgung wird in § 225 SGB VI geregelt. Der Ausgleich von Versorgungsanwartschaften aus einem öffentlich-rechtlichen Dienstverhältnis erfolgt ohne die Leistung von Beiträgen zur gesetzlichen Rentenversicherung. Sind durch eine familiengerichtliche Entscheidung Versorgungsanwartschaften aus einem öffentlich-rechtlichen Dienstverhältnis nicht im Wege der internen Teilung nach § 10 Abs. 1 VersAusglG i. V. m. dem BVersTG, sondern der externen Teilung nach § 16 VersAusglG ausgeglichen worden, werden die Versorgungsbezüge des Verpflichteten ebenfalls gem. der Berechnungsregelung des § 57 Abs. 2 BeamtVG gekürzt. Da der Rentenversicherungsträger, bei dem die Rentenanwartschaften begründet werden, **keine Gegenleistung** erhält (etwa durch Beitragszahlung), sind die von ihm für den Berechtigten aufzubringenden Aufwendungen zu erstatten, § 225 Abs. 1 SGB VI. Hierzu zählen alle Leistungen, die der Rentenversicherungsträger dem Berechtigten aufgrund der übertragenen Anwartschaften erbringt. Dazu gehören insbesondere die laufenden Rentenleistungen, Beiträge zur Krankenversicherung der Rentner, Kinderzuschuss u. ä. Die näheren Einzelheiten hierzu sind in § 226 SGB VI geregelt.

b) Rentenrechtliche Auswirkungen der externen Teilung nach § 16 VersAusglG

913 Auch insoweit greift § 76 SGB VI ein, so dass die begründete monatliche Rentenanwartschaft in Entgeltpunkte umzurechnen ist. Ebenso sind die Regelungen zur Berechnung der Wartezeit und zur Erhöhung der Rentenleistungen heranzuziehen. Hinsichtlich der sonstigen rentenrechtlichen Auswirkungen ist die Begründung

von Rentenanwartschaften im Wege der externen Teilung nach § 16 VersAusglG der Anwartschaft zur Übertragung gleichgestellt.

c) Kürzung der Versorgungsbezüge gem. § 57 BeamtVG

Infolge der Begründung von Rentenanwartschaften im Wege der externen Teilung nach § 16 VersAusglG sind Versorgungsanwartschaften bzw. Versorgungsbezüge des Verpflichteten zu kürzen, nicht dagegen die laufenden Dienstbezüge. Die Kürzung erfolgt nach dem Wirksamwerden der familiengerichtlichen Entscheidung i. S. d. § 224 Abs. 1 FamFG; § 57 Abs. 1 Nr. 1, 2 BeamtVG (in der Fassung von Art. 6 Nr. 3 VAStrRefG). Ist **Waisengeld** an eine **Vollwaise** zu zahlen (§ 48 Abs. 2 SGB VI), unterbleibt die Kürzung, wenn bei der Versicherung des Berechtigten nicht die Voraussetzungen zur Gewährung einer Waisenrente vorliegen. Denn Vollwaisen sollen nicht durch die Scheidung der Ehe ihrer Eltern schlechter gestellt werden. In § 57 Abs. 2 BeamtVG ist die Berechnung der Höhe der **Kürzung** bestimmt. Auszugehen ist danach von dem Monatsbetrag der durch die Entscheidung des Familiengerichts begründeten Anwartschaften. Ist der Beamte noch nicht im Ruhestand, werden die übertragenen Anwartschaften jeweils um die Hundertsätze erhöht, um die die Versorgungsbezüge von Ruhestandsbeamten nach dem Ende der Ehezeit bis zum Erreichen des Ruhestandes ansteigen. Tritt der Beamte in den Ruhestand, wird der Kürzungsbetrag in dem Verhältnis erhöht oder vermindert, in dem sich das Ruhegehalt vor Anwendung von Ruhens-, Kürzungs- und Anrechnungsvorschriften durch Anpassung der Versorgungsbezüge erhöht oder vermindert, § 57 Abs. 2 Satz 2 BeamtVG (zur Kürzung des Witwen- und Waisengeldes s. § 56 Abs. 3 BeamtVG). Eine Kürzung der Versorgungsbezüge ist nicht möglich, wenn der Beamte ohne Versorgung aus dem Dienstverhältnis ausscheidet. In diesem Fall ist der Beamte durch seinen Dienstherrn in der gesetzlichen Rentenversicherung **nachzuversichern,** §§ 8, 181 SGB VI. Die nachzuversichernden Entgelte i. S. d. §§ 181, 277 SGB VI werden gekürzt, soweit diese in der Ehezeit liegen (die Nachversicherung erfolgt lediglich bis zur jeweiligen jährlichen Beitragsbemessungsgrenze). Die Kürzung erfolgt nach den §§ 181, 183 SGB VI (s. Rdn. 283).

914

Hatte ein Ehegatte bei Scheidung einer vorangegangenen Ehe Anrechte an den anderen Ehegatten nach § 1587 b Abs. 2 BGB a. F. oder nach § 16 VersAusglG abgeben müssen, so ist der sich daraus ergebende Kürzungsbetrag nach § 57 BeamtVG bei Durchführung des Versorgungsausgleichs im Falle der Scheidung der nachfolgenden Ehe nicht zu berücksichtigen. Dies folgt aus der Methode zur Bestimmung des Ehezeitanteils nach § 44 VersAusglG (§ 1587 a Abs. 2 Nr. 1 BGB a. F.), wonach von einem Betrag auszugehen ist, der sich bei Ende der Ehezeit als Versorgung ergibt, § 44 Abs. 1 VersAusglG i. V. m. § 40 Abs. 3 VersAusglG. Dieser Betrag ist im Zeit-Zeit-Verhältnis den einzelnen Zeitabschnitten (der verschiedenen Ehen) von Beginn der Dienstzeit bis zur festen Altersgrenze zuzuordnen. Bei mehreren Ehen wird deshalb der jeweilige ratierliche Zeitanteil ausgeglichen, so dass es nach dem System der Berechnung nicht darauf ankommt, ob hinsichtlich eines zeitlich vorausgegangenen Versorgungsausgleichs eine Kürzung nach § 57 BeamtVG vorzunehmen ist. Die Bemessungsgrundlage wird hierdurch nicht verändert, sondern lediglich beim Ausgleichspflichtigen im Versorgungsfall mehrere Kürzungsbeträge aus der jeweiligen Ehe abgezogen (wie beim Rentensplitting; s. a. *Kemnade* FamRZ 1995, 295 in Anmerkung zu einer Entscheidung des OLG Oldenburg, das dieses Ergebnis aus § 5 VAHRG a. F. ableitete; *Borth* FamRZ 1996, 641, 645 f.; s. a. BGH FamRZ 1997, 1534; 1998, 419; eingehend Rdn. 235 a. E.).

915

d) Abwendung der Kürzung der Versorgungsbezüge, § 58 BeamtVG

916 Auch bei der Beamtenversorgung kann wie in der gesetzlichen Rentenversicherung die Minderung der Versorgungsanwartschaften durch die Zahlung eines Kapitalbetrages ausgeglichen werden. Zur Berechnung des Kapitalbetrages ist von dem Monatsbetrag der Entscheidung des Familiengerichts auszugehen. Dieser Betrag ist in entsprechender Weise wie bei § 57 Abs. 2 BeamtVG zu erhöhen, falls das Kapital zu einem späteren Zeitpunkt als dem Wirksamwerden der familiengerichtlichen Entscheidung erbracht wird. Dieser Monatsbetrag ist nach §§ 76 Abs. 1, 187 SGB VI in Entgeltpunkte umzurechnen und diese wiederum in Beiträge. Aus § 58 Abs. 2 BeamtVG ergibt sich, dass auch nach Eintritt in den Ruhestand die Kürzung der Versorgung abgewendet werden kann. Falls der Beamte vor seinem Ausscheiden aus dem Dienst die Kürzung durch die Zahlung eines Kapitalbetrages abwendet, entfällt die Kürzung nach §§ 76 Abs. 1, 187 Abs. 1 SGB VI.

III. Zeitpunkt der Rentenerhöhung beim Ausgleichsberechtigten

917 Bezieht der Ausgleichsberechtigte bei Wirksamwerden der familiengerichtlichen Entscheidung bereits eine Rente, so erhöht sich dessen Rente aufgrund des Versorgungsausgleichs. Nach § 100 Abs. 1 SGB VI ist hierfür – anders als bei § 99 SGB VI, nach dem eine Rente der gesetzlichen Rentenversicherung auf Antrag von dem Monat ab geleistet wird, zu dessen Beginn die Voraussetzungen einer Rentenleistung erfüllt sind – **kein Antrag** erforderlich. Die Regelung greift bei allen Formen des Versorgungsausgleichs nach § 10 Abs. 1 VersAusglG, 16 Abs. 1 VersAusglG sowie in Altfällen nach § 1587b Abs. 1, 2 BGB a. F., §§ 1 Abs. 3; 3 b Abs. 1 VAHRG a. F. ein, wobei (nur) im Falle der Übertragung von Rentenanwartschaften zusätzlich die **Schuldnerschutzregelung** des § 30 VersAusglG zu beachten ist. Die um den Zuschlag zum Versorgungsausgleich nach § 76 SGB VI erhöhte Rente ist vom Beginn des Kalendermonats an zu zahlen, in dem die Entscheidung zum Versorgungsausgleich wirksam geworden ist (BSG FamRZ 1982, 1008; FamRZ 1991, 934). Im Falle der Anordnung einer Beitragsentrichtung oder Kapitalzahlungen nach § 14 VersAusglG müssen die Beiträge auch tatsächlich gezahlt worden sein.

IV. Zeitpunkt der Rentenminderung beim Ausgleichspflichtigen – Rentnerprivileg

918 Die Übertragung der Rentenanwartschaften wirkt sich bei dem Ausgleichspflichtigen, der noch keine Rente bezieht, erst bei einem späteren Versicherungsfall aus. Mit Wirksamwerden der Versorgungsausgleichsentscheidung wird jedoch nach § 76 Abs. 3 SGB VI ein Abschlag an Entgeltpunkten vorgenommen, so dass der Ausgleichspflichtige die Rentenminderung erst bei Eintritt des Versorgungsfalls verspürt (Rdn. 906). Bezieht der Ausgleichspflichtige bei Wirksamwerden der Versorgungsausgleichsentscheidung bereits eine Rente oder besteht ein Anspruch auf Rentenleistungen (§ 99 SGB VI), sah § 101 Abs. 3 SGB VI in der Fassung bis zum 31.08.2009 (aufgehoben durch Art. 4 Nr. 5 VAStrRefG; zur Übergangsregelung nach § 268a SGB VI s. Rdn. 544) hiervon eine wichtige Ausnahme vor. Danach wurde die Rente des Ausgleichspflichtigen erst zu dem Zeitpunkt um einen Abschlag verändert, zu dem bei einer Rente aus der Versicherung des Ausgleichsberechtigten ein Zuschlag berücksichtigt wurde, dieser also eine Rentenleistung bezog. Diese Regelung entfällt für Rentenfälle ab dem 01.09.2009 ersatzlos. Ent-

IV. Zeitpunkt der Rentenminderung beim Ausgleichspflichtigen – Rentnerprivileg

sprechendes gilt für den Bereich der **Beamtenversorgung** zur **Besitzstandsklausel** in § 57 Abs. 1 Satz 2 BeamtVG.

Der **Besitzschutz** nach § 101 Abs. 3 SGB VI entfiel erst, wenn der Ausgleichsberechtigte ebenfalls Rente bezog. (Zu den weiteren Einzelheiten s. Vorauflage Rn. 565). Eine vom Ausgleichspflichtigen erreichte **Wartezeit** wird durch den vom Versorgungsausgleich ausgelösten Abschlag an Entgeltpunkten **nicht vermindert,** da lediglich die Höhe des Anrechts gekürzt wird. 919

10. Kapitel
Versorgungsausgleich mit Auslandsberührung und interlokales Recht

I. Überblick

Im Versorgungsausgleich kann eine Auslandsberührung bei zwei voneinander unabhängigen Sachlagen auftreten und zwar
- zur **Frage des anzuwendenden Rechts,** wenn einer oder beide Ehegatten Ausländer sind. In diesem Fall ist nach den Regeln des internationalen Privatrechts zu prüfen, ob ein Versorgungsausgleich überhaupt durchzuführen ist;
- zur **Einbeziehung von nicht bei einem deutschen Versorgungsträger erworbenen Anrechten,** wenn ein oder beide Ehegatten Versorgungsanwartschaften bei einem ausländischen, zwischen- oder überstaatlichen Versorgungsträger erworben haben, die bei Durchführung des Versorgungsausgleichs nach deutschem Recht grundsätzlich zu berücksichtigen sind, um festzustellen, welcher der Ehegatten ausgleichsberechtigt bzw. ausgleichspflichtig ist.

920

Liegt ein Versorgungsausgleichsverfahren mit Auslandsberührung vor, ist zunächst die **internationale und örtliche Zuständigkeit** der deutschen Gerichte zu prüfen. Danach ist materiell-rechtlich das anzuwendende Recht zu bestimmen, das sich nach dem allgemeinen Grundsatz im Versorgungsausgleich nach dem Recht richtet, das im Zeitpunkt der Rechtshängigkeit des Scheidungsantrags für die allgemeinen Wirkungen der Ehe gilt, Art. 17 Abs. 3 Satz 1 Hs. 1, Abs. 1 Satz 1 EGBGB.

921

II. Internationale und örtliche Zuständigkeit der deutschen Gerichte

1. Keine internationale Zuständigkeit nach multilateralen Staatsverträgen

Der Versorgungsausgleich stellt seinem Charakter nach einen familienrechtlichen Anspruch dar, der zwischen zwei gleichberechtigten Personen des Privatrechts besteht (BGHZ 75, 241, 245 f. = FamRZ 1980, 29 = NJW 1980, 47; differenzierend *Eichenhofer* Internationales Sozialrecht und Internationales Privatrecht 1987, S. 161 ff., der den Versorgungsausgleich grundsätzlich sozialrechtlich und lediglich den schuldrechtlichen Versorgungsausgleich privatrechtlich qualifiziert; s. a. *Pirrung* Der Versorgungsausgleich im internationalen Vergleich und in der zwischenstaatlichen Praxis, herausgegeben von *Zacher* 1985, S. 343, 348 f.). Nach § 97 Abs. 1 FamFG ist deshalb zu prüfen, ob Regelungen zwischenstaatlicher oder multilateraler Staatsverträge eingreifen, die das autonome (deutsche) Recht verdrängen. In diese Prüfung sind die Verordnung (EG) Nr. 44/2001 des Rates über die gerichtliche Zuständigkeit und die Anerkennung und Vollstreckung von Entscheidungen in Zivil- und Handelssachen vom 22. 12. 2000 (ABl. L 12/01 S. 1), zuletzt geändert durch Verordnung Nr. 1791/2006 vom 20.12.2006 (ABl. 363 S. 1) und das für die Bundesrepublik Deutschland am 01. 03. 1995 in Kraft getretene Luganer Übereinkommen vom 16. 09. 1988 über die gerichtliche Zuständigkeit und Vollstreckung gerichtlicher Entscheidungen in Zivil- und Handelssachen (Lugano-Übereinkommen, BGBl 94 II S. 2660 sowie BGBl 95 II S. 221) einzubeziehen. Beide regeln (nach Art. 1 Abs. 1 Satz 1 der insoweit wörtlich gleich lautenden Bestimmungen) die Zuständigkeit in Zivil- und Handelssachen, die jedoch nicht alle zivilrechtlichen Strei-

922

tigkeiten (unabhängig von ihrer Verfahrensart nach ZPO oder FGG) erfassen, sondern nach Art. 1 Abs. 2 a) und b) (der insoweit gleich lautenden Bestimmungen) die Regelungsbereiche des **ehelichen Güterrechts** und der **sozialen Sicherheit** ausklammern.

923 Nach wohl h. M. unterliegt der Versorgungsausgleich nicht dem **Begriff der sozialen Sicherheit,** weil hierunter nur solche Streitigkeiten fallen, die sich aus den Beziehungen zwischen den Trägern der öffentlich-rechtlich organisierten Rentenversicherungen und den ihr angeschlossenen Arbeitnehmern und Arbeitgebern ergeben (s. BT-Drucks. 6/1973 S. 52, 61 – *Jenard*-Bericht). Der Begriff der sozialen Sicherheit wird danach eingeengt auf öffentlich-rechtliche Rechtsverhältnisse (s. a. *Wagner* Versorgungsausgleich mit Auslandsberührung Rn. 5), so dass hierunter auch nicht die privatrechtlich festgelegten Versorgungsanrechte (private Rentenversicherung) fallen. Dagegen wird der Versorgungsausgleich überwiegend dem Bereich der ehelichen Güterstände zugeordnet. Zwar wird der Versorgungsausgleich unabhängig vom bestehenden Güterstand durchgeführt (§ 2 Abs. 4 VersAusglG); jedoch sind vom Anwendungsbereich des EuGVVO diejenigen Streitigkeiten ausgeschlossen, die sich unmittelbar aus der Ehe oder ihrer Auflösung ergeben (EuGH, Slg 1979, 1055, 1066; Slg 1982, 1189, 1203). Dies gilt auch für das Luganer Abkommen. Da der Versorgungsausgleich zu dem Bereich der Altersversorgungsanrechte eine Regelung zur Auseinandersetzung dieser vermögenswerten Rechte darstellt, ist eine Zuordnung zu diesem Begriff vorzunehmen (s. a. *Wagner* Versorgungsausgleich mit Auslandsberührung, Rn. 7). Im Übrigen werden die ehelichen Güterstände aus dem Anwendungsbereich des EuGVVO wegen der stark voneinander abweichenden inhaltlichen Regelungen in den Vertragsstaaten ausgeklammert; dies gilt jedenfalls auch für den Versorgungsausgleich, der in vielen Vertragsstaaten nicht bekannt ist. Ferner kann der Versorgungsausgleich auch nicht als **Unterhaltssache** i. S. d. Art. 5 Nr. 2 EuGVVO angesehen werden. Zwar hat der Versorgungsausgleich auch eine Unterhaltsfunktion und soll vor allem mit Bezug einer Versorgung den Unterhalt ablösen. Sein Regelungszweck liegt jedoch nicht in der Bedürftigkeit eines Ehegatten, sondern beruht auf den in der Ehe erworbenen Anrechten zur Altersversorgung, stellt also einen besonderen Fall der Aufteilung von in der Ehe erworbenem Vermögen dar (s. a. *Adam* Internationaler Versorgungsausgleich 1985, S. 117 f.). Hieraus folgt, dass sich die internationale Zuständigkeit der deutschen Gerichte im Versorgungsausgleich nach dem autonomen Recht richtet.

2. Die internationale und örtliche Zuständigkeit der deutschen Gerichte im Versorgungsausgleich

a) Verbundverfahren

924 Für das Verfahren zum Versorgungsausgleich regeln § 98 Abs. 1, 2 FamFG zum Verbundverfahren i. S. d. § 137 Abs. 1, 2 Nr. 1 FamFG sowie § 102 FamFG die internationale Zuständigkeit der deutschen Gerichte (s. *Musielak/Borth* § 98 Rn. 29). Ferner folgt die Verbundzuständigkeit aus Art. 3 EuEheVO II, die die internationale Zuständigkeit in Ehesachen i. S. d. § 606 ZPO regelt, also auch für die im Verbund geführten Verfahren zum Versorgungsausgleich gem. §§ 623 Abs. 1, 621 Abs. 1 Nr. 6 ZPO gilt (*Jayme* JuS 1989, 387, 388; a. A. *von Bar* IPRax 1994, 100, 101 Fn. 6; *ders.,* Internationales Privatrecht, Band 2, Rn. 272). Die örtliche Zuständigkeit für das Versorgungsausgleichsverfahren richtet sich entsprechend der Zuständigkeit des Scheidungsverfahrens nach § 122 FamFG. Im Übrigen bleibt es im Falle der Abtren-

nung des Versorgungsausgleichsverfahrens bei der begründeten Zuständigkeit, weil das Verfahren hierdurch nicht seinen Charakter als Verbundsache verliert.

b) Selbständige Verfahren zum Versorgungsausgleich

Ein selbständiges Verfahren zur Durchführung des Versorgungsausgleichs ist dann erforderlich, wenn ein **ausländisches Scheidungsurteil** vorliegt, das anerkannt ist und keine Regelung zum Versorgungsausgleich enthält, obwohl ein solcher durchzuführen gewesen wäre (BGH FamRZ 1993, 798). Gleiches gilt, wenn in einem früheren Scheidungsverfahren eine Entscheidung zum Versorgungsausgleich unterblieb, weil bei den Ehegatten eine Auslandsberührung vorlag (s. hierzu BGH FamRZ 1990, 142; NJW 1991, 3087; FamRZ 1993, 176; FamRZ 1993, 416 = NJW-RR 1993, 3 f.). Diesen Fall regelt § 102 FamFG, der die Zuständigkeit der deutschen Gerichte vom gewöhnlichen Aufenthalt der Ehegatten abhängig macht, hilfsweise bei dem Ausgleich inländischer Anrechte, ansonsten wenn ein deutsches Gericht die Ehe zwischen dem Antragsteller und dem Antragsgegner geschieden hat (s. *Musielak/Borth* § 102 Rn. 1 ff.). Vor Inkrafttreten der EheVO II wurde die internationale Zuständigkeit der deutschen Gerichte wegen der engen sachlichen Verbindung zwischen Scheidung und Versorgungsausgleich (wie im Verbundverfahren s. Rdn. 924) mittelbar aus § 606 a ZPO a. F. abgeleitet (BGH FamRZ 1993, 176; FamRZ 1993, 798; FamRZ 2006, 321, 322; *Dörr/Hansen* NJW 1994, 2799, 2808; RGRK-BGB / *Wick* vor §§ 1587 bis 1587 p BGB Rn. 35). Dies gilt in Bezug auf Art. 3 EuGVO II (Brüssel II a) entsprechend. Danach war die internationale Zuständigkeit zum Versorgungsausgleich desjenigen Gerichts gegeben, das auch für das Scheidungsverfahren zuständig gewesen wäre (a. A. *Henrich* IPRax 1993, 189 – Gleichlauftheorie; s. a. *von Bar* Internationales Privatrecht, Band 2, Rn. 272). Im Hinblick auf die Anknüpfung an die Zuständigkeit zur Ehesache nach Art. 3 EheVO II bzw. § 606 a ZPO ist zur Beurteilung der Zeitpunkt maßgebend, zu dem die Ehe geschieden wurde.

925

c) Örtliche Zuständigkeit

Die örtliche Zuständigkeit regelt § 218 FamFG. Diese richtet sich in erster Linie nach dem Gericht, bei dem die Ehesache im ersten Rechtszug anhängig ist, danach nach dem Gericht, in dessen Bezirk die Ehegatten ihren gewöhnlichen Aufenthalt haben oder zuletzt gehabt haben, wenn ein Ehegatte dort weiterhin seinen gewöhnlichen Aufenthalt hat. Fehlt es hieran, ist das Gericht zuständig, in dessen Bezirk der Antragsgegner seinen gewöhnlichen Aufenthalt hat, ansonsten derjenige des Antragstellers. Auffanggericht ist das Amtsgericht Schöneberg in Berlin.

926

III. Anzuwendendes Recht

1. Grundlagen

Der Versorgungsausgleich stellt seinem Charakter nach einen familienrechtlichen Anspruch dar, der zwischen zwei gleichberechtigten Personen des Privatrechts besteht (s. a. Rdn. 922). Das anzuwendende Recht folgt deshalb aus dem **Internationalen Privatrecht** und nicht etwa aus den sozialrechtlichen Kollisionsnormen. Dieser Ansatz liegt auch dem am 01. 09. 1986 in Kraft getretenen Gesetz zur Neuregelung des Internationalen Privatrechts vom 25. 07. 1986 (BGBl I 1142) zugrunde, in dem zum Versorgungsausgleich eine besondere Kollisionsbestimmung in Art. 17 Abs. 3 EGBGB enthalten ist. Diese Regelung bestimmt in Satz 1 Hs. 1, dass für den Versorgungsausgleich dasselbe Recht heranzuziehen ist, das auch

927

10. Kapitel Versorgungsausgleich mit Auslandsberührung und interlokales Recht

für die Scheidung der Ehe maßgebend war, d. h. das **Scheidungsstatut**. Damit übernimmt das Gesetz das schon vor Inkrafttreten des Art. 17 Abs. 3 EGBGB geltende Scheidungs(folgen-)statut (BGHZ 75, 241, 247 = FamRZ 1980, 29 m. w. N. = NJW 1980, 47; FamRZ 1982, 795, 797 = NJW 1982, 1940; BGHZ 86, 57, 68 = FamRZ 1983, 255 = NJW 1983, 1259). Die Übernahme des Scheidungsstatuts rechtfertigt sich aus der Tatsache, dass der Versorgungsausgleich Folge der Scheidung ist und nur im Falle der Auflösung der Ehe stattfindet (BT-Drucks. 10/504 S. 61; s. a. *Pirrung*, Internationales Privat- und Verfahrensrecht nach dem Inkrafttreten der Neuregelung des IPR 1987, S. 150).

928 Das nach Art. 17 Abs. 1 EGBGB anzuwendende Scheidungsrecht richtet sich nach den in Art. 14 Abs. 1 EGBGB zum Ehewirkungsstatut aufgestellten Anknüpfungskriterien. Vorrangig ist danach das **gemeinsame Heimatrecht der Ehegatten** heranzuziehen, wenn für einen dieses Recht noch gilt. Scheidet dies aus, ist das Recht des gewöhnlichen Aufenthaltsstaates beider Ehegatten maßgebend, hilfsweise des letzten gemeinsamen gewöhnlichen Aufenthaltsstaates, wenn einer von ihnen dort noch lebt. Greift auch diese Anknüpfung nicht ein, ist das Recht des Staates heranzuziehen, mit dem die Ehegatten am **engsten verbunden** sind (Anknüpfungsleiter). Ist danach ausländisches Recht anzuwenden, muss geprüft werden, ob dieses auf deutsches Recht zurückverweist, Art. 4 Abs. 1 EGBGB. Das Gesetz wendet das Scheidungsstatut aber nicht strikt an und bestimmt nur dann die Durchführung des Versorgungsausgleichs, wenn »ihn« das Recht eines der Staaten »kennt«, dem die Ehegatten im Zeitpunkt der Rechtshängigkeit des Scheidungsantrages angehören. Scheidet danach der Versorgungsausgleich aus, ist er auf Antrag eines Ehegatten nach deutschem Recht unter den Voraussetzungen des Art. 17 Abs. 3 Satz 2 EGBGB durchzuführen. Im Übrigen ist nach Art. 14 Abs. 2, 3 EGBGB eine **Rechtswahl** möglich.

2. Systematik des Art. 17 Abs. 3 Satz 1 EGBGB

a) Gesamtverweisung

929 Soweit die kollisionsrechtliche Grundregelung des Art. 17 Abs. 3 Satz 1 EGBGB i. V. m. Art. 14 Abs. 1 Nr. 1, 2 EGBGB auf das ausländische Recht verweist, beinhaltet dies eine Verweisung auf das ausländische Kollisionsrecht (Gesamtverweisung; s. *Jayme* JuS 1989, 387, 388 f.; *Kartzke* IPRax 1988, 8, 12 ff.). Dies folgt aus der allgemeinen Regel des Art. 4 Abs. 1 und 2 EGBGB, nach der bestimmt wird, ob das ausländische Kollisionsrecht oder Sachrecht heranzuziehen ist. Damit ist nach Art. 4 Abs. 1 EGBGB eine **Rückverweisung** des ausländischen Kollisionsrechts auf das deutsche Recht oder eine Weiterverweisung des ausländischen Kollisionsrechts auf das Recht eines dritten Staates zu beachten. Auch in dem Fall des Art. 14 Abs. 1 Nr. 3 EGBGB, der die Anknüpfung an das Recht der engsten Verbindung beinhaltet, liegt eine Gesamtverweisung vor (*von Bar* Internationales Privatrecht, Band 1, Rn. 622; *Wagner* Versorgungsausgleich mit Auslandsberührung, Rn. 24; *Palandt/Heldrich* Art. 17 EGBGB Rn. 2).

b) Heimatstaatenklausel; ordre public

930 Da die ausländischen Rechtsordnungen überwiegend den Versorgungsausgleich nicht kennen, bestehen regelmäßig im Falle einer Verweisung nach Art. 17 Abs. 3 Satz 1 EGBGB auf das ausländische Kollisionsrecht keine besonderen Kollisionsbestimmungen zum Versorgungsausgleich. Dies hat aber nicht zur Folge, dass eine Rückverweisung auf das deutsche Recht oder eine Weiterverweisung auf das Recht eines dritten Staates ausscheidet und deshalb kein Versorgungsausgleich durchgeführt wird (was teilweise vor Inkrafttreten des IPR-Neuregelungsgesetzes zum 01.09.1986 angenommen wurde). Vielmehr ist in solchen Fällen auf die allgemeinen Kollisionsnormen zu den Scheidungsfolgen zurückzugreifen; auch eine güterrechtliche Qualifikation des Versorgungsausgleichs ist denkbar (s. *Henrich* IPRax 1991, 197 – Anmerkung zu einer Entscheidung des OLG Hamm; Rn. 902). Da aber überwiegend ausländische Rechtsordnungen den Versorgungsausgleich nicht kennen (s. Rdn. 931 f.), so dass nach Art. 17 Abs. 3 Satz 1 EGBGB ein Versorgungsausgleich nicht durchgeführt werden kann, erübrigt sich in diesen Fällen eine weitere Prüfung der maßgeblichen Kollisionsregel. Nicht möglich ist es, im Wege eines unmittelbaren Zugriffs auf die Grundsätze des **ordre public** (Art. 6 EGBGB) deutsches Sachrecht heranzuziehen, da regelmäßig die Bestimmung des Art. 17 Abs. 3 Satz 2 EGBGB eingreift, die zu deutschem Sachrecht führt (s. z. B. BGH FamRZ 1994, 825, 826).

c) Kollisionsrechtlicher Begriff des Versorgungsausgleichs

Nach Art. 17 Abs. 3 Satz 1 Hs. 1 EGBGB kann ein Versorgungsausgleich nur vorgenommen werden, wenn danach deutsches Recht anzuwenden ist und das **Heimatrecht** eines Ehegatten **einen Versorgungsausgleich** entsprechend dem deutschen Recht **kennt**. Diese Vorschrift wurde durch Art. 20 Nr. 1 a VAStrRefG geändert. Mit dieser Änderung wird berücksichtigt, dass ein deutsches Gericht hinsichtlich eines ausländischen Anrechts keine Anordnung zum Wertausgleich treffen kann, auch wenn das ausländische Recht einen Versorgungsausgleich vorsieht. Deshalb wird die tatsächliche Durchführung des Versorgungsausgleichs nur für den Fall angeordnet, dass nach Art. 17 Abs. 3 Satz 1 Hs. 1 EGBGB – bei Berücksichtigung einer Rück- und Weiterverweisung i. S. d. Art. 4 Abs. 1 EGBGB – deutsches Sachrecht zur Anwendung kommt und ferner das Heimatrecht eines der Ehegatten den Versorgungsausgleich kennt (BT-Drucks. 16/10144 S. 113). Dies ist vor allem der Fall, wenn sich nach Art. 17 Abs. 1 Satz 1 EGBGB die Scheidung nach deutschem Recht richtet. Hiervon ist ausgenommen der Fall des Art. 17 Abs. 1 Satz 2 EGBGB, nach dem deutsches Recht für die Scheidung heranzuziehen ist, für die Anknüpfung das nach Art. 17 Abs. 1 Satz 1 EGBGB geltende Recht maßgebend ist; insoweit findet trotz Heranziehung des deutschen Scheidungsrechts kein Versorgungsausgleich statt (zur ersatzweisen Anwendung des deutschen Rechts Rdn. 935).

931

Verweist dagegen Art. 17 Abs. 3 Satz 1 Hs. 1 EGBGB auf ein **ausländisches Recht**, das die Verweisung annimmt, scheidet die Durchführung des Versorgungsausgleichs nach dieser Bestimmung aus. Das tritt ein, wenn das ausländische Sachrecht einen Versorgungsausgleich nicht kennt, dieser durch die Ehegatten wirksam ausgeschlossen wurde oder Art. 17 Abs. 3 Satz 1 Hs. 2 die Durchführung des Versorgungsausgleichs nach ausländischem Recht hindert (BT-Drucks. 16/10144 S. 113).

In welchen Fällen das Heimatrecht eines Ehegatten den Versorgungsausgleich »kennt«, ist nicht immer einfach zu bestimmen. Der Gesetzgeber ging hierbei nicht davon aus, dass die ausländischen Bestimmungen exakt dem Versorgungsausgleich nach deutschem Sachrecht entsprechen; es reicht aus, wenn der **Kerngehalt der ausländischen Bestimmungen den Strukturmerkmalen** des deutschen Versorgungsausgleichs gleicht (BT-Drucks. 10/504 S. 62; *Lüderitz* IPRax 1987, 74, 79; BGH FamRZ 2009, 677, 679; FamRZ 2009, 683). Eine vergleichbare gesetzliche Regelung liegt vor, wenn bei Auflösung der Ehe eine Aufteilung der von den Ehegatten erworbenen Anrechte in der Weise erfolgt, dass der berechtigte Ehegatte einen

932

eigenständigen Versorgungsanspruch erwirbt und keine von dem Versorgungsschicksal des anderen Ehegatten abhängige (bzw. abgeleitete) Rechtsposition erlangt (zu Kanada s. *Steinmeyer* FamRZ 1982, 335 ff.). Ferner muss die Aufteilung eines Anrechts unabhängig von einer unterhaltsrechtlichen Bedürfnislage des Ausgleichsberechtigten oder der Leistungsfähigkeit des Ausgleichspflichtigen erfolgen – güterrechtliches Prinzip (*Johannsen/Henrich* Art. 17 EGBGB Rn. 59 ff.). Regelmäßig ist dies bei einer dinglichen Anwartschaftsaufteilung, aber auch bei einem schuldrechtlich aufzuteilenden Anspruch anzunehmen. Dagegen reicht es nicht aus, wenn dem berechtigten Ehegatten eine Hinterbliebenenversorgung ähnlich der Geschiedenenwitwenrente nach §§ 243 SGB VI, 1265 RVO a. F. oder eine Geschiedenenrente zusteht (*Henrich* FamRZ 1986, 841, 851; *Lüderitz* IPRax 1987, 79). Gleiches gilt für unterhaltsähnliche oder sonstige Zahlungsansprüche sowie sogenannte Einwohnerversicherungen (Rdn. 87, 943).

933 Nicht erforderlich ist, dass die ausländische Regelung in ihrem Umfang sämtliche dem Versorgungsausgleich nach deutschem Sachrecht unterliegenden Anrechte i. S. d. § 1587 a Abs. 2 Nr. 1 bis 5 BGB erfasst (*Rauscher* IPRax 1988, 343, 345 f.). Ausreichend sind Regelungen, die nur **bestimmte Altersversorgungssysteme** erfassen (z. B. nur staatlich organisierte Versorgungen). Dies gilt z. B. für einige kanadische Provinzen (s. *Rahm/Künkel/Paetzold* Kap. VIII Rn. 973 ff.) und einzelne Staaten der USA (*Rahm/Künkel/Paetzold* Kap. VIII Rn. 998), ferner für die Schweiz, die zum 01. 01. 1997 in ihrer Alters- und Hinterbliebenenversicherung das Splitting-System eingeführt hat (s. BT-Drucks. 13/152 S. 6 f.) sowie die Niederlande, die seit dem 01. 05. 1995 eine Teilung von Rentenanwartschaften vorsehen. Jedoch kennt das niederländische Recht keinen Versorgungsausgleich i. S. d. Art. 17 Abs. 3 EGBGB (BGH FamRZ 2009, 677, 679 f.; FamRZ 2009, 681; s. a. Rdn. 87, 943).

934 Abgrenzungsschwierigkeiten treten bei solchen Rechtssystemen auf, bei denen zwischen **güterrechtlichem und versorgungsrechtlichem Ausgleich** (aufgrund stark privatwirtschaftlich geprägter Vorstellungen über die Gestaltung einer Altersvorsorge) nicht so scharf unterschieden wird wie im deutschen Recht. Erfolgt nach güterrechtlichen Bestimmungen eine Aufteilung von Versorgungsanrechten, werden diese nach dem güterrechtlichen Statut ausgeglichen. Die Regelung des § 2 Abs. 4 VersAusglG, wonach der Versorgungsausgleich unabhängig vom Güterstand durchzuführen ist, kann nicht angewandt werden, weil diese auf die Bestimmungen des deutschen Familienrechts abgestellt ist.

3. Ersatzweise Anwendung des deutschen Sachrechts

935 Fehlt es an den Voraussetzungen des Art. 17 Abs. 3 Satz 1 EGBGB, weil das anwendbare Recht keinen Versorgungsausgleich vorsieht (Hs. 1) oder das Heimatrecht eines Ehegatten einen Versorgungsausgleich nicht kennt (Hs. 2; s. Rdn. 931), so ist auf **Antrag eines Ehegatten** gem. Art. 17 Abs. 3 Satz 2 EGBGB ein Versorgungsausgleich nach deutschem Recht dennoch durchzuführen,
– wenn der andere Ehegatte in der Ehezeit inländische Versorgungsanrechte erworben hat oder
– wenn die allgemeinen Wirkungen der Ehe während eines Teils der Ehezeit einem Recht unterlagen, das den Versorgungsausgleich kennt.

Art. 17 Abs. 3 Satz 2 EGBGB erfuhr durch Art. 20 Nr. 1 b VAStrRefG eine Erweiterung des Anwendungsbereichs (durch die Ersetzung des Satzteils »Kann ein Versorgungsausgleich danach nicht stattfinden, so ist es ...« durch »danach deutsches Recht anzuwenden ist und ...«). Danach werden auch Fälle erfasst, in denen nach dem bis zum 31. 08. 2009 geltenden Recht nach ausländischem Sachrecht stattfindet

III. Anzuwendendes Recht

und damit der Weg **für die subsidiäre Anwendung des deutschen Sachrechts** nach Satz 2 verwehrt ist. Soweit also nach Art. 17 Abs. 3 Satz 1 EGBGB auf den Versorgungsausgleich ausländisches Sachrecht anzuwenden ist, kann jeder Ehegatte die Durchführung des **Versorgungsausgleichs nach deutschem Recht** gem. Art. 17 Abs. 3 Satz 1 Nr. 1 oder Nr. 2 EGBGB beantragen.

Ferner ist bei beiden Alternativen festzustellen, dass die Durchführung des Versorgungsausgleichs im Hinblick auf die beiderseitigen wirtschaftlichen Verhältnisse auch während der nicht im Inland verbrachten Zeit der Billigkeit nicht widerspricht.

Nach dem bis zum 31. 08. 2009 geltenden Recht ließ sich nicht eindeutig die Frage beantworten, ob im Falle der Durchführung des Versorgungsausgleichs nach Art. 17 Abs. 3 Satz 2 Nr. 1 EGBGB der Wertausgleich auf **inländische Anrechte zu beschränken** war (s. *Palandt/Heldrich* Art. 17 EGBGB Rn. 22) oder ob auch ausländische Versorgungsanrechte einzubeziehen sind. Für letztere Ansicht sprach zunächst, dass nach dem System des Versorgungsausgleichs ein Wertausgleich nur in eine Richtung vorzunehmen war (§ 1587a Abs. 1 BGB a. F.), so dass anzunehmen ist, dass der Gesetzgeber bei Fassung dieser Bestimmung das Vorhandensein inländischer Anrechte nur als Anlass für einen Wertausgleich angesehen hatte (s. a. *Rahm/Künkel/Paetzold* Kap. VIII Rn. 933); ferner deutet hierauf die nach Art. 17 Abs. 3 Satz 2 letzter Hs. EGBGB vorzunehmende Billigkeitsprüfung, die eine Gesamtabwägung aller Anrechte und der sonstigen wirtschaftlichen Verhältnisse voraussetzt. Auch in der **zweiten Fallgruppe** nach Art. 17 Abs. 3 Satz 2 Nr. 2 EGBGB ist der Versorgungsausgleich nach den gesamten in der Ehezeit erworbenen Anrechten durchzuführen, selbst wenn nur während eines Teils der Ehezeit ein Ehewirkungsstatut maßgebend war, das den Versorgungsausgleich kennt. Dies folgt aus den zuvor genannten Erwägungen (wie hier *Rahm/Künkel/Paetzold* Kap. VIII Rn. 933; *Wagner* Versorgungsausgleich mit Auslandsberührung, Rn. 35).

936

Diese Frage wird durch das **neue materielle Recht des reformierten Versorgungsausgleichs** insoweit beantwortet, als nach § 19 Abs. 2 Nr. 4 VersAusglG hinsichtlich ausländischer, zwischenstaatlicher oder überstaatlicher Versorgungsträger bei dem Wertausgleich bei der Scheidung nach den §§ 9–19 VersAusglG keine Teilungsreife besteht, sie also nicht in diesen Wertausgleich einzubeziehen sind, sie allerdings im Rahmen der Billigkeitsprüfung des § 19 Abs. 3 VersAusglG zu einer Ausgleichssperre beim Wertausgleich bei der Scheidung führen (s. Rdn. 599).

Die in Art. 17 Abs. 3 Satz 2 letzter Hs. EGBGB enthaltene **Billigkeitsklausel** bezweckt, die beiderseitigen wirtschaftlichen Verhältnisse auch während einer im Ausland verbrachten Zeit einzubeziehen. So wäre der Versorgungsausgleich unbillig, wenn der ausgleichsberechtigte Ehegatte im Ausland zwar keine Anrechte erworben hat, dort aber andere Vermögenspositionen besitzt, die keinem (güterrechtlichen) Ausgleich unterliegen (BT-Drucks. 10/5632 S. 42; s. a. OLG Frankfurt/M FamRZ 1990, 417).

937

Die Billigkeitsprüfung ist nach den **Umständen des Einzelfalls** vorzunehmen, die sich nicht nur auf die in Art. 17 Abs. 3 Satz 2 EGBGB genannten Kriterien beschränken (s. OLG Karlsruhe FamRZ 2002, 1633). Die Frage der Schuld an der Scheidung ist in der Regel bedeutungslos (BGH FamRZ 1994, 825, 827, *Eichenhofer* IPRax 2001, 110). Im Rahmen der nach Art. 17 Abs. 3 Satz 2 EGBGB **vorzunehmenden Billigkeitsabwägung** ist auch zu berücksichtigen, dass bei einem **im Ausland lebenden Ausgleichsberechtigten** nach § 113 Abs. 4 SGB VI die persönlichen Entgeltpunkte lediglich zu 70% ausbezahlt werden (BGH FamRZ 2000, 418 – dort auch zur Frage der Verfassungsmäßigkeit dieser Bestimmung). Der BGH will v. a. auch berücksichtigen, dass dem im Ausland lebenden Ausgleichsberechtigten keine Sicherung für den Fall der Krankheit zusteht und er hierfür selbst aufzukommen hat. Insgesamt ist eine differenzierte Bewertung der beiderseitigen wirtschaftlichen Verhältnisse vorzunehmen. Aus der Tatsache, dass der ausgleichsberechtigte Ehegatte im Ausland lebt und nach § 113 Abs. 3 SGB VI eine Leistungsbeschränkung hinzunehmen hat, kann nicht der Ausschluss des Versorgungsausgleichs abgeleitet werden (OLG Karlsruhe FamRZ 1998, 1029, 1030).Wurde in einer (rechtskräftigen) Entscheidung festgestellt, dass nach Art. 17 Abs. 3 Satz 1 EGBGB ein Versorgungsausgleich nicht stattfindet, weil das anzuwendende Recht einen solchen nicht kennt, so kann in einem neuen Verfahren **nachträglich der Versorgungsausgleich** nach Art. 17 Abs. 3 Satz 2 EGBGB verlangt werden (OLG Düsseldorf FamRZ 2000, 1210). Im Rahmen der Billigkeitsabwägung nach Art. 17 Abs. 3 Satz 2 EGBGB kann der **Unterschied der Kaufpreisparität** berücksichtigt werden, ferner die Gefährdung des (unterhaltsrechtlich zu bestimmenden) Selbstbehalts des Ausgleichspflichtigen (OLG Frankfurt/M. FamRZ 2000, 163 – Berechtigter lebt in Polen; dort auch zur Form des Ausgleichs; s. a. OLG Karlsruhe FamRZ 2000, 963). Auch wenn die Scheidung der Ehe durch ein Familiengericht der DDR im Jahre 1988 ausgesprochen wurde, ist nach Art. 17 Abs. 3 Satz 2 Nr. 1 EGBGB ein Versorgungsausgleich durchzuführen, weil rentenrechtliche Zeiten, die bis zum 18. 05. 1990 in der gesetzlichen Rentenversicherung der ehemaligen DDR zurückgelegt worden sind, nach dem Fremdrentengesetz wie Beitragszeiten in der Bundesrepublik behandelt werden. Art. 234 § 6 Satz 1 EGBGB steht dem nicht entgegen, weil diese Norm keine Aussage zum interlokalen Recht enthält (OLG Stuttgart, Beschluss vom 09. 02. 2000, 17 UF 468/99 unter Bezug auf OLG Celle FamRZ 1991, 741; *Henrich* FamRZ 1991, 877).

Findet nach Art. 17 Abs. 3 Satz 1 EGBGB kein Versorgungsausgleich statt und wird auch nicht nach Art. 17 Abs. 3 Satz 2 EGBGB ein Antrag zur Durchführung des Versorgungsausgleichs gestellt, bedarf es in der **Beschlussformel keiner Feststellung**, dass dieser nicht stattfindet (OLG München FamRZ 2000, 165). Auch führt § 224 Abs. 3 FamFG diesen Fall nicht auf. Die Bestimmung ist auch nicht analog anzuwenden, weil es an einer analogiefähigen Grundlage fehlt. In der vorliegenden Sachlage geht es darum, dass keine dem Versorgungsausgleich unterliegenden Anrechte bestehen, während in den in § 224 Abs. 3 FamFG aufgeführten Fällen auszugleichende Anrechte vorliegen, aber aus den dort genannten Gründen ein Wertausgleich bei der Scheidung nicht stattfindet. Behauptet allerdings ein geschiedener Ehegatte, dass ausgleichspflichtige Anrechte bestehen, ist der gestellte Antrag formal mit dem Inhalt zurückzuweisen, dass ein Versorgungsausgleich nicht stattfindet.

4. Rechtswahl und Antrag nach Art. 17 Abs. 3 Satz 2 EGBGB

938 Haben die Ehegatten das Ehewirkungsstatut nach Art. 14 Abs. 2, 3 EGBGB durch eine Rechtswahl bestimmt, so richten sich die Rechtsfolgen ausschließlich nach diesem Recht. In diesen Fällen ist abzuwägen, ob bei einer eindeutig für die Scheidungsfolgen getroffenen Rechtswahl für ein Recht, das den Versorgungsausgleich nicht kennt, diese auf Art. 17 Abs. 3 Satz 2 EGBGB aus Gründen des Vertrauensschutzes durchschlägt. Dies ist regelmäßig, aber nicht in jedem Fall anzuerkennen, so etwa, wenn die Ehegatten im Zeitpunkt der Rechtswahl eine bestimmte versorgungs- oder vermögensrechtliche Erwartung zugrunde legten, diese aber nicht eintrat (Beispiel: ein Ehepaar geht bei Ausübung der Rechtswahl davon aus, den Lebensmittelpunkt in einem bestimmten Land beizubehalten und dort auch die wirtschaftliche Existenz aufzubauen; während der Ehe wechseln die Ehegatten jedoch in ein anderes Land über).

5. Nachträgliche Durchführung des Versorgungsausgleichs im Inland

Wird eine Ehe im Ausland ohne Durchführung des Versorgungsausgleichs geschieden und wäre deutsches Recht und damit das Recht des Versorgungsausgleichs anzuwenden, ist der Versorgungsausgleich im Inland als **selbständiges Verfahren** nach rechtskräftiger Scheidung durchzuführen. Soweit die EheVO II eingreift (EU-Mitgliedstaaten ohne Dänemark), bedarf es keiner Anerkennung der Entscheidung des ausländischen Gerichts; ansonsten ist jedoch eine Anerkennung dieser Entscheidung nach § 107 FamFG i. V. m. § 109 FamFG (Anerkenntnishindernisse) erforderlich. Maßgebend ist hierbei nicht, welches Recht im Scheidungsurteil angewandt wurde, sondern nach welchem Recht die Ehe aus deutscher Sicht hätte geschieden werden müssen (BGH FamRZ 1993, 798; *Johannsen/Henrich* Art. 17 EGBGB Rn. 58). Entsprechendes gilt, wenn in einem deutschen Scheidungsbeschluss eine Entscheidung zum Versorgungsausgleich unterblieb. Der Versorgungsausgleich ist von Amts wegen durchzuführen, sobald das zuständige Familiengericht von der Scheidung der Ehe im Ausland Kenntnis erlangt (s. Wortlaut des § 2 Abs. 1 VersAusglG, der auch **ausländische Anrechte** dem Versorgungsausgleich unterwirft), was regelmäßig erst aufgrund eines »Antrages« eines Ehegatten, der eine Anregung darstellt, erfolgen kann (s. z. B. BGH NJW 1983, 1269). Ferner kann in den Fällen des Art. 17 Abs. 3 Satz 2 EGBGB auf Antrag eines Ehegatten der Versorgungsausgleich im isolierten Verfahren durchgeführt werden.

939

6. Ausländisches Scheidungsstatut und Art. 3 Abs. 3 EGBGB

Erfolgt die Scheidung der Ehe nach ausländischem Recht, ist grundsätzlich kein Versorgungsausgleich nach deutschem Recht durchzuführen. Liegen in diesem Fall inländische Anrechte vor, stellt sich die Frage, ob gem. Art. 3 Abs. 3 EGBGB dennoch ein Versorgungsausgleich vorzunehmen ist. Dies wird teilweise verneint (s. *Wagner* Versorgungsausgleich mit Auslandsberührung, Rn. 39; *Palandt/Heldrich* Art. 3 EGBGB Rn. 13 und Art. 17 EGBGB Rn. 25). Dem steht jedoch die Regelung des Art. 17 Abs. 3 Satz 2 EGBGB entgegen, der insoweit als lex specialis Art. 3 Abs. 3 EGBGB vorgeht (s. MüKo / *Sonnenberger* Art. 3 EGBGB Rn. 33).

940

IV. Übergangsbestimmungen für Altfälle

Nach Art. 220 Abs. 1 EGBGB ist für Vorgänge, die vor Inkrafttreten der Neuregelung des Internationales Privatrechts zum 01.09.1986 abgeschlossen waren, das bis zu diesem Zeitpunkt geltende Kollisionsrecht weiterhin heranzuziehen, soweit es mit der Verfassung übereinstimmt. Unklar ist hierbei, was nach dieser Regelung als ein **abgeschlossener Vorgang** zu verstehen ist. Hierzu hat der BGH (FamRZ 1987, 793, bestätigt in NJW 1990, 636; NJW 1990, 638) entschieden, dass für die Beurteilung eines Scheidungsbegehrens einschließlich der Scheidungsfolgen der Eintritt der Rechtshängigkeit des Scheidungsantrags zu den abgeschlossenen Vorgängen in diesem Sinne gehört, weil sich damit der Anknüpfungstatbestand der Kollisionsnorm abschließend verwirklicht habe. Eine andere, insbesondere in der Literatur vertretene Ansicht hält demgegenüber eine **sachrechtliche Betrachtungsweise** für geboten (*Hepting* IPRax 1988, 153 ff. m.w.N.; *Rauscher* IPRax 1987, 138; IPRax 1989, 224; OLG Celle FamRZ 1987, 159; OLG Karlsruhe FamRZ 1988, 296, 298). Der ersten Ansicht ist aus Gründen der Vorhersehbarkeit des anzuwendenden

941

Rechts, die auch in der Beseitigung der Wandelbarkeit des Statuts nach der Neuregelung des Art. 17 Abs. 1 Satz 1 EGBGB ihre Bestätigung gefunden hat, zuzustimmen. Im Übrigen ist der Begriff des abgeschlossenen Vorgangs kollisionsrechtlich zu verstehen, was auch der Regelung des Art. 220 Abs. 1 EGBGB nach dem Regierungsentwurf zugrunde lag (so auch *Schwab/Hahne* Teil VI Rn. 350). Ferner sprechen für diese Ansicht Gründe der **Praktikabilität,** die eine eindeutige Bestimmung des anzuwendenden Rechts ermöglichen (so auch BGH FamRZ 1987, 793, bestätigt in NJW 1990, 636; NJW 1990, 638).

V. Einbeziehung ausländischer Anrechte bei Anwendung deutschen Sachrechts

1. Grundlagen

942 Wird der Versorgungsausgleich nach deutschem Sachrecht durchgeführt, sind sämtliche Versorgungsanrechte in den Wertausgleich einzubeziehen; dies legt die Regelung des § 2 Abs. 1 VersAusglG auch für ausländische Anrechte ausdrücklich fest. Dem Versorgungsausgleich unterliegen damit also auch Anrechte bei ausländischen, zwischenstaatlichen oder überstaatlichen Versorgungsträgern (BT-Drucks. 7/4361 S. 40; BGH FamRZ 1982, 473), soweit diese in der Ehezeit erworben wurden (OLG Karlsruhe FPR 2002, 299 – britische basic pension; FamRZ 2002, 962 – französische Sozialversicherung; OLG Köln FamRZ 2002, 1632 – belgische Sozialversicherung). Dies hat auch in § 26 VersAusglG seinen Niederschlag gefunden, der solche Anrechte ausdrücklich in den gesetzlichen Regelungsbereich aufnimmt (eingehend Rdn. 756). Die Einbeziehung sämtlicher in der Ehezeit erworbener Anrechte, auch soweit diese nicht bei einem inländischen Versorgungsträger erworben wurden, rechtfertigt sich insbesondere aus dem aus Art. 3 Abs. 1, 6 GG abgeleiteten Halbteilungsgrundsatz (s. a. BT-Drucks. 13/152 S. 2), der auch nicht durch praktische Schwierigkeiten bei der Ermittlung und Bewertung solcher Anrechte aufgeweicht werden darf; ebenso ist ausschlaggebend, ob die Entscheidung zum Versorgungsausgleich im Ausland anerkannt wird.

2. Umfang der einzubeziehenden Anrechte

943 Dem Versorgungsausgleich unterliegen nur Anrechte i. S. d. § 2 Abs. 1, 2 VersAusglG; es muss danach eine Versorgung für den Fall des Alters sowie der Berufs- und Erwerbsunfähigkeit vorliegen. Hierzu gehören nicht solche Versorgungsleistungen, die nicht auf einer erbrachten Leistung des Anspruchsberechtigten beruhen, sondern durch den Staat allgemein (also regelmäßig durch Steuern) finanziert werden (sogenannte Volksrenten wie nach schwedischem Recht, s. OLG Bamberg FamRZ 1980, 62; zum australischen Recht s. OLG Koblenz FamRZ 1981, 293; eingehend Rdn. 87). Umstritten ist, ob die **niederländische AOW-Pension** in den Versorgungsausgleich einzubeziehen ist oder als steuerfinanziertes Anrecht nach § 2 Abs. 2 Nr. 1 VersAusglG nicht dem Wertausgleich unterliegt, weil die Versorgung nicht mit Hilfe des Vermögens oder durch Arbeit erworben wurde (s. eingehend Rdn. 87; bejahend BGH FamRZ 2008, 770; s. a. BGH FamRZ 2009, 677; FamRZ 2009, 681). Die **US – social-security** bezieht das OLG Hamm (FamRZ 2000, 158) in den Versorgungsausgleich mit dem Hinweis ein, dass diese aus den Beiträgen der Versicherten erbracht werde, so dass § 2 Abs. 2 Nr. 1 VersAusglG gegeben sei, obwohl diese Versorgung eine bedürftigkeitsunabhängige Grundsicherung verschaffen soll. Auch in der Möglichkeit, dass nach dieser Versorgung dem geschiedenen Ehegatten aus dem Recht des ausgleichspflichtigen Ehegatten eine Ge-

V. Einbeziehung ausländischer Anrechte bei Anwendung deutschen Sachrechts

schiedenenrente zusteht, so dass es zu einem doppelten Ausgleich kommen kann, sieht das OLG Hamm keinen generellen Hinderungsgrund zur Durchführung des Versorgungsausgleichs. Allerdings lehnt es einen Abfindungsanspruch nach § 23 VersAusglG (§ 1587 l BGB a. F.) ab, weil noch unklar ist, ob der Ausgleichsberechtigte eine eigenständige Geschiedenenwitwenrente erhält (s. a. OLG Zweibrücken FamRZ 2001, 497; *Gümpel* FamRZ 1990, 226, 230).

3. Berücksichtigung ausländischer Versicherungszeiten in der deutschen gesetzlichen Rentenversicherung

Aufgrund zwischen- oder überstaatlicher Sozialversicherungsabkommen oder EG-Verordnungen werden ausländische Beitragszeiten deutschen Versicherungszeiten in der gesetzlichen Rentenversicherung gleichgestellt und in der gesetzlichen Rentenversicherung berücksichtigt (eingehend Rdn. 469). Solche Sozialversicherungsabkommen bestehen derzeit mit Finnland, Israel, den Nachfolgestaaten der ehemaligen Republik Jugoslawien, Kanada, Liechtenstein, Marokko, Österreich, Polen, Schweden, der Schweiz, Spanien, Tunesien, der Türkei und den USA. Sogenannte Versicherungslastregelungen, mit denen kriegsfolgebedingte Veränderungen in die deutsche Versicherungslast fallen, liegen mit Belgien, Dänemark, Frankreich, Italien, den Nachfolgestaaten der ehemaligen Republik Jugoslawien, Luxemburg, den Niederlanden und Österreich vor. Personen, die als Vertriebene oder Spätaussiedler anerkannt sind, erhalten nach dem Fremdrentengesetz für die in den Herkunftsgebieten zurückgelegten Beitrags- und Beschäftigungszeiten Rentenleistungen, so als ob sie immer in der deutschen gesetzlichen Rentenversicherung versichert gewesen wären. Eine Sonderstellung nimmt das deutsch-polnische Abkommen vom 09. 10. 1975 über Renten- und Unfallversicherung ein (BGBl II 76 396), nach dem Rentenleistungen grundsätzlich nur von dem Land aufgebracht werden, in dem der Versicherte wohnt, unabhängig davon, in welchem Land die Versicherungszeiten zurückgelegt wurden (sogenanntes **Eingliederungsprinzip**). Zu beachten sind ferner sogenannte Kleinstrentenregelungen des zwischen- oder überstaatlichen Sozialversicherungsrechts, nach denen kurze Versicherungszeiten (bis zu 18 Monaten) vom Wohnsitzland abgegolten werden (s. BGH FamRZ 1989, 949; OLG Karlsruhe FamRZ 1989, 399; eingehend *Rahm/Künkel/Paetzold* Kap. VIII Rn. 1147; die Abkommen haben nur noch besitzschützende Wirkung). Im Übrigen sind im Rahmen des **Beitragsdichtemodells** des RRG 1992 Versicherungszeiten bei ausländischen Versorgungsträgern einzubeziehen, um systembedingte Rentenminderungen zu vermeiden (s. EG-VO 1408/71 und 574/72; Rdn. 315 ff.). In allen diesen Fällen liegt trotz der Einbeziehung ausländischer Versicherungszeiten ein deutsches Versorgungsanrecht vor, das der Bewertung nach § 43 VersAusglG und dem Ausgleich nach § 10 Abs. 1 VersAusglG unterliegt. Zu den Problemen des Fremdrentengesetzes s. Rdn. 299.

944

4. Bewertung ausländischer Anrechte

Die Bewertung ausländischer Anrechte erfolgt nach den §§ 39 ff. VersAusglG (s. Rdn. 168; *Borth* FamRZ 2003, 889, 898). In der Praxis gestaltet sich die Bewertung vor allem deshalb schwierig, weil ausländische Versorgungsträger in der Regel keine Auskunft über die Höhe des auf die Ehezeit entfallenden Anteils erteilen. Auskünfte werden meist aber über die insgesamt bestehenden ausländischen Versicherungszeiten erteilt (s. *Bergner* IPRax 1982, 232; IPRax 1984, 189; OLG Köln FamRZ 1986, 689 – keine Auskunft aus Italien). Wird eine Auskunft nicht erteilt, ist der Ehezeitanteil des Anrechts nach § 42 VersAusglG (mit Hilfe eines Sachverständigen) zu schätzen (BGH FamRZ 1982, 473; *Bürgle* IPRax 1981, 126). Insoweit

945

sind auch Vereinbarungen nach §§ 6–8 VersAusglG zur Klärung einer umstrittenen Bewertung zulässig.

5. Ausgleich ausländischer Anrechte

946 Liegen beim **Ausgleichspflichtigen** ausländische Anrechte vor, kann der Ausgleich nicht im öffentlich-rechtlichen Versorgungsausgleich erfolgen, weil die familienrechtliche Entscheidung einen nicht zulässigen Eingriff in das Recht eines ausländischen Staates zur Folge hätte. Damit scheidet der Wertausgleich bei der Scheidung aus. Dem entspricht die Regelung des § 19 Abs. 2 Nr. 4 VersAusglG, der insoweit bestimmt, dass diese Anrechte beim Wertausgleich bei der Scheidung nicht teilungsreif sind und nach § 19 Abs. 4 VersAusglG ein Ausgleich aufgrund der Ausgleichsansprüche nach der Scheidung gem. den §§ 20–26 VersAusglG stattfindet (eingehend Rdn. 598). Falls zwischen den Parteien nicht im Wege einer Vereinbarung nach §§ 6–8 VersAusglG eine Beitragszahlung zur gesetzlichen Rentenversicherung oder eine private Rentenversicherung festgelegt wird, kann deshalb ein ausländisches Anrecht nur nach den §§ 20–26 VersAusglG ausgeglichen werden. Soweit das ausländische Anrecht unverfallbar ist, kann jedoch nach § 23 VersAusglG eine Abfindung verlangt werden. Im Rahmen des Anspruchs gegen die Witwe/den Witwer gem. § 26 VersAusglG kann der Berechtigte die Ausgleichsrente oder eine Kapitalzahlung verlangen. Hat der Ausgleichspflichtige Anrechte bei einem deutschen und einem ausländischen Versorgungsträger, so sind beide Ausgleichsformen nebeneinander möglich, greift § 19 Abs. 3 VersAusglG ein (s. Rdn. 598 ff.).

947 Hält sich der **Ausgleichsberechtigte im Ausland auf**, steht dies einem Versorgungsausgleich nicht entgegen, da grundsätzlich auch an einen im Ausland lebenden Ausländer Rentenleistungen aus dem Versorgungsausgleich möglich sind (§§ 110 ff. SGB VI; s. a. BGH FamRZ 1986, 657; FamRZ 1982, 473 – früherer Rechtszustand; eingehend Rdn. 298).

6. Ermittlung ausländischer Anrechte

a) Ermittlungspflicht des Familiengerichts

948 Das Versorgungsausgleichsverfahren ist von Amts wegen durchzuführen, so dass nach § 26 FamFG die zur Ermittlung eines Anrechts notwendigen Feststellungen vom Familiengericht vorzunehmen sind. Allerdings sind die Ehegatten gehalten, das Familiengericht durch Vorlage vorhandener Unterlagen und Angaben über das Versicherungsverhältnis zu unterstützen (s. BGH FamRZ 1988, 709, 710 f.); dies gilt vor allem auch bei ausländischen Anrechten. Diese weitgehende Prüfungspflicht bleibt trotz der Regelung des § 19 Abs. 2 Nr. 3 VersAusglG zur fehlenden Ausgleichsreife jedenfalls dann bestehen, wenn nach § 19 Abs. 3 VersAusglG deutsche und ausländische Anrechte beider Ehegatten zusammentreffen, so dass eine Billigkeitsprüfung zur Frage der Ausgleichssperre nach dieser Bestimmung vorzunehmen ist (s. Rdn. 598 ff.).

949 Soweit es sich um Anrechte bei ausländischen Trägern einer staatlichen Versorgung handelt, bestehen aufgrund der zwischen- und überstaatlichen Versicherungsabkommen **Verbindungsstellen,** die einander zur Auskunft verpflichtet sind. Die Familiengerichte können sich hierzu an die deutschen Verbindungsstellen richten und diese um Auskünfte bitten; eine Verpflichtung zur Mitwirkung besteht allerdings nicht. Scheitert eine freiwillige Unterstützung, kann eine Beweisaufnahme im Wege der **Rechtshilfe** erfolgen, für die vor allem das Haager Über-

einkommen vom 18. 03. 1970 über die Beweisaufnahme im Ausland in Zivil- oder Handelssachen in Betracht kommt (BGBl II 77 1472). Dieses Übereinkommen ist an die Stelle der Art. 8 ff. des Haager Übereinkommens vom 01. 03. 1954 über den Zivilprozess (BGBl II 58 577) für Staaten getreten, die dieses ratifiziert haben. Im Übrigen sind zwischenstaatliche Rechtshilfeabkommen zu beachten; ferner ist nicht auszuschließen, dass auch ohne ein entsprechendes Abkommen Rechtshilfe geleistet wird. Ferner kann gem. der Verordnung (EG) Nr. 1206/2001 des Rates vom 28. 5. 2001 über die Zusammenarbeit zwischen den Gerichten der Mitgliedstaaten auf dem **Gebiet der Beweisaufnahme in Zivil- und Handelssachen ein Rechtshilfeersuchen** an ein ausländisches Gericht mit dem Ziel veranlasst werden, durch eine schriftliche Beweisaufnahme das Vorhandensein einer Versorgung zu Grund und Höhe feststellen zu lassen. Dies hat aber nur Erfolg, wenn das ausländische Familiengericht den Versorgungsausgleich als zivilrechtliche Angelegenheit anerkennt, was im Ersuchen dargelegt werden sollte.

Ferner kann jeder Ehegatte im Rahmen des **familienrechtlichen Auskunftsanspruchs** nach § 4 VersAusglG zur Auskunft über ausländische Versicherungszeiten verpflichtet werden. Darüber hinaus kann das Familiengericht nach § 220 FamFG von jedem Ehegatten die Herausgabe entsprechender Unterlagen fordern, auf deren Grundlage ein Sachverständiger gegebenenfalls das Anrecht bewerten kann. Hierzu kann bei unklaren Verhältnissen eine Bewertung gem. § 42 VersAusglG nach Billigkeit erfolgen (Rdn. 945).

950

b) Bestimmung des Ehezeitendes bei Scheidungsverfahren im Ausland; Trennungsverfahren

Das Ehezeitende nach § 3 Abs. 1 VersAusglG hängt von der Zustellung des Scheidungsantrages ab. Ob und wann Rechtshängigkeit im Ausland eingetreten ist, bestimmt sich nach der lex fori des ausländischen Gerichts (BGH FamRZ 1992, 1058, 1059; FamRZ 1993, 798, 800). Liegt ein Antrag auf **Trennung von Tisch und Bett** nach ausländischem Recht vor (richtig: personale Trennung durch das Gericht), so bleibt es dennoch bei dem Grundsatz des § 3 Abs. 1 VersAusglG, nach dem es auf die **Zustellung des Scheidungsantrages** ankommt (BGH FamRZ 1994, 825, 826 f.). Der Trennungsantrag ist nicht auf die Auflösung der Ehe gerichtet, so dass dieser das Ende der Ehezeit nicht auslöst (eingehend Rdn. 115). In besonderen Fällen kann es im Hinblick auf die Motivation des Versorgungsausgleichs, der eine Aufteilung der Anrechte aufgrund einer gleichwertigen Leistung der Ehegatten in der Ehe vorsieht, gerechtfertigt sein, nach § 27 VersAusglG die Zeit zwischen der Zustellung des Trennungsantrages und des Scheidungsantrages unberücksichtigt zu lassen (BGH FamRZ 1994, 825, 826 f.) und nicht auf die kollisionsrechtliche Billigkeitsklausel des Art. 17 Abs. 3 Satz 2 letzter Hs. EGBGB zurückzugreifen (s. a. OLG Düsseldorf FamRZ 1993, 433 = NJW-RR 1993, 1414, 1415 f.; OLG Hamm FamRZ 1994, 573, 578; Rdn. 115, 787 f.).

951

VI. Versorgungsausgleich und interlokales Recht

1. Grundlagen

Mit der Einführung des Renten-Überleitungsgesetzes vom 25. 07. 1991 (RÜG), das im Bereich der gesetzlichen Rentenversicherung die Rechtseinheit zwischen den neuen und den alten Bundesländern hergestellt hat, wurde auch in Art. 31 das Versorgungsausgleichs-Überleitungsgesetz in Kraft gesetzt. Mit dem VAÜG soll der Versorgungsausgleich auch in den neuen Bundesländern durchgeführt werden

952

können (eingehend Rdn. 336 ff.). Danach ist ab dem 01.01.1992 der Versorgungsausgleich nach den Bestimmungen des BGB, des VAHRG und des SGB VI auch im Beitrittsgebiet durchzuführen (Art. 234 § 6 EGBGB). Vor diesem Zeitpunkt galt das Rentenrecht der DDR weiter, das das Rechtsinstitut des Versorgungsausgleichs nicht vorsah und deshalb auch kein Versorgungsausgleich wie in den alten Bundesländern durchgeführt werden konnte. Hieraus folgt auch, dass für Ehegatten, die vor dem 01.01.1992 geschieden wurden, das Recht des Versorgungsausgleichs nicht anzuwenden war. Es ist deshalb auch nicht möglich, diesen seit dem 01.01.1992 nachträglich durchzuführen. Diese Rechtslage trifft diejenigen Ehegatten, die im Zeitpunkt der Rechtshängigkeit des Scheidungsantrages ihren gewöhnlichen Aufenthalt in den neuen Bundesländern hatten. Befand sich bei Rechtshängigkeit des Scheidungsantrages der gewöhnliche Aufenthalt eines Ehegatten in den neuen Bundesländern, derjenige des anderen dagegen in den alten Bundesländern bzw. in Berlin (West) und war der letzte gemeinsame gewöhnliche Aufenthalt beider Ehegatten in den neuen Bundesländern, war ebenfalls kein Versorgungsausgleich durchzuführen (BGH FamRZ 1994, 884).

2. Durchführung des Versorgungsausgleichs bei Scheidung der Ehe vor dem 01.01.1992

a) Rechtslage vor Inkrafttreten des IPR-Neuregelungsgesetzes

953 Der BGH hat vor Inkrafttreten des Gesetzes zur Neuregelung des Internationalen Privatrechts vom 25.07.1986 (BGBl I 1142) auf der Grundlage des danach geltenden Rechts zum **innerdeutschen Kollisionsrecht** entschieden, dass sich das Statut für die Scheidungsfolgen, zu denen auch der Versorgungsausgleich gehört, nach den für das internationale Privatrecht entwickelten Grundsätzen beurteilt (BGHZ 91, 186, 196 = FamRZ 1984, 674, 676 = NJW 1984, 2361; FamRZ 1991, 421 = IPRax 1991, 252 mit Anm. von *Jayme* IPRax 1991, 230; FamRZ 1992, 295; FamRZ 1994, 304). Wurde eine Ehe nach DDR-Recht geschieden, weil die Scheidung in der DDR ausgesprochen wurde oder der letzte gemeinsame Aufenthalt in der DDR war, so galt das maßgebende Scheidungsstatut (DDR-Recht) auch für den Versorgungsausgleich. Hierbei entfiel die Anknüpfung an die Staatsangehörigkeit, weil beide Ehegatten zwar deutsche Staatsangehörige waren (gem. Grundlagenvertrag vom 21.12.1972; BGBl II 73 421), jedoch unter verschiedenen Rechtsordnungen lebten. Maßgebende Anknüpfung war deshalb **der letzte gemeinsame gewöhnliche Aufenthalt** (wegen der weiteren Einzelheiten s. Rn. 891 der 3. Auflage).

b) Bestimmungen des Einigungsvertrages bei Scheidung vor dem 01.01.1992

954 Art. 234 § 6 Satz 1 EGBGB der **Übergangsbestimmungen des Einigungsvertrags** bestimmt für Ehen, die vor Inkrafttreten des SGB VI (RRG 1992) zum 01.01.1992 in den neuen Bundesländern geschieden wurden, dass die **Bestimmungen des Versorgungsausgleichs nicht anzuwenden** sind. Maßgebend ist hierbei der Ausspruch der Scheidung, nicht der Eintritt der Rechtskraft. Der Anlass für diese Entscheidung im Einigungsvertrag ergibt sich aus den Besonderheiten des bisherigen Versorgungssystems in den neuen Bundesländern, das keine Aufteilung von Anrechten im Sinne des Versorgungsausgleichs ermöglicht. Ferner wurde die gesetzliche Rentenversicherung in den neuen Bundesländern grundlegend geändert; das SGB VI ist dort nach Art. 8 des Einigungsvertrages zum 01.01.1992 in Kraft getreten (wie in den alten Bundesländern); die rentenrechtlichen Auswirkungen sind im RÜG geregelt (eingehend 332 ff.). Dementsprechend ordnet der Einigungsvertrag an, dass der Versorgungsausgleich nach den §§ 1587 ff. BGB a.F. erst für Ehen

VI. Versorgungsausgleich und interlokales Recht

zur Anwendung kommt, die nach dem 31. 12. 1991 geschieden werden. Die soziale Sicherung der bis zu diesem Zeitpunkt geschiedenen Ehefrau dürfte im Wesentlichen durch einen hohen Anteil am Erwerbsleben gesichert sein; ferner besteht nach § 49 RentenVO vom 23. 11. 1979 (GBl-DDR I 401; § 15 der 4. RentenVO vom 08. 06. 1989, GBl-DDR I 229) eine Geschiedenen-Hinterbliebenenversorgung. Aus der Regelung des Art. 234 § 6 Satz 1 EGBGB ist ferner zu entnehmen, dass mit der auf den 01. 01. 1992 hinausgeschobenen Geltung des Versorgungsausgleichs für diesen Zeitraum das Recht des jeweiligen Teilgebiets erhalten bleibt. Welches Recht zur Anwendung kommt, bestimmt das **interlokale Kollisionsrecht** (s. Rdn. 953). Ein neues deutsch-deutsches Kollisionsrecht wurde im Einigungsvertrag nicht geschaffen; es legt stillschweigend die bisher bestehenden Kollisionsnormen zugrunde (BT-Drucks. 11/7817 S. 36 f.).

c) Gemeinsamer gewöhnlicher Aufenthalt in den alten Bundesländern

Art. 234 § 6 Satz 1 EGBGB des Einigungsvertrages legt fest, dass ein Versorgungsausgleich für Ehen, die vor dem 01. 01. 1992 in den neuen Bundesländern geschieden wurden, nicht gilt. Dies bezog sich aber nur auf Ehegatten, deren letzter gemeinsamer gewöhnlicher Aufenthalt in den neuen Bundesländern lag. Nach BGH (FamRZ 2006, 766 = NJW 2006, 2034) ist zwischen Ehegatten, die während der Ehe ihren gewöhnlichen Aufenthalt zuletzt im Gebiet der ehemaligen DDR hatten und dort aufgrund eines in der Zeit von 01. 09. 1986 bis 31. 12. 1991 rechtshängig gewordenen Scheidungsantrags geschieden wurden, ein Versorgungsausgleich nicht durchzuführen, es sei denn, dass sie vor dem 03. 10. 1990 in die alten Bundesländer übergesiedelt sind. War der letzte gemeinsame Aufenthalt in den alten Bundesländern und richtete sich das Scheidungsstatut nach dem Recht der Bundesrepublik, war ein Versorgungsausgleich auch dann durchzuführen, wenn nach dem Beitritt beide Ehegatten in den neuen Bundesländern jeweils einen Wohnsitz begründet hatten. Entsprechendes galt, wenn die Ehegatten nach der staatlichen Einigung einen gemeinsamen Wohnsitz in den neuen Bundesländern begründet hatten. In diesem Fall ist hinsichtlich der in der bisherigen Bundesrepublik erworbenen Anrechte jederzeit ein Ausgleich möglich (s. BGH FamRZ 1991, 421, 423 = IPRax 1991, 252). Dies gilt jeweils, wenn die Ehegatten ausschließlich Anwartschaften in der bisherigen Bundesrepublik erworben haben (bei zusätzlichem Erwerb von Renten nach der Bestimmung der neuen Bundesländer bis zum 31. 12. 1991 ist zu prüfen, ob eine Teilentscheidung zulässig ist).

955

d) Getrennter gewöhnlicher Aufenthalt

Lebten die Ehegatten getrennt in je einem Teilrechtsgebiet, entscheidet der letzte gemeinsame Aufenthalt über das Scheidungsstatut und damit die Durchführung des Versorgungsausgleichs. Wechselten die Ehegatten nach Eintritt der Rechtshängigkeit des Scheidungsantrags ihren gewöhnlichen Aufenthalt, verbleibt es im Hinblick auf die Regelung des Art. 17 Abs. 3 Satz 2 EGBGB bei dem ursprünglichen Statut (Unwandelbarkeit; s. a. *Johannsen/Henrich* Art. 17 EGBGB Rn. 63 f.; MüKo/*Winkler von Mohrenfels* 2. Aufl., Art. 17 EGBGB Rn. 306; zur Kritik s. *Jayme* IPRax 1991, 230; *Henrich* FamRZ 1991,873). Allerdings werden die bisherigen Kollisionsbestimmungen des interlokalen Rechts der mit der staatlichen Einigung eintretenden Mobilität der Bevölkerung nicht (mehr) gerecht. Entsprechend dem Regelungszweck des Art. 234 § 6 Satz 1 EGBGB, der den »Altbundesbürgern« ihren Versorgungsausgleich nicht nehmen will, den »Neubundesbürgern« diesen jedoch bis 31. 12. 1991 aus den oben dargelegten Gründen versagte, erscheint es deshalb geboten, das Versorgungsausgleichsstatut auf den Zeitpunkt der Herstellung der

956

staatlichen Einigung festzulegen (so auch *Adlerstein/Wagenitz* FamRZ 1990, 1300, 1306).

e) Anwendung der Regel des Art. 17 Abs. 3 Satz 2 EGBGB

957 Die sich aus Art. 17 Abs. 3 Satz 2 Nr. 1 EGBGB ergebende Möglichkeit, bei Anwendung des (früheren) DDR-Scheidungsstatuts dennoch einen Versorgungsausgleich bei Vorliegen von Anwartschaften aus dem Fremdrentengesetz durchzuführen, weil es sich insoweit um »inländische Versorgungsanwartschaften« handelt, scheidet durch die Änderung des Fremdrentengesetzes ab 18. 05. 1990 aus. Allerdings ist zu bedenken, dass unter den Voraussetzungen des Art. 17 Abs. 3 Satz 2 EGBGB, d. h. bei Vorliegen eines Statuts, das den Versorgungsausgleich nicht kennt, auf Antrag eines Ehegatten der neuen Bundesländer ein Versorgungsausgleich durchzuführen ist, wenn der andere Ehegatte ein Anrecht im alten Bundesgebiet erworben oder die Ehegatten während der Ehe ihren gewöhnlichen Aufenthalt im alten Bundesgebiet hatten. Ansonsten würde einem Ehegatten der neuen Bundesländer verwehrt werden, was einem Ausländer zusteht (s. OLG Celle FamRZ 1991, 714; AG Charlottenburg FamRZ 1991, 1069 – ohne Antrag; OLG Frankfurt/M FamRZ 1991, 1323).

Auch wenn die Scheidung der Ehe durch ein Familiengericht der DDR im Jahre 1988 ausgesprochen wurde, ist nach Art. 17 Abs. 3 Satz 2 Nr. 1 EGBGB ein Versorgungsausgleich durchzuführen, weil rentenrechtliche Zeiten, die bis zum 18. 05. 1990 in der gesetzlichen Rentenversicherung der ehemaligen DDR zurückgelegt worden sind, nach dem Fremdrentengesetz wie Beitragszeiten in der Bundesrepublik behandelt werden. Art. 234 § 6 Satz 1 EGBGB steht dem nicht entgegen, weil diese Norm keine Aussage zum interlokalen Recht enthält (OLG Stuttgart, Beschluss vom 09. 02. 2000, 17 UF 468/99 unter Bezug auf OLG Celle FamRZ 1991, 741; *Henrich* FamRZ 1991, 877).

f) Vereinbarung bzw. gerichtliche Entscheidung zur Vermögensteilung

958 Nach Art. 234 § 6 Satz 2 EGBGB kann der Versorgungsausgleich auch bei einer Scheidung nach dem 31. 12. 1991 ausgeschlossen sein, als das auszugleichende Anrecht Gegenstand oder Grundlage einer vor dem Wirksamwerden des Beitritts geschlossenen wirksamen Vereinbarung oder gerichtlichen Entscheidung über die Vermögensverteilung war. Diese Regelung gleicht Art. 12 Nr. 3 Abs. 3 Satz 2 des 1. EheRG, erfasst aber nicht Vereinbarungen, mit denen künftige Unterhaltsansprüche endgültig abgefunden werden. Dies folgt aus dem Umstand, dass solche Vereinbarungen, die im Zusammenhang mit der Scheidung möglich waren, den Versorgungsausgleich nicht haben erfassen können, weil es einen solchen nicht gab.

3. Sonderregelung des Einigungsvertrages bei Übersiedlung in die alten Bundesländer vor dem 03. 10. 1990

959 Hierzu wird auf Rdn. 898 der 3. Auflage verwiesen.

4. Versorgungsausgleich bei gewöhnlichem Aufenthalt während der Ehezeit in den alten Bundesländern

960 Nach Art. 17 Abs. 3 Satz 2 Nr. 2 EGBGB (in entsprechender Anwendung) kommt ein Versorgungsausgleich in Betracht, wenn beide Ehegatten bei Rechtshängigkeit des Scheidungsantrags ihren gewöhnlichen Aufenthalt in den neuen Bundesländern hatten, sie sich aber zumindest teilweise während der Ehe in den alten Bundesländern vor dem 03. 10. 1990 aufgehalten haben.

11. Kapitel
Das Verfahren zum Versorgungsausgleich

I. Zuordnung des Verfahrens zu den Angelegenheiten der freiwilligen Gerichtsbarkeit

Der Versorgungsausgleich wurde bereits nach der Grundkonzeption des 1. EheRG als Verfahren der freiwilligen Gerichtsbarkeit gestaltet (eingehend Vorauflage Rn. 899). Begründet wurde dies mit dem starken Bezug dieses Regelungsbereiches zu den öffentlich-rechtlichen Versorgungsanrechten der gesetzlichen Rentenversicherung und Beamtenversorgung sowie der besonderen Bedeutung für die **soziale Sicherung der Ehegatten**. Diesem Ziel wird das Verfahren der freiwilligen Gerichtsbarkeit besser gerecht als das Verfahren der ZPO, da dieses vor allem von dem Untersuchungsgrundsatz gem. § 26 FamFG geprägt wird, der sicherstellen soll, dass alle dem Versorgungsausgleich unterliegenden Anrechte von Amts wegen ermittelt werden; dies gilt sowohl in Bezug auf die vollständige Erfassung aller dem Versorgungsausgleich unterliegenden Anrechte wie auch der Prüfung der einzelnen Versorgungen hinsichtlich der Höhe des Ehezeitanteils und sonstiger für die Entscheidung zum Versorgungsausgleich wertbildenden Faktoren. Dem hat der Gesetzgeber in besonderem Maße durch die Einführung des Entscheidungsverbunds des Versorgungsausgleichs mit der Scheidung (auch Mindest- oder Zwangsverbund genannt) nach § 623 Abs. 1 ZPO a. F. Rechnung getragen; diese Regelung wurde entsprechend in § 137 Abs. 1, 2 Nr. 1 FamFG übernommen. Das FamFG ordnet das Versorgungsausgleichsverfahren nach § 1 FamFG i. V. m. den §§ 111–113 FamFG den **Angelegenheiten der freiwilligen Gerichtsbarkeit** zu, indem gem. § 113 Abs. 1 FamFG nur in Ehesachen gem. § 121 FamFG sowie den Familienstreitsachen gem. § 112 Nr. 1–3 FamFG die Bestimmungen der ZPO mit Ausnahme der §§ 38, 39 FamFG (Entscheidung durch Beschluss, Rechtsmittelbelehrung), §§ 49–75 FamFG (Rechtsmittel, einstweiliger Rechtsschutz) anzuwenden sind. Hieraus folgt, dass auch in dem Verfahren des Versorgungsausgleichs als Verbundsache nicht die Bestimmungen der ZPO anzuwenden sind.

961

Das Verfahren zum Versorgungsausgleich dient der **Durchsetzung subjektiver Rechte** nach den §§ 1 ff. VersAusglG und wurde nach dem bis zum 31. 08. 2009 geltenden Rechtszustand den sogenannten **streitentscheidenden Angelegenheiten** der freiwilligen Gerichtsbarkeit zugeordnet (BGH NJW 1980, 2118 = FamRZ 1980, 989); es ist jedoch **keine Familienstreitsache** i. S. d. § 112 FamFG. Hieraus folgt, dass im Verfahren zum Versorgungsausgleich ergänzend auf die Regelungen der ZPO zurückzugreifen ist, soweit in den Bestimmungen des Allgemeinen Teils (Buch 1) keine auf dieses Verfahren abgestimmten Regelungen bestehen. Dies betrifft insbesondere den **Stufenantrag** i. S. d. § 254 ZPO im Rahmen eines Auskunftsbegehrens und die **Teilentscheidung** i. S. d. § 301 ZPO (das Verfahren der Wiederaufnahme ist in § 48 Abs. 2 FamFG geregelt).

II. Der Begriff der Versorgungsausgleichssachen

Die Vorschrift des § 217 FamFG beschreibt den Regelungsbereich von Verfahren in Versorgungsausgleichssachen. Durch die in dieser Bestimmung enthaltene Definition soll eine Abgrenzung der Zuständigkeit des Familiengerichts in den Verfahren des Versorgungsausgleichs zu der Zuständigkeit der Verwaltungs-, Sozial- und Arbeitsgerichte vorgenommen werden, die in Bezug auf die Auswirkungen des Ver-

962

sorgungsausgleichs (nach der rentenrechtlichen Umsetzung des Wertausgleichs) mit verschiedenen Regelungsbereichen des Versorgungsausgleichs befasst sein können (vor allem in der gesetzlichen Rentenversicherung nach den §§ 52, 76, 101 Abs. 3, 120 f, 120 g SGB VI).

III. Verfahren innerhalb und außerhalb des Entscheidungsverbunds nach § 137 FamFG

1. Verfahren im Entscheidungsverbund

963 Der Versorgungsausgleich ist überwiegend im **Scheidungsverfahren nach § 137 Abs. 2 Nr. 1** FamFG im Rahmen des Zwangsverbundes (auch Mindestverbund) von Amts wegen vorzunehmen. Er erfasst hierbei den **Wertausgleich bei der Scheidung** gem. §§ 9–19 und 28 VersAusglG, zu dem auch der Ausgleich bei Vereinbarungen zum Versorgungsausgleich nach §§ 6–8 gehören kann (bisher öffentlich-rechtlicher Wertausgleich nach § 1587 b Abs. 1, 2 BGB a. F. und nach §§ 1 Abs. 2, 3, 3 b Abs. 1 VAHRG a. F.). Für andere Ehesachen, also die Anträge auf **Aufhebung der Ehe** nach § 121 Nr. 2 FamFG, auf die nicht die Bestimmungen des Verbundes gem. § 137 Abs. 1 FamFG anzuwenden sind, ist der Wertausgleich bei der Scheidung gem. den §§ 9–29, 28 VersAusglG nach deren rechtskräftigem Abschluss im selbständigen Verfahren gem. § 111 Nr. 7 vorzunehmen (zu den Folgen der Aufhebung der Ehe s. § 1318 Abs. 3 BGB). Der Begriff des öffentlich-rechtlichen Versorgungsausgleichs umschreibt den Ausgleichsvorgang nach dem bis zum 31. 08. 2009 geltenden Recht, das (als Grundsatz) den Ausgleich über das System der gesetzlichen Rentenversicherung vollzog, hiervon aber bereits durch die Einführung der Realteilung nach § 1 Abs. 2 VAHRG a. F. eine Ausnahme vorsah. Im reformierten Versorgungsausgleich bleibt das hierin liegende Prinzip insoweit erhalten, als der ausgleichsberechtigte Ehegatte im Versorgungssystem des Ausgleichspflichtigen ein eigenständiges Anrecht erlangt, das unabhängig vom Versorgungsbezug des Ausgleichspflichtigen gewährt wird und somit vom Versorgungsschicksal des Ausgleichspflichtigen unabhängig ist. Der Wertausgleich bei der Scheidung nach den §§ 9–19 VersAusglG kann deshalb (weiterhin) als **dinglicher Versorgungsausgleich** bezeichnet werden (in Abgrenzung zum Wertausgleich nach Scheidung gem. §§ 20–26 VersAusglG, der unmittelbare Ansprüche zwischen den Beteiligten vorsieht).

2. Verfahren außerhalb des Verbunds

964 Wurde in einer **Verbundentscheidung** (nach dem bis zum 31. 08. 2009 geltenden Recht) festgestellt, dass im Hinblick auf den **Ausschluss des Versorgungsausgleichs durch Ehevertrag** (§ 1408 Abs. 2 BGB) ein Versorgungsausgleich nicht stattfindet, hat diese Feststellung keine Rechtskraftwirkung, da insoweit lediglich der Inhalt des Ehevertrages wiedergegeben, nicht aber materiell-rechtlich der Versorgungsausgleich (wie nach § 1587 c Nr. 1–3 BGB a. F.) ausgeschlossen wurde. Im Falle einer **wirksamen Anfechtung des Ehevertrages** oder dessen Unwirksamkeit nach § 138 BGB (Inhaltskontrolle) kann deshalb noch nachträglich im selbständigen Verfahren der Versorgungsausgleich auf (unbezifferten) Antrag durchgeführt werden (BGH FamRZ 1991, 681; OLG Nürnberg FamRZ 2005, 454; OLG Düsseldorf NJW 2006, 235; zur Abgrenzung BGH FamRZ 2009, 215 m. Anm. *Borth*; zur Reichweite der Rechtskraft eines unzulässigen Supersplittings s. BGH FamRZ 2007, 536). Im reformierten Versorgungsausgleich kann diese Verfahrenssituation grundsätzlich nicht eintreten, weil das Familiengericht auch im Falle einer Vereinbarung zum

III. Verfahren innerhalb und außerhalb des Entscheidungsverbunds nach § 137 FamFG

Versorgungsausgleich nach den §§ 6–8 VersAusglG (Ehevertrag, Scheidungsfolgenvereinbarung) nach § 6 Abs. 2 VersAusglG bestehende Wirksamkeits- und Durchsetzungshindernisse gem. den §§ 134, 138 BGB zu prüfen und ferner nach § 8 Abs. 1 VersAusglG eine Inhaltskontrolle vorzunehmen hat. Ergibt diese Prüfung keinen Korrekturbedarf, stellt das Familiengericht in der Verbundentscheidung nach § 224 Abs. 3 FamFG rechtsverbindlich fest, dass ein Versorgungsausgleich nicht stattfindet.

Ferner kommt ein **selbständiges Verfahren** zum **dinglichen Versorgungsausgleich** in Frage, wenn die Ehe im Ausland geschieden wurde und sich das Scheidungsstatut (Art. 17 Abs. 1 EGBGB) nach deutschem Recht richtet (BGH IPRax 1994, 131 = FamRZ 1993, 798) bzw. deutsches Recht anzuwenden gewesen wäre. Zum dinglichen Versorgungsausgleich gehören schließlich die **Abänderungsverfahren** nach §§ 225, 226 (bisher nach § 10a VAHRG a. F.), mit denen eine Entscheidung zum Wertausgleich bei Scheidung abgeändert werden kann. Liegt ein selbständiges Versorgungsausgleichsverfahren außerhalb des Verbundes vor, besteht der **Anwaltszwang für die Ehegatten** und die sonstigen Beteiligten nur im Verfahren der Rechtsbeschwerde vor dem BGH.   965

3. Ausgleichsansprüche nach der Scheidung

Ausgleichsansprüche nach der Scheidung sind ebenfalls selbständige Verfahren. Soweit für Versorgungsanrechte ein dinglicher Versorgungsausgleich nicht stattfinden kann (s. hierzu § 19 VersAusglG – fehlende Ausgleichsreife), bestehen nach §§ 20–26 VersAusglG Ansprüche nach der Scheidung. Das ist vor allem die schuldrechtliche Versorgungsausgleichsrente sowie Kapitalzahlung (§§ 20–22 VersAusglG), für die in einem gesonderten Verfahren nach § 23 VersAusglG auch die **Abfindung dieses Anspruchs** verlangt werden kann. Solange der schuldrechtliche Ausgleichsanspruch nach § 20 VersAusglG noch nicht entstanden ist, fehlt es regelmäßig an einem Feststellungsinteresse (BGH FamRZ 1995, 1481, FamRZ 2004, 1024; FamRZ 2007, 707 [LS]) zur Bestimmung des künftigen Anspruchs, da ein subjektives Recht wegen des möglichen Wegfalls des Anspruchs durch Tod noch nicht besteht (eingehend Rdn. 726).   966

Ferner besteht **nach dem Tod des Ausgleichspflichtigen** der Anspruch gegen den Versorgungsträger nach § 25 VersAusglG (verlängerter schuldrechtlicher Versorgungsausgleich – nach bisherigem Recht §§ 1587f, 1587g BGB a. F., § 2 VAHRG a. F.). Dieser sieht eine unmittelbare Zahlung des ausgleichspflichtigen Trägers der Versorgung an den Ausgleichsberechtigten vor. Ein vergleichbarer Anspruch besteht nach § 26 VersAusglG des Ausgleichsberechtigten gegen die Witwe / den Witwer bei einem ausländischen, zwischenstaatlichen oder überstaatlichen Versorgungsträger (bisher § 3a Abs. 5 VAHRG a. F.), soweit dieser an die Witwe / den Witwer eine Hinterbliebenenleistung erbringt. Dieser Anspruch beruht darauf, dass ein deutsches Gericht nicht befugt ist, eine unmittelbar bindende Anweisung an einen ausländischen Versorgungsträger zu erlassen. Für alle Verfahren des schuldrechtlichen und verlängerten schuldrechtlichen Versorgungsausgleichs ist ein **Antrag** erforderlich.   967

4. Auskunftsantrag und Stufenantrag zur Geltendmachung einer Auskunft zum Versorgungsausgleich

Zu den Verfahren zum Versorgungsausgleich nach § 217 FamFG gehören auch die Verfahren, mit denen zur Vorbereitung des Versorgungsausgleichs ein Auskunftsanspruch nach § 4 VersAusglG geltend gemacht wird. Dieser Anspruch ist von der   968 verfahrensrechtlichen Auskunftspflicht nach § 220 FamFG zu trennen, die das Familiengericht gegen den Auskunftspflichtigen durchsetzen kann (zu den Einzelheiten s. Rdn. 1008). Der Anspruch nach § 4 VersAusglG dient der Vorbereitung des Versorgungsausgleichs und unterliegt § 217 FamFG; er kann bereits vor Einleitung eines Scheidungsverfahrens zur Vorbereitung der Scheidung geltend gemacht werden. Hierfür spricht, dass zur Durchführung des Scheidungsverfahrens Informationen zu den Folgesachen gem. § 137 Abs. 2 FamFG benötigt werden (Verbundprinzip; a. A. OLG Brandenburg, FamRZ 1998, 681).

969 Nach § 4 Abs. 1 VersAusglG besteht die Auskunftspflicht zwischen den **Ehegatten, ihren Hinterbliebenen und den Erben,** soweit ein Ehegatte verstorben ist und kein Hinterbliebener (im versorgungsrechtlichen Sinn) besteht. Ist der Anspruch von einem Ehegatten gegen den anderen Ehegatten, dessen Hinterbliebenen oder Erben nicht durchzusetzen, kann der Ehegatte den Anspruch nach § 4 Abs. 2 VersAusglG auch gegen den Versorgungsträger geltend machen. Umgekehrt können die **Versorgungsträger** nach § 4 Abs. 3 VersAusglG den Auskunftsanspruch gegen die Ehegatten, deren Hinterbliebenen sowie Erben geltend machen. Auch diese Verfahren fallen in die Zuständigkeit des Familiengerichts (eingehend Rdn. 1025 ff.).

970 Der Anspruch nach § 4 VersAusglG kann wahlweise im **selbständigen Verfahren** oder im Verbundverfahren nach § 137 Abs. 1, 2 Nr. 1 FamFG geltend gemacht werden. Wird der Anspruch während der Anhängigkeit des Scheidungsverfahrens verlangt, muss dieser im Verbund nach § 137 Abs. 2 Nr. 1 FamFG geltend gemacht werden, weil neben der Verbundsache eine selbständige Folgesache nicht zulässig ist. Der Auskunftsantrag ist in diesem Fall als Stufenantrag entsprechend § 254 ZPO geltend zu machen. Das Familiengericht entscheidet über diesen durch **Teilbeschluss.** Da es sich insoweit um eine Endentscheidung handelt, ist gegen diesen die Beschwerde nach § 58 Abs. 1 FamFG zulässig (zum Wert der Beschwer s. BGH FamRZ 2003, 597). Innerhalb des Verbunds kann der alleinige Auskunftsanspruch nicht verlangt werden, weil es sich insoweit nicht um eine Folgesache handelt. Aufgrund der Verweisung in § 4 Abs. 4 VersAusglG auf § 1605 Abs. 1 Satz 2, 3 BGB besteht auch ein Anspruch auf die **Vorlage von Belegen.** Wird der Anspruch im Verbund verlangt, gelten dieselben Voraussetzungen wie im Verbundverfahren selbst (vor allem Rechtsanwaltszwang nach § 114 Abs. 1 FamFG).

971 Der Auskunftsanspruch kann auch in den **selbständigen Verfahren** bei **Ausgleichsansprüchen nach Scheidung** (vor allem beim schuldrechtlichen Versorgungsausgleich gem. § 20 VersAusglG sowie in den Fällen der Abänderung nach § 225 FamFG) als selbständiges Verfahren oder im Stufenverfahren entsprechend § 254 ZPO verlangt werden. Dieser Anspruch besteht nach § 4 VersAusglG in Bezug auf alle Beteiligten i. S. d. § 219 FamFG, also auch für die Versorgungsträger gegen einen Ehegatten. Hinterbliebene oder Erben sowie andere Versorgungsträger.

972 Der **Inhalt des Auskunftsanspruchs** richtet sich auf alle Anrechte, die dem Versorgungsausgleich unterliegen. Dies können nach § 2 Abs. 2 Nr. 3 VersAusglG auch Leistungen auf einen Kapitalbetrag bei einer betrieblichen Altersversorgung oder einem Anrecht i. S. d. Altersvorsorgeverträge-Zertifizierungsgesetzes sein. In zeitlicher Hinsicht bezieht sich der Anspruch auf den Zeitpunkt der Auskunft, wenn der Anspruch außerhalb der Verbundentscheidung geltend gemacht wird. Hierzu gehören grundsätzlich auch Anrechte, die noch nicht teilungsreif i. S. d. § 19 VersAusglG sind, weil sich hieraus ein Anspruch auf Abfindung des schuldrechtlichen Versorgungsausgleichs gem. § 23 VersAusglG ergeben kann.

IV. Grundsätze des Verfahrens

5. Verfahren zur Anpassung des Versorgungsausgleichs nach Rechtskraft

Eine **Zuständigkeitserweiterung** für die Familiengerichte tritt durch die Verfahren zur Anpassung nach Rechtskraft gem. §§ 32–38 VersAusglG ein, soweit gem. § 33 VersAusglG eine Anpassung wegen Unterhalt erforderlich wird. Diese Verfahren decken sich weitgehend mit den in den §§ 4, 5 VAHRG a. F. geregelten Härtefällen nach vollzogenem Versorgungsausgleich, also im Falle des Todes des Ausgleichsberechtigten vor einem Versorgungsbezug und bei einer Unterhaltspflicht des Ausgleichspflichtigen, ehe der Ausgleichsberechtigte eine Versorgung aus den übertragenen Anrechten bezieht. Dieses Anpassungsverfahren ist von den Familiengerichten durchzuführen, § 34 Abs. 1 VersAusglG. Zu den Einzelheiten wird auf Rdn. 871 verwiesen.

973

Dagegen entscheidet über die Anpassung nach den §§ 35, 36 VersAusglG (Anpassung wegen Invalidität der ausgleichspflichtigen Person) und den §§ 37, 38 VersAusglG (Anpassung wegen Tod der ausgleichsberechtigten Person) der **jeweilige Versorgungsträger**.

IV. Grundsätze des Verfahrens

1. Funktionelle Zuständigkeit des Familiengerichts

Nach § 111 Nr. 7 FamFG sind Verfahren, die den Versorgungsausgleich betreffen, Familiensachen, für die die Familiengerichte sachlich ausschließlich zuständig sind, § 23 b Abs. 1 GVG i. V. m. § 23 a Abs. 1 Nr. 1 GVG in der Fassung von Art. 22 Nr. 7, 8 FGG-ReformG (dies verstößt nicht gegen das Grundgesetz, BVerfG FamRZ 1983, 787, 788). Die funktionelle Zuständigkeit liegt grundsätzlich beim Richter. Die bis zum 31. 08. 2009 nach § 25 Nr. 1 RPflG bestehende Zuständigkeit der **Rechtspfleger** (nach § 53 e Abs. 2, 3 FGG – Festsetzung der Zahlung zur Begründung von Anrechten in der gesetzlichen Rentenversicherung, § 1587 d Abs. 2 BGB a. F. – Bewilligung einer Ratenzahlung) wurde aufgrund des neuen Ausgleichssystems gem. § 1 Abs. 2 VersAusglG durch Art. 14 VAStrRefG ersatzlos aufgehoben.

974

2. Örtliche Zuständigkeit

a) Struktur des § 218 FamFG

Die örtliche Zuständigkeit in Versorgungsausgleichssachen regelt § 218 FamFG. Die Vorschrift stützt sich auf **drei Grundprinzipien**, nämlich den Gerichtsstand der Ehesache, den gemeinsamen gewöhnlichen Aufenthalt der Ehegatten, solange einer der Ehegatten diesen beibehält und schließlich den gewöhnlichen Aufenthalt des Antragsgegners bzw. Antragstellers. Die Zuständigkeit ist als **ausschließliche geregelt** und kann nicht durch Vereinbarung der Ehegatten oder eines anderen Beteiligten verändert werden (§ 40 ZPO). Sie legt eine zwingende Rangfolge der Nr. 1–5 fest und greift auch dann ein, wenn ein **Versorgungsträger** ein Versorgungsausgleichsverfahren einleitet.

975

b) Gerichtsstand der Ehesache

§ 218 Nr. 1 FamFG macht vorrangig die örtliche Zuständigkeit von der Anhängigkeit einer Ehesache abhängig. Eine anhängige Ehesache i. S. d. § 121 Nr. 1–3 FamFG zieht während ihrer Anhängigkeit alle anderen Verfahren der Ehegatten unabhängig von den allgemeinen Zuständigkeitsbestimmungen an sich. Die **Anhängigkeit der Ehesache** richtet sich nach allgemeinen Grundsätzen und beginnt mit Einrei-

976

479

chung des Antrags zu einer Ehesache (§ 124 FamFG) und endet mit rechtskräftigem Verfahrensabschluss gem. § 148 FamFG (BGH NJW 1986, 3141 = FamRZ 1986, 454; FamRZ 1998, 609, 610), der Rücknahme eines solchen Verfahrens (§ 141 FamFG) bzw. der übereinstimmenden Erledigungserklärung der Beteiligten. Wird ein Verfahren längere Zeit nicht betrieben (§ 7 AktO), ist es nach § 136 FamFG ausgesetzt oder das Ruhen angeordnet, verbleibt es bei dem Anhängigsein des Verfahrens, so dass auch weiterhin die Konzentrationswirkung der Ehesache erhalten bleibt. Aus den Worten »ist oder war« ist zu entnehmen, dass die Konzentrationswirkung auch dann weiter besteht, wenn die Ehesache aufgrund der Beschwerde eines Ehegatten sich **in zweiter Instanz** befindet. Keine zuständigkeitsbegründende Wirkung besitzt die Einreichung eines Verfahrenskostenhilfegesuchs (OLG Köln FamRZ 1999, 29; s. a. BGH NJW-RR 1994, 706).

977 **Endet die Ehesache**, ehe eine andere (nicht dem Verbund unterliegende) Familiensache erledigt ist, verbleibt es bei der nach § 218 Nr. 1 FamFG begründeten Zuständigkeit nach dem Gesichtspunkt der perpetuatio fori (§ 2 Abs. 2 FamFG – BGH NJW 1986, 3131 = FamRZ 1986, 454; FamRZ 1988, 1257). Die Konzentrationswirkung der Scheidungssache endet auch dann mit deren Rechtskraft, wenn diese vor Abschluss einer nach § 140 FamFG abgetrennten Folgesache eintritt, d. h. der Folgesache kommt keine zuständigkeitsbegründende Wirkung zu (BGH NJW 1982, 1000 = FamRZ 1982, 43). Die Zuständigkeit richtet sich dann nach den weiteren Vorschriften des § 218 Nr. 2–5 FamFG. Endet die Anhängigkeit einer Ehesache zwischen Einreichung und Zustellung des Antrags, so entfällt die Zuständigkeit des Familiengerichts der Ehesache für die anderen Familiensachen (BGH NJW 1981, 126 = LM Nr. 8 = FamRZ 1981, 23). Denn die Fortdauer der Zuständigkeit ist bei einer Veränderung der sie begründenden Umstände (erst) an die Rechtshängigkeit geknüpft (§ 261 Abs. 3 Nr. 2 ZPO), die durch die Zustellung der Antragsschrift begründet wird. Abweichend hiervon gilt der Grundsatz der perpetuatio fori in FG-Verfahren bereits ab Anhängigkeit der Sache, so dass die Zuständigkeit des Gerichts der Ehesache nicht dadurch entfällt, dass vor Zustellung des FGG-Verfahrens die Ehesache rechtskräftig wird (BGH NJW 1986, 3141 = FamRZ 1986, 454).

978 Wird die Ehesache bei dem **örtlich unzuständigen Gericht anhängig** gemacht, so verbleibt es nach dem eindeutigen Wortlaut, aber auch dem Zweck des § 218 Nr. 1 FamFG bei der hierin festgelegten Konzentrationswirkung für die anderen Familiensachen. Wird die Ehesache in einem solchen Fall an das örtlich zuständige Gericht nach § 281 Abs. 1 ZPO verwiesen, wird die Versorgungsausgleichssache mit der Ehesache an das zuständige Gericht der Ehesache abgegeben (s. a. OLG Karlsruhe FamRZ 2007, 750; zu der Missbrauchsmöglichkeit s. KG FamRZ 1989, 1105).

c) Gerichtsstand des gewöhnlichen Aufenthalts

979 Greift der in § 218 Nr. 1 FamFG geregelte Gerichtsstand nicht ein, weil z.B die Ehesache rechtskräftig abgeschlossen ist, bestimmt sich die örtliche Zuständigkeit nach dem gemeinsamen gewöhnlichen Aufenthalt der Ehegatten als dem entscheidenden Anknüpfungspunkt, wenn ein Ehegatte dort weiterhin seinen gewöhnlichen Aufenthalt hat. Diese Begriff deckt sich inhaltlich mit dem in § 98 Abs. 1 Nr. 2, § 99 Abs. 1 Nr. 2 sowie § 122 Nr. 1–5 FamFG. Haben beide Ehegatten den Bezirk des letzten gemeinsamen gewöhnlichen Aufenthalts verlassen und haben sie in verschiedenen Bezirken ihren gewöhnlichen Aufenthalt begründet, greift nach § 218 Nr. 3 FamFG zunächst der gewöhnliche Aufenthalt des Antragsgegners ein. Kann dieser nicht festgestellt werden (Antragsgegner ist verstorben), ist

nach § 218 Nr. 4 FamFG der gewöhnliche Aufenthalt des Antragstellers maßgebend. Antragsgegner oder Antragsteller i. S. d. § 218 Nr. 3, 4 FamFG kann auch der Träger einer Versorgung, ein Hinterbliebener oder Erbe eines Ehegatten sein, wenn der vorrangige Gerichtsstand der Ehegatten nach § 218 Nr. 2 FamFG nicht mehr gegeben ist.

d) Auffanggerichtsstand nach § 218 Nr. 6 FamFG

Liegt keiner der in § 218 Nr. 1–4 FamFG geregelten Gerichtsstände vor, ist das Amtsgericht Schöneberg in Berlin zuständig. 980

3. Rechtsanwaltszwang

Wird ein Verfahren zum dinglichen **Versorgungsausgleich im Verbund** durchgeführt, gilt nach § 114 Abs. 1 FamFG für die Ehegatten der **Anwaltszwang**. Für die am Verfahren nach § 219 Nr. 2, 3 FamFG beteiligten Träger einer Versorgung gilt der Anwaltszwang auch nicht in der Beschwerdeinstanz, § 114 Abs. 1, 2 FamFG. In der **Rechtsbeschwerde** zum BGH müssen sich die Beteiligten nach § 114 Abs. 2 FamFG durch einen beim BGH zugelassenen Rechtsanwalt vertreten lassen; § 114 Abs. 3 FamFG lässt insoweit für Behörden und juristische Personen des öffentlichen Rechts eine Ausnahme zu, im Falle der Rechtsbeschwerde vor dem BGH muss deren Vertreter die Befähigung zum Richteramt haben. **Kein Rechtsanwaltszwang** besteht in den **selbständigen Verfahren** zum Versorgungsausgleich; dies folgt aus § 10 Abs. 1 FamFG, da die Regelung des § 114 Abs. 1 FamFG nur in Ehesachen sowie Familienstreitsachen i. S. d. § 112 FamFG gilt. Dies bezieht sich auch auf einen selbständigen Auskunftsantrag nach § 4 Abs. 1 VersAusglG, den ein Ehegatte gegen den anderen Ehegatten stellt. 981

Kein Rechtsanwaltszwang besteht nach § 114 Abs. 4 Nr. 7 FamFG in Bezug auf das in § 3 Abs. 3 VersAusglG (**kurze Dauer der Ehe**) voraussetzungslos geregelte **Antragsrecht eines Ehegatten**, bei einer Ehedauer bis zu drei Jahren den Versorgungsausgleich durchzuführen. Hierbei handelt es sich um einen **materiell-rechtlichen Antrag**, der deshalb ohne Vertretung im Verbundverfahren nach § 137 FamFG durch einen Rechtsanwalt gestellt werden kann. Entsprechend greift auch nicht die Regelung des § 137 Abs. 2 Satz 1 FamFG ein, wonach spätestens zwei Wochen vor der mündlichen Verhandlung der Antrag zur Einleitung einer Folgesache nach § 137 Abs. 2 Nr. 1–4 FamFG gestellt werden muss. Erfolgt ein solcher Antrag innerhalb dieser Frist, muss das Familiengericht aufgrund des Amtsermittlungsgrundsatzes gem. § 26 FamFG das Verfahren zum Versorgungsausgleich einleiten und darf den Antrag nicht als unzulässigen Verfahrensantrag abweisen. Gleiches gilt für das nach § 15 Abs. 1, 3 VersAusglG auszuübenden **Wahlrecht** der ausgleichsberechtigten Person in Begründung auf eine Zielversorgung zur **Durchführung der externen Teilung**. Hierzu sieht § 222 Abs. 1 FamFG vor, dass das Familiengericht im Falle einer externen Teilung nach § 14 VersAusglG die ausgleichsberechtigte Person auffordert, dieses Wahlrecht innerhalb einer gesetzten Frist auszuüben.

4. Verbundverfahren

Der Versorgungsausgleich in den Fällen der §§ 6–19 und 28 VersAusglG gehört nach § 137 Abs. 2 Satz 2 zum **Zwangs- oder Mindestverbund**. Hierdurch soll erreicht werden, dass der sozial schwächere Ehegatte geschützt wird, um ihm für den Fall des Alters und der Invalidität eine finanzielle Absicherung zu gewährleisten. Aufgrund dieser Regelung sind nahezu alle Verfahren zum Versorgungsausgleich im Verbund zu regeln. Lediglich dann, wenn bei einer im Ausland geschie- 982 denen Ehe ein öffentlich-rechtlicher Versorgungsausgleich nicht durchgeführt wurde, kommt bei deutschem Scheidungsstatut oder nach Art. 17 Abs. 3 EGBGB im selbständigen Verfahren ein Versorgungsausgleichsverfahren in Betracht. Ferner entfällt der Versorgungsausgleich beim Wertausgleich bei der Scheidung nach den §§ 9–19, 28 VersAusglG, wenn dieser durch Ehevertrag nach § 1408 Abs. 2 BGB in Verbindung mit §§ 6–8 VersAusglG wirksam ausgeschlossen wurde oder eine nach § 1587 o BGB a. F. genehmigungsfähige Vereinbarung vorliegt, mit der der Versorgungsausgleich abbedungen wurde (BGH FamRZ 2005, 691). Im Übrigen ist ein Versorgungsausgleichsverfahren nicht einzuleiten, wenn der Scheidungsantrag abzuweisen ist oder zweifelsfrei feststeht, dass die Ehegatten in der Ehe keine dem öffentlich-rechtlichen Versorgungsausgleich unterliegenden Anrechte erworben haben.

983 Im Zeitpunkt der Scheidung kommt regelmäßig eine Regelung für **Ausgleichsansprüche nach der Scheidung** gem. den §§ 20, 22 VersAusglG (schuldrechtlicher Versorgungsausgleich) nicht in Betracht, weil die Voraussetzungen der §§ 20 ff. VersAusglG (§ 1587 g Abs. 1 BGB a. F.) meist nicht vorliegen und ein Feststellungsinteresse i. S. d. § 256 ZPO, dass ein schuldrechtlicher Ausgleichsanspruch dem Grunde nach besteht, i. d.R nicht gegeben ist; entsprechend gilt dies für den Anspruch gegen den Versorgungsträger gem. § 25 VersAusglG (BGH NJW 1982, 387, 388 = FamRZ 1982, 42; FamRZ 1984, 251, 253; FamRZ 1984, 668 – schuldrechtlicher Versorgungsausgleich; BGH FamRZ 1991, 175; 1996, 1465 – vor dem Tod des ausgleichspflichtigen Ehegatten). Sind die Voraussetzungen der schuldrechtlichen Ausgleichsrente nach den §§ 20, 22 VersAusglG bei Erlass der Verbundentscheidung gegeben oder stehen sie unmittelbar bevor, kann auch der Anspruch verbundfähig sein, weil auch insoweit eine Entscheidung für den Fall der Scheidung zu treffen ist. Dies bedarf aber nach § 20 Abs. 1 VersAusglG sowie § 137 Abs. 2 Satz 2 eines Antrages, worauf ggf. nach § 139 ZPO hingewiesen werden muss. Dass § 137 Abs. 2 Satz 2 FamFG lediglich die §§ 6–19 und 28 VersAusglG (§ 1587 b BGB a. F.; §§ 1 ff. VAHRG a. F.) aufführt, steht dem nicht entgegen, weil insoweit nur bestimmt wird, dass es für die Durchführung des öffentlich-rechtlichen Versorgungsausgleichs keines (Verfahrens-)Antrags bedarf.

984 Verfahren zum dinglichen Versorgungsausgleich in den Fällen des Wertausgleichs bei der Scheidung nach § 137 Abs. 2 Nr. 1 FamFG sind von Amts wegen einzuleiten, ohne dass es eines Antrags bedarf; dies wird in § 137 Abs. 2 Satz 2 FamFG ausdrücklich hervorgehoben (**Mindest- oder Zwangsverbund**). Hinsichtlich des Versorgungsausgleichs hat dies nach Eingang eines Scheidungsantrags bei Gericht zur Folge, dass das Familiengericht von Amts wegen Ermittlungen über die Versorgungsanrechte der Ehegatten einleitet, falls nicht ein Ehevertrag nach § 1408 Abs. 2 BGB i. V. m. den §§ 6–8 VersAusglG vorliegt, mit dem auf Anrechte auf den Versorgungsausgleich wirksam verzichtet wurde oder zweifelsfrei feststeht, dass die Ehegatten keine Versorgungsanrechte in der Ehezeit erworben haben. Soweit das Verfahren von Amts wegen eingeleitet wird, hat das Familiengericht aber im Falle einer Vereinbarung nach § 8 Abs. 1 VersAusglG zu prüfen, ob die **Vereinbarung einer Wirksamkeits- und Ausübungskontrolle** standhält (Rdn. 845, 856). In den Fällen des Art. 17 Abs. 3 EGBGB ist allerdings für die Durchführung des Versorgungsausgleichs ein Antrag zu stellen zum Verbund in zweiter Instanz s. *Musielak/ Borth* § 137 FamFG Rn. 29).

IV. Grundsätze des Verfahrens

5. Erörterung des Verfahrensgegenstands zum Versorgungsausgleich

In § 221 Abs. 1 FamFG wird die Pflicht zur Erörterung des Verfahrensgegenstandes zum Versorgungsausgleich – wie in § 53b Abs. 1 FGG a. F. – geregelt. Das Familiengericht soll die Angelegenheit mit den Ehegatten im Termin erörtern. Die als Soll-Bestimmung gefasste Regelung führt im Regelfall dazu, dass nur in Ausnahmefällen von einer Erörterung abgesehen werden kann. Dies bezieht sich zunächst auf die Ermittlung des Sachverhalts von Amts wegen gem. § 26 FamFG, der es in der Regel erforderlich macht, die anstehenden Fragen mit den Ehegatten zu besprechen und auch auf die Auswirkungen des vorgesehenen Versorgungsausgleichs hinzuweisen. Letzteres ergibt sich insbesondere im Hinblick auf die **Möglichkeit der externen Teilung**, nach den §§ 14, 17 VersAusglG, deren Durchführung und Folgen mit den Ehegatten zu erörtern sind. Gleiches gilt im Hinblick auf die Möglichkeit zum Abschluss von Vereinbarungen nach den §§ 6–8 VersAusglG sowie das Absehen von der Durchführung des Versorgungsausgleichs nach § 18 VersAusglG wegen Geringfügigkeit oder die Durchführung trotz vorliegender Geringfügigkeit. Unterbleibt eine Erörterung in einer mündlichen Verhandlung, kann dies als **Verfahrensfehler** angesehen werden, wenn ohne eine solche der Grundsatz der vollständigen Aufklärung des Sachverhalts nach § 26 FamFG verletzt oder das rechtliche Gehör versagt wird. Grundsätzlich gilt § 221 Abs. 1 FamFG auch in der **Beschwerdeinstanz**; es kann von einer Erörterung (BGH NJW 1983, 824 = FamRZ 1983, 267) abgesehen werden, wenn den Beteiligten rechtliches Gehör gewährt, der Sachverhalt erschöpfend aufgeklärt wird und auch eine Einigung nicht zu erwarten oder nur über eine Rechtsfrage zu entscheiden ist; dem entspricht auch § 68 Abs. 3 Satz 2 FamFG. Die Pflicht zur Erörterung bezieht sich auf alle Beteiligten, also die Ehegatten und die von der Entscheidung betroffenen Träger eines dem Versorgungsausgleich unterliegenden Anrechts. Die Beteiligten sind zur mündlichen Verhandlung zu laden (regelmäßig verzichten die beteiligten Träger einer Versorgung auf die Ladung). Die Anordnung des persönlichen Erscheinens ist regelmäßig geboten und kann nach § 33 Abs. 3 FamFG erzwungen werden. Auch wenn die Beteiligten auf die Teilnahme an der Erörterung verzichten, so sind dennoch sämtliche Unterlagen und die Entscheidung zum Versorgungsausgleich zuzuleiten bzw. zuzustellen.

985

6. Umfang der Ermittlungen

Nach dem sich aus § 26 FamFG (bisher § 12 FGG) ergebenden allgemeinen Grundsatz hat das Gericht in allen Versorgungsausgleichsverfahren, auch in den Fällen der Härtefallklausel des § 27 VersAusglG, auf die sich der ausgleichspflichtige Ehegatte beruft, von Amts wegen die zur Aufklärung des Sachverhalts erforderlichen Ermittlungen anzustellen. Hierzu sind insbesondere die Beteiligten anzuhören, Zeugen und Sachverständige zu vernehmen und Auskünfte einzuholen. Aus der umfassenden Aufklärungspflicht folgt jedoch nicht, dass das Gericht allen denkbaren Sachverhalten nachzugehen hat, für deren Vorliegen keine Anhaltspunkte gegeben sind. Vielmehr sind die Beteiligten angehalten, das Verfahren durch das Vorbringen von Tatsachen und Beweismitteln zu fördern und dem Gericht hierdurch den Umfang der zu treffenden Ermittlungen vorzugeben. Die unvollständigen Auskünfte führen nicht dazu, dass das Gericht auf eine Klärung verzichten könnte. Die Beteiligten haben jedoch die vom Gericht überlassenen Fragebögen zur Klärung der Einzelfragen auszufüllen und dem Gericht vorzulegen. Aus § 26 FamFG kann sich auch zur Klärung des Sachverhalts die Pflicht ergeben, die Beteiligten, grundsätzlich auch einen Versorgungsträger, persönlich anzuhören und gegebe-

986

nenfalls dessen persönliches Erscheinen nach § 33 FamFG zwangsweise durchzusetzen.

987 Der Grundsatz der Sachaufklärungspflicht erfährt nur dort eine gewisse Einschränkung, wo es den Verfahrensbeteiligten überlassen ist, dass sie sich auf für sie **vorteilhafte Umstände berufen;** dies gilt vor allem in den Fällen des Vorbringens der Härteklausel nach § 27 VersAusglG (BVerfG FamRZ 1988, 709, 710; FamRZ 1990, 985). Das Familiengericht kann ohne Verletzung seiner Aufklärungspflicht davon ausgehen, dass die Parteien die ihnen günstigen Umstände von sich aus vorbringen (BGH FamRZ 1994, 234). Die Parteien haben deshalb durch eingehenden Tatsachenvortrag an der Aufklärung des Sachverhalts mitzuwirken. Im Übrigen dürfen ungeklärte versicherungsrechtlich maßgebende Zeiten nicht unter dem Gesichtspunkt der »Beweisvereitelung« (§ 444 ZPO) zum Nachteil eines Versicherten in den Versorgungsausgleich eingestellt werden, weil dem Versorgungsausgleich nur tatsächlich erzielte Anrechte unterliegen (eingehend Rdn. 804).

7. Aussetzung des Verfahrens

988 Die in § 221 Abs. 2, 3 FamFG geregelte Aussetzung des Verfahrens gilt für alle Versorgungsausgleichsverfahren, also auch für den Ausgleich nach Scheidung (schuldrechtlicher Versorgungsausgleich) und das Abänderungsverfahren nach § 225 FamFG. Die Aussetzung des Verfahrens kommt in Betracht, wenn Streit über Grund und Höhe einer Versorgung besteht, die durch das zuständige Fachgericht (Arbeits-, Sozial-, Verwaltungs-, Zivilgericht) vorab mit bindender Wirkung für das Familiengericht entschieden werden kann (BGH FamRZ 1991, 1415). Solange kein Rechtsstreit anhängig ist, **kann das Familiengericht** (Beschwerdegericht) nach § 221 Abs. 3 FamFG sein Verfahren aussetzen und einem oder beiden Ehegatten eine **Frist zur Erhebung der Klage** vor dem Fachgericht bestimmen; es kann auch von einer Aussetzung und Fristbestimmung absehen und in der Sache nach § 26 FamFG selbst ermitteln und entscheiden. In welcher Weise das Gericht im Einzelnen verfährt, liegt in seinem pflichtgemäßen Ermessen. Wird innerhalb der gesetzten Frist keine Klage erhoben, hat das Gericht nach den Grundsätzen des § 26 FamFG selbst den strittigen Sachverhalt zu ermitteln. Es kann jedoch nach § 221 Abs. 3 Satz 2 FamFG das Vorbringen eines Beteiligten, das er mit einer Klage hätte geltend machen können, unberücksichtigt lassen.

989 Das **Gericht muss** nach § 221 Abs. 2 FamFG das Verfahren aussetzen, wenn bei dessen Einleitung bereits ein Rechtsstreit über die Versorgung anhängig ist oder während des Verfahrens anhängig wird. Ist im Übrigen die Klage erst nach Ablauf der nach § 221 Abs. 3 Satz 1 FamFG bestimmten Frist erhoben worden, liegt es im Ermessen des Gerichts, das Verfahren auszusetzen. Der Beschluss, mit dem die Aussetzung des Verfahrens angeordnet oder abgelehnt wurde, ist nach § 21 Abs. 2 FamFG i. V. m. §§ 567–572 ZPO mit der sofortigen Beschwerde anfechtbar.

990 Ferner ist nach § 21 Abs. 1 FamFG eine **Aussetzung wegen Vorgreiflichkeit** möglich; dies ist vor allem dann geboten, wenn im Rahmen der Prüfung der Voraussetzungen des § 27 VersAusglG vorab zu klären ist, ob von einem Ehegatten in der Ehezeit erworbene Vermögenswerte dem güterrechtlichen oder sonstigen vermögensrechtlichen Ausgleich unterliegen; je nachdem, wie dies zu beurteilen ist, kann ein Ausschluss des Versorgungsausgleichs in Frage kommen. Ein **Insolvenzverfahren** des Ausgleichspflichtigen unterbricht nicht das Verfahren über den Versorgungsausgleich, weil das vom Versorgungsausgleich betroffene Rentenstammrecht nicht zur Insolvenzmasse nach §§ 35, 36 InsO gehört (OLG Frankfurt/M FamRZ 2004, 1043; fraglich in Bezug auf nicht vor Insolvenz gesicherte Anrechte).

IV. Grundsätze des Verfahrens

8. Abtrennung des Verfahrens zum Versorgungsausgleich aus dem Entscheidungsverbund

Die Regelung des § 140 FamFG erfasst auch die Fälle der Auflösung des Entscheidungsverbunds nach § 137 Abs. 1, 2 FamFG in den Verfahren des Versorgungsausgleichs. In Bezug auf diesen sind vor allem die Bestimmungen zu § 140 Abs. 2 Nr. 1, 2, 4 FamFG zu berücksichtigen. 991

a) Unmöglichkeit einer Entscheidung zum Versorgungsausgleich oder dem Güterrecht, § 140 Abs. 2 Nr. 1 FamFG

Nach § 140 Abs. 2 Nr. 1 FamFG kann eine Ehe vorab geschieden werden, wenn in einer Folgesache zum Versorgungsausgleich ohne Auflösung der Ehe eine Entscheidung aus tatsächlichen oder rechtlichen Gründen nicht möglich ist. Große praktische Bedeutung besitzt diese Regelung nicht. Sie greift nur dann ein, wenn etwa beim Versorgungsausgleich ein Anrecht erst mit Eintritt der Rechtskraft des Scheidungsausspruchs entsteht oder der Höhe nach bewertet werden kann. Im Falle einer externen Teilung einer privaten Rentenversicherung oder einer betriebliche Altersversorgung gem. §§ 14 ff. VersAusglG können diese Voraussetzungen gegeben sein, wenn der ab Ehezeitende weiter **anfallende Zinsertrag des Anteils des Ausgleichsberechtigten** bis zum Eintritt der Rechtskraft der Scheidung nicht festgelegt werden kann, weil dieser ab Ehezeitende dem Anrecht des Ausgleichsberechtigten zuzuschlagen ist. 992

b) Aussetzung der Entscheidung zum Versorgungsausgleich, § 140 Abs. 2 Nr. 2 FamFG

Ist der **Bestand oder die Höhe** eines dem Versorgungsausgleich unterliegenden Anrechts i. S. d. §§ 6–19 und § 28 VersAusglG ungewiss oder streitig, kann eine gerichtliche Klärung bei dem für das Versorgungsanrecht zuständigen Fachgericht (Sozialgericht, Verwaltungsgericht, Arbeitsgericht) erforderlich sein. Zur Klärung einer vorgreiflichen Rechtsfrage kann nach § 221 Abs. 2, 3 FamFG die Folgesache zum Versorgungsausgleich ausgesetzt werden (s. Rdn. 988 f.). In diesen Fällen könnte zwar mit der Scheidungssache zugewartet werden, bis das Versorgungsausgleichsverfahren entscheidungsreif ist. Das Gesetz unterstellt jedoch bei erfolgter Aussetzung eine so erhebliche Verzögerung des Folgeverfahrens, dass ohne Prüfung des konkreten Einzelfalls eine erhebliche Verzögerung anzunehmen ist, die nach der Vorstellung des Gesetzes eine Vorwegentscheidung der Ehescheidung rechtfertigt. Die Fristsetzung zur Erhebung des Antrags oder der Klage nach § 221 Abs. 3 FamFG fällt dagegen nicht unter die Abtrennungsmöglichkeit nach § 140 Nr. 2 FamFG, sondern ggf. unter § 140 Abs. 2 Nr. 5 FamFG (falls nicht das gesamte Verbundverfahren nach § 148 ZPO ausgesetzt wird). 993

c) Erleichterte Abtrennung des Versorgungsausgleichsverfahrens bei erbrachter Mitwirkung der Ehegatten

§ 140 Abs. 2 Nr. 4 FamFG lässt eine erleichterte Abtrennung des Versorgungsausgleichsverfahrens zu, wenn die Ehegatten die gebotenen **Mitwirkungsleistungen** zur Klärung der in der Ehezeit erworbenen Versorgungsanrechte erbracht haben. Diese Form der Abtrennung kann unter drei Voraussetzungen erreicht werden. Zunächst muss zwischen der Rechtshängigkeit der Scheidungssache ein Zeitraum von drei Monaten verstrichen sein; dieser verlängert sich nach § 140 Abs. 4 Satz 1 FamFG entsprechend um diese Zeit, wenn die Rechtshängigkeit vor Ablauf des Trennungsjahres i. S. d. § 1565 Abs. 1 BGB eingetreten ist und kein Fall des § 1565 994

Abs. 2 BGB (unzumutbare Härte) vorliegt. Ferner müssen **beide Ehegatten sämtliche Mitwirkungshandlungen** erfüllt haben, d. h., dass Fragebögen zum Versorgungsausgleich vorgelegt und zugleich Rückfragen der Träger der Versorgung zu eventuell zu klärenden Versicherungszeiten beantwortet sowie Ausbildungsbescheinigungen vorgelegt oder ausländische Beschäftigungszeiten nachgewiesen haben. Fehlt es an der Mitwirkungspflicht eines Ehegatten scheidet die Anwendung dieser Bestimmung aus, so dass eine Abtrennung nur unter den strengen Voraussetzungen des Abs. 2 Nr. 5 erfolgen kann. Schließlich muss ein Antrag beider Ehegatten vorliegen. Da § 140 Abs. 2 Satz 1 FamFG als **Kann – Bestimmung** gefasst ist, stellt sich die Frage, ob bei Vorliegen der tatbestandlichen Voraussetzungen dieses Abtrennungsgrundes für das Familiengericht ein Beurteilungsspielraum besteht. Hiervon ist grundsätzlich auszugehen. Allerdings darf die Verweigerung nicht willkürlich erfolgen, sondern bedarf eines konkreten Anlasses, der die Versagung der Abtrennung rechtfertigt. Dies ist z. B. dann gegeben, wenn die Ehegatten zwar sämtliche Erklärungen und Mitwirkungshandlungen erbracht haben, der Versorgungsträger zum gesetzlichen Rentenversicherung aber noch keinen vollständigen Versicherungsverlauf zu den Beitrags- und sonstigen Versicherungszeiten hat erstellen können, weil in diesem Fall eine weitere Anhörung des betroffenen Ehegatten erforderlich werden kann.

d) Außergewöhnliche Verzögerung der Entscheidung, § 140 Abs. 2 Nr. 5 FamFG

995 Ist in dem Verbundverfahren eine einzelne Folgesache sehr umfangreich und deshalb langwierig, so hängt der Abschluss des Verbundverfahrens von der Entscheidungsreife dieser Folgesache ab. Anders als § 628 Satz 1 Nr. 4 ZPO a. F. – greift § 140 Abs. 2 Nr. 4 FamFG nicht nur in diesem Fall ein, sondern generell, so z. B. wenn sich die Verzögerung nicht aus dem **Verfahrensablauf der Folgesache** selbst ergibt, sondern andere Gründe zu einer erheblichen Verzögerung führen. Der Regierungsentwurf benennt hierzu die Überlastung des Gerichts (BT-Drucks. 16/6308 S. 231). Dennoch liegen regelmäßig die Gründe in dem Verfahrensablauf einer Folgesache (vor allem im Versorgungsausgleich). § 140 Abs. 2 Nr. 5 FamFG setzt eine außergewöhnliche Verzögerung des Scheidungsausspruchs und eine sich daraus ergebende unzumutbare Härte voraus; ferner den Antrag eines Ehegatten, also kein übereinstimmender Antrag wie in § 140 Abs. 2 Nr. 4 FamFG. Die Regelung gilt für alle Folgesachen und muss bei mehreren Folgesachen jeweils gesondert geprüft werden. Ferner ist diese Regelung anzuwenden, wenn nur ein Teil einer Folgesache abgetrennt werden soll, weil dort eine außergewöhnliche Verzögerung eintritt. Dies gilt vor allem hinsichtlich von Teilentscheidungen zum Versorgungsausgleich (BGH NJW 1983, 1311, 1312 = FamRZ 1983, 459; FamRZ 1984, 572).

996 Eine **außergewöhnliche Verzögerung der Erledigung des Verfahrens** ist anzunehmen, wenn die bei Durchführung der Folgesachen üblicherweise auftretende Verfahrensdauer erheblich überschritten wird (OLG Hamm FamRZ 1992, 1086; OLG Schleswig FamRZ 1992, 1199; BGH FamRZ 1979, 690 – deutliche Abweichung von der Norm; OLG Celle FamRZ 1996, 1485 – Verdoppelung der durchschnittlichen Verfahrensdauer). Nach Sinn und Zweck der Regelung ist es unerheblich, aus welchen Gründen eine außergewöhnliche Verzögerung des Verfahrensabschlusses eintritt, also ob sie auf dem verzögernden Verhalten einer Partei beruht (was aber bei der Prüfung der unzumutbaren Härte bedeutsam sein kann) oder in der Sphäre des Gerichts liegt. Sie muss nicht durch die Erledigung der abzutrennenden Folgesache bedingt sein, so dass auch eine allgemeine Überlastung des Gerichts einen Anlass für die Abtrennung einer Folgesache darstellen kann. Die Beurteilung

der (voraussichtlichen) Verzögerung setzt eine Prognose voraus; sie muss nicht bereits eingetreten, jedoch mit hinreichender Sicherheit zu erwarten sein. In diese Beurteilung sind der Zeitpunkt des Eintritts der Rechtshängigkeit (BGH NJW 1991, 2491 = FamRZ 1991, 1043 – abhängig von der Begründetheit des Scheidungsantrags) und der voraussichtliche Abschluss des Verfahrens einzubeziehen; dies gilt auch im Hinblick auf ein mit Sicherheit zu erwartendes Rechtsmittelverfahren (s. a. OLG Köln FamRZ 2000, 1295). Dass die (bereits eingetretene) Verzögerung auf dem Ruhen bzw. Nichtbetreiben oder einer Aussetzung des Verfahrens beruht, ist für die anzustellende Prognose ebenfalls ohne Bedeutung; solche Zeiten sind bei der Prüfung einer außergewöhnlichen Verzögerung nicht einzubeziehen. Der BGH (BGH NJW 1987, 1772 = FamRZ 1986, 898, 899; NJW 1991, 2491 = FamRZ 1991, 1043 f.; OLG Hamm FamRZ 2007, 651) hat als **Richtwert eine Verfahrensdauer von zwei Jahren** angenommen, nach deren Ablauf eine außergewöhnliche Verzögerung vorliegt. Der Zeitraum von zwei Jahren ist jedoch nicht starr anzuwenden. Insbesondere ist die **gesetzgeberische Wertung des § 140 Abs. 2 Nr. 4 FamFG** zu berücksichtigen, der bei Erfüllung aller Mitwirkungspflichten eine erleichterte Abtrennung ermöglicht; danach wird man bei einer Verzögerung von einem Jahr die Voraussetzungen dieses Abtrennungsgrundes regelmäßig annehmen können. Steht nach einem Zeitraum, der die Annahme einer unzumutbaren Härte rechtfertigt oder alsbald erreicht wird, der alsbaldige Abschluss bevor, darf dennoch nicht (mehr) abgetrennt werden (OLG Stuttgart FamRZ 1992, 320 f.). Typische Fälle einer außergewöhnlichen Verzögerung sind im Versorgungsausgleich die Einholung von Auskünften bei einem ausländischen Versorgungsträger, die Einholung eines umfangreichen Sachverständigengutachtens und die Notwendigkeit, einen auskunftspflichtigen Ehegatten mehrfach zu einer Auskunftserteilung durch gerichtliche Maßnahmen anhalten zu müssen. Ferner kann eine außergewöhnliche Verzögerung im Falle der Vorlage einer als verfassungswidrig beurteilten Norm nach Art. 100 GG (OLG Köln FamRZ 1979, 296) angenommen werden (vor allem im Versorgungsausgleich bei Regelungen des SGB VI).

Weitere Voraussetzung für die Auflösung des Verbunds ist eine für den Antragsteller **unzumutbare Härte**; allein das Vorliegen einer außergewöhnlichen Verzögerung reicht dagegen nicht aus (OLG Stuttgart FamRZ 2005, 121). Zur Ausfüllung dieses Tatbestandsmerkmals bedarf es einer Abwägung des Interesses des Antragstellers (entsprechend des Antragsgegners, wenn dieser einen Scheidungsantrag gestellt hat) an einer alsbaldigen Scheidung und des Interesses des Antragsgegners an einer Beibehaltung des Entscheidungsverbunds. Nur wenn das Interesse des Antragstellers an einer vorrangigen Scheidung überwiegt, ist die Auflösung des Verbunds vorzunehmen. In der Rechtsprechung wurde ein überwiegendes Interesse des Antragstellers angenommen, wenn die Lebenserwartung des Ehegatten, der nach der Scheidung erneut eine Ehe eingehen will, wegen seines schlechten Gesundheitszustandes oder hohen Alters begrenzt ist (OLG Celle FamRZ 1979, 948; OLG Frankfurt/M FamRZ 1980, 280; OLG Hamm FamRZ 1980, 373). Desgleichen kann der Wunsch eines Ehegatten zur Wiederheirat vorrangig sein, wenn hierdurch bezweckt werden soll, dass ein Kind der Ehefrau oder der Lebensgefährtin des Ehemannes ehelich zur Welt kommen soll (BGH NJW 1987, 1772, 1773 = FamRZ 1986, 898, 899; s. jetzt aber § 1599 Abs. 2 BGB), wenn gleichzeitig die wirtschaftliche Lage des anderen Ehegatten abgesichert ist und für das Beibehalten des Verbundes nur formale Gesichtspunkte vorgebracht werden. Ferner wurde eine unzumutbare Härte bejaht, wenn die Absicht einer erneuten Heirat durch eine **schleppende Mitwirkung** des Antragsgegners an einer Folgesache verhindert werden soll, so z. B. bei einer zwangsweisen Durchsetzung von Ansprüchen aus

997

dem Unterhalt, Güterrecht oder Versorgungsausgleich (s. z. B. OLG Frankfurt/M FamRZ 1986, 92; OLG Bamberg FamRZ 1988, 531; OLG Oldenburg NJW-RR 1992, 712 = FamRZ 1992, 458). Gleiches gilt, wenn mehrere Folgesachen zeitlich gestaffelt nacheinander im Verbund nach § 137 Abs. 2, 3 FamFG beantragt werden, ohne dass ein Anlass für ein solches verzögerndes Einbringen der Folgesache in den Verbund besteht. Verzögern beide Ehegatten die verfahrensmäßige Erledigung einer Folgesache, wird es regelmäßig an einer unzumutbaren Härte fehlen, weil aus dem jeweiligen Verhalten der Parteien geschlossen werden kann, dass ein vorrangiges Interesse an einem alsbaldigen Abschluss der Scheidungssache nicht besteht. Im Rahmen der Prüfung einer unzumutbaren Härte kann ferner beachtlich sein, dass der scheidungswillige Ehegatte einen zunächst nicht begründeten Scheidungsantrag nach § 1565 Abs. 1 BGB eingereicht hat; hierauf geht auch Abs. 4 ein, der den hierdurch erzielten »Zeitvorsprung« durch die Hinzurechnung der vorgezogenen Zeit vor Ablauf den Trennungsjahres i. S. d. § 1565 Abs. 1 BGB ausgleicht. Auch **wirtschaftliche Belange des Antragstellers** können bei der Prüfung der unzumutbaren Härte von Bedeutung sein. Der BGH (BGH NJW 1991, 2491, 2492 = FamRZ 1991, 1043) hat dies in einem Fall angenommen, in dem der Antragsgegner aufgrund eines Vergleichs mehr Unterhalt vom Antragsteller erhielt, als ihm gesetzlich zugestanden hätte, und die Folgesache verzögert wurde, um möglichst lange den (höheren) Trennungsunterhalt beziehen zu können. Dass andererseits während der Trennungszeit ein höherer Unterhalt als nach der Scheidung bezahlt werden muss, soll dagegen unbeachtlich sein (OLG Frankfurt/M FamRZ 1981, 579, 580; OLG Koblenz FamRZ 1990, 769 f.).

998 Zu Gunsten des der Abtrennung einer Folgesache widersprechenden Ehegatten ist insbesondere deren **wirtschaftliche Bedeutung** für diesen Ehegatten zu berücksichtigen. Dies folgt aus Sinn und Zweck des Verbundes, der dem wirtschaftlich schwächeren Ehegatten die Klärung der unterhaltsrechtlichen und vermögensrechtlichen Folgen ermöglichen soll (s. a. OLG Hamm FamRZ 2007, 651, 652). Kommt der Regelung einer Folgesache für den Antragsgegner angesichts dessen konkreter Lebenssituation eine besondere Bedeutung zu wie etwa der Sicherung des nachehelichen Unterhalts (vor allem zur Sicherung des Elementarunterhalts und Unterhalts für eine angemessene Krankenversicherung), muss das Interesse des Antragstellers an einer Aufhebung des Verbundes zurücktreten. Dies lässt sich allerdings nicht generalisieren, weil etwa die Regelung des Versorgungsausgleichs für einen bereits Rente beziehenden Ehegatten von gleicher Bedeutung wie eine Unterhaltsregelung sein kann. Zusammenfassend gilt: Je bedeutsamer eine Folgesache für die Lebensstellung des der Abtrennung widersprechenden Ehegatten ist, desto enger sind die Voraussetzungen für deren Abtrennung. **Stimmt ein Ehegatte der Abtrennung einer Folgesache zu,** kann dies für die Annahme sprechen, dass diese ihn in seinen Interessen durch die Abtrennung nicht wesentlich beeinträchtigen wird (BGH NJW 1991, 2491, 2492 = FamRZ 1991, 1043; OLG Schleswig FamRZ 1992, 1199 f.). Allerdings ist zu beachten, dass den Parteien eine Disposition über die Abtrennung einer Folgesache – mit Ausnahme des § 140 Abs. 2 Nr. 4 FamFG – entzogen ist und das Gericht von Amts wegen sämtliche Voraussetzungen des § 140 FamFG zu prüfen hat (BGH NJW 1991, 1616, 1617 = FamRZ 1991, 687; NJW 1991, 2491 = FamRZ 1991, 1043 f.). Allein die übereinstimmende Erklärung beider Parteien, dass eine Folgesache abzutrennen und die Scheidung vorab auszusprechen sei, rechtfertigt eine solche also nicht.

IV. Grundsätze des Verfahrens

e) Verfahren der Abtrennung, Rechtsmittel

Die Prüfung der Voraussetzungen der Abtrennung einer Folgesache ist von Amts wegen vorzunehmen und hängt – mit Ausnahme des § 140 Abs. 2 Nr. 4, 5 FamFG nicht von dem Antrag einer Partei ab. Vor Abtrennung ist den Beteiligten **rechtliches Gehör** zu gewähren (BGH NJW 1987, 1772, 1773 = FamRZ 1986, 898, 899). Tritt eine außergewöhnliche Verzögerung nur hinsichtlich eines Teils einer Folgesache ein (so vor allem beim Versorgungsausgleich) und liegen die Voraussetzungen für eine **Teilentscheidung** vor, kann eine Abtrennung nur hinsichtlich dieses Teils der Folgesache erfolgen. Die Entscheidung zur Abtrennung kann nach § 140 Abs. 6 FamFG nicht (mehr) innerhalb des Beschlusses zur Scheidungssache (und evtl. nicht abgetrennter Folgesachen), sondern nur durch einen **gesonderten Beschluss** getroffen werden; die Entscheidung über die Abtrennung bedarf im Hinblick auf deren Anfechtbarkeit mit der Endentscheidung einer Begründung. Im Übrigen ist die Regelung des § 140 FamFG auch in der Beschwerdeinstanz anzuwenden. Sie gilt auch hinsichtlich des **Restverbunds** i. S. d. § 137 Abs. 5 Satz 1, Hs. 2 FamFG bei mehreren Folgesachen in der zweiten Instanz. Insoweit ist aber zu beachten, inwieweit dieser (Rest-) Verbund die Abstimmung von einander abhängigen Folgesachen bezweckt.

999

f) Rechtsmittel bei Auflösung des Verbunds

Wird eine Folgesache vom Verbundverfahren abgetrennt, verlieren die durch die Folgesache betroffenen Parteien die Schutzwirkung des Verbundverfahrens. Die Abtrennung stellt deshalb eine **Beschwer im Rahmen des Scheidungsverfahrens** dar und kann mit den Rechtsmitteln der Beschwerde oder Rechtsbeschwerde angefochten werden (NJW 1987, 1772 f. = FamRZ 1986, 898 f.; FamRZ 1996, 1070, 1071; zum Fall einer unbegründeten Folgesache OLG Köln FamRZ 1998, 301). Dies gilt unabhängig davon, dass nach § 140 Abs. 6 FamFG die Abtrennung durch Beschluss auszusprechen ist. Rechtsschutzziel des Rechtsmittels ist die **Wiederherstellung des Verbunds** der abgetrennten Folgesache mit der Scheidungssache, so dass ein besonderer Sachantrag nicht erforderlich ist. Der Antrag beschränkt sich darauf, dass die Entscheidung (zur Scheidungssache) aufzuheben und die Sache an das FamG zurückzuverweisen ist.

1000

Wird die Abtrennung durch einen der Entscheidung der Scheidungssache vorangehenden Beschluss ausgesprochen, ist dieser **nicht selbständig anfechtbar**; dies legt § 140 Abs. 6 Satz 2 FamFG ausdrücklich fest. Anderen Verfahrensbeteiligten (also vor allem die Träger einer Versorgung) steht kein Rechtsmittel gegen die Abtrennung einer Folgesache zu. Unterbleibt die Entscheidung über eine beantragte Folgesache, ist entsprechend wegen eines wesentlichen Verfahrensmangels der Scheidungsausspruch in zweiter Instanz aufzuheben und das Verfahren zurückzuverweisen, weil hierin eine nicht ausgesprochene Abtrennung liegt (OLG Nürnberg FamRZ 2005, 1497).

Das **Rechtsmittelgericht** kann die Abtrennungsentscheidung im Rechtsmittelverfahren über die Scheidungssache in vollem Umfang überprüfen, weil die Entscheidung zur Abtrennung nicht in das Ermessen des Gerichts gestellt ist, sondern die Voraussetzungen der Abtrennung von Amts wegen zu prüfen sind (eingeschränkt nach § 140 Abs. 2 Nr. 4 FamFG). Erfolgt eine Vorabentscheidung zur Scheidung, muss in dem nach § 140 Abs. 6 Satz 1 FamFG **selbständig abzufassenden Beschluss** dargelegt werden, dass die Voraussetzungen des § 140 Abs. 1, 2 FamFG vorliegen (zu den weiteren Fragen s. *Musielak/Borth* § 140 FamFG Rn. 15 f., dort auch zu den Folgen der Abtrennung). Das Rechtsmittel zur **Wiederherstellung**

1001

des Verbunds wegen Verstoßes gegen § 140 Abs. 1–3 FamFG richtet sich grundsätzlich gegen den Scheidungsausspruch selbst.

1002 Nicht anfechtbar ist die **Ablehnung einer Vorabentscheidung**; dies folgt aus § 140 Abs. 6 FamFG. Hinsichtlich der Scheidungssache fehlt es an einer Beschwer. Das Gesetz lässt danach einen Eingriff in das erstinstanzliche Verfahren nicht zu, was sich auch daraus rechtfertigt, dass das Beschwerdegericht nicht über die Entscheidungsreife der Scheidungssache in einer anderen Instanz entscheiden kann, da es dieser ansonsten den Verfahrensgang vorschreiben müsste.

V. Beteiligung am Versorgungsausgleichsverfahren

1. Grundlagen

1003 Das Verfahren des Versorgungsausgleichs ist den Angelegenheiten der freiwilligen Gerichtsbarkeit zugeordnet (eingehend Rdn. 961). Grundlage der Festlegung der Beteiligten ist damit § 7 Abs. 2 Nr. 2 FamFG. Die dort enthaltene Regelung wird in § 219 FamFG konkretisiert, indem der Kreis der Beteiligten auf der **Grundlage der materiell-rechtlichen Bestimmungen** festgelegt wird. Entsprechend ist § 219 FamFG klarer gefasst als der Begriff der Beteiligten in § 53b Abs. 2 Satz 1 FGG a.F. Die Regelung gilt in Verbundverfahren gem. § 137 Abs. 1, 2 Nr. 1 FamFG und in selbständigen Verfahren zum Versorgungsausgleich. Ist im Rahmen einer Scheidungssache der Versorgungsausgleich nach § 137 Abs. 2 Nr. 1 FamFG durchzuführen, werden die Ehegatten als Antragsteller und Antragsgegner bezeichnet (§ 113 Abs. 5 Nr. 3, 4). In Bezug auf das Verfahren zum Versorgungsausgleich haben sie gleichzeitig die Stellung von Beteiligten; hieraus ergeben sich aber keine verfahrensmäßigen Folgen.

2. Kreis der Beteiligten

1004 Nach § 219 Nr. 1 FamFG sind die Ehegatten zu beteiligen; dies gilt aber nur insoweit, als das Verfahren zwischen diesen durchzuführen ist, also in der Verbundsache gem. § 137 Abs. 1, 2 Nr. 1 FamFG, im Verfahren zur Abänderung einer Entscheidung zum Versorgungsausgleich gem. §§ 225–227 FamFG, im Fall der Geltendmachung einer **schuldrechtlichen Ausgleichszahlung** nach §§ 20, 22 VersAusglG, der Abtretung nach § 21 VersAusglG, sowie der Abfindung gem. § 23 VersAusglG. Auch in Verfahren zur Anpassung wegen Unterhalt nach § 33 VersAusglG sind die Ehegatten Beteiligte i.S.d. § 219 Nr. 1 FamFG.

1005 Die Versorgungsträger werden in § 219 Nr. 2, 3 FamFG als Beteiligte in das Verfahren zum Versorgungsausgleich einbezogen. Dies betrifft zunächst Versorgungsträger, bei denen ein auszugleichendes Anrecht besteht, die sowohl im Falle der internen wie externen Teilung (§§ 19 ff., 14 ff. VersAusglG) zu beteiligen sind; sie sind in ihren Rechten i.S.d. § 7 Abs. 2 Nr. 1 FamFG aufgrund des Teilungsvorgangs betroffen, weil sie entweder dem Ausgleichsberechtigten eine Leistung aus der Versorgung zu erbringen haben oder im Falle der externen Teilung bei dem **Träger der Zielversorgung** für den Ausgleichsberechtigten durch Leistung eines Kapitalbetrages ein Anrecht begründen müssen. Entsprechend sind die Träger der Zielversorgung i.S.d. § 15 VersAusglG am Verfahren zu beteiligen. Die Auswahl dieses Beteiligten erfolgt unter den Voraussetzungen des § 14 Abs. 1, 2 VersAusglG. Das bedeutet, dass entweder eine Vereinbarung zu einer externen Teilung zwischen einem Ehegatten und dem Versorgungsträger geschlossen oder eine externe Teilung von einem Versorgungsträger verlangt wird und der betroffene Ehegatte

VI. Auskunfts- und Mitwirkungspflichten im Versorgungsausgleich

nach § 15 VersAusglG die **Zielversorgung auswählt**. Hierzu hat das Familiengericht einem Ehegatten eine Frist zu setzen, innerhalb der das Wahlrecht nach § 15 VersAusglG auszuüben ist; erfolgt dies nicht, greift § 15 Abs. 5 Satz 1 VersAusglG ein; in diesem Fall hat das Familiengericht den zuständigen **Träger der gesetzlichen Rentenversicherung** zu beteiligen. Ist ein Anrecht zur betrieblichen Altersversorgung auszugleichen, greift § 15 Abs. 5 Satz 2 VersAusglG ein; danach ist der geschuldete Kapitalbetrag gem. § 14 Abs. 4 VersAusglG zur **Versorgungsausgleichskasse** einzuzahlen, bei der für die ausgleichsberechtigte Person ein entsprechendes Anrecht begründet wird (eingehend Rdn. 571; zur Beteiligung einer Rückdeckungsversicherung s. Rdn. 533). Nach dem neuen System des Hin- und Her-Ausgleichs erweitert sich damit der Kreis der zu beteiligenden Versorgungsträger erheblich. Insbesondere sind zu den in § 32 VersAusglG aufgeführten Versorgungsträger der Regelsicherungssysteme, das sind vor allem die Träger der gesetzlichen Rentenversicherung, der Beamtenversorgung, der landwirtschaftlichen Alterskasse, Versorgungssysteme von Abgeordneten und Regierungsmitgliedern im Bund und in den Ländern und der berufsständischen Versorgungsträger nunmehr auch die Versorgungsträger
– der betrieblichen Altersversorgungen und
– der privaten Rentenversicherungen zu zählen.

Weitere Beteiligte sind nach § 219 Nr. 4 FamFG die **Hinterbliebenen und Erben**. 1006
Die Hinterbliebenen oder Erben sind dann zu beteiligen, wenn z. B. ein Ehegatte nach § 25 VersAusglG gegen den Träger einer Versorgung des verstorbenen geschiedenen Ehegatten eine Leistung aus der Hinterbliebenenversorgung verlangt (bis 31.08.2009 sogenannter verlängerter schuldrechtlicher Versorgungsausgleich). Gleiches gilt, wenn ein Ehegatte nach § 26 VersAusglG gegen die Witwe/den Witwer die entsprechende Leistung bei einem ausländischen, zwischen- oder überstaatlichen Versorgungsträger geltend macht.

3. Verzicht auf die Beteiligung eines Versorgungsträgers

Ein Beteiligter ist nicht zu bestimmen, wenn die Ehegatten nach den §§ 6–8 1007
VersAusglG eine Vereinbarung zum Versorgungsausgleich geschlossen haben, nach der ein dinglicher Versorgungsausgleich nach den §§ 10 ff., 14 ff. VersAusglG nicht stattfindet, so z. B., wenn die bestehenden Anrechte über eine vermögensrechtliche Regelung ausgeglichen werden, also die Versorgungsanrechte beider Ehegatten aufgrund dieser Vereinbarung nicht betroffen sind, gleichwohl ein Ausgleich (vermögensrechtlich) erfolgt, der nach § 8 Abs. 1 VersAusglG einer Inhaltskontrolle standhält. Gleiches gilt im Grundsatz, wenn wegen des Eingreifens der Härteklausel nach § 27 VersAusglG ein dinglicher Versorgungsausgleich ausscheidet.

VI. Auskunfts- und Mitwirkungspflichten im Versorgungsausgleich

1. Grundlagen

Die dem Gericht von Amts wegen obliegende Sachaufklärung gem. § 26 FamFG 1008
wäre weitgehend wirkungslos, wenn diese nicht durch Auskunfts- und Mitwirkungspflichten der Ehegatten und der Träger der dem Versorgungsausgleich unterliegenden Anrechte unterstützt würde. Hierbei sind die Auskunftsansprüche
– anders als bei den Folgeverfahren zum Zugewinnausgleich und nachehelichen Unterhalt – nicht nur auf die Ehegatten untereinander begrenzt.

11. Kapitel   Das Verfahren zum Versorgungsausgleich

§ 220 FamFG regelt die Mitwirkungspflichten der am Verfahren zum Versorgungsausgleich beteiligten Personen und Versorgungsträger. Ferner kann das Familiengericht nach dieser Regelung auch bei **sonstigen Stellen** zur Durchführung des Versorgungsausgleichs Auskünfte einholen. Inhaltlich sind in dieser Vorschrift § 53 b Abs. 2 Satz 2 FGG sowie § 11 Abs. 2 Satz 1 VAHRG a. F. zusammengeführt. Soweit Auskünfte bei einem Auskunftspflichtigen eingeholt werden, der nicht Beteiligter i. S. d. § 219 FamFG ist, wird dieser durch die Auskunftserteilung nicht Beteiligter im Sinne dieser Vorschrift, sondern bleibt **Auskunftsperson**. Der Versorgungsträger oder eine sonstige Stelle i. S. d. § 220 Abs. 1 FamFG kann sich im Hinblick auf die Aufforderung zu Erteilung einer Auskunft nicht auf § 5 **Bundesdatenschutzgesetz** berufen, weil § 74 Nr. 1 b SGB X insoweit eine bereichsspezifische Regelung darstellt.

Zu trennen ist die verfahrensrechtliche Auskunftspflicht von der **materiell-rechtlichen Verpflichtung** der Ehegatten sowie ihrer Hinterbliebenen und Erben gem. § 4 Abs. 1 VersAusglG. Dieser aus der familienrechtlichen Beziehung der Ehegatten abgeleitete Auskunftsanspruch ist im Verbund nach § 137 Abs. 1, 2 Nr. 1 durch einen Stufenantrag geltend zu machen (s. Rdn. 968).

Im Überblick bestehen danach folgende Auskunftsverpflichtungen bzw. -berechtigungen:
(1) Auskunftspflicht der Ehegatten und Erben gegenüber dem Familiengericht, § 220 Abs. 1 FamFG;
(2) Auskunftspflicht der Versorgungsträger gegenüber dem Familiengericht; § 220 Abs. 4 FamFG;
(3) Mitwirkungspflichten der Ehegatten, Hinterbliebenen und Erben gegenüber den Versorgungsträgern, § 220 Abs. 3 FamFG;
(4) Auskunftspflicht der Ehegatten untereinander gem. § 4 Abs. 1 VersAusglG;
(5) Auskunftsanspruch der Ehegatten gegen die Versorgungsträger;
(6) Auskünfte der Versorgungsträger an das Familiengericht.

2. Verfahrensrechtliche Auskunftspflicht

a) Abgrenzung der Auskunftspflicht nach dem Regelungsbereich des Versorgungsausgleichs

1009 § 220 Abs. 1 FamFG bestimmt zunächst, dass das Familiengericht im Rahmen des Amtsermittlungsgrundsatzes nach § 26 FamFG Auskünfte zur Bestimmung der dem Versorgungsausgleich unterliegenden Anrechte einholen kann. Dieser Auskunftsanspruch bezieht auf den Umfang der dem Versorgungsausgleich unterliegenden Anrechte, der in § 2 Abs. 1 VersAusglG bestimmt wird. Erfasst werden danach Anrechte der gesetzlichen Rentenversicherung, Beamtenversorgung, berufsständischen Versorgung (Versorgungen der öffentlich-rechtlich organisierten Kammern von Ärzten, Rechtsanwälten, Architekten, Steuerberatern u.a), betrieblichen Altersversorgung und der privaten Alters- und Invaliditätsversorgung. § 2 Abs. 1 VersAusglG grenzt den Regelungsbereich des Versorgungsausgleichs auf die dort genannten Versorgungen ein, so das sich auch der verfahrensrechtliche Auskunftsanspruch hierauf beschränkt. Zur **Abgrenzung zum Güterrecht** wird der Anwendungsbereich in § 2 Abs. 2 Nr. 3 VersAusglG umschrieben; er bezieht sich grundsätzlich nur auf **wiederkehrende Rentenleistungen** (Hs. 1). § 2 Abs. 2 Nr. 3 VersAusglG 2. Halbsatz erweitert aber den Regelungsbereich des Versorgungsausgleichs auf betriebliche Altersversorgungen und Anrechte nach dem Altersvorsorgeverträge-Zertifizierungsgesetz, wenn diese eine **Kapitalleistung** vorsehen.

VI. Auskunfts- und Mitwirkungspflichten im Versorgungsausgleich

Die Auskunft ist dem Familiengericht unabhängig davon zu leisten, ob bereits eine **laufende Versorgungsleistung** erbracht wird oder lediglich eine Anwartschaft auf ein künftiges Anrecht besteht. Dies bezieht sich auch auf ein noch nicht teilungsreifes Anrecht i. S. d. § 19 Abs. 1 Nr. 1 VersAusglG, also das Anrecht auf eine betriebliche Altersversorgung zum Zeitpunkt der Erteilung der Auskunft noch verfallbar i. S. d. § 1 b BetrAVG ist, weil nach § 5 Abs. 2 Satz 2 VersAusglG nach dem Ende der Ehezeit eintretende Veränderungen noch zu berücksichtigen sind, wenn bis zur Entscheidung über den dinglichen Versorgungsausgleich dessen Unverfallbarkeit eintritt. **1010**

Die verfahrensrechtliche Auskunftspflicht bezieht sich grundsätzlich nur auf die in der **Ehezeit erworbenen Anrechte**. Soweit das ehezeitbezogene Anrecht allerdings nicht ohne vorehelich eingetretene Verhältnisse (vor allem Versicherungszeiten, Anrechnungszeiten wegen Ausbildung oder Krankheit) festgestellt werden kann, erstreckt sich die aus § 220 Abs. 1 FamFG folgende Pflicht auch auf solche Verhältnisse. Die verfahrensrechtliche Auskunft bezieht ferner sich auf **inländische und ausländische Anrechte**. Allerdings kann ein deutsches Gericht grundsätzlich einen ausländischen Versorgungsträger nicht zu einer Mitwirkung verpflichten. Soweit es sich um Anrechte bei ausländischen Trägern einer staatlichen Versorgung handelt, bestehen aufgrund der zwischen- und überstaatlichen Versicherungsabkommen Verbindungsstellen, die einander zur Auskunft verpflichtet sind. Die Familiengerichte können sich hierzu an die **deutschen Verbindungsstellen** in der gesetzlichen Rentenversicherung richten und diese um Auskünfte bitten; eine Verpflichtung zur Mitwirkung besteht allerdings nicht. Scheitert eine freiwillige Unterstützung, kann eine **Beweisaufnahme** im Wege der Rechtshilfe erfolgen, für die vor allem das Haager Übereinkommen vom 18. 03. 1970 über die Beweisaufnahme im Ausland in Zivil- oder Handelssachen in Betracht kommt (BGBl II 77.1472). Dieses Übereinkommen ist an die Stelle der Art. 8 ff. des Haager Übereinkommens vom 01. 03. 1954 über den Zivilprozess (BGBl II 58, 577) für Staaten getreten, die dieses ratifiziert haben. Im Übrigen sind zwischenstaatliche Rechtshilfeabkommen zu beachten; ferner ist nicht auszuschließen, dass auch ohne ein entsprechendes Abkommen Rechtshilfe geleistet wird (eingehend Rdn. 949 – dort auch zur EG-Verordnung Nr. 1206/2001 vom 28. 05. 2001). **1011**

b) Kreis der Auskunftspersonen

§ 220 Abs. 1 FamFG bestimmt, dass die Auskunft bei den Beteiligten i. S. d. § 219 FamFG eingeholt werden kann. Dies sind die Ehegatten, die Versorgungsträger, bei denen ein auszugleichendes Anrecht besteht sowie die Hinterbliebenen und Erben. Ferner benennt § 220 Abs. 1 FamFG **sonstige Stellen**; hierbei handelt es sich z. B. um frühere Arbeitgeber (hinsichtlich der Ermittlung der Dauer der Beschäftigungszeit sowie des sozialversicherungspflichtigen Einkommens) oder Einrichtungen der Arbeitsverwaltung (Bezug von Arbeitslosengeld I oder II) sowie Träger einer Krankenversicherung (Anrechnungszeiten wegen Krankheit). **1012**

c) Verfahrensablauf der Auskunftseinholung

§ 220 Abs. 2 Satz 1 FamFG sieht vor, dass zur Ermittlung der dem Versorgungsausgleich unterliegenden Anrechte an die Auskunftspflichtigen **Formulare** zu versenden sind, die grundsätzlich **zur Erteilung der verfahrensrechtlichen Auskunft zu verwenden** sind, um hierdurch zu gewährleisten, dass die Auskunft auch vollständig erteilt wird, weil in den amtlichen Fragebögen sämtliche Versorgungsarten, wie in § 2 Abs. 1 VersAusglG aufgeführt, erfasst werden. Damit das Familienge- **1013** richt über die dem Ausgleich nach § 2 Abs. 1, 2 VersAusglG unterliegenden Anrechte Kenntnis erlangt, versendet es zunächst an die Ehegatten die zu § 2 VersAusglG entwickelten amtlichen Fragebögen, die in der Reihenfolge der in § 2 Abs. 1 VersAusglG aufgeführten Versorgungsarten zu beantworten sind. Inhaltlich sind die zur weiteren **Ermittlung der Höhe der Anrechte** erforderlichen Angaben zu machen (Versicherungsnummer zur gesetzlichen Rentenversicherung, Personalnummer zur Beamtenversorgung, Personalnummer zu einer betrieblichen Altersversorgung, Nummer einer Versicherungspolice zu einer privaten Versicherung). Grundsätzlich besteht auch eine Pflicht zur **Vorlage von Belegen**, § 4 Abs. 4 VersAusglG i. V. m. § 1605 Abs. 1 Satz 2 BGB. Diese Pflicht besteht vor allem bei einer privaten Rentenversicherung in Bezug auf die Vorlage von Versicherungspolicen oder einer betrieblichen Altersversorgung zur Vorlage einer individuellen Vereinbarung des Arbeitgebers mit einem Arbeitnehmer (vor allem bei leitenden Angestellten), aber auch sonstigen Unterlagen, aus denen sich Informationen zum Bestand eines Anrechts ergeben.

1014   Auch die **Versorgungsträger** sind verpflichtet, die vom Familiengericht zugeleiteten **Formulare zu verwenden**, um zu gewährleisten, dass die Auskunft vollständig und unter Berücksichtigung der nach § 5 VersAusglG zu erbringenden Angaben erfolgt. Dies betrifft insbesondere die Träger einer betrieblichen Altersversorgung oder einer privaten Rentenversicherung. Eine **Ausnahme zur Verwendung der amtlichen Formulare** besteht für Versorgungsträger, die eine automatisch erstellte Auskunft erstellen, § 220 Abs. 2 Satz 2 FamFG. Dies gilt vor allem für die von den Trägern der gesetzlichen Rentenversicherung erstellten Auskünfte, die den Versicherungsverlauf eines Ehegatten, die Berechnung des bis zum Ehezeitende erworbenen Gesamtanrechts sowie des Ehezeitanteils enthalten. Entsprechendes gilt für die Berechnung einer Beamtenversorgung und einer berufsständischen Versorgung.

d) Mitwirkungspflichten der Ehegatten

1015   § 220 Abs. 3 FamFG regelt die Mitwirkungspflichten der Ehegatten sowie deren Hinterbliebenen bzw. Erben, die zur Feststellung der in den Versorgungsausgleich einzubeziehenden Anrechte erforderlich sind. Der Umfang der in § 220 Abs. 3 FamFG geregelten Mitwirkungspflicht bezieht sich auf alle Maßnahmen, die zur Feststellung des auszugleichenden Anrechts erforderlich sind. Entsprechend haben die Ehegatten die amtlichen Fragebögen vollständig auszufüllen; hierzu unterliegen die Ehegatten nach § 27 Abs. 2 FamFG der **Wahrheitspflicht**. Die Verpflichtung zur Abgabe der **eidesstattlichen Versicherung**, die sich aus § 4 Abs. 4 VersAusglG i. V. m. § 1605 Abs. 1 Satz 3 BGB sowie §§ 260, 261 BGB ergibt, besteht in Bezug auf das Familiengericht dagegen nicht. Ferner fallen hierunter auch Mitwirkungspflichten, die sich in Bezug auf Erklärungen gegenüber einem Versorgungsträger ergeben. Dies bezieht sich vor allem auf die Erstellung des Kontenklärungsantrags zur gesetzlichen Rentenversicherung oder die Erklärung zur Geltendmachung von Kindererziehungszeiten in der gesetzlichen Rentenversicherung gem. §§ 3 Satz 1 Nr. 1, 56 Abs. 1 SGB VI. Die Mitwirkungspflicht kann auch nicht mit der Begründung verweigert werden, der **Scheidungsantrag sei unbegründet**, da es insoweit auf den Zeitpunkt der letzten mündlichen Verhandlung ankommt, zu dem die Voraussetzungen der Scheidung nach §§ 1564, 1565 BGB vorliegen können (OLG Braunschweig FamRZ 1998, 300).

1016   Die in § 220 Abs. 3 FamFG geregelte Pflicht ist im Zusammenhang mit der Regelung des § 220 Abs. 5 FamFG zu sehen, nach der die Ehegatten verpflichtet sind,

VI. Auskunfts- und Mitwirkungspflichten im Versorgungsausgleich

einer gerichtlichen Anordnung Folge zu leisten (zur **zwangsweisen Durchsetzung** s. Rdn. 1021). Damit die Anordnung von dem betroffenen Ehegatten oder dessen Hinterbliebenen bzw. Erben erfüllt werden kann, muss diese verständlich und konkret gefasst werden (s. a. OLG Köln FamRZ 1998, 682). Die allgemeine Anordnung, die Ehegatten seien verpflichtet, die übersandten Fragebögen auszufüllen, erfüllt das Gebot zur Konkretisierung nicht und ermöglicht insbesondere keine zwangsweise Durchsetzung nach § 220 Abs. 5 FamFG. Wird von einem Träger der gesetzlichen Rentenversicherung ein ungeklärter Versicherungsverlauf zur Klärung an einen Ehegatten zugeleitet, hat das Familiengericht zur Durchsetzung nach § 220 Abs. 5 FamFG die Anordnung so zu fassen, dass der betroffene Ehegatte erkennen kann, welche Fehlzeiten oder Angaben zu einem bestehenden Beschäftigungsverhältnis zu machen und welche Belege (Ausbildungsvertrag, Versicherungskarte, Lohnabrechnung, Bescheid zum Bezug von Arbeitslosengeld) vorzulegen sind. In solchen Fällen führt aber regelmäßig die Anhörung nach § 221 Abs. 1 FamFG schneller und einfacher zur Klärung bestehender Fehlzeiten.

e) Verhältnis zur familienrechtlichen Auskunftspflicht

Die verfahrensrechtliche Auskunftspflicht besteht unabhängig von der Verpflichtung eines Ehegatten nach § 4 VersAusglG, eine Auskunft über die in der Ehezeit erworbenen Anrechte zu erteilen, weil sich § 220 FamFG aus dem in §26 FamFG geregelten Untersuchungsgrundsatz sowie den in § 27 FamFG festgelegten Mitwirkungspflichten ergibt und dem Zweck einer den objektiven Verhältnissen entsprechenden Entscheidung sowie der Beschleunigung des Verfahrens zum Versorgungsausgleich dient. Entsprechend gilt dies im Falle der Geltendmachung des Auskunftsanspruchs nach § 4 Abs. 1 VersAusglG durch einen Stufenantrag; für diesen fehlt nur dann das Rechtsschutzbedürfnis, wenn der Antragsgegner sämtliche Angaben zu seinen Versorgungsverhältnissen erteilt hat, zu denen im Rahmen der Härteklausel des § 27 VersAusglG auch die sonstigen wirtschaftlichen Verhältnisse gehören können. 1017

f) Inhalt der Auskunft des Versorgungsträgers

aa) Mitteilung des Ausgleichswerts, des korrespondierenden Kapitalwerts sowie der für die Teilung maßgeblichen Regelungen

§ 220 Abs. 4 FamFG regelt den Inhalt der Auskunftspflicht des Versorgungsträgers; die Regelung »*sowie der für die Teilung maßgeblichen Regelungen*« wird zur Umsetzung des Wertausgleichs beim Ausgleichsberechtigten benötigt, weil sich das zugunsten des Ausgleichsberechtigten zu begründende Anrecht nach diesen Bestimmungen richtet. Die nach § 220 Abs. 4 FamFG bestehende Auskunftspflicht ist in Bezug auf § 5 VersAusglG zu sehen. Diese Regelung legt den Inhalt der dem Familiengericht zu erteilenden Auskunft konkret fest. Diese Auskunft beruht auf dem **Auskunftsersuchen des Familiengerichts**, in dem die zur Bestimmung des ehezeitbezogenen Anrechts erforderlichen Mitteilungen enthalten sind (Name und Geburtsdatum des Ehegatten; Ehezeitbeginn und Ehezeitende; Versicherungs-Personalnummer). Nach § 5 Abs. 1 VersAusglG hat der Versorgungsträger den Ehezeitanteil in Form eines Rentenbetrags, eines Kapitalwerts (vor allem bei Betriebsrenten, die die Leistung einer Kapitalsumme vorsehen, s. § 2 Abs. 2 Nr. 3 VersAusglG) oder einer anderen Bezugsgröße des jeweiligen Versorgungssystems (Entgeltpunkte, Versorgungspunkte) zu berechnen. Dies bezieht sich auf alle Versorgungen, unabhängig davon, ob sich der Ehezeitanteil aufgrund einer **unmittelbaren Bewertung** nach § 39 VersAusglG oder auf der Grundlage einer **zeitratier-** 1018 lichen Bewertung gem. § 40 VersAusglG ermittelt. Dies betrifft auch Anrechte aus einer betrieblichen Altersversorgung. Ferner hat der Versorgungträger nach § 5 Abs. 3 VersAusglG dem Familiengericht einen Vorschlag für die Bestimmung des Ausgleichswertes zu unterbreiten sowie den sogenannten korrespondierenden Kapitalwert gem. § 47 VersAusglG mitzuteilen. Dieser Wert wird in den Fällen der Härteklausel gem. § 27 VersAusglG sowie zur Prüfung des Verzichts auf den Ausgleich bei Geringfügigkeit des Gesamtausgleichswerts oder einer einzelnen Versorgung gem. § 18 VersAusglG benötigt.

bb) Inhaltliche Erläuterung der Auskunft

1019 § 220 Abs. 4 Satz 1 FamFG legt ferner fest, dass die Auskunft in **nachvollziehbarer Weise** erteilt wird; ferner kann nach § 220 Abs. 4 Satz 2 FamFG eine ergänzende Erläuterung auf Antrag eines Beteiligten oder durch das Familiengericht angefordert werden; dies beinhaltet auch die Verpflichtung des Versorgungsträgers, das Ergebnis der Auskunft ggf. in einem Anhörungstermin gem. § 221 Abs. 1 FamFG darzulegen. Hierdurch wird das Familiengericht in die Lage versetzt, die erteilte Auskunft und den **mitgeteilten Ausgleichswert zu überprüfen**. Dies gilt vor allem auch in Bezug auf die nach § 13 VersAusglG vom Versorgungsträger geltend gemachten **Teilungskosten der internen Teilung** nach § 10 Abs. 1 VersAusglG i. V. m. § 13 VersAusglG (s. Rdn. 559). Das Familiengericht ist an den mitgeteilten Ausgleichswert in seiner Entscheidung nicht gebunden, sondern hat eigenverantwortlich diese zu überprüfen; der Versorgungsträger hat insoweit die Funktion eines sachverständigen Zeugen. Die Auskunft eines öffentlich-rechtlich organisierten Versorgungsträgers stellt keinen Verwaltungsakt dar, so dass sich auch insoweit keine Bindung ergibt. Diese **Prüfungspflicht** bezieht sich ferner auf die Frage der Teilungsreife nach § 19 VersAusglG; danach ist stets zu klären, ob sich der Ausgleich für den Ausgleichsberechtigten als unwirtschaftlich darstellt (§ 19 Abs. 2 Nr. 3 VersAusglG). Die Prüfung der erteilten Auskunft durch das Familiengericht unterliegt der **freien Beweiswürdigung** und erstreckt sich auch auf die Richtigkeit der **rechtlichen Grundlagen** (BGH FamRZ 1984, 159) der erteilten Auskunft (zur Schadensersatzpflicht bei fehlerhaft erteilten Auskunft s. BGH FamRZ 1988, 91).

Darüber hinaus hat der Versorgungsträger mit der Auskunft **vertragliche Regelungen** sowie den Inhalt von **Satzungen** bekannt zu geben, die für eine Bewertung der erteilten Auskunft unerlässlich sind. Auf der Grundlage dieser Unterlagen sowie den mitgeteilten Daten der Erwerbsbiografie des Ehegatten können das Familiengericht sowie die Beteiligten eine Prüfung der Auskunft vornehmen. Dies gilt vor allem in Bezug auf die Bestimmung des Ehezeitanteils, die künftige Entwicklung der Dynamik eines Anrechts in Bezug auf die Prüfung der Voraussetzungen des § 18 VersAusglG (Absehen vom Ausgleich wegen Geringfügigkeit).

g) Äußerung zur externen Teilung

1020 Da unter den Voraussetzungen des § 14 Abs. 2 Nr. 2 VersAusglG (geringfügiges Anrecht) sowie § 17 VersAusglG (Wahlrecht bei Direktzusage oder Unterstützungskasse bis Kapitalwert von derzeit 64.800,00 € -s. § 3 Sozialversicherungs-Rechengrößenverordnung 2009; BGBl I 2336; FamRZ 2009, 97) für den Versorgungsträger die Möglichkeit besteht, anstatt der internen Teilung, die zur Begründung eines Anrechts des Ausgleichsberechtigten bei dem Träger der auszugleichenden Versorgung führt, eine externe Teilung bei einem dritten Versorgungsträger zu wählen, wird der Versorgungsträger bereits in der Auskunft hierzu eine Aussage

VI. Auskunfts- und Mitwirkungspflichten im Versorgungsausgleich

machen, so dass dem Ausgleichsberechtigten hierzu das rechtliche Gehör gewährt werden kann.

h) Kostenfreie Auskunft

Die Erteilung der Auskunft erfolgt kostenfrei, weil § 5 VersAusglG i. V. m. § 220 Abs. 1, 4 FamFG eine gesetzliche Pflicht zur Erteilung der Auskunft beinhaltet. Sie kann deshalb auch nicht von einer Kostenerstattung abhängig gemacht werden (BGH FamRZ 1998, 89). Eine solche Pflicht lässt sich auch nicht aus den Bestimmungen zum JVEG ableiten (OLG Frankfurt FamRZ 2000, 540 f.; differenzierend OLG Bremen FamRZ 2004, 31). Bezieht der Versorgungsträger einen Sachverständigen zur Ermittlung des Ehezeitanteils ein, gilt Entsprechendes, weil auch insoweit nach § 5 Abs. 1 VersAusglG eine gesetzliche Pflicht besteht. Hiervon ist die Regelung des § 13 VersAusglG zu unterscheiden, nach der im Falle einer internen Teilung die hierdurch entstehenden Kosten von den Ehegatten anteilig zu tragen sind.

1021

i) Durchsetzung einer Anordnung durch das Familiengericht

§ 220 Abs. 5 FamFG regelt die Verpflichtung der in § 220 Abs. 1 FamFG genannten Personen und Stellen, einem gerichtlichen (Auskunfts-) Ersuchen nach § 220 Abs. 1, 4 FamFG oder einer Anordnung nach § 220 Abs. 3 FamFG Folge zu leisten (bisher § 53 b Abs. 2 Satz 3 FGG, § 11 Abs. 2 Satz 2 VAHRG a. F.). Liegen die wirksamen Voraussetzungen eines Ersuchens oder einer Anordnung vor, kann das Familiengericht nach § 35 FamFG durch Beschluss ein Zwangsgeld festsetzen und, falls dieses nicht beigetrieben werden kann, Zwangshaft anordnen. Die gerichtliche Entscheidung hat auf die Folgen einer Zuwiderhandlung gegen die Anordnung hinzuweisen. Einer weiteren Androhung bedarf es danach nicht. Gegen die Anordnung kann nicht vorgebracht werden, der Scheidungsantrag sei nicht begründet (s. Rdn. 1015). Ferner muss die Anordnung hinreichend konkret gefasst sein, damit der Beteiligte die ihn treffende Verpflichtung auch erfüllen kann (s. Rdn. 1016). Die Vollziehung des Zwangsgeldes nach § 35 FamFG, das den Betrag von 25.000,00 € (§ 35 Abs. 2 FamFG) nicht übersteigen darf, erfolgt nach der Justizbeitreibungsordnung und obliegt dem Rechtspfleger. Gegen den Beschluss, mit dem die Zwangsmaßnahme angeordnet wurde, kann nach § 35 Abs. 3 FamFG die sofortige Beschwerde gem. §§ 567–572 ZPO erhoben werden. Die Anordnung eines Zwangsmittels nach § 35 FamFG richtet sich aber nur gegen die Ehegatten, deren Hinterbliebenen und Erben, privaten Versorgungsträgern und sonstigen Stellen. Gegen einen öffentlich-rechtlich organisierten Versorgungsträger ist eine Zwangsmaßnahme nach § 35 Abs. 2 FamFG nicht zulässig; die Erfüllung einer Anordnung kann insoweit nur über die zuständige Aufsichtsbehörde erzwungen werden (a. A. KG NJW-RR 1996, 252).

1022

Ferner kann nach § 33 Abs. 1 FamFG das **persönliche Erscheinen eines Beteiligten** i. S. d. § 219 FamFG angeordnet werden, um eine Erörterung nach § 221 Abs. 1 FamFG vorzunehmen, was vor allem bei einem unklaren Versicherungsverlauf in der gesetzlichen Rentenversicherung sinnvoller erscheint als die Anordnung eines Zwangsmittels, weil aufgrund des Ergebnisses der Anhörung das Familiengericht weitere Ermittlungen bei Arbeitgebern, Trägern einer Krankenversicherung und den Trägern des Arbeitslosengeldes (Arbeitsagentur) einholen kann, die regelmäßig einfacher zur Klärung des Sachverhalts führen. Gegen den nicht erschienen Beteiligten kann nach § 33 Abs. 3 FamFG ein Ordnungsgeld verhängt, fer-

1023

ner dessen **Vorführung angeordnet** werden, wenn dieser wiederholt der Anhörung fernbleibt.

3. Auskunftsanspruch der Ehegatten gegen den Versorgungsträger aus dem Versorgungsverhältnis

1024 Nach § 109 Abs. 1 Satz 2 SGB VI erhält ein Versicherter mit Vollendung des 55. Lebensjahres von Amts wegen eine Auskunft über die zu erwartende künftige Rente. Auf Antrag wird diese auch jüngeren Versicherten erteilt. § 109 Abs. 5 SGB VI ergänzt diese Regelung und gewährt einen Auskunftsanspruch zur Ermittlung des Ehezeitanteils nach § 5 Abs. 1 VersAusglG. Nach § 74 Nr. 2b SGB X kann diese Auskunft auch dem Ehegatten oder geschiedenen Ehegatten erteilt werden. Eine vergleichbare Regelung besteht in § 79 BBG und entsprechenden landesrechtlichen Bestimmungen. Bei einem **privatrechtlichen Arbeitsverhältnis** ergibt sich zur betrieblichen Altersversorgung aus der arbeitsrechtlichen Fürsorgepflicht ein entsprechender Anspruch zur Information über das bestehende Anrecht auf eine betriebliche Altersversorgung; Inhalt und Umfang werden in § 4a BetrAVG gesondert geregelt. Im Bereich der privaten Rentenversicherungen bestehen aufgrund der vertraglichen Versicherungsverhältnisse Auskunfts- und Informationsansprüche (s. a. § 15 VVG – jährliche Unterrichtung über die Entwicklung des Anrechts).

4. Gegenseitige familienrechtliche Auskunftsansprüche der Ehegatten

a) Grundlagen

1025 Wie in den §§ 1379, 1580, 1605 BGB ist auch im Versorgungsausgleich eine wechselseitig bestehende Auskunftsverpflichtung zwischen den Ehegatten gegeben. Hierzu regelt § 4 Abs. 1 VersAusglG einen unmittelbaren Anspruch der Ehegatten, ihrer Hinterbliebenen und Erben. Dieser zivilrechtlich bestehende Anspruch leitet sich aus der ehelichen Lebensgemeinschaft ab und dient dem Zweck, dass sich die Ehegatten jeweils Klarheit über die in den Versorgungsausgleich einzubeziehenden Versorgungsanrechte verschaffen können. Zu trennen hiervon ist die Auskunftspflicht der Ehegatten gegenüber dem Familiengericht nach § 220 Abs. 1 FamFG (s. Rdn. 1008 ff.) und der Auskunftsanspruch eines Ehegatten gegenüber seinem Versicherungsträger aus dem jeweiligen Beschäftigungsverhältnis nach § 109 Abs. 3 SGB VI (Rdn. 1024; zum Auskunftsanspruch gegenüber dem Sozialleistungsträger über die Verhältnisse des anderen Ehegatten s. a. § 74 Nr. 2b SGB X). Der zivilrechtliche Auskunftsanspruch ist nach § 95 Abs. 1 Satz 3 FamFG i. V. m. § 888 ZPO vollstreckbar, weil er höchstpersönlicher Natur und auf eine unvertretbare Handlung gerichtet ist.

1026 Nach dem **Tod des Ausgleichspflichtigen** richtet sich der zivilrechtliche Auskunftsanspruch gegen die Erben, § 4 Abs. 1 VersAusglG. Er ist in diesem Fall auf die den Erben zumutbar zu beschaffenden Informationen beschränkt (BGH FamRZ 1986, 253). § 4 Abs. 1 VersAusglG ermöglicht dem Gericht, auch die **Hinterbliebenen** des Auskunftspflichtigen in Anspruch zu nehmen. Anders als nach § 1587e Abs. 1 BGB a. F. (BGH FamRZ 1982, 687 = NJW 1982, 1646) besteht auch nach rechtskräftigem Abschluss des Scheidungsverfahrens ein Auskunftsanspruch, so vor allem zur Durchführung des **Abänderungsverfahrens** und bei Geltendmachung eines Anspruchs beim Wertausgleich nach der Scheidung (§§ 20, 22 VersAusglG) nach §§ 225, 227 Abs. 1 FamFG, da § 4 Abs. 1 VersAusglG auch den in § 10 Abs. 11 VAHRG a. F. geregelten Auskunftsanspruch erfasst.

VI. Auskunfts- und Mitwirkungspflichten im Versorgungsausgleich

Auch zur Vorbereitung eines **Schadensersatzanspruches** besteht aufgrund einer auf den Nachwirkungen der Ehe beruhenden Treuepflicht nach der Scheidung ein Auskunftsanspruch (BGH FamRZ 1984, 465, 467). Ferner besteht nach rechtskräftigem Abschluss des Scheidungsverfahrens ein Auskunftsanspruch im Falle der Abtrennung des Versorgungsausgleichsverfahrens.

b) Inhalt des Auskunftsanspruchs

Der Auskunftsanspruch nach § 4 Abs. 1 VersAusglG soll die Ehegatten jeweils in die Lage versetzen, sich einen Überblick über die in den Versorgungsausgleich einzubeziehenden Versorgungsanrechte zu verschaffen, um hieraus eine mögliche Verpflichtung oder Berechtigung feststellen zu können. Dies legt es dem Auskunftspflichtigen auf, in einer gesonderten Zusammenstellung alle maßgebenden Angaben zu seinen Versorgungsverhältnissen zu erteilen. Hieraus kann sich für den Verpflichteten auch ergeben, nicht nur eine Übersicht über die Arten der vorhandenen Versorgung zu erstellen, was in der Regel in den standardisierten Fragebögen erfolgt, sondern auch einzelne Angaben zu den bisher erworbenen Anrechten zu erteilen (§§ 260, 261 BGB – Bestandsverzeichnis); hierauf verweist § 4 Abs. 4 VersAusglG ausdrücklich durch den Bezug auf § 1605 Abs. 1 Satz 2, 3 BGB. Auch die Abgabe der **eidesstattlichen Versicherung** nach § 261 Abs. 2 BGB kommt in Betracht, wenn dessen Voraussetzungen vorliegen. Nach diesen Grundsätzen kann vom Verpflichteten bei Vorliegen einer Beamtenversorgung verlangt werden, dass er von seinem Dienstherren sich eine entsprechende Darlegung der maßgebenden Daten zur Bestimmung der Versorgung geben lässt (§ 79 BBG und entsprechende landesrechtliche Regelungen). Bei einem privatrechtlichen Arbeitsverhältnis ergibt sich die Auskunftspflicht des Arbeitgebers aus der arbeitsrechtlichen Fürsorgepflicht, deren Inhalt und Umfang in § 4a BetrAVG ausdrücklich geregelt wird. Ein **Wertermittlungsanspruch** steht dem Berechtigten dagegen, wie etwa bei § 1379 Abs. 1 BGB, nicht zu. Entsprechendes ergibt sich aus § 109 SGB VI zur gesetzlichen Rentenversicherung. Die Auskunftspflicht beschränkt sich hierbei nicht nur auf die in den amtlichen Fragebögen gestellten Fragen zum Versorgungsausgleich; aus dem Zweck der Auskunftspflicht ergeben sich auch Mitwirkungspflichten in Bezug auf die Ermittlung einzelner Faktoren einer Versorgung. Damit wird inhaltlich die Auskunftspflicht auch durch die Regelungen der einzelnen Versorgungssysteme bestimmt.

1027

Da die Auskunft sowohl zur Durchführung der Entscheidung zum Versorgungsausgleich als auch zur Vorbereitung einer Vereinbarung nach §§ 6–8 VersAusglG benötigt wird, besteht der Anspruch auf Auskunftserteilung schon vor **Rechtshängigkeit des Scheidungsantrags** (*Johannsen/Hahne* § 1587e BGB Rn. 3; OLG Düsseldorf FamRZ 1978, 442; a. A. OLG Köln FamRZ 1986, 918, das einen begründeten Scheidungsantrag verlangt). Zwar ist der Auskunftsanspruch ein Annex des Hauptanspruchs; der Versorgungsausgleich findet nur zwischen geschiedenen Ehegatten statt (§ 1 Abs. 1 VersAusglG), so dass auch der Auskunftsanspruch an sich erst zu diesem Zeitpunkt entstehen kann. Ferner hat der Gesetzgeber keine dem § 1379 Abs. 1 BGB entsprechende Regelung geschaffen. Da der Auskunftsanspruch vorbereitenden Charakter besitzt und § 137 Abs. 1, 2 Satz 2 FamFG zwingend den Entscheidungsverbund des Versorgungsausgleichsverfahrens mit dem Scheidungsverfahren verlangt, rechtfertigt es sich aus dem den Hauptanspruch vorbereitenden Charakter, einen Auskunftsanspruch vorzuverlagern. Hierfür sprechen letztlich weniger dogmatische als praktische Erwägungen.

1028

1029 Die Auskunftspflicht erfasst nur in der Ehezeit erworbene Versorgungen (BGH FamRZ 1984, 465, 467). Soweit allerdings diese nicht ohne vorehelich eingetretene Verhältnisse geklärt werden können (vor allem bei Beamtenversorgung, gesetzlicher Rentenversicherung wegen Anrechnungszeiten, deren Höhe durch voreheliche Zeiten beeinflusst werden können, betriebliche Altersversorgung), ist auch für solche Zeiten eine Auskunft zu erteilen. Aufgrund der Verweisung auf §§ 1605 Abs. 1 Satz 2 und 260, 261 BGB hat der Auskunftspflichtige die **erteilten Auskünfte auch zu belegen.** Von der Auskunftspflicht können auch sonstige wirtschaftliche Verhältnisse erfasst werden, deren Kenntnis etwa zur Beurteilung der Voraussetzungen des Ausschlusses des Versorgungsausgleichs aufgrund der **Härtefallklausel** nach § 27 VersAusglG erforderlich ist.

c) Verfahren

1030 Der Auskunftsanspruch dient der Vorbereitung des Versorgungsausgleichs. Seine prozessuale Durchsetzung richtet sich deshalb nach den Angelegenheiten der freiwilligen Gerichtsbarkeit (eingehend Rdn. 961 ff., 968). Wird er im Verbund geltend gemacht, ist er in Form eines Stufenantrags nach § 254 ZPO einzureichen, über den vorab zu entscheiden ist; die Entscheidung ergeht durch Beschluss (BGH FamRZ 1981, 533 = NJW 1981, 1508; FamRZ 1982, 687 = NJW 1982, 1646).

d) Geltendmachung des Auskunftsanspruchs

1031 Dieser Beschluss stellt eine Endentscheidung i. S. d. § 58 FamFG dar und ist deshalb mit der Beschwerde gem. § 58 FamFG sowie Rechtsbeschwerde gem. § 70 FamFG anzugreifen (zum Wert der Beschwerde des Verpflichteten s. BGH FamRZ 1988, 494; FamRZ 1990, 1225; FamRZ 1991, 317 – dort zum Unterhalt; BGH FamRZ 1991, 316; FamRZ 1991, 317 – Zugewinn; FamRZ 2003, 87 – Stufenantrag; FamRZ 2003, 597). Hat das Familiengericht (durch Teil-)Beschluss entschieden, so kann der Beschwerte Beschwerde nach § 58 Abs. 1 FamFG einlegen (s. a. Rdn. 971). Ist ein Scheidungsverfahren anhängig, so kann der **Auskunftsanspruch** sowohl in einem selbständigen Verfahren als selbständige Familiensache i. S. d. § 111 Nr. 7 FamFG i. V. m. § 217 FamFG, also auch im **Verbund als Stufenantrag** geltend gemacht werden (so OLG Düsseldorf FamRZ 1978, 423; OLG Hamm FamRZ 1978, 700; FamRZ 1979, 46; FamRZ 1980, 64; *Johannsen/Sedemund-Treiber* § 53b FGG Rn. 36). Der in § 137 Abs. 1 FamFG enthaltene Grundsatz der gleichzeitigen Verhandlung und Entscheidung gilt hinsichtlich des Auskunftsanspruchs nicht, weil nur über den Ausgleich selbst im Verbund zu entscheiden ist. Der titulierte zivilrechtliche Auskunftsanspruch ist nach § 95 Abs. 1 Nr. 3 FamFG i. V. m. § 888 ZPO vollstreckbar, weil er höchstpersönlicher Natur und auf eine unvertretbare Handlung gerichtet ist. Die **Vollstreckung** ist vom Gläubiger, nicht jedoch vom Vollstreckungsgericht zu betreiben (OLG Hamm FamRZ 1982, 185). Zuständig für die Entscheidung nach § 888 ZPO ist das Familiengericht als Prozessgericht, nicht das Vollstreckungsgericht; für den Fall der Vollstreckung einer eidesstattlichen Versicherung nach dem bürgerlichen Recht (§§ 259, 260 BGB) ist das Amtsgericht als Vollstreckungsgericht zuständig, § 889 ZPO; zuständig ist der Rechtspfleger.

5. Auskunftsanspruch der Ehegatten gegen den Versorgungsträger nach § 4 Abs. 2 VersAusglG

1032 Nach § 4 Abs. 2 VersAusglG haben die Ehegatten einen **hilfsweisen Anspruch auf Auskunft** gegen die Versorgungsträger, soweit sie am Verfahren gem. § 219 FamFG beteiligt oder zur Auskunft gegenüber dem Familiengericht verpflichtet sind. Dieser Anspruch ist nicht (nur) gegen den Versorgungsträger der eigenen Versorgung gerichtet (s. hierzu Rdn. 1024), sondern gegen Versorgungsträger des anderen Ehegatten, wenn bei diesem ausgleichspflichtige Anrechte besteht. Durch diese Regelung wird die Rechtsposition des auskunftsberechtigten Ehegatten gestärkt. Der Anspruch greift aber nur ein, wenn der Ehegatte von dem anderen Ehegatten oder dessen Hinterbliebenen bzw. Erben eine Auskunft nicht erlangen kann. Dies bedeutet, dass der Ehegatte den Nachweis erbringen muss, sich vergeblich um eine Auskunft bemüht zu haben. Ob hierbei eine einfache Aufforderung zur Auskunft mit einer Mahnung ausreicht oder ein Verfahrensantrag erforderlich ist, lässt sich aus dem Wortlaut nicht zweifelsfrei entnehmen. Nach dem Normzweck greift diese Bestimmung nur dann ein, wenn aufgrund objektiver Umstände eine Auskunft gegen die in § 4 Abs. 1 VersAusglG bezeichneten Beteiligten nicht erlangt werden kann, so vor allem, wenn diese keine unmittelbare Kenntnis zu den Versorgungsverhältnissen haben; dies beinhaltet auch ein **gerichtliches Vorgehen** gegen diese Beteiligten. Der Anspruch nach § 4 Abs. 2 VersAusglG wird deshalb vor allem gegen Hinterbliebene und Erben bestehen, weil diesen die konkreten Verhältnisse nicht bekannt sind und über Unterlagen, aus denen Angaben zum Versicherungsverhältnis entnommen werden können, nicht verfügen.

6. Auskunftsanspruch der Versorgungsträger gegen Ehegatten, Hinterbliebene und Erben

Auch die Versorgungsträger haben nach § 4 Abs. 3 VersAusglG einen Auskunftsanspruch gegen die Ehegatten, deren Hinterbliebene und Erben. Zweck dieses Anspruchs ist es, den Versorgungsträgern Kenntnis über solche Umstände zu verschaffen, die für den **Bestand oder die Höhe eines auszugleichenden Anrechts** bedeutsam sein können. Dies betrifft vor allem Versorgungen, die ein Gesamtversorgungssystem beinhalten und der Versorgungsträger Informationen zur Höhe einer anrechenbaren anderen Versorgung benötigt (die Höhe der gesetzlichen Rentenversicherung bestimmt die Höhe einer betrieblichen Altersversorgung; Anrechnung der gesetzlichen Rentenversicherung auf eine Beamtenversorgung nach § 55 BeamtVG). Auch können sonstige Umstände wie die einkommenssteuerlichen Verhältnisse für die Höhe der Versorgung beachtlich sein, wenn die Bezugsgröße auf Nettoeinkünften der versorgungsberechtigten Person beruht. Auch in den Fällen des Anspruchs gegen den Versorgungsträger nach § 25 VersAusglG kann sich ein Auskunftsbedürfnis im Fall einer Wiederverheiratungsklausel oder einer Anrechnungsbestimmung in Begründung auf weitere Versorgungsanrechte der ausgleichsberechtigten Person ergeben.

1033

Der in § 4 Abs. 3 VersAusglG geregelte Anspruch auf Auskunft besteht ferner gegen andere Versorgungsträger, soweit diese Beteiligte am Verfahren i. S. d. § 219 FamFG oder Auskunftsperson i. S. d. § 220 Abs. 1 FamFG sind. Dies bezieht sich vor allem auf Gesamtversorgungssysteme oder gestufte Versorgungen.

VII. Praktische Fragen zur Einleitung des Versorgungsausgleichsverfahrens

1. Grundlagen

Nach § 26 FamFG sind die zur Entscheidung über den Versorgungsausgleich notwendigen Tatsachen von Amts wegen zu ermitteln. Hierzu haben die Ehegatten die vom Familiengericht nach § 220 Abs. 2 FamFG **zugeleiteten Fragebögen** auszufüllen, in denen sämtliche Angaben zu den in § 2 Abs. 1 VersAusglG enthaltenen

1034

Versorgungsarten abgefragt werden. Die erforderliche sorgfältige Klärung kann es erforderlich machen, bei unvollständigen Angaben die Ehegatten persönlich anzuhören, weil hierdurch langwierige Anfragen bei den Versorgungsträgern vermieden werden und das Versorgungsausgleichsverfahren beschleunigt werden kann.

> **Praktischer Hinweis:**
> Da das neue Verfahren zur Abänderung von Entscheidungen zum Wertausgleich bei der Scheidung eine Totalrevision nicht (mehr) kennt, sondern gem. § 225 Abs. 1, 2 FamFG lediglich eine Änderung tatsächlicher oder rechtlicher Verhältnisse nach dem Ende der Ehezeit im Abänderungsverfahren berücksichtigt werden kann, können »vergessene Versorgungen« im Wertausgleich bei der Scheidung nicht mehr nach § 225 Abs. 1 VersAusglG erfasst werden, falls nicht die Voraussetzungen des Wiederaufnahmeverfahrens nach § 48 Abs. 2 FamFG i. V. m. den §§ 579, 580 ZPO vorliegen. Es muss deshalb verstärkt darauf geachtet werden, dass der andere Ehegatte zur vollständigen Auskunftserteilung angehalten wird (s. Rdn. 682, 1132).

2. Fehlende Angaben zu den Versorgungsverhältnissen

1035 Kann ein Ehegatte überhaupt keine Angaben zu seinen Versorgungsverhältnissen machen oder ist dieser unbekannt verzogen, ist der andere Ehegatten auch zu den Verhältnissen dieses Ehegatten zu befragen. Im Übrigen besteht für die Familiengerichte gem. § 220 Abs. 1 FamFG die Möglichkeit, Auskünfte bei den zuständigen Behörden (Versorgungsträger, Träger der Krankenversicherung) und sonstigen Personen (Arbeitgeber, Versicherungsgesellschaft bei einer privaten Rentenversicherung) einzuholen. Für den Bereich der gesetzlichen Rentenversicherung bieten sich folgende Anfragen an:
(1) beim Arbeitgeber (sofern dieser bekannt ist), die Versicherungsnummer zur gesetzlichen Rentenversicherung, die Arbeitsentgelte;
(2) bei den Trägern der Krankenkasse im Bereich des letzten Wohnorts des Versicherten nach der Rentenversicherungsnummer (AOK, DAK, IKK o. ä.) und dort eventuell gespeicherte Entgelte;
(3) bei dem Rentenversicherungsträger unter Angabe aller bekannten persönlichen Daten des Versicherten zur Rentenversicherungsnummer und sonstigen Versicherungszeiten.

Die teilweise aufgetretene Berufung der Behörden auf § 5 Bundesdatenschutzgesetz ist im Hinblick auf § 74 Nr. 1 b SGB X nicht erheblich. Ist die Rentenversicherungsnummer bekannt, kann beim Rentenversicherungsträger jedenfalls ein **Versicherungsverlauf angefordert** werden. Diese Möglichkeit besteht aber bei ausländischen Versorgungsanrechten nicht; in diesem Fall kann nur von dem Ehegatten selbst eine Auskunft eingeholt werden. Ist der eingeholte Versicherungsverlauf vollständig, ist eine Berechnung der Rentenanwartschaften möglich. Liegen ungeklärte Fehlzeiten vor, können diese mit dem anderen Ehegatten erörtert und gegebenenfalls geklärt werden. Liegen die Fehlzeiten außerhalb der Ehezeit, können regelmäßig die Rentenanwartschaften ohne diese mit hinreichender Genauigkeit ermittelt werden, falls nicht in der Ehezeit Anrechnungszeiten liegen, die wegen der Gesamtleistungsbewertung auch durch Anrechte außerhalb der Ehezeit beeinflusst werden.

1036 Sind **erhebliche Lücken** im Versicherungsverlauf vorhanden, kann über den Versorgungsausgleich nicht entschieden werden. Besteht keine Aussicht, diese Fehlzeiten zu klären, ist gegebenenfalls die Berechnung der Rentenanwartschaften ohne diese vorzunehmen und der Versorgungsausgleich durchzuführen. Dies kann für den Berechtigten dann sinnvoll sein, wenn diesem aus den übertragenen Teilanwartschaften bereits eine Leistung gewährt wird. Fehlzeiten können im Übrigen zu einem späteren Zeitpunkt im Abänderungsverfahren nach § 225 FamFG, wenn sie geklärt sind, berücksichtigt werden; allerdings ist zu beachten, dass bei kürzeren Fehlzeiten die Wesentlichkeitsgrenze nach § 225 Abs. 3 FamFG möglicherweise nicht überschritten wird, so dass in jedem Fall eine sorgfältige Prüfung im Erstverfahren geboten ist. Unzulässig ist die Entscheidung, dass ein Versorgungsausgleich nicht möglich ist (vgl. etwa AG Hamburg FamRZ 1981, 292). Tatsächlich hat dies eine Aussetzung auf unbestimmte Zeit bzw. Abtrennung des Versorgungsausgleichs zur Folge.

3. Vorbereitende Maßnahmen in der Anwaltsberatung

Die vom Familiengericht zu treffenden Maßnahmen sollen von dem Rechtsanwalt jedes Ehegatten so weit vorbereitet werden, dass die Auskunftsersuchen an den Rentenversicherungsträger alsbald versandt werden können. Bei der Beratung des Mandanten zum Versorgungsausgleich kann geklärt werden: **1037**
(1) Welche in den Versorgungsausgleich einzubeziehenden Versorgungsanwartschaften liegen bei beiden Ehegatten vor?
(2) Bei welchen Versicherungsträgern der gesetzlichen Rentenversicherung sind beide Ehegatten versichert (Deutsche Rentenversicherung Bund, Deutsche Rentenversicherung Land; knappschaftliche Rentenversicherung; s. hierzu Rdn. 274)?
(3) Welche Versicherungsunterlagen sind noch zu beschaffen (Schulzeugnisse ab dem 17. Lebensjahr, Zeugnis aufgrund einer Ausbildung bzw. Hochschulausbildung)?
(4) Liegt bereits eine Kontenklärung vor?
(5) Welche Fehlzeiten sind gegeben; wurde in diesen eine versicherungspflichtige Beschäftigung ausgeübt?
(6) Sind die Fragebögen und der Kontenklärungsantrag vollständig ausgefüllt?

VIII. Bestimmung des zuständigen Rentenversicherungsträgers in der gesetzlichen Rentenversicherung bei fehlendem Versicherungskonto eines Ehegatten

Der Wertausgleich bei der Scheidung nach den §§ 9–19 VersAusglG erfolgt dann in der gesetzlichen Rentenversicherung, wenn die ausgleichspflichtige Person bei dieser ein Anrecht hat; dies gilt unabhängig davon, ob auch die ausgleichsberechtigte Person über ein Versicherungskonto in der gesetzlichen Rentenversicherung verfügt. Der Ausgleich erfolgt stets im Wege der internen Teilung nach § 10 Abs. 1 VersAusglG. Hat auch die ausgleichsberechtigte Person ein Anrecht in der gesetzlichen Rentenversicherung, vollzieht sich der Ausgleich dieses Anrechts entsprechend. Der Versorgungsträger (Deutsche Rentenversicherung Bund, Land oder sonstige Träger) nimmt danach eine Verrechnung nach § 10 Abs. 2 VersAusglG vor. Ferner kann im Falle der **externen Teilung** nach § 15 Abs. 5 Satz 1 VersAusglG ein Kapitalbetrag auf ein Versicherungskonto in der gesetzlichen Rentenversicherung eingezahlt werden; insoweit handelt es sich um eine **Auffangregelung**, wenn die ausgleichsberechtigte Person keine Zielversorgung i. S. d. § 15 Abs. 1 VersAusglG i. V. m. § 222 Abs. 1 FamFG benennt. Da die gesetzliche Rentenversicherung verwaltungstechnisch nicht als Einheitsversicherung organisiert, sondern in verschiedene Träger aufgeteilt ist, bedarf es einer Regelung, bei welchem Träger der Versorgungsausgleich erfolgt. **1038**

1039 Das RRG 1992 sieht **keine besonderen Bestimmungen zur Zuständigkeitsregelung** für den Versorgungsausgleich vor. Ist der Ausgleichsberechtigte bei Durchführung des Versorgungsausgleichs in der gesetzlichen Rentenversicherung versichert, gelten die allgemeinen Zuständigkeitsregelungen nach §§ 125, 126 Abs. 1 SGB VI. Dies gilt auch, wenn eine versicherungspflichtige Beschäftigung nicht mehr ausgeübt wird und auch keine freiwilligen Beiträge bezahlt werden (§ 126 Abs. 1 Satz 1 SGB VI). War der Berechtigte in der gesetzlichen Rentenversicherung nie versichert, wird er durch den Versorgungsausgleich nach § 8 Abs. 1 Nr. 2 SGB VI versichert.

Anhand der nach § 147 Abs. 1, 2 SGB VI zu vergebenden Versicherungsnummer kann hinsichtlich des Bereichs die **jeweilige Zuständigkeit im Versorgungsausgleich** festgestellt werden. Mit Zugang des Auskunftsersuchens ist die Zuständigkeit während des laufenden Verfahrens festgeschrieben, so dass sich ein **Wechsel der Zuständigkeit** im Versorgungsausgleichsverfahren nicht auswirkt; § 128 Abs. 1 Satz 2, 4 SGB VI (s. hierzu *Borth* FamRZ 2005, 1885, 1887 – dort auch zur Frage der Zuständigkeit, wenn ein Ehegatte noch keine Versicherungsnummer in der gesetzlichen Rentenversicherung besitzt).

IX. Durchführung der externen Teilung

1. Anwendungsbereich des § 222 FamFG

1040 Die Vorschrift des § 222 FamFG regelt die verfahrensmäßige Umsetzung der externen Teilung in den Fällen der §§ 14 Abs. 2, 17 VersAusglG. Die Durchführung der externen Teilung nach den §§ 14–17 VersAusglG stellt eine Ausnahme von dem grundlegenden Ansatz des reformierten Versorgungsausgleichs dar, dass – wie bisher in der gesetzlichen Rentenversicherung – das Anrecht eines Ehegatten beim selben Versorgungsträger ausgeglichen wird (sogenannte **interne Teilung** gem. §§ 10–13 VersAusglG), um sicherzustellen, dass bei eintretenden Änderungen des Anrechts beide Ehegatten nach durchgeführtem Versorgungsausgleich von den Veränderungen im positiven wie negativen Sinn zur Wahrung des Halbteilungsgrundsatzes teilhaben. Die Voraussetzungen der externen Teilung bestimmt § 14 Abs. 2 VersAusglG, der eine solche zulässt, wenn dies zwischen dem Ausgleichsberechtigten und dem Träger der auszugleichenden Versorgung vereinbart (§ 14 Abs. 2 Nr. 1 VersAusglG) oder eine solche vom Versorgungsträger des Ausgleichspflichtigen verlangt wird. Dies ist unter zwei Voraussetzungen möglich, die in § 14 Abs. 2 Nr. 2 VersAusglG sowie in § 17 VersAusglG geregelt werden; diese Regelungen sind dadurch bestimmt, dass Anrechte in geringerem Umfang wegen des entstehenden Verwaltungsaufwands nicht von dem Versorgungsträger selbst geführt werden sollen, sondern dieser die Möglichkeit hat, durch eine einmalige Zahlung an einen anderen Versorgungsträger (Pensionsfonds eines Versicherungsunternehmens) das Anrecht bei einem anderen Träger zu begründen. Nach § 17 VersAusglG gilt dies bei einer **Direktzusage** oder einer **Unterstützungskasse** bis zu einem Kapitalwert des Anrechts von derzeit 64.800,00 € (2009, s. Verordnung über maßgebende Rechengrößen der Sozialversicherung für 2009 vom 02. 12. 2008, BGBl I 2336, FamRZ 2009, 97), um diesen Trägern ebenfalls zu ermöglichen, die Verwaltung des Anrechts auf einen anderen Versorgungsträger zu übertragen. Zu den Einzelheiten wird auf die Rdn. 561 ff. verwiesen.

1041 Die **externe Teilung erfolgt nicht**, wenn einer oder beide Ehegatten ein Anrecht in der **gesetzlichen Rentenversicherung** erlangt haben, weil in diesem Fall – wie nach bisherigem Rechtszustand – weiterhin die bereits bestehende Form des Ren-

IX. Durchführung der externen Teilung

tensplittings vorgenommen wird, die eine Form der internen Teilung darstellt (mit der Möglichkeit einer Verrechnung nach § 10 Abs. 2 VersAusglG). Entsprechendes gilt nach Abs. 4 bei Ausgleich eines **Anrechts der Beamtenversorgung**, sofern von einem Bundesland keine interne Teilung dieses Anrechts zugelassen wird (wie der Bund durch die Einführung eines besonderen Bundesversorgungsteilungsgesetzes gem. Art. 5 VAStrRefG). In diesem Fall findet der Struktur nach ebenfalls eine externe Teilung statt, die aber durch die Erstattung der Aufwendungen für den Ausgleichsberechtigten erst im Leistungsfall erfolgt und nicht bereits im Zusammenhang mit der Durchführung des dinglichen Versorgungsausgleichs.

2. Fristsetzung des Familiengerichts

§ 222 Abs. 1 FamFG legt fest, dass das Familiengericht in den Fällen des § 14 Abs. 2 Nr. 1, 2 VersAusglG und des § 17 VersAusglG dem Versorgungsträger des auszugleichenden Anrechts sowie dem Ausgleichsberechtigten ein Frist setzt, innerhalb der sich diese darüber erklären müssen, ob sie gem. § 14 Abs. 2 Nr. 1 VersAusglG eine externe Teilung vereinbaren oder in den Fällen des § 14 Abs. 2 Nr. 2 VersAusglG sowie des § 17 VersAusglG vom Versorgungsträger des auszugleichenden Anrechts die externe Teilung (einseitig) verlangt wird. Diese Fristsetzung kann sinnvoll erst nach Vorliegen der Auskunft des auszugleichenden Anrechts erfolgen. Allerdings wird der Versorgungsträger des auszugleichenden Anrechts mit der erteilten Auskunft gleichzeitig anzeigen, ob er in den Fällen des § 14 Abs. 2 Nr. 2 VersAusglG sowie § 17 VersAusglG die externe Teilung verlangt.

1042

Gleichzeitig hat der Ausgleichsberechtigte innerhalb der Fristsetzung das ihm nach § 15 Abs. 1 VersAusglG **zustehende Wahlrecht** auszuüben, also dem Familiengericht anzeigen, welchen Träger er für die durchzuführende externe Teilung vorschlägt. Hierzu hat er nach Abs. 2 zugleich nachzuweisen, dass der ausgewählte Versorgungsträger der Zielversorgung mit der vorgesehen Teilung einverstanden ist. Wird eine entsprechende **schriftliche Zusage vorgelegt**, ist dieser Versorgungsträger nach § 219 Nr. 3 FamFG am **Verfahren zu beteiligen**. Für den Ausgleichsberechtigten besteht nach dieser Regelung die Möglichkeit, eine bereits bestehende Versorgung durch die zu erwartende Zahlung des Versorgungsträgers des auszugleichenden Anrechts weiter auszubauen.

Die schriftliche Zusage des Trägers der Zielversorgung hat zur Umsetzung der externen Teilung die **rententechnischen Daten darzulegen** (Tarifbezeichnung, Verzinsung, Zahlungsmodalitäten im Leistungsfall), damit das Familiengericht nach § 15 Abs. 2 VersAusglG die dort geregelte Angemessenheitsprüfung vornehmen kann. Eine angemessene Versorgung wird angenommen, wenn ein Anrecht aus einem Vertrag vorgesehen wird, der nach § 5 Altersvorsorgeverträge-Zertifizierungsgesetz zertifiziert ist. Dies wird der Versorgungsträger regelmäßig angeben. Gegebenenfalls muss das Familiengericht klären, ob diese Voraussetzungen vorliegen oder ein vergleichbarer Leistungskatalog angeboten wird (auch in Bezug auf dessen Absicherung).

1043

3. Festsetzung des Zahlungsbetrags

Nach § 220 Abs. 3 FamFG hat das Familiengericht in der Endentscheidung zum Versorgungsausgleich (auch im Verbund nach § 137 Abs. 1, 2 Nr. 1 FamFG den Betrag festzusetzen, den der Versorgungsträger des auszugleichenden Anrechts gem. § 14 Abs. 4 VersAusglG an die Zielversorgung i. S. d. § 15 Abs. 2 VersAusglG zu erbringen hat, um dort ein entsprechendes Anrecht zu begründen. Besteht das Anrecht in einem Kapitalbetrag gem. § 2 Abs. 2 Nr. 3 VersAusglG, entspricht der Aus-

1044

gleichswert i. S. d. § 5 Abs. 1 VersAusglG dem Kapitalwert, der in die Zielversorgung zu übertragen ist. Besteht der Ausgleichswert in einem Rentenbetrag, ist der **entsprechende Kapitalwert** als Ausgleichswert in die Endentscheidung aufzunehmen. Dies ist z. B. bei berufsständischen Versorgungen ein Barwert des jeweiligen Versorgungssystems nach den besonderen Berechnungsgrundlagen und bei **Betriebsrenten der Übertragungswert** i. S. d. § 4 Abs. 5 BetrAVG.

Formulierung der Beschlussformel:

Der Versorgungsträger des auszugleichenden Anrechts des Ehemannes, die Fa. ..., ist verpflichtet, zugunsten der ausgleichsberechtigten Ehefrau in den von ihr benannten Pensionsfonds der Versicherungsgesellschaft ..... (Police Nr ....; Vertrags Nr. ...; Geschäftsplan vom ... Nr. ...) einen Betrag von 6.000,00 € zur Begründung eines Anrechts auf eine wiederkehrende Rentenleistung ab Eintritt des 65. Lebensjahrs der ausgleichsberechtigten Ehefrau (alternativ – auf eines zum 65. Lebensjahr zu leistenden Kapitalbetrages) einzubezahlen, bezogen auf das Ehezeitende 31. 12. 2009.

1045 Hierbei ist festzulegen, ab dem Ehezeitende einen in der **auszugleichenden Versorgung enthaltenen Verzinsungsvorgang** bei der Bestimmung des Zahlungsbetrages in der Weise zu berücksichtigen, dass vom Ehezeitende bis zum Zeitpunkt der Entscheidung der Zahlbetrag zuzüglich des in der Versorgung gewährten Zinses zu erbringen ist, weil das hälftige Anrecht dem Ausgleichsberechtigten ab dem Ehezeitende zusteht; dies folgt aus dem **Prinzip der realen Teilung des Anrechts**, das auch den Zinsertrag ab Teilung erfasst. Gleiches geschieht in der gesetzlichen Rentenversicherung oder Beamtenversorgung; wenn nach dem Stichtag die Bemessungsgrundlage sich verändert, wächst das zum Ehezeitende übertragene oder begründete Anrecht mit. Beim Träger der Zielversorgung i. S. d. § 15 Abs. 2 VersAusglG beginnt hingegen der Verzinsungsvorgang erst mit Eingang des in der Entscheidung festgesetzten Kapitalbetrages (s. a. Rdn. 521, 535).

4. Vollstreckung des Ausgleichswerts

1046 Der Versorgungsträger der auszugleichenden Versorgung ist verpflichtet, den in der Beschlussformel festgesetzten Kapitalbetrag zu erbringen. Der Ausgleichsberechtigte kann aufgrund der Fassung des Titels die Vollstreckung, § 95 Abs. 1 Nr. 1 FamFG, in der Weise vornehmen, dass die Einzahlung des Ausgleichswerts in die Zielversorgung erfolgt. Ob der Träger der Zielversorgung einen Anspruch auf Vollstreckung selbst hat (so wohl Begründung BT-Drucks. 16/10244 S. 95) ist fraglich. Der Zahlungsanspruch steht dem Ausgleichsberechtigten unmittelbar zu, ist aber zweckgebunden zu verwenden.

X. Das Verfahren für Ausgleichsansprüche nach der Scheidung

1. Regelungsbereich

1047 Das Verfahren zu dem Wertausgleich nach der Scheidung gem. den §§ 20–26 VersAusglG wird in § 223 FamFG geregelt (eingehend hierzu s. Rdn. 654 f.; 726). Hauptanwendungsfall ist der in § 20 VersAusglG geregelte Anspruch auf die schuldrechtliche Ausgleichsrente, der nur noch eingreift, wenn im Wertausgleich bei der Scheidung der Ehe ein noch nicht teilungsreifes Anrecht gem. § 19 VersAusglG vorliegt. § 20 Abs. 2 VersAusglG bestimmt die Fälligkeit dieses Anrechts vergleichbar wie § 1587 g BGB a. F. In allen Fällen der §§ 20–26 VersAusglG bedarf es zu deren Geltendmachung eines Antrags. Dies ergibt sich aus der materiell-rechtlichen Regelung dieses Bereiches, weil das Familiengericht regelmäßig die Voraussetzungen des Entstehen eines Anspruchs nach den §§ 20–26 VersAusglG nicht kennt, so dass es Sache des Ausgleichsberechtigten ist, den ihm zustehenden Anspruch geltend zu machen. Regelmäßig liegen bei dem **Wertausgleich bei der Scheidung** die Voraussetzungen der §§ 20–26 VersAusglG nicht vor; sie sind deshalb auch nicht innerhalb des Verbunds nach § 137 Abs. 1, 2 Nr. 1 zu berücksichtigen. Allerdings kann ein Ehegatte diese Ansprüche (mit Ausnahme der §§ 25, 26 VersAusglG) dann im Verbund verlangen, wenn die Ansprüche bereits fällig geworden sind (s. § 20 Abs. 2 VersAusglG). Aber auch in diesem Fall bedarf es eines Antrags nach § 223 FamFG (s. Rdn. 726). Von der Regelung erfasst werden der **Anspruch auf Abtretung** des Anspruchs des Ausgleichspflichtigen gegen den Träger der auszugleichenden Versorgung in Höhe des Ausgleichsanspruchs gem. § 21 VersAusglG (bisher § 1587 i BGB a. F.), der Anspruch auf **Ausgleich einer Kapitalzahlung** gem. § 22 VersAusglG, der Anspruch auf **Abfindung** der schuldrechtlichen Ausgleichsrente nach § 23 VersAusglG (wie § 1587 l BGB a. F.), der Anspruch auf **Hinterbliebenenrente** gegen den Versorgungsträger (verlängerter schuldrechtlicher Versorgungsausgleich, wie § 3a VAHRG a. F.) sowie der **Anspruch gegen die Witwe**/den Witwer gem. § 26 VersAusglG (wie § 3a Abs. 5 VAHRG a. F.).

2. Feststellungsinteresse bei Ausgleichsansprüchen nach der Scheidung

Im Versorgungsausgleichsverfahren sind feststellende Entscheidungen entsprechend § 256 ZPO im Grundsatz zulässig, wenn ein rechtliches Interesse hieran besteht. Dies wird aber mangels eines Rechtsschutzinteresses in der Praxis selten anzunehmen sein. Ein solches Rechtsschutzinteresse ist z. B. nicht gegeben, wenn die Feststellung eines zeitlich später zu bestimmenden **schuldrechtlichen Ausgleichsanspruchs** nach § 20 VersAusglG begehrt wird, weil weder der Verpflichtete noch der Berechtigte eine Rentenleistung beziehen bzw. der Berechtigte die Altersgrenze für ein Altersruhegeld (i. d. R. das 65. Lebensjahr) noch nicht erreicht hat. In diesem Fall steht weder fest, ob ein schuldrechtlicher Ausgleich zu erbringen ist, noch kann dessen Höhe wegen bis zum Leistungsfall eintretender Veränderungen (§ 20 Abs. 2 VersAusglG) bestimmt werden (s. a. BGH FamRZ 1984, 251, 254; FamRZ 2007, 707 [LS]; zum Fall des Quasisplittings gem. § 1587 b Abs. 2 BGB a. F. BGH NJW 1982, 387 = FamRZ 1982, 42; s. a. Rdn. 727). Die Feststellung hat deshalb keine bindende Wirkung. Im Übrigen ist in der Verbundentscheidung der Vorbehalt des schuldrechtlichen Versorgungsausgleichs nicht zwingend auszusprechen, weil sich dies aus der gesetzlichen Regelung ergibt und es im Zeitpunkt der Fälligkeit lediglich eines Antrags des Berechtigten bedarf. Dem steht die in § 224 Abs. 4 FamFG enthaltene Regelung nicht entgegen, weil diese lediglich für den **Berechtigten einen Hinweis** auf ein noch auszugleichendes Anrecht gibt, dessen Entstehen aber noch ungewiss ist (z. B. vorzeitiger Tod des Ausgleichsberechtigten). Der BGH (FamRZ 1995, 293; FamRZ 1995, 1481) hat diese Rechtsprechung auch auf den Bereich der privaten betrieblichen Altersversorgung ausgedehnt, die einem späteren schuldrechtlichen Versorgungsausgleich unterliegt. Da der schuldrechtliche Ausgleichsanspruch seiner Höhe nach noch nicht endgültig festgestellt werden kann, solange die Voraussetzungen des § 20 Abs. 1, 2 VersAusglG noch nicht vorliegen, besteht die Gefahr, dass bei einer späteren Durchführung des schuldrechtlichen Versorgungsausgleichs der vermeintlich rechtskräftig gewordene Anspruch zur Grundlage des Anspruchs auf eine Geldrente gemacht wird. Eine Bindungswirkung besteht aber nicht (BGH FamRZ 1995, 157; FamRZ 1996, 1465). Gleiches gilt in Bezug auf den **Anspruch gegen den Versorgungsträger** nach § 25 VersAusglG (verlängerter schuldrechtlicher Versorgungsausgleich),

1048

weil einerseits ungewiss ist, ob der Ausgleichsberechtigte den Ausgleichspflichtigen überhaupt überlebt und andererseits der Versorgungsträger ersatzweise die Realteilung einführen kann oder eine wirtschaftlich gleichwertige Abfindung vorsieht.

XI. Die Entscheidung des Familiengerichts

1. Entscheidung im Verbund und selbständigen Verfahren

1049 Ist über den Versorgungsausgleich im Verbund mit dem Ausspruch der Scheidung zu entscheiden, so erfolgt dies nach § 116 FamFG i. V. m. §§ 137 Abs. 1, 142 FamFG einheitlich durch Beschluss. Dies gilt auch in der Rechtsmittelinstanz, wenn beide Verfahren dort angefallen sind. Ist eine Entscheidung zum Versorgungsausgleich im selbständigen Verfahren zu treffen, so vor allem bei einem Auskunftsantrag nach § 4 Abs. 1 VersAusglG vor Anhängigwerden der Scheidungssache oder bei Wertausgleich nach der Scheidung gem. den §§ 20–26 VersAusglG, ergeht die Entscheidung ebenfalls nach § 58 Abs. 1 FamFG durch Beschluss. Besondere Bestimmungen bestehen zu den weiteren Regelungsbereichen von Entscheidungen zum Versorgungsausgleich. Die Vorschrift bestimmt, dass Endentscheidungen, die den Versorgungsausgleich betreffen, erst mit Rechtskraft wirksam werden. Ferner ergibt sich aus ihr die Begründungspflicht. Neu geregelt wird in § 224 Abs. 3 VersAusglG, dass auch in den dort genannten Fällen der Nichtdurchführung des Versorgungsausgleichs in der Beschlussformel bindend festgelegt wird, dass kein Versorgungsausgleich stattfindet. Zur Sicherung des gegebenenfalls mit Eintreten des Versorgungsfalls entstehenden schuldrechtlichen Versorgungsausgleichs bzw. verlängerten schuldrechtlichen Versorgungsausgleichs (§§ 20, 25, 26 VersAusglG) ist in den Gründen der Entscheidung festzuhalten, dass ein noch nicht ausgeglichenes Anrecht besteht.

2. Begründungspflicht, Sonderregelung im Verbund

1050 § 224 Abs. 2 FamFG legt die Pflicht zur Begründung der Endentscheidung zum Versorgungsausgleich fest. Diese gilt zu allen Formen einer Endentscheidung im Versorgungsausgleich. Im Bereich des Wertausgleichs bei der Scheidung nach §§ 6–19 und 28 VersAusglG ist die Begründung schon deshalb erforderlich, weil die Entscheidung von einem oder mehreren **Versorgungsträgern rententechnisch umzusetzen** ist, aber auch, damit die betroffenen Versorgungsträger prüfen können, ob die Entscheidung der objektiven Rechtslage entspricht und sie gegebenenfalls das Rechtsmittel der Beschwerde einlegen können. Sie gilt aber auch in Endentscheidungen zum schuldrechtlichen Versorgungsausgleich nach § 20 VersAusglG sowie den weiteren Verfahren der §§ 20–26 VersAusglG.

1051 Soweit über den **Versorgungsausgleich im Verbund** als Folgesache gem. § 137 Abs. 1, 2 Nr. 1 FamFG zu entscheiden ist, muss § 139 Abs. 1 Satz 1, 2 FamFG beachtet werden. Da neben den Ehegatten die Versorgungsträger nach § 219 Nr. 2, 3 FamFG weitere Beteiligte sind, darf diesen die Verbundentscheidung nur insoweit bekannt gemacht werden, als diese von der Entscheidung betroffen sind. Das bedeutet, dass den Versorgungsträgern nicht der Tatbestand und die Entscheidungsgründe zur Ehesache und zu weiteren Folgesachen (elterlichen Sorge, nachehelicher Unterhalt, Zugewinn) zugeleitet werden dürfen. Das Familiengericht hat darauf zu achten, dass den Versorgungsträgern zusammen mit dem vollen Rubrum lediglich die Beschlussformel und die Gründe zur Entscheidung zum Versorgungs-

XI. Die Entscheidung des Familiengerichts

ausgleich zugestellt werden; dies wird in § 139 Abs. 1 Satz 2 FamFG ausdrücklich angeordnet.

3. Beschlussformel bei teilweisem oder vollem Ausschluss des Versorgungsausgleichs

§ 224 Abs. 3 FamFG bestimmt, dass auch in den Fällen, in denen kein Wertausgleich bei Scheidung stattfindet, hierüber eine **feststellende Entscheidung** zu treffen ist. Diese Regelung bezweckt, dass das Familiengericht insoweit stets eine materiell-rechtliche Prüfung anzustellen hat, ob und aus welchen Gründen der Versorgungsausgleich nicht durchgeführt wird. Mit dieser Regelung wird zugleich eine bisher in der Rechtsprechung immer wieder auftretende Unklarheit beseitigt, wenn in einer Entscheidung zum Versorgungsausgleich bei bestehendem Ausschluss des Versorgungsausgleichs durch eine ehevertragliche Regelung gem. § 1408 Abs. 2 BGB die Feststellung getroffen wurde, dass ein Versorgungsausgleich nicht stattfindet, obwohl eine materiell-rechtliche Prüfung nicht stattgefunden hat und nach § 53 d FGG a. F. auch nicht vorzunehmen war, dagegen aufgrund der Rechtsprechung des BVerfG (BVerfGE 103, 89, 101 = NJW 2001, 957 = FamRZ 2001, 343 m. Anm. *Schwab*) zur Inhaltskontrolle von Eheverträgen (BGH FamRZ 2009, 215 m. Anm. *Borth*). Das BVerfG leitet aus Art. 6 Abs. 1 GG i. V. m. Art. 3 Abs. 2 GG ab, es sei Aufgabe der Gerichte, in Fällen einer gestörten Vertragsparität über die zivilrechtlichen Generalklauseln (§§ 138, 242 BGB) den Inhalt des Vertrags zur Wahrung beeinträchtigter Grundrechtspositionen eines Ehevertragspartners einer Kontrolle zu unterziehen und gegebenenfalls zu korrigieren. Diese Prüfung ist nunmehr in § 8 Abs. 1 VersAusglG ausdrücklich in Bezug auf eine Vereinbarung zum Versorgungsausgleich enthalten.

1052

§ 224 Abs. 3 FamFG legt die Fälle abschließend fest, in denen eine feststellende Entscheidung zu treffen ist, dass ein Versorgungsausgleich ganz oder teilweise nicht stattfindet. Hiervon sind die folgenden Fälle betroffen:
- Der Versorgungsausgleich findet nach § 3 Abs. 3 VersAusglG wegen der **kurzen Ehedauer** nicht statt, wenn die dort geregelte Dauer der Ehezeit von drei Jahren nicht erreicht wird. Durch die Benennung der Ehezeit wird klargestellt, dass der zeitliche Rahmen i. S. d. § 3 Abs. 1 VersAusglG festzustellen ist, also vom ersten Tag des Monats, in dem die Ehe geschlossen wurde bis zum letzten Tag des Monats vor Zustellung des Scheidungsantrags. Das Gericht prüft die Voraussetzungen der Dauer der Ehezeit und ob ein Antrag auf Durchführung des Versorgungsausgleichs gestellt wurde (s. Rdn. 40, 1057).
- Durch **Ehevertrag** wurde der Versorgungsausgleich in Bezug auf Ausgleichsansprüche bei der Scheidung und auch nach der Scheidung (§§ 20–26 VersAusglG) ausgeschlossen. Hierzu hat das Familiengericht nach § 8 Abs. 1 VersAusglG eine **Wirksamkeits- und Ausübungskontrolle** nach §§ 138, 242 BGB auf der Grundlage der Rechtsprechung des BGH anzustellen (BGH NJW 2004, 930 = FamRZ 2004, 601 m. Anm. *Borth*; FamRZ 2008, 2011 – Versorgungsausgleich (s. Rdn. 851).
- Das Familiengericht stellt fest, dass der **Versorgungsausgleich wegen Geringfügigkeit** nach § 18 VersAusglG nicht durchzuführen, also die Differenz der beiderseitigen Ausgleichswerte auf Kapitalwertbasis gering (§ 18 Abs. 1 VersAusglG) ist oder ein einzelnes Anrecht einen geringen Ausgleichswert aufweist (§ 18 Abs. 2 VersAusglG; s. Rdn. 581, 586). Weicht das Familiengericht von der »Soll-Regelung« des § 18 Abs. 1, 2 VersAusglG nicht ab, stellt es im Falle des § 18 Abs. 1 VersAusglG fest, dass insgesamt kein Versorgungsausgleich stattfindet. Soll wegen der Geringfügigkeit eines einzelnen Anrechts nur hinsichtlich

1053

dieses kein Versorgungsausgleich stattfinden, ansonsten aber der Versorgungsausgleich vorgenommen werden, stellt das Familiengericht in der **Beschlussformel** fest:

> **Beispiel:**
> 1. Vom Versicherungskonto des Ehemannes bei der Deutschen Rentenversicherung Bund Nr. .... werden auf das Versicherungskonto der Ehefrau bei der Deutschen Rentenversicherung Bund Nr. .... Rentenanwartschaften der gesetzlichen Rentenversicherung i. H. v. 10 Entgeltpunkten übertragen, das entspricht derzeit einer monatlichen Anwartschaft von 272,00 €, bezogen auf das Ehezeitende 31. 12. 2009.
>
> 2. Hinsichtlich des Anrechts der Ehefrau bei der Zusatzversorgung des öffentlichen Dienstes bei der VBL findet der Versorgungsausgleich nicht statt.

– Das Familiengericht gelangt aufgrund der **Härteklausel des § 27 VersAusglG** (bis 31. 08. 2009: § 1587c BGB a. F.) zum Ergebnis, dass zugunsten des Ausgleichsberechtigten ein Versorgungsausgleich nicht stattfindet, weil ein Härtefall vorliegt. Auch in diesem Fall stellt das Familiengericht in der Beschlussformel fest, dass der Versorgungsausgleich ganz oder nur teilweise nicht stattfindet. Insoweit gibt § 224 Abs. 3 FamFG die Rechtslage wieder, die bereits nach bisherigem Recht gegolten hat. Das Familiengericht kann im Falle eines teilweisen Ausschlusses des Versorgungsausgleichs den Wertausgleich prozentual herabsetzen (BGH NJW 1983, 117 = FamRZ 1983, 32, 25). Es hat im Rahmen der Billigkeitsabwägung auch die Möglichkeit, nur eines von mehreren Anrechten vom Wertausgleich auszuschließen oder dies prozentual unter die Quote von 50 % herabzusetzen (zu den Verfahrensfragen bei Anwendung der Härteklausel s. Rdn. 758, 806, 1059).

– Nicht angesprochen wird der **Fall der Ausgleichssperre** nach § 19 Abs. 2 Nr. 3, Abs. 3 VersAusglG, wenn aus Gründen der dort geregelten Billigkeit ein Wertausgleich bei der Scheidung gem. den §§ 9–19, 28 VersAusglG nicht stattfindet. Stellt das Familiengericht insgesamt eine Ausgleichsperre fest, muss dies in der Beschlussformel und der Begründung der Entscheidung dargelegt werden, damit der betroffene Ehegatte gegen diese Entscheidung mit der Beschwerde nach § 58 Abs. 1 FamFG vorgehen kann. Zudem ist diese Entscheidung in Bezug auf den Wertausgleich bei der Scheidung rechtlich bindend, erwächst also in Rechtskraft, so dass nur noch Ansprüche gem. den §§ 20–26 VersAusglG geltend gemacht werden können. Damit diese Ansprüche nicht als ausgeschlossen gelten, ist in der Beschlussformel der Entscheidung zum Versorgungsausgleich zugleich festzustellen, dass Ausgleichsansprüche beim Wertausgleich nach der Scheidung nicht berührt werden (eingehend hierzu Rdn. 599 f.).

1054 Stellt das Familiengericht fest, dass ein Wertausgleich bei der Scheidung (dinglicher Versorgungsausgleich) nicht stattfindet, muss diese Rechtsfolge in der Entscheidung dargelegt und begründet werden. Dies gilt in allen Fällen des § 224 Abs. 3 FamFG. Macht ein **Ehegatte die Unwirksamkeit des Ausschlusses des Versorgungsausgleichs** oder die fehlenden Voraussetzungen des Vorliegens einer kurzen Dauer der Ehe bzw. des Ausschlusses wegen Geringfügigkeit geltend, steht diesem ein **Rechtsanspruch** zu, dass über sein **Begehren formell entschieden** wird, damit er dieses mit der Beschwerde nach § 58 Abs. 1 FamFG weiter verfolgen kann. Wird die Feststellung, dass ein Versorgungsausgleich in einem der in Abs. 3 genannten Fälle nicht stattfindet, rechtskräftig, kann danach nicht mehr der Versorgungsausgleich mit der Begründung begehrt werden, der Ehevertrag sei unwirksam (s.a BGH FamRZ 2009, 215 m. Anm. *Borth* – Abgrenzung zu FamRZ 1991, 670, 680; FamRZ 1991, 680) oder die Voraussetzungen der §§ 3 Abs. 3, 18 Abs. 1, 2 VersAusglG hätten nicht vorgelegen.

XI. Die Entscheidung des Familiengerichts

4. Weitere Fälle der Nichtdurchführung des Versorgungsausgleichs
a) Kein Versorgungserwerb in der Ehezeit

§ 124 Abs. 3 FamFG erfasst aber nicht alle Fälle, in denen keine Anordnung zum Versorgungsausgleich erfolgt. Haben die Ehegatten in der Ehezeit keine dem Versorgungsausgleich unterliegenden Anrechte erworben und ist dies zwischen den Ehegatten nicht streitig, hat das Familiengericht im Rahmen der Amtsermittlung nach § 26 FamFG dies zu prüfen. Bestätigt sich dies, reicht es aus, dass in der Niederschrift zur Anhörung oder in den Gründen der Entscheidung festgestellt wird, dass keine Anrechte in der Ehezeit erworben wurden. Hiervon zu unterscheiden ist der Fall, dass die Ehegatten darüber streiten, ob ein Anrecht dem Versorgungsausgleich oder dem Güterrecht zuzuordnen ist (vor allem bei bestehender Gütertrennung oder fehlendem Zugewinn). Gelangt das Familiengericht in Bezug auf das streitige Anrecht zum Ergebnis, dass dieses güterrechtlich zu qualifizieren ist, muss das Familiengericht in der Beschlussformel feststellen, dass kein Versorgungsausgleich stattfindet, weil ein dem Versorgungsausgleich unterliegendes Anrecht nicht vorliegt; ferner ist dies zu begründen. Der Betroffene kann diese Entscheidung mit der Beschwerde nach § 58 Abs. 1 FamFG anfechten.

1055

b) Anfechtung eines Ehevertrags wegen Irrtum oder arglistiger Täuschung; sonstige Unwirksamkeitsgründe

Haben die Ehegatten in einem Ehevertrag den Versorgungsausgleich nach § 1408 Abs. 2 BGB ausgeschlossen und hält die Prüfung zwar einer Inhaltskontrolle nach § 8 Abs. 1 VersAusglG statt, liegen aber die Voraussetzungen des Irrtums oder der arglistigen Täuschung gem. §§ 119, 123 BGB vor, die von einem Ehegatten zur Durchführung des Versorgungsausgleichs behauptet werden, hat das Familiengericht nach § 6 Abs. 2 VersAusglG aufgrund des Amtsermittlungsgrundsatzes gem. § 26 FamFG zu prüfen und in der Entscheidung auszuführen, ob ein Anfechtungstatbestand gegeben ist. Ist das nicht der Fall, muss das Familiengericht feststellen, dass ein Versorgungsausgleich nicht stattfindet und dies in den Gründen der Entscheidung ausführen. Greift die Anfechtung hinsichtlich des Ehevertrags mit der Rechtsfolge der Nichtigkeit durch (§ 142 Abs. 1 BGB), hat das Familiengericht von Amts wegen den Versorgungsausgleich durchzuführen. Entsprechendes gilt, wenn streitig ist, ob ein Ehevertrag, mit dem der Versorgungsausgleich ausgeschlossen wurde, aus anderen Gründen unwirksam ist (§ 125 BGB – Formmangel; § 134 BGB – Verstoß gegen gesetzliches Gebot) oder die Voraussetzungen des Wegfalls bzw. der Änderung der Geschäftsgrundlage nach § 313 BGB im Streit stehen.

1056

5. Antragstellung bei kurzer Dauer der Ehe in der letzten mündlichen Verhandlung

Wird von einem Ehegatten in der letzten mündlichen Verhandlung im Verbundverfahren nach § 137 Abs. 1 FamFG der Antrag nach § 3 Abs. 3 VersAusglG gestellt, trotz kurzer Dauer der Ehe den Versorgungsausgleich durchzuführen, ist dieser Antrag nicht nach § 137 Abs. 2 Satz 1 FamFG abzuweisen, weil die dort geregelte Zwei – Wochen – Frist nicht eingehalten wird. Zum einen ist mit Anhängigwerden der Scheidung nach § 137 Abs. 1, 2 Nr. 1 FamFG das Verfahren zum Versorgungsausgleich einzuleiten, zu dem bei vorliegender kurzer Dauer der Ehe danach gem. § 3 Abs. 3 VersAusglG in der Beschlussformel festzustellen ist, dass ein Versorgungsausgleich nicht stattfindet. Wird der Antrag innerhalb der Zwei – Wochen – Frist gestellt, wird deshalb kein neues Verfahren eingeleitet, sondern das eingeleitete Verfahren zum Versorgungsausgleich in anderer Weise fortgesetzt. Hinzu kommt, dass der Antrag nach § 3 Abs. 3 VersAusglG ein materiell-rechtlicher An-

1057

trag ist, der deshalb nicht als unzulässig abgewiesen werden kann. Das Familiengericht darf die durch den Antrag erfolgte Umgestaltung des Verfahrens zum Versorgungsausgleich nicht abweisen und auch nicht abtrennen, sondern hat Auskünfte zu den in der Ehezeit erworbenen Anrechten einzuholen.

6. Hinweispflicht des Familiengerichts in der Endentscheidung bei fehlender Entscheidungsreife

1058 § 224 Abs. 4 FamFG enthält die Bestimmung, dass das Familiengericht in der Endentscheidung zum Versorgungsausgleich ein zu diesem Zeitpunkt noch nicht ausgleichbares Anrecht wegen fehlender Entscheidungsreife gem. § 19 VersAusglG konkret zu bezeichnen hat. Diese Feststellung hat in Bezug auf einen möglichen späteren Ausgleich gem. den §§ 20–26 VersAusglG (schuldrechtlicher Versorgungsausgleich, verlängerter schuldrechtlicher Versorgungsausgleich) **keine rechtsbindende Wirkung**, sondern stellt lediglich einen Hinweis auf eine noch bestehende Rechtsposition dar, die zu einem Anspruch nach den §§ 20–26 VersAusglG führen kann, soweit die Voraussetzungen hierzu eintreten.

7. Fragen zum Verfahren bei geltend gemachter Härteklausel

1059 Der im Versorgungsausgleich geltende Amtsermittlungsgrundsatz nach § 26 FamFG verlangt, dass die zur Anwendung der Härteklausel **maßgeblichen Tatsachen von Amts wegen berücksichtigt** werden (BGH FamRZ 1985, 267, 269 = NJW 1985, 2266, 2267). Dieser allgemeine Grundsatz, der es nicht ermöglicht, einen Sachvortrag i. S. d. § 138 Abs. 3 ZPO von einer Partei als zugestanden anzusehen, erfährt jedoch bei § 27 VersAusglG eine gewisse Einschränkung, weil es den Verfahrensbeteiligten überlassen ist, dass sie sich auf für sie vorteilhafte Umstände berufen (BVerfG FamRZ 1992, 1151, 1152; BGH FamRZ 1988, 709, 710 = NJW 1988, 1839, 1840; FamRZ 1990, 985; OLG Karlsruhe FamRZ 1992, 689; s. a. *Borth* FamRZ 1996, 714, 719). Es ist deshalb Sache des Ausgleichspflichtigen, die für die Härteklausel erheblichen Umstände vorzutragen. Lassen sich die Voraussetzungen der Härteklausel trotz Ermittlungen nach § 26 FamFG nicht feststellen, verbleibt es bei den **allgemeinen Beweislastregeln.** Es geht deshalb zu Lasten des Ausgleichspflichtigen, wenn sich die Voraussetzungen zu § 27 VersAusglG nicht feststellen lassen (BGH FamRZ 1990, 985; FamRZ 1990, 1341, 1342 = NJW-RR 1990, 1155, 1156; s. a. Rdn. 806).

1060 Da der Ausgleichspflichtige die **Voraussetzungen eines Ausschlussgrundes darlegen** und beweisen muss, steht ihm nach § 4 VersAusglG ein **Auskunftsanspruch** zu solchen Umständen zu, die den Ausschluss rechtfertigen können (OLG Karlsruhe FamRZ 2003, 1840). Dies gilt z. B. hinsichtlich des Erwerbs eines umfangreichen Vermögens (aus einer Erbschaft).

1061 Das Gericht ist auch im **Rechtsmittelverfahren** über den Versorgungsausgleich berechtigt und verpflichtet, eine Überprüfung der Vorentscheidung in jeder Richtung vorzunehmen, lediglich begrenzt durch das **Verbot der Schlechterstellung des Rechtsmittelführers.** Hat ein Versorgungsträger Beschwerde eingelegt, so kann ein Ehegatte im Rahmen dieses Verfahrens geltend machen, dass der Versorgungsausgleich herabzusetzen oder auszuschließen sei (BGH FamRZ 1985, 265, 268 = NJW 1985, 2266, 2267; s. a. FamRZ 1984, 990 = NJW 1984, 2879). Der Versorgungsträger wird durch die Anwendung der Härteklausel nicht beschwert, so dass ihm insoweit auch kein Beschwerderecht zusteht (BGH FamRZ 1981, 131, 132 = NJW 1981, 1274, 1275). Das Gericht ist an die **Vorstellungen der Parteien** über die Anwendung der Härteklausel **nicht gebunden,** weil diese von Rechts wegen anzuwenden ist. Möglich ist es jedoch, im Rahmen einer nach § 1408 Abs. 2 BGB zulässigen Vereinbarung zum Versorgungsausgleich bestimmte Lebensbereiche und Vorstellungen der Ehegatten zu regeln, an die das Gericht gebunden ist (BGH FamRZ 1985, 45, 47 = NJW 1985, 315, 317). Im Übrigen ist die Anwendung der Härteklausel Gegenstand der tatrichterlichen Würdigung, die vom Gericht der weiteren Beschwerde nur daraufhin überprüft werden kann, ob die wesentlichen Umstände der tatbestandlichen Voraussetzungen erfasst wurden und das Ermessen i. S. d. gesetzlichen Regelung ausgeübt worden ist (BGH FamRZ 1987, 362, 364 = NJW-RR 1987, 324, 325; FamRZ 1990, 1341, 1342 = NJW-RR 1990, 1155, 1156).

8. Wirksamwerden der Endentscheidung mit Rechtskraft

§ 224 Abs. 1 FamFG bestimmt, dass Endentscheidungen im Versorgungsausgleich erst mit Rechtskraft wirksam werden. Dies ist wegen der rechtsgestaltenden Wirkung der Entscheidung auch in Bezug auf die weiteren Beteiligten (vor allem die Versorgungsträger) zwingend. Aufgrund des im reformierten Versorgungsausgleich eingeführten Hin- und Her-Ausgleichs, nach dem jedes Anrecht einzeln ausgeglichen wird, tritt bei mehreren auszugleichenden Anrechten jeweils Rechtskraft ein, soweit der Wertausgleich hinsichtlich des einzelnen Anrechts nicht mit der Beschwerde angefochten wird. Wird ein Anrecht des Ehemannes aus einer berufsständischen Versorgung zugunsten der Ehefrau ausgeglichen, gleichzeitig auch ein Anrecht der Ehefrau in der gesetzlichen Rentenversicherung zugunsten des Ehemannes, und legt die Deutsche Rentenversicherung Bund gegen die Entscheidung zum Rentensplitting Beschwerde nach § 58 Abs. 1 FamFG ein, so tritt hinsichtlich des Ausgleichs der berufsständischen Versorgung Rechtskraft ein, weil ein teilbarer und aussonderbarer Anspruch vorliegt und eine Saldierung wie in § 1587 a Abs. 1 BGB a. F. nicht (mehr) stattfindet (Ausnahme nach § 10 Abs. 2 VersAusglG) und deshalb auch eine Teilentscheidung zulässig wäre (BGH NJW 1984, 120 = FamRZ 1983, 890; s. a. BGH FamRZ 2009, 950, 953).

1062

9. Fassung der Beschlussformel

a) Die Beschlussformel des dinglichen Wertausgleichs enthält folgende Angaben

– Bezeichnung des berechtigten und des verpflichteten Ehegatten;
– ein in Euro ausgedrückter monatlicher Rentenbetrag, ein Kapitalwert oder eine andere für das jeweilige Versorgungssystem maßgebliche Bezugsgröße der zu übertragenden bzw. der zu begründenden Rentenanwartschaften; dies wird in § 5 Abs. 1 VersAusglG bestimmt.
– Art des Ausgleichs, d. h. **Übertragung** in Form der internen Teilung (§ 10 Abs. 1 VersAusglG) oder Begründung in Form der externen Teilung (§ 14 Abs. 1 VersAusglG);
– den Versorgungsträger des jeweiligen Verpflichteten und im Falle der externen Teilung den Versorgungsträger der **Zielversorgung** i. S. d. § 15 VersAusglG;
– das Ende der Ehezeit.

1063

Beispiele:

Fall des § 10 Abs. 1 VersAusglG zur gesetzlichen Rentenversicherung (interne Teilung):

Von dem Versicherungskonto Nr. 63 271153 M 007 des Antragsgegners bei der Deutsche Rentenversicherung Bund werden auf das Versicherungskonto Nr. 24 111154 S 501 der Antragstellerin bei der Deutsche Rentenversicherung Baden-Württemberg Rentenanwartschaften der gesetzlichen Rentenversicherung i. H. v. monatlich 10 Entgeltpunkten, das entspricht derzeit einer monatlichen Anwartschaft von 265,60 €, übertragen, bezogen auf das Ehezeitende 31. 12. 2009.

1064

Fall des § 14 Abs. 1 VersAuslgG (externe Teilung bei Beamtenversorgung):

Zu Lasten der für den Antragsgegner beim Landesamt für Besoldung und Versorgung Baden-Württemberg bestehenden Versorgungsanwartschaften werden auf dem Versicherungskonto Nr. .... der Antragstellerin bei der Deutsche Rentenversicherung Bund Rentenanwartschaften der gesetzlichen Rentenversicherung i. H. v. 10 Entgeltpunkten begründet, bezogen auf das Ehezeitende 31. 12. 2009. Der vorstehende Betrag entspricht derzeit einem monatlichen Rentenbetrag in der gesetzlichen Rentenversicherung von 265,60 €.

Fall der internen Teilung bei einer berufsständischen Versorgung (§ 10 Abs. 1 VersAuslgG):

Zu Lasten der für den Antragsgegner bei der Versorgungsanstalt für Ärzte, Zahnärzte und Tierärzte Baden-Württemberg bestehenden Versorgung werden für die Antragstellerin bei der Versorgungsanstalt für Ärzte, Zahnärzte und Tierärzte Baden-Württemberg Anrechte auf eine Alters- und Invaliditätsrente von monatlich 100,00 € übertragen, bezogen auf das Ehezeitende 31. 12. 2009.

Zur Beschlussformel im Falle einer externen Teilung wird auf Rdn. 1038 verwiesen.

Beispiel für eine private (Renten-) Lebensversicherung:

Zu Lasten der für den Antragsgegner bei dem Lebensversicherungsunternehmen unter der Versicherungs-(Vertrags-)Nr. .... bestehenden Anrechte auf eine Rente für den Fall des Alters wird für die Antragstellerin bei dem Lebensversicherungsunternehmen ein Anrecht auf eine Altersrente i. H. v. monatlich 100,00 € übertragen gem. den allgemeinen Versicherungsbedingungen und dem zur Durchführung der internen Teilung im Versorgungsausgleich geltenden Geschäftsplan (alternativ: ein Kapitalbetrag i. H. v. 50.000,00 €).

Die Angabe des Ehezeitendes ist anders als in den vorangegangenen Fällen für den Wert der Versorgung nicht zwingend, sondern die allgemeinen Versicherungsbedingungen der Leibrentenversicherung und der zur Durchführung der Realteilung im Versorgungsausgleich geltende Geschäftsplan.

b) Beschlussformel im schuldrechtlichen Versorgungsausgleich und verlängerten schuldrechtlichen Versorgungsausgleich

1065 Im Falle der schuldrechtlichen Ausgleichsrente nach § 20 VersAuslgG ist eine Anordnung wie in einer Leistungsentscheidung zu treffen.

Beispiel:

Der Antragsgegner ist verpflichtet, an die Antragstellerin eine schuldrechtliche Ausgleichsrente i. H. v. monatlich 400,00 € zu bezahlen, zahlbar ab 01. 01. 2010 und jeweils im Voraus, die rückständigen Beträge sofort.

Die Verpflichtung zur Vorauszahlung ergibt sich aus § 20 Abs. 3 VersAuslgG i. V. m. § 1585 Abs. 1 Satz 2, 3 BGB.

Die verlängerte schuldrechtliche Ausgleichsrente (Anspruch gegen den Versorgungsträger) nach § 25 Abs. 1 VersAuslgG ist wie folgt zu bestimmen:

Die Antragsgegnerin (Träger der Versorgung) hat an die Antragstellerin einen verlängerten schuldrechtlichen Versorgungsausgleich i. H. v. monatlich 200,00 € zu bezahlen, zahlbar ab 01. 11. 2007 und jeweils im Voraus.

Die Pflicht zur Vorauszahlung ergibt sich aus § 25 Abs. 4 VersAuslgG i. V. m. § 20 Abs. 3 VersAuslgG und § 1585 Abs. 1 Satz 2 BGB.

10. Teilentscheidungen im Versorgungsausgleich

1066 Das für den Versorgungsausgleich anzuwendende Recht der Angelegenheiten der freiwilligen Gerichtsbarkeit enthält unmittelbar keine § 301 ZPO entsprechende Regelung zur Zulässigkeit von Teilentscheidungen. Aus dem Wortlaut des § 38

XI. Die Entscheidung des Familiengerichts

Abs. 1 FamFG zur Entscheidung durch Beschluss kann aber die Zulässigkeit einer Teilentscheidung unschwer abgeleitet werden »…. *der Verfahrensgegenstand ganz oder teilweise erledigt wird*«. Auch hat die bisherige Rechtsprechung § 301 ZPO für entsprechend anwendbar erklärt, um die familiengerichtliche Entscheidung so weit als möglich zu vereinheitlichen (BGH FamRZ 1978, 873, 876). Die zu § 301 ZPO entwickelten Grundsätze sind deshalb unter gleichzeitiger Beachtung der Bestimmungen zum Verfahrensverbund heranzuziehen (BGH FamRZ 1983, 38; OLG Köln FamRZ 1981, 903; OLG Bremen FamRZ 1982, 391, 393). Darüber hinaus ist eine Teilentscheidung auch in selbständigen Versorgungsausgleichsverfahren zulässig, weil dort dieselben Grundsätze wie im Verbundverfahren gelten. Eine Teilentscheidung setzt einen **aussonderbaren Teil** des Verfahrensgegenstandes voraus, über den selbständig entschieden werden kann. Sie darf nur ergehen, wenn die Entscheidung unabhängig von der Entscheidung über den restlichen Verfahrensgegenstand möglich ist (BGH FamRZ 1983, 38; FamRZ 1983, 890 = NJW 1984, 120; FamRZ 2009, 211, 214 m. Anm. *Borth*). Aufgrund des neuen Systems des Ausgleichs von Anrechten (Hin- und Her-Ausgleich) ist der Erlass einer Teilentscheidung einfacher, weil jedes Anrecht für sich getrennt ausgeglichen wird und eine Saldierung aller Anrechte i. S. d. § 1587a Abs. 1 BGB a. F. nicht erfolgt. Dies gilt auch in Bezug auf § 10 Abs. 2 VersAusglG, da eine Verrechnung gleichartiger Anrechte erst durch die Versorgungsträger erfolgt, jedoch nicht durch das Familiengericht. Aufgrund dieser Sachlage kann das Familiengericht jederzeit über einen Teil der Anrechte im Wertausgleich bei der Scheidung den Ausgleich anordnen und die Entscheidung hinsichtlich eines einzelnen Anrechts in einer späteren Entscheidung vornehmen, wenn zu dieser die Voraussetzungen einer Abtrennung nach § 140 Abs. 2 Nr. 2, 4, 5 FamFG gegeben sind.

Beispiel:
Der Ehemann ist ausgleichspflichtige Person hinsichtlich eines Anrechts aus der gesetzlichen Rentenversicherung und einer betrieblichen Altersversorgung. Die Ehefrau hat ebenfalls ein Anrecht der gesetzlichen Rentenversicherung und aus einer betrieblichen Altersversorgung auszugleichen. Hinsichtlich des Anrechts der Erwerbsfähigkeit in der gesetzlichen Rentenversicherung können Versicherungszeiten nicht sofort geklärt werden, oder die Ehefrau führt beim Sozialgericht ein Verfahren zur Anerkennung von Anrechnungszeiten (wegen einer Krankheit). In diesem Fall ist über die Anrechte des Ehemannes insgesamt zu entscheiden, ferner über das Anrecht der Ehefrau aus der betrieblichen Altersversorgung. Das Verfahren zum Ausgleich des Anrechts der gesetzlichen Rentenversicherung wird danach gem. § 140 Abs. 2 Nr. 2, 4, 5 FamFG abgetrennt und über den Ausgleich dann entscheiden, wenn die Hindernisse einer sofortigen Entscheidung beseitigt sind. Da eine Verrechnung durch das Familiengericht nicht stattfindet, liegt ein aussonderbarer Teil vor.

Aktuell betrifft dies vor allem ein Anrecht aus der Zusatzversorgung des öffentlichen Dienstes, da die Übergangsbestimmungen zur Strukturreform verfassungswidrig sind (s. BGH FamRZ 2009, 211).

1067 Eine Teilentscheidung ist auch dann zulässig, wenn die **Härteklausel** nach § 27 VersAusglG eingreift. Diese Bestimmung verbietet es nicht, den Ausgleich für verschiedene Anrechte in unterschiedlicher Höhe vorzunehmen, d. h. ein Anrecht nur teilweise und ein weiteres Anrecht voll oder gar nicht auszugleichen (BGH FamRZ 1983, 890, 891 = NJW 1984, 120; FamRZ 1985, 267, 269 = NJW 1985, 2266).

1068 Eine Teilentscheidung liegt nur dann vor, wenn sie als solche **ausdrücklich bezeichnet** wird oder sich dies aus den Gesamtumständen ergibt. Wird der Ausgleich einer Versorgung übersehen, etwa das Vorliegen einer betrieblichen Altersversorgung des Verpflichteten, ist in der Versorgungsausgleichsentscheidung keine Teilentscheidung zu sehen, weil sich das Gericht einer solchen nicht bewusst war. Es ist deshalb auch keine Korrektur nach § 43 FamFG (als ergänzende Entscheidung) zulässig (BGH FamRZ 1984, 572 = NJW 1984, 1543; FamRZ 1988, 276). Dies gilt aber nicht, wenn in der Endentscheidung ein Kostenausspruch unterlassen wurde. Der unterlassene Ausgleich kann auch nicht im Abänderungsverfahren nach § 225 Abs. 1 FamFG erfasst werden (eingehend Rdn. 1034, 1080).

1069 Soll eine **Teilentscheidung** getroffen werden, ist im Verfahrensverbund nach § 137 Abs. 1, 2 FamFG der nicht entschiedene Teil des Versorgungsausgleichs nach § 140 FamFG unter den dort genannten Voraussetzungen abzutrennen. Auch im selbständigen Verfahren ist eine Teilentscheidung möglich; hinsichtlich des nicht entschiedenen Teils des Versorgungsausgleichs bedarf es einer Aussetzung gem. § 221 Abs. 2 FamFG. Im Rechtsmittelverfahren ist zu beachten, dass das Rechtsmittelgericht bei einer zulässigen Teilentscheidung, gegen die ein Rechtsmittel eingelegt wurde, nicht von Amts wegen oder auf Antrag aufgrund einer Anschlussbeschwerde (§ 66 FamFG) eines Beteiligten über den noch im unteren Rechtszug anhängigen Teil des Versorgungsausgleichs mitentscheiden darf (BGH FamRZ 1983, 459 = NJW 1983, 1311; FamRZ 1983, 890 = NJW 1984, 120; FamRZ 1984, 990 = NJW 1984, 2879). Bei einem **Teilrechtsmittel** gilt dies jedoch dann nicht, wenn der nicht angegriffene Teil der Versorgungsausgleichsentscheidung mit dem angegriffenen untrennbar zusammenhängt. In diesem Fall überprüft das Rechtsmittelgericht die angefochtene Entscheidung insgesamt, auch wenn das eingelegte Rechtsmittel beschränkt wurde (allerdings unter Beachtung der reformatio in peius – BGH FamRZ 1984, 1214).

1070 Die Abtrennung eines Teils des Versorgungsausgleichsverfahrens nach § 140 Abs. 1, 2 FamFG aus dem Verbund stellt eine **rechtsmittelfähige Beschwer** im Rahmen des Scheidungsverfahrens dar; sie kann deshalb mit der Beschwerde oder Rechtsbeschwerde gegen den Scheidungsbeschluss mit der Begründung gerügt werden, der betroffene Ehegatte habe seine Stellung als begünstigter Ehegatte bei Aufrechterhaltung des Verbunds verloren (BGH FamRZ 1984, 254, 255; FamRZ 1986, 898).

11. Zwischenentscheidungen im Versorgungsausgleich

1071 Eine Zwischenentscheidung über den Grund des Anspruchs des Versorgungsausgleichs ist entsprechend § 304 ZPO zulässig (OLG Stuttgart NJW 1978, 1489). Eine Entscheidung ist nach § 58 Abs. 1 FamFG anfechtbar, weil diese entsprechend § 304 Abs. 2 ZPO in Bezug auf die Einlegung eines Rechtsmittels als Entscheidung anzusehen ist. Der Beschluss eines Familiengerichts mit dem die **Ehezeit** i. S. d. § 2 Abs. 1 VersAusglG festgelegt wird, stellt jedoch keine Zwischenentscheidung über den Grund des Anspruchs oder über eine präjudizielle Vorfrage dar (OLG Hamburg FamRZ 1980, 1133; OLG Frankfurt/M NJW-RR 1989, 1236), weil das Gericht bis zur Entscheidung zur Hauptsache die Festlegung des Ehezeitendes korrigieren kann, falls diese aufgrund falscher Angaben der Ehezeit erfolgt (eingehend Rdn. 121). Eine solche Festlegung ist deshalb auch nicht mit der Beschwerde anfechtbar (OLG Koblenz FamRZ 1979, 740; OLG Düsseldorf FamRZ 1994, 176)

XII. Abänderung von Entscheidungen zum Versorgungsausgleich

1. Verfassungsrechtliches Gebot einer Abänderungsregelung

1072 Das BVerfG hat in der Entscheidung vom 16. 11. 1992 (BVerfGE 87, 348 = FamRZ 1993, 161 = NJW 1993, 1057) zur Verfassungsmäßigkeit der Wesentlichkeitsgrenze nach § 10a Abs. 2 Satz 2 Alt. 1 VAHRG a. F. dargelegt, dass das Vertrauen des Ausgleichsberechtigten in den Fortbestand der ihm übertragenen oder für ihn begründeten Anrechte es nicht rechtfertige, eine spätere Abänderung völlig auszuschließen. Da im Zeitpunkt der Ehescheidung der Wert der in den Versorgungsausgleich einbezogenen Anwartschaften noch nicht endgültig feststehe, was den Ehegatten bekannt sei, gelte das Prinzip einer **gleichmäßigen Teilhabe** seinem Sinn nach für das tatsächlich während der Ehe Erworbene und nicht für fiktive Anrechte. Die Schmälerung der Versorgung des Ausgleichspflichtigen müsse grundsätzlich **auch noch im Versorgungsfall** nach Art. 6 Abs. 1 GG und Art. 3 Abs. 2 GG zu rechtfertigen sein. Die Notwendigkeit einer Vorschrift zur Abänderung einer Entscheidung zum dinglichen Wertausgleich bei Scheidung ergibt sich danach aus dem grundrechtlich geschützten Prinzip der gleichmäßigen Teilhabe, das gestört ist, wenn sich das Anrecht zwischen dem Wertausgleich bei Scheidung und dem Eintritt des Versorgungsfalls wesentlich ändert. Solche Sachlagen können auch im reformierten Versorgungsausgleich entstehen (zur ursprünglichen Konzeption des Versorgungsausgleichs und der nachträglichen Einführung der Abänderung von Entscheidungen zum Versorgungsausgleich s. Vorauflage Rn. 801 ff.).

2. Neukonzeption der Abänderung von Entscheidungen zum Versorgungsausgleich

1073 Die Vorschrift regelt die Abänderung von Entscheidungen im Versorgungsausgleich, soweit diese den **Wertausgleich bei Scheidung** vorgenommen haben; hierzu gehören auch nach § 140 FamFG abgetrennte Verfahren sowie selbständige Verfahren, wenn die Ehe im Ausland geschieden wurde und nach deutschem Recht der Versorgungsausgleich durchzuführen ist, weil die Ehegatten die deutsche Staatsangehörigkeit besitzen oder die Voraussetzungen des Art. 17 Abs. 3 EGBGB eingreifen. Die Abänderung von Entscheidungen nach den §§ 20–26 VersAusglG (vor allem die schuldrechtliche Ausgleichsrente nach § 20 VersAusglG) richtet sich nach § 227 FamFG. Aus Gründen der Übersichtlichkeit werden die Voraussetzungen und die Durchführung des Abänderungsverfahrens auf zwei Vorschriften aufgeteilt. Die Neuregelung des Abänderungsverfahrens enthält gegenüber der bisherigen Regelung des § 10a VAHRG a. F. inhaltliche Anpassungen an das materielle Recht des VersAusglG. Diese Änderungen wirken sich insbesondere auf die in § 10a VAHRG a. F. enthaltene **Totalrevision** aus, die aufgrund der Aufgabe des Einmalausgleichs in eine Richtung (sogenanntes Zugewinnprinzip des § 1587a Abs. 1 BGB a. F.) und der Einführung des Hin- und Her-Ausgleichs nicht mehr erforderlich ist, so dass sich die Abänderung nicht mehr auf den Gesamtausgleich, sondern nur noch auf die **einzelne Versorgung bezieht** und nicht mehr geprüft werden muss, ob auch in den anderen ausgeglichenen Anrechten eine Änderung eingetreten ist. Die in § 10a Abs. 1 Nr. 2, 3 VAHRG a. F. enthaltene Abänderungsmöglichkeit bei nachträglichem Eintritt der Unverfallbarkeit eines Anrechts der betrieblichen Altersversorgung oder der nachträglichen Durchführung des dinglichen Versorgungsausgleichs (bei nachträglich eingeführter Realteilung i. S. d. § 1 Abs. 2 VAHRG a. F.) wird in § 225 FamFG nicht übernommen. § 19 Abs. 1 i. V. m. Abs. 2 Nr. 1 VersAusglG legt fest, dass ein im Wertausgleich bei der Scheidung noch verfallbares Anrecht wegen fehlender Ausgleichsreife bei dem Wertausgleich bei der Scheidung nur schuldrechtlich ausgeglichen wird. Für die Regelung des § 10a Abs. 1 Nr. 3 VAHRG a. F. besteht nach neuem Recht kein Regelungsbedarf, da sämtliche Anrechte, die teilungsreif sind, im Wertausgleich bei der Scheidung ausgeglichen werden.

1074 Ferner wirkt sich das neue Ausgleichssystem insoweit vereinfachend auf das Abänderungsverfahren aus, als durch den internen und externen Ausgleich aller Anrechte, der den Verzicht auf den Transfer in die gesetzliche Rentenversicherung ermöglicht (§ 1587a Abs. 3, 4 BGB a. F.), das Problem der unterschiedlichen Wertentwicklung eines in den Gesamtausgleich eingestellten Anrechts im Grundsatz nicht mehr entsteht.

> **Wichtiger Hinweis:**
> In den Übergangsvorschriften zu § 51 VersAusglG bleibt der Grundsatz der Totalrevision erhalten (eingehend Rdn. 1130 ff.).

3. Voraussetzungen der Abänderung des Wertausgleichs

a) Begrenzung der Abänderbarkeit auf Regelsicherungssysteme

1075 § 225 Abs. 1 FamFG bestimmt, dass die Abänderung des Wertausgleichs bei der Scheidung nach den §§ 10–19, 28 VersAusglG nur in den Fällen des Ausgleichs von Regelsicherungssystemen i. S. d. § 32 Nr. 1–5 VersAusglG zulässig ist (gesetzliche Rentenversicherung, Beamtenversorgung, berufsständische Anrechte, Alterssicherung der Landwirte, Versorgungen der Abgeordneten und Regierungsmitglieder im Bund und in den Ländern). Dies bedeutet, dass insbesondere der gesamte Bereich der betrieblichen Altersversorgung (§ 1587a Abs. 2 Nr. 3 BGB a. F.) sowie der privaten Rentenversicherung (§ 1587a Abs. 2 Nr. 5 BGB a. F.) nicht dem Abänderungsverfahren nach §§ 225, 226 FamFG unterliegt. Nach der Begründung des Regierungsentwurfs (BT-Drucks. 16/10144 S. 97) besteht rechtstatsächlich auch kein Bedarf für eine nachträgliche Abänderung dieser Anrechte. Dies wird auf mehrere Gesichtspunkte gestützt. Liegt ein **kapitalgedecktes Anrecht** vor, erfolgt nach § 39 VersAusglG die unmittelbare Bewertung; dies bedeutet, dass der Ehezeitanteil auf der Grundlage der in der Ehezeit erworbenen Kapitalbeträge (einschließlich Zinsen hieraus) bestimmt wird, so dass eine nachträgliche Änderung des Ausgleichswerts insoweit nicht eintreten kann. Auch in Bezug auf eine betriebliche Altersversorgung, deren Ehezeitanteil nach der **zeitratierlichen Methode** gem. § 45 Abs. 2 Satz 2, 3 VersAusglG zu bestimmen ist, kann sich eine nachträgliche Änderung der Bemessungsgrundlagen zum Vorteil des Ausgleichspflichtigen nicht auswirken, weil bei der Wertermittlung der Übertragungswert bzw. das unverfallbare Anrecht zum Ehezeitende maßgeblich ist. Ergibt sich eine Verschiebung des Zeit – Zeit – Verhältnisses, weil z. B. der Ausgleichspflichtige vor Erreichen der festen Altersgrenze die Versorgung bezieht, so erhöht sich rechnerisch der Ehezeitanteil zugunsten des Ausgleichsberechtigten, weil sich die Gesamtzeit der Betriebszugehörigkeit vermindert, während die Ehezeit unverändert bleibt. Eine insoweit eingetretene Erhöhung des Anrechts wird im Wertausgleich nach der Scheidung gem. § 20 VersAusglG im schuldrechtlichen Versorgungsausgleich ausgeglichen. Liegt eine Anwartschaftsdynamik i. S. d. § 2 Abs. 5 BetrAVG zum Zeitpunkt des Wertausgleichs bei Scheidung vor (das Anrecht sieht einen festen oder wachsenden Prozentsatz des vom Versorgungsberechtigten laufend bezogenen Einkommens vor, deren Entwicklung bis zum Rentenfall nicht bestimmt werden kann, aber den Ehezeitanteil bei Eintritt des Rentenfalls erhöht), ist das Anrecht nach § 19 Abs. 1 Nr. 1 VersAusglG insoweit noch nicht teilungsreif, so dass der Ausgleich nach § 20 VersAusglG schuldrechtlich erfolgt.

b) Änderung des Ausgleichswerts aufgrund rückwirkender rechtlicher und tatsächlicher Veränderungen

1076 § 225 Abs. 2 FamFG bestimmt, dass eine Abänderung bei rechtlichen und tatsächlichen Veränderungen nach dem Ehezeitende erfolgt; diese müssen sich auf den

XII. Abänderung von Entscheidungen zum Versorgungsausgleich

Ausgleichswert i. S. d. § 1 Abs. 2 VersAusglG auswirken und zu einer wesentlichen Wertänderung i. S. d. Abs. 3 führen. Danach ist die in § 10 a Abs. 1 VAHRG a. F. enthaltene weite Abänderungsmöglichkeit, die Rechtsanwendungsfehler in gleicher Weise wie tatsächliche oder rechtliche Änderungen zuließ, deutlich eingeschränkt. Abs. 2 gleicht § 238 Abs. 1 Satz 2 FamFG (Abänderung einer Entscheidung zum Unterhalt). Die Rechtfertigung der Abänderung ergibt sich im Versorgungsausgleich vor allem aus der Tatsache, dass beim Wertausgleich zum Zeitpunkt der Scheidung regelmäßig noch keine Versorgung bezogen wird und die Bestimmung des Anrechts im Verhältnis zum tatsächlichen Bezug der Versorgung in seinem Umfang noch nicht endgültig feststeht, die Bewertung also noch nicht endgültig feststeht, sondern bis zum Eintritt des Versorgungsfalles tatsächlichen und rechtlichen Änderungen unterworfen ist.

Liegen aufgrund einer Wertveränderung nach dem Ende der Ehezeit i. S. d. § 225 Abs. 2 FamFG die Voraussetzungen eines Abänderungsverfahrens vor, kann auch ein **Rechtsanwendungsfehler der Erstentscheidung** korrigiert werden. Dies folgt aus dem Prinzip der angemessenen Teilhabe an den in der Ehe erlangten Anrechten. Zwar ist § 225 Abs. 1 FamFG in seiner Struktur der Regelung des § 238 FamFG (§ 323 ZPO a. F.) angepasst worden. Im Versorgungsausgleich geht es jedoch um das Prinzip der angemessenen Teilhabe an den in der Ehezeit erworbenen Anrechten, die sich bei Ehezeitende noch nicht vollständig entwickelt haben. Demgemäß ist bei der dargelegten Sachlage die Erfassung von Rechtsanwendungsfehlern in der Erstentscheidung gerechtfertigt. Zudem könnten dadurch unbillige Ergebnisse auftreten, dass einerseits die Voraussetzungen einer wesentlichen Wertveränderung i. S. d. § 225 Abs. 3 FamFG gegeben sind, bei Berücksichtigung des in der Erstentscheidung enthaltenen Rechtsanwendungsfehlers eine Abänderung der Erstentscheidung jedoch neutralisiert würde. Es widerspräche dem Zweck der angemessenen Teilhabe an den in der Ehezeit erworbenen Anrechten, in einem solchen Fall auf der Grundlage einer fehlerhaften Erstentscheidung eine Abänderung der Erstentscheidung vorzunehmen. Jedenfalls sind in einem solchen Fall die Voraussetzungen des § 226 Abs. 3 FamFG gegeben, der die Anwendung der Härtefallklausel nach § 27 VersAusglG (vergleichbar mit § 10 a Abs. 3 VAHRG a. F.) regelt.

Eine rechtliche Veränderung liegt vor, wenn sich die gesetzliche Regelung zur Bewertung eines Anrechts ändert, die alle Versicherte erfasst, die im Zeitpunkt der Rechtsänderung noch keine Versorgung beziehen und deshalb noch kein endgültig gesichertes Anrecht erworben haben. Ferner bewirkt die Bewertung im Versorgungsausgleich nicht, dass dieser Wert auch im Versorgungsfall bindend ist. In der gesetzlichen Rentenversicherung kann sich dies auf Kindererziehungszeiten (geändert durch das RentenreformG 1999, BGBl I 2998) und die Bewertung von Ausbildungszeiten (Wachstums- und Beschäftigungsförderungsgesetz v. 25. 09. 1996, BGBl I 1461) auswirken. In der Beamtenversorgung haben das Dienstrechtsreformgesetz (Gesetz v. 24. 02. 1997, BGBl I 322 – Verlängerung des Erwerbs der höchstmöglichen Versorgung von 35 auf 40 Dienstjahre) und das Versorgungsänderungsgesetz (Gesetz v. 20. 12. 2001, BGBl I 3026 – Kürzung des Ruhegehaltssatzes von 75% auf 71,75%) zu deutlichen Kürzungen des Anrechts geführt. Auch die Änderung der Versorgungssatzung einer berufsständischen Versorgung, die den Ehezeitanteil erhöht oder vermindert, stellt eine Rechtsänderung dar.

1077

Auch tatsächliche Änderungen rechtfertigen eine Abänderung der Erstentscheidung, soweit diese sich auf den Ausgleichswert auswirken. Dies tritt generell ein, wenn die Bewertung des Anrechts nach § 40 VersAusglG aufgrund der zeitra-

1078

tierlichen Bewertung erfolgt und der Versorgungsberechtigte vorzeitig die Versorgung bezieht. Folgende Sachlagen können auftreten:

Beamtenversorgung:
- Eintritt einer vorzeitigen Dienstunfähigkeit oder vorzeitigem Ruhestand (OLG Celle FamRZ 1989, 985; OLG Hamm FamRZ 1990, 173; BGH FamRZ 1991, 1415). Folge des vorzeitigen Versorgungsbezugs kann eine Erhöhung der Versorgung sein, wenn der Ruhegehaltssatz sich nicht verändert, aber bei der Bildung des Zeit-Zeit-Verhältnisses sich ein höherer Quotient ergibt, weil die Gesamtversorgung in kürzerer Zeit erworben wurde. Vermindert sich der Gesamtversorgungswert wegen eines geringeren Ruhegehaltssatzes, erhöht sich aber dennoch der Ehezeitanteil, ist nach § 27 VersAusglG eine Billigkeitsprüfung vorzunehmen.
- Entfernung aus dem Dienstverhältnis unter Aberkennung des Ruhegehalts und anschließender Nachversicherung (BGH FamRZ 1989, 1058),
- Besoldungserhöhungen mit rückwirkender Kraft,
- Verlängerung der Teilzeitbeschäftigung und Beurlaubung eines Beamten,
- Übernahme eines Beamten auf Widerruf oder Soldaten auf Zeit in ein Beamtenverhältnis auf Lebenszeit.

Berufsständische Versorgung:
- Satzungsänderung, die zu einem anderen Ehezeitanteil i. S. d. § 5 Abs. 1, 3 VersAusglG führt

> **Wichtiger Hinweis:**
> Nach § 225 Abs. 1 FamFG unterliegen der Abänderung nur Anrechte i. S. d. § 32 VersAusglG, also die dort genannten Regelsicherungssysteme. Anrechte der betrieblichen Altersversorgung sowie der privaten Rentenversicherung gehören hierzu nicht. In den Übergangsvorschriften des § 51 Abs. 1 VersAusglG können demgegenüber auch diese Anrechte abgeändert werden (eingehend Rdn. 1134).

c) Wegfall eines Anrechts nach Ehezeitende

1079 Entfällt zwischen Ehezeitende und dem Zeitpunkt der Entscheidung ein Anrecht, ist dies beachtlich, so dass das Anrecht im Wertausgleich nicht mehr berücksichtigt werden kann (BGH FamRZ 1986, 892; FamRZ 2004, 1039; § 2 Abs. 3 VersAusglG bezieht sich nur auf die Bewertung des Anrechts, nicht aber darauf, ob überhaupt ein Versorgungsausgleich durchzuführen ist). Fällt ein Anrecht nach rechtskräftig abgeschlossenem Verfahren weg, ist dies nach § 225 FamFG als ein Sonderfall des § 225 Abs. 2 FamFG zu berücksichtigen, also die Entscheidung in der Weise abzuändern, dass ein Wertausgleich nicht stattfindet (s. BGH FamRZ 2005, 2055, 2956 – rechtwidrig entrichtete Beiträge – Arbeitgeberbeiträge sichern Anrecht des Ausgleichsberechtigten, so dass Aufhebung entfällt). Betrifft dies eine betriebliche Altersversorgung, kann eine Abänderung nach Abs. 1 nicht erfolgen. Wird z. B. ein Anrecht **widerrufen** (bei nachhaltiger Verschlechterung der wirtschaftlichen Lage), besteht nach § 7 BetrAVG eine Insolvenzsicherung, die laufende Leistungen und unverfallbare Anrechte erfasst. Wird eine vertraglich zugesicherte Anwartschaft nach durchgeführtem Versorgungsausgleich entzogen, so ist dies nach BVerfG (BVerfGE 71, 364 = NJW 1986, 1321) in Kauf zu nehmen und verfassungsrechtlich nicht zu beanstanden.

d) Vergessene Versorgung bei Erstentscheidung

1080 Wird bei dem Wertausgleich bei Scheidung ein Anrecht nicht berücksichtigt, so liegt kein Fall der Abänderung i. S. d. § 225 Abs. 1, 2 FamFG vor, weil sich **keine tat-**

sächliche oder rechtliche Veränderung ergeben hat. Während nach bisherigen Recht des § 10 a Abs. 1 VAHRG a. F. im Abänderungsverfahren dies erfasst werden konnte (BGH FamRZ 1993, 796), lässt dies die Neuregelung wegen der Vergleichbarkeit mit § 238 Abs. 1 FamFG nicht zu. Es liegt auch **keine Teilentscheidung** vor, wenn eine Endentscheidung nicht ausdrücklich als solche bezeichnet wurde oder sich dies aus den Gesamtumständen ergibt, weil sich das Familiengericht nicht bewusst war, eine solche zu erlassen (BGH FamRZ 1984, 572; FamRZ 1988, 276).

> **Wichtiger Hinweis zu den Übergangvorschriften nach § 51 VersAusglG:**
> Ob dieser Grundsatz auch in den Übergangsfällen des § 51 Abs. 1 VersAusglG gilt, ist zweifelhaft (s. Rdn. 1132).

e) Sogenannte Negativentscheidungen, unterlassene Entscheidung

1081 In den Fällen einer sogenannten Negativentscheidung, in denen fälschlicherweise festgestellt wurde, dass in der Ehezeit keine ausgleichspflichtigen Anrechte erworben worden seien, war bisher nach dem Grundsatz der Totalrevision ein Abänderungsverfahren zulässig (BGH FamRZ 1989, 37, 39; FamRZ 1989, 1058; FamRZ 1996, 282, 283). Dies ist nach § 225 Abs. 1, 2 FamRZ nicht zulässig, wenn das Familiengericht durch richterliche Entscheidung bestimmt hat, dass keine Anrechte in der Ehezeit erworben wurden, weil diese Entscheidung auf einem Rechtsfehler beruht, der nicht nach Abs. 1, 2 korrigiert werden kann. Beruht diese Feststellung auf einer bewusst fehlerhaften Angabe eines Ehegatten, die einen Prozessbetrug darstellt, kann nach § 48 Abs. 2 FamFG das Wiederaufnahmeverfahren nach §§ 579, 580 ZPO aufgenommen werden. Hat das Familiengericht keine Entscheidung zum Versorgungsausgleich getroffen, ist formal das Verfahren zum Versorgungsausgleich noch nicht abgeschlossen und kann als selbständiges Verfahren noch durchgeführt werden.

4. Wesentliche Wertveränderung

1082 § 225 Abs. 3 FamFG regelt die Voraussetzungen einer wesentlichen Wertveränderung. Die Regelung besteht aus einer relativen und einer absoluten Wesentlichkeitsgrenze. Anders als in § 10 a Abs. 2 Satz 2 VAHRG a. F. bestimmt sich die **relative Wesentlichkeitsgrenze** (zur Verfassungsmäßigkeit der Wesentlichkeitsgrenze nach § 10 a Abs. 2 VAHRG s. BVerfG NJW 1993, 1057 = FamRZ 1993, 161; FamRZ 1993, 1420; BGH NJW 1993, 1650 = FamRZ 1993, 796) aus dem Ausgleichswert nach Saldierung aller Anrechte, sondern nach dem Ausgleichswert i. S. d. § 1 Abs. 2 VersAusglG des jeweiligen Anrechts; dies folgt aus der Systematik des neuen Ausgleichssystems der internen bzw. externen Teilung jedes einzelnen Anrechts. Besteht der Ausgleichswert in einem Rentenbetrag, beträgt die Wertgrenze 5% des **bisherigen Ausgleichswerts**. Um Bagatellverfahren zu vermeiden, ist daneben die absolute Wertgrenze von 1% als maßgebliche Bezugsgröße nach § 18 Abs. 1 SGB IV zu erreichen (das sind 2.520,00 €; hiervon 1% = 25,20 €; dieser Wert gilt auch für die neuen Bundesländer, weil auf § 18 Abs. 1 SGB IV verwiesen wird). Hat der Ausgleichswert bei der Erstentscheidung zum Versorgungsausgleich 250,00 € betragen und vermindert sich das Anrecht aufgrund tatsächlicher oder rechtlicher Umstände auf 230,00 €, ist zwar die relative Wesentlichkeitsgrenze von 5% überschritten (5% aus 250,00 € = 12,50 €). Nicht erreicht wird aber die absolute Wesentlichkeitsgrenze von 1%, das sind 25,20 €, so dass eine Abänderung nicht zulässig ist. Besteht der Ausgleichswert in einem **Kapitalbetrag**, muss die Wertabweichung zwischen der Erstentscheidung und dem Abänderungsbetrag 120% der Bemessungsgrundlage erreichen, das sind 3.024,00 € (2.520 × 120%).

5. Erfüllung der Wartezeit in der gesetzlichen Rentenversicherung

1083 Auch wenn die Wesentlichkeitsgrenze nicht erreicht wird, ist eine Abänderung vorzunehmen, wenn der Ausgleichsberechtigte hierdurch eine in der gesetzlichen Rentenversicherung zum Bezug einer Alters-, Berufs- oder Erwerbsunfähigkeitsrente erforderliche **konkrete Wartezeit** erlangen würde (BGH FamRZ 1989, 39, 40 = NJW-RR 1989, 70, 71). Das Rentenrecht sieht hierzu in § 52 SGB VI für den Versorgungsausgleich eine besondere Bestimmung vor, in welcher Weise sich die Übertragung oder Begründung von Anrechten durch den Versorgungsausgleich in Wartezeiten auswirkt (eingehend Rdn. 592, 597, 656). Hierbei sind die verschiedenen Wartezeiten zu beachten (bei Regelaltersrente nach § 35 SGB VI fünf Jahre; gleiches gilt für die Erfüllung der Voraussetzungen für eine Rente wegen verminderter Erwerbsfähigkeit); für eine Altersrente wegen Arbeitslosigkeit nach § 38 SGB VI und die Altersrente für Frauen nach § 39 SGB VI fünfzehn Jahre; für eine Rente für langjährig Versicherte nach § 36 SGB VI und für Schwerbehinderte nach § 37 SGB VI 35 Jahre).

1084 Der durch Art. 4 Nr. 2 VAStrRefG geänderte § 52 SGB VI berücksichtigt in Satz 2, dass in der gesetzlichen Rentenversicherung sowohl zu Gunsten wie auch zu Lasten von Versicherten ein Versorgungsausgleich (aufgrund des Hin– und Her – Ausgleichs) erfolgen kann. Hierzu ist eine Verrechnung vorzunehmen; ergibt diese einen Zuwachs an Entgeltpunkten, wird auf die Wartezeit die volle Anzahl an Monaten angerechnet, die sich ergibt, wenn die Entgeltpunkte aus dem Zuwachs durch die Zahl 0,0313 geteilt werden (Überschuss : 2,5 Entgeltpunkte; damit Zuwachs an Wartezeitmonaten : 2,5 : 0,0313 = 80 Monate). Hat ein Ehegatte an den anderen (netto) ein Anrecht in der gesetzlichen Rentenversicherung abzugeben, vermindert sich hierdurch nach § 52 Abs. 1 Satz 3 SGB VI die zuvor erreichte Wartezeit nicht (bisher in § 10a Abs. 6 VAHRG a.F, geregelt).

6. Auswirkungen zugunsten eines Ehegatten oder seiner Hinterbliebenen

1085 Selbst wenn die Wesentlichkeitsgrenze erreicht wird, kann eine Abänderung nach § 225 Abs. 5 FamFG nur durchgeführt werden, wenn sich die Abänderung voraussichtlich zugunsten eines Ehegatten oder seiner Hinterbliebenen auswirken würde. Diese Bestimmung betrifft insbesondere die Fälle, in denen ein Versorgungsträger, der nach § 226 Abs. 1 FamFG antragsbefugt ist, ausschließlich zu seinen Gunsten eine Abänderung begehrt (BT-Drucks. 10/5447 S. 19; s. aber *Bergner*, SozVers 1987, 85, 96). Hieran hat der Versorgungsträger dann ein Interesse, wenn nach dem Tod des Berechtigten die Entscheidung zum Nachteil des Verpflichteten abgeändert würde, so dass der Versorgungsträger bei dessen Versorgung eine höhere Kürzung vornehmen könnte (BT-Drucks. 10/5447 S. 19). Die Regelung gilt in den Fällen des § 225 Abs. 3 FamFG (Überschreiten der Wesentlichkeitsgrenze) als auch in den Fällen des § 225 Abs. 4 FamFG (Erfüllung der Wartezeit). Steht fest, dass sich die Entscheidung nicht zugunsten eines Ehegatten auswirken wird (z. B. der Ausgleichsberechtigte ist verstorben und der Rentenversicherungsträger verlangt eine Abänderung mit der Begründung, die Anrechte des Ausgleichspflichtigen seien gestiegen mit dem Ziel einer höheren Kürzung infolge des Versorgungsausgleichs), darf eine Abänderung nicht vorgenommen werden.

XII. Abänderung von Entscheidungen zum Versorgungsausgleich

7. Durchführung einer Abänderung des Wertausgleichs bei der Scheidung

a) Antragsberechtigung, Antrag als Voraussetzungen des Verfahrens

§ 226 FamFG regelt die Durchführung des Abänderungsverfahrens in den Fällen des § 225 FamFG. Sie bestimmt die Antragsbefugnis, den Zeitpunkt der Antragstellung, die Voraussetzungen des Absehens der Abänderung aus Billigkeitsgründen, den Zeitpunkt der Wirksamkeit der Abänderung und regelt das Verfahren bei Tod des Antragstellers. **Antragsberechtigte Personen** sind nach § 226 Abs. 1 FamFG die betroffenen Ehegatten und – über § 31 VersAusglG hinausgehend auch – deren Hinterbliebene, soweit sie Versorgungsanrechte beziehen, die Grundlage des öffentlich-rechtlichen Versorgungsausgleichs waren (BT-Drucks. 10/6369 S. 22). Ferner haben die Versorgungsträger eine Antragsbefugnis, die allerdings nach § 225 Abs. 5 FamFG dadurch eingeschränkt ist, dass sich der Antrag zugunsten eines Ehegatten oder dessen Hinterbliebenen auswirken muss. Durch dieses Antragsrecht soll möglichen Manipulationen der Ehegatten zu Lasten der Versorgungsträger entgegengewirkt werden.

1086

Das Abänderungsverfahren unterliegt den Vorschriften des FamFG, wird aber nicht von Amts wegen eingeleitet, sondern **nur auf Antrag**. Dieser Antrag ist kein Sachantrag, sondern verfahrenseinleitender Natur. Der Antragsteller kann jedoch seinen Antrag jederzeit zurücknehmen. Das Verfahren unterliegt den Grundsätzen der Amtsermittlung nach § 26 FamFG mit der Folge, dass das Familiengericht die Abänderungsentscheidung nur auf der Grundlage sämtlicher die auszugleichende Versorgung betreffenden Änderungen treffen kann. Eine Bezifferung des Antrags ist nicht geboten, da das Familiengericht seine Entscheidung entsprechend der materiellen Rechtslage zu treffen hat (BT-Drucks. 10/5447 S. 20). Es ist deshalb auch nicht an einen bestimmten Antrag gebunden.

1087

b) Zeitpunkt der Antragstellung

§ 226 Abs. 2 FamFG legt fest, dass frühestens **sechs Monate** vor dem Zeitpunkt des voraussichtlichen Bezugs einer laufenden Versorgung der Antrag auf Abänderung gestellt werden kann; dies kann der Bezug der Regelaltersrente (§ 35 SGB VI, aber auch einer Rente mit flexibler Altersgrenze nach §§ 36 ff. SGB VI sowie der Rente wegen teilweiser oder voller Erwerbsminderung nach § 43 Abs. 1, 2 SGB VI) sein. Würde sich durch eine Abänderung die Wartezeit so erhöhen, dass ein früherer Leistungsbezug erfolgen könnte, tritt der Zeitpunkt der zulässigen Antragstellung entsprechend früher ein, Abs. 2 letzter Halbsatz. Die Neuregelung ermöglicht besser als § 10a Abs. 5 VAHRG a. F. (Antrag ab dem 55. Lebensjahr), die Änderungen zeitnah zu erfassen.

1088

c) Billigkeitsprüfung der Abänderungsentscheidung

Anders als § 10a Abs. 3 VAHRG a. F. enthält § 226 FamFG keine selbständige Billigkeitsklausel, sondern verweist auf § 27 VersAusglG, der für alle Verfahren zum Versorgungsausgleich eine Billigkeitsregelung enthält. Eine Abänderung ist nicht vorzunehmen, soweit sie unter Berücksichtigung der beiderseitigen wirtschaftlichen Verhältnisse, insbesondere des Versorgungserwerbs nach der Ehe grob unbillig wäre. Obwohl also die Voraussetzungen zur Abänderung einer Entscheidung vorliegen, kann diese unter besonderen Umständen unterbleiben, so z. B., wenn der wirtschaftlich gut gestellte Antragsteller auf eine Verbesserung einer Versorgungsbilanz nicht angewiesen ist, während der Antragsgegner die in der früheren Entscheidung übertragenen Anrechte dringend benötigt. Die Rege-

1089

lung schützt nicht nur den Verpflichteten vor einem unbilligen Ausgleich, sondern auch den Berechtigten, der durch die Abänderungsentscheidung eine Verminderung der übertragenen Anwartschaften hinnehmen müsste. Dies wäre etwa der Fall, wenn der Ausgleichswert der früheren Entscheidung sich bei Berücksichtigung der Abänderungsgründe vermindert und nunmehr dem Berechtigten aus Billigkeitsgründen der frühere Ausgleichswert erhalten bleiben soll (s. a. BGH FamRZ 2005, 2055, 2057 – Interessenausgleich zur Vermeidung einer Teilungsungerechtigkeit; s. hierzu Rdn. 236 a. E.).

1090 Aufgrund der Billigkeitsprüfung bei dem Ausgleichspflichtigen und Ausgleichsberechtigten stellt sich die Frage, ob § 226 Abs. 3 FamFG über den in § 27 VersAusglG enthaltenen Grundsatz, dem lediglich die Funktion einer negativen Härteklausel zukommt, auch als **positive Härteklausel** verstanden werden kann. Dies erscheint insbesondere unter dem Gesichtspunkt der Halbteilung der in der Ehe erworbenen tatsächlichen Versorgungswerte problematisch (*Bergner* NJW 1989, 1975, 1977). Da der Versorgungsausgleich in verfassungsrechtlich geschützte Positionen eingreift, ist eine über den Halbteilungsgrundsatz hinausgehende Inanspruchnahme des Verpflichteten nur unter dem Gesichtspunkt des Vertrauensschutzes zulässig, wobei allein aufgrund der fiktiven Bewertung eines Anrechts im Versorgungsausgleich ein solcher Vertrauenstatbestand nicht entstehen kann. Denn eine fiktiv ermittelte Anwartschaft beinhaltet die Möglichkeit ihrer Abänderung. Danach kann § 226 Abs. 3 FamFG nur dann die Funktion der positiven Billigkeitsklausel erlangen, wenn der antragstellende Verpflichtete in doloser Weise auf seine Versorgungsanrechte einwirkt, mit deren Entwicklung der Berechtigte nicht rechnen musste, nicht aber bereits dann, wenn außerhalb der Ehezeit weitere Anrechte erworben werden, die trotz der Kürzung durch den Versorgungsausgleich insgesamt zu einem angemessenen Gesamtanrecht führen. Die Härteklausel nach § 226 Abs. 3 FamFG kann es dagegen nicht rechtfertigen, aus Billigkeitsgründen zulasten des Rentenversicherungsträgers nicht bestehende Anrechte als bestehend zu fingieren(BGH FamRZ 1992, 45; FamRZ 2005, 2055, 2057 – eingehend Rdn. 766, 818).

d) Beschränkung auf wirtschaftliche und nachträglich entstandene Verhältnisse

1091 Zur Auslegung des § 226 Abs. 3 FamFG gelten die zu § 27 VersAusglG bestehenden Grundsätze entsprechend. Allerdings beschränkt Abs. 3 die Prüfung nach ihrem Zweck (ähnlich BT-Drucks. 16/10144 S. 98) auf die wirtschaftlichen Verhältnisse der Ehegatten, wobei dem nachehelichen Vermögens- und Versorgungserwerb eine besondere Bedeutung zukommt (BGH FamRZ 1988, 1148, 1150 = NJW 1989, 29, 31; FamRZ 2007, 1238, 1241; OLG Hamm FamRZ 2007, 1025). Hieraus ist zu entnehmen, dass andere Gründe, denen ein wirtschaftlicher Bezug fehlt wie etwa ein persönliches Fehlverhalten, in die nach § 226 Abs. 3 FamFG zu treffende Billigkeitsabwägung nicht einzubeziehen sind. Soweit bereits in der früheren Entscheidung Billigkeitsabwägungen getroffen worden sind, können diese in der Abänderungsentscheidung nicht erneut herangezogen werden (BT-Drucks. 10/6369 S. 21; OLG Köln FamRZ 1990, 294). Grundsätzlich können nur nachträglich entstandene Gründe zur Begründung eines Antrags herangezogen werden (s. a. BGH FamRZ 2007, 360).

e) Rückwirkung auf den Antragszeitpunkt

1092 Die Abänderungsentscheidung zieht dieselben Wirkungen nach sich wie die Erstentscheidung zum Versorgungsausgleich; sie hat deshalb eine rechtsgestaltende

XII. Abänderung von Entscheidungen zum Versorgungsausgleich

Wirkung, die mit Eintritt der Rechtskraft dieser Entscheidung zur Geltung kommt. § 226 Abs. 4 FamFG bestimmt hierzu jedoch, dass die Abänderung auf den Zeitpunkt des der **Antragstellung folgenden Monatsersten zurückwirkt**. Zweck dieser Regelung ist es, Verfahrensverzögerungen des durch die Abänderungsentscheidung betroffenen Ehegatten entgegenzuwirken. Zur Geltung kommt dies allerdings nur, wenn ein Ehegatte bereits eine Versorgung bezieht. Ob mit dem Begriff »*Zeitpunkt der Antragstellung*« der Tag des Eingangs beim Familiengericht oder der Zeitpunkt der Zustellung des Antrags an den Antragsgegner gemeint ist, lässt sich aus dem Gesetz nicht eindeutig entnehmen. Da von dem maßgebenden Zeitpunkt nach § 226 Abs. 4 FamFG materiell-rechtliche Wirkungen abhängen, lässt es sich vertreten, diese an den Zeitpunkt der Zustellung anzuknüpfen. Soweit hierdurch Rückabwicklungsansprüche entstehen, enthält § 30 VersAusglG Schutzbestimmungen zugunsten des Versorgungsträgers. Diese Regelung verweist auch auf **Bereicherungsansprüche** zwischen Ehegatten sowie Witwen/Witwer.

f) Tod eines Ehegatten

Das Verfahren endet nach § 226 Abs. 5 FamFG mit dem Tod des antragstellenden Ehegatten, wenn dieser vor Rechtskraft der Endentscheidung stirbt und nicht ein antragsberechtigter weiterer Beteiligter binnen der Frist von einem Monat gegenüber dem Familiengericht erklärt, das Verfahren fortsetzen zu wollen. Unterbleibt die Aufnahme des Verfahrens, gilt die Hauptsache als erledigt. Hierauf hat das Familiengericht die übrigen Beteiligten hinzuweisen; die Frist beginnt erst mit Zugang des Hinweises. **Verstirbt der Antragsgegner**, muss das Verfahren gegen dessen Erben fortgesetzt werden. Bei einer anwaltschaftlichen Vertretung sind die §§ 239, 246 ZPO entsprechend anzuwenden. 1093

8. Abänderung von Entscheidungen zum Wertausgleich nach der Scheidung

Soweit die Abänderung einer Entscheidung zum Wertausgleich bei der Scheidung gem. den §§ 20–26 VersAusglG erforderlich wird (vor allem zur schuldrechtlichen Ausgleichsrente nach § 20 VersAusglG und dem Anspruch gegen den Versorgungsträger – sogenannter verlängerter schuldrechtlicher Versorgungsausgleich), sieht § 227 Abs. 1 FamFG besondere Bestimmungen vor; die §§ 225, 226 FamFG greifen dagegen nicht ein. § 227 Abs. 1 FamFG nimmt hinsichtlich der Voraussetzungen Bezug auf § 48 Abs. 1 FamFG. Die Regelung gleicht § 238 Abs. 1 FamFG zur Abänderung von Entscheidungen zum Unterhalt und setzt voraus, dass sich bei einer **Endentscheidung mit Dauerwirkung** die **zugrunde liegende Sach- und Rechtslage nachträglich wesentlich** ändert. In den Verfahren der §§ 20–26 VersAusglG treten Wertveränderungen z. B. aufgrund der Regelung eines Anrechts ein, dass dieses an die allgemeine Einkommensentwicklung angepasst wird. Diese muss aber nach der ergangenen Endentscheidung über einen Ausgleichsanspruch nach Scheidung i. S. d. §§ 20–26 VersAusglG eingetreten sein. Wurde z. B. durch die Erstentscheidung zum schuldrechtlichen Versorgungsausgleich am 30. 06. 2005 entschieden und liegt am 30. 06. 2010 eine wesentliche Wertveränderung aufgrund der Abhängigkeit des Anrechts von der Einkommensentwicklung eines begrenzten Arbeitnehmerkreises oder aller Beschäftigten der gesetzlichen Rentenversicherung vor, ist der Wertzuwachs von 2005 bis 2010 in der Abänderungsentscheidung zu berücksichtigen. Ist ein Anwachsen des Anrechts von 10% eingetreten, so erhöht sich der Ausgleichsanspruch entsprechend. 1094

Die zwischen der **Endentscheidung zum Wertausgleich bei der Scheidung** (sogenannter dinglicher Versorgungsausgleich) und dem Eintritt des Rentenfalls einge- 1095 tretenen Änderungen, die nach § 1587 g Abs. 2 BGB a. F. erfasst werden konnten, fallen nicht unter die Regelung des § 227 Abs. 1 FamFG, weil diese entweder keinen Ehezeitbezug haben (vor allem bei nachehelichen Beförderungen, Aufstieg im Betrieb vom Gruppenleiter zum Abteilungsleiter – Karrieresprung) oder im Falle der Einkommensdynamik i. S. d. § 2 Abs. 5 BetrAVG durch die Erstentscheidung zum schuldrechtliche Versorgungsausgleich nach § 20 Abs. 1 VersAusglG erfasst werden. Die Abänderungsmöglichkeit ist nicht beschränkt, betrifft also auch bereits abgeänderte Entscheidungen. Insoweit gleicht diese Regelung § 238 FamFG.

1096 Der BGH (FamRZ 2007, 2055, 2057) lehnt es im Hinblick auf die Bestimmtheit des Zahlungsanspruchs ab, den schuldrechtlichen Versorgungsausgleich in **Form eines Prozentsatzes** des auszugleichenden Anrechts und nicht eines betragsmäßig konkret festgelegten Zahlungsbetrages zuzusprechen. Er hält es insbesondere nicht für zulässig, auf die Reglung des § 1612a BGB zum Kindesunterhalt zurückzugreifen. Entsprechend lehnt er auch einen Anspruch auf Abtretung eines prozentualen Anteils der Gesamtbetriebsrente gem. § 21 VersAusglG ab, weil hierdurch kein wirksamer Zahlungsanspruch erlangt werden kann. Der BGH verweist insoweit auf die fehlende Vollstreckungsmöglichkeit nach § 86 FamFG sowie § 95 Abs. 1 Nr. 1 FamFG i. V. m. den §§ 883 ff. ZPO (§ 53 g Abs. 3 FGG i. V. m. §§ 883 ff. ZPO) mangels einer hinreichenden Bestimmtheit des zu vollstreckenden Zahlungsbetrages. Wegen des Gebots der Bestimmtheit eines Vollstreckungstitels nimmt der BGH auch eine Beschwer des Ausgleichspflichtigen an und sieht in der von ihm selbst vorgenommenen Korrektur der Entscheidung des OLG keinen Verstoß gegen den Grundsatz der reformatio in peius.

1097 Der **Begriff der wesentlichen Veränderung** entspricht den in § 225 Abs. 3 FamFG angesprochenen Änderungen, jedoch mit dem Unterschied, dass die Änderungen nach § 227 Abs. 1 FamFG erst nach der ersten Entscheidung zum schuldrechtlichen Versorgungsausgleich eingetreten sein müssen, um in diesem Verfahren erfasst werden zu können. Allgemein anerkannt ist (zu der vergleichbaren Regelung des § 1587 g Abs. 3 BGB a. F.), dass eine wesentliche Änderung bei einer Abweichung des Versorgungswertes von mindestens 10% vorliegt (*Johannsen/Hahne* § 1587 g BGB Rn. 23; MüKo/*Dörr* § 1587 g BGB Rn. 29). Die in § 225 Abs. 3 FamFG enthaltene Mindestgrenze von 1% der monatlichen Bezugsgröße gem. § 18 Abs. 1 SGB IV gilt im schuldrechtlichen Versorgungsausgleich nicht. Als wesentliche Änderung ist es ferner anzusehen, wenn eine verminderte Erwerbsfähigkeit nach § 43 Abs. 1, 2 SGB VI vorlag, die zu einer zeitlich befristeten Rente geführt hat, inzwischen wieder aber dauerhafte Erwerbsfähigkeit vorliegt.

1098 Eine zum schuldrechtlichen Versorgungsausgleich ergangene Entscheidung (als echtes Streitverfahren der freiwilligen Gerichtsbarkeit) erwächst in **materieller Rechtskraft** mit der Folge, dass nach den allgemein geltenden Grundsätzen im Falle einer Abänderungsentscheidung Fehler in einer vorangegangenen Entscheidung nicht korrigiert werden können. Bei diesem Grundsatz verbleibt es vor allem im Hinblick darauf, dass auch § 225 FamFG keine Totalrevision mehr vorsieht (s. Rdn. 1067, 1075) und deshalb auch eine Angleichung der weiten Abänderungsmöglichkeit an die Fälle der Abänderung nach § 225 FamFG aus verfassungsrechtlichen Gründen nicht erforderlich ist.

1099 Wird zu einem Verfahren bei Ausgleichsansprüchen nach Scheidung gem. §§ 20–26 VersAusglG ein **Vergleich** i. S. d. § 36 Abs. 1 FamFG geschlossen, was wegen der Verfügbarkeit über den Gegenstand zum Versorgungsausgleich zulässig ist und keiner gerichtlichen Billigung oder Genehmigung bedarf, so ist unter den

XIII. Rechtsmittel gegen Entscheidungen zum Versorgungsausgleich

Voraussetzungen des § 227 Abs. 1 FamFG entsprechend eine Abänderung zulässig. Insoweit greift auch nicht § 227 Abs. 2 FamFG ein, weil ansonsten bei Vergleichen zu Verfahren nach den §§ 20–26 VersAusglG die stringentere Begrenzungsregelung des § 225 Abs. 3 FamFG gelten würde, als zu § 227 Abs. 1 FamFG, da § 227 Abs. 2 FamFG auf die §§ 225, 226 FamFG verweist.

9. Abänderung von Vereinbarungen gem. den §§ 6–8 VersAusglG

§ 227 Abs. 2 FamFG sieht vor, dass bei Vereinbarungen zum Versorgungsausgleich nach den §§ 6–8 VersAusglG die Regelungen der §§ 225, 226 FamFG entsprechend anzuwenden sind. Wie zuvor in Rdn. 1093 dargelegt, bezieht sich diese Verweisung auf die Ausgleichsansprüche bei Scheidung und nicht auf Ausgleichsansprüche nach Scheidung gem. den §§ 20–26 VersAusglG. Insoweit wird auf die Ausführungen zu §§ 225, 226 FamFG verwiesen (Rdn. 1066 ff.). 1100

XIII. Rechtsmittel gegen Entscheidungen zum Versorgungsausgleich

1. Anfechtung der Verbundentscheidung

Ergeht die Versorgungsausgleichsentscheidung nach § 137 Abs. 1, 2 Nr. 1 FamFG im Verbund, können Scheidungsausspruch und Folgeverfahren mit der Beschwerde bzw. Rechtsbeschwerde nach den allgemeinen Bestimmungen der §§ 58 ff., 70 ff. FamFG angegriffen werden. Ebenso wie bei der Form der Entscheidung nach § 116 FamFG ist auch bei der **Form des Rechtsmittels und der Rechtsmittelentscheidung** das FamFG bestimmend. Dasselbe gilt, wenn das Versorgungsausgleichsverfahren abgetrennt wurde, das auch danach weiterhin Folgesache bleibt (§ 137 Abs. 5 FamFG). Die Beschwerde ist innerhalb einer Notfrist von einem Monat gem. § 63 Abs. 1 FamFG nach Zustellung der Entscheidung einzulegen. Zur Begründung der Beschwerde gilt § 65 FamFG, der – anders als in Ehesachen und Familienstreitsachen gem. § 117 Abs. 1 FamFG – nicht zwingend eine Begründung verlangt. Für eine formgerechte Beschwerde reicht es aus, wenn aus ihr hervorgeht, dass die angefochtene Entscheidung missbilligt wird (BGH FamRZ 1982, 36, 38 = NJW 1982, 224). Wurden die Scheidungssache und die Folgesache Versorgungsausgleich angegriffen, muss von jedem Verfahrensteil eine Beschwer ausgehen, ausgenommen den Fall, dass das Rechtsmittel zur Wiederherstellung des Verbunds i. S. d. § 137 Abs. 1 FamFG eingelegt wurde oder der Rechtsmittelführer sich gegen den Scheidungsausspruch mit dem Ziel der Wiederherstellung der ehelichen Lebensgemeinschaft wendet. 1101

Die **Rechtsbeschwerde** gegen eine Verbundentscheidung des Oberlandesgerichts ist nur bei ihrer **Zulassung** möglich, die für jedes einzelne Verfahren ausgesprochen werden muss, es sei denn, die Beschwerde wurde als unzulässig verworfen; dies folgt aus § 117 Abs. 1 Satz 2 FamFG i. V. m. § 522 Abs. 1 Satz 4 ZPO. Auch für die Rechtsbeschwerde bedarf es nach § 70 Abs. 1, 2 FamFG der Zulassung wegen der grundsätzlichen Bedeutung der Rechtssache oder der Abweichung von einer höchstrichterlichen Entscheidung des BGH. Die Rechtsbeschwerde kann nur darauf gestützt werden, dass die Entscheidung auf einer Verletzung des Gesetzes beruht, § 72 Abs. 1 FamFG. 1102

2. Rechtsmittelerweiterung

Ein **Anschlussrechtsmittel** eines Ehegatten ist nicht zulässig, wenn der Träger einer Versorgung ein Hauptrechtsmittel eingelegt hat (BGHZ 92, 207, 210 = NJW 1103

1985, 968 = FamRZ 1985, 59 m. w. N.; NJW 1985, 2266, 2267 = FamRZ 1985, 267, 269). Gleiches gilt, wenn sich ein weiterer Versorgungsträger dem Hauptrechtsmittel anschließt. Das Beschwerdegericht ist in solchen Sachlagen im Prüfungsumfang nicht gebunden und kann die Entscheidung umfassend überprüfen. Der Anschlussbeschwerde eines Ehegatten kommt deshalb ein eigener Zweck auch dann nicht zu, wenn das Hauptrechtsmittel des Versorgungsträgers eine Erhöhung des Ausgleichs anstrebt, der andere Ehegatte aber eine Herabsetzung begehrt. Den Ehegatten ist es aber unbenommen, im Rahmen der Ermittlungen nach § 26 FamFG Sachverhalte vorzutragen, die ihr Rechtsschutzziel stützen, so vor allem bei Vorliegen der Voraussetzungen der Härteklausel des § 27 VersAusglG. Ist das Hauptrechtsmittel des Versorgungsträgers auf einen abgrenzbaren Teil der Entscheidung gerichtet, kann mit der unselbständigen Anschlussbeschwerde der nicht angegriffene Teil angefochten werden, sofern sich das Hauptrechtsmittel zu dessen Lasten auswirkt (OLG Frankfurt/M FamRZ 1987, 954).

1104 Die **Durchführung der zulässigen Anschlussbeschwerde** richtet sich nach § 66 FamFG, der – vergleichbar mit § 567 Abs. 3 ZPO – eine **Befristung der Anschlussbeschwerde** nicht vorsieht; die §§ 137 Abs. 1, 117 Abs. 2 Satz 2 FamFG i. V. m. § 524 Abs. 2 Satz 2 ZPO greifen nur in den Familienstreitsachen ein, soweit sie Folgesachen sind, dagegen nicht in den FG-Folgesachen. Im Verbund ist jedoch § 145 Abs. 1, 2 FamFG zu berücksichtigen, der unter den dort bestimmten Voraussetzungen eine Befristung vorsieht. Die Anschließung erfolgt nach § 66 FamFG in Schriftform und ist schriftlich zu begründen (dort aber nicht ausdrücklich bestimmt). Dieser Form ist Genüge getan, wenn der Beschwerdegegner in einem Schriftsatz deutlich macht, dass er eine Änderung der Entscheidung zu Lasten des Beschwerdeführers begehrt (BGH NJW-RR 1990, 259 f. = FamRZ 1990, 276 f.). Im Falle der Zurückweisung der Sache vom BGH an das OLG ist eine erneute Anschließung möglich (BGH NJW 1984, 2351, 2353 = FamRZ 1984, 680; FamRZ 1986, 447, 448 f.). Im Übrigen ist auch im dritten Rechtszug eine Anschließung zulässig, § 73 FamFG. Eine Anschließung ist jedoch dann nicht zulässig, wenn der Rechtsmittelführer des Anschlussrechtsmittels keine Erstbeschwerde erhoben hat und durch das Anschlussrechtsmittel der Gegenstand der Rechtsbeschwerde erweitert wurde (BGH FamRZ 1983, 461; FamRZ 1983, 683, 684).

3. Rechtsmittel in selbständigen Versorgungsausgleichsentscheidungen

1105 Endentscheidungen in einem selbständigen Versorgungsausgleichsverfahren werden mit der Beschwerde angefochten, § 58 Abs. 1 FamFG. Eine Anschlussbeschwerde ist nach § 66 FamFG zulässig; sie ist nicht befristet (s. Rdn. 1104).

4. Teilrechtsmittel

1106 Soweit der Verfahrensgegenstand teilbar ist, kann die Beschwerde beschränkt werden. In Versorgungsausgleichsverfahren ist deshalb eine wirksame Teilanfechtung möglich, soweit in der ersten Instanz eine Teilentscheidung hätte getroffen werden können (BGHZ 92, 5, 10 = FamRZ 1984, 990, 991 = NJW 1984, 2879; FamRZ 1983, 890 = NJW 1984, 120). Dies gilt im Hinblick auf das Prinzip des Hin- und Her-Ausgleichs in besonderem Maße, weil bei mehreren Anrecht der Ehegatten die Teilung jeweils innerhalb der jeweiligen Versorgung erfolgt (nach §§ 10 ff., 14 ff. VersAusglG) und deshalb die Entscheidungen nicht von einander anhängig sind. Bedeutung hat dies vor allem dann, wenn ein Ehegatte neben einem Anrecht zur gesetzlichen Rentenversicherung ein Anrecht der betrieblichen Altersversorgung bezieht. Wird in diesem Fall die Entscheidung zur betrieblichen Altersversorgung

XIII. Rechtsmittel gegen Entscheidungen zum Versorgungsausgleich

angegriffen, kann die Entscheidung zur gesetzlichen Rentenversicherung in Rechtskraft erwachsen und führt zur sofortigen Erhöhung des Anrechts zur gesetzlichen Rentenversicherung.

5. Beschwer im Versorgungsausgleichsverfahren

a) Begriff der Beschwer

§ 59 Abs. 1 FamFG verlangt eine **unmittelbare Rechtsbeeinträchtigung** durch die getroffene Entscheidung; ob der Betroffene am Verfahren förmlich beteiligt wurde, ist unerheblich. Ein Eingriff in eine Rechtsposition im Versorgungsausgleich liegt vor, wenn der ausgleichspflichtige Ehegatte eine höhere Anwartschaft abgeben muss als gesetzlich geschuldet. Gleiches gilt, wenn der Berechtigte weniger erhält als ihm zusteht. Aber auch eine ungünstige Form des Ausgleichs für den Berechtigten (anstelle des dinglichen Wertausgleichs gem. §§ 10 ff., 14 ff. VersAusglG wird der schuldrechtliche Ausgleich angeordnet) kann einen Eingriff in eine geschützte Rechtsposition darstellen (BGHZ 85, 180 = FamRZ 1983, 44, 47 = NJW 1983, 173). Entsprechendes gilt für den Ausgleichspflichtigen.

1107

Aus § 228 FamFG i. V. m. § 61 FamFG, nach dem eine Beschwerde nur dann zulässig ist, wenn der Beschwerdewert von 600,00 € überschritten ist, ergibt sich, dass eine **Mindestbeschwer in Versorgungsausgleichssachen** nicht erforderlich ist. Bereits nach dem bis zum 31. 08. 2009 geltenden Recht wurde eine Mindestbeschwer jedenfalls bei einem Rechtsmittel des Versorgungsträgers nicht als sachgerecht angesehen, weil dieser mit einem Rechtsmittel die Interessen der Versichertengemeinschaft wahrnimmt und ferner wegen der Ungewissheit über die Auswirkungen einer Entscheidung zum Versorgungsausgleich für die Zukunft noch nicht festgestellt werden kann, in welchem Umfang sich diese künftig für oder gegen den Versorgungsträger auswirkt. Aus Gründen der Gleichbehandlung aller Beteiligten i. S. d. § 219 FamFG greift deshalb die in § 61 FamFG genannte Wertgrenze von 600,00 € – mit Ausnahme des Falles der Anfechtung einer Kostenentscheidung – grundsätzlich nicht ein.

b) Rechtsmittel der Versorgungsträger

Besonderheiten gelten für die am Versorgungsausgleichsverfahren nach § 219 FamFG **beteiligten Rentenversicherungsträger**. Sie sind beschwerdeberechtigt, wenn der Versorgungsausgleich in einer mit der Gesetzeslage nicht übereinstimmenden Weise durchgeführt wird. Dabei spielt es keine Rolle, ob Versorgungsanrechte auf einen Versorgungsträger übertragen bzw. begründet oder abgezogen werden, weil diese neben den eigenen finanziellen Belangen (Erhöhung des Versicherungsrisikos) auch die **Gesetzmäßigkeit der Festlegung** der zukünftigen Versorgungsleistungen zu wahren haben (BGH FamRZ 1981, 132; FamRZ 1982, 155 = NJW 1982, 448; FamRZ 1984, 671; FamRZ 1990, 1099 = NJW-RR 1990, 1156). Dies erfolgt unabhängig davon, ob sich der Versorgungsausgleich im konkreten Fall überhaupt für den Versorgungsträger belastend auswirkt. Allerdings muss mit dem eingelegten Rechtsmittel die Beschwer geltend gemacht und bekämpft werden (BGH FamRZ 1982, 1196, 1197 = NJW 1983, 179). Kein Eingriff in die Rechtsposition eines Versorgungsträgers ist dagegen gegeben, wenn der Versorgungsausgleich wegen der Anwendung der Härteklausel nach § 27 VersAusglG gänzlich ausgeschlossen ist (BGH FamRZ 1981, 132, 134), wenn ein ehevertraglicher Ausschluss nach § 1408 Abs. 2 BGB i. V. m. §§ 6–8 VersAusglG vorliegt, der keinen dinglichen Ausgleich vorsieht (z. B. Ausgleich durch andere Vermögenswerte) oder der schuldrechtliche Versorgungsausgleich wegen fehlender Ausgleichsreife

1108

nach § 19 Abs. 2 Nr. 3 VersAusglG getroffen wird. Nicht beschwerdeberechtigt sind Träger eines öffentlich-rechtlich auszugleichenden Anrechts bei Anordnung des schuldrechtlichen Versorgungsausgleichs; dies gilt auch im Fall des § 22 Abs. 2 BeamtVG, weil die mögliche zeitlich später liegende Beeinträchtigung nicht ausreicht. Denn ob es je zu einer Versorgungsleistung kommt, ist regelmäßig ungewiss.

c) Fehlende Beteiligung eines Versorgungsträgers

1109 Wurde ein Versorgungsträger am familienrechtlichen Verfahren zur Durchführung des Versorgungsausgleichs nicht beteiligt und ihm auch nicht die Entscheidung zugestellt, kann dieser auch nach Ablauf der Fristen des § 63 Abs. 1 FamFG in zulässiger Weise Beschwerde einlegen; nach dieser Ansicht greift § 63 Abs. 3 FamFG (Frist von fünf Monaten) insoweit nicht ein (OLG München FamRZ 2007, 491; s. a. BGH FamRZ 1997, 999; OLG Brandenburg FamRZ 2000, 1028).

d) Verfahren

1110 Legt ein Ehegatte gegen eine Verbundentscheidung zum Versorgungsausgleich die Beschwerde ein, so muss die Beschwerde und Beschwerdebegründung auch dann den nach § 219 FamFG zu beteiligenden Versorgungsträgern zugestellt werden, wenn der beschwerdeführende Ehegatte seine Beschwerde (nur) auf die Härteklausel nach § 27 VersAusglG stützt (BGH FamRZ 1998, 1024, 125). Zwar werden diese durch die Anwendung der Härteklausel in ihren Rechten nicht betroffen, so dass ihnen auch kein eigenes Beschwerderecht gegen eine auf § 27 VersAusglG gestützte Entscheidung, mit der der Versorgungsausgleich (teilweise) versagt wurde, zusteht (BGH FamRZ 1981, 132, 134). Da auf die Beschwerde – auch bei Beachtung des Grundsatzes der reformatio in peius – die Entscheidung in vollem Umfang zu überprüfen ist und hierbei nach § 26 FamFG alle maßgeblichen Umstände zu berücksichtigen sind, ist eine Beschwerde allen in 1. Instanz beteiligten Versorgungsträgern zuzustellen.

Lehnt das Familiengericht die Durchführung des dinglichen Versorgungsausgleichs bei Scheidung (nach den §§ 10 ff. VersAusglG) unter Hinweis auf dessen **Unwirtschaftlichkeit** nach § 19 Abs. 2 Nr. 3 VersAusglG ab und verweist es den Wertausgleich auf den schuldrechtlichen Versorgungsausgleich gem. § 20 VersAusglG, so ist ein Ehegatte beschwerdebefugt, wenn er geltend macht, der Versorgungsausgleich sei nicht in gesetzlich gebotener Form vorgenommen worden. Für die Zulässigkeit der Beschwerde nach § 58 Abs. 1 FamFG kommt es nicht darauf an, ob die behauptete Rechtsverletzung tatsächlich besteht (BGH FamRZ 2005, 1241 zum Verschlechterungsverbot s. a. BGH FamRZ 2005, 1825).

e) Keine Beschwer bei Festsetzung des Ehezeitendes

1111 Die Festsetzung der Ehezeit nach § 3 Abs. 1 VersAusglG ist keine Endentscheidung und damit auch nicht nach § 58 Abs. 1 FamFG anfechtbar, weil lediglich eine Zwischenentscheidung vorliegt, die keine Bindungswirkung für die Endentscheidung besitzt. Diese kann aber in der Endentscheidung angefochten werden, § 58 Abs. 2 FamFG.

6. Bindung an die Anträge im Beschwerdeverfahren

1112 Das Verfahren über den dinglichen Versorgungsausgleich bei Scheidung ist von Amts wegen durchzuführen. Der Tatsachenstoff ist nach § 26 FamFG von Amts we-

XIII. Rechtsmittel gegen Entscheidungen zum Versorgungsausgleich

gen einzuholen. Das Gericht ist deshalb im ersten Rechtszug an etwaige Anträge nicht gebunden (BGHZ 85, 180, 189 = FamRZ 1983, 44, 46). Eine Bindung an Beschwerdeanträge in der zweiten Instanz besteht nach Ansicht des BGH trotz der Disposition des Betroffenen, ob überhaupt ein Beschwerdeverfahren eingeleitet wird, nicht, weil aus der Herrschaft über die Einleitung und Beendigung des Beschwerdeverfahrens nicht notwendigerweise das Recht folgt, den Umfang der Prüfung und Entscheidung des Rechtsmittelgerichts gegenüber der Verfahrensinstanz der ersten Instanz zu modifizieren (BGHZ 92, 5, 10 = FamRZ 1984, 990, 991 = NJW 1984, 2879). Dies rechtfertigt sich vor allem aus dem Umstand, dass im Versorgungsausgleich neben dem Interesse des betroffenen Ehegatten auch das Interesse der Solidargemeinschaft der Versicherten betroffen ist. Die Ehegatten müssen deshalb eine die Sach- und Rechtslage entsprechende Entscheidung hinnehmen.

Grundsätzlich sind **Anträge im Versorgungsausgleichsverfahren** nur als Anregung zu einer bestimmten Sachentscheidung anzusehen (§ 24 Abs. 1 FamFG); eine Bindung besteht nicht. Dies gilt auch im Verfahren der Rechtsbeschwerde nach § 70 FamFG. Ausnahmsweise kann eine Bindung eintreten, wenn es nur um private Interessen geht und die Träger der Versorgung nicht betroffen sind; dies gilt im Falle des § 1587 c BGB (BGH FamRZ 2001, 1447). Treten in einer Versorgungsausgleichssache im Verfahren der Rechtsbeschwerde Umstände ein, die erst nach Erlass der angefochtenen Entscheidung eingetreten sind, können diese dort berücksichtigt werden, wenn die zugrunde liegenden Tatsachen endgültig feststehen (vorzeitige Versetzung in den Ruhestand – BGH FamRZ 2002, 93 = NJW 2002, 220). Die Rechtsmittelfrist für einen nicht verkündeten Beschluss in einer Versorgungsausgleichssache beginnt mit dessen Zustellung an den Rechtsmittelführer und nicht erst mit der letzten Zustellung an einen der Beteiligten (BGH FamRZ 2002, 952; s. a. BGH NJW 1994, 3359 f.). 1113

7. Verbot der Schlechterstellung

Der Grundsatz, dass das Gericht die dem Gesetz entsprechende Entscheidung zu treffen hat, wird jedoch – neben einer wirksamen Rechtsmittelbeschränkung – durch das Verbot der Schlechterstellung des Beschwerdeführers durchbrochen. Im Rahmen des Schlechterstellungsverbots ist das Beschwerdegericht daran gehindert, eine an sich nach der Gesetzeslage gebotene Entscheidung zu treffen, wenn hierdurch eine Verschlechterung der Rechtsposition einträte, die dem Beschwerdeführer ohne ein Rechtsmittel erhalten geblieben wäre. Dies gilt bei allen streitentscheidenden FamFG-Sachen, insbesondere aber im Versorgungsausgleichsverfahren, das ebenfalls eine echte Streitsache des FGG darstellt und in dem die Interessen der Ehegatten dem Interesse der Allgemeinheit an einer dem Gesetz entsprechenden Entscheidung vorrangig sind (BGHZ 85, 180, 185 = NJW 1983, 173 = FamRZ 1983, 44; BGHZ 92, 207, 211 f. = NJW 1985, 968 = FamRZ 1985, 59; BGH NJW 1986, 1494 = FamRZ 1986, 455). Hat lediglich ein Ehegatte die Entscheidung angefochten, darf diese deshalb nicht zu dessen Nachteil geändert werden. Hierbei ist allerdings jeweils im Einzelfall zu prüfen, ob das Verbot der Schlechterstellung eingreift. 1114

Ist sowohl die Höhe des Ausgleichs als auch die Form (z. B. bei einer **steuerschädlichen Zielversorgung** i. S. d. § 15 Abs. 3 VersAusglG) fehlerhaft, eine Abänderung im Beschwerdeverfahren für den Beschwerdeführer jedoch nur in einer Hinsicht günstig, verbietet das Verbot der Verschlechterung hinsichtlich der ungünstigen Regelung eine Anpassung an die Gesetzeslage. Ergibt sich eine Erhöhung des Ausgleichsbetrages nach § 5 VersAusglG, ist hinsichtlich dieser die gesetzlich gebotene

Ausgleichsform heranzuziehen, wenn das Familiengericht eine fehlerhafte Ausgleichsform herangezogen hat, die sich günstiger für den Berechtigten auswirkt.

1115 Ferner gilt das Verbot der Schlechterstellung im Grundsatz auch **zugunsten des Trägers einer Versorgung**, sofern sich eine Abänderung der Entscheidung zu dessen Nachteil auswirken würde (BGH FamRZ 1985, 1240 = NJW 1986, 185). Allerdings ist dieses bei Versorgungsträgern deshalb nicht anzuwenden, weil im Zeitpunkt der Versorgungsausgleichsentscheidung regelmäßig nicht mit Sicherheit bestimmt werden kann, ob sich die Abänderung günstig oder ungünstig auswirkt (BGH FamRZ 1985, 267 = NJW 1985, 2266 – wegen der Ungewissheit, welcher der Ehegatten länger Versicherungsleistungen in Anspruch nimmt); auch liegt eine dem Gesetz entsprechende Entscheidung im öffentlichen Interesse. Das Verbot der Schlechterstellung gilt selbst dann nicht, wenn die Beschwerdeentscheidung dem mit dem Rechtsmittel verfolgten Ziel widerspricht. Es besteht gegenüber dem Versorgungsträger dann, wenn der ausgleichspflichtige Ehegatte während des (abgetrennten) Versorgungsausgleichsverfahrens verstirbt und eine an sich gebotene Erhöhung des Ausgleichs zugunsten des Berechtigten sich nur noch zu Lasten des beschwerdeführenden Versorgungsträgers auswirken kann (BGH FamRZ 1985, 1240, 1242 = NJW 1986, 185, 186 f.; FamRZ 1990, 1339, 1341 – höhere Erstattungsleistung der VBL an gesetzliche Rentenversicherung). Hebt das Rechtsmittelgericht eine Entscheidung des Familiengerichts auf und verweist es das Verfahren an dieses zurück, so bindet das Verbot der Schlechterstellung auch das Familiengericht (BGH FamRZ 1986, 254 f.; FamRZ 1989, 957 m. w. N. = NJW-RR 1989, 1404).

8. Rechtskraft und Wirksamkeit von Versorgungsausgleichsentscheidungen

1116 Versorgungsausgleichsentscheidungen werden nach § 224 Abs. 1 FamFG erst mit Eintritt der formellen Rechtskraft wirksam. Die **formelle Rechtskraft** tritt ein, wenn das Verfahren nach Ablauf der Rechtsmittelfrist abgeschlossen wurde (GMOBG BGHZ 88, 353 = FamRZ 1984, 975 = NJW 1984, 1027; BSG FamRZ 1985, 595; BGH FamRZ 1990, 283). Die Versorgungsausgleichsentscheidung in der zweiten Instanz wird damit selbst dann erst nach Ablauf der Frist der Rechtsbeschwerde wirksam, wenn das OLG diese nicht zugelassen hat (§ 70 Abs. 2, 3 FamFG), weil ein Rechtsmittel an sich gegeben ist, dessen Zulässigkeit aber an besondere Voraussetzungen geknüpft wird. Der Eintritt der materiellen Rechtskraft der Versorgungsausgleichsentscheidung ist an die Rechtskraft des Scheidungsausspruchs gebunden, § 142 Abs. 1 FamFG. Wird eine Versorgungsausgleichsentscheidung vor dem Ausspruch der Scheidung formell rechtskräftig (z. B. bei Anfechtung des Scheidungsausspruchs), wird die Versorgungsausgleichsentscheidung nach § 148 FamFG erst mit rechtskräftiger Auflösung der Ehe wirksam. Wird in einer Verbundentscheidung der Scheidungsausspruch wegen eines erklärten Rechtsmittelverzichts sofort rechtskräftig, tritt die formelle und materielle Rechtskraft der Versorgungsausgleichsentscheidung erst nach Ablauf der Rechtsmittelfristen der Versorgungsträger ein. Die Rechtskraft und Wirksamkeit der Versorgungsausgleichsentscheidung wird durch Mitteilung des Urkundsbeamten der Geschäftsstelle festgestellt.

XIV. Kostenentscheidung im Verfahren zum Versorgungsausgleich

1117 Erfolgt die Regelung des Versorgungsausgleichs als Folgesache, richtet sich die Kostenentscheidung nach § 150 Abs. 1 FamFG. Dies gilt auch, wenn das Versorgungsausgleichsverfahren nach § 140 FamFG abgetrennt wurde; dies wird in

XIV. Kostenentscheidung im Verfahren zum Versorgungsausgleich

§ 137 Abs. 5 Satz 1 FamFG i. V. m. § 150 Abs. 5 FamFG ausdrücklich geregelt. Im Fall des § 150 Abs. 1 FamFG führt dies, was den Versorgungsausgleich angeht, regelmäßig zu einer Aufhebung der gerichtlichen und außergerichtlichen Kosten. Allerdings regelt § 150 Abs. 1 FamFG die Pflicht zur Kostentragung nur im Verhältnis der Ehegatten zueinander. Hinsichtlich der nach § 219 FamFG beteiligten Versorgungsträger bestimmt § 150 Abs. 3 FamFG, dass diese ihre **außergerichtlichen Kosten** jeweils selbst tragen.

In **selbständigen Versorgungsausgleichsverfahren** greift die generalklauselartige Regelung des § 81 Abs. 1 FamFG ein, da eine bereichsspezifische Bestimmung in den §§ 217–229 FamFG fehlt. Danach ist über die Kosten des Verfahrens nach billigem Ermessen zu entscheiden. Regelmäßig ist auch in selbständigen Verfahren zum Versorgungsausgleich der in § 150 Abs. 1 FamFG enthaltene Grundsatz der Kostenaufhebung zwischen den beteiligten Ehegatten anzuwenden. Hinsichtlich der **außergerichtlichen Kosten der Versorgungsträger** ist § 150 Abs. 3 FamFG analog anzuwenden, da die §§ 80–85 FamFG keine Regelung treffen. Die Bestimmung des § 81 Abs. 3 FamFG greift deshalb nicht ein, weil die nach § 219 FamFG beteiligten Versorgungsträger nicht Dritte i. S. d. Vorschrift sind. Die zuvor genannten Grundsätze gelten entsprechend, wenn ein Versorgungsträger einen Antrag zu einem Verfahren zum Versorgungsausgleich i. S. d. § 217 FamFG stellt (z. B. Antrag nach § 34 Abs. 1 VersAusglG zur Abänderung einer Anpassung wegen Unterhalts, den nach § 34 Abs. 2 Satz 2 VersAusglG auch der betroffene Versorgungsträger stellen kann; Antrag nach § 225 Abs. 1 FamFG zur Abänderung einer Entscheidung zum Versorgungsausgleich durch den nach § 226 Abs. 1 FamFG antragsberechtigten Versorgungsträger). Die Übertragung der Kosten auf den antragstellenden Versorgungsträger ist in einem solchen Verfahren nur dann möglich, wenn eine der in § 81 Abs. 2 FamFG aufgeführten Voraussetzungen vorliegt (vorwerfbar fehlerhaft erteilte Auskunft des Versorgungsträgers – grobes Verschulden erforderlich). Gleiches gilt, wenn der Antrag eines Ehegatten gegen den Versorgungsträger durch dessen vorgerichtliche fehlerhafte Bestimmung des Anspruchs in den Fällen des § 25 VersAusglG (Anspruch gegen den Versorgungsträger – verlängerter schuldrechtlicher Versorgungsausgleich) ausgelöst wurde und ein grobes Verschulden des Versorgungsträgers vorliegt.

1118

Wird gegen eine Entscheidung zum Versorgungsausgleich, die nach § 137 Abs. 1, 2 FamFG als Verbundentscheidung erging, **Beschwerde** eingelegt, so gilt hinsichtlich der Kosten § 81 Abs. 1 FamFG. Regelmäßig sind in den Verfahren zum Versorgungsausgleich deshalb die Gerichtskosten sowie die außergerichtlichen Kosten gegeneinander aufzuheben; die Versorgungsträger tragen ihre Kosten entsprechend § 150 Abs. 3 FamFG selbst. Nach § 84 FamFG können dem Beschwerdeführer die Kosten eines erfolglosen Rechtsmittels auferlegt werden. Ist die von einem Versicherungsträger eingelegte Beschwerde allein deshalb begründet, weil dieser erstinstanzlich eine fehlerhafte Auskunft erteilt hat, so können dem Versicherungsträger nach § 81 Abs. 1 FamFG die Kosten des Beschwerdeverfahrens ganz oder teilweise auferlegt werden, wenn dies nach Billigkeitsgesichtspunkten begründet ist. Allerdings muss ein zurechenbares Verhalten des Versorgungsträgers feststellbar sein; dies folgt aus § 81 Abs. 2 FamFG, das einem Beteiligten nur bei offensichtlich zurechenbaren Fehlverhalten die Kosten auferlegen kann (s. aber OLG Braunschweig FamRZ 1997, 222). Wurde eine neue Auskunft wegen einer Änderung des materiellen Rechts oder aus tatsächlichen Gründen erteilt, verbleibt es bei den allgemeinen Grundsätzen.

1119

XV. Gegenstandswerte in Versorgungsausgleichssachen nach dem FamGKG

1120 Das FGG-ReformG hat in Art. 2 für alle Familiensachen ein aus dem GKG heraus gelöstes selbständiges Gesetz über die Gerichtskosten in Familiensachen geschaffen (eingehend *Musielak/Borth* Einl. Rn. 55 ff.). Die für Versorgungsausgleichssachen maßgeblichen Bestimmungen sind in § 50 FamGKG enthalten. Diese Regelung hat ihre endgültige Fassung durch Art. 13 des VAStrRefG erlangt und weicht in ihrer Struktur deutlich von derjenigen des § 49 GKG a. F. und § 99 Abs. 3 Satz 1 KostO ab. Sie trägt dem neuen Prinzip des Wertausgleichs nach Art. 1 VAStrRefG Rechnung, da neben dem Ausgleich der Regelsicherungssysteme insbesondere die betrieblichen Altersversorgungen eine größere Bedeutung auch im Versorgungsausgleich erlangen. Neu ist der Ansatz des § 50 Abs. 1 FamGKG, den Verfahrenswert für **jedes Anrecht in Höhe von 10% des in drei Monaten erzielten Einkommens** anzusetzen. Die Bemessung des Verfahrenswerts für jedes Anrecht in Höhe von 10% gilt in allen Verfahren des Versorgungsausgleichs mit Ausnahme der Entscheidung über Ausgleichsansprüche nach der Scheidung gem. den §§ 20–26 VersAusglG (v. a. schuldrechtlicher Versorgungsausgleich); in diesen Verfahren ist für **jedes Anrecht 20%** des in drei Monaten erzielten Nettoeinkommens der Ehegatten anzusetzen. Entscheidend ist danach nicht mehr, ob der Ausgleich eines Regelsicherungssystems und einer ergänzenden Versorgung (z. B. einer betrieblichen Altersversorgung) erfolgt. Die Bemessung orientiert sich vielmehr an den Beiträgen der Ehegatten zu den Versorgungssystemen, im Ergebnis also nach ihren Einkommens- und Erwerbsverhältnissen. Entsprechend richtet sich der Verfahrenswert nach den Erwerbseinkünften der Ehegatten. Zugleich ist in § 50 Abs. 1 Satz 2 FamGKG eine **Untergrenze** in Höhe von 1.000,00 € festgelegt, nicht dagegen eine **Obergrenze**. Unerheblich ist, ob der Versorgungsausgleich bei Scheidung der Ehe (im öffentlich-rechtlichen Versorgungsausgleich), im Abänderungsverfahren nach §§ 225 ff. FamFG oder nach der Scheidung (schuldrechtliche Ausgleichsrente und Kapitalzahlungen gem. §§ 20 ff. VersAusglG) erfolgt, ebenso ob der Ausgleich einer Rente oder eines **Kapitalwerts** gem. § 2 Abs. 2 Nr. 3 VersAusglG vorzunehmen ist. Zu beachten ist jedoch, dass für Ausgleichsansprüche nach der Scheidung 20% des in drei Monaten erzielten Nettoeinkommens der Ehegatten anzusetzen sind.

1121 Die **Struktur der Regelung** bewirkt, dass bei Ehegatten mit höheren Einkünften tendenziell auch ein höherer Verfahrenswert festzusetzen ist, zumal dies regelmäßig mit dem Bestehen mehrerer Anrechte neben den Regelsystemen verbunden ist. Erzielen beide Ehegatten zusammen 3.000,00 € im Monat und besteht bei jedem Ehegatten je ein Anrecht in der gesetzlichen Rentenversicherung, errechnet sich ein Verfahrenswert von 1.800,00 € (3.000 × 3 = 9.000,00 €, hiervon 10% = 900,00 €; da zwei Anrechte auszugleichen sind, also 1.800,00 €). Dies gilt auch im Fall des § 10 Abs. 2 VersAusglG, der bei gleichartigen Anrechten eine Verrechnung vorsieht, also wenn jeder Ehegatte ein Anrecht in der gesetzlichen Rentenversicherung in der Ehezeit erworben hat. Liegt ferner ein auszugleichendes Anrecht der betrieblichen Altersversorgung vor, erhöht sich der Wert auf 2.700,00 € (3 × 900). Ist ein schuldrechtlicher Versorgungsausgleich nach § 20 VersAusglG durchzuführen, ist je Anrecht ein Wert von 20% der Einkünfte der Ehegatten in drei Monaten anzusetzen. Beträgt der Wert aus dem Einkommen in drei Monaten 7.500,00 € und sind zwei Anrechte auszugleichen, beträgt der Verfahrenswert 1.500,00 €.

Der Begriff »**jedes Anrecht**« drückt aus, dass ein Verfahrenswert auch dann anzusetzen ist, wenn nach § 3 Abs. 3 VersAusglG bzw. § 18 Abs. 1, 2 VersAusglG oder wegen einer Vereinbarung nach den §§ 6–8 VersAusglG eine Entscheidung nicht getroffen wird. Ist der Versorgungsausgleich nach § 3 Abs. 3 VersAusglG wegen **kurzer Dauer der Ehe** (bis drei Jahre) nicht durchzuführen, ist auch der Ansatz eines Verfahrenswertes nach den zuvor genannten Bestimmungen geboten. Gleiches gilt in den Fällen des § 18 Abs. 1, 2 VersAusglG, in denen wegen Geringfügigkeit kein Wertausgleich erfolgt. Da eine Sachprüfung zum Bestehen eines Anrechts und zur Frage des Ausgleichs zu erfolgen hat, ist auch Sinn und Zweck des § 50 FamGKG einen Verfahrenswert entsprechend festzusetzen, ebenso, wenn in einer Vereinbarung nach den §§ 6–8 VersAusglG auf die Durchführung des Versorgungsausgleichs verzichtet oder eine andere Form des Ausgleichs außerhalb des Regelungsbereichs des Versorgungsausgleichs gewählt wird.

§ 50 Abs. 2 FamGKG sieht für das **Auskunftsverfahren** nach § 4 VersAusglG (nicht nach § 220 FamFG) sowie die **Abtretung von Versorgungsansprüchen** nach § 21 VersAusglG eines schuldrechtlich auszugleichenden Anrechts einen **Festwert von 500,00 €** vor. Wird ein Auskunftsanspruch im Rahmen des Verbundverfahrens (als Stufenantrag) geltend gemacht, greift § 38 FamGKG ein; danach ist der höhere Wert maßgebend. Die Einholung von Auskünften durch das Familiengericht aufgrund der **verfahrensrechtlichen Auskunftspflicht** gem. § 220 Abs. 1 FamFG stellt dagegen keinen selbständigen Verfahrensteil dar, der einen Verfahrenswert nach § 50 Abs. 2 FamGKG auslöst, da dies im Rahmen der Ermittlung der auszugleichenden Anrechte von Amts wegen erfolgt. **1122**

§ 50 Abs. 3 FamGKG sieht eine allgemeine Billigkeitsklausel vor, die je nach den Umständen einen geringeren oder höheren Verfahrenswert zulässt.

XVI. Elektronischer Rechtsverkehr zwischen den Familiengerichten und den Versorgungsträgern

1. Grundlagen

In § 229 FamFG werden die Voraussetzungen zur Aufnahme eines elektronischen Rechtsverkehrs zwischen den Familiengerichten und den Versorgungsträgern geregelt. Sie beruht auf einem Vorschlag des Bundesrats in dessen Stellungnahme zum Regierungsentwurf (BT-Drucks. 16/10144, S. 120–122; Zustimmung der BReg. S. 128–129). § 229 Abs. 1 FamFG bestimmt, dass die in § 219 Nr. 2, 3 FamFG bezeichneten Beteiligten, also die **Versorgungsträger** an einem zur elektronischen Übermittlung eingesetzten Verfahren mit den Familiengerichten teilnehmen können. Der Sache nach geht es um den elektronisch geführten Austausch von Dokumenten zwischen den Versorgungsträgern und den Familiengerichten. Hierunter fallen sämtliche Verfahrensschritte des Versorgungsausgleichsverfahren, also die Anforderung der Auskunft (Auskunftsersuchen der Familiengerichte) an die Versorgungsträger, die Übermittlung der Auskunft an das Familiengericht, die Übermittlung der Endentscheidung sowie die Bestätigung des Empfangs der Endentscheidung. Bei den Gerichten wird hierzu ein elektronisches Gerichts- und Verwaltungspostfach (EGVP) eingerichtet. Die Teilnahme an diesem Verfahren ist für beide Seiten freiwillig. Ein förmliches Aufnahmeverfahren sieht die Regelung nicht vor; sie wird durch faktisches Handeln aufgenommen. Nach § 229 Abs. 1 Satz 2 FamFG kann ein Dritter mit der elektronischen Übermittlung beauftragt werden; dies entspricht § 15 Abs. 2 FamFG bzw. § 168 Abs. 1 ZPO. **1123**

2. Technische Vorgaben

1124 § 229 Abs. 2 FamFG beschreibt die einzuhaltenden Standards. Nach Nr. 1 muss das Übermittlungsverfahren bundeseinheitlich sein, was bei dem bereits bei den Gerichten bestehenden System des Elektronischen Gerichts- und Verwaltungspostfach gewährleistet ist (in den Registergerichten bereits im Einsatz). Nr. 2 verlangt die Sicherstellung der Authentizität und Integrität der Daten. Dies entspricht dem Standard anderer Regelungen (§ 55a Abs. 1 VwGO) bei Übermittlung eines elektronischen Dokuments an das Gericht. Die Notwendigkeit einer qualifizierten elektronischen Signatur ergibt sich aus den jeweils geltenden Verfahrensbestimmungen. Nach Nr. 3 ist bei Nutzung der allgemein zugänglichen Netze zur Sicherung der Daten ein Verschlüsselungsverfahren einzusetzen.

3. Nutzungspflicht

1125 § 229 Abs. 3 FamFG sieht vor, dass im Auskunftsverfahren, also das Auskunftsersuchen und die Auskunftserteilung, das Übermittlungsverfahren von den Familiengerichten und den Versorgungsträgern zu nutzen ist. Die Regelung stellt eine Ordnungsvorschrift dar, die zu keinen Sanktionen bei deren Nichteinhaltung führt, wenn die Bekanntgabe weiterhin in Papierform erfolgt. Nach § 229 Abs. 4 FamFG soll dieses Übermittlungsverfahren auch für die Zustellung der gerichtlichen Entscheidungen genutzt werden. Die Übermittlung der Entscheidungen, die ausschließlich Entscheidungen in Versorgungsausgleichssachen betrifft, ist eine förmliche Zustellung i. S. d. § 41 Abs. 1 Satz 2 FamFG. Insoweit wird das Ermessen der Form der Übermittlung i. S. d. Bekanntgabe durch die Geschäftsstelle eingeschränkt, so bald die technischen Voraussetzungen gegeben sind. § 229 Abs. 5 FamFG erleichtert den Nachweis der Zustellung bei elektronischer Übermittlung an den Versorgungsträger; dies entspricht den bereits bestehenden Regelungen nach § 15 Abs. 2 FamFG i. V. m. § 174 Abs. 3 Satz 2 ZPO, die ein elektronisches Empfangsbekenntnis zulassen, das aber von den Gerichten manuell ausgewertet werden muss. § 229 Abs. 5 FamFG geht insoweit weiter und lässt eine automatisch erzeugte Eingangsbestätigung des elektronischen Postfachs des Versorgungsträgers als Zustellungsnachweis genügen. Das technische System stellt sicher, dass eine fehlgeschlagene Übermittlung dem Versender sofort angezeigt wird.

12. Kapitel
Übergangsvorschriften zum Gesetz zur Strukturreform des Versorgungsausgleichs

I. Allgemeine Übergangsvorschriften

1. Problemstellung

In den Übergangsvorschriften der §§ 48–54 VersAusglG (Teil 3) sowie Art. 111 Abs. 3–5 FGG – ReformG in der Fassung des Art. 22 VAStrRefG sind mehrere Regelungsbereiche enthalten. **1126**
- § 48 VersAusglG bestimmt, auf welche Verfahren das bis zum 31.08.2009 geltende Recht anzuwenden ist und welche Verfahren in das neue materielle Recht und Verfahrensrecht übergeleitet werden.
- In Art. 111 Abs. 3–5 FGG-RefG (in der Fassung von Art. 22 VAStrRefG) sind die entsprechenden verfahrensrechtlichen Regelungen zu § 48 VersAusglG enthalten. Diese Bestimmungen sind auf die Regelungen des § 48 Abs. 1–3 VersAusglG abgestimmt.
- § 51 VersAusglG legt fest, wie ein nach dem bis zum 31.08.2009 geltenden Recht durchgeführter öffentlich-rechtlicher Versorgungsausgleich abzuändern ist.
- § 53 VersAusglG bestimmt, wie ein Teilausgleich bei Ausgleichsansprüche nach der Scheidung zu bewerten ist.
- § 50 VersAusglG bestimmt die Voraussetzungen, nach denen ein nach § 2 Abs. 1 Satz 2 VAÜG ausgesetztes Verfahren zum Versorgungsausgleich wieder aufgenommen wird.
- Auch in Verfahren, die nach den §§ 4, 5 ff. VAHRG a. F. eine **nachträgliche Anpassung** einer Entscheidung zum öffentlich-rechtlichen Versorgungsausgleich betreffen, werden nach § 49 VersAusglG nach dem bis zum 31.08.2009 geltenden Recht beschieden, wenn der Antrag beim zuständigen Versorgungsträger vor dem 01.09.2009 eingegangen ist. Insoweit greift aber, anders als in § 48 Abs. 2, 3 VersAusglG, nicht das neue Recht in den dort geregelten Fällen ein (BT-Drucks. 16/10144 S. 87). Die Grundsätze gelten ferner, wenn sich an den vor dem 01.09.2009 eingeleiteten Antrag ein gerichtliches Verfahren bei dem zuständigen Fachgericht anschließt (Sozialgericht zur gesetzlichen Rentenversicherung, Verwaltungsgericht zur Beamtenversorgung).
- § 54 VersAusglG erklärt Übergangsvorschriften früherer Rechtsänderungen weiterhin für anwendbar.

Insbesondere die Regelungen des § 48 VersAusglG und des Art. 111 Abs. 3–5 FGG-ReformG sind in materiell-rechtlicher und verfahrensrechtlicher Hinsicht aufeinander abgestimmt. Die getroffenen Regelungen werden den Bedürfnissen der anwaltlichen und gerichtlichen Praxis gerecht, weil sie einen alsbaldigen Übergang in das neue Verfahrens- und materielle Recht ermöglichen.

2. Inhalt der Änderungen

Die grundlegende Vorschrift zu den Übergangsbestimmungen ist § 48 VersAusglG. Diese legt den **Stichtag** fest, bis zu dessen Eintreten das alte bzw. neue Recht anzuwenden ist. Stichwortartig gelten folgende Übergangsbestimmungen: **1127**

Kapitel 12   Übergangsvorschriften zum Gesetz zur Strukturreform des VA

a) Für Verfahren, die ab dem 01. 09. 2009 eingeleitet werden (i. S. d. Art. 111 Abs. 1 FGG-ReformG in der Fassung des Art. 22 VAStrRefG), ist das reformierte materielle Recht des Versorgungsausgleichs nach dem VersAusglG und das neue Verfahrensrecht des FamFG anzuwenden (§§ 217–229 FamFG).

b) Für Verfahren, die vor dem 01. 09. 2009 eingeleitet werden oder deren Einleitung beantragt wird, verbleibt es grundsätzlich bei dem bis zum 31. 08. 2009 geltenden materiellen Recht (§§ 1587–1587 p BGB a. F.) sowie dem Verfahrensrecht nach der ZPO, dem FGG und dem VAHRG. Dies gilt auch, wenn sich das Verfahren am 01. 09. 2009 in der **Beschwerdeinstanz** befand; das Beschwerdegericht hat weiterhin die bis zum 31. 08. 2009 geltenden Bestimmungen anzuwenden.

c) Nach § 48 Abs. 2 VersAusglG ist jedoch aus den dort genannten besonderen Gründen für die sogenannten **Altfälle** (auch Verbundverfahren) das ab dem 01. 09. 2009 geltende materielle Recht (VersAusglG) und Verfahrensrecht (FamFG) anzuwenden. Dies wird in Art. 111 FGG-ReformG (in der Fassung von Art. 22 VAStrRefG) umgesetzt, so dass die notwendige Harmonisierung von materiellem Recht und Verfahrensrecht auch in den Übergangsfällen gewahrt bleibt. Danach ist das neue materielle Recht und das neue Verfahrensrecht anzuwenden, wenn,

(1) ein Versorgungsausgleichsverfahren **am 01. 09. 2009** abgetrennt oder ausgesetzt ist oder dessen Ruhen angeordnet war (§ 628 Satz 1 Nr. 4 ZPO a. F., § 53 c FGG a. F., § 2 Abs. 1 Satz 2 VAÜG, § 614 ZPO a. F. bei Aussetzung der Scheidungssache oder Anordnung des Ruhens nach § 251 ZPO);

(2) ein Versorgungsausgleichsverfahren **nach dem 01. 09. 2009** abgetrennt oder ausgesetzt oder das Ruhen des Verfahrens angeordnet wird;

(3) am **31. 08. 2010 im ersten Rechtszug** (also **ein Jahr nach Inkrafttreten** des VAStrRefG) noch keine Endentscheidung erlassen worden ist. Diese Regelung gilt i. V. m. Art. 111 Abs. 5 Satz 1, 2 FGG-ReformG nicht nur für die nach dem 31. 08. 2009 weiterbetriebenen selbständigen Versorgungsausgleichsverfahren, sondern auch für **Verbundverfahren**, in denen der Versorgungsausgleich durchzuführen ist und die nach der AktO weggelegt worden sind. Dies hat zur Folge, dass nicht nur die Scheidungssache, sondern auch weitere Folgesachen (nachehelicher Unterhalt, Zugewinn) **nach den Bestimmungen des FamFG weitergeführt** werden, unabhängig davon, ob weitere Folgesachen vor oder nach dem 01. 09. 2009 rechtshängig gemacht wurden oder werden.

(4) Verfahren, die am **01. 09. 2010 beim Beschwerdegericht noch nicht erledigt** sind und auf dem bis zum 31. 08. 2009 bestehenden Rechtszustand beruhen, werden weiterhin auf der Grundlage des bis zum 31. 08. 2009 geltenden Rechts beschieden.

d) Die Regelung des § 48 Abs. 2 Nr. 1 VersAusglG erfasst auch **abgetrennte Verfahren**, die unmittelbar nach Abtrennung (vor dem 1. 9. 2009) vom Entscheidungsverbund weiter betrieben wurden und am 1. 9. 2009 noch nicht rechtskräftig abgeschlossen waren. Dies gilt unabhängig davon, ob sie noch beim Familiengericht oder in der Rechtsmittelinstanz beim Oberlandesgericht oder dem BGH geführt werden. Zwar sah der RegE zum VAStrRefG vom 20. 8. 2008 (BT-Drucks. 16/10144 S. 16) in § 48 S. 2 VersAusglG-E vor, dass diese Verfahren erst dann in das neue (materielle) Recht übergeführt werden sollten, wenn sie nach dem 31. 8. 2009 wieder aufgenommen oder sonst weiter betrieben werden. Diese Regelung wurde aber weder in § 48 Abs. 2 Nr. 1 VersAusglG noch in Art. 111 Abs. 4 FGG-RefG (i. d. F. von Art. 22 VAStrRefG) übernommen, sondern der Verfahrensvorgang der Abtrennung nach § 628 S. 1 ZPO a. F. mit dem Ruhen des Verfahrens (§ 251 ZPO) und dem Aussetzen des Verfahrens (§ 614 ZPO a. F.; § 53 c

FGG a. F.) gleichgesetzt. In der Begründung zu Beschlussempfehlung und Bericht des Deutschen Bundestages (BT-Drucks. 16/1903 S. 113) wird ausdrücklich darauf hingewiesen, dass die abgetrennten Verfahren unabhängig von der Unterbrechung von Verfahrenshandlungen in das neue Recht überführt werden sollen. Insoweit wird der im RegE enthaltene Grundsatz, dass erst aufgrund eines besonderen Verfahrensaktes in das neue Recht übergewechselt werden kann, im Einklang mit dem Ziel der Übergangsregelungen, auch Altverfahren alsbald in das neue Recht überzuleiten, aufgegeben. Konkret bedeutet dies, dass in allen Fällen der Abtrennung ab dem 1. 9. 2009 **neue Auskünfte auf der Grundlage des neuen materiellen Rechts** sowie Verfahrensrechts einzuholen sind und der Ausgleich nach den §§ 9–19, 28 VersAusglG vorzunehmen ist.

II. Wiederaufnahme von ausgesetzten Verfahren nach dem VAÜG

§ 50 Abs. 1 VersAusglG sieht vor, dass einerseits auf Antrag eines Ehegatten oder eines Versorgungsträgers ein ausgesetzter Versorgungsausgleich wieder aufzunehmen ist; der Antrag nach § 50 Abs. 1 Nr. 1 VersAusglG ist gem. § 50 Abs. 2 VersAusglG **frühestens 6 Monate** vor dem Zeitpunkt zulässig, ab dem aufgrund des Versorgungsausgleichs voraussichtlich Leistungen zu erbringen oder zu kürzen wären. Ferner enthält § 50 Abs. 1 Nr. 2 VersAusglG eine generelle Wiederaufnahme der nach § 2 Abs. 1 Satz 2 VAÜG ausgesetzten Verfahren unabhängig vom Eintreten eines Leistungsfalls; danach ist **von Amts wegen nach Ablauf von einer Frist von 5 Jahren** nach Inkrafttreten des reformierten Versorgungsausgleichs das Verfahren wieder aufzunehmen, also bis spätestens zum 01. 09. 2014. Da in einer starren Regelung eine besondere Belastung der Familiengerichte in den neuen Bundesländern gesehen wird, enthält § 50 Abs. 1 Nr. 2 VersAusglG lediglich eine Sollbestimmung (eingehend Rdn. 338 ff., 353)

1128

III. Abänderung des öffentlich-rechtlichen Versorgungsausgleichs, § 51 VersAusglG

1. Überblick

§ 51 Abs. 1–3 VersAusglG regelt die Zulässigkeit der Abänderung des öffentlich-rechtlichen Versorgungsausgleichs nach den §§ 1587 ff. BGB a. F. Die Regelung erfasst damit auch Verfahren, die nach dem 01. 09. 2009 nach den Bestimmungen des bis dahin geltenden Rechts rechtskräftig abgeschlossen wurden. Dies erfolgt allerdings nicht auf der Grundlage des § 10 a VAHRG a. F. Vielmehr werden die Bestimmungen an das neue Recht angepasst.

1129

- Es erfolgt eine **Totalrevision** nach neuem Recht, soweit die Abänderungsvoraussetzungen vorliegen. Das bedeutet, dass die Fehlerkorrektur auf der Grundlage des neuen Ausgleichssystems gem. der §§ 9–19 VersAusglG erfolgt.
- Hierbei bleiben allerdings Anrechte, die nach bisherigem Recht nicht dem Versorgungsausgleich unterlagen, im Abänderungsverfahren unberücksichtigt (vor allem betriebliche Altersversorgungen auf Kapitalbasis – Versorgungskonten).
- Die Voraussetzungen einer wesentlichen Änderung i. S. d. § 51 Abs. 1 VersAusglG ergeben sich aus § 51 Abs. 2, 3 VersAusglG.
- Nach § 51 Abs. 5 VersAusglG i. V. m. § 225 Abs. 5 FamFG muss sich die Abänderung **zugunsten eines Ehegatten oder seiner Hinterbliebenen auswirken**. Ferner ist nach § 51 Abs. 5 VersAusglG i. V. m. § 225 Abs. 4 FamFG das Abände-

rungsverfahren zulässig, wenn hierdurch eine für die ausgleichsberechtigte Person maßgebende **Wartezeit** erfüllt wird.
- Die Voraussetzungen einer Abänderung liegen auch dann vor, wenn eine solche nur hinsichtlich **eines Anrechts** (bei mehreren Anrechten) in Betracht kommt.
- Das Abänderungsverfahren wird nur auf **Antrag eingeleitet**; dies folgt aus § 52 Abs. 1 VersAusglG, der auf § 226 FamFG verweist. Nach § 226 Abs. 1 FamFG sind antragsberechtigt die Ehegatten, ihre Hinterbliebenen und die von der Abänderung betroffenen Versorgungsträger.

2. Regelungsbereich des § 51 VersAusglG

a) Regelungsprinzip der Abänderung nach § 51 VersAusglG

1130 Die Regelung des § 51 VersAusglG beruht auf dem verfassungsrechtlichen Gebot, dass die nach dem bis zum 31.08.2009 bestehenden Abänderungsmöglichkeiten gem. § 10 a VAHRG a. F. zur Wahrung des Halbteilungsgrundsatzes aufrecht erhalten bleiben müssen und deshalb der Korrektur bedürfen. Dies bezieht sich zum einen auf die Tatsache dass im Versorgungsausgleich regelmäßig nur Anrechte ausgeglichen werden, die im Zeitpunkt der Scheidung nur als Anwartschaft bestehen und sich noch nicht vollständig entwickelt haben und insbesondere bis zum Eintritt des Versorgungsfalls Änderungen unterliegen (s. BT-Drucks. 16/10144 S. 88 unter Bezug auf BVerfG 1993, 161). Auch haben die bis zum 31.08.2009 geltenden Ausgleichsmechanismen der Angleichung von Anrechten an die Dynamik der gesetzlichen Rentenversicherung und Beamtenversorgung gem. der Barwertverordnung zu Ergebnissen geführt, die das **Prinzip der angemessenen Teilhabe verfehlen** (s. etwa BVerfG FamRZ 2006, 1000; FamRZ 2006, 1002 m. Anm. *Glockner/Borth*; s. auch Rdn. 1145). Dem begegnet das Gesetz durch die erweiterte Möglichkeit einer Abänderung von Entscheidungen zum öffentlich-rechtlichen Versorgungsausgleich in den §§ 51, 52 VersAusglG. Hierzu lässt es weiterhin das Prinzip der Totalrevision zu, nimmt allerdings die Korrektur auf der Grundlage des neuen Ausgleichssystems zum Wertausgleich bei der Scheidung gem. den §§ 9–19 VersAusglG vor. Das bedeutet, dass der Teilungsmechanismus des bis zum 31.08.2009 bestehenden Rechts nicht mehr angewandt werden kann, um zu vermeiden, dass das alte Recht über das Abänderungsverfahren weiterhin in Kraft bleibt. Damit erfolgt bei Vorliegen der Voraussetzung einer wesentlichen Wertveränderung, die in § 51 Abs. 2 VersAusglG sowie § 51 Abs. 3 VersAusglG definiert wird und den zuvor dargelegten verfassungsrechtlichen Risiken begegnen will, die Korrektur der abzuändernden Entscheidung durch die interne Teilung oder externe Teilung, so dass auch in Bezug auf die »*Altverfahren*« die Schwäche des schuldrechtlichen Versorgungsausgleich in den Fällen vermieden wird, in denen nach dem bis zum 31.08.2009 geltenden Recht nur ein Teilausgleich öffentlich-rechtlich vorgenommen werden konnte (z. B. Überschreiten der Höchstgrenze in der gesetzlichen Rentenversicherung nach § 1587 b Abs. 5 BGB a. F. i. V.m. § 76 Abs. 2 Satz 3 SGB VI a. F.; Anrecht auf die sogenanne Versorgungsrente zur Zusatzversorgung des öffentlichen Dienstes bei einer Entscheidung vor der Strukturumwandlung zum 01.01.2002, die wegen der Verfallbarkeit der Höhe nach nicht ausgeglichen werden konnte).

b) Keine Ausweitung der Abänderungsmöglichkeit – Begrenzung auf Ausgleich von Rentenanrechten

1131 Nach der Begründung des Regierungsentwurfs (BT-Drucks. 16/10144 S. 88 f.) soll die Abänderung der »*Altentscheidungen*« zum öffentlich-rechtlichen Versorgungs-

III. Abänderung des öffentlich-rechtlichen Versorgungsausgleichs, § 51 VersAusglG

ausgleich entsprechend dem in § 10 a VAHRG a. F. enthaltenen **Grundsatz der Totalrevision** erfolgen. Dies bedeutet aber nicht, dass Anrechte auf eine Versorgung, die nach dem bis zum 31. 08. 2009 geltenden Recht dem Versorgungsausgleich nicht unterlagen, nunmehr aber gem. § 2 Abs. 2 Nr. 3 VersAusglG in den dort geregelten Fällen einer Kapitalleistung in den Versorgungsausgleich nach neuem Recht einbezogen werden, im Abänderungsverfahren nach § 51 Abs. 1 VersAusglG erfasst werden könnten. Dies gilt vor allem in Bezug auf die sogenannten **Versorgungskonten** bei einer Zusage gem. dem BetrAVG, die im Leistungsfall entweder eine Rentenleistung oder alternativ eine Kapitalleistung vorsehen (eingehend Rdn. 74 ff.), die nach der Rechtsprechung des BGH (grundlegend FamRZ 2003, 153 – Anrecht der Fa. Bosch) dem Güterrecht zugeordnet wurden. Gleiches gilt für eine Zusage zur betrieblichen Altersversorgung, die eine **reine Kapitalleistung** vorsieht, aber z. B. wegen Überschuldung der ausgleichpflichtigen Person oder eines höheren Zugewinns des anderen Ehegatten nicht im Zugewinn zum Ausgleich kam. Insoweit verbleibt es bei den zu § 1587 Abs. 1, 3 BGB a. F. vorgenommenen Abgrenzungen (eingehend Vorauflage Rn. 45 ff.).

c) Keine Umsetzung der Totalrevision bei vergessenen und nach § 2 VAHRG nicht ausgeglichenen Versorgungen

Die Abänderung einer »*Altentscheidung*« richtet sich nach den in § 51 Abs. 2 VersAusglG sowie § 51 Abs. 3 VersAusglG geregelten Wesentlichkeitsbestimmungen; § 51 Abs. 1 VersAusglG spricht ausdrücklich nur von Entscheidungen über einen öffentlich-rechtlichen Versorgungsausgleich, die nach dem bis zum 31. 08. 2009 geltenden Recht getroffen wurden. Sie erfassen lediglich die **Wertänderung eines bereits ausgeglichenen Anrechts**, also nicht ein Anrecht, das in der Erstentscheidung nicht in die Entscheidung einbezogen, d. h. übersehen wurde. Hierauf weist auch der Regierungsentwurf hin (BT-Drucks. 16/10144 S. 89). Allerdings hat der BGH in dem Fall der Nichtberücksichtigung eines Anrechts einen Anwendungsfall des § 10 a Abs. 1 Nr. 1 VAHRG a. F. gesehen (FamRZ 1993, 796 – anders als im Fall einer sogenannten Negativentscheidung s. BGH FamRZ 1989, 37, 39; FamRZ 1996, 282; s. Rdn. 1081). Es stellt sich deshalb die Frage, ob der verfassungsrechtlich geschützte Grundsatz des Vertrauensschutzes eine analoge Anwendung des § 51 Abs. 3 VersAusglG erfordert, um ein solches Anrecht dennoch erfassen zu können, was nach den Bestimmungen des § 51 Abs. 2 VersAusglG i. V. m. § 225 Abs. 2 FamFG nicht möglich ist (eingehend Rdn. 1080), weil danach Voraussetzung für eine Abänderung ist, dass eine **rechtliche oder tatsächliche Veränderung nach dem Ende der Ehezeit** eintritt. Da nach dem bis zum 31. 08. 2009 geltenden Recht jede Wertabweichung erfasst werden konnte, zu der auch eine nicht berücksichtigte Versorgung gehörte, entspricht es dem Regelungszweck des § 51 Abs. 1 VersAusglG, eine verfassungsrechtlich nicht zulässige Ungleichbehandlung zu vermeiden, auch bei solchen Anrechten eine Abänderung zuzulassen. **1132**

Dieselbe Problematik stellt sich bei Anrechten zur betrieblichen Altersversorgung sowie einer privaten Rentenversicherung, für die nach § 2 VAHRG i. V. m. § 3 b Abs. 1 Nr. 1, 2 VAHRG a. F. kein Ausgleich vorgenommen wurde. Der BGH hat hinsichtlich dieser der ausgleichsberechtigten Person ein **Wahlrecht für den schuldrechtlichen Versorgungsausgleich** eingeräumt (FamRZ 1993, 172 = NJW 1993, 3234). Hat die ausgleichsberechtigte Person hiervon Gebrauch gemacht, wurde der Ausgleich auf den schuldrechtlichen Versorgungsausgleich nach § 2 VAHRG verwiesen, was bedeutet, dass ein öffentlich-rechtlicher Versorgungsausgleich nicht stattgefunden hat, so dass auch kein Abänderungsverfahren nach § 51 Abs. 1 **1133**

Kapitel 12   Übergangsvorschriften zum Gesetz zur Strukturreform des VA

VersAusglG in Betracht kommt. Insoweit ist der Übergang in eine sichere Form des Wertausgleichs bei der Scheidung gem. den §§ 9–19 VersAusglG nicht möglich. Eine nach § 10 a Abs. 1 Nr. 3 VAHRG a. F. mögliche nachträgliche Erfassung eines solchen Anrechts im öffentlich-rechtlichen Versorgungsausgleich sieht § 51 VersAusglG nicht vor, so dass sich auch insoweit die Frage stellt, ob dies dem Ziel der Vermeidung einer ungleichen Behandlung entspricht. Nachdem das Gesetz, das in § 51 Abs. 3 VersAusglG den Fall einer Wertabweichung aufgrund einer zu starken Abzinsung eines Anrechts aufgrund der jeweils geltenden Barwertverordnung vorsieht, widerspräche es dem Regelungszusammenhang dieser Übergangsvorschrift, eine Abänderung eines solchen Anrechts in dem schwerer wiegenden Fall des nicht möglichen Ausgleichs zu versagen, wenn etwa wegen einer fehlenden Hinterbliebenenversorgung ein Ausgleichsanspruch gegen den Versorgungsträger nach § 25 VersAusglG ausscheidet.

> **Wichtiger Hinweis:**
> Während die neuen Regelungen zur Abänderung einer Entscheidung zum Versorgungsausgleich nach § 225 Abs. 1 FamFG nur die Abänderung eines Regelsicherungssystems i.S.d. § 32 VersAusglG vorsehen, lässt § 51 Abs. 1 VersAusglG auch die Abänderung von Anrechten der betrieblichen Altersversorgung sowie der privaten Rentenversicherung zu, soweit diese nach § 3 b Abs. 1, 2 VAHRG vollständig ausgeglichen wurden und ein Fall des Teilausgleichs nach § 51 Abs. 4 VersAusglG nicht vorliegt.
>
> Die Abänderung einer schuldrechtlichen Ausgleichsrente nach § 20 VersAusglG, deren Entstehensgrund in dem Recht vor dem 01.09.2009 liegt, erfolgt nach § 227 Abs. 1 FamFG i. V. m. § 48 Abs. 1 FamFG.

3.   Abänderung nur auf Antrag

1134   § 51 Abs. 1 VersAusglG bestimmt, dass eine Abänderung nur auf Antrag erfolgt. Das Verfahren wird deshalb – wie nach § 10 a Abs. 1 VAHRG a. F. – nur im Falle eines entsprechenden Verfahrensantrags eingeleitet. § 52 Abs. 1 VersAusglG gleicht die Voraussetzungen zur Durchführung des Abänderungsverfahrens i. S. d. § 51 Abs. 1 VersAusglG an das Verfahren zu § 225 FamFG an. Antragsberechtigt sind die Ehegatten, ihre Hinterbliebenen und die von der Abänderung betroffenen Versorgungsträger (s. a. Rdn. 1086). Da das Abänderungsverfahren eine Angelegenheit der freiwilligen Gerichtsbarkeit ist, bedarf es **keines bezifferten Antrags**; es reicht aus, dass aus dem Antrag das Rechtsschutzziel erkennbar wird (Rdn. 1086). Nach § 52 Abs. 1 VersAusglG i. V. m. § 226 Abs. 2 FamFG kann der Antrag frühestens sechs Monate vor dem Zeitpunkt gestellt werden, zu dem ein Ehegatte voraussichtlich aus dem auszugleichenden Anrecht eine laufende Versorgung bezieht oder dies aufgrund der Abänderung zu erwarten ist (s. a. Rdn. 1092). Im Fall des **Todes des Ehegatten**, der den Abänderungsantrag gestellt hat, greift § 226 Abs. 5 FamFG ein. In diesem Fall hat das Familiengericht die übrigen antragsberechtigten Beteiligten darauf hinzuweisen, dass das Verfahren nur fortgesetzt wird, wenn ein antragsberechtigter Beteiligter innerhalb der Frist von einem Monat dies durch Erklärung gegenüber dem Familiengericht verlangt. Wird eine Fortsetzung nicht begehrt, gilt das Verfahren als in der Hauptsache erledigt (eingehend Rdn. 1092, 1093).

III. Abänderung des öffentlich-rechtlichen Versorgungsausgleichs, § 51 VersAusglG

4. Zulässigkeit des Antrags auf Abänderung – Wesentlichkeitsgrenzen

a) Unterschiedliche Regelungen einer wesentlichen Wertänderung

Nach § 51 Abs. 1 VersAusglG erfolgt die Abänderung einer Entscheidung zum öffentlich-rechtlichen Versorgungsausgleich nur, wenn eine wesentliche Wertänderung vorliegt. Wann eine wesentliche Wertveränderung gegeben ist, wird in § 51 Abs. 2 VersAusglG sowie § 51 Abs. 3 VersAusglG bestimmt. Ferner kann nach § 51 Abs. 5 VersAusglG i. V. m. § 225 Abs. 4 FamFG ein Abänderungsverfahren durchgeführt werden, wenn durch dieses eine Wartezeit in der gesetzlichen Rentenversicherung erfüllt wird (eingehend Rdn. 1083, 592, 597). Ferner muss sich die Abänderung nach § 51 Abs. 5 VersAusglG i. V. m. § 225 Abs. 5 FamFG zugunsten eines Ehegatten oder seiner Hinterbliebenen auswirken. § 51 Abs. 2 VersAusglG betrifft die in § 225 Abs. 2 FamFG geregelten Fälle der Abänderung eines Anrechts **wegen tatsächlicher oder rechtlicher Veränderungen** nach dem Ende der Ehezeit (eingehend Rdn. 1082). § 51 Abs. 3 VersAusglG beinhaltet eine weitere Fallgruppe der Abänderung. Nach dieser Bestimmung ist eine Abänderung aufgrund der »*Wertverzerrungen*« möglich, die sich durch die Angleichung von nicht volldynamischen Anrechten gem. § 1587a Abs. 2 Nr. 3–5 BGB a. F. aufgrund der nach § 1587a Abs. 3, 4 BGB a. F. i. V.m. der Barwertverordnung aufgrund einer im Verhältnis zur Anpassung der gesetzlichen Rentenversicherung zu starken Abzinsung ergeben haben. Hiervon sind vor allem Anrechte der betrieblichen Altersversorgung i. S. d. § 1587a Abs. 2 Nr. 3 BGB a. F. sowie Anrechte der berufsständischen Versorgungen betroffen, die keine Volldynamik in der Anwartschafts- und Leistungsphase enthalten haben (s. hierzu Rdn. 1130).

1135

b) Voraussetzungen der Änderung nach § 51 Abs. 2 VersAusglG

Die Abänderung einer Entscheidung zum Versorgungsausgleich nach § 51 Abs. 2 VersAusglG erfolgt bei den folgenden Voraussetzungen:
– es muss eine Veränderung des Anrechts aufgrund rechtlicher oder tatsächlicher Umstände vorliegen;
– die Änderung muss nach dem Ende der Ehezeit eingetreten sein, die sich auf den ehezeitbezogenen Ausgleichswert i. S. d. § 5 Abs. 1, 3 VersAusglG auswirkt;
– es muss eine wesentliche Änderung i. S. d. § 225 Abs. 3 FamFG vorliegen.

1136

c) Wertabweichung aufgrund rechtlicher oder tatsächlicher Veränderungen

Nach § 51 Abs. 2 VersAusglG i. V. m. § 225 Abs. 2 FamFG muss die Wertabweichung aufgrund rechtlicher oder tatsächlicher Veränderungen nach dem Ende der Ehezeit eingetreten sein. Eine solche Sachlage war bereits nach dem bis zum 31.08.2009 geltenden Rechtszustand der häufigste Fall einer Abänderung nach § 10a Abs. 1 Nr. 1 VAHRG a. F. Hierbei handelt es sich um die folgenden Sachlagen:

1137

aa) Änderungen in der gesetzlichen Rentenversicherung

In der gesetzlichen Rentenversicherung traten seit der Einführung des Versorgungsausgleichs zum 01.08.1977 durch das 1. EheRG zahlreiche Rechtsänderungen ein; dies gilt in besonderem Maße für das Rentenreformgesetz 1992, das Rentenüberleitungsgesetz (RÜG) und das RRG 1999, mit denen die gesetzliche Rentenversicherung grundlegend neu gestaltet wurde. Dies bewirkt faktisch, dass im Grunde bei sämtlichen Entscheidungen zum Versorgungsausgleich, in de-

1138

nen die Ehegatten noch keine Versorgungen bezogen, Änderungen eingetreten sind (die überwiegend in ihrem Umfang aber nicht wesentlich sind).

(1) **Beitragsfreie Zeiten** wurden bis zum 31.12.1991 nur dann berücksichtigt, wenn die sogenannte Halbbelegung vorlag. Diese Anrechnungsvoraussetzung wurde durch das RRG 1992 beseitigt; insoweit gilt das Beitragsdichtemodell (zur Bewertung solcher Zeiten Rdn. 213 ff., 230 ff.). Hieraus können sich erhebliche Abweichungen ergeben, wenn wegen der fehlenden Halbbelegung eine Bewertung der beitragsfreien Zeiten durch das RRG 1992 erfolgt.

(2) Auch die Berechnung der **Ausbildungszeiten** wurde seit 1977 wiederholt geändert. Durch das RRG 1992 wurde eine erhebliche Kürzung dieser Zeiten festgelegt, die durch das Wachstums- und Beschäftigungsförderungsgesetz vom 25.09.1996 (BGBl I 1461) erneut erheblich verschlechtert wurden (s. Rdn. 301, 305).

(3) **Zurechnungszeiten** werden seit dem 01.01.1992 ebenfalls gänzlich neu bestimmt; insbesondere wird diese vom 55. Lebensjahr auf das 60. Lebensjahr verlängert; auch die Halbbelegung ist nicht mehr für deren Anerkennung erforderlich (zu den Einzelheiten Rdn. 306).

(4) Neu eingeführt wurden durch das RRG 1992 die **Berücksichtigungszeiten**, die sich bei vorhandenen Lücken des Versicherungsverlaufes rentensteigernd auswirken können (Rdn. 314, 322 f.).

(5) Die Bewertung der **ersten fünf Kalenderjahre** wurde durch das RRG 1992 geändert (Rdn. 320) und durch das Wachstums- und Beschäftigungsförderungsgesetz vom 25.09.1996 (BGBl I 1461) erneut neu geregelt; danach werden die Entgeltpunkt nur noch aus den tatsächlich abgeführten Beiträgen erworben (eingehend Rdn. 320), was zu einer Minderung des Rentenerwerbs führt.

(6) **Ersatzzeiten** wurden mehrfach geändert; auch diese gehen nach dem RRG 1992 in die Gesamtleistungsbewertung ein (s. Rdn. 305).

(7) Die Regelungen zur **Rente nach Mindesteinkommen** – jetzt Rente nach Mindestentgeltpunkten – wurden mehrfach geändert, in ihrem grundsätzlichen Ansatz aber beibehalten (eingehend Rdn. 314, 320).

(8) Zeiten der **Kindererziehung** nach dem 01.01.1986 in Kraft getretenen Hinterbliebenen- und Erziehungszeitengesetz vom 11.07.1985 (BGBl I 1450) werden für Mütter und Väter anerkannt, die nach dem 31.12.1920 geboren sind. Die in §§ 1227a, 1251a RVO; §§ 2a, 28a AVG a. F. enthaltenen Regelungen wurden in das RRG 1992 übernommen, die nach §§ 3 Satz 1 Nr. 1, 56 Abs. 1, 249 Abs. 1 SGB VI für Kinder, die ab dem 01.01.1992 geboren wurden, drei Jahre (davor ein Jahr) als Kindererziehungszeit anerkennen (eingehend Rdn. 301, 321). Ab dem 01.07.1998 traten nach dem Rentenreformgesetz 1999 (BGBl I 2998) zu den Kindererziehungszeiten erneut Änderungen ein; danach werden für jeden Kalendermonat 0,0833 Entgeltpunkte (bisher 0,065) anerkannt, die im Übrigen mit sonstigen Beitragszeiten nicht verrechnet, sondern additiv anerkannt werden, § 70 Abs. 2 SGB VI (damit wurde der Forderung des BVerfG – FamRZ 1996, 1137, 1139 = NJW 1996, 2293, 2295 – Rechnung getragen; eingehend Rdn. 301).

(9) Ferner tritt eine Veränderung der Ermittlung der Entgeltpunkte (vor 01.01.1992 Werteinheiten) ein, da das RRG 1992 im Jahr des Rentenfalls und dem vorangehenden Jahr ein vorläufiges Durchschnittsentgelt festlegt, so dass eine geringere Entgeltpunktezahl entsteht (eingehend Rdn. 315).

(10) Zu weiteren Änderungen s. Rdn. 280 ff.

III. Abänderung des öffentlich-rechtlichen Versorgungsausgleichs, § 51 VersAusglG

bb) Änderungen in der Beamtenversorgung

Auch die Beamtenversorgung hat wiederholt Änderungen im BeamtVG erfahren, zuletzt durch das Dienstrechtsreformgesetz. Zu erwähnen sind: **1139**
(1) Wegfall der Anrechnungsbestimmungen des § 10 Abs. 2 BeamtVG a. F. durch das zweite HStrukG vom 22.12.1981 (BGBl I 1523). Danach galt für Beamte, die vor dem 01.01.1966 in das Beamtenverhältnis eingetreten sind, eine günstigere Anrechnungsregelung der gesetzlichen Rentenversicherung auf die Beamtenversorgung. Diese ist durch Art. 2 Nr. 7 des 2. HStrukG entfallen, so dass ab dem 01.01.1982 die ungünstigere Kürzung nach § 55 BeamtVG gilt.
(2) Wegfall des örtlichen Sonderzuschlags für Beamte mit Wohnsitz in Berlin gem. Art. 1 Nr. 2a des 2. HStrukG vom 22.12.1981 (BGBl I 1523) (zum degressiven Ausgleichsbetrag BGH FamRZ 1984, 565, 568).
(3) Durch das Gesetz zur **Änderung des BeamtVG** vom 18.12.1989 (BGBl I 2218) wurden die Regelungen zur Zurechnungszeit nach § 13 BeamtVG (bis zur Vollendung des 60. Lebensjahres zwei Drittel als ruhegehaltsfähige Dienstzeit; jetzt ein Drittel nach dem Dienstrechtsreformgesetz) geändert (eingehend Rdn. 232). Ferner wurde die Bestimmung des Ruhegehaltssatzes nach § 14 BeamtVG geändert, nach dem die Höchstgrenze von 75% erst nach vierzig Dienstjahren erreicht wird (bis 31.12.1991 nach 35 Dienstjahren; eingehend Rdn. 235 mit Schaubild).
(4) Erhebliche Änderungen treten durch das **Dienstrechtsreformgesetz** ein (s. Rdn. 212 ff.), ferner durch das Versorgungsänderungsgesetz 2001 (Rdn. 128) sowie das Dienstrechtneuordnungsgesetz des Bundes (Rdn. 206, 213, 234).

cc) Veränderungen aufgrund individueller Umstände können sich ergeben bei

(1) Eintritt einer **vorzeitigen Dienstunfähigkeit** oder **vorzeitigem Ruhestand** (Rdn. 218, 239; OLG Celle FamRZ 1989, 985; OLG Hamm FamRZ 1990, 173; BGH FamRZ 1991, 1415). Folge des vorzeitigen Versorgungsbezugs kann eine Erhöhung der Versorgung sein, wenn der Ruhegehaltssatz sich nicht verändert, aber bei der Bildung des Zeit-Zeit-Verhältnisses sich ein höherer Quotient ergibt, weil die Gesamtversorgung in kürzerer Zeit erworben wurde. Vermindert sich der Gesamtversorgungswert wegen eines geringeren Ruhegehaltssatzes, erhöhe sich aber dennoch der Ehezeitanteil, ist nach § 10a Abs. 3 VAHRG eine Billigkeitsprüfung vorzunehmen. **1140**
(2) **Entfernung aus dem Dienstverhältnis** unter Aberkennung des Ruhegehalts und anschließender Nachversicherung (BGH FamRZ 1989, 1058; Rdn. 224).
(3) **Besoldungserhöhungen** mit rückwirkender Kraft (Rdn. 217).
(4) Verlängerung der **Teilzeitbeschäftigung** und **Beurlaubung** eines Beamten (eingehend Rdn. 220 sowie Rdn. 241, 242).
(5) Übernahme eines Beamten auf Widerruf oder Soldaten auf Zeit in ein Beamtenverhältnis auf Lebenszeit (Rdn. 200 f.).

dd) Betriebliche Altersversorgung

Im Bereich der betrieblichen Altersversorgung kann sich eine veränderte Bewertung ergeben: **1141**
(1) bei einer Änderung der maßgeblichen Versorgungsordnung, Satzung, Tarifvertrag oder Einzelzusage;
(2) wenn die in einer Satzung oder entsprechenden Regelung vorgenommene Dynamisierung nach Ehezeitende geändert wurde;

(3) bei Eintritt einer vorzeitigen Invalidität bzw. der Bezug der flexiblen Altersrente (s. BGH NJW 1990, 1480 in Abänderung zu BGHZ 98, 390 = FamRZ 1987, 145);
(4) bei Veränderung der Dynamik eines Anrechts insbesondere im Fall des § 2 Abs. 5 BetrAVG, die wegen ihrer Verfallbarkeit bei der Erstentscheidung nicht berücksichtigt wurde (Rdn. 512; ferner OLG Celle FamRZ 1989, 985 – dort zur Aktualisierung einer Teildynamik);
(5) bei Veränderung des Anrechts aufgrund des Widerrufs der Versorgungszusage (Rdn. 381);
(6) bei Ausscheiden des Arbeitnehmers aus dem Betrieb vor der festen Altersgrenze nach Ende der Ehezeit; in diesen Fällen gewährt die Satzung/Versorgungszusage in vielen Fällen keine Zusage im Invaliditätsfall, so dass sich auch der Wert der Versorgung ändert;
(7) wenn der Arbeitgeber eine betriebliche Altersversorgungszusage (teilweise) widerruft, weil sich dessen wirtschaftliche Lage nachhaltig verschlechtert (Fa. AEG);
(8) weitere Änderungen ergeben sich durch das Altersvermögensgesetz (Rdn. 354) und das Alterseinkünftegesetz (Rdn. 385);
(9) bei einer Systemumstellung der Zusatzversorgung des öffentlichen Dienstes (Rdn. 434 ff.);

ee) Sonstige Versorgungen

1142 Bei sonstigen Versorgungen (berufsständische Versorgungen) ergeben sich vor allem bei Satzungsänderungen Veränderungen in der Bewertung (Veränderung der Dynamik, andere Bestimmung der Rentenhöhe). Wird eine wesentliche Abweichung geltend gemacht, ist deshalb anhand der jeweils maßgebenden Versorgungsbestimmungen eine Auskunft zu den erworbenen Anrechten einzuholen.

d) Keine allgemeine Korrektur von Fehlern der Erstentscheidung

1143 Anders als zu § 10a Abs. 1 Nr. 1 VAHRG a. F. ist eine allgemeine Korrektur von Fehlern der Erstentscheidung nicht möglich; dies folgt aus der Verweisung auf § 225 Abs. 2 FamFG (eingehend Rdn. 1082). Hierbei handelt es sich um folgende Sachlagen:
(1) Anwendung der falschen Tabelle der BarwertVO (insbesondere Nr. 1 und Nr. 2);
(2) Nichtberücksichtigung der Zurruhesetzung vor dem 65. Lebensjahr (Anm. 1 der Tabellen 1 und 2);
(3) auf Seiten des Berechtigten wurden verfallbare Anwartschaften berücksichtigt (OLG Hamm FamRZ 1981, 170; OLG Celle FamRZ 1980, 801, 802: OLG Karlsruhe FamRZ 1982, 394 gegen BGH FamRZ 1982, 899);
(4) bei der Ermittlung des Ehezeitanteils einer betrieblichen Altersversorgung wurde als Gesamtzeit i. S. d. § 1587a Abs. 2 Nr. 3a BGB lediglich die Zeit vom Eintritt in den Betrieb bis zum Ende der Ehezeit zugrunde gelegt und nicht bis zur festen Altersrente.

Liegen zudem aufgrund einer Wertveränderung nach dem Ende der Ehezeit i. S. d. § 225 Abs. 2 FamFG die Voraussetzungen eines Abänderungsverfahrens vor, kann auch ein **Rechtsanwendungsfehler der Erstentscheidung** korrigiert werden. Dies folgt aus dem Prinzip der angemessenen Teilhabe an den in der Ehe erlangten Anrechten. Zwar ist § 225 Abs. 1 FamFG in seiner Struktur der Regelung des § 238 FamFG (§ 323 ZPO a. F.) angepasst worden. Im Versorgungsausgleich geht es je-

III. Abänderung des öffentlich-rechtlichen Versorgungsausgleichs, § 51 VersAusglG

doch um das Prinzip der angemessenen Teilhabe der in der Ehezeit erworbenen Anrechte, die sich bei Ehezeitende noch nicht vollständig entwickelt haben. Demgemäß ist bei der dargelegten Sachlage die Erfassung von Rechtsanwendungsfehlern in der Erstentscheidung gerechtfertigt (s. a. Rdn. 1076). Zudem könnten dadurch unbillige Ergebnisse auftreten, dass einerseits die Voraussetzungen einer wesentlichen Wertveränderung i. S. d. § 51 Abs. 2 VersAusglG gegeben sind, bei Berücksichtigung des in der Erstentscheidung enthaltenen Rechtsanwendungsfehlers eine Abänderung der Erstentscheidung dagegen neutralisiert würde. Es widerspräche dem Zweck der angemessenen Teilhabe an den in der Ehezeit erworbenen Anrechten, in einem solchen Fall auf der Grundlage einer fehlerhaften Erstentscheidung eine Abänderung der Erstentscheidung vorzunehmen. Jedenfalls sind in einem solchen Fall die Voraussetzungen des § 52 Abs. 1 VersAusglG i. V. m. § 226 Abs. 3 FamFG gegeben, der die Anwendung der Härtefallklausel nach § 27 VersAusglG (vergleichbar mit § 10a Abs. 3 VAHRG a. F.) regelt.

e) Begriff der wesentlichen Wertveränderung nach § 51 Abs. 2 VersAusglG

§ 51 Abs. 2 VersAusglG verweist zur Definition einer wesentlichen Wertänderung auf § 225 Abs. 3 FamFG. Besteht der Ausgleichswert in einem Rentenbetrag, beträgt die Wertgrenze 5% des **bisherigen Ausgleichswerts**. Um Bagatellverfahren zu vermeiden, ist daneben die absolute Wertgrenze von 1% als maßgebliche Bezugsgröße nach § 18 Abs. 1 SGB IV zu erreichen (das sind, bezogen auf das Jahr 2009 2.520,00 €; hiervon 1% = 25,20 €; dieser Wert gilt auch für die neuen Bundesländer, weil auf § 18 Abs. 1 SGB IV verwiesen wird; s. hierzu Sozialversicherungs-Rechengrößenverordnung 2009, BGBl I 08 2336; FamRZ 2009, 97). Hat der Ausgleichswert bei der Erstentscheidung zum Versorgungsausgleich 250,00 € betragen und vermindert sich das Anrecht aufgrund tatsächlicher oder rechtlicher Umstände auf 230,00 €, ist zwar die relative Wesentlichkeitsgrenze von 5% überschritten (5% aus 250,00 € = 12,50 €). Nicht erreicht wird aber die absolute Wesentlichkeitsgrenze von 1%, das sind 25,20 €, so dass eine Abänderung nicht zulässig ist. Besteht der Ausgleichswert in einem **Kapitalbetrag**, muss die Wertabweichung zwischen der Erstentscheidung und dem Abänderungsbetrag 120% der Bemessungsgrundlage erreichen, das sind 3.024,00 € (2.520 × 120%). 1144

> **Wichtiger Hinweis:**
> Nach § 51 Abs. 2 VersAusglG ist es ausreichend, wenn die vorstehenden Voraussetzungen nur hinsichtlich eines Anrechts vorliegen, bei dem sich der Ausgleichswert geändert hat. Ist dies der Fall, wird der Ausgleich nach den §§ 9–19 VersAusglG hinsichtlich sämtlicher Anrechte beider Ehegatten vorgenommen.

5. Abänderung nach § 51 Abs. 3 VersAusglG aufgrund einer wesentlichen Wertverzerrung

a) Zweck der Abänderungsbestimmung des § 51 Abs. 3 VersAusglG

Zweck dieser Abänderungsvorschrift ist es, die durch die nach § 1587a Abs. 3, 4 BGB a. F. vorgenommene Dynamisierung eines statischen oder teildynamischen Anrechts gem. § 1587a Abs. 2 Nr. 2–5 BGB a. F. darauf zu überprüfen, ob die im Transfersystem des Versorgungsausgleichs nach der Konzeption des 1. EheRG liegende **Prognose des Anwachsens** des über die Rechengrößen der gesetzlichen Rentenversicherung angeglichenen Anrechts zutreffend ist oder eine wesentliche Abweichung i. S. d. § 51 Abs. 3 Satz 3 VersAusglG besteht, die aus verfassungs- 1145 rechtlichen Gründen (BVerfG FamRZ 2006, 1000; FamRZ 2006, 1002 m. Anm. *Glockner/Borth*) einer Korrektur bedarf. Die Notwendigkeit einer Korrektur ergibt sich aus der Tatsache, dass die der Barwertverordnung zugrunde liegenden Abzinsungsfaktoren höher sind als die tatsächliche Entwicklung der Rentensteigerung. Da nach dem neuen Ausgleichssystem des Hin- und Her-Ausgleichs gem. den §§ 9–19 VersAusglG eine reale Teilung des auszugleichenden Anrechts erfolgt, läge eine Ungleichbehandlung vor, wenn für die nach dem bis zum 31. 08. 2009 getroffenen Entscheidungen zum Versorgungsausgleich keine Möglichkeit bestehen würde, einen entsprechenden besseren Wertausgleich zu erreichen.

> **Wichtiger Hinweis:**
> Nach dem Zweck der Regelung des § 51 Abs. 3 VersAusglG stellt sich in den Verfahren, die am 31. 08. 2009 noch nicht durch eine Endentscheidung abgeschlossen waren und sich nach § 48 Abs. 1, 3 VersAusglG sowie Art. 111 Abs. 1, 5 FGG-RefG (i. d. F. von Art. 22 VAStrRefG) jedenfalls bis zum 31. 8. 2010 weiterhin nach dem bis zum 31. 8. 2009 bestehenden Rechtszustand richten (also gem. den §§ 1587 ff. BGB a. F.), die Frage, ob aus verfahrensökonomischen Gründen sofort gemäß den Vorgaben des § 51 Abs. 3 VersAusglG zu entscheiden ist, wenn festgestellt wird, dass eine wesentliche Abweichung im Falle der Umwertung eines Anrechts gem. § 1587a Abs. 3, 4 BGB a. F. i. V.m. der BarwertVO gegeben wäre. Geht man formal vor, muss das Verfahren nach dem bis zum 31. 8. 2009 bestehenden Rechtszustand entschieden werden. Unmittelbar danach könnte sofort ein Abänderungsverfahren nach § 51 Abs. 3 VersAusglG eingeleitet werden, wenn eine wesentliche Abweichung besteht. Diese zweigleisige Vorgehensweise ist verfahrensmäßig nicht sinnvoll, so dass incidenter die Voraussetzungen des § 51 Abs. 3 VersAusglG zu prüfen sind und gegebenenfalls in der Entscheidung der Versorgungsausgleich nach § 51 Abs. 1 VersAusglG vollzogen wird.

b) Methode der Bestimmung einer wesentlichen Änderung

1146 Die Bestimmung einer wesentlichen Wertveränderung wird in der Weise festgestellt, dass ein Vergleich des in die Ehezeit fallenden Anrechts (Ehezeitanteil, nicht Ausgleichswert i. S. d. § 1 Abs. 2 VersAusglG) **vor dessen Dynamisierung** gem. § 1587a Abs. 3, 4 BGB a. F. i. V.m. der jeweils geltenden Barwertverordnung mit dem zum **Zeitpunkt der Antragstellung** bestehenden Wert des dynamisierten und in den Wertausgleich (nach §§ 1587b Abs. 1, 2 BGB a.F, §§ 1 Abs. 2, 3, 3b Abs. 1 VAHRG a. F.) eingestellten Anrechts vorgenommen wird. Hierbei erfolgt eine Angleichung des Anrechts vom Ende der Ehezeit bis zum Zeitpunkt der Antragstellung mittels der Steigerung des aktuellen Rentenwerts. Zur Prüfung der Zulässigkeit des Abänderungsantrags bedarf es nach dieser Methode nicht der Einholung von neuen Auskünften. Erst dann, wenn nach dieser Prüfung die Voraussetzungen einer Abänderung gegeben sind, hat das Familiengericht bei sämtlichen Versorgungsträgern entsprechende Auskünfte auf der Grundlage des § 5 Abs. 1, 3 VersAusglG einzuholen.

Der nach dieser Methode festgestellte Wertunterschied ist wesentlich i. S. d. § 51 Abs. 1 VersAusglG, wenn die beiden **Werte um mindestens 2 Prozent** der zum Zeitpunkt der Antragstellung maßgeblichen Bezugsgröße nach § 18 Abs. 1 SGB IV abweichen. Das sind, bezogen auf das 2. Halbjahr 2009 50,40 € (s. Sozialversicherungs-Rechengrößenverordnung 2008, BGBl I 2336, FamRZ 2009, 97). Im Ergebnis entspricht dieser Wert dem in § 225 Abs. 3 FamFG bestimmten Grenzwert, da dort maßgebender Bezug der Ausgleichswert i. S. d. § 1 Abs. 2 VersAusglG ist (hälftiger Wertunterschied des Ehezeitanteils), während § 51 Abs. 3 VersAusglG auf den Ehezeitanteil abstellt.

III. Abänderung des öffentlich-rechtlichen Versorgungsausgleichs, § 51 VersAusglG

Beispiel: 1147
- **Daten:** Der Ehemann wurde am 20. 11. 1952 geboren. Sein auf die Ehezeit bezogenes monatliches Anrecht aus der betrieblichen Altersversorgung beträgt zum Ehezeitende 400,00 DM. Das Ehezeitende ist der 30.06.1997. Das Anrecht ist in der Anwartschaftsphase statisch und in der Leistungsphase dynamisch.
- Auf der Grundlage der Barwertverordnung vom 22.05.1984 (BGBl I 692) wurde in der Verbundentscheidung nach § 1587 a Abs. 3, 4 BGB a.F. folgende Dynamisierung vorgenommen:
  - Jahresbetrag des auszugleichenden Anrechts: 400,00 DM × 12 = 4.800,00 DM
  - Vervielfacher nach Tabelle 1 Anm. 2 der Barwertverordnung mit Zuschlag von 60%
    Vervielfacher bei Lebensalter 44 = 2,8 × 1,6 (60%) = 4, 48
  - Barwert: 4,48 × 4.800 = 21.504,00 DM
  - Umrechnen in Entgeltpunkte der gesetzlichen Rentenversicherung
    21.504,00 DM × 0,0000915531 (Faktor Nr. 5 der Rechengrößen, FamRZ 2009, 101)
    = 1,9688 Entgeltpunkte
  - Umrechnen in eine monatliche Rentenanwartschaft:
    1,9688 × 46,67 DM (akt. Rentenwert 1997) = 91,88 DM / 46,98 €
    Dieser Wert wurde in der Erstentscheidung in den Wertausgleich eingestellt.
  - Erfolgt im 2. Halbjahr 2009 eine Prüfung der Voraussetzungen zur Abänderung, ist folgende Angleichung des zum Ehezeitende ermittelten Rentenwerts vorzunehmen:
    1.9688 Entgeltpunkte × 27,20 € (aktueller Rentenwert 2009) = 53,55 €
    Das Anrecht ist von 1997 von 46,98 € auf 53,55 € angestiegen.
  - Vergleich mit dem realen Wert des Anrechts: 400,00 DM = 204,52 €
    Differenz: 204,52 € – 53,55 € = 150,98 €. Der Grenzwert des § 51 Abs. 3 VersAusglG i.H.v. 50,40 € ist damit überstiegen und die Voraussetzungen zu einer Abänderung nach § 51 Abs. 3 VersAusglG sind gegeben.
- Hat der Ehemann in der Ehezeit ein Anrecht in der gesetzlichen Rentenversicherung zum Ehezeitende von 350,00 DM erworben und die Ehefrau ein Anrecht in der gesetzlichen Rentenversicherung i.H.v. 150,00 DM, wird hinsichtlich beider Anrechte ein Ausgleich nach § 10 Abs. 1 VersAusglG auf der Grundlage der erworbenen Entgeltpunkte vorgenommen. Zugleich erfolgt in der betrieblichen Altersversorgung der Wertausgleich entweder durch interne Teilung oder externe Teilung nach den §§ 9–19 VersAusglG. Dies bestimmt § 51 Abs. 1 VersAusglG. Der Wertausgleich bei der Scheidung darf aber nur auf der Grundlage neuer Auskünfte vorgenommen werden, weil sich seit dem Ehezeitende 1997 in der gesetzlichen Rentenversicherung erhebliche Wertveränderungen ergeben haben (eingehend Rdn. 1138). Entsprechendes gilt in Bezug auf die betriebliche Altersversorgung des Ehemannes. Insoweit ist ferner die Beteiligung des Versorgungsträgers auch deshalb erforderlich, weil dieser gegebenenfalls die Voraussetzungen einer externen Teilung nach § 17 VersAusglG erfüllt.

Die Entgeltpunkte ermitteln sich nach den §§ 76 Abs. 4, 264a Abs. 2 Satz 1 SGB VI (s.a. FamRZ 2009, 98):

Ehemann: 350,00 DM : 46,67 DM (aktueller Rentenwert 1997)   = 7,4995 Entgeltpunkte
Ehefrau: 150,00 DM : 46,67 DM   = 3,2141 Entgeltpunkte

Vom Versicherungskonto des Ehemannes werden auf das Versicherungskonto der Ehefrau 3,7498 Entgeltpunkte übertragen. Umgekehrt hat die Ehefrau an den Ehemann 1,6071 Entgeltpunkte abzugeben. Nach § 10 Abs. 2 VersAusglG nimmt der Träger der gesetzlichen Rentenversicherung eine Verrechnung vor, da es sich um gleichartige Anrechte handelt.

c) Weitere praktische Fragen

Die aktuellen Rentenwerte werden erst seit 1992 jährlich bekannt gegeben. Für die Zeit davor war der Wert auf der Grundlage der damals allgemeinen Rentenbemessungsgrundlage der §§ 32 AVG, 1255 RVO, 54 RKnG zu bestimmen (s. hierzu FamRZ 2009, 98 f.). 1148

Die Barwertverordnung wurde durch Verordnung vom 24. 06. 1977 eingeführt (BGBl I 1014 ff.). Sie galt vom 01. 07. 1977–31. 05. 1984. Vom 01. 06. 1984 – 31. 05. 2002 galt die Barwertverordnung vom 22. 05. 1984 (BGBl I 692 ff.). Diese wurde durch die Barwertverordnung vom 26. 05. 2003 (BGBl I 728) mit Wirkung ab 01. 06. 2003 abgelöst. Vom 01. 06. 2003 – 31. 08. 2009 galt die Barwertverordnung vom 03. 05. 2006 (BGBl I 144).

6. Durchführung der Abänderung

1149 Liegen die Voraussetzungen einer wesentlichen Änderung vor, nimmt das Familiengericht den Wertausgleich nach den Bestimmungen zum Wertausgleich bei der Scheidung gem. den §§ 9–19 VersAusglG vor (s. Beispiel Rdn. 1147). Nach § 52 Abs. 1 VersAusglG i. V. m. § 226 Abs. 4 FamFG wirkt die Abänderung erst ab dem Tag des Monats, der auf den Monat der Antragstellung folgt (s. Rdn. 1072 ff.). Ferner ist nach § 52 Abs. 1 VersAusglG i. V. m. § 226 Abs. 3 FamFG die Härtefallklausel des § 27 VersAusglG anzuwenden (s. Rdn. 1089 f.). Hat die ausgleichspflichtige Person **Beiträge zur Begründung** eines Anrechts in der gesetzlichen Rentenversicherung nach § 3b Abs. 1 Nr. 2 VAHRG a.F oder aufgrund einer Vereinbarung nach § 1587 o BGB a. F. geleistet, sind diese nach § 52 Abs. 3 VersAusglG zu erstatten. Wurden aus einem so begründeten Anrecht bereits Leistungen erbracht, sind diese anzurechnen. Die Regelung entspricht §§ 7, 10 Abs. 8 VAHRG a. F. Wurden die Leistungen zur gesetzlichen Rentenversicherung erbracht, obliegt es dem Träger der gesetzlichen Rentenversicherung, die zuviel entrichteten Beiträge zurückzuerstatten. Wurden die Beiträge zu einer privaten Lebensversicherung einbezahlt (§ 1587 l Abs. 3 BGB a. F.), ist unklar, ob die Rückzahlung den Berechtigten oder den privaten Träger der Versorgung trifft. Eine **Verzinsung** dieses Rückzahlungsanspruches hat der Gesetzgeber nicht geregelt, so dass lediglich unter den Voraussetzungen des § 44 SGB I eine solche in Frage kommt. Die Entscheidung zur Erstattung wird aber nicht (mehr) durch das Familiengericht getroffen, sondern folgt unmittelbar aus dem Gesetz, so dass die Familiengerichte die Erstattung nicht selbst durchzuführen haben.

Hat der **Ausgleichspflichtige die Kürzung seiner Anrechte** infolge des Versorgungsausgleichs nach §§ 187 Abs. 1 Nr. 1 SGB VI, 58 BeamtVG durch Zahlung eines **Geldbetrages abgewendet** und erfolgt eine Minderung des Ausgleichsbetrags nach § 1587a Abs. 1 BGB a. F. im Abänderungsverfahren, sind die insoweit zuviel geleisteten Beträge an den Verpflichteten zurückzuzahlen. Soweit aus diesen Beträgen bereits Leistungen erbracht wurden, sind diese entsprechend auf den Rückzahlungsbetrag anzurechnen. Dies folgt unmittelbar aus § 187 Abs. 7 SGB VI sowie § 58 Abs. 4 BeamtVG (jeweils in der Fassung von Art. 4 Nr. 11 e sowie Art. 6 Nr. 4 b VAStRefG).

1150 Die **Beschlussformel der Abänderungsentscheidung** lautet (s. Beispiel Rdn. 1147):

1. Das Urteil des Amtsgerichts – Familiengericht vom 30. 10. 1997 (Az 100 F 200/97) wird hinsichtlich der Ziffern 2 und 3 zum Versorgungsausgleich aufgehoben.

2. Vom Versicherungskonto des Ehemannes bei der Deutschen Rentenversicherung Bund Nr. . . . werden auf das Versicherungskonto der Ehefrau bei der Deutschen Rentenversicherung Land 3,7498 Entgeltpunkte übertragen, das sind derzeit 101,99 €, bezogen auf das Ehezeitende 30. 06. 1997.

3. Vom Versicherungskonto der Ehefrau bei der Deutschen Rentenversicherung Land Nr. . . . werden auf das Versicherungskonto des Ehemannes bei der Deutschen Rentenversicherung Bund 1,6071 Entgeltpunkte übertragen, das sind derzeit 45,45 €, bezogen auf das Ehezeitende 30. 06. 1997.

4. Der Träger der auszugleichenden Versorgung des ausgleichspflichtigen Ehemannes, die Fa. . . . (Beteiligter Ziffer 3), ist verpflichtet, zum Ausgleich des bei dieser bestehenden Anrechts auf ein Anrecht der betrieblichen Altersversorgung zugunsten der Ehefrau auf ein Versicherungskonto der Ehefrau bei der Versorgungsausgleichskasse (§ 15 Abs. 5 Satz 2 VersAusglG) einen Kapitalbetrag von 33.500,00 € zu zahlen.

5. Die Kosten des Verfahrens werden gegeneinander aufgehoben.

7. Keine Abänderung von Altverfahren im Falle eines Teilausgleichs nach § 3 b Abs. 1 Nr. 1 VAHRG

§ 51 Abs. 4 VersAusglG bestimmt, dass eine Abänderung nach § 51 Abs. 3 VersAusglG ausgeschlossen ist, wenn für das Anrecht nach einem **Teilausgleich** gem. § 3 b Abs. 1 Nr. 1 VAHRG a. F. noch Ausgleichsansprüche nach der Scheidung gem. den §§ 20–26 VersAusglG geltend gemacht werden können.

1151

Durch diese Fassung wird zunächst klargestellt, dass die Zusatzversorgungskassen des öffentlichen Dienstes und die kirchlichen Zusatzversorgungskassen nach § 51 Abs. 3 VersAusglG abgeändert werden können und **private betriebliche Altersversorgungen** nach dem BetrAVG sowie die **privaten Rentenversicherungen** auf den Wertausgleich nach der Scheidung i. S. d. §§ 20 ff. VersAusglG verwiesen werden, nur insoweit also ein Abänderungsverfahren ausscheidet. Darüber hinaus ist nach § 51 Abs. 3 VersAusglG vor allem bei **berufsständischen Versorgungen** eine Abänderung (mit der Folge einer internen oder externen Teilung) möglich, die nach dem bestehenden Recht wegen Überschreitens der Höchstgrenze nach § 1587 b Abs. 5 BGB a. F. in den Fällen des § 1 Abs. 3 VAHRG a. F. nicht möglich war. Gleiches gilt, wenn eine Beamtenversorgung nunmehr intern geteilt werden kann.

Der **Ausschluss der Abänderbarkeit** bezieht sich aber nur auf den Fall des § 51 Abs. 3 VersAusglG. Ist nach Ehezeitende eine gem. § 51 Abs. 2 VersAusglG wesentliche Wertveränderung eingetreten, so kann nach dem Wortlaut nach dieser Bestimmung eine Abänderung erfolgen. Dies ist jedenfalls dann zwingend, wenn sich das auszugleichende Anrecht mindert, weil der nach § 3 b Abs. 1 VAHRG a. F. erfolgte öffentlich-rechtliche Versorgungsausgleich (als Ersatz der Ausgleichsform des § 2 VAHRG) nur durch eine entsprechende andere dingliche Form des Wertausgleichs, also durch den Wertausgleich bei der Scheidung nach den §§ 9–19 VersAusglG abgeändert werden kann. Tritt eine Erhöhung des Anrechts ein, wäre es möglich, diese nach § 227 Abs. 1 FamFG i. V. m. § 48 Abs. 1 FamFG zu erfassen. Es ist aber aus dem Regelungszweck des § 51 Abs. 4 VersAusglG nicht zu entnehmen, dass in diesem Fall der entstehende Verwaltungsaufwand vorrangig vor dem in § 51 Abs. 2 VersAusglG geltenden Grundsatz durchgreift.

1152

IV. Bewertung eines Teilausgleichs bei Ansprüchen aus dem schuldrechtlichen Versorgungsausgleich, § 53 VersAusglG

§ 53 VersAusglG regelt die Streitfrage, in welcher Weise die Bewertung eines nach § 3 b Abs. 1 VAHRG a. F. vorgenommenen Teilausgleichs vorzunehmen ist; dies erfolgt auf der Grundlage des aktuellen Rentenwerts. Dies entspricht der Rechtsprechung des BGH (s. zuletzt FamRZ 2007, 363). In dieser Entscheidung hatte sich der BGH erneut mit der Frage auseinanderzusetzen, nach welcher Methode der schuldrechtliche Versorgungsausgleich nach § 1587 g Abs. 1 BGB a. F. zu bestimmen ist, wenn zuvor im Rahmen der Durchführung des öffentlich-rechtlichen Versorgungsausgleichs nach § 3 b Abs. 1 Nr. 1 VAHRG ein erweiterter Teilausgleich des Anrechts aus einer betrieblichen Altersversorgung vorgenommen wurde. Der BGH setzt hierbei den erstmals in der Entscheidung vom 15. 05. 2005 eingeschlagenen Weg fort, berücksichtigt aber zugleich die Entscheidung des BVerfG vom 02. 05. 2005 (FamRZ 2006, 1000, 1001 f. m. Anm. *Borth/Glockner* S. 1004 f.), wonach die BarwertVO in der seit dem 01. 01. 2003 gültigen Fassung gegen den allgemeinen Gleichheitssatz des Art. 3 Abs. 1 GG verstößt, soweit »teildynamische Anrechte« unterschiedslos wie statische Anrechte behandelt werden. Danach kann die Be-

1153

stimmung des anzurechnenden Betrages aus dem Teilausgleich nach § 3 b Abs. 1 Nr. 1 VAHRG a. F. nicht in der Weise erfolgen, dass dieser mit der **novellierten BarwertVO** entdynamisiert wird. Vielmehr bedient sich der BGH in diesem Fall der »Hilfslösung«, dass der zum Ehezeitende bestimmte Teilausgleich gem. der Steigerung des aktuellen Rentenwertes vom Ehezeitende bis zum Zeitpunkt der Entscheidung über den schuldrechtlichen Versorgungsausgleich angepasst wird (Beispiel: Ausgleich nach § 3 b Abs. 1 Nr. 1 VAHRG a. F. im 2. Halbjahr 2000: 45,00 €; Entwicklung des aktuellen Rentenwertes – 2000: 24,84 €, 2009 (2. Halbjahr): 27,20 €; damit Steigerung 45 × 27,20 : 24,84 = 49,28 €). Nachdem durch die Dritte Verordnung zur Änderung der BarwertVO vom 03. 05. 2006 (FamRZ 2006, 914) eine erneute Novellierung erfolgt ist, hält es der BGH für »vertretbar«, den nach der bis zum 31. 05. 2006 geltenden BarwertVO festgelegten öffentlich-rechtlichen Versorgungsausgleich in der zuvor dargelegten Weise zur Bestimmung der schuldrechtlichen Ausgleichsrente zu ermitteln und nicht zu entdynamisieren. Der BGH stützt dies darauf, dass der auf einer der früher geltenden BarwertVO nicht mit der aktuell geltenden entdynamisiert werden könne. Danach erfolgt eine Rückrechnung des Teilausgleichs nach § 3 b Abs. 1 Nr. 1 VAHRG a. F. zur Bestimmung des schuldrechtlichen Versorgungsausgleichs lediglich dann, wenn die Dynamisierung nach der seit dem 01. 06. 2006 geltenden BarwertVO erfolgt ist. Zur Bestimmung der schuldrechtlichen Ausgleichsrente muss deshalb jeweils geprüft werden, nach welcher BarwertVO die Dynamisierung zur Durchführung des öffentlich-rechtlichen Versorgungsausgleichs erfolgt ist. Faktisch bedeutet dies, dass eine Entdynamisierung des Teilausgleichs nicht erfolgt, wenn der öffentlich-rechtliche Versorgungsausgleich vor dem 01. 06. 2006 vorgenommen wurde.

V. Weiter anwendbare Übergangsvorschriften des 1. EheRG sowie des Gesetzes über weitere Maßnahmen auf dem Gebiet des Versorgungsausgleichs für Sachverhalte vor dem 01. 07. 1977

1154 § 54 VersAusglG ordnet an, dass für Sachverhalte vor dem 01. 07. 1977 verschiedene Bestimmungen des 1. EheRG sowie des Gesetzes über weitere Maßnahmen auf dem Gebiet des Versorgungsausgleichs weiterhin anzuwenden sind.
– Art. 12 Nr. 3 Satz 1 1. EheRG stellt klar, dass ein Versorgungsausgleich auch dann durchzuführen ist, wenn die Ehe vor dem 01. 07. 1977 geschlossen worden ist. Zum 01. 07. 1977 wurde das Rechtsinstitut des Versorgungsausgleichs eingeführt.
– Dies gilt nach Art. 12 Nr. 3 Satz 4 1. EheRG nicht, wenn eine Ehe zwar vor dem 01. 07. 1977 geschlossen wurde, diese aber nach dem bis zum 30. 06. 1977 geltenden Recht geschieden worden ist.
– Nicht durchzuführen ist nach Art. 12 Nr. 3 Satz 5 1. EheRG der Versorgungsausgleich, wenn die Ehegatten vor dem 01. 07. 1977 eine endgültige Abfindung an den sonst ausgleichsberechtigten Ehegatten für zukünftige Unterhaltsansprüche geleistet haben. Gleiches gilt, wenn die Ehegatten einen Vertrag geschlossen haben, der ihre ansonsten vom Versorgungsausgleich erfassten Anrechte betrifft. Für diese Vereinbarungen gilt allerdings § 8 Abs. 1 VersAusglG zur Inhaltskontrolle.
– Ferner ist Art. 4 § 4 des Gesetzes über weitere Maßnahmen auf dem Gebiet des Versorgungsausgleichs anzuwenden, der Vorschriften zur Anwendung der Bezugsgröße des § 18 SGB IV für Sachverhalte vor dem 01. 07. 1977 betrifft.

Checkliste für typische Fehlerquellen bei Durchführung des Versorgungsausgleichs

I. Einleitung des Versorgungsausgleichsverfahrens

Ermittlung der einzubeziehenden Anrechte **1155**
1. Welche Versorgungsanwartschaften hat der Ehemann/die Ehefrau in der Ehezeit erworben – Prüfung der jeweiligen beruflichen Tätigkeit?
2. Tätigkeit zur Bestimmung des zuständigen Rentenversicherungsträgers.
   a. Liegt eine Tätigkeit im öffentlichen Dienst vor – dann Zusatzversorgung des öffentliches Dienstes prüfen.
   b. Liegt ein Wechsel des Arbeitgebers im dem Jahr vor, in dem das Ehezeitende liegt – wegen der Entgeltbescheinigungen von sämtlichen Arbeitgebern dieses Zeitraums?
   c. War der Arbeitnehmer arbeitslos bzw. krank (außerhalb der Lohnfortzahlung) in dem Jahr, in dem das Ehezeitende liegt bzw. in dem vorangegangenen Jahr?
3. Tätigkeit als Beamter.
   a. War der Beamte vor Berufung ins Beamtenverhältnis Angestellter/Arbeiter und hat er Beiträge zur gesetzlichen Rentenversicherung abgeführt, dann Anrechnung der gesetzlichen Rentenversicherung auf Beamtenversorgung (§ 55 BeamtVG)?
   b. Es liegt zwar kein Beamtenverhältnis vor, der Arbeitgeber gewährt jedoch eine Versorgung nach beamtenrechtlichen Grundsätzen (Tätigkeit bei Trägern der Krankenkassen; Bundesanstalt für Arbeit u. ä.)?
4. Hat der Ehemann/die Ehefrau ein Anrecht bei einer berufsständischen Versorgung erworben – Ärzte-, Architekten-, Anwalts-, Apothekerversorgung u. a.?
5. Führt die Ehefrau/der Ehemann einen landwirtschaftlichen Betrieb? Sind daneben Beiträge zur gesetzlichen Rentenversicherung abgeführt worden – bei Nebenerwerbslandwirten?
6. Liegt eine private Rentenlebensversicherung oder ein Riester- bzw. Rürup-Produkt vor?
   a. Wenn ja, sieht diese die Leistung einer Kapitalsumme oder eine wiederkehrende Leistung vor?
   b. Ist das Anrecht nach § 5 Altersvorsorgeverträge-Zertifizierungsgesetz zertifiziert (s. § 2 Abs. 2 Nr. 3 VersAusglG)?
   c. Besteht bezüglich einer privaten Rentenversicherung eine Rentenoption; wurde diese bereits ausgeübt?

II. Klärungsbedürftige Fragen nach Antragstellung

1. Wurde die Ehezeit i. S.d § 3 Abs. 1 VersAusglG richtig bestimmt? Waren die Ehegatten schon einmal miteinander verheiratet, ist die letzte Eheschließung maßgebend. **1156**
2. Hat das Verfahren längere Zeit nach Aktenordnung geruht bzw. war nach § 614 ZPO ausgesetzt oder wurde tatsächlich nicht betrieben, ist bei Fortsetzung des Verfahrens zu prüfen, ob ein neues Ehezeitende zu bestimmen ist (BGH FamRZ 1980, 552; FamRZ 1986, 335; FamRZ 2006, 120). Bei längerem Ruhen ist die Rücknahme des Antrags – sofern noch möglich – zu erwägen, wenn ansonsten wegen des länger zurückliegenden Ehezeitendes erhebliche Anrechte verloren gingen.

3. Hat der Verfahrensgegner die Formulare zum Versorgungsausgleich vollständig ausgefüllt? Ist eine (ergänzende) Auskunft einzuholen – durch Stufenantrag nach § 4 VersAusglG oder nach § 220 FamFG durch das Gericht?
4. Wurden vom Ehemann / Ehefrau sämtliche Unterlagen zum Auskunftsersuchen in der gesetzlichen Rentenversicherung beim Rentenversicherungsträger vorgelegt? Formulare V 1, Kontenklärungsantrag oder Versicherungsverlauf, Entgeltbescheinigung (nach DEVO), Antrag zur Bestimmung der Kindererziehungszeiten, Aufrechnungsbescheinigungen (bis 1972), Schulabschlusszeugnis nach 17. Lebensjahr, Studienbescheinigung.
5. Hat der Beamte seine Personalnummer des Trägers der Versorgung angegeben? Entsprechendes gilt bei anderen Versorgungen.
6. Liegt eine kurze Ehedauer mit weniger als drei Jahren gem. § 3 Abs. 3 VersAusglG vor? Liegt ein Sachverhalt vor, der den voraussetzungslosen Antrag nach § 3 Abs. 3 VersAusglG rechtfertigt?

III. Prüfung der erteilten Auskünfte

1. Gesetzliche Rentenversicherung

1157 a. Ist die Ehezeit in der Auskunft richtig angegeben?
b. Liegen ungeklärte Fehlzeiten im Versicherungsverlauf vor – außerhalb der Ehezeit liegende Fehlzeiten sind nur dann beachtlich, wenn in der Ehezeit Anrechnungszeiten liegen. Nach den Berechnungsbestimmungen des RRG 92 (SGB VI) sind sämtliche Zeiten des Versicherungsverlaufs erheblich.
c. War zum Zeitpunkt des Ehezeitendes bereits ein Versicherungsfall eingetreten – Rentenbezug? Der Ehezeitanteil wird mit (fiktivem) Versicherungsfall zum Ehezeitende berechnet – wegen Veränderung gegenüber den tatsächlichen Verhältnissen ist Ehezeitanteil aufgrund der tatsächlichen Entgeltpunkte zu berechnen. Ist Rente wegen voller Erwerbsminderung nach § 43 Abs. 2 SGB VI höher als Anwartschaft auf Altersrente? Die höhere Rente ist nur heranzuziehen, wenn mit dem Entzug der Rente wegen voller Erwerbsminderung nicht mehr zu rechnen ist (BGH FamRZ 1982, 33; FamRZ 1989, 36; FamRZ 1989, 721; FamRZ 1989, 723).
d. Sind Zurechnungszeiten berücksichtigt – wegen Erwerbsunfähigkeit bis zum 60. Lebensjahr? Wurden diese bis zum Ende der Ehezeit berücksichtigt? Nach dem RRG 1992 werden Zurechnungszeiten bis zum 60. Lebensjahr anerkannt.
e. Liegen Beitragszeiten aufgrund freiwilliger Beiträge vor? Wurden diese bis Zustellung des Scheidungsantrag oder danach erbracht – im Versorgungsausgleich gilt das In-Prinzip.
f. Sind Kindererziehungszeiten berücksichtigt?
g. Liegen getrennt ausgewiesene Beträge vor, die nicht der Rentenanpassung unterliegen – sogenannte Höherversicherungsanteile? Diese sind getrennt auszugleichen.
h. Liegen getrennt ausgewiesene Rentenanwartschaften der Knappschaftlichen Rentenversicherung vor? Diese werden wie andere Leistungsanteile der gesetzlichen Rentenversicherung behandelt, sind aber nach § 10 Abs. 1 VersAusglG ebenfalls getrennt auszugleichen.

2. Beamtenversorgung

1158 a. Sind Dienstzeiten vollständig – Ausbildungszeiten – auch ohne Antrag; Gesamtzeit von frühestens dem 17. Lebensjahr bis zur festen Altersgrenze; sogenannte

Vordienstzeiten wie Wehr- oder Zivildienst; Tätigkeiten, die für die Laufbahn förderlich waren; Zurechnungszeiten.
b. Liegt eine Berufsgruppe mit vorzeitiger Zurruhesetzung vor (Polizei im Vollzugsdienst, Soldaten)?
c. Sind die ruhegehaltsfähigen Dienstbezüge richtig – Familienzuschlag Stufe 1 – § 40 Abs. 5 VersAusglG; ruhegehaltsfähige Stellen- / Amtszulagen?
d. Ist Beförderung / letzte Dienstaltersstufe Jahre berücksichtigt?
e. Richtige Dienstaltersstufe zum Ehezeitende?
f. Liegt eine rückwirkende Besoldungserhöhung vor?
g. Liegt vorzeitiger Ruhestand wegen Dienstunfähigkeit zum Ende der Ehezeit vor? Veränderung der Gesamtzeit auf die tatsächliche Dauer der Dienstzeit?
h. Ist Teilzeitbeschäftigung / Beurlaubung berücksichtigt?
i. Ist Ruhens- / Anrechnungsregelung nach § 55 BeamtVG berücksichtigt – bei Zusammentreffen von Anrechten der gesetzlichen Rentenversicherung und Zusatzversorgung des öffentlichen Dienstes mit der Beamtenversorgung, die beide in der Ehezeit liegen (häufiger Fehler!)?
j. Durch den Wegfall bzw. die Reduzierung der Sonderzuwendung (13. Gehalt) sind Auskünfte zum Versorgungsausgleich nicht mehr richtig; dies ist deshalb im Abänderungsverfahren zu berücksichtigen (i. d. R. nicht aber als selbständiger Abänderungsgrund wegen Wesentlichkeitsgrenze).

3. Betriebliche Altersversorgung

a. Ist Berechnung des Betriebes richtig? Typische Fehler bei gesamtzeitabhängigen Anrechten – Berechnung nur bis zum Ehezeitende, nicht bis zur festen Altersgrenze; hierzu muss Berechnung anhand der Versorgungszusage überprüft werden.
b. Ist Unverfallbarkeit richtig festgestellt?
c. Wird in absehbarer Zeit ein verfallbares Anrecht unverfallbar – § 19 Abs. 2 Nr. 1 VersAusglG? Sofern die Auskunft hierzu keine Angaben enthält, ergänzende Auskunft anfordern.
d. Sind Dienstzeiten vollständig – bei Vordienstzeiten Abgrenzung zu den Vorschaltzeiten?
e. Liegen sogenannte Überschussanteile vor, die bis zum Ende der Ehezeit erworben wurden und deshalb nicht der ratierlichen Berechnung unterliegen?
f. Liegt eine Direktversicherung vor, die keine wiederkehrenden Leistungen, sondern die Zahlung einer Kapitalsumme vorsieht?
g. Liegt ein Pensionsfonds vor? In diesem Fall ist der Ehezeitanteil nach § 45 Abs. 1 VersAusglG nach dem angesammelten Kapital zu bestimmen.

4. Sonstige Versorgungen

– Private Lebensversicherungen
– Besteht die Möglichkeit einer Vereinbarung?
– Sieht der Vertrag die Zahlung einer Kapitalsumme vor?
– Besteht eine Rentenoption; wurde diese bereits ausgeübt?
– Beinhaltet der Vertrag eine Berufsunfähigkeits(zusatz)versicherung; diese unterliegt dem Versorgungsausgleich nur, wenn bei Ehezeitende der Leistungsfall bereits eingetreten ist, § 28 VersAusglG (Risikoversicherung).

5. Sonstige Fragen

1161 Kommt Abtrennung bei Verzögerung der Auskunftserteilung nach § 140 FamFG in Betracht; i. d. R. erst nach zwei Jahren – BGH FamRZ 1986, 898?

Bei Abtrennung:
- Anwaltszwang bleibt bestehen;
- einheitliche Kostenentscheidung nach § 150 Abs. 1 FamFG;
- Entscheidung wird erst mit Rechtskraft des Scheidungsausspruchs wirksam, § 148 FamFG;
- Tod des Verpflichteten unschädlich, § 31 VersAusglG. Keine Besserstellung der ausgleichsberechtigten Person nach § 31 Abs. 2 VersAusglG.

IV. Kontrolle der gerichtlichen Entscheidung

1162
1. Sind sämtliche am Verfahren zu beteiligende Träger einer Versorgung tatsächlich beteiligt worden (gem. Rubrum)?
2. Ausgleich der Anwartschaften.
   a. Wurde im Falle der externen Teilung ein vollstreckbarer Zahlungstitel gem. § 14 Abs. 4 VersAusglG i. V. m. § 222 Abs. 3 FamFG geschaffen?
   b. Wurde bei der Auswahl der Zielvorsorgung darauf geachtet, dass die Begründung eines Anrechts für die ausgleichspflichtige Person steuerneutral gestaltet ist (§ 15 Abs. 3 VersAusglG)?
   c. Wurde im Falle einer Verrechnung nach Durchführung der internen Teilung gem. § 10 Abs. 2 VersAusglG durch die Versorgungsträger darauf geachtet, dass gleichartige Anrechte verrechnet wurden?
   d. Sind bei geringen Ausgleichswerten gem. § 18 Abs. 1, 2 VersAusglG, die zu einem vollen Ausschluss des Versorgungsausgleichs oder einem teilweisen Ausschluss geführt haben, die in § 18 Abs. 3 VersAusglG bestimmten Grenzwerte zutreffend festgestellt?
3. Hat das Familiengericht den Ausschluss des Versorgungsausgleichs gem. § 224 Abs. 3 FamFG in der Beschlussformel zutreffend angeordnet (bei kurzer Ehedauer, bei Vorliegen der Härtefallklausel nach § 27 VersAusglG, bei Vereinbarung nach den §§ 6–8 VersAusglG ohne Durchführung eines Wertausgleichs bei der Scheidung)?

Stichwortverzeichnis

Das Stichwortverzeichnis verweist auf Randnummern.

A
Abänderungsantrag 1086
Abänderungsverfahren
- Antrag als Voraussetzung 1086
- Antragstellung – Zeitpunkt 1088
- Anwendungsfälle 1138 ff.
- Ausgleichsansprüche nach der Scheidung 723, 1094
- Auswirkungen zugunsten eines Ehegatten / Hinterbliebenen 1085
- Billigkeitsprüfung nach § 226 Abs. 3 VersAusglG 1089 ff.
- Durchführung 1086
- gesetzliche Rentenversicherung 330
- Grundlagen 1072 ff.
- Härteklausel 818 ff.
- Negativentscheidung 1081
- Neukonzeption des Abänderungsverfahrens 1073
- rechtliche Änderungen 1077
- Rückwirkung ab Antragstellung 1076, 1092
- tatsächliche Änderungen 1078
- Teilausgleich 150
- Tod eines Ehegatten 1093
- Totalrevision 150, 1129
- Übergangsbestimmungen 145
- Vereinbarungen 1100
- Verfahren 868 ff.
- verfassungsrechtliches Gebot der Abänderung 1072
- Vereinbarungen 1100
- vergessene Versorgung 1080, 1132
- Voraussetzungen 1075
- Wartezeit – Erfüllung 1083
- Wegfall eines Anrechts 1079
- wesentliche Änderung bei schuldrechtlicher Ausgleichsrente 1097
- Wesentlichkeitsgrenze 1082
- Wiederaufnahmeverfahren 1080, 1132
- Wirkungen des Antragszeitpunktes 1092
- Zeitpunkt der Änderung 1092
- Zusatzversorgung des öffentlichen Dienstes 445
Abfindungen 66

Abfindung einer betrieblichen Altersversorgung 379 f.
Abfindungsverbot 379 f.
Abfindung eines schuldrechtlich auszugleichenden Anrechts
- Abfindungsbetrag 716
- Anrechnung auf Unterhalt 722
- Antragsvoraussetzung 719
- Auskunft – Zeitpunkt 692
- Höhe der Abfindung 714
- geringfügiger Ausgleichswert 716
- Ratenzahlung 712, 713
- Tod Berechtigter 720
- Tod Verpflichteter 721
- Unterhaltsvorrang 711
- Verfahren 718
- Vermögensstamm – Einsatz 712
- Zweckbindung 717
- Zumutbarkeit 703, 709 ff.
Abflachungsbetrag Beamtenversorgung 63, 591, 656
Abgeordnete 57, 198, 244
- Abfindungszahlung 556
- interne Teilung 555
- Übergangsgeld 208, 244, 556
- Zusammentreffen mit Beamtenversorgung 256, 268
Abgrenzung Versorgungsausgleich 47
Abtrennung des Versorgungsausgleichs 991 ff., s. a. Verfahren
- Ablehnung der Abtrennung 999, 1001
- außergewöhnliche Verzögerung 995
- Rechtsmittel 1000
- Teilentscheidung 999
- unzumutbare Härte 997
- Verfahrensfragen 999
Abtretung des Anspruchs auf einen schuldrechtlichen Ausgleich
- Abtretungsverbote – Beschränkungen 698
- Grundlagen 695
- Rückübertragung 700
- Verfahren 699
- Voraussetzungen 676

Stichwortverzeichnis

Abzuschmelzende Leistungen 63, 591, 656
– gesetzliche Rentenversicherung 273
Änderung von Anrechten nach Ehezeitende 125 ff.
– aufgrund Gesetz 127
– individuelle Umstände 130
– Wegfall einer Versorgung 137
Änderung der Form des Ausgleichs nach Ehezeitende 140
Agrarsozialreformgesetz 465, s. a. landwirtschaftliche Altersversorgung
Aktueller Rentenwert 315, 317
Alimentationsprinzip 548
Alleingesellschafter 75
Altehen 36
– Übergangsbestimmungen 1154
– Widerspruchsrecht 1154
Alterseinkünftegesetz 310, 628
Altersgrenze (flexible) 135
Alterssicherung für Landwirte 465, s. a. Landwirte
Altersvermögensgesetz 369
Altersversorgung – Begriff 5, 59
Altersvorsorge – Kapitalbasis 854
Altersvorsorgevermögen
– gefördertes 573
– ungefördertes 573
– schädliche Verwendung 573, 636
– Steuerneutralität 575
Altersvorsorgeverträge-Zertifizierungsgesetz 70, 473, 572, 575, 716
Altverfahren
– Grundlagen 1127 ff.
– Wiederaufnahme VAÜG 353, 1128
Amtsverhältnis – öffentlich-rechtliches 547
Andere Form des Ausgleichs 596, s. a. Unwirtschaftlichkeit des Ausgleichs
– Grundlagen 593
– Rechtsfolgen 595
– Unwirtschaftlichkeit des Wertausgleichs 592
– Wartezeit – allgemeine 596
Änderung von Gesetzen (Recht) 125 ff.
– Ausgleichsform 140
– nach Ehezeitende 125

– privatrechtliche Versorgungsordnung 135, 136
– rechtliche Änderungen 127
– Rückwirkung 127
Änderung tatsächlicher Umstände 130
Angleichungsdynamik 364
Anpassung nach Rechtskraft gemäß §§ 32 ff VersAusglG
– Beschränkung auf Regelsicherungssysteme 867
– Grundlagen 864
– Regelungsbereich 864
– Überblick 870
– Verfahren 973
Anpassung wegen Invalidität
– Durchführung 894
– Grundlagen 891
Anpassung wegen Unterhalt 871 ff.
– Abänderung Rentenbescheid 889
– Beispielsfälle 879
– Beschlussformel 881
– interne Teilung 541, 871
– Kapitalabfindung 877
– mehrere Versorgungen 883
– Mitwirkungspflichten 886
– Verfahren 878 ff., 884
– Voraussetzungen 872
Anpassung wegen Tod
– Durchführung 903
– Erlöschen der erworbenen Anrechte 901
– interne Teilung 541
– Grundlagen 895
– Rentnerprivileg 544
– Voraussetzungen 903
– Zeitgrenze 897
Anpassung statischer oder teildynamischer Anrechte – fehlerhafte Prognose 9
Anrechnungsbestimmungen
– Beamtenversorgung 257 ff.
– gesetzliche Unfallversicherung 336, 592, 783
Anrechte – wertlose 101
Anspruch gegen Versorgungsträger 19, s. a. Ausgleichsansprüche nach der Scheidung sowie Hinterbliebenenversorgung
Antragspflichtversicherung 278 ff.
Antragsteilzeit (voraussetzungslose) 220

558

Anwaltszwang
- Antragsrecht bei kurzer Dauer der Ehe zur Durchführung des Versorgungsausgleichs 981
- Antragsrecht Zielversorgung bei externen Teilung 981
- Grundlagen 981
- selbständiges Verfahren 981
- Auskunftsverfahren 981

Anwartschaft – Begriff 50
- Aufrechterhaltung 92
- Begründung 91

Anwartschaftsdynamik 364
Anwartschaftsphase 364
Atypische Versorgungen 49, 168
Auffangvorschrift – Bewertung nach Billigkeit 49, 168
Auffangversorgung bei externer Teilung
- gesetzliche Rentenversicherung 16

Auffüllbetrag 344
Aufhebung der Ehe 34 ff.
Aufrechterhaltung einer Versorgung 89, 92
Ausbildungszeiten
- Beamtenversorgung 220
- gesetzliche Rentenversicherung 305

Ausgleich
- andere Form 595
- Ausgleichswert 154, 523
- bei eingetretenem Rentenfall 514
- Grundlagen 514 ff.
- Hin- und Her-Ausgleich 2, 513 ff.

Ausgleichsansprüche bei der Scheidung 520 ff., s. auch interne Teilung sowie externe Teilung

Ausgleichsansprüche nach der Scheidung, s. a. schuldrechtliche Ausgleichsrente
- Abänderung 723, 1094 ff.
- Abfindung s. dort
- Abtretung s. dort
- Antrag 726, 752
- Anwendungsbereich 656, 660
- Altfälle 655
- Feststellungsinteresse 727, 1048
- Grundlagen 18, 654
- Härtefallklausel nach § 27 VersAusglG 787
- Hinterbliebenenvorsorgung – Teilhabe 728
- Kapitalzahlungen s. dort
- Nettoprinzip – Abzug Sozialversicherungsbeiträge 684
- Risiken 658
- Schuldrechtliche Ausgleichsrente 663, 664
- Sozialversicherungsbeiträge 684
- Steuerliche Auswirkungen 685
- Verhältnis nachehelicher Unterhalt 725
- Verfahren 726, 1047
- wesentliche Änderung 1097
- Wiederverheiratungsklausel 658

Ausgleichsreife
- abzuschmelzende Leistung 591
- ausländische Anrechte 598
- Ausgleichssperre ausländischer Anrechte 599, 936, 946
- Fälle 589
- Grundlagen 54, 587
- Unwirtschaftlichkeit 592
- zwischenstaatliche Anrechte 598
- überstaatliche Anrechte 598
- Vorbehalt der schuldrechtlichen Ausgleichsrente in Beschlussformel 602

Ausgleichssperre bei ausländischen Anrechten 599
Ausgleichswert 154
Auskunft der Versorgungsträger an Familiengericht 1018
- Zwangsgeld gegenüber privatrechtlichem Versorgungsträger 1016, 1022

Auskunftsanspruch, s. a. Verfahren
- Anspruch der Ehegatten gegenüber Versorgungsträger 1024, 1032
- Auskunftsanspruch 691, 971 f., 1025
- Auskunftspflicht gegenüber dem Gericht 1008
- Auskunftsanspruch Versorgungsträger gegen Ehegatten 1033
- Beleganspruch 692, 970
- Beteiligte 1012
- Durchsetzung 1022
- Ehegatten gegeneinander 968, 1025
- Erben 1026
- Erläuterungsanspruch gegen Versorgungsträger 1019
- Geltendmachung des Anspruchs 953
- Grundlagen 968 ff.
- Inhalt des Auskunftsanspruchs – Versorgungsträger 1018, 1027
- Kostenfreie Auskunft 1021

- Mitwirkungshandlungen der Ehegatten 1015
- schuldrechtliche Ausgleichsrente 691
- Stufenantrag 968
- verfahrensrechtliche Auskunftspflicht 1009 f.
- zwangsweise Durchsetzung der Auskunft 1016, 1022, 1031

Auskunftsersuchen an Versorgungsträger s. Verfahren zum Versorgungsausgleich

Ausländische Versorgungsanrechte
- Ausgleichsreife – fehlende 598
- betriebliche Altersversorgung 470
- Bewertung 469, 944
- gesetzliche Rentenversicherung 103, 294
- Hinterbliebenenrente – Witwe 756
- schuldrechtliche Ausgleichsrente 690

Auslandsberührung im Versorgungsausgleich s. Internationales Privatrecht

Ausschluss des Versorgungsausgleichs im Härtefall
- Abänderungsverfahren 766, 818
- Altersunterschied – hoher 795
- Amtsermittlung 806
- Anwendungsbereich 758
- Ausbildungsfinanzierung 790
- Ausgleichsansprüche nach der Scheidung 809
- Ausgleichspflichtiger – unbillige Härte 814
- beiderseitige Verhältnisse 776
- Berechnung bei Teilausschluss 332
- Beweislast 806, 1060
- Darlegungslast 1059
- Dauer der Ehe 786
- Doppelehe 38
- Ehevertrag 39
- Fehlverhalten – persönliches 779, 792
- Finanzierung der Ausbildung 790
- Frühpensionierung 791
- Generalklausel 759, 775
- geringfügige Ausgleichswerte 43, 775
- grobe Unbilligkeit (Begriff) 765, 769
- Grundlagen 758
- Güterstand – Auswirkungen 796
- Hin – und Her – Ausgleich 760
- Kindererziehungszeiten 804
- lange Trennungsdauer 787
- phasenverschobene Ehe 787, 789
- Rentenbezug – Unterhaltsbedürftigkeit 791
- einseitiger Rentenbezug 795
- illoyales Handeln 797
- Sanktionsgrenzen 762
- Schädigungsabsicht 773, 799
- Scheitern der Ehe 780
- schuldrechtlicher Versorgungsausgleich 809
- Sinnverfehlung des Versorgungsausgleichs 760, 791
- sonstige Umstände 805
- systembedingte Auswirkungen – Unstimmigkeiten 767
- steuerliche Auswirkungen 645, 767
- Tod des Ausgleichspflichtigen – Wegfall der Härtegründe 805
- Trennungsdauer 787
- Übergangsbestimmungen 46
- Überspannung der ehelichen Solidarität 794
- Umfang des Ausschlusses 772
- Unterhaltsbedürftigkeit – fehlende 811
- Unterhaltspflichtverletzung 800, 801
- unterhaltsrechtliche Funktion des Versorgungsausgleichs 782, 792
- unzulässige Rechtsausübung 765
- Verhältnis zu §§ 138, 242 BGB 765
- Verfahren 1059
- Verletztenrente der gesetzlichen Unfallversicherung – Anrechnung 336, 592, 783
- Vermögenserwerb 797
- Vermögenslage beider Ehegatten 784
- Versorgungslage beider Ehegatten 781, 783
- Verwirkung 765
- Versorgungserwerb – einseitig 795
- Wegfall des Anrechts 797

Ausschluss des Versorgungsausgleichs bei kurzer Ehedauer 40, 981, 1053, 1057

Aussetzung des Verfahrens 335, 970, 988
- Wiederaufnahme 148

Aussicht 52 ff.

Ausübungskontrolle 845, 856, 984

Auswirkungen des Versorgungsausgleichs
- Abwendung der Kürzung 916
- Begründung von Rentenanwartschaften 908
- externe Teilung 912
- knappschaftliche Versicherung 906
- Kürzung der Versorgungsbezüge 914
- Leistungen an bisherigen Rechtsinhaber 613
- Rentnerprivileg 918
- Übertragung von Rentenanwartschaften 904
- Übertragung aus der knappschaftlichen Versicherung in gesetzliche Rentenversicherung 906
- Umrechnen in Entgeltpunkte 909
- Zeitpunkt der Rentenerhöhung/-minderung 917, 918

Auszehrungsverbot betriebliche Altersversorgung 365

B

Bahnbeamte 190

Barwertverordnung – Aufhebung 152, 522

Beamter
- auf Probe 55, 193
- auf Widerruf 55, 200
- auf Zeit 57, 194, 243
- Ausbildungszeiten 220
- Bahnbeamte 190
- beurlaubter 221, 242
- Deutsche Bundesbank 203
- Dienstordnungsbeamter 203
- Ehrenbeamter 199
- einstweiliger Ruhestand 207, 219
- Führungsposition auf Probe 192, 216
- Lebenszeit 192
- Kommunalbeamte 194
- Nachversicherung 224, 283
- Notare 196
- politischer 192, 207
- Ruhegehalt 209
- Ruhestandsbeamter 223
- Sonderzuwendung 248
- Stellenzulage bei Strahlflugzeugführern 222
- teilzeitbeschäftigter 220, 345
- Wahlbeamter 57, 194, 243
- Wertermittlung 189
- Widerruf 55, 131, 200

Beamtenversorgung
- Abflachungsbetrag 63
- Abgrenzung zur betrieblichen Altersversorgung 204
- Anrechnungsbestimmungen 257 ff.
- Anpassung wegen Invalidität – besondere Altersgrenze 891
- Ausgleichsbeitrag 208
- Ausgleichswert 220
- Beihilfe 200
- besondere Altersgrenze 238
- Berechnung im Versorgungsausgleich 234 ff.
- Beurlaubung 179
- Dienstaltersstufen 213
- Dienstbezüge – ruhegehaltsfähige 212
- Dienstrechtneuordnungsgesetz 206, 213, 234, 248
- Dienstunfall 66
- Dienstverhältnis – öffentlich-rechtliches 190
- Dienstunfähigkeit 218, 233, 240
- Dienstzeit 226 ff.
- Disziplinarverfahren 224
- Ehezeitanteil 234, 249
- Erfahrungsstufen 213
- Erfahrungszeiten 213
- externe Teilung Zeitsoldat Widerrufsbeamter 578
- Familienzuschlag 212
- feste Altersgrenze 236
- Grundlagen 189
- Hochschulbereich 205, 225, 245
- Höchstgrenze der gesetzlichen Rentenversicherung 260
- Kann-Anrechnungszeiten 228, 231
- Kindererziehungszeit 228
- korrespondierender Kapitalwert 181
- Kürzung bei mehreren Versorgungen 252 ff.
- Kürzung bei Zusatzversorgung 255
- Lebensaltersstufen 213
- Leistungsprämien 66, 213
- Leistungszulagen 66
- mehrere Ehen 249
- Muss-Anrechnungszeiten 231
- neue Bundesländer 233
- Personenkreis 190
- politische Beamte 189, 192, 207, 218
- Postbeamte 190

- Ruhegehaltssatz 209, 226
- Ruhensbestimmungen 257 ff.
- Soll-Anrechnungszeiten 228
- Teilzeit 220, 241
- Übergangsgebührnisse 200
- unfallbedingte Erhöhung 66, 240
- Unterhaltsbeitrag 3, 87
- Versorgungsfall 211, 237
- Versorgungsabschlag 213, 246
- Versorgungsänderungsgesetz (2001) 129
- vorgezogene Altersgrenze 238
- Widerrufsbeamter 131, 201, 578
- Zeitsoldat 131, 201, 578
- Zusammentreffen mehrerer Versorgungen 250, 256
- Zurechnungszeiten 229

Beamtenähnliche Versorgung 202
Befreiende Lebensversicherung 68 f., 279
Befristung eines Anrechts 139
Beförderung
- innerhalb zwei Jahre vor Ehezeit 215

Beförderung auf Probe 216
Begründung einer Anwartschaft 91
Beitragsdichtemodell 314
Beiträge
- freiwillige 94
- In-Prinzip 93
- Pflichtbeiträge 94

Beitragserstattung 138, 333
Beitragszeiten 320
- Bewertung 320

Beitragsfreie Zeiten 304
Beitragsgeminderte Zeiten 322
Beitrittsgebiet
- Versorgungsausgleich 338 ff.
- Renten-Überleitungsgesetz 338

Beleganspruch s. Auskunftsanspruch und Verfahren
Berücksichtigungszeiten 286, 314
Berufsausbildungszeiten 320
Berufssoldat 197
Berufsständische Versorgungen
- Anwartschaft 458
- Bewertung 459 ff.
- Ehezeitanteil 460 ff.
- Dynamik 460, 511
- Finanzierung 458
- Grundlagen 457

Berufsunfähigkeit – Begriff 78

Berufsunfähigkeitsversicherung
- private 78, 86, 605
- Zusatzversicherung 605

Beschlussformel 1063
Beschwer im Versorgungsausgleichs-Verfahren 1107
- Begriff 1107
- Bindung an Anträge im Versorgungsausgleichs-Verfahren 1112
- Rechtskraft der Entscheidung 1116
- Verbot der Schlechterstellung 1114

Besitzschutz in gesetzlicher Rentenversicherung 919
Bestandsrenten 344
Bestandteile einer Versorgung 100
Beteiligung am Versorgungsausgleichs-Verfahren 1003
- Grundlagen 1003
- Kreis der Beteiligten 1004
- Verzicht 1007

Betriebliche Altersversorgung
- Abfindung 379
- Anwartschaftsphase 364
- Änderung nach Ehezeitende 136
- Anpassung laufender Leistungen 365, 546
- Aussicht – Begriff 49 ff.
- Ausrechnungsverbot 365
- Barabfindungen 360 f.
- Beamtenversicherungsverein des Deutschen Bank- und Bankiersgewerbes 417, 512
- Beitragszusage 357, 365, 403
- Berechnungsmethode bei beendeter Betriebszugehörigkeit 403; Beginn 374
- Berechnungsmethode bei weiter bestehender Betriebszugehörigkeit 394 ff., 404
- Betriebszugehörigkeit – Unterbrechung 376
- Direktversicherung 370, 388, 413
- Direktzusage 387
- Dynamik 400
- Ehezeitanteil – Berechnung 401 ff.
- Eigenbeiträge 385
- Einkommensdynamik 364, 428
- Entgeltumwandlung 367
- freiwillige Versicherung in der gesetzlichen Rentenversicherung 393
- Gesamtversorgungssystem 418, 420

- Gesetz zur Verbesserung der betrieblichen Altersversorgung 354
- Gewinnbeteiligung 361
- Grundlagen 47, 72, 354
- Hochrechnungsmethode 421
- Insolvenzsicherung 381, 412
- Invalidität vor Erreichen der Altersgrenze 410
- Jubiläumsgaben 66, 361
- Kalendermonate – Berechnung 408
- Kapitalleistungen 68 ff., 361, 389, 396, 609
- Karrieresprung 675, 678
- Kohledeputate 361
- laufende Leistungen 365
- latente Steuerlast 73
- Limitierungsklauseln 418, 419
- Leistungen der betrieblichen Altersversorgung 360
- Leistungsform 72
- Leistungsphase 364
- Mehrheitsgesellschafter 67, 452
- Mindestversorgungszusage 357, 411
- Mitnahmerecht 545, 556
- Pensionsfonds 355, 392, 415, 545, 561, 563, 580, 630, 634
- Pensionskassen 390, 415, 630
- Pensionszusage 387
- Sachleistungen 77, 360
- Tantiemen 361
- Teilzeitbeschäftigung 378
- Träger der betrieblichen Altersversorgung 386
- Treueprämien 361
- Übergangsgelder 361
- Überschussanteile 417
- Übertragungswert 184, 396
- Unternehmereigenschaft 452
- Unterstützungskassen; s. a. externe Teilung 391, 561
- Unverfallbarkeit 173, 355, 366, 427
- Unverfallbarkeit der Höhe 371
- VBL-Methode 421
- verfallbares Anrecht 54, 366, 427, 656
- Verfallbarkeit der Dynamik 364, 428, 656
- versicherungsvertragliche Lösung 389, 414
- Versorgungsabschlag 361
- Vordienstzeiten 374, 375, 676
- Vorruhestand 377
- Vorruhestandsleistungen 361
- Vorschaltzeiten 373
- Wartezeit 363, 372
- Wegfall einer Versorgung 137, 1079
- Weihnachtsgeld 361
- Widerruf einer Zusage 381
- zeitliche Voraussetzung der Verfallbarkeit 366 ff.
- zeitratierliche Berechnung 401
- Zuordnung zum Versorgungsausgleich 72
- Zurechnungszeit 410
- Zusatzversorgung des öffentlichen Dienstes; s. dort

Beurlaubung eines Beamten 242
Bewertung eines Anrechts – Wertermittlungsvorschriften
- Beitragssumme 158
- betriebliche Altersversorgung 399
- Bezugsgröße – Begriff 154
- Billigkeitsbewertung 168
- Dauer der Zugehörigkeit 158
- Deckungskapital 157, 165
- Entgeltpunkte 157
- Gliederung 155
- Grundlagen 152
- korrespondierender Kapitalwert 154
- laufende Versorgung 163
- mittelbare Bewertung 159
- Rentenbausteine 158
- Stichtagsprinzip 154
- unmittelbare Bewertung 156, 164, 399
- Verbindung unmittelbare – mittelbare Bewertung 161
- zeitratierliche Bewertung – betriebliche Altersversorgung 159, 167, 400
- Zusatzversorgung des öffentlichen Dienstes 162

Bezugsgröße 154
Bigamische Ehe 35
Billigkeit – Bewertung 168
Bundesminister s. Minister
Bundesversorgungsteilungsgesetz 16, 529, 532, 547 ff.

D

Daseinsvorsorge 82, 87
Deckungskapital 157, 165
Dienstbezüge – ruhegehaltsfähige 212 ff.

Dienstrechtneuordnungsgesetz 206, 213, 248
Dienstrechtsreformgesetz 128, 212
– Dienstunfall 218, 239
– Familienzuschlag 212
– Grundgehalt 212
– Leistungszulagen 212
– Stellenzulage 212
– Versorgungsabschlag 213
– Zurechnungszeit 232
Dienstzeitbestimmung 228
Dienstunfall 66, 218, 239 f.
Dienstunfähigkeit 218, 233, 239
– Soldat 233
Direktleistung – Leistung Dritter 85
Direktversicherung 388, 413
– versicherungsvertragliche Lösung 413, 414
– Widerruf 381, 388
Direktzusage 387, 452
– externe Teilung 561, 636
Dispositionsbefugnis zum Versorgungsausgleich 21
Disziplinarverfahren 224
Doppelehe 38, 124
Doppelversorgung 250
Dynamik
– Anwartschaftsdynamik 501
– Beamtenversorgung 502
– Bedeutung für reformierten Versorgungsausgleich 496 ff.
– berufsständische Versorgung 511
– Beitragsdynamik 511
– Einkommensdynamik 507
– Erfassen der Einkommensdynamik schuldrechtlich 590
– gesetzliche Rentenversicherung 502
– Grundlagen 495, 501
– Preisdynamik 509
– sonstige Versorgungen 512
– Teildynamik 414 f.
– Verfallbarkeit 428, 508, 656
– Volldynamik 503
– Zinsdynamik 510
Dynamischer Titel im Versorgungsausgleich 680

E
Eherechtsreformgesetz (1.)
– Grundlagen 10
– Versorgungsausgleich 10

Eheschließung nach Rentenbezug 223
Ehevertrag Ausschluss 39
Ehezeit
– Begriff 105
– bei Aufhebung der Ehe 113
– Bestimmung 107 ff.
– Rücknahme Scheidungsantrag 110
– mehrere Anträge 109
– Trennungsverfahren (italienisches) 115
– Vereinbarung der Ehezeit 116 ff.
– Verfahrensverzögerung 107
– verfrühter Scheidungsantrag 114
– Wiederanruf 108
– Zwischenentscheidung 121
Ehezeitende
– Vereinbarung 116 ff.
Ehrenbeamte 199
Einigungsvertrag und Versorgungsausgleich 953 ff.
Einmalausgleich 513
Einmalbeitrag in private Rentenversicherung 24
Eintritt Versicherungsfall 90
Einwohnerversicherungen 87, 464, 932 f.
Einkommenssteuer s. Steuerliche Auswirkungen des Versorgungsausgleichs
Elektronischer Rechtsverkehr 1123
Entgeltpunkte 157, 315
Entgeltumwandlung bei betrieblicher Altersversorgung 367
Entschädigungsleistungen 82, 85, 86
Entscheidungen zum Versorgungsausgleich 1049
– Begründungspflicht 1050
– Beschluss 1052, 1063
– Beschlussformel bei Ausschluss des Versorgungsausgleichs 1052 f.
– feststellende Entscheidung zur schuldrechtlichen Ausgleichsrente 727, 1048
– Gegenstandswert 1120
– Grundlagen 1049
– Kosten 1117
– Rechtskraft 1116
– Teilentscheidung 1066
– Wirksamwerden der Entscheidung 1062, 1116
– Zwischenentscheidung 1071

Stichwortverzeichnis

Erben
– Tod des Ausgleichspflichtigen 620
– Verfahrensfortsetzung 969
Erbenhaftung bei schuldrechtlichem Versorgungsausgleich 666, 669
Erfahrungszeiten 213
Erfahrungsstufen 213
Ergänzende Vorschriften 603
– Invalidität 604
– Leistungsverbot 609
– Schutz des Versorgungsträgers 612
– Tod des Ehegatten 618
Erlöschen des Ausgleichsanspruchs
– Tod des Berechtigten 618
– Tod des Ausgleichspflichtigen 618, 721
Erstatten von Beiträgen s. **Beitragserstattung**
Erlöschen eines Anrechts 137, 681
Erwerbsminderung 334
Erwerbsunfähigkeit – Begriff 59 f.
Erziehungsleistungsgesetz 81, 321
Erziehungsrente 5, 30, 288
Externe Teilung, s. a. Wertausgleich bei der Scheidung
– Antrag Versorgungsträger 568
– Auswirkungen 912
– Beamtenversorgung 576, 633, 645
– Beschlussformel 1044, 1064
– Direktzusage 561
– Durchführung 564, 1040
– Erstattungspflicht Versorgungsträger 578
– Fristsetzung für Wahlrecht 1044
– Grundlagen 10, 32, 520, 560
– Kapitalbetrag 569
– Krankenversicherung – Weiterleitung 579
– Ministerversorgung 576
– Pensionszusage 561
– öffentlich-rechtliches Dienstverhältnis 576
– Qualität Zielversorgung 572
– Rechtsanwaltszwang 571, 981
– steuerliche Auswirkungen – Steuerneutralität 573, 633
– Unterstützungskasse 561
– Unzulässigkeit 564
– Vereinbarung 565
– Verfahren 1040
– Verrechnung 570
– Versorgungsausgleichskasse 575

– Verwaltungskosten 575
– Vollstreckung 1046
– Vollzug 912
– Wahlrecht Zielversorgung 560, 571, 981
– Wertgrenze für externe Teilung 568
– Widerrufsbeamter 578
– Zeitsoldat 578
– Zielversorgung 561, 571
– Zinsentwicklung zwischen Ehezeitende und Begründung des Anrechts 1045

F
Familienbezogene Bestandteile 99, 174, 208, 211, 212
Familienzuschlag 212
Feststellungsinteresse
– schuldrechtliche Ausgleichsrente 727, 1048
– Hinterbliebenenversorgung – verlängerter Versorgungsausgleich 754
Fiktivbewertung – Prinzip 171
Föderalismusnovelle 206
Freiwillige Beiträge zur gesetzlichen Rentenversicherung 94
Freiwillige Rentenbeträge 279, 282
Fremdrentengesetz 299
Führungsposition auf Zeit 216
Für-Prinzip s. a. In-Prinzip 93
Frühpensionierung 791

G
Gegenstandswert 1120
Geistlich Bedienstete 203
Genehmigung von Vereinbarungen s. Vereinbarungen zum Versorgungsausgleich
Geringfügige Ausgleichswerte 43, 581
– Auswirkungen einer Dynamik 499
– Ermessensausübung 584
– Kapitalleistungen 716
– korrespondierender Kapitalwert 188
– schuldrechtliche Ausgleichsrente 665
– verfahrensrechtlicher Vollzug 586
Geringfügig Beschäftigte 277
Gesamtleistungsbewertung 322, 324
Gesamtversorgung s. betriebliche Altersversorgung

Stichwortverzeichnis

Geschäftsgrundlage – Änderung/ Wegfall s. Vereinbarungen zum Versorgungsausgleich
Gesellschafter – Geschäftsführer 67, 75, 452, s. a. Selbständige
Gesellschaftsrechtliche Beteiligung 84
Gesetzliche Rentenversicherung s. Rentenversicherung
Geschiedenenwitwenrente 4, 33, 288
– Hinterbliebenenversorgung gegen Witwe 617
Gewinnbeteiligungen 66, 361
Grenzwert nach § 18 SGB IV
– Abänderungsverfahren 1082, 1097
Grundbewertung 322
Grundgehalt 212
Grundlagen des Versorgungsausgleichs 3 ff.
Güterrecht und Versorgungsausgleich
– Abgrenzung 22, 47
– Harmonisierung mit Versorgungsausgleich 23, 25
– Direktversicherung (Zuordnung) 72
Güterstand
– Auswirkungen auf Versorgungsausgleich 796
Gütertrennung 22, 47
– Harmonisierung mit Versorgungsausgleich 23, 25

H
Härtefälle s. Auswirkungen des Versorgungsausgleichs
Härteklausel s. Ausschluss des Versorgungsausgleichs
Halbbelegung 306, 307
Handelsvertreter (Ausgleichsanspruch) 361
Handwerkerversicherung 274, 276
Harmonisierung Zugewinn – Versorgungsausgleich 23
Heilbehandlung 285
Heiratsabfindung 93
Heiratserstattung 97, 282
Hin- und Her-Ausgleich 2, 513
Herkunft des Vermögens 23, 83
Hinterbliebenenversorgung – Teilhabe 64, 174
– Anrechnungsbestimmungen 732, 741

– Anspruch gegen Versorgungsträger – verlängerter schuldrechtliche Versorgungsausgleich 731
– Anspruch gegen Witwe / Witwer 756
– Anpassung 744
– Auskunftspflicht 750
– Ausländische Anrechte 756
– Ausschluss des Anspruchs 746
– (Keine) Bindung an schuldrechtliche Ausgleichsrente 745
– Feststellungsinteresse 754, 1048
– Grundlagen 728
– Hinterbliebenenversorgung – Begriff 731
– Höhe 738
– Kapitalleistung als Hinterbliebenenversorgung 735
– Kürzung Hinterbliebenenversorgung 747
– mehrere Versorgungen 743
– Rechtscharakter des Anspruchs 729
– Schutz Versorgungsträger 730, 749
– Verfahren 748, 751
– Verhältnis zur schuldrechtlichen Ausgleichsrente 745
– Vollstreckung 753
– Wiederverheiratungsklausel 732
Hinzuverdienergrenze 337
Hochschulbereich 204
Hochschulprofessoren 204, 225, 242
Höchstbetragsregelung – Wegfall 578
Höherversicherung 271, 463

I
Inhaltskontrolle bei Vereinbarungen 76, 825, 844, 845, 862
In-Prinzip 93, 97, 279, 328
Innungskrankenkasse – Beschäftigte 203
Insolvenzsicherung 412, 533
– interne Teilung 533
– Pensionszusage 539
Insolvenzverfahren 990
Interne Teilung 10
– Abgeordnete 555
– Amtsverhältnis 547
– Anforderung an interne Teilung 521, 530
– Auffangregelung 538
– berufsständische Versorgung 646
– Beschlussformel 1064

- Bundesversorgungsteilungsgesetz 550
- Ehezeitende in Beschluss 524
- eigenständiges Anrecht 531
- Grundlagen 10, 520, 521
- Insolvenzschutz 539
- Kapitalbedecktes Anrecht 536
- knappschaftliche Versorgung 523, 525
- Landwirtschaftliche Altersversorgung 557
- öffentlich-rechtliches Dienstverhältnis 547
- Rechtsfolgen bei betrieblicher Altersversorgung 546
- Risikoschutz 537, 539
- Schornsteinfegerversorgung 557
- Steuerliche Folgen 632
- Teilungskosten 559
- Vergleichbare Wertentwicklung 534
- Verrechnung gleichartiger Anrechte 351, 516, 523
- Vorrang der internen Teilung 520
- Wechsel der Leistungsform 540
- Zinsentwicklung zwischen Ehezeitende und Beschlussfassung 521, 535, 536
- Zusammentreffen von Versorgungsbezügen 554

Interlokales Recht 952 ff.
- Anwendung des Art. 17 Abs. 3 EGBGB 957
- Einigungsvertrag (bei Scheidungen vor dem 1.1.1992) 953, 954
- gemeinsamer gewöhnlicher Aufenthalt in den alten Bundesländern 955, 960
- getrennter gewöhnlicher Aufenthalt 956
- Grundlagen 952
- Scheidung (vor dem 1.1.1992) 953
- Übersiedlung in alte Bundesländer (vor dem 3.10.1990) 959
- Vereinbarung zur Vermögensverteilung 958

Internationales Privatrecht
- Antrag nach Art. 17 Abs. 3 S. 2 EGBGB 938
- anzuwendendes Recht 927
- Ausgleich ausländischer Anrechte 598, 946

- Ausgleichsreife (fehlende) 936
- ausländische Anrechte bei deutschem Sachrecht 942
- ausländisches Scheidungsstatut 940
- ausländische Versicherungszeiten 294, 944
- Bewertung ausländischer Anrechte 469, 945
- Billigkeitsprüfung 937
- Ehezeitende bei ausländischen Scheidungsverfahren 951
- Eingliederungsprinzip 944
- Einwohnerversicherungen 87, 932, 943
- Ermittlung ausländischer Anrechte 948
- Ersatzanwendung des deutschen Sachrechts 935
- Fremdrentengesetz 299
- Gesamtverweisung 929
- Grundlagen 920
- Heimatstaatenklausel 930
- internationale Zuständigkeit im Verbundverfahren 922, 924
- Kaufpreisparität 937
- kollisionsrechtlicher Begriff des Versorgungsausgleichs 923, 931
- multilaterale Staatsverträge 920
- nachträgliche Durchführung des Versorgungsausgleichs im Inland 939
- örtliche Zuständigkeit 921, 922, 926
- ordre public 930
- Rechtswahl 938
- Rückverweisung 929
- Scheidungsstatut 940
- selbständige Verfahren zum Versorgungsausgleich 925
- soziale Sicherheit 922
- Sozialversicherungsabkommen 294, 944
- Trennungsverfahren nach ausländischem Recht 951
- Übergangsbestimmungen in Altfällen 941
- Verbundverfahren 924
- Volksrenten 943
- Zahlung deutscher Renten ins Ausland 298, 947
- Zuständigkeit – internationale 921

Invaliditätsversorgung 5
- Begriff 59

– Rente 62
– betriebliche Altersversorgung 410
– private Invaliditätsversorgung 604, 606

J
Jubiläumsgaben 66, 361

K
Kann-Anrechnungszeiten 228
Kapitalgedecktes Anrecht 165
Kapitallebensversicherung 68 ff., 360
Kapitalwahlrecht 68
Kapitalzahlungen – schuldrechtliche Ausgleichszahlung
– Abzug von Sozialleistungen 701
– einstweiliger Rechtsschutz 702
– Grundlagen 701
Karrieresprung 89, 125, 401, 675
Kernbereich Scheidungsfolgen 20
Kindererziehungszeiten
– Ausschluss wegen höherer Anrechte 301
– Beamtenversorgung 220, 228
– gesetzliche Rentenversicherung 301, 321
– nachträgliche Berücksichtigung 127
Kindererziehungsleistungsgesetz 321
Kinderzuschuss 174, 289
Knappschaftliche Rentenversicherung 287, 289, 525
– Ausgleichsleistungen 88, 289
– Auswirkungen der Übertragung 906
Korrespondierender Kapitalwert
– Abzinsungsfaktor 185
– Beamtenversorgung 181
– Begriff 176, 187
– Berechnung 179
– Geringfügigkeit 188
– Grundlagen 154, 176
– schuldrechtliche Ausgleichsrente 674, 176
Kostenentscheidung zum Versorgungsausgleich 1117
Krankenversicherung 311, 546
– externe Teilung 579
Künstlersozialversicherung 274, 276
Kürzung einer Beamtenversorgung 254, 908, 914
– Abwendung 916
Kürzung Rentenversicherung 904

L
Landabgabenrente 87
Landwirte s. landwirtschaftliche Alterskasse
Landwirtschaftliche Alterskasse 275, 465
– Ausgleich interner 557
– Berechnung 466
– Bestandsrente 467
– Grundlagen 465
Laufende Versorgung 167
Latente Steuerlast bei betrieblicher Altersversorgung 73
Lebenslange Rentenleistung 68
Lebensversicherungen auf den Todesfall 66
Lehrkräfte an privaten Schulen 199, 203
Leibrenten 77
Leistung Dritter 85
Leistungsbezug 166
Leistungsphase 364
Leistungsprämien 66, 212
Leistungszulage nach Dienstrechtsreformgesetz 66, 212
Leistungsverbot – private Invaliditätsversorgung 609
Lohnersatzleistungen 336
Lückenausgleich 324

M
Max-Planck-Gesellschaft 203
Mehrere Ehen 249
Mehrere Versorgungen 250, 336
Mehrheitsgesellschafter 67, 75, 452
Mindesteinkommen 320, 328
Mindestentgeltpunkte 172, 320, 328
Ministerversorgung 198, 548
Muss-Anrechnungszeiten 228

N
Nachentrichtung von Beiträgen 95 ff., 278
Nachversicherung eines Beamten 55, 131, 224, 283
Nachzahlung von Beiträgen 95 ff., 278, 280 ff.
Nichtigkeit der Ehe 34 f.
Notare 196

O

Öffentlich-rechtlicher Versorgungsausgleich – Begriff 18
Öffentlich-rechtliches Dienstverhältnis 198, 256
Ordre public 930
Ortskrankenkasse – Beschäftigte 203
Ortszuschlag 174, 208

P

Phasenverschobene Ehe 787, 789
Pauschale Anrechnungszeit 331
Pensionierung – vorzeitige 135
Pensionsfonds 355, 392, 415, 545, 561, 563, 580, 630, 634
Pensionskassen 390, 415, 630, s. betriebliche Altersversorgung
Pensionsrückstellungen – Rechnungszins 183
Pensionszusage Selbständige 67, 75, 452, 521 s. a. Direktzusage
Pfarrer 203
Pflegeperson – erworbene Entgeltpunkte 84
Pflegeversicherung 546
Politische Beamte 189, 192, 207
Postbeamte 190
Private Rentenversicherung 461 ff.
– Abschlusskosten 493
– Altverträge 490
– Berufsunfähigkeitsversicherung 78 f., 86, 466
– Beschlussformel 1064
– Bezugsberechtigung 494
– Deckungskapital 485
– Deckungsrückstellung 492
– Ehezeitanteil 484 ff.
– fondsgebundene Rentenversicherung 475, 489
– Grundlagen 461
– güterrechtliche Abgrenzung 480
– Kapitallebensversicherungen 473
– laufende Leistungen 472
– Lebensversicherungen 472
– Leibrentenversicherung 474
– Leistung vor Altersgrenze 71
– Risikoversicherungen 476
– tatsächlicher Rentenbezug 491
– Todesfallversicherung 478
– steuerliche Folgen 630, 648
– Stornoabzug 493

– Unfallversicherung 78, 86, 479, 604, 606
– Zinserträge 487
Private Schulen 199
Private Invaliditätsversorgung
– Ausgleichsform 608
– Grundlagen 604, 606
– Leistungsverbot 609
Privilegierter Erwerb Versorgungsausgleich – Zugewinn 24
Professoren – emeritierte 203, 225, 245
Publizisten – Rentenversicherung 274, 276

Q

Quasisplitting – Wegfall 553

R

Rangfolge bei Wertausgleich bei der Scheidung
– Grundlagen 520
– Vorrang interne Teilung 521
Ratenzahlung bei Abfindung 711, 712, 713
Realteilung 79
Rechengrößen – Erläuterung 337
Rechnungszins – Pensionsrückstellung 183
Rechtliche Veränderung nach Ehezeitende 127
Rechtskraft von Versorgungsausgleichs-Entscheidungen 1116
Rechtsmittel bei Versorgungsausgleichs-Entscheidungen 1101, s. Verfahren
– Anschlussrechtsmittel 1103
– Beschwer 1107
– Bindung an Anträge 1112
– Ehezeitende 1111
– Fehlende Beteiligung 1109
– Grundlagen 1101
– Folgesachen 1101
– selbständige Verfahren 1101
– Rechtsbeschwerde 1100
– Rechtskraft 1116
– Rechtsmittelerweiterung 1103
– Rechtsmittelversorgungsträger 1108, 1106
– Teilrechtsmittel 1069, 1106
– Verbot der Schlechterstellung 1114
– Verbundentscheidung 1101
Rechtsmittelverzicht 1116

Regierungsmitglieder 57, 256
Religionsgemeinschaften – Versorgung nach BeamtVG 203
Rente nach Mindesteinkommen 172, 302, 320, 328
Rente wegen Alters 287
Rente für Bergleute 286
Rente wegen verminderter Erwerbsfähigkeit 286
Rente wegen Todes 288
Rentenartfaktor 318
Rentenbausteine 158
Rentenfall
– Ausgleich im Rentenfall 41, 334, 907
Rentenformel 315
Rentenoption 68
Rentenreformgesetz (1992)
– Grundlagen 300 ff.
– Kindererziehungszeiten 301
– Rückwirkung 127
Rentenreformgesetz (1999)
– Kindererziehungszeit 301, 321
– verminderte Erwerbsfähigkeit 59, 285, 304, 334
Rentenversicherung
– Abänderungsverfahren 330
– aktueller Rentenwert 315, 317
– Altersrente 287
– Altersrente für Frauen 287
– Antragspflichtversicherung 278
– Auslandsrenten 294
– ausländische Versicherungszeiten 294
– beitragsfreie Zeiten 87, 302, 305, 322, 328
– Beitragsdichtemodell 314
– beitragsgeminderte Zeiten 322
– Beitragserstattung 138, 333
– Beitragszeiten 304, 320
– Berücksichtigungszeiten 286, 314
– Berufsunfähigkeitsrente 286
– Bestimmung Rentenversicherungsträger 1038
– Bewertung im Versorgungsausgleich 325
– Ehezeitanteil 328
– Entgeltpunkte 315
– Erstattung von Beiträgen 333
– Erwerbsminderung 286, 308, 334
– Erwerbsunfähigkeitsrente 308
– bestandgeschützt 334, 797
– Erziehungsleistungsgesetz 81, 321
– Erziehungsrente 30, 288
– fondsgebunden 465
– freiwillige Versicherung 279
– Fremdrentengesetz 299
– Gesamtleistungsbewertung 314, 327, 322, 324
– Gliederung der gesetzlichen Rentenversicherung 274
– Grundlagen 269
– Handwerkerversicherung 274
– Höherversicherung 272, 463
– In-Prinzip 94, 282, 328
– Kindererziehungszeiten 301, 321
– Kinderzuschüsse 289
– knappschaftliche Rente 286, 523
– knappschaftliche Ausgleichsleistung 88
– laufende Rente 40, 329
– Leistungsbezug (Bewertung) 166
– Mindestentgeltrente 172, 320, 328
– Nachentrichtung 95, 96, 281
– Nachversicherung 283
– nichtdynamische Leistung 271
– Organisationsform 274
– Personenkreis 276
– Pflegeperson 84, 314
– private Rentenversicherung 71
– Rechengrößen 337
– Rentenartfaktor 318
– Rentenformel 300, 315
– Rentenüberleitungsgesetz 338 ff.
– Ruhensbestimmungen 336
– Teilrente 293
– teilweise Erwerbsminderung 286, 308
– Übergangsbestimmungen 331
– Übergangsgeld 873
– ungeklärte Versicherungszeiten 297, 335
– VAÜG 345
– versicherungsfreie Personen 277
– versicherungsmathematischer Abschlag (Versorgungsabschlag) 290, 319
– Versicherungspflicht 278
– volle Erwerbsminderung 286, 308, 334
– Vollrente 290, 327
– vorläufiges Durchschnittsentgelt 315, 316, 330
– Wanderversicherter 274
– Wehrdienstleistender 276

- Wiederauffüllbeträge 95, 281
- Zahlung der Rente im Ausland 298
- Zivildienstleistender 276
- Zugangsfaktor 290, 315, 319
- Zurechnungszeiten 306
- Zusammentreffen mit Unfallversicherung 336
- Zweige der gesetzlichen Rentenversicherung 274

Renten-Überleitungsgesetz 338 ff., 345 f.
- aktueller Rentenwert Ost 341
- Angleichungsdynamik 346
- Auffüllbetrag 344, 352
- Aufhebung durch VAStrRefG 350
- ausgesetzte Verfahren – Wiederaufnahme 353
- Bestandsrenten 344, 352
- Entgeltpunkte 340
- Sonderversorgungssysteme 342
- Vertrauensschutzregelung 338, 555
- Wiederaufnahme ausgesetzte Verfahren 353
- Zusatzversorgungssysteme 342

Rentnerprivileg – Wegfall 144, 544, 918

Richter 195

Riesterrente 72

Risikoschutz s. interne Teilung

Risikoversicherungen 466, 604, 606

Rückdeckungsversicherung 456, 521, 533, 539, 1005

Ruhegehaltssatz 58, 209
- Erweiterungszeit 210
- familienbezogene Bestandteile 211
- Familienzuschlag 212

Ruhestandsbeamter 223

Ruhensbestimmungen 257 ff.
- Zusammentreffen mit gesetzlicher Rentenversicherung 257, 260, 336
- Zusammentreffen mit Zusatzversorgung des öffentlichen Dienstes 266
- Zusammentreffen zweier Beamtenversorgungen 259
- Unfallversorgung 336

Rundungen 328

S

Sachleistungen 77, 170, 360

Schadensersatzleistungen bei fehlerhafter Auskunft 1019, 1026

Schädliche Verwendung s. Altersvermögensgesetz

Scheidung und Versorgungsausgleich 34

Seekasse Hamburg 274

Seelotsen 274

Schornsteinfeger 558

Schuldrechtliche Ausgleichsrente, s. a. Ausgleichsansprüche nach der Scheidung
- Anspruch 663, 664
- Antrag 726
- Auskunftsanspruch 691
- ausländische Anrechte 690
- Beschlussformel 1065
- dynamischer Titel 680
- Ehezeitanteil 676
- Erlöschen des Ausgleichsanspruchs 625, 666, 694
- Fälligkeit der Ausgleichsrente 671, 693
- Feststellungsinteresse 727, 1048
- geringfügige Ausgleichswerte 665
- Grundlagen 663, 664
- Höhe des Anspruchs 674
- Kapitalzahlung s. dort
- Karrieresprung 89, 675, 679
- korrespondierender Kapitalwert 674
- Krankenversicherung 684
- Leistungsbeginn 693
- Mahnung 693
- Nebenleistungen 666
- Nettoprinzip 684
- Sozialbeiträge Kranken-Pflegeversicherung 684
- steuerliche Auswirkungen 686
- Stufenmahnung 691, 692, 693, 748, 968
- Veränderungen nach Ehezeitende 678
- Vereinbarung Ehezeitende 120
- Vereinbarung der schuldrechtlichen Ausgleichsrente 837
- Verfahren 726, 966
- bei Verfallbarkeit der Höhe nach 677
- vergessene Versorgung 682
- Verzug 681
- Voraussetzungen des Ausgleichsberechtigten 672
- Wegfall eines Anrechts nach Ehezeitende 681
- Wiederheirat 693, 703

– Zusatzversorgung des öffentlichen Dienstes 688
Schutz des Versorgungsträgers nach § 30 VersAusglG 596
– Leistungen an Witwe / Witwer 617
Selbständige s. Direktversicherung – Gesellschafter
– fehlende Ausgleichsreife 590
– Gesellschafter – Geschäftsführer 67, 75, 452, 533
– Pensionszusage 452, 630, 636
– Rückdeckungsversicherung 455, 521, 533, 539, 1005
Soldat auf Zeit 55, 197, 201, 283
– Übergangshilfe 197
Soldat
– Berufssoldat 197, 283
– Dienstunfähigkeit 233
Soll-Anrechnungszeit 229
Sonderzuwendung 206, 248
Sonstige Versorgungen 512
Sozialversicherungsabkommen 294
Sparkassen – Angestellte 203
Staatsanwälte 195
Staatssekretäre 57, 170, 198
Stellenzulage
– allgemeine Stellenzulage 100, 212
– fliegendes Personal der Bundeswehr 100
– Vollzugspolizei 128
Steuerfinanzierte Versorgung 87
Steuerliche Auswirkungen des Versorgungsausgleichs
– Abfindung 653
– Altzusage 630
– Alterseinkünftegesetz 628
– Beamtenversorgung 641
– Basisversorgung 630
– berufsständische Versorgung 646
– dauernde Last 651
– Direktzusage 636
– geförderte private Altersvorsorge 630
– gesetzliche Rentenversicherung 637
– interne Teilung 632
– Kapitalanlageprodukte 630
– kapitalgedeckte zusätzliche Altersversorgung 630
– nachgelagerte Besteuerung 629
– Neuordnung 629
– Pensionszusage 630
– private Rentenversicherung 648

– schädliche Verwendung 573, 636
– schuldrechtliche Ausgleichsrente 651, 686
– Sonderausgaben nach EStG 652
– sonstige Versorgungen 647
– steuerliche Regelungen des VAStrRefG 631
– Unterstützungskassen 636
Strahlflugzeugführer 221
Stichtagsprinzip 125 ff., 154
– Wiederauffüllung 640, 643
Struktur des Versorgungsausgleichs 141
Stufenantrag – Mahnung 691, 692, 693, 748, 968
System des Versorgungsausgleichs 6 ff.

T
Tantiemen 66, 361
Tatsächliche Änderungen nach Ehezeitende 130
Teilentscheidung s. Entscheidungen zum Versorgungsausgleich
Teilhabe an Hinterbliebenenrente s. Hinterbliebenenrente
Teilrechtsmittel 1069, 1106
Teilrente 293
Teilung s. interne Teilung – externe Teilung
Teilungskosten interne Teilung 559
Teilungsreife 17, 102, s. a. fehlende Ausgleichsreife
Teilzeitbeschäftigung
– Beamtenversorgung 220
– Zurechnungszeit (Begrenzung) 232
Titel – dynamisch im Versorgungsausgleich 680
Tod
– Anpassung wegen Tod 895
– des Ausgleichsberechtigten 618
– des Ausgleichspflichtigen 618
– des Ehegatten 618
– Erlöschen des Anspruchs 625, 694
– Schadensersatzansprüche 627
– schuldrechtliche Ausgleichsrente Berechtigter 720
– schuldrechtliche Ausgleichsrente Ausgleichspflichtiger 721
– Verbot der Besserstellung 621
Trennungsverfahren nach ausländischem Recht 115, 951

Trennung Versorgungsschicksal 28, 531
Treueprämie 66, 361

U

Übergangsvorschriften
- Abänderung öffentlich-rechtlicher Versorgungsausgleich 149, 1129
- Abänderung Begrenzung auf Rentenanrechte 1131
- Abänderungsfälle 1138 ff.
- allgemeine Bestimmungen 1126
- Antrag 1134
- Beschlussformel 1150
- Durchführung Abänderung 1149
- EheRG, Erstes 145
- Teilausgleich 1151
- Totalrevision 1129
- Überblick über Änderungen 1127
- Überleitung in neues Recht 147
- vergessene Versorgung 1132
- Versorgungsausgleich 13, 146, 149
- Zulässigkeit 1135
- Wertabweichung 1137
- Wertverzerrung durch Dynamik gemäß Barwertverordnung 1145
- wesentliche Wertveränderung 1144
- Wiederaufnahme Verfahren zum VAÜG 1128

Übergangsgeld
- Abgeordnete 208
- Beamtenversorgung 208
- betriebliche Altersversorgung 66, 361
- Soldat 66, 197, 208

Übergangshilfe eines Soldaten 137
Überleitung in das neue Recht 149
Überschussanteile (betriebliche Altersversorgung) 161, 417
Überstaatliche Versorgungen s. ausländische Anrechte
Übertragungswert (betriebliche Altersversorgung) 184
Umrechnungsfaktoren 337
Unfallbedingte Leistungen der Beamtenversorgung 208
Unfallrente 337
Unfallversicherung 86, 336, 479
- gesetzliche 86, 336, 592
- Leistungen 336
- private 86

- Zusammentreffen mit Beamtenversorgung 254

Ungeklärte Versicherungszeiten, Anrechte 335
Unmittelbare Bewertung s. Bewertung von Anrechten sowie Wertausgleich bei der Scheidung
Unterhalt
- Abgrenzung zum Versorgungsausgleich 26, 725

Unterhaltsbeitrag in Beamtenversorgung (§ 22 BeamtVG) 3, 31, 32, 193, 207, 741
- Abfindung 31
- Ehrenbeamte 199
- geschiedene Witwe 31
- Widerrufsbeamte 207

Unterhaltsleistung bei Kürzung – Härtefälle s. Anpassung wegen Unterhalt
Unternehmereigenschaft 67, 75, 452
Unterstützungskasse 386, 391, 636
Unumkehrbarkeit des Versorgungsausgleichs 123, 863
Unverfallbarkeit, s. a. betriebliche Altersversorgung
- betriebliche Altersversorgung 54, 173, 366 f., 427, 656
- der Höhe nach 371

Unwirtschaftlichkeit des Versorgungsausgleichs 592
- Begriff 593
- Berechnung 596
- Rechtsfolgen 595
- Wartezeiterfüllung in gesetzlicher Rentenversicherung 596, 656

Urlaubsgeld 99

V

VAÜG Wiederaufnahme der Verfahren 1128
Verbot der Schlechterstellung 1114
Verbundverfahren 518
Vereinbarungen nach Rechtskraft 863
Vereinbarungen zum Versorgungsausgleich
- Abänderung 1100
- Altverträge – Wirksamkeit 828
- Ausschluss Versorgungsausgleich nach § 1408 Abs. 2 BGB 834
- Ausübungskontrolle 497, 516, 825, 844, 849

Stichwortverzeichnis

- Belehrung 858
- Beschlussformel bei Entscheidung 851
- Dispositionsbefugnis 21, 823, 831
- ehevertragliche Vereinbarungen nach § 1408 Abs. 2 BGB 22, 834
- Ende der Ehezeit 116 ff., 843
- externe Teilung 565
- Formvorschriften 826
- Genehmigungsverfahren – Wegfall 516
- Grundlagen neues Recht 516, 824
- Geschäftsgrundlage – Änderung/ Wegfall s. a. Wegfall der Geschäftsgrundlage 844
- Güterstand – Ausschluss Altersvorsorge 854
- Hausgrundstück – Übertragung 833, 839
- Inhalt von Vereinbarungen 843
- Inhaltskontrolle Ehevertrag 76, 825, 844, 845, 862
- Inhaltskontrolle Scheidungsfolgenvereinbarung 856
- Reform 824
- Regelungsbereich 831, 832
- nach Rechtskraft der Scheidung 863
- Scheidungsfolgenvereinbarung 829, 856
- schuldrechtliche Ausgleichsrente 836
- Sperrfrist – Wegfall 823
- Teilausschluss 332, 842
- Vereinbarung der schuldrechtlichen Ausgleichsrente 836
- vermögensrechtlicher Ausgleich 833, 839
- Vertrag zulasten Dritter 116, 517, 843
- Verzicht – einseitiger 825, 827, 831
- Verzicht – Ausgleichsleistungen 859
- Wegfall der Geschäftsgrundlage 544
- Wirksamkeitshindernisse 517
- Wirksamkeitskontrolle 497, 516, 844, 845, 857

Verfahren
- Abänderung von Entscheidungen 1072
- Abtrennung des Versorgungsausgleichs – Verfahrens 991 ff. – s. a. Abtrennung
- Amtsermittlung in Härtefällen 806
- Amtsermittlung 981, 1009, 1055

- Angelegenheit der freiwilligen Gerichtsbarkeit 961
- Anschlussrechtsmittel 1103
- Anwaltszwang 981
- Aufhebung der Ehe 963
- Ausgleichsansprüche nach der Scheidung 1047
- Auskunft für Vereinbarung 860
- Auskünfte der Rentenversicherung – Träger 1018
- Auskunftsersuchen 1018
- Auskunftspflicht im Versorgungsausgleich 968, 1008
- Auskunft Ehegatten gegenüber Familiengericht verfahrenrechtliche Auskunft 1009 ff.
- Auskunft Ehegatten untereinander 971, 1025
- Auskunft Ehegatten gegenüber Versorgungsträger 1032
- Ausschluss Versorgungsausgleich 851, 1052 f.
- Aussetzung Verfahren 970, 988
- Beleganspruch 970
- Beschlussformel 1052, 1063
- Beschwer 1107
- Bezifferung des Antrags 726
- Bindung an Anträge im Beschwerdeverfahren 1112
- Beteiligung am Versorgungsausgleichs – Verfahren s. a. Beteiligung 1003
- Einleitung des Verfahrens 1035
- Erörterung Verfahrensgegenstand 985
- Ermittlungen von Anrechten – Umfang 986
- Entscheidung des Familiengerichts 1049
- Erben 969, 1026
- externe Teilung 1040
- Fragebögen 1034
- Funktionelle Zuständigkeit 924
- Grundlagen 518, 966, 974
- Härteklausel 987, 1059
- Hinterbliebene 969
- Insolvenz 990
- Kostenentscheidung 1117
- Mitwirkungspflichten 994, 1008, 1015
- mündliche Verhandlung 985
- Negativentscheidung 1081 ff.
- örtliche Zuständigkeit 975 ff.

Stichwortverzeichnis

- Rechtsanwaltszwang 981
- Rechtskraft von Versorgungsausgleich – Entscheidungen 1116
- Rechtsmittel gegen Entscheidungen 1101, 1107, s. Rechtsmittel
- Rechtsmittelverzicht 1116
- Sachaufklärung 1016
- selbständige Verfahren 964
- Stufenantrag 968
- Teilentscheidung 1066
- ungeklärte Versicherungszeiten 101, 335
- Verbundverfahren 518, 963, 982 ff., 1051
- Verfahrensgrundsätze 986
- vergessene Versorgung 682, 1080, 1132
- Wertausgleich bei der Scheidung 518
- Wirksamkeit von Versorgungsausgleichs – Entscheidungen 1062
- Zuständigkeit des Familiengerichts 975
- Zwangsgeld – Androhung 1016, 1022
- Zwischenentscheidungen 1071

Verfallbarkeit der Dynamik 364, 371, 428, 508, 656
Verfassungsrechtliche Fragen 102 ff., 106
Vergleichsbewertung 324
Verlängerter schuldrechtlicher Versorgungsausgleich s. Anspruch gegen Versorgungsträger sowie Hinterbliebenenversorgung
Verletztenrente der gesetzlichen Unfallversicherung 336
Vermögensbildung 361
Versicherungsfreie Personen 277
Versicherungsmathematischer Abschlag 541
- gesetzlichen Rentenversicherung 300

Versicherungsmathematischer Barwert 182, 183, 536
Versicherungsrente s. Zusatzversorgung des öffentlichen Dienstes
Versicherungsvertragliche Regelung 389, 414
Versicherungszeiten – ungeklärte 335
Versorgungen
- abzuschmelzende Versorgung 63
- Invalidität 62
- laufende Versorgung 167
- Wegfall 137
- Zeitlich begrenzte Versorgung 61

Versorgungsabschlag
- Beamtenversorgung 166, 213, 246
- betriebliche Altersversorgung 361
- gesetzliche Rentenversicherung 166, 270, 291

Versorgungsänderungsgesetz (2001) 128
Versorgungsarten im Versorgungsausgleich 49
Versorgungsausgleich
- Abgrenzung zu anderen Vermögenspositionen 47
- atypische Anrechte 49
- Dogmatik 21
- Grundlagen 4
- Mängel – strukturelle 8
- rechtliche Gestaltung 10
- Rentenfall 41
- soziale Sicherung 7, 15
- Struktur 11, 141
- Zielsetzung 1
- Zwangsmitgliedschaft in gesetzlicher Rentenversicherung 11

Versorgungsausgleichskasse 575
Versorgungsausgleichs-Überleitungsgesetz (VAÜG)
- Anwendungsbereich 346
- Grundlagen 345
- Strukturreform 10
- Wiederaufnahme ausgesetzter Verfahren nach Übergangsvorschrift 1128

Versorgungsbestandteile 100
Versorgungsfall Beamtenversorgung 238
Versorgungsfall – Eheschließung danach 42, 90, 211
Versorgungskonten bei betrieblicher Altersversorgung 47, 72 f., 149
Versorgungsordnung – Änderungen 129
Versorgungsrente s. Zusatzversorgung des öffentlichen Dienstes
Vertrag zulasten Dritter 116, 746
Verzicht auf Rechtsmittel 1116
Volksrente – steuerfinanziert 87
Vollrente 293, 327
- fiktive Vollrente 326

575

Vordienstzeiten 374
Vorschaltzeiten 373
Vorläufiges Entgelt 315, 330
Vorruhestandsleistungen 337, 361, 377
Vorsorgeunterhalt 336 f.
Vorzeitiger Rentenbezug 290

W

Wachstums – Beschäftigungsförderungsgesetz 302, 320, 324
Wahlbeamte 57, 170, 194, 243
Wahlrecht für Rentenoption 72
Wartezeit
– betriebliche Altersversorgung 372
– gesetzliche Rentenversicherung 596, 598, 1083
Wehrbeauftragter 195
Wehrdienstleistende 276
Weihnachtsgeld 361
Wegfall einer Versorgung 137, 1079
Wertermittlung 12
Wertausgleich bei der Scheidung 14, s. a. Ausgleichsansprüche bei der Scheidung
– Anpassung wegen Unterhalt und Tod 541
– Anforderungen an interne Teilung 530
– externe Teilung 560
– Grundlagen 514
– interne Teilung 521
– Gestaltungsbefugnis 539
– Rangfolgeregelung 520
– Risikoschutz 537
– Überblick 517
– Verfahren 518
– vergleichbare Wertentwicklung 535
– Verrechnung gleichartiger Anrechte 523
– Wechsel der Leistungsform 540
Wertausgleich nach der Scheidung 14, 518, s.a schuldrechtliche Ausgleichsansprüche und Ausgleichsansprüche nach der Scheidung
Wertermittlungsvorschriften s. Bewertung eines Anrechts
wertlose Anrechte 101, 103
Wesentlichkeitsgrenze Abänderungsverfahren 1082, 1097
Wiederauffüllbetrag 95, 352

Wiederaufnahme ausgesetzter Verfahren 148
Wiederaufnahmeverfahren – vergessene Versorgung 682
Wiederheirat 37, 123, 837
– schuldrechtlicher Versorgungsausgleich 9, 732, 733
Widerruf der Zusage einer betrieblichen Altersversorgung 381
Widerrufsbeamter 55, 132, 170, 578
Wirksamkeit von Versorgungsausgleichs – Entscheidungen 1062, 1116
Wirksamkeitskontrolle bei Vereinbarungen 516, 844, 845, 857
Wirtschaftliche Zumutbarkeit der Beitragszahlung 703, 709 ff.
Wissenschaftliche Assistenten 203, 205
Witwenrente 288
– Unterhaltsbeitrag in Beamtenversorgung 3, 29, 87
– Wiederaufleben 87
Witwenrente aus früherer Ehe, s. a. Hinterbliebenenversorgung
– Anspruch gegen Betrieb 731
– Anspruch gegen Witwe / Witwer bei ausländischem Anrecht 617, 756
Wohnrecht 77

Z

Zeitliche Voraussetzungen einer Rente 53, 172, 173
Zeitlich befristetes Anrecht 61, 139
Zeitratierliche Bewertung 159, 167
Zeitsoldat 132, 578
Zielsetzung des Versorgungsausgleichs 1
Zielversorgung s. externe Teilung
Zivildienstleistende 276
Zugangsfaktor 290, 293, 319
Zugewinn – Verhältnis zum Versorgungsausgleich 22, 47, 84
– vorzeitiger Zugewinnausgleich und Versorgungsausgleich 84
Zugewinnprinzip beim Versorgungsausgleich – Wegfall 152
Zulagen 212
Zurechnungszeit
– Beamtenversorgung 220, 221, 232, 233, 171, 239
– betriebliche Altersversorgung 410

- gesetzliche Rentenversicherung 306 f.

Zusammentreffen mehrerer Versorgungen 250 ff.
- freiwillige Beiträge 254, 265
- frühere Beamtenversorgung 252, 258
- zwischen – überstaatliche Versorgungen 253
- gesetzliche Rentenversicherung 254, 259
- Versorgung aus öffentlich-rechtlichem Dienstverhältnis 256, 268
- Zusatzversorgung des öffentlichen Dienstes 255, 267

Zusatzversorgung des öffentlichen Dienstes
- Abänderungsverfahren 445
- Bewertung 162
- Besitzstandsrente (Systemumstellung zum 1. 1. 2002) 438
- Dynamik 444
- Ehezeitanteil 442 ff.
- Grundlagen 432
- Leistungen 435, 440
- korrespondierender Kapitalwert 184
- Punktemodell – Strukturumwandlung 437
- Umstellung System 425, 438
- Verfassungswidrigkeit Übergangsrecht – Aussetzung 439, 447
- Versorgungsausgleich 441

Zuständiger Rentenversicherungsträger 274

Zwangsgeld Auskunft 1022

Zwecksetzung einer Versorgung 67

Zweitehe 124, s. a. Doppelehe

Zwischenstaatliche Versorgungen
s. ausländische Versorgungen

Aktuell zum neuen FamFG

Prof. Dr. Kai Schulte-Bunert / Gerd Weinreich (Hrsg.)
FamFG Kommentar
2. Auflage 2010, ca. 2.000 Seiten, gebunden,
Subskriptionspreis bis 3 Monate nach Erscheinen
ca. € 109,-, danach ca. € 119,-
ISBN 978-3-472-07679-7
Erscheint voraussichtlich November 2009

Am 1.9.2009 ist das Gesetz über das Verfahren in Familiensachen und in Angelegenheiten der freiwilligen Gerichtsbarkeit (FamFG) in Kraft getreten.
Damit wurden die familiengerichtlichen Verfahren sowie die klassischen Verfahren der freiwilligen Gerichtsbarkeit grundlegend reformiert und vollständig neu kodifiziert. Die bisher in der ZPO, dem FGG, der HausratsVO und anderen Gesetzen enthaltenen Bestimmungen wurden in einem Gesetz – dem FamFG – konzentriert.

Ein spezialisiertes Autorenteam garantiert eine fundierte und praxisnahe Bearbeitung der zahlreichen Spezialgebiete. Ausführlich kommentiert werden dabei sowohl die familiengerichtlichen Verfahren einschließlich des neuen Kostenrechts nach dem FamGKG als auch die Betreuungssachen, Unterbringungssachen, Nachlasssachen, Registersachen, Freiheitsentziehungssachen und das Aufgebotsverfahren.

Die 2. Auflage berücksichtigt neben der Strukturreform des Versorgungsausgleichs auch die Güterrechtsreform und das sog. „FamFG-Reparaturgesetz".

Die Herausgeber:
Prof. Dr. Kai Schulte-Bunert ist Richter am AG Köln und Professor an der Fachhochschule für Rechtspfleger Nordrhein-Westfalen, Bad Münstereifel;
Gerd Weinreich ist Vorsitzender Richter am OLG Oldenburg.

Mehr unter: www.famfg-aktuell.de

Zu beziehen über Ihre Buchhandlung oder direkt beim Verlag.

Wolters Kluwer Deutschland GmbH • Niederlassung Neuwied
Postfach 2352 • 56513 Neuwied • Telefon 02631 801-2222
www.wolterskluwer.de • E-Mail info@wolterskluwer.de